Das Buch

Im 20. Jahrhundert hat Sigmund Freud die Meinungen über Frauen mit am nachhaltigsten geprägt. Gleichzeitig ist sein Frauenbild sehr umstritten. Man hat ihm vorgeworfen, persönliche Vorurteile zu Lehrsätzen erhoben, unerwartete Forschungsergebnisse unterdrückt und ein Zerrbild weiblicher Sexualität entworfen zu haben. Dennoch zog Freud zahlreiche bemerkenswerte Frauen an, die seine Theorien aufnahmen und weiterentwickelten. Ehefrau und Schwägerin entsprechen zwar noch am ehesten den konventionellen Vorstellungen, doch läßt sich dies weder von Anna Freud behaupten, die die erste Kinderanalytikerin wurde, noch von der Sozialistin und Feministin Helene Deutsch, der exzentrischen Lou Andreas-Salomé oder der Prinzessin Marie Bonaparte, die sich mit größter Gewandtheit zwischen Analytikerpraxis und Hofparkett zu bewegen verstand und die französische Psychoanalyse begründete. In diesem Buch wird Freuds Biographie seinen Fallstudien gegenübergestellt, Briefe und Tagebuchaufzeichnungen werden ausgeleuchtet. So entsteht ein fesselndes Bild dieser außergewöhnlichen Frauen. Vor allem aber wird klar, warum Frauen so stark von Freuds Theorien angezogen wurden: «Am Anfang der Psychoanalyse steht das respektvolle und wohlwollende Verständnis, mit dem Freud seinen Patientinnen begegnete.» («Süddeutsche Zeitung») Darin unterschied Freud sich nämlich grundsätzlich von vielen seiner Zeitgenossen.

Die Autoren

Lisa Appignanesi ist Schriftstellerin und Literaturdozentin. Sie schreibt für verschiedene Zeitungen und Radiosender und lebt in London.
John Forrester lehrt in Cambridge. Er gehört zu den bekanntesten Freud-Forschern der Gegenwart. Zu seinen bisherigen Veröffentlichungen zählen ‹Language and the Origins of Psychoanalysis. Freud, Lacan and Derrida› und ‹The Seductions of Psychoanalysis›.

Lisa Appignanesi
John Forrester

Die Frauen Sigmund Freuds

Aus dem Englischen von
Brigitte Rapp und Uta Szyszkowitz

Deutscher Taschenbuch Verlag

August 1996
Deutscher Taschenbuch Verlag GmbH & Co. KG, München
© 1992 Lisa Appignanesi und John Forrester
Titel der englischen Originalausgabe:
‹Freud's Women› (George Weidenfeld & Nicholson Ltd., London 1992)
© 1994 für die deutschsprachige Ausgabe:
Paul List Verlag in der Südwest Verlag GmbH & Co KG,
München (ISBN 3-471-77023-2)
Umschlaggestaltung: Costanza Puglisi, Klaus Meyer
Umschlagphotographien: Archiv für Kunst und Geschichte, Berlin
Satz: Compumedia, Gesellschaft für Informationsgestaltung mbH, München
Druck und Bindung: C.H. Beck'sche Buchdruckerei, Nördlingen
Printed in Germany · ISBN 3-423-30550-9

Inhalt

Vorwort 7
Freud vor Gericht 11

ERSTER TEIL: DER ROMAN DER FAMILIE FREUD

1. Der junge Freud 23
2. «Keine üble Lösung des Eheproblems» 63

ZWEITER TEIL: DIE ERFINDUNG DER PSYCHOANALYSE

3. Die ersten Patientinnen 91
4. Der Traum der Psychoanalyse 163
5. Dora: Ein exemplarisches Scheitern 202

DRITTER TEIL: EIN FRAUENBERUF

6. Die ersten Freunde, die ersten Fälle, die ersten Anhänger . . 235
7. Sabina Spielrein und Loe Kann: Zwei analytische Dreiecke . 278
8. Lou Andreas-Salomé: «Das Glückstier» 328
9. Anna Freud: Die gehorsame Tochter 372
10. Helene Deutsch: Die moderne Frau und
    die Als-ob-Persönlichkeit 421
11. Marie Bonaparte und Freuds französischer Hof 451
12. Joan Riviere und Alix Strachey:
    Übersetzerinnen der Psychoanalyse 484
13. Frauenfreundschaften 512

VIERTER TEIL: DAS PROBLEM DER WEIBLICHKEIT

14. Freud und die Weiblichkeit: Theoretische Untersuchungen . 547
15. Die Kontroverse zum Thema Frau 592
16. Feminismus und Psychoanalyse 627

Bildnachweis 655
Textnachweis 656
Abkürzungen 657
Anmerkungen 659
Bibliographie 731
Register 757

Vorwort

In der Analyse eines eigenen Traumes in der *Traumdeutung* spielt Freud auf Rider Haggards Roman *Sie* an. «Ein sonderbares Buch, aber voll von verstecktem Sinn», in dem «das ewig Weibliche, die Unsterblichkeit unserer Affekte» erforscht wird und eine Frau die Führerin ist auf einem «abenteuerlichen Weg ins Unentdeckte, kaum je Betretene».[1] *Sie* steht hier als Allegorie für Freuds Traumbuch, in dem er den gefahrvollen Weg in die unentdeckten Regionen des Unbewußten und dessen «letzte Aufklärungen»[2] – die Wissenschaft der Psychoanalyse – aufgezeichnet hat. Wir dürfen annehmen, daß auch er sich von einer *Sie* den Weg weisen ließ. Denn tatsächlich spielten Frauen – Verwandte, Patientinnen und Freundinnen – eine große Rolle in seinem Leben, nicht nur als seine Führerinnen. Und auch nach seinem Tod ist der Spiegel, den er den Frauen vorhält, erschreckend und faszinierend zugleich, genau wie sein Abbild, das darin zu erblicken ist.

Dieses Buch zu schreiben war auch für uns ein Abenteuer, wenn auch kaum eine so gefahrvolle Reise wie der Versuch, *Sie* zu finden. Abgesehen davon, daß das Thema an sich schon spannend genug ist, bestand die Herausforderung auch darin, dieses Projekt gemeinsam durchzuführen. Schon mit dem Titel legten wir fest, daß dieses Buch von Freud und den Frauen in seinem Bannkreis handeln sollte. Wie sehr er sie in seinen Bann gezogen hatte, diese Frage galt es zu beantworten. Von Anfang an war jedoch eines gewiß: daß die Frauen im Rampenlicht stehen würden. Der Einfluß seiner Lehrer, die komplizierten Beziehungen zu seinen Freunden wie zum Beispiel Wilhelm Fließ, Carl Gustav Jung und Otto Rank, die Gründe, warum viele seiner Schüler zu Abtrünnigen wurden, das alles ist bereits an anderer Stelle untersucht und interpretiert worden; wir haben uns zum Ziel gesetzt, weder die Frauen gegen die Männer auszuspielen, noch sie miteinander zu vergleichen.

Aufgrund unserer unterschiedlichen Fachgebiete erschien es uns sinnvoll, den Stoff so aufzuteilen, daß sich der Autor in unserem Team mit jenen Frauen beschäftigte, die wir vorwiegend aus Freuds Perspektive kennen – die Frauen aus seiner Familie, seinen Träumen, seine Patientinnen –, während die Autorin sich mit den ersten Psychoanalytikerinnen, Übersetzerinnen und Schriftstellerinnen in Freuds Umkreis auseinandersetzen sollte. Im großen und ganzen haben wir uns auch daran gehalten, aber angesichts der zahlreichen Diskussionen und gegenseitigen Korrekturen können wir beide das Urheberrecht für das gesamte Buch beanspruchen.

Der Vorteil des gemeinsamen Schreibens besteht darin, ständig einem kritischen Blick ausgesetzt zu sein, der den allein arbeitenden Autor oft erst nach dem Erscheinen seines Werkes trifft. Natürlich hatten wir heftige Diskussionen, nicht nur über inhaltliche Entscheidungen und Interpretationen, sondern auch über stilistische Fragen und, o ja, sogar über Anmerkungen. Dennoch sind «der sumpfige Boden», der «Abgrund» – auch das Freud-Zitat aus *Sie* – jetzt überschritten; wir sind der lebende Beweis dafür. Rückblickend können wir uns nicht vorstellen, wie dieses Buch ohne den Anreiz, es gemeinsam zu schreiben, hätte entstehen können.

Was wir uns vorgenommen hatten, hätte ins Uferlose gehen können, denn die Geschichte der Psychoanalyse ist voll von bedeutenden Frauen – und die Debatte über die Weiblichkeit ist nach wie vor nicht abgeschlossen. Daher beschränkten wir uns auf jene Frauen, die über längere Zeit direkten Kontakt mit Freud hatten. So haben wir zum Beispiel Karen Horney oder Melanie Klein keinen eigenen Abschnitt gewidmet, obwohl sie auf diesen Seiten natürlich reichlich Erwähnung finden. Auch liegt es uns fern, in diesem Buch die jeweiligen Beiträge der männlichen und weiblichen Psychoanalytiker zu beurteilen.

Die Liste all derer, denen wir Dank schulden, könnte ebenso endlos sein wie unser Material. Wir fühlen uns allen Autoren verpflichtet, die vor uns über einzelne Persönlichkeiten geforscht oder bestimmte Einzelaspekte untersucht haben. Ihre Namen werden im Text und in der Bibliographie genannt. Unser Dank gilt auch einer Reihe von Menschen, die uns persönlich geholfen haben: Michael Molnar vom Freud Museum in London; Victor Ross, Eva Rosenfelds Sohn, dessen Erinnerungen an die Familie Freud sehr anregend waren; Peter Swales, Sonu Shamdasani, Juliet Mitchell, Riccardo Steiner, Marina Warner, John Kerr (ihm gebührt besonderer Dank, weil er uns ein Exemplar seiner Dissertation über Jung, Freud und Sabina Spielrein sowie mehrere Kapitel aus seiner ausführlichen Studie *A Dangerous Method* zur Verfügung gestellt hat), Adam Phillips, Paul Roazen, Jacqueline Rose, Andrew Paskauskas, Anthony Stadlen, Jill Duncan vom Archiv des Institute of Psycho-Analysis in London, Tom Roberts, Archivar bei Sigmund Freud Copyrights, Wivenhoe, Essex; Teresa Brennan, John Deathridge (für sein Wissen über die Geschichte der Oper), Monica

Vorwort

Holmes, Athol Hughes für ihre Beiträge zu Joan Riviere. Hilary Laurie, unsere Redakteurin bei Weidenfeld & Nicholson, war stets geduldig und hilfreich, und unsere Lektorin Linda Osband bewahrte in wohltuender Weise auch dann noch den Überblick, als wir ihn bereits verloren hatten.

Besonders danken müssen wir Josh und Katrina, zwei geduldigen Kindern, und ihrer Großmutter; eine Erholung von Freud und den Frauen wird ihnen sicher guttun. Und zum Abschluß wollen wir uns die viel zu seltene gegenseitige Anerkennung aussprechen, denn ohne unsere Duelle und ohne unsere gegenseitige Ermutigung wäre dieses Buch nie zustande gekommen.

Lisa Appignanesi
John Forrester
London & Cambridge, 1. März 1992

Freud vor Gericht

Wer über Freuds Frauenbild schreibt und über die Frauen, die in seinem Leben eine Rolle gespielt haben – Familienangehörige, Patientinnen, Freundinnen und die ersten weiblichen Pioniere der Psychoanalyse –, wird sich auch damit auseinandersetzen müssen, daß gerade in diesem Bereich schwere Vorwürfe gegen ihn erhoben werden. Die Kritik ist im Laufe des Jahrhunderts immer umfassender und heftiger geworden. Am harmlosesten ist noch die Anschuldigung, Freud sei ein konservativer viktorianischer Patriarch gewesen, für den die Frau in erster Linie eine für die Fortpflanzung der Menschheit sorgende Dienerin oder bestenfalls ein hilfreicher Engel war, «in jungen Jahren ein angebetetes Liebchen, und in reiferen ein geliebtes Weib»[1].

Ein Kind seiner Zeit zu sein dürfte kaum ein schweres Vergehen sein; die Vorurteile seiner Zeit zu allgemeingültigen Begriffen zu machen hingegen schon. Freud wird vorgeworfen, seine subtile Frauenfeindlichkeit in ein Weltbild umgesetzt zu haben, in dem Frauen nur als mißlungene Männer auftreten können, da ihnen der Penis fehlt, das männliche Symbol für Macht und Dominanz. Er habe seine Patientinnen seinem durchdringenden Blick und seiner ausbeuterischen Intelligenz unterworfen und Frauen, die von seinem Modell abwichen oder selbstsicher nach gleichen Rechten strebten, zu Fällen abgestempelt, die dringend einer Behandlung bedurften oder einfach einer Dosis «penis normalis»: letzteres mit dem günstigen Nebeneffekt, daß ihnen ein Kind biologisches Glück bescheren würde. Außerdem muß sich Freud den Vorwurf gefallen lassen, er habe die geistige Brillanz seiner Schülerinnen nicht zu würdigen gewußt und sie lediglich als Schachfiguren und Vermittlerinnen in dem sich bildenden Kreis der Psychoanalytiker benutzt, in dem männliche Autorität vorherrschte und immer wieder der Vater-Sohn-Konflikt – die Ödipussage in ihrer Schrumpfform – ausgetragen wurde. Schlimmer noch für einen integren Wissenschaftler ist die Anschuldigung, er habe die Aussagen seiner Patientinnen verfälscht, indem er ihre Berichte über realen Kindesmißbrauch ins Reich der Phantasie verbannte und seine erste Verführungstheorie durch eine – für uns zumindest – annehmbarere Version ersetzte, wonach die Erinnerung durch ödipale Wünsche geformt wird.

Das vorliegende Beweismaterial spricht – selbst in dieser Kurzform – für die Anklage und hat von Anfang an einen Schatten über die Psychoanalyse geworfen. Schon 1931 verteidigte Freud sein Frauenbild gegen damalige und zukünftige Kritiker, unter denen sich auch die gefürchtete Karen Horney und der sonst ultra-orthodoxe Ernest Jones befanden:

«Man kann vorhersehen, daß die Feministen unter den Männern, aber auch unsere weiblichen Analytiker mit diesen Ausführungen nicht einverstanden sein werden. Sie dürften kaum die Einwendung zurückhalten, solche Lehren stammen aus dem ‹Männlichkeitskomplex› des Mannes und sollen dazu dienen, seiner angeborenen Neigung zur Herabsetzung und Unterdrückung des Weibes eine theoretische Rechtfertigung zu schaffen. Allein eine solche psychoanalytische Argumentation mahnt in diesem Falle, wie so häufig, an den berühmten ‹Stock mit zwei Enden› Dostojewskis. Die Gegner werden es ihrerseits begreiflich finden, daß das Geschlecht der Frauen nicht annehmen will, was der heiß begehrten Gleichstellung mit dem Manne zu widersprechen scheint.»[2]

Freuds Verteidigungsrede versetzt einen inmitten jenes Strudels psychoanalytischer Motivforschung, in dem jeder Versuch einer «objektiven» Beurteilung oder Beweisführung zwangsläufig verdächtig wirkt. Auch wenn sein Rechtfertigungsversuch heute nicht mehr überzeugend klingt – es ist fraglich, ob er es je war –, zeigt er doch, daß Freud die Anklagen seiner Verfolger ernst nahm, und warnt vor einem unüberlegten Urteil über einen Mann, der die Funktionsweise des blinden Vorurteils so genau kannte. Freuds kluger und respektvoller Biograph Ernest Jones hat nicht immer nur zu Freuds Verteidigung beigetragen. Mit seiner Beschreibung von Freuds Frauenbild hat er vielmehr den Boden für viele Ressentiments bereitet:

«Es ginge gewiß zu weit, wenn man sagen würde, er habe den Mann als Herrn der Schöpfung betrachtet, denn in seinem Wesen lag keine Spur von Überheblichkeit; aber es wäre vielleicht gerecht zu sagen, daß für ihn die Funktion des weiblichen Geschlechts darin bestand, für die Bedürfnisse des Mannes – und zu seinem Trost – als hilfreicher Engel da zu sein. Seine Briefe und seine Liebeswahl lassen klar erkennen, daß es für ihn nur eine Art Sexualobjekt gab, den sanften weiblichen Typus. Obschon von schwächerem Geschlecht, waren die Frauen in seinen Augen doch feiner und ethisch höherstehend als die Männer; man findet Hinweise darauf, daß er gern diese Vorzüge von ihnen angenommen hätte.

Freud vor Gericht

Es kann kaum Zweifel bestehen, daß Freud die Psychologie der Frau rätselhafter fand als die des Mannes. Einmal sagte er Marie Bonaparte: ‹Die große Frage, die nie beantwortet worden ist und die ich trotz dreißig Jahre langem Forschen in der weiblichen Seele nicht habe beantworten können, ist die: «Was will das Weib?»›

Freud fand auch einen anderen Frauentypus, den intellektuellen und vielleicht maskulinen, interessant. Frauen dieser Art spielten mehrmals in seinem Leben eine Rolle neben seinen männlichen Freunden, wenn sie auch von feinerer Natur waren; aber sie übten auf ihn keine erotische Anziehung aus. Die bedeutendsten davon waren vor allem seine Schwägerin, Minna Bernays, dann, in chronologischer Reihenfolge, Emma Eckstein, Loe Kann, Lou Andreas-Salomé, Joan Riviere, Marie Bonaparte.»[3]

Jones schildert uns einen Freud, dessen Geschmack ebenso konventionell ist wie seine dem Geist der Jahrhundertwende entsprechende Mystifikation der Frauen. Sie waren für ihn jener «dunkle Kontinent», den er, der unerschrockene Forscher, erst langsam erkunden sollte. Aber indem Jones Freuds Frauen in zwei Typen einteilte, das «sanfte, weibliche» Liebesobjekt und die «intellektuelle», «maskuline» Freundin – immer noch bloßes Zubehör des Mannes –, kommt Jones dem Bedürfnis nach einfachen Polaritäten entgegen und macht uns blind für die reale Vielfalt. Immerhin schrieb Freud seiner geliebten Martha, dieser angeblich idealen Vertreterin des schwachen Geschlechts: «[...] im Vertrauen gesagt – Du schreibst so treffend und so klug, daß mir ein klein wenig vor Dir graut. Ich denke, da haben wir's wieder, wie rasch die Frau den Mann überholt.»[4] Viele von Freuds hysterischen Patientinnen passen ebenfalls in keine der beiden von Jones' Kategorien. Und auch Frauen wie Loe Kann und Lou Andreas-Salomé, um nur zwei von Jones' Liste der Freundinnen zu nennen, betrachtete Freud nicht als «maskulin». Was die erotische Anziehung angeht, ist das Problem wesentlich komplexer, als Jones uns glauben machen will.

Freuds Ansichten über Frauen waren genauso widersprüchlich wie die von so manchem anderen Zeitgenossen. Einerseits konnte er verächtlich bemerken, eine Frau, die an innerer Unruhe leide, solle einen Arzt aufsuchen oder Einkäufe tätigen.[5] Andererseits äußerte er 1938 die Ansicht, daß die Frauen die Tüchtigeren seien[6] und im allgemeinen mehr Durchhaltevermögen hätten als Männer[7]. In den Diskussionen über die «Natürliche Stellung der Frauen» in der Wiener Psychoanalytischen Vereinigung im Jahre 1906 soll Freud gesagt haben, daß «die Frau nicht zugleich erwerben und Kinder aufziehen könne. Überhaupt profitieren die Frauen als Gruppe gar nichts durch die moderne Frauenbewegung; höchstens einzelne»[8]. Als er 1905 im Zuge der Reformierung der Scheidungsgesetze von offizieller Seite um seine Stellungnahme als Experte gebeten wurde, meinte er mit schöner Eindeutigkeit, wegen ihrer unterschiedlichen Rollen bei der Fortpflanzung könne es keine Gleichheit der Geschlechter geben.[9] Zugleich trat er jedoch entschieden für eine Liberalisierung der Scheidungsgesetze und größere sexuelle Freiheit ein.[10] In seinen Augen hatte nämlich die sexuelle Freiheit herzlich wenig mit der angeblichen Gleichheit der Geschlechter zu tun.

Dennoch vertrat er im allgemeinen liberale Ansichten, wenn es um Berufsmöglichkeiten für Frauen und vor allem um ihren Zugang zur Psychoanalyse ging. Als die Mitglieder der Gesellschaft 1910 ihre Satzung revidierten und Isidor Sadger sich gegen die Aufnahme von Frauen aussprach, erklärte Freud, er «würde es als eine arge Inkonsequenz ansehen, wenn wir Frauen prinzipiell ausschlössen»[11]. 1926 gratuliert er dem befreundeten Ehepaar Hans und Jeanne Lampl de Groot zu der Geburt einer Tochter und schreibt, da sie sich offenbar einen Sohn gewünscht hatten: «[...] bei der heutigen Stellung der Geschlechter macht es keinen Unterschied, ob das Baby manifest männlich oder weiblich ist. Besonders da ein deutliches Überwiegen nach einer Richtung durch das Ergebnis nachfolgender Experimente beliebig kompensiert werden kann.»[12]

Die über Freud zu Gericht sitzen, werden viel Zeit brauchen, um zu einem gerechten Urteil über seine Einstellung gegenüber Frauen zu kommen. Nicht gerade hilfreich für die Urteilsfindung wirkt sich die Tatsache aus, daß die im Freud-Archiv in Washington befindlichen Beweismaterialien bis zum Jahr 2113 nur beschränkt zugänglich sind – im Namen eines kaum haltbaren und unrealistischen Berufsethos. Aber der Fall liegt sogar noch komplizierter; denn während die Ansichten des Privatmannes Freud oftmals konservativ waren, sind die Entdeckungen des Psychoanalytikers Freud revolutionär.

Der interpretierende Freud hörte – vielleicht gerade weil er das von Jones aufgezeigte Bedürfnis hatte, die Frauen zu idealisieren – seinen Patientinnen aufmerksam zu, hörte und verstand, was sie durch ihre Tics, Lähmungserscheinungen, Phobien und Sprechhemmungen sagen wollten, so unzusammenhängend der Inhalt auch manchmal erscheinen mochte. Dieser durch und durch unkonventionelle Freud erhob die intimen Bekenntnisse von Frauen zum Thema eines öffentlichen Diskurses über Sexualität, in dem die weibliche Sexualität erstmals unvoreingenommen erörtert und als ebenso ausgeprägt wie die männliche anerkannt wurde. Dieser interpretierende Freud war ein strenger Kritiker der Sexualmoral seiner Zeit. Er zeigte auf, wie schädlich sich das restriktive Ehekonzept auf Frauen auswirken konnte: Während Männer sich mit einer «doppelten Sexualmoral behelfen» könnten, sah er «Frauen unter den Enttäuschungen der Ehe an schweren und das Leben dauernd trübenden Neurosen erkranken»[13]. Derselbe Freud weist auch auf den unerträglichen Gegensatz zwischen Ehepflicht und außerehelichem Begehren hin:

«Das Heilmittel gegen die aus der Ehe entspringende Nervosität wäre vielmehr die eheliche Untreue; je strenger eine Frau erzogen ist, je ernsthafter sie sich der Kulturforderung unterworfen hat, desto mehr fürchtet sie aber diesen Ausweg, und im Konflikte zwischen ihren Begierden und ihrem Pflichtgefühl sucht sie ihre Zuflucht wiederum – in der Neurose. Nichts anderes schützt ihre Tugend so sicher wie die Krankheit.»[14]

Während der theoretisierende Freud sich über das Kinderkriegen als Erfüllung der sexuellen Bestimmung der Frau ausläßt, zeichnet der interpretierende Freud sorgfältig die Konflikte auf, mit denen Frauen sich auseinandersetzen müssen, und vermerkt versteckte «perverse» Wünsche ohne moralische Entrüstung. Über eine Patientin, die ihr Kind in einem Traum tot erlebte, schreibt er:

«Wie so viele junge Frauen war sie keineswegs glücklich, als sie in die Gravidität geriet, und gestand sich mehr als einmal den Wunsch ein, daß ihr das Kind im Mutterleibe absterben möge; ja in einem Wutanfalle nach einer heftigen Szene mit ihrem Mann schlug sie mit den Fäusten auf ihren Leib los, um das Kind darin zu treffen. Das tote Kind war also wirklich eine Wunscherfüllung, aber die eines seit fünfzehn Jahren beseitigten Wunsches.»[15]

Ein unbequemes und immer wieder in Vergessenheit geratenes Ziel der Sexualtheorie Freuds war es, herauszustellen, daß die überall respektierte Gestalt der Mutter einmal das begehrteste aller Sexualobjekte war. Über die Mutter als Ernährerin und Erzieherin hat Freud nichts Interessantes zu sagen. Dagegen verweist er – im vollen Bewußtsein der «frevelhaften» Folgen – auf die «unaufhörlich fließende Quelle sexueller Erregung und Befriedigung»[16], die die mütterliche Pflege für das Kind darstellt, zumal da die Bezugsperson – in der Regel doch die Mutter – «das Kind selbst mit Gefühlen bedenkt, die aus ihrem Sexualleben stammen, es streichelt, küßt und wiegt und ganz deutlich zum Ersatz für ein vollgültiges Sexualobjekt nimmt»[17]. Die nährende

Mutterbrust, die von nachfolgenden Psychoanalytikern in einen Born der asexuellen, mütterlichen Fürsorge verwandelt wurde, ist für Freud die Urform jeder späteren sexuellen Befriedigung.[18]

In der Tat behauptete er später, die befriedigendste sexuelle Beziehung könne die Frau zu ihrem Kind haben. Wenn auch – so die Einschränkung – eine wirkliche Befriedigung ein Kind mit einem Penis voraussetze. Ebenso war es seine Überzeugung, daß erwachsene Männer in ihrem reiferen erotischen Leben der ursprünglichen sexuellen Mutter nicht entkommen können, «daß wer im Liebesleben wirklich frei und damit auch glücklich werden soll, den Respekt vor dem Weibe überwunden, sich mit der Vorstellung des Inzests mit Mutter oder Schwester befreundet haben muß»[19]. Was könnte ein größerer Frevel sein, als die unschuldige Jungfrau Maria mit ihrem Sohn Jesus Christus durch Jokaste zu ersetzen, die ahnungslose Mutter der Kinder ihres Sohnes Ödipus, deren Lustgefühle an ihrer und seiner Sexualität von niemandem je bezweifelt werden?

Am Anfang der Psychoanalyse steht das respektvolle und wohlwollende Verständnis, mit dem Freud seinen Patientinnen begegnete, wenn es auch manchmal durch gewisse andere Faktoren untergraben wurde wie etwa im Fall Dora. Verständnis setzt jedoch voraus, daß es etwas zu verstehen gibt. In der ersten Pionierzeit der Psychoanalyse waren es hauptsächlich Frauen, die einen großzügigen Beitrag zur Arzt-Patient-Beziehung leisteten. Neben der Erforschung von Freuds Beziehungen zu Frauen will dieses Buch die Gründung der Psychoanalyse aus der Sicht dieser ersten Patientinnen untersuchen. Dabei geht es um die Bewertung ihres Beitrags zu einer Wissenschaft, die Freud ohne das Beweismaterial, das sie ihm zur Verfügung stellten, nicht hätte begründen können. Ohne Emmy von N., Katharina, Elisabeth von R. oder Dora – lauter anonyme Fälle, denen Freud mit seiner literarischen Begabung Leben eingehaucht hat – wäre Freud nicht Freud und die Psychoanalyse nicht die Psychoanalyse geworden. So gesehen erscheint die Psychoanalyse ebenso wie der Feminismus einerseits als eine Reaktion auf die «hysterische» Frau, deren Zustand symbolisch für das allgemeine Unbehagen war, und andererseits als eine Reaktion auf die unerträgliche Lage der Frauen im ausgehenden neunzehnten Jahrhundert.

Wenn die Psychoanalyse also eine «Kur» ebenjener Krankheit ist, der sie ihr Entstehen verdankt, dann ist es kaum überraschend, daß in dem Beruf, den Freud erfand, der Positionswechsel vom Patienten zum Analytiker keine Ausnahme darstellte, im Gegenteil zu den Riten gehörte. Eine bedeutende Anzahl von Freuds Patientinnen wechselte von der auf der Couch ihre Erfahrungen preisgebenden Patientin zur behandelnden Expertin: Emma Eckstein, Sabina Spielrein, Lou Andreas-Salomé, Helene Deutsch, Joan Riviere, Jeanne Lampl de Groot, Ruth Mack Brunswick, Prinzessin Marie Bonaparte, Eva Rosenfeld und Anna Freud. Wenn man bedenkt, daß diese nicht einmal vollständige Liste aus einer Zeit stammt, da Frauen nur sehr beschränkt Zugang zur Berufswelt hatten, ist es keineswegs abwegig, die Psychoanalyse als Frauenberuf zu bezeichnen. «Die besten Psychoanalytiker sind immer Frauen – bis sie sich verlieben; dann werden sie die besten Patientinnen», sagt der Psychoanalytiker in Alfred Hitchcocks *Ich kämpfe um dich (Spellbound)*. Man ist allerdings versucht, Hitchcocks Satz umzudrehen und umgekehrt zu sagen, daß die besten Patientinnen die besten Psychoanalytikerinnen werden.

Fest steht, daß es in der Psychoanalyse mehr bedeutende Theoretikerinnen und Praktikerinnen gibt als in jedem anderen vergleichbaren Beruf. Allein für Großbritannien ist die Liste beachtlich: Melanie Klein, Anna Freud, Ella Freeman Sharpe, Joan Riviere, Susan Isaacs, Paula Heimann, Marjorie Brierley, Marian Milner und Hanna Segal, um nur die bedeutendsten zu nennen. Als Folge der zunehmend einflußreicheren Kleinschen und Winnicottschen Theorien, in denen die Phantasie und die Beziehungen des Kindes zur Mutter eine so wichtige Rolle spielen, wurde stillschweigend vorausgesetzt, daß sich die Analyse fast immer auf die Mutterimago innerhalb der Übertragung zu konzentrieren habe. Man ging sogar so weit, allen Ernstes zu behaupten, daß nur eine Analytikerin fähig sei, männliche und weibliche Patienten wirkungsvoll zu analysieren,[20] auch wenn das Berufsethos und die psychoanalytische Logik voraussetzen, daß ein männlicher Analytiker die mütterliche Übertragung genauso leicht hervorrufen kann.

In der Psychoanalyse war der Prozentsatz der professionell tätigen Frauen konstant höher als in anderen Berufen. 1940 waren 40 % der Analytiker in England Frauen; international gesehen waren es in den 1930er Jahren bereits 30 %. Zwischen 1920 und 1980 waren in Europa durchschnittlich 27 % der Analytiker Frauen, während der durchschnittliche Prozentsatz in den USA, wo ein Medizinstudium verlangt wurde, bei 17 % lag. Zum Vergleich: in derselben Zeit lag der Anteil der Frauen in der Medizin bei 4–7 % und in der Rechtswissenschaft bei 1–5 %.[21]

Allein diese Zahlen lassen uns an den historiographischen Gemeinplätzen in der Aufarbeitung der Psychoanalyse zweifeln: feministische Historikerinnen, die behaupten, die ersten Analytikerinnen seien lediglich Schachfiguren in einem männlichen Machtspiel gewesen, und ihre männlichen Kollegen, die dem Aufbau der Theorie so viel Aufmerksamkeit schenken, daß sie den Beitrag der Frauen in der beruflichen Praxis übersehen. Wie kann man so starke und unabhängige Frauen wie Lou Andreas-Salomé oder Marie Bonaparte als Schachfiguren in einem wie immer gearteten Spiel kategorisieren? Wer in der Geschichte der Psychoanalyse nur nach dem Schauspiel eines männlichen Machtkampfes Ausschau hält, wird es zweifellos vorfinden, wird dabei aber wesentlich interessantere Aspekte übersehen: daß etwa ganz unterschiedliche Frauen den schwierigen Beruf der Psychoanalyse zu dem ihren machten und daß die theoretischen Beiträge und die Anzahl der weiblichen Analytiker eine spezifische Entwicklung der Psychoanalyse bewirkten.

Auch von einer alternativen, frauenorientierten Geschichtsschreibung ist jedoch nicht zu erwarten, daß sie Analytikerinnen darstellt, die mittels ihrer angeblichen weiblichen Tugenden die Fehden ihrer rivalisierenden männlichen Kollegen schlichten. Der erbitterte Streit, der kurz nach Freuds Tod in der Britischen Psychoanalytischen Vereinigung über das Freudsche Erbe ausbrach, läßt einen solchen Gedanken gar nicht aufkommen: Hier wurde hauptsächlich zwischen Frauen eine institutionelle und theoretische Debatte ausgefochten, die im Ton und in der Wahl der Mittel genauso widerwärtig und bösartig war wie die männlichen Auseinandersetzungen dieser Art. Eine Geschichtsschreibung, die sich mit den Leistungen von Frauen beschäftigt, ist nicht notwendigerweise eine Darstellung der weiblichen Tugenden. Man muß aber sagen, daß es in der Vereinigung letztlich doch eine Frau war, die diplomatische Sylvia Payne, die das «Gentlemen's Agreement» zwischen Melanie Klein und Anna Freud zustande brachte und damit das Überleben der Vereinigung sicherstellte.

Warum war die Psychoanalyse so sehr ein Frauenberuf? Dafür sprechen mehrere Gründe: daß es in einer Epoche, in der Frauen eben ihren Einstieg ins Berufsleben erprobten und ihnen die erste feministische Bewegung endlich den Zugang zu Bildung und Öffentlichkeit verschaffte, plötzlich einen für Frauen leichter erreichbaren Beruf gab, der auf der Grundlage familiärer Strukturen funktionierte und dessen soziales Umfeld die Familie war; daß dieser Beruf in der intimen Sphäre der psychoanalytischen Praxis ausgeübt wurde und hier etwas der Aufmerksamkeit würdig befunden wurde, was normalerweise als

Geschwätz in das Reich des Unbewußten verwiesen wird; und schließlich, daß die Psychoanalyse sich auf Familie und Sexualität konzentrierte, zwei Bereiche des Gefühlslebens, die traditionell Frauen zugeordnet werden.[22]

Auf den folgenden Seiten untersuchen wir die Lebensgeschichten, das Werk und die Vorstellungen der Frauen, die durch ihren Kontakt mit Freud an der Erfindung und Entwicklung der Psychoanalyse mitgewirkt haben. Daß es sich dabei zunächst um Frauen aus seiner Familie handelt, ist nur angemessen; denn jener Freud, der später die Wahrheiten unseres Lebens in den Verzerrungen unserer frühen familiären Erfahrungen erkennen sollte, ist in dem Schmelztiegel der Familienbeziehungen geformt worden. Doch erst in der analytischen Begegnung mit seinen Patienten sollte Freud diese Wahrheiten erkennen – über sich und über andere. Unter denen, die seinen Theorien folgten, finden wir von Anfang an markante und unabhängige Frauen. Ihre Schicksale, die Blickwinkel, aus denen sie Freud sahen, und ihre Beziehungen mit dem Professor nehmen einen wichtigen Platz in unserer Arbeit ein.

Ein Buch, das sich mit einer so reichen historischen Quelle beschäftigt, muß sich notwendigerweise Grenzen setzen: Wie schon aus dem Titel hervorgeht, haben wir Freud selbst die Grenzen festlegen lassen. Viele Frauen, deren Beitrag zur Psychoanalyse bedeutend war, werden daher in diesem Buch nur am Rande erwähnt, aus dem einfachen Grund, weil ihre Kontakte mit Freud minimal waren. Aber da es vorwiegend Freuds weibliche Anhänger waren, die ihn dazu brachten, sich auf die weibliche Sexualität zu konzentrieren, und Frauen der jüngeren Generationen, die – als Anklägerinnen oder als Verteidigerinnen – ein Urteil über sein Verständnis von Weiblichkeit sprachen, haben wir den Schlußteil unseres Buches dem Disput über Freuds theoretisches Erbe gewidmet.

Und nun: Der Auftritt der Mutter.

ERSTER TEIL
Der Roman der Familie Freud

1. Der junge Freud

Freuds Mutterbild war sein Leben lang starken Schwankungen unterworfen: Einmal betrachtete er die Mutter als das Zentrum der menschlichen Existenz, dann wieder überging er sie mit Stillschweigen. «Für jeden von uns», schrieb er 1913, «nimmt das Schicksal die Gestalt einer (oder mehrerer) Frauen an und ihr Schicksal hat einige selten kostbare Züge.»[1] Sowohl in Freuds Seelenleben als auch in seinem von der Logik der Wiederholung dominierten psychoanalytischen Werk sind diese weiblichen Schicksalsgestalten letztlich immer Mutterfiguren. Einzigartig an Freud ist, daß diese Mutter ein *sexuelles* Wesen ist.

Als sich 1912 Sophie, die zweite seiner drei Töchter, auf ihre Hochzeit vorbereitete, schrieb Freud die kurze Abhandlung «Das Motiv der Kästchenwahl», in der er, der Sechsundfünfzigjährige, sich als alten Mann darstellt. In heroischer Manier identifizierte sich Freud hier nicht nur mit Ödipus – der den Vater tötet, die Mutter heiratet und die ihm treu ergebene Tochter als Altersstütze benützt, wie er selbst später Anna, die er seine Antigone nannte –, sondern auch mit Shakespeares König Lear. Freud zufolge verhöhnte Lear «die notwendige Ordnung im Menschenleben»[2], indem er von seinen Töchtern Liebe forderte, als wären sie seine Frauen, und zwar auf die bedingungslose, egoistische Weise, mit der ein Säugling die Liebe der Mutter fordert. Lear, ein alter sterbender Mann, will nicht auf die Liebe der Frauen verzichten. Er will hören, daß er geliebt wird. In der Schlußszene, wenn Lear den leblosen Körper seiner Tochter Cordelia auf die Bühne trägt, ist die natürliche Ordnung auf den Kopf gestellt. Lear hat die Rolle des sterbenden Vaters zurückgewiesen, und die Schicksalsgöttinnen rächen sich dadurch, daß sie den Mythos, in dem eine jungfräuliche Walküre den toten Helden vom Schlachtfeld trägt, umkehren.

«Man könnte sagen, es seien die drei für den Mann unvermeidlichen Beziehungen zum Weibe, die hier dargestellt sind: Die Gebärerin, die Genossin und die Verderberin. Oder die drei Formen, zu denen sich ihm das Bild der Mutter im Laufe des Lebens wandelt: Die Mutter selbst, die Geliebte, die er nach deren Ebenbild gewählt, und zuletzt die Mutter Erde, die ihn wieder aufnimmt. Der alte Mann aber hascht vergebens nach der Liebe des Weibes, wie er sie zuerst von der Mutter empfangen; nur die dritte der Schicksalsfrauen, die schweigsame Todesgöttin, wird ihn in ihre Arme nehmen.»[3]

Mutter – Geliebte; Tochter – Tod: Diese eindringliche Allegorie entsprach sicher bereits 1912 Freuds Beziehungen zu Frauen, und heute erscheint sie uns wie eine wundersam präzise Prophezeiung der Beziehungen in den noch verbleibenden siebenundzwanzig Lebensjahren.

Aber bevor ein Mann alt wird und sich mit dem Tod beschäftigen muß, kann er sich der Illusion hingeben, Macht und Autorität zu besitzen, eine Position, die Freud in seiner Deutung der menschlichen Geschichte dem Vater zugedacht hatte:

«Wir nehmen an, daß in den Anfängen der menschlichen Familie alle weiblichen Mitglieder dem Vater gehörten; die Töchter waren nicht weniger als die Mütter seine Sexualobjekte. Von dieser Einstellung ist im Alltag des heutigen Lebens auch noch genug erhalten geblieben; im Unbewußten haben diese Wünsche noch ihre ganze Stärke bewahrt.»[4]

Wenn Männer sich als allmächtige Väter maskieren, wie es Freud selbst zu tun pflegte, gibt es eine vielfach beobachtete Folgeerscheinung. Durch die Macht und Autorität des Vaters wird die Mutter vollständig in den Schatten gestellt. Und dennoch ist es die Mutter, auf die sich die leidenschaftlichen und inzestuösen Wünsche des Kindes richten. «[...] so altersgrau, schattenhaft, kaum wiederbelebbar»[5] sollte Freud später alles erscheinen, was mit dieser frühen Mutter zu tun hatte. Und als siebenundsiebzigjähriger alter Mann sollte er darüber nachsinnen, ob mit der düsteren Beschreibung der Beziehung des alten Mannes zu seinen Töchtern – die von der Notwendigkeit der Resignation angesichts des Todes spricht – wirklich die ganze Geschichte des *König Lear* erzählt wird:

«Ist es übrigens nicht merkwürdig, daß in dem Stück, das die Beziehungen des Vaters mit seinen drei Töchtern behandelt, der Mutter keinerlei Erwähnung getan wird? Und schließlich muß doch eine vorhanden gewesen sein. Es ist dies einer der Züge, der der Tragödie einen ziemlich schroffen Anstrich von Unmenschlichkeit verleiht.»[6]

Freuds Mutter war ungefähr vier Jahre vor Abfassung dieses Briefes gestorben, und damals hatte Freud seinem engen Freund und Kollegen Sándor Ferenczi geschrieben: «Ich durfte ja nicht sterben, solange sie am Leben war, und jetzt darf ich.»[7] Vielleicht war es ihm auch erst nach

Der junge Freud

ihrem Tod möglich, die Unmenschlichkeit einer Dramenwelt klarer zu erkennen, in der die wirkliche Mutter nur in der Maske des Todes erscheint. 1912 hatte Freud dieses stärkste aller Mutterbilder, den Tod, in den Töchtern aufgedeckt, die zwischen dem alten Mann und seinem Tod stehen.

Vom Tod der Mutter handelt auch der einzige in der *Traumdeutung* enthaltene Kindheitstraum Freuds.⁸ Es ist zugleich der letzte eigene Traum in diesem Buch. War es ein Versehen, daß er seine kindliche Beziehung zur Mutter an das Ende seines Buches stellte? Oder sollte dieser Traum bewußt den Höhepunkt, den triumphalen Schluß darstellen, in dem er endlich seine Mutter in Besitz nahm, was er, wie der Angsttraum zu verstehen gibt, wohl gewünscht hat?

«Er [...] zeigte mir *die geliebte Mutter mit eigentümlich ruhigem, schlafendem Gesichtsausdruck, die von zwei (oder drei) Personen mit Vogelschnäbeln ins Zimmer getragen und aufs Bett gelegt wird. Ich erwachte weinend und schreiend und störte den Schlaf der Eltern.*»⁹

Freud führte die Angst in diesem Traum auf ein verdrängtes «dunkles, offenkundig sexuelles Gelüste» zurück: die sadistische Vorstellung des neunjährigen Jungen vom Geschlechtsverkehr hatte sich mit der Erinnerung an das Gesicht des sterbenden Großvaters, Vater seiner Mutter, das er wenige Tage vor dem Traum gesehen hatte, vermischt, und es war der Eindruck entstanden, daß Sexualität zum Tod des geliebten Wesens führen muß. Indem er den Traum analysierte und sein Buch über Träume publizierte, setzte sich Freud über die Barriere gegen den Inzest hinweg – seines Vaters Prophezeiung: «Aus dem Buben wird nichts werden»¹⁰ – und nahm seine geliebte Mutter symbolisch in Besitz. In diesem Sinn stand das Wissen, das Freud entdeckte und sich nach dem Tod des Vaters 1896 zu eigen machte – die Psychoanalyse –, stellvertretend für die Mutter.¹¹

Sosehr sich Freud entblößte, wenn er seine Leser von den Wahrheiten überzeugen mußte, die er in sich selbst und in anderen entdeckt hatte, so sehr konnte er sich auch in seine Privatsphäre zurückziehen, wenn es etwa um sein eheliches Sexualleben ging; aber mit keinem Bereich seines Seelenlebens ging er so diskret und auf Selbstschutz bedacht um wie mit dem Tabernakel seiner Kindheit: seiner Mutter.

Daß die Erfahrungen der frühen Kindheit charakterbildende Kräfte sind, ist nicht nur bei Freud nachzulesen, aber Freud formulierte diese Erkenntnis nachdrücklicher und umfassender als jeder andere: Er war davon überzeugt, daß der Kern der Tragik eines Menschenlebens in der Kindheit liegt. Für Freud waren die Würfel gefallen, wenn das Alter der

Der Roman der Familie Freud

Vernunft erreicht war. Der Rest hing zum Großteil von den unkontrollierbaren Vorgaben äußerer Mächte ab. Das innere Schicksal hat sich bereits in der Kindheit entschieden, und durch das Zusammenwirken von äußerem Zufall und innerer Bestimmung wird der Inhalt des Lebensdramas festgelegt.

Aber die Wiederentdeckung dieses wichtigsten Lebensabschnittes ist deshalb so schwierig, weil wir keine zuverlässigen Angaben besitzen, mit deren Hilfe wir den Verlauf der frühen Kindheit beurteilen könnten: So fällt sie zum Großteil unrettbar dem Vergessen anheim. Die einzigen Einblicke in diese prähistorischen Zeiten gewähren uns Erinnerungsfragmente, und diese, argumentiert Freud, sind tendenziöse Anhaltspunkte. Sie verhelfen uns weniger zu einer reinen, ungetrübten Erinnerung und zu historischer Genauigkeit, sondern vielmehr zur Entschlüsselung von Symptomen, die als Folge von früheren Empfindungen von sexuellem Verlangen und Ekel, Liebe und Scham, von geistigen Triumphen und moralischen Niederlagen aufgetreten sind.

«Vielleicht ist es überhaupt zweifelhaft, ob wir bewußte Erinnerungen *aus* der Kindheit haben, oder nicht vielmehr bloß *an* die Kindheit. Unsere Kindheitserinnerungen zeigen uns die ersten Lebensjahre, nicht wie sie waren, sondern wie sie späteren Erweckungszeiten erschienen sind. Zu diesen Zeiten der Erweckung sind die Kindheitserinnerungen nicht, wie man zu sagen gewohnt ist, *aufgetaucht*, sondern sie sind damals gebildet worden.»[12]

Zu dieser Erkenntnis war Freud durch die Überprüfung seiner frühesten Kindheitserinnerung gekommen. Er erinnerte sich an eine grüne, mit gelben Blumen übersäte Wiese auf einem Abhang vor einem Landhaus. Draußen vor dem Haus schwatzte seine Kinderfrau mit einer Bäuerin, während er und seine beiden Spielgefährten, ein Junge und ein Mädchen, Blumen auf der Wiese pflückten.

«Den schönsten Strauß hat das kleine Mädchen; wir Buben aber fallen wie auf Verabredung über sie her und entreißen ihr die Blumen. Sie läuft weinend die Wiese hinauf und bekommt zum Trost von der Bäuerin ein großes Stück Schwarzbrot. Kaum daß wir das gesehen haben, werfen wir die Blumen weg, eilen auch zum Haus und verlangen gleichfalls Brot. Wir bekommen es auch, die Bäuerin schneidet den Leib mit einem langen Messer. Dieses Brot schmeckt mir in der Erinnerung so köstlich und damit bricht die Szene ab.»[13]

Die idyllische Szene – die grüne Wiese, die spielenden Kinder, dieser Proustsche Augenblick des Eindringens in eine Welt der starken sinnlichen Eindrücke – kann nur einen Moment lang heraufbeschworen und nur durch das Schreiben festgehalten werden. Die Analyse der Erinnerung bringt Freud nicht in die idyllische Welt seiner frühen Kindheit zurück, sondern in die stürmischere Welt seiner Jugend. Aber die Atmosphäre dieser Kindheitserinnerung – die Lebensfreude jenes Morgens – ist spürbar hinübergerettet, wann immer Freud (und seine Biographen) an den Ort der Erinnerung, an seinen Geburtsort Příbor (Freiberg) in Mähren, zurückkehrt. «Tief in mir überlagert, lebt noch immer fort das glückliche Freiberger Kind, der erstgeborene Sohn einer jugendlichen Mutter, der aus dieser Luft, aus diesem Boden die ersten unauslöschlichen Eindrücke empfangen hat.»[14]

Dabei fällt auf, daß die «jugendliche Mutter» in Freuds Idylle nicht vorkommt – ebensowenig wie in so manch anderer für die Öffentlichkeit bestimmten Beschreibung seines Seelenlebens.

Mütter und Schwestern

Sigismund, wie man ihn nannte, bis er als Schüler die Kurzform Sigmund erfand, wurde am 6. Mai 1856 geboren. Seine Mutter Amalie Nathansohn hatte Jakob Freud 1855 geheiratet, und die Familie, in die sie einheiratete, war ebenso weitläufig wie eng verbunden. Sie tat ihren Teil dazu, daß es so blieb. 1835 geboren und in Brody im nordöstlichen Galizien aufgewachsen, zog sie mit ihren Eltern noch im Kindesalter nach Wien. Sie erinnerte sich lebhaft an die Revolution von 1848, in der jüdische Studenten eine führende Rolle gespielt hatten. Einer ihrer Enkel beschrieb sie als eine «typische polnische Jüdin»: «Sie war gewiß nicht das, was wir eine ‹Dame› nennen würden, hatte ein lebhaftes Temperament und war ungeduldig, eigenwillig, scharfsinnig und hochintelligent.»[15] Ein anderes Enkelkind fügte hinzu, sie sei «eitel, energisch und willensstark, tüchtig, kompetent und egoistisch»[16] gewesen. Trotz einer längeren kränklichen Phase in ihren mittleren Jahren, in der sie von einer so schweren Tuberkulose ergriffen wurde, daß sich Freud ängstlich fragte, wie man sie noch ein wenig länger am Leben erhalten könnte, schaffte sie es mit eisernem Willen, das hohe Alter von fünfundneunzig Jahren zu erreichen. Als pflichtbewußter Sohn besuchte Freud sie regelmäßig jeden Sonntag.

Sie war die dritte Ehefrau von Jakob Freud. Sally Kanner, seine erste Frau, war 1852 gestorben und hatte ihm zwei Söhne hinterlassen, den 1832 geborenen Emanuel und den 1836 geborenen Philipp. Von seiner zweiten Frau Rebekka wissen wir nahezu gar nichts. Daß sie nicht ganz dem Vergessen anheimgefallen ist, verdankt sie einerseits herkömmlicher historischer Detektivarbeit und andererseits moderner psychoanalytischer Erforschung aller von Freud hinterlassenen Spuren in seinen Traumtexten. «Rebekka, zweiunddreißig Jahre alt», lautet die Eintragung in das jüdische Personenstandsregister von 1852. Sie habe Selbstmord begangen, wurde nicht sehr glaubwürdig vermutet, weil sie Jakob nicht das Kind schenken konnte, das von einer jüdischen Ehe erwartet wurde.[17] Freuds Vater konnte mit ihr höchstens ein Jahr verheiratet gewesen sein, denn niemand in der Familie konnte sich später an sie erinnern.

In einer seiner Schriften zitiert Freud Lichtenbergs Aphorismus: «Ob der Mond bewohnt ist, weiß der Astronom ungefähr mit der Zuverlässigkeit, mit der er weiß, wer sein Vater war, aber nicht mit der, woher er weiß, wer seine Mutter gewesen ist.»[18] Aber in seinem eigenen Fall bleibt sowohl die mütterliche als auch die väterliche Abstammung in ungewisses Dunkel gehüllt, wie es die Träume belegen, die er in der *Traumdeutung* analysiert. Rastlos untersuchte Freud die Ehen seines Vaters, als machte das geheimnisvolle Verschwinden der Frauen sowohl die Mutterschaft als auch die Vaterschaft zweifelhaft.[19] Ebenso verwirrend war es für den kleinen Sigismund, daß es zwei Brüder im Haus gab, die so alt wie seine Mutter waren und die ihm daher als Väter geeigneter zu sein schienen als ihr gemeinsamer wirklicher Vater. Sowohl auf der männlichen als auch auf der weiblichen Seite gab es nur wenig Sicherheiten, an denen sich das Kind festhalten konnte: Kein Wunder, daß Freud sich mit dem rätsellösenden Ödipus identifizierte.

Freud und sein Biograph Jones malten das Porträt einer hübschen jungen Mutter, die stolz war auf ihren erstgeborenen Sohn, ihren «unbestrittenen Liebling»[20]. Freud beschrieb auch das große Glück, das eine Frau erlebt, wenn ihr «mächtigster weiblicher Wunsch», ihr Wunsch nach einem Säugling mit Penis von ihrem Vater, durch die Geburt eines Sohnes erfüllt wird; denn nur das Verhältnis zum Sohn bringt der Mutter «uneingeschränkte Befriedigung, es ist überhaupt die vollkommenste, am ehesten ambivalenzfreie aller menschlichen Beziehungen»[21]. Dachte er auch an seine eigene, zwei Jahre zuvor verstorbene Mutter, als er schrieb: «Auf den Sohn kann die Mutter den

Ehrgeiz übertragen, den sie bei sich unterdrücken mußte, von ihm die Befriedigung all dessen erwarten, was ihr von ihrem Männlichkeitskomplex verblieben ist»[22]? Vielleicht war Freuds hohe Achtung vor dieser Übertragung die Ursache dafür, daß sich seine Idealisierung der Mutter in dem Versuch ausdrückte, das idealisierte Bild, das sie sich von ihm machte, ihr zuliebe zu bewahren: der bestmögliche Sohn für die bestmögliche Mutter. Er hielt es darüber hinaus für seine Pflicht, auch wenn sie noch so drückend war, den Lebenswillen der Mutter, ja ihr Leben zu erhalten. Als sie 1925 ihren neunzigsten Geburtstag feierte, schrieb Freud seinem Neffen in Manchester, daß sie ihr alle Verluste innerhalb der Familie verheimlicht hätten.[23] Die schlimmste Vorstellung für sie war, ihren geliebten Sigi zu verlieren: Das war geradezu undenkbar. Als sie schließlich 1930 starb, bekannte er, wieviel freier er sich nun fühle: «[...] oberflächlich aber verspüre ich nur zweierlei, den Zuwachs an persönlicher Freiheit, den ich erworben habe, denn es war mir immer ein abschreckender Gedanke, daß sie von meinem Tod erfahren sollte, und zweitens die Befriedigung, daß ihr endlich die Befreiung geworden ist, auf die sie sich in einem so langen Leben ein Recht erworben hatte.»[24] Als Freud fühlte, daß für ihn die Zeit zu sterben gekommen war, erinnerte er seinen Arzt Max Schur an das alte Versprechen, ihm zu helfen. Aber er fügte hinzu: «Besprechen Sie es mit der Anna, und wenn sie es für richtig hält, machen Sie ein Ende.»[25] Nicht einem Arzt oder Priester, sondern wieder einmal einer Frau übertrug er die Rolle der «stummen Göttin des Todes». Anna war seine Cordelia, die letzte der drei Parzen, die den Faden des Lebens durchschneidet und deren Armen er sich vertrauensvoll überließ.[26]

Der Versuch, in der Beziehung zu seiner Mutter Sicherheit und Befriedigung zu finden, wurde durch die Gegenwart der alten Kinderfrau erschwert, die sein Halbbruder und dessen Frau, Emanuel und Maria Freud, engagiert hatten, wahrscheinlich, um ihre zwei kleinen Kinder, Johann und Pauline, sowie Sigmund zu hüten.[27] Die Identität der Kinderfrau ist noch immer nicht vollständig geklärt: Sie war entweder Monika Zajìc, eine etwa vierzigjährige Angehörige der Familie, in deren Haus die Freuds wohnten, oder aber Resi Wittek, von der man weiß, daß sie im Juni 1857 Jakob, Amalie und Sigmund Freud zur Kur nach Roznau begleitete.[28] Freud grub die Existenz seiner Kinderfrau 1897 während seiner Selbstanalyse aus und rekonstruierte sie als ein «häßliches, älteres, aber kluges Weib [...], das mir viel vom lieben Gott und von der Hölle erzählt und mir eine hohe Meinung von meinen eigenen Fähigkeiten beigebracht hat»[29]. «Außerdem hat sie mich mit rötlichem Wasser gewaschen, in dem sie sich früher gewaschen hatte»[30] – als hätte seine Kinderfrau das Bindeglied zwischen ihrer Menstruation und seiner Potenz, seiner Fähigkeit zur Erkenntnis dargestellt.[31] Zweifellos war die hohe Meinung von seinen eigenen Fähigkeiten, die sie ihm eingab, eng verbunden mit dem Gegenteil: «Sie war meine Lehrerin in sexuellen Dingen und hat geschimpft, weil ich ungeschickt war, nichts gekonnt habe [...].»[32] So offenbarte sich Freud in den späten 1890er Jahren, während er die Geheimnisse der Hysterie in der Sexualität erforschte, eine Frau – Hebamme, Hexe und Verführerin – als Ursprung seiner Berufung und seines Wissens.[33]

Diese «ältliche Person, sehr gescheit»[34], verlor ihre Stelle bei den Freuds wegen eines Diebstahls, als Sigmunds zweieinhalb Jahre jüngere Schwester Anna geboren wurde. In seiner Erinnerung hingen diese beiden Ereignisse eng zusammen, und ihre Untersuchung und Entwirrung war einer der Meilensteine seiner Selbstanalyse:

«[...] wenn mir die Alte so plötzlich entschwunden ist, so muß sich der Eindruck davon bei mir nachweisen lassen. Wo ist er nun? Da fiel mir eine Szene ein, die seit 25 Jahren gelegentlich in meiner bewußten Erinnerung auftaucht, ohne daß ich sie verstünde. Die Mutter ist nicht zu finden, ich heule wie verzweifelt. Bruder Philipp (20 Jahre älter als ich) sperrt mir einen Kasten auf, und nachdem ich die Mutter auch hierin nicht gefunden habe, weine ich noch mehr, bis sie schlank und schön zur Türe hereinkommt. Was soll das bedeuten? [...] Als ich die Mutter vermißte, habe ich gefürchtet, sie würde mir ebenso verschwunden sein wie kurz vorher die Alte. Ich muß nun gehört haben, die Alte sei eingesperrt, und darum geglaubt haben, die Mutter sei es auch, oder besser, sie sei ‹eingekastelt› [...]. Daß ich mich gerade an ihn gewendet, beweist, daß mir sein Anteil am Verschwinden der Kinderfrau wohl bekannt war.»[35]

Aber Freuds Träumen zufolge war nicht nur Philipp für das Verschwinden der Kinderfrau verantwortlich, sondern auch er selbst: Er rekonstruierte einen Komplott mit der Kinderfrau, wonach er seiner Mutter die Silbermünzen gestohlen habe, um sie seiner Kinderfrau zu geben. Als er seine Mutter Jahre später über diesen Vorfall befragte, stellte sie klar, daß nicht er, sondern seine alte Kinderfrau den Diebstahl begangen habe. Sigmund war also als das Opfer dieses Diebstahls anzusehen. Philipp hatte selbst den Polizisten geholt, um sie festnehmen zu lassen. Sie bekam zehn Monate Gefängnis.

Die Wiederentdeckung seiner Kinderfrau und das Gefühl der Bestürzung, das den Zweijährigen nach ihrem Verschwinden überkommen hatte, schärften Freuds Sensibilität für das Zwei-Mütter-Motiv. «Wie manche Gestalten, die später seine Phantasie beschäftigen sollten – Leonardo, Moses, ganz zu schweigen von Ödipus –, genoß der kleine Freud die liebevollen Dienste zweier Mütter»[36], schreibt Peter Gay. In seinem Traum treten die beiden Mütter als Gegnerinnen auf, indem die eine die andere bestiehlt. In seinem Essay über Leonardo da Vinci betonte er die prägende Bedeutung der ersten Lebensjahre Leonardos, dessen leibliche Mutter gezwungen worden war, den kleinen Leonardo an die neue Frau seines Vaters abzutreten:

«Er hatte zwei Mütter gehabt, die erste seine wahre Mutter, die Caterina, der er im Alter zwischen drei und fünf Jahren entrissen wurde, und eine junge und zärtliche Stiefmutter, die Frau seines Vaters, Donna Albiera. Indem er diese Tatsache seiner Kindheit mit der ersterwähnten, der Anwesenheit von Mutter und Großmutter, zusammenzog, sie zu einer Mischeinheit verdichtete, gestaltete sich ihm die Komposition der heiligen Anna selbdritt. [...] Mit dem seligen Lächeln der heiligen Anna [womit Caterina gemeint ist] hat der Künstler wohl den Neid verleugnet und überdeckt, den die Unglückliche verspürte, als sie der vornehmeren Rivalin wie früher den Mann, so auch den Sohn abtreten mußte.»[37]

Freuds Wissen um die Konflikte, die zwischen Frauen eines Kindes wegen entstehen können, klingt in seiner ungewöhnlichen Interpretation von Salomons Urteil in *Massenpsychologie und Ich-Analyse* wieder an: «Wenn der einen Frau das Kind gestorben ist, soll auch die andere kein lebendes haben. An diesem Wunsch wird die Verlustträgerin erkannt.»[38] Gewöhnlich wird Salomons Urteil so gedeutet, daß die wirkliche Mutter des Kindes an ihrer Bereitschaft erkannt wird, das Kind einer anderen Frau abzutreten, ehe es geteilt wird. Freud fühlte sich verpflichtet, auch die Kehrseite der Medaille zu sehen: daß nämlich die Frau, die ihr Kind verloren hat, so großen Neid verspürt, daß sie das Kind lieber tot sähe, als der anderen Frau das lebendige Kind zu gönnen. Liegt in dieser Auffassung von der Macht des Neides vielleicht eine weitere Erklärung für Freuds Sympathie und Identifikation mit der häßlichen, vierzigjährigen, kinderlosen Kinderfrau, die ihm «in so früher Zeit die Mittel zum Leben und Weiterleben vorbereitet hat»[39]? Es sieht so aus, als sympathisierte Freud in dem Streit der beiden Frauen über die kleinen Silbermünzen mit beiden, mit der wohlhabenden Mutter wie mit der mittellosen Kinderfrau, und fühlte sich, wie immer es auch in Wirklichkeit zugegangen sein mochte, verantwortlich für ihr Verschwinden und damit schuldig.

Der Roman der Familie Freud

Die beiden Mütter Freuds stellten in keiner Weise eine außergewöhnliche Erblast dar. In den kleinbürgerlichen und bürgerlichen Kreisen des späten neunzehnten Jahrhunderts war das Leben in ein Unten und Oben unterteilt, dafür sorgten Ammen, Kinderfrauen, Gouvernanten und Dienstmädchen. Die untere Welt war meistens reicher an emotionellen und sexuellen Erlebnissen als die obere Welt, wo Pflicht, Tugend und Reinheit auf der Tagesordnung standen. Die Figur der verführten und verführenden Erzieherin und Kinderfrau taucht mit bemerkenswerter Regelmäßigkeit in Freuds Fallgeschichten auf, zum Beispiel bei Miß Lucy R. und Dora, sowie in den späten Arbeiten über weibliche Sexualität. Man sollte nicht vergessen, daß das spätere Mutter-Vater-Kind-Schema Freuds immer von einer komplexen sozialen Realität abgeleitet wurde, einer Realität, in der Schwellenfiguren wie das Kindermädchen und die Erzieherin eine entscheidende Rolle spielen konnten.[40]

Freud fühlte sich zwar verantwortlich für das Verschwinden seiner Kinderfrau, aber als eigentlich Schuldigen stempelte er Philipp ab, der, wie er 1924 schrieb, «an Stelle des Vaters zum Rivalen des Kleinen geworden ist»[41]. Warum also die Schuldgefühle des kleinen Jungen? Wegen seiner gegen den wahren Täter gerichteten Aggressivität. Aber wer war der wahre Täter des Verbrechens? Ein für den kleinen Jungen schwer zu lösendes Problem: War es Philipp, der seine Kinderfrau weggeschickt hatte? War es sein Vater? Die Vermischung der Generationen im Freudschen Haus – in dem auch die Hauseigentümer, die Zajìcs, wohnten – stellte ein weiteres Problem für den Jungen dar: Wer gehörte zu wem? Jakob Freud und die Kinderfrau waren gleich alt, ebenso Philipp und Amalie; warum teilte Jakob Freud dann das Bett mit Amalie? Warum schickte ausgerechnet Philipp die Kinderfrau weg? Und wer war verantwortlich für das Neugeborene, diese äußerst unwillkommene Familienerweiterung?

Das Bewußtsein für mögliche Konkurrenten bestehe schon im frühesten Alter, notierte Freud 1932: «[...] merkwürdigerweise ist das Kind auch bei einer Altersdifferenz von nur elf Monaten nicht zu jung, um den Sachverhalt zur Kenntnis zu nehmen.»[42] Diese Bemerkung bezieht sich mit Sicherheit auf die eigene Kindheit: Freuds Bruder Julius wurde geboren, als er elf Monate war, starb jedoch acht Monate später.[43] Während seiner Selbstanalyse entdeckte Freud Erinnerungen daran, «daß ich meinen ein Jahr jüngeren Bruder (der mit wenigen Monaten gestorben) mit bösen Wünschen und echter Kindereifersucht begrüßt hatte»[44].

Der junge Freud

Wenige Monate später jedoch schrieb Freud: «Von der Geburt einer Schwester, die zweieinhalb Jahre jünger ist als ich, weiß ich nichts; die Abreise, der Anblick der Eisenbahn, die lange Wagenfahrt vorher haben keine Spur in meinem Gedächtnis hinterlassen.»[45] Wir haben bereits gesehen, wie vorsichtig seine Behauptung, er habe von ihrer Geburt gewußt, zu behandeln ist. Er erinnerte sich an die Angst, daß seine Mutter eingekastelt und verschwunden sei wie seine Kinderfrau, und er erinnerte sich an seine Erleichterung, als er sie «schlank und schön» wiederkommen sah.[46] Offensichtlich konnte die Eifersucht des kleinen Sigismund auf seinen Bruder durch die Analyse wiederhergestellt werden, während das Ereignis der Geburt seiner Schwester Anna durch diese anderen Erinnerungen verdeckt blieb. Anna, die Lieblingstochter Jakob Freuds, war wie Sigmund in Freiberg geboren, bevor «jene erste Katastrophe»[47] geschah, bevor also die Familie 1859 die Idylle auf dem Land verließ und nach Wien zog. Die intensive Abneigung der kleinen Schwester gegenüber, die Freud schon bei ihrer Geburt an den Tag legte, prägte auch weiterhin ihre Beziehung. Als Freud acht Jahre alt war, waren Anna vier weitere Schwestern gefolgt: Rosa, Marie (Mitzi), Pauline (Pauli) und Adolfine (Dolfi). Sein einziger Bruder kam auf die Welt, als er zehn war, und es ist bezeichnend für die Vorrangstellung, die er als ältester Sohn in dieser jüdischen Familie einnahm, daß der Familienrat seinen Namensvorschlag Alexander akzeptierte.

Beide Söhne besaßen zweifellos gewisse Vorrechte, nicht nur als ältestes beziehungsweise jüngstes Kind, sondern als männliche Nachkommen. Freud war ein «ziemlich prüder Zensor. Als sie fünfzehn Jahre alt war, erinnerte sich seine Schwester Anna, mißbilligte er ihre Lektüre von Balzac und Dumas als zu gewagt»[48]. Sicher erachtete er ein anderes, heute noch vorhandenes Buch der Familienbibliothek für geeigneter: das *Magazin des Adolescents* von 1825, das in Form von Dialogen (zwischen Mademoiselle Bonne, Miss Frivole und so weiter) die Moral der Liebe und die korrekte Verhaltensweise junger Damen predigte. Das Buch wurde offenbar nicht nur von den Mädchen gelesen, da in ihm die Namen aller Geschwister, auch Sigismunds und Alexanders, eingetragen sind.[49] Freud schaffte es auch, daß das Klavier seiner Schwester auf Nimmerwiedersehen verschwand, weil der Lärm ihn beim Lesen und Arbeiten störte. Es gab keine Diskussion darüber, daß die Jungen studieren und einen Beruf ergreifen würden, während die Mädchen sich auf die Ehe und eine eigene Familie vorbereiteten. Freud entschied sich für Medizin, Alexander studierte Ökonomie und wurde Professor an der Außenhandelsakademie. Es war selbstverständlich, daß die Brüder die unverheirateten weiblichen Familienmitglieder unterstützten – eine Aufgabe, die sie ihr ganzes Leben belasten sollte. In seinen Briefen aus den frühen 1880er Jahren machte sich Freud über die ungewisse Zukunft seiner Schwestern Sorgen und beklagte ihre Armut, die auch durch seine kümmerliche Hilfe nicht wirklich gelindert wurde. Wie ausgeprägt sein Pflichtgefühl war, kommt in einem Brief an seine Frau Martha aus dem Jahr 1884 zum Ausdruck: «Kannst Du Dir denken, daß ich tausend Gulden im Kasten habe und Rosa und Dolfi hungern?»[50] Das Pflichtgefühl sollte ihn nie verlassen; die Brüder trafen sich regelmäßig, um die finanziellen Probleme ihrer Mutter und ihrer Schwestern zu besprechen,[51] und als die beiden sich 1938 anschickten, Wien zu verlassen, stellten sie für die Versorgung ihrer vier verwitweten oder unverheirateten Schwestern, die den Entschluß gefaßt hatten oder gezwungen waren, den Rest ihres Lebens in Wien zu verbringen, ein Kapital von achttausend Pfund zur Verfügung.[52] Alle vier wurden vier Jahre später von den Nazis umgebracht.

Bevor die Schwestern heirateten (Dolfi war die einzige, die unverheiratet blieb), übernahmen sie verschiedene Aufgaben, die ihrer Stellung und ihrer finanziellen Notlage entsprachen. So verdingte sich Rosa eine Zeitlang als Gesellschafterin bei einer Dame, während Pauli Annas Kinder in den frühen neunziger Jahren in die USA begleitete. Freud nahm seine Schwestern gelegentlich auf Ausflüge mit, zum Beispiel 1885 die «arme kleine Schwester» Dolfi auf eine zweitägige Geburtstagswanderung.[53]

Anna heiratete als erste. Freuds junge Freunde hatten ihr den Hof gemacht, darunter sein langjähriger Freund Eduard Silberstein,[54] aber im Oktober 1883 heiratete sie Eli Bernays, den älteren Bruder von Freuds zukünftiger Frau. Gleich zu Beginn seiner Werbung um Martha hatte Freud Bernays als ein Hindernis auf dem Wege zu seiner totalen Inbesitznahme von Martha erkannt, so daß sich das kreuzweise verheiratete Quartett bald fremd wurde. Später trat auf Sigmunds Betreiben die vollständige Entfremdung ein, was zum Teil mit Elis Seitensprüngen und seinen illegitimen Kindern zu tun hatte, denen er Geld zuzustecken pflegte.[55] Als 1886 Annas erstes Kind Judith geboren wurde und Eli den Freuds einen Besuch abstattete, begrüßte Freud ihn äußerst frostig und verließ sofort das Haus, um seiner Schwester in Abwesenheit des Gatten zu gratulieren.[56] 1892 emigrierten Eli und Anna mit der Unterstützung der restlichen Familie, auch Freuds, in die

Vereinigten Staaten. Sie nahmen ihr jüngstes Kind Edward mit sich, während sie ihre beiden Töchter für ein Jahr in Wien zurückließen – Judith bei den Großeltern und Lucy bei Freud und Martha. Eli kam in Amerika zu Wohlstand, und Freud sprach nach ihrer Aussöhnung in homerischer Manier von ihm nur in Verbindung mit dem Epitheton «reich» oder «hat einen Haufen Geld gemacht». Mit gutem Grund, denn er wurde zu einem jener reichen Amerikaner, von denen nach dem Ersten Weltkrieg Freuds eigenes Einkommen, die psychoanalytische Bewegung und so manches andere in Wien abhingen. 1920 spendete Eli eine Million Kronen für die Gründung des Kinderheims «Tivoli» in Wien, dessen Komiteemitglied Freud war.[57] Als Eli starb, erbte Anna Reichtum und Beinamen; «gutsituiert» hieß es stets, wenn ihr Name fiel.

Die verschiedenen Zweige der größer werdenden Familie Freud blieben auch über den Atlantik in Kontakt. Eli, Anna und ihre vier Kinder kamen 1900 nach Europa, aber Freud blieb bei dieser Gelegenheit noch verächtlich auf Distanz.[58] Als ihr Sohn Edward 1913 als Zweiundzwanzigjähriger in das Sommerhaus der Freuds in Karlsbad kam, verliebte sich Freuds jüngste Tochter Anna in ihn und wollte ihn heiraten. Sie erzählte ihm davon, als sie sich 1980 wiedersahen, und meinte mit Blick auf seine Frau Doris Fleischman Bernays, Feministin und PR-Beraterin in Zusammenarbeit mit ihrem Mann, lächelnd: «Mit ihr bist du besser dran.» Worauf er, ebenfalls lächelnd, sagte: «Wenn ich dich geheiratet hätte, wäre es ein doppelter Inzest gewesen.»[59] Man spürt, daß Tochter Anna die Familie Freud nah genug stand, um nicht allzu beunruhigt über den Inzest mit ihrem zweifachen Cousin zu sein.

Freuds Lieblingsschwester war die um vier Jahre jüngere Rosa.[60] Er beteiligte sich aktiv an ihrer Erziehung[61] und schrieb ihr regelmäßig, wenn er nicht in Wien war oder als sie 1884/85 ihre Halbbrüder in Manchester besuchte. Ihre Bindung war so stark, daß sie auch «die schönste Neigung zur Neurasthenie»[62] teilten, die einzigen neurotischen Symptome, die Freud 1886 in der Familie entdecken konnte. In seinen und in den Augen vieler anderer war sie die schönste seiner Schwestern. «Noch als Witwe über sechzig erreichte sie es, daß sie von jungen Männern geliebt wurde, was sie mit Stolz erfüllte und in keiner Weise verheimlichte.»[63] Wie ihre Schwestern kümmerte sich Rosa um die Kleidung ihres unverheirateten Bruders; 1885 meldete er aus Paris, «Rosa schreibt, daß sie riesig zu tun hat – mein Winterrock, meine Wäsche und Stiefel»[64]. Eine Zeitlang war sie mit Brust, einem Freund

Freuds,⁶⁵ verlobt, aber schließlich heiratete sie Heinrich Graf, von dem Freud anerkennend sagte: «[...] er ist ein vortrefflicher Mensch und kein anderes Motiv als alte Neigung.»⁶⁶ Ihre Hochzeit gehörte zu den wenigen, an denen Freud teilnahm. Die Grafs zogen bald in die Wohnung über den Freuds in der Berggasse 19.

Rosa hatte zwei Kinder, die beide in früher Jugend starben. Der im Juli 1897 geborene Hermann starb 1917 als einziger der engeren Familie auf dem Feld. Und Cäcilie, 1898 geboren, beging im August 1922 Selbstmord, als sie merkte, daß sie schwanger war. Freud war bestürzt: Es gehe ihm nicht gut, der Tod seiner Lieblingsnichte habe ihn tief erschüttert, schrieb er Jones; sie habe Veronal genommen, während sie in Wien allein war.⁶⁷ Die Schwangerschaft allerdings wurde so gut vertuscht, daß der damals sechsundzwanzigjährigen Anna Freud, die mit ihrer Cousine eng befreundet gewesen war, der wahre Grund des Selbstmords verborgen blieb, bis sie ihn 1950 in Ernest Jones' Biographie ihres Vaters las.⁶⁸ Der Tod ihrer Kinder warf einen dunklen Schatten über Rosa, die schon 1908 ihren Mann verloren hatte.⁶⁹

Auch die anderen Schwestern hatten kein leichtes Leben. Die junge Mitzi arbeitete eine Zeitlang in Paris als Dienstmädchen und als Erzieherin, wodurch sie ihrer Mutter Geld schicken konnte; es gelang ihr jedoch nicht, die Sprache zu erlernen und dort heimisch zu werden. Sie heiratete ihren Cousin Moritz Freud und bekam mehrere Kinder, von denen zwei schon in jungen Jahren starben: Teddy ertrank 1923 als Achtzehnjähriger in Berlin; die jüngste Tochter Martha heiratete den Journalisten Jakob Seidmann; sie nannte sich später Tom, kleidete sich wie ein Mann und wurde eine begabte Kinderbuchillustratorin; sie blieb aber immer eine komplizierte, rastlose Frau, die 1930 Selbstmord beging, ein Jahr nach dem Selbstmord ihres Mannes.⁷⁰ Pauli, die als jüngste Schwester acht Jahre nach Freud geboren wurde, zog nach New York und heiratete Valentin Winternitz, der 1887 nach Amerika ausgewandert war. Freud lernte Winternitz nie persönlich kennen, was ihn Ende 1899 jedoch nicht davon abhielt zu erwägen, ihn mit einer Bittschrift zu behelligen,⁷¹ wahrscheinlich, weil er wegen seiner schlecht gehenden Praxis und der mangelnden Anerkennung daran dachte zu emigrieren. Winternitz starb jedoch überraschend im Mai 1900 im Alter von einundvierzig Jahren. Eli bat Freud, Pauli bei ihrer Rückkehr nach Europa zu unterstützen; mit Hilfe der Familie Freud und der Familie ihres Mannes ließ sie sich in Berlin nieder, wo eine Zeitlang das «Hauptquartier»⁷² der Familie war. Ihr einziges Kind, die

1896 geborene Rosi, hatte psychische Probleme; 1913 litt sie unter einer schizophrenen Phase.

Wie in so vielen jüdischen Familien der damaligen Zeit verbrachten die Familienmitglieder viel Zeit miteinander. Freud erzählt, wie er in einem Sommer zufällig in Venedig seine Schwester Rosa und Heinrich Graf traf und mit ihnen weiterreiste, bald darauf seine Schwester Anna und deren Familie dazustießen und am nächsten Tag unerwartet sein Bruder Alexander auftauchte. Gelegenheit genug, um festzustellen, daß die amerikanischen Kinder «den meinigen so ähnlich sehen»[73]. Die verwitweten Schwestern hatten untereinander sowie mit der Mutter und den Familien der Brüder ein besonders enges Verhältnis und verbrachten oft den Sommer gemeinsam in Ischl oder einem anderen Wiener Luftkurort. Die unverheiratete Dolfi übernahm, weil das Schicksal oder der Bruder es so wollte, die traditionellen Tochterpflichten, pflegte Freuds Vater auf dem Sterbebett und betreute die hochbetagte Mutter. «Sie ist», meinte Freud, «die liebste und beste von den Schwestern und hat so eine reiche Innigkeit und eine leider allzufeine Empfindlichkeit.»[74] Der Tod der dominierenden Amalie war für die fast siebzigjährige Dolfi ein kaum zu verwindender Schlag; aber wieder scharte sich die Familie schützend um sie, und ihr Lebensmut kehrte zurück, als zwei ihrer verwitweten Schwestern zu ihr zogen. Auf die gegenseitige Unterstützung war in der Familie Freud immer Verlaß. Sigmund, der von Mutter und Schwestern innig geliebte und respektierte Sohn und Bruder, war daher auch im Alter nicht allein. Und um die von Ehefrau, Schwägerin und jüngste Tochter gebildete Triade gruppierten sich Freundinnen und Freunde, Schülerinnen und Schüler.

Erste Liebe

Takt und also Verschwiegenheit bewirken, daß wir häufig gerade über die ersten Jahre der sexuellen Reife wenig erfahren, und Freuds Biographie macht da keine Ausnahme. Wir wissen nur von einer Jugendliebe Freuds vor seinem langjährigen Liebeswerben um Martha Bernays, die nach mütterlichem Vorbild ausgesuchte geliebte Ehefrau.[75] Aus dieser ersten kurzen Begegnung, die Freud als Teil seiner

Selbstanalyse einem anonymen Gesprächspartner erzählte, gewann er einige wichtige Erkenntnisse über das Ineinanderfließen von Phantasie und Erinnerung.

Freuds «erste Schwärmerei»[76] galt der Tochter von Freunden der Familie, bei denen er zweimal wohnte, als er in den Sommern 1871 und 1872 an seinen Geburtsort zurückkehrte; wahrscheinlich hatte er seine Mutter zu einem mährischen Kurort in der Nähe Freibergs begleitet. In seiner Selbstanalyse, die er im Alter von zweiundvierzig Jahren veröffentlichte, wurde die Erinnerung an diese erste Jugendliebe interessanterweise von der ersten Kindheitserinnerung überdeckt, in der er als Dreijähriger mit seinem Neffen und seiner Nichte, Johann und Pauline, spielte. Indem er durch die Wand der Kindheitserinnerung ging, kam Freud zu der Erinnerung an den Sechzehnjährigen: Das war der Augenblick seiner Rückkehr zu der Idylle seiner Kinderjahre und der Leidenschaft für Gisela Fluß, die zwölfjährige Schwester[77] seines Freundes. Bezeichnenderweise hielt Freud seine leidenschaftlichen Gefühle für dieses «halb-naive, halb gebildete Mädchen» geheim und tadelte sich nach der Rückkehr für sein «unsinniges Hamlettum», seine «Gedankenschüchternheit»[78]: «Ich erging mich viele Stunden lang in einsamen Spaziergängen durch die wiedergefundenen herrlichen Wälder mit dem Aufbau von Luftschlössern beschäftigt, die seltsamerweise nicht in die Zukunft strebten, sondern die Vergangenheit zu verbessern suchten.»[79] Wenn bloß seine Familie nie die kleine Stadt verlassen hätte, in der er geboren war, dann wäre er auf dem Land aufgewachsen, gesund und kräftig geworden, hätte den Beruf seines Vaters ergriffen und das Mädchen geheiratet, das er seit so vielen Jahren kannte! Der Analytiker Freud war sich später wohl bewußt, daß die Schäferidylle starken Anteil an der plötzlichen Vergegenwärtigung dieser ersten Liebe hatte. «In der Stadt fühlte ich mich nie recht behaglich; ich meine jetzt, die Sehnsucht nach den schönen Wäldern der Heimat [...] hat mich nie verlassen.»[80]

Freuds Deckerinnerung kaschierte nicht nur seine jugendliche Schwärmerei, sondern auch den von seinem Vater und dem Halbbruder ausgeheckten Plan, ihm (um ihn von seiner intellektuellen Tätigkeit abzubringen) eine kaufmännische Stellung in Manchester zu verschaffen und ihn mit seiner Nichte Pauline zu verheiraten – dem kleinen Mädchen, dem er die Blumen weggenommen hatte und die daraufhin mit einem Brot getröstet worden war. In dieser Kindheitserinnerung waren zwei verschiedene Jugendphantasien enthalten: Wenn er bloß nicht von Freiberg weggezogen wäre, hätte er Gisela heiraten und sie «deflorieren» können, wie er Pauline «defloriert» hatte. Freiberg und Manchester verschmelzen somit zu Symbolen eines bequemeren Lebens («Brot»), in dem seine sinnlichen Leidenschaften («Blumen») befriedigt würden.

Es sollte nicht sein. Die Folge dieser ersten Verliebtheit war, daß Freud weibliche Wesen und die Angelegenheiten des Herzens mit selbstbewußter, spöttischer Überlegenheit behandelte. Im Briefwechsel mit Giselas Bruder prägte Freud den Spitznamen «Ichthyosaura» für sie, womit er auf ihren Nachnamen Fluß anspielte und darauf, daß sie für ihn ein fremdes Wesen geworden war. Ironie dominierte auch Freuds episches Gedicht auf das «Prinzip», das Kodewort für «Mädchen», das die Freunde drei Jahre später benutzten, als Gisela heiratete. So wie Freud sich schwor, der Vergangenheit den Rücken zuzukehren, so schwor er sich, auf dies ausgesprochen verspielte Phantasieren über das andere Geschlecht zu verzichten: «Niemand suche ein Prinzip woanders als in der Gegenwart, nicht im Alluvium oder Diluvium, nirgendwo als unter den Kindern der Menschen, nicht in der grausigen Urvergangenheit [...].»[81] Frauen mögen ihn fasziniert haben, aber der Wunsch, ihnen nachzustellen, wurde durch den Wunsch sublimiert, Wissen zu erlangen. Als er Ostern 1876 seine erste Reise nach Triest unternahm, wo er als Student in der zoologischen Versuchsstation über die Geschlechtsdrüsen der Aale arbeitete, bemerkte er: «Am ersten Tag meines Triester Aufenthalts schien es mir zwar, als ob lauter italienische Göttinnen Triest bevölkern würden, und ich bekam völlig Angst, aber als ich am zweiten Tag erwartungsvoll die Straßen betrat, konnte ich keine mehr finden [...].»[82] Zwei Wochen zuvor hatte er sich über die Göttinnen Triests in einem pseudowissenschaftlichen Ton mokiert:

«Die Leute endlich sind mit wenig Ausnahmen sehr häßlich. [...] Katzen sind schön und zutraulich, besonders charakteristisch sind aber die Frauen. Es sind [...] oft ganz die italienischen Gestalten, schlank, groß, schmal von Antlitz mit länglicher Nase, dunklen Augenbrauen und der kleinen hochgehobenen Oberlippe. Soviel anatomische Merkmale. Physiologisches weiß ich von ihnen nur, daß sie gern spazierengehen. [...] Schön in unserm deutschen Sinn sind sie leider nicht, ich erinnere mich aber, daß am ersten Tag ich unter dem neuen Typus sehr viel Schönheiten herausfand, die ich seitdem nicht wiedergesehen habe.»[83]

Er sezierte in Triest vierhundert Aale, die Abkömmlinge der Ichthyosaurier, auf der Suche nach den schwer definierbaren männlichen

Geschlechtsdrüsen, aber vergeblich – «alle Aale, die ich aufschneide, sind vom zarteren Geschlecht»[84].

Freuds Flucht vor den Frauen war mehr als nur die Flucht des Jugendlichen vor dem «zweifelhaften» Geschlecht. Die Briefe, die von seiner Schwärmerei für Gisela Fluß handelten, beschrieben auch die mannigfachen Tugenden ihrer Mutter; ihre Intelligenz, Kultiviertheit und Gewandtheit sowie ihre ständige Fröhlichkeit im Umgang mit den Kindern und ihre herzliche Gastfreundlichkeit. Die Mutter «sorgte für mich wie für ihr Kind»[85]. Und ebenso wie die Tochter, wenn nicht mehr, beflügelte sie Freuds Phantasie, so daß er selbst erkannte: «[...] mir scheint, daß ich die Achtung vor der Mutter als Freundschaft auf die Tochter übertragen habe [...] und ich bin voll von Bewunderung für diese Frau, der keines von ihren Kindern ganz nachkommt.»[86]

«Sorgte für mich wie für ihr Kind» erinnert uns an die Abhandlung von 1910, in der Freud zum erstenmal den Ausdruck Ödipuskomplex prägte. Er beschreibt hier die Phantasie, in der der Sohn die Mutter zu retten, ihr Geschenk (der eigenen Geburt) durch etwas Gleichwertiges zu ersetzen sucht: «Der Sohn erweist sich als dankbar, indem er sich wünscht, von der Mutter einen Sohn zu haben, der ihm selbst gleich ist, das heißt, in der Rettungsphantasie identifiziert er sich völlig mit dem Vater.»[87] Die Dankbarkeit einem höheren mütterlichen Wesen gegenüber begründete Freuds Bewunderung für Frau Fluß:

«[...] ich schlief diese Nacht oben und stand am nächsten Morgen gesund und ohne Zahnschmerz auf. Sie fragte mich, wie ich geschlafen hätte. Schlecht, erwiderte ich, ich habe kein Auge zugetan. So kam es mir vor. Sie sagte lachend: Ich war zweimal in der Nacht bei Ihnen, und Sie haben es nicht gemerkt. Ich war beschämt. Solche Freundlichkeit und Güte kann ich unmöglich verdienen, wie die ist, mit der sie mich behandelt. Sie sieht wohl ein, daß ich stets einer Aufmunterung bedarf, zu sprechen oder zuzugreifen, und läßt es nie daran fehlen. Da zeigt sich ihre Überlegenheit über mich, wie sie mich lenkt, so rede ich, so zeige ich mich.»[88]

Der spätere Entdecker des Ödipuskomplexes war sich schon mit sechzehn bewußt, daß sich Generationsgrenzen in den Liebesphantasien auflösten, wodurch er beide, Mutter und Tochter, lieben konnte. Die Vermischung der Generationen in seiner eigenen Familie bedeutete ja, daß er niemals sicher sein konnte, ob Philipp oder Jakob der Mann war, der den Schlüssel zu den mütterlichen Geheimnissen besaß. Auch in Freuds Vorlesung über «Die Weiblichkeit» wird diese Verschwommenheit gepriesen: Die Tochter gewinne in der Identifizierung mit der

Mutter jene «Anziehung für den Mann, die dessen ödipale Mutterbindung zur Verliebtheit entfacht»[89]. Freuds erste Liebe verlangte deutlich danach, durch das Verschmelzen von Mutter und Tochter entflammt zu werden. Ernest Jones behauptete sogar, daß die Unsicherheit über die richtige Zuordnung der Generationen die Grundlage war für Freuds Unabhängigkeit und Entschlossenheit, den Dingen auf den Grund zu gehen, seine vielleicht folgenreichste Charaktereigenschaft.[90]

Das Zuordnungsproblem manifestierte sich auch in dem elterlichen Plan, Freud solle seine Nichte Pauline heiraten und Textilkaufmann in England werden. Während er 1875 als Neunzehnjähriger seine Verwandten in Manchester besuchte, kam ihm zum erstenmal der Gedanke, die theoretische und philosophische Zoologie sowie die Evolutionsbiologie, die ihn bisher begeistert hatten, zugunsten des Dienstes am Menschen aufzugeben. «Die theoretische (wissenschaftliche) Alternative zum Emigrations- und Heiratsplan stellte somit eine Verteidigung gegen den Inzest dar, und das Thema seiner zukünftigen Forschungsarbeit, die Sexualität von Meereslebewesen, hat den Charakter eines psychischen Kompromisses zwischen Wunsch und Verteidigung.»[91] Aber Freud hatte gar kein Interesse daran, Pauline zu heiraten.[92] Ein Traum über Lebewesen im Meer, den er in die *Traumdeutung* aufnimmt, zeigt, daß der elterliche Plan «das Geschlechtliche dort anbringe, wo es nicht hingehört»[93]. Bei Gisela Fluß hatte Freud das Gefühl, sich in ein sexuelles Dreiecksverhältnis mit Mutter und Tochter zu verstricken; bei Pauline fühlte er sich in einen Inzest verstrickt. Aber Freud vermied entschlossen beide Konstellationen. Als er sich von Gisela zurückzog, wandte er sich zugleich von der Rechtswissenschaft und der Politik ab, seiner ersten Berufswahl, und einem neuen Interesse zu, das kein leerer Flirt sein sollte,[94] sondern die demutsvolle Hingabe eines Wissenschaftlers an Mutter Natur; als er sich von Pauline und dem Inzestprojekt abwandte, begann er sich ernsthaft mit dem Gedanken zu beschäftigen, Medizin zu studieren. Beide Male hatte er sich von Frauen abgewandt und sich in die Wissenschaft vergraben.

Parallel zu diesem wiederholten Unterdrücken der Sexualität schwächte sich Freuds Begeisterung für die Kriegsherren der Antike – Alexander, Hannibal und Massinissa –, ab und wandelte sich zur moralischen Unterstützung der (ebenfalls sehr kämpferischen) englischen Philosophen und Wissenschaftler Huxley und Tyndall und schließlich solcher Wohltäter der Menschheit wie Koch und Pasteur. Wir sollten jedoch weder Freuds Neigung zur Aggressivität unterschätzen, die er später als Teil der menschlichen Sexualität ansehen sollte, noch die Aggressivität, die die sexuellen Beziehungen in seiner Phantasie auszeichnet: die «arge sexuelle Aggression»[95], auf die er in der Geschichte von der kleinen Pauline anspielt, der er die Blumen geraubt hat. Man könnte sogar sagen, daß die Deflorationsphantasie der Kern der Freudschen Sexualphantasie ist.[96]

Unter einem seiner Pseudonyme als Patient meint der spätere Freud, «einem Mädchen die Blume wegnehmen, das heißt ja: deflorieren. [...] Das Verlockendste an dem ganzen Thema ist für den nichtsnutzigen Jüngling die Vorstellung der Brautnacht; was weiß er von dem, was nachkommt. Diese Vorstellung wagt sich aber nicht ans Licht.» Worauf der Analytiker Freud erwiderte: «[...] gerade das Grobsinnliche an der Phantasie ist der Grund, daß sie sich nicht zu einer bewußten Phantasie entwickelt, sondern zufrieden sein muß, in eine Kindheitsszene als Anspielung in verblümter Form Aufnahme zu finden. [...] Können Sie sich einen stärkeren Gegensatz zu so argen sexuellen Aggressionsvorsätzen denken als Kindertreiben?»[97]

Das einzige andere «Kindertreiben», an das sich Freud erinnern konnte, besaß ebenfalls einen destruktiven sexuellen Aspekt:

«Mein Vater machte sich einmal den Scherz, mir und meiner ältesten Schwester ein Buch mit *farbigen Tafeln* [...] zur Vernichtung zu überlassen. Es war erziehlich kaum zu rechtfertigen. Ich war damals fünf Jahre, die Schwester unter drei Jahren alt, und das Bild, wie wir Kinder überselig dieses Buch zerpflücken (*wie eine Artischocke*, Blatt für Blatt, muß ich sagen), ist nahezu das einzige, was mir aus dieser Lebenszeit in plastischer Erinnerung geblieben ist.»[98]

Später als Student sollte der Erwerb und Besitz von teuren Monographien sein liebstes Hobby sein. Ein kostspieliges Vergnügen, jedoch, wie er sich rechtfertigte, ein harmloses, verglichen mit dem, was andere junge Männer trieben.

1898 hatte Freud eine neue Liebhaberei: Träume «zerreißen». Die Monographie über Träume, an der er schrieb, tauchte in seinen Träumen als Botanikbuch auf. Als Kind hatte er farbige Abbildungen zerrissen; als Student hatte er Leichen seziert und teure Bildbände gesammelt. Jetzt zerlegte er Träume und die darin verborgenen Leben, eine Assoziation nach der anderen, ein Blatt nach dem anderen. Der botanische Traum formt Freuds neues Interesse an der Flora – an Geschichten von Männern, die vergessen, ihren Frauen Blumen mitzubringen, an einer Patientin, die *Flora* hieß und deren Familienname wahrscheinlich *Rosanes*[99] war. Der Traum besagt für Freud: «Ich darf mir das erlauben.»[100] Mit *das* meint Freud jetzt nicht nur sexuelle Gewalt, sondern auch die Arbeit an seinem Traumbuch, für die er die Träume seiner Patienten – ihre farbigen Bildtafeln – analysiert und also defloriert.[101] Vielleicht sollte man darauf hinweisen, daß die sexuelle Phantasie, die seiner Freude an Monographien und seiner Interpretation von Träumen zugrunde liegt, mit dem gewaltsamen Öffnen von Frauen zu tun hat, dem Bloßlegen ihrer Geheimnisse, weniger mit einem Eindringen und Zerstören.

Schon von dem kleinen Freud wußte die Familie, daß er Blumen liebte: «Sigmund streifte oft mit seinen Freunden durch die Wälder und Felder bei Wien, um anschließend seltene Pflanzen- und Tierarten mit heimzubringen.»[102] Seine spätere Leidenschaft für das Pilzesammeln lieferte ihm eine seiner geheimnisvollsten und oft zitierten botanischen Analogien, daß sich der Traumwunsch erhebe «wie der Pilz aus seinem Mycelium»[103], aber der Ursprung des Traums widersetzt sich allen Versuchen einer vollständigen Deutung: «Dies ist dann der Nabel des Traums, die Stelle, an der er dem Unerkannten aufsitzt.»[104] Dieser Punkt, der sich dem deflorierenden Interpreten widersetzt, ist eine unmißverständliche Anspielung auf das Mysterium der Weiblichkeit, des «dunklen Kontinents»: der Nabel ist das unauslöschliche Merkmal unserer früheren Verbindung mit der Mutter.

Als Freud ein alter Mann war, verwandelte sich die Wiener Wohnung an seinen Geburtstagen in ein wahres Orchideenmeer. Zu seinem achtzigsten Geburtstag überreichte ihm ein junges Mädchen der Wiener Psychoanalytischen Vereinigung einen Strauß von Alpenblumen, und er nahm die Gratulantin beiseite, um ihr zu sagen, wie gerührt er sei. Ein Zeichen, daß sich auch seine Schüler in der unbewußten Sprache der Blumen,[105] die er so gut und so lange schon beherrschte, auszudrücken wußten.

So können wir durchaus das Bild von Johann und Sigmund, die der kleinen Pauline ihre Blumen wegreißen, als Allegorie verstehen auf die Analysen – das Aufbrechen – von Patientinnen, die die beiden Ärzte, Josef Breuer und Freud, in den *Studien über Hysterie* veröffentlichen. Die Erkenntnis, daß das «glänzend ausgestattete Gedächtnis» einer Patientin «die auffallendsten Lücken» aufwies, als sei «ihr Leben wie zerstückelt»,[106] und die Notwendigkeit, diese Lücken zu füllen – das Ziel jeder vollständigen Analyse –, mögen durchaus auf die Deflorationsphantasie zurückgehen. Wie wir sehen werden, wird es Katharina, dem *Alpenkind*, gelingen, die Aufmerksamkeit ihres Arztes, dieses Liebhabers der Alpenflora und der ländlichen Szenerie, mit ihrer

Geschichte von der versuchten Vergewaltigung durch den Vater zu fesseln. Mit Fragmenten und Stückwerk wußte Freud immer gut umzugehen; seine bevorzugte Methode war das Sezieren und Analysieren, kurz, das Trennen des Vermischten, indem er verhüllende Schleier durchschnitt und bloßlegte, was dahinter versteckt war.

Über Freuds Ablehnung dieser Deflorationsphantasie in seinen Kindheitserinnerungen gelangen wir zu einem weiteren Element, dem «sonderbare[n] Idiotikon des Unbewußten»[107]: dem Motiv der drei Frauen. In dieser Erinnerung erscheinen drei weibliche Wesen: die Kinderfrau, die Kindjungfrau und die Bäuerin mit einem Messer. Vielleicht geht es zu weit, diese drei Gestalten direkt mit den drei Parzen zu identifizieren, als eine, die den Lebensfaden spinnt, eine, die ihn zuteilt, und eine, die ihn durchschneidet.[108] Aber immerhin wissen wir, daß Freud diesem Motiv für die Beziehung des Mannes zu Frauen grundlegende Bedeutung beimaß.

1875, als er neunzehn war, begann die Kursänderung in Richtung Medizin, und der junge Freud sollte, soweit wir wissen, erst wieder 1882 von der Leidenschaft erfaßt werden: zu Martha Bernays, seiner späteren Frau. Mit einem Anflug von Selbstmitleid hatte er während seiner Forschungen in Triest verkündet: «Kleine Kinder sieht man sehr wenige auf den Straßen, diejenigen, die ich gesehen habe, sehen schon ganz altklug aus, korrigieren ihre Schönheit auch schon mit Reispuder. Da es nicht gestattet ist, die Menschen zu sezieren, habe ich eigentlich gar nichts mit ihnen zu tun.»[109] Und wahrscheinlich hatte er auch bis 1882 nichts mit ihnen zu tun. Es gab und gibt indessen Gerüchte: Der mit Martha verwandte John hätte gern gewußt, ob Freud in Paris «ein Verhältnis unterhalte», als er ihn 1885 in Paris besuchte,[110] und Karl Bettelheim,[111] der Onkel von Bruno Bettelheim, erzählte von Bordellbesuchen mit Freud.[112] Und als Marie Bonaparte Freud fragte, ob er bei seiner Hochzeit noch unberührt gewesen sei, antwortete er mit einem Nein.[113] Alles in allem scheint Ernest Jones mit seiner Bemerkung über Freuds voreheliches Sexualleben recht zu haben: «Es ist fast sicher, daß die Liebe erst zehn Jahre später, als er seiner künftigen Gattin begegnete, wieder in sein Leben trat. [...] Selbst physische Erlebnisse scheint er nur wenige und in großen Zwischenräumen gehabt zu haben.»[114]

Nicht nur im Vergleich mit Arthur Schnitzler, der in seiner Jugend in Wien beinahe täglich neue Affären in seinem Tagebuch vermerkte, führte Freud sicher ein enthaltsames und gezügeltes Leben. 1884 beschrieb er Martha das Liebesleben seines ehemaligen Freundes Silberstein:

Der junge Freud

«Als er noch ganz jung war, war Anna seine erste Liebe, dann begann er ein Verhältnis mit Fanny, dazwischen war er in alle Mädchen weit und breit verliebt, und jetzt ist er es in keine [nach seiner Geldheirat]. Ich war's in keine und bin's jetzt in eine. [...] Heute will er wieder die alten Zechgenossen in Hernals versammeln, aber ich habe Dienst, und meine Gedanken sind auch woanders als in der Vergangenheit.»[115]

Das Abstreifen der Vergangenheit war eine Tätigkeit, der sich Freud – vielleicht passenderweise für jemanden, der aus dem Erinnern eine Wissenschaft machte – mit Lust hingab, indem er in regelmäßigen Abständen seine Papiere und Briefe verbrannte. Der erste entscheidende Wendepunkt war die Begegnung mit Martha Bernays im April 1882. Auch den nächsten Wendepunkt feierte er mit einem Freudenfeuer, als er sich – da er so schnell wie möglich heiraten wollte – ein für allemal der bescheidenen Arzttätigkeit verschrieb: «Überdies alles, was hinter dem großen Einschnitt in meinem Leben zu liegen fällt, hinter unserer Liebe und meiner Berufswahl, ist lang tot und soll ihm ein ehrliches Begräbnis nicht vorenthalten sein.»[116]

Martha Bernays: «Eine kleine Welt von Glück»

Martha Bernays wurde am 26. Juli 1861 geboren. Sie stammte aus einer vornehmen jüdischen Familie: ihr Großvater Isaac Bernays (1792–1849) hatte das Oberrabbinat von Hamburg; er war streng orthodox und ließ nur zögernd die Liberalisierung der Beziehungen zwischen jüdischen und nichtjüdischen Gemeinden zu. Er hatte drei Söhne, Michael, Jakob und Berman. Michael legte seinen Glauben ab und wurde Professor für Sprachwissenschaft an der Universität München. Jakob unterrichtete Latein und Griechisch an der Universität Heidelberg und veröffentlichte 1857 (1880 nachgedruckt) eine Studie über *Grundzüge der verlorenen Abhandlung des Aristoteles über die Wirkung der Tragödie*, deren neuartige Interpretation des Begriffs der Katharsis als «Elimination der Affekte»[117] in den 1880er Jahren mit großer Wahrscheinlichkeit Einfluß auf die Theorien von Freud, Breuer und Bertha Pappenheim hatte. Der dritte Sohn, der 1826 geborene Berman, Marthas Vater, war Kaufmann. Peter Swales zufolge[118] zog er

1869, als Martha acht Jahre alt war, nach Verbüßung einer einjährigen Gefängnisstrafe wegen Betruges nach Wien und arbeitete hier als Sekretär des bekannten Ökonomen Lorenz von Stein. Er starb am 9. Dezember 1879 und hinterließ zwei Töchter, Martha und Minna, sowie einen Sohn, Eli, der seinen Posten als Sekretär übernahm und zwei Jahre später Sigmunds Bruder Alexander als Assistenten einstellte.

Daß Martha aus einer angesehenen Familie stammte, spielte für Freud eine wichtige Rolle. «Ich weiß, daß es für meine Wahl entscheidend war, bei meiner Frau einen ehrenvollen Namen und eine warme Atmosphäre im Hause zu finden [...].»[119] Marthas Mutter Emmeline, geborene Philipp (1830–1910), war eine intelligente und gebildete Frau, die aus einer schwedischen Familie stammte. Mit den religionsfeindlichen Tönen seines Vaters beschrieb Martin Freud seine Großmutter als eine «typische Jüdin sephardischer Abstammung»[120], die den orthodoxen Religionsbräuchen treu blieb. Im Februar 1880, zwei Monate nach dem plötzlichen Tod ihres Gatten, bestimmte Emmeline Sigmund Pappenheim zum Vormund ihres Sohnes und ihrer beiden Töchter. Dieser starb jedoch schon im April des nächsten Jahres. Wahrscheinlich waren die Familien Freud und Bernays miteinander bekannt, möglicherweise war es die Freundschaft der beiden Töchter,[121] die zu wechselseitigen Besuchen führte.

Zu jener Zeit arbeitete Freud, der 1881 sein Examen abgelegt hatte, als Demonstrator an Ernst Brückes Physiologischem Institut. In der *Traumdeutung* schrieb er über diese Zeit:

«In dem undeutlichen Beiwerk eines meiner Laboratoriumsträume hatte ich gerade jenes Alter, welches mich in das düsterste und erfolgloseste Jahr meiner ärztlichen Laufbahn versetzte; ich hatte noch keine Stellung und wußte nicht, wie ich mein Leben erhalten sollte, aber dabei fand sich plötzlich, daß ich die Wahl zwischen mehreren Frauen hatte, die ich heiraten sollte!»[122]

1885 erinnerte Freud Martha an ihre erste Begegnung:

«Glaubst Du an Omina? Seitdem ich erlebt habe, daß mich der erste Anblick eines kleinen Mädchens, das am bekannten langen Tisch saß, so fein plauderte und mit kleinen Fingern Äpfel schälte, so nachhaltig außer Fassung gebracht, bin ich eigentlich sehr abergläubig. Erinnerst du dich noch, Du ahnungsloser Wurm?»[123]

Anstatt sich an jenem Abend im April 1882 in seine Bücher zu vergraben, hatte sich Freud zu der um den Eßtisch versammelten Familie gesellt. Nach nur wenigen Wochen sandte er der einundzwanzigjährigen Martha eine rote Rose, und auf einem Spaziergang am 31. Mai führten sie ihr erstes vertrauliches Gespräch. Am 15. Juni schickte ihr Freud den ersten seiner mehrere tausend zählenden Liebesbriefe; ihre Antwort war ein zärtlicher Händedruck unter dem Tisch. Zwei Tage später machte er ihr einen Antrag, sie nahm an, und damit waren sie heimlich verlobt – heimlich, weil Freud glaubte, daß er als mittelloser Student, der zudem nicht gläubig war, für Marthas Familie unannehmbar sei. Sie heirateten erst vier Jahre später, am 14. September 1886.

Martha hatte die damals für junge Mädchen übliche Erziehung genossen. Sie kannte die deutsche Klassik und die Weltliteratur in Übersetzungen und blieb ihr Leben lang eine eifrige Leserin (aber nur am Abend, wenn die Tagesarbeit getan war). Freud, der behauptete, er sei ziemlich unempfindlich gegen «bloße Formschönheit», lobte an ihr das «Gute, Edle und Vernünftige».[124] Als Ehefrau Sigmund Freuds übte sie fünfzig Jahre lang eine unangefochtene häusliche Autorität aus, die, wie sich ihr Sohn Martin erinnerte, selbst von den Nazis anerkannt wurde: «SS-Männer trampelten durch seine Wohnung und rissen Garderobe- und Schranktüren auf, bis Mutter mit unglaublicher Stärke dazwischentrat.»[125] Einem Soldaten, der die Wäsche durchwühlte, habe sie unmißverständlich mitgeteilt, was sie von einem derartigen Verhalten «im Haus einer Dame» halte.[126] Nach Freuds Tod sprach ihr Oskar Pfister seine Anerkennung für das Familienleben aus, das sie gegründet und aufrechterhalten hatte, und erinnerte sich an seinen ersten Besuch im April 1909: «Man fühlte sich in Ihrem Hause wie in einem sonnigen Frühlingsgarten, hörte lebensfrohe Lerchen und Amseln singen, sah leuchtende Beete und ahnte reichen Sommersegen.»[127]

In Freuds Vorstellung war Liebe absolut und bedingungslos, und er verlangte, daß auch Martha so dachte, wie wir aus dem umfangreichen, aber bis zum heutigen Tag nur einseitig zugänglichen Briefwechsel erfahren, der aus der vierjährigen Verlobungszeit stammt. Während er Glück und Erfüllung darin fand, daß er liebte und geliebt wurde, führte sein egoistisches Besitzdenken dazu, daß Martha sich wiederholt seinen übertriebenen Forderungen widersetzte. Die Geschichte ihres Verlöbnisses ist die Geschichte eines Balanceaktes zwischen der Eifersucht und Verzweiflung seinerseits und der entschiedenen Weigerung ihrerseits, auf ihre Unabhängigkeit zu verzichten.

Vom ersten Tag ihrer Verlobung an war Martha von der Liebe Freuds so überzeugt, daß sie die Qual der langen Wartezeit ertrug, ohne ernsthaft an seinen Gefühlen und ihrem zukünftigen Glück zu zweifeln. Die größere Gefahr für ihre Beziehung stellten Freuds Eifersuchtsanfälle und stürmische Stimmungswechsel dar. So schien er geradezu das Schicksal herauszufordern, als er ihr 1884 schrieb: «Mir war so unbehaglich, ich glaube, mir ist nur mehr wohl in Deiner Nähe, ich kann mir nicht vorstellen, daß ich mich je wieder freuen kann.»[128] War er deshalb so labil, weil er sich der eigenen und Marthas Liebesfähigkeit nicht sicher war oder weil es ihn ständig trieb, sein Gegenüber zu sezieren? Oder war er es, weil er immer noch einem strengen und traditionellen Sittenkodex verhaftet war? Mit Sicherheit jedoch zeugte Marthas Fähigkeit, mit Freuds Launenhaftigkeit und seinen maßlosen Ansprüchen umzugehen, von ihrem starken Charakter. Freud wiederholte als eifersüchtiger Liebhaber seinen Kindheitswunsch, alle Rivalen aus dem Feld zu schlagen und die ursprüngliche, schwärmerische Beziehung zu seiner Mutter wiederherzustellen. «[...] aber ich muß mir doch sagen, daß ich einen tyrannischen Zug in meinem Wesen habe, daß es mir furchtbar schwer fällt, mich unterzuordnen.»[129] Nachdem er ein Briefpapier hatte drucken lassen, das die Buchstaben M und S «innig verschlungen» zeigte, schrieb Freud an Martha: «Freilich, das tyrannische Naturell, das machte, daß sich die kleinen Mädchen vor mir fürchteten, war nicht zum Schweigen zu bringen. Ich wollte Ausschließlichkeit, und da ich sie im Großen und Bedeutsamen erlangt hatte, strebte ich sie im Kleinen und Symbolischen an»[130]; das Papier «machte jeden Bogen für jeden anderen Verkehr als zwischen Marthchen und mir untauglich»[131]. Vom ersten Tag ihrer Verlobung behandelte Freud jeden, der sich für Martha verantwortlich fühlte, als einen Feind. Meistens war dieses Gefühl witzig verbrämt; so schrieb er in den ersten Tagen: «Ich kam mir so als irrender Ritter vor, der zur geliebten Prinzessin pilgert, die vom bösen Oheim eingeschlossen gehalten wird.»[132] In seinem Kampf gegen die eigene Besitzgier kam er aber auch zu so scharfsichtigen Schlüssen wie diesem, «daß es nur darauf ankommt, ob sie mehrere liebhabe, nicht ob mehrere oder alle sie liebhaben»[133]. Aber die Ernsthaftigkeit und Bestimmtheit seiner Ansprüche stand von Anfang an außer Zweifel:

«Du bist nur mehr ein Gast im Vaterhause [...]. Wie ist es denn vorgeschrieben seit uralten Zeiten? Das Weib soll Vater und Mutter verlassen und dem Manne folgen, den es erwählt. Es darf Dir nicht schwer ankommen, Marthchen. Du kannst Dich ja nicht widersetzen, wie sehr sie dich alle lieben, keinem gönne ich Dich und keiner verdient Dich; nicht eines Liebe reicht an meine heran.»[134]

Gegen Ende der Verlobungszeit, nachdem sie so viel gemeinsam durchgestanden hatten und die wichtigsten Rivalen aus dem Weg geräumt waren, fand er neue Gründe, eifersüchtig zu sein: «Weißt du, daß ich diese Ausstattungen sehr hasse und warum? Sie erscheinen mir als ein sehr würdiges Objekt der Eifersucht. Nicht?»[135] Selbst die bevorstehende Hochzeit konnte als Bedrohung für den Platz in ihrem Herzen aufgefaßt werden: «Wenn man einmal verheiratet ist, lebt man – in den meisten Fällen – nicht mehr so für einander wie in der Brautzeit. Man lebt eher mit einander für was drittes und dem Mann entsteht bald ein gefährlicher Nebenbuhler im Haus- und Kinderwesen.»[136]

Aber 1882, in den ersten Monaten der Verlobung, gab es für Freud andere Rivalen als Babys und Bettwäsche: Marthas Familie und ihre ehemaligen Verehrer. Ihre Freundschaft mit dem Cousin Max rief bei Freud einen Zornesausbruch hervor. Er verlangte von ihr, sich von ihrem Cousin fernzuhalten und ihn Herrn Meyer zu nennen. Auch seinen Freund Fritz Wahle, der ihr nahestand, sollte sie nicht mehr treffen; es kam zu stürmischen Begegnungen zwischen den beiden Männern, bei denen Tränen vergossen und Briefe zerrissen wurden. Sigmund war überzeugt, daß Fritz in Martha verliebt sei; Fritz wollte zwar den vertrauten Umgang mit ihr nicht aufgeben und empörte sich über Sigmunds Besitzanspruch, bestand aber darauf, nicht in sie verliebt zu sein. Sigmund schrieb für Martha eine kleine Abhandlung über affektive Ambivalenz, ungefähr fünfundzwanzig Jahre bevor Eugen Bleuler diesen Begriff prägte:

«Die Lösung liegt, glaube ich, darin, daß nur in der Logik Widersprüche existenzunfähig sind, in den Gefühlen bestehen sie aufs Beste nebeneinander. So wie Fritz darf man nicht raisonieren, man kann so die halbe Welt wegleugnen. Am wenigsten darf man die Möglichkeit solcher Widersprüche in den Gefühlen bei Künstlern wegleugnen, Menschen, die keine Veranlassung haben, ihr inneres Leben der strengen Controle des Verstandes zu unterwerfen.»[137]

Um auch zu einer praktischen Lösung zu kommen, reiste Sigmund zu Martha nach Wandsbek bei Hamburg und schlug ihr – knapp einen Monat nach ihrer heimlichen Verlobung – eine einjährige Verlobung auf Bewährung vor. Wahrscheinlich wollte er damit ihre Gefühle testen. «Unsinn»[138], lautete ihre Antwort.

Eli Bernays, der damals bei den Freuds wohnte, unterstützte den Freier mit Kleidern und Geld. Aber nach einigen Monaten wurde er selber zur Zielscheibe einer Kampagne, diesmal ging es um die unbezahlte Assistentenstelle Alexander Freuds bei Eli. Seine Verlobung mit

Sigmunds Schwester Anna im Dezember 1882 ermutigte Freud und Martha, ebenfalls ihre Verlobung bekanntzugeben. Aber schon nach wenigen Monaten hatte Eli etwas getan, was Freud scharf verurteilte und was Ernest Jones siebzig Jahre später in seiner Biographie glaubte verschweigen zu müssen.[139] Als Sigmunds Ultimaten unbeachtet blieben, wurden die diplomatischen Beziehungen abgebrochen. Sigmunds Feldzug richtete sich deutlich gegen alle, die Martha nahestanden, vor allem aber gegen ihre Familie. Anläßlich eines Eifersuchtsanfalls zwei Jahre später stellte er das endgültig klar: «Kannst Du mich nicht so lieb haben, daß Du für mich ganz auf die Deinigen verzichtest, so mußt Du mich verlieren, mich zu Grunde richten, aber auch an den Deinigen nichts mehr haben.»[140]

Zum Hauptziel seiner Eifersucht wurde Marthas Mutter Emmeline; Freud war überzeugt, daß ihre «Herzlosigkeit und Laune»[141] für die Rückkehr der Familie Bernays im Juni 1883 nach Hamburg verantwortlich zu machen sei – wodurch sich das mittellose junge Paar nun über lange Zeitabschnitte hinweg nicht sehen konnte:

«[...] es nicht zu verkennen, daß sie gegen uns alle Stellung nimmt wie ein alter Mann. Dafür, daß ihre Kraft und Anmut so lange ausgehalten, fordert sie noch immer ihren vollen Teil am Leben – keinen Altersteil – will sie Mittelpunkt, Herrscherin, Selbstzweck sein. Jeder in Ehren altgewordene *Mann* will dasselbe, nur an der Frau ist man's ungewohnt. [...] das ist einfach der Anspruch des Alters, die Rücksichtslosigkeit des energischen Alters, die Äußerung des ewigen in jeder Familie bestehenden Gegensatzes zwischen dem Alter und der Jugend [...] .»[142]

Emmelines Ansprüche an Martha (oder das, was Freud dafür hielt) beantwortete er sofort mit Gegenansprüchen, die er selbstbewußt rechtfertigte: «Wenn ich Dich damit oft gekränkt, so hast Du doch nicht mein Bemühen verkannt, Dich mir so innig als möglich zu eigen zu machen, und wenn das egoistisch ist, so kann doch die Liebe nicht anders als egoistisch sein.»[143]

Während eine der Aufgaben, die er Martha stellte, die Loslösung von ihrer Mutter und ihrer Familie war, damit er sich als Alleineigentümer sehen konnte, machte er selbst auch eine, wenn auch weniger spektakuläre Wandlung auf der Ebene von Eifersucht und Besitz durch: «[...] ich glaube, es ist die Gehirnanatomie die einzige rechtschaffene Nebenbuhlerin, die Du je gehabt hast oder haben wirst.»[144] Als er sich verlobte, verzichtete Freud auf die Träume von einer allein auf die wissenschaftliche Forschung konzentrierten Existenz: 1885 konnte er schreiben, daß er «nun auch die Liebe zur Wissenschaft, soweit sie zwischen uns noch stand, überwunden habe und gar nichts mehr will als Dich»[145]. Als Martha in einem Augenblick der Mutlosigkeit prophezeite, er würde sie verlassen und eine Professorentochter heiraten, um damit sowohl seine finanzielle Lage als auch sein Fortkommen als Wissenschaftler zu sichern, warnte er sie mit energischen Worten, nicht vor ihrer einzigen Rivalin, der Wissenschaft, zu kapitulieren. Sie solle weniger zaghaft sein und den Kampf aufnehmen: «Und Himmel, Weibchen, bist Du arglos und gutmütig! Merkst Du nicht, daß diese Wissenschaft unser ärgster Feind werden kann, daß der unwiderstehliche Reiz ohne Entgelt und Anerkennung sein Leben für die Lösung irgendwelcher für unser beider persönliches Befinden irrelevanter Probleme zu verwenden, unser Zusammenleben aufschieben und aufheben kann, wenn ich, ja wenn ich die Besonnenheit verliere?»[146] Freud erinnerte sich an ihre Prophezeiung, als er in Paris die Tochter seines verehrten Lehrers Jean-Martin Charcot kennenlernte. Halb im Spaß ging er auf ihr Hirngespinst ein, indem er sich als «Conquistador»[147] darstellte:

«Denke dir nun, ich wäre nicht schon verliebt und sonst ein rechter Abenteurer; es wäre eine starke Versuchung, hereinzufallen, denn nichts ist gefährlicher, als wenn ein junges Mädchen die Züge eines Mannes trägt, den man bewundert. Dann würde man mich auslachen, hinauswerfen, und ich wäre um die Erfahrung eines schönen Abenteuers reicher. Es ist doch besser so –»[148]

Er, der nichts besessen habe als sein Talent und seinen Ehrgeiz, habe letzteren aufgegeben und durch seine Liebe für Martha ersetzt:

«Ich will lieber meinem Ehrgeiz entsagen, weniger Lärm machen, weniger Erfolg haben, als mein Nervensystem in Gefahr bringen. Ich denke, ich will in der nächsten Zeit, dem Rest der Lehrzeit im Spital, nach der Weise der Gojim leben, anspruchslos, das Gewöhnliche lernen und treiben, nicht nach Entdeckungen und allzu starker Vertiefung streben. [...] was wir zur Unabhängigkeit brauchen, werden wir durch brave ruhige Arbeit auch ohne gigantisches Streben erreichen.»[149]

Gegen Ende ihrer Verlobungszeit – er studierte in Paris – waren es ausgerechnet die großen Ideen, zu denen Charcot ihn inspiriert hatte, die ihn davon abbrachten, die Probleme der Welt lösen zu wollen: «Mein Ehrgeiz bescheidet sich, in einem langen Leben etwas von der Welt verstehen zu lernen, und meine Pläne für die Zukunft sind, daß wir heiraten, uns lieben und arbeiten, um mitsammen genießen zu können, anstatt daß ich mit Anspannung aller Kräfte wie ein Rennpferd das Ziel zu erreichen suche [...].»[150]

Ehemals ein ehrgeiziger Mensch, hatte er zu einem neuen, durch Martha verkörperten Realismus gefunden. Ganz im Sinne dieser Interpretation des eigenen Wandels war Freuds Empfehlung an Martha, «trotz aller Derbheiten» seinen vielgeliebten *Don Quijote* zu lesen:

«Glaubst Du nicht, daß man mit Rührung lesen muß, wie sich ein großer, selbst idealer Kopf über das Ideal lustig macht? Ehe wir so glücklich waren in unserer Liebe etwas vom Wahrhaften zu erfassen, waren wir alle solche noble Ritter, die in ihrem Traum befangen durch die Welt gingen, das Einfache umdeuteten, das Gemeine wie uns selbst ins Edle und Ungewöhnliche vergrößerten und dabei eine traurige Figur machten. Darum werden wir Männer immer mit Achtung davon lesen was wir einmal waren und zum Theil immer noch bleiben [...].»[151]

Aus diesen Sätzen – sie stammen vom August 1883 – spricht schon der spätere Freud, der respektvolle Deuter von Träumen und Idealen, der, nachdem ihm durch die Liebe die Augen geöffnet worden waren, ihre Wurzeln im Alltag zu finden wußte und sich immer bewußt war, daß unsere Illusionen auch dann noch in uns leben, wenn wir sie als Illusionen erkannt haben. Der Abenteurer und Eroberer, der darauf aus war, Martha zu bezwingen, war auch immer in Gefahr, seine eigenen Ideale und Illusionen zu durchschauen und zu erkennen, daß er kein Cortés, sondern bloß ein Don Quijote war – ein gleichermaßen tragisches und menschliches, und nun auch noch lächerliches Wesen.

Der spätere Freud sollte zeigen, daß Quijote ein ebenso großer Abenteurer war wie die einstigen bramarbasierenden Vorbilder des jungen Sigmund. Das Abstreifen von selbstglorifizierenden Illusionen – wie zum Beispiel seine Identifikation mit Generälen und Eroberern – und der mißtrauische Umgang mit den eigenen Motiven und Wünschen legten die Basis für Freuds psychoanalytische Funde. Sowohl in seinen als auch in den Augen vieler anderer waren diese Entdeckungen keineswegs zu unterschätzen: Sie standen für den Sieg über die ungestümen Leidenschaften der Seele.

Während er um Martha warb, merkte Freud, wie sich durch die Liebe zu ihr die großen Illusionen in nichts auflösten. An ihrer Stelle errichtete er ein naives und sentimentales häusliches Idyll, ihre «kleine Welt von Glück»: Zwei oder drei Zimmerchen, Tische und Stühle, Betten, Spiegel und eine Uhr, «ein Lehnstuhl für eine Stunde behaglicher Träumerei, [...] Wäsche mit zierlichen Bändern gebunden im Kasten und Kleidchen von neuem Schnitt und Hüte mit künstlichen Blumen [...] und ein großer Schlüsselbund, der hörbar klirren muß»[152]:

«Dann erreichen wir gewiß, wonach wir streben, ein kleines Haus, in das vielleicht die Sorge Einlaß findet, aber nie die Not, ein Beisammensein in allem Wechsel des Geschicks, eine stille Zufriedenheit, die uns die Frage erspart, wozu wir eigentlich leben. Ich weiß ja, wie lieb du bist, wie Du ein Haus zum Himmel verschönern kannst, wie Du teilnehmend, wie Du heiter, wie Du sorgsam sein wirst. Ich werde Dir alle Herrschaft lassen, die du verlangen [kannst] und Du wirst mir mit inniger Liebe und mit Erhebung über alle Schwächen lohnen, die das Urteil über die Frauen verächtlich machen.»[153]

Ein Teil der Verwandlung, die dieser stolze Idealist und der reinen Wissenschaft verschworene Forscher durchmachte, betraf auch seine veränderte Haltung gegenüber Martha, und das war ihr Verdienst. Während der langen, schwierigen und stürmischen Jahre ihrer Verlobung gelang es ihr, seine Deflorationsphantasie abzuschwächen; diese stellte zusammen mit dem Wunsch, seine erste heißersehnte Beziehung zur Mutter (ohne die späteren Geschwister)[154] wiederherzustellen, die eigentliche Ursache für sein Bedürfnis dar, Martha allein zu besitzen. Freuds aggressive Phantasie war eng mit der Forderung nach absoluter Ehrlichkeit verbunden, die in späteren Jahren auch in der Analyse bestimmend sein sollte: «Ich war immer aufrichtig gegen Dich, nicht wahr? Ich habe nicht einmal von der Erlaubnis Gebrauch gemacht, die man gegen eine Person des anderen Geschlechts im allgemeinen hat, sich von seiner besten Seite darzustellen. Ich habe lange und lange an Dir gedeutet und Dich getadelt, und das Ende ist, daß ich nichts anderes wünsche, als Dich zu haben und so zu haben, wie Du bist.»[155]

Martha gelang es nun, sich diesem aggressiven Dringen auf Wahrheit – «Doch habe ich nicht geschmeichelt, kann nicht schmeicheln, kann mich höchstens irren»[156] – zu widersetzen und es zu mildern. Es gelang ihr, ihn in aller Aufrichtigkeit zu lieben und dennoch nicht seiner Forderung nachzugeben, daß sie nur ihn liebe. Vielleicht hatte sie früh gemerkt, daß seinen Ausbrüchen, die sich bis zur emotionellen Erpressung steigern konnten, meistens Selbstbeschuldigungen, Zerknirschung und Liebesbeteuerungen folgten. Sie sollte ihm ganz ergeben, aber dennoch ein eigenständiges Wesen sein; Freud beteuerte, «daß es ein entsetzlicher Verlust für uns wäre, wenn ich mich entschließen müßte, Dich als ein liebes, aber nicht ebenbürtiges Mädchen zu lieben, vor dem man seine Urteile und Gedanken, kurz die Wahrheit verbergen muß»[157]. Daß seine Tyrannei ihrer Eigenständigkeit wenig zuträglich war, wußte er – «ich habe versucht, ihre Unbefangenheit zu brechen, sie daran zu gewöhnen, daß sie mit ihrem Urtheil schüchtern zurück hält, bis sie des meinigen sicher ist»[158]. Doch seine Gefühle blieben zwiespältig: «[...] Du schreibst so treffend und so klug, daß mir ein klein wenig vor Dir graut. Ich denke, da haben wir's wieder, wie rasch die Frau den Mann überholt. Nun ich verliere nichts dabei.»[159]

Und weitere Ausführungen zum Thema Liebe folgten. Im Januar 1884 erklärte Freud: «Ich will nicht, daß Du mich wegen Eigenschaften lieben sollst, die du in mir nur supponierst, überhaupt nicht wegen irgendwelcher Eigenschaften, Du sollst mich so unvernünftig liebhaben, wie alle anderen Menschen es halten, bloß weil ich Dich liebhabe und du Dich nicht dessen zu schämen brauchst.»[160] Aus einem fünf Monate später geschriebenen Brief geht hervor, wie erfolgreich sich Martha seiner tyrannischen Wahrheitsliebe widersetzt hatte:

«[...] ich glaube wirklich, ich habe Dich immer viel lieber gehabt als du mich, oder eigentlich: bis wir nicht auseinander gekommen sind, hattest Du das primum falsum unserer Liebe – wie ein Logiker es nennen würde – daß ich mich Dir aufgedrängt und Du mich ohne Neigung angenommen hast – nicht überwunden. Ich weiß, es ist endlich anders geworden [...]. Weißt Du noch, wie Du mir oft sagtest, daß ich die Kunst besitze, Dich jedesmal zum Widerstand zu reizen? Wie es immer Kampf gab zwischen uns, wie du mir gar nichts zuliebe tatest und wie wir zwei Menschen waren, die in allem Detail ihres Lebens auseinander gingen und sich doch liebhaben wollten, sich doch liebhatten. [...] und Du anerkanntest es, daß ich keinen Einfluß auf dich geübt. Ich fand Dich so voll ausgebildet und jeden Platz in Dir besetzt, und du warst hart und spröde, und ich hatte keine Macht über Dich. Du bist nur immer teurer geworden durch den Widerstand, aber sehr unglücklich war ich dabei [...].»[161]

Daß Freud Marthas Widerstandsgeist weckte, beweist, wie stark Freuds Deflorationstrieb war – und in Bezug auf seine neurotischen Patienten auch bleiben sollte. Daß sie es schaffte, dem Angriff auf ihre Werte und ihre Persönlichkeit die Spitze zu nehmen und ihn zu der Einsicht zu zwingen, daß ein Sieg über sie einer Niederlage für ihn selbst gleichgekommen wäre, beweist ihren Takt und die Stärke ihres Charakters. Dennoch wurden alte Kämpfe immer wieder ausgefochten. Als Freud selbst nach ihrer Hochzeit von Martha verlangte, alle Kontakte zu ihrem Bruder Eli abzubrechen und nicht mehr mit ihm zu korrespondieren, fand sie zu einem Kompromiß, aber sie gestand, sie habe dabei zum ersten und einzigen Mal für ihn keine Liebe mehr gefühlt.[162]

Blinde Wahrheitsliebe sollte sich als Motiv durch Freuds Leben ziehen und, wenn auch zeitweise gebändigt, immer wieder durchbrechen. Dazu bot sein Widerstandsgeist genügend Möglichkeiten: «Man würde es mir kaum ansehen, und doch war ich schon in der Schule immer ein kühner Oppositionsmann, war immer dort, wo es ein Extrem zu bekennen und in der Regel dafür zu büßen galt.»[163] Seine Vorliebe für den Alleingang, seine Abneigung gegen Ibsens «kompakte Majorität»[164], führte konsequenterweise zur Identifikation mit Doktor Stockmann, dem *Volksfeind*, der in seiner Naivität die Wahrheit über alle anderen Erwägungen stellt und blind ist für die Konsequenzen seines Handelns. In dieser extremen Wahrheitsliebe konnte der militaristische Freud, der Konquistador, der sich hinter seinem zurückhaltenden Äußeren verbarg, zum Ausdruck kommen. Ehrlichkeit, weniger Diplomatie, bestimmte auch sein Verhalten gegenüber seinen Patienten.[165] Und als er bei seinem ersten Rombesuch 1901 die Hand in die Bocca della Verità tauchte, mit dem «Schwur, daß ich wiederkomme»[166], war es ihm sicher ernst damit. Schon pragmatischer klang das, was er 1910 über die sexuelle Aufrichtigkeit in der Ehe an Ferenczi schrieb: «Die Wahrheit ist nur das absolute Ziel der Wissenschaft, aber die Liebe ist ein von ihr ganz unabhängiges Lebensziel, und Konflikte zwischen den beiden Großmächten sind sehr wohl denkbar. Zur prinzipiellen und regulären Unterordnung der einen unter die andere sehe ich keine Nötigung.»[167] Nach einem Blick in Freuds *Der Mann Moses und die monotheistische Religion* oder auf seine Haltung zur Telepathie in den 1930er Jahren wird jedoch klar, daß neue Umstände den ungestümen Wahrheitsfanatismus sehr leicht wiederaufleben lassen konnten.

Jenen «Durchbruch zu den Frauen», den Freud als Wendepunkt im Leben vieler seiner männlichen Patienten ansehen sollte, hatte er selbst durch seine Liebe zu Martha und die dadurch notwendig gewordene Neuorientierung vollzogen. Es war ihm schnell klargeworden, daß er, wenn er heiraten wollte, die reine Wissenschaft aufgeben und das Physiologische Institut von Brücke verlassen mußte, um sich auf die medizinische Praxis vorzubereiten. Was zählte, waren jetzt konkrete Berufsaussichten. Freud hoffte zum Beispiel immer noch, sich mit einer bedeutenden Entdeckung einen Namen zu machen und dadurch eine Stellung oder genügend Patienten für eine eigene Praxis zu finden; er setzte dabei auf seine Neuerungen in der Mikroskopietechnik und auf seine Versuche mit Kokain als Analgetikum. Der durchschlagende Erfolg blieb jedoch aus, und Freud mußte sich erneut daranmachen, in langsamer und mühevoller Arbeit medizinische Erfahrungen für eine solide Reputation zu sammeln.

Bereits sechs Wochen nachdem er Martha getroffen hatte, trat Freud in das Allgemeine Krankenhaus ein, wo er drei Jahre für ein armseliges Gehalt arbeitete. Nebenher beschäftigte er sich mit meist von Breuer überwiesenen Psychiatriefällen, um Erfahrungen zu sammeln und zusätzliches Geld zu verdienen. Ab Mai 1883 arbeitete er längere Zeit sowohl auf der Männer- als auch auf der Frauenstation der psychiatrischen Abteilung. Er war in der Aufnahme tätig, verfaßte zweiseitige Symptom- und Charakterskizzen und gab Anweisungen für die meist chemische Therapie. Die schwereren Fälle überwies er gelegentlich an eine geschlossene Anstalt.[168] Anfang 1884 schrieb er Martha: «Ich habe heute endlich meine Krankengeschichten in Ordnung gebracht und einen Nervenfall zu studieren begonnen, also der Beginn einer neuen Ära!»[169] Im Mai desselben Jahres machte ihn einer seiner Vorgesetzten, Professor Hermann Nothnagel, darauf aufmerksam, daß er nur dann eine Praxis aufbauen könne, wenn die praktischen Ärzte ihm Fälle zum Elektrisieren schickten.[170] Ende 1884 prangte bereits eine Messingtafel an seiner Tür, und Anfang 1885 trennte er sich von seinen Hoffnungen auf einen großen wissenschaftlichen Durchbruch und bereitete sich auf die bescheidenere Tätigkeit als praktischer Arzt vor.

1885 faßte er den Plan, sich auf nervöse Störungen bei Kindern zu spezialisieren, um sich hier einen Namen zu machen. Als er 1886 nach seinem Aufenthalt in Paris kurze Zeit an einer Klinik in Berlin arbeitete, schrieb er Martha:

«Mehr [...] sprechen mich aber die Kinder an, die ich schon wegen ihres Formats, und weil sie meist rein gewaschen sind, für ein anmutigeres Material halte, als die großen Ausgaben der Kranken sind. Die Dinger sind, wenn ihr Gehirnchen nur frei ist, wirklich reizend, und wenn sie leiden, so rührend. Ich glaube, ich würde mich rasch in die Kinderpraxis hineinfinden.»[171]

Nach seiner Rückkehr nach Wien im April 1886 übernahm er eine Teilzeitstellung an dem von Max Kassowitz geleiteten Ersten Öffentlichen Kinder-Krankeninstitut. Wöchentlich wurden hier an die hun-

Der junge Freud

dert Kinder untersucht. Freud, der zweimal in der Woche Dienst tat – er arbeitete hier bis 1896 –, hatte vollkommen freie Hand und unbegrenzten Zugang zu den Kindern.[172] Das klinische Material, das ihm hier zur Verfügung stand, war beeindruckend. In seinen beiden Monographien über kindliche Lähmungserscheinungen finden sich fast neunzig ausführliche Krankengeschichten aus dieser Zeit.[173]

All sein Bemühen um Erfahrung und Kenntnisse richtete sich auf den Tag, an dem er eine eigene Praxis eröffnen und damit so viel Geld verdienen könnte, daß Martha und er heiraten konnten. Von Anfang an war Geld das große Hindernis: «O mein teures Marthchen, wie arm sind wir! Wenn wir mitteilen sollten, wir wollen miteinander leben, und sie fragen uns: Was bringt ihr dazu mit? Nichts als daß wir einander liebhaben. [...] nur zwei arme Menschenkinder sind da, die sich so unsagbar liebhaben.»[174]

Vom ersten Tag an hatten sie es so gehalten, daß Martha der Bankier war, dem Sigmund sein ganzes Geld anvertraute. Wenn er welches brauchte, schickte sie es ihm. Mit den Jahren wurden die Berechnungen detaillierter, in ihren Briefen war immer mehr von Rechnungen, Schuld und Kredit die Rede – und selbst die postalischen Küsse wurden des öfteren in eine Abrechnung verpackt.[175] Sie wußten, daß ihre Geldprobleme zu Uneinigkeiten führen könnten, und bemühten sich beide darum, ihre ungleiche finanzielle Ausgangsposition und die damit verbundenen Ressentiments unter einem komischen Aspekt zu sehen. Als Freud erfuhr, daß auf Martha möglicherweise eine Erbschaft zukam, scherzte er über seine finanzielle Abhängigkeit:

«Weh, wenn du einmal so reich geworden bist, daß ich wie in den schlechten Romanen es Dir in einem höflichen Brief anheimstellen muß, ob du noch meine Verlobte sein willst, da ich Deinem Glück und so weiter unmöglich im Wege sein dürfte. [...] Ich gebe Dir das feierliche Versprechen, daß ich Dich auch nehme, wenn du jene 1500 Mark nicht bekommst. Im Notfall nehme ich Dich mitsamt den 150 000 000 Mark.»[176]

Damit gab er zu erkennen, daß er sich unangenehm an seinen Freund Silberstein erinnert fühlte, der eine reiche Frau nur wegen ihres Geldes geheiratet hatte, die finanzielle Unabhängigkeit also zum Preis einer lieblosen Ehe erlangt hatte.[177] Im Gegensatz zu Silberstein sei er, Sigmund, reich, und nicht Martha, da sie – in der traditionellen Metaphorik – mit der Heirat in seinen Besitz käme, «ein Kleinod, das ich versetzt habe und auslösen werde, sobald ich reich geworden bin»[178].

In Wirklichkeit war es um Freuds Aussichten schlecht bestellt; er bekam von großzügigen Freunden Geld geliehen und kam dennoch mit seinen Einkünften nicht aus. Martha besaß immerhin eine, wenn auch bescheidene Mitgift und konnte außerdem auf die Hochzeitsgeschenke der Verwandten zählen, für die einige sogar zu erheblichen finanziellen Opfern bereit waren. Dennoch schien es nicht genug Geld, um einen Hausstand zu gründen. Wir haben es hier mit einer komplexen Haltung Freuds zu tun, in der sich mehrere widersprüchliche Gefühle überlagern. Er betrachtete ihre Verlobung als eine heroische Demonstration ihrer Unabhängigkeit, als einen Triumph der Liebe über materielle und soziale Hindernisse. Ihre Verwegenheit – wie Emmeline es 1886 in einem Brief formulierte, mit dem sie die drohende Heirat aufzuschieben versuchte[179] – erlaubte es Sigmund, sich nun Seite an Seite mit Martha in der heroischen und trotzigen Oppositionshaltung zu sehen, die er so gerne der Welt gegenüber einnahm:

«Eine solche Ausdauer wie die unsrige muß ja selbst Herzen von Marmelstein rühren und Du wirst sehen, wir werden dann künftigen Generationen von Liebesleuten als Muster vorgeführt, und nur weil wir den Mut gehabt haben, einander lieb zu gewinnen, ohne nach Erlaubnis zu fragen. [...] Wir sind also wie die Seiltänzer oder Stangenkletterer, denen das anständigste Publikum Beifall klatscht, wenn sie hinauf gekommen sind, aber dasselbe Publikum würde sehr unglücklich sein, wenn seine eigenen Söhne und Töchter es ebenso thun würden anstatt sich einer bequemen Leiter zu bedienen oder hübsch unten zu bleiben.»[180]

Bereits zwei Jahre zuvor hatte er damit kokettiert, so «unvernünftige» Entscheidungen zu treffen: «Zum Beispiel als ein ganz armer Mensch Wissenschaft zu treiben, dann als ein ganz armer Mensch ein armes Mädchen einzufangen, ich muß in dem Stil weiter leben, viel zu wagen, viel zu hoffen, viel zu arbeiten. Für die gewöhnliche bürgerliche Besonnenheit bin ich lang verloren.»[181] Von anderen Geld anzunehmen hätte sie aus ihrer in moralischer Hinsicht so angenehmen Position verdrängt. So mochte Freud Martha darauf hinweisen, «daß nur die Armen sich genieren, was geschenkt zu nehmen, die Reichen nie»[182], und bestand dennoch auf seiner Unabhängigkeit. Das ging so weit, daß es ihm ein Greuel war, als Kranker versorgt werden zu müssen: «Ich komme mir wie eine Wöchnerin vor»[183], beschwerte er sich, als er Anfang 1889 einige Wochen wegen Ischias das Bett hüten mußte.

So groß sein Stolz war, so groß war auch sein Groll über den Preis, den er für seine Entscheidung, eine arme Frau zu heiraten, zu zahlen hatte, und darüber, daß alles, was er anpackte, mit Schwierigkeiten verbunden war.[184] Was Marthas Mitgift angeht, so gibt es darüber widersprüchliche Zeugnisse. Mehrere spätere Träume Marthas kreisten um seine Behauptung, es mache ihn stolz, daß seine Frau keine Mitgift in die Ehe gebracht habe;[185] und auch der einzige vollständig analysierte Traum, den Freud in das Traumbuch aufnehmen wollte – mit dem Erfolg, daß er der Zensur des ersten psychoanalytischen Lesers in Gestalt von Wilhelm Fließ zum Opfer fiel –, handelte von diesem Thema.[186] Und doch war Marthas Mitgift ein Posten, mit dem sie rechnen konnten, ja rechnen mußten: Ihre Heirat hing fast zur Gänze von dieser Summe ab, so bescheiden sie auch gewesen sein mag.

Daß Freud sich an anderes zu erinnern glaubte und ihr in der Tat im August 1882 schrieb: «Wenn wir mitteilen sollen, wir wollen miteinander leben, und sie fragen uns: Was bringt ihr dazu mit? Nichts als daß wir einander liebhaben [...]»[187], hat ohne Zweifel eine tiefe Bedeutung.[188] Marthas Mitgift steht in engem Zusammenhang mit Freuds Langzeitbeziehung zu Frauen und Geld. Wir haben schon erwähnt, daß Freud seine geliebte Kinderfrau verlor, als man einen Vorrat von schimmernden Münzen bei ihr fand, die der kleine Sigismund für die seinen hielt, weil er sie seiner Mutter gestohlen oder sie von ihr erhalten zu haben glaubte.

«[Die Kinderfrau hat] mich veranlaßt, ‹Zehner› (10-Kreuzer-Stücke) wegzunehmen, um sie ihr zu geben. Von diesen ersten silbernen Zehnern bis zu dem Haufen papierner Zehngulden, die ich im Traum als Wochengeld für Martha sah, reicht eine lange Kette. Der Traum ließ sich zusammenfassen als ‹schlechte Behandlung›. So wie die Alte für ihre schlechte Behandlung Geld von mir bekam, so bekomme ich heute Geld für die schlechte Behandlung meiner Patienten.»[189]

Er war überzeugt, daß er ebenso schuldig war wie seine Kinderfrau. Aber seine Mutter (und sicher auch Philipp) hatte die Theorie aufgestellt, daß allein die Kinderfrau schuldig sei, indem sie den unschuldigen Knaben für ihre betrügerischen Zwecke benutzt habe. Als Präfreudianer nahmen sie es vielleicht für gegeben an, daß der Schuldige ein Erwachsener zu sein hatte.

Indem er den Worten seiner Mutter vertraute, korrigierte Freud die Trauminterpretation, nach der er die Szene der gestohlenen Münzen konstruiert hatte: «Die richtige Deutung ist: Ich = sie, und Mutter eines Arztes gleich meiner Mutter.»[190] Zu Freuds «irriger» Interpretation des Traumes war es gekommen, weil er nicht gewußt hatte, daß er mit seiner Kinderfrau identifiziert worden war. Aber nach dieser Klarstellung schilderte der Traum eine Kinderfrau, die unrechtmäßigerweise seiner Mutter Geld weggenommen hatte. Und bei dieser neuen Interpretation ist es nicht so sehr Freud, der unrecht tut, wenn er von Müttern und Patientinnen Geld nimmt, sondern logischerweise Martha, der er dieses Geld gibt.

Um die Wahl der Szenarios war er nicht zu beneiden: Ist er der Dieb, dann bestiehlt er nicht nur seine Mutter, sondern ist auch noch an der Entlassung seiner unschuldigen und geliebten Kinderfrau schuld – eine Szene, die an die Schlüsselszene von Rousseaus autobiographischen *Bekenntnissen* erinnert, in der Rousseau ein Band stiehlt und dann zuläßt, daß das Dienstmädchen Marion, für die er es gestohlen hat, des Diebstahls beschuldigt und schimpflich davongejagt wird. Wenn jedoch die Kinderfrau den Diebstahl begangen hat, dann wird er zum unschuldigen, mißbrauchten Opfer von Frauen, die ihm seine Mittel und sein Geburtsrecht stehlen. Die Dialektik von Schuld und Opferrolle zeigt seine Haltung zur Kinderfrau, die einerseits – als seine Lehrerin in sexuellen Dingen – für ihn «in so früher Lebenszeit die Mittel zum Leben und Weiterleben vorbereitet hat»[191] und andererseits das Fundament legte für «neurotische Impotenz», insofern sie «geschimpft hat, weil ich ungeschickt war, nichts gekonnt habe»[192].

Im wesentlichen geht es also um folgende Frage: Was verdankte Freud den Frauen? Und genauer: Steht er in ihrer Schuld, weil sie ihm etwas *gaben*, oder steht er in ihrer Schuld, weil er ihnen etwas *gestohlen* hat? Selbstverständlich geht es ihm in seinem späteren Berufsleben nicht mehr so sehr um den Diebstahl. Jetzt heißt es, Geld unter falschem Vorwand nehmen, nämlich für eine «schlechte Behandlung» (wenn er seine Patienten nicht heilte, obwohl er sie glauben gemacht hatte, er könne es); oder Geld nehmen von Frauen, die er umsonst behandeln sollte. In den Träumen der 1890er Jahre verschmelzen die Figuren seiner Kinderfrau und seiner Mutter mit den Frauen seines Erwachsenendaseins: Verwandten, Bekannten, Patientinnen. So hieß es in einer späteren Version seiner Erinnerung, «daß sie mich gewissenhaft anzuhalten pflegte, ihr die kleinen Münzen abzuliefern, die ich als Geschenke erhalten hatte, ein Detail, das selbst wieder auf den Wert einer Deckerinnerung für Späteres Anspruch machen kann»[193].

Was meinte er mit «Späterem»? Seine Träume hatten sich darum gedreht, ob es unmoralisch sei, Geld von seiner Patientin Flora Rosanes, der Frau seines alten Freundes Ignaz, zu nehmen und es Martha für den Haushalt zu geben. Diese Szene wiederholte seine imaginierte Version der Kindheitsszene, in der er das von seiner Mutter erhaltene Geld an seine Kinderfrau weitergab. Die Frage: Wer ist der Dieb? Ich oder die Kinderfrau? hatte Freud mit der Analogie seines schlechten Gewissens, weil er Geld von seinen Patientinnen nahm, beantwortet. Wenn er aber eher die Kinderfrau als sich selbst belastete, so ergab sich der logische Schluß, daß nicht er, sondern Martha das Geld zu Unrecht annahm. Sie tat also nicht recht daran, Geld für den Haushalt von ihm zu *verlangen*. In seinen späteren Träumen war *er* es, der für die Heirat bezahlen mußte, nicht die Familie seiner Frau: «Ich kann hier rückgreifend erzählen, daß es die Schuld meiner Braut war, wenn ich nicht schon in jenen jungen Jahren berühmt geworden bin», nämlich durch die Verwendung von Kokain bei der Lokalanästhesie, schrieb er 1925, aber beeilte sich hinzuzufügen, er habe ihr sein damaliges Versäumnis «nicht nachgetragen»[194]. Hier drückt sich Freuds Widerwillen aus, Geld von der Familie seiner Frau annehmen zu müssen, als ob er damit den Diebstahl der glitzernden Zehner wiederholte. Und vielleicht spielte bei dieser Beurteilung auch der Gedanke eine Rolle, wieviel leichter alles gewesen wäre, wenn er eine andere als Martha geheiratet hätte – die Gelegenheit zumindest war vorhanden; es gab ein geheimnisvolles Mädchen mit einer Mitgift von 100000 Gulden[195], auf das wir keine weiteren Hinweise haben.

Der Traum über die «Gesellschaft an der Table d'hôte» erhellte einen eng damit zusammenhängenden Punkt:

«Dann bedeutet ja die Rede der Frau E. L. im Traume: ‹Sie haben immer so schöne Augen gehabt› nichts anderes als: Ihnen haben die Leute immer alles zu Liebe getan; Sie haben alles *umsonst* gehabt. Das Gegenteil ist natürlich wahr: Ich habe alles, was mir andere etwa Gutes erwiesen, teuer bezahlt. [...] Das Hauptgewicht in den Traumgedanken ruht auf dem Wunsche, einmal uneigennützige Liebe, die ‹nichts kostet›, zu genießen.»[196]

Etwas, was Freud nie gehabt hatte, ohne dafür in irgendeiner Weise zu bezahlen, so deutet der Traum an, war sexuelle Befriedigung. Auch für seine Heirat – das Muster der sexuellen Befriedigung schlechthin – hatte er bezahlen müssen. Später konnte sich dieses Thema des notwendigen Opfers mit der Vorstellung vom Leben als Umweg verbinden:

«Nach 41jähriger ärztlicher Tätigkeit sagt mir meine Selbsterkenntnis, ich sei eigentlich kein richtiger Arzt gewesen. Ich bin Arzt geworden durch eine mir aufgedrängte Ablenkung meiner ursprünglichen Absicht, und mein Lebenstriumph liegt darin, daß ich nach großem Umweg die anfängliche Richtung wieder gefunden habe.»[197]

Die «aufgedrängte Ablenkung» war die Notwendigkeit, Geld zu verdienen für seinen Unterhalt, seine Frau und seine Familie: Die bloße Existenz von Martha (und die finanzielle Bedürftigkeit, die das Wort «Mitgift» verdeutlicht) hatte ihn also zu einem Umweg gezwungen. Und der «Lebenstriumph» bestand darin, die Schwierigkeiten überwunden und die Kosten aufgebracht zu haben. Darum ging es, als Freud sich zu erinnern meinte, Martha habe keine Mitgift gehabt. Vielleicht hätte er sich selbst einen dieser Witze erzählen sollen, die er später sammelte und wie seinen Schatz hütete, etwa: Eine Frau ist teuer, aber dafür hast du sie auch lange.[198]

Über sechzig Jahre später, Ende der vierziger Jahre, erinnerte sich Martha an die Qualen ihrer Verlobungszeit, und das klang ganz anders als Freuds Glorifizierung ihrer Unabhängigkeit und ihres Mutes.[199]

Am Ostersonntag 1886 eröffnete Freud seine Praxis; schwere Monate folgten, da die Einkünfte zunächst gering waren. Von den fünfzehnhundert Gulden, die ihm Josef Paneth 1884 als Kapital zur Verfügung gestellt hatte, waren noch tausend übrig. Josef Paneth, den Freud einen «halb uneigennützigen Kapitalisten» nannte[200], wurde von Freud gerne als einziger Unterstützer ihrer Heirat hingestellt. Martha brachte achtzehnhundert Gulden mit in die Ehe, von denen zwölfhundert in die Aussteuer gingen, später kamen noch weitere zweitausend in Form von Geschenken dazu. Ein Teil der Mitgift war von Eli angelegt worden, und Freud war wütend, daß Martha sie ihm anvertraut hatte. Schließlich bekam Martha das Geld zurück, aber es war von einem irreparablen Bruch die Rede gewesen.[201] Die Einnahmen flossen weiterhin so spärlich, daß Freud, der im August desselben Jahres als Reservist an Manövern teilnahm und zum Kleiderwechsel nach Wien kam, sich für die Fahrkarte nach Wandsbek von Minna Bernays Geld ausleihen mußte, weil ein Patient es verabsäumt hatte, seine Rechnung zu begleichen, und die Armee weniger als erwartet zahlte. Am 13. September 1886 fand die standesamtliche Trauung statt, der am nächsten Tag die von einem Rabbi vorgenommene religiöse Zeremonie im Haus von Marthas Mutter folgte. Unmittelbar danach brachen sie in die Flitterwochen nach Lübeck auf.

2. «Keine üble Lösung des Eheproblems»

Die Ehe von Martha und Sigmund Freud sollte dreiundfünfzig Jahre dauern. Seltsamerweise wissen wir mehr über ihre stürmische Verlobungszeit (zumindest aus Freuds Perspektive) als über ihre Ehe. Nur sehr wenige der vielen Briefe und Schriftstücke der beiden haben den Weg aus den Tresoren gefunden, wo sie von Anna Freud und ihren ebenso auf Diskretion versessenen Mitarbeitern am Freud-Archiv blicksicher verwahrt worden sind.

Auffallend ist, daß sich Sigmund Freud nach der Eheschließung auch einem so engen Freund wie Wilhelm Fließ gegenüber kaum noch über seine Beziehung zu Martha äußerte. Der halb ironische, halb gönnerhafte Ton allerdings, in dem er seinem zukünftigen Schwiegersohn Max Halberstadt 1912 in einem Brief erklärt, was er von seiner Ehe hält, läßt einige Schlüsse zu: «Mit meiner Frau bin ich wirklich gut ausgekommen, vor allem bin ich ihr dankbar für viele vornehme Eigenschaften, für die geratenen Kinder und dafür, daß sie weder sehr abnorm noch viel krank war.»[1] Und an Marie Bonaparte schreibt er 1936 in demselben Ton: «Es war wirklich keine üble Lösung des Eheproblems, und sie ist noch heute zärtlich, gesund und leistungsfähig.»[2] Die Ehe wurde also an ihren Früchten und an den wichtigsten Gütern des Lebens gemessen: Kinder, Gesundheit, Zuneigung. Wie nah sie einander wirklich waren, werden wir nie erfahren, aber es ist ja auch keineswegs bewiesen, daß die Antwort auf eine solche Frage uns weiterhelfen würde. Mit Sicherheit wenig erhellend ist die für unsere Ohren fast bizarre Beschreibung, die Freud in der *Traumdeutung* von einer Frau liefert, die er «nicht zur Patientin haben [möchte], da ich gemerkt habe, daß sie sich vor mir geniert, und ich sie für keine gefügige Kranke halte» – «Es handelt sich natürlich um meine eigene Frau»[3], fügt er in der Fußnote an.

Martha wurde das, was Freud sich von ihr erwartet hatte; «in jungen Jahren ein angebetetes Liebchen, und in reiferen ein geliebtes Weib»[4]. Sie war zudem eine vorzügliche Hausfrau, die ihn schon wenige Monate nach der Hochzeit schalt, er bringe mit seiner Schlamperei ihre ganze Ordnung durcheinander, worauf er ironisch zu Minna meinte, er müsse sich wohl als Pantoffelheld betrachten.[5] Martha mußte so manchen Freund und Bekannten, den ihr impulsiver und reizbarer Mann gegen sich aufgebracht hatte, wieder versöhnlich stimmen, und sie führte in ihrem Haushalt eine norddeutsche Tugend ein, die «im ungezwungenen Wien selten»[6] war: die Pünktlichkeit, eine Tugend, über die Sigmund auch bei den einstündigen Sitzungen in seiner psychoanalytischen Praxis aufs peinlichste wachte. Marthas häusliche Autorität war unumstritten. Als ihre Tochter Anna 1920 in der Wohnung einen Zimmertausch durchführen wollte und auf den Widerstand ihrer Mutter stieß, schrieb ihr Freud: «Ich kann sie nicht dazu zwingen, habe ihr im Haus immer ihren Willen gelassen.»[7] Zumindest fast immer: Als er siebzig war, entwickelte Freud eine große Zuneigung zu einigen Hunden, die ihm seine Freundinnen und Bewunderinnen geschenkt hatten, und verwöhnte sie regelmäßig mit Happen vom Eßtisch, ohne sich von Marthas Mißbilligung irritieren zu lassen.[8]

Aber außerhalb des Haushalts, in Sigmunds öffentlichem Leben, spielte sie keine Rolle. Sie scheue die Öffentlichkeit, schrieb sie einmal einer Verwandten, und sie glaube an das Sprichwort, daß die beste Ehefrau die sei, über die am wenigsten gesprochen werde.[9] Nach Freuds Tod, im Alter von siebenundachtzig Jahren, beschreibt sie sich einmal als «alte Mutter Freud», als die alte Großmutter, die noch immer zwischen Kindern und Kindeskindern herumtapert.[10] Bescheidenheit und Stolz auf den Mangel von «Aufdringlichkeit» sprechen aus diesem Selbstporträt. Die Feststellung, daß es bemerkenswert wenig über Martha Freud zu sagen gibt, hätte sie als eine Huldigung aufgefaßt.

In den späten vierziger Jahren schrieb sie einer Enkelin, daß es in den dreiundfünfzig Jahren ihrer Ehe nie einen unfreundlichen Blick oder ein scharfes Wort gegeben habe.[11] Dasselbe sagt sie, als sie Ludwig Binswanger auf dessen Kondolenzbrief zu Sigmunds Tod antwortet, und fügt hinzu, daß ihr Leben nun ohne Inhalt und Bedeutung sei.[12] Der einzige überlieferte Ehekrach dieser dreiundfünfzigjährigen Ehe war eine Auseinandersetzung über die richtige Art der Pilzzubereitung.

Einen Konflikt gab es jedoch, und daß er nie bereinigt wurde, mag zum Erfolg dieser Ehe beigetragen haben. Während nämlich Sigmund Freud aus einer jüdischen Familie stammte, die unter dem Einfluß der Aufklärung im frühen und mittleren neunzehnten Jahrhundert alle religiösen Sitten und Gebräuche außer des Seder abgeschafft hatte,[13] bekannte sich Marthas Familie immer noch zu der konservativen Haltung ihres Großvaters. Freud war sich dessen bewußt und meinte aus Achtung vor der Tradition ihrer Familie diplomatisch: «[...] wenn die Form, in der die alten Juden sich wohl fühlten, auch für uns kein Obdach mehr bietet, etwas vom Kern, das Wesen des sinnvollen und lebensfrohen Judentums, wird unser Haus nicht verlassen.»[14] Trotzdem verbot Freud seiner Frau, am Freitagabend die Kerzen anzuzünden. «Ich erinnere mich sehr gut, wie sie mir sagte», schrieb später einer der Vettern Marthas, «daß es eines der schmerzlicheren Erlebnisse ihres Lebens war, als sie am ersten Freitagabend nach ihrer Hochzeit die Sabbatkerzen nicht anzünden durfte.»[15] Die Atmosphäre ihres Hauses war von da an eine durch und durch weltliche. «Unsere Feiertage», erinnert sich Freuds Sohn Martin, «waren Weihnachten mit Geschenken unter einem Baum mit brennenden Kerzen und Ostern mit fröhlich bemalten Ostereiern. Ich war nie in einer Synagoge, und meines Wissens hatten auch meine Brüder und Schwestern nie eine besucht.»[16] Dennoch hatte Freud keinen endgültigen Sieg errungen, Martha wehrte sich – hätte er sie sonst immer wieder dafür tadeln müssen, an religiösen Traditionen festzuhalten? Während eines Rombesuchs im Jahr 1907 besichtigte er auch die Katakomben und schrieb Martha: «In den jüdischen [Katakomben] sind die Inschriften griechisch, auf vielen Tafeln ist der Leuchter zu sehen, Menora[h], glaube ich, heißt er.»[17] Daß er so tat, als wäre ihm das hebräische Wort für Kandelaber nicht geläufig, war wohl reine Provokation. 1938 war die Fehde fünfzig Jahre alt und immer noch nicht beigelegt, wenn man ihrem Besucher Isaiah Berlin glaubt; danach habe sich Martha über Freuds Starrsinn lustig gemacht, während der behauptete, ihre religiösen Rituale seien dumm und abergläubisch.[18] Nach dem Tod ihres Mannes zündete Martha wieder jeden Freitagabend die Kerzen an.

Während ihrer Verlobung arbeiteten Martha und Sigmund ein Beziehungsmuster von Autorität und Unterwerfung aus, das sich als sehr haltbar erweisen sollte. Sie erkannte bald, daß er zwar bellte, aber nicht biß und daß er nach seinen Ausbrüchen besonders zärtlich und nachgiebig zu sein pflegte. «Das sieht aus, als überlasse er ihr den Entscheid unter der Bedingung, daß er mit dem seinen übereinstimme; aber wenn es darauf ankam, gab er meistens nach», meinte Jones.[19] Für ihren Alltag galt die damals übliche Arbeitsteilung: Freud verdiente das Geld, gab ihr davon ein wöchentliches Haushaltsgeld und behelligte sie nicht mit den finanziellen Sorgen, die ihm sein schwankendes Einkommen bereitete,[20] und Martha organisierte den komplexen Haushalt. In den Sommermonaten zog sie mit Kindern und Personal aufs Land, an einen See oder in die Berge, irgendwohin, wo Freud als gelegentlicher Besucher schwärmen konnte: «Die Alpenrosen bis zur

Straße herab, das kleine grüne Wasserbecken, die herrlichen Wälder herum mit Erdbeeren, Blumen und (hoffentlich auch) Pilzen [...].»[21] Hier spielten die Kinder der Freuds mit Kindern der befreundeten Wiener Familien – den Breuers, Hammerschlags, Schwabs, Schiffs und Kassowitzens. Freud selbst hielt seine Praxis bis auf vier oder sechs Wochen im Hochsommer offen, und diese benutzte er dazu, in den Süden zu reisen, zum Beispiel in sein geliebtes Italien. Martha hatte für das frenetische Tempo seiner Reisen nicht viel übrig und blieb lieber bei ihren Kindern.

Wie wir sehen werden, unterhielt Freud intensive intellektuelle Beziehungen zu mehreren Frauen. Seine Frau war ihm keine solche Partnerin, auch wenn bei ihr, wie Freud meinte, «der Ehrgeiz ein sehr erhebliches Element» war und sie sich über die zahlreichen Feiern zu seinem siebzigsten Geburtstag 1926 «sehr befriedigt» gezeigt hatte.[22] Als sie 1900 einmal zu einem Vortrag von Georg Brandes gingen, überredete Martha ihn, «ihm ein Traumbuch ins Hotel zu schicken»[23] – vielleicht, weil Freud ihr im Oktober 1883 Brandes' Buch *Moderne Geister* geschenkt hatte.[24] Aber in späteren Jahren stellten Freuds Schüler des öfteren verblüfft fest, daß Martha wenig über die Psychoanalyse wußte und sich auch nicht dafür interessierte. Während eines seiner Aufenthalte in Wien, erzählte René Laforgue, habe sich Martha Freud um Rat an ihn gewandt. Es sei um den kleinen Sohn einer Bekannten gegangen, der an einem seltsamen Tic litt. Als er erstaunt gefragt habe, warum sie sich nicht an ihren Gatten wende, habe sie mit der ihr eigenen Offenherzigkeit gesagt: «Glauben Sie wirklich, daß man die Psychoanalyse auf Kinder anwenden kann? Ich muß gestehen, daß ich nicht begriffen habe, wie ernst mein Mann seine Behandlungen nimmt, ich hielt die Psychoanalyse für eine Art Pornographie.»[25]

Mit demselben (höchstwahrscheinlich vorgetäuschten) Unverständnis begegnete Martha Freud auch dem, was Tochter Anna, die «Kinderanalytikerin», tat.[26] Theodor Reik erinnerte sich, sie habe über eine hysterische Frau gesagt, sie werde schon darüber hinwegkommen, wenn sie nur ihren Willen einsetze.[27] (Allerdings könnte Freud, weniger orthodox in der Psychoanalyse als seine Nachfolger, selbst etwas Derartiges gesagt haben.) Sicher kultivierte Martha ihre Ignoranz auch als Teil ihrer vereinbarten Arbeitsteilung. Ihr Vertrauen in seine Arbeit war unerschütterlich, weil es auf dem Vertrauen in seine Person beruhte. Es mag Freud das Leben zu Hause erleichtert haben, daß er von seiner Frau niemals Zweifel an seiner unorthodoxen Behandlungsweise zu hören bekam. Nie hätte Martha zu Sigmund gesagt, was die

«Keine üble Lösung des Eheproblems»

Frau von Wilhelm Stekel, einem der ersten Anhänger Freuds, zu ihrem Mann sagte, als er damit begann, seine Patienten psychoanalytisch und nicht mehr medizinisch zu behandeln: «Ich halte das nicht für richtig, das kommt mir wie ein Schwindel vor.»[28]

Freud konnte oft harte Urteile über Freunde und Kollegen fällen, wenn es um Unehrlichkeit, Vertrauensbruch, Verlogenheit und Heuchelei ging. Als 1910 Fritz Wittels einen Roman veröffentlichen wollte, der eine kaum verhüllte Attacke auf seinen ehemaligen Intimus Karl Kraus darstellte, versuchte Freud ihn davon abzubringen: Er sei sein Freund gewesen, und wenn eine Freundschaft in die Brüche gehe, so habe man in jedem Fall zu schweigen.[29] Wittels ließ sich jedoch nicht abhalten, und während dann sein Buch Kraus öffentlich schmähte, schrieb er ihm privat herzliche Versöhnungsbriefe. Als Freud daraufhin seine Beziehung zu Wittels abbrach, entschuldigte der seine Heuchelei mit «Ambivalenz» und pochte auf sein Recht, gemäß seinen Gefühlen zu handeln. Beinahe zwanzig Jahre später erinnerte sich Freud mit unverminderter Schärfe an den Vorfall. Daß Wittels seine impulsive Handlung nicht korrigiert habe, schien ihm unvereinbar «mit den Pflichten des Analytikers»[30]. Mit zunehmendem Alter stand Freud jedoch sexuellen Ausschweifungen und unmoralischem Verhalten bemerkenswert tolerant gegenüber: «Die Ethik ist eine Art Fahrordnung für den Verkehr unter den Menschen», schreibt er an Pfister.[31] Marthas Ansichten über Moral waren einerseits konventioneller, andererseits pragmatischer und orientierten sich an der Verantwortung gegenüber anderen Menschen. Daß Stefan Zweig, ein Freund der Familie, seine Frau wegen einer Jüngeren verließ, vergab sie ihm nie. Ihr Mitleid galt seiner verlassenen Frau, während sie für ihn auch dann, als es ihm sehr schlechtging, nur feindselige Gefühle aufbrachte.[32] Ihrem Bruder Eli hingegen hatte sie längst seine Seitensprünge vergeben. Und auch gegenüber ihrer Freundin Elise, die «vor ihrer Hochzeit geheiratet hatte»[33], zeigte sie sich nachsichtig, und das, obwohl Freud ihr befohlen hatte, die Beziehung mit dem «armen Mädchen» abzubrechen, «das einen Mann sucht, wo sie ihn kriegt»: Es ginge ihm «nicht um die Anständigkeit», erklärte er, «nur um die absolute Schwäche und Haltlosigkeit».[34]

Nach ihrer Hochzeitsreise bezogen Sigmund und Martha eine Vierzimmerwohnung in der Maria-Theresien-Straße 8, genau dort, wo das im Dezember 1881 abgebrannte Ringtheater gestanden hatte. Ihr erstes Kind, eine Tochter, wurde am 16. Oktober 1887 geboren. Weil Mathilde Breuer Martha während der Schwangerschaft mit Rat

Der Roman der Familie Freud

und Tat beigestanden hatte, bekam das Mädchen den Namen Mathilde. Die Achtung und die Dankbarkeit, die er für seine Frau empfand, brachte der junge Vater noch am Tag der Geburt in einem Brief an die Mutter und die Schwester seiner Frau zum Ausdruck:

«Ich habe jetzt ja dreizehn Monate mit ihr gelebt und immer mehr meine Kühnheit gepriesen, die mich um sie werben ließ, als ich sie noch so unvollständig kannte; ich habe den unschätzbaren Schatz, den ich mir mit ihr erworben, seither immer gewürdigt, habe sie aber doch nie [so] großartig in ihrer Echtheit und Güte gesehen, wie bei diesem schweren Anlaß, der doch keine Verstellung zuläßt.»[36]

Ironische und komische Töne klingen an, als er vier Tage später das Wohlbefinden von Mutter und Tochter meldet und dabei ein altes Thema aufgreift: «Es sind bis jetzt zwei Bewerbungen um ihre kleine Hand eingelaufen [...]. Aber die Entscheidung steht noch aus, Mitgift auch noch. Ein Goldstück, das ich als Keim einer solchen hatte, ließ ich mich bestimmen, an die Hebamme zu geben.»[37]

In ihrer ersten Wohnung wurden auch zwei Söhne geboren, 1889 Martin und 1891 Oliver. Im selben Jahr bezogen sie eine größere Wohnung in der Berggasse 19. Freud hatte die Wohnung gemietet, ohne sie vorher Martha zu zeigen, und sie gefiel ihr nicht: Die Nachbarschaft sei ihr zu ärmlich, die Wohnung zu klein und die Steintreppe zu dunkel, steil und gefährlich. Für Freud mochte die Lage Symbolwert gehabt haben. Die lange Berggasse veränderte ihren Charakter, je höher man den Hügel hinaufkam: Unten war ein armes jüdisches Viertel mit einem Markt, oben befanden sich die Universität und ein bürgerlich-akademisches Viertel, dessen Bewohner Freuds Patienten werden sollten.[38]

In der Berggasse 19 kamen drei weitere Kinder zur Welt: Ernst 1892, Sophie 1893 und Anna 1895. Die Söhne wurden nach Freuds Idolen benannt: Jean-Martin Charcot, Oliver Cromwell und Ernst Brücke. Auf die Namen der Töchter kommen wir später zu sprechen. Bei der Geburt der zweiten Tochter Sophie regte sich wieder einmal Freuds Mitgift-Komplex: «Sie ist klein, benimmt sich aber sehr intelligent, als ob sie bereits im Mutterleib davon Kenntnis erhalten hätte, daß man [sich] hier für seinen Mangel an Mitgift durch etwas anderes entschädigen müsse.»[39] Im August 1893 schrieb Freud, inzwischen Vater von fünf Kindern im Alter von fünf, drei und zwei Jahren sowie sechzehn und vier Monaten, vom Gipfel seines Lieblingsbergs an Wilhelm Fließ einen Brief, in dem er eine mit ihm geplante Tour absagte. Er habe vor, mehr Zeit mit Martha zu verbringen, die –

«Keine üble Lösung des Eheproblems»

untypisch für sie – ihn dort besucht und den Wunsch geäußert habe, einige Tage mit ihm zu verbringen:

«[...] die häuslichen Ereignisse hatten ihr gezeigt, wie schwer ein Verlassen der Kinder durchzuführen ist, und seit sechs Jahren, seitdem Kind auf Kind gefolgt ist, hat sich recht wenig Abwechslung und Erholung in ihre Lebensweise einfügen lassen. Ich glaube nicht, daß ich ihr diesen Wunsch versagen kann. Du kannst dir denken, was dahinter steckt: die Dankbarkeit, das Wiederaufleben der Frau, die zunächst ein Jahr kein Kind zu erwarten hat, da wir jetzt in Abstinenz leben, und Du weißt auch dafür den Grund.»[40]

Gewöhnlich halfen zwei Dienstmädchen Martha im Haushalt. Später beschäftigte sie eine Gouvernante für die drei älteren Kinder, während die Kinderfrau Josefine für die drei jüngsten und besonders für ihren Liebling Anna sorgte. Marthas Schwester Minna half ebenfalls aus, manchmal mehrere Monate hintereinander, bis sie Ende 1896 ganz zu ihnen zog. Sie sollte bis zu ihrem Lebensende bei den Freuds wohnen.

Minna Bernays: «Meine nächste Vertraute»

Am 18. Juni 1865 geboren, war Minna fast vier Jahre jünger als Martha. Obwohl die beiden Schwestern sich immer sehr nahestanden, waren sie doch sehr verschieden. Martha war klein und zart, «scharfsinnig, aber kaum scharfzüngig»[41], Minna groß und stattlich, selbstbewußt, energisch und eigensinnig. Sie hatte sich, einige Monate bevor Freud um Martha zu werben begann, mit einem seiner engen Freunde verlobt, Ignaz Schönberg. Auf einem Spaziergang zu Beginn ihrer Bekanntschaft stellte Freud Martha so viele Fragen über ihre Schwester, daß sie dieser daheim alles erzählte und hinzufügte: «Was sagst du dazu?», worauf sie von Minna die ernüchternde Antwort bekam: «Wie lieb, daß der Herr Doktor solches Interesse an *uns* nimmt.»[42] Minna sollte in diesem Punkt sowohl recht als auch unrecht behalten. Wir haben gesehen, daß Freud alles tat, um Martha von ihrer Familie zu lösen und sie ganz für sich zu haben; aber um ebendas zu erreichen, sollte er Minna zu seiner festen und lebenslangen Verbündeten machen.

Schon früh fand er den richtigen Ton dafür. Kurz bevor er die Bernays' in Wandsbek besuchte, nachdem er vierzehn Monate von Martha getrennt gewesen war, schrieb er Minna: «Wehe dem, der mir sonst eine Stunde des Aufenthaltes durch seine freundschaftliche Gesinnung vergällen will! Wenn du von jemandem hörst oder weißt, der auf mich neugierig ist, hilf mir, ihn abzuschrecken. Wir werden dich dafür oft mitnehmen und sehr freundlich gegen dich sein.»[43] Minna sollte also die Anstandsdame spielen und dabei als Komplizin nicht nur Freunde und Familie – besonders Marthas Mutter – auf Distanz halten, sondern auch Martha aus dem Abhängigkeitsverhältnis zu ihrer herrischen und willensstarken Mutter befreien und, wie Jones meinte, den Entwöhnungsprozeß einleiten.[44] Sigmund Freud machte sich geschickt die Verschiedenheit der beiden Schwestern zunutze, die sich in ihrer Haltung der Mutter gegenüber ausdrückte. Martha schrieb er: «Du liebst sie nicht sehr und schonst sie möglichst, sie liebt sie und schont sie nicht.»[45]

Zweifellos verstanden sich Sigmund und Minna von Beginn an sehr gut. Sie schrieben sich regelmäßig, und Minna nahm auch an dem Austausch von Büchern und Ideen teil, mit dem die Verlobten die lange Wartezeit füllten. Er und Minna seien zwei «wilde, leidenschaftliche» Naturen, während Ignaz und Martha «zwei herzensgute» seien – «darum vertragen wir uns übers Kreuz am besten, darum vertragen wir zwei gleiche, Minna und ich, uns nicht besonders, darum haben die zwei gutmütigen keinen Reiz füreinander».[46]

1884 begann sich Schönbergs Gesundheitszustand zu verschlechtern, und Freud, der ihn 1885 schließlich untersuchte, erklärte Martha, er sei verloren, seine Tuberkulose nicht mehr zu heilen. Schönberg löste seine Verlobung mit Minna, was Freud zutiefst mißbilligte. «Minna», schrieb Freud Martha, «wird ja auch nichts anders wollen, als bei Schönberg aushalten, so lange es einen gibt. Und Du auch nichts anderes, Du würdest mich nicht verlassen, ehe ich gestorben bin, wenn ich voraussichtlich sterben sollte. Und ich würde nicht bei lebendigem Leib mein Bestes hergeben.»[47] Der zugrundeliegende Gedanke, der nicht nur für ihr Leben Folgen haben sollte, sondern Minna vermutlich auch im Innersten traf, war, daß Schönberg sie «als keines anderen Frau sehen [soll], wenn er am Leben bleibt»[48] – eine milde Version von Witwentod, in der die Hoffnungen der jungen Frau auf eine Ehe auf dem Krankenbett ihres Verlobten geopfert wurden:

«Eins dachte ich mir doch am Abend: daß wir beide es anders machen würden, wenn schwere Krankheit unsere Vereinigung un-

«Keine üble Lösung des Eheproblems»

möglich machen sollte. Ich betrachte dich schon lange als mein Eigen und würde Dich nie freigeben, zufrieden sein, daß du mit mir leidest und um mich leidest, du wohl auch nicht anders, Weibchen. Der Mensch ist so armselig, wenn er nichts will, als am Leben bleiben.»[49]

Doch vier Monate später scheint auch Freud bereit gewesen zu sein, seine Sorge nicht nur dem Sterbenden, sondern auch der Lebendigen gelten zu lassen: «Minna sagst du von mir, daß wenn wir einen Tisch von Freunden haben, immer ein Platz für sie gedeckt ist.»[50] Als Schönberg Anfang 1886 starb, schrieb Freud Minna aus Paris:

«[...] denke daran, die verlorene Jugend, in der man nichts tut als wachsen und gedeihen, wiederzugewinnen, gönne Deinen Empfindungen eine lange Ruhe und leb für eine Weile anspruchslos mit uns beiden, die wir dir jetzt am nächsten stehen. [...] Deine Briefe verbrenne nur auch solange es noch Winter ist und mache Deinen Kopf frei davon und denk, was für [ein] langes Leben wir noch vor uns haben, und was für merkwürdige und erlebenswerte Dinge in unserem kleinen Kreis noch zustoßen können.»[51]

Tatsächlich sollte Minna ihr Leben im «kleinen» Freudschen Kreis verbringen. In den achtziger Jahren arbeitete sie eine Zeitlang als Gesellschafterin, später als Gouvernante bei einer reichen Tante in Brünn. Während der ersten sieben Ehejahre war sie häufig bei den Freuds zu Besuch, um ihrer ständig schwangeren Schwester in dem großen, von Kleinkindern wimmelnden Haushalt beizustehen. Von Ende 1895 an, als Anna geboren wurde, lebte Minna richtig im Hause Freud; zwar nahm sie im März 1896 eine Stellung in Frankfurt an,[52] kehrte aber Ende des Jahres für immer zu den Freuds zurück. Martha war ihr sicher dankbar für die Hilfe bei der Erziehung der sechs Kinder. Im Sommer 1897 reisten Martha und Sigmund Freud zusammen in die Toskana und nach Umbrien. Es war ihre erste gemeinsame Erholungsreise nach den Flitterwochen.[53] Minna war zu diesem Zeitpunkt vierunddreißig und hatte längst die Hoffnung auf eine Ehe aufgegeben.

Während Martha eine ausgleichende Natur war, galt Minna als scharfzüngig und «geistreich».[54] Und anders als Martha wurde sie von Freud in seine wissenschaftliche Forschung und klinische Arbeit eingeweiht; er behandelte Minna wie seine «nächste Vertraute»[55], wie er 1894 schrieb. In seiner Erinnerung waren es nur Fließ und Minna, die in den neunziger Jahren an seine Theorien glaubten;[56] als er die Publikation der *Traumdeutung* vorbereitete, berichtete er Fließ von Minnas warnenden Worten über die zu erwartende Reaktion, als sei sie die Koautorin des Buches. «Minna zitiert die Gräfinnen Wallenstein und Terzky nach ihrem Empfang am Wiener Hof; wir erwarten weitere Ächtungen.»[57] Doch sie nahm nicht nur Anteil an seiner geistigen Tätigkeit, sie begleitete ihn auch öfters auf seinen anstrengenden Reisen durch italienische Städte, wenn er die Familie in einer ruhigen Sommerfrische untergebracht hatte. Während einer Reise mit Ferenczi im Sommer 1910 beklagte sich Freud in einem Brief an Carl Gustav Jung darüber, wie passiv und feminin Ferenczi sei, der alles für sich machen ließe, und wahrscheinlich dachte er an Minna, als er hinzufügte: «Die Sehnsucht nach einer wirklichen Frau steigt sehr auf solchen Reisen.»[58]

Paula Fichtl, die Hausangestellte der Freuds ab den zwanziger Jahren, erinnerte sich, daß Martha meistens schwieg und Minna ständig redete. Sie besaß offensichtlich innerhalb der Familie die gleichen Rechte wie ihre Schwester und meldete sich manchmal am Telefon als Frau Professor Freud.[59] Mit ihrer Gesundheit stand es jedoch nicht zum besten: Im Herbst 1900 verbrachte Minna einige Wochen in Meran, dem von den kranken und kränkelnden Bürgern der Monarchie gerne aufgesuchten Luftkurort in Südtirol, um eine aus ihrer Jungmädchenzeit herrührende chronische Lungenentzündung auszukurieren.[60] Herz- und Darmbeschwerden traten jedoch auf, und nach ihrer Rückkehr wurde noch dazu ein Dickdarmgeschwür entdeckt.

Freud und Minna

Minnas Krankheiten standen auch in Zusammenhang mit dem Gerücht, sie und Freud hätten eine Affäre gehabt. Minna selbst habe es ihm bei seinem ersten Besuch in der Berggasse 19 gestanden, erzählte C. G. Jung einem Journalisten Jahrzehnte später. Peter Gay konnte jedoch auf einige Widersprüche in Jungs erinnertem Bericht hinweisen.[61] Außerdem gibt es Beweise dafür, daß die erste Begegnung Jungs mit der Familie Freud durch die Tatsache belastet war, daß Jung sich (zu Unrecht) einbildete, er müsse sich zu seiner Zuneigung für eine der Töchter Freuds (wahrscheinlich Mathilde oder Sophie) bekennen.[62] In jüngerer Zeit hat Peter Swales behauptet, Minnas langer Aufenthalt in

«Keine üble Lösung des Eheproblems»

Meran sei zum Zwecke einer Abtreibung notwendig gewesen. Aber kürzlich publizierte Briefe weisen darauf hin, daß Minna vordringlich wegen ihrer Lunge in Meran war, was zwar eine Schwangerschaftsunterbrechung nicht ausschließt, sie jedoch nicht sehr plausibel erscheinen läßt.

Swales' verwegene Behauptung stützt sich auf folgendes Argument: In der *Psychopathologie des Alltagslebens* aus dem Jahre 1901 analysierte Freud die Motive eines jungen Mannes, der in einem Vers von Vergil das Wort «aliquis» vergessen hatte. Sein Name bleibt ungenannt, und Swales argumentiert nun, der junge Mann sei – ebenso wie der anonyme Gesprächspartner in den «Deckerinnerungen» – in verhüllter Form Freud selbst. In diesem Punkt ist die Argumentation Swales' überzeugend;[63] es war Freud selbst, der ebenso ängstlich auf die Monatsblutung wartete wie die Gläubigen jedes Jahr in Neapel auf das Blut vom heiligen Januarius. Jedoch gibt es keinen vernünftigen Grund anzunehmen, daß es *Minnas* Blutung war, auf die Freud so ängstlich wartete. Vielmehr ist hinreichend dokumentiert, daß ab 1893 Sigmund und *Martha* des öfteren unruhig darauf warteten, daß die Blutung sie von der Sorge erlöste, ihre Sammlung von «Bälgern» um ein weiteres vergrößert zu haben.

Die Spekulationen über eine Affäre mit Minna sind zu einem guten Teil der Vermutung zuzuschreiben, daß Freuds sexuelle Beziehung zu seiner Frau schon nach relativ wenigen Ehejahren und den Geburten ihrer sechs Kinder verkümmert war. Fest steht, daß die Sorge um die Gesundheit seiner Frau und die Unerwünschtheit weiterer Kinder eine große Belastung für ihr Sexualleben darstellte. Freuds damalige Beschäftigung mit der schädlichen Wirkung verschiedener Formen der Empfängnisverhütung und sexueller Abstinenz war sicherlich eine Folge ihrer eigenen diesbezüglichen Schwierigkeiten. Und sein großes Interesse an den Theorien von Wilhelm Fließ über die männlichen und weiblichen biologischen Zyklen und die zugrundeliegende Biochemie beinhaltete die Hoffnung, daß sein Berliner Freund, der Kepler der Biologie, wie er ihn einmal nannte, das Geheimnis der sexuellen Reproduktion finden und ihn, Sigmund, Martha und viele andere mit einer unschädlichen Verhütungsmethode versorgen würde. Die Schriftstellerin Janet Malcolm vermerkt, wenn Freud «seine Bemühungen in dieser Richtung fortgesetzt hätte, wäre er der Erfinder eines besseren Kondoms und nicht der Gründer der Psychoanalyse geworden»[64]. Obwohl Malcolms Bemerkung ein Schlaglicht auf Freuds Ehedilemma wirft, scheint sie sonst eher auf Fließ zu verweisen, dessen biologische Spekulationen auf diesem Gebiet bei Freud zwar Bewunderung auslösten, ihn jedoch nicht zur Mitarbeit animierten.

Sicher ist, daß die Freuds 1893 abstinent lebten, daß dies 1895 nicht mehr der Fall war, denn sie mußten bestürzt feststellen, daß Martha zum sechstenmal schwanger war. Wenige Jahre später bemerkte Freud, er habe keinen Gebrauch mehr für Sex. Er sprach von Zeiten der sexuellen Ruhe (was andersgeartete Zeiten implizierte) und versuchte dies mit den Theorien über biologische Zyklen seines Freundes Fließ zu erklären. Seine gesunde Lebensweise beschrieb er 1900 in einem Ton heiterer Ergebenheit: «Du weißt, wie eingeschränkt meine Genüsse sind; ich darf nichts Gutes rauchen, Alkohol leistet mir gar nichts, mit dem Kinderzeugen bin ich fertig, der Verkehr mit Menschen ist mir abgeschnitten. Ich vegetiere also harmlos [...].»[65]

Natürlich vegetierte er nicht für den Rest seines Lebens dahin, aber es ist unwahrscheinlich, daß er der sinnlichen Seite seiner Natur freien Lauf ließ. 1910 bemerkte er zu Jung: «Der Johannistrieb von Erotik, der uns auf der Reise beschäftigt hat, ist vor der Plage der Arbeitszeit kläglich vergangen. Ich finde mich ins Altern und denke nicht einmal beständig ans Altwerden.»[66] Auch gegenüber Emma, der Ehefrau Jungs, hatte er ähnliches geäußert: «Sie sagten da: ‹Die Ehe ist längst amortisiert, jetzt gibt es nichts mehr, als – Sterben›»[67], schreibt sie ihm 1911 und ermuntert ihn daraufhin, sein Leben weniger resignativ und pessimistisch zu sehen. Vier Jahre früher jedoch hatte Freud in einem Brief an Jung halb mißbilligend, halb scherzend eine der alten Dichotomien wieder ins Leben gerufen – Wissenschaft kontra Liebe –, die für ihn während seiner Werbung um Martha so wichtig gewesen war: «Eitington [...] scheint sich wieder mit irgendeinem Frauenzimmer versehen zu haben. Diese Praxis hält von der Theorie ab. Wenn ich meine Libido (im gewöhnlichen Sinne) ganz überwunden haben werde, mache ich mich an ein *Liebesleben der Menschen*.»[68] Das sind nicht die Worte eines Mannes, der mit seinem Liebesleben abgeschlossen hat, ja nicht einmal die Worte dessen, der den Entschluß dazu gefaßt hat. Man ist eher geneigt zu sagen, daß Freud seine sexuellen Wünsche mit demselben heiteren Pessimismus bedachte, mit dem er später seine Krebserkrankung akzeptierte.

Am Donnerstag, dem 8. Juli 1915 – kurz vor seinem sechzigsten Geburtstag –, erklärte Freud in einem Brief an den amerikanischen Kollegen J. J. Putnam seinen ethischen Ideale und berührte dabei auch das Thema Sexualität: «Die sexuelle Moralität, wie die Gesellschaft, am extremsten die amerikanische, sie definiert, scheint mir sehr

«Keine üble Lösung des Eheproblems»

verächtlich. Ich vertrete ein ungleich freieres Sexualleben, wenngleich ich selbst sehr wenig von solcher Freiheit geübt habe. Gerade nur soweit, daß ich mir selbst bei der Begrenzung des auf diesem Gebiet Erlaubten geglaubt habe.»[69] In derselben Nacht träumte Freud: «Martha kommt auf mich zu, ich soll ihr etwas aufschreiben – in ein Notizbuch schreiben, ich nehme meinen Bleistift heraus. [...] Es wird ganz undeutlich.»[70] Der Traum bezieht sich unter anderem, fährt er fort, «auf den gut gelungenen Coitus Mittwoch früh». Ist das Schreiben in diesem Traum, das Schreiben, das auch eine Art Koitus ist, eine Antwort auf Marthas Verlangen nach einer sexuellen Beziehung? Oder kam das Verlangen von anderer Seite? War Freud dem «J. J. P.-Komplex» verfallen, wie Jones und er ein bißchen geringschätzig die inzestuöse Zuneigung zu der jüngsten Tochter nannten, die J. J. Putnam in einer seiner psychoanalytischen Abhandlungen, wenn auch verschleiert, analysiert hatte?[71] Freuds Träume waren damals sicher nicht die einzigen, die Putnams Theorie entsprachen. Seine Tochter Anna übersetzte Putnams Werk und begann, ihren Vater psychoanalytisch herauszufordern.[72]

Freuds Ruf als Pansexualist, als Vater des Libidobegriffs, weckte in vielen Besuchern die Erwartung, es mit einem routinierten Lebemann zu tun zu bekommen. Gräfin Anna de Noailles meinte nach einem Besuch bei Freud empört: «*Er* hat niemals diese Bücher geschrieben, die so ‹sexy› sind. Was für ein schrecklicher Mann! Ich bin sicher, daß er nie seine Frau betrogen hat! Das ist anormal und skandalös!»[73] Die Gräfin täuschte sich aber, wenn sie glaubte, Freud sei unempfänglich für die Reize verführerischer Frauen gewesen. Als Verlobter – Martha war in Wandsbek – nahm Freud an einem Tanzabend bei Breuer teil und zeigte sich von den jungen weiblichen Schönheiten durchaus angetan, auch wenn er sich in solcher Umgebung eher unpassend vorkam. «Ich schäme mich gar nicht zu sagen, daß ich bei solchen Gelegenheiten sehr neidisch bin [...]. Es war aber sehr schön. Da waren meist Mädchen von 15–18 Jahren, einige sehr schön. [...] Ich paßte dazu, wie die Cholera dazu gepaßt hätte.»[74] Und einige Monate vor ihrer Hochzeit, als die ersten Patienten in seine Praxis kamen, berichtete er Martha mit dem Anflug eines präfreudianischen Aberglaubens, daß durch die Anwesenheit einer schönen, interessanten Frau in seinem Beratungszimmer zweimal hintereinander ihre Photographie von seinem Schreibtisch gefallen sei.[75]

Mit Blick auf das spärliche Beweismaterial und auf den Gesamteindruck von Freuds Sexualleben scheint es geraten, die Affäre mit Minna als ein Gerücht abzutun. Aber etwas Wahres enthält es doch. Minna gehörte zu der Kategorie von Frauen, die Freud anzog, nämlich «wilde, leidenschaftliche Naturen», die außerdem intellektuell und «maskulin» waren; so jedenfalls hat er – und hat sie – es des öfteren formuliert. Freud wußte genau, welchen Typ Frau er sich als Ehefrau wünschte, und er hatte ihn auch bekommen. Aber die Frauen, mit denen er später eng befreundet war, waren Frauen der anderen Kategorie, die seinem «Ideal von Weiblichkeit» – dem jungen «angebeteten Liebchen» und dem «reifen geliebte[n] Weib»[76] – in keiner Weise entsprachen. Minna war eine der vielen Frauen in seinem Leben, von denen er lernte, daß dieses Ideal nur auf wenige Frauen zutraf und auch nur wenig von dem berührte, was er in Wirklichkeit bei Frauen suchte und fand. Bemerkenswert erscheint bei Freuds Beziehungen zu Frauen, daß sie nur selten von Gefühlen des Mißtrauens, des Betrogenwerdens oder der Enttäuschung geprägt waren, mit denen viele seiner Männerfreundschaften endeten – von Breuer über Fließ bis zu Jung und Ferenczi. Sie wurden verbittert abgebrochen oder endeten in totaler Entfremdung.

Während Minna die Reihe maskuliner, intellektueller Frauen anführte, wie Jones und andere Biographen bestätigen, war Martha unter den so verschiedenartigen Patientinnen und Freundinnen die einzige Inkarnation von Freuds «weiblichem» Ideal. Man sollte nicht vergessen, daß wir unser Wissen über Freuds traditionalistische Idealisierung der weiblichen Frau zum großen Teil den Liebesbriefen verdanken, mit denen er in jungen Jahren eine Frau erobern wollte. Wieviel Gewicht können wir diesen Dokumenten beimessen? Wie schwer wiegen sie, verglichen mit den Beziehungen zu seinen ersten Patientinnen, die für die Praxis und Theorie Freuds von so großer Bedeutung waren und mit denen er so komplexe und enge Freundschaften unterhielt? Und wenn Martha wirklich die einzige wahrhaft «weibliche» Frau in Freuds Leben gewesen sein soll: wird damit nicht die Kategorie der «maskulinen, intellektuellen Frau» so weit gefaßt, daß sie Martha wiederum einschließt? Denn ihre Reaktionen auf Freud vor ihrer Heirat sprechen von Intelligenz und Willensstärke. So bleibt es rätselhaft, warum Freud diese festungsartige Kategorie der konventionellen weiblichen Frau errichtet und Martha in dieses Schema gepreßt hatte. Weil er sich so sein ausgeprägt maskulines Selbstbild als Abenteurer und Eroberer, als Meister der Defloration und des Sezierens bewahren konnte? Die weibliche Frau, die zum Objekt solcher männlichen Phantasien werden kann – die eroberte, deflorierte und sezierte Frau –, dient zugleich als Vorlage und als Balsam für derartige Phantasien. Die Vorstellung, daß

«*Keine üble Lösung des Eheproblems*»

der zarte Gegenstand der männlichen Fürsorge passiv und hilflos ist, wird durch die sadistischere Vorstellung gestützt, daß der männliche Eroberer und Plünderer sie zu einem passiven und hilflosen Wesen *gemacht* hat; als Wiedergutmachung pflegt er nun die zarte Blume, die er zerquetscht hat. Die Rolle des Arztes und die des Liebhabers können bei einer derartigen Wiedergutmachungsleistung zusammenfallen: «Ein robustes Weibchen, das im Notfalle den Mann u. die Dienstboten eigenhändig zur Tür hinauswerfen kann, war nie mein Ideal, soviel sich für den hohen Wert der vollen Gesundheit beim Weibe sagen läßt. Ich schwärme nur für etwas Zartes an dem ich zu pflegen u. zu schonen habe.»[77]

Im jahrelangen Umgang mit seinen hysterischen Patientinnen lernte Freud, daß eine Frau nicht notwendigerweise passiv und hilflos war, wenn ein Mann für sie sorgte, und daß ihre Not und Verletzlichkeit nicht immer auf mangelnde Courage hindeuteten. Man muß sich fragen, ob Freuds konventionelle Vorstellung von der Frau und speziell von seiner Frau als sanfter, häuslicher Engel im Lauf der langen Ehe nicht auch von ihm als Illusion erkannt wurde. Vieles spricht dafür, daß Freud Martha einfach seinen Wunschvorstellungen angepaßt hatte und daß sie das Kreuz seiner Illusion zu tragen und den Kreuzestod zu erleiden hatte, weil er diese besondere und unantastbare Beziehung zu seiner Mutter unterhielt. Daß Martha das einzige lebende Beispiel eines konventionellen Frauenbildes sein mußte, mag Freud die Erkenntnis erleichtert haben, daß andere Frauen ganz anders waren – vor allem die eigene Mutter. Freud entdeckte jedenfalls, wie wir später sehen werden, seine inzestuösen Gefühle für seine Mutter wieder, und zwar in seiner Beziehung zu einer zweiundneunzigjährigen Patientin. Anders ausgedrückt: Erlaubte Freud gerade seine unnachgiebige Stilisierung Marthas die Erkenntnis, daß keine *andere* Frau diesem Ideal entsprach?

Töchter

Freud war genau so, wie man sich den Vater einer bürgerlichen, jüdischen Familie jener Zeit vorstellte: gütig und streng, fürsorglich, zuweilen distanziert und in seine Arbeit vertieft. Die Familie nahm in der Rangordnung seiner Pflichten und Sorgen jedoch immer den ersten Platz ein; «meine psychische Konstitution verlangt dringend das Erwerben und Geldausgeben für die Meinigen als Erfüllung meines mir wohlbekannten Vaterkomplexes»[78]. Es scheint, als habe Freud versucht, nach der Maxime zu leben, die er etwas lehrerhaft 1882 seiner Verlobten Martha ans Herz legte: «Man muß mit Zärtlichkeit nicht kargen, was man von den Fonds verausgabt hat, ist durch die Ausgabe selbst von neuem ersetzt.»[79] Viele Geschichten sprechen von seiner Großzügigkeit gegenüber seinen Kindern, seinen Freunden, deren Kindern und auch verhältnismäßig fremden Menschen. Durch seine Großzügigkeit fühlten sich ihm die Menschen verbunden, während – oder weil – er sie nicht im geringsten zu einer Gegenleistung verpflichtete.

Keines seiner Kinder lehnte sich gegen die väterliche Autorität auf. Aber das hieß nicht, daß er von den «endlosen Sorgen» verschont blieb, die für ihn unvermeidlich mit der «unendlichen Freude» der Elternschaft verbunden waren. Wie wir schon gesehen haben, sollten seine drei Töchter eine tiefe, fast mystische Bedeutung für ihn haben. Er identifizierte sie mit den drei Töchtern von König Lear und den drei Parzen. Aber aufgrund ihrer verschiedenen Charaktere und persönlichen Lebensumstände gingen die drei auf sehr unterschiedliche Weise an die Bewältigung ihrer Lebenskrisen. In Anbetracht dessen, daß Freuds Hauptsorge der Familie galt, und in Anbetracht des ewig ungelösten Problems, ob nun er bei den Frauen in der Schuld stand oder diese bei ihm – Symbol: Mitgift –, überrascht es nicht, daß seine Verstrickung in die Schicksale der drei Töchter sich am Problem ihrer Verheiratung offenbarte.

Das Leben der erstgeborenen Mathilde war von Krankheiten gezeichnet. Jones zufolge wäre sie schon 1893 fast an Diphtherie gestorben;[80] 1897 erkrankte sie schwer an septischer Diphtherie[81]. Mit Hilfe des Hausarztes Oscar Rie überwand sie die Krankheit, so daß Freud wenige Monate später an Fließ schreiben konnte: «Mathilde hat eine kurze Jugend, wächst rapid, wird in Charakter und Ausdruck ganz weiblich, hat auch schon die ersten Zeichen der Pubertät.»[82] Als Älteste entwickelte sie sich zu einem gutmütigen, fürsorglichen und einfühlsamen Mädchen, bei dem die jüngeren Geschwister Hilfe und Schutz fanden.[83] 1905 mußte sie am Blinddarm operiert werden. Freuds alter Freund Ignaz Rosanes wollte eine neue Methode zum Abklemmen der Blutgefäße ausprobieren, die Blutgefäße öffneten sich jedoch wenige Stunden nach der Operation, und Mathilde wäre beinahe an inneren

«Keine üble Lösung des Eheproblems»

Blutungen gestorben. Eine Zeitlang schwebte sie in Lebensgefahr; das Fieber wollte nicht weichen, man brachte sie in ein Sanatorium, und wieder hatte Freud schon fast die Hoffnung auf Heilung aufgegeben.[84] Als sie endlich genas, vollbrachte Freud eine typische «Freudsche Fehlleistung»: Er schleuderte in seiner Freude einen Pantoffel an die Wand, so daß eine wunderbare kleine Venus aus Marmor auf den Boden fiel und zerbrach: «Dann diente mein Anfall von Zerstörungswut zum Ausdruck einer dankbaren Stimmung gegen das Schicksal und gestattete mir, eine ‹Opferhandlung› zu vollziehen, gleichsam als hätte ich gelobt, wenn sie gesund wird, bringe ich dies oder jenes zum Opfer! Daß ich für dieses Opfer die Venus von Medici ausgesucht, sollte gewiß nichts anderes als eine galante Huldigung für die Genesende sein [...].»[85] Sie wurde wieder gesund, mußte aber weitere kleine Operationen über sich ergehen lassen, um einige Zysten, die Folgen der ersten Operation, entfernen zu lassen.

Ein zwei Jahre später auftretendes Fieber ließ den ängstlichen Vater eine Bauchfellentzündung befürchten.[86] Man schickte sie zur Erholung nach Meran, während ihre Mutter sich um die angegriffene Gesundheit ihrer eigenen, achtundsiebzigjährigen Mutter kümmern mußte. Offensichtlich war Mathilde psychisch und physisch in schlechter Verfassung; sie sandte einen Hilferuf an Freud, der mit einem langen Brief antwortete, in dem er sie ihrer guten Chancen versicherte, wieder ganz gesund zu werden. Bei dieser Gelegenheit sprach er auch über ihre geheime Furcht, sie sähe nicht gut genug aus, um einen Mann anzuziehen:

«Ich habe lächelnd zugeschaut, weil Du mir erstens schön genug schienst, und weil ich zweitens weiß, daß in Wirklichkeit längst nicht mehr die Formenschönheit über das Schicksal des Mädchens entscheidet, sondern der Eindruck ihrer Persönlichkeit. [...] Die Verständigen unter den jungen Männern wissen doch, was sie bei einer Frau zu suchen haben, die Sanftmut, die Heiterkeit und die Fähigkeit, ihnen das Leben schöner und leichter zu machen.»[87]

Jedoch nicht nur Mitgefühl für seine Tochter tritt hier zutage: Durch viele Zeugnisse ist belegt, daß die ehrwürdige Tradition der Ehepolitik auch für Freud eine große Rolle spielte. Die Familie sollte erhalten und mit nützlichen Verbindungen versehen werden.

Für Freud verwischte sich oft die Grenze zwischen Ehestifter und Psychoanalytiker. Offensichtlich konnte er nicht der Versuchung widerstehen, den Kuppler zu spielen, um ihm ergebene Schüler mit seinen Töchtern zu verheiraten. Waren doch letztere immerhin ein

Teil seiner Person, was sie, wenn es nach ihm ging, auch zu bleiben hatten. Dreißig Jahre waren vergangen, seit er Martha gegenüber den Scherz gemacht hatte, er könnte die Tochter seines Lehrmeisters Charcot heiraten[88] und damit den erotischen und professionellen Ehrgeiz auf einen Schlag befriedigen. Jetzt, da sich die Gedanken der zwanzigjährigen Mathilde vorwiegend ums Heiraten drehten, beschäftigte sich auch Freud – in Form von unbewußten Phantasien und Träumen – mit der Frage, ob die jungen Männer, die seine ersten Schüler werden sollten, wohl seiner Tochter gefallen könnten. Ludwig Binswanger erinnert sich:

«Ich selbst träumte von dem damals gerade im Umbau begriffenen Entrée des Hauses Berggasse 19 und dem wegen des Umbaus notdürftig verhängten alten Kronleuchter. Freuds, mich zwar nicht gerade überzeugende Deutung – an die er sich noch dreißig Jahre später, bei unserm Besuch zu seinem achtzigsten Geburtstag, erinnerte – lautete, der Traum enthielte den Wunsch, seine älteste Tochter zu heiraten, zugleich aber dessen Ablehnung, denn er sage ja – ich erinnere mich an die Deutung wörtlich –: ‹In ein Haus, in dem so ein schäbiger Kronleuchter ist, heirate ich nicht.›»[89]

Auch C. G. Jung, der Freud bei derselben Gelegenheit, nämlich bei Binswangers Besuch Anfang März 1907, kennenlernte, bekannte später – vielleicht nicht ganz aufrichtig –, er habe Gefallen an einer der Freud-Töchter gefunden.[90] Im Sommer 1908 gab Freud sich der Hoffnung hin, daß Sándor Ferenczis Besuch bei den Freuds in Berchtesgaden zu seiner Verlobung mit Mathilde führen könnte.[91]

Aber Mathilde hatte während ihres sechsmonatigen Erholungsaufenthalts in Meran 1908 den zwölf Jahre älteren Geschäftsmann Robert Hollitscher kennengelernt und verlobte sich mit ihm im Oktober 1908. Sie heirateten am 7. Februar 1909 und lebten in Wien, in der Nähe der Freuds. Dreizehn Monate später mußte sie sich, «tapfer wie immer», einer weiteren schweren Operation unterziehen.[92] Es folgten zwei gesunde Jahre, aber 1912 sollte ein Unglücksjahr werden. Freud und Ferenczi wollten in diesem Sommer Ernest Jones und Loe Kann in London besuchen; es wäre erst Freuds zweiter Aufenthalt in über dreißig Jahren in dem von ihm so bewunderten England gewesen. Aber Mathilde, die trotz der zu erwartenden Komplikationen durch die verpfuschte Blinddarmoperation im Frühsommer 1912 schwanger geworden war, mußte, da Fieber auftrat und die alten Narben sich regten, eine Schwangerschaftsunterbrechung vornehmen lassen. Ihr Vater sagte die Reise ab, um in ihrer Nähe zu sein,[93] entwischte jedoch zwei

«Keine üble Lösung des Eheproblems»

Wochen später[94] in sein geliebtes Rom, als er sah, daß Mathilde sich zusehends erholte. Sie blieb allerdings für immer kinderlos.

In den ersten Jahren nach ihrer Heirat verbrachte Mathilde viel Zeit im Haus ihrer Eltern; gewöhnlich nahm sie bei ihnen das Mittagessen ein. 1922 schrieb Freud über Mathilde und ihren Mann, sie seien sehr nahe daran gewesen, «im Egoismus à deux zu erstarren»[95]. Nach dem Tod ihrer Schwester Sophie 1920 nahmen sie sich des Jüngsten, des kleinen Heinele, an und waren vollkommen glücklich mit ihrem Adoptivsohn. So wie im übrigen auch Freud: «[...] und ich selbst wußte, daß ich kaum je einen Menschen, gewiß nie ein Kind so lieb gehabt wie ihn.»[96] Als Heinele 1923 plötzlich an Miliartuberkulose starb, war Freud zutiefst verstört; noch schlimmer muß es für Mathilde gewesen sein. Sie lebte weiterhin fest integriert im Kreis ihres Vaters und wurde eine enge Freundin von Ruth Mack Brunswick, die ihre Tochter nach ihr benannte.[97] Für sie und ihren Mann Robert war Freud stets der großzügige Patriarch, der sie – wie alle seine Kinder – auch immer wieder finanziell unterstützte, besonders während der düsteren Jahre der Weltwirtschaftskrise. «Robert verdient in seinem Geschäft keinen Groschen, und Max [Halberstadt] kämpft müde gegen den Zusammenbruch des Lebens in Hamburg an. Sie leben von der Beihilfe, die ich ihnen geben kann.»[98]

1925 beschrieb Freud Mathilde als eine «chronische Invalide, die sich wunderbar normal verhält»[99]. Im Alter machte Mathilde das Hobby der Freudschen Frauen, nämlich Weben und Stricken, zu ihrem Beruf und eröffnete ein Geschäft für handgefertigte Kleidung.[100] 1937 emigrierten sie und Robert – offenbar ein düsterer, eher misanthropisch veranlagter Mann – mit den Freuds nach England.[101] Mathilde, die anders als ihre Schwester Anna und deren Freundin Dorothy Burlingham immer gut gekleidet war, übernahm in England ein Geschäft für Cocktailkleider in der Baker Street, das sie bis in die sechziger Jahre führte.[102] Robert starb 1959. Mathilde, deren Leben von Kindheit an von lebensgefährlichen Krankheiten überschattet gewesen war, erlebte das hohe Alter von einundneunzig Jahren.

Sophie Freud wurde 1893 als das fünfte Kind der Freuds geboren. Sie war Freuds Sonntagskind, sein «Sonnenschein». «Das Schönste», schrieb er 1896 an Fließ, als er ihm über die Hochzeit seiner Schwester Rosa berichtete, «war übrigens unser Sopherl – mit gebrannten Haaren und einem Vergißmeinnichtkranz auf dem Kopf.»[103] Der Status der Lieblingstochter, den Sophie besetzt hielt, war für Anna, das sechste und jüngste Kind der Freuds, eine schwere Belastung. Die Feindschaft und Eifersucht war gegenseitig. Keine der beiden Schwestern bekam eine akademische Ausbildung; Freud hielt es offenbar nicht für möglich, daß sie es auf eine berufliche Karriere abgesehen hatten. Die «hübsche» Sophie, die auch tatsächlich damit zufrieden zu sein schien, so schnell wie möglich die ihr zugedachte Rolle als Frau und Mutter zu übernehmen, verlobte sich als Neunzehnjährige mit Max Halberstadt, einem dreißigjährigen Photographen aus dem Kreis der Familie Bernays in Hamburg, wo sie ein paar Wochen Ferien gemacht hatte. Sie kam «heiter, strahlend und entschlossen»[104] zurück und stellte ihre Eltern vor die vollendete Tatsache, anstatt ihnen zunächst Max vorzustellen und sie dann um ihre Erlaubnis zu bitten, wie es der Sitte entsprochen hätte. Freud nahm ihr das jedoch nicht weiter übel. Als er beobachten mußte, daß «aus einer so kleinen Tochter plötzlich ein liebendes Weib wird»[105], beugte er sich dem Unvermeidlichen und ging unverzüglich daran sicherzustellen, daß er, anstatt seine Tochter zu verlieren, ein neues Mitglied für den Freud-Clan gewann. Seine beachtliche Geschicklichkeit in der Konstruktion von Dreiecksverhältnissen zeigt sich in der eleganten Einladung, die er seinem zukünftigen Schwiegersohn schickte:

«Da wir nie etwas anderes gewünscht hatten, als daß sich unsere Töchter nach freier Neigung vergeben, wie es unsere älteste auch getan hat, so müssen wir mit diesem Ereignis im Grunde sehr zufrieden sein. Aber wir sind doch Eltern, mit allen Einbildungen dieses Standes belastet, fühlen uns verpflichtet, unsere Wichtigkeit zu behaupten, und darum wollen wir den energischen jungen Mann, dessen Entschlossenheit auf unser Kind übergegriffen hat, auch selbst ins Auge fassen, ehe wir gerührt ja und amen sagen.»[106]

Er wollte jedoch auch über die «materiellen Begründungen einer Eheschließung Worte tauschen»[107]. Wieder einmal sah sich Freud mit dem Problem einer Mitgift konfrontiert.

Er war bereit, Max Halberstadt für einen «ernsthaften, liebevollen und klugen Mann»[108] zu halten, wie aus seinem Brief an den zukünftigen Schwiegersohn hervorgeht, und an Mathilde schrieb er, Halberstadt sei «offenbar ein ganz verläßlicher, ernsthafter, zärtlicher, feiner und doch nicht schwacher Mensch»[109]. Er fühlte sich jedoch verpflichtet, Sophies Erwartungen zu dämpfen, ihre Eltern würden bedingungslos ihre Zustimmung erteilen und auf die Formalitäten verzichten, ohne die nun einmal ein Vater nicht seine Tochter weggeben kann. Die Gestalt König Lears warf bereits einen deutlichen Schatten.

«Keine üble Lösung des Eheproblems»

Während Sophie sich mit Tante Minna an der Adria aufhielt, fuhr Max nach Karlsbad, um seinen zukünftigen Schwiegereltern, die dort zur Kur weilten, seine Aufwartung zu machen und mit Freud die Mitgiftfrage zu erörtern. Schließlich erteilten die Eltern Sophie in einem gemeinsamen Telegramm ihre offizielle Zustimmung: «Mama Papa Max gratulieren Dir», worauf Sophie beleidigt war, vielleicht, weil Max sich so plötzlich zum Komplizen ihrer Eltern gemacht hatte. Offensichtlich hatte sie ihre eigensinnige Unabhängigkeit genossen, auch wenn sie zur gleichen Zeit von Minna und ihren Eltern verlangt hatte, sich über ihre Wahl uneingeschränkt begeistert zu zeigen. Freud interpretierte ihre Verstimmung so: «Ich aber kann mir erklären, daß dich das böse Gewissen ein wenig geplagt hat, weil Du dich bei der Verlobung selbst so ganz über uns hinweggesetzt hattest [...]. Wie stark Deine Reue war, läßt sich daraus ermessen, daß es dir gelungen ist, sogar die sonst so besonnene Tante ein bißchen meschugge zu machen.»[110]

Der *coup de théâtre* kam am Ende dieses Briefes:

«Ich muß Dir nur noch beichten, daß ich mir beim Abschied eine kleine List gegen ihn erlaubt habe. Er hatte hinterrücks seine Rechnung im Haus für die elende Dachkammer, die wir allein bekommen konnten, bezahlt, und darum zeigte ich ihm ein kleines gestricktes Börschen, das ich für fremdes Geld mitgenommen hatte, redete ihm vor, es sei eine alte Handarbeit von Dir und bat ihn, es zu behalten. In dieser Börse aber waren die sechs Kronen achtzig, die er Frau Schubert gezahlt hatte. Du kannst jetzt den Sachverhalt aufklären und die angebliche Handarbeit verleugnen.»[111]

Mit diesem kleinen Trick hatte Freud eine Möglichkeit gefunden, Max dazu zu bringen, seine Einladung anzunehmen. Max konnte doch nicht ein «Börschen» zurückweisen, das die Geliebte gestrickt und dem Vater geschenkt hatte. Die Übergabe der Geldbörse war zudem eine höchst persönliche und symbolträchtige Handlung; sie zeichnete die Übergabe der Tochter an den Ehemann nach. Freud hatte es verstanden, die beiden Akte miteinander zu verknüpfen: mit dem Geschenk der Tochter sicherzustellen, daß die mit einer Eheschließung verbundenen finanziellen Transaktionen ordnungsgemäß eingehalten wurden.

Aber indem er Sophie über das Börsengeschenk unterrichtete – er hätte ja auch Max direkt über die kleine Täuschung aufklären können –, bat Freud seine Tochter, in sein Spiel einzusteigen und das Geschenk nicht als persönlich und keinesfalls als symbolisch für eine väterliche «Verzichterklärung» zu interpretieren. Außerdem übertrug er Sophie die Botenrolle, die darin bestand, Max das väterliche Tun zu erklären: daß er Max hatte denken lassen, er habe ihm etwas geschenkt, das ihm, Freud, am Herzen lag und seine Tochter symbolisierte, während es sich in Wirklichkeit um korrekte finanzielle Beziehungen zwischen Vater und Schwiegersohn und um die Bestätigung von Freuds Autorität als Sophies Vater handelte.

Wie in einer Vorahnung von Sophies überstürzter Verlobung schickte Freud am 23. Juni 1912 Ferenczi einen Brief mit einer Kurzfassung über das «Motiv der Kästchenwahl». Man mußte nicht besonders hellsichtig sein, um vorauszusehen, daß nach Mathildes Heirat 1909 auch die schöne Sophie demnächst das Haus verlassen würde und Anna «allein für 6 Kinder»[112] den Ersatz werde bilden müssen. Das Jahr nach Sophies Verlobung war die einzige Zeit in Freuds Leben, in der Anna ihn als deprimiert in Erinnerung hatte.[113] Sophie heiratete Max im Januar 1913. Zweifellos war Freud vom Verlust der Tochter tief betroffen; Ferenczi analysierte seinen «Sophie-Komplex» und ermahnte ihn, es nicht so schwer zu nehmen. Aber vielleicht gab es auch noch andere Gründe für Freuds Unruhe. Einem Brief zufolge, den Hans Lampl 1956 an Anna Freud schrieb, mußte Sophie im Frühling 1913 aus gesundheitlichen Gründen eine Schwangerschaftsunterbrechung vornehmen lassen, die wahrscheinlich von Dr. Rudi Kaufmann ausgeführt wurde.[114] Freud mag gefürchtet haben, daß seine beiden älteren Töchter kinderlos bleiben würden – was sich zusätzlich auf seinen depressiven Zustand auswirkte.

Aber Sophie wurde Mitte 1913 wieder schwanger und brachte am 11. März 1914 ihren Sohn Ernst zur Welt. «Heute Nacht», schrieb Freud an Ferenczi, «um 3 Uhr ein kleiner Knabe als erster Enkel! Sehr merkwürdig! Ein ältliches Gefühl, Respekt vor den Wundern der Sexualität!»[115] Sophie und Max lebten in sehr bescheidenen Verhältnissen in Hamburg. Freud besuchte sie im September 1914, als der Ernst des Krieges begonnen hatte, und bemerkte mit offensichtlicher Befriedigung, daß Sophie ihren Sohn nach psychoanalytischen Vorstellungen erzog. Zwar waren es nicht die ihres Vaters, aber die der ersten Kinderanalytikerin Hermine Hug-Hellmuth.[116] 1918 wurde ein zweiter Sohn geboren: Heinz, von allen Heinele genannt, und 1919 war Sophie erneut schwanger.[117] Jetzt setzten jedoch die Schicksalsschläge ein.

Die Virusgrippe, die sich nach dem Ende des Krieges über die ganze Welt ausbreitete, wütete besonders heftig in Deutschland und in

«Keine üble Lösung des Eheproblems»

Österreich, wo der Hunger die Menschen geschwächt hatte. Am 26. Januar 1920 schrieb Freud an seine Mutter:

«Heute habe ich eine traurige Nachricht zu geben. Unsere teure, blühende Sophie ist gestern früh an einer rasch verlaufenden Grippe mit Lungenentzündung gestorben. Wir haben es mittags durch ein Gespräch mit Minna in Reichenhall erfahren. Oli[ver] und Ernst sind von Berlin aus zu Max gereist. Robert und Mathilde fahren am Neunundzwanzigsten dieses Monats, um wenn möglich dem armen vereinsamten Mann beizustehen. Martha ist zu elend, man könnte ihr die Reise nicht zutrauen, und Sophie hätte sie doch nicht mehr am Leben angetroffen. Es ist das erste unserer Kinder, das wir so überleben müssen. [...] Ich hoffe, du wirst es ruhig hinnehmen, man muß sich ja auch das Unglück gefallen lassen. Trauer um die prächtige, lebenstüchtige Kleine, die so glücklich mit Mann und Kindern war, ist aber erlaubt.»[118]

Auch an seine Freunde schrieb Freud, und obwohl ihn der Schmerz über den Tod seiner Tochter betäubte, wirken seine Formulierungen beherrscht und gelassen, wenn auch nie so nüchtern wie in dem Brief an seine Mutter. An Ferenczi: «Jahrelang war ich auf den Verlust meiner Söhne gefaßt; nun kommt der der Tochter. Da ich im tiefsten ungläubig bin, habe ich niemand zu beschuldigen, und ich weiß, daß es keinen Ort gibt, wo man Klage anbringen kann.»[119] Und an Pfister: «Sophie hinterläßt zwei Söhne von sechs Jahren und von dreizehn Monaten und einen untröstlichen Mann, der das Glück dieser sieben Jahre jetzt teuer bezahlen wird. [...] Ich arbeite, soviel ich kann, und bin dankbar für die Ablenkung. Der Verlust eines Kindes scheint eine schwere, narzißtische Kränkung; was Trauer ist, wird wohl erst nachkommen.»[120]

Sophies Tod war der Beginn einer Reihe von schweren Verletzungen und Verlusten, mit denen Freud in den nächsten Jahren fertig werden mußte. 1923 starb Sophies Sohn, drei Jahre nach ihrem Tod. Das doppelte Leid war für die Freuds kaum zu ertragen. Als Ludwig Binswangers Sohn 1926 an tuberkulöser Meningitis starb, schrieb ihm Freud über sein eigenes Leid: Den Tod der Tochter habe er «merkwürdig gut» vertragen – es «war das Jahr 1920, man war zermürbt durch das Kriegselend, durch Jahre darauf vorbereitet zu hören, daß man einen Sohn oder gar drei Söhne verloren hat. So war die Gefügigkeit gegen das Schicksal vorbereitet». Dagegen stand Heinele «ihm für alle Kinder und anderen Enkel, und seither, seit Heineles Tod, mag ich die Enkel nicht mehr, aber freue mich auch nicht am

Leben. Es ist auch das Geheimnis der Indifferenz – Tapferkeit hat man es genannt – bei meiner eigenen Lebensgefahr»[121] – seinem Krebsgeschwür.

Sophies Erstgeborener, Freuds erstes Enkelkind, kam in seinem Buch *Jenseits des Lustprinzips* (1920) als der kleine Junge vor, der im Spiel den Verlust seiner Mutter bewältigt.[122] Sein endlos wiederholtes Spiel mit einer Holzspule, die an einer Schnur befestigt ist und die er von sich schleudert, indem er ein ausdrucksvolles «o-o-o-o» (fort) äußert, um es mit einem freudigen «da» wieder an sich zu ziehen, lenkte Freuds Aufmerksamkeit auf den Urtrieb des Wiederholens, aus dem er das Konzept des Todestriebes entwickelte. Während er seinen Enkel beobachtete, stellte sich Freud sich selbst bei einem Spiel vor in einem durch die Abwesenheit der Mutter geschaffenen Raum. Er hatte mit Sophie zusammengearbeitet, um die Bedeutung des Fort-da-Spiels des kleinen Jungen zu ergründen. Durch seine Tochter bekam der Großvater Zugang zu dem Spiel des Enkels; der Großvater schlüpfte in die Schuhe seines Enkels, seine Tochter wurde zur Mutter. Durch das Kind erspielte er sich den Verlust der Mutter. Als das Werk vollendet war und publiziert wurde, war Sophie bereits tot. Ihre Söhne blieben kurze Zeit bei ihrem Vater; dann nahmen Sophies Schwestern, Mathilde und Anna, sie in ihre Obhut.

Freud sprach manchmal zu seinen Patientinnen über seinen Verlust, wenn sie etwas Ähnliches erlebt hatten. Hilda Doolittle war bei Ende des Krieges schwanger gewesen und hatte infolge einer Lungenentzündung fast ihr Kind verloren. In einer Sitzung erzählte sie Freud von dieser schrecklichen Zeit im letzten Kriegsjahr, und er erwiderte, «er habe Grund, sich an die Epidemie zu erinnern, da er seine liebste Tochter verloren hatte. ‹Sie ist hier›, sagte er, und er zeigte mir ein kleines Medaillon, das er an seiner Uhrkette trug»[123].

Die dritte der drei Freud-Töchter war Anna. Während ihre Schwestern von ihrem Vater für eine konventionelle Heirat und Mutterschaft bestimmt wurden, lag es nahe, daß sie als die Jüngste die traditionelle Rolle der unverheirateten Tochter übernahm, die für ihre betagten Eltern sorgt. Anna jedoch schuf einen neuen Rahmen für diese Rolle: Sie sorgte nicht nur für ihren greisen Vater, sondern sie beschützte und pflegte auch sein wertvollstes Kind, die Psychoanalyse. Wie sehr beruhte die Entstehungsgeschichte der Psychoanalyse, die schließlich von Freud auf Anna überging, auf der Vater-Tochter-Beziehung? Wie wäre die Entwicklung der Psychoanalyse verlaufen,

«Keine üble Lösung des Eheproblems»

wenn Anna (wie Freud sich einbildete) als Sohn Wilhelm geboren worden wäre?

Bevor jedoch solche Fragen gestellt werden können, muß Freuds wertvollstes Kind erst das Licht der Welt erblicken.

ZWEITER TEIL
Die Erfindung der Psychoanalyse

3. Die ersten Patientinnen

Ein Reisestipendium gab Freud Ende 1885 die Möglichkeit, mehrere Monate bei Jean-Martin Charcot an der Salpêtrière in Paris zu arbeiten. Dieser Aufenthalt bedeutete den Wendepunkt in seiner Laufbahn. Er lernte einen erfolgreichen und unabhängigen Kreis von Wissenschaftlern kennen, der sich um eine zentrale Leitfigur mit einer paradigmatischen medizinischen Theorie scharte und über eigene Periodika und Berufsverbände sowie ein gezielt eingesetztes Netzwerk von Forschern im ganzen Land verfügte.[1] Er selbst sollte als Vertreter des Charcotschen Kreises in Wien eingesetzt werden.

Die im späten siebzehnten Jahrhundert als Haftanstalt für Prostituierte, gefallene Mädchen und weibliche Ehebrecherinnen gegründete Salpêtrière[2] hatte sich im neunzehnten Jahrhundert zu einer Irrenanstalt entwickelt, zu einem riesigen pathologischen Museum, einem Gefängnisdorf, in dem etwa fünf- bis achttausend Frauen – ein Prozent der Pariser Bevölkerung – untergebracht waren.[3] 1862 wurde der damals siebenunddreißigjährige Charcot Chefarzt der Salpêtrière. In den darauffolgenden zehn Jahren betrieb er klinische neurologische Studien, die seinen internationalen Ruf als Arzt und Wissenschaftler begründeten. In den siebziger Jahren wurden im Zuge einer Reorganisation der einzelnen Stationen die Geisteskranken von den Epileptikern und Hysterikern getrennt;[4] Charcots Interesse für die Hysterie wurde geweckt, und er ging daran, sie nosologisch von der Epilepsie zu unterscheiden. Während sein Ruf als Wissenschaftler wohl auf seiner komplexen und einfühlsamen diagnostischen Arbeit und den hier entstandenen Beschreibungen der klassischen neurologischen Symptombilder basierte, verdankte er seine große Berühmtheit ohne Zweifel den spektakulären öffentlichen Erfolgen in der Behandlung der Hysterie Anfang der siebziger bis Mitte der achtziger Jahre.

Gestützt auf Paul Briquet, der die Hysterie 1859 bereits eindeutig als eine bei beiden Geschlechtern zu beobachtende Erkrankung des Nervensystems bezeichnet hatte,[5] wies Charcot nach, daß es sich dabei um ein weitaus einheitlicheres Krankheitsbild handelt, als die der Hysterie seit Jahrhunderten zugeschriebene chamäleonartige Wandelbarkeit und Unbestimmtheit annehmen ließ. Die Hysterie war trotz ihres Namens nicht immer mit der Gebärmutter in Verbindung gebracht worden.⁶ Bereits Mitte des achtzehnten Jahrhunderts hatte der führende Vertreter der Schule von Edinburgh, William Cullen, den hysterischen Zustand als «Neurose» bezeichnet – ein von ihm geprägter Begriff, der auf den Sitz der Krankheit im Nervensystem verwies. Kurz nach Einführung der Bezeichnung «Hysterie» zu Beginn des neunzehnten Jahrhunderts tauchte die Gebärmutter-Theorie wieder auf, aber Briquet und Charcot lieferten im Zuge ihrer Bemühungen um eine größere fachliche Anerkennung der Psychiatrie und Neurologie weitere Beweise für die neurologische Theorie. Für Charcot war Hysterie eindeutig somatisch bedingt: eine organisch begründete Störung des Zentralnervensystems mit unbekannter oder unklarer («funktioneller») anatomischer und physiologischer Lokalisierung. Dieses klar abgegrenzte physische Symptombild der Hysterie setzte sich immer mehr durch und wurde sogar in der allgemeinmedizinischen Praxis diagnostiziert, so daß immer größere Bevölkerungsgruppen behandelt wurden.⁷

Michel Foucault spricht von einer «Schlacht der Hysterie»; die Hysterie habe für die Gesamtheit der umstrittenen Phänomene gestanden, die sich um diesen neuen medizinischen Apparat der klinischen Neurologie entwickelten.⁸ Bis dahin waren die verschiedensten Symptome mit der Hysterie in Verbindung gebracht worden: Erstickungsanfälle, Beklemmungen, Krämpfe und Konvulsionen, heftige Gefühlsausbrüche, Empfindungsverlust, Hypersensibilität und sogar Husten. Von der Antike, welche die hysterischen Störungen auf eine im Körper herumwandernde Gebärmutter zurückführte, zu den Hexenjagden Anfang des siebzehnten Jahrhunderts, zu deren Rechtfertigung die Hysterie herangezogen wurde, galt sie als Phänomen der Frau. Charcots Leistung war es, vier klar abgegrenzte Stufen der hysterischen Krise oder des hysterischen Anfalls zu beschreiben: die Aura; den eigentlichen Anfall (mit Schreikrämpfen, Blässe, Ohnmachtsanfällen und Muskelstarre); die klonische, «clowneske» Phase (unnatürliche Bewegungen, Verrenkungen und theatralische Gebärden als Nachahmung leidenschaftlicher Gefühle); und die abschließende Lösungsphase (Schluchzen, Weinen und Lachen).⁹ Aber neben dem dramatischen Schauspiel dieser präzisen Abfolge von Trancezuständen und Konvulsionen, immer mit dem Beigeschmack exzessiver Erotik, gab es weniger spektakuläre und stabilere Symptome: lokale Lähmungen und Kontrakturen mit gleichzeitiger lokaler Anästhesie und Hyperästhesie (Schmerz); Charcot bezeichnete sie als Stigmata der Hysterie.¹⁰ Die religiöse Färbung seiner Terminologie war auf sein von

Die ersten Patientinnen

republikanischer und antiklerikaler Gesinnung geleitetes Bemühen um eine Neuinterpretation der religiösen Ekstasen von Geist und Körper zurückzuführen, zu denen die Hexen- und Teufelstänze des Mittelalters gehörten.[11]

Diese diagnostischen Orientierungspunkte lassen den präzisen, somatisch ausgerichteten Neurologen erkennen, und auf sie wird in den Hunderten Krankengeschichten der Salpêtrière am häufigsten Bezug genommen: 79 Prozent aller Fälle wiesen lokalisierte Stigmata auf und 76 Prozent Sehanomalien (vorwiegend Einengung des Gesichtsfeldes, aber auch hysterische Blindheit); in nur 12 Prozent der Fälle wurde hingegen der große hysterische Anfall beschrieben, für dessen theatralische Präsentation vor großem Publikum Charcot berühmt war; bei 37 Prozent der Patienten wurden keinerlei Konvulsionen beobachtet.[12] Im ausgehenden neunzehnten Jahrhundert entsprach das von Charcot beschriebene klinische Bild der Hysterie der gängigen Lehrmeinung und beeinflußte selbstverständlich auch Freud in seiner diagnostischen Arbeit. Während 1841 und 1842 bei nur einem Prozent der weiblichen Neuaufnahmen an der Salpêtrière Hysterie diagnostiziert wurde, waren es 1882 und 1883 bereits 17,8 Prozent.[13] Charcot hatte alles darangesetzt, die Hysterie nicht nur von der Epilepsie abzugrenzen, sondern auch von der Neurasthenie, der Nymphomanie, der allgemeinen Nervosität und dem Wahnsinn.[14] Er hatte die Hysterie der Psychiatrie entrissen und sie wieder der Neurologie und der inneren Medizin zugeordnet.[15] In der Folge entwickelte sich die Hysterie zur klassischen Modekrankheit der Belle Époque.

Zweimal pro Woche inszenierte Charcot in seinen Vorlesungen die Begegnung zwischen dem Meister und der Hysterikerin, deren Spannung durch die Anwendung von Hypnose noch beträchtlich gesteigert wurde. Wollte er der Hypnose zur Anerkennung verhelfen, mußte er öffentlich dafür eintreten, denn im neunzehnten Jahrhundert waren der Mesmerismus und tierische Magnetismus in Verruf gekommen, sei es durch ihren Einsatz in der Psychiatrie, durch unkontrollierbare Wunderheilungen oder durch den Versuch, sie zur Anästhesie bei Operationen zu verwenden.[16]

Charcot arbeitete daran, die Hypnose von ihrer gefährlichen Randposition wegzubringen, jedoch ausschließlich mit dem Ziel, die Hauptsymptome der Hysterie experimentell zu reproduzieren, zu isolieren und unter Kontrolle zu bringen. Dieses Schauspiel des Körpers wurde hinter den Kulissen, in den neu errichteten Laboratorien[17] und Photostudios[18] seines wachsenden Wissenschaftsbereiches an der Salpêtrière, außerordentlich gut vorbereitet. Die Laboratorien führten die eben erst zu Ansehen gekommene experimentelle Methode in die klinische Medizin ein; die heute zu Recht mißbilligten und dennoch immer wieder reproduzierten Photographien hielten die Beziehung zwischen dem im Interesse der Wissenschaft handelnden Arzt und der fügsamen und mit ihm verschworenen Patientin fest – zwischen der voyeuristischen und erotischen, bisweilen sogar verliebten Aufmerksamkeit des männlichen Arztes und der virtuosen klinischen Schauspielerin, die meist ganz genau wußte, was gut für sie war.

«Es wird immer wieder behauptet, Charcot und seine Mitarbeiter seien Opfer der Hysterikerinnen gewesen. Zutreffender wäre wohl, sie als Opfer der wissenschaftlichen Ideologie des neunzehnten Jahrhunderts zu bezeichnen.»[19] Vielleicht waren die Ärzte, ihre Wissenschaft und die Hysterikerinnen aber auch Komplizen in einem vielschichtigen Spiel wechselseitiger Interessen und die Salpêtrière ihr sozialer Mikrokosmos, jedenfalls solange Charcot dort das Sagen hatte, also von Anfang der siebziger Jahre bis zu seinem Tod 1893. Denn sein Tod machte auch seine Arbeit zunichte. Binnen zehn Jahren verwarfen seine Schüler sogar seine Diagnose der Hysterie. Der Erste Weltkrieg schließlich tilgte auch die letzten Spuren dieser Epidemie, die nicht nur die dekadenten Metropolen Europas und Amerikas erfaßt hatte, sondern bis in die kleinsten Provinzstädte vorgedrungen war.[20] Ernest Jones berichtete in seiner Autobiographie:

«Aus bisher unerfindlichen Gründen war die Konversionshysterie damals viel verbreiteter als nach dem Ersten Weltkrieg. In jedem Krankenhaus konnte man Lähmungen und Anästhesie beobachten, und fast überall gab es Patienten, die weder gehen noch stehen konnten und seit zwanzig oder dreißig Jahren ans Bett gefesselt waren. Ebenso häufig waren hysterische Konvulsionen, und abgesehen von den klinischen Fällen kam es nicht selten vor, daß ich mich auf einem Spaziergang durch die Stadt um ein von Krämpfen geschütteltes Mädchen kümmern mußte.»[21]

Das Verschwinden der Hysterie hat nicht nur Ärzte und Psychoanalytiker in Erstaunen versetzt. Manche Historiker sind der Ansicht, daß das Krankheitsbild neu definiert wurde und in neuen psychiatrischen Kategorien, wie etwa der Schizophrenie, aufgegangen ist. Andere wieder sehen im Verschwinden der Hysterie die Annahme bestätigt, daß diese Epidemie erst durch das komplexe soziale Geflecht von Beziehungen, gesellschaftlichen Rollen und Anforderungen hatte entstehen können. Es waren wohl nicht die Ärzte, die die Hysterie erfanden und wieder abschafften, als sie ihren Zwecken nicht mehr gerecht wurde; vielmehr handelte es sich um eine gemeinsame Erfindung von Ärzten, Vätern, Gatten, Familien – und Patientinnen.

Unbeeindruckt von Charcots berufsbedingter Skepsis und seinem Versuch, die Verbindung zwischen Hysterie und Weiblichkeit zu durchbrechen, stellten viele Ärzte die Symptome der Hysterie als pathologische Versionen der Schwächen und Verfehlungen dar, zu denen das weibliche Geschlecht nun einmal verdammt war. Die unbeständigen Symptome spiegelten die Unbeständigkeit der Frauen wider; die übertriebene Emotionalität machte deutlich, welche vorherrschende Bedeutung die Gefühle für das Innenleben der Frau hatten. Während die Hysterie Anfang des achtzehnten Jahrhunderts mit sexueller Enthaltsamkeit in Verbindung gebracht worden war, stand in der zweiten Hälfte des neunzehnten Jahrhunderts die übersteigerte Sexualität der Hysterikerin im Vordergrund. Sie war die pathologische Variante der Prostituierten und Nymphomanin, die die Männer zu glühender Leidenschaft verführt, oder aber die zarte, unschuldige Blume, deren Krankheit ebenjene Tugendhaftigkeit ist, die sie in den Augen des Mannes zum Ideal macht. Trügerisch und tückisch, wie die Hysterie war, konnte man in ihr eine vollkommene Allegorie der weiblichen Laster sehen. In ihrer Exzessivität und Unkontrollierbarkeit brachte die Hysterie die verborgenen Begierden des schwachen Geschlechts zum Ausdruck, seinen pervertierten religiösen Eifer und seine übertriebene Empfindlichkeit. Das alles wurde in der *Iconographie photographique de la Salpêtrière* sichtbar gemacht, und sosehr sich der Meister auch auf die Neurologie berufen mochte, lassen diese Bilder doch ganz deutlich die erotische Faszination spüren, die die zur Schau gestellten hypnotisierten Patientinnen auf seine jungen Assistenzärzte ausübten.

Die Ärzte konnten aber nicht nur die pathologischen Sensibilitäten darstellen, die zur Hysterie führten, sie lernten auch die einzigartige Herausforderung kennen, die Hysterikerinnen an den Arzt stellten. Und diese Herausforderung wurde nie geringer. Noch in den 1950er Jahren meinte ein Psychiater, wenn man sich in einer Sitzung nach fünf Minuten an den Armlehnen festhalten müsse, habe man es mit einer Hysterikerin zu tun. Die medizinischen Porträts des neunzehnten Jahrhunderts sind gelegentlich selbst von schriller Hysterie gekennzeichnet und können als eindringliche und selbstkritische Warnung vor den Emotionen verstanden werden, die die Hysterikerin beim arglosen, rational denkenden Mann der Wissenschaft auszulösen vermag. Wie demütigend, wenn sich sein medizinisches Wissen angesichts ihrer ständig wechselnden chronischen Symptome als vollkommen unzulänglich erweist! Wie kompromittierend, wenn er ihre Krankheit als «Hysterie» anerkennt und sich damit unfreiwillig mit ihr gegen die Familie verbündet, obwohl seine moralischen und gesellschaftlichen Instinkte ihn im Kampf mit der simulierenden oder laxen Patientin die Partei der Familie ergreifen lassen.[22] Einige wenige Ärzte waren sich der Komplexität ihrer Beziehungen zu ihren hysterischen Patientinnen durchaus bewußt.[23] In der Tat wurde hier so manche ärztliche Verhaltensregel auf eine harte Probe gestellt, und es gab Anlaß zu so manchem verspäteten Bekenntnis zu den für einen erfolgreichen Arzt unerläßlichen Tugenden.

Die wohl beste Analyse des Beziehungsgeflechts zwischen Arzt und Patientin lieferte Carroll Smith-Rosenberg. Als Quelle der Konflikte, die in der Hysterie manifest werden, nannte sie die der Frau des Bürgertums abverlangten, völlig widersprüchlichen Qualitäten: einerseits ist sie das reine und tugendhafte, zarte jungfräuliche Objekt der männlichen Wertschätzung, seiner Liebe und seines Schutzes, und andererseits die jeden Schmerz hinnehmende und Selbstverzicht übende Hüterin von Heim und Herd. Wie Freud sieht auch Smith-Rosenberg die Krankenrolle der Frau als einen Kompromiß zwischen der Flucht vor dem unlösbaren Konflikt und dem Protest gegen ihre unhaltbare Position. Der passive Widerstand gegen Forderungen der Gesellschaft ist zugleich Produkt und Kritik dieser Kultur. Zweifellos wirkte die Hysterie zersetzend: anstatt einer liebenden Hüterin des Herdes eine pflichtvergessene Kranke in einem abgelegenen, abgedunkelten Schlafzimmer, die ständiger Pflege bedarf.[24]

«Sie hörte auf, sich um die Bedürfnisse der anderen zu kümmern und die aufopfernde Gattin, Mutter oder Tochter zu sein; dank ihrer Hysterie gelang es ihr, diese Aufgaben anderen aufzuzwingen. Die Abläufe im Haus wurden den lästigen Bedürfnissen der hysterischen Frau angepaßt. Die Kinder mußten sich ruhig verhalten, die Zimmer wurden abgedunkelt, alle Feste und Vergnügungen auf unbestimmte Zeit verschoben und eine aufopfernde Krankenschwester eingestellt. Die Behandlungskosten verschlangen oft ein Vermögen. Kummer und Sorgen beugten den Rücken des Gatten; sein Heim war plötzlich zu einem Krankenhaus geworden und er selbst zum Krankenpfleger. Durch ihre Krankheit beherrschte die bettlägerige Frau nun ihre Familie in einem Maße, das einer gesunden Frau nie zugestanden worden wäre.»[25]

Sehr oft wurde der Arzt zum Rivalen des Gatten, und er wurde zum Vater einer leidenden Tochter. Smith-Rosenberg sucht den Grund für die scharfen Moralpredigten, die viele Ärzte ihren Patientinnen hielten, in ihrer – vielleicht nicht ganz bewußten – Wachsamkeit gegenüber sexuellen und familiären Ambiguitäten: «Der Arzt mußte auf der Hut sein vor Täuschungsmanövern und zügelloser Pflichtvergessenheit und durch sein therapeutisches Können die hysterische Frau davon abhalten, unter dem Vorwand der Krankheit ihre weiblichen Pflichten zu vernachlässigen – und davon, ihn zum unwissentlichen Komplizen ihrer normwidrigen Rolle zu machen.»[26] Freud beschreibt die Frau, die in ihrer Kindheit entdeckt hat, daß sie als Kranke die Zuwendung erhält, die sie sonst entbehren muß, und zeigt, wie sie sich die Krankheit zunutze macht: Wenn sie «mit einem wenig rücksichtsvollen Manne verheiratet ist, der ihren Willen unterdrückt, ihre Arbeitskraft schonungslos ausnützt und weder Zärtlichkeit noch Ausgaben an sie wendet, so wird das Kranksein ihre einzige Waffe in der Lebensbehauptung», und weiter:

«Das anscheinend Objektive, Ungewollte des Krankheitszustandes, für das auch der behandelnde Arzt eintreten muß, ermöglicht ihr ohne bewußte Vorwürfe diese zweckmäßige Verwendung eines Mittels, das sie in den Kinderjahren wirksam gefunden hat.»[27]

In den ersten zehn Jahren seiner praktischen Arbeit lernte Freud das komplizierte Spiel von Macht, Komplizenschaft und erotischer Ambiguität kennen, das die langwierigen Behandlungen begleitete. Wo andere Ärzte bei Patientinnen Widerspenstigkeit und Geltungsbedürfnis ausmachten, sah Freud Widerstand. Das längste Kapitel der von Breuer und Freud 1895 veröffentlichten *Studien über Hysterie*, Freuds Kapitel über Psychotherapie, ist nicht zuletzt ein Leitfaden für Ärzte, die gewillt sind, den Machtkampf mit der Hysterikerin aufzunehmen, der dem Arzt ungeheuer viel Takt und Mut abverlangt.[28] Aber obwohl es sich um einen versteckten Machtkampf handelt, räumt die Patientin ihrem Arzt den uneingeschränkten Einfluß und die absolute Autorität eines Vaters ein.

Nicht alle feministischen Historiker haben die Beziehung zwischen der Hysterikerin und dem Arzt in all ihrer Komplexität untersucht. Die Hysterikerin wurde zunächst ausschließlich als Opfer dargestellt. Durch beträchtliche Veränderungen im sozialen Gefüge war die Stellung der Frau nicht mehr so klar definiert wie einst und entwickelte sich langsam zu einem wunden Punkt für die Männerwelt. Die Ärzte reagierten mit gesteigertem Frauenhaß, der in der moralischen Verurteilung der Hysterikerin, in gynäkologisch orientierten Theorien der Hysterie und chirurgischen Eingriffen an den weiblichen Geschlechtsorganen zum Ausdruck kam. Das Etikett «Hysterikerin» war ein von männlichen Interessen bestimmtes Stereotyp, das den Status quo legitimierte, der durch den Ruf nach Gleichberechtigung und Unabhängigkeit von seiten der Frauengruppen zunehmend in Frage gestellt wurde. Die männlichen Autoritäten spielten unter dem Eindruck sexueller Angst und Feindseligkeit stillschweigend mit. Dadurch wurde die Hysterikerin zum Opfer im forcierten Kampf der Männer gegen die Sehnsüchte und das Aufbegehren ihrer Frauen.

Elaine Showalter hingegen vergleicht die Hysterikerin mit den entwürdigten Soldaten des Ersten Weltkriegs, die durch das Kriegstrauma jegliche Autonomie und Energie eingebüßt haben.[29] Die der Hysterikerin des Heims und dem Hysteriker des Krieges gemeinsamen Symptome waren Ausdruck eines passiven, verzerrten Protests gegen die Anforderungen, die die patriarchalische Kultur an sie stellte. Showalter spricht vom «Protofeminismus» des hysterischen Protests.[30] Für Dianne Hunter ist Feminismus «transformierte Hysterie oder, präziser ausgedrückt, die Hysterie ist Feminismus ohne soziales Netz»[31]. Jane Gallop mißt der sexuellen Identität größere Bedeutung zu als der sozialen Macht: «Wenn Feminismus das Infragestellen einengender sexueller Identitäten bedeutet, so kann die Hysterikerin als Protofeministin bezeichnet werden.»[32]

Elaine Showalter beschreibt Feminismus und Hysterie als die beiden Seiten einer Medaille oder als die Enden eines Kontinuums und deutet damit an, daß in beiden Fällen ähnliche Kräfte wirksam sind, wobei der bei so vielen feministischen Aktivitäten zu beobachtende sexuelle Konservativismus möglicherweise die stärkste Kraft darstellt. Der Feminismus stand den Hygiene- und Eugenikbewegungen der Jahrhundertwende sehr nahe; die großen politischen Kampagnen griffen die früheren Abstinenzbewegungen und Forderungen nach Reinhaltung der Gesellschaft auf, und allmählich begannen die Feministinnen das Idealbild der sexuellen Reinheit zu verkörpern, von dem die Männer doch so weit entfernt waren. Durch ihre sexuellen Laster und die Ausbeutung der Frauen gefährdeten die Männer sogar die Menschheit, und es war die Pflicht der Frauen, die Stimme gegen die männliche Sittenlosigkeit und biologische Verantwortungslosigkeit zu erheben.[33] Das klassische Beispiel einer Feministin dieser Denkart ist Bertha Pappenheim, die erste Patientin der Psychoanalyse. Sie rief die Frauen dazu auf, den Männern jene moralische Größe abzuverlangen, die das

Idealbild der Frau repräsentierte und forderte. Auf diese Weise wurden die Feministinnen häufig zum personifizierten Ideal der sexuellen Enthaltsamkeit. Wie Freud bei vielen seiner ersten Patientinnen feststellte, erzeugten diese Werte Konflikte, die nur durch die Schaffung von Symptomen aufgelöst werden konnten. Oder, so Jan Goldstein: «Die Hysterie des Fin de siècle war offenbar ein Protest der Frauen, die das Wertesystem so sehr absorbiert hatten, daß sie ihre Unzufriedenheit weder sich selbst eingestehen noch öffentlich in der leichter verständlichen Sprache der Wörter bekennen konnten.»[34]

Die Hysterie als Epidemie ist allerdings nicht einfach nur durch einen unlösbaren Wertekonflikt zu erklären. Neuere Untersuchungen belegen, daß sich diese Krankheit keineswegs auf verdunkelte Salons und frustrierte Frauen des Bürgertums beschränken läßt, sondern in gleichem Maße in der Arbeiterklasse auftrat. Charcots berühmt gewordene Hysterikerinnen gehörten, ebenso wie die weniger spektakulären Fälle an der Salpêtrière, fast ausschließlich den unteren Gesellschaftsschichten an und lebten, so Goldstein, «außerhalb des bürgerlichen Wertesystems»[35]. Der Gegensatz zwischen der neurotischen, sexuell gehemmten Frau der Mittelklasse und der geradlinigen, expressiven, animalischen Sexualität der unteren Schichten fand als Trope Eingang in Freuds *Studien über Hysterie* und zieht sich auch durch seine späteren Werke.[36] Daß neue epidemiologische und sozialhistorische Untersuchungen diesen Gegensatz aufrechterhalten können, wird heute bezweifelt. Plausibler scheint die Erklärung, die Psychoanalyse habe die Hysterie durch einen «psychologischen Veredelungsprozeß»[37] ausgerottet. Charcots neurologischer Ansatz setzte sich zwar vor allem in den letzten beiden Jahrzehnten des neunzehnten Jahrhunderts weitgehend durch, dennoch waren nicht nur seine Anhänger bemüht, die psychologischen Implikationen seines Modells und vor allem die traumatische Genese der Symptome in den Vordergrund zu rücken. Seine neurologische Erklärung der Hysterie wurde durch eine psychologische abgelöst, ebenso wie die «Mythologie des Gehirns» aus den siebziger und achtziger Jahren des neunzehnten Jahrhunderts durch eine Psychologie der Aphasie abgelöst wurde. Freud hatte an beiden Entwicklungen Anteil.[38] Die Hypothese vom «psychologischen Veredelungsprozeß» legt nahe, daß durch die Einführung psychologischer Begriffe der Weg der Konversion, des Sprechens durch den Körper, nicht mehr gangbar war. Dazu sei nur ein Beispiel aus dem Wiener Allgemeinen Krankenhaus erwähnt: In den 1970er Jahren wurden bei Immigranten aus dem südeuropäischen Raum zahlreiche unzeitgemäße hysterische Symptome beobachtet, die einheimische Patienten gar nicht mehr entwickeln konnten. Die Verbindung zwischen Psychoanalyse und Hysterie könnte aber noch tiefgreifender sein, als ihr schicksalhaftes historisches Zusammentreffen vermuten läßt.

Daß sich die Hysterikerinnen durch ein Übermaß an Erotik auszeichneten, war allgemein bekannt; daß auch die Beziehung zum Arzt erotisch gefärbt war, zeigten nicht zuletzt Schriftstellerinnen wie Charlotte Perkins Gilman, Alice James, Eleanor Marx oder Virginia Woolf auf.[39] Ihre von Krankheit zerrütteten Leben haben die dritte Kategorie der Hysterikerin hervorgebracht, die neben Charcots medizinische Heroinen und Freuds Geschichtenerzählerinnen zu reihen ist. Die erotische Beziehung zwischen Arzt und Patientin wurde Freuds ureigenes Forschungsgebiet auf der Landkarte der Hysterie, die noch viele weiße Stellen aufwies. Im Umgang mit der Hysterikerin wollte oder mußte er soviel Energie und Taktgefühl aufbringen, wie ihm die schwierigsten Lebenssituationen abverlangt hätten.[40] Dennoch konnte er in den *Studien* seine Ansichten über die Hysterie in den ersten Jahren seiner Praxis folgendermaßen darlegen: «[...] ich war frisch aus der Schule Charcots gekommen und betrachtete die Verknüpfung einer Hysterie mit dem Thema der Sexualität als eine Art von Schimpf – ähnlich wie die Patientinnen selbst es pflegen.»[41]

Ironischerweise schwand Charcots Einfluß auf Freud endgültig, weil er die Hysterie für geschlechtsneutral hielt. Nach seiner Rückkehr aus Paris 1886 hielt Freud vor der Wiener Gesellschaft der Ärzte einen Vortrag über Hysterie bei Männern; Charcot hatte diesem Thema zahlreiche Vorlesungen gewidmet, vor allem, um die ätiologische Verbindung mit der Gebärmutter ein für allemal aus der Welt zu schaffen, und auch, um die Aufmerksamkeit weg von den verursachenden «männlichen» und «weiblichen» Leidenschaften hin zu den somatischen Symptomen der Krankheit zu lenken. Charcot vertrat zum einen – wie die meisten französischen Psychiater – die Meinung, daß die Neigung zur Hysterie überwiegend durch eine erbliche Degeneration bestimmt sei; zum anderen, daß die Krankheit häufig durch einen traumatischen Schock des Nervensystems zum Ausbruch komme. Seine Untersuchungen der Hysterie bei Männern und Kindern lieferten ihm die Bestätigung für seine Vererbungstheorie: Sowohl männliche Hysteriker als auch hysterische Kinder hatten ihre Neigung häufig von ihren Müttern oder anderen weiblichen Verwandten geerbt.

Mit diesen Vorstellungen kehrte Freud nach Wien zurück, um hier seine Privatpraxis als Nervenspezialist zu eröffnen. Doch außer dem 1886 gehaltenen Vortrag über Hysterie bei Männern – der ein Bekenntnis zu seinem französischen Lehrmeister darstellte, das skeptische Publikum jedoch nicht überzeugen konnte – beschäftigte er sich nicht weiter damit. Alle in den *Studien über Hysterie* beschriebenen oder auch nur beiläufig erwähnten Fälle sind Frauen. Es bleibt die Frage, ob seine spätere Konzeption der Bisexualität, die er bei der Hysterie für besonders ausgeprägt hielt, nicht auch auf Charcots nachdrückliches Bemühen um die Trennung von Weiblichkeit und Hysterie zurückzuführen sein könnte.

In den späten achtziger und neunziger Jahren weicht Freud zunehmend von den orthodoxen Lehren der Salpêtrière ab. Man sollte meinen, daß Freud als Charcots Übersetzer den Meinungen seines Lehrmeisters treu bleiben würde; aber wie viele andere von Charcots Schülern stellt er ihn immer mehr in Frage. In der Debatte über die Rolle der Psychologie gegenüber der Physiologie bei der Definition der Hysterie wendet er sich gegen Charcot und vertritt die Ansichten Hippolyte Bernheims, der ihn später in der Hypnose unterwies.

Auch in der öffentlich ausgetragenen, ziemlich unschönen Hypnose-Debatte zwischen der Schule der Salpêtrière und der Schule von Nancy (Ambroise Liébeault und Bernheim) schloß sich Freud Bernheims Kritik an Charcot an; in der Folge übersetzte er sowohl Bernheim als auch Charcot. Schließlich gelangte er aber zu dem Schluß, daß Bernheims Gleichsetzung von Hypnose und Suggestion zu vereinfachend und seine Beweisführung zu fragwürdig sei. Diese Debatten und Freuds Reaktionen darauf machen deutlich, daß Freud mit den sehr unterschiedlichen Anforderungen der psychotherapeutischen Praxis zunehmend vertraut war. Von Charcot hatte er keinerlei Therapieformen mitgebracht, da Charcot die Hypnose als künstliche Analogie der Hysterie betrachtet hatte, nicht als Therapie. Freud brauchte aber wirksame therapeutische Methoden. Wie die *Studien über Hysterie* zeigen, bediente er sich zunächst der bekannten Methoden wie Elektrotherapie, Hydrotherapie, Massagen und Weir-Mitchellsche Ruhekuren. In dieser Hinsicht unterschied er sich nicht von anderen Wiener Nervenspezialisten wie Moritz Benedikt, Moritz Rosenthal, Johannes Schulz oder Wilhelm Winternitz, die seit den sechziger Jahren mit diesem therapeutischen Potpourri arbeiteten.

Im Gegensatz zu Charcot folgte die Schule von Nancy, und insbesondere Liébeault, mit ihrem nachdrücklichen Eintreten für die Hypnose deutlich der Tradition der charismatischen Heiler. Ihre Anhänger schreiben ihre beträchtlichen therapeutischen Erfolge ausschließlich der Suggestion zu, was diese zu einem sehr attraktiven Verfahren für Ärzte machte, die einen garantierten Heilerfolg anstrebten. Ende 1887 begann sich Freud für die durch hypnotische Suggestion erzielten Erfolge zu begeistern. Im Sommer 1889 verbrachte er einige Wochen bei Bernheim in Nancy. In den Anfangstagen seiner mühsam in Schwung kommenden Praxis orientierte er sich an der Rolle der absoluten ärztlichen Autorität, wie sie Charcot mit seinem Wissen und seinen pädagogischen Fähigkeiten verkörperte und wie sie von der Schule von Nancy empfohlen wurde. Kurze Zeit trat er öffentlich als Verfechter der Hypnose auf. Aber es dauerte nur wenige Jahre, bis er zu der Erkenntnis kam, daß die Dinge nicht ganz so einfach lagen – daß die Hypnose zum Beispiel hauptsächlich bei Belanglosigkeiten erfolgreich war.[42] Seine Patienten hatten großen Anteil daran, ihn von seinem Glauben an die Wirkung der Hypnose und des ärztlichen Charismas abzubringen.[43]

Zu den von Freud offen abgelehnten Lehrmeinungen Charcots gehörte auch die der hereditären Degeneration. Mit jedem hinzukommenden Detail, das er über die bewundernswerten moralischen Eigenschaften seiner Hysterikerinnen notieren konnte, sah er die Degenerationstheorie weiter entkräftet. An ihrer Stelle entwickelte Freud die Theorie von der toxischen Wirkung der abnormen Sexualtätigkeit und die Verführungstheorie; auch seine spätere Theorie der infantilen Sexualität richtete sich ausdrücklich gegen den therapeutischen Pessimismus von Charcots Vererbungsdoktrin. Aber erst bei der Untersuchung des Traumas ging er einen neuen Weg: Zunächst untersuchte er den spezifischen Inhalt der bei der Hysterie wirksamen Traumen und dann die Mechanismen, durch die Erinnerungen traumatisch werden – die Verdrängungs- und Abwehrmechanismen.

Bereits 1882 und 1883 hatte Freud von Breuer die Geschichte der Anna O. gehört. Wie die *Studien über Hysterie* zeigen, mußte er jedoch zuerst seine eigenen Erfahrungen sammeln, ehe er Breuers bemerkenswerten Fall entsprechend verarbeiten konnte. Das war allerdings kein ruhiger und überlegter Prozeß. Die Behandlung von Hysterikerinnen war destabilisierend, herausfordernd, zermürbend. Seine Theorien entstanden zweifellos aus dem Bemühen, mit diesen schwierigen und nicht selten aufreibenden Beziehungen fertig zu werden. Ende der neunziger Jahre entwickelten sie sich zu großartigen Systemen, beeindruckenden Strukturen, atemberaubenden spekulativen Gedankensprüngen. Den Anreiz dazu lieferte die langsame, aber

Die ersten Patientinnen

stetige Weiterentwicklung der sogenannten *talking cure*: seine hysterischen Patientinnen sollten an dem, was Freud zehn Jahre nach seinem Abschied aus Paris Psychoanalyse nannte, maßgeblich beteiligt gewesen sein.

Der Fall Anna von Liebens, die Freud gemeinsam mit Breuer behandelt hatte und als seine «Lehrerin» bezeichnete, veranlaßte die beiden, 1892 gemeinsam eine «Vorläufige Mitteilung» zu verfassen. Diese Arbeit wurde im Januar 1893 veröffentlicht und später als das erste von vier Kapiteln in die anschließend verfaßten *Studien über Hysterie* aufgenommen. Das zweite Kapitel bestand aus fünf Krankengeschichten, eine von Breuer (Anna O.) und vier von Freud. Im dritten befaßte sich Breuer mit theoretischen Fragen, und im vierten, Anfang 1895 abgeschlossenen Kapitel schreibt Freud über die «Psychotherapie der Hysterie». Das Buch erschien im Mai 1895 nach einer sehr schwierigen Entstehungsphase, in der die Freundschaft zwischen Freud und Breuer zerbrach.

Die *Studien über Hysterie* sind, wie James Strachey richtig bemerkt, «die Geschichte der *Entdeckung* einer Reihe von Hindernissen, die überwunden werden müssen»[44]. «[...] das Besuchen und Ein- und Ausreden, worin meine Beschäftigung besteht, raubt die schönste Zeit für die Arbeit»[45], schrieb Freud 1888 an Fließ, und unter dem scherzhaften Ton zeichnet sich seine Beunruhigung über die ungeahnten Dimensionen einer Behandlung ab. Jede in den *Studien* vorgestellte Patientin stellte die Verfasser vor Schwierigkeiten und führte sie in Sackgassen. Und wenn es auch dem Arzt vorbehalten war, die Sackgasse als Teil des therapeutischen Prozesses zu erkennen, so war es doch nur dem Scharfsinn oder der Zustimmung der Patientin zu verdanken, daß der Weg aus der Sackgasse heraus gefunden werden konnte – und nicht selten lag es allein an ihr, den richtigen Schritt zu *tun*. Frau Emmy von N. bestand darauf, nur das zu besprechen, was sie selbst besprechen wollte, und war unempfänglich für jegliche Suggestion; Lucy R. konnte nicht hypnotisiert werden, so daß Freud zwangsläufig die sogenannte Drucktechnik entwickelte: Er legte der Patientin die Hand auf die Stirn und löste durch den Druck die nächste Assoziation aus. Und bei Elisabeth von R. mußte er *jedes* einzelne Symptom analysieren.[46]

Im folgenden werden die Geschichten der fünf Frauen aus den *Studien* aufgerollt und der Fall von Freuds «Lehrmeistern» dargestellt, der aus Gründen der Diskretion nicht als Krankengeschichte veröffentlicht wurde. Dabei wird das Spannungsfeld zwischen Biographie und Psychoanalyse besonders deutlich, wenn Freuds Berichte den belegten Lebensgeschichten dieser Frauen gegenübergestellt werden.

Anna O.: Die erste Patientin

«[...] die Kranke, deren Leben mir durchsichtig wurde, wie selten das eines Menschen einem andern, hatte nie eine Liebe gehabt, und in all den massenhaften Halluzinationen ihrer Krankheit tauchte niemals dieses Element des Seelenlebens empor.»[47]

Freud sah sich nie selbst als Erfinder der Psychoanalyse,[48] sondern schrieb dieses Verdienst seinem Mentor und Kollegen Josef Breuer und dessen Behandlung der Anna O./Bertha Pappenheim zu. Er erfuhr im Juni 1882 von dem Fall, also einige Monate nach Abschluß der Behandlung, und überredete Breuer Anfang der neunziger Jahre, für die *Studien* einen Bericht über den Verlauf der Behandlung zu verfassen. Breuer beschrieb das komplizierte Wechselspiel zwischen ihm und seiner Patientin, der Erfinderin der *talking cure* (Redekur), die von Breuer und Freud zunächst als «kathartische Methode» bezeichnet wurde. Zweifellos hatte Bertha den größten Anteil an dieser Entwicklung, und Freud vergaß in seinen späteren Berichten nie, Bertha und Breuer gleichermaßen für diese Leistung zu würdigen.[49]

Schon in seinen ersten Gesprächen mit Breuer und später mit seiner damaligen Verlobten Martha kam das Thema zur Sprache, das Berthas Behandlung später so wichtig für Freud machte: die Reaktion des Arztes auf die Sexualität der Patientin. In Breuers Krankengeschichte war jedoch nie die Rede davon; erst später rekonstruierten Martha und Freud die Beziehung zwischen Bertha und Breuer, und Freud befaßte sich im Lauf der Jahre immer wieder damit. Historiker der Psychoanalyse haben seither Dokumente und Krankengeschichten zutage gefördert, die diese Rekonstruktion in entscheidenden Punkten ergänzen; darüber hinaus konnten sie die Behandlung Bertha Pappenheims im Lichte ihres späteren so einflußreichen Lebens beurteilen.

Über diese erste Patientin der Psychoanalyse schreiben, das bedeutet, zwei Geschichten erzählen: die Geschichte der Bertha Pappenheim, ihre Jugend, ihre Krankheit, ihre Behandlung durch Breuer, ihre

Die ersten Patientinnen

Genesung und ihren späteren Lebensweg; und die Geschichte der Anna O., das heißt Freuds Interpretation von Breuers Erzählungen und die Entwicklung dieses Falles zum Gründungsmythos der Psychoanalyse. In der Tat konnte der Mythenbildung nichts zuträglicher sein als Freuds höchst unplausible Beteuerungen, Breuer und dessen erste Patientin seien die eigentlichen Begründer der Psychoanalyse. Aber anders als so oft, wenn «Geschichte» und «Mythos» einander gegenübergestellt werden, steht Mythos hier nicht für Illusion oder die zweckdienliche Maskierung der Wahrheit. In unserem Fall ist der Mythos jene Struktur, die uns ermöglicht, die Entstehungsgeschichte der Psychoanalyse zu erzählen.

Bertha Pappenheims Familie besaß, so hieß es, Millionen. Ihr Großvater hatte sich ein großes Vermögen erheiratet, das er um 1800 im Getto von Preßburg in einen äußerst lukrativen Getreidehandel investierte. Sein Sohn Siegmund, Berthas Vater, übernahm das Geschäft in Preßburg und führte es später in Wien weiter, wohin die Familie nach der Öffnung des Preßburger Gettos Anfang der 1840er Jahre übersiedelt war.[50] Berthas Mutter Recha stammte aus der alteingesessenen Frankfurter Familie Goldschmidt und war mit Heinrich Heine verwandt. Die arrangierte Heirat ihrer Eltern fand 1848 statt, und am 27. Februar 1859 wurde Bertha als drittes von insgesamt vier Kindern geboren. Die Enge ihres reichen und angesehenen orthodoxen jüdischen Heimes war öde und bedrückend. Sie besuchte eine katholische Privatschule – eine Art Ausbildungsstätte für Gouvernanten –, mußte aber aus Gründen der Familientradition und wegen staatlicher Beschränkungen auf eine weitere Ausbildung verzichten. Ihre Eltern hatten zwei Töchter im Kindesalter verloren und waren daher ängstlich um ihr Wohl besorgt. Wahrscheinlich beneidete sie ihren jüngeren Bruder, der der engen Welt der Familie entkommen und Jura studieren konnte.[51] Um dieser Situation zu entfliehen, begann sie sich systematisch in Wachträume zu flüchten, ihr sogenanntes «Privattheater». Als ihr Vater im Juli 1880 während eines Urlaubs in Ischl an Peripleuritis erkrankte, übernahmen Bertha und ihre Mutter die Pflege, und in der Folge entwickelte Bertha, die gerade einundzwanzig war, eine klassische, ziemlich komplizierte Hysterie.

Das erste sichtbare und anhaltende Symptom war ein Husten. Ende November wurde Josef Breuer, der Hausarzt der Familie, konsultiert. Er erkannte bald, daß er es mit einer schweren psychischen Störung zu tun hatte. Bertha hatte in der Latenzphase, also von Beginn der Pflege ihres Vaters bis Dezember, zahlreiche Lähmungen und Anästhesien aufgewiesen; darüber hinaus «bestanden zwei ganz getrennte Bewußtseinszustände, die sehr oft und unvermittelt abwechselten und sich im Laufe der Krankheit immer schärfer schieden»⁵². Am 11. Dezember wurde Bertha bettlägerig.

Sie begann zu halluzinieren, ihre Haare und Bänder seien schwarze Schlangen, bildete an verschiedenen Gliedmaßen Kontrakturen aus und verlernte langsam das Sprechen, was sich zunächst in mangelhafter Syntax und Grammatik äußerte, bis sie schließlich kaum mehr einzelne Wörter hervorbrachte.⁵³

«Hier wurde nun zuerst der psychische Mechanismus der Störung klar. Sie hatte sich, wie ich wußte, über etwas sehr gekränkt und beschlossen, nichts davon zu sagen. Als ich das erriet und sie zwang, davon zu reden, fiel die Hemmung weg, die vorher auch jede andere Äußerung unmöglich gemacht hatte.»⁵⁴

Jetzt konnte sie sprechen, aber nur auf englisch!⁵⁵ Wenn sie sich am wohlsten fühlte, sprach sie französisch und italienisch, konnte sich jedoch nicht an die Perioden erinnern, in welchen sie nur englisch sprach. Zu Beginn des Frühjahrs 1881 ging es ihr allmählich besser, und am 1. April konnte sie das Bett verlassen.

Am 5. April starb Berthas Vater. Ihr Zustand verschlimmerte sich schlagartig wieder. Es fiel ihr schwer, Menschen zu erkennen, und Breuer war der einzige, den sie sofort erkannte, wenn er das Zimmer betrat. Sie weigerte sich zu essen, ließ sich aber von Breuer füttern. Breuer zog den Psychiater Krafft-Ebing hinzu, um dessen Meinung über die Patientin zu hören. Bertha nahm den Besucher erst wahr, als er ihr Rauch ins Gesicht blies. In einem Ausbruch von Wut und Angst attackierte sie Breuer, und es dauerte einige Zeit, bis es ihm gelang, sie zu beruhigen. Als Breuer einige Tage darauf wieder zu ihr kam, fand er ihren Zustand merklich verschlechtert: Sie hatte wieder nichts gegessen und wurde von fürchterlichen Halluzinationen gequält, die sie nun laut kommentierte. Ihr Lebensrhythmus unterlag erstaunlichen Wechseln:

«Nachmittags Somnolenz, um Sonnenuntergang die tiefe Hypnose, für die sie den technischen Namen ‹clouds› (Wolken) erfunden hatte. Konnte sie dann die Halluzinationen des Tages erzählen, so erwachte sie klar, ruhig, heiter [...]. Der Gegensatz zwischen der unzurechnungsfähigen, von Halluzinationen gehetzten Kranken am Tage und dem geistig völlig klaren Mädchen bei Nacht war höchst merkwürdig.»⁵⁶

Die ersten Patientinnen

Ihr Zustand wurde jedoch noch schlimmer; es bestand Selbstmordgefahr, und sie weigerte sich, zu essen und zu schlafen, und am 7. Juni 1881 ließ Breuer sie – gegen ihren Willen, wenn auch nicht ganz unerwartet für sie – in eine Villa neben dem von Emil Fries und Hermann Breslauer geleiteten Sanatorium in Inzersdorf bei Wien bringen. Mit der Zeit beruhigte sie sich wieder ein wenig.

Sowohl Breuer als auch ihre Familie hatten bemerkt, daß sie in ihrem abendlichen Hypnosezustand häufig Szenen aus ihrer Phantasie wiedergab. Wurden die Worte, die sie dabei murmelte, von jemandem wiederholt, so griff sie diese Stichworte bereitwillig auf und begann Geschichten daraus zu spinnen: traurige, zauberhafte Geschichten und Märchen. Das Erzählen beruhigte sie. Nach dem Tod ihres Vaters und der gewaltsamen Durchbrechung ihres halluzinatorischen Zustands durch Krafft-Ebing wurden diese Geschichten schwärzer und beängstigender. Hatte sie aber, «von Angst und Grauen geschüttelt, alle diese Schreckbilder reproduziert und ausgesprochen»[57], so stellte sich die völlige Befreiung ihrer Psyche ein.

Bertha hatte die *talking cure* erfunden, das *chimney-sweeping* (Kaminfegen), wie sie es nannte, und dieses Verfahren wurde fortan eingesetzt, wenn Breuer sie besuchte, wobei sich ihr Zustand, sobald er einen Abend ausgelassen hatte, verschlechterte: dann «weigerte sie das Reden, das ich ihr mit Drängen und Bitten und einigen Kunstgriffen, wie dem Vorsprechen einer stereotypen Eingangsformel ihrer Geschichten, abzwingen mußte. Immer aber sprach sie erst, nachdem sie sich durch sorgfältige Betastung meiner Hände von meiner Identität überzeugt hatte»[58].

Während des Sanatoriumsaufenthalts wurden die Nächte für Bertha jedoch unerträglich, so daß Breuer ihr Chloral verabreichen mußte. Langsam gewöhnte sie sich an die neue Umgebung und schloß mit Breslauer Freundschaft.

«Große Hilfe gewährte ein Neufundländer, den sie bekommen hatte und leidenschaftlich liebte. Dabei war es prächtig anzusehen, wie einmal, als dieser Liebling eine Katze angriff, das schwächliche Mädchen die Peitsche in die linke Hand nahm und das riesige Tier damit behandelte, um sein Opfer zu retten. Später besorgte sie einige arme Kranke, was ihr sehr nützlich war.»[59]

Dann ging Breuer auf Urlaub. Als er zurückkam, fand er Bertha in einem sehr schlechten, demoralisierten Zustand vor. Er sah, daß ihr nichts als eine intensivierte Redekur helfen würde, und ließ sie daher für eine Woche nach Wien kommen, wo er Abend für Abend mit ihr

Die Erfindung der Psychoanalyse

arbeitete und täglich drei bis fünf Geschichten erzählt bekam. Bei dieser Gelegenheit machte er die Beobachtung, daß ein mit einem bestimmten Ereignis oder einem «spontanen Produkt ihrer Phantasie»[60] in Zusammenhang stehendes Symptom verschwand, sobald sie ihre Geschichte über sein erstes Auftreten beendet hatte, und zwar gleichgültig, wie lange die Entstehung zurücklag. Neben der Beseitigung akuter psychischer Reize gab es nun für Breuer ein weiteres Ziel: ihre ursprünglichen Symptome schrittweise und systematisch aus der Welt zu schaffen.

Die Besserungswelle vom Spätsommer hielt jedoch nicht an. Als Bertha im Herbst nach Wien zurückkehrte, war sie wieder häufig erregt, traurig, verstimmt und reizbar, und vor Weihnachten wurde ihr Zustand noch schlimmer. Breuer erwog, sie in das Sanatorium Bellevue in Kreuzlingen am Bodensee einzuweisen. Nun trat ein völlig neues psychisches Phänomen in Erscheinung, in vielfacher Hinsicht das erstaunlichste, das ihm durch Bertha offenbart werden sollte. Ihre beiden Bewußtseinszustände, tagsüber der normale und abends der Hypnosezustand, hielten weiter an, jedoch durchlebte sie im Hypnosezustand den Winter 1880/81 und hatte alle nachfolgenden Ereignisse mit Ausnahme des Todes ihres Vaters völlig vergessen, während sie «im ersten wie wir anderen im Winter 1881–82»[61] lebte. Der Wahrheitsgehalt ihrer Erinnerungen wurde anhand des Tagebuchs verifiziert, das ihre Mutter über das vergangene Jahr geführt hatte. Dieses Wiederdurchleben dauerte bis zum Abschluß ihrer Behandlung durch Breuer im Juni 1882 an. Stimmungen aus dem Bewußtsein von 1881 wirkten in das Bewußtsein des Jahres 1882 hinüber, konnten jedoch nur als durchlebte, in der Abendhypnose besprechbare Einzelheit zutage gefördert werden. Neben den aktuellen Ereignissen und den quälenden Erlebnissen des jeweiligen Tages aus dem Vorjahr ging Breuer nun mit Bertha auch den psychischen Ereignissen der Inkubationsphase in der zweiten Hälfte des Jahres 1880 auf den Grund, die der Ursprung aller hysterischen Phänomene waren. Das – wie es Breuer später bezeichnete – Abreagieren von Erinnerungen, die diesen Symptomen zugrunde lagen, brachte das Symptom allem Anschein nach endgültig zum Verschwinden. Damit war die kathartische Methode erfunden:

«Jedes einzelne Symptom dieses verwickelten Krankheitsbildes wurde für sich genommen; die sämtlichen Anlässe, bei denen es aufgetreten war, in umgekehrter Reihenfolge erzählt, beginnend mit den Tagen, bevor Patientin bettlägerig geworden, nach rückwärts bis zu der Veranlassung des erstmaligen Auftretens. War dieses erzählt, so war das Symptom damit für immer behoben.»[62]

Diese Arbeit erforderte viel Zeit. Um sie zu beschleunigen, nützte Breuer nicht nur die spontanen abendlichen Absencen seiner Patientin, sondern drang auch mittels artifizieller Hypnose zu den pathogenen Erinnerungen vor. Berthas Erlebnisse mußten bis ins kleinste Detail durchleuchtet werden, und in der Regel wurde dabei ein Ereignis zutage gefördert, bei dem ihr Vater eine Rolle spielte. Ein Beispiel: Bertha hörte nicht, wenn jemand ins Zimmer kam. Hundertacht solcher Einzelfälle wurden in der exakten Chronologie ihres Auftretens aufgerollt. Die Symptome äußerten sich besonders heftig, während sie «abgesprochen» wurden: «So war Patientin während der Analyse des Nichthörens so taub, daß ich teilweise schriftlich mich mit ihr verständigen mußte.»[63] Mit Hilfe dieser Methode ließ Breuer ihre Erinnerungen an die Nacht im Juli 1880 wiederaufleben, in der Bertha, am Krankenbett ihres Vaters auf die Ankunft des Arztes wartend, zum erstenmal Schlangen halluziniert und mit einer Lähmung reagiert hatte.

Bertha hatte den Entschluß gefaßt, die Behandlung am 7. Juni 1882 abzuschließen, genau ein Jahr nach ihrer Transferierung nach Inzersdorf, die «ohne Täuschung aber gewaltsam»[64] geschehen war, wie Breuer es in seiner unveröffentlichten Krankengeschichte darstellte. An diesem Tag wurde ihr Zimmer nach dem Vorbild des väterlichen Krankenzimmers arrangiert, und sie reproduzierte die beängstigende Schlangenhalluzination. Nach dieser dramatischen Szene, so berichtete Breuer, sei sie wieder in der Lage gewesen, deutsch zu sprechen, und sei befreit gewesen von allen ihren Störungen. Dennoch habe sie noch einige Zeit gebraucht, bis sie ihr seelisches Gleichgewicht vollends wiedergefunden habe. Seither erfreue sie sich jedoch vollständiger Gesundheit.

In seiner Krankengeschichte verschwieg Breuer jedoch, daß die Behandlung keineswegs so erfreulich geendet hatte und ihm in den letzten Monaten die Kontrolle darüber entglitten war. Bertha war abhängig von dem Chloral, das er ihr als Schlafmittel verschrieb, wurde immer wieder von Krämpfen geschüttelt, die mit ihrem Medikamentenkonsum zusammenhingen, und litt an so heftigen Gesichtsschmerzen, daß sie Morphium brauchte und im Juni 1882 bereits süchtig war. Mitte 1882 schrieb Breuer an Robert Binswanger, den behandelnden Arzt des Sanatoriums Bellevue in Kreuzlingen, in das Bertha anschließend zur Kur geschickt wurde: «Hier führe ich die

Entwöhn[un]g mit ihr nicht durch, trotz ihres sehr guten Willens, weil ich bei ihrer Umgeb[u]ng jedem Aufreg[un]gszustand ihrerseits gegenüber machtlos bin.»[65] Breuer fühlte sich eindeutig außerstande, ihre Behandlung fortzusetzen. Bertha weilte mit ihrer Mutter drei Wochen zu Besuch bei Verwandten in Karlsruhe, dann kam sie nach Kreuzlingen und blieb bis Oktober 1882, weil ihr Zustand wieder schlechter geworden war. Ihr Deutsch war nach wie vor unvollkommen, sie litt weiterhin an einer schweren Neuralgie und war medikamentensüchtig. Es ist denkbar, daß Breuer ihre Neuralgie nicht auf psychische Ursachen zurückführte und sie daher in seinen Anweisungen für die katharische Behandlung nicht erwähnte. Berthas Mutter war anderer Meinung und machte das gegenüber Binswanger auch deutlich: für sie sei offensichtlich, «daß nach allen bisher gesammelten Erfahrungen diese Neuralgie keine für sich bestehende Sache ist, sondern in enger Verbindung mit psychischen Vorgängen steht. [...] Nach dem Erzählen alles dessen, was sich in einer Art traumhaftem Zustande in ihren Gedanken an früheren Zeiten [und] Vorkommnissen reproduzierte, trat immer eine fühlbare Erleichterung ein»[66]. Die Ärzte in Kreuzlingen zogen jedoch ihre eigenen Methoden vor: Bewegung, Bäder und Abschirmung von der Familie.

Obwohl Berthas Allgemeinzustand schlecht war, als sie Ende Oktober 1882 Kreuzlingen verließ, um ihre Tante in Karlsruhe zu besuchen, schrieb sie sich für einen dreimonatigen Krankenpflegekurs des «Badischen Frauenvereins» ein, den sie jedoch nicht abschloß.[67] Im Januar 1883 kehrte sie nach Wien zurück, verbrachte aber zwischen 1883 und 1887 mehrere Monate im Inzersdorfer Sanatorium. Im August 1883 vertraute Breuer Freud an, Bertha sei «ganz zerrüttet»; im Januar 1884 hingegen berichtete er Binswanger, daß sie «ganz gesund, ohne Schmerzen oder sonst was»[68] sei. Aber Berthas Ringen um ihre Gesundheit ging auch in den nächsten Jahren weiter. Möglicherweise hörte Freud 1887 von ihren Fortschritten, denn nicht nur Martha war darüber informiert, sondern auch Karl Bettelheim, ein alter Freund von Breuer und ihm,[69] der sie damals in Inzersdorf behandelte.[70]

Einige von Berthas Charakterzügen, die Breuer bereits in seinen Aufzeichnungen Anfang der achtziger Jahre beschrieben hatte – Energie, Hartnäckigkeit, Ausdauer, ein scharfer Verstand, Willensstärke, Entschlossenheit, Gerechtigkeitssinn und der Drang, den Kranken und Armen zu helfen –, wurden mit den Jahren noch ausgeprägter. 1888 übersiedelte Bertha nach Frankfurt am Main. Dort begann sie ihre literarischen Interessen zu verfolgen und setzte ihr für die Begründung

Die ersten Patientinnen

der Psychoanalyse so wichtiges erzählerisches Talent um: Sie veröffentlichte einen kleinen Band mit Kindergeschichten, die inhaltlich deutlich den Geschichten aus ihrer *talking cure* glichen. 1890 folgte unter dem Pseudonym P. Berthold der Erzählungsband *In der Trödelbude*. Diese vom Verlust des Familienglücks und der Kraft der Kinderliebe handelnden Geschichten sind von ergreifender Melancholie. In einer findet ein verlassener Ehemann seine vor langer Zeit verlorene Tochter wieder und gelangt so zu neuem Lebensmut und neuer Lebensfreude.

Was sich hier bereits deutlich abzeichnet, ist Berthas weiterer Weg. Sie wurde später zu einer unermüdlichen Kämpferin gegen das Unrecht und versuchte, den sogenannten höheren Töchtern die Armut und das Elend in ihrer Umgebung ins Bewußtsein zu rufen.

«Den Zusammenhang zwischen Armut, Krankheit und Verbrechen kennen diese mit verschleierten Augen aufwachsenden Menschen nicht. Sie kennen die Armut bloß in der Erscheinung des Straßenbettels oder in theatralischer Darstellung, Krankheit als etwas Ekelhaftes und Verbrechen als Sünde, vor der man sich moralisch bekreuzigen müsse.»[71]

Berthas Geschichten lassen auch ihren Wunsch nach Kindern erkennen: Sie sehnte sich danach, die Verkörperung der Mutterliebe zu sein.

Anfang der 1890er Jahre begann Bertha durch ihre aktive Sozialarbeit ihre unterdrückte Identität als Jüdin (die in Breuers Krankengeschichte gänzlich ausgespart ist[72]) wiederzubeleben: Sie arbeitete zunächst in den Armenküchen für jüdische Einwanderer aus Osteuropa und später in einem kleinen jüdischen Kindergarten, in «Flickschulen» und in einem Mädchenklub. In Frankfurt widmete sie sich, wie viele andere Frauen der Familie Goldschmidt, der Waisenfürsorge, scheute jedoch im Gegensatz zu diesen auch vor der praktischen Kleinarbeit nicht zurück. 1895 wurde sie zunächst stellvertretende Leiterin eines Waisenhauses für jüdische Mädchen, dessen Führung sie dann ab 1897 bis 1907 innehatte. 1898 begann ihre außerordentlich produktive Laufbahn als Publizistin und Verfasserin von Streitschriften mit einem Artikel über die Erziehung von jungen Frauen der Mittelschicht, in dem sie dafür plädierte, diese auf ein unabhängiges Leben vorzubereiten und ihnen die reale Welt außerhalb der sicheren Behaglichkeit ihrer Familien vor Augen zu führen. 1899 übersetzte sie die revolutionäre Kampfschrift *Verteidigung der Rechte der Frau* von Mary Wollstonecraft ins Deutsche – eine Arbeit, die durchaus mit Freuds früherer Übersetzung von J. S. Mills *Über Frauenemancipation* zu vergleichen ist – und verfaßte das Schauspiel *Frauenrecht*, das die politische, wirtschaftliche und sexuelle Ausbeutung der Frauen thematisierte. Die beiden männlichen Charaktere, der eine ein Frauenheld, der andere ein bürgerlicher Ehemann, werden gleichermaßen als Frauenausbeuter und Verführer entlarvt. Die Ehefrau, die die Wahrheit über ihren Mann herausgefunden hat, bleibt der Kinder wegen bei ihm, fordert aber fortan ihre «Frauenrechte» ein und verweigert ihm den sexuellen Verkehr. Waren ihre ersten Erzählungen noch sentimentale und melancholische Darstellungen von gescheiterten Beziehungen zwischen Mann und Frau, so geht sie nun dazu über, die skrupellose sexuelle Ausbeutung der Frauen anzuprangern und zu bekämpfen. Bertha hatte sich zur Feministin entwickelt – ein Weg, den viele von Freuds «hysterischen» Patientinnen gingen.

1900 legte sie in der Schrift *Die Judenfrage in Galizien* den Zusammenhang zwischen mangelhafter Bildung, Armut und Laster bei Mädchen dar. Ihre Forschungen waren mit umfangreichen Reisen in Osteuropa, Rußland und später auch im Osmanischen Reich verbunden. Sie untersuchte die Prostitution und den Mädchenhandel in Osteuropa. Zur gleichen Zeit begründete sie den Verein «Weibliche Fürsorge» und begann das, was sie später im Titel ihres Buches als *Sisyphus-Arbeit* bezeichnete: sie versuchte, die Probleme der Prostitution und des Mädchenhandels den Juden im Westen vor Augen zu führen. Der enorme Zustrom von mittellosen Flüchtlingen und hilfebedürftigen Frauen aus Osteuropa veranlaßte sie im Anschluß an die Berliner Konvention des Internationalen Frauenrates 1904 zur Gründung des Jüdischen Frauenbundes (JFB), dessen erste Vorsitzende sie wurde. Als solche war sie, bis sie das Amt 1924 aufgab, eine Quelle der Inspiration und Kraft, eine Führungspersönlichkeit, die sich bedenkenlos nur solche Mitarbeiterinnen aussuchte, die sich von ihrem Eifer anstecken ließen.[73] 1907 übergab sie die Leitung des Waisenhauses und gründete ein Heim für gefährdete Mädchen und uneheliche Kinder in Neu-Isenburg.

Eine ihrer Kolleginnen beschrieb sie sehr eindrucksvoll: «Es lebte ein Vulkan in dieser Frau, der ausbrach, wenn ihr Zorn gereizt wurde. [...] Das galt nur, solange es sich um Dinge handelte, die unmittelbar auf ihre Ziele Bezug hatten. [...] Sie hat die Tragik dieser Kämpfe schmerzhaft empfunden. [...] Der Mißbrauch von Frauen als Geschlechtswesen war für sie ein geradezu körperlich empfundener Schmerz.»[74]

Bis weit in die zwanziger Jahre der Weimarer Republik verstand Bertha den JFB als eine auf kaum entlohnter, freiwilliger Arbeit

Die ersten Patientinnen

basierende Einrichtung. Während dieser Zeit bemühte sie sich – für sich selbst wie für ihre Mitstreiterinnen – um Wahrung ihrer Identität als Deutsche, Jüdinnen und Frauen. Der Bund trat entschieden gegen die Assimilation der Juden und den Niedergang des Glaubens auf; zugleich stand Bertha aber der zionistischen Bewegung jener Zeit ablehnend gegenüber und warf ihr die Vernachlässigung der kulturellen Interessen eines Großteils der Juden sowie eine feindselige Haltung gegenüber Frauen, Familie, Mutterschaft und dem orthodoxen jüdischen Glauben vor. Bertha bedauerte nie, unverheiratet geblieben zu sein, obwohl sie immer wieder erklärte, die Liebe sei an ihr vorbeigegangen und das Leben habe sie einsam gelassen, wie dieses Gedicht deutlich zum Ausdruck bringt:

> Mir ward die Liebe nicht –
> Drum leb' ich wie die Pflanze,
> Im Keller ohne Licht.

> Mir ward die Liebe nicht –
> Drum tön' ich wie die Geige,
> Der man den Bogen bricht.

> Mir ward die Liebe nicht –
> Drum wühl' ich mich in Arbeit
> Und leb' mich wund an Pflicht.

> Mir ward die Liebe nicht –
> Drum denk' ich gern des Todes,
> Als freundliches Gesicht.[75]

Sie sah ihren Beruf im wesentlichen als den einer Ersatzmutter:
«Frauen, die das Glück wirklicher, persönlicher Mutterschaft entbehren müssen, können zu einer großen Fähigkeit geistiger Mütterlichkeit heraufwachsen, wenn sie die stillen Wege der Fürsorge für solche Kinder und Jugendliche gehen, für die die leibliche Mutter ganz oder teilweise versagt.»[76]

Der Jüdische Frauenbund war die institutionelle Verkörperung dieser Vorstellung von Mutterschaft und vermochte sowohl ihr Eintreten für die Chancengleichheit der Frauen abzudecken als auch ihre Überzeugung, daß die Familie heilig sei und die Hauptverantwortung der Frau in ihrer Rolle als Gattin und Mutter liege. Sie stellte an die

Die Erfindung der Psychoanalyse

Frau/Mutter dieselben Anforderungen wie an sich selbst: alles zu sein und eventuell sogar die Rolle des Vaters zu übernehmen.[77] In ihrer Arbeit hatte Bertha ihre Hysterie ins Positive verkehrt.[78]

Obwohl Bertha über ihre Behandlung bei Breuer Stillschweigen bewahrte, wurde sie mehrfach in Anna O. wiedererkannt, als die Krankengeschichte 1895 veröffentlicht wurde.[79] Sie vernichtete alle aus der Zeit vor 1890 datierenden Papiere, wahrscheinlich, weil sie in Ruhe gelassen werden und die frühen Erwachsenenjahre ein für allemal abschütteln wollte. Später stand sie der Psychoanalyse ebenso skeptisch gegenüber wie den professionellen Sozialarbeitern. Auch wenn sie für Freud (und Breuer) als erste Patientin der Psychoanalyse eine große Rolle spielte und gewissermaßen die Galionsfigur des psychoanalytischen Schiffes war, setzte sie sich kaum je mit der Psychoanalyse auseinander. Das energische und einflußreiche Leben, das Bertha sich schuf, schien erstaunlich weit entfernt von der kathartischen Episode ihrer ersten Erwachsenenjahre. Diese Frau, die in einer katholischen Schule – für ihre Fähigkeiten völlig unzureichend – erzogen worden war und die Redekur erfunden hatte, warf später Beichte und Psychoanalyse in einen Topf, als handelte es sich bei beiden um Krücken, deren sich die Schwachen bedienten: «Psychoanalyse ist in der Hand des Arztes, was die Beichte in der Hand des katholischen Geistlichen ist; es hängt von dem Anwender und der Anwendung ab, ob sie ein gutes Instrument oder ein zweischneidiges Schwert ist.»[80] Es läßt sich nicht feststellen, ob ihre Behandlung bei Breuer die Grundlage für ihr späteres aktives Leben schuf oder ein Hindernis war auf ihrem Weg zur «ersten Sozialarbeiterin des modernen Deutschland», wie sie später – trotz ihrer Abneigung gegen Sozialarbeit als Beruf – betitelt wurde. Anna O. und Bertha Pappenheim sind so verschieden wie die Raupe und der Schmetterling. Ob die kathartische Methode Bertha als Kokon diente, werden wir nie wissen.

Fest steht jedoch, daß Berthas Redekur der Kokon der Psychoanalyse war. Die unerklärliche Diskrepanz zwischen der kranken Anna O. der 1880er Jahre und der starken und gesunden Bertha Pappenheim ab den neunziger Jahren hat eine Parallele in der auffallenden Diskontinuität zwischen Breuers Behandlungsexperiment und der Entwicklung der Freudschen Psychoanalyse Mitte der neunziger Jahre. Die Zäsur in Bertha Pappenheims Leben spiegelt sich in den beiden Stadien der Vorgeschichte der Psychoanalyse wider.

Im November 1882 erzählte Breuer Freud zum erstenmal von

Die ersten Patientinnen

Berthas Behandlung, und im Sommer 1883, als sich die beiden Männer näherkamen, gab er ihm weitere persönliche Details preis. Obwohl Breuer ihn aufgefordert hatte, mit Martha vor ihrer Hochzeit nicht darüber zu sprechen, berichtete Freud ihr von diesen beiden Gesprächen.[81] Der Fall ging ihm nicht aus dem Kopf, und er setzte Breuer zu, die Behandlung doch publik zu machen.

Freuds Verbindung zur Familie Pappenheim beschränkte sich nicht auf Breuer. In gewisser Hinsicht hatte Martha sogar größeres Interesse an Breuers Geschichte als Freud selbst. Im Februar 1880, zwei Monate nach dem plötzlichen Tod von Marthas Vater, bestimmte ihre Mutter Emmeline Berthas Vater zum gesetzlichen Vormund für ihren Sohn und ihre beiden Töchter.[82] Als Bertha auf die schwere Erkrankung ihres Vaters gegen Ende des Jahres und seinen Tod wenige Monate später so heftig reagierte, trauerte also auch Martha – um ihren Vormund und ihren Vater. Ein gemeinsamer kultureller Bezugspunkt sowohl für Breuer als auch für Bertha und ihre Mutter, der bei der Erfindung der kathartischen Methode eine bedeutende Rolle gespielt haben könnte, war Marthas Onkel Jakob Bernays zu verdanken: die Wiederbelebung einer in den medizinischen Bereich verlegten Version der aristotelischen Theorie der Katharsis durch die Tragödie, die damals in Wien sehr en vogue war.[83] Der reinigenden (nach Aristoteles «kathartischen») Wirkung der Tragödie wurde unmittelbare Heilkraft für den Körper zugeschrieben. Martha verfolgte Berthas Krankheitsverlauf in Wien und später in Kreuzlingen vermutlich auch durch ihre Freundin Emma Ruben, die mit Berthas Cousin Wilhelm Pappenheim verheiratet war und nach ihrer Eheschließung um 1880 in Wien lebte.[84] Bertha blieb mit Martha bis weit in die achtziger und neunziger Jahre befreundet. Anfang 1887 war Bertha mindestens zweimal bei Martha zu Besuch; in diesem Jahr schrieb Martha ihrer Mutter, daß es Bertha tagsüber gutgehe, während sie abends immer noch an Halluzinationen leide.[85] Obwohl Bertha aufgrund der nach wie vor undurchsichtigen Vorgänge, die zum Abbruch ihrer Behandlung geführt hatten, später vermutlich wenig Kontakt zu Breuer hatte, blieb sie, wie so viele andere Patienten Breuers und Freuds, in den engeren Freundes- und Verwandtenkreis integriert.

Daß der Fall Anna O. gewissermaßen zu einem Mythos in der Geschichte der Psychoanalyse wurde, ist den mutmaßlichen Umständen der Beendigung von Berthas Behandlung zuzuschreiben. Was wir darüber wissen, beruht auf einem Brief Freuds an Stefan Zweig, der fast genau fünfzig Jahre nach dem eigentlichen Vorfall geschrieben wurde und in dem Freud die Geschichte so wiedergibt, wie er sie von Breuer gehört haben will:

«Am Abend des Tages, nachdem alle ihre Symptome bewältigt waren, wurde er wieder zu ihr gerufen, fand sie verworren, sich in Unterleibskrämpfen windend. Auf die Frage, was mit ihr sei, gab sie zur Antwort: ‹Jetzt kommt das Kind, das ich von Dr. B. habe.› [...] In konventionellem Entsetzen ergriff er die Flucht und überließ die Kranke einem Kollegen. Sie kämpfte noch monatelang in einem Sanatorium um ihre Herstellung.»[86]

Breuer schilderte Freud diese Episode bereits zu Beginn ihrer Freundschaft, sprach aber später nie wieder darüber. Auch in seiner Krankengeschichte wird sie nicht erwähnt. In letzter Zeit ist die Forschung von dieser Version vom Ende der Behandlung Berthas abgekommen, da es keine andere veröffentlichte oder unveröffentlichte Quelle gibt, auf die sie sich stützen könnte. Wahrscheinlich fand Freuds vertraulichstes Gespräch mit Breuer über Bertha, das man als Quelle dieser Schilderung ansieht, im August 1883 statt. Daß bei der Behandlung Berthas tatsächlich ein beunruhigendes Ereignis eingetreten war und daß dies erotischer Natur war, geht eindeutig aus dem Briefwechsel zwischen Freud und Martha im Oktober und November 1883 hervor. Am 31. Oktober berichtet Freud von einem Kollegen im Sanatorium, der von Berthas Auftreten und Verstand fasziniert sei und sich wohl nur deshalb nicht in sie verliebt habe, weil er als Psychiater zu genau wisse, wie problematisch ihre Krankheit sei.[87]

Martha gab in ihrer Antwort nicht nur zu verstehen, daß sie mehr als Freud an Berthas Sicht der Dinge interessiert war, sondern zeigte sich auch verblüfft über die Reihe von Ärzten, zuerst Breuer, dann Freuds Psychiater-Freund, die Berthas Faszination erlagen:

«Mir hat es oft schon auf der Zunge gelegen Dich darum zu fragen weshalb er Bertha aufgegeben; ich konnte mir wohl denken daß wie Fernerstehende sagten: er habe sich zurückgezogen, weil er sein Unvermögen etwas bei ihr zu leisten, eingesehen, daß es sich anders verhalten müsse. Es ist merkwürdig, der armen Bertha ist nie ein anderer Mann näher getreten als ihr jeweiliger Arzt, das heißt die hätte als Gesunde schon das Zeug dazu, dem vernünftigsten Manne den Kopf zu verdrehen, ist das ein Unglück mit dem Mädchen, nicht wahr? Lach mich nur recht aus, Liebster, mich hat die Geschichte heut nacht kaum schlafen lassen, ich hab mich so lebhaft in die verschwiegene Frau Mathilde hineinversetzt [...].»[88]

Martha war überzeugt, daß nur etwas Unaussprechliches Breuer zu dieser abrupten Beendigung von Berthas Behandlung veranlaßt haben konnte. Offensichtlich mutmaßte sie, daß Erotik im Spiel gewesen war und Mathilde Breuers Gefühle verletzt worden waren. Martha hatte sowohl für Berthas als auch für Mathildes Lage Verständnis und konnte sich die Eifersuchtsszene zwischen Breuers Frau und seiner Patientin deutlich ausmalen, was Freud übersah, als er sich in seiner Antwort auf ihre eigene Beziehung bezog:

«Mein geliebter kleiner Engel, Du hast ganz Recht zu erwarten, daß ich Dich recht auslachen werde. Ich thue es hiemit aufs kräftigste. Bist Du so eitel zu glauben, daß Dir die Leute Deinen Geliebten oder später Deinen Mann streitig machen werden? O nein, der bleibt ganz Dein u. Dein einziger Trost muß sein, daß er es selbst nicht anders will. Um Schicksale zu haben wie Frau Mathilde, muß man die Frau eines Breuer's sein, nicht wahr?»[89]

Freud erklärt, daß *er* nicht Breuer sei und Komplikationen mit Patientinnen, wie Breuer sie mit Bertha erlebt habe, *ihm* nie passieren würden. Fast scheint er sagen zu wollen, daß – anders als bei dem charmanten Breuer – Martha die einzige Frau sei, die sich in ihn verlieben könne. Zu dieser Zeit scheint Freud nicht auf den Gedanken gekommen zu sein, daß die Beziehung zwischen Bertha und Breuer neben dem außerehelichen Aspekt auch von besonderem medizinischen Interesse sein könnte; Martha stellte da viel deutlicher die Frage nach den seltsamen Leidenschaften, die sich zwischen Arzt und Patientin entwickeln.

1932 bemerkte Freud zu Berthas oben zitiertem Ausruf «Jetzt kommt das Kind, das ich von Dr. B. habe»: «In diesem Moment hatte er [Breuer] den Schlüssel in der Hand, der den Weg zu den Müttern geöffnet hätte, aber er ließ ihn fallen.»[90] Was Freud und Martha 1883 beschäftigte, war aber eher der Schlüssel zu den *Vätern*: der Schlüssel zu den sexuellen Reaktionen männlicher Ärzte auf ihre Patientinnen. Als Breuer Berthas Fall aufzeichnete und 1895 für die *Studien über Hysterie* ein theoretisches Kapitel dazu verfaßte, unterließ er jeglichen Kommentar über Berthas Sexualität und wies statt dessen auf ihr völliges Fehlen hin: «Das sexuale Element war erstaunlich unentwickelt; die Kranke, deren Leben mir durchsichtig wurde, wie selten das eines Menschen einem andern, hatte nie eine Liebe gehabt.»[91] In seiner dreizehn Jahre zuvor verfaßten, unveröffentlichten Krankengeschichte, die Freud nie zu Gesicht bekam, hatte er das Fehlen jeglicher Sexualität auf Berthas besonders enge Beziehung zu ihrem Vater zurückgeführt: «Jedenfalls ist sie noch nie verliebt gewesen, soweit

Die Erfindung der Psychoanalyse

nicht ihr Verhältniß zum Vater dieses ersetzt hat oder vielmehr damit ersetzt war.»[92] In seiner theoretischen Diskussion von 1895 ging er sogar so weit, der Situation der wohlbehüteten Mädchen seiner Gesellschaft eine tragische Dimension zuzuschreiben: «Das Mädchen ahnt im Eros die furchtbare Macht, die ihr Schicksal beherrscht und entscheidet, und wird durch sie geängstigt. Um so größer ist die Neigung, wegzublicken und das Ängstigende aus dem Bewußtsein zu verdrängen.»[93] Er kritisierte auch seine Kollegen dafür, weibliche Sexualität nicht zu erkennen:

«Es ist gewiß von Übel, daß die Klinik dieses, eines der allerwichtigsten pathogenen Momente ignoriert oder doch nur zart andeutend streift. Dies ist sicher ein Gegenstand, wo die Erfahrung der Erfahrenen dem jungen Arzte mitgeteilt werden soll, der ja gewöhnlich an der Sexualität blind vorübergeht; mindestens was seine Kranken betrifft.»[94]

Die jungen Ärzte übersehen den Faktor der Sexualität, so läßt Breuer durchblicken, weil ihre *eigene* Sexualität sie blind dafür macht. Aber sein Wissen schützte ihn nicht davor, selbst Opfer einer sexuellen Krise zu werden, vor der er die Augen verschlossen hatte und in die er jetzt plötzlich verstrickt wurde, gleichgültig, ob wir als Krise nun die chronische Eifersucht seiner Frau – die angesichts des Briefwechsels zwischen Sigmund und Martha als wahrscheinlich gelten kann – oder Berthas Geburtsszene bezeichnen.

Sagte Bertha wirklich: «Jetzt kommt das Kind, das ich von Dr. B. habe?» Dora Breuer, die während der Behandlung von Anna O. geborene Tochter, ließ sich Freuds Rekonstruktion vom Ende der Behandlung zumindest teilweise von ihrem Vater bestätigen, ehe er 1925 starb. Freud und sein Biograph Ernest Jones gaben jedoch den bereits vorhandenen Mythen zusätzliche Nahrung, indem sie zwischen Dora Breuers Geburt und Berthas Geschichte eine Verbindung herstellten. Freud berichtete Stefan Zweig, Dora sei «kurz nach Abschluß jener Behandlung geboren, auch das nicht ohne Belang für tiefere Zusammenhänge!»[95]. Jones versicherte in seiner Freud-Biographie, Breuer habe am Tag nach Berthas Ausruf Wien verlassen und mit seiner Frau eine zweite Hochzeitsreise unternommen, auf der Dora gezeugt worden sei. Henri F. Ellenberger hat nachgewiesen, daß dies nicht der Wahrheit entspricht: Dora Breuer wurde am 11. März 1882 geboren, also drei Monate *vor* Berthas mutmaßlicher hysterischer Szene. Warum also wurde eine Verbindung zwischen Berthas Ausruf und der Geschichte von Dora Breuers Geburt hergestellt?

Die ersten Patientinnen

Wir können uns hier auf eine Spekulation einlassen, um zu zeigen, warum dieses Ereignis Breuer so aus der Fassung brachte. Breuer berichtete, Berthas «Wiederdurchleben des verflossenen Jahres dauerte fort bis zum definitiven Abschluß der Krankheit im Juni 1882»[96]. Wenn sie am 7. Juni 1882 die Ereignisse vom 7. Juni 1881[97] noch einmal durchlebte, so könnte sie doch auch das wieder durchlebt haben, was an diesem Tag im Leben Breuers (und seiner Frau) geschehen war: Vom 7. Juni 1881 sind es fast auf den Tag genau neun Monate bis zu Dora Breuers Geburt. Mit ihrem Ausruf «Jetzt kommt das Kind, das ich von Dr. B. habe» erkannte sie (und das gab sie ihrem Arzt zu verstehen), daß sich an diesem Tag, dem 7. Juni 1881, in seinem wie in ihrem Privatleben etwas ereignet hatte. Das «Jetzt» ist das «Jetzt» von 1881, nicht von 1882.

An diesem Punkt der doppelten Chronologie könnte Bertha ihre Ankündigung durchaus als Wiederholung der Empfängnis von Breuers Tochter[98] gemeint haben, und Breuer könnte sie, wenn auch widerstrebend, richtig als solche interpretiert haben. Daß Bertha gerade dieses Datum, diesen Jahrestag wählte, um ihre unterdrückte Sexualität zu demonstrieren, bedeutete für Breuer eine inakzeptable Verflechtung seines Privatlebens mit seinem Beruf. Plötzlich hatte er erkannt, daß Bertha sein Privatleben, das Leben seiner Frau und ihrer Kinder sehr genau verfolgte. Sie kümmerte sich um ihn, so könnte man meinen, und hatte ihm die Rolle des Vaters zugesprochen, aber auf eine Weise, die die Möglichkeit offenließ, daß sie sich eines Tages nicht nur um den Vater, sondern auch um sein Kind, das Kind von Dr. B., kümmern könnte.[99]

Man kann wohl sogar davon ausgehen, daß Breuer gar nicht auf den Gedanken gekommen war, seine Frau könnte eifersüchtig auf Bertha sein, ehe Bertha ihm durch die Nachahmung der Empfängnis zu verstehen gab, daß sie sich mit dieser identifizierte. Plötzlich identifizierte sich auch Breuer mit seiner Frau: «Wenn sie schwanger ist, so bin ich (meine Frau) wohl eifersüchtig, und tatsächlich, sie ist es. Jetzt verstehe ich es!» Erst als Bertha sich durch ihre unheimliche Wiederholung der Szene in seine Ehe zu drängen schien, bekam es Breuer mit der Angst zu tun. Nun konnte er das Schweigen seiner Frau deuten: Es war das Schweigen der verletzten Frau, die zu stolz ist, um ihren Anspruch geltend zu machen. Das steckte in Wahrheit dahinter, als Breuer Freud im Juli 1883 gestand, er nenne seine Frau Cordelia.[100] Wenn seine Frau Cordelia ist, wer anders ist er dann als Lear, der die aufrichtige Liebe nicht zu erkennen vermochte, obwohl sie so deutlich

Die Erfindung der Psychoanalyse

vor ihm lag, und statt dessen einen übertriebenen und unnatürlichen Liebesbeweis forderte?

Freud sprach später von «Breuers plötzliche[m] Gewahrwerden eben dieser unanalysiert gebliebenen Übertragung»[101] und davon, daß sich bei dem Mädchen «plötzlich ein Zustand von ‹Übertragungsliebe› eingestellt»[102] habe. Damit urteilte er allerdings doch ein wenig voreilig über die ziemlich verwickelte und komplizierte Situation, in der Bertha und Breuer steckten. Aber gerade diese Auslegung war für ihn eine Bestätigung dafür, daß sich in seinen Erfahrungen mit weiblichen Patienten das wiederholte, was Breuer mit Bertha erlebt hatte: die Übertragung in ihrer «allgemeinen Natur»[103]. Aus der Schilderung seines ersten Zusammenpralls mit der Erotik seiner Patientinnen läßt sich daher auch ein gewisser Tadel für Breuer herauslesen:

«Als ich einmal eine meiner gefügigsten Patientinnen [...] durch die Zurückführung ihres Schmerzanfalls auf seine Veranlassung von ihrem Leiden befreite, schlug sie beim Erwachen ihre Arme um meinen Hals. Der unvermutete Eintritt einer dienenden Person enthob uns einer peinlichen Auseinandersetzung, aber wir verzichteten von da an in stillschweigender Übereinkunft auf die Fortsetzung der hypnotischen Behandlung. Ich war nüchtern genug, diesen Zufall nicht auf die Rechnung meiner persönlichen Unwiderstehlichkeit zu setzen und meinte, jetzt die Natur des mystischen Elements, welches hinter der Hypnose wirkt, erfaßt zu haben. Um es auszuschalten oder wenigstens zu isolieren, mußte ich die Hypnose aufgeben.»[104]

Freud argwöhnte, daß Breuer Bertha wegen eines ähnlichen Zwischenfalls hatte fallenlassen.[105] Er selbst sei «nüchtern genug, diesen Zufall nicht auf die Rechnung meiner persönlichen Unwiderstehlichkeit zu setzen», stieß er nach. Darin zeigt sich eine deutliche Kontinuität zwischen der Selbsteinschätzung des jungen Freud, es mangle ihm an ungezwungenem, einnehmendem Charme, und seiner Reaktion auf einen ähnlichen Vorfall in seinem Sprechzimmer. Während ihrer Verlobungszeit schrieb er an Martha:

«Ich glaube, es ist ein schweres Unglück für mich, daß die Natur mir nicht jenes unbestimmte Etwas gegeben hat, was die Menschen anzieht. Denke ich an mein Leben zurück, so hat mir kaum mehr als das gefehlt, um mir die Existenz rosig zu machen. Meine Freunde habe ich so langsam erworben, um mein teures Mädchen mich so lange raufen müssen, und jedesmal wenn ich mit wem zusammenkomme, merke ich, daß der Neue von einem Antrieb, den er gar nicht zu analysieren braucht, zunächst veranlaßt wird, mich zu unterschätzen. Das ist eine

Sache des Blicks oder der Gefühlsbildung oder sonst ein Naturgeheimnis, von dem man aber schwer betroffen wird.»[106]

Dagegen hielt er Breuer für einen Menschen mit natürlichem Charme, der bei näherem Kennenlernen keineswegs verblaßte. Selbst als er mit Breuer bereits gebrochen hatte und ihn Ende der neunziger Jahre endgültig verurteilte, hielt er unbeirrbar an dieser Einschätzung fest. Für Freud war Breuer der Inbegriff des charmanten Arztes, der seine zahlreichen Heilerfolge mit schlafwandlerischer Sicherheit zuwege brachte. Gewiß war Breuer sein Erfolg bei der Entdeckung der Übertragung im Weg: «Mit der Karte, nicht mit seinem Wissen und nicht mit seinem Können hat er sein Spiel im Leben gewonnen und sein Vermögen gemacht.»[107] Er war der erfolgreichste Praktiker in Wien, und seine Patienten fanden in ihm den «persönlichen Freund», den anregenden Gesprächspartner und den Arzt [...] in einer Person»[108]. Ein Nachruf rühmt seinen «beispielhaften Umgang mit Patienten, seine ruhige, Optimismus ausstrahlende Art, die schon als solche oft ihre heilende Wirkung zeigte»[109]. Seine Patienten fragten nicht nach dem Ursprung seines Erfolges. Für Freud mit seinem Wissensdurst und Erkenntnisdrang wurde jedoch Breuers «unausgelöschtes Wohltunsbedürfnis»[110], «die Abwesenheit von so viel Schlechtem»[111] und sogar sein therapeutischer Erfolg zu einem Symbol für sein Unvermögen, dem Faden zu folgen, den ihm seine Ariadne, Bertha Pappenheim, in die Hand gelegt hatte. Freud kam die Rolle zu, die Erfolge und Fehlschläge von Bertha und Breuer, nunmehr auf einer mythischen Ebene, ständig zu wiederholen. Es sollte sich zeigen, daß er in der Handhabung der nun offen zutage liegenden erotischen Beziehungen zu seinen Patientinnen ebenso erfolgreich und gelegentlich ebenso unberechenbar war wie der schlafwandlerische Breuer.

Was könnte sich übrigens besser zum Gründungsmythos eignen als die Geschichte einer Geburt? Freud begründete die Psychoanalyse in der Meinung, daß er diese ursprünglich Breuer zuzuschreibende Geburt nur wiederhole, aber Breuer weigerte sich, dieses Kind als das seine anzuerkennen. Man könnte fast sagen, daß er es verbarg, wie das Kind Mose von seiner Mutter verborgen worden war. Breuers Kind war der Ausruf: «Jetzt kommt das Kind, das ich von Dr. B. habe»; er verheimlichte es, und somit oblag es Freud, es «wiederzuentdecken». Ein Satz in Freuds Brief an Stefan Zweig beginnt wie eine mythische Erzählung: «Am Abend des Tages nachdem alle ihre Symptome bewältigt waren [...].»[112] Dieser phantastische Augenblick, da *alle* ihre Symptome beseitigt sind und sie von *allen* ihren Leiden und Schmerzen geheilt ist, da sie ein neuer Mensch geworden ist: das ist der Augenblick, in dem Breuer sich mit der Geburt des Kindes konfrontiert sieht, und genau das beweist, daß er nicht der Begründer der Psychoanalyse war, sondern nur ihren Eintritt in die Welt – losgelöst von ihm selbst – zuließ. In Freuds Schilderung lehnt Breuer es ab, dem Phantasiekind seiner Patientin bei der Geburt zu helfen; er lehnt jene Rolle ab, die der Psychoanalytiker später immer ausfüllen sollte: die des Geburtshelfers des Begehrens. Das mythische Kind kommt dennoch als ganzes Wesen zur Welt, und auch Freud schreibt über seine Tochter Anna, sie sei schon als «komplettes Frauenzimmerchen»[113] geboren worden. In dieser neuen Version vom Ende der Behandlung, die lange Zeit unangezweifelt blieb, sind alle wesentlichen Elemente der Psychoanalyse enthalten: Verdrängung, Sexualität und Übertragung. In Freuds Mythos vom Ursprung der Psychoanalyse spielt Anna O. die Mutter, Breuer den Vater, und Freud hat *folglich* jene Rolle inne, die Breuer ablehnte: die Rolle des Geburtshelfers.

Welche Bedeutung hat nun Bertha Pappenheim im Gegensatz zu Anna O. für die Geschichte der Psychoanalyse? War sie nur eine Chance – die erste Gelegenheit für die Theorie, sich einen neuen Erfahrungsbereich zu erschließen? Ein Anlaß für die neuen Fachleute der Psyche, in einen weiteren Bereich des Privatlebens einzudringen, wenn auch nur in der unverdächtigen Gestalt des stets wohlwollenden Breuer und seines schon weniger unverdächtigen und raffinierten jungen Kollegen? Bleibt Bertha letztlich, wie Mary Jacobus behauptet, «jenseits ihrer eigenen Geschichte nur eine Randfigur; als erste im Zeugenstand der Geschichte sagt sie in einem Prozeß aus, der in Wahrheit ein Kräftemessen zwischen Männern ist, Mann gegen Mann, und sie daher ausschließt»[114]? Zweifellos gab es Rivalitäten, und zweifellos *mußte* Berthas Geschichte zu einem Mythos werden, damit die Psychoanalyse entstehen konnte. Trotzdem hält sich die Überzeugung, daß es ohne diese eine Frau, ohne Patientinnen wie sie, die ihre Behandlung in die Hand zu nehmen, die Ärzte so gut zu führen, zu täuschen und in ein Labyrinth von Irrtum, Erfindung und Wahrheit zu locken vermochten, die Psychoanalyse nicht gegeben hätte. Sándor Ferenczi trat dafür ein, daß in der Psychoanalyse Patient und Arzt das gleiche Maß an Verantwortung tragen: «Die kathartische Therapie der Hysterie, die Vorläuferin der Psychoanalyse, war die gemeinsame Entdeckung einer genialen Kranken und eines verständnisvollen Arztes.»[115] Vielleicht war sich Bertha ihrer Rolle wirklich nicht bewußt, war gefangen in ihrer Krankengeschichte, aber die rätselhafte Gegensätzlichkeit zwischen der unglücklichen, faszinierenden, bürgerlichen jungen Frau und der entschlossenen, feministischen Philanthropin spricht entschieden dagegen, sie allzu leichtfertig als bloßes Beiwerk in einer reinen Männergeschichte[116] abzutun.

Cäcilie M.: Freuds Lehrmeisterin

1897 bezeichnete Freud Anna von Lieben, die Frau, die er Cäcilie M. nannte, als seine «*Lehrmeisterin*»[117]. Bereits 1892 hatte er ihr einen etwas weniger schmeichelhaften Namen gegeben, der aber trefflich ihre zentrale Bedeutung für sein Werk zum Ausdruck brachte: er nannte sie seine «Primadonna»[118]. In einem Brief, den Freud kurz vor seinem Tod an jemanden aus Annas Verwandtschaft schrieb, bezeichnete er sie als seine Patientin und Lehrmeisterin. Anna genoß das Privileg, über einen viel längeren Zeitraum als alle anderen zwischen 1887/88 und dem Herbst 1893 genannten Patientinnen und Patienten von ihm behandelt zu werden. Sie gab Freud die Möglichkeit, seine ersten eigenen Erfahrungen mit der Redekur zu machen, und gewährte ihm tiefen Einblick in das Wesen der Hysterie. Freuds Krankengeschichte macht deutlich, daß es einer begabten Patientin bedarf, um einen begabten Arzt hervorzubringen. Die Redekur ist daher ihr gemeinsames Werk.

Anna von Lieben war 1847 das zweite von vier Kindern des Baron von Todesco und seiner Frau Sophie (geborene Gomperz).[119] Im neunzehnten Jahrhundert hatte das alte Familienvermögen den Aufstieg der Todesco zu einer Industriellen- und Bankiersfamilie begünstigt, die es sich leisten konnte, Schulen zu finanzieren, und dafür mit dem Adelsrang belohnt wurde. Sophie von Todesco führte besonders in den sechziger Jahren ein großes Haus. Anna wuchs im Luxus der Villa Todesco auf und zeigte schon früh ein besonderes Interesse für Malerei, Musik und Lyrik. Ungefähr ab ihrem fünfzehnten Lebensjahr erkrankte sie immer wieder. Eine Verkühlung breitete sich auf die Gebärmutter und die Eierstöcke aus, pathologische Symptome und erste hysterische Anfälle kamen hinzu. Sie verbrachte diese Zeit in der Obhut ihrer Großmutter mütterlicherseits und ihrer Tante Josephine von Wertheimstein, ebenfalls einer geborenen Gomperz, die Anna

Die Erfindung der Psychoanalyse

sehr bewunderte. In den siebziger und achtziger Jahren führte Josephine von Wertheimstein ihrerseits einen großen Salon, der jedoch auch wegen seiner Nervenkrankheiten berüchtigt war. Sie selbst erlitt einen Nervenzusammenbruch, der von Theodor Meynert auf rätselhafte Weise geheilt wurde. Freud studierte später bei Meynert Psychiatrie, ihre Behandlungsmethoden waren aber völlig verschieden. Arthur Schnitzler stellte einmal fest, Meynert behandle seine Patienten, indem er sie davon zu überzeugen suche, daß ihre Wahnvorstellungen gar nicht existieren konnten.[120]

Als sie Anfang Zwanzig war, verbrachte Anna zwei Jahre – 1866 bis 1868 – bei ihrer Schwester in England, die dort mit einem Baron verheiratet war. Fast das ganze Jahr 1867 war sie bettlägerig. Ihre Werke aus dieser Zeit sind voller Freiheitsphantasien; die Tatsache, daß ihre Eltern sie gegen ihren Willen mit einem reichen Adligen verheiraten wollten, muß ihr damals große Sorgen bereitet haben. 1868 kehrte sie auf den Kontinent zurück und verbrachte den Sommer und das folgende Jahr in Kurorten, vor allem in dem auf Frauenkrankheiten spezialisierten Franzensbad, wo sie Elise von Sichrovsky zur Gesellschaft hatte, bis diese im August 1869 Theodor Gomperz heiratete. Am 31. Dezember 1870 machte ihr der fünfunddreißigjährige jüdische Bankier Baron Leopold von Lieben einen Heiratsantrag, und Anna nahm ihn an. 1872 heirateten sie und zogen in das Palais Todesco an der Wiener Ringstraße, verbrachten aber viel Zeit in ihrer Villa in Hinterbrühl. Zwischen 1873 und 1875 brachte Anna zwei Töchter und einen Sohn zur Welt; 1878 wurde der zweite Sohn Robert geboren. Anna schien nur während ihrer Schwangerschaften frei von neurotischen Erkrankungen zu sein.

Im Umgang mit ihrer Familie gab sie sich exzentrisch und herrschsüchtig. Sie lebte von Kaviar und Champagner, hatte – als ein Nachtmensch – einen Schachspieler beschäftigt, der sich nachts vor ihrem Zimmer bereithalten mußte, und ließ zuweilen ihre Kinder aus dem Bett holen, damit sie ihr Gesellschaft leisteten, während sie sie sonst häufig gar nicht beachtete. 1882 wurde sie morphiumsüchtig. Wie in den nach ihrem Tod veröffentlichten Gedichten deutlich wird, hatte sie Angst, in ein Krankenhaus oder Sanatorium eingeliefert zu werden; trotz ihrer Überspanntheit und Sucht kam es aber nie soweit.

Als Freud 1887 oder 1888 ihre Behandlung aufnahm, kam er durch sie wieder mit einem der Männer in Berührung, die den größten Einfluß auf seine intellektuelle Entwicklung in den 1870er Jahren gehabt hatten: Franz Brentano. Es zeigt sich, daß auch Brentano an der

Die ersten Patientinnen

Hypnose interessiert war. Wahrscheinlich war es auch seinem Einfluß zu verdanken, daß Freud in der Adelsfamilie von Lieben so wohlwollend aufgenommen wurde.

1880 hatte sich Leopolds Schwester Ida von Lieben mit Brentano verlobt. Brentano war katholischer Priester, hatte aber einige Jahre zuvor aus Protest gegen das päpstliche Unfehlbarkeitsdogma seine Stellung an der Universität in Würzburg aufgegeben. 1874 übernahm er einen Lehrstuhl an der Wiener Universität. Freud hatte als Student sechs Vorlesungen bei Brentano besucht, unter anderem über Metaphysik, 1874 über Mills *Utilitarismus* und 1875 über philosophische Psychologie und Logik. Bereits 1875 verband Freud eine enge persönliche Beziehung mit diesem «merkwürdigen (er ist Gottesgläubiger, Teleolog(!) und Darwinianer, und ein verdammt gescheiter, ja genialer Kerl) und in vielen Hinsichten idealen Menschen»[121]. Beeinflußt von Brentano faßte Freud den Entschluß, in Philosophie und Zoologie zu promovieren, gab diesen Plan aber später wieder auf (oder schob ihn jedenfalls für immer auf die lange Bank); Brentano hatte sicher entscheidenden Anteil an Freuds ablehnender Haltung gegenüber dem Materialismus und seiner Abwendung vom wissenschaftlichen Reduktionismus der Helmholtz-Schule.[122] 1879 wandte sich Theodor Gomperz, der die Herausgabe der *Gesammelten Werke* von John Stuart Mill vorbereitete, an Brentano, weil er nach dem plötzlichen Tod seines Übersetzers einen Ersatz brauchte. Brentano empfahl ihm sofort Freud, der die Übersetzung im Herbst und Winter 1879/80, während seines öden Militärdienstes, zum Abschluß brachte.

Brentanos Absicht, Ida, «eine der edelsten Töchter Wiens», zu heiraten, zwang ihn zu einem erneuten öffentlichen Eintreten für seine persönlichen Überzeugungen und Wünsche.[123] Denn die reaktionäre Auslegung eines alten österreichischen Gesetzes verbot die Heirat eines ehemaligen Priesters. Brentano gab nun auch seinen Lehrstuhl an der Universität Wien auf, erwarb die sächsische Staatsbürgerschaft und heiratete am 16. September 1880 in Leipzig. Er kehrte nach Wien zurück und nahm seine Vorlesungen wieder auf – nunmehr allerdings als einfacher Privatdozent. Am 8. Februar[124] desselben Jahres hatte Brentano in Breslau Dr. R. P. Heidenhain besucht, der die Hansenschen Hypnosemethoden zu Forschungszwecken anwandte (es handelte sich um denselben Hansen, dessen öffentlichen Vorstellungen Freud wahrscheinlich im Januar und Februar 1880[125] beigewohnt hatte; 1925 bezeichnete er Heidenhain als den «wissenschaftlichen Vertreter»[126] der Hypnose). Bei dieser Gelegenheit schlug Brentano Heidenhains unverheirateter Schwester vor, Haushälterin bei der Familie Auspitz in Wien zu werden. Im Juli 1881 übernahm sie diese Aufgabe und überwachte auch die Erziehung der Kinder im Hause Auspitz und von Lieben. Das heißt also, daß die Schwester eines berühmten Hypnotiseurs, eines Kollegen jenes Hansen, dessen Vorstellungen auf den jungen Freud so großen Eindruck machten und ihn von der Seriosität der Hypnose überzeugten, gegen Ende der achtziger Jahre Anna von Liebens Kinder erzog. Es ist höchst unwahrscheinlich, daß die intelligente und wißbegierige Anna von den verschiedenen Phänomenen der Hypnose nichts wußte. 1888 wurde die Verbindung noch enger, denn Anna von Lieben bezog mit ihrer Familie eine Wohnung in demselben Haus, wo auch Brentano mit seiner Frau lebte, und Ida Brentano begann sich intensiv der Pflege ihrer Schwägerin Anna zu widmen.

Die Praxis und Wohnung des jungen Dr. Freud waren nur etwa fünf Gehminuten entfernt. Es ist anzunehmen, daß Freud bereits 1887 gerufen wurde, um Annas Gesichtsneuralgien zu behandeln, wahrscheinlich auf Empfehlung Breuers, der Hausarzt der Familie von Lieben war und Anna, neben Freud, weiterbehandelte.[127] «Auch war die Bedeutung dieses merkwürdigen Falles in Gemeinschaft mit Breuer der nächste Anlaß zur Veröffentlichung unserer ‹vorläufigen Mitteilung›.»[128] Nach einem kurzen zweiten Besuch bei Charcot 1888 setzte Freud bei Anna die Hypnose ein, und 1889 arbeitete er bereits fast täglich damit.[129] 1889 unterbrach Anna die Behandlung, um nach Paris zu reisen, wo sie möglicherweise Charcot aufsuchte; im Juli begleitete sie Freud, als er nach Nancy[130] reiste, um bei Bernheim seine «hypnotische Technik zu vervollkommnen». «Zum Zwecke der Belehrung hatte ich eine meiner Patientinnen bewogen, nach Nancy nachzukommen. Es war eine vornehme, genial begabte Hysterika, die mir überlassen worden war, weil man nichts mit ihr anzufangen wußte.»[131] 1889 betrachtete Freud Anna bereits als erfolgreichen Fall. «Ich hatte ihr durch hypnotische Beeinflussung eine menschenwürdige Existenz ermöglicht und konnte sie immer wieder aus dem Elend ihrer Zustände herausheben. Daß sie jedesmal nach einiger Zeit rückfällig wurde, schob ich in meiner damaligen Unkenntnis darauf, daß ihre Hypnose niemals den Grad von Somnambulismus mit Amnesie erreicht hatte.»[132] Die Hypnose funktionierte bei ihr zwar hervorragend, aber das war noch nicht genug. Freud erprobte daher bei ihr erstmals die noch rudimentäre Methode der freien Assoziation, zu der ihn Bernheims Analyse der posthypnotischen Amnesie inspiriert hatte: wenn eine künstliche Amnesie analysiert werden konnte, warum sollte man dann

Die ersten Patientinnen

nicht versuchen, auch eine «natürliche» Amnesie bei einem wachen, nicht hypnotisierten Patienten zu analysieren?

Obwohl man im einzelnen wenig über die Beziehung zwischen Freud und Anna weiß, kann man wohl davon ausgehen, daß Freuds «Lehrmeisterin» ihm den Weg zur Redekur wies. Als er sie 1887 und 1888 zu behandeln begann, hatte er noch viel zu lernen; im Verlauf der Arbeit mit ihr machten seine therapeutischen Methoden eindeutig einen Wandel durch, an dem zwangsläufig beide beteiligt waren.

Anna stieß bei der Behandlung auf eine längst vergessene Erinnerung und durchlebte und durchlitt von da an fast drei Jahre lang alle vergessenen Traumen ihres Lebens noch einmal. Auf diese Weise bewältigte sie schließlich ihre «hysterische Tilgungspsychose», tilgte die mehr als dreiunddreißig Jahre zurückliegenden Schulden[133], die also noch ihrer vorpubertären Kindheit entstammten, der Zeit vor ihrer ersten Erkrankung mit fünfzehn Jahren. «Man konnte ihr Erleichterung nur dadurch bringen, daß man ihr Gelegenheit gab, sich die Reminiszenz, die sie gerade quälte, mit allem dazugehörigen Aufwande an Stimmung und deren körperlichen Äußerungen in der Hypnose abzusprechen [...].»[134] Und indem sie sich von ihren Schulden befreite, wurde er zu ihrem Schuldner: Sie sei, so Freud, eine «hochintelligente Dame», und er verdanke ihr «viel Förderung im Verständnisse hysterischer Symptome»[135].

Im Lauf der Jahre hielt Freud in Hunderten von Aufzeichnungen die Standardzyklen seiner Patientin fest: Auf unerklärliche Stimmungen folgten verschiedenste hysterische Symptome (Halluzinationen, Schmerzen, Krämpfe, lange Deklamationen); anschließend halluzinierte sie ein Erlebnis aus der Vergangenheit, das die Erklärung für die Symptome des jeweiligen Anfalls lieferte. Eines der Symptome war eine heftige, zwei- bis dreimal jährlich plötzlich auftretende Gesichtsneuralgie, die fünf bis zehn Tage andauerte, jeder Behandlung trotzte – auch der grausamen Extraktion fast aller Zähne – und schließlich abrupt aufhörte. Freud gelang es, diese Schmerzen mit einem Verbot zu belegen; dann suchte er in der Hypnose nach der diesem Symptom zugrundeliegenden traumatischen Szene:

«[Sie] erzählte von einem Gespräche, das sie mit [ihrem Mann] geführt, von einer Bemerkung seinerseits, die sie als schwere Kränkung aufgefaßt, dann faßte sie sich plötzlich an die Wange, schrie vor Schmerz laut auf und sagte: Das war mir wie ein Schlag ins Gesicht. – Damit war aber auch Schmerz und Anfall zu Ende.»[136]

Die Analyse einer Reihe solcher Kränkungen, die die Gesichtsneuralgie ausgelöst hatten, ließ Freud und Anna zu der ursprünglichen Szene in den ersten Monaten ihrer Schwangerschaft vordringen: «[...] es war ein schmerzlicher Anblick, bei dem ihr ein Vorwurf auftauchte, welcher sie veranlaßte, eine andere Gedankenreihe zurückzudrängen. Es war also ein Fall von Konflikt und Abwehr.»[137] Der Konflikt verknüpfte sich mit dem Zahnschmerz, an dem sie gerade litt; von da an konnte der Schmerz jederzeit ausgelöst werden, wenn Annas innere Konflikte unerträglich wurden. Somit war die Neuralgie eine Symbolisierung ihrer Gedanken, die sie in physische Symptome verwandelt hatte. Und die Symbolisierungen waren sehr zahlreich: ein heftiger Schmerz in der rechten Ferse, ausgelöst durch ihre Furcht, «das *rechte Auftreten* in der fremden Gesellschaft» nicht zu treffen; ein durchdringender Schmerz zwischen den Augen, rückführbar auf einen «durchdringenden» Blick, den ihre Großmutter ihr zugeworfen hatte, als sie fünfzehn war.

Freud würdigte Anna von Lieben als eine «Person von ganz ungewöhnlicher, insbesondere künstlerischer Begabung, deren hochentwickelter Sinn für Form sich in vollendet schönen Gedichten kundgab»[138]. Sie müssen beide voll Respekt und Bewunderung füreinander gewesen sein, denn in ihrem Gedicht «Krankengeschichte» bringt Anna offensichtlich zum Ausdruck, wie sie die von Freud und ihr gemeinsam erfundene Therapie sieht:

> Jugend, die zu früh begraben,
> Muß noch einmal Leben haben,
> Einmal noch den Odem trinken,
> Um für immer zu versinken.[139]

Trotz der Anerkennung für ihre große geistige Bildung war Freud nicht gewillt, die Kreativität ihrer Symptome ausschließlich ihrer künstlerischen Begabung zuzuschreiben. «Indem sie den sprachlichen Ausdruck wörtlich nimmt, den ‹Stich ins Herz› oder den ‹Schlag ins Gesicht› bei einer verletzenden Anrede wie eine reale Begebenheit empfindet, übt sie keinen witzigen Mißbrauch [...]. [...] die Hypnose tut recht daran, wenn sie für ihre stärkeren Innervationen den ursprünglichen Wortsinn wiederherstellt.»[140] Anna hat Freud vielleicht zu der Einsicht verholfen, daß physische Symptome und Halluzinationen poetische Schöpfungen sind, aber der kreative Akt nicht ausschließlich dem einzelnen Patienten zugeschrieben werden kann. Die Poesie und Kreativität der Anna von Lieben richtete Freuds Aufmerksamkeit auf die allen Neurotikern eigene Poesie. Freud war Annas Schüler, nicht ihr Impresario oder künstlerischer Förderer.

Anna von Lieben starb am 31. Oktober 1900 im Alter von dreiundfünfzig Jahren an Herzversagen. Ihr Tagebuch mit Aufzeichnungen über ihre Analyse bei Freud wurde unglücklicherweise von einem der Ärzte vernichtet, die ab 1893 ihre chronischen hysterischen Symptome und Dämmerzustände weiterbehandelten. Erstaunlicherweise heirateten mindestens zwei dieser Ärzte während ihrer Behandlung in Annas Familie ein: Paul Karplus, ein Kollege Breuers und Bruder eines Studenten von Freud im Studienjahr 1894/95, heiratete Annas Tochter Valerie; Josef Winter heiratete eine Auspitz. Ob Freud und Anna, wie es heißt, füreinander entflammt waren, läßt sich nicht mehr feststellen; auch ist nicht ganz klar, ob Anna jene Patientin war, die Freud beim Erwachen aus der Hypnose die Arme um den Hals legte und ihn, zumindest in der Retrospektive, auf die erotische Grundlage der Hypnose und damit erstmals auf den Vorgang der Übertragung aufmerksam gemacht hat.[141] Angesichts der Tatsache, daß sich in ihrer Familie wiederholt ein Arzt in einen Freier verwandelt hatte – ein deutlicher Hinweis auf die komplizierten Beziehungen zwischen reichen, gebildeten Patientinnen und ihren Ärzten –, kann man wohl nicht umhin, Anna zu jenen Patientinnen zu zählen, die Freud dazu brachten, der Spur der Sexualität zu folgen. Anfang der neunziger Jahre hatte es Freud mit einem ähnlich komplexen Beziehungsgeflecht zu tun, als er die Behandlung einer anderen starken und unabhängigen Frau übernahm: Fanny Moser.

Emmy von N.: Freuds erste Krankengeschichte

Breuers Anna O. eröffnete den Abschnitt der «Krankengeschichten» in den *Studien über Hysterie*; die weiteren vier Fälle trug Freud bei. Der erste war die Geschichte von Emmy von N. Im Anfangsstadium der 1889 begonnenen Behandlung war Freud darauf eingeschworen, die Suggestion mit all dem Gewicht einzusetzen, das dem Arzt in der Hypnose zugebilligt wurde. Seine Erfahrungen mit diesem Fall zwangen ihn jedoch, die Beziehung zwischen Arzt und Patientin differenzierter zu betrachten.

Die Erfindung der Psychoanalyse

Fanny Moser wurde 1848 als Fanny Sulzer-Wart geboren. Sie stammte aus einem alten deutsch-schweizerischen Adelsgeschlecht; ihr Vater zog allerdings eine bäuerliche Lebensweise der aristokratischen vor. Fanny hatte dreizehn Geschwister; das älteste Kind kam 1832 zur Welt, das jüngste sechs Jahre nach ihr. Die Krankheiten und Todesfälle in ihrer Familie bildeten eine wahre Brutstätte für traumatische Erinnerungen. Vier ihrer Geschwister waren, noch bevor sie geboren wurde, im Säuglingsalter gestorben. Zwischen ihrem zweiten und sechsten Lebensjahr starben zwei weitere Geschwister bald nach der Geburt und ein anderes im Alter von dreizehn Jahren; eine Schwester starb mit fünfzehn, als Fanny gerade achtzehn war; zwei Jahre später starb mit dreiunddreißig ein Bruder, wahrscheinlich der, den sie Freud als morphiumabhängig beschrieb. Als Freud sie behandelte, waren nur noch vier der Kinder am Leben. Ihr um sechs Jahre jüngerer Bruder übernahm das Gut des Vaters und war später der einzige Verwandte, mit dem sie engen Kontakt hatte. Mit fünfzehn fand sie ihre Mutter nach einem Schlaganfall auf dem Boden liegend vor; als sie neunzehn war, entdeckte sie beim Nachhausekommen ihren Leichnam.

Mit dreiundzwanzig heiratete sie einen bekannten und sehr wohlhabenden Uhrenfabrikanten und Waggonbauer, der etwa vierzig Jahre älter als sie und ein früherer Freund der Familie war. Als Fanny auf einer Zugreise ihre Brille zerbrach (die sie so manchem anderen hätte unattraktiv erscheinen lassen[142]), saß ihr der fünfundsechzigjährige Heinrich Moser gegenüber und bot ihr seine Hilfe an. Damit begann sein Werben um sie. Die Kinder aus seiner ersten Ehe, älter als Fanny, behandelten sie als Eindringling. Dennoch schien die Ehe glücklich, und 1872 und 1874 kamen zwei Töchter zur Welt, Fanny und Mentona. Einige Tage nach der Geburt der zweiten Tochter starb Fannys Mann an Herzversagen. Fanny war gerade sechsundzwanzig. Seine Kinder aus erster Ehe beschuldigten sie, ihn vergiftet zu haben. Die Leiche wurde exhumiert, aber es konnten keine Beweise für einen Mord gefunden werden; die Verwandtschaft ihres Mannes hetzte dennoch weiter gegen sie, so daß die Gerüchte nicht verstummten, sondern durch das Verschwinden wichtiger Dokumente noch genährt wurden. Teile der Familie schenkten diesem Verdacht bis in die 1960er Jahre Glauben, darunter auch ihre 1971 in Ostberlin verstorbene jüngere Tochter.

Wie in einem klassischen Kriminalroman lag auf der Hand, worauf die Gerüchte basierten: Fanny und ihre Töchter hatten den größten

Die ersten Patientinnen

Teil des riesigen Vermögens ihres Mannes geerbt. Sie zählte nun zu den reichsten Frauen Europas, ihr Name war jedoch, in gewissen Kreisen jedenfalls, so skandalumwittert, daß sie ihren Kindern manchmal verbot, ihren Namen zu nennen,[143] wenn sie sich in Kurorten und Bädern aufhielten. Sie versuchte, bei Hof Aufnahme zu finden, doch die Gerüchte zwangen sie zum Rückzug. So begann sie, in ihrem Salon Gesellschaften zu geben, und wurde bald als Exzentrikerin, Philanthropin und Kunstmäzenin bewundert; sie führte einen extravaganten Lebensstil und vertrat genauso extravagante Meinungen, was ihr großes Ansehen bei ihren Gästen einbrachte, zu denen Künstler und Wissenschaftler wie der Geologe Albert Heim, die Neuropsychiater Auguste Forel, Eugen Bleuler und Otto Wetterstand sowie der Philosoph Ludwig Klages zählten. 1887 übersiedelte sie in ein Schloß an einem Schweizer See und lebte dort bis an ihr Lebensende in feudalem Stil mit einem ganzen Hofstaat von Gästen und Mitbewohnern.

Im Frühling 1889 reiste Fanny nach Wien, um sich in ärztliche Behandlung zu begeben. Seit dem Tod ihres Gatten war sie ununterbrochen mehr oder weniger krank gewesen. 1888 und 1889 litt sie an Depressionen und Schlaflosigkeit und wurde von Schmerzen, Tics und Halluzinationen gequält. Eine «zufällige Bemerkung» Breuers bei ihrer Begegnung in Wien gab ihr die Möglichkeit, sich der Behandlung durch Freuds berühmten «ärztlichen Vorgänger» zu entziehen, von dem sie mittlerweile nicht mehr sehr viel hielt.[144] Danach wandte sie sich, wahrscheinlich auf Anraten Breuers, an Freud.[145]

Während Freud den Fall Anna von Liebens in eher knappen, klinischen Aufzeichnungen dokumentiert hatte, wurde Fanny Moser zu seiner ersten ausführlichen Krankengeschichte. In den *Studien über Hysterie* nannte er sie Frau Emmy von N.; er spricht hier von «einer etwa 40jährigen Dame, deren Leiden wie [deren] Persönlichkeit mir so viel Interesse einflößten, daß ich ihr einen großen Teil meiner Zeit widmete und mir ihre Herstellung zur Aufgabe machte»[146]. Und weiter: «Was sie spricht, ist durchaus zusammenhängend und bezeugt offenbar eine nicht gewöhnliche Bildung und Intelligenz.»[147] Das Interesse dieser Patientin an einer Behandlung durch diesen Arzt und das Interesse des Arztes an dieser außerordentlichen Patientin hielten sich zweifellos die Waage. Freud erkannte, daß Fanny leicht in einen somnambulen Zustand versetzt werden konnte – was ihm bei Anna von Lieben nicht gelungen war; er beschrieb ihr Verhalten im Somnambulismus als «ungehemmte Entfaltung ihrer geistigen Kraft und der vollen Verfügung über ihren Erinnerungsschatz»[148]. Hier sah Freud

Die Erfindung der Psychoanalyse

die Möglichkeit, seine neuesten Ideen und Breuers Verfahren der Ausforschung in der Hypnose anzuwenden. Seine Krankengeschichte läßt keinen Zweifel an der geistigen Nähe zu Fanny und ihrer gemeinsamen Begeisterung.

Von den 1895 in den *Studien über Hysterie* veröffentlichten Krankengeschichten ist dies der *erste* bewußt analytische Fall, und es erscheint kurios, daß Freud hierfür einfach seine während der Behandlung entstandenen Aufzeichnungen aneinanderreihte. Interessanterweise vermitteln diese allabendlichen Notizen aber nicht nur ein umfassendes Bild der Behandlung, sondern zeichnen sich darüber hinaus durch jene literarische, alles andere als streng wissenschaftliche Qualität aus, jene «detaillierte Beschreibung mentaler Vorgänge», der sich Freud offenbar verpflichtet fühlte. Dieser erste Fall kann es literarisch und rhetorisch mit jeder späteren Krankengeschichte aufnehmen, vor allem aber mit jener anderen berühmten, etwa siebzehn Jahre später entstandenen Falldarstellung, in der Freud dieselbe didaktische, virtuose und scheinbar so aufrichtige und anfechtbare Präsentationsform wählte: der Geschichte des Rattenmannes. Zugleich führt uns diese erste Krankengeschichte das gekonnte Autoritätsspiel vor Augen, das Freud für eine erfolgreiche hypnotische Behandlung für notwendig hielt. Es ist einigermaßen schockierend und in gewisser Weise paradox, sich Freud als einen Hypnotiseur vorzustellen, der munter Erinnerungen wegwischt, als entdecke er gerade die Verhaltenstherapie und nicht die Psychoanalyse. Aber er bekennt offen, was er von Fanny gelernt hat: daß das Aussprechen wichtiger ist als die Hypnose. Implizit ist auch seine Einsicht zu erkennen, daß die Familiengeheimnisse und die Hintergründe, die ihm seine Patientin verschwieg, entscheidend für ihre Krankheit waren. Natürlich war es auch ein Kunstgriff, sich zu den früheren Fehlern zu bekennen, wurden doch erst dadurch die Fortschritte offenbar, die er seit diesen Anfangstagen im Umgang mit den Patienten gemacht hatte. Wie Bertha Pappenheim Breuer, so mußte auch Freuds Patientin ihm erst zeigen, wie er sie ihre eigene Redekur finden lassen konnte. Freud mag über die Behandlung Berthas informiert gewesen sein, aber er folgte Breuers Beispiel erst, als ihm seine Patientinnen den Anstoß dazu gaben.

Das erste, was Freud Fanny empfahl, war, «sich von den beiden Mädchen [ihren Töchtern, siebzehn und fünfzehn[149]] [...] zu trennen und in ein Sanatorium einzutreten, in dem ich sie täglich sehen kann». Fanny nahm den Vorschlag «ohne ein Wort der Einwendung an».[150] Als wolle er sich für das Ausspielen seiner ärztlichen Autorität entschuldi-

Die ersten Patientinnen

gen und darauf hinweisen, daß er ihr die kleinstmögliche Isolierung auferlegt habe, fügte er hinzu: «Es war ihr nicht untersagt, ihre Kinder zu sehen, zu lesen und ihre Korrespondenz zu besorgen.»[151] Diese von der französischen Schule propagierte Behandlung durch Isolierung war eine grundlegende Methode der damaligen therapeutischen Praxis, und die Ärzte, die sie einsetzten – zum Beispiel Charcot –, wußten sehr genau, daß die Patienten nicht nur den Arzt in seiner Autorität bestärkten, wenn sie sich in die klinische Atmosphäre begaben, sondern ihm darüber hinaus auch den Weg zur späteren Ausübung dieser Autorität bahnten, indem sie jegliche Einmischung der Familie ausschalteten.[152] Freud modifizierte diese Ansicht später insofern, als er meinte, jede Analyse komme zwangsläufig einmal an einen Punkt, wo die Familie ihr feindlich gegenüberstehe. In diesem Fall waren seine Motive zwar weniger klar umrissen, aber die Trennung Fannys von ihren Töchtern wirkte sich dennoch sehr deutlich aus. Freud war, wenn auch vielleicht zufällig, auf das gestoßen, was Fanny offenbar am meisten quälte: die Beziehung zu ihren Töchtern.

Fanny machte sich Vorwürfe, nachdem sie Freuds Vorschlag zugestimmt hatte und die Besuche ihrer Töchter eingeschränkt worden waren, aber die Behandlung kam in Schwung. Fannys Körper fügte sich in Freuds Vorhaben, sie zu isolieren und sich dadurch den alleinigen Einfluß auf sie zu sichern, und produzierte explosionsartig Symptome, wann immer der Hausarzt ins Zimmer trat – sie erschrak, schnalzte mit der Zunge, schnitt Grimassen und hatte Zuckungen. Freud verschrieb zunächst warme Bäder und zweimal täglich Massagen (nicht während der Periode). Vor allem aber begann er mit Hypnose zu arbeiten, für die sie so empfänglich war. Er versuchte, ihre Angst vor Tieren in der Hypnose zu zerstreuen, und er kam den ungelösten qualvollen Erregungen auf die Spur, die im Zusammenhang mit vergangenen Ereignissen Traurigkeit, Schmerzen, Verstimmung, Abscheu und Angst hervorgerufen hatten: traumatische Erinnerungen an den Tod ihrer Geschwister und Angehörigen, an Menschen, die in Irrenanstalten gebracht und dort mißhandelt wurden, daran, daß man sie als Kind gezwungen hatte, etwas zu essen, das ihren Abscheu erregte, an die Zeit, als sie ihren morphiumsüchtigen Bruder pflegte, und vor allem an die Geburt ihrer zweiten Tochter und den Tod ihres Mannes vier Tage darauf.

Von Anfang an entwickelte sich ein bestimmter Rhythmus: Freud versuchte, Fannys Erzählungen und die Symptome des normalen Wachzustands in der Hypnose zu erforschen beziehungsweise wegzu-

Die Erfindung der Psychoanalyse

wischen. Aber sehr bald schon gingen sie bereits in ihren Gesprächen im wachen Zustand, besonders während er sie massierte, zu den Themen über, die vermutlich in der Hypnose auftauchen würden, so als «hätte sie sich mein Verfahren zu eigen gemacht und benutze die anscheinend ungezwungene und vom Zufalle geleitete Konversation zur Ergänzung der Hypnose»[153]. Fanny demonstrierte ihm die Technik der freien Assoziation. Trotz ihrer Isolierung im Sanatorium begann sie, dem Charcotschen Hypnotiseur die Kontrolle über den Behandlungsrhythmus zu entreißen. Und sie gab Freud deutlich zu verstehen, daß sie Geschichten, die er unterbrochen hatte oder nicht bis ins kleinste Detail angehört hatte, bei anderer Gelegenheit wiederaufgreifen würde; Freud nannte das «ihre ungebärdige Natur, die sich im Wachen wie im künstlichen Schlaf gegen jeden Zwang aufbäumte»[154]. Sie erklärte ihm die neuen Spielregeln ziemlich unumwunden: «Nun sagte sie recht mürrisch, ich solle nicht immer fragen, woher das und jenes komme, sondern sie erzählen lassen, was sie mir zu sagen habe. Ich gehe darauf ein [...].»[155]

Freud folgte ihrem Rhythmus und ließ es zu, daß ihre lebhafte Erinnerung diktierte, ob sie sich mit etwas befaßten oder nicht; auf diese Weise «wurden die Hypnosen bald unergiebig»[156]. Da ihr Zustand sich so deutlich verbessert hatte und sie sich zum erstenmal seit dem Tod ihres Mannes wohler fühlte, erlaubte er ihr, in die Schweiz zurückzukehren. Die Besserung war jedoch nicht von Dauer. Während Fanny im Sanatorium war, hatte ihre ältere Tochter Symptome gezeigt, die jenen der Mutter nicht unähnlich waren, und war darüber hinaus von einem Gynäkologen behandelt worden – wahrscheinlich Rudolf Chrobak –, den Freud ihrer Mutter empfohlen hatte. Nach der Heimkehr in die Schweiz traten ihre Beschwerden wieder auf und riefen eine schwere nervöse Erkrankung hervor; ihre Mutter überhäufte sich mit Selbstvorwürfen und gab auch Freud und den anderen Ärzten Schuld an dieser Entwicklung. Gewissermaßen «durch einen Willensakt»[157] fiel sie wieder in ihren alten Zustand zurück. Sie wandte sich an einen anderen Arzt in einem anderen Sanatorium, ihr Zustand verschlimmerte sich jedoch weiter, bis eine Freundin sie schließlich heimlich entführte. 1890 kam sie wieder zu Freud in Behandlung.

Der zweite Anlauf brachte gute Erfolge bei der Verarbeitung der traumatischen Ereignisse des vergangenen Jahres, von denen eines auf eine erotische Dimension in Fannys Seelenleben hindeutete. Besonders auffällig waren die Nachwirkungen ihrer heftigen Gefechte mit dem Sanatoriumsarzt. Das letzte Ereignis während Fannys kurzer

Die ersten Patientinnen

Behandlung bei diesem zweiten Wienbesuch war für den mit der suggestiven Hypnose zunehmend unzufriedenen Freud überaus aufschlußreich, zeigt aber auch, welche Bedeutung er der Autorität des Arztes beimaß.

Als Freud entdeckte, daß Fanny wenig aß und kein Wasser trank, warf er sofort seine ganze Autorität in die Waagschale, um sie zum Essen und Trinken zu bewegen. Es war zwecklos: «[...] an dem wütenden Blicke, den sie mir zuschleuderte, erkannte ich, daß sie in voller Auflehnung begriffen und daß die Situation sehr ernst sei.»[158] Um sich durchzusetzen, drohte er, die Behandlung abzubrechen, wenn sie nicht binnen vierundzwanzig Stunden einsehe, daß nicht ihre Konstitution, sondern ihre Angst sie hinderte, normal zu essen und zu trinken. Sie sollte also entweder das Symptom aufgeben oder den virtuosen Arzt.[159] Er hatte mit seiner Drohung Erfolg; am nächsten Tag war sie «demütig und mürbe»; «[...] aber nur, weil Sie es sagen.»[160] Kein dauerhafter Sieg also, wie Freud wußte: «Ein solches Versprechen, das sich nur auf ihre Gefügigkeit gegen mich stützen konnte, hatte aber eigentlich niemals Erfolg, sowenig Erfolg wie die vielen allgemeinen Lehren, die ich ihr gab [...].»[161] Daher versetzte er sie sofort in Hypnose und forschte nach dem psychischen Ursprung der Symptome, das heißt nach den Motiven, die sie veranlaßten, nicht zu essen und zu trinken. Er stieß auf eine ganze Kette von Erinnerungen, die Ekel beim Essen zum Inhalt hatten: ihre strenge Mutter hatte sie zum Beispiel gezwungen, Fleisch, das sie bei einer Mahlzeit stehengelassen hatte, Stunden später aufzuessen, wenn es längst kalt und das Fett daran starr geworden war. «Die therapeutische Wirkung dieser hypnotischen Erforschung war eine sofortige und nachhaltige.»[162] Freud war erfolgreich, wo Fannys Mutter versagt hatte. In den Briefen, die sie nach ihrer Abreise aus Wien an Freud schrieb, wurden ihre Gewichtszunahme und ihr Wasserkonsum zu Gradmessern für Freuds Erfolg.

Der vergebliche Versuch, nach dem Vorbild Bernheims mittels Suggestion Gewalt über Fanny zu gewinnen, um sie von ihrer Anorexie zu befreien, ließ in ihm starke Zweifel an der Wirksamkeit der Suggestion aufkommen. Durch ihre Bereitschaft, ja ihren Drang, Freud ihre traumatischen Erinnerungen und Ereignisse in allen Einzelheiten zu erzählen, bremste sie seine autoritären Tendenzen und führte ihm zugleich vor Augen, daß die «psychische Analyse» – die Aufdeckung von Erinnerungen an abscheuerregende Ereignisse – der Suggestion eindeutig überlegen war.

Die Erfindung der Psychoanalyse

Freud widerstand jedoch keineswegs der Versuchung, seine Macht über Fanny zu demonstrieren. Zu Beginn der Behandlung sah er sich selbst zweifellos in der Rolle der aktiven Autoritätsperson: Fanny «unterhielt» ihn mit Bildern, mit Ereignissen; seine Therapie bestand dann darin, ihre pathogenen Erinnerungen «wegzuwischen», «wegzunehmen», «auszulöschen» und zu «verbieten», und er triumphierte, wenn sie sich auch in der Hypnose nicht mehr darauf besinnen konnte.[163] Während der gesamten Behandlung belehrte er sie über psychische Hygiene, zum Beispiel auch darüber, «daß es zwischen dem Guten und dem Schlechten eine ganze Gruppe von indifferenten, kleinen Dingen gibt, aus denen sich niemand einen Vorwurf machen soll»[164]. Manchmal versuchte er sogar, sie zu beschämen, um ihre Symptome zu beseitigen, und einmal erschreckte er sie, um ihr die Angst zu nehmen.[165] Er sah nur sehr langsam und nie ganz ein, daß diese Belehrungen oft schlimmer als wirkungslos waren. Auch konnte er sich nicht versagen, alle möglichen Kunstgriffe anzuwenden, um sich und seine Patientin von der Wirksamkeit der Hypnose zu überzeugen. Auf den letzten Seiten seiner Krankengeschichte finden sich drei Beispiele dafür, daß Freud sehr erpicht darauf war, Fannys andere Ärzte der Dummheit, der ungeschickten Handhabung der Hypnose und der mangelnden freundschaftlichen Einflußnahme zu überführen. Er benutzte seine Patientin, um sich über Ärztekollegen lustig zu machen;[166] das geschah eindeutig auf Fannys Kosten, wie Breuer ihm bald vor Augen führte.[167]

Nach ihrem zweiten Wienaufenthalt sah Freud Fanny noch einmal: Im Frühjahr 1891 lud sie ihn auf ihr Gut in der Schweiz ein, um seine Meinung über den nervösen Zustand ihrer älteren Tochter einzuholen. Fanny hatte inzwischen ein neues Symptom entwickelt, eine Angst vor Eisenbahnreisen, die Freud in seiner Selbstsicherheit als insgeheimen Vorwand dafür interpretierte, daß sie sich nicht wieder nach Wien in seine Behandlung begeben könne – eine erste Übertragungsinterpretation also. Bei dieser Gelegenheit wandte er wieder einen Kunstgriff an, der zwar ein sinnvolles Ziel verfolgte, aber nichtsdestoweniger manipulierend war, und zwar auf ganz besondere, persönliche Weise.

«Während der Hypnose, die ich zur Erledigung der Eisenbahnhemmung unternahm, [...] drückte [sie] die Furcht aus, sie würde jetzt wohl der Hypnose nicht mehr so gehorchen wie früher. Ich beschloß, sie vom Gegenteile zu überzeugen. Ich schrieb einige Worte auf einen Zettel nieder, den ich ihr übergab, und sagte: ‹Sie werden mir heute mittag wieder ein Glas Rotwein einschenken wie gestern. Sowie ich das

Die ersten Patientinnen

Glas zum Munde führe, werden Sie sagen: Ach bitte, schenken Sie mir auch ein Glas voll, und wenn ich dann nach der Flasche greife, werden Sie rufen: Nein, ich danke, ich will doch lieber nicht. Darauf werden Sie in Ihre Tasche greifen und den Zettel hervorziehen, auf dem dieselben Worte stehen.› Das war vormittags; wenige Stunden später vollzog sich diese kleine Szene genau so, wie ich sie angeordnet hatte, und in so natürlichem Hergange, daß sie keinem der zahlreichen Anwesenden auffiel. Sie schien sichtlich mit sich zu kämpfen, als sie von mir den Wein verlangte – sie trank nämlich niemals Wein –, und nachdem sie mit offenbarer Erleichterung das Getränk abbestellt hatte, griff sie in die Tasche, zog den Zettel hervor, auf dem ihre letztgesprochenen Worte zu lesen waren, schüttelte den Kopf und sah mich erstaunt an.»[168]

Mit dieser Notiz beendete Freud die Behandlung: Er hatte sich von der Macht der Hypnose und der Intimität seiner Beziehung zu ihr «in so natürlichem Hergange, daß sie keinem der zahlreichen Anwesenden auffiel», überzeugt. Und er war sich dessen bewußt, daß ihre Abneigung gegenüber Alkohol ein würdiger Gegner in diesem Kräftemessen des Willens war; als Fanny starb, wußten die Nachrufe nicht nur von ihrer Unterstützung für zahlreiche wohltätige Zwecke zu berichten, sondern auch von ihrem Engagement für die Abstinenzbewegung.[169]

Aber sogar Freud hatte eine der posthypnotischen Zeitbomben vergessen, die er Fanny eingepflanzt hatte und durch die er auf ihren eigenen Wunsch hin 1890 das ausschließliche Recht erhalten hatte, Fanny zu hypnotisieren, damit sie nicht wieder einem Arzt in die Hände fiel, den sie ablehnte. Im Sommer 1893 erbat Fanny von Freud in einem Brief die Erlaubnis, von einem anderen Arzt hypnotisiert zu werden. «Ich verzichtete jetzt also schriftlich auf mein ausschließliches Vorrecht.»[170]

Mit diesem wissenden Unterton schließt Freuds erzählerischer Bericht über Fannys Behandlung; noch aus der Ferne hat er Macht über sie, und ironisch erkennt er, wie sehr ihn die Macht der Suggestion in die Rolle des ehemaligen Liebhabers versetzt. Tatsächlich hatte er 1890, als er Fanny zum zweitenmal behandelte, in einem Artikel gerade die Art und Weise gerühmt, mit der die Hypnose die grundlegenden emotionalen Quellen menschlicher Beziehungen nachahmt und sich ihrer bedient:

«Nebenbei bemerkt, eine solche Gläubigkeit, wie sie der Hypnotisierte für seinen Hypnotiseur bereit hat, findet sich außer der Hypnose im wirklichen Leben nur beim Kinde gegen die geliebten Eltern, und

Die Erfindung der Psychoanalyse

eine derartige Einstellung des eigenen Seelenlebens auf das einer anderen Person mit ähnlicher Unterwerfung hat ein einziges, aber dann vollwertiges Gegenstück in manchen Liebesverhältnissen mit voller Hingebung. Das Zusammentreffen von Alleinschätzung und gläubigem Gehorsam gehört überhaupt zur Kennzeichnung des Liebens.»[171]

Die Krankengeschichte und Fannys späteres Leben lassen gewisse Zweifel daran aufkommen, ob sich Freud zu Recht für wissend hielt. In einem Zusatz zu der 1925 in den *Gesammelten Schriften* erschienenen Version der Krankengeschichte schrieb Freud, daß «kein Analytiker heute diese Krankengeschichte ohne ein mitleidiges Lächeln lesen kann»[172]. Im Anschluß daran versuchte er, die Unzulänglichkeiten seines Berichtes auszugleichen, indem er auf einen Faktor hinwies, der möglicherweise eine Erklärung für den Fall darstellte, den er aber erst bei seinem letzten Besuch auf Fannys Gut entdeckt hatte:

«Als ich [...] einige Tage als Gast in ihrem Landhaus zubrachte, war bei einer Mahlzeit ein Fremder anwesend, der sich offenbar bemühte, angenehm zu sein. Nach seinem Weggehen fragte sie mich, wie er mir gefallen habe, und setzte so beiläufig hinzu: Denken Sie sich, der Mann will mich heiraten. Im Zusammenhalt mit anderen Äußerungen, die ich einzuschätzen versäumt hatte, mußte ich die Aufklärung gewinnen, daß *sie sich damals nach einer neuen Ehe sehnte, aber in der Existenz der beiden Töchter, der Erbinnen des väterlichen Vermögens, das Hindernis gegen die Verwirklichung ihrer Absicht fand.*»[173]

Dieses Sehnen, dieser Wunsch, der für Freud in der Retrospektive die «aktuelle Ätiologie der Erkrankung»[174] darstellte, verbindet drei Faktoren: Sexualität, Töchter, Erbe. Den daraus entstehenden Konflikt will Freud damals nicht erkannt haben. Andere Quellen über Fannys Leben deuten jedoch darauf hin, daß er ihre sexuellen Bedürfnisse richtig eingeschätzt hat. Wie Ola Andersson nachgewiesen hat, gehörte zu Fannys regem Gesellschaftsleben in ihrem Schloß, das sie ab 1887 bewohnte, auch eine Reihe von Liebhabern;[175] in vielen Fällen waren sie mit ihren Privatärzten identisch, die unter einem Dach mit ihr lebten. Sie war sehr diskret und beeindruckte viele durch ihren «sittlichen Ernst». Dennoch waren ihre Töchter nicht die einzigen, die von diesen Affären wußten. Ihren Nachbarn blieb sie vor allem wegen ihrer erotischen Extravaganz im Gedächtnis.

Es ist erstaunlich, wie langsam, fast widerstrebend, Freud zu der Erkenntnis kam, daß er trotz des guten Einvernehmens zwischen ihnen ein bestenfalls einseitiges Bild von ihr hatte, da sie es so hervorragend verstand, sich Geheimnisse zu bewahren. Eine ganze Weile verschwieg sie ihm, wie weitreichend ihre gesellschaftlichen und intellektuellen Verbindungen waren: «[Sie] berichtet von ihrem Leben auf ihrem Gute, von den Beziehungen, die sie zu hervorragenden Männern [...] unterhält, und es fällt mir wahrlich schwer, diese Fälle von Betätigung mit der Vorstellung einer so arg nervösen Frau zu vereinen.»[176] Als Freud sie 1891 in ihrem Schloß besuchte, stellte er fest: «[...] ihre Scheu z. B., etwas über sich mitzuteilen, war so groß, daß keiner von den täglichen Besuchern ihres Hauses, wie ich 1891 mit Erstaunen bemerkte, sie als krank oder mich als ihren Arzt kannte.»[177] Er hatte Gelegenheit, ihr gut organisiertes Leben richtig einzuschätzen:

«Den ganzen Umfang ihrer Pflichten, Leistungen und geistigen Interessen lernte ich erst während dieses mehrtägigen Aufenthaltes in ihrem Hause kennen. Ich traf auch einen Hausarzt an, der nicht allzuviel über die Dame zu klagen hatte; sie war also mit der ‹profession› einigermaßen ausgesöhnt.»[178]

Freud war offenbar voller Bewunderung für Fanny Moser, als er sie gewissermaßen *in situ* sah, aber nicht erst da; wie wir bereits gesehen haben, deuten seine Kommentare in der Krankengeschichte darauf hin, daß es von Anfang an so gewesen war:

«[Dr. Breuer und ich] hatten an Frau Emmy v. N... ein Beispiel dafür, daß die Hysterie auch tadellose Charakterentwicklung und zielbewußte Lebensführung nicht ausschließt. Es war eine ausgezeichnete Frau, die wir kennengelernt hatten, deren sittlicher Ernst in der Auffassung ihrer Pflichten, deren geradezu männliche Intelligenz und Energie, deren hohe Bildung und Wahrheitsliebe uns beiden imponierte, während ihre gütige Fürsorge für alle ihr unterstehenden Personen, ihre innere Bescheidenheit und die Feinheit ihrer Umgangsformen sie auch als Dame achtenswert erscheinen ließ.»[179]

Interessant ist, daß Freud ihre neurotische Disposition auf diese hervorragenden Eigenschaften zurückführte; sie erschien ihm wie eine jener großen Frauen, die an ihren Tugenden erkranken, Tugenden, zu denen er auch jene widersprüchliche «natürliche Ratlosigkeit als Frau» zählte:

«Ihre Empfindungen waren nämlich einerseits sehr intensiv, sie war eine heftige Natur, der größten Entbindung von Leidenschaftlichkeit fähig, andererseits lebte sie seit dem Tode ihres Mannes in völliger seelischer Vereinsamung, durch die Verfolgungen der Verwandtschaft gegen Freunde mißtrauisch gemacht, eifersüchtig darüber wachend, daß niemand zuviel Einfluß auf ihr Handeln gewinne. Der Kreis ihrer

Pflichten war ein großer, und die ganze psychische Arbeit, die ihr aufgenötigt war, besorgte sie allein ohne Freund oder Vertraute, fast isoliert von ihrer Familie und unter der Erschwerung, die ihre Gewissenhaftigkeit, ihre Neigung zur Selbstquälerei, oft auch ihre natürliche Ratlosigkeit als Frau ihr auferlegten.»[180]

Diese respektvolle Haltung, diese fast ehrfürchtige Bewunderung verleitete Freud wahrscheinlich dazu, Hinweise auf andere Seiten Fannys zu übersehen. Er war «frisch aus der Schule Charcots gekommen und betrachtete die Verknüpfung einer Hysterie mit dem Thema der Sexualität als eine Art von Schimpf – ähnlich wie die Patientinnen selbst es pflegen»[181]. In der Retrospektive erkannte er, daß er nicht nur das sexuelle Element in Fannys Leben nicht aufgespürt hatte, sondern daß er auch niemals von ihr selbst, nicht einmal in der Hypnose, einen Hinweis darauf erhalten hatte. Es machte gar den Anschein, als habe er es genossen, von Fanny wie ein wohlerzogener Junge behandelt zu werden, der von solchen Dingen noch nichts weiß: «es war wahrscheinlich eine editio in usum delphini ihrer Lebensgeschichte, die ich zu hören bekam»[182], vermerkte Freud in Anspielung auf die Delphin-Ausgabe, eine eigens für den Dauphin, den Sohn Ludwigs XIV., bereinigte Fassung der lateinischen Klassiker. Mit dieser Metapher stellte sich Freud – nicht ganz zu Unrecht – als jungen und unschuldigen Mann dar, der in einem Schloß isoliert wird und nicht erfahren darf, was die Erwachsenen in seiner Abwesenheit getan haben. Er habe aber den Verdacht, «diese heftige, so starker Empfindungen fähige Frau habe den Sieg über ihre sexuellen Bedürfnisse nicht ohne schwere Kämpfe gewonnen und sich zuzeiten bei dem Versuche einer Unterdrückung dieses mächtigsten aller Triebe psychisch schwer erschöpft: Sie gestand mir einmal, daß sie nicht wieder geheiratet habe, weil sie bei ihrem großen Vermögen der Uneigennützigkeit der Bewerber nicht vertrauen konnte und weil sie sich Vorwürfe gemacht hätte, den Interessen ihrer beiden Kinder durch eine neue Verheiratung zu schaden.»[183]

Freud war so beeindruckt von dem moralisch hochstehenden Charakter seiner Patientin, daß er davon ausging, sie habe tatsächlich «den Sieg über ihre sexuellen Bedürfnisse gewonnen»; in seiner abschließenden Erörterung des Falles schreibt er ihre Neurose, ganz im Gegensatz zu Charcot, diesem Pyrrhussieg zu: «Für [die Fortdauer der Phobien] muß ich ein *neurotisches Moment* heranziehen, den Umstand nämlich, daß die Patientin sich seit Jahren in sexueller Abstinenz befand.»[184]

Die ersten Patientinnen

Wir wissen nicht, wann Fanny anfing, sich Liebhaber zu halten. Es ist durchaus möglich, daß diese Beziehungen nach dem Abschluß ihrer Analyse bei Freud begannen, obwohl die Spekulation, diese kurze Episode sei ein Ansporn dazu gewesen, mit größter Wahrscheinlichkeit einer Überbewertung Freuds gleichkäme. Eine andere Spekulation können wir uns aber doch gestatten: Eben weil Freud als Partner in einer potentiellen sexuellen Verbindung in Frage kam – einer Verbindung zwischen der aristokratischen, enthaltsamen Witwe und dem rücksichtsvollen und Autorität ausstrahlenden Arzt –, ging er, als er die Symptome seiner Patientinnen auf ihr sexuelles Verlangen zurückzuführen begann, ganz ohne weiteres davon aus, daß sie enthaltsam lebten und ihr Verlangen gerade dieser Enthaltsamkeit entsprang. Angesichts einer begehrenden Frau zieht er allzu rasch den Schluß, sie müsse sexuell enthaltsam sein, als wäre Verlangen ausschließlich das Ergebnis der Enthaltsamkeit. Diese Annahme hängt mit einer anderen zusammen, die er später selbst in Frage stellen sollte: daß Unschuld mangelndes Verlangen und Verlangen den Verlust der Unschuld bedeute.

Freud erkannte, daß Enthaltsamkeit moralische Kämpfe auslöst, und hatte Verständnis dafür. Zweifellos entging ihm aber, daß Fanny durchaus in der Lage war, einen zufriedenstellenden Kompromiß zwischen ihren sexuellen Bedürfnissen, den quälenden Symptomen und ihren Pflichten gegenüber den Menschen, die von ihr abhängig waren, zu finden – einen Kompromiß, der keine Enthaltsamkeit forderte. Durch Umgehung einer Heirat sicherte sie das Erbe ihrer Töchter; nach Freuds Ansicht entsprang ihre moralische Größe damals der Tatsache, daß sie die Interessen ihrer Töchter über ihre eigenen sexuellen Bedürfnisse stellte. Aber es gab noch andere Möglichkeiten, ihren Töchtern das Erbe zu erhalten, als Freuds edles, selbstverleugnendes Idealbild zu erfüllen.

Es paßt in das Bild des von Freud rekonstruierten Familiendramas, daß er etwa fünfundzwanzig Jahre später als Fachgutachter im Zusammenhang mit dem Familienerbe zu Rate gezogen wurde: 1918 bat ihn die ältere Tochter um einen Bericht über den Geisteszustand ihrer Mutter. Fanny, inzwischen siebzig, hatte sich in einen viel jüngeren Mann verliebt und wollte ihn heiraten, nachdem sie so lange erfolgreich widerstanden hatte. Schließlich sah sie ein, und zwar nicht so sehr wegen, sondern vielmehr trotz der empörten Proteste ihrer Umgebung, daß seine Liebe nur gespielt war und er sie um ihr Vermögen prellen wollte. Die ältere Tochter wollte ihrer Mutter die

Verfügungsgewalt über ihr Vermögen absprechen lassen und «beabsichtigte gerichtliche Schritte gegen die Mutter zu unternehmen, die sie als grausame und rücksichtslose Tyrannin schilderte. Sie hatte beide Kinder verstoßen und weigerte sich, ihnen in ihrer materiellen Not beizustehen»[185].

Freud, dessen erste medizinische Maßnahme 1889 darin bestanden hatte, eine Trennung der Mutter von ihren Töchtern herbeizuführen, hatte in den Jahren, in denen er Fanny behandelte, nie eine hohe Meinung von den Töchtern gehabt. Er war bald zu der Überzeugung gelangt, daß sich in den nervösen Symptomen der älteren Tochter «die pathologische Veranlagung des damals 17jährigen Mädchens» äußerte, die «ein Jahr später in einer Charakterveränderung manifest wurde».[186] Diesen nüchternen Fachjargon hätte er bei der Mutter nie verwendet, ohne zugleich seinen Respekt und seine Bewunderung zum Ausdruck zu bringen. Als er 1891 von Fanny auf ihr Schloß eingeladen wurde, um sein Urteil über die Tochter abzugeben, zeigte diese, wie er notierte, «einen unangemessenen Ehrgeiz, der im Mißverhältnisse zu ihrer kärglichen Begabung stand, wurde unbotmäßig und selbst gewalttätig gegen die Mutter. [...] Ich gewann einen ungünstigen Eindruck von der psychischen Veränderung, die mit dem Kinde vorgegangen war»[187]. Was Freud auf Umwegen über Fanny erfuhr, daß nämlich «der unerquickliche Zustand ihrer Tochter, der die mannigfaltigsten peinlichen Erregungen für sie mit sich brachte, ihr Wohlbefinden endlich doch untergraben habe»[188], war eine einzige Anklage gegen diese Tochter.

Andere in Fannys Umfeld beschrieben die Tochter als schön und intelligent und erklärten, sie sei der Stolz ihrer Mutter gewesen.[189] Jedenfalls kam es zum Bruch zwischen Mutter und Tochter, als letztere sich entschlossen zeigte, eine wissenschaftliche Ausbildung zu beginnen. Wurde Freud 1891 gerufen, um diesen Wunsch der Tochter als pathologisch abzuurteilen? Handelte es sich bei diesem «unangemessenen Ehrgeiz» um den Wunsch der Neunzehnjährigen, Ärztin zu werden? Historisch besteht hier ein Widerspruch, da die jüngere Tochter Mentona sich erinnerte, ihre Mutter habe dem Rat Freuds folgend der älteren Schwester die Erlaubnis zum Medizinstudium gegeben;[190] es ist sogar möglich, daß allein der Zugang zu den Ausbildungsmöglichkeiten und Interessen der größeren, männlichen Welt schon ausreichte, um die Tochter von ihren Symptomen zu befreien, wie es in anderen Fällen ja dokumentiert ist.[191] Wie auch immer, selbst Freud mochte zwanzig Jahre später zu der Einsicht gekommen sein,

Die ersten Patientinnen

daß er seinerzeit ein allzu subjektives und vorschnelles Urteil abgegeben hatte, denn die Tochter, über die seine Prognose so ungünstig ausgefallen war, hatte, wie er schrieb, «einen Doktortitel erworben und war verheiratet»[192]. Die Antwort, die er 1918 dieser Ärztekollegin, dieser prozeßsüchtigen Tochter gab, zeugt jedoch von seiner Loyalität und Wertschätzung für Fanny Moser – man könnte fast sagen, von seiner Treue –, und das nach fast dreißig Jahren:

«Das Benehmen Ihrer Mutter gegen Sie und Ihre Schwester ist mir lange nicht so rätselhaft wie Ihnen. Ich kann Ihnen die einfache Losung geben, daß sie die Kinder ebenso zärtlich liebte, wie sie sie erbittert haßt (was wir Ambivalenz heißen), und daß dies schon damals – in Wien – der Fall war. Ursprünglich ist Ihre Mutter eine hochachtbare, ernsthafte, sittenstrenge von dem strengsten Pflichtgefühl geleitete Frau gewesen, leicht möglich, daß dieser edle Charakter in dem ungelösten Konflikt ihres Lebens zu Grunde gegangen ist.»[193]

Auch nach dreißig Jahren war es für Freud undenkbar, sich mit den Töchtern gegen die Mutter zu verbünden; er fühlte sich immer noch seiner früheren Patientin verpflichtet. Die ältere Tochter, die Empfängerin dieses Briefes, stelle, so deutete er an, nach wie vor einen ungelösten Konflikt für ihre Mutter dar. Und das nicht nur als Tochter, sondern auch als Ärztin. Wie Freud in seiner Krankengeschichte andeutete und wie aus anderen Quellen über Fannys Lebensstil hervorgeht, hatte sie immer eine gespannte Beziehung zum Ärztestand.

«Einige Jahre später traf ich auf einer Naturforscherversammlung einen hervorragenden Arzt aus der Heimat der Frau Emmy [...]. [...] sie hatte mit ihm – und noch vielen anderen Ärzten – dasselbe Stück aufgeführt wie mit mir. Sie war in elenden Zuständen gekommen, hatte die hypnotische Behandlung mit außerordentlichem Erfolg gelohnt, um sich dann plötzlich mit dem Arzt zu verfeinden, ihn zu verlassen und das ganze Ausmaß ihres Krankseins wieder zu aktivieren. Es war der richtige ‹Wiederholungszwang›.»[194]

Es ist durchaus möglich, daß ihre Tochter etwas mit diesem Zwang zu tun hatte, obwohl sie, so könnte man meinen, Ärztin geworden war, um die Liebe und Aufmerksamkeit wiederzuerlangen, die ihre Mutter anderswo und insgeheim verschenkte. Vielleicht hatte Freud 1895 gerade dieses Verhalten von Fanny vor Augen, als er an Fließ schrieb: «Es gibt zwei Sorten von kranken Frauen, die einen, die ihrem Arzt so treu sind wie ihrem Mann, die anderen, die ihre Ärzte so wechseln wie die Liebhaber.»[195]

Zieht man über diesen frühanalytischen Fall Bilanz, so ist man

Die Erfindung der Psychoanalyse

erstaunt, welche Aufmerksamkeit Freud der Beziehung zwischen Arzt und Patientin widmete, und zwar auch dann, wenn er sie mit seinen Kunstgriffen und dem Stolz auf seine schamanenhafte Macht über die Patientinnen eigentlich mißbrauchte. Es bleibt aber nicht verborgen, daß er der Beziehung zwischen Fanny und ihren Töchtern nicht dieselbe Aufmerksamkeit schenkte. An einem der ersten Behandlungstage hatte er Fanny in der Hypnose die Frage gestellt, welches Ereignis in ihrem Leben die nachhaltigste Wirkung auf sie gehabt habe. Sie antwortete, das sei der Tod ihres Mannes gewesen. Er ließ sich das Ereignis in allen Einzelheiten schildern. Dann verfiel sie übergangslos in eine Litanei von Beschwerden über das Kind, dem sie die Schuld an diesem Tod gab, ihre jüngere Tochter: Sie sei lange Zeit sehr eigentümlich gewesen, habe immer geschrien und nicht geschlafen und eine unheilbare Lähmung des linken Beines bekommen; mit vier Jahren habe sie Visionen gehabt, und sie habe das Kind lange für geistesschwach gehalten; auch habe sie Gehirn- und Rückenmarksentzündung gehabt... Hier unterbrach Freud und wies darauf hin, daß dasselbe Kind nun ein normales, blühendes Mädchen sei. «[Ich] nehme ihr die Möglichkeit, alle diese traurigen Dinge wieder zu sehen, indem ich nicht nur die plastische Erinnerung verlösche, sondern die ganze Reminiszenz aus ihrem Gedächtnisse löse, als ob sie nie darin gewesen wäre.»[196] Freud sollte diese voreilige Handlung bereuen, nicht nur, weil er erkannte, daß er später doch noch die ganze Geschichte anhören mußte, wenn er sie auf so herrische Weise unterbrochen hatte, sondern auch aus einem anderen Grund: «Noch 1 1/2 Jahre später, als ich Frau Emmy in relativ hohem Wohlbefinden wiedersah, klagte sie mir, es sei merkwürdig, daß sie sich an gewisse, sehr wichtige Momente ihres Lebens nur höchst ungenau erinnern könne. Sie sah darin einen Beweis für die Abnahme ihres Gedächtnisses, während ich mich hüten mußte, ihr die Erklärung für diese spezielle Amnesie zu geben.»[197]

Auch wenn er bedauert haben mochte, ihr Erinnerungsvermögen beeinträchtigt zu haben, tröstete ihn sicher die Überzeugung, ihre gute Gesundheit sei darauf zurückzuführen, daß er die Erinnerungen an den Tod ihres Mannes, die frühe Abneigung gegen die Tochter und die Überzeugung, daß etwas ernsthaft nicht mit ihr stimme, weggewischt hatte. Die mit ihrer Sexualität und ihren Töchtern zusammenhängenden ungelösten Konflikte ihres Lebens[198] entstanden, gerade weil sie Freud ihre Situation als unlösbares Dilemma zwischen «*entweder* sexueller Befriedigung *oder* Pflichterfüllung den Töchtern gegenüber» darstellte (oder er es so darstellte, als habe sie es ihm so dargestellt). Die

Die ersten Patientinnen

Essenz all dieser Konflikte war in dem wichtigsten Ereignis ihres Lebens enthalten: in der Geburt der Tochter, verbunden mit dem Tod des Gatten. Und gerade dieses Ereignis hatte Freud sie nicht einmal zu Ende schildern lassen und hatte es dann der – seiner – Bequemlichkeit halber weggewischt.

Nach dem Bruch mit ihrem jungen Liebhaber im Jahre 1918 lebte Fanny noch sechs Jahre, meist in der Wahnvorstellung, daß sie völlig mittellos sei und ihr Geld nicht einmal für die nächste Mahlzeit reiche, obwohl ihr noch mehrere Millionen blieben, nachdem ihr Liebhaber ihr Vermögen geplündert hatte. Als sie starb, wurde sie für ihre extravagante Philanthropie und ihre finanzielle Großzügigkeit gegenüber Künstlern und anderen Begabten gerühmt.

Die Geschichte von Fannys Töchtern kann als letztes und durchaus aussagekräftiges Kapitel in der Saga ihrer Mutter gelesen werden. Fanny, die ältere, die Ärztin wurde und später zoologische Forschungen betrieb, veröffentlichte maßgebende Monographien über die Entwicklung der Lungen bei Wirbeltieren. Nach einer Reihe von eindrucksvollen übersinnlichen Erfahrungen widmete sie den zweiten Abschnitt ihrer wissenschaftlichen Karriere der Untersuchung von parapsychologischen Erscheinungen und Geisterberichten. Sie starb 1953 in Zürich. Mentona, die jüngere Tochter, rebellierte offen gegen die erdrückende Behaglichkeit und Privilegiertheit ihrer Erziehung. 1903 veröffentlichte sie eine Kampfschrift über die Erziehung von Frauen aus der Oberschicht, die eine vehemente Kritik an der Erziehung der sogenannten höheren Töchter war. Indem sie Florence Nightingale als Vorbild hinstellte, forderte sie diese jungen Frauen auf, ihr Leben selbst in die Hand zu nehmen und sich ein Bild über die sozialen Bedingungen und das Wesen der Armut zu machen. Sie engagierte sich auf radikale und militante Weise in der Sozialarbeit, trat 1919 dem Vorläufer der Kommunistischen Partei der Schweiz bei und übersiedelte 1926 in die Sowjetunion, wo sie 1928 ein Heim für verlassene Kinder gründete. Später ging sie nach Ostberlin und lebte dort bis zu ihrem Tod im Alter von sechsundneunzig Jahren. Von ihrem Privatleben wissen wir nur, daß sie heiratete, zwei Kinder hatte und später geschieden wurde. Das Leben dieser beiden Töchter stand also für zwei sehr unterschiedliche Wege, die den Kindern neurotischer Mütter offenstanden: die Anpassung an die Männerwelt in Beruf und Wissenschaft oder der feministische Protest, der Kampf und das soziale Engagement. Im Verlauf seiner späteren Laufbahn kam Freud in engen Kontakt mit Frauen, die beide Möglichkeiten wahrnahmen – das klassische Beispiel war Helene

Deutsch; aber erst die Psychoanalyse gab diesen Frauen ein ideales Mittel, um die Werte und Neurosen ihrer Mütter hinter sich zu lassen.

Katharina: Ein idyllischer Fall

Die Wirtstochter Aurelia Kronich[199] gab eine ganz andere Patientin ab als die reichen Salondamen Fanny Moser und Anna von Lieben. Kein Wunder also, daß Freud begeistert war, als sich seine Theorien auch bei ihr als anwendbar erwiesen. Es sollte diese Wirtstochter sein – mit der sich Freud an einem Augusttag im Jahr 1893 in zweitausend Meter Höhe unterhielt –, die ihm den Nachweis für die von ihm und Breuer aufgestellte radikale neue Therapie und Theorie der Hysterie lieferte. «[...] es war ein schöner Fall für mich»[200], schrieb er an Fließ, und seine Entscheidung, ihn in die *Studien* aufzunehmen, dürfte nicht zuletzt auf seine elegante Lösung zurückzuführen sein und darauf, daß er sich mehr als jeder andere wie eine Novelle liest.

Freuds virtuoser literarischer Stil machte sich hier in fast alarmierender Weise bemerkbar. Seine Hauptprotagonisten sind Katharina, wie er seine Patientin nannte, und die Familie ihres Onkels und ihrer Tante: in Wirklichkeit wurde Katharina aber nicht von ihrem Onkel, sondern von ihrem Vater sexuell belästigt; als Folge davon zerbrach die Ehe ihrer Eltern, und sie entwickelte eine Neurose. In einer Fußnote zu der für die *Gesammelten Schriften* vorbereiteten Fassung der *Studien* verwarf Freud 1924 diese literarische Verzerrung der Familienverhältnisse Katharinas in einer trockenen Bemerkung: «Eine Entstellung wie die an diesem Falle von mir vorgenommene sollte in einer Krankengeschichte durchaus vermieden werden. Sie ist natürlich nicht so belanglos für das Verständnis wie etwa die Verlegung des Schauplatzes von einem Berge auf einen anderen.»[201] 1895 hatten ihn vor allem das idyllische Gebirgspanorama und die beneidenswert einfache Erklärung für Aurelias Symptome beeindruckt. 1924 beurteilte er den Fall nüchterner, maß ihm aber dennoch keine geringere Bedeutung zu. Trotzdem neigen wir zu dem Schluß, daß es 1895 für Freud noch keine große Rolle spielte, ob es nun der Vater oder der Onkel gewesen war, dessen sexuelle Übergriffe frühzeitig den Abscheu des Mädchens vor der Sexualität geweckt hatten.

Freud entdeckte Aurelia, als er mit seinem Freund Oscar Rie zum Ottohaus aufstieg, einem neu eröffneten Schutzhaus auf der Rax etwa fünfzig Kilometer südlich von Wien. Das Mädchen, das ihnen das Essen serviert hatte, erzählte Freud, es sei nervenkrank, sei deswegen auch in ärztlicher Behandlung, aber – wie so oft bei Freuds Patienten – bisher ohne Erfolg. Sie beschrieb Freud ihre Symptome, woraufhin er sofort einen rezidivierenden Angstanfall diagnostizierte, oder korrekter, einen hysterischen Anfall, der Angst zum Inhalt hatte und von der Halluzination eines unbekannten Gesichtes begleitet war. Freud schreibt, er sei nicht sicher gewesen, ob er eine Analyse wagen sollte, aber die Freude über die Aussicht, seine Theorien an diesem unverbildeten achtzehnjährigen Mädchen erproben zu können, ist unübersehbar. Er hatte ein vollkommen klares Bild von den Hintergründen dieser Anfälle: «Angst bei jungen Mädchen hatte ich so oft als Folge des Grausens erkannt, das ein virginales Gemüt befällt, wenn sich zuerst die Welt der Sexualität vor ihm auftut.»[202]

Freuds Wortwahl, als er seinen Verdacht dem Mädchen beizubringen versucht, zeigt, wie sehr er darauf bedacht war, den Anstand zu wahren: «Sie haben [...] etwas gesehen oder gehört, was Sie sehr geniert hat, was Sie lieber nicht möchten gesehen haben.»[203] Diese Einleitung brachte den gewünschten Erfolg: Das Mädchen erzählte ihm von einem Vorfall, der etwa zwei Jahre zurücklag; sie war damals gerade sechzehn gewesen. Sie hatte ihre Cousine Barbara gesucht, die das Essen für die Gäste zubereiten sollte, und hatte sie im Zimmer des Vaters entdeckt, im Bett liegend, den Vater über ihr. In diesem Augenblick seien ihr «die Sinne vergangen, die Augen hat es mir zugedrückt und im Kopfe hat es gehämmert und gebraust»[204].

Drei Tage später konnte sie nicht mehr aufstehen und erbrach drei Tage lang ununterbrochen. Gemäß seiner Faustregel interpretierte Freud ihr Erbrechen als Ekel. Sie pflichtete ihm bei, konnte aber nicht erklären, wovor sie sich ekelte. Freud fand ebenfalls keine Erklärung und forderte sie auf, «weiter zu erzählen, was ihr einfiele, in der sicheren Erwartung, es werde ihr gerade das einfallen, was ich zur Aufklärung des Falles brauchte»[205]. Sie berichtete nun, sie habe ihrer Mutter von ihrer Beobachtung erzählt; darauf hätten sich schreckliche Szenen zwischen den Eltern abgespielt, die damit endeten, daß die Mutter mit den Kindern auszog und die Wirtschaft auf der Rax übernahm, die sie jetzt führte. Dann erzählte sie zwei weitere Erinnerungssequenzen. Zunächst schilderte sie, wie ihr Vater «ihr selbst sexuell nachgestellt, als sie erst 14 Jahre alt war»[206]. «Aus der Art der

Abwehr, die sie berichtet, scheint sich zu ergeben, daß sie den Angriff nicht klar als einen sexuellen erkannte; danach gefragt, ob sie denn gewußt, was er mit ihr vorgehabt, antwortete sie: Damals nicht [...].»[207] Anschließend berichtete sie, bestimmte Vorgänge zwischen ihrem Vater und Barbara bemerkt zu haben, die ihr aber nicht verdächtig erschienen waren.

Kaum hatte Aurelia ihre Schilderungen beendet, war sie «wie verwandelt, das mürrische, leidende Gesicht hat sich belebt, die Augen sehen frisch drein, sie ist erleichtert und gehoben»[208]. Und auch Freud war zufrieden, wußte er doch jetzt, was ihr zugestoßen war:

«Ich sagte ihr also, nachdem sie ihre Beichte beendigt hatte: ‹Jetzt weiß ich schon, was Sie sich damals gedacht haben, wie Sie ins Zimmer hineingeschaut haben. Sie haben sich gedacht: Jetzt tut er mit ihr, was er damals bei Nacht und die anderen Male mit mir hat tun wollen. Davor haben Sie sich geekelt, weil Sie sich an die Empfindungen erinnert haben, wie Sie in der Nacht aufgewacht sind und seinen Körper gespürt haben.›

Sie antwortet: ‹Das kann schon sein, daß ich mich davor geekelt und daß ich damals das gedacht hab'.›»[209]

Aber Freud gab sich damit noch nicht zufrieden:

«‹Sagen Sie mir genau, was haben Sie denn in der Nacht eigentlich von seinem Körper verspürt?›

Sie gibt aber keine bestimmtere Antwort, sie lächelt verlegen und wie überführt, wie einer, der zugeben muß, daß man jetzt auf den Grund der Dinge gekommen ist, über den sich nicht mehr viel sagen läßt. Ich kann mir denken, welches die Tastempfindung war, die sie später deuten gelernt hat; ihre Miene scheint mir auch zu sagen, daß sie von mir voraussetzt, ich denke mir das Richtige, aber ich kann nicht weiter in sie dringen; ich bin ihr ohnehin Dank dafür schuldig, daß sie soviel leichter mit sich reden läßt als die prüden Damen in meiner Stadtpraxis, für die alle naturalia turpia sind.»[210]

Die Angst war damit hinlänglich erklärt, aber die Halluzination des Gesichtes blieb ein Rätsel. Aurelia erklärte nun, es handle sich um das wutentbrannte Gesicht ihres Vaters, der sie für das Scheitern seiner Ehe verantwortlich mache. Zweifellos verfolgte sie diese Ausprägung der väterlichen Gewalt nach wie vor, denn sie hatte ihre Erinnerung an die Entdeckung des Ehebruchs mit der Bemerkung eingeleitet: «und ich bin schuld daran»[211]. Dieses halluzinierte Gesicht war tatsächlich der Geist der Ehe, vielleicht Aurelias Art, die Ehe lebendig zu erhalten. Freud führte die Entstehung der Halluzination auf den Zeitpunkt zurück, als Aurelia ihrer Mutter von den Annäherungsversuchen des Vaters erzählt hatte. Ihre Mutter hatte eher ungerührt geantwortet: «Das heben wir uns auf, wenn er Schwierigkeiten vor Gericht macht, dann sagen wir auch das.»[212] Freud hielt dieses Gesicht für ein Erinnerungssymbol, entstanden in jener Phase, als die Mutter aufhörte, sich für Aurelias Zustand zu interessieren, weil der Streit mit ihrem Mann sie voll und ganz in Anspruch nahm. Aurelia hatte die offene Feindschaft zwischen ihren Eltern heraufbeschworen, und nun war sie die Reservemunition in dem Kampf, den die Mutter mit dem Vater austrug. Heute wissen wir, daß es nie zu einer gerichtlichen Scheidung kam, obwohl die Eltern für immer verfeindet waren und getrennt lebten, und daß der Vater seiner Frau beträchtliche Zahlungen leistete. Die Mutter dürfte also ihr Ziel erreicht haben, ob sie Aurelia nun gegen ihn ausgespielt hatte oder nicht.

Freud schenkte der Dynamik der familiären Beziehungen und der daraus resultierenden Zerrissenheit Aurelias jedoch keine Beachtung, ebensowenig wie ihrer Überzeugung, am Scheitern der Ehe schuld zu sein. Er ging von Anfang an davon aus, daß die Ursache für Aurelias Anfälle ihre erste Berührung mit der Welt der Sexualität war; das bedeutete aber nicht nur, daß sie damit begriffen hatte, wo die kleinen Kinder herkommen, sondern daß ihr eigener Körper, ihre eigenen Begierden erwacht waren. Daß Freud so dachte, geht aus der 1924 angefügten Fußnote hervor: «[...] das Mädchen war also unter den sexuellen Versuchungen erkrankt, die vom eigenen Vater ausgingen.»[213] 1893 vertrat Freud in der «Vorläufigen Mitteilung» die Ansicht, «der Hysterische leide größtenteils an Reminiszenzen». Eigentlich war er aber davon überzeugt, daß Hysterische *ausschließlich* an Reminiszenzen leiden und nur eine Erinnerung neurotische Symptome hervorrufen kann. Nun ging er sogar so weit zu behaupten, daß ausschließlich *sexuelle* Ereignisse die Grundlage für eine spätere traumatische Erinnerung bilden und Ereignisse nicht sexueller Natur nur als auxiliäre Momente eine Rolle spielen können. Andere Erlebnisse und Emotionen, wie die Verunsicherung des Mädchens durch die tiefgreifenden Veränderungen in ihrem Leben und dem Leben ihrer Eltern oder ihre Schuldgefühle wegen der gescheiterten Ehe ihrer Eltern, konnten selbst keine hysterischen Symptome hervorrufen. Nur eine verdrängte und durch spätere Ereignisse aufgerührte sexuelle Erinnerung konnte als Ursache dieser Symptome gelten. Die Bedrängung der vierzehnjährigen Aurelia durch ihren Vater und die Beobachtung der Vorgänge zwischen ihrer Cousine und dem Vater waren also die traumatischen Momente, die durch die Entdeckung des Paares wachgerufen wurden. Dieser kurze, aber sonnenklare Fall bekräftigte Freud in der Überzeugung, daß seine These richtig war.

«[...] man findet bei der Analyse jeder auf sexuelle Traumen begründeten Hysterie, daß Eindrücke aus der vorsexuellen Zeit, die auf das Kind wirkungslos geblieben sind, später als Erinnerungen traumatische Gewalt erhalten, wenn sich der Jungfrau oder Frau das Verständnis des sexuellen Lebens erschlossen hat.»[214]

Freud hatte die inzestuöse Dimension dieses Falles heruntergespielt und dadurch die Familienstruktur verzerrt. Erst vor kurzem gelang es Peter Swales, Gerhard Fichtner und Albrecht Hirschmüller in detektivischer Kleinarbeit, die Identität Aurelias zu klären und die Geschichte der Familie zu rekonstruieren. Aurelia kam am 9. Januar 1875 als zweites der fünf Kinder von Julius und Gertrude Kronich (geborene Göschl) zur Welt. Ihre Eltern waren in Wien verschiedenen Beschäftigungen nachgegangen und hatten in den 1870er Jahren unter anderem eine Kaffeebude betrieben. 1884/85 übernahmen sie als Pächter das Hotel zum Baumgartner auf dem Schneeberg, wo ihnen die bergsteigerischen Kenntnisse des Vaters und die Kochkünste und Fähigkeiten der aus einer Gastwirtefamilie stammenden Mutter sehr gelegen kamen. Dank eines gewissen Geschäftssinns wurden sie bald zum Mittelpunkt einer «folkloristischen Scheinwelt»[215]. Das Hotel erwarb einen ausgezeichneten Ruf, und die Familie prosperierte, als der Schneeberg und die gegenüberliegende Rax sich zu einem bei den Wienern sehr beliebten und auch von Freud und seinesgleichen sehr geschätzten Erholungsgebiet entwickelten, das eine idyllische Berglandschaft mit sauberer Luft und schönen Wanderwegen zu bieten hatte und nach dem Bau der Semmering-Bahn nun leicht zu erreichen war. Anfang 1893 wurde auf der Rax eine neue Schutzhütte eröffnet, das Ottohaus. Um ihrem untreuen Gatten zu entkommen, übernahm Gertrude Kronich am 1. April diese Gaststätte als Pächterin und übersiedelte mit ihren Kindern dorthin. Hier fand das Gespräch zwischen Freud und Aurelia statt, und nur das Tal lag zwischen der Rax und dem Schauplatz des väterlichen Ehebruches mit Aurelias Cousine Barbara Göschl, die 1890 oder 1891 mit fünfundzwanzig Jahren zu ihnen gezogen war. Ihr Vater und Barbara lebten nun wie Mann und Frau im alten Baumgartnerhaus, wo Barbara 1896 und 1897 zwei Kinder gebar. 1894 oder 1895 wies Aurelia einen ziemlich wohlhabenden Bewerber ab und verliebte sich in den aus der Gegend stammenden Forstverwalter Julius Öhm; sie heirateten am 26. September 1895 und übersiedelten auf ein etwa tausend Kilometer

Die ersten Patientinnen

entferntes Gut in Ungarn, das Julius' Dienstherrn gehörte. 1896 kam ihr erstes Kind zur Welt, und zwischen 1897 und 1905 folgten fünf weitere. Obwohl Aurelia eine glückliche Ehe führte, fühlte sie sich in Ungarn einsam und besuchte jeden Sommer ihre Familie auf der Rax. 1903 übernahm ihr Bruder das Ottohaus. Am 3. September 1929 erlag Aurelia bei einem Besuch auf der Rax einem plötzlichen Herzanfall, vermutlich verursacht durch eine Überdosis Morphium, das ihr der Hausarzt gegen ihre unerträglichen Schmerzen verschrieben hatte.

Daß Sigmund Freud zu einer mythischen Figur der Familiensaga wurde, obwohl Aurelia über die Verführungsversuche ihres Vaters und ihre Aussprache mit Freud Stillschweigen bewahrt hatte, geht aus einer (allerdings unwahrscheinlich klingenden) Geschichte hervor, die Aurelias Tochter Gisela angeblich von ihrer Großmutter Gertrude gehört hatte: Als Gisela fünf oder sechs war und bei ihrer Großmutter im Baumgartnerhaus wohnte, das diese wieder übernommen hatte, als ihr Mann 1903 weggezogen war[216], hatte sie plötzlich hohes Fieber und klagte über schreckliche Magenschmerzen, und Freud, der in der Umgebung eine Wanderung machte, wurde herbeigeholt und blieb achtundvierzig Stunden lang an ihrem Bett. Da ist es schon glaubwürdiger, daß Aurelias Sohn 1919 oder 1920 bei Freud gewesen sein soll; jedenfalls wurde er als Kriegsinvalide von Freud in einem Privatheim in Döbling untergebracht. Dafür war Aurelia ihrerseits Anlaß zu der vielleicht romanhaftesten aller Krankengeschichten Freuds: das *Alpenkind*, das er durch ein einziges Gespräch an einem Nachmittag heilte, den Blick auf die Szene des Verbrechens gerichtet. Vielleicht nahm Freud sie aber nicht nur deswegen in die *Studien über Hysterie* auf, weil ihr Fall so eindeutig war, sondern auch, weil sie ihn zu literarischer Brillanz inspirierte, indem sie die Deckerinnerung seiner Kindheit evozierte, in der der junge Sigismund und sein Neffe der kleinen Pauline die schönen Blumen wegnehmen, die sie auf einer Alpenwiese gepflückt hat.

Elisabeth von R.: «Die erste vollständige Analyse»

Als «die Leidensgeschichte des ehrgeizigen und liebebedürftigen Mädchens»[217] beschrieb Freud den Fall der Ilona Weiss, die er hinter dem Pseudonym Fräulein Elisabeth von R. verbarg. Er war gebeten worden, die junge Frau wegen ihrer chronischen Beinschmerzen und Gehprobleme zu untersuchen. Zusammen mit einem Kollegen – vermutlich Breuer – bereitete Freud sie zunächst auf die eigentliche Behandlung vor, da zwar zu vermuten stand, daß sie auf eine psychische Behandlung ansprechen würde, aber zunächst organische Schmerzursachen ausgeschlossen werden sollten. Die vierwöchige «Scheinbehandlung»[218] bestand aus Massage und Faradisierung der empfindlichen Muskeln. Und schon hier erkannte Freud eine erotische Dimension ihrer Schmerzen: Unter Schmerz «nahm ihr Gesicht einen eigentümlichen Ausdruck an, eher den der Lust als des Schmerzes, sie schrie auf – ich mußte denken, etwa wie bei einem wollüstigen Kitzel –, ihr Gesicht rötete sich, sie warf den Kopf zurück, schloß die Augen, der Rumpf bog sich nach rückwärts»[219]. Darüber hinaus bestärkten die unbestimmten Angaben der «doch hochintelligenten Kranken»[220] über ihren Schmerz und ihre geringen Klagen über ihr chronisches Leiden Freud darin, daß er es mit einem hysterischen Schmerz zu tun habe, daß also ihrem Muskelschmerz traumatische Erinnerungen und damit verbundene Affekte zugrunde lagen. Alle diese Anzeichen veranlaßten Freud zu der Annahme, daß die unglückliche junge Dame hinter ihrer stoischen Gleichgültigkeit ein Geheimnis verbarg. Er war entschlossen, sie zu demaskieren und das Geheimnis aufzudecken. Das erforderte systematisches Vorgehen: Freud verzichtete auf die Hypnose und entwickelte eine Methode zur Aufklärung ihrer Symptome, ein Schritt, der ihn zu Recht von der «ersten vollständigen Analyse einer Hysterie, die ich unternahm»[221], sprechen ließ.

Ilona war die jüngste von drei Töchtern einer gut situierten ungarischen Familie; sie hatte eine sehr enge Beziehung zum Vater, der zu sagen pflegte, «diese Tochter ersetze ihm einen Sohn und einen Freund, mit dem er seine Gedanken austauschen könne»:

«Soviel das Mädchen an intellektueller Anregung bei diesem Verkehre gewann, so entging es doch dem Vater nicht, daß sich dabei ihre geistige Konstitution von dem Ideal entfernte, welches man gerne in einem Mädchen verwirklicht sieht. Er nannte sie scherzweise ‹keck und rechthaberisch›, warnte sie vor allzu großer Bestimmtheit in ihren Urteilen, vor ihrer Neigung, den Menschen schonungslos die Wahrheit zu sagen, und meinte oft, sie werde es schwer haben, einen Mann zu finden. Tatsächlich war sie mit ihrem Mädchentume recht unzufrieden, sie war von ehrgeizigen Plänen erfüllt [...].»[222]

Ilona wollte studieren und empörte sich darüber, in einer Ehe ihre Neigungen opfern zu müssen; statt dessen konzentrierte sie sich auf

Die ersten Patientinnen

ihre Familie und «lebte im Stolze auf ihren Vater, auf das Ansehen und die soziale Stellung ihrer Familie».[223] Einige Jahre bevor Freud Ilona kennenlernte, war ihr Vater an einem verhängnisvollen chronischen Herzleiden erkrankt und von Ilona bis an sein Ende gepflegt worden. Die Schmerzen in ihren Beinen hatten in dieser Zeit begonnen, führten aber erst zwei Jahre nach dem Tod des Vaters zur völligen Gehunfähigkeit.

Ein Jahr nach dem Tod des Vaters heiratete ihre älteste Schwester einen Mann, der auf die Familie wenig Rücksicht nahm. Bald darauf ging ihre zweite Schwester eine arrangierte Ehe ein. Der neue Schwager vereinte alles in sich, was Ilona sich von einem Gatten erhoffte, und söhnte sie mit der Institution der Ehe und den Opfern aus, die sie den Frauen abverlangte. Das erste Kind aus dieser Verbindung wurde Ilonas Liebling. Doch dann erkrankte ihre Mutter, und im Sommer, als alle drei Familien in einem idyllischen Ferienort zusammenkamen und darauf hofften, die Mutter werde sich dort erholen, wurden Ilonas Schmerzen plötzlich viel heftiger. «Von jetzt ab war Elisabeth die Kranke der Familie.»[224] Sie reiste in ein Kurbad, wurde aber dringend zu der mittleren Schwester gerufen, die ihr zweites Kind erwartete. Als sie ankam, war die Schwester bereits einem Herzleiden erlegen, das durch die Schwangerschaft akut geworden war.

In ihrem Schmerz über diesen neuen Verlust beschuldigten Ilona und ihre Mutter den Witwer, das Leben seiner Frau durch eine frühzeitige zweite Schwangerschaft gefährdet zu haben; außerdem verdächtigte ihn Ilona (ohne diesen Verdacht begründen zu können), ungerechtfertigte finanzielle Forderungen zu stellen. Er wandte sich daraufhin von der Familie seiner verstorbenen Frau ab. In dieser Situation kam sie zu Freud. Er malte ihre triste Lage in düsteren Farben aus:

«Mit ihrem Schicksale grollend, erbittert über das Fehlschlagen all ihrer kleinen Pläne, den Glanz des Hauses wiederherzustellen – ihre Lieben teils gestorben, teils entfernt, teils entfremdet –, ohne Neigung, eine Zuflucht in der Liebe eines fremden Mannes zu suchen, lebte sie seit 1 1/2 Jahren, fast von jedem Verkehre abgeschieden, der Pflege ihrer Mutter und ihrer Schmerzen.»[225]

Dieses stolze und unabhängige Mädchen hatte im Spiel des Lebens eine schlechte Karte gezogen; sie erwartete sich wenig von der physischen oder psychischen Behandlung, und Freud war geneigt, mit ihr darin übereinzustimmen, daß er weder gegen ihre Schmerzen noch gegen ihr schweres Schicksal etwas ausrichten konnte:

«Wenn man an größeres Leid vergessen und sich in das Seelenleben eines Mädchens versetzen wollte, konnte man Fräulein Elisabeth eine herzliche menschliche Teilnahme nicht versagen. [...] Für den Arzt bedeutete die Beichte der Patientin zunächst eine große Enttäuschung. [...] Die Kranke versäumte während dieser ersten Periode der Behandlung niemals dem Arzte zu wiederholen: Es geht mir aber noch immer schlecht, ich habe dieselben Schmerzen wie früher, und wenn sie mich dabei listig-schadenfroh anblickte, konnte ich etwa des Urteiles gedenken, das der alte Herr v. R. über seine Lieblingstochter gefällt: Sie sei häufig ‹keck› und ‹schlimm›; ich mußte aber doch zugestehen, daß sie im Rechte war.»[226]

Freud hatte also nun einen Punkt erreicht, wie er ihn später bei Dora erreichen sollte, als diese ihm von den Transaktionen und komplizierten Schwindeleien erzählte, in die sie verwickelt worden war. Jacques Lacan stellte es in seinem Kommentar zum Fall «Dora» folgendermaßen dar:

«[...] er wird mit der Frage konfrontiert, die überdies in der ersten Phase einer Behandlung klassisch ist: ‹Das ist doch alles ganz richtig und wahr? Was wollen Sie daran verändern?› Worauf Freud antwortet: ‹[...] Betrachten Sie Ihren Anteil an der Verwirrung, die Sie beklagen.›»[227]

In jeder Krankengeschichte kommt der entscheidende Moment (oder die Momente), da Freud die Erzählung seiner Patientin gegen sie verwendet, um aufzudecken, daß nicht nur die gnadenlosen Mächte des Schicksals und der Familie ihre Geschichte zu einer Geschichte von Kummer und Aufopferung werden ließen, sondern daß sie selbst Anteil an ihrer Entstehung hat. Freud war nie der Meinung, daß seine Patientinnen ausschließlich Opfer von Umständen waren. Bei Ilona äußerte sich diese Einstellung in seiner ungebrochenen Überzeugung, daß er letztlich doch die Ursachen für die Determinierung des hysterischen Symptoms aus den tieferen Schichten des Bewußtseins herausschälen würde und daß ein erotischer Konflikt dahintersteckte. So unabwendbar die Ereignisse, die sie in diese triste Situation gebracht hatten, auch scheinen mochten, sie mußten einen Weg finden:

«In solcher Notlage geriet ich auf den Einfall, jenen Kunstgriff des Drückens auf den Kopf anzuwenden [...]. Ich führte ihn aus, indem ich die Kranke aufforderte, mir unfehlbar mitzuteilen, was in dem Momente des Druckes vor ihrem inneren Auge auftauche oder durch ihre Erinnerung ziehe. Sie schwieg lange und bekannte dann auf mein Drängen, sie habe an einen Abend gedacht, an dem ein junger Mann sie aus einer Gesellschaft nach Hause begleitet [...].»[228]

Das war das Geheimnis, nach dem Freud suchte: ihre Hoffnungen

Die ersten Patientinnen

auf diesen jungen Mann, ihre Zuneigung für ihn und das allmähliche Verblassen der Hoffnungen, «dieses Fehlschlagen der ersten Liebe»[229].

«In diesem Verhältnisse und in der obigen Szene [der Rückkehr von der Gesellschaft ans Krankenbett des Vaters], zu welcher es führte, durfte ich also die Verursachung der ersten hysterischen Schmerzen suchen. Durch den Kontrast zwischen der Seligkeit, die sie sich damals gegönnt hatte, und dem Elende des Vaters, das sie zu Hause antraf, war ein Konflikt, ein Fall von Unverträglichkeit gegeben. Das Ergebnis des Konfliktes war, daß die erotische Vorstellung aus der Assoziation verdrängt wurde, und der dieser anhaftende Affekt wurde zur Erhöhung oder Wiederbelebung eines gleichzeitig (oder kurz vorher) vorhandenen körperlichen Schmerzes verwendet.»[230]

Entgegen seinen Versicherungen dürfte Freud sich hier doch an einen Strohhalm geklammert haben. Allzu begierig griff er diesen erotischen Konflikt als Schmerzursache auf. Aber ihre Schmerzen hörten nicht auf, und eigentlich hielt auch er die Geschichte für nicht ganz plausibel. Das vermochte ihn jedoch nicht von seiner Überzeugung abzubringen, daß ein erotischer Konflikt hinter ihrem Geheimnis verborgen sein mußte, und damit begann eine zweite, sehr erfolgreiche Periode in ihrer Behandlung. Wenn Erinnerungen wachgerufen wurden, begannen ihre Schmerzen «bei unseren Analysen immer ‹mitzusprechen›». Freud provozierte Erinnerungen, indem er sie «in Situationen kommen» ließ, die emotionale Erinnerungen weckten. Er schickte sie zum Beispiel auf eine Gesellschaft, wo sie ihre erste Liebe traf, oder ließ sie zum Grab ihrer Schwester gehen. So arbeiteten sie die erschütternden Erinnerungen an die letzte Krankheitsphase ihres Vaters durch, und ihre Schmerzen gingen von Mal zu Mal zurück. Freud rief durch Druck auf den Kopf Bilder und Einfälle hervor und wertete das Kommen und Gehen ihrer Schmerzen als Hinweis auf die Fortschritte der Behandlung; auf diese Weise kam er zu der Überzeugung, daß jeder einzelne Beinschmerz durch das Wachrufen von Erinnerungen aufgelöst werden konnte. Aber wenn sich auch ihr Zustand merklich besserte, hörten doch die Schmerzen nicht ganz auf, und Freud kannte noch immer nicht ihren wahren Ursprung. Er begann nun einen anderen, tieferen, aber ebenfalls erotisch bestimmten Konflikt zu vermuten.

«Ich hörte einmal während der Arbeit mit der Kranken Männerschritte im Nebenzimmer, eine angenehm klingende Stimme, die eine Frage zu stellen schien, und meine Patientin erhob sich darauf mit der Bitte, für heute abzubrechen, sie höre, daß ihr Schwager gekommen sei und nach ihr frage. Sie war bis dahin schmerzfrei gewesen, nach dieser Störung verrieten ihre Miene und ihr Gang das plötzliche Auftreten heftiger Schmerzen. Ich war in meinem Verdachte bestärkt und beschloß die entscheidende Aufklärung herbeizuführen.»[231]

Freud deckte nun auf, daß Ilona während ihres Sommeraufenthaltes kurz vor dem Tode ihrer Schwester immer mehr an ihrem Leben verzagt hatte und «sich ihrer ein Gefühl ihrer Schwäche als Weib [bemächtigte], eine Sehnsucht nach Liebe, in welcher nach ihren eigenen Worten ihr starres Wesen zu schmelzen begann»[232]. In diesem Sommer hatte sie glückliche Augenblicke erlebt, als sie den Mann ihrer Schwester näher kennenlernte und sich auf Spaziergängen in Träumen erging «von einem Manne, der ihr Herz so zu fesseln verstünde wie dieser Schwager»[233]. Ihre Beinschmerzen wurden dann plötzlich so heftig, daß sie nicht mehr gehen konnte, und es folgte die schreckliche, mit noch quälenderen Schmerzen verbundene Reise an das Krankenbett der Schwester, nur um sie tot in einem bedrückend stillen Haus vorzufinden:

«[...] und in dem Momente der gräßlichen Gewißheit, daß die geliebte Schwester gestorben sei, ohne von ihnen Abschied zu nehmen, ohne ihre letzten Tage durch ihre Pflege verschönt zu haben – in demselben Momente hatte ein anderer Gedanke Elisabeths Hirn durchzuckt, der sich jetzt unabweisbar wieder eingestellt hatte, der Gedanke, der wie ein greller Blitz durchs Dunkel fuhr: Jetzt ist er wieder frei, und ich kann seine Frau werden.»[234]

Freud frohlockte; er wußte nun, daß der erotische Konflikt nicht nur auf enttäuschter Liebe beruhte, sondern «ihr ganzes moralisches Wesen»[235] erfaßt hatte. «Es war ihr gelungen, sich die schmerzliche Gewißheit, daß sie den Mann ihrer Schwester liebe, zu ersparen, indem sie sich dafür körperliche Schmerzen schuf.»[236] Daher versuchte er sie auf äußerst eindringliche, fast brutale Weise davon zu überzeugen, daß dies die einzig vernünftige Erklärung für ihre Geschichte war.

«Sie schrie laut auf, als ich den Sachverhalt mit trockenen Worten zusammenfaßte: Sie waren also seit langer Zeit in Ihren Schwager verliebt. Sie klagte über die gräßlichsten Schmerzen in diesem Augenblicke, sie machte noch eine verzweifelte Anstrengung, die Aufklärung zurückzuweisen. Es sei nicht wahr, ich habe es ihr eingeredet, es könne nicht sein, einer solchen Schlechtigkeit sei sie nicht fähig. Das würde sie sich auch nie verzeihen. Es war leicht, ihr zu beweisen, daß ihre eigenen Mitteilungen keine andere Deutung zuließen [...].»[237]

Überzeugt, daß ihm endlich der entscheidende Durchbruch gelungen war, führte er nun gewissermaßen einen Zweifrontenkrieg. Einerseits wandte er eine Strategie an, die er später als Durcharbeiten bezeichnete: Sie gingen all die kleinen Ereignisse ihrer Vergangenheit durch und konnten ihnen nun ihre wahre Bedeutung zuweisen – sie rekonstruierten die Geschichte, die sie in physischen Schmerz umgesetzt hatte.

«Er hatte bei seinem ersten Besuche im Hause *sie* für die ihm bestimmte Braut gehalten und sie vor der älteren, aber unscheinbaren Schwester begrüßt. Eines Abends unterhielten sie sich so lebhaft miteinander und schienen sich so wohl zu verstehen, daß die Braut sie mit der halb ernst gemeinten Bemerkung unterbrach: ‹Eigentlich hättet Ihr zwei sehr gut zueinander gepaßt.›»[238]

Freud folgerte daraus, «daß die zärtliche Empfindung für ihren Schwager seit langer Zeit, vielleicht seit Beginn ihrer Beziehungen in ihr geschlummert und sich so lange hinter der Maske einer bloß verwandtschaftlichen Zuneigung versteckt hatte»[239].

Andererseits verfolgte Freud auch die Strategie, sich «freundschaftlich um gegenwärtige Verhältnisse»[240] zu kümmern. Dabei agierte er weniger als der brillante Geschichtenerzähler und Problemlöser, sondern vielmehr als der Familienanwalt und Ehestifter. In einer Unterredung mit Ilonas Mutter räumte er den Verdacht gegen den Schwager aus und versuchte die Mutter dazu zu bewegen, ihrer Tochter in diesen Familienangelegenheiten, bei denen es zweifellos auch um Geld ging, reinen Wein einzuschenken und in Hinkunft die Rolle Freuds als Ilonas Beichtvater zu übernehmen. Dann ging er daran, den passenden Mann für seine Patientin zu suchen: «Es lag mir natürlich auch daran zu erfahren, welche Aussicht der jetzt bewußt gewordene Wunsch des Mädchens habe, zur Wirklichkeit zu werden.»[241] In dieser Beziehung waren die Gespräche mit Ilonas Mutter weniger ergiebig. Die Mutter hatte Ilonas Zuneigung für ihren verwitweten Schwager ebenfalls erraten, war aber, wie auch die Berater der Familie, aus mehreren Gründen gegen eine solche Verbindung. Freud setzte Ilona von seinen Gesprächen mit der Mutter in Kenntnis, berichtete sowohl die positiven wie die negativen Resultate, und damit schlossen sie die Analyse ab. Einige Wochen darauf erfuhr Freud von Ilonas Mutter, Ilona sei empört, weil er ihr Geheimnis nicht für sich behalten hatte, und weigere sich, offen mit ihr zu sprechen. Sie hatte wieder Schmerzen. Dennoch war Freud überzeugt davon, daß er recht hatte und «sich alles zurechtschütteln»[242] würde. Einige Monate später wurde er in seiner Meinung bestätigt. Ilona erfreute sich bester Gesundheit und schickte

Die Erfindung der Psychoanalyse

ihm von Zeit zu Zeit eine Botschaft. Freud fand großen Gefallen am glücklichen Ausgang dieser ergreifenden kleinen Geschichte aus der Belle Époque:

«Im Frühjahre 1894 hörte ich, daß sie einen Hausball besuchen werde, zu welchem ich mir Zutritt verschaffen konnte, und ich ließ mir die Gelegenheit nicht entgehen, meine einstige Kranke im raschen Tanze dahinfliegen zu sehen. Sie hat sich seither aus freier Neigung mit einem Fremden verheiratet.»[243]

Freud entwirft ein strahlendes Bild von der Patientin, die einst nicht einmal gehen konnte und jetzt an ihrem Arzt vorüberwirbelt, ihm vielleicht glücklich und anmutig winkt, als sie an ihm vorüberschwebt. Und er ist befriedigt darüber, daß sie ohne die Vermittlung ihrer Mutter oder gar ihres Analytikers im sicheren Hafen der Ehe gelandet ist. Offensichtlich hat sie das ganz allein geschafft, diese begabte, ehrgeizige und moralisch empfindsame junge Frau mit ihrem «übergroße[n] Liebesbedürfnis, das zunächst in der Familie seine Befriedigung findet», mit der «über das weibliche Ideal hinausgehende[n] Selbständigkeit ihrer Natur, die sich in einem guten Stücke Eigensinn, Kampfbereitschaft und Verschlossenheit äußert».[244] Vielleicht schienen dieser Eigensinn, diese Kampfbereitschaft und Verschlossenheit noch durch, als sie sich viele Jahre später in einem Gespräch mit ihrer Tochter erinnerte, Freud sei nur «ein junger, bärtiger Nervenspezialist, zu dem sie mich schickten», gewesen; er habe versucht, «mir einzureden, daß ich in meinen Schwager verliebt sei, aber das war nicht wirklich so».[245] Jedenfalls behielten die Patienten die «wahre» Geschichte ihrer Leidenschaften meist ganz anders in Erinnerung, als Freud sie in seinen Krankengeschichten dargestellt hatte. Die heikle Frage, wer Ilonas Vergangenheit besser beurteilen konnte, bleibt offen: War es der Arzt, der sie in der schlimmsten Phase ihres Lebens behandelte und sie zwang, die schmerzhaften Szenen, denen sie so große Bedeutung beimaß, noch einmal durchzumachen, um einige Jahre später ihre Geschichte als Krankengeschichte zu veröffentlichen?[246] Oder war es die Gattin und Mutter, die aus der begünstigten Warte einer ausgeglichenen und glücklichen Ehe zurückblickt und ihrer Tochter die Geschichte ihrer Jugend erzählt? Der Rattenmann zitierte ein Wort von Nietzsche in einem Gespräch mit Freud: «‹Das habe ich getan›, sagt mein Gedächtnis, ‹das kann ich nicht getan haben› – sagt mein Stolz und bleibt unerbittlich. Endlich – gibt das Gedächtnis nach.»[247] Nicht von ungefähr war der unmittelbare Anlaß für diese Äußerung eine Stelle aus Sudermanns Novelle *Geschwister*, in der eine Frau am Krankenbett ihrer Schwester von dem Wunsch überkommen wird, die Schwester solle sterben, damit sie deren Gatten heiraten könne. Die Frau begeht Selbstmord, da sie nach solcher Gemeinheit nicht mehr verdiene zu leben.[248] Freud konnte sich rühmen, mit «dieser ersten vollständigen Analyse einer Hysterie, die ich unternahm»[249], Ilona vor einem ähnlichen Ausgang ihrer Geschichte bewahrt zu haben.

Lucy R.: Eine «kleine Leidensgeschichte»

Den Fall der dreißigjährigen englischen Gouvernante, die er Miss Lucy R. taufte, konnte Freud vergleichsweise zügig abschließen. Wie kam es, daß diese von ihm mit soviel Mitgefühl verfolgte «kleine Leidensgeschichte»[250] Anlaß zur Ausbildung neurotischer Symptome gegeben hatte? In mehreren kurzen Sitzungen deckte Freud unnachgiebig Miss Lucys komplizierte Lebensumstände auf und löste das Rätsel ihrer Symptome, die in Verstimmung und Müdigkeit, Halluzination des Geruchs von verbrannter Mehlspeise und später von Zigarrenrauch bestanden. Aus Freuds Sympathie für Lucy wurde nun Stolz und Selbstzufriedenheit über die saubere, elegante und endgültige Wiederherstellung ihrer Gesundheit und Energie.

Miss Lucy R. lebte als Gouvernante im Hause eines verwitweten Fabrikdirektors am Rande von Wien. Zu Freuds Ordination war es ein weiter Weg, und so suchte sie ihn zwar regelmäßig, aber nicht sehr oft und immer nur kurz auf. Er machte einige äußerst halbherzige Hypnoseversuche, die er aber sehr bald wieder aufgab. Etwa zu der Zeit, als sie bei ihm in Behandlung war, gegen Ende 1892[251], hatte er beschlossen, zukünftig möglichst nicht mehr von «Hypnose» zu sprechen und manche der damit verbundenen Rituale aufzugeben, blieb aber dabei, daß er einen irgendwie von der Norm abweichenden physiologischen Zustand nützen konnte, um eine Veränderung im Gleichgewicht der geistigen Kräfte und damit eine Heilung zu erreichen. Mit größter Wahrscheinlichkeit war Lucy von seinem Freund Fließ an ihn verwiesen worden, der ihren chronischen Schnupfen behandelt hatte. (In den 1890er Jahren, jedenfalls aber während der Zeit seiner engsten Freundschaft mit Fließ, hatte auch Freud an dieser Erkrankung gelitten.) Die

Behandlung bei Fließ war erfolgreich verlaufen, die subjektive Empfindung des Geruches von verbrannter Mehlspeise konnte jedoch nicht beseitigt werden. Freud handhabte dieses augenscheinlichste ihrer Symptome als hysterisches Symptom, das zu einer bestimmten traumatischen Szene zurückverfolgt werden mußte, und wandte deshalb jenes beharrliche Befragen, jene Scharfsicht in Herzensdingen und jenes Mitgefühl an, die er nun systematisch einzusetzen begann.

Im Verlauf der Analyse deckte Freud drei Szenen auf, die zwei verschiedene Konflikte enthielten. Die erste Szene hatte die Halluzination der verbrannten Mehlspeise hervorgerufen: Miss Lucy hatte gerade mit den beiden Kindern des Direktors einen Kuchen gebacken, als sie einen Brief von ihrer in Glasgow lebenden Mutter erhielt. Die Kinder rissen ihr den Brief zum Spaß aus der Hand, damit sie ihn nicht lesen könne. Für sie war das ein Ausdruck ihrer Zuneigung: Die Kinder wollten verhindern, daß sie zu ihrer Mutter zurückkehrte, wie es eigentlich ihre Absicht gewesen war. In dem Trubel verbrannte die Mehlspeise, und dieser Geruch wurde – bedingt durch ihren chronischen Schnupfen – zum Symbol für den Konflikt zwischen ihrer Zuneigung für die Kinder und dem Wunsch, ihre Stellung aufzugeben, weil die anderen Bediensteten und der Direktor ihr nicht die gebotene Achtung entgegenbrachten.

Aber warum war das ein so schwerer Konflikt?

«Und fesselte Sie etwas Besonderes an die Kinder außer deren Zärtlichkeit gegen Sie? – Ja, ich hatte der Mutter, die eine entfernte Verwandte meiner Mutter war, auf ihrem Totenbette versprochen, daß ich mich der Kleinen mit allen Kräften annehmen, daß ich sie nicht verlassen und ihnen die Mutter ersetzen werde. Dieses Versprechen hatte ich gebrochen, als ich gekündigt hatte.»[252]

Freud gab sich mit dieser Antwort nicht zufrieden. Er drang weiter in sie, denn er vermutete eher im lebenden Direktor als in dessen toter Frau ein zusätzliches Motiv und war bereits sicher, daß Miss Lucy insgeheim in ihren Dienstherrn verliebt war. Hier wird zum erstenmal ein Grundzug von Freuds Beziehungen zu seinen weiblichen Patienten sichtbar, der auch bei Dora und anderen Frauen wiederauftauchen sollte: seine Überzeugung, daß ihrem Konflikt die heimliche Liebe zu einem Mann, zu einer Autoritätsperson, zugrunde liegt. Das verleitete ihn dazu, den Einfluß der Frauen zu übergehen, der, auch wenn sie tot oder weit weg waren, vielleicht ebenso stark war wie der des greifbaren Mannes.

«Ich sagte ihr: ‹Ich glaube nicht, daß dies alle Gründe für Ihre

Empfindung gegen die beiden Kinder sind, ich vermute vielmehr, daß Sie in Ihren Herrn, den Direktor, verliebt sind, vielleicht, ohne es selbst zu wissen, daß Sie die Hoffnung in sich nähren, tatsächlich die Stelle der Mutter einzunehmen [...].›

Ihre Antwort war in ihrer wortkargen Weise: Ja, ich glaube, es ist so. [...] ich bin nicht unverständig prüde, für Empfindungen ist man ja überhaupt nicht verantwortlich. Es war mir nur darum peinlich, weil es der Herr ist, in dessen Dienst ich stehe, in dessen Haus ich lebe, gegen den ich nicht wie gegen einen andern die volle Unabhängigkeit in mir fühle.»[253]

Ein ungewohnt herzliches Gespräch, in dem der Direktor erklärt hatte, wie sehr er bei der Erziehung seiner verwaisten Kinder auf sie rechne, hatte in Lucy die Hoffnung aufkeimen lassen, daß er ihre Liebe erwidern und sie schließlich heiraten würde.

Nachdem sie dies durchgesprochen hatten, begann der halluzinierte Geruch zu verschwinden, nur um allmählich von dem Geruch nach Zigarrenrauch abgelöst zu werden. Freud drang weiter in Lucy und stieß auf zwei neue Szenen, für die dieser Geruch stand: In beiden Fällen war die Anordnung des Direktors mißachtet worden, daß die Kinder von Besuchern nicht geküßt werden durften, und in einem Fall hatte der Direktor seinen Zorn an der Gouvernante ausgelassen. «Diese Szene knickte ihre Hoffnungen.»[254] Als diese desillusionierende Szene enthüllt war und Lucy erkannte, daß der Direktor keinerlei besondere Gefühle für sie hegte, löste sich der halluzinatorische Geruch auf, und zwei Tage später war ihre Mutlosigkeit strahlender Heiterkeit gewichen. Freud fragte sie: «Und lieben Sie den Direktor noch? – Gewiß, ich liebe ihn, aber das macht mir weiter nichts. Man kann ja bei sich denken und empfinden, was man will.»[255]

Zweifellos hatte Freud bei einem von Lucys Konflikten ins Schwarze getroffen: dem Konflikt zwischen ihrer Liebe für den Direktor und ihrer realistischen Einschätzung seiner Gleichgültigkeit. Der aktuelle Konflikt basierte aber auch darauf, daß sie einerseits ihre Stellung als Gouvernante kündigen wollte und sich andererseits an das Versprechen, das sie der toten Mutter gegeben hatte, gebunden fühlte. Das Versprechen, den Kindern «die Mutter zu ersetzen», hatte ihr die Verpflichtung auferlegt, die Bewunderung und den Respekt des Direktors zu gewinnen, als wäre sie die Mutter selbst. Vielleicht hatte ihr Konflikt mit der Verpflichtung begonnen, den Platz der toten Mutter zu übernehmen, und hatte sich dann als unerwiderte Liebe zum lebenden Vater geäußert. Ihre Situation auf diese Weise zu interpretieren bedeutet natürlich, ihre Innenwelt gemäß dem klassischen ödipalen Modell zu strukturieren, einem Modell, das Freud erst einige Jahre später formulieren sollte. Fälle wie dieser dienten Freud schließlich zweifellos als hervorragende Beispiele für den bei Mädchen so häufigen Tagtraum, «dessen Inhalt dem Ödipus-Komplex entnommen ist, daß die Frau des Hauses irgendwie wegfallen und der Herr an deren Stelle sie zur Frau nehmen wird»[256]. Die Phantasie von der «Neuen» oder der Bediensteten sollte später auch Freuds Interpretation der Rebekka West in seiner brillanten, wenn auch umstrittenen Auslegung von Ibsens *Rosmersholm* bestimmen.

Dieses proto-ödipale Modell zeigt aber auch, daß Freud Miss Lucy R. vielleicht allzu bereitwillig als «überreifes, liebesbedürftiges Mädchen, dessen Neigung zu rasch durch ein Mißverständnis erweckt wird»[257], darstellte, denn schließlich konnte sich hinter ihrem Konflikt durchaus auch eine gewisse Rivalität verbergen oder Hemmungen, den Platz der Mutter einzunehmen. Gewiß, indem Freud sie von ihrer Lethargie und Freudlosigkeit und ihren Halluzinationen befreite, stellte er einen Geisteszustand her, in dem sie nicht mehr das Bedürfnis verspürte, zu ihrer eigenen Mutter zurückzukehren, sondern wieder ihre Pflicht erfüllen und den Platz der toten Mutter einnehmen konnte. Dieses Ergebnis läßt sich aber auch anders darstellen. Söhnte Freud sie mit ihrer Stellung als unterdrückte und ausgebeutete Frau aus, die ihr Leben im Dienste anderer vergeudet? Oder half er ihr, ihre Hemmung, die Hemmung der ödipalen Tochter, abzuschütteln, damit sie das Versprechen, das sie der sterbenden Gattin gegeben hatte, erfüllen und an ihre Stelle treten konnte? Welche Darstellung auch die zutreffendere sein mag, der Erfolg kam zustande, weil Freud seine ganze Aufmerksamkeit auf Lucys libidinöse Beziehung zu ihrem Dienstgeber konzentrierte und das wenn auch nur implizit damit verbundene Problem der toten Mutter beiseite schob.

4. Der Traum der Psychoanalyse

Die Szenen, in denen Charcot seine Hysteriekranken hypnotisierte und Breuer Bertha Pappenheim half, ihre vergessenen Verletzungen neu zu inszenieren, können mit Recht als die Urszenen des Theaters der Psychoanalyse angesehen werden. Aber erst als Freud für diese Szenen den Traum als Spielraum einführte, wurde es zu einem unverwechselbaren Freud-Theater. Es gibt einen Traum, der diese Verlagerung zum Inhalt hat und uns zeigt, wie Freuds Traum der Psychoanalyse zu entschlüsseln ist: der Traum von Irmas Injektion, den er zwei Nächte vor dem vierunddreißigsten Geburtstag seiner Frau träumte, in der Nacht vom 23. auf den 24. Juli 1895.

«*Eine große Halle – viele Gäste, die wir empfangen. – Unter ihnen Irma, die ich sofort beiseite nehme, um gleichsam ihren Brief zu beantworten, ihr Vorwürfe zu machen, daß sie die ‹Lösung› noch nicht akzeptiert. Ich sage ihr: Wenn du noch Schmerzen hast, so ist es wirklich nur deine Schuld. – Sie antwortet: Wenn du wüßtest, was ich für Schmerzen jetzt habe im Hals, Magen und Leib, es schnürt mich zusammen. – Ich erschrecke und sehe sie an. Sie sieht bleich und gedunsen aus; ich denke, am Ende übersehe ich da doch etwas Organisches. Ich nehme sie zum Fenster und schaue ihr in den Hals. Dabei zeigt sie etwas Sträuben wie die Frauen, die ein künstliches Gebiß tragen. Ich denke mir, sie hat es doch nicht nötig. – Der Mund geht dann auch gut auf, und ich finde rechts einen großen Fleck, und anderwärts sehe ich an merkwürdigen krausen Gebilden, die offenbar den Nasenmuscheln nachgebildet sind, ausgedehnte weißgraue Schorfe. – Ich rufe schnell Dr. M. hinzu, der die Untersuchung wiederholt und bestätigt... Dr. M. sieht ganz anders aus als sonst; er ist sehr bleich, hinkt, ist am Kinn bartlos... Mein Freund Otto steht jetzt auch neben ihr, und Freund Leopold perkutiert sie über dem Leibchen und sagt: Sie hat eine Dämpfung links unten, weist auch auf eine infiltrierte Hautpartie an der linken Schulter hin (was ich trotz des Kleides wie er spüre)... M. sagt: Kein Zweifel, es ist eine Infektion, aber es macht nichts; es wird noch Dysenterie hinzukommen und das Gift sich ausscheiden... Wir wissen auch unmittelbar, woher die Infektion rührt. Freund Otto hat ihr unlängst, als sie sich unwohl fühlte, eine Injektion gegeben mit einem Propylpräparat, Propylen... Propionsäu-*

re... Trimethylamin dessen Formel ich fettgedruckt vor mir sehe)... Man macht solche Injektionen nicht so leichtfertig... Wahrscheinlich war auch die Spritze nicht rein.»[1]

Freud benutzt diesen Traum in der *Traumdeutung* als ein Traummuster, mit dem er die Hauptthese des Buches belegen will: Der Traum ist eine Wunscherfüllung. Was ist nun der Wunsch, der durch diesen Traum erfüllt wird? Der Traum sprach Freud «von der Verantwortung für Irmas Befinden» frei, indem er das Befinden «auf andere Momente zurückführt»[2]: Otto, Leopold und Dr. M. hatten durch Unwissenheit oder aus Versehen Fehlentscheidungen getroffen und waren als die Verantwortlichen an dem medizinischen Fiasko anzusehen, das durch den Traum wieder lebendig wird. Der Traum war also eine Art Selbstrechtfertigung, ein Plädoyer in eigener Sache; er entlastete Freud, indem er die inkompetenten Kollegen verhöhnte, aber gleichzeitig implizit auf die besonderen Umstände verwies, was heißen sollte, daß es eigentlich Irmas eigene Schuld war oder aber niemandes Schuld: eher Schicksal als Schuld.

In seinen Assoziationen zu diesem Traum entdeckte Freud, daß Irma stellvertretend war für viele Patientinnen. Tatsächlich handelt es sich bei diesem Traum um eine längere Meditation über die Frage, was eine gute Patientin ausmacht. Irma war eine wirkliche Patientin von Freud und machte ihm erhebliche Schwierigkeiten, die jedoch keine ungewöhnlichen gewesen sein müssen. Nachdem uns Freud in den Assoziationen mit der Besetzung der Patientinnen vertraut gemacht hat, kommt die Rede auf weiteres Personal: Irmas Freundin, die Ärzte M., Otto und Leopold und schließlich Freuds Freund in Berlin, der ihn in wissenschaftlichen Angelegenheiten berät und ihm eine chemische Formel verschafft hat, die gegen Ende des Traums auftaucht: Trimethylamin. Irma hat ihn dazu gebracht, eine Reihe von Selbstvorwürfen aufzudecken; aber zu jedem Traumelement, das auf einen Selbstvorwurf hindeutet, gibt es ein Traumelement als Antwort, das den zur Last gelegten charakterlichen oder beruflichen Fehler auslöscht.[3] So steht der widerstrebenden Irma ihre Freundin gegenüber, die, würde sie sich Freuds Analyse unterziehen, ihm die Bestätigung für seine Theorien über die Ätiologie der Neurosen liefern könnte. Die Replik auf die Kritik, die Dr. M. gegen Freuds extravagante Hypothese erhebt, kommt von dem Berliner Freund, der am Tag zuvor Freud Mut zugesprochen und ihn mit wissenschaftlichen Fakten versehen hat, die sich als hilfreich für seine Arbeit erweisen könnten. Die Selbstvorwürfe basieren auf folgender Struktur:

Der Traum der Psychoanalyse

Freud ⎡ – – – –Element, das den Vorwurf darstellt
⎣ – – – –Element, das die Rechtfertigung darstellt

Alle Elemente sind paarweise angeordnet; der Traum besteht aus einer Liste mit Rechtfertigungen, die einer Liste mit Selbstbeschuldigungen gegenübersteht. Das Vergeltungsprinzip ist vorherrschend: die Rechtfertigung macht die Selbstbeschuldigung hinfällig. Und die Wunscherfüllung des Traumes wird durch den repräsentativen «Triumph» der rechtfertigenden Elemente verkörpert.

Die Figuren des Traumes gehören jeweils zwei Gruppen an: Zum einen sind sie entweder Patientin (die Frauen) oder Arzt (die Männer); zum anderen sind sie entweder Rechtfertigungs- oder Selbstbeschuldigungsrepräsentant. Fast alle Figuren lassen sich identifizieren. Dr. M. ist Josef Breuer, Freuds Freund und medizinischer Mentor; Otto ist Oscar Rie, Freuds enger Freund und Hausarzt der Familie; Leopold ist Ludwig Rosenstein, ebenfalls ein Freund und Kollege Freuds; der Freund in Berlin, dem Freud die Information über Trimethylamin verdankt, ist Wilhelm Fließ. Keine einzige der im Traum oder in Freuds Assoziationen vorkommenden Personen steht außerhalb der beiden Kategorien von Arzt und Patientin; sogar Freuds Bruder, der Breuer seine Blässe und das rasierte Kinn leiht, scheint in den Assoziationen auf, weil «über ihn vor einigen Tagen die Nachricht [kam], daß er wegen einer arthritischen Erkrankung in der Hüfte hinke»[4]. Der Traum wiederholt also die Szene, in der Freud eine hysterische Frau behandelt und Breuer zu Rate zieht. Die Traumszene ist wiederum eine Neuauflage jener Szene, die den Ursprung der Psychoanalyse bildet: die Untersuchung einer Patientin durch Freud und Breuer.

Neben dieser Zusammenarbeit zwischen Freud und Breuer gab es jedoch noch eine andere, auf die sich zwar der Traum eindeutig bezieht, die jedoch in der von Freud veröffentlichten Deutung des Traumes nicht enthüllt wird: die Zusammenarbeit von Freud und Fließ im Fall Emma Eckstein. Die Geschichte dieser Behandlung ist, wie wir merken werden, nicht die einzige interessante Geschichte, die sich in diesem Traum verbirgt, aber sie hat eine besondere Bedeutung: Die Szene von Freuds Behandlung der Emma Eckstein ist die Urszene der Psychoanalyse.[5]

Freud begann mit der Behandlung Anfang der 1890er Jahre. Wir wissen nichts über Emmas Symptome, aber sie wurde eine besondere Patientin, an die sich Freuds Kinder noch lange erinnerten. Die

Die Erfindung der Psychoanalyse

entscheidende Phase ihrer Behandlung dauerte von 1895 bis 1897; das war die Zeit, da Freud die Verführungstheorie zu verfechten begann und die Bedeutung der Träume entdeckte.[6]

Im Dezember 1894 besuchte Fließ Freud in Wien, untersuchte Emma und schlug vor, sie an der Nase zu operieren, um verschiedene Symptome zu lindern, die er zum Teil mit Masturbation in Zusammenhang brachte. Anfang Februar kam er nach Wien, um die Operation vorzunehmen, und reiste wieder ab. Freud berichtete am 4. März über den postoperativen Zustand der Patientin: Es ging ihr nicht gut; sie eiterte stark, hatte ein Knochenplättchen abgestoßen, und aus ihrer Nase roch es unangenehm.[7] Vier Tage darauf, am 8. März, ließ Freud Fließ wissen, Emmas Zustand habe sich dermaßen verschlechtert, daß er, Freud, in aller Eile einen Chirurgen hinzugezogen habe, nämlich Rosanes[8], der bei dem Versuch, den immer stärker werdenden Blutstrom aus ihrer Nase zu stoppen, einen fünfzig Zentimeter langen Gazestreifen herausgezogen habe, den Fließ nach der Operation in ihrer Nasenhöhle vergessen hatte. Die Entfernung der Gaze hatte eine starke Blutung zur Folge, die die Patientin beinahe das Leben kostete. Nachdem die Blutung gestoppt war, mußte sich Freud in den Nebenraum begeben, so übel war ihm. Rosanes' Frau, eine künftige Patientin, gab ihm zu trinken und betreute ihn, bis er sich erholt hatte und ins Krankenzimmer zurückkehren konnte. Emma empfing ihn mit den spöttischen Worten: «Das ist das starke Geschlecht.»[9]

«Wir hatten ihr also Unrecht getan; sie war gar nicht abnorm gewesen [...].»[10] Die Briefe der nächsten Wochen drehten sich hauptsächlich um die besorgniserregend schwankende Rekonvaleszenz Emmas. Freud war höchst beunruhigt und bekümmert über die lebensgefährlichen Folgen einer angeblich so harmlosen Operation.[11] Aber als Ende Mai die Gefahr vorüber war, begann er versuchsweise wieder einige Theorien über die psychischen Ursprünge ihres Nasenblutens aufzustellen – was ihn jedoch nicht davon abhielt, seine Berichte an Fließ mit Hinweisen auf das Ausmaß der chirurgischen Fehlleistung zu versehen, einer Fehlleistung, die auch Freuds Ruf belasten könnte. Fließ reagierte extrem empfindlich auf alle Zweifel an seiner beruflichen Kompetenz. Von einem Wiener Chirurgen verlangte er sogar ein Zeugnis, das ihn von jeder Verantwortung für diesen «Schnitzer» befreien sollte. Freud fühlte sich von diesem Vorschlag «beleidigt»: Wenn er, Freud, noch immer die höchste Achtung vor dem medizinischen Wissen seines Freundes habe, so solle das diesem genügen, gleichgültig, was andere darüber denken mochten. Freud befand sich in

Der Traum der Psychoanalyse

der undankbaren Rolle des Vermittlers zwischen Fließ und Emma sowie zwischen Fließ und den anderen Ärzten, die diesen Fall übernommen hatten, als es um Leben oder Tod ging. So machte sich Freud manchmal zum Sprecher seines Freundes Fließ, indem er dessen Wissen und Können verteidigte, ohne das Faktum der mißlungenen Operation zu leugnen, während er Fließ gegenüber den Standpunkt der anderen Ärzte vertrat, die an Fließens Kompetenz zweifelten. Und schließlich vertrat er auch Emma, indem er Fließ beherzt versicherte, daß sie den beiden Ärzten noch immer vollständig vertraue: «Es spricht doch für sie, daß sie ihre Position gegen keinen von uns beiden verändert hat, sie ehrt Dein Andenken über die unerwünschte Zufälligkeit hinweg.»[12] Ende April war die Krise vorüber: Emma erholte sich und ließ sich weiter von Freud analysieren, womit sie ihre Treue wenigstens zu einem ihrer beiden Ärzte unter Beweis stellte.

Freuds Traum vom Juli 1895 enthält so manche Anspielung auf die Emma-Episode, unter anderem die detaillierte Untersuchung von Irmas Hals – ein Hinweis auf Emmas Nase – und Freuds Erschrecken über den unerwarteten und unverständlichen Schmerz seiner Patientin. Man kann sich vorstellen, daß diese Verletzung einer unschuldigen Frau die Szene der Defloration beschwor, die in Freuds Phantasiewelt bekanntlich so lebendig war: zwei Männer, die ein unschuldiges Mädchen quälen. Wenn diese Phantasie wieder lebendig wurde, dann, weil das Bedürfnis Freuds nach Rechtfertigung noch größer geworden war; nicht nur, daß er seinen Beruf rechtfertigen mußte, er mußte auch sein Geschlecht rechtfertigen.

Wenn sich hinter Irma tatsächlich Emma verbirgt, dann wäre es Fließ, der die Rechtfertigung am dringendsten benötigte. Schließlich hatte sein Kunstfehler Emma fast das Leben gekostet. Freud identifiziert sich mit seinem Berliner Freund und spricht damit sich und ihn von einem medizinisch unverantwortlichen Verhalten frei. Aber das ist noch nicht alles. Es wäre mißverständlich, Irma, und hinter ihr Emma, lediglich zu Opfern einer Geschichte zu machen, in der es eigentlich um zwei Ärzte geht: um Freuds Vertrauen in Fließ, seine Rechtfertigung des Freundes, die Idealisierung seiner ärztlichen Fähigkeiten (und der ärztlichen Fähigkeiten im allgemeinen, seiner eigenen eingeschlossen), seine Übertragung auf ihn und seine schrittweise Desillusionierung, was den Weisen von Berlin anging. Diese Interpretation eliminiert das Weibliche zugunsten von Freuds Beziehungen zu seinen männlichen Freunden, Kollegen und Vorgesetzten. Und diese Eliminierung des Weiblichen verdeckt eine eigentlich viel bedeutsamere Eliminierung, nämlich die der Patientin. Aber gerade die Beziehung zu seinen Patientinnen machte Freud, um es mit Cornelius Castoriadis zu sagen, zu einer denkwürdigen Gestalt.[13]

Sexualität und die ideale Patientin

Um die Dimension des Weiblichen in Freuds Traum wiederherzustellen, sollten wir uns kurz von der Emma-Episode abwenden und einen Blick auf die drei Frauen werfen, die in dem Traum und den Assoziationen auftauchen: Irma, ihre «intime Freundin, die ich sehr hoch schätze»,[14] sowie eine dritte Frau, von der er sagt: «Ich möchte sie nicht zur Patientin haben, da ich gemerkt habe, daß sie sich vor mir geniert, und ich sie für keine gefügige Kranke halte. [...] Es handelt sich natürlich um meine eigene Frau.»[15] In diesen Assoziationen mißt Freud die potentiellen Patientinnen an dem Ideal der gefügigen Patientin.[16] Anstatt den Mund zu öffnen und «mehr zu erzählen», verhielten sich die Frauen zurückhaltend, scheu, widerspenstig, kurz, sie boten Widerstand. Die hier beschriebene Arzt-Patientin-Beziehung ist durch und durch geprägt von Zurückhaltung, Widerstreben und Widerstand und deckt sich vollkommen mit der um einige Monate älteren Beschreibung im Therapiekapitel der *Studien über Hysterie*, in der es um die körperliche Schwerarbeit bei der Überwindung von Widerstand geht:

«Man drängt sich unter beständiger Überwindung von Widerstand in innere Schichten ein, [...] prüft, bis wie weit man mit seinen gegenwärtigen Mitteln und seiner gewonnenen Kenntnis vordringen kann, [...] und gelangt, indem man einem Erinnerungsfaszikel nachgeht, jedesmal auf einen Nebenweg, der schließlich doch wieder einmündet. Endlich kommt man auf solche Art so weit, daß man das schichtweise Arbeiten verlassen und auf einem Hauptwege direkt zum Kerne der pathogenen Organisation vordringen kann. Damit ist der Kampf gewonnen, aber noch nicht beendet. Man muß die anderen Fäden nachholen, das Material erschöpfen; jetzt hilft der Kranke energisch mit, sein Widerstand ist meist schon gebrochen.»[17]

So können wir in diesem Traum auch einen schnellen Blick auf Freuds subjektivere Reaktion auf den Widerstand einer Patientin werfen: er fand sie «unklug, weil sie meine Lösung nicht akzeptiert»,[18]

Der Traum der Psychoanalyse

wohingegen die «klügere» Patientin «eher nachgeben» würde.[19] Einerseits bewundert und respektiert er eine Frau, die an hysterischem Würgen leidet und dennoch «stark genug» ist, «ihre Zustände ohne fremde Hilfe zu beherrschen».[20] Sollte sie aber seine Patientin werden, würde er wünschen, sie wäre gefügig und klug genug, sich ihm vollständig hinzugeben und sich von ihm deflorieren oder entblättern zu lassen, um in Freuds eigener Metaphorik zu bleiben.

Das Symbol für die sich sträubende Patientin ist das «künstliche Gebiß» und die damit verbundene Desillusionierung:

«Der Vorgang im Traum erinnert mich an die vor einiger Zeit vorgenommene Untersuchung einer Gouvernante, die zunächst den Eindruck von jugendlicher Schönheit gemacht hatte, beim Öffnen des Mundes aber gewisse Anstalten traf, um ihr Gebiß zu verbergen. An diesen Fall knüpfen sich andere Erinnerungen, an ärztliche Untersuchungen und an kleine Geheimnisse, die dabei, keinem von beiden zur Lust, enthüllt werden.»[21]

Aber die falschen Zähne ließen ihn auch an Martha, seine Frau denken; ziemlich sicher wurde er an einen Vorfall erinnert, der sich während ihrer Verlobung ereignet hatte, als Martha versucht hatte, ihren Zahnschmerz vor ihrem Verlobten zu verbergen, mittels einer jener Ausflüchte, wie Freud es nannte, die ihn fast zwei Jahre ärgerten.[22] Diese kleinen Tricks, Täuschungsmanöver und Unaufrichtigkeiten waren ganz dazu angetan, Freud, den Kämpfer für Wahrheit und Offenheit um jeden Preis, zornig zu machen: Lieber würde er sich ihren Mund mit falschen Zähnen vorstellen als mit einem falschen Wort darin, hatte er ihr geschrieben.[23] In dem Traum von Irmas Injektion sinnt er darüber nach, daß der Mangel an Aufrichtigkeit bei einer schönen Frau wahrscheinlich auf ein künstliches Gebiß zurückzuführen sei; Enttäuschung auf beiden Seiten ist das Ergebnis. Sie ist enttäuscht, weil die Wahrheit doch an den Tag kommt; er nicht etwa, weil sich die Schönheit als falsch entpuppt, sondern weil seine Patientin sich ihm mit Täuschungen und Ausflüchten entziehen wollte. Wieder macht sich Freud, der Wahrheitsfanatiker, der Tyrann der Aufrichtigkeit, auf und stellt an seine Patientinnen dieselben Forderungen wie bereits an seine Verlobte. Die Ironie des Schicksals will es, daß Freud ausgerechnet durch seine Wahrheitsliebe und moralische Strenge die Freundschaft der Frau verlieren wird, die er in seinem Traum wegen ebendieser Charaktereigenschaften am meisten bewundert hatte.

Seine Beurteilung der Patientinnen ist jedoch gewissen Schwankungen unterworfen; in seinen Assoziationen wirft er zuweilen den drei

Die Erfindung der Psychoanalyse

Frauen unterschiedslos vor, sie sträubten sich dümmlich gegen seine Behandlung – im Sinne von «alle Frauen sträuben sich, alle Frauen sind gleich». Dann wieder vergleicht er die widerstrebende und widerspenstige Irma mit der Patientin, die er bewundert; sozusagen «Frauen sind alle gleich ausgenommen eine, die ideale». Aber wie sehr sie sich auch sträubten, Freud hatte schon Anfang 1895 eine Strategie ausgearbeitet, um den Widerstand seiner Patientinnen zu brechen: «[...] das Interesse, das man ihr bezeugt, das Verständnis, das man sie ahnen läßt, die Hoffnung auf Genesung, die man ihr macht, werden die Kranke bestimmen, ihr Geheimnis aufzugeben.»[24] Die Ungeduld gegenüber Patientinnen, die ihm die Arbeit erschwerten und sich eigensinnig an ihre Hysterie klammerten, fügt sich jedoch in das Bild des optimistischen Therapeuten, der Freud war. Anders als die Ärzte, die er wegen ihrer Unwissenheit bezüglich der Hysterie verhöhnte, hatte er es sich zum Ziel gemacht, nervöse Störungen zu heilen, und er gab die Hoffnung auf die vollständige Genesung seiner Patientinnen nie auf. Nicht nur diese waren daher enttäuscht, wenn der Fortschritt ausblieb, auch Freud selbst war es. Er mochte seine Patienten noch so sehr tadeln (und jene Ärzte, die sich so absurd benahmen und kein Vertrauen zu ihm hatten), er blieb ein Idealist; er war, wie vor zehn Jahren mit der neuen Droge Kokain, der Verfechter einer neuen Therapie. Wir können sogar sagen, daß Freud seine Patientin als widerstrebend erlebt, weil er ihr *zu viel* versprochen hat; sein Versprechen bedeutete, daß nicht nur *sie* hohe Erwartungen hatte, sondern auch er. Und diese hohen Erwartungen mußten auf der Stelle in Enttäuschung oder Frustration umschlagen, wenn seine «Lösung» nicht akzeptiert wurde, nicht das war, was sie sich wünschte, was sie erwartet hatte, was ihr versprochen worden war.

Auf seiner Suche nach Rechtfertigung im Traum malt Freud das Porträt der guten Patientin, der idealen Patientin, die bereit wäre, seine Lösung zu akzeptieren. Welches war nun die Lösung, die er Irma anbot, die weder sie noch Breuer akzeptieren wollten? Es besteht kein Zweifel daran, daß Freud sie für eine Hysterikerin hielt, aber er spielte auch mit Alternativen.

«Meine Patientin Irma ist eine jugendliche Witwe; wenn es mir darum zu tun ist, den Mißerfolg der Kur bei ihr zu entschuldigen, werde ich mich wohl am besten auf diese Tatsache berufen, an welcher ihre Freunde gern ändern möchten. Wie merkwürdig übrigens ein solcher Traum gefügt ist! Die andere, welche ich an Irmas Statt im Traume zur Patientin habe, ist auch eine junge Witwe.»[25]

Der Traum der Psychoanalyse

Freud ließ sich von ähnlichen Gedanken leiten, wenn er von seinem Freund Otto sprach: «Er hatte nämlich die Gewohnheit, bei allen möglichen Anlässen zu schenken; hoffentlich wird er einmal durch eine Frau davon kuriert.»[26] Diese beiden Passagen lassen erkennen, daß Freud die Ehe für eine einfache Therapie für Neurosen hielt. Seinen Berechnungen zufolge konnten Witwen und Junggesellen, deren neurotische Züge zwanghaftes Schenken und Dauerschmerz waren, durch sexuelle Befriedigung geheilt werden. Fließ' Hochzeit mit einer jungen Dame aus dem Freud-Kreis war zweifellos der Anstoß für derlei Überlegungen; es muß ihm damals vorgekommen sein, als wären mit der Heiratsvermittlung schnellere Erfolge zu erzielen als mit der Psychotherapie.

In seiner Anfang 1895 veröffentlichten Arbeit über die Angstneurose hatte Freud die These aufgestellt, daß bei erworbenen – im Gegensatz zu ererbten – neurotischen Angstzuständen Einflüsse aus dem sexuellen Leben als ätiologische Faktoren wirksam werden können. So konnte die Ursache dieser Angst bei Mädchen ihr «erste[s] Zusammentreffen mit dem sexuellen Problem» sein, bei frisch verheirateten Frauen ihre Unlust beim Geschlechtsverkehr und bei länger verheirateten Frauen die nachlassende Potenz ihrer Männer beziehungsweise der von ihnen praktizierte Coitus interruptus oder reservatus.[27]

«[...] man kann sich bei der Analyse einer großen Anzahl von Beispielen leicht überzeugen, daß es nur darauf ankommt, ob die Frau beim Koitus zur Befriedigung gelangt oder nicht. Im letzteren Falle ist die Bedingung für die Entstehung der Angstneurose gegeben. Dagegen bleibt die Frau von der Neurose verschont, wenn der mit Ejaculatio praecox behaftete Mann den Congressus unmittelbar darauf mit besserem Erfolge wiederholen kann. [...] Der Coitus interruptus ist fast regelmäßig eine Schädlichkeit [...]. Wartet der Mann im Gegenteile die Befriedigung der *Frau* ab, so hat ein solcher Koitus für letztere die Bedeutung eines normalen; es erkrankt aber dann der Mann an Angstneurose.»[28]

Selbstverständlich, fügt Freud hinzu, treten Angstneurosen auch bei «*Witwen* und *absichtlich Abstinenten*»[29] auf:

«Doch kommt für den Fall der Abstinenz gewiß noch die absichtliche Verdrängung des sexuellen Vorstellungskreises hinzu, zu welcher die mit der Versuchung kämpfende abstinente Frau sich häufig entschließen muß, und ähnlich mag in der Zeit der Menopause der Abscheu wirken, den die alternde Frau gegen die übergroß gewordene Libido empfindet.»[30]

Die Erfindung der Psychoanalyse

Mit diesen Erkenntnissen über die Ursachen der Angst tritt Freud als außerordentlich fortschrittlicher Sexualforscher auf (als der er später seltener erscheinen wird): ein Autor von Ehehandbüchern, die detailliert das gesunde Sexualleben schildern und vor allem der weiblichen sexuellen Erregung und Befriedigung größte Aufmerksamkeit schenken.

Freuds Überlegungen im Zusammenhang mit Irmas Witwenstand müssen vor dem Hintergrund dieser wissenschaftlichen Überzeugungen gesehen werden. Er fühlte sich nicht verantwortlich für ihren Zustand, da sie entweder – indem sie sich sträubte – etwas vor ihm verbarg oder aber – als Witwe – neurotisch war. Und dafür konnte man ihn nicht verantwortlich machen, gleichgültig, wie sehr er wünschte, daß sie wieder heiraten würde. Wie man als Arzt mit derartigen Patienten umgeht, war Freud zu Beginn seiner ärztlichen Praxis durch Chrobak vermittelt worden. Die grundlose Angst, an der Chrobaks Patientin litt, konnte nur dadurch gelindert werden, daß man sie rund um die Uhr wissen ließ, wo sich ihr Arzt aufhielt. Chrobak erzählte Freud, daß diese Patientin, obwohl sie seit achtzehn Jahren verheiratet war, noch unberührt sei und daß in Fällen wie diesem der Arzt auf die Heilung verzichten und den Ruf des Ehemannes und dessen «häusliches Mißgeschick»[31] mit seinem eigenen Ruf verteidigen müsse. Selbst wenn die Leute über die Unfähigkeit des Arztes herziehen sollten, könne der Arzt nur schweigen. Die einzige Heilmethode in solchen Fällen, so Chrobak, sei eine wiederholte Dosis «penis normalis»[32].

Der Wunsch, abstinent lebende Patientinnen zu heilen, könnte also ganz einfach erfüllt werden: Freud könnte ja seine Patientinnen sexuell befriedigen. Dies wäre eine therapeutische Maßnahme in seiner Funktion als Arzt, aber als Konsequenz würde die Rolle des Arztes mit der des Liebhabers vermischt. Freud hatte seinen Bericht über den Irma-Traum mit dem Hinweis eingeleitet, ein wichtiges Element sei hier die Verwirrung innerhalb der sozialen Rollen:

«Im Sommer 1895 hatte ich eine junge Dame behandelt, die mir und den Meinen freundschaftlich sehr nahe stand. Man versteht es, daß solche Vermengung der Beziehungen zur Quelle mannigfacher Erregungen für den Arzt werden kann, zumal für den Psychotherapeuten. Das persönliche Interesse des Arztes ist größer, seine Autorität geringer. Ein Mißerfolg droht die alte Freundschaft mit den Angehörigen des Kranken zu lockern.»[33]

Um ermessen zu können, wie bedeutsam die Überschneidung von beruflichem und persönlichem Leben war, müssen wir die Identität noch weiterer Protagonisten des Traums erkunden. Die Analyse dieses Traums hat sich schon unmittelbar nach seiner Veröffentlichung als Lieblingssport der Freudianer erwiesen, und einige der wilderen Interpretationen veranlaßten Freud, aufschlußreiche Informationen über die wahre Identität der Traumfiguren zu geben. Eine Anfrage kam im Januar 1908 von Karl Abraham:

«Ich wüßte gern, ob das erste Traum-Paradigma in der Traumdeutung absichtlich unvollständig gedeutet ist (‹Irmas Injektion›). Ich finde, daß Trimethylamin auf den wichtigsten Teil führt, auf sexuelle Andeutungen, die in den letzten Zeilen immer deutlicher werden. Alles weist doch auf den Verdacht syphilitischer Infektion bei der Patientin hin [...].»[34]

Freud antwortete am Tag darauf:

«Im Paradigmata ist von Lues [Syphilis] *nicht* die Rede. Sexueller Größenwahn steckt dahinter, die drei Frauen, Mathilde, Sophie, Anna sind die drei Patinnen meiner Töchter, und ich habe sie alle! Für die Witwenschaft gäbe es natürlich eine einfache Therapie. Allerlei Intima natürlich.»[35]

Mit wenigen Worten werden drei Hauptthemen des Traums in einen Zusammenhang gebracht: das sexuelle, das familiäre und das medizinisch-therapeutische. Wie bereits erwähnt, ist Freuds «einfache Therapie für die Witwenschaft» das unverhüllte sexuelle Verlangen. Selbst wenn Freud eine Assoziation über die Untersuchung seiner Patientinnen im unbekleideten Zustand mit den Worten abbrach: «Das Weitere ist mir dunkel, ich habe, offen gesagt, keine Neigung, mich hier tiefer einzulassen»,[36] bleibt die im Text enthaltene Frage nach einer möglicherweise sexuellen Beziehung zu seinen Patientinnen unbeantwortet, und er mußte sich dessen bewußt sein. Aber sobald wir die drei Patientinnen identifizieren, stoßen wir auf ein komplexeres familiäres Motiv: Die Patientinnen, die Freud in seinem Traum besitzt, sind zugleich die Patinnen seiner Töchter. Freud entdeckte in seinem eigenen Traum nicht nur das sexuelle Verlangen, ihre sexuelle Frustration zu lindern, er entdeckte, daß auch im engsten Familienkreis sexuelle Wünsche existieren, Wünsche, deren Befriedigung zum Inzest führen würde.

Die Erfindung der Psychoanalyse

Die drei Patinnen

Irma ist Anna Hammerschlag-Lichtheim; ihre Freundin ist Sophie Schwab-Paneth; die dritte Frau, die in den meisten Traumszenen als Martha identifiziert wurde, ist Mathilde Breuer.[37] Dies sind die drei Frauen, die Freud im Traum «hat», wie er schrieb. Zweifellos stellt er sie sich als Freuds Frauen vor. Es sind die Frauen, nach denen er seine Töchter benannt hat.

Anna Hammerschlag war die Tochter von Samuel Hammerschlag, Freuds Hebräischlehrer in der Schule; in den achtziger Jahren sprach Freud einmal von der «tiefgewurzelten Sympathie, die seit den Gymnasialjahren zwischen dem braven alten jüdischen Lehrer und mir besteht»[38]. Neben Breuer war Hammerschlag der engste, zuverlässigste und «väterlich fürsorgende Freund»[39]: «Er hat mich rührend lieb. Es ist so eine geheime Sympathie zwischen uns und wir kommen auch in sehr intimes Gespräch. [...] Ich stehe seit Jahren wie ein Sohn zu ihm.»[40] Anna, die Tochter seines Lehrers, war für Freud «ein vortreffliches Mädchen»[41], das er wegen des guten Einflusses auf seine Schwestern lobte. 1885 heiratete sie Rudolf Lichtheim aus Breslau, den Sohn des namhaften Neurologen Ludwig Lichtheim, eines langjährigen Freundes von Breuer. Freud sollte ihn später in seinem Buch über Aphasie in einem Punkt heftig kritisieren. Breuers ältester Sohn Robert arbeitete als junger Arzt eine Zeitlang mit ihm zusammen. Als Anna heiratete, drängte Freud seine Verlobte, ihr eine Gratulationskarte zu schreiben, da er offensichtlich die Beziehung zwischen den beiden Familien aufrechterhalten wollte.[42] Annas Mann starb jedoch schon nach knapp einem Jahr,[43] und sie war gezwungen, als Lehrerin zu arbeiten[44]. Ende der achtziger Jahre mieteten die Freuds Sommerhäuser in Reichenau neben den befreundeten Familien Breuer, Hammerschlag, Schwab, Schiff und Kassowitz. Am 30. April 1893 heiratete Annas Bruder Paul Hammerschlag Bertha Breuer, die Tochter von Josef und Mathilde Breuer. In Wien wohnten die Familien Hammerschlag und Breuer im selben Haus wie die Freuds, zuerst auf der Brandstätte und ab 1912 in der Neustiftgasse.[45] Anna war eine gute Freundin von Martha Freud, wie Freud andeutete, als er erwähnte, daß Anna «mir und den Meinigen freundschaftlich sehr nahe stand»[46]. Die Besetzung des Irma-Traumes stammt – sowohl die Ärzte wie die Patientinnen – klar erkennbar aus dem geschlossenen jüdischen Kreis, dem Freud angehörte.[47]

Der Traum der Psychoanalyse

Auch Sophie Schwab-Paneth stammte aus diesem Kreis. Ihre Mutter hatte zwei Schwestern: Frau Hammerschlag und Frau Altschule. Sophie war also Hammerschlags Nichte und außerdem Annas Cousine und vertraute Freundin. Sie verlobte sich mit einem Kollegen Freuds, Josef Paneth, und im April 1884 liehen die Verlobten Freud fünfzehnhundert Gulden, damit er Martha in Wandsbek besuchen konnte. «Es klingt wirklich wie ein Kapitel aus Dickens»,[48] schrieb Freud an Martha. Er fühlte sich besonders Sophie verpflichtet, da das Geld anscheinend mehr von ihrer Seite als von seiner kam. Schon damals befürchtete Freud angesichts von Paneths Tuberkulose, daß Sophie bald Witwe sein würde; tatsächlich sollte Josef Paneth sechs Jahre später sterben. Ihre Hochzeit im Mai 1884 war eine der wenigen, an denen Freud teilnahm, und er schrieb Martha einen boshaften sechzehnseitigen Brief, in dem er sich über die Zeremonie lustig machte.[49] Als 1887 Mathilde, das erste Kind von Sigmund und Martha Freud, geboren wurde und man es pflichtgemäß nach der ersten der drei Patinnen nannte, gingen die drei zukünftigen Patinnen, Mathilde Breuer, Sophie Paneth und Anna Lichtheim, bei der Familie Freud ein und aus, und Sophie machte den Vorschlag, ihr kleiner Sohn Ludwig sollte später einmal die gerade vier Tage alte Mathilde heiraten.[50]

Sophie kam sowohl in den *Studien über Hysterie* als auch in dem Traum von Irmas Injektion vor; bei beiden Gelegenheiten bewunderte Freud ihren starken Charakter und ihre Intelligenz. In den *Studien* beschreibt er sie als «eine hochbegabte, an leichten nervösen Zuständen leidende Frau, deren ganzes Wesen die Hysterika bezeugt, wenngleich sie nie den Ärzten zur Last gefallen ist, nie die Ausübung ihrer Pflichten hat unterbrechen müssen».[51] Daß sie sich der heftigen Wirkung schämte, welche die Erinnerungen in ihr hervorriefen, war der Grund, weshalb Freud sie daran hinderte, ihren Freunden mehr davon zu erzählen. Sie hatte vier ihr sehr nahestehende Menschen im Sterbebett gepflegt und inszenierte chronologisch genaue «jährlich wiederkehrende Erinnerungsfeiern» für die Verstorbenen, bei denen sie sich weinend an die letzten Stadien der tödlichen Krankheit erinnerte.[52]

Bei der Analyse seines «Non vixit»-Traumes in der *Traumdeutung*[53] sann Freud über Josef Paneth nach, den ehrgeizigen jungen Demonstrator am Wiener physiologischen Institut, dessen Karriere durch seinen frühen Tod jäh beendet wurde. Allein durch die Publikation dieser Analyse reaktivierte Freud die verdrängten, unbewußten Wünsche, die er im Traum Paneth übertragen hatte, nämlich durch den

Versuch, «die Rücksicht auf so teure Personen meinem Ehrgeiz aufzuopfern», [54] indem er ihren Tod herbeiwünschte oder sie indiskret behandelte und sich dafür vorwerfen lassen mußte, «daß ich nichts für mich zu behalten vermöge»[55]. Wie Paneth hatte auch Freud in Brückes Laboratorium gearbeitet, wo Beförderungen lange auf sich warten ließen. Freud assoziierte Paneths Ungeduld – die um so größer war, als Paneth sich seiner geringen Lebenserwartung bewußt war; sein Murren über den Vorgesetzten, der den Platz nicht räumen wollte, hatte den Beiklang von Todeswünschen – mit seinem eigenen dringenden Wunsch, einen vakant werdenden Platz einzunehmen; «wo immer es in der Welt Rangordnung und Beförderung gibt, ist ja der Weg für der Unterdrückung bedürftige Wünsche eröffnet».[56] Indem Freud sich über Paneths bösen Wunsch, ein anderer möge eliminiert werden, damit er seinen Platz einnehmen könne, weiter ausließ, enthüllte er seine eigenen Gedanken: «Wie viele habe ich schon zum Grabe geleitet; ich aber lebe noch, ich habe sie alle überlebt, ich behaupte den Platz.»

Dennoch gab es einen Kontrapunkt zu diesen mörderischen, egoistischen Wünschen: «Es ist niemand unersetzlich. [...] alles, was man verloren hat, kommt wieder.»[57] Freud besingt elegisch die Wiederkehr seiner toten Freunde in der Gestalt von *Revenants* und beschwört die drei Frauen, Mathilde, Sophie und Anna, die seinen Kindern ihre Namen gegeben hatten:

«Ich hielt darauf, daß ihre Namen nicht nach der Mode des Tages gewählt, sondern durch das Andenken an teure Personen bestimmt sein sollten. Ihre Namen machen die Kinder zu *Revenants*. Und schließlich, ist Kinder haben nicht für uns alle der einzige Zugang zur *Unsterblichkeit*?»[58]

Zweifellos enthüllt uns der «Non vixit»-Traum Wesentliches über Freuds Beziehungen zu seinen Freunden; aber wir bekommen auch einen Eindruck von seinem sexuellen Größenwahn, wenn wir lesen, daß Freunde und Kollegen durch ihren Tod für ihn «den Platz räumten». Vielleicht erkannte sich Sophie in dem Traum von Irmas Injektion wieder und erriet mehr, als sie sollte, von seinen verborgenen Wünschen. Auf jeden Fall war sie die erste Person, die auf die Veröffentlichung der *Traumdeutung* reagierte: «Das Buch ist eben verschickt worden. Die erste Reaktion, die ich wahrgenommen, war die Kündigung der Freundschaft von Seiten einer lieben Freundin, die sich durch die Erwähnung ihres Mannes im Traum ‹Non vixit› verletzt fühlt.»[59] Diese Frau, die Freud wegen ihrer geistigen Unabhängigkeit bewunderte und die die Erinnerung an den Tod ihrer Lieben auf eine so ungewöhnliche Weise wachhielt, fühlte sich verletzt, weil Freud den Tod ihres Gatten dazu benutzt hatte zu zeigen, daß niemand unersetzlich sei. Vielleicht spürte sie auch, daß er die Grenze des Erlaubten überschritten hatte, als er die Erinnerung an die verstorbenen Freunde seinem Ehrgeiz, seinem Traumbuch, opferte.

Die drei Frauen, hatte Freud Abraham geschrieben, seien Mathilde, Sophie und Anna, die drei Taufpatinnen seiner Töchter, «und ich habe sie alle!». Wo muß man Mathilde Breuer in diesem Traum suchen? Der Name Mathilde figuriert als direkte Assoziation zu der erneuten Untersuchung Irmas durch Breuer, aber im Zusammenhang mit Mathilde S., einer langjährigen Patientin von Freud, die mit der Diagnose einer schweren Psychose und erotischen Wahnvorstellungen, Freud betreffend, im Wiener Svetlin-Spital aufgenommen worden war und infolge einer unerwarteten toxischen Reaktion auf das von Freud verschriebene Sulfonal starb.[60] Er hatte damals – erfolglos – Breuer um Hilfe gebeten. Drei Jahre später, als seine sechsjährige Tochter Mathilde 1893 an Diphtherie erkrankte, befürchtete Freud, sie würde sterben; «jetzt kommt es mir beinahe wie eine Schicksalsvergeltung vor. Als sollte sich die Ersetzung der Personen in anderem Sinne fortsetzen; diese Mathilde für jene Mathilde; Aug' um Aug', Zahn um Zahn»[61]. Mathilde wurde durch ihren Wunsch nach Erdbeeren gerettet. Obwohl keine Erdbeerzeit war, konnte ein renommiertes Geschäft mit einer Frucht aushelfen. Als die Kranke die Beere schluckte, kam es zu einem solchen Hustenanfall, daß sich der Schleim in ihrer Kehle löste; am nächsten Tag befand sie sich bereits auf dem Weg der Besserung.[62]

Der Irma-Traum bietet eine Fülle von solchen Identifikationen, und Mathilde Breuer kann hier genausogut mit Dr. M. wie mit der erotisch besessenen Mathilde S. und der Geschichte von der dem Tod entgangenen Mathilde Freud in Zusammenhang gebracht werden. Mathilde Breuer, jüngste Tochter des wohlhabenden Weinhändlers Salomon Altmann, heiratete 1868 als Zweiundzwanzigjährige Josef Breuer. Dieser arbeitete damals noch im Krankenhaus und mußte eine Erlaubnis einholen, um seine Assistentenstelle bei Johann Oppolzer behalten zu können; als die Fakultät darauf bestand, daß er jede zweite Nacht im Krankenhaus zubringen müsse, lehnte Breuer ab und setzte damit seine Universitätslaufbahn aufs Spiel. Er versprach, eine Wohnung in der Nähe des Krankenhauses zu beziehen, und erhielt schließlich seinen Dispens.[63] Das frisch verheiratete Paar zog mit Breuers verwitwetem Vater zusammen. Zwischen 1869 und 1876 brachte Mathilde vier Kinder zur Welt: Robert, Bertha, Margarethe (Gretel) und Johannes. Dora, das letzte Kind, wurde 1882 während Breuers Behandlung der Bertha Pappenheim geboren.

Mathilde war eine auffallend schöne, ein wenig scheue und zurückhaltende Frau.[64] In einem vertraulichen Gespräch der beiden Freunde über Geisteskrankheiten, ungewöhnliche Fälle wie Bertha Pappenheim und alle möglichen Familienangelegenheiten, stellten sie fest, daß sie ihren Frauen denselben Kosenamen gegeben hatten: Cordelia. Breuer, weil Mathilde unfähig sei, anderen ihre Zuneigung zu zeigen, sogar bei ihrem Vater.[65] Freud bewunderte Mathilde, seit er ihr 1875 als achtzehnjähriger Student begegnet war, und das beruhte auf Gegenseitigkeit. Es war die schöne Zeit seiner Freundschaft mit ihrem Mann, als er Martha schrieb: «Das sind liebe, gute und verständige Freunde. Wir plauderten bis ein Uhr. Sie besteht immer darauf, daß ich bald eine kleine Wohnung nehme und eine Tafel heraushänge, nur eine Tafel, eine schöne Tafel.»[66] Zwei Jahre später, im April 1886, bestand Mathilde tatsächlich darauf, das Schild vor Freuds erstem Sprechzimmer anzubringen.[67]

Das Ende von Freuds Freundschaft mit Breuer war auch das Ende der Beziehung zwischen den beiden Familien; Freud reagierte höchst empfindlich auf jedes Anzeichen von «Verbreuerung»[68] bei seinen Freunden und seiner Familie. Erst mit dem Tod Breuers 1925 begannen die Wunden zu heilen, zumal Robert Breuer Freud versicherte, sein Vater habe seine Arbeit die ganzen Jahre über mit Interesse verfolgt. Im folgenden Jahr gratulierte die inzwischen achtzigjährige Mathilde Freud zu seinem siebzigsten Geburtstag. Freud antwortete:

«Die Zeilen, in denen Sie mir zum siebzigsten Geburtstag gratulieren, haben die größte Bewegung in mir hervorgerufen. Das kleine schwarzumränderte Blatt rief mir blitzschnell alles in Erinnerung zurück, von dem Augenblicke an, da ich Sie zuerst mit einer kaum zweijährigen Tochter bei Tische sitzen sah, durch die Türe des Ordinationszimmers spähend, über die ganze Zeit hinweg, da ich mich fast zu den Ihrigen rechnen durfte, bis zu allem Wechselvollen, was seither mit mir geschehen ist. Gestatten Sie mir, daß ich Ihnen auch im Gedenken an jene Vergangenheit den ehrerbietigen Dank sage.»[69]

Im Irma-Traum stellt Freud Mathilde zwei Witwen zur Seite, als wolle er sie als Komplizin gewinnen, wenn er Breuer die ärztliche Kompetenz abspricht. Wünscht sich Freud diese Freundinnen und Patientinnen, weil sie Witwen sind? Vielleicht. Aber diese drei Frauen stellen mehr dar als Patientinnen und zugleich Freundinnen, mit denen

Der Traum der Psychoanalyse

Freud regelmäßig und schon jahrelang verkehrt. Sie sind auch, wie Freud ausführlich Abraham erklärt, jene drei Frauen, die in einem Traum am besten seine Töchter repräsentieren können. Er «hat» sie alle, und nicht nur die drei, sondern auch alle Rollen, die sie spielen: Sofern sie Patientinnen sind, heilt er sie; sofern sie verwitwete Patientinnen sind, «heilt» er sie von der sexuellen Enthaltsamkeit, zu dem ihr Unglück sie verdammt hat; sofern sie seine Töchter repräsentieren, «hat» er sie. Nicht der sexuelle Größenwahn im quantitativen Sinn ist in diesem Traum so auffallend, sondern die Tatsache, daß es verschiedene Arten von Frauen sind, die er besitzt. Nämlich die Patientin, die Witwe, die Patin, die Freundin – und die Tochter. Welche Rolle sollen wir also Freuds Töchtern in diesem für die Psychoanalyse so folgenreichen Traum zuschreiben? Um diese Frage zu beantworten, müssen wir uns der Theorie der Hysterie zuwenden, die Freud zu jener Zeit entwickelte.

Die Verführungstheorie

Wie wir gesehen haben, erwartete Freud von seinen Patientinnen Offenheit. Von seinen Hysterikerinnen erwartete er insbesondere, daß sie ihm etwas über die sexuellen Verführungen in ihrer Kindheit erzählten. Anfang der 1890er Jahre erfuhr er in seiner Praxis von verschiedensten Formen der sexuellen Verführung, die von verbalen und körperlichen Annäherungsversuchen bis zum eigentlichen, Angst erzeugenden sexuellen Angriff reichten. Daraufhin kam er zu der Ansicht, daß nicht eine vererbte hysterische Veranlagung, sondern die Verführung die Vorbedingung für eine Verdrängung darstellte.

«An Stelle dieser unbestimmten hysterischen Disposition kann nun ganz oder teilweise die posthume Wirkung des sexuellen Kindertraumas treten. Die ‹Verdrängung› der Erinnerung an ein peinliches sexuelles Erlebnis reiferer Jahre gelingt nur solchen Personen, bei denen dies Erlebnis die Erinnerungsspur eines Kindertraumas zur Wirkung bringen kann.»[70]

Wie er es wenige Wochen nach dem Traum von Irmas Injektion ausdrückte, sei er auf der Fährte einer «engen Bedingtheit»: «[...] für die Hysterie, daß ein primäres Sexualerlebnis (vor der Pubertät) mit

Abneigung und Schreck, für die Zwangsneurose, daß es *mit Lust* stattgefunden hat.»[71]

Die Verführungstheorie gründete sich auf das, was Freud von seinen Patienten gehört hatte, und auf Erkenntnisse der allgemeinen Psychologie, die Freud heranzog, um die pathologische Abwehr zu erklären. Von Anfang an betonte er, daß die Hysterie die Folge eines «präsexuellen Sexualschrecks» sei.[72] Er unterschied zwischen Erlebnissen, die mit Unlust erinnert wurden und daher zu einem Konflikt und somit zur Hysterie führten, und Erlebnissen, an die man sich zwar mit Lust, aber begleitet von Vorwürfen erinnerte, was zur Zwangsneurose führen konnte.[73] 1896 konzentrierte er sich auf die verschiedenen Konsequenzen, die sich aus der Zeitbestimmung der Ereignisse[74] und den Details ergaben: «Die Hysterie [ist] eigentlich also nicht abgelehnte Sexualität, sondern besser *abgelehnte Perversion*»,[74] und zwar Ablehnung der Perversion des Verführers, des Vaters. Dennoch stößt etwas im Wesen der Patientin den Verführer nicht zurück, sondern sehnt sich nach ihm, jenem «prähistorischen unvergeßlichen Anderen, den kein Späterer mehr erreicht»[76]. Die Miniaturkrankengeschichten, die er Fließ zuschickte, zeigen auf, in welch engem Zusammenhang die Details dieser Verführungen mit den Symptomen der späteren Jahre und dem «oralen Sexualsystem»[77] standen, da der tierische Charakter der Symptome auf die Perversionen der Verführer (Geruch, Urin, Fäkalien, Blut)[78] zurückging. Freud brachte damit nicht nur die Geheimnisse der prähistorischen Phase des Lebens seiner Patienten ans Licht, sondern schien auch in frühere Epochen der Menschheitsgeschichte zurückzureichen, etwa ins Mittelalter, als Folterer an ihren Opfern ähnliche sexuelle Gewaltakte begingen. Er zeigt sich selbst immer wieder verblüfft über die Wahrhaftigkeit und Klarheit seiner Entdeckungen:

«So habe ich eine sichere Zurückführung einer Hysterie, die unter dem Bilde der *periodischen Verstimmung* auftritt, auf Mißbrauch, der zum ersten Mal mit elf Monaten geübt wird, und höre die Worte wieder, die damals zwischen zwei Erwachsenen fielen! Das ist doch über den Phonographen.»[79]

Parallel zu seinem Studium von mittelalterlichen Horrorszenarien untersuchte er die alltäglichen Tragödien, die sich in Bürgerhäusern abspielten und deren Ursachen in der skrupellosen sexuellen Ausbeutung der Dienstmädchen durch bürgerliche Familienväter und deren Söhne sowie in den verdrängten Wünschen ihrer Ehefrauen und Töchter zu suchen waren, die in diesem System nicht auf ihre Kosten kamen. Freud sollte diesem System bis ins kleinste Detail in seiner

Der Traum der Psychoanalyse

Fallgeschichte «Dora» nachgehen. Anfang 1897 begann er sich bereits mit einer weiteren Quelle bestimmter Symptome zu beschäftigen: «Ich meine die hysterischen Phantasien, die regelmäßig, wie ich sehe, auf die Dinge zurückgehen, welche die Kinder früh gehört und erst nachträglich verstanden haben.»[80] Diese Phantasien «stammen aus *nachträglich* verstandenem *Gehörten*, sind natürlich in all ihrem Material echt. Sie sind Schutzbauten, Sublimierungen der Fakten, Verschönerungen derselben, dienen gleichzeitig der Selbstentlastung. Ihre akzidentelle Herkunft vielleicht von den Onanierphantasien»[81].

Dichtung, Träume und Phantasien fesseln Freuds Aufmerksamkeit, und nun kommt noch ein weiteres ähnliches Produkt des Geistes hinzu: der Roman. Der Roman der Illegitimität, der Prostitution, und schließlich der «Roman» vom Tod der Eltern – der «Wunsch, daß sie sterben mögen»[82]. Das Wunschdenken bekommt eine immer größere Bedeutung:

«In späteren Stadien hat sich die Abwehr gegen die Libido auch im *Ubw* Raum geschafft. Die Wunscherfüllung muß dieser unbewußten Abwehr genügen. Dies geschieht, wenn das Symptom als *Strafe* (wegen bösen Impulses oder aus Mißtrauen zur Selbsthinderung) wirken kann. Die Motive der *Libido* und der *Wunscherfüllung als Strafe* summieren sich dann.»[83]

Die Frage nach dem Wahrheitsgehalt erinnerter Verführungsszenen verlor an Bedeutung, als Freud erkannte, daß die Erinnerung an die von diesen Urszenen abgeleiteten *Impulse* der Verdrängung unterlag, und als die Dichtung im Hervorbringen von Symptomen genauso aktiv wurde wie die Realitätsfragmente selbst. Die drei Elemente, um die es hier ging, waren: «Erinnerungsstücke, *Impulse* (von der Erinnerung abgeleitet) und *Schutzdichtungen*»[84]. Und es sind die Phantasien, die *anstelle* der von Erinnerungen gebildeten «unbewußten Dichtungen», die nun die notwendige Vorbedingung für eine pathologische Abwehr erfüllen: vor allem, nicht Gegenstand einer *früheren* Abwehr gewesen zu sein.

«Es sind dies Erinnerungsfälschungen und Phantasien, letztere auf die Vergangenheit oder Zukunft bezüglich. Ich kenne ungefähr die Regeln, nach denen diese Gebilde sich zusammensetzen, und die Gründe, welche sie stärker machen als die echten Erinnerungen [...].»[85]

1897 war es für Freud aus mehreren Gründen interessant, der Zusammensetzung nachzugehen; er kannte sich mit den Ursachen und Strukturen von Phantasien aus, weil sie denen von Träumen entspra-

Die Erfindung der Psychoanalyse

chen. Genauso wie er die Bedeutung des Wunsches bei der Analyse des Irma-Traumes erkannt hatte, entdeckte er jetzt die Bedeutung des *Motivs* bei der Symptombildung. «Erinnern ist nie ein Motiv, sondern nur ein Weg, ein Modus. Das der Zeit nach erste Motiv der Symptombildung ist die Libido, das Symptom also eine *Wunscherfüllung* wie der Traum.»[86]

Die Sprache der Verführung und die Sprache des Wünschens waren ineinander verwoben, und genauso näherten sich Phantasie und Realität einander an, nun, da sie sich auf derselben Ebene befanden:

«Woher nimmt man nun das Material von Untreue, illegitimem Kind und dgl., um diesen Roman zu bilden? Gewöhnlich aus dem niedrigen sozialen Kreis der Dienstmädchen. Dort kommt dergleichen so häufig vor, daß man nie um Material verlegen ist, und hat besonderen Anlaß dazu, wenn die Verführerin selbst eine dienende Person war. In allen Analysen bekommt man darum dieselbe Geschichte zweimal zu hören, einmal als Phantasie auf die Mutter, das zweite [Mal] als wirkliche Erinnerung von der Magd.»[87]

Die Spaltung oder Verdoppelung der weiblichen Gestalten sollte Freud in seinem späteren Werk wiederaufnehmen, wobei er eine Unterscheidung zwischen der idealisierten, entsexualisierten Mutter und der verderbten Frau traf.

Nachdem die Verbindung zwischen Neurose und Traum durch die ihnen gemeinsame wunscherfüllte Phantasie hergestellt war, begann Freund 1897 sein Traumbuch zu schreiben. Er beschäftigte sich gründlich mit dem Supremat des Wunsches über die Realität und der Ununterscheidbarkeit von Dichtung und Realität und gelangte schließlich im Spätsommer desselben Jahres zu der Überzeugung, von der Verführungstheorie ablassen zu müssen. Vier Gründe nannte er, warum er nicht mehr daran glauben könne, daß die Ursache für eine Neurose immer in einer kindlichen Verführungsszene zu suchen sei: Zum ersten die Enttäuschung darüber, daß die Analysen nie abgeschlossen wurden, obwohl sie diese Verführungsszenen aufgedeckt hatten; zum zweiten die Überraschung, daß seine Analysen immer auf den Vater als Verführer hinweisen und daß die für so viele Hysterien erforderliche Anzahl von perversen Verführungen Minderjähriger in der Bevölkerung höchst unwahrscheinlich war; zum dritten «die sichere Einsicht, daß es im Unbewußten ein Realitätszeichen nicht gibt, so daß man die Wahrheit und die mit Affekt besetzte Fiktion nicht unterscheiden kann. (Demnach blieb die Lösung übrig, daß die sexuelle Phantasie sich regelmäßig des Themas der Eltern bemächtigt.)»[88]. Und zum vierten die Beobachtung, daß auch in der tiefgehendsten Psychose die Verführungsszene selbst nicht ins Bewußtsein vorzudringen vermochte. Es hatte einige Monate gedauert, bis er schrittweise, aber unweigerlich zu dieser Erkenntnis gekommen war; im September 1897 wurde ihm das plötzlich als Verlust bewußt.

Als Reaktion darauf wandte er sich seiner Selbstanalyse zu, «das Wesentlichste, was ich jetzt habe»,[89] eine Analyse, «die ich für unentbehrlich halte zur Aufklärung des ganzen Problems»[90]. Dies war der Augenblick, da Freud seine alte Kinderfrau – und nicht seinen Vater – als seine «Urheberin», seine Verführerin entdeckte. In welcher Form die Verführung vor sich ging, ist schwer zu sagen, aber sie ist sicher auf dem Gebiet phallischer Selbstachtung zu suchen: «[Sie hat] mir eine hohe Meinung von meinen eigenen Fähigkeiten beigebracht» und «mir in so früher Lebenszeit die Mittel zum Leben und Weiterleben vorbereitet».[91] Indem er seine Erinnerung an sie durch die Analyse seiner Träume wiederaufbaute, stieß Freud auf eines dieser «entsetzlich perversen Details», die er in den Geschichten seiner Patientinnen so unerklärlich – und daher so wahrheitsträchtig – fand: «Außerdem hat sie mich mit rötlichem Wasser gewaschen, in dem sie sich früher gewaschen hatte [...].»[92] Sehr bald entdeckte er die Erinnerung, daß er Angst gehabt hatte, seine Mutter sei für immer fortgegangen – so wie die alte Kinderfrau verschwunden war –, als Annas Geburt bevorstand. Der Angeklagte war also wieder nicht sein Vater, sondern sein Halbbruder Philipp, den er verdächtigte, seine Mutter eingeschlossen zu haben, so wie er seine Kinderfrau hinter Schloß und Riegel gebracht hatte.

Einer der Träume in der ersten Oktoberhälfte des Jahres 1897, in denen Freud seine alte Kinderfrau wiederentdeckte, handelte davon, wie barsch sie mit ihm umging. Eine alte und häßliche Magd tadelte Freuds «schlechte Gewohnheiten» (das Rauchen) und seinen «Mangel an Sauberkeit» wie auch seine exhibitionistischen Anwandlungen.[93] Freud muß eine Szene seiner Kindheit rekonstruiert haben, in der seine alte Kinderfrau ihn bestrafte, weil er sich entblößte und unordentlich war. Die Erwähnung der Magd – sie vertrat seine alte Kinderfrau – weist auf den nächsten Schritt in seiner Selbstanalyse hin. Denn die Magd versorgte eine neunzigjährige alte Dame namens Therese Franckel, die Freud jahrelang zweimal am Tag besucht hatte. Seine Träume führten ihn zu der Entdeckung seiner Kinderfrau, aber sie deuteten auch auf die Gestalt hinter der Magd: die alte Dame.

Freud hatte Therese Franckel mehrere Jahre als Arzt, nicht als

Die Erfindung der Psychoanalyse

Therapeut betreut und sie immer auf dieselbe Weise behandelt; er pflegte ihr morgens Augentropfen zu verabreichen und danach eine Morphiumspritze zu geben. Bei einem seiner Besuche passierte es, daß er die Handgriffe vertauschte: Statt Augentropfen träufelte er seiner Patientin Morphium ins Auge. Nach dem ersten Entsetzen stellte er zu seiner Beruhigung fest, daß es nur ein kleines Versehen war, mußte sich jedoch eingestehen, daß es ein sehr schweres Versehen gewesen wäre, wenn er ihr die Augentropfen injiziert hätte. Wieder also spielte eine unsaubere Injektion eine bedrohliche Rolle in seinem Seelenleben.

Als er seinen Fehler analysierte – und es war einer der ersten Fehler, die er als bedeutungsvolle Handlung einstufte –, dachte er an den Satz «sich an der Alten vergreifen». Tags zuvor hatte ihm ein junger Patient einen Traum erzählt, in dem er mit seiner Mutter sexuellen Verkehr gehabt hatte. Freud, der gerade die Verführungstheorie verworfen hatte, aber noch immer mit ihren Elementen herumspielte, stellte die Überlegung an, daß ein Traum wie dieser über die Altersunterschiede zwischen Sohn und Mutter hinwegging wie die Ödipussage über den Altersunterschied zwischen Ödipus und Jokaste. Er demonstrierte damit, wie Elemente aus verschiedenen Zeiten verbunden wurden: «[...] daß es sich bei der Verliebtheit in die eigene Mutter niemals um deren gegenwärtige Person handelt, sondern um ihr jugendliches Erinnerungsbild aus den Kinderjahren.»[94]

«In Gedanken solcher Art versunken, kam ich zu meiner über neunzigjährigen Patientin, und ich muß wohl auf dem Wege gewesen sein, den allgemein menschlichen Charakter der Ödipusfabel als das Korrelat des Verhängnisses, das sich in den Orakeln äußert, zu erfassen, denn ich vergriff mich dann ‹bei oder an der Alten›.»[95]

Die alte Frau und ihre Magd boten Freud passende Übertragungsmöglichkeiten für die beiden Mütter seiner Kindheit. Wenn ihm die Kinderfrau im Traum erschien, wandte er sich an seine wirkliche Mutter, um die Wahrheit über das Vergangene zu erfahren, so wie er einen Schritt über den Traum der Magd hinaus tat, indem er der alten Dame, die hinter ihr stand, wirklich Gewalt antat. Die alte Dame und seine Mutter bildeten für ihn ein so enges Paar, daß er mehrere Jahre hindurch beiden – und nur ihnen – sonntags einen Besuch abstattete. Einen familiären seiner alten Mutter im Witwenstand und einen ärztlichen der alten Dame, um ihr eine Injektion zu geben.[96] Für seinen Fehler bei der alten Dame machte Freud das verantwortlich, was er «eine alleinstehende Idee von allgemeinem Wert» nannte – eine Idee, die sich zu einer Vision entwickeln sollte, die weit über die Verführungstheorie hinausging:

«Ich habe die Verliebtheit in die Mutter und die Eifersucht gegen den Vater auch bei mir gefunden und halte sie jetzt für ein allgemeines Ereignis früher Kindheit [...]. (Ähnlich wie den Abkunftsroman der Paranoia – Heroen, Religionsstifter.) Wenn das so ist, so versteht man die packende Macht des Königs Ödipus [...]. Jeder der Hörer war einmal im Keime und in der Phantasie ein solcher Ödipus, und vor der hier in die Realität gezogenen Traumerfüllung schaudert jeder zurück mit dem ganzen Betrag der Verdrängung, der seinen infantilen Zustand von seinem heutigen trennt.»[97]

Es sollte noch dreizehn Jahre dauern, bis Freud den Terminus Ödipuskomplex prägte, aber hier lag der Ansatz für diesen fundamentalsten aller Freudschen Begriffe. Der Bruch mit der Verführungstheorie wird im letzten Satz des Zitats deutlich, in dem er das kindliche Stadium der Traumwunscherfüllung neben die von Verdrängung geprägte Realität stellt. Oder wie er es achtzehn Monate später formulieren sollte: «Realität – Wunscherfüllung, aus diesen Gegensätzen sprießt unser psychisches Leben.»[98] Und dieses Gegensatzpaar ist auch die Achse, auf der die *Traumdeutung* errichtet wurde.

Emma Eckstein und die Wunschtheorie

Emma Eckstein hat alle Entwicklungsstadien der Wunscherfüllungstheorie Freuds entscheidend beeinflußt. Der erste Hinweis auf die Bedeutung, die Freud dem Wünschen beimaß, stammt aus einem Brief vom März 1895, in dem er erstmals Emmas ernsten Zustand erwähnt:

«Höchstens kleine Analogie zu der Traumpsychose der D., die wir erlebt haben. Der Rudi Kaufmann, ein sehr intelligenter Neffe von Breuer, auch Mediziner, ist ein Spätaufsteher und läßt sich von einer Bedienerin wecken, der er dann sehr ungern folgt. Eines Morgens weckt sie ihn wieder und ruft ihn, da er sie nicht hören will, bei seinem Namen: ‹Herr Rudi›. Darauf halluziniert der Schläfer eine Spitalstafel (vgl. Rudolfinerhaus!) mit dem Namen: Rudolf Kaufmann darauf und sagt sich: Also ist der R. K. ohnedies schon im Spital, da brauch' ich ja nicht hinzugehen, und schläft weiter!»[99]

Die Erfindung der Psychoanalyse

In dieser halb klinischen, halb anekdotischen Beschreibung ist im Ansatz schon die Theorie enthalten, daß Träume und pathologische psychische Zustände Wunscherfüllungen sind; sie wurde jedoch erst später im klinischen Sinn weiterentwickelt.

In den frühen neunziger Jahren führte Freud das Phänomen der krankhaften Abwehr auf die Unvereinbarkeit zwischen Vorstellung und Ich und dem daraus folgenden Versuch des Ichs zurück, sich durch Verdrängung von der bedrohlichen Vorstellung zu befreien: «Der Fall eines jungen Mädchens, welches es sich verübelt, während der Pflege ihres kranken Vaters an den jungen Mann zu denken, der ihr einen leisen erotischen Eindruck gemacht hat; der Fall einer Erzieherin, die sich in ihren Herrn verliebt hatte, und die beschloß, sich diese Neigung aus dem Sinne zu schlagen, weil sie ihr mit ihrem Stolze unverträglich schien u. dgl. m.»[100] Unstatthafte Wünsche können diese Unvereinbarkeit herbeiführen, aber auch andere geistige Prozesse können das. «Der Alkoholiker wird sich nie eingestehen, daß er durch Trinken impotent geworden ist. Soviel Alkohol er verträgt, diese Einsicht verträgt er nicht.»[101] Alle diese Beispiele scheinen geradezu nach dem Begriff der Wunscherfüllung zu rufen: die Mutter, «die, über den Verlust ihres Kindes erkrankt, jetzt unablässig ein Stück Holz im Arme wiegt», oder die verschmähte Braut, «die seit Jahren im Putz ihren Bräutigam erwartet».[102] Diese eingebildeten Zustände waren wahrscheinlich der Traumpsychose sehr ähnlich, die Freud und Fließ Anfang 1895 bei Emma beobachtet hatten und für deren Ursache Freud einen Wunsch verantwortlich machte; Rudis Traum erschien ihm daraufhin als eine kurze psychotische Episode. Der Student, der seinen Namen auf der «Spitalstafel» liest, und die Mutter, die ein Stück Holz wiegt, werden beide von einem starken Wunsch getrieben.

Statt eine klinische Theorie von der Bedeutung der Wünsche zu entwickeln, schrieb Freud Ende 1895 den «Entwurf einer Psychologie», ein spekulatives Modell der Psyche, das zum Teil auf eine deduktive und mechanistische Darstellung der Gehirnelemente gründet. Der Wunschbegriff wurde damit auf einem höchst theoretischen Niveau weiterentwickelt. In den folgenden Jahren entstanden mehr oder weniger parallel zwei Wunschdarstellungen, eine deduktive, die von den postulierten Eigenheiten des psychischen Apparats ausging, und eine «klinische», die mehr dem alltäglichen Sprachbegriff entsprach. Die Theorie, die Freud im «Entwurf» und im letzten Kapitel der *Traumdeutung* darlegte, besagte Folgendes: «Das Denken ist doch nichts anderes als der Ersatz des halluzinatorischen Wunsches, und

Der Traum der Psychoanalyse

wenn der Traum eine Wunscherfüllung ist, so wird das eben selbstverständlich, da nichts anderes als ein Wunsch unseren seelischen Apparat zur Arbeit anzutreiben vermag.»[103] Die klinische Argumentation enthielt aber auch die Entdeckung, daß Träume Wunscherfüllungen sind und daß neurotische Symptome in Analogie mit den Träumen *ebenfalls* Wunscherfüllungen darstellen. Freud sollte bei mehreren Gelegenheiten auf diese entscheidende Analogie stoßen[104] – zum Beispiel im Mai 1897, wie wir bereits gesehen haben, als er die Wunscherfüllung mit den libidinösen Motiven der Symptombildung verband[105]; und dann nochmals im Februar 1899:

«Nicht der Traum allein ist eine Wunscherfüllung, auch der hysterische Anfall. Das hysterische Symptom ist es, wahrscheinlich jedes neurotische Ergebnis, da ich es frühzeitig schon vom akuten Wahnsinn erkannt habe. Realität – Wunscherfüllung, aus diesen Gegensätzen sprießt unser psychisches Leben.»[106]

Das Beispiel von akutem Wahnsinn, das Freud im Sinn hatte, war möglicherweise Emma Ecksteins Traumpsychose. Als er diese Ende 1894 beziehungsweise Anfang 1895 zurückverfolgte, stellte er sofort die Verbindung zwischen Symptomen und Träumen her, eine Verbindung, die für seine Psychologie im allgemeinen, besonders aber für die Wunscherfüllung von entscheidender Bedeutung war.

Warum dauerte es so lange, bis das Konzept vom Traum als Wunscherfüllung den ihm gebührenden zentralen Platz in Freuds Gedanken einnahm? Es lag wohl an der Hartnäckigkeit, mit der er in den Jahren 1895 bis 1897 an der Verführungstheorie festhielt. Emma Ecksteins Traumpsychose und der Traum von Irmas Injektion hatten ihn zwar auf die Bedeutung der Wunscherfüllung hingewiesen, aufgrund der Verführungstheorie konzentrierte er sich jedoch allein auf die zeitlichen Voraussetzungen für eine pathologische Abwehr (eine zu früh erweckte Sexualität, die Verbindung einer Szene aus der präsexuellen Ära mit späteren sexuellen Wünschen), anstatt die einfache Frage zu stellen: Warum geht die Patientin überhaupt diesen quälenden Vorstellungen nach?

Auf die Bedeutung der Wünsche stieß Freud auch noch in einem anderen Bereich – als er die Übertragung entdeckte:

«Ursprung eines gewissen hysterischen Symptoms war bei einer meiner Patientinnen der vor vielen Jahren gehegte und sofort ins Unbewußte verwiesene Wunsch, der Mann, mit dem sie damals ein Gespräch geführt, möchte doch herzhaft zugreifen und ihr einen Kuß aufdrängen. Nun taucht einmal nach Beendigung einer Sitzung ein solcher Wunsch in der Kranken in bezug auf meine Person auf; sie ist entsetzt darüber, verbringt eine schlaflose Nacht und ist das nächste Mal, obwohl sie die Behandlung nicht verweigert, doch ganz unbrauchbar zur Arbeit. Nachdem ich das Hindernis erfahren und behoben habe, geht die Arbeit wieder weiter und siehe da, der Wunsch, der die Kranke so erschreckt, erscheint als die nächste, als die jetzt vom logischen Zusammenhange geforderte der pathogenen Erinnerungen.»[107]

Das Zitat stammt aus der Abhandlung «Zur Psychotherapie der Hysterie», die Anfang 1895 entstand, als Freud Emma analytisch behandelte und Fließens verpatzte Operation wiedergutzumachen versuchte. Die Patientin, die einen Kuß von ihm haben wollte, kann also durchaus Emma gewesen sein. Die Selbstsicherheit, mit der Freud einem solchen Wunsch seitens einer Patientin begegnete und deren er sich später rühmte, als Breuer die Flucht vor dem Begehren seiner hysterischen Patientin ergriff, gewann er dadurch, daß er den Kuß, den Dr. Freud seiner Patientin in der Vorstellung gab, nicht als seine, sondern als Angelegenheit der Patientin betrachtete. Der Kuß hatte nichts mit ihm zu tun; er war die logische Folge des *Wunsches* der Patientin. Wenn Freud sich nicht sicher gewesen wäre, daß die Patientin dies *wünschte* – weswegen sie sich auch vorstellte, daß der Mann die Initiative ergriff und sie küßte –, dann wäre er womöglich in die Kußszene einbezogen worden. Anders ausgedrückt: Da er wußte, daß die Patientin den Kuß *wünschte*, konnte er sicher sein, daß die Übertragung von der Patientin und nicht vom Analytiker produziert wurde.

Um das Übertragungsphänomen erkennen zu können, mußte Freud also zunächst verstanden haben, daß ein Großteil der von den Hysterikerinnen verdrängten «Ideen» eher Wünsche waren als andere psychische Prozesse (wie zum Beispiel Vorwürfe gegenüber einer anderen Person). Die Begriffe Übertragung und Wunsch bilden ein Paar, das getrennt kaum vorstellbar ist. Die entscheidende Bedeutung erlangte das Konzept der Wunscherfüllung für Freud durch den in seiner praktischen Arbeit täglichen Umgang mit dem Phänomen der Übertragung.[108] Der Wunschbegriff entwickelte sich also in den ersten Monaten des Jahres 1895: von Emmas Wunschpsychose, von einfachen Wunscherfüllungsträumen sowie von Übertragungswünschen, bei denen Freud von Emma und anderen Patientinnen eine Rolle in erotischen Phantasieszenen zugewiesen bekam, hin zu Freuds These im Sommer desselben Jahres, daß alle Träume Wunscherfüllungen sind,

Der Traum der Psychoanalyse

und hin zu der allgemeinen Theorie, daß die psychischen Prozesse nur durch Wunschvorstellungen in Bewegung gesetzt werden. Und Emma lieferte ihm zum Nachweis seiner These das klinische Material. Das Symptom, daß sie nicht fähig war, allein in ein Geschäft zu gehen, war auf zwei Szenen zurückzuführen; eine lag vor der Pubertät, eine danach. In der ersten war sie in einem Geschäft vom Inhaber sexuell belästigt worden, in der zweiten war sie aus dem Geschäft geflohen, weil sie sich einbildete, daß die Angestellten sie auslachten. Der sexuelle Auslöser in der zweiten Szene weckte unbewußt die Erinnerung an die erste Szene und verwandelte die Libido in Angst, die sie nicht verstand, weil sie sich nicht an die erste Szene erinnerte. Daher ihre Flucht. «Dieser Fall ist nun typisch für die Verdrängung bei der Hysterie. Überall findet sich, daß eine Erinnerung verdrängt wird, die nur *nachträglich* zum Trauma geworden ist. Ursache dieses Sachverhaltes ist die Verspätung der Pubertät gegen die sonstige Entwicklung des Individuums.»[109]

Hier kann man sehen, wie Freud durch seine Fixierung auf die Verführungstheorie an der Weiterentwicklung der Wunschtheorie bei Neurosen und folglich bei Träumen gehindert wurde. Emmas Fall schien auf Grund der versuchten «Verführung» durch den Geschäftsinhaber eine klare Angelegenheit zu sein. Aber ein Jahr nachdem Emma an dem Kunstfehler Fließens fast verblutet wäre, entdeckte Freud, daß Blutungen in ihrem Fall eine wichtige Rolle spielten, wodurch sich die dramatischen Ereignisse ihrer «Blutungsszene» psychoanalytisch interpretieren ließen. Mit anderen Worten: Er verstand Emmas Reaktion auf diese Szene als Beweis ihrer Übertragung. Ausgehend von dem neuen Material rekonstruierte er ihre prähistorischen Wünsche:

«Von der Eckstein [...] weiß ich bis jetzt, daß sie aus *Sehnsucht* geblutet hat. Sie war von jeher eine Bluterin, wenn sie sich schnitt u. dgl., litt als Kind an heftigem Nasenbluten, bekam in den Jahren vor der Periode Kopfschmerzen, die ihr als Simulation ausgelegt wurden, die in Wahrheit durch Suggestion entstanden waren, und begrüßte darum die heftigen Periodenblutungen mit Freude als Beweis für die Echtheit ihres Krankseins, der ihr auch gelten gelassen wurde. Sie hat eine Szene aus ihrem 15. Jahr, in der sie plötzlich Nasenbluten bekommt mit dem Wunsch, von einem bestimmten dabei anwesenden jungen Arzt (der auch im Traum vorkommt) behandelt zu werden. Als sie meine Ergriffenheit bei der ersten Blutung unter Rosanes' Händen sah, fand sie einen alten Wunsch nach Liebe in Kranksein verwirklicht,

Die Erfindung der Psychoanalyse

fühlte sich die nächsten Stunden trotz ihrer Gefahr so glücklich wie nie, bekam dann im Sanatorium nächtliche Unruhe aus der unbewußten Sehnsuchtsabsicht, mich hinzulocken, und als ich nachts nicht kam, erneuerte sie die Blutung, als unfehlbares Mittel, meine Zärtlichkeit wieder zu wecken.»[110]

Freud zeigt also auf, wie der unglückliche Vorfall von Emmas unbewußten Wünschen zu ihrem Vorteil benutzt wurde. Dabei fällt auf, mit welcher Sicherheit er die traumatische Blutungsszene für die *Analyse* Emmas einsetzt. Hier, im Kontext seiner Übertragungsinterpretation, verwendet er zum zweitenmal den Terminus «Wunsch».[111]

Einige Monate später stieß Freud bei Emma auf eine Kindheitserinnerung, die an eine mittelalterliche Schauergeschichte erinnerte. Freud war inzwischen zu der Erkenntnis gelangt, daß solche Geschichten Analogien zu den Geschichten seiner Patienten aufwiesen, so wie auch Charcot die Symptome der Hysterikerinnen mit den religiösen Folterszenen des Mittelalters in Zusammenhang gebracht hatte. Freud entdeckte in dieser Erinnerung Emmas eine weitere Verführungs-, ja Vergewaltigungsszene. Aber im Gegensatz zu Emmas erinnerter Belästigung durch den Geschäftsinhaber oder zu der Realität ihrer Verletzung durch Fließ schien jetzt unklar, in welchem Ausmaß es sich um eine wirkliche Verführung, ein wirkliches Ereignis handelte:

«Warum sind die Geständnisse [der vom Teufel Besessenen] auf der Folter so ähnlich den Mitteilungen meiner Patienten in der psychischen Behandlung? [...] (Die Eckstein hat eine Szene, wo ihr der Diabolus Nadeln in die Finger sticht und auf jeden Blutstropfen ein Zuckerl legt. An dem Blut bist Du überhaupt unschuldig!) Gegenstück dazu: die Angst vor Nadeln und spitzen Gegenständen aus der zweiten psychischen Periode. Zur Grausamkeit überhaupt: Angst, jemanden mit Messer oder sonst zu verletzen.»[112]

Eine Woche später fand er eine neue Szene:

«Denk Dir, daß ich eine Szene von Mädchenbeschneidung bekommen habe. Abschneiden eines Stückes von einem kleinen Labium (das heute noch kürzer ist), Aufsaugen des Blutes, wonach das Kind das Stückchen Haut zu essen bekommt. Dieses Kind behauptete einmal mit 13 Jahren, daß es ein Stückchen von einem Regenwurm schlucken könne und führte es auch aus. Unter der so begründeten Hämophilie hat einmal eine Operation von Dir gelitten.»[113]

Durch ihre eifrige Mitarbeit an der Analyse steuerte Emma viel wertvolles Material bei; außerdem gelang es ihr, Freud emotional anzusprechen – «Das ist das starke Geschlecht!». Auf ihren Einfluß sind wesentliche Änderungen und fundamentale neue Elemente in seinen Theorien zurückzuführen: die Wunschtheorie der Psychose und Träume; die durch Übertragung erzielte Rekonstruktion ihrer früheren Freude über die Periode und die familiären Konflikte, die dazu geführt hatten; Phantasieszenen aus ihrem Seelenleben, dem Niemandsland zwischen Einbildung und Erinnerung, mit Anklängen an die sadistischen Handlungen und Phantasien einer vergangenen Epoche. Und sie zeigte Freud, wie sich seine Ideen und Techniken am Ende weltweit durchsetzen würden: nicht durch Publikationen, Bücher und Vorlesungen, sondern über den langen und mühseligen Weg, den seine unglücklichen und neurotischen Patientinnen zurücklegen mußten, um selbst Analytikerinnen zu werden. In dem Augenblick, als Freud mit seiner Selbstanalyse begann, weil er erkannte, daß er seinen Patienten nur helfen konnte, wenn er sich selbst zum Patienten machte und seine eigene Neurose zu heilen versuchte, begann in Emma der umgekehrte Prozeß zu wirken: Sie stand von der Couch auf und begann, ihrerseits neurotische Patienten zu behandeln.

Ende 1897 machte sich also Emma Eckstein ein weiteres Mal um die Psychoanalyse verdient, indem sie mit ihren eigenen Patienten nach Freudscher Technik arbeitete. Und Freud wußte diese Bestätigung zu schätzen: «Die Eckstein hat ihre Patientin direkt in kritischer Absicht so behandelt, daß sie ihr nicht die leiseste Andeutung gegeben, was aus dem Unbewußten kommen wird, und von ihr dabei die identischen Vaterszenen u. dgl. erhalten. Nebenbei geht es dem jungen Mädchen vortrefflich.»[114]

Emma Eckstein wurde am 28. Januar 1865 in Wien als Tochter von Albert und Amalia Eckstein geboren. Sie hatte fünf Schwestern und zwei Brüder. Die Familie Eckstein war eine angesehene Familie des Wiener Bürgertums.[115] Ihr Vater war ein Erfinder, der eine Pergamentfabrik besaß; einer ihrer Brüder war Gustav Eckstein (1875–1916), Sozialdemokrat und Mitarbeiter von Karl Kautsky, dem Führer der Sozialistischen Partei; ihre Schwester, die Sozialistin Therese Schlesinger, war eine der ersten weiblichen Parlamentsabgeordneten. Die unverheiratete Emma lebte viele Jahre lang mit ihrer Mutter zusammen. Als sie die Behandlung bei Freud begann, war sie knapp dreißig, und knapp dreiunddreißig, als sie ihre ersten eigenen Patienten hatte – sie gehörte zu den am längsten und intensivsten behandelten frühen Fällen Freuds. Einige Anzeichen deuten darauf hin, daß sie sich um 1910 einer weiteren Analyse bei Freud unterzog. Emma Eckstein gehörte sicher zu Freuds Gefolgschaft, aber weniger in der Psychoanalyse als auf dem Gebiet der sexuellen und sozialen Hygiene. In einem zweiseitigen Artikel über Erziehung, den sie 1899 verfaßte, verneint sie strikt, daß Sexualität bereits in der Kindheit anzusiedeln ist. Man hat den Eindruck, daß sie Freuds Interpretation ihrer Vergangenheit von 1895 zustimmt, aber die 1897 diskutierten Folterphantasien lieber außer acht läßt. Ende 1902 arbeitete sie an einem Aufsatz, der schließlich 1904 unter dem Titel *Die Sexualität bei der Kindererziehung* veröffentlicht wurde. 1903 hatte sie mit Freud darüber diskutiert und sich Bücher von ihm ausgeliehen, wie wir aus ihrer Korrespondenz wissen. Zu einem ersten Entwurf äußerte er sich zwar kritisch, lobte aber die Endfassung und gab dem Text in Anlehnung an Emmas pädagogischen Ton den Spitznamen «Das Licht der Welt».[116]

Der Aufsatz war hauptsächlich eine Auseinandersetzung mit den Gefahren des kindlichen Masturbierens und eine Aufforderung zur öffentlichen Aufklärung. Man müsse sich mit der gesunden Seite des Kindes verbünden, um dieses geheime und einsame Laster zu bekämpfen, forderte sie und schilderte dessen Versuchungen mit einer Leidenschaft, die von eigenen Erfahrungen zeugte. Ihre besondere Aufmerksamkeit galt der Rolle der Tagträume – dieser «parasitären Pflanzen» – im Leben der jungen Mädchen. Damit beschrieb sie einen charakteristischen Zug nicht nur ihrer eigenen Mädchenzeit, der unter anderem durch Bertha Pappenheim und Anna Freud Eingang in die Psychoanalyse gefunden hat. Sie ging zunächst von ihrer eigenen psychotherapeutischen Erfahrung aus, als sie eine achtzehnjährige Patientin beschrieb, die allen Ernstes geglaubt habe, sie könne beim Tanzen, durch eine Massage oder einen Kuß schwanger werden. Emma habe dieses Bekenntnis zunächst für das Produkt einer kranken Phantasie gehalten, bis sie erkannt habe, wie repräsentativ es für die Vorstellungen junger Mädchen der damaligen Zeit war. Eine ähnliche Betrachtungsweise beziehungsweise ähnliche Ängste finden sich in dem *Tagebuch eines halbwüchsigen Mädchens*, das 1919 von Hermine Hug-Hellmuth publiziert wurde. Den Psychoanalytikern waren diese Ängste schon vertraut, sie vermochten aber nach wie vor ein breites Publikum zu schockieren, so wie sie zunächst auch noch Emma Eckstein schockiert hatten.

Emma hatte sich nicht nur mit Freud angefreundet, sondern auch mit mehreren Mitgliedern seiner Familie, besonders mit Minna[117]; ab 1895 nahmen Freuds Briefe an sie einen familiären Plauderton an. Er schrieb über die Kinder, riet ihr, um ihrer Gesundheit willen Wintersport zu treiben, und drängte sie, einen neuen Termin zu vereinbaren, wenn er ihr im letzten Augenblick abgesagt hatte. Aber wie nach dem stürmischen Verlauf der Behandlung in den neunziger Jahren nicht anders zu erwarten war, ging es zwischen den beiden nicht immer friedlich zu. Das ist dem Brief Freuds an Emma vom November 1905 zu entnehmen, seiner Antwort auf den zornigen und verletzten Brief, den sie ihm geschrieben hatte, nachdem er es abgelehnt hatte, sie wieder in Behandlung zu nehmen:

«Daß Sie so aufsitzen können, die Redefreiheit in der Kur so mißverstehen können und mir beleidigende Absichten zumuten, wo ich mich meines unerschütterlichen Vertrauens in Ihre Freundschaft und Ihre Wahrheitsliebe bedient habe, um Sie in eine heikle, aber doch gewohnte und zu erwartende Übertragung Einsicht nehmen zu lassen, das hat zwar nicht mein Urteil über Sie erschüttert, aber mir doch wieder Respekt vor dem elementar-frauenzimmerlichen, mit dem ich immer zu kämpfen habe, eingeflößt. [...] Ich kann doch nichts anderes gemeint haben, als daß es mir unmöglich ist, den Abbruch (die Unterbrechung hoffentlich) der Kur durch die Ausrede, ich hielte Ihre Schmerzen für organische, erklären zu lassen.»[118]

Es käme der Wahrheit näher, fuhr Freud fort, zu sagen, daß sie einen Streit gehabt hätten: Entweder konnte sie etwas nicht akzeptieren, was er behauptet hatte, oder sie wollte nur Zeit gewinnen, um die Sache zu überdenken. Dennoch konnte er es sich nicht versagen, ihr eine analytische Interpretation anzubieten, die sich eindeutig auf seine Arbeit an der Übertragung während ihrer Behandlung bezog:

«Darf ich Sie noch am Schluß auf einen kleinen Widerspruch aufmerksam machen, der noch Ihrem Bösesein zu Grunde liegt. Das eine Mal soll ich Sie beleidigt haben, indem ich Ihnen alle Eignung absprach, einem Mann zu gefallen, das andere Mal muß ich Sie beleidigt haben, indem ich Ihnen erklärte, wieso es gekommen ist, daß in unserer Beziehung Liebe nicht zum Vorschein kam. Lassen sich beide Injurien wirklich von demselben Standpunkt aus begreifen? Ich hoffe, Sie werden mir bald sagen: Nein (was Sie ja gerne sagen) [...].»[119]

Auch wenn es schwierig ist, diesen Brief eindeutig zu interpretieren – was für viele Briefe Freuds an ehemalige Patienten charakteristisch ist; in den langen und sehr privaten Sitzungen entstand eine persönliche Sprache zwischen Arzt und Patient –, scheint Freud hier Emma, die gehofft hatte, Freud würde sich in sie verlieben, erklären zu wollen, daß die normalen Bedingungen des Verliebens für einen Analytiker nicht gelten. Analytiker sind keine normalen Männer, scheint er sagen zu wollen.

Emmas Zorn wie auch seine eigene Reaktion auf ihre Übertragung und ihre unerwiderte Liebe waren für Freud möglicherweise schon 1905 eine vertraute Erfahrung. Was er 1915 über analytische Beziehungen mit gewissen «elementaren» Frauen schrieb, stimmt exakt mit seinem Verhalten in der Episode mit Emma überein:

«Bei einer Klasse von Frauen wird dieser Versuch, die Liebesübertragung für die analytische Arbeit zu erhalten, ohne sie zu befriedigen, allerdings nicht gelingen. Es sind das Frauen von elementarer Leidenschaftlichkeit, welche keine Surrogate verträgt, Naturkinder, die das Psychische nicht für das Materielle nehmen wollen, die nach des Dichters Worten nur zugänglich sind ‹für Suppenlogik mit Knödelargumenten›. Bei diesen Personen steht man vor der Wahl: entweder Gegenliebe zeigen oder die volle Feindschaft des verschmähten Weibes auf sich laden. In keinem von beiden Fällen kann man die Interessen der Kur wahrnehmen. Man muß sich erfolglos zurückziehen und kann sich etwa das Problem vorhalten, wie sich die Fähigkeit zur Neurose mit so unbeugsamer Liebesbedürftigkeit vereinigt.»[120]

Freuds Brief an Emma vom November 1905 zeigt auf, daß die Frage «organisch oder psychisch?», die schon durch den Traum von Irmas Injektion geisterte, seine Beziehung zu Emma belastete, aber auch ihn selbst. Sie sollte letztlich der Grund für ihre Trennung sein. Eine von Freuds ersten Anhängerinnen war die Ärztin Dora Teleky, die ebenfalls einer begüterten Wiener Familie angehörte und die zweite Frau des Sohnes von Freuds Mentor Ernst Brücke war. Sie war eine der drei (!) Hörer von Freuds Vorlesung an der Wiener Universität im Jahr 1900 gewesen[121] und schrieb sich 1903 und 1904 als erste Frau offiziell für Freuds Kurse ein.[122] Teleky war eine gute Freundin von Emma und ihrer Familie. Ungefähr 1910 entdeckte sie bei einer Untersuchung ein Geschwür, zumindest einen Eiterherd, in Emmas Unterleib, das sie operativ entfernte, vielleicht auch nur vorgab, entfernt zu haben. Emma, die zu jener Zeit begierig gewesen zu sein scheint, eine organische Ursache für ihre Qual zu finden, fühlte sich für kurze Zeit viel besser. Freud jedoch ärgerte sich über die brutale Einmischung eines anderen Arztes – vielleicht, weil die Fließ-Affäre wieder lebendig wurde. Jedenfalls soll er geäußert haben, daß es Emma nun nie mehr bessergehen würde: «Das ist das Ende von Emma. Das ist von nun an ihr Verhängnis. Niemand kann ihre Neurose heilen.»[123] Am Ende sollte er recht behalten. Emma blieb bettlägerig, bis sie am 30. Juli 1924 an einer Gehirnblutung starb.

Einige Jahre später tauchte der Name Eckstein erneut in Freuds

Der Traum der Psychoanalyse

Schriften auf, diesmal handelte es sich um ihren Bruder Friedrich, «den ein unstillbarer Wissensdrang zu den ungewöhnlichsten Experimenten getrieben und endlich zum Allwisser gemacht hat», wie Freud ihn beschrieb. Friedrich habe ihm versichert, «daß man in den Yogapraktiken durch Abwendung von der Außenwelt, durch Bindung der Aufmerksamkeit an körperliche Funktionen, durch besondere Weisen der Atmung tatsächlich neue Empfindungen und Allgemeingefühle in sich erwecken kann, die er als Regressionen zu uralten, längst überlagerten Zuständen des Seelenlebens auffassen will. Er sieht in ihnen eine sozusagen physiologische Begründung vieler Weisheiten der Mystik».[124]

Wieder einmal konnte ein Mitglied der Familie Eckstein Freud etwas über die Beziehung zwischen Geist und Körper lehren, und Freud behandelte dieses entschieden unfreudianische Wissen mit mehr Toleranz und Offenheit, als man erwartet hätte. Vielleicht war es Emma gelungen, ihn größere Vorsicht zu lehren.

Der letzte erhaltene Brief Freuds an Emma datiert vom 4. August 1906. Er erzählt ihr darin, daß das Leben eines gemeinsamen Freundes nicht länger in Gefahr sei, und berichtet über seine Ferienaktivitäten.[125] Der Anlaß, ihr zu schreiben, meint er zu Beginn des Briefes, sei ein Traum über sie gewesen.

Die drei Töchter

Wir wissen, daß Emma eine der drei entscheidenden Frauen war, die mit der Figur Anna Hammerschlag-Lichtheims im Traum von Irmas Injektion verschmolzen. Aber wir haben noch nicht die drei weiblichen Gestalten betrachtet, die hinter allen stehen: die drei Töchter. Und sofort wissen wir auch, daß etwas nicht stimmt mit der Interpretation, die Freud Abraham von seinem Traum gab: Er deutete dort an, daß die drei Patinnen wegen ihrer Beziehung zu seinen Töchtern in dem Traum vorkommen – und eine dieser Töchter war zum Zeitpunkt des Traums noch gar nicht geboren. Wenn sie dennoch dessen eigentliches Thema war, dann insofern, als der Traum sich um die Schwangerschaft seiner Frau drehte[126] und eine metaphorische Prophezeiung der Geburt der Psychoanalyse darstellt. Nach der Analyse des Traums konnte

Freud mit Berechtigung sagen: «Hier enthüllte sich am 24. Juli 1895 dem Dr. Sigm. Freud das Geheimnis des Traumes.»[127] Aber ebensogut könnte man auch sagen, daß im Traum die Geburt der Psychoanalyse durch die bevorstehende Geburt des Kindes symbolisiert wird, die viereinhalb Monate später stattfinden sollte.

Oder ist es doch umgekehrt? War die Geburt der Psychoanalyse der Deckmantel für die Geburt des Kindes, jener Anna, die ihren Namen nach der Gestalt der Anna im Traum erhielt, jener Anna, die ihr Leben der Psychoanalyse widmen, sich nach dem Tod des Vaters seinen Mantel umhängen wird und, wie es Elisabeth Young-Bruehl so bewegend schreibt, in den letzten Tagen vor ihrem Tod sich fest in diesen Mantel hüllt?[128] Die Verwirrung über Kinder und Frauen in diesem Traum war beträchtlich und blieb es auch. Da Freud sich immer mehr in die Verführungstheorie hineinsteigerte, erschien es ihm einleuchtender, Irmas Injektion als Enthüllung seiner eigenen, auf seine Töchter gerichteten sexuellen Begierden zu interpretieren. «Ich habe sie alle» – nicht nur die verwitweten jungen Freundinnen, sondern auch die Töchter, die sie symbolisierten. Solche Träume verfolgten Freud, während er mit der Verführungstheorie kämpfte.

«Unlängst träumte ich von überzärtlichen Gefühlen für Mathilde, sie hieß aber Hella, und ‹Hella› sah ich dann nochmals fett gedruckt vor mir. Auflösung: Hella heißt eine amerikanische Nichte, deren Bild wir bekommen haben. Mathilde könnte Hella heißen, weil sie unlängst über die Niederlagen der Griechen so bitter geweint hat. Sie begeistert sich für die Mythologie des alten Hellas und sieht in allen Hellenen natürlich Helden. Der Traum zeigt natürlich meinen Wunsch erfüllt, einen pater als Urheber der Neurose zu ertappen, und macht so meinen noch immer sich regenden Zweifeln ein Ende.»[129]

Die Ambivalenz dieses Traumes ist nicht zu übersehen. Um zu beweisen, daß seine Verführungstheorie richtig ist, träumt Freud einen erotischen Traum über seine Tochter: Er bringt sich sozusagen der Wissenschaft zum Opfer, indem er den Vater spielt, der seine Töchter verführt. Er beweist seine Theorie, indem er sich selbst bezichtigt. Natürlich würde sich der Traum auch anders interpretieren lassen, wenn Freud nicht wirklich an seine Theorie glaubte. Indem er die Theorie bekräftigte, hielt er die Angst von sich fern, daß der Traum eine «wirkliche» Begierde für Mathilde enthüllte. Die Verführungstheorie war zu einem Alibi geworden, das Freud freisprach. Sie ermöglichte die Entlastung: Freud in seiner Eigenschaft als Vater ist dafür, daß er seine Tochter begehrt, nicht zur Verantwortung zu ziehen, ebensowenig wie Freud in seiner Eigenschaft als Mann die Verantwortung für Irmas Schmerzen oder die erotischen Übertragungswünsche seiner Patientinnen trägt. Die erotischen Gedanken in Zusammenhang mit seiner Tochter kommen von den perversen Trieben *anderer* Menschen, nämlich jener perversen Patienten, mit deren Innenleben er sich *identifiziert*, um eine Theorie ihrer Neurosen zu konstruieren.[130] Immer ist der Patient schuld an diesen Wünschen bei der Übertragung, während der Analytiker Freud erst in ihrem Kielwasser auftritt. Die Verführungstheorie nimmt jedoch den umgekehrten Weg: Hier ist es immer der Vater (als Gegner des Patienten), der schuld ist, daß die erotische Komponente in die Eltern-Kind-Beziehung Eingang findet. Bald jedoch sollte Freuds zweifache Freisprechung eine entsprechende Grundlage erhalten: Es ist das Kind im Patienten, das seine erotischen Wünsche auf den Analytiker überträgt, indem es – unwissentlich – alte erotische Wünsche aus der Kindheit wiederholt. So stellt der Tod der Verführungstheorie den Sieg eines Teils der Freudschen Theorie über den anderen dar. Die Wirklichkeit der Übertragung siegt über die Wirklichkeit sexueller Erinnerungen aus der Kindheit.

Freuds Selbstbeherrschung in seinem Sexualleben war ebenso groß wie die Beherrschung in seinem Traumleben. Auch wilde, unverständliche Träume enthüllten sich als weiterführende Schritte in der Ausarbeitung seiner Theorie. «Hella» könnte auch «heller» bedeuten: der Wunsch, klarer zu sehen, vielleicht auch das Mädchen besser zu sehen. Und wer ist Hella? Hella war seine Nichte in Amerika, die 1893 geborene dritte Tochter seiner Schwester Anna. Wieder eine dritte Tochter... Und auch Nichten spielten ja eine bestimmte Rolle in Freuds Vergangenheit. Seine erste Nichte war die fast gleichaltrige Pauline gewesen, der er als Bub so übel mitgespielt und die Blumen geraubt hatte. Vielleicht lag hierin ein weiterer Grund für Freuds Scheu, die Theorie, daß Väter ihre Töchter verführen, zu veröffentlichen; die Maskierung, die er für seine Fallgeschichte gewöhnlich wählte, nämlich den Onkel an die Stelle des Vaters zu setzen, erinnert an seinen eigenen Überfall auf seine Nichte. Wenn er über Onkel sprach, die ihre Nichten sexuell verführen, hatte er sich selbst als Paradebeispiel vor Augen, den dreijährigen Knirps, der seine zweieinhalbjährige Nichte verführt! Die These, daß der Vater ein Verführer sein könne und sich womöglich nur zu diesem Zweck eine Tochter wünsche, erschien ihm doch reichlich gewagt, ebenso wie die Parallele, daß er Analytiker werden wolle, um – durch Hypnose, Suggestion,

Die Erfindung der Psychoanalyse

Übertragung und Interpretation verbotener sexueller Vorstellungen – seine Hysterikerinnen dauerhaft an sich zu binden.[131]

Nachdem Freud die Verführungstheorie zurückgezogen hatte, versuchte er, in den Beziehungen zu seinen Patientinnen einen Mittelweg zwischen der absoluten Autorität des Hypnotiseurs und der Gestalt des Verführers zu finden – der Gestalt, die in dem Augenblick die Szene betrat, als er sich eingestehen mußte, als Hypnotiseur versagt zu haben, weil seine Patientinnen ablehnten, sich nach seinen Wahrheiten zu richten.[132] Aber das Motiv der drei Frauen war weiter wirksam. Im September 1898 ruft in einem Traum «der Held beständig die drei Frauennamen, die ihm im Leben das größte Glück und das Unheil bedeutet haben»[133]; dann «tauchen zu den drei Frauen die drei Parzen auf, die das Geschick des Menschen spinnen, und ich weiß, daß eine der drei Frauen, die Wirtin im Traum, die Mutter ist, die das Leben gibt, mitunter auch, wie bei mir, dem Lebenden die erste Nahrung. An der Frauenbrust treffen sich Liebe und Hunger»[134]. Aber die Kindheitserinnerung, die von diesem «Traum der drei Parzen» beschwört wurde, macht die Mutter auch zur Todesbotin, die die drei Frauen ankündigt – Varianten der Mutter, Varianten des Todes, die wir schon aus dem «Motiv der Kästchenwahl» kennen:

«Als ich sechs Jahre alt war und den ersten Unterricht bei meiner Mutter genoß, sollte ich glauben, daß wir aus Erde gemacht sind und darum zur Erde zurückkehren müssen. Es behagte mir aber nicht und ich zweifelte die Lehre an. Da rieb die Mutter die Handflächen aneinander – ganz ähnlich wie beim Knödelmachen, nur daß sich kein Teig zwischen ihnen befindet – und zeigte mir die schwärzlichen *Epidermis*schuppen, die sich dabei abreiben, als eine Probe der Erde, aus der wir gemacht sind, vor.»[135]

Zwischen der Frau, die Leben schenkt, und der Frau, die den Tod enthüllt, liegt die kurze Spanne des Lebens. *Carpe diem*, lautet die Botschaft des Traumes: «*Man soll sich nichts entgehen lassen, nehmen, was man haben kann, auch wenn ein kleines Unrecht dabei mitläuft; man soll keine Gelegenheit versäumen, das Leben ist so kurz, der Tod unvermeidlich.*»[136]

Das Motiv, sich etwas zu gönnen, ein sexuelles Vergnügen zum Beispiel, zieht sich durch den Traum von Irmas Injektion und über den Traum von den drei Parzen bis in den Traum, der Irmas Injektion wiederholt. In dem Ende 1900 verfaßten Aufsatz *Über den Traum*, eine gekürzte Ausgabe der *Traumdeutung*, heißt es:

«[...] *Table d'hôte... Es wird Spinat gegessen... Frau E.L. sitzt neben mir, wendet sich ganz mir zu und legt vertraulich die Hand auf mein Knie. Ich entferne die Hand abwehrend. Sie sagt dann: Sie haben aber immer so schöne Augen gehabt... Ich sehe dann undeutlich etwas wie zwei Augen als Zeichnung oder wie die Kontur eines Brillenglases...»*[137]

Frau E. L. ist wie Irma eine alte Freundin der Familie, aber eine, die Freud lange nicht gesehen hat. Sie ist sehr wahrscheinlich mit Bertha Breuer zu identifizieren, Josef und Mathildes ältester Tochter, die 1893 Paul, Anna Hammerschlags Bruder, heiratete. Freud betont seine Gleichgültigkeit dieser Frau gegenüber, sowohl im Traum als auch in den Assoziationen: Sie sei «eine Person, zu der ich kaum je freundschaftliche Beziehungen gepflogen, meines Wissens herzlichere nie gewünscht habe».[138] Hinter ihr steht die Gestalt Minna Bernays, die jetzt alles zugleich ist: die Patientin, die Freundin, die Familie und das unbestimmte erotische Objekt. In den Traumgedanken liegt die Betonung auf dem Wunsch, einmal uneigennützige Liebe zu genießen, «Liebe, die umsonst» ist.[139] Die Verflechtung dieser Gedanken hat manche Historiker zu der Annahme verführt, das Geheimnis hinter diesem Traum sei Freuds unbestätigte Affäre mit Minna. Ebensowenig läßt sich eine andere Spekulation beweisen: daß Freud Minna *analysiert* habe. Immerhin ist es bei Minna denkbar, während er Martha mit größter Wahrscheinlichkeit nicht analysiert hat.

Der Traum über die «*Gesellschaft bei Tisch oder Table d'hôte*» dreht sich um das Thema, welcher Preis für die Liebe zu entrichten ist und welche Schulden wir gezwungenermaßen durch Freundschaften und menschliche Beziehungen auf uns laden. In dieser Wiederholung des Irma-Traumes ersetzt eine Frau, nämlich Minna, den intellektuellen Gesprächspartner und Freund Fließ, und sie steht auch für die drei Frauen, die Freud «hat». Dies läßt Schlüsse zu auf Freuds zunehmende «Unabhängigkeit» von seinen männlichen Kollegen, aber auch auf die Tatsache, daß, während Kollegen und Patientinnen im Irma-Traum Gegensatzpaare bildeten, in «*Table d'hôte*» Kollege und Patientin verschmelzen, so wie Emma Eckstein sowohl Kollegin als auch Patientin war.

Was Freud seinen Patientinnen schuldete, wird in den 1890er Jahren, nicht zuletzt in der *Traumdeutung*, sehr klar. Er gehörte offensichtlich zu den Männern, denen es mehr Kopfschmerzen bereitete, gegenüber Vorgesetzten und Lehrern in der Schuld zu stehen als gegenüber Frauen. In dem Traum von Irmas Injektion erwartet er sich noch Hilfe von Fließ in seinem Kampf um den Alleinanspruch auf die

Die Erfindung der Psychoanalyse

Patienten, den er gegen die ärztlichen Kollegen ausficht. Um 1900, nach seiner Selbstanalyse, war Freud nicht mehr so unbedingt auf das angewiesen, was er später die homosexuelle Beziehung zu Männern nannte: eine passive Beziehung zu einem bewunderten Freund und Vorgesetzten. Die Geschichte sollte für ihn Rache nehmen. Jeder seiner ärztlichen Kollegen, die ihn in dem Traum kritisierten und sich über seine Behandlungsmethode lustig machten, mußte sich später Freuds Hohn gefallen lassen, nicht zu seinen Anhängern gezählt zu haben. Und alle mußten sich damit abfinden, daß ihre Kinder Freud folgten. Oscar Ries Begeisterung über Freuds Entdeckungen etwa hielt sich in Grenzen, obwohl er mit Freud eng befreundet und Hausarzt der Familie war. Seine Tochter Marianne jedoch heiratete den späteren Psychoanalytiker Ernst Kris, und seine Tochter Margarethe ließ sich von Freud analysieren und heiratete später den Analytiker Herman Nunberg. Auch Leopold Rosenbergs Tochter Annie, verheiratete Katan, wurde Analytikerin und ließ sich von ihrer alten Freundin und Feindin Anna Freud analysieren. Zwar wurde keines der Kinder von Breuer Analytiker, Freud konnte jedoch im Oktober 1895 auf Robert, Breuers sechsundzwanzigjährigen Sohn, als seinen «einzigen Anhänger in Wien»[140] verweisen. Fließens Sohn Robert wurde Analytiker und Herausgeber eines Buches mit dem bezeichnenden Titel *Das Psychoanalytische Lesebuch* – er übernahm also genau die Rolle, die sein Vater ehemals geschaffen hatte. Das Netz familiärer Beziehungen sollte immer den innersten Kern der Psychoanalyse bilden, von jener Julinacht 1895 an, als sich Freud mit seinem Traum vom sexuellen Besitz dreier Frauen seinen Wunsch nach beherrschendem Einfluß im Beruf, in der Familie und bei der nächsten Generation erfüllte.

Freuds Traumwunsch sollte sich erfüllen. Er schaffte es, die Herzen und den Verstand der Kinder zu erobern, deren Status im Traum als versteckte Objekte seiner Begierde so ambivalent erscheint: «Ich habe sie alle.» In Gestalt der Kinder seiner Freunde sollten sie die Rechtfertigung und Garantie der Unsterblichkeit verkörpern, die Freud suchte: «Und schließlich, ist Kinder haben nicht für uns alle der einzige Zugang zur Unsterblichkeit?»[141] Ebenso schaffte er es, die Psychoanalyse aufzubauen, wobei ihm nicht nur sein Verlangen nach seinen Patientinnen zu Hilfe kam, sondern auch deren Widerstand.

Der Traum von Irmas Injektion spiegelte die Dialektik zwischen der schlechten und der guten Patientin wider. Um 1900 jedoch war Freud nicht mehr auf die ideale Patientin angewiesen. Er wußte jetzt, daß Patient sein bedeutete, dem Analytiker Widerstand entgegenzusetzen. Wenn er diesbezüglich noch seine Zweifel hatte, so sollten diese von seiner nächsten Patientin aus dem Weg geräumt werden.

5. Dora: Ein exemplarisches Scheitern

Wenn es eine Frau gibt, die sowohl die faszinierenden wie auch die abstoßenden, die zartesten wie auch die tyrannischsten Züge in Freuds Beziehungen zu Frauen stellvertretend für viele in sich vereint, so ist diese Frau Dora. Im Jahre 1900 brachte ihr Vater sie mit «*Tussis nervosa*, Aphonie, Verstimmung und *Taedium vitae*»[1] zu Freud. Doras Behandlung bildete die Grundlage für die längste Krankengeschichte, die Freud je über eine weibliche Patientin schrieb. Sie hat bei Freuds Leserschaft und neuerdings vor allem bei Feministinnen großen Anklang gefunden. Die französische Theoretikerin Hélène Cixous nennt die Krankengeschichte dieser als «Inbegriff der Macht des weiblichen Widerspruchs»[2] und «Heldin des Widerstands»[3] bezeichneten Frau den «Urtext in der Geschichte der Frau»[4]. Dora ist zum Symbol der hysterischen Frau geworden, jenes Charaktertyps des 19. Jahrhunderts, der für die «stille Revolte gegen die Macht der Männer über den Körper und die Sprache der Frau»[5] steht. Ihre Geschichte kann als Paradigma für die Bloßstellung des Patriarchats gelten, für die Erkenntnis, daß die «sexuelle Vereinigung immer als eine Machtbeziehung verstanden werden muß»[6] und für alle Zeit durch Herrschaft und Unterwerfung geprägt ist. Dora ist eine Vorläuferin der Feministinnen, «eine, die sich dem System widersetzt, eine, die nicht hinnehmen kann, daß sich Familie und Gesellschaft auf die Körper der Frauen stützen, auf verachtete, zurückgewiesene Körper, die nach dem Gebrauch nur noch eine Demütigung sind»[7].

«Hinzu kommt, daß Dora eine sehr schöne weibliche Homosexualität aufweist, eine erstaunliche Liebe für die Frauen»,[8] eine Homosexualität, die sie Freud erfolgreich verheimlichte, indem sie ihn von ihrer heimlichen Liebe für eine Frau ablenkte und ihn all seine Energie und Intelligenz einem geschäftigen männlichen Netzwerk von enttäuschenden und erniedrigenden Beziehungen zuwenden ließ. Der abrupte Abbruch der Behandlung wird ihr als Triumph gutgeschrieben, und vielleicht war es ihre einzige Möglichkeit, sich nicht wieder in das ödipal geprägte Normverhalten drängen zu lassen, dem Freud unbewußt in die Hände spielte.

Michel Foucault war der erste, der Dora als Heldin all jener bezeichnete, für die die männliche Sexualität «fremd» und «entehrend» war:

Dora: Ein exemplarisches Scheitern

«Dora wurde nicht trotz, sondern wegen des Abbruchs ihrer Analyse geheilt, weil sie durch ihre Entscheidung jetzt zu der Einsamkeit stand, zu der ihr bisheriges Leben sie auf Umwegen geführt hatte.»[9] Dennoch kann die Art und Weise, wie Dora Freud einfach stehenließ, nicht eindeutig als Sieg ihres Strebens nach selbstbestimmender Einsamkeit, als «protofeministische politische Entscheidung»[10] bezeichnet werden. Bei so mancher Feministin zeigt sich Erleichterung, als Dora endlich genug hat von Freuds taktischen Spielen, die so sehr eine Fortsetzung jener Spiele sind, in die ihre eigene Familie sie hineinmanövriert hat; der Abbruch war aber möglicherweise nicht so sehr ein «Ausdruck der mit Gewalt zum Schweigen gebrachten weiblichen Revolte, sondern vielmehr ein Eingeständnis der Niederlage»[11]. Denn um wirklich von einem Sieg Doras sprechen zu können, hätte Dora das in ihrer Geschichte bereits sichtbare gelobte Land finden, hätte den «entzückend weißen Körper»[12] der geliebten Freundin und ihren eigenen schweigenden weiblichen Körper[13] zurückerobern müssen, das weibliche Vergnügen, das jenseits der phallischen Welt ödipaler Dreiecke liegt, «die angebetete andere Frau/Mutter»[14].

Ida Bauer, um Dora ihren wirklichen Namen zurückzugeben, wurde am 1. November 1882 in der Berggasse 32 geboren, nur ein paar Häuser von Freuds Wohnhaus entfernt, wo er von 1891 an mit seiner Familie lebte und wo er Ida auch analysierte. Sie war das zweite der beiden Kinder von Philipp und Katharina Bauer. Katharina (geborene Gerber) oder Käthe, wie sie gewöhnlich genannt wurde, war etwa acht Jahre jünger als ihr Mann; bereits mit siebzehn hatte sie sich mit ihm verlobt und ihn mit neunzehn geheiratet. Sie stammte aus Königinhof (dem heutigen Dvůr Králové in Böhmen), wo sie als tschechischsprachiges Kind aufgewachsen war. Weil sie in Wien unter Heimweh litt, fuhr sie oft nach Böhmen zu Besuch, mit oder ohne die eigene Familie – nur eines von vielen Anzeichen für ihre zunehmende Entfremdung von Mann und Kindern, die so bezeichnend für ihr späteres Leben war.

Idas Vater wurde 1853 im böhmischen Pollerskirchen als drittes von vier Kindern einer jüdischen Textilfabrikantenfamilie[15] geboren. Ende der 1850er oder Anfang der 1860er Jahre übersiedelte die Familie nach Wien. Bis dahin ähnelt sein Lebenslauf dem Freuds, dann entschloß er sich aber, anstatt zu studieren, gleich in den Familienbetrieb einzusteigen, und ging eine Ehe ein, die zwei Familienunternehmen vereinigte. Philipp Bauer wurde ein sehr erfolgreicher Textilfabrikant mit Fabriken im tschechischen Warnsdorf und Nachod.

Die Erfindung der Psychoanalyse

Obwohl zweifellos vermögend, führte die Familie das einfache Leben des jüdischen Bildungsbürgertums,[16] das sich nach dem Verlassen des Gettos im Zuge der Reformen Mitte des neunzehnten Jahrhunderts auf eine liberale Denkungsart und die Wertschätzung von Kunst und Bildung eingeschworen hatte. Philipp war ein charmanter, umgänglicher, geistig reger Mensch, klug und unnachgiebig, der einen Hang zur Unaufrichtigkeit und die Neigung hatte, die Welt durch seine eigene, seltsam gefärbte Brille zu betrachten. Sein Leben war ein einziger Kampf gegen zahlreiche körperliche Gebrechen und Krankheiten. Von Geburt an auf einem Auge blind, war er, wie viele junge Männer seines Standes, als Syphilitiker in die Ehe gegangen.[17] 1888 wurde eine Tuberkulose diagnostiziert. Auf ärztliches Anraten übersiedelte die Familie nach Meran, wo auch Minna und Anna und andere Frauen aus Freuds Familie immer wieder Erholung und Entspannung suchten. Ida lebte von ihrem sechsten bis zu ihrem sechzehnten Lebensjahr, also von 1888 bis 1898, in dieser Stadt, in der sich die Reichen der Welt trafen. Philipp erholte sich dort, unter anderem durch Idas Pflege, sehr gut von seiner Tuberkulose. 1892 hatte er auf seinem gesunden Auge eine Netzhautablösung und wurde praktisch blind. Doch dann geschah ein Wunder, denn das bisher für blind gehaltene Auge paßte sich den Anforderungen an, und nach etwa drei Monaten konnte er wieder lesen und schreiben. Otto Bauer beschreibt dies als das eindrucksvollste Erlebnis seiner Kindheit.[18]

Freud vermutete, daß Philipps Frau damals durch eine alte Tante[19] von der Syphiliserkrankung ihres Mannes erfahren hatte. Die daraus resultierende Entfremdung rief bei der Mutter einen Reinlichkeitszwang und ständige Angst vor der Ansteckung hervor, wie Ida Freud erzählte;[20] Ottos Freunde zeigten sich höchst verwundert über die übertriebene Strenge seiner Mutter[21]. Die einzige wirkliche Gemeinsamkeit von Mutter und Tochter, die Freud entdecken konnte, war ihre Beunruhigung über die Gefahr der Ansteckung durch sexuelle Kontakte: die Angst vor einer Geschlechtskrankheit, der Ekel vor dem weißen, von den Frauen als «Katarrh» bezeichneten Vaginalausfluß, an dem beide litten, und die Überzeugung, daß Philipp daran schuld war. Übrigens begleitete Ida ihre Mutter häufig zu Kuraufenthalten, die ihr eine Linderung ihrer Vaginal- und Darmbeschwerden verschaffen sollten.

Philipp, Ida und ihr Bruder sahen Käthe einhellig als das Kreuz, das sie gemeinsam tragen mußten; umgekehrt sind Käthes Putztrieb und ihre Angst vor Ansteckung wohl als Flucht vor dem Kontakt mit ihnen

Dora: Ein exemplarisches Scheitern

zu sehen. Freud schloß sich Idas geringschätzigem Urteil über ihre Mutter an und ließ ihre mögliche Bedeutung für das Leben der Tochter völlig außer acht; diese für ihn untypische Übereinstimmung mit der Realitätssicht seiner Patientin scheint verständlicher, wenn man sich vor Augen hält, daß Freud in seinen Krankengeschichten generell nur am Rande von den Müttern spricht.

Zwei Jahre nach der wundersamen Heilung seiner Blindheit wurde Philipp 1894 erneut schwer krank; seine Syphilis trat jetzt in das Tertiärstadium, und eine Hirnhautentzündung führte zu Paralyse und Geistesstörungen. Ein neuer Freund der Familie in Meran, der Handelsreisende Hans Zellenka, riet Philipp zu einem Besuch bei Freud in Wien, und dieser konnte ihm Besserung verschaffen. Während dieses dritten Krankheitsstadiums wurde Philipp nicht von Ida und der immer häufiger abwesenden Käthe, sondern von Zellenkas Frau gepflegt,[22] die selbst nicht bei bester Gesundheit war. Bald wurde offensichtlich, daß «es ein gewöhnliches Liebesverhältnis sei», das Philipp an seine Betreuerin band, diese «junge und schöne Frau»,[23] wie Ida sie später beschrieb. Ida entwickelte ebenfalls ein enges Verhältnis zu den von Freud als Herr und Frau K. bezeichneten Zellenkas. Sie vertrat «gleichsam Mutterstelle»[24] an ihren beiden Kindern, von denen eines, Klara, an einem angeborenen Herzfehler litt, und beschäftigte sich mit ihnen, damit sie nicht die Schäferstündchen Philipps mit seiner Geliebten störten. Zugleich entstand eine intime Freundschaft zwischen ihr und Frau Zellenka, die so weit ging, daß sie in den gemeinsamen Ferien ihr Bett teilte und Herr Zellenka aus dem ehelichen Gemach verbannt wurde.

Ida besuchte die Klosterschule der Englischen Fräulein in Meran, konnte aber als Mädchen nicht ins Gymnasium aufsteigen. Sie wurde von einer Reihe von Gouvernanten unterrichtet, die ihre Ansichten über die Beziehung zwischen Mann und Frau maßgeblich prägten, wie wir später noch sehen werden. Mit acht Jahren, 1890, hatte sie den ersten Anfall einer von Freud später so bezeichneten «petite hystérie» mit Dyspnoe (Atemnot), die nach einem halben Jahr Ruhe und Erholung wieder abklang. Mit zwölf Jahren, 1894 – ihr Vater war gerade im dritten Stadium seiner Syphilis, und seine Beziehung zu Frau Zellenka wurde immer enger –, wurde sie erneut krank und litt an Migräne, Stimmlosigkeit und chronischem Husten. Im Frühsommer 1898 brachte Philipp sie zu Freud, aber es kam zu keiner Behandlung, da die Symptome bald von selbst verschwanden. In diesem Sommer begann Ida die Freundschaft ihres Vaters mit Herrn und Frau Zellenka neu zu bewerten. Nachdem sie ihren Aufenthalt in der Sommervilla der Familie Zellenka plötzlich und ohne Erklärung abgebrochen hatte, erzählte sie ihrer Mutter, Herr Zellenka habe ihr auf einem Spaziergang am See einen Antrag gemacht. Philipp und Käthe stellten Herrn Zellenka zur Rede, aber er leugnete, je etwas Derartiges getan zu haben, und beschuldigte statt dessen Ida, sich das Ganze nur eingebildet zu haben. So unschuldig sei Ida nicht, bekräftigte er seine Version; sie habe eine Neigung zu schlüpfriger Lektüre und obszöne Interessen, von denen er durch seine Frau erfahren habe.

Dieser Vorfall ereignete sich, als Ida fünfzehn war, Freud machte sie in der Fallstudie jedoch durchgehend um ein Jahr älter. Im selben Jahr verließ die Familie Bauer Meran, lebte kurze Zeit in Reichenberg in der Nähe von Philipps Fabriken und übersiedelte schließlich nach Wien. Die Bewegungen der Familie Zellenka schienen mit jenen der wohlhabenderen Familie Bauer abgestimmt zu sein, so daß Philipp Bauer und seine Geliebte nie lange voneinander getrennt waren. In den zwei Jahren, die auf die Szene am See im Juni 1898 folgten, wandte sich Ida gegen Herrn und Frau Zellenka und drängte ihren Vater, die Beziehungen zu beiden, vor allem aber zu Frau Zellenka, abzubrechen. Er weigerte sich, und Idas Zuneigung für ihren Vater erstarb; gleichzeitig verschlechterte sich auch die Beziehung zu ihrer Mutter. Ida hörte auf zu essen und schrieb einen Abschiedsbrief, den ihre Eltern fanden. Mitten in einem Streit mit dem Vater, in dem es um die beiden Zellenkas ging, wurde sie ohnmächtig und hatte Krämpfe, konnte sich aber hinterher an nichts mehr erinnern. Philipp brachte sie zu Freud, damit dieser sie «auf bessere Wege» führe,[25] von ihrer Verstimmung und Gereiztheit befreie und von den Selbstmorddrohungen abbringe, mit denen sie ihre Eltern zu erpressen versuchte.

Freud war begeistert von dieser Patientin, denn er erhoffte sich von ihr, daß sie ihm die Überprüfung seiner Hysterietheorie, seiner Analysemethode und seiner Traumdeutung ermöglichen würde. Der Dietrich, mit dem er Idas Fall aufzuschlüsseln hoffte, war seine Behauptung, «daß die Sexualität der Schlüssel zum Problem der Psychoneurosen [...] ist. Wer ihn verschmäht, wird niemals aufzuschließen imstande sein»[26]. Er wollte aber auch zeigen, «wie sich die Traumdeutung in die Behandlungsgeschichte einflicht und wie mit deren Hilfe die Ausfüllung der Amnesien und die Aufklärung der Symptome gewonnen werden kann»[27]. Daher baute er ihre Krankengeschichte in drei Teilen auf: Teil I schildert den «Krankheitszustand» und beginnt mit der Beschreibung ihrer Erkrankung durch den Vater und seiner Begründung, warum er sie zu Freud gebracht habe. Teil II und III, ausgestattet mit zahlreichen Fußnoten, enthalten die Deutung zweier Träume Idas, auf deren Analyse einerseits die in Teil I skizzierten Ergebnisse beruhen und andererseits weitere Aufschlüsse über den Krankheitszustand. Der zweite Traum brachte besonders viel neues Material zutage, vor allem weil der Abschluß der Deutung mit dem Ende der Analyse zusammenfiel. Am dritten Tag ihrer Traumforschung erklärte sie ihre Absicht, Freud zu verlassen, und kam nicht wieder.

Auch Idas Vater war die Bedeutung der Szene am See bewußt, als er Freud die Umstände ihrer Erkrankung schilderte. Auf den ersten Blick war zu sehen, daß sich diese Szene, diese «unsittliche Zumutung»,[28] hervorragend zum traumatischen Ereignis eignete, wie Breuer und Freud es in ihren frühesten Theorien als Voraussetzung der Hysterie postuliert hatten; und es handelte sich eindeutig um eine sexuelle Szene. Ida muß rasch Vertrauen zu Freud gefaßt haben – oder aber bald herausgefunden haben, welche Art von Geschichten ihn zufriedenstellten und auf ihre Seite brachten –, denn es dauerte nicht lange, bis sie ihm von einem zweiten, früheren Vorfall erzählte, den sie «bis zur Beichte in der Kur als Geheimnis bewahrt»[29] habe. Als sie dreizehn oder vierzehn gewesen war, hatte Herr Zellenka es so eingerichtet, daß er mit ihr allein war, dann «preßte er plötzlich das Mädchen an sich und drückte ihm einen Kuß auf die Lippen»[30]. Ida empfand heftigen Ekel. Aber sie erzählte niemandem davon. Mit diesem zweiten traumatischen Ereignis, das so sehr an viele andere Ereignispaare erinnerte, ausgehend von Emma Ecksteins doppelter Verführungsszene in einem Geschäft, hätte Freud die Zutaten für die Beschreibung von Idas Hysterie gehabt, wenn er noch die traumatische Theorie vertreten hätte. Statt dessen erklärte er Idas Ekel beim ersten Vorfall für an sich hysterisch und rekonstruierte, daß sie Zellenkas erigierten Penis an ihrem Körper gespürt haben mußte.

«Anstatt der Genitalsensation, die bei einem gesunden Mädchen unter solchen Umständen gewiß nicht gefehlt hätte, stellt sich bei ihr die Unlustempfindung ein, welche dem Schleimhauttrakt des Einganges in den Verdauungskanal zugehört, der Ekel.»[31]

Viele Autoren – darunter Erik Erikson, Steven Marcus und Peter Gay – meinten dagegen protestieren zu müssen, daß Freud bereits bei der dreizehn- oder vierzehnjährigen Ida eine Erregung der Klitoris als gesunde Reaktion auf das gegen sie gepreßte erigierte Glied voraussetzt und nicht den Ekel, der in die Lippenzone verschoben ist, den künftigen Mittelpunkt ihrer gemeinsamen Forschungen. Demnach schrieb er ihr von Anfang an «die sexuelle Reaktionsfähigkeit einer erwachsenen Frau»[32] zu. Richtiger gesagt: Er hielt den Ekel für ein Mittel der Verdrängung, das sich nicht im geringsten von anderen Mitteln der «zivilisierten Sexualmoral» – Scham- oder Schuldgefühlen zum Beispiel – oder des tyrannischen Über-Ichs unterschied, dessen Anspruch auf Respekt er im Namen eines freieren Sexuallebens so gnadenlos beschneiden sollte. Indem er ihren heftigen Ekel als pathologisch einstufte, hob er «das Normale der weiblichen Sexualität» hervor[33] und trat als «Advokat der Natur, der Sexualität, der Offenheit und Ehrlichkeit»[34] auf.

Und doch ist derselbe Freud, der ihre Reaktion für pathologisch hält, zugleich auch der Freud, der mit seinem psychoanalytischen Wissen ihre psychosexuelle Privatsphäre verletzt; der Freud, dessen Interpretationen erregten, bedrohlichen Penissen gleichen, die von ihr Zustimmung heischen, auch wenn diese sich in einer Form äußert, die nur ihn zufriedenstellt, nämlich als entschiedener Widerspruch. Derselbe Freud wiederholt in seinen Gesprächen mit Ida die sexuellen Annäherungsversuche von Herrn Zellenka. Vielleicht war es Selbstschutz, als Ida ihm in diesem Punkt auswich und sich weigerte, mit ihm nach der vergessenen Erektion Zellenkas zu forschen; statt dessen brachte sie ständig Vorwürfe gegen ihren Vater vor und sprach gequält über seine Liebesbeziehung mit Frau Zellenka – «*hier fand sich keine Lücke in ihrem Gedächtnisse*»[35].

Ida breitet vor Freud die ganze Geschichte aus und erklärt ihm, wie jedes Familienmitglied geopfert wurde oder seine Rolle in einem Ringelspiel zugeteilt bekam, das einzig dazu da war, sicherzustellen, daß Philipp und Frau Zellenka sich in aller Ruhe ihren gemeinsamen Vergnügungen hingeben konnten. Sogar ihre Mutter habe ihr erklärt, sie verdanke der anderen Frau das Leben ihres Mannes, denn wie man ihr überzeugend mitgeteilt habe, hätte Frau Zellenka ihn vom Selbstmord abgehalten und so seinen Kindern erhalten. Ida hingegen hielt die Geschichte für eine abgeschmackte Erfindung, durch die sich das Liebespaar einen gewissen Spielraum sichern wollte.[36] Frau Zellenkas sprichwörtliche Kopfschmerzen waren für sie lediglich systematisch eingesetzte Vorwände, denn Frau Zellenka war immer nur krank, wenn ihr Mann nach Hause kam. Als sie Freud erbittert erzählte, welch aufwendige Arrangements die anderen trafen, um «größtmögliches Vergnügen aus ihren Seitensprüngen zu ziehen»,[37] lieferte sie ihm die Munition, die er später gegen sie einsetzte, um ihr ihre eigene Situation zu erklären.

Dora: Ein exemplarisches Scheitern

Ida hatte den quälenden Verdacht, «daß sie Herrn K. ausgeliefert worden sei als Preis für seine Duldung der Beziehungen zwischen Doras Vater und seiner Frau, und man konnte hinter ihrer Zärtlichkeit für den Vater die Wut über solche Verwendung ahnen»[38]. Freud fühlte sich veranlaßt, ihr recht zu geben, aber es war ihm unangenehm, und er tat es nur widerwillig. Wenn er Idas Anklage gegen ihre Familie und deren Anhängsel beipflichtete und ihre Krankheit darauf zurückführte, daß sie von ihnen manipuliert worden war, mußte er dann nicht mit Philipp Bauer über Ida sprechen und ihn davon überzeugen, daß ihre Beschuldigungen gegen Herrn Zellenka nicht unbegründet waren und sie zu Recht den Abbruch der Beziehungen zu den Zellenkas von ihm forderte?

Freud entschied sich gegen ein solches Vorgehen, weil er befürchtete, Ida damit zu einem Sieg zu verhelfen, der ein Abbild von Philipps und Zellenkas Manipulation gewesen wäre. Er wollte sich nicht von ihr manipulieren lassen und als ihr Vermittler agieren und ging statt dessen in die Offensive. Anstatt ihr recht zu geben, sie zu bemitleiden oder für sie auf die Barrikaden zu steigen, zog er ihre durch die Analyse und die Beschreibung des moralischen Durcheinanders in ihrer Umgebung bestätigten Urteile in Zweifel. Er wendete die Vorwürfe, die sie ihrem Vater und Frau Zellenka machte, gegen sie selbst. Hatte sie sich nicht mitschuldig gemacht, indem sie die Aufmerksamkeiten von Herrn Zellenka übersehen hatte? Hatte sie nicht mehr getan, als die Schäferstündchen ihres Vaters mit Frau Zellenka nur zu übergehen? Hatte sie sie nicht viel eher unterstützt und ihnen Vorschub geleistet? Hatte sie nicht die Hinweise ihrer Gouvernante auf die zweifelhafte Moral des ständigen Kommens und Gehens in den Wind geschlagen und als Bosheit einer eifersüchtigen Frau abgetan, deren gute Beziehung zu ihr selbst nur eine Maske war, um die Aufmerksamkeit ihres Dienstherrn Philipp Bauer zu erregen, in den sie heimlich verliebt war? Und hatte nicht die Beobachtung, daß die Gouvernante nur in Gegenwart des Vaters gut zu ihr war und sie ansonsten vollkommen ignorierte, sie zu der Schlußfolgerung veranlaßt, daß sie ihn lieben müsse? Hatte Ida sich nicht genau wie diese Gouvernante verhalten, als sie bereitwillig Frau Zellenkas Rolle übernommen hatte, wenn diese wie so oft anderweitig beschäftigt war, indem sie ihre Kinder betreute und unterrichtete und sich mit Herrn Zellenka ausführlich über diese unterhielt, kurz, ihre Mutter wurde?

Die unterstützende Rolle, die Ida in der Liebesaffäre ihres Vaters mit Frau Zellenka gespielt hatte, und ihre Bereitschaft, bei den Zellenka-

Die Erfindung der Psychoanalyse

Kindern an die Stelle der Mutter zu treten, waren für Freud Grund genug, ihr zu sagen, «daß sie all die Jahre über in Herrn K. verliebt gewesen war»[39]. Zugleich war ihm aber auch klar, daß es für ihre abweisende Haltung in der Szene am See keine Erklärung gab, falls das stimmte.[40] Von nun an bestand die analytische Arbeit vorwiegend darin herauszufinden, warum sie Zellenka abgewiesen hatte. Freud zeigte auf, daß Idas Symptome vielfach ihre wiederauflebende Zuneigung für den Vater ausdrückten, durch die ihre sehnsüchtige Liebe für Zellenka unterdrückt und ihr Stolz gerettet werden sollte.[41] Ihr Verhalten dem Vater gegenüber sei das einer «eifersüchtigen Frau»,[42] sie trete zugleich an die Stelle ihrer Mutter und Frau Zellenkas und sei «in den Vater verliebt»[43]. Der episodisch auftretende Husten, eine Kopie des episodischen Unwohlseins, von dem Frau Zellenka jedesmal befallen wurde, wenn ihr Mann von einer Reise zurückkehrte, war Ausdruck der Sehnsucht nach ihm. Er beruhte allerdings auf ihrer Vorstellung vom sexuellen Verkehr zwischen ihrem impotenten Vater und seiner Geliebten: oraler Verkehr, eine Frau, die am Penis saugt wie das Kind an der Mutterbrust. Wie Lacan[44] und später auch andere Autoren[45] erklärten, hat Freud Ida allzu bereitwillig die «weibliche» Rolle einer Amme für den männlichen Penis zugeschrieben und den erigierten Penis in eine Szene gestellt, in die er wahrscheinlich nicht gehört; dabei hat er die plausiblere Phantasie übersehen, in der sich Ida mit dem impotenten Mann identifiziert, der durch das Saugen an den weiblichen Genitalien Befriedigung gibt und erlangt.

Wie sich immer deutlicher zeigte, war Freud so darauf bedacht zu erklären, warum Ida Herrn Zellenka abgewiesen hatte, daß er ihrer verborgenen Liebe für Frau Zellenka keine Beachtung schenkte. Aber er war der erste, der sein Versehen bemerkte. Zum Schluß des ersten Teiles der Krankengeschichte entschuldigte er sich dafür, die saubere und elegante Schilderung von Idas Seelenleben verpatzen zu müssen. Die Wahrheitspflicht des Mediziners, die ihn zum Bruch der ärztlichen Diskretion veranlaßte,[46] machte es nun notwendig, eine neu hinzugekommene Komplikation aufzudecken: Idas Liebe für Frau Zellenka.

Als sie Freud von dem plötzlichen Abkühlen ihrer Freundschaft zu einer Cousine erzählte, konnte er die Erklärung dafür nur in ihrer Eifersucht auf deren enges Verhältnis zu Frau Zellenka finden; bei dieser Gelegenheit erfuhr er, daß Ida der schönen, älteren Frau lange Zeit sehr nahegestanden und es nichts gegeben hatte, was sie nicht miteinander besprochen hätten, einschließlich der Unzulänglichkeiten ihres Mannes. Das war für Freud wieder ein Anlaß, seine Ausgangsinterpretation zu überprüfen: «Wie Dora es zustande brachte, den Mann zu lieben, über den ihre geliebte Freundin so viel Schlechtes zu sagen wußte, ist ein interessantes psychologisches Problem [...].»[47] Es zeigte sich, daß Ida doppelt verletzt war, einerseits, weil Zellenka die Szene am See bestritten hatte, und andererseits, weil seine Frau sie verraten und behauptet hatte, daß Ida «nur für sexuelle Dinge Interesse zeige»[48]. «[...] Frau K. hatte sie nicht um ihrer eigenen Person willen geliebt, sondern wegen des Vaters. Frau K. hatte sie unbedenklich geopfert, um in ihrem Verhältnis mit dem Vater nicht gestört zu werden.»[49] Trotz alledem hielt Freud daran fest, daß Idas Liebe für Zellenka die tiefste der unterdrückten Regungen ihres Seelenlebens sei, erkannte aber auch ihr Bemühen, «die in tieferem Sinne unbewußte Liebe zu Frau K. zu verdecken»[50].

Ida hatte ihren ersten Traum in der Nacht geträumt, die auf die Szene am See gefolgt war. Der Traum wurde von Freud kunstvoll in seine Bestandteile zerlegt und analysiert: ein brennendes Haus, der Vater steht vor ihrem Bett, die Mutter will ihr Schmuckkästchen retten. Auf den ersten Blick drückte der Traum Idas Absicht aus, die Villa Zellenka zu verlassen, wo sie den Nachstellungen Zellenkas ausgesetzt war, der sich nicht davon abhalten lassen wollte, das Schlafzimmer – *sein* Schlafzimmer, wie er sagte – zu betreten, das Ida mit seiner Frau teilte. Hinter dieser Absicht entdeckte Freud die «Versuchung, sich dem Manne willig zu erweisen»,[51] der sie eine «infantile Neigung zum Vater» entgegensetzte, die sie «gegen die rezente zu dem Fremden schützen soll».[52] Der Vater an ihrem Bett sollte sie vor dem Feuer der sexuellen Begierde beschützen, die durch das Naß der ekelerregenden Sexualität ihr Schmuckkästchen, ihre Genitalien, zu zerstören drohte. Um eine Erklärung für ihren Abscheu vor der Sexualität zu finden, versuchte Freud der Amnesie, die über der Masturbation und dem Bettnässen ihrer Kindheit lag, sowie ihren ersten hysterischen Symptomen auf den Grund zu gehen: Diese waren Zeichen ihrer Identifikation mit der physischen Anstrengung des Vaters beim Geschlechtsverkehr, verstärkt durch die Selbstvorwürfe wegen ihres «Katarrhs», ihres Ausflusses, den sie mit der «leichtsinnigen» und «unverläßlichen»[53] Sexualität der Männer in Zusammenhang brachte. Ihre Symptome drückten also möglicherweise eine Identifikation mit der Sexualität ihres Vaters und eine damit verbundene Erregung aus, sie waren aber auch ein Versuch, der Ansteckung, dem heterosexuellen Kontakt auszuweichen.

Idas zweiter Traum signalisierte das unmittelbar bevorstehende

Die Erfindung der Psychoanalyse

Ende ihrer Behandlung. Freud ahnte nichts davon, jedenfalls nicht bewußt, obwohl der erste Traum allein durch die Tatsache, daß sie ihn jetzt, nach zwei Jahren, noch einmal geträumt hatte, bereits die Warnung enthalten hatte, daß sich Ida erneut erotisch bedroht fühlte und den Ort der Gefahr zu verlassen beabsichtigte. Diesmal ging sie allein, ohne ihren Vater zu Hilfe zu rufen.

Trotzdem sprach Idas Traum gewissenhaft die Fragen an, die Freud ihr als wichtig vor Augen geführt hatte: Warum hatte sie den Eltern nicht sofort von der Szene am See berichtet? Und warum hatte sie ihnen dann plötzlich doch davon erzählt? Dieser zweite Traum war vielschichtiger als der erste: Ida irrt durch eine fremde Stadt, findet in ihrem Zimmer einen Brief vor, in dem ihr die Mutter den Tod des Vaters mitteilt, macht sich auf die Heimreise, zuerst zum Bahnhof, dann durch einen dichten Wald; ein Mann, den sie um Hilfe gebeten hat, bietet an, sie zu begleiten, aber sie lehnt ab; endlich kommt sie nach Hause, aber ihre Mutter und die anderen sind schon auf dem Friedhof. Die Assoziationen deckten Idas Identifikation mit einem jungen Verehrer auf, einem Ingenieur, der in Deutschland lebte und sich erst eine Existenz aufbauen mußte, ehe er um sie werben konnte. Das Umherwandern erinnerte sie an einen Besuch in der Dresdner Galerie, wo sie zwei Stunden allein vor der berühmten Sixtinischen Madonna verbracht hatte. Ihre alternierende Identifikation einmal mit dem fern der Heimat lebenden jungen Mann und dann mit der jungfräulichen Mutter war eine auf den Vater zielende Rachephantasie.

Das nächste Stadium der Traumdeutung brachte die Bestätigung dieser Rachsucht: Durch geschickte Wortspiele mit medizinischen Fachausdrücken entdeckte Freud eine Deflorationsphantasie und deutete die Wälder und Nymphen, die sie in einem Gemälde gesehen hatte, als Schamhaar und Vulva, ihre eigene Vulva, in die der junge Ingenieur eines Tages eindringen würde; indem sie mit einem fremden Mann Verrat an ihrem Vater beging, befriedigte sie auf Umwegen ihre Rachsucht.[54] Ida spielte sogar mit ihrem Familiennamen, dem Namen ihres Vaters: «Kalter Bauer» bedeutet Ejakulation, und zwar in der Regel durch unwillkürlichen Samenerguß im Schlaf oder durch Masturbation.[55] Dann kam ihr ein neues Stück des Traumes zu Bewußtsein: «*Daß sie ruhig auf ihr Zimmer geht und in einem großen Buch liest, welches auf ihrem Schreibtische liegt.*»[56] Das förderte die Geschichte ihrer kurz nach dem Tod ihrer Tante aufgetretenen Blinddarmentzündung zutage, die Freud – ohne jeglichen Einwand von seiten

Doras – als Phantasie einer *Entbindung*[57] interpretierte, als ihm klargeworden war, daß sich der Anfall neun Monate nach der Szene am See ereignet hatte.

Am Tag danach erklärte Ida Freud, sie besuche ihn heute zum letztenmal. «Wann haben Sie den Entschluß gefaßt? – ‹Vor 14 Tagen, glaube ich.› – Das klingt ja wie von einem Dienstmädchen, einer Gouvernante, 14tägige Kündigung. – ‹Eine Gouvernante, die gekündigt hat, war auch damals bei K., als ich sie in L. am See besuchte.› So? Von der haben Sie noch nie erzählt. Bitte erzählen Sie.»[58] Durch die Geschichte der Gouvernante entdeckte Freud alle Motive, nach denen er Ausschau gehalten hatte: Er wußte nun, warum Ida ihren Eltern nicht sofort von der Szene am See erzählt und warum sie es dann doch getan hatte, warum sie bei ihm in Analyse war und warum sie nicht mehr kommen wollte.

Die Gouvernante war von Zellenka verführt und dann fallengelassen worden, und als sie *ihren Eltern davon erzählte*, verlangten diese, daß sie sofort das Haus verlasse; sie *ließ sich mit der Kündigung Zeit* in der Hoffnung, daß Herr Zellenka sich ihr wieder zuwenden würde. Freud wußte inzwischen genug von den tatsächlichen Vorgängen am See, um Ida seine endgültige Rekonstruktion der Szene darzulegen. Zellenka hatte in seiner Werbung erklärt, «er habe nichts von seiner Frau»,[59] und Ida wußte nun, daß er mit denselben Worten auch die Gouvernante verführt hatte. Ida hatte mit einer Ohrfeige reagiert und war davongestürzt. Nicht sein Antrag habe sie gekränkt, argumentierte Freud, sie habe vielmehr «eifersüchtige Rache»[60] nehmen wollen. In diesem Augenblick habe sie sich gesagt: «Er wagt es, mich zu behandeln wie eine Gouvernante, eine dienende Person? Diese Hochmutskränkung zur Eifersucht und zu den bewußten besonnenen Motiven hinzu: das war endlich zu viel.»[61]

Sowohl der Gedanke, ihren Eltern von dem Vorfall zu erzählen, wie der Gedanke, diesen entscheidenden Schritt aufzuschieben, war also der Geschichte der Gouvernante entliehen; sie hatte tatsächlich zwei Wochen – vom 30. Juni bis zum 14. Juli – gewartet, ehe sie mit ihrer Mutter darüber sprach. Dementsprechend interpretierte Freud, sie habe Herrn Zellenka durch die Verzögerung Zeit geben wollen, seinen Antrag zu wiederholen.[62] Ida überraschte ihn damit, daß sie diese Interpretation für richtig erklärte und ihm in ihrem letzten schriftlich festgehaltenen Beitrag zur Analyse berichtete, zwischen Herrn und Frau Zellenka sei in den letzten Jahren immer wieder ernsthaft von Scheidung die Rede gewesen, allerdings wären sie nie beide gleichzeitig

Die Erfindung der Psychoanalyse

dafür gewesen. Freud drängte Ida zuzugeben, daß sie immer noch auf eine Erneuerung des Antrages warte, analog zu ihrer Mutter, die sich mit siebzehn verlobt und dann zwei Jahre auf den Vater gewartet hatte, und daß sie nur deshalb so enttäuscht über Zellenkas Verleugnung der Szene am See und der Verleumdung ihrer Person war, weil sie seine Absichten ernst genommen und gehofft hatte, er werde nicht nachgeben. Freud zog seine Schlüsse aus Idas Wissen um die Scheidungsabsichten der Zellenkas und schlug ihr eine Lösung vor, die von Schnitzler hätte stammen können:

«Die Beziehungen des Papa zu Frau K., die Sie wahrscheinlich nur darum so lange unterstützt haben, boten Ihnen die Sicherheit, daß die Einwilligung der Frau zur Scheidung zu erreichen wäre, und beim Papa setzen Sie durch, was Sie wollen. Ja, wenn die Versuchung in L. einen anderen Ausgang genommen hätte, wäre dies für alle Teile die einzig mögliche Lösung gewesen. Ich meine auch, darum haben Sie den anderen Ausgang so bedauert und ihn in der Phantasie, die als Blinddarmentzündung auftrat, korrigiert.»[63]

Am Ende dieser Behandlung – am 31. Dezember 1900 – nahm Ida herzlich Abschied von Freud. Rückblickend wies Freud darauf hin, wie rachsüchtig Idas letzter Traum gewesen war und wie sehr der Abbruch der Behandlung einem Racheakt gleichkam. Indem sie selbständig handelte, ließ sie ihren Vater im Stich. Und mit ihrem Abschiedsbrief, der im Traum als der Brief der Mutter auftaucht, durch den sie vom Tod des Vaters erfährt, rächte sie sich an beiden Eltern. Ihre Rache an Zellenka kam ebenfalls in einem Traumgedanken zum Ausdruck: «Weil du mich wie ein Dienstmädchen behandelt hast, lasse ich dich stehen, gehe allein meiner Wege und heirate nicht.»[64] Im Tonfall eines verletzten Liebhabers, eines gescheiterten Verführers, überlegte Freud: «Es war ein unzweifelhafter Racheakt, daß sie in so unvermuteter Weise, als meine Erwartungen auf glückliche Beendigung der Kur den höchsten Stand einnahmen, abbrach und diese Hoffnungen vernichtete.»[65] «Denn wodurch könnte die Kranke sich wirksamer rächen, als indem sie an ihrer Person dartut, wie ohnmächtig und unfähig der Arzt ist?»[66] Er überlegte, ob er ihr Spiel hätte mitspielen sollen, ob er ihr mehr «warmes Interesse» hätte zeigen sollen, und fragte sich, ob Herr Zellenka ihre Neurose hätte besiegen können, wo er gescheitert war, wenn er «seine Werbung mit überzeugender Leidenschaft fortgesetzt» und sich «die Neigung des Mädchens über alle inneren Schwierigkeiten hinweggesetzt»[67] hätte. Wenn Ida auf Rache aus war, so hatte sie in Freud ein überaus empfindliches Ziel gefunden. Sie erteilte ihm

Dora: Ein exemplarisches Scheitern

eine Lektion, und das nicht nur in bezug auf die Gesetze des Herzens, sondern auch in bezug auf die Möglichkeiten seiner Patienten, die Psychoanalyse auf die Probe zu stellen.

Als Ida wegblieb, sann Freud darüber nach, welche Fehler er gemacht hatte. Er unterteilte sie in zwei Gruppen: die Übertragung und die insgeheime Liebe für Frau Zellenka. Am Beginn der Fallstudie hatte Freud erklärt, daß «das Moment der ‹Übertragung›, von dem zu Ende der Krankengeschichte die Rede ist, während der kurzen Behandlung nicht zur Sprache kam»[68]. Am Ende überlegte er, inwieweit der unerwartete Abbruch der Behandlung davon beeinflußt worden war, daß er Idas Übertragung nicht erkannt hatte, und redete sich ein, daß die Übertragung von Philipp auf ihn minimal gewesen sei, da er «die Heimlichkeit» und den «krummen Umweg»[69] des Vaters immer vermieden habe. Hingegen war ihm die Warnung in ihrem ersten Traum entgangen, daß sie in einer gefährlichen Situation war und Vorkehrungen traf, ihr zu entkommen; dadurch übersah er, daß er nun, ohne es zu wissen – «wegen des X, in dem ich sie an Herrn K. erinnerte»[70] –, die Rolle von Zellenka spielte. Was an Freud erinnerte Ida an Zellenka? «Ich vermute, es bezog sich auf Geld, oder es war Eifersucht gegen eine andere Patientin, die nach ihrer Heilung im Verkehre mit meiner Familie geblieben war.»[71] Worin konnte diese Übereinstimmung bestehen? Sah Ida eine Gemeinsamkeit zwischen Zellenkas Beruf als Handelsreisender und Freuds Beruf als Psychotherapeut? Oder gab es heimliche finanzielle Abmachungen zwischen Philipp Bauer und Zellenka, nach denen der reiche Fabrikant den jüngeren Mann bezahlte, so wie Idas Vater Freud bezahlte, um Ida davon abzuhalten, das kunstvolle Familienkomplott zu Fall zu bringen? Wir wissen es nicht. Wir wissen auch nicht, welche von Freuds Patientinnen Ida gekannt und ihre Eifersucht geweckt haben könnte – aber allein ihre Erwähnung ist schon Anlaß genug, sich ein weiteres Netzwerk von komplizierten Beziehungen vorzustellen, das dem Modell der in Freuds Fallstudie so detailliert dargelegten Familiensituation entsprach oder parallel dazu existierte.

Freuds Anmerkungen zur Übertragung lassen vermuten, daß er sich in der Rolle des virilen Mannes sah, an dem Ida stellvertretend für alle Männer Rache üben will. Wir dürfen dabei nicht übersehen, daß Freud keine großen Bedenken hatte, diese Rolle zu spielen; zweifellos war ihm aber die Rolle des Herrn Zellenka lieber als die des impotenten, invaliden Vaters.[72] Die zweite «Unterlassung»[73], die er selbst als «technischen Fehler»[74] deklarierte, war mit seinem Bild der Übertragung auf

Die Erfindung der Psychoanalyse

einen virilen Mann verflochten. Freuds Zusatz zu Teil I, dem «Krankheitszustand», ist uns bereits bekannt: die «Komplikation» durch Idas «gleichgeschlechtliche Neigung»,[75] die in ihrer Liebe zu Frau Zellenka Ausdruck findet. Abschließend glaubt Freud, noch einmal Gedanken über diese «homosexuelle (gynäkophile) Liebesregung für Frau K.» äußern zu müssen, «die stärkste der unbewußten Strömungen ihres Seelenlebens».[76] Den Kern dieser homosexuellen Beziehung sah Freud in Idas sexuellem Wissen, das sie hauptsächlich in intimen Gesprächen mit der jungen, verheirateten Frau und durch die gemeinsame Lektüre entsprechender Literatur gewonnen hatte. Freud tadelte sich, weil ihm entgangen war, wie weit ihr Wissen reichte und wie sorgfältig sie die Quelle verheimlichte.

«An dieses Rätsel hätte ich anknüpfen, für diese sonderbare Verdrängung hätte ich das Motiv suchen müssen. Der zweite Traum hätte es mir dann verraten. Die rücksichtslose Rachsucht, welcher dieser Traum den Ausdruck gab, war wie nichts anderes geeignet, die gegensätzliche Störung zu verdecken, den Edelmut, mit dem sie den Verrat der geliebten Freundin verzieh und es allen verbarg, daß diese selbst ihr die Eröffnungen gemacht, deren Kenntnis dann zu ihrer Verdächtigung verwendet wurde.»[77]

Diese verschleiernde Großmut ist der vielleicht auffälligste Ausdruck von Idas «sehr schöner weiblicher Homosexualität», wie es bei Cixous heißt. Und diese Großmut entdeckt auch Freud hinter einem grausamen, sadistischen und rachsüchtigen Traum. Man vermutet, daß Freud damals das erotische Verlangen für mächtiger als selbst den stärksten oder heimtückischsten Impuls zur Grausamkeit hielt; der in einem Traum zum Ausdruck gebrachte unbewußte Wunsch war nie grausam oder rachsüchtig, sondern immer von der Libido bestimmt. Er hätte im zweiten Traum nach dem positiven erotischen Verlangen suchen sollen, das sich darin ausdrückte, so wie er im ersten Traum – und zwar hinter ihrer Absicht, vor der Gefahr zu fliehen, und hinter ihrem Hilferuf an den Vater – ihre «Versuchung, sich dem Mann willig zu erweisen»,[78] entdeckt hatte. Seine analytische Großmut erlaubte ihm jedoch erst dann, die tiefste, die homosexuelle Neigung in ihrem Leben zu entdecken, als sie ihn verlassen hatte und ihre Gegenwart ihn nicht mehr dazu verleitete, sich fast ausschließlich auf das zu konzentrieren, was sie sich von Herrn Zellenka erwartete.

Warum ließ Freud die Bedeutung von Frau Zellenka außer acht, bis es zu spät war und Ida sich gerächt hatte? Die Antwort auf diese Frage liegt in einer Kombination der beiden von Freud deklarierten Fehler:

Dora: Ein exemplarisches Scheitern

der Übertragung und der homosexuellen Neigung, wobei letztere nicht nur in bezug auf Ida, sondern auch in bezug auf Freud gesehen werden muß.

Freud verfaßte seine Krankengeschichte über den Fall Dora in einer Zeit der zunehmenden Entfremdung von seinem langjährigen Intimfreund Wilhelm Fließ, nach dem «eine besondere – etwa feminine – Seite»[79] seiner selbst verlangte. Er war dabei, diese feminine Seite zu verleugnen, als er an Doras Geschichte schrieb. Mitbetroffen von dem schmerzlichen Prozeß der Verleugnung und Entfremdung war das Konzept der Bisexualität, das Fließ ihm vermittelt hatte und das entscheidend für seine spätere Arbeit sein sollte.[80] Diese Verleugnung der Weiblichkeit – der eigenen wie der fremden – kam überall zum Ausdruck: in seiner zerbrechenden Freundschaft mit Fließ, in der Theorie der angeborenen Bisexualität des Menschen und in seiner Beziehung zu Ida. Der Fall Dora hält Fließ' männlich geprägter Wissenschaftstheorie – seinen simplen Ansichten über die Masturbation und ihre Behandlung durch einen einfachen chirurgischen Eingriff – den doppelten oralen Lustgewinn der Frauen entgegen, den ihnen die vertraulichen weiblichen Gespräche über Sexualität bereiten.[81] Indem Freud versuchte, sich der durch Frau Zellenka repräsentierten verschwörerischen Weiblichkeit zu entziehen, trat er ein letztes Mal für die von Fließ vertretenen Theorien ein; danach folgte er in seiner Psychoanalyse den verschlungenen weiblichen Wegen und mied die klaren Schnitte von Fließens Chirurgie.

Freud war in seinen Gesprächen mit Ida offensichtlich so darauf erpicht, Zellenkas Rolle zu übernehmen, der ihm als «ein noch jugendlicher Mann von einnehmendem Äußern» erschien,[82] daß er es unterließ, seine eigene Rolle in der Übertragung oder Gegenübertragung zu analysieren. Wie wir gesehen haben, war Freuds Rekonstruktion der Szene am See zugleich deren Neuinszenierung. Als Freud sich ihr aufdrängte, was war da für Ida – hinter der Maske seiner Höflichkeit, seines Mitgefühls, seiner scharfsichtigen Kommentare und plötzlichen Vorstöße – anderes zu spüren als die bedrängende Härte seiner Theorie?[83] Wie Idas Vater, wie Herr Zellenka hat auch Freud eine Geliebte – zwar nicht in der Realität, aber doch in seinem Wunschdenken: seine psychoanalytische Wissenschaft[84], die für seinen Wunsch steht, die weiblichen Begierden kennenzulernen. Was sein Wissen anbelangt, ist Freud nicht ganz so offen, wie er sich darstellt. Das läßt sich unter anderem aus seinem Vorwort zum Fall Dora herauslesen, in dem er zu seiner Rechtfertigung jene «zartfühlende[n], wohl auch zaghafte[n]

Die Erfindung der Psychoanalyse

Personen» angreift, die im Namen der ärztlichen Diskretion auf die Veröffentlichung einer solchen Krankengeschichte verzichten würden, und sie der «schimpflichen Feigheit» bezichtigt. Er wettert gegen die Kollegen, die ihre Pflichten gegenüber der Wissenschaft – und damit gegenüber allen Patienten – weniger hoch einschätzen als die ethischen Konsequenzen, die sich daraus ergeben, «daß die Kranken nie gesprochen hätten, wenn ihnen die Möglichkeit einer wissenschaftlichen Verwertung ihrer Geständnisse in den Sinn gekommen wäre», und daß «es ganz vergeblich bliebe, wollte man die Erlaubnis zur Veröffentlichung von ihnen selbst erbitten».[85]

Es ist gewiß eine Ironie, aber möglicherweise kein Zufall, daß der Schlüssel zu Idas erotischem Leben hinter dem Rätsel ihrer sexuellen Kenntnisse verborgen lag und daß Freud gerade diesen Schlüssel nicht probierte. War nicht Freud selbst der Meister des Sexualwissens? *Sein* Sexualwissen war jedoch wissenschaftlicher Natur und genau das Gegenteil von Idas prickelnd geheimen Intimgesprächen mit der Frau, die sie vielleicht gerade deshalb liebte, weil sie die Quelle ihres erotischen Wissens war. Während Idas Sexualwissen erotisch gefärbt war und gar nicht anders sein konnte, befleißigte sich Freud einer außerordentlich strengen Ausdrucksweise, um jede Gefahr einer Erotisierung *seines* Wissens von vornherein auszuschalten. Er kritisierte die Ärzte, die seine Krankengeschichten «als einen zu ihrer Belustigung bestimmten Schlüsselroman lesen wollen»,[86] und versicherte seinen Kollegen – die ihn oder die Patienten «um den Kitzel zu beneiden» schienen, der sich ihrer Erwartung nach bei der Therapie einstellte –,[87] daß ihre Empörung über die in der Psychoanalyse behandelten sexuellen Details völlig unangebracht sei. Die Analyse gleiche der Behandlung beim Gynäkologen, bei der man sich ja auch vollkommen entblößen müsse; wenn man nur «trocken und direkt»[88] von den Dingen rede und «Organen wie Vorgängen ihre technischen Namen»[89] gebe, versicherten einem oft die Patientinnen selbst: «Ihre Kur ist doch um vieles anständiger als die Gespräche des Herrn X.!»[90] Was Freud hier jedoch völlig ausklammert, ist – so Neil Hertz – die Möglichkeit, daß der Arzt selbst aus solchen Gesprächen einen Lustgewinn zieht.[91] Durch seinen wissenschaftlichen Gesprächston verweigerte Freud Dora das Vergnügen, das er zu spät als eines ihrer wichtigsten, notwendigerweise geheimen erotischen Vergnügen erkannte, die orale Erotik des Gespräches.[92] Die Gefahr bestand für Freud darin, daß seine Behandlung zum Äquivalent für «oralen Geschlechtsverkehr zwischen zwei Frauen»[93] werden könnte.

Dora: Ein exemplarisches Scheitern

Freud wußte, wie wichtig die Quellen des Sexualwissens waren, war aber so sehr darauf bedacht, ein unschuldiges Mädchen nicht zu verderben und die Analyse nicht zu gefährden, daß er sich in die Irre führen ließ. Schon im Anfangsstadium der Analyse, als Ida schilderte, wie Zellenka sie geküßt und an sich gedrückt hatte, befragte er sie «in der vorsichtigsten Weise [...], ob ihr von körperlichen Zeichen der Erregtheit am Leibe des Mannes etwas bekannt sei»:

«Die Antwort lautete für heute: ja, für damals: sie glaube nicht. Ich habe bei dieser Patientin von Anfang an die größte Sorgfalt aufgewendet, um ihr keinen neuen Wissensstoff aus dem Gebiete des Geschlechtslebens zuzuführen, und dies nicht aus Gründen der Gewissenhaftigkeit, sondern weil ich meine Voraussetzungen an diesem Falle einer harten Probe unterziehen wollte. [...] aber das Rätsel, *woher* sie es denn wisse, war durch ihre Erinnerungen nicht zu lösen. Die Herkunft all dieser Kenntnisse hatte sie vergessen.»[94]

Wie wir an Freuds Verhalten Ida gegenüber bereits gesehen haben, ging er natürlich davon aus, daß sie die sexuellen Reaktionen einer erwachsenen Frau aufweise – wohl eine Konsequenz seiner Entdeckung der infantilen Sexualität – und auch über das erforderliche *Wissen* verfüge, um diese Fähigkeit auszuüben oder zu verweigern.

«Man läuft niemals Gefahr, ein unerfahrenes Mädchen zu verderben; wo auch im Unbewußten keine Kenntnis sexueller Vorgänge besteht, da kommt auch kein hysterisches Symptom zustande. Wo man Hysterie findet, kann von ‹Gedankenschuld› im Sinne der Eltern und Erzieher keine Rede mehr sein.»[95]

Indem er sich dagegen verwahrte, die Patientinnen zu «verderben» und ihnen nichts als schlüpfrige Gedanken in den Kopf zu setzen, kam er zugleich dem Vorwurf einer «gründlichen epistemologischen Promiskuität, bei der sich die Grenzen zwischen Doras und Freuds Wissen verwischten», zuvor.[96] Wo Freud Idas sexuellem Wissen doch nachspürte, ermittelte er zwei wahrscheinliche Quellen: ihre Gouvernante[97] und ihre begeisterte, heimliche Lektüre der Enzyklopädie, die im Nachtrag zu ihrem zweiten Traum auftauchte und von Freud als sehr wichtig eingestuft wurde. Ida hatte sich wieder daran erinnert, in ihrem Traum in dem großen Buch gelesen zu haben, nachdem Freud ihren Spaziergang durch einen Wald mit Nymphen im Hintergrund als Phantasie der weiblichen Genitalien und ihrer Defloration gedeutet hatte, eine Phantasie, die auf den medizinischen Bezeichnungen der Genitalien beruhte: «Vorhof» (*vestibulum*) und «Nymphen» (*labia minora*). Verständlicherweise folgte Freud sofort der Spur ihrer Assoziationen zu dem großen Buch und erfuhr von ihrer Blinddarmentzündung, die er als Phantasie einer Entbindung[98] interpretierte; dabei entging ihm aber, daß Ida sich *seiner* «trockene[n] und direkte[n]» Ausdrucksweise[99] bedient hatte, als sie über erotische Erfüllung gesprochen hatte. Ida übte Rache an Freud, indem sie ihn, den Verbalakrobaten und Traumdeuter, verspottete und ihm zeigte, daß sich seine Sprache der medizinischen Fachbücher und ohnmächtigen Ärzte ebenso leicht wie jede andere erotisieren ließ.[100] Wäre Freud auf der Hut gewesen, hätte er ihre Lektion begriffen: Die Psychoanalyse konnte ebensogut ein Treibhaus sein, in dem die Erotisierung der Sprache und das Vergnügen am Wissen prächtig gedieh, wie eine davon gänzlich abgeschirmte Enklave.

Idas intime Freundschaft mit Frau Zellenka – die Szene zweier Frauen im Gespräch – diente als Modell für die erotische Unterhaltung. Möglicherweise stellte die Verlagerung dieser Szene in Freuds Behandlungszimmer die massivste Übertragung und Gegenübertragung im Rahmen dieser Analyse dar. In ihrer gemeinsamen psychoanalytischen Arbeit spielten sie jene geheime Szene des Austauschs von sexuellem Wissen zwischen Ida und Frau Zellenka noch einmal durch. Hinter Freuds Fußnoten über die homosexuelle Neigung in der tiefsten Schicht von Idas Unbewußtem und die rätselhafte Quelle ihres sexuellen Wissens verbirgt sich die allerdings nie offen deklarierte Erkenntnis, daß die Psychoanalyse ein erotisierendes Gespräch sein konnte, in dem Freud die Rolle einer Frau spielte. Freud war es ganz offensichtlich unangenehm, und am Anfang wohl auch nicht bewußt, daß er in dieser Übertragung die Rolle einer Frau übernahm. Wie seine späteren Aussagen zeigen,[101] war er gewiß nicht erfreut darüber, die Rolle der Mutter einzunehmen, obwohl er sich zweifellos spätestens in den 1930er Jahren der Übertragung des Mutterbildes und seines eigenen diesbezüglichen Unbehagens bewußt war und sich möglicherweise auch bereits ein wenig an diese Rolle gewöhnt hatte. Dennoch möchten wir den Verdacht äußern, daß er sich bereits in seinen ersten Analysen und auch schon im Fall Dora in der Rolle der Frau *unbewußt* sehr wohl fühlte. Die erstaunliche Herzlichkeit, mit der Ida von ihm Abschied nahm, das ungewöhnliche Vertrauen, das sie ihm von Anfang an entgegenbrachte, obwohl er sie unerbittlich mit seinen Deutungen bedrängte,[102] obwohl er ihre Unfähigkeit kritisierte, sich ihren erotischen Impulsen zu überlassen, und ihre ständige Vorwurfshaltung vermerkte,[103] legt doch den Schluß nahe, daß es ihr eigentlich ziemlich leichtfiel, die Großmut, die sie der geliebten Frau, der Quelle ihres

Dora: Ein exemplarisches Scheitern

sexuellen Wissens, erwies, auch Freud zu erweisen, ihrer neuen Quelle sexuellen Wissens. Freud unterschied sich auf seine Weise gar nicht so sehr von Frau Zellenka: Er nahm Idas Vertrauen an und – verriet sie, indem er ihre Krankengeschichte veröffentlichte.

In seiner Erörterung der Übertragung überging Freud zwei Rollen, die er möglicherweise gespielt hat, zwei Frauenrollen: die geliebte Frau (Frau Zellenka) und die sozial untergeordnete, verführte und verlassene Frau (die Gouvernante). In der Krankengeschichte werden zwei Gouvernanten erwähnt:[104] Idas Gouvernante, eine unverheiratete, sehr belesene Frau «von freien Ansichten»[105], «mit der sie anfangs in intimem Gedankenaustausch lebte, bis sie merkte, daß sie von ihr nicht ihrer eigenen Person, sondern des Vaters wegen geschätzt und gut behandelt worden sei. Dann zwang sie dieselbe, das Haus zu verlassen»[106]. Freud nahm an, daß diese Frau die Quelle für Idas Sexualwissen war, da sie «alle Bücher über Geschlechtsleben u. dgl. las und mit dem Mädchen darüber sprach, sie aber freimütig bat, alles darauf Bezügliche vor den Eltern geheimzuhalten»[107]. Gemäß der Freudschen Konzeption der Nachträglichkeit, wonach zur Ausbildung eines Symptombilds zwei traumatisch wirkende Szenen erforderlich sind, war diese Gouvernante der Prototyp von Frau Zellenka, sowohl was die Vertrautheit im Gespräch und Gedankenaustausch als auch was Idas Gefühl betrifft, zugunsten des Vaters geopfert worden zu sein.

Aber erst die zweite Gouvernante war der Schlüssel zu Idas Lebensgeschichte: die Gouvernante der Familie Zellenka, deren Verhalten (die Beschwerde bei den Eltern und die Verzögerung dieser Beschwerde) Ida wiederholte. Hätte Ida sich nicht mit dieser Gouvernante identifiziert und hätte sie ihren Eltern nicht von Zellenkas Antrag erzählt, wäre vielleicht alles so geblieben, wie es war: Philipp Bauer und Frau Zellenka hätten ihr Verhältnis fortgesetzt, Herr Zellenka hätte Ida weiterhin zahlreiche Aufmerksamkeiten erwiesen – zum Beispiel schickte er ihr ein Jahr hindurch Blumen und machte ihr wertvolle Geschenke[108] –, und alle Beteiligten hätten geflissentlich darüber hinweggesehen. Als Ida Zellenka bloßstellte, brach sie die Regeln, verstieß gegen das «System von stillschweigenden Abmachungen, den Abmachungen der allgemeinen Heuchelei»[109]. Die beiden Zellenkas verschworen sich gegen sie und gingen gemeinsam zum Gegenangriff über. Dieser Verrat durch ihre Freunde, ihre Geliebten, führte den entscheidenden Umschwung in Idas Einschätzung der Situation herbei, und durch ihre Symptome widersetzte sie sich nun den Arrangements, bei denen sie bis dahin selbst mitgespielt hatte.

Die Erfindung der Psychoanalyse

Idas Entscheidung, alles aufzudecken, war sehr untypisch: Die geheimen Intimitäten mit ihrer Gouvernante und Frau Zellenka waren ihr eigentlich ganz recht gewesen; sie verstand sich auf die Regeln des heimlichen Genusses, lernte vielleicht sogar daraus, daß es für Frauen nur Genuß gab, daß sie nur überleben konnten, wenn sie ihre eigenen Geheimpakte schlossen. «Ein normales Mädchen wird, so sollte ich meinen, allein mit solchen Angelegenheiten fertig»,[110] befand Freud. Selbst wenn wir skeptischer sind als Freud und nicht so sicher, was in einer solchen Situation als normal zu gelten hat, lag Freud wahrscheinlich richtig mit seiner Einschätzung, daß es «normal» im Sinne von «typischer» für Ida gewesen wäre, alles beim alten zu belassen. Erst durch ihre Identifizierung mit der Gouvernante begann sie gegen die allgemeine Heuchelei und Unmoral aufzubegehren. Als wollte Ida Freud demonstrieren, daß der Schlüssel zu ihrem Fall bei dieser anderen – verführten, verlassenen, gedemütigten, hoffnungsvollen – Gouvernante lag, erzählte sie ihm erst in der letzten Sitzung von deren Existenz, um daraufhin die neue Welt des geheimen Sexualwissens, die Freud mit ihr erschaffen hatte, zu verlassen. Und sie führte es ihm vor Augen, indem sie *ihn* wie eine Gouvernante behandelte, wie eine nicht mehr benötigte Bedienstete.[111] Fast wie als Hinweis auf seine verspätete Einsicht, daß Idas Geschichte eng mit jener der Hausangestellten verbunden war, fiel ihm kein anderes Pseudonym ein als «Dora», der Name des Kindermädchens seiner Schwester Rosa. Diese hieß eigentlich Rosa, wie die Hausherrin selbst, wurde aber umbenannt, um Verwechslungen zu vermeiden. «Ich sagte bedauernd: Die armen Leute, nicht einmal ihren Namen können sie beibehalten!»[112] Aber nicht nur die Analogie zwischen den Dienstmädchen, die ihre Identität verlieren, und den Patienten, denen es in der Analyse ebenso ergeht, veranlaßte Freud zu dieser Namenwahl: «Die Ausschließlichkeit [der Namenwahl] beruht hier auf fester inhaltlicher Verknüpfung, denn in der Geschichte meiner Patientin rührte ein auch für den Verlauf der Kur entscheidender Einfluß von der im fremden Haus dienenden Person, von einer Gouvernante, her.»[113]

Feministinnen, Sozialhistoriker und Kenner der Freudschen Werke haben auf die entscheidende sexuelle Rolle hingewiesen, die Gouvernanten und Kindermädchen in den bürgerlichen Familien des Fin de siècle spielten. Ein 1897 verfaßter Brief an Fließ enthält eine kurze einführende Abhandlung über die «Rolle der Dienstmädchen» in den Phantasien, die die Architektur der Hysterie darstellen:

Dora: Ein exemplarisches Scheitern

«Durch die Identifizierung mit diesen Personen niedriger Moral, die als wertloses weibliches Material so häufig in sexuellen Beziehungen mit Vater und Bruder erinnert werden, wird eine Unzahl von Belastungen mit Vorwürfen (Diebstahl, Kindesabtreibung) ermöglicht, und infolge der Sublimierung dieser Mädchen in den Phantasien sind dann gegen andere Personen sehr unwahrscheinliche Anwürfe in diesen Phantasien enthalten. Auf die Dienstmädchen deutet noch die Prostitutionsangst (allein auf der Straße), die Furcht vor dem unter dem Bett versteckten Mann u. dgl. Es ist tragische Gerechtigkeit darin, daß die Herablassung des Hausherrn zur Dienstmagd durch die Selbsterniedrigung der Tochter gesühnt wird.»[114]

Wie wir gesehen haben, hatte Freud erkannt, daß seine alte Kinderfrau seine «Lehrerin in sexuellen Dingen»[115] gewesen war. Das Thema kehrt immer wieder. Bei der Tochter, die die Mißhandlungen ihres Vaters wiedergutzumachen versucht, könnte er Rosalia, einen Fall aus den *Studien über Hysterie*, vor Augen gehabt haben, deren Vater dort (wieder einmal) als ihr Onkel auftritt:

«Der Mann [...] mißhandelte Frau und Kinder in rohester Weise und kränkte sie besonders durch die unverhohlene sexuelle Bevorzugung der im Hause befindlichen Dienst- und Kindermädchen, was um so anstößiger wurde, je mehr die Kinder heranwuchsen. Als die Tante starb, wurde Rosalia die Schützerin der verwaisten und vom Vater bedrängten Kinderschar. Sie nahm ihre Pflichten ernst, focht alle Konflikte durch, zu denen sie diese Stellung führte, hatte aber dabei die größte Mühe aufzuwenden, um die Äußerungen ihres Hasses und ihrer Verachtung gegen den Onkel zu unterdrücken.»[116]

Die Kinderfrau, die Gouvernante, das Dienstmädchen: sie sind der «Kanal», durch den die Sexualität in die Familienzelle hereinsickert, manchmal auch hereinbricht.[117] Wenn die Hysterikerin bei Freud in zwei spektakulären Rollen auftaucht: als die geopferte junge Frau, die sich um den insgeheim geliebten und gehaßten Menschen kümmert (Bertha Pappenheim), und als die Rebellin, die entschlossen ist, sich durch die versteckten Heucheleien und verbotenen Leidenschaften ihrer Umgebung nicht verletzen zu lassen (Ida), so ist das Dienstmädchen das Bindeglied zwischen diesen beiden Figuren. Das Dienstmädchen ist, wie Assoun schreibt, die andere Seite der Hysterie-Medaille.[118] Wir werden noch sehen, welche Wende zum Melodramatischen Freuds Analyse von Loe Kann nahm, als ihr Mann Ernest Jones mit ihrem Dienstmädchen ins Bett ging – für Freud der «schönste Fall von Übertragung, der mir je untergekommen ist»[119]. In seinen späteren

Schriften über weibliche Sexualität bestätigt Freud dieses Modell, als er über die Masturbation schreibt:

«Dem Einfluß der Körperpflege an ihrer Erweckung wird durch die so häufige Phantasie Rechnung getragen, die Mutter, Amme oder Kinderfrau zur Verführerin macht. [...] Auch wirkliche Verführung ist häufig genug, sie geht entweder von anderen Kindern oder von Pflegepersonen aus, die das Kind beschwichtigen, einschläfern oder von sich abhängig machen wollen.»[120]

Die Ohrfeige, die Ida Herrn Zellenka verabreichte, und ihr Entschluß, den Eltern doch davon zu erzählen, ist ohne Zweifel der Ausdruck ihrer Weigerung, sich mit der verlassenen Gouvernante zu identifizieren; sie wehrte sich dagegen, verführt und verlassen zu werden. Derselbe Impuls ließ sie ihre Behandlung bei Freud abbrechen. Andererseits wollte auch Freud nicht mit der ihm von Ida zugewiesenen Position des Bediensteten identifiziert werden, wahrscheinlich, weil er sein wissenschaftliches Wissen dadurch bedroht sah: Er wollte sich, den Psychoanalytiker, nicht auf eine Ebene mit Idas heimlichen Lehrerinnen, der Gouvernante und Frau Zellenka, stellen. Er weigerte sich anzuerkennen, daß er zum Konkurrenten von Frau Zellenka und der Gouvernante geworden war,[121] und er weigerte sich, seine psychoanalytische Fachsprache dadurch entwertet zu sehen, daß sie mit den Gesprächen der beiden Frauen in Verbindung gebracht wurde.[122]

Hingegen zeigte sich Freud ziemlich erpicht auf eine andere weibliche Rolle, eine traditionell jüdische, die sich aus seiner aktiven Haltung in der Analyse ganz selbstverständlich ergab. Er war nur allzu bereit, als Heiratsvermittler zu fungieren, bei Ida ebenso wie bei Ilona Weiss. Philipp Bauer hatte seine Tochter zu Freud gebracht, um sie von ihrem Widerstand gegen sein Verhältnis abzubringen und damit von ihren Selbstmordgedanken heilen zu lassen. Freud tendierte aber eher zu einer Neuordnung der ehelichen Konstellationen der Familien Bauer und Zellenka. Er beharrte Ida gegenüber darauf, sie habe es als eine reale Möglichkeit gesehen, daß Herr Zellenka sich von seiner Frau scheiden lassen und sie heiraten könnte, und aus seinen *post-hoc*-Betrachtungen geht eindeutig hervor, daß er Zellenka ernste Absichten mit Ida zuschrieb. Als indirekte Folge der Scheidung der Zellenkas wäre es wahrscheinlich auch zwischen Idas Eltern zur Scheidung gekommen, und Philipp hätte seine Geliebte zur Frau genommen. Dieser Lösungsvorschlag bedeutete nichts anderes, als daß Käthe, die Mutter, durch Ida, die Tochter, ersetzt werden sollte; Freud schleuste eine Frau in das Bäumchen-wechsle-dich-Spiel ein, nur um eine andere, gewissermaßen als Abfallprodukt der Heiratspolitik, auszuscheiden. Wenn Freud Zellenkas Heiratsabsichten also ernst nahm, so sprach er damit der Tochter einen ödipalen Sieg über die Mutter zu. Es ist unvorstellbar, daß sich Freud dieser Implikation seines Vorschlages nicht bewußt war. Dennoch hat er die ödipale Rivalität nie direkt angesprochen. Statt dessen setzte er Ida wieder mit seinen aggressiven Zweifeln an ihrer Version sowohl der Realität als auch ihrer Gefühle für die Darsteller dieser Realität zu. Seine aggressiven Zweifel waren aber zugleich eine Art Absprache, ja beinahe ein pikantes Geheimnis, das er mit Ida teilte, denn über eine andere Person hüllte sich Freud geflissentlich in Schweigen, ein Schweigen, das Bände spricht, und zwar über die einzige Akteurin, die sich offenbar völlig aus dem Liebeskarussell heraushielt, aber nicht weniger als alle anderen davon betroffen war: Idas Mutter.

Freud sah Ida Bauer erst fünfzehn Monate nach dem Abbruch der Analyse wieder. Ida hatte in der Zeitung von Freuds Professur gelesen und kam am 1. April 1902 zu ihm in die Ordination. Wie er befriedigt feststellte, dachte sie nach wie vor wie eine Gouvernante, denn sie besuchte ihn zwei Wochen nach dem ersten Auftreten einer durch diese Nachricht ausgelösten Neuralgie. Ida erzählte ihm, daß sie nach dem Ende der Analyse durcheinander gewesen sei, danach sei aber eine Besserung eingetreten. Im Mai 1901 war dann die kleine Karla Zellenka gestorben. Ida hatte den Zellenkas einen Kondolenzbesuch gemacht:

«Sie [...] wurde von ihnen empfangen, als ob in diesen letzten drei Jahren nichts vorgefallen wäre. Damals söhnte sie sich mit ihnen aus, nahm ihre Rache an ihnen und brachte ihre Angelegenheit zu einem für sie befriedigenden Abschlusse. Der Frau sagte sie: Ich weiß, du hast ein Verhältnis mit dem Papa, und diese leugnete nicht. Den Mann veranlaßte sie, die von ihm bestrittene Szene am See zuzugestehen, und brachte diese, sie rechtfertigende Nachricht ihrem Vater. Sie hat den Verkehr mit der Familie nicht wieder aufgenommen.»[123]

Im Oktober rief jedoch ein außergewöhnlicher Vorfall, der einem Schnitzler oder Pasternak alle Ehre gemacht hätte, einen Anfall von Stimmlosigkeit hervor, der sechs Wochen dauerte.

«Sie traf [Herrn Zellenka] eines Tages auf der Straße; er kam ihr an einer Stelle lebhaften Verkehres entgegen, blieb wie verworren vor ihr stehen und ließ sich in der Selbstvergessenheit von einem Wagen niederwerfen. Sie überzeugte sich übrigens, daß er ohne erheblichen Schaden davonkam.»[124]

Freud bewertete die neue Neuralgie als Selbstbestrafung für ihre Rache an Herrn Zellenka und Dr. Freud. Mehr wollte er nicht wissen; für ihn war der Fall Ida Bauer abgeschlossen. «Welche Art Hilfe sie von mir verlangen wollte, weiß ich nicht», schrieb er – kein Wunder, denn nach allem, was sie ihm angetan hatte, wollte er es gar nicht herausfinden –, «aber ich versprach, ihr zu verzeihen, daß sie mich um die Befriedigung gebracht, sie weit gründlicher von ihrem Leiden zu befreien.»[125]

Zum Abschluß bleibt noch eine Frage offen: Warum zeichnete Freud die Geschichte einer abgebrochenen, vielleicht sogar mißlungenen Behandlung auf? Und warum ließ er sich dann fünf Jahre Zeit mit der Veröffentlichung? Als Freud im Oktober 1900 Idas Behandlung begonnen hatte, war er hocherfreut darüber, «wieder einen neuen und für die vorhandene Sammlung von Dietrichen glatt aufgehenden Fall»[126] bekommen zu haben. Idas plötzlicher Abschied am letzten Tag des Jahres 1900 traf ihn wie ein Blitz aus heiterem Himmel. Daraufhin begann er, ihre Krankengeschichte aufzuzeichnen. Innerhalb von drei Wochen schloß er das Manuskript ab, «das Subtilste, was ich bis jetzt geschrieben»[127]. Aber irgend etwas führte einen Meinungsumschwung herbei. Wahrscheinlich war er beunruhigt über die Folgen, die diese Lektüre für Ida haben könnte. Er verstaute seine Arbeit wieder im Schreibtisch und zog die geplante Veröffentlichung zurück.[128]

Warum änderte er später doch noch einmal seine Meinung? Er erklärt, er habe gewartet, bis er «von einer Änderung in dem Leben der Patientin hörte, die mich annehmen ließ, ihr eigenes Interesse an den hier erzählten Begebenheiten und seelischen Vorgängen könnte nun verblaßt sein»[129]. Die Nachricht von der Änderung bezog sich höchstwahrscheinlich auf die Geburt von Idas Sohn am 2. April 1905. Das Manuskript, gewissermaßen das Kind der Beziehung zwischen Freud und Ida, seine Version der Blinddarmentzündung, konnte nun veröffentlicht werden: Es erschien im Oktober und November desselben Jahres.

Freud dachte also ebenfalls wie eine Gouvernante. Wie Ida in jener entscheidenden Phase zwischen dem 30. Juni und dem 14. Juli 1898 hatte auch er sich entschlossen, Idas Geschichte bekanntzumachen, wartete aber mit der Ausführung seines Entschlusses. Er wartete so lange, wie Ida brauchte, um ein Kind zu bekommen. Erst als sich die Interessen der jungen Frau durch ihre Heirat im Dezember 1903, aber besonders durch die Geburt ihres Kindes, von den verwickelten Familienverhältnissen auf andere Dinge verlagert hatten, schien ihm die

Dora: Ein exemplarisches Scheitern

Publikation des Manuskripts angebracht. Durch die Geburt des Kindes war sie «dem Leben wiedergewonnen».[130] Sie war nun zu dem «reifen, im Urteil sehr selbständigen Mädchen» geworden, gewöhnt, «der Bemühungen der Ärzte zu spotten und zuletzt auf ärztliche Hilfe zu verzichten»,[131] als das sie mit siebzehn von Freud vielleicht nicht ganz zu Recht beschrieben worden war. Die tatsächliche *Publikation* von Idas Krankengeschichte ist somit ein weiteres eindeutiges Anzeichen für Freuds Gegenübertragung, seine Vorstellung von der Rolle des Mädchens und der jungen Frau. Ida gehörte zu jenen jungen Frauen, von denen Freud hoffte, ja bei denen er darauf vertraute, daß sie durch eine Heirat und den daraus resultierenden Nachwuchs geheilt würden. Die Geburt etwa eines Sohnes, «der mehr Rechte hat als der alte und der neue Mann zusammen», sei «der Moment für die Analyse, sich im Hintergrund zu halten»,[132] schrieb Freud an Sabina Spielrein, als sie vor ihrer Hochzeit eine Analyse in Erwägung zog. Durch die Geburt hatte Ida in Freuds Augen den Rubikon überquert, der das Mädchen von der Frau trennt.

Ida hatte einen um neun Jahre älteren Techniker und Komponisten geheiratet. Obwohl ihre Eltern Vorbehalte gegen diese Verbindung äußerten, nahm Philipp seinen Schwiegersohn in den Familienbetrieb auf und unterstützte seine nicht eben erfolgreichen musikalischen Aktivitäten; einmal engagierte er sogar ein Orchester, damit sein Schwiegersohn seine eigene Musik hören konnte.[133] Zwei Monate nach der Geburt ihres Sohnes trat Ida zum katholischen Glauben über. Während ihrer Ehe begann sie, in den Salons der besseren Gesellschaft zu verkehren. 1915 wurde ihr Mann zum Kriegsdienst einberufen und kehrte mit schweren Verwundungen am Kopf und am Hörapparat zurück, die ständige Gleichgewichts- und Gedächtnisstörungen zur Folge hatten.[134] Er starb 1932 an einem Herzleiden.

1922 konsultierte Ida Dr. Felix Deutsch, einen Anhänger Freuds, der 1923 auch sein Leibarzt war. Sie klagte über Schwindelgefühle und Ohrensausen. Als sie voll Stolz erzählte, sie sei eine von Freuds berühmten Fallgeschichten, war es für Deutsch ein leichtes, sie als Dora zu identifizieren. In einem etwa fünfunddreißig Jahre später verfaßten Beitrag über Ida – der so viele falsche Angaben enthält, daß man ihn mit äußerster Skepsis lesen sollte – porträtierte er sie als eine von ihrer Ehe enttäuschte Frau, die alle Männer für selbstsüchtig und fordernd hält und unfähig zur Hingabe.[135] Nachdem er sie in seiner Funktion als praktischer Arzt untersucht hatte, verlegte sich Deutsch auf die Psychoanalyse und brachte ihr Ohrensausen in Zusammenhang mit ihrer Beziehung zu ihrem inzwischen siebzehnjährigen Sohn, auf den sie stets schlaflos wartete, bis er von seinen nächtlichen Ausflügen heimkam. Sie gab ihm recht und bat um einen neuen Termin, der zugleich ihr letzter war, obwohl ihr Bruder Otto aus Sorge um ihre Gesundheit darauf drängte, die Behandlung fortzusetzen. Wenigstens in einer Beziehung dürfte Deutschs Bericht den Tatsachen entsprechen: Idas Ehe hatte einen ziemlich unerfreulichen Verlauf genommen. Was ihr als Stütze blieb, war die Beziehung zu ihrem Bruder und ihrem Sohn.

Ida hatte immer ein enges Verhältnis zu ihrem Bruder Otto gehabt; dieser hielt sich aus den Familienkonflikten soweit wie möglich heraus, kümmerte sich um seine schwierige Mutter und ergriff in den Familienstreitigkeiten ihre Partei, gab Ida aber auch den Rat, sich in das Verhältnis zwischen ihrem Vater und Frau Zellenka nicht einzumischen, da sie froh sein sollten, daß er eine Frau gefunden hatte, die er lieben konnte.[136] Otto war ein Jahr älter als Ida, ein hochbegabter, frühreifer Junge, der bereits mit neun das Theaterstück *Napoleon* schrieb, als seine Schwester gerade den ersten, im Rückblick als hysterisch erkannten Anfall durchmachte. Wie Freud später feststellte, begannen sich die Geschwister in dieser Zeit auseinanderzuentwickeln, und Ida, die «bis dahin ein Bub gewesen», ein «wildes Ding», wurde «mädchenhaft», «still und sittig».[137] Otto war in seiner Jugend stark von seinem Onkel, Philipps sozialistischem Bruder, beeinflußt worden. Seine Schulerfahrungen in der kurzen Zeit knapp nach Idas Szene am See, als die Familie in Reichenberg in der Nähe von Philipps Fabriken lebte, ließen in ihm die Überzeugung reifen, daß ihm seine privilegierte Stellung und vor allem seine Bildung die moralische Verpflichtung auferlegten, sich für die Arbeiterklasse einzusetzen.[138] Nach dem Abschluß seines Jurastudiums veröffentlichte Otto 1907 *Die Nationalitätenfrage und die Sozialdemokratie*, einen Versuch, die marxistische Theorie von dem Spannungsfeld zwischen nationaler und kultureller Vielfalt und dem egalitären Anspruch des Sozialismus zu befreien. Er wurde Sekretär der österreichischen Sozialdemokratischen Partei und arbeitete als solcher eng mit dem Parteiführer Viktor Adler zusammen. Adler und Otto Bauer stammten, wie Freud und Heinrich Braun, Adlers Schwager und Freuds enger Schulfreund, und wie so mancher andere, der einst in der Berggasse gewohnt hatte, aus böhmisch-jüdischen Familien der Mittelschicht.

1912 starb Käthe Bauer an Dickdarmkrebs; Philipp Bauer, der von Ida und Otto betreut wurde, starb ein knappes Jahr später an Tuberkulose (Decker spricht von einer «Degeneration der Prostata»¹³⁹). 1914 heiratete Otto im Alter von dreiunddreißig Jahren Helene Landau, die zehn Jahre älter und Mutter von drei Kindern war; sie sollten keine gemeinsamen Kinder haben. Kurz nach seiner Heirat suchte Otto Freuds Rat; es heißt, Freud habe ihm empfohlen, nicht in die Politik zu gehen, sondern Lehrer zu werden, da dieser Beruf seinem Temperament besser gerecht werde, und ihn gewarnt: «Versuchen Sie nicht, die Menschen glücklich zu machen, die Menschen wollen nicht glücklich sein.»¹⁴⁰ Im Krieg geriet Otto in russische Gefangenschaft, aus der er 1917 nach Österreich zurückkehrte. In der 1918 gegründeten, sozialistisch regierten Republik war er Adlers Sekretär und übernahm nach Adlers Tod im November 1918 dessen Amt als Staatssekretär im Außenministerium; als seine Vorschläge für die Vereinigung Österreichs und Deutschlands von den Alliierten abgelehnt wurden, trat er im Juli 1919 zurück.¹⁴¹ Als Adlers Nachfolger im Amt des Parteiführers versuchte er, dessen Erbe zu erhalten: eine Partei, die stark genug war, um eineinhalb Jahre gemeinsam mit den Christlichsozialen an der Macht zu bleiben und in den folgenden sechzehn Jahren Wien zu regieren. Einerseits ein berühmter Redner, der scharfe Attacken gegen seine Gegner ritt, stand er andererseits in dem Ruf, ein Unentschlossener zu sein, einer, der «einen ausgeprägten Hang dazu hatte, selbst dem Sieg noch eine Niederlage oder wenigstens ein Patt abzuringen»¹⁴². Die Gespenster des Vorkriegsimperialismus, Kirche und Aristokratie, sein Drang, Lenin zu widerlegen: all das bereitete ihm mehr Kopfzerbrechen als der aufkommende Faschismus; es war ihm wichtiger, im Rahmen der Verfassung zu agieren und die Rechte des Einzelnen zu verteidigen, als seiner Partei an die Macht zu verhelfen, als sie von verfassungswidrigen, bewaffneten Gruppierungen bedroht wurde. Von den beiden Geschwistern war Ida, die spätere bürgerliche Hausfrau der besseren Gesellschaft, die Rebellin und Otto, der spätere sozialistische Politiker, der fügsame Sohn, der sich den korrupten Regeln der Ersten Republik anpassende Realpolitiker.¹⁴³

1926 verliebte sich Otto in die schöne und jüngere, aber verheiratete Hilda Schiller-Marmorket, eine engagierte Sozialistin; er ließ sich nie scheiden, obwohl diese Beziehung bis an sein Lebensende dauerte. In den politischen Krisen von 1933 und 1934 gelang es ihm nicht, die von der Ausschaltung des Parlaments und der Niederschlagung des sozialistischen Aufstandes ausgehende Gefahr abzuwehren. Diesem Mißerfolg war es zuzuschreiben, daß die Sozialisten zu Gesetzlosen erklärt wurden und er für vier Jahre in den tschechischen Untergrund nach

Brünn gehen mußte. Nach dem Anschluß floh er im Mai 1938 nach Paris, wo er im Juli einem Herzanfall erlag. Er erhielt ein Staatsbegräbnis, an dem Sozialistenführer aus der ganzen Welt teilnahmen.

An einem Ehrenplatz in seinem Zimmer hing immer deutlich sichtbar ein großes Bild seiner Schwester,[144] und Ida erzählte Deutsch, daß Otto trotz seiner zeitraubenden politischen Pflichten stets zu ihr eilte, wenn sie ihn brauchte – «im Gegensatz zu ihrem Vater, der sogar ihrer Mutter untreu gewesen war»[145]. In späteren Jahren suchte sie in ihrem Sohn die Stütze, die ihr Otto gewesen war, obwohl er immer weniger Zeit in Wien zubrachte. Kurt war wie sein Vater Musiker, allerdings mit wesentlich mehr Erfolg. In den zwanziger Jahren arbeitete er zunächst bei Max Reinhardt, ging dann an die Volksoper und war zusammen mit Solti und Leinsdorf Toscaninis Assistent bei den Salzburger Festspielen: Hier arbeitete er gemeinsam mit einem anderen Freudschen Kind, Herbert Graf, bekannt als der kleine Hans.[146] Er blieb in Salzburg und unterrichtete am Mozarteum. 1937 heiratete er und übersiedelte in die Tschechoslowakei. 1938 ging er nach Amerika, nahm einen Posten in Chicago an, heiratete ein zweites Mal und wurde amerikanischer Staatsbürger. 1943 zog er nach San Francisco und arbeitete als Chorleiter, später künstlerischer Leiter und schließlich Generalintendant der San Francisco City Opera, bis er in Pension ging.

Als es 1938 zum Anschluß Österreichs an das Deutsche Reich kam, saß Ida in Wien fest. Nach großen Schwierigkeiten konnte sie mit Unterstützung ihres Sohnes schließlich doch nach Paris ausreisen und ließ sich später in New York nieder. Sie erkrankte an Dickdarmkrebs, der bei ihrer Mutter zum Tod geführt hatte; die Krankheit wurde zu spät erkannt, und sie erlag ihr 1945 im Mount Sinai Hospital.

Felix Deutschs fanatisch orthodoxe Nachschrift zu Freuds Krankengeschichte führte bei einigen Autoren zu der Meinung, Ida müsse ein zerrüttetes Leben geführt haben. Für ihre nächsten Angehörigen sei ihr Tod ein Segen gewesen, sie habe an zahlreichen psychosomatischen Erkrankungen gelitten, sei haßerfüllt und vorwurfsvoll gewesen und zudem «eine der abstoßendsten Hysterikerinnen», denen Deutschs Gewährsmann begegnet sei. Das alles klingt doch ziemlich unglaubwürdig.[147] Eine Tatsache aus Idas späterem Leben läßt ihre Persönlichkeit jedenfalls in einem anderen Licht erscheinen und sollte uns zu denken geben.[148] Das neu aufgekommene Kontraktbridge erfreute sich in der Zwischenkriegszeit in Wien großer Beliebtheit. Idas Leben drehte sich um das Bridgespiel und den Bridgeunterricht. In den privaten Bridgezirkeln ihrer Welt war sie die Meisterin, die den

Dora: Ein exemplarisches Scheitern

anderen Frauen in ihren Wohnzimmern Unterricht erteilte. Ihre Partnerin bei dieser eleganten, zugleich aber auch fesselnden und intellektuell anspruchsvollen Beschäftigung war keine andere als Frau Zellenka. Es ist, als hätten sie nach all den Jahren endlich auf die ohnehin überflüssigen Männer verzichtet, die bis dahin ihre Partner in ihren verwickelten Gesellschaftsspielen und -kontrakten gewesen waren, sich aber die Liebe zu diesen Spielen erhalten, deren Meisterschaft im Beherrschen der offenen und doch verschlüsselten Kommunikation zwischen den vier Spielern am Tisch liegt. Ida, geübt darin, sich nicht in die Karten schauen zu lassen, wußte, wann und wie sie das Spiel spielen konnte.

Idas Treue für ihre Freundin Frau Zellenka hätte Freud vielleicht beeindruckt; gewiß hätte sie ihn in seiner verspäteten Einsicht bestärkt, daß Idas heimliche Liebe für diese Frau die tiefste Neigung in ihrem Inneren gewesen war. Und vielleicht hätte er Idas Beschäftigung als Bridgemeisterin auch als Beispiel jener seltensten aller Fertigkeiten betrachtet, der erfolgreichen Sublimierung.

DRITTER TEIL:
Ein Frauenberuf

6. Die ersten Freunde, die ersten Fälle, die ersten Anhänger

«Tatsächlich ist die Psychotherapie so alt wie die Krankheit selbst, und wir Ärzte könnten, auch wenn wir wollten, sie nicht aufgeben, weil nämlich der von unserer Heilmethode Betroffene, der Patient, nicht die geringste Absicht hat, darauf zu verzichten.»[1]

Wie viele andere charismatische Männer seines Jahrhunderts verdankte auch Freud seinen sozialen Aufstieg weiblicher Unterstützung. Viele dieser Frauen waren entweder miteinander verwandt oder verkehrten in denselben Salons. So ist es bezeichnend für Freuds Werdegang, daß auch die berühmte Couch von einer dankbaren Patientin stammte. Eine gewisse Madame Benvenisti hatte sie ihm um 1890 geschenkt.[2] Wie wir gesehen haben, hatte er das Glück, das Talent und die entsprechenden Verbindungen, um von einigen reichen und außergewöhnlichen Frauen als Arzt und Hypnotiseur engagiert zu werden. Marie Bonaparte vertraute er in den zwanziger Jahren an, er habe vor der Jahrhundertwende eine Pechsträhne durchgemacht; damals habe er nur arme Leute behandelt, «keine einzige Prinzessin!»[3] Sein alter Schulfreund, der Psychiater Julius Wagner-Jauregg, erinnerte sich an ihn als einen praktizierenden Neurologen ohne Patienten.[4] Und sicherlich war es zunächst so, daß sich Freud seine Patienten nicht aussuchen konnte und die Vielfalt der Leiden entsprechend vielfältig behandeln mußte. Wenn er Erfolg haben wollte, mußte er ein Arzt werden, zu dem die Leute Vertrauen haben konnten. Unter den in seinen Krankenberichten dargestellten Patienten waren jedoch viele vornehme und einflußreiche Frauen, die, wie er selbst betonte, intelligent, von tadellosem Charakter und für ihn als Arzt äußerst interessant waren.

Die Dichterin Elisabeth Glück, die eigentlich Betty Paoli hieß, war ursprünglich eine Patientin von Breuer gewesen; dieser hatte sie durch Ernst von Fleischl kennengelernt,[5] an dessen Hypnose- und Katalepsieexperimenten sie als Versuchsperson teilgenommen hatte. Mit zweiundzwanzig erreichte sie durch die Veröffentlichung von erotischen Gedichten einen gewissen Bekanntheitsgrad.[6] 1888 konsultierte sie Freud wegen ihrer «Nervenkrankheit», worauf er sie in Behandlung nahm.[7] Auch Mathilde Schleicher, die siebenundzwanzigjährige Toch-

Ein Frauenberuf

ter des bekannten Wiener Malers Cölestin Schleicher, ließ sich von Freud behandeln und überreichte ihm im Juni 1889 ein Buch als Zeichen ihrer Dankbarkeit und ihres Respekts.[8] Die Behandlung dauerte mindestens bis Oktober 1889.[9] Eine weitere dieser ersten Patientinnen, die auch dem Umkreis der geistreichsten Salons der Stadt angehörte, war Elise Gomperz, der Freud außerordentlich viel verdankte.

Elise Gomperz war mit Professor Theodor Gomperz verheiratet, der Freud auf Empfehlung Brentanos 1879 mit der Übersetzung von Mills *Essays* beauftragt hatte. Die Familie Gomperz war eine der bekanntesten und kultiviertesten jüdischen Familien Wiens, und ihr Bekanntenkreis überschnitt sich mit dem der Familie Freud: So betreute Chrobak Elise während ihrer Schwangerschaften und Geburten und gehörte mit seiner Frau Helene zu den Freunden der Familie, und Breuer war vier Jahrzehnte Hausarzt der Familie Gomperz.

Elise wurde am 12. September 1848 als ältere der beiden Töchter Heinrich Sichrovskys, des Generalsekretärs der Kaiser-Ferdinand-Nordbahn, geboren. Dieser hatte sich 1830 während eines Englandaufenthaltes so sehr für die neuen Eisenbahnen begeistert, daß er alles getan hatte, um sie nach Österreich zu bringen, zum Teil mit Hilfe der Wiener Rothschildbank. Elise, ein schlankes Mädchen mit ovalem Gesicht, dunklem Haar und braunen Augen, heiratete Theodor Gomperz am 8. Juni 1869. Gomperz war damals bereits siebenunddreißig und kannte Elise seit Kindertagen. Er war der Bruder von Josephine Wertheimer, der Freundin Anna von Liebens, Freuds Cäcilie M.

Im August 1886 schrieb Theodor Gomperz seiner Schwester Josephine, daß er über Elises Nervenzustand beunruhigt sei. Ihre Nervosität sei «das Erbtheil eines uralten Culturvolkes und des großstädtischen Lebens»[10]. Schon im Sommer 1886 hatte Charcot Theodor nahegelegt, seine Frau solle sich in die Behandlung seines Schülers Freud begeben.[11] Wahrscheinlich ließ sich Elise Anfang der neunziger Jahre von Freud regelmäßig in ihrem eigenen Haus hypnotisieren; ihr Gatte verfolgte die Behandlung mit einiger Skepsis. Im Oktober 1892 schrieb er seinem Sohn Heinrich: «Bei uns nichts Neues, als daß Freud gestern, eben wegen des Fehlschlages der elektrischen Behandlung, sichere Heilung durch Hypnose in Aussicht gestellt hat, was jedoch nicht hinderte, daß Mama heute Nacht einen zwar um mehrere Stunden verspäteten, aber darum nicht minder heftigen Anfall erfahren hat.»[12] Freuds Behandlung verhalf Elise wenigstens zu Schlaf und milderte ihre Schmerzen. Drei Wochen später schrieb Theodor: «Mama scheint durch die Hypnose wirklich auf dem Wege der Genesung zu sein. Wäre nur das Heilmittel nicht selbst so unheimlich und noch so wenig erprobt.»[13] Im Januar 1893 überwog wieder seine Skepsis:

«Sehr erfreut zu erfahren, daß es doch anfängt [...] Dir besser zu gehen, bedaure ich nur, daß du Freud auch aus der Ferne consultirst [...]. Nur u. immer nur Ohrenbeichte u. Hypnose – davon haben wir keine Wunder gesehen; ich konnte nur stets zunehmende Verschlimmerung constatiren. Alle vernünftigen Leute mit Ausnahme Breuer's u. Freud's warnen unaufhörlich vor der Fortsetzung dieser bisher mehr als ergebnislosen Experimente [...]. Mir erscheint die Hypnose wie ein neu erfundenes Medicament, das man noch nicht zu dosiren versteht und das, wie andere und (gerade) die wirksamsten Heilmittel, bei nicht ganz angemessenem Gebrauch als Gift wirkt.»[14]

Im April 1893 gab Theodor der hypnotischen Suggestion, dieser «*Schule der Hallucination*»[15], die Schuld an Elises Hyperästhesie; und ein Jahr später, im Februar 1894, laborierte Elise noch immer an den Folgen von Freuds hypnotischer Behandlung.[16] Wir wissen so gut wie nichts über die Art dieser Behandlung. Wer wie Elise kurz nach Freuds Rückkehr aus Paris und wenige Wochen nach seiner Praxiseröffnung zu ihm kam und die Behandlung erst acht Jahre später beendete,[17] muß mehrere Sinneswandel Freuds miterlebt haben: Während dieser Zeitspanne gab er die Hypnose auf, entwickelte sich zu einem perfekten Trauminterpreten und gewann die Überzeugung, daß der Schlüssel zur Neurose in tief vergrabenen traumatischen Erinnerungen an Verführungen lag. Allerdings könnte Gomperz' Argwohn gegenüber dem halluzinatorischen Gift der Behandlung auch in der damit verbundenen Aufdeckung von Familiengeheimnissen begründet gewesen sein, die er und andere lieber begraben lassen hätten, wie Elises Sohn später entdeckte.

Freuds Kontakt zur Familie Gomperz beschränkte sich nicht auf die Elterngeneration. Während Elises Mann, Freuds einstiger Gönner, Zweifel an Freuds beruflichen Fähigkeiten hegte, sollte sich sein 1873 geborener Sohn Heinrich als respektvoller Befürworter von dessen Theorien erweisen, wenn auch keineswegs als offen deklarierter Freudianer. Ende 1899 korrespondierte Heinrich, der wie sein Vater Philosoph war, mit Freud über sein Traumbuch; er entwickelte eine halb analytische, halb wissenschaftliche Beziehung zu Freud, der ihm anbot, die Rolle des «anderen» zu spielen, wenn «Sie die unerbittliche Wahrheitsliebe des Philosophen auch gegen Ihr Inneres wenden».[18] Freud berichtete Fließ über diesen «sehr amüsanten» Philosophiestudenten: «Angeblich glaubt er gar nichts, kommt aber auf allerlei

Ein Frauenberuf

schöne und witzige Dinge und taut allmählich auf. [...] Seine Träume zitieren beständig die meinigen, die er dann vergessen hat usw. Es scheint, daß Traumdeuten schwieriger für andere ist, als ich es angegeben habe.»[19]

Heinrich bezeichnete das «Experiment» später als «kompletten Fehlschlag»; Freud habe nichts «Verdrängtes» zutage gefördert, sondern nur das, was «von jeher deutlich in meinem Bewußtsein präsent gewesen».[20] Aber er hielt den Kontakt zu Freud noch viele Jahre aufrecht und versorgte ihn mit zusätzlichen Informationen über Platons These über die Teilung der Geschlechter im *Symposion*. Freud bedankte sich bei Heinrich und nahm das Material, «teilweise mit seinen [Heinrichs] eigenen Worten», in eine Fußnote auf, die er 1921 in der zweiten Auflage von *Jenseits des Lustprinzips* nachtrug. Indem er sich Heinrichs Gedanken zu eigen machte, revanchierte er sich dafür, daß Heinrich sich seiner, Freuds, Gedanken bedient und dieses Faktum später vergessen hatte.

Elise war auch daran beteiligt, daß Freud nach einer langen und frustrierenden Wartezeit[21] im Jahr 1902 einen Professorentitel erhielt. Als Freud von seiner ersten Romreise zurückkam – angesichts der Faszination, die die Ewige Stadt auf ihn ausübte, ein ebenso bedeutsames Erlebnis wie seine erste Liebe –, legte sie ihm nahe, er solle seiner bisher nicht gerade stürmisch verlaufenen Karriere durch das soziale Prestige eines Professorentitels etwas Auftrieb geben. Sie wolle als Frau Hofrat, Gattin eines angesehenen ordentlichen Universitätsprofessors, so gut sie könne, die Fäden ziehen. Freud wandte sich zunächst an Professor Exner und sodann an die Professoren Krafft-Ebing und Nothnagel, die ihm ihre Unterstützung für seine Bewerbung beim Unterrichtsminister versprachen.[22] Das alles hätte nichts genützt, wenn sich nicht Elise eingeschaltet hätte. Und selbst ihr Einfluß hätte nicht ausgereicht, wenn nicht noch eine Patientin Freuds, Baroneß Marie von Ferstel (geborene Thorsch) von der Sache gehört hätte, wahrscheinlich durch ihre Freundin Elise Gomperz.[23] «Sie ruhte nicht, bis sie die Bekanntschaft des Ministers in einer Gesellschaft gemacht, verstand es, sich ihm zu empfehlen, und ließ ihn dann durch eine gemeinsame Freundin versprechen, daß er ihren Arzt, der sie gesund gemacht, zum Professor ernennen werde.»[24] Das Versprechen war ihr jedoch zu wenig. Die Baroneß suchte ihn persönlich auf und bot ihm im Tausch für Freuds Lehrstuhl ein Bild für eine neue Kunstgalerie an. Der Handel war bald perfekt, obwohl sie nicht den versprochenen Böcklin liefern konnte, der sich im Besitz ihrer Tante befand, sondern

Die ersten Freunde, die ersten Fälle, die ersten Anhänger

nur ein Bild von Emil Orlik. Jedenfalls beschleunigte sich nun der Schriftverkehr zwischen dem Ministerium und dem Hof. Eines Tages kam Marie von Ferstel, einen Brief schwenkend, in Freuds Praxis, und anstatt Freud ihre Träume zu erzählen, erfüllte sie ihm seinen Traumwunsch. Der Minister hatte ihr geschrieben, daß die Professur demnächst bewilligt werden würde. «Ich hab's gemacht!»[25] rief sie triumphierend aus.

In den folgenden Jahren profitierte Freud noch öfters von der Großherzigkeit der Baroneß. Die Tochter eines reichen Bankiers hatte einen höheren Diplomaten geheiratet, den Sohn des berühmten Heinrich von Ferstel, des Architekten der Votivkirche, der Universität und mehrerer Ringstraßenpalais.[26] Ihre Behandlung bei Freud begann im September 1899 und zog sich mit Unterbrechungen mindestens bis in den Sommer 1903 hin. Im August 1901[27] schenkte sie den Freuds Karten für *Don Giovanni* in Salzburg und brachte sie in ihrem Haus unter. Zu Weihnachten pflegte sie die Freud-Kinder in ihr Haus einzuladen, um ihnen unter dem Weihnachtsbaum Geschenke zu überreichen.[28] Sie schenkte Freud sogar eine Villa außerhalb Wiens, die er jedoch bald wieder verkaufte.[29] Wegen ihrer Begeisterung für Freud und ihrer großzügigen Geschenke kam es allerdings bald zu Konflikten mit ihrer eigenen Familie. Bis sie sich eines Tages gegen ihn wandte und ihn mit Verleumdungen attackierte.[30]

Es gab aber auch Patientinnen, die Freud zu keiner Zeit dankbar waren und keinerlei Bereitschaft zeigten, sich mit seinen unkonventionellen Ideen und seinem Konzept von der Beziehung zwischen Arzt und Patient anzufreunden. 1899 kam die Mutter Arthur Koestlers zu Freud. Ihre Schwester, die ein Mädchenpensionat leitete und sich der Bekanntschaft Freuds rühmte, hatte ihr empfohlen, sich wegen ihrer starken Kopfschmerzen an Freud zu wenden. Nach drei Sitzungen weigerte sie sich, wiederzukommen: «Er massierte meinen Nacken und stellte mir alberne Fragen [...] ein ekelhafter Kerl.»[31]

Zu den aufgeschlosseneren Patientinnen gehörte Anna von Vest, die Freud sehr verbunden war. Sie stammte aus der Klagenfurter Aristokratie und begann sich 1903 als zweiundvierzigjährige, unverheiratete Frau von Freud behandeln zu lassen. Seit zwanzig Jahren war sie an beiden Beinen gelähmt, nachdem ein Grazer Arzt ihre hysterischen Symptome durch die Entfernung der Eierstöcke hatte heilen wollen. Mehrere Sanatoriumsaufenthalte in Graz und in Meran blieben wirkungslos. Schließlich hatte ihr Arzt die gute Idee, sie zu Freud nach Wien zu schicken. Man fuhr sie vom Bahnhof in ein Hotel, wo Freud

Ein Frauenberuf

sie zweimal aufsuchte. Ihren eigenen Worten zufolge konnte sie schon nach einer Woche zu Fuß in seine Praxis und nach zwei Wochen ins Theater gehen. Ein Jahr später erklärte Freud sie für «wieder hergestellt», und die Analyse war beendet. Die verborgene Ursache ihrer Krankheit? Einem Freund zufolge soll sie von einer «unglücklichen Erziehung» gesprochen haben. Sie habe alles «vor die Tür ihrer Eltern»[32] gelegt. Die «Gespräche» drehten sich hauptsächlich um Sexualität und ihre Eifersucht auf die jüngere Schwester.

Zwei Jahre später erlitt sie zwar einen leichten Rückfall, aber im wesentlichen bescherte ihr die Analyse zwölf gesunde Jahre. Da sie auch als Invalide ihre musikalische Begabung gepflegt hatte, machte sie sich 1904 nach abgeschlossener Behandlung als Pianistin und Klavierbegleiterin in Wien einen Namen, verkehrte in Künstlerkreisen und unterhielt die Klatschkolumnen durch ihre Skurrilität und ihren Witz. 1903 begann sie mit Freud einen regen Briefwechsel, dessen Ton charakteristisch für die freundschaftliche Verbundenheit des Analytikers mit seinen Patientinnen war.[33] Auch mit seiner Familie hatte sie sich angefreundet und erwies ihr so manchen Gefallen; zum Beispiel brachte sie 1914 Freuds Sohn Ernst bei sich unter. Während des Krieges arbeitete sie als Krankenschwester in einem holländischen Militärhospital. Nach dem Krieg und dem Tod ihres Schwagers zog sie mit Schwester und Mutter nach Klagenfurt. 1925 wandte sie sich erneut wegen einer Analyse an Freud, und jetzt willigte er ein und bat «die eine Anna»[34] (seine Tochter), der «anderen» in seinem analytischen Schema Platz zu machen. Diesmal wurde es keine Wunderheilung. Anna von Vest, die, wie Freud sich ausdrückte, *freudlos gezeugt* worden war, hatte die Fähigkeit verloren, sich zu freuen. Die Analyse war kurz, und die Korrespondenz versiegte. Anna Freud blieb jedoch in Kontakt mit Anna von Vest, bis diese 1935 im Alter von dreiundsiebzig an Krebs starb. Kurz vor ihrer tödlichen Krankheit hatte sie gesagt, Professor Freud verdanke sie dreißig Jahre Gesundheit.

Freuds Krankenbericht ist in seiner letzten Abhandlung über die psychoanalytische Therapie, «Die endliche und die unendliche Analyse», enthalten, und alle Details weisen darauf hin, daß es sich tatsächlich um Anna von Vest handelt. Freud wählte hier – ohne Namen zu nennen – zwei Patienten aus, deren Tod ihn von der Schweigepflicht entband: Ferenczi, seinen vertrauten Freund und Kollegen, und eben Anna von Vest. Ihren Krankheitsverlauf beschrieb er folgendermaßen:

«Ein älteres Mädchen ist seit ihrer Pubertät durch Gehunfähigkeit infolge heftiger Beinschmerzen aus dem Leben ausgeschaltet worden

Die ersten Freunde, die ersten Fälle, die ersten Anhänger

[...]; eine analytische Kur von dreiviertel Jahren beseitigt ihn und gibt einer tüchtigen und wertvollen Person ihre Rechte auf einen Anteil am Leben wieder. Die Jahre nach der Genesung bringen nichts Gutes: Katastrophen in der Familie, Vermögensverlust, mit dem Altern das Schwinden jeder Aussicht auf Liebesglück und Ehe. Aber die ehemals Kranke hält allem wacker stand und wirkt in schweren Zeiten als eine Stütze für die Ihrigen. Ich weiß nicht mehr, ob es 12 oder 14 Jahre nach der Beendigung der Kur war, daß profuse Blutungen eine gynäkologische Untersuchung notwendig machten. Es fand sich ein Myom, das die Totalextirpation des Uterus berechtigte. Von dieser Operation an war das Mädchen wieder krank. Sie verliebte sich in den Operateur, schwelgte in masochistischen Phantasien von den schrecklichen Veränderungen in ihrem Inneren, mit denen sie ihren Liebesroman verhüllte, erwies sich als unzugänglich für einen neuerlichen analytischen Versuch und wurde auch bis zu ihrem Lebensende nicht mehr normal.»[35]

Hätte ich, das heißt die Psychoanalyse, dem Rückfall vorbeugen und verhindern können, daß die Neurose als Folge einer Operation wiederaufbricht, die eine unheimliche Wiederholung der Eierstockentfernung zu sein schien? Diese Frage stellte sich Freud besorgt in seiner letzten Abhandlung über die Behandlungstechnik, die er als Einundachtzigjähriger verfaßte, zwei Jahre nach dem Tod von Anna von Vest.

Nach der Verleihung des hochangesehenen Professorentitels 1902 ging es mit Freuds Praxis bergauf. Die Psychoanalyse kam bei den Wohlhabenden in Mode. Um 1910 reisten viele Patienten nach Wien, um sich von ihm behandeln zu lassen.[36] Und Anfang der zwanziger Jahre nahm der Zustrom derartig zu, daß Tochter Anna sich alle Mühe geben mußte, Freud davon abzuhalten, auch im Sommer – bisher eine neurosefreie Ruhepause – zu arbeiten: «Laß Dich nicht von Patienten quälen und laß nur alle Millionärinnen ruhig verrückt bleiben, sie haben doch sonst keine Beschäftigung.»[37] Wenn es Freud je um gesellschaftliche Anerkennung gegangen sein sollte, dann konnte er um 1920 mit dem, was er geschafft hatte, zufrieden sein.

Ein Frauenberuf

Weibliche Paranoia und die Berufung des Analytikers

Freud fand sich damit ab, daß er einer bestimmten Kategorie von Patienten nicht helfen konnte, obwohl diese für sein theoretisches Werk von großer Bedeutung waren.

1894 schickte Breuer eine junge Frau aus einfachen Verhältnissen zu ihm, die sich einbildete, beobachtet und verfolgt zu werden. Sie beklagte sich über das mitleidige Verhalten ihrer Nachbarn, die offenbar glaubten, sie sei von ihrem letzten Untermieter sitzengelassen worden. Unablässig machten sie Anspielungen auf den Mann und ihre Situation – dabei sei alles nicht wahr. Einige Zeit bevor der Untermieter ausgezogen war, hatte sie ihrer älteren Schwester erzählt, daß dieser sie einmal, als sie sein Zimmer aufräumte, zu sich ans Bett gerufen und ihr seinen Penis in die Hand gelegt habe. Jetzt wollte sie sich jedoch an diese Szene nicht mehr erinnern und litt unter wiederholten Anfällen von Paranoia. Vergeblich versuchte Freud, die Szene durch «Konzentrationshypnose» wiederzugewinnen. Wie in solchen Fällen von Paranoia zu erwarten war, kam die Patientin nicht wieder.[38]

Aber ihre Geschichte ließ ihm keine Ruhe. Was hatte die Frau davon, daß sie die Realität der sexuellen Szene nicht zur Kenntnis nahm? Freud stellte die Hypothese auf, daß sie bei dem Vorfall sexuelle Erregung verspürt hatte und nun, um sich Selbstvorwürfe deswegen zu ersparen, den Inhalt des Vorwurfs auf andere Personen projizierte. Damit kam dann das unliebsame Urteil nicht aus ihr selbst, sondern von außen, und zwar in Form von Klatsch und Verleumdung, die sich leicht zurückweisen ließen. Mit anderen Worten: Alles, was für das Ich unerträglich war, wurde auf die Außenwelt projiziert. Der von Paranoikern angewandte Mechanismus der Projektion war also nichts anderes als der Mißbrauch eines normalen Mechanismus, durch den wir uns entscheiden, die Ursache eines psychischen Ereignisses in uns selbst oder außen zu suchen.

Damit gab sich Freud jedoch nicht zufrieden. Er wandte sich nun dem Mechanismus der Substitution im normalen Leben zu und zeigte auf, wie dieser bei Obsessionen mißbraucht wurde, in derselben Weise, wie die Unterscheidung zwischen innerer und äußerer Ursache in der Paranoia mißbraucht wurde. Anhand dieses trügerisch einfachen Schlüssels der Projektion erstellte Freud eine Liste mit psychiatrischen Fällen, die alle einen Projektionsmechanismus aufweisen: der streitsüchtige Paranoiker, der nie von eigener Schuld oder unverdientem

Erfolg spricht; die Völker, die ihre militärische Niederlage nicht akzeptieren können und sich als Opfer von Verrat und Verschwörung hinstellen; der Alkoholiker, der für seine Impotenz nicht den Alkohol, sondern seine Frau verantwortlich macht und immer neue Gründe für seine Eifersucht erfindet; der Hypochonder, der sich einbildet, daß man ihn vergiftet, anstatt die Gründe für seinen Zustand bei sich selbst zu suchen.

«Da ist die verblühte Köchin, die sich an den Gedanken gewöhnen dürfte, daß sie vom Liebesglück ausgeschlossen bleibt. Das ist der richtige Moment für den Herrn gegenüber, der sie offenbar heiraten will und es ihr in so merkwürdig schüchterner Weise, aber doch unverkennbar zu verstehen gibt.»[39]

«In allen Fällen», meinte Freud abschließend, «wird die *Wahnidee* gehalten mit derselben Energie, mit welcher eine andere, unerträglich peinliche Idee vom Ich abgewehrt wird. Sie lieben also den *Wahn wie sich selbst*. Das ist das Geheimnis.»[40]

Freud machte sich wenig Illusionen über die Chancen, paranoische Patienten zu heilen. Denn meistens brachen sie die Analyse ab, weil die Behandlung ihre Symptome verschärfte: Nicht selten erschien ihnen der Analytiker sogar als einer ihrer schlimmsten Verfolger. Freuds Arbeit mit seinen Paranoikern konnte daher nicht viel mehr sein als eine Art hastiger Befragung. Natürlich empfand er auch Mitleid für diese Patienten, deren Wahnvorstellungen ihm durchaus verständlich erschienen, doch sie hatten bereits die Grenze überschritten, die die heilbaren Fälle von den rettungslos verlorenen trennte. Ein Jahr nachdem er seinen Entwurf über Paranoia geschrieben hatte, publizierte Freud die kurze Fallgeschichte der Frau P., die besonders im Umgang mit den Verwandten ihres Mannes mißtrauisch und verschlossen geworden war. Freud entdeckte, daß der Schlüssel zu ihrem Fall in ihrer kindlichen Sexualbeziehung zu ihrem Bruder lag. Sie reproduzierte nun die schamlosen und perversen Sexualpraktiken ihrer Jugend in verzerrter Form, in Halluzinationen und in projizierten Selbstvorwürfen. Projektion ist ein Abwehrmechanismus: Mißtrauen gegenüber anderen Personen tritt an die Stelle von Selbstvorwürfen.[41] Den größten Schaden, erkannte Freud, richtet die Projektion dadurch an, daß sich das Ich verändert, wenn der Patient versucht, die unerwünschten Wahnvorstellungen und Halluzinationen zu beherrschen. Freud setzte seine Erforschung der verborgenen Gemeinsamkeiten von Neurosen (wie der Hysterie) und Psychosen (wie der Paranoia) auch in späteren Arbeiten fort und betonte, daß das Ich zu Beginn eines pathologischen Prozesses von der Realität losgelöst ist, dann aber, wie zum Beispiel in den systematischen Wahnvorstellungen der ausgewachsenen Paranoia, eine neue Realität schafft.[42]

Die weibliche Paranoia ermöglichte Freud eine ganz neue Sicht auf die Primärbedingungen für Abwehr und Neurose – allerdings aus einem begrenzten Blickwinkel. Die Abwehrprojektion einer Paranoikerin schien immer eine Abwehr gegen einen sexuellen Wunsch zu sein, der unter keinen Umständen eingestanden werden konnte und daher in die Außenwelt verlagert wurde. Hier konnte Freud sich selbst wiedererkennen: Unterstellte er als Theoretiker nicht auch anderen sexuelle Wünsche, wo sie aufs heftigste geleugnet wurden?

Auf die Verwandtschaft von Paranoia und Psychoanalyse wurde Freud auf brutale Weise durch seinen Freund Wilhelm Fließ hingewiesen, als ihre Freundschaft sich bereits dem Ende zuneigte. Fließ meinte – und hatte dabei zweifellos Freuds analytische Interpretationen im Sinn –, «der Gedankenleser» errate nichts bei anderen, sondern projiziere lediglich seine eigenen Gedanken auf sie.[43] Um seine Methode zu verteidigen, berief sich Freud immer wieder auf den wahren Kern, der im paranoischen Wahn verborgen sei – so auch, als er zwanzig Jahre später einen Paranoiker beschrieb, der unter einem Eifersuchtswahn litt: «Eigentlich reduzierte sich seine Abnormität darauf, daß er das Unbewußte seiner Frau schärfer beobachtete und dann weit höher einschätzte, als einem anderen eingefallen wäre.»[44] In sein eigenes Unbewußtes kann der Paranoiker jedoch nicht sehen; «die Feindseligkeit, die der Verfolgte bei anderen findet, [ist] der Widerschein der eigenen feindseligen Gefühle gegen diese Anderen»[45].

Der Psychoanalytiker und der Paranoiker nehmen also beide das Unbewußte der anderen genauer wahr als alle anderen, nur daß der Paranoiker im Gegenüber nichts als den «Widerschein» seines eigenen Unbewußten erkennt. Der Paranoiker ist das Spiegelbild des Analytikers, allerdings vermag sich der Analytiker aus dem Spiegel zu lösen und zu erkennen, daß er einen eigenen Körper hat mit eigenen Wünschen, ein Schritt, den der Paranoiker sich nie erlauben kann. Der Analytiker kann sich davon befreien, wie der Wahnsinnige von Descartes zu glauben, sein Körper sei aus Glas. Analytiker und Paranoiker ähnelten sich auch in ihren psychischen Prozessen, vermerkte Fließ nicht sehr freundlich und nicht ganz richtig: Der Analytiker und der Paranoiker könnten einander endlos umkreisen, wie ein Doppelgestirn am Firmament der sexuellen Abwehrmechanismen, wobei der Analytiker ewig weiterinterpretiere und der Patient ewig weiterprojiziere.

Die ersten Freunde, die ersten Fälle, die ersten Anhänger

Freuds Paranoikerinnen öffneten ihm nicht nur die Augen dafür, wie sehr sich die psychischen Vorgänge der Paranoikerin und des Analytikers gleichen, sondern auch für den essentiell weiblichen Verdrängungsvorgang, den er in den *Drei Abhandlungen zur Sexualtheorie* beim Übergang vom Kind zur Frau hervorhob. Als Freud C.G. Jung 1907 für die Erforschung der Paranoia gewinnen wollte, skizzierte er die folgende Primärszene der Paranoia:

«In einer f[emininen] Person taucht der Wunsch nach Verkehr mit einem Mann auf. Er unterliegt der Verdrängung und erscheint wieder in folgender Form: Man sagt draußen, daß sie den Wunsch habe, was von ihr bestritten wird. (Oder: dieser Verkehr hat sich nächtlicher Weile gegen ihren Willen vollzogen. Aber diese Form ist nicht die primäre.)»[46]

Die weibliche Paranoia schildert also eindrucksvoll die kulturbedingte Zwangslage von Frauen, die ihre sexuellen Wünsche verleugnen, nur um sie als Bedrohungen von außen wieder auf sich zukommen zu sehen. Ihre sexuelle Aktivität besteht von da an aus erbitterter Verweigerung.

Nach einem Jahr verwarf Freud jedoch dieses Konzept der paranoischen Primärszene und alles, was er von Frau P. und anderen paranoischen Patientinnen gelernt hatte. Jetzt nahm die männliche Paranoia seine ganze Aufmerksamkeit gefangen. Diese Sinneswandlung war wohl das Resultat von Freuds Beziehungen zu seinen neuen Schülern, die ihm die Männerfreundschaften ersetzten. In der nachträglichen Bewältigung seiner stürmischen Freundschaft mit Fließ erhielt Freud einen Hinweis darauf, wie er seine Theorie revidieren mußte: er erkannte, daß Paranoia durch «Ablösung der Libido von der bisher mäßig-normal besetzten homosexuellen Komponente»[47] entsteht. Während Fließ vor der unerfüllt gebliebenen Homosexualität am Ende ihrer Freundschaft kapitulierte und eine Paranoia entwickelte, behauptete sich Freud auf der anderen Seite des Spiegels, indem er daraus eine analytische Theorie entwickelte. «Ein Stück homosexueller Besetzung ist eingezogen und zur Vergrößerung des eigenen Ichs verwendet worden. Mir ist das gelungen, was dem Paranoiker mißlingt»,[48] schrieb Freud 1910 an Ferenczi. Diese Theorie baute Freud in den nächsten Jahren weiter aus, indem er sie mit seiner neuen Theorie des Narzißmus verband, in der der eigene, zwangsläufig homosexuell veranlagte Körper das Modell für das verdrängte Wunschbild liefert. Allerdings kam Freud nie über den Entwurf einer Fallgeschichte über einen von ihm behandelten Paranoiker hinaus. Während die Paranoikerin in der

Freudianischen Phalanx der pathologischen klinischen Fälle eine erkennbare und tragische Gestalt darstellt, war der Paranoiker ein Produkt aus zweiter Hand. Die *Memoiren* des Präsidenten Daniel Paul Schreber dienten ihm als analytisches Material für die Theorie, daß die Paranoia aus der Abwehr gegen die Homosexualität entsteht, nämlich gegen das Eingeständnis: «Ich (ein Mann) liebe ihn.» Und er verwob die Biographie Leonardo da Vincis mit der Schreberschen Analyse, um den narzißtischen Charakter der verleugneten Homosexualität darzustellen.

Und wo blieb die weibliche Paranoia in dieser revidierten, auf das homosexuelle Verlangen konzentrierten Theorie? Daß er sie zugunsten eines männlichen Modellfalls fallengelassen hatte – eines Falles, den er zudem äußerst selten in seinem Beratungszimmer zu sehen bekam –, schien ihn doch zu reuen, wie aus einem Brief an Jung 1908 hervorgeht. Er versuchte in diesem Brief, Frau P., seinen ursprünglichen Musterfall der neunziger Jahre, für die neue homosexuelle Schablone zurechtzustutzen: «Auch meine alte Analyse (1896) zeigt den Beginn mit Entfremdung von den *Schwestern* des Mannes.»[49] Diese Schwestern hatten jedoch in dem Bericht von 1896 eine bescheidene Rolle gespielt; Freud hatte nur vermerkt: «Sie wurde verschlossen und mißtrauisch, zeigte Abneigung gegen den Verkehr mit den Geschwistern ihres Mannes [...].»[50] Nach dieser kurzen, eher pflichtbewußten Wiederbelebung eines alten Interesses wird die weibliche Paranoia zugunsten der Schreber-Paranoia und ihrer Abbilder beiseite geschoben.

Erst 1915 kehrte Freud zu der Frage zurück, wie sich seine früheren Erkenntnisse über weibliche Paranoia in sein homosexuelles Muster einfügen ließen. Er probierte es mit dem Fall einer jungen Frau, die sich einen Anwalt genommen hatte, weil ein Mann sie zu einem Rendezvous überredet hatte und sie nun mit den Photographien erpreßte, die unsichtbare Zeugen gemacht hatten. Wie paßte das zu dem Schreberschen Muster? Wo war hier der Kampf der Frau gegen ihre intensivierten gleichgeschlechtlichen Neigungen? Wo war die Verfolgerin gleichen Geschlechts, die Freuds Modell voraussetzte und die wiederum stellvertretend für eine vergangene Liebe der Hauptperson stand? In diesem Fall gab es nicht den geringsten Hinweis auf eine homosexuelle Neigung. Dagegen entsprach er genau dem Modell, das Freud 1896 und 1907 vorgelegt hatte: «Das Mädchen schien die Liebe zu einem Mann abzuwehren, indem sie den Geliebten unmittelbar in den Verfolger verwandelte; vom Einfluß des Weibes, von einem Sträuben gegen eine homosexuelle Bindung war nichts zu finden.»[51]

Die ersten Freunde, die ersten Fälle, die ersten Anhänger

In seinem Fallbericht scheint sich Freud bewußt auf seine frühen narrativen Darstellungen zu stützen. Der Bericht basiert auf zwei Begegnungen mit dem jungen Mädchen und beschreibt zwei Szenen.[52] Freud deckt hier auf, daß der Verfolgungswahn nicht die Reaktion auf eine, sondern auf zwei Liebesszenen war und daß ihr Verfolgungswahn nicht nur von der Beziehung zu dem Mann herrührte, sondern daß eine dritte Person, eine Frau, daran teilhatte. Bei dem ersten Rendezvous in der Wohnung des Mannes war es zu Zärtlichkeiten, doch nicht zum Geschlechtsverkehr gekommen. Bei der ersten Sitzung hatte das junge Mädchen diese erste Szene nicht erwähnt, weil nichts Außergewöhnliches geschehen war.

Am Tag nach dem ersten Rendezvous sah das Mädchen, wie sich der Mann, der im selben Büro wie sie arbeitete, mit ihrer Vorgesetzten unterhielt, einer älteren Frau, zu der sie eine gute Beziehung hatte. Sie war fest davon überzeugt, daß der Mann und ihre Vorgesetzte über das erotische Abenteuer des Vortags plauderten und daß auch die beiden eine Liebesbeziehung hatten, von der sie bisher nichts gewußt hatte. Sie fühlte sich betrogen und bloßgestellt und beklagte sich bei ihrem Liebhaber. Es gelang ihm, sie zu beruhigen, und nach kurzer Zeit vertraute sie ihm wieder so weit, daß sie ihn ein zweites Mal besuchte. Diesesmal wurde sie, als sie eng umschlungen auf dem Bett lagen, durch ein Klicken erschreckt und sah, als sie aus der Wohnung lief, zwei Männer auf der Treppe, die einen Gegenstand von der Größe eines Photoapparates trugen und miteinander flüsterten. Sie glaubte sofort, in den Männern Photographen zu erkennen und in dem Klicken das Geräusch des Auslösers. Überzeugt, daß der Mann sie verraten hatte, ging sie zu einem Anwalt und bat ihn, sie vor dem Mann zu beschützen.

Damit war der Fall gelöst. Als die junge Frau, die allein mit ihrer verwitweten Mutter lebte, ihren Liebhaber mit ihrer Vorgesetzten, einem eindeutigen Muttersubstitut, plaudern sah, wies sie dem Mann die Position des Vaters zu. Durch diese Ödipalisierung der Szene konnte das gleichgeschlechtliche Motiv des Verfolgungswahns hervortreten. «Der ursprüngliche Verfolger, die Instanz, deren Einfluß man sich entziehen will, ist auch in diesem Falle nicht der Mann, sondern das Weib.»[53] Ihre Liebe zur Mutter stand zwischen ihr und ihrer erotischen Befriedigung und belastete ihre Beziehungen mit Männern. Freud fühlte sich aufgerufen, allgemeine Erläuterungen über den Einfluß der Mutter auf die erotische Entwicklung der Tochter abzugeben:

«Wenn die Mutter die Sexualbetätigung der Tochter hemmt oder aufhält, so erfüllt sie eine normale Funktion, welche durch Kindheitsbeziehungen vorgezeichnet ist, starke, unbewußte Motivierungen besitzt und die Sanktion der Gesellschaft gefunden hat. Sache der Tochter ist es, sich von diesem Einfluß abzulösen und sich auf Grund breiter, rationeller Motivierung für ein Maß von Gestattung oder Versagung des Sexualgenusses zu entscheiden. Verfällt sie bei dem Versuch dieser Befreiung in neurotische Erkrankung, so liegt ein in der Regel überstarker, sicherlich aber unbeherrschter Mutterkomplex vor, dessen Konflikt mit der neuen libidinösen Strömung je nach der verwendbaren Disposition in der Form dieser oder jener Neurose erledigt wird. In allen Fällen werden die Erscheinungen der neurotischen Reaktion nicht durch die gegenwärtige Beziehung zur aktuellen Mutter, sondern durch die infantilen Beziehungen zum urzeitlichen Mutterbild bestimmt werden.»[54]

Das Mädchen, das sich erotisch von dem Mann angezogen fühlte, mußte sich von ihrem Mutterkomplex, einer «starke[n] Gefühlsbindung an die Mutter», befreien. Sie schaffte es mit Hilfe der Projektion. «Die Mutter wird also zur feindseligen, mißgünstigen Beobachterin und Verfolgerin.»[55] Mit dem Klicken, das Freud mit «Es hatte an der Klitoris geklopft»[56] interpretierte, hatte sie den Platz der Mutter in einer phantasierten Szene von elterlichem Geschlechtsverkehr eingenommen: Anstatt die Mutter als Liebesobjekt zu wählen, identifizierte sie sich rückwirkend mit ihr.

Auf diese Weise rettete Freud seine neue Erkenntnis über die homosexuelle Komponente des paranoiden Abwehrmechanismus. Aber die Tatsache, daß es kein überzeugendes Zeichen für eine homosexuelle Neigung gab, machte ihm schwer zu schaffen. Die paranoide Abwehr hatte sich ganz von allein von dem ursprünglich weiblichen auf ein männliches Objekt verlagert: die Verfolger, ihr Liebhaber und seine beiden unbekannten Komplizen, waren männlichen Geschlechts. Das allein schon war ungewöhnlich und als Hinweis auf die Stärke der erotischen Anziehungskraft des Mannes zu deuten. Tatsächlich handelte es sich bei diesem Konflikt um den Widerstreit zweier gleich starker Motive; dem des sexuellen Verlangens der jungen Frau und dem ihrer Bindung an die Mutter. Freud erkannte, daß er seinen Paranoikerinnen etwas schuldig geblieben war und daß er an der Primärszene des abgewiesenen Wunsches festhalten mußte: Eine Frau empfindet den Wunsch nach Geschlechtsverkehr, dieser wird zurückgewiesen und kommt von außen in Form von quälenden Anschuldigungen wieder zurück. Aber die Verlagerung von innen nach außen wurde durch die Einschaltung einer neuen und dominierenden Gestalt vollbracht; zwischen die junge Frau und ihren Liebhaber schob sich das früheste Bild der Mutter.[57] Dieses wird jedoch nur abgerufen, wenn es sich um ein starkes Verlangen nach einem Mann handelt. So geht der gesamte Abwehrmechanismus immer noch auf den Wunsch nach heterosexuellem Geschlechtsverkehr zurück.

Une scène peut en cacher une autre: hinter der Szene der Begierde verbarg sich eine starke Mutterbindung. Während sich in der Schreber-Analyse die wachsende Bedeutung des übermächtigen Vaters ankündigte, die sich in Freuds Werk von 1910 bis 1920 beobachten läßt, erschloß sein erfolgreicher Versuch, die weibliche Paranoia in das Muster der männlichen Paranoia einzubinden, eine vollständig neue Dimension der prä-ödipalen Mutter. So sollte er sie zwar erst nach 1930 nach dem Tod seiner eigenen Mutter nennen, aber ihre erstmalige Erwähnung in dieser Abhandlung von 1915 bewies, daß ihm die weibliche Paranoia noch immer von Nutzen war.

Vielleicht erklärte Freuds Einsicht, daß er seinen paranoiden Patientinnen etwas schuldig geblieben war, zumindest teilweise das merkwürdige Erlebnis, das Joan Riviere während einer ihrer Sitzungen bei Freud widerfuhr und das in Jones' Freud-Biographie nacherzählt wird:

«Während ihrer Analyse erzählte Freud eines Morgens sehr aufgebracht, eine Patientin, die gerade bei ihm gewesen sei, habe sich bitter über die monströse und wirklich phantastische Mißhandlung beklagt, die ihr von Seiten eines englischen Analytikers – ausgerechnet in Ipswich – widerfahren sei. Mrs. Rivieres nüchterner Verstand sagte ihr sofort, daß dies eine Räubergeschichte sei; aber sie begnügte sich damit, zu bemerken, daß es keinen englischen Analytiker des erwähnten Namens gebe, daß es in Ipswich nie einen Analytiker gegeben habe und überhaupt in England außerhalb Londons keiner existiere. Das machte keinen Eindruck: Freud setzte seine Tirade gegen solch skandalöses Benehmen weiter fort. Kurz darauf jedoch erhielt er einen Brief von Abraham, in dem er ihm mitteilte, er habe einer englischen Dame empfohlen, ihn zu konsultieren; es handle sich um eine wilde Paranoikerin, die gern unglaubliche Geschichten über Ärzte erfinde. So war der böse Analytiker in Ipswich der arme Abraham gewesen!»[58]

Diese Leichtgläubigkeit im Umgang mit seinen Patientinnen – in Jones' Augen charakteristisch für Freud und eine notwendige Voraussetzung für die Entwicklung der Psychoanalyse – war die unvermeidliche Beleiterscheinung der mitfühlenden Aufmerksamkeit, die Freud

Ein Frauenberuf

stets für die Paranoikerinnen, die am wenigsten zugänglichen Patientinnen, aufbrachte. Bei ihnen konnte er seinem Drang, dem in den Wahnvorstellungen und Illusionen verborgenen Kern der Wahrheit näherzukommen, unbelastet von der Erwartung auf therapeutischen Nutzen freien Lauf lassen. Und er konnte bei ihnen eine adäquate Form finden für sein Mitgefühl, das allen Frauen galt, die durch irgendwelche Umstände zu keiner sexuellen Befriedigung fanden. Mit der ein wenig kühlen Distanz, die einige seiner Patientinnen an ihm feststellten,[59] verstand er es, den größtmöglichen Nutzen in Form von Erkenntnissen für sich selbst zu erzielen.

*Weibliche Homosexualität:
Zwischen Betrug und Indifferenz*

Von einer gewissen Reserviertheit ist auch die einzige detaillierte Krankengeschichte einer Frau geprägt, die Freud nach ‹Dora› publizierte: der Fall von weiblicher Homosexualität von 1920. Im Fall Doras war eindeutig eine Übertragung vorhanden gewesen, auch wenn Freud behauptete, sie nicht bemerkt zu haben. Dagegen schien die junge Homosexuelle, ähnlich wie die Paranoikerin, den Analytiker eher auszuschließen, als ihn in komplexe und subtile Scheinmanöver zu verwickeln. Aber während die Welt der Paranoikerin so vielschichtig war, daß Freud sich darauf beschränkte, sie zu verstehen, ohne direkt mit ihr in Berührung zu kommen, drehte die junge Homosexuelle den Spieß um. Sie leistete zwar in der Behandlung aktive Mitarbeit, blieb dabei aber vollständig unbeteiligt.

«Als ich ihr einmal ein besonders wichtiges und sie nahe betreffendes Stück der Theorie auseinandersetzte, äußerte sie mit unnachahmlicher Betonung: ‹Ach, das ist ja sehr interessant!›, wie eine Weltdame, die durch ein Museum geführt wird und Gegenstände, die ihr vollkommen gleichgültig sind, durch ein Lorgnon in Augenschein nimmt.»[60]

Wollte das junge Mädchen mit ihrer kühlen Distanziertheit etwa die Indifferenz ihres Analytikers nachahmen? Diese war wirklich kaum zu überbieten. Freud hatte ihrem Vater nicht mehr versprochen, als «das Mädchen durch einige Wochen oder Monate sorgfältig zu studieren»[61]. Das Ergebnis dieses «Studiums» war, daß Freud annahm, die «psychi-

Die ersten Freunde, die ersten Fälle, die ersten Anhänger

sche Entstehungsgeschichte» der Homosexualität des Mädchens «fast lückenlos und mit voller Sicherheit zu erkennen».[62] Die Analyse hatte jedoch, wie er zugeben mußte, nie richtig begonnen. Er beschrieb diese Analyse, die keine war, mittels einer seiner treffenden Analogien, die sich diesmal auf eine ganz persönliche Erfahrung gründete, die Reiseangst: Die Psychoanalyse ist eine Reise in zwei Etappen – zuerst muß man die notwendigen Vorbereitungen treffen, die Fahrkarte lösen, die Reiseroute planen und so weiter, bis man endlich «seinen Platz im Wagen erobert hat. [...] aber man ist nach all diesen Vorarbeiten noch nicht dort, eigentlich dem Ziele um keinen Kilometer näher gerückt. Es gehört noch dazu, daß man die Reise selbst von einer Station zur anderen zurücklege, und dieses Stück der Reise ist mit der zweiten Phase gut vergleichbar».[63] Zu der zweiten Reiseetappe der jungen Homosexuellen sollte es nie kommen. Es ist nicht ganz geklärt, ob sie ihn oder er sie mit der Fahrkarte in der Hand auf dem Bahnsteig stehengelassen hat, während der Zug abfuhr. Nach seiner Ansicht hatte sie sich entschieden, den Zug nicht in seiner Begleitung zu besteigen. Jedenfalls wollte er nichts mehr mit ihr zu tun haben und gab sie ihren Eltern zurück.

Der Vater dieses attraktiven und intelligenten achtzehnjährigen Mädchens hatte sie zu Freud gebracht, weil sie von der Liebe zu einer reifen Frau von zweifelhaftem Ruf verzehrt wurde – einer *Kokotte*, wie die Eltern die Geliebte ihrer Tochter nannten. Auch der Zorn des Vaters über die Verbindung hatte bei der Tochter nichts bewirkt. Wie ernst es ihr mit ihrer Liebe war, wurde ihm jedoch erst bewußt, als nach einer zufälligen Begegnung mit seiner Tochter und ihrer Geliebten auf der Straße die Tochter einen Selbstmordversuch beging, indem sie sich auf ein Bahngleis warf. Diese eigensinnige Entschlossenheit war für den Vater so beunruhigend, daß er seine Tochter Freud in der Hoffnung anvertraute, dieser könne sie von ihrer Homosexualität heilen.

Freud versprach weder dem Vater noch der Tochter, noch seinen Lesern eine Heilung. Tatsächlich ist es erstaunlich, mit welchem Aufwand er in Abrede stellt, daß Homosexualität das Resultat von physischer oder psychischer Degeneration oder angeborenem Hermaphroditismus sei – oder gar, daß es gute Gründe gäbe, nicht homosexuell sein zu wollen. Freud plagt sich in dieser Abhandlung mit Problemen, von denen man annehmen würde, er hätte sie in der ersten seiner *Drei Abhandlungen zur Sexualtheorie* von 1905 längst abgehakt. Denn seine Gelassenheit in der Frage der Heilungschancen resultiert aus Einsichten, die er sich schon vor längerer Zeit zu eigen gemacht hatte: daß nämlich Homosexualität in keiner Weise abnormal ist und daß sowohl die Homosexualität als auch die Heterosexualität lediglich eine Einschränkung in der Wahl des Objektes darstellen. Ironisch meinte er, im allgemeinen sei das Unternehmen, «einen vollentwickelten Homosexuellen in einen Heterosexuellen zu verwandeln, nicht viel aussichtsreicher als das umgekehrte, nur daß man dies letztere aus guten praktischen Gründen niemals versucht».[64] Aber dieser Seitenhieb auf die Vorurteile der geltenden Sexualmoral konnte nicht das einzige Ziel eines Aufsatzes sein, der den analytisch Geschulten nur das erzählte, was sie bereits wußten; der Verfasser muß noch etwas anderes bezweckt haben, als die Rechte und Freuden der Homosexuellen zu verteidigen.

Was Freud an diesem Fall interessierte, war wohl das Faktum, daß sich die Homosexualität der jungen Frau eindeutig in der Pubertät herausgebildet hatte. Er gab sich alle Mühe, dem Leser zu versichern, daß sie überhaupt keine neurotischen Symptome zeigte und daß ihre frühe Kindheit vollkommen normal gewesen sei. Auch die erste Pubertätsphase verlief konventionell. Mit ihrem Interesse für kleine Kinder bezeugte sie mütterliche Instinkte. Was sie von anderen unterschied, war dann die Art, mit der sie als Sechzehnjährige auf die Geburt eines weiteren Bruders reagierte. Freud war überzeugt, daß dies der Wendepunkt in ihrem Leben war: «Der Zusammenhang, den ich nun im folgenden aufdecken werde, ist kein Produkt meiner Kombinationsgabe; er ist mir durch so vertrauenswürdiges analytisches Material nahegelegt worden, daß ich objektive Sicherheit für ihn beanspruchen kann.»[65]

Die Geburt ihres kleinen Bruders verwandelte das junge Mädchen mit mütterlichen Neigungen in eine von reifen Frauen angezogene Homosexuelle, die sich überdies ein typisch männliches Liebesverhalten aneignete, wie die aktive Verehrung für die Geliebte, verbunden mit dem Wunsch, sie von ihrem schlechten Ruf zu befreien. Erstaunlich war auch, daß die Geliebte einen Mutterersatz darstellte, wenn auch nicht ohne weiteres erkennbar, da sie zugleich das männliche Ideal des jungen Mädchens verkörperte, nämlich ihren etwas älteren Bruder, der aber seinerseits ein Abbild der Mutter war. Der plötzliche und unerwünschte Fruchtbarkeitsbeweis der Mutter hatte bei der Tochter Liebe und nicht etwa Rivalitätsgefühle hervorgerufen.

Auch Freud verblüffte diese unerwartete Reaktion. Wenn sonst in vergleichbaren Umständen eine Mutter und eine Tochter darum kämpften, welcher das Recht zukomme, das Kind zu gebären, habe man das Gegenteil zu erwarten:

Die ersten Freunde, die ersten Fälle, die ersten Anhänger

«[...] die Töchter haben für die Mutter ein aus Mitleid, Verachtung und Neid gemischtes Gefühl bereit, das nichts dazu beiträgt, die Zärtlichkeit für die Mutter zu steigern. Das Mädchen unserer Beobachtung hatte überhaupt wenig Grund, für ihre Mutter zärtlich zu empfinden. Der selbst noch jugendlichen Frau war diese rasch erblühte Tochter eine unbequeme Konkurrentin, sie setzte sie hinter den Knaben zurück, schränkte ihre Selbständigkeit möglichst ein und wachte besonders eifrig darüber, daß sie dem Vater ferne blieb.»[66]

Aber trotz der auf der Liebe zur Mutter basierenden Homosexualität des jungen Mädchens war, wie Freud seinen Lesern versichert, der Wettstreit zwischen Mutter und Tochter die entscheidende Szene des Familiendramas. Bis dahin unberücksichtigt geblieben war die für das Verständnis überaus wichtige Rolle des Vaters. Hier bestand ein Zusammenhang:

«Das Mädchen befand sich in der Phase der Pubertätsauffrischung des infantilen Ödipuskomplexes, als die Enttäuschung über sie kam. Hell bewußt wurde ihr der Wunsch, ein Kind zu haben, und zwar ein männliches; daß es ein Kind vom Vater und dessen Ebenbild sein sollte, durfte ihr Bewußtes nicht erfahren. Aber da geschah es, daß nicht sie das Kind bekam, sondern die im Unbewußten gehaßte Konkurrentin, die Mutter. Empört und erbittert wendete sie sich vom Vater, ja vom Manne überhaupt ab. Nach diesem ersten großen Mißerfolg verwarf sie ihre Weiblichkeit und strebte nach einer anderen Unterbringung ihrer Libido. [...] Unser Mädchen hatte also nach jener Enttäuschung den Wunsch nach dem Kinde, die Liebe zum Manne und die weibliche Rolle überhaupt von sich gewiesen. [...] Sie wandelte sich zum Manne um und nahm die Mutter an Stelle des Vaters zum Liebesobjekt.»[67]

Die Szene ist uns aus späteren Schriften Freuds zum Thema Weiblichkeit vertraut, wo er die Enttäuschung des kleinen Mädchens beschrieb, der man den heißersehnten Gegenstand verwehrt. In dieser späteren Szene ist es aber die *Mutter*, die dem Mädchen ihren Wunsch abschlägt, weshalb es sich aus Enttäuschung hoffnungsvoll dem Vater zuwendet. Das homosexuelle junge Mädchen hingegen ist vom Vater enttäuscht und wendet sich nun der Mutter zu. Und zugleich eignet es sich durch die Identifikation mit dem einst so geliebten Vater alle Charakteristika der typisch männlichen Überbewertung des Liebesobjekts an – eine Haltung, die Freud später als «Männlichkeitskomplex» beschreibt, nämlich daß das Mädchen sich weigert anzuerkennen, daß es keinen Penis besitzt.[68]

Freud führt hier den Penisneid als zusätzlichen Faktor an, um zu

Ein Frauenberuf

erklären, warum das von der Fruchtbarkeit der Mutter enttäuschte Mädchen so bereit war, den männlichen Part in der Liebe zu spielen.[69] Er schildert hier auch, daß die Tochter durch ihre Homosexualität der Mutter das Feld der Männer überließ und sie dadurch versöhnte. Zusammenfassend neigt Freud zu der Ansicht, ihre Homosexualität sei «wahrscheinlich die direkte, unverwandelte Fortsetzung einer infantilen Fixierung an die Mutter» gewesen,[70] womit er bei dem Problem der kindlichen Beziehung zur Mutter angelangt war, dessen Erforschung er so lange aufgeschoben hatte. Der Grund für das Festhalten des Mädchens an seiner defensiven Homosexualität macht in Freuds Augen diesen Fall zu einem besonderen: Der Vater hatte auf die plötzliche Leidenschaft seiner Tochter für ältere Frauen mit einer Wut reagiert, die nicht zu seiner sonst beherrschten Beziehung zu ihr passen wollte. So «wußte sie, womit sie den Vater kränken, und wie sie sich an ihm rächen konnte. Sie blieb jetzt homosexuell aus Trotz gegen den Vater».[71]

Freud verbindet zwar diese trotzige und sadistische Haltung nicht ausdrücklich mit der anal-sadistischen Phase der infantilen Sexualität, aber die von ihm benutzten Termini weisen schon in diese Richtung. Der Vater und die Tochter haben sich wiedergefunden: auf dem Gebiet der analen Erotik. Freuds eigene Haltung dem Vater gegenüber ist sehr bezeichnend. Er weist wiederholt darauf hin, daß der Vater in seiner Beziehung zur Tochter allzusehr unter dem Einfluß seiner Frau stand. Da er diese Tatsache zweimal erwähnt, und das ohne weiteren Kommentar, sollten wir uns fragen, welche Bedeutung sie in Freuds Augen hatte und vor allem, was Freud über seinen Part in diesem Fall dachte. Die leidenschaftliche Verurteilung der Homosexualität wird als die einzige emotionale Reaktion des Vaters auf seine Tochter dargestellt, die nicht von seiner Frau gelenkt wird. Dem Vater war damit endlich ein Durchbruch zu seiner Tochter geglückt. Und die Tochter hatte endlich durch ihre Liebe zu älteren Frauen den einen Weg gefunden, wie sie den Vater von der Mutter zurückgewinnen konnte. Allerdings war die neue Beziehung zwischen Vater und Tochter eine merkwürdige, ja unglückliche, da sie vorwiegend auf Haß und nicht auf Liebe beruhte. Man spürt Freuds Unbehagen an dieser auf den Vater bezogenen Lösung des Problems.

Einst war Freud von Dora in eine Rolle gedrängt worden, die er nicht hatte spielen wollen, und nun befand er sich plötzlich auch dieser Achtzehnjährigen gegenüber in einer unglückseligen Position – unglückselig, weil ihm hier die Rolle des zornigen und mißbilligenden

Vaters zugewiesen wurde. Er mußte sich von diesem Mädchen belügen und täuschen lassen, wie ihr Vater von ihr getäuscht worden war, und sie erwartete von ihm, daß er ihren Betrug ebenso wie ihre Homosexualität verurteilte. Freuds Unbehagen über die – in der Übertragung implizit geäußerte – Aufforderung, die Rolle zu übernehmen, veranlaßte ihn zu der dezidierten Erklärung, Homosexualität sei keineswegs verwerflich und auch Betrug, Lüge und Selbsttäuschung spielten innerhalb der analytischen Arbeit ebenso eine Rolle wie im Alltagsleben.

«Ich kann mir vorstellen, daß der Hinweis auf die Existenz solch lügnerischer Gefälligkeitsträume bei manchen, die sich Analytiker nennen, einen wahren Sturm von hilfloser Entrüstung entfesseln wird. ‹Also kann auch das Unbewußte lügen, der wirkliche Kern unseres Seelenlebens, dasjenige in uns, was dem Göttlichen so viel näher ist als unser armseliges Bewußtsein! Wie kann man dann noch auf die Deutungen der Analyse und die Sicherheit unserer Erkenntnisse bauen?›»[72]

Indem Freud *seine* Bemerkungen auf die Probleme Homosexualität und Täuschung beschränkte, erklärt er *uns* die Empfindungen des Mädchens für den Vater. Und indem er sich bemühte, uns zu erklären, wie groß der Unterschied zwischen ihm und dem Vater wie auch zwischen der Psychoanalyse und dem Vater ist (der zweifellos von seiner Tochter absolute Aufrichtigkeit verlangte), macht er deutlich, wie kurz die Strecke war, die dieses Mädchen und ihr Analytiker auf ihrer gemeinsamen Reise zurückgelegt hatten.

«In Wirklichkeit übertrug sie auf mich die gründliche Ablehnung des Mannes, von der sie seit ihrer Enttäuschung durch den Vater beherrscht war. Die Erbitterung gegen den Mann hat es in der Regel leicht, sich am Arzt zu befriedigen, sie braucht keine stürmischen Gefühlsäußerungen hervorzurufen, sie äußert sich einfach in der Vereitlung all seiner Bemühungen und im Festhalten am Kranksein. [...] Ich brach also ab, sobald ich die Einstellung des Mädchens zum Vater erkannt hatte, und gab den Rat, den therapeutischen Versuch, wenn man Wert auf ihn legte, bei einer Ärztin fortführen zu lassen.»[73]

An dieser Darstellung der Übertragung scheint etwas nicht ganz schlüssig zu sein. Freud beschreibt ihre Übertragung als eine, in der sich ihre radikale Ablehnung von Männern im wesentlichen dadurch ausdrückte, daß sie die Anstrengungen des Arztes zunichte machen wollte. Tatsächlich waren die Bemühungen ihres Vaters, sie dahin zu bringen, daß sie ihr Liebesobjekt wechselte, vollkommen erfolglos geblieben. Aber schon der Versuch, seine Tochter zu beeinflussen, hatte ihn verwandelt: Aus einem Ehemann, der sich von seiner Frau gängeln ließ, war ein selbständig handelnder Mann geworden. Das Mädchen war vermutlich mit einem zwar zornigen, aber aktiven Vater glücklicher als mit einem Vater, der nur auf Geheiß ihrer Mutter handelte. So gesehen erscheint Freuds Interpretation doch etwas einseitig: denn sie weist ihren Vater nicht zurück, sondern stabilisiert ihre Beziehung zu ihm. Eher ist Freud hier derjenige, der zurückweist, indem er die Behandlung abrupt abbricht. Vielleicht will er sich auch ein wenig rächen, wenn er vorschlägt, sie solle eine Analytikerin konsultieren, und damit zugunsten einer Frau zurücktritt, so wie sie zugunsten ihrer Mutter zurückgetreten war.[74] Bei der Psychoanalyse, pflegte er zu sagen, erfolgt die Heilung durch Liebe: Vielleicht wollte er der homoerotischen jungen Frau ein passendes Liebesobjekt in Gestalt einer älteren Analytikerin zuführen? Schließlich wußte er ja, wie er betonte, was die Analyse, auch wenn eine Frau sie durchführte, an den Tag bringen würde: daß sie sich eigentlich ein Kind vom Vater wünschte.

So erleben wir also Freud in dieser Fallbeschreibung in der Rolle eines Vaters, dessen Verhalten er nicht billigt. Er wiederholt die Sorge des Vaters angesichts der alltäglichen kleinen Betrügereien der Tochter, angesichts der Homosexualität der Tochter. Diese Homosexualität war die einzige Waffe des Mädchens gewesen, um die Aufmerksamkeit des Vaters zu gewinnen. Freud malte das Bild eines zornigen Vaters, der seine Tochter um jeden Preis von einer homosexuellen in eine heterosexuelle Frau verwandeln wollte. Auf den Schlußseiten des Aufsatzes erörtert er einen Ausweg aus der Sackgasse der Homosexualität, den chirurgischen Eingriff – als könnte der Vater seine wiederentdeckte sadistische Liebe für die Tochter auf diese brutale und irreversible Weise auf die Spitze treiben. Freud stellt die Überlegung an, ob die aufsehenerregenden Tierversuche Wilhelm Steinachs, der Männchen in Weibchen verwandelte und *vice versa*, Hoffnung auf eine biologische «Therapie» der Homosexualität durch die Operation der Geschlechtsdrüsen bieten könnte.[75] Bei homoerotischen Frauen, meint er, würde die Operation die Entfernung der «hermaphroditischen Eierstöcke» bedeuten, aber, so folgert er: «Ein weibliches Individuum, das sich männlich gefühlt und auf männliche Weise geliebt hat, wird sich kaum in die weibliche Rolle drängen lassen, wenn es diese nicht durchaus vorteilhafte Umwandlung mit dem Verzicht auf die Mutterschaft bezahlen muß.»[76]

Die ersten Freunde, die ersten Fälle, die ersten Anhänger

Freud überdenkt und verwirft die chirurgische Lösung; er lehnt es ab, sich mit dem Steinach-Vater zu identifizieren, der seiner Tochter Gewalt antut, um aus ihr eine einwandfreie Frau zu machen. Er verzichtet auf diese verantwortungsvolle, mit väterlichen Omnipotenzphantasien besetzte Position und verteidigt statt dessen das Recht der Homosexualität, als normal zu gelten, wie er das Recht der Patienten, zu lügen und zu täuschen, verteidigt. Durch seinen Verzicht bleibt er offen für gewisse «weibliche» Sehnsüchte, die Vergewaltigungsphantasien gleichkommen: Freud war immer anfällig für einen überzogenen therapeutischen Optimismus, den besonders maskulin auftretende Ärzte bei ihm auslösten. Schon in den 1890er Jahren hatte er bereitwillig auf die Chirurgie von Wilhelm Fließ vertraut und dessen Konzeption von der Bisexualität aller Menschen übernommen, die in den 1890er und 1920er Jahren als Rechtfertigung für chirurgische Eingriffe in das Sexualleben diente. Im November 1923 ließ sich Freud wenige Wochen nach seiner Krebsoperation von dem umstrittenen Steinach beide Samenleiter unterbinden, weil er hoffte, damit seine Körperkräfte für den Kampf gegen die Krankheit reaktivieren zu können.[77] Freud selbst hätte nie das Messer angesetzt, aber er gestattete anderen, es bei ihm zu tun: wenn es ihm notwendig erschien, war er bereit, eine passive weibliche Haltung einzunehmen.

Der jungen homosexuellen Frau war es aber nicht nur gelungen, die Aufmerksamkeit ihres Vaters zurückzugewinnen, sie errang einen weiteren Erfolg: Sie zwang Freud, behutsam die Gefahr einer Vaterübertragung zu umgehen. Und Freuds nach nur wenigen Wochen angefertigter analytischer Zwischenbericht war dann auch nicht etwa eine Studie über die Ausdehnung des Ödipuskomplexes in die Pubertät oder über den Verzicht zugunsten einer anderen Person, sondern orientierte sich an der Sicht des Vaters, wie bereits der Titel deutlich macht: «Die Psychogenese eines Falles von weiblicher Homosexualität».

Der Fall wirft jedoch auch die Frage auf, inwiefern Freud daran glaubte, daß eine Analytikerin dem Mädchen besser helfen könne als ein Analytiker. Steht diese Frage vielleicht in Zusammenhang mit einer anderen väterlichen Übertragungsbeziehung, die ihn zu jener Zeit beschäftigte, nämlich die seiner Tochter und Patientin Anna? Auch Anna verwies er nicht lange nach der Niederschrift dieses Falles an eine Analytikerin, an Lou Andreas-Salomé. Eine naheliegende Antwort, die gewöhnlich auch in der Sekundärliteratur vertreten wird, lautet: Freud mag es für schwierig befunden haben, die Rolle der

Mutter in der Übertragung zu übernehmen. Also war es in einem Fall wie diesem, wo die Vaterübertragung auf beiden Seiten beinahe unüberwindbare Widerstände hervorrief, die mütterliche aber möglicherweise noch größere Probleme verursacht hätte, vielleicht besser, die Sache aufzugeben und sich an eine Frau zu wenden.

Und doch war Freud gar nicht so weit von der Mutterposition entfernt: Wie die Mutter stand auch er der Homosexualität der jungen Frau tolerant gegenüber. Wie sie war er zumindest in einige der Täuschungsmanöver der Tochter und in einige Pläne der Liebenden eingeweiht worden. Interessanter sind jedoch die Schwierigkeiten, auf die Freud in der Rolle des *Vaters* stieß. Wie bei Dora schien sich Freud in der relativ unaggressiven Mutterübertragung vollkommen wohl zu fühlen. Entweder war er sich ihrer nicht bewußt oder schob sie als unwesentlich beiseite. Wie bei Dora bestand er auch hier darauf, daß das wichtigste Terrain der Analyse die Vaterübertragung sein muß: Dies war das Territorium, das er zu besetzen gedachte. Daß er seiner Patientin den Wechsel zu einer Analytikerin vorschlug, war vielleicht weder auf seine Abneigung gegen eine Mutterübertragung, deren Notwendigkeit er sehr wohl erkannte, noch auf das Fehlen einer erfolgversprechenden Vaterübertragung zurückzuführen. Der Grund war möglicherweise, daß er sich gerade mit *dieser* Vaterübertragung unbehaglich fühlte – weil sie ihn zu Intoleranz gegenüber den sexuellen Neigungen des Mädchens verführte und zu Ärger und Enttäuschung über ihre Heuchelei und Arglist. So mag er es als eine *Erleichterung* empfunden haben, das Mädchen an eine Analytikerin abgeben zu können.

Die Frau als Analytikerin – der Analytiker als Frau

Das Triptychon der pathologischen Typen hatte Freud bereits 1894 fertiggestellt: Es handelte sich um den Hysteriker, den Zwangsneurotiker und den Paranoiker. Während ersterer und letzterer Typ auch von Frauen verkörpert wurde, war der zwangsneurotische Typ nur bei Männern anzutreffen. Freuds Revision seiner Paranoiatheorie 1907 und 1908 stand im Zusammenhang mit Einsichten, die ihm das Ende seiner Freundschaft mit Fließ brachte, sowie mit den zunehmend

Die ersten Freunde, die ersten Fälle, die ersten Anhänger

komplexer werdenden Beziehungen zu seinen Schülern – besonders zum maskulinen C.G. Jung, seinem designierten Kronprinzen und Erben, und zum femininen Ferenczi, dessen passive Bewunderung für Freud in diesem den Wunsch nach einer «wirklichen Frau» weckte. Die Beziehungen zu Männern waren Freud außerordentlich wichtig, er kämpfte jedoch erfolgreich dagegen an, daß diese Beziehungen zu intensiv wurden und die Homosexualität, die bei Fließ als Paranoia an die Oberfläche kam, nicht mehr zu kontrollieren war.

Frauen waren aber keineswegs aus diesen Männerbeziehungen ausgeschlossen. Ganz im Gegenteil. C.G. Jungs erste Annäherung an Freud ging wahrscheinlich auf seine Verliebtheit in die junge Patientin Sabina Spielrein zurück. Freud verbrachte den Sommer 1906 im Hotel du Lac in Lavarone, wo er an einem kleinen Buch schrieb, um, wie Jung später Jones mitteilte, Jung damit eine Freude zu machen[78]. Jungs «Geschenk» einer Frau gehörte eindeutig in die Dimension der Übertragung und der Gegenübertragung, in der die beiden Ärzte und die Patientin mit ihren sozialen Rollen und sexuellen Phantasien rangen. Freuds Geschenk – er sandte Jung eine Kopie des Manuskripts und wartete gespannt auf seinen Kommentar –[79] war wesentlich nuancierter: Er präsentierte Jung ein Porträt des Psychoanalytikers als eine liebende *Frau*. Gerade in dem Augenblick also, als Freud langsam männliche Kollegen bekam, die er zumindest manchmal als ebenbürtig betrachten konnte, erklärte er den Beruf des Analytikers seinem Wesen nach zu einem weiblichen Beruf.

Das Buch trug den Titel *Der Wahn und die Träume in W. Jensens «Gradiva»* und war eine psychoanalytische Interpretation einer kurz zuvor erschienenen Novelle, die die Geschichte eines jungen Archäologen, Norbert Hanold, erzählt, der aus Nordeuropa kommend sich bei einem Rombesuch in das Halbrelief eines griechischen Mädchens verliebt. Er tauft sie «Gradiva», «die Schreitende». In einem Alptraum sieht er sie, wie sie – gelassen – im Aschenregen von Pompeji stirbt, und entwickelt daraufhin eine Reihe von Wahnvorstellungen, in denen Gradiva sowohl in Pompeji als auch in der gegenwärtigen Welt lebt. Es treibt ihn nach Pompeji, und er bildet sich ein, es sei der unheilvolle Tag des Jahres 79 nach Christus, an dem der Vesuv ausbrach. Da begegnet er seiner «Gradiva» in Fleisch und Blut.

Allerdings ist Gradiva tatsächlich kein Geist. Sie kommt wie er aus dem Norden, ja sogar aus derselben Stadt wie der Archäologe. Während sie ihren Freund aus Kindertagen sofort wiedererkennt, hält er sie weiterhin für Gradiva, für eine Erscheinung aus der Vergangenheit.

Ein Frauenberuf

Sie bemerkt seinen Wahnzustand und beginnt mit der Therapie, indem sie «auf seinen Wahn ein[geht], dessen ganzen Umfang sie ihm entlockt, ohne je zu widersprechen»[80]. So wie die wirkliche Psychoanalyse nicht anders beginnen könnte, «als sich zunächst auf den Boden des Wahngebäudes stellen und dieses dann möglichst vollständig erforschen»[81]. Das Ziel dieses «überlegen klugen Mädchens» ist es, «sich den Jugendgeliebten zum Manne zu gewinnen, nachdem sie hinter seinem Wahn seine Liebe als treibende Kraft erkannt»[82]; sie setzt die erbarmungslose Untersuchung ihres «Patienten»[83] fort und sagt ihm ins Gesicht: «Du bist doch offenbar verrückt, Norbert Hanold.»[84] Als er sie seinen Namen sagen hört, realisiert Hanold, daß sie keine Erscheinung aus Pompeji ist. Aber wer ist sie? Zoë Bertgang, Tochter von Richard Bertgang, Professor der Zoologie.

Zoë macht ihm nun klar, daß seine Wahnliebe für die pompejanische Gradiva vollkommen dem prähistorischen Modell, nämlich der kindlichen Liebe für Zoë, nachgebaut ist. Stück für Stück wird aufgedeckt, wie er sich von der Sexualität, repräsentiert durch Zoë, abgewendet hat, um sich der toten Welt der Archäologie zuzuwenden. Und wie es sich für Liebesgeschichten um die Jahrhundertwende gehört, ist schließlich er, der die Initiative ergreift und seine wiedergefundene Gradiva küßt. Damit macht er sich die «aus der Verschüttung wieder ausgegrabene» Kindheitsfreundin zu eigen.[85]

Die Geschichte ist für Freud von so großem Interesse, weil die Darstellung von Norberts Wahnvorstellungen und Träumen so genau den psychoanalytischen Theorien von der Verdrängung des Unbewußten und der Kompromißbildung entspricht. Zweifellos kam es Freud entgegen, daß die Archäologie sowohl eine Metapher für das Verdrängte als auch für die Methode ist, durch die die verdrängte Vergangenheit in der Gegenwart weiterlebt. Er hatte in den 1890er Jahren die Analyse mit der archäologischen Forschung verglichen und sollte es immer wieder tun.[86]

Aber erst am Schluß des kleinen Buches kommt Freud auf die eigentliche Besonderheit von Jensens Novelle zu sprechen, auf die Tatsache, daß die Arbeit des Arztes und der Prozeß der Heilung durch Liebe ein und dasselbe sind: Die Phantasiegestalt aus dem Jahre 79 ist zugleich das Mädchen aus seiner Heimatstadt, das entschlossen und klug darangeht, ihn von seiner Krankheit zu heilen. Die Frage stellt sich, «ob eine solche Heilung [...] begreiflich oder überhaupt möglich ist?»[87] Die Antwort lautet: Ja, da Norberts Heilung durch Zoë der Heilung eines Kranken durch den Psychoanalytiker entspricht. Aber

Die ersten Freunde, die ersten Fälle, die ersten Anhänger

das Happy-End zeigt auch den Punkt, wo die Psychoanalyse über die rationalistische Konzeption einer Heilung hinausgeht, die durch die Ausgrabung des Verdrängten herbeigeführt wird. Wenn man sagt, Norbert habe sich selbst geheilt, nachdem ihm Zoë den Ursprung seiner Wahnvorstellungen gezeigt habe, dann wäre die Verlobung Zoës und Norberts eine überflüssige Zugabe des Autors, die er «gewiß zur Befriedigung seiner Leserinnen»[88] hinzugefügt hatte. Aber nichts sei weiter von der Wahrheit entfernt, meint Freud und nimmt das Stichwort «Leserinnen» auf:

«In einem Liebesrezidiv vollzieht sich der Prozeß der Genesung, wenn wir alle die mannigfaltigen Komponenten des Sexualtriebes als ‹Liebe› zusammenfassen, und dieses Rezidiv ist unerläßlich, denn die Symptome, wegen deren die Behandlung unternommen wurde, sind nichts anderes als Niederschläge früherer Verdrängungs- und Wiederkehrkämpfe und können nur von einer neuen Hochflut der nämlichen Leidenschaften gelöst und weggeschwemmt werden. Jede psychoanalytische Behandlung ist ein Versuch, verdrängte Liebe zu befreien, die in einem Symptom einen kümmerlichen Kompromißausweg gefunden hatte. Ja, die Übereinstimmung mit dem vom Dichter geschilderten Heilungsvorgang in der ‹Gradiva› erreicht ihre Höhe, wenn wir hinzufügen, daß auch in der analytischen Psychotherapie die wiedergeweckte Leidenschaft, sei sie Liebe oder Haß, jedesmal die Person des Arztes zu ihrem Objekte wählt.»[89]

Die rationalistische Rekonstruktion und die systematische Ausgrabung der verdrängten Vergangenheit – der «männliche Leser» weiß, worauf Freud hinauswill – sind genau das Gegenteil der Heilung Zoës und der Psychoanalyse. Die in den verdrängten Erinnerungen eingeschlossene Leidenschaft muß als einziges Mittel für die Heilung eingesetzt werden. Und mehr noch: Die Leidenschaft – und in diesem Punkt geht «Gradiva» weit über das hinaus, was man sich von einer ärztlichen Behandlung erwartet – muß den Heiler genauso wie den Kranken erfassen.

Zoë engagiert sich nur deshalb für die Heilung Norberts, weil sie in einer hoffnungslosen Liebe für ihren Vater verstrickt ist, der – wie Norbert – nur Augen hat für seine geistige Arbeit, für seine mit Namen einer toten Sprache etikettierten zoologischen Exemplare. Als seine höchst lebendige Tochter sucht Zoë der Liebe zu ihrem Vater zu entkommen, indem sie Norberts Liebe gewinnt. Ihre therapeutische Aktivität beruht auf der Erkenntnis, daß Norberts Wahnvorstellungen ein verzerrter Ausdruck für seine Liebe zu ihr sind. «Nur diese Einsicht

Ein Frauenberuf

kann sie bestimmen, sich einer Behandlung zu widmen, nur die Sicherheit, sich von ihm geliebt zu wissen, sie bewegen, ihm ihre Liebe zu gestehen.»[90]

So stellt das glückliche Ende keineswegs eine willkürliche Zugabe für «Leserinnen» dar, sondern ist das logische Ergebnis der notwendigen Voraussetzungen dieser Heilung durch Liebe, die der Psychoanalyse entspricht. Die Leserin hat also *recht*, wenn sie sich ein Happy-End wünscht; dieses ist unabdingbar für die Geschichte. Freud verhehlt jedoch nicht, daß es hier eine Grenze gibt, denn Gradiva/Zoë hat dem Psychoanalytiker etwas voraus:

«Die Gradiva kann die aus dem Unbewußten zum Bewußtsein durchdringende Liebe erwidern, der Arzt kann es nicht; die Gradiva ist selbst das Objekt der früheren, verdrängten Liebe gewesen, ihre Person bietet der befreiten Liebesstrebung sofort ein begehrenswertes Ziel. Der Arzt ist ein Fremder gewesen und muß trachten, nach der Heilung wieder ein Fremder zu werden; er weiß den Geheilten oft nicht zu raten, wie sie ihre wiedergewonnene Liebesfähigkeit im Leben verwenden können. Mit welchen Auskunftsmitteln und Surrogaten sich dann der Arzt behilft, um sich dem Vorbild einer Liebesheilung, das uns der Dichter gezeichnet, mit mehr oder weniger Erfolg zu nähern, das anzudeuten, würde uns viel zu weit weg von der uns vorliegenden Aufgabe führen.»[91]

Es erhebt sich jedoch die Frage, wie der Psychoanalytiker es schaffen soll, die Heilung durch Liebe durchzuführen, wenn er sie nicht erwidern und seinem Patienten nicht die Hand zum Ehebund reichen kann. Durch die Anwendung einer «komplizierten Technik»,[92] lautet die Antwort, durch eine Reihe von Ersatzhilfsmitteln. Diese sollen einen Ausgleich dafür schaffen, daß der Analytiker nicht wie Zoë alle Wünsche des Patienten erfüllen kann.[93] Dennoch nimmt der Analytiker ganz bewußt die Position der geliebten Frau ein, und, was noch wichtiger ist, Freud leugnet nicht, daß das Gefühl des Patienten für den Analytiker durchaus vom Analytiker erwidert werden kann: Er kann jedoch keine Reziprozität außerhalb der Therapie bieten. Möglicherweise braucht der Analytiker wie Zoë Bertgang ein starkes affektives Motiv für die Heilung des Patienten. So meinte Freud, als er sich auf die Therapie durch Liebe der Loe Kann Jones einließ: «Sie ist eine hochintelligente, tief neurotische Jüdin, deren Krankengeschichte leicht zu lesen ist. Ich werde mich freuen, viel Libido für sie aufwenden zu können.»[94] Kein Zweifel, Freud war der Ansicht, daß der Analytiker, wie Zoë, dem Patienten viel Libido entgegenbringen müsse.

Die ersten Freunde, die ersten Fälle, die ersten Anhänger

Die «Leserinnen» hatten also recht. Nur eine Heilung durch Liebe ist glaubhaft. Jensens *Gradiva* ist das Porträt zweier Männer – Vater und Geliebter, Zoologe und Archäologe –, die sich vollständig in die Erforschung der prähistorischen Toten vergraben haben; sie leben also in einer Welt, die den Eros, die lebendige, erotische Frau, ausschließt. Nur der Sirenenruf der Frau kann sie wieder zum Leben erwecken. Nur das uralte Wissen der Frau von der Heilkraft der Liebe vermag ihre Versteinerung zu lösen. Freuds Psychoanalytikerin verkörpert also hier das weibliche Prinzip der Liebe. Um den Gesetzen der patriarchalischen Gesellschaft zu genügen, hat es den Anschein, als ließe sie sich lieben, während sie in Wirklichkeit durch ihre aktive Liebe den Kranken aus der Erstarrung erlöst hat. Heilung durch Liebe ist ihrem Wesen nach eine Frauensache, die Psychoanalyse – diese Wiedererfindung der Heilung durch Liebe – also ganz sicher ein «weiblicher» Beruf. Dies ist die Botschaft von Freuds *Der Wahn und die Träume in W. Jensens «Gradiva»*.

Durch die Besetzung der Analytikerrolle mit der verständnisvoll liebenden und wiedergeliebten Frau verknüpft Freud zwei Themen miteinander: Erstens, daß die Psychoanalyse sehr viel den alten Volksweisheiten verdankt, die die moderne Wissenschaft vergessen und verspottet hat. Immer wieder preist Freud die alte volkstümliche Kunst der Trauminterpretation:

«Die Wissenschaft und die Mehrzahl der Gebildeten lächeln, wenn man ihnen die Aufgabe einer Traumdeutung stellt; nur das am Aberglauben hängende Volk, das hierin die Überzeugungen des Altertums fortsetzt, will von der Deutbarkeit der Träume nicht ablassen, und der Verfasser der Traumdeutung hat es gewagt, gegen den Einspruch der gestrengen Wissenschaft Partei für die Alten und für den Aberglauben zu nehmen.»[95]

Zweitens, daß die Psychoanalyse den Frauen sehr viel verdankt, den Hysterikerinnen *und* den sogenannten «Altweibergeschichten»:

«Es wird Sie vielleicht interessieren zu hören, wie man auf eine solche Idee kommen kann, wie daß der Geburtsakt die Quelle und das Vorbild des Angstaffektes ist. Die Spekulation hat den geringsten Anteil daran; ich habe vielmehr bei dem naiven Denken des Volkes eine Anleihe gemacht. Als wir vor langen Jahren als junge Spitalärzte um den Mittagstisch im Wirtshause saßen, erzählte ein Assistent der geburtshilflichen Klinik, was für lustige Geschichten sich bei der letzten Hebammenprüfung zugetragen. Eine Kandidatin wurde gefragt, was es bedeute, wenn sich bei der Geburt Mekonium (Kindspech,

Ein Frauenberuf

Exkremente) im abgehenden Wasser zeigen, und sie antwortete prompt: Daß das Kind Angst habe. Sie wurde ausgelacht und war durchgefallen. Aber ich nahm im Stillen ihre Partei und begann zu ahnen, daß das arme Weib aus dem Volke unbeirrten Sinnes einen wichtigen Zusammenhang bloßgelegt hatte.»[96]

Auf diese Weise erhält die Frau, die in der Geschichte der Psychoanalyse ursprünglich das passive Wissenschaftsobjekt des Arztes darstellte, ihre Rechte als Mutter und eigentliche «Hervorbringerin»[97] zurück. Sie ist es, die sich im Besitz der Freudschen «Sammlung von Dietrichen»[98] befindet. Sie ist bestens geeignet, sich in den Analytikerstuhl zu setzen.

Ein Frauenberuf

Von Anfang an hatte es auch Frauen in Freuds Vorlesungen gezogen. Eine der ersten war Emma Goldman, die im September 1895 inkognito von London nach Wien gekommen war. Durch Freud habe sie die Homosexualität verstehen gelernt, erinnert sie sich. In ihrer späteren stürmischen Karriere als Anarchistin wurden ihre Ansichten über die freie Liebe allerdings mehr von Edward Carpenter und Havelock Ellis geprägt als von Freud, den sie schließlich abfällig einen «alten Beichtstuhl»[99] nannte. Dennoch leistete auch sie einen Beitrag zum Repertoire denkwürdiger psychoanalytischer Bilder. Als Freud 1909 eine Vorlesung an der amerikanischen Clark University hielt, fiel sie durch «ihr störendes Benehmen» auf.[100] Er vergalt es ihr, indem er das Verdrängte als schwatzende, mit den Füßen scharrende Zuhörerin inmitten eines ruhigen und aufmerksamen Auditoriums beschrieb, die vor die Tür gesetzt wird und nicht wieder in den Saal zurückkehren kann: Einige «Herren lehnen ihre Stühle an die Tür und etablieren sich so als ‹Widerstand› nach vollzogener Verdrängung»[101].

Obwohl Freud in den folgenden Jahren zahlreiche andere weibliche Zuhörer hatte – Dora Teleky 1903/04; Aurelia Axter, Else Friedland und Gisela Kaminer 1906/07; Ada Hirsch, Clara Honigsberg und Caroline Bum 1908/09 und Emilie Pisko von 1906 bis 1910 –,[102] wurde erst 1910 die erste Frau in die Wiener Psychoanalytische Vereinigung gewählt. Tatsächlich war es bis 1910 unklar, ob überhaupt eine Frau

Die ersten Freunde, die ersten Fälle, die ersten Anhänger

Mitglied einer eher informell konstituierten Vereinigung sein konnte. Anläßlich einer Diskussion im April 1910 erklärte Freud, er würde es für eine «arge Inkonsequenz» halten, wenn Frauen prinzipiell ausgeschlossen blieben.[103]

Kurz danach wurde die Ärztin Margarete Hilferding, geborene Hönigsberg, in die Vereinigung gewählt. 1871 geboren, hatte sie während ihres Medizinstudiums an der Universität Wien ihren späteren Mann Rudolph Hilferding kennengelernt, der wie sie in der sozialistischen Studentenbewegung tätig war.[104] Sie heirateten 1904 und hatten zwei Söhne, Karl Emil (1905–1942) und Peter (später Milford, geboren 1908). Ihr Mann, der ebenfalls Arzt war, verzichtete zugunsten der Politik auf die Medizin, gründete die *Marx-Studien* und schrieb ein fundamentales Werk über marxistische Ökonomie, *Finanzkapital* (1910). Ab 1906 arbeitete er hauptsächlich in Berlin, diente als Arzt in der österreichischen Armee, war jedoch ab 1920 deutscher Staatsbürger und schließlich Finanzminister zweier deutscher Regierungen (1923 und 1928/29).

Während der ersten Zeit ihrer Ehe blieb Margarete Hilferding in Wien, arbeitete als Ärztin und engagierte sich in der Gruppe um Alfred Adler. In den 1910er Jahren ließ sich das Ehepaar scheiden. Sie habe die Medizin, erklärte Margarete Hilferding vor der Psychoanalytischen Vereinigung, nicht aus innerer Berufung gewählt, sondern als Schutz gegen ihr «üppiges Phantasieleben».[105] Während ihrer kurzen Mitgliedschaft hielt sie in der Vereinigung nur einen einzigen Vortrag: «Zur Grundlage der Mutterliebe», am 11. Januar 1911.[106]

Es ist wohl kein Zufall, daß sich die erste von einer Frau für die Vereinigung geschriebene Abhandlung mit dem Mutterthema beschäftigt. Sie sollte den Auftakt zu einer Reihe ähnlicher Arbeiten von späteren Analytikerinnen bilden. Hilferdings Vortrag beginnt mit der Unterscheidung zwischen physiologischer und psychologischer Mutterliebe. Sie konzentriert sich dabei auf Frauen, «die sich sehr auf das Kind gefreut haben, beim Erscheinen desselben ganz enttäuscht sind» und keine Mutterliebe empfinden können. Wenn sie dieses Gefühl endlich doch erfaßt, ist Hilferding geneigt, es eher psychologischen als physiologischen Momenten zuzuschreiben. Basierend auch auf Beobachtungen anderer Kulturen, kommt Hilferding zu dem Schluß, daß es keine «angeborene Mutterliebe» gibt, eine Schlußfolgerung, die sie jedoch auf Grund der psychoanalytischen Erkenntnisse etwas einschränkt. Nicht jedes Beispiel von Mutterliebe sei «psychologisch». Die Mutterliebe kann auch aus der physischen Verbundenheit von

Ein Frauenberuf

Mutter und Kind entstehen, denn das Kind stellt in der Zeit nach der Entbindung «ein natürliches Sexualobjekt der Mutter» dar.[107]

Diese sexuelle Beziehung beginnt schon vor der Geburt; die Bewegungen des Fötus verschaffen der Mutter Lustgefühle, und vielleicht geht die Aversion gegen das Kind auf das Fehlen dieser Lustgefühle nach der Geburt zurück. Ein weiteres Phänomen, so Hilferding, sei die Übereinstimmung von mütterlicher und kindlicher Sexualität:

«Und wenn wir beim Kinde einen Ödipuskomplex annehmen, so findet er seinen Ursprung in der Geschlechtsreizung durch die Mutter; die Voraussetzung ist ein gleichfalls erotisches Empfinden von seiten der Mutter. Es ergibt sich ferner die Folgerung, daß das Kind zu gewissen Zeiten ein natürliches Sexualobjekt der Mutter darstellt; diese Zeit fällt mit der Pflegebedürftigkeit zusammen. Nach dieser Zeit muß das Kind dem Manne, eventuell dem nächsten Kinde Platz machen.»[108]

Was nach der Geburt weiterer Kinder als angeborene Mutterliebe erscheint, ist nichts als die Wiederaufnahme der Fürsorge, die schon dem ersten Kind zugute gekommen war. Die sexuelle Beziehung zwischen Mutter und Kind kann, wenn es zu keiner sexuellen Befriedigung durch den Ehemann kommt, schwer belastet werden, was wiederum dazu führen kann, daß manche Frauen das Kind zu lang als ihr Sexualobjekt betrachten.

Freuds Antwort auf Hilferdings Vortrag kam unerwartet: «Er bemerkte, daß der Weg, um über die Mutterliebe etwas zu erfahren, nur der der statistischen Erfahrung sein könne und daß wir heute nur in der Lage seien zu sagen, was für Motive dabei ins Spiel kommen können.»[109] Lob erhielt sie für ihre präpsychoanalytischen Erkenntnisse: «In den Ausführungen waren nun die vor der Beschäftigung der Referentin mit der Psychoanalyse gewonnenen Aufschlüsse als originell und unabhängig am meisten schätzenswert.»[110] Als wollte er sie davor warnen, seine psychoanalytische Theorie wie Fertigware zu benutzen. Vertrau vor allem deiner Erfahrung, schien er sagen zu wollen. Freuds Antwort entspricht einer Haltung, die sich im Lauf der Jahre verstärken sollte: Im tiefsten Inneren mißtraute er der Unterwürfigkeit seiner Anhänger. Allerdings machten ihn Kritiker und Opponenten kaum glücklicher, stellten sie doch für ihn eine Bedrohung seines Lebenswerks dar.

Freuds Stellungnahme zu Hilferdings Ausführungen läßt Kritik an der angeblich so harmonischen Symbiose von mütterlicher und kindlicher Sexualität erkennen. «Die Hauptwirkung, die der Anblick des

Die ersten Freunde, die ersten Fälle, die ersten Anhänger

Kindes hervorruft, besteht in der Erweckung der eigenen infantilen Sexualität.» Sie beneidet und haßt das Kind, genauso wie sie als Kind ihre eigenen Geschwister beneidet und gehaßt hat. Tatsächlich kommt es oft zur Mißhandlung von Kindern, weil viele Eltern auf die kindliche Masturbation geradezu feindselig reagieren. Freud zeigt zumindest in dieser Diskussion wenig Optimismus für das angebliche Idyll von gegenseitiger sexueller Befriedigung zwischen Mutter und Kind und weist auf jene jungen Mütter hin, «welche die schädliche Wirkung der modernen Literatur erfahren haben und die den Schrei nach dem Kinde als Ausrede für ihr sexuelles Verlangen gebrauchen»[111].

Hilferding besuchte 1910 und 1911 regelmäßig die Mittwochssitzungen der Wiener Psychoanalytischen Vereinigung. Als Wilhelm Stekel im November 1910 einen Vortrag über «Berufswahl und Neurose» hielt, warf sie Stekel in der anschließenden Diskussion vor, die sozialen Einschränkungen für Frauen im damaligen Wien übersehen zu haben und daß «weder das Ergreifen des Berufes selbst noch die spezielle Wahl eines solchen eine freie sei, am wenigsten bei Frauen, für die ja nur Medizin und Philosophie möglich sei»[112]. Ebenso heftig protestierte sie im Namen ihres Geschlechtes gegen den spekulativen Versuch von Victor Tausk, den Medizinstudentinnen homosexuelle Neigungen anzudichten. Sonst wissen wir wenig über ihre theoretische und praktische Arbeit, und es ist auch nicht bekannt, ob sie je eine Analyse praktisch durchgeführt hat. Den Protokollen ist lediglich zu entnehmen, daß sie eine siebzehnjährige Fabrikarbeiterin von Brechanfällen geheilt hat, indem sie die Rede auf die Schwangerschaft ihrer Schwester und den gemeinsamen Freund der beiden gebracht hat.[113]

Im Frühling 1911 verstärkte sich der Konflikt zwischen Alfred Adler und Freud, bis Adler schließlich im Juni die Psychoanalytische Vereinigung verließ. Die verbleibenden fünf Adlerianer wurden am 11. Oktober 1911 durch Beschluß der anwesenden Mitglieder zum Austritt gezwungen. Zu ihnen gehörte Margarete Hilferding.[114] Nach dem Ersten Weltkrieg bekleidete sie einige Jahre den Posten der Präsidentin der Wiener Gesellschaft für Individualpsychologie, welche die Adlerianer gegründet hatten. Über andere Aktivitäten in der Zwischenkriegszeit ist wenig bekannt. Sie starb nach 1942 im Konzentrationslager Theresienstadt.

Ein Frauenberuf

Hermine Hug-Hellmuth, 1871–1924

Hermine Hug-Hellmuth war nach Margarete Hilferding und Sabina Spielrein die dritte Frau, die in die Wiener Psychoanalytische Vereinigung aufgenommen wurde. Erst vor kurzem ist ihre Bedeutung für die Geschichte der Psychoanalyse anerkannt worden, was angesichts der Tatsache, daß sie die erste Kinderanalytikerin war, einige Spekulationen über die für die Besetzung prominenter historischer Positionen maßgeblichen Faktoren zuläßt. Hug-Hellmuth war nicht nur eine der wenigen nichtjüdischen Frauen in jener Frühzeit der Psychoanalyse, in der es ohnehin kaum Frauen gab: auch ihre verschlossene und ungesellige Natur spielt eine Rolle in der Geschichte ihrer Rezeption. Dazu kamen zwei größere Skandale: Einer sollte diese «stille, zurückgezogene» Frau[115] ruinieren, der andere ihren Tod verursachen. In Zeiten, in denen die Wiener Psychoanalytische Vereinigung um ihr Ansehen kämpfte, konnte ihr nicht viel an Personen liegen, die Mittelpunkt von Skandalen waren. Entscheidend dafür, daß sie in der Geschichte der Psychoanalyse praktisch nicht vorkam, war auch gerade die Tatsache, daß sie die *erste* Kinderanalytikerin war. Nach ihrem relativ frühen Tod hatten die beiden miteinander konkurrierenden führenden Kinderanalytikerinnen, Anna Freud und Melanie Klein, auffallend wenig über ihr Werk zu sagen. Sie nahmen sie entweder nicht zur Kenntnis – um nicht mit ihr in Beziehung gesetzt zu werden – oder aber setzten ihre nicht unbeträchtlichen Leistungen herab. Hug-Hellmuths Fall kann also nicht als Beispiel für die Abweisung einer bedeutenden Frau durch den Patriarchen zitiert werden, sondern als Beispiel für die Vernichtungsarbeit weiblichen Rivalitätsdenkens.

Freud hat Frau Dr. phil. Hug-Hellmuth sicher hochgeschätzt; denn schon 1911, kurz nachdem sie begonnen hatte, an Freuds Mittwochssitzungen teilzunehmen, empfahl er Jung einen ihrer Aufsätze für seine psychoanalytische Zeitschrift, das *Jahrbuch*: «Ich habe eine schöne, geradezu aufklärende Arbeit über das Farbenhören von einer klugen Frau, Phil. Dr., bekommen, die dem Rätsel mittelst unserer Psychoanalyse beikommt.»[116] 1914 schreibt er in einem Brief an Karl Abraham, in dem er seinen kleinen Enkel Ernst lobt: «Die strenge Erziehung einer verständigen nach Hug-Hellmuth aufgeklärten Mutter hat ihm sehr wohlgetan.»[117] Bei zahlreichen Gelegenheiten zitiert er mehrere der vielen Träume, die Hug-Hellmuth aufgezeichnet hat, und hebt ihre Beiträge in psychoanalytischen Zeitschriften hervor.[118] Noch

Die ersten Freunde, die ersten Fälle, die ersten Anhänger

bezeichnender ist, daß Freuds Respekt auch ihren skandalumwitterten Tod überdauerte; in seiner «Autobiographischen Notiz» von 1925/26 erwähnt er sie als eine der Schlüsselfiguren bei der «Anwendung der Analyse auf die Erziehung» und der «prophylaktischen Erziehung gesunder Kinder», während er Melanie Klein und Anna Freud in diesem Kontext nur eine Fußnote widmet.[119] Freud wollte vielleicht Hug-Hellmuths Arbeit posthum fördern, um einerseits den Anschein zu vermeiden, er fördere allein seine Tochter, und um andererseits Melanie Kleins Arbeit zu schmälern. Welche Gründe auch mitgespielt haben mögen, es bleibt die Tatsache, daß Freud als einer der wenigen Hug-Hellmuths Arbeit die verdiente Achtung bezeugte.

Anders seine Tochter Anna. Sie tat Hermine Hug-Hellmuth als unbedeutend ab, vielleicht weil sie die Kinderanalyse zu ihrem eigenen Fachgebiet machen wollte, vielleicht auch weil sie sich nicht mit einer offenbar unattraktiven Vorgängerin identifizieren wollte. In ihrem ersten Buch über die Technik der Kinderanalyse von 1927, das in mehrfacher Hinsicht auffallende Parallelen zu Hug-Hellmuths zukunftsweisendem Aufsatz[120] aufweist, wird diese nur einmal erwähnt: «Frau Dr. Hug-Hellmuth versuchte sich die Kenntnisse, die man aus den freien Einfällen des erwachsenen Patienten gewinnt, dadurch zu ersetzen, daß sie mit dem Kinde spielte, es in seiner eigenen Umgebung aufsuchte und alle seine näheren Lebensumstände kennenzulernen suchte.»[121] Sicher hat auch die Tatsache, daß Annas Erzrivalin Melanie Klein Annas Arbeit indirekt angriff, indem sie Hug-Hellmuth in allen jenen auch von Anna vertretenen Punkten attackierte, nicht dazu beigetragen, in Anna Sympathien für Hug-Hellmuth zu wecken. Wie George MacLean und Ulrich Rappen in ihrer kürzlich erschienenen, sorgfältig recherchierten Arbeit über Hug-Hellmuth und ihr Werk nachweisen, hielt sich Anna Freud noch vierundfünfzig Jahre nach dem Tod der älteren Frau an deren letzten Willen, daß nichts über sie oder ihr Werk geschrieben werden dürfe. Diese Verfügung, über die sich Freud als einer der ersten hinwegsetzte, war für Anna Freud sicherlich ein willkommenes Instrument in ihrem Kampf um Macht und Einfluß.

Hermine Hug-Hellmuth wurde am 31. August 1871 geboren. Ihr Vater, Ritter Hugo Hug von Hugenstein, war ein angesehener Berufsoffizier des Habsburgerreiches, und ihre Mutter, Ludovika Achelpohl, rettete durch ihre Mitgift die adlige Familie vor dem finanziellen Ruin. Nachdem das Paar ein Kind verloren hatte, nahm Hugo seine fünfjährige uneheliche Tochter Antoine in die Familie auf und gab sie, um sie

Ein Frauenberuf

zu legitimieren, als Zweijährige aus. Von nun an war die Familie vom Unglück verfolgt. Als Hermine zwei Jahre alt war, verlor ihr Vater seinen neuerworbenen Reichtum im Börsenkrach von 1873; ein Jahr später wurde ein zweites Kind geboren, das innerhalb eines Monats starb, und nach einem weiteren Jahr erkrankte Hermines Mutter an Tuberkulose. Sie sollte nie wieder genesen und starb, als Hermine zwölf Jahre alt war.

Trotz allen Unglücks zeigte Hermines Vater ein ungewöhnliches Interesse an der Erziehung seiner Töchter. 1876 faßte er ein Testament ab, das sie mit Geld für «ihre beabsichtigte Ausbildung als Lehrerinnen»[122] versah. Sowohl Hermine als auch Antoine übertrafen diesen Wunsch ihres Vaters noch: Beide erwarben die Lehrbefähigung für Grund- und Oberschulen und promovierten an der Universität Wien. 1897, im ersten Jahr der offiziell geduldeten Immatrikulation von Frauen, schrieb sich Hermine als außerordentliche Studentin ein, um 1904 als reguläre Studentin wiederzukehren, nachdem sie den erforderlichen Gymnasialabschluß in Prag erworben hatte. Im Mai 1909 machte sie den Doktor in Physik, mit einer Dissertation über «Einige physische und chemische Eigenschaften von radioaktiven Ablagerungen an der Anode und Kathode»; ihre Schwester Antoine hatte fünf Jahre vorher in der Philosophie promoviert, mit einer Dissertation über Novalis' *Fragmente*, die bereits gedruckt vorlag.

Über die Beziehung der beiden Halbschwestern zu jener Zeit ist wenig bekannt, außer daß sie gelegentlich die Wohnung teilten. Die Lebensgeschichte der Antoine Hug liest sich wie eine Skizze zu einem Roman von Charlotte Brontë. Die einundvierzigjährige Philologin begann eine Affäre mit Rudolf Rossi von Lichtenfels, dem verheirateten ehemaligen Direktor einer Schule, an der sie unterrichtet hatte. Sie gründeten zusammen eine neue Schule, und die verliebte Antoine steckte ihre gesamte Erbschaft in das Abenteuer. Rossis Frau übernahm die Verwaltung und die Kantine. Das Ganze scheiterte jedoch bald. 1906 bekam Antoine von Rossi ein uneheliches Kind. Es erhielt den Vornamen des Vaters und den Nachnamen seiner Mutter: Rudolf oder Rolf Hug. Die Affäre dauerte, bis der Bub zwei Jahre alt war, dann mußte Antoine allein ihren Lebensunterhalt bestreiten, manchmal mit Unterstützung ihrer Schwester.

Während Antoine Mutter eines Kindes wurde, wurde ihre inzwischen als Hermine Hug oder von Hug-Hellmuth bekannte Halbschwester die Mutter der Kinderanalyse. 1907 befreundeten sich die Schwestern mit Isidor Sadger, einem der ersten Anhänger Freuds, der jedoch,

Die ersten Freunde, die ersten Fälle, die ersten Anhänger

wie es scheint, nicht übermäßig geschätzt wurde,[123] und machten ihn zu ihrem Hausarzt. Die freundschaftliche Beziehung, die zwischen ihm und Hermine entstand, ist die einzige männliche Beziehung, die Hug-Hellmuths Übersetzer und Verleger in ihrem Leben entdecken konnten. Wie intim diese Beziehung war, ist nicht belegt.[124] Sicher ist jedoch, daß Sadger – der Mann, der gegen die Zulassung weiblicher Mitglieder in die Wiener Psychoanalytische Vereinigung stimmte – Hug-Hellmuths Analytiker wurde und sie Freud vorstellte. Wie die zahlreichen Publikationen Hug-Hellmuths beweisen, die ab 1912 bis zu ihrem Tod zwölf Jahre später in schneller Folge erschienen, hat ihr ihre Lehrtätigkeit viel Material für die Psychoanalyse geliefert.

Ein weiteres Studienobjekt stellte ihr Neffe Rolf dar, dessen Träume, Tätigkeiten und kindliche Bemerkungen in ihren Abhandlungen viel Platz einnehmen. Obwohl Hermine und Antoine nach Rolfs Geburt nur noch selten zusammenwohnten, scheint der vaterlose kleine Rolf Hermine die Vaterrolle zugewiesen zu haben:

«Als er sechs Jahre alt war, wollte mein Neffe, der von klein auf sehr an mir hing, nicht mehr ‹Tante› zu mir sagen und machte aus Hermine Hermun und schließlich Hermann. Als wir ihm sagten, das sei der Name eines Mannes, gab er zurück, ‹Das macht nichts, dann bist du eben ein Mann.› – ‹Aber das ist unmöglich, ich bin eine Frau.› – ‹Ja, aber für mich bist du ein Mann.›»[125]

Aus Hug-Hellmuths Schriften geht hervor, daß Antoine Rolf verwöhnt hat, wohl um seinen illegitimen Status, den sie ja aus eigener Erfahrung kannte, und das Fehlen eines Vaters auszugleichen. Unter den aufmerksamen Blicken der beiden Frauen entwickelte sich das Kind zu einem frühreifen Buben, der schon als Neunjähriger nach dem Tod seiner Mutter 1915 straffällig wurde. Die Tatsache, daß Hermine in Antoines Testament nicht als Vormund genannt wird, weist darauf hin, daß es zwischen den Schwestern Spannungen bezüglich des Kindes gegeben hat – ebenso wie in politischen Fragen, da Antoine zu radikalen Positionen neigte. Nach dem Tod seiner Mutter wurde Rolf zwischen verschiedenen Pflegefamilien und Internaten hin und her geschoben, was von seiner Tante finanziert und überwacht wurde. Eine ihrer späten Abhandlungen, «Die libidinöse Struktur des Familienlebens» (1924), beschäftigt sich nach der Beschreibung der infantilen Sexualität, der Extravaganzen des Ödipuskomplexes und des Familienromans mit der unehelichen Kindern zugefügten sozialen Grausamkeit. Die Protesthaltung dieser Kinder angesichts der «Unfairness und Lieblosigkeit der Gesellschaft» führte sie oftmals zur Straffälligkeit.[126] Rolfs Diebstähle hatten mehrere Schulverweise zur Folge, und er sollte seiner Tante ihre «Väterlichkeit» und Überwachung mit einer Heftigkeit zurückzahlen, die in der Geschichte der Psychoanalyse keine Parallele hat.

Am 8. Oktober 1913 wurde Hug-Hellmuth zum Mitglied der Wiener Psychoanalytischen Vereinigung ernannt, als deren zuverlässige Stütze sie sich während der schwierigen Kriegsjahre erweisen sollte. Drei Wochen nach der Wahl hielt sie den ersten von mehreren Vorträgen, deren Themen von kindlichen Spielen bis zu einer Studie über lesbische Liebe reichten.[127] Aber schon der erste Vortrag gibt Aufschluß über das, was ihr am meisten am Herzen lag, denn sie beschäftigte sich hier mit der amerikanischen Pädagogin Stanley Hall. Der Übergang von der Erziehung zur Psychoanalyse sollte auch der Gegenstand ihrer ersten Monographie sein, die 1913 publiziert und 1919 durch die Stanley-Hall-Gruppe ins Englische übertragen wurde (*Aus dem Seelenleben des Kindes*). Wie in so vielen ihrer Schriften zeigt Hug-Hellmuth hier auf, daß Freuds Theorien über die kindliche Sexualität, die er, mit Ausnahme des Kleinen Hans, von der Erwachsenenanalyse abgeleitet hatte, tatsächlich auf das Kind zutreffen. Ihre Interpretationen halten sich an das von den Pädagogen jener Zeit beschriebene System der kindlichen Entwicklung, wobei es den Autoren um die Organisation der Gesellschaft, der Erziehung und die pädagogische Überwachung der Kinder ging. Hug-Hellmuth unterteilt die Entwicklung des Kindes in drei Phasen: die Säuglingsphase, die Spielphase zwischen eins und sechs und die Phase des Lernens. Spielen, betont sie, ist für die kognitive, imaginative und emotionale Entwicklung des Kindes von entscheidender Bedeutung. Wie Anna Freud nach ihr und wesentlich mehr als Freud liegt es ihr am Herzen, die kindliche Entwicklung zu erforschen und sicherzustellen. In ihrer Abhandlung «Kindliche Psychologie und Pädagogik» von 1914 spricht sie von einem zweifachen Ziel, erstens, die psychoanalytische Methode zum Zwecke des Heilens und Erziehens auf die kindliche Psyche anzuwenden, und zweitens, die Voraussetzungen zu schaffen, daß die wissenschaftlich fundierte psychoanalytische Methode ein Werkzeug der Erziehung wird.[128]

Nachdem sie über sieben Jahre als Analytikerin mit Kindern gearbeitet hatte, fühlte sie sich sicher genug, um ihre «Technik der Kinderanalyse» zu definieren und diese Arbeit 1920 auf dem Internationalen Kongreß in Den Haag vorzustellen, bei dem auch Anna Freud und Melanie Klein anwesend waren. Es ist hier klar erkennbar, wie nah sie mit ihren Vorstellungen von der Anwendung und den Zielen der Kinderanalyse den Ideen kommt, die Anna Freud vertreten wird. Wieder betont sie die zweifache Funktion der Kinderanalyse, nämlich zugleich heilend und erzieherisch zu wirken, da es nicht nur darum geht, das junge Wesen von seinem Leiden zu befreien, sondern es mit moralischen und ästhetischen Werten auszustatten.[129] Für Hug-Hellmuth ist – im Gegensatz zu Melanie Klein, doch in Übereinstimmung mit Anna Freud – das Kind ein anderes Wesen als der Erwachsene, da seine geistigen Strukturen noch nicht ausgebildet sind. Es eignet sich daher für die Analyse erst mit sechs oder sieben Jahren. Wie Anna Freud betont Hug-Hellmuth die Notwendigkeit einer Vorbereitungszeit, in der die Analytikerin das Vertrauen des Kindes gewinnt, seine Eltern kennenlernt und sich wenn möglich ihrer Mitarbeit versichert. Dann wird die Analytikerin in gewisser Weise zu einem Menschen, mit dem sich das Kind identifizieren kann. In allen diesen Punkten kopierte Anna Freud Hug-Hellmuth.

Hug-Hellmuths Eifer, den Nachweis für Freuds Theorien zu liefern, indem sie die Quellen in der kindlichen Erfahrung aufspürte, verwikkelte sie in den ersten Skandal, der sie bekannt machte und der sie später in Vergessenheit geraten ließ. 1914 erschien im Internationalen Psychoanalytischen Verlag anonym *Das Tagebuch eines halbwüchsigen Mädchens*, in dem das Leben der Rita im Alter zwischen elf und vierzehn Jahren beschrieben wurde und dessen Autorin offensichtlich der oberen Bürgerschicht angehörte. Die Offenheit in sexuellen Fragen und die Enthüllung mädchenhafter sexueller Phantasien waren außergewöhnlich genug, um das Buch auf der Stelle zu einem umstrittenen Bestseller zu machen. Dazu kam das Gerücht, daß es sich um einen literarischen Betrug handele: Wie konnte ein junges Mädchen so etwas geschrieben haben! 1922, als das Buch in Deutschland in seiner dritten Auflage und in der ersten englischen Ausgabe erschien und darüber gerätselt wurde, wer Rita sei, gab sich Hug-Hellmuth, die bereits hier und da für die Autorin gehalten worden war, als Verlegerin des Buches zu erkennen. In ihrem Vorwort zu der neuen Auflage tat sie wenig, um die Vorwürfe des Betrugs zu entkräften, und teilte nur sachlich mit, daß die Rita des Buches, die anonym bleiben müsse, ihr das Tagebuch übergeben habe, seither verheiratet und inzwischen verstorben sei. Als Beweis für die Qualität des Buches zitierte sie Freud, der Hug-Hellmuth 1915 über das *Tagebuch* folgendes geschrieben hatte:

«Das Tagebuch ist ein kleines Juwel. Wirklich, ich glaube, noch niemals hat man in solcher Klarheit und Wahrhaftigkeit in die Seelen-

Ein Frauenberuf

regungen hineinblicken können, welche die Entwicklung des Mädchens unserer Gesellschafts- und Kulturstufe in den Jahren der Vorpubertät kennzeichnen. Wie die Gefühle aus dem kindlich Egoistischen hervorwachsen, bis sie die soziale Reife erreichen, wie die Beziehungen zu Eltern und Geschwistern zuerst aussehen, und dann allmählich an Ernst und Innigkeit gewinnen, wie Freundschaften angesponnen und verlassen werden, die Zärtlichkeit nach ihren ersten Objekten tastet, und vor allem, wie das Geheimnis des Geschlechtslebens erst verschwommen auftaucht, um dann von der kindlichen Seele ganz Besitz zu nehmen, wie dieses Kind unter dem Bewußtsein seines geheimen Wissens Schaden leidet und ihn allmählich überwindet, das ist so reizend, natürlich und so ernsthaft in diesen kunstlosen Aufzeichnungen zum Ausdruck gekommen, daß es Erziehern und Psychologen das höchste Interesse einflößen muß. [...] Ich meine, Sie sind verpflichtet, das Tagebuch der Öffentlichkeit zu übergeben. Meine Leser werden Ihnen dafür dankbar sein. [...]»[130]

Die stärksten Zweifel an der Authentizität des *Tagebuches* äußerte der britische Erziehungspsychologe Cyril Burt. In seiner Rezension der englischen Ausgabe meinte er, das Buch könne angesichts seines hohen sprachlichen und gedanklichen Anspruchs nicht das Werk eines jungen Mädchens sein. Das *Tagebuch* sei seiner Ansicht nach die zugegebenermaßen sehr genaue Erinnerung eines älteren Menschen an seine eigene Vergangenheit. Immerhin war Burt selbst ein Experte auf dem Gebiet der literarischen Fälschung: Wie sich nach seinem Tod herausstellte, hatte er eine Reihe seiner Artikel unter verschiedenen weiblichen Pseudonymen veröffentlicht.[131]

Trotz der Detektivarbeit der Wiener Psychoanalytischen Vereinigung konnte die Frage der Autorenschaft nicht beantwortet werden. Bis heute weiß man nicht, ob Hug-Hellmuth das *Tagebuch* tatsächlich erhalten hat oder ob sie es aufgrund ihrer eigenen Tagebücher oder Erinnerungen verfaßte. Helene Deutschs Urteil über dieses «klassische Bild der weiblichen Jugend» steht für viele andere: «Die Leute sagten, dieses Tagebuch sei ihrer Phantasie entsprungen, worauf ich entgegnen würde, daß Hug-Hellmuth, falls dies so ist, sowohl über psychologischen Scharfsinn als auch über literarisches Talent verfügte. [...] Das Buch ist psychologisch so wahr, daß es zu einem Klassiker der Psychoanalytischen Literatur geworden ist.»[132]

«Psychologischer Scharfsinn» wurde Hug-Hellmuth 1920 sicherlich weithin zugestanden. Im Sommer vor dem wichtigen Kongreß in Den Haag lud man sie zu einer Vortragsreihe über Kinderanalyse und

Die ersten Freunde, die ersten Fälle, die ersten Anhänger

-erziehung an die Berliner Psychoanalytische Klinik ein. Die ehrgeizige Melanie Klein muß ihre Ausführungen als Provokation empfunden haben, denn sie versuchte in ihrer Autobiographie, die Bedeutung Hug-Hellmuths zu leugnen: Hug-Hellmuth habe sich niemals mit Kindern, jünger als sechs oder sieben Jahre, beschäftigt, außerdem vermeide sie es, ihre Analysen auszuwerten. Somit sei es ihr, Melanie Kleins, Verdienst, die Kinderanalyse in Berlin eingeführt zu haben.[133]

Hug-Hellmuth wohnte in Berlin bei Karen Horney, mit der sie sich auch anfreundete, obwohl sich ihre Ansichten über Frauen radikal unterschieden: Hug-Hellmuth erwies sich in ihren wenigen Schriften über Frauen als reduktionistische, biologistische Freudianerin, die den Penisneid als gegeben ansah und auf seine Folgen in dem allgemeinen Neid der Frauen auf den begünstigten Mann hinwies. 1922 begann Hug-Hellmuth, für die Wiener Psychoanalytische Vereinigung ein Ambulatorium aufzubauen und ein Lehrprogramm zu erstellen. Bald leitete sie die Ausbildungsabteilung des Ambulatoriums. Auch hier, in der Lehrtätigkeit und im Engagement für die sozial orientierten Aktivitäten der Psychoanalyse, war sie eine Vorläuferin von Anna Freud. Noch im selben Jahr und zu Beginn des nächsten hielt sie wieder Vorlesungen, diesmal vor einem breiteren Publikum in einem Zentrum für Erwachsenenbildung. Das Material dieser Vorlesungen und die Ergebnisse ihrer kontinuierlichen Analyse von Kindern fanden Eingang in ihr letztes zusammenfassendes Werk, *Neue Wege zum Verständnis der Jugend* (1924), das sich an «Lehrer, Erzieher, Schulärzte, Kindergärtnerinnen und Sozialarbeiter» wandte. Mit zahlreichen klinischen Details untermauerte Hug-Hellmuth hier mit dem Scharfsinn der erfahrenen Lehrerin die freudianischen Theorien und ihre Relevanz für die Entwicklung, die Erziehung und das Wohlbefinden des Kindes.

Diese Publikation sollte der Höhepunkt ihrer Laufbahn als Psychoanalytikerin und Erzieherin sein. Im selben Jahr, am 9. September 1924, brach ihre Zugehfrau, Magdalena Kittner, mit Hilfe eines Schlossers ihre Wohnungstür auf und fand sie tot auf dem Sofa liegen. Sie war erwürgt worden. In der anschließenden Untersuchung gestand ihr Neffe Rolf das Verbrechen. Er war kurz nach Mitternacht durch das Fenster in ihre im Erdgeschoß liegende Wohnung eingedrungen und hatte sie durch die Geräusche geweckt. Als sie zu schreien begann, hatte er versucht, ihre Schreie mit einem Kissen zu ersticken. Da dies nichts nützte, hatte er sie gewürgt, geknebelt und schließlich auf die Couch gelegt und ein sauberes Kissen unter ihren Kopf geschoben.

Ein Frauenberuf

Dann hatte er 2600 Kronen und eine goldene Uhr aus ihrem Wäschefach genommen und war durchs Fenster entflohen.

In den vielen Zeitungsberichten und Verhandlungsprotokollen wird Hug-Hellmuth als eine «pedantische und wählerische» Frau dargestellt, die wenig Worte machte und noch weniger Freunde besaß.[134] Nach den Aussagen von Sadger und ihrer Zugehfrau hatte Hug-Hellmuth schon seit geraumer Zeit Angst, von ihrem Neffen ermordet zu werden. Er hatte sie immer wieder bestohlen, und seine Geldforderungen waren über die Jahre immer drastischer geworden. Trotzdem hatte sie vor einiger Zeit Sadger eine Kopie ihres Testaments übergeben, in dem Rolf als einziger Erbe aufgeführt wird. Bei der Verhandlung gab sich Rolf als Opfer der launenhaften Erziehungsmethoden seiner Tante: Auf Wärme konnte im nächsten Augenblick äußerste Strenge folgen. Weil sie ihm so wenig Geld gab, sei er gezwungen gewesen, zu lügen und zu stehlen. Sadgers Aussage erzählte die Geschichte aus der Sicht der Tante: einer Frau, die versucht hatte, so gut sie konnte, mit dem Neffen auszukommen, obwohl dieser im Lauf der Jahre immer krimineller wurde und sie zunehmend terrorisierte.

Der achtzehnjährige Rolf wurde zu zwölf Jahren Gefängnis verurteilt. Er saß den Großteil seiner Strafe ab. Nach seiner Haftentlassung wandte er sich an den bekannten Psychoanalytiker Paul Federn und verlangte von der Wiener Psychoanalytischen Vereinigung eine Entschädigung, mit der Begründung, er sei für psychoanalytische Versuche benutzt worden. Federn schickte ihn zu Eduard Hitschmann, und dieser interpretierte Rolfs Forderung als Wunsch nach einer Analyse.[135] «Der Analytiker war der Meinung, daß es am besten eine Frau sei – sie könnte die verstorbene Tante ersetzen! Er schlug mich vor»,[136] schreibt Helene Deutsch. Rolf fand sich jedoch zu keiner der Sitzungen ein; statt dessen verfolgte er die verängstigte Helene Deutsch durch die Straßen Wiens. Ohne ihr Wissen engagierte ihr Mann zu ihrem Schutz einen Detektiv, so daß nun zwei Männer Helenes Schritten folgten, bis Rolf schließlich auf Nimmerwiedersehen verschwand.

Die psychoanalytischen Zeitschriften veröffentlichten nur zwei Notizen zum Mord an Hermine Hug-Hellmuth. Siegfried Bernfeld schildert das Ereignis kurz in der *Internationalen Zeitschrift für Psychoanalyse*, um hinzuzufügen, daß sie in einem wenige Tage vor ihrem Tod abgefaßten Testament den Wunsch geäußert habe, es solle kein Bericht über ihr Leben und Werk in psychoanalytischen Publikationen erscheinen.[137] Es scheint fast, als hätte Hug-Hellmuth die skandalösen Umstände ihres Todes geahnt und hätte aus Loyalität zur

Psychoanalyse diese Verfügung erlassen, damit kein Schatten auf ihren Beruf falle. Wie bei so vielen Vertuschungsversuchen bewirkte sie jedoch das Gegenteil. Während ihr Name für immer mit dem Skandal verbunden war, gerieten ihre wirklichen Leistungen in Vergessenheit. Es ist bezeichnend für ihren Platz in der Geschichte, daß die einzigen von ihr erhaltenen Bilder eine Karikatur sind und eine Zeitungsillustration, die ihre Leiche zeigt.

7. Sabina Spielrein und Loe Kann: Zwei analytische Dreiecke

Sabina Spielrein

Emma Eckstein, die erste Analytikerin, kam als Patientin zur Psychoanalyse und machte mehrere Krisen durch – wie übrigens auch ihr Analytiker –, bevor sie sich der analytischen Praxis zuwandte. Auch Sabina Spielrein, die erste Analytikerin, die maßgeblichen Einfluß auf die psychoanalytische Theorie hatte, lernte die Psychoanalyse als Patientin kennen und kam über ihre Dreiecksbeziehung mit Freud und dessen bedeutendstem Schüler, C.G. Jung, zur Praxis. Erst sehr viel später gestand Jung ein, wie entscheidend seine weiblichen Patienten seine Arbeit beeinflußt hatten: «Ich hatte hauptsächlich weibliche Analysanden, die öfters außerordentlich gewissenhaft, verständnisvoll und intelligent auf die Arbeit eingingen. Sie haben wesentlich dazu beigetragen, daß ich in der Therapie neue Wege gehen konnte.»¹ Der «Fall», der Jung mehr als jeder andere dazu zwang, neue Wege zu gehen, war der Fall Sabina Spielrein, die seine erste psychoanalytische Patientin war. Die Intensität seiner Beziehung zu dieser Frau war wahrscheinlich der unmittelbare, wenn auch nicht der einzige Anlaß für einen Brief, den er 1906 an Freud schrieb. Damit begann eine Dreiecksbeziehung, die sich für die beiden Männer ebenso wie für die Geschichte der Psychoanalyse als schicksalhaft erweisen sollte. Durch Sabina Spielrein bekam die Beziehung der beiden Männer eine vollkommen neue Dimension des gegenseitigen Verstehens. Sie war das klassische Beispiel einer Frau, die zum Medium der Kommunikation zwischen Freud und einem anderen Psychoanalytiker wurde.

Angesichts des Dreiecks Jung-Spielrein-Freud ist man geneigt, die Anfänge der psychoanalytischen Bewegung als eine Serie von Absprachen zwischen Männern zu betrachten, zwischen Führerfiguren und Anhängern, Vätern und Söhnen, zwischen den einzelnen Mitgliedern einer Brüdergemeinde und Urhorde, in der Frauen nur als Tauschobjekte, als Ware figurierten, die man handelte und opferte. Sabina Spielrein war und blieb jedoch in dieser Beziehung eine unbekannte Größe, die sich stets der Kontrolle der beiden Männer entzog, was sich auch nach der Entzweiung von Freud und Jung nicht änderte. Letztlich vermochte keiner von beiden ihre Bedeutung richtig einzuschätzen, und keiner war in der Lage, ihren spezifischen Beitrag zum psychoanalytischen Denken offen anzuerkennen.

Spielrein war nicht nur Jungs erster analytischer Fall, sie war auch seine Muse und Geliebte in einer Beziehung, die einmal mehr sexuell orientiert und dann wieder mystisch gefärbt war. Für einige Jung-Forscher aber war sie die Frau, die ihm die Funktion der Anima offenbarte,[2] das Seelenbild der Frau im Unbewußten des Mannes. Freud griff in die Beziehung ein, als es zum Eklat kam und er als Schiedsrichter und jüdischer Lehrer herbeigerufen wurde; er war derjenige, den Spielrein bekümmert um Hilfe bat, als Jungs Verhalten ihr und ihrer Familie gegenüber unzumutbar wurde. Ihre Rolle in der Frühzeit der Psychoanalyse wurde keineswegs geringer, als die Krisen in ihrer Beziehung mit Jung überwunden waren. Im Gegenteil: Sie hatte sich nun die emotionale und intellektuelle Unabhängigkeit von Jung erkämpft und wurde zu einer überzeugten und treuen Anhängerin Freuds, als die sie nach dem Ersten Weltkrieg die orthodoxe Psychoanalyse in Genf vertrat.

Betrachtet man die Dreiecksgeschichte aus Spielreins Perspektive, so kann man nur staunen über ihre Fähigkeit, sich in jedem intellektuellen und beruflichen Umfeld optimal zu entwickeln, ungeachtet dessen, ob sie von den Machenschaften anderer betroffen war oder nicht. So ging sie aus den ereignisreichen und krisengeschüttelten Jahren in Zürich und aus ihrer Liebesgeschichte mit Jung gestärkt hervor. Wie Bettelheim betonte, war «das wichtigste Ereignis in Sabinas jungem Leben ihre Heilung durch Jung, was auch immer während ihrer Behandlung im Burghölzli geschehen sein mochte. [...] Jungs Verhalten mag vom moralischen Standpunkt fragwürdig sein, [...] dennoch gelang es ihm, die oberste Pflicht des Therapeuten zu erfüllen: die Heilung seiner Patientin».[3] Ihr späteres Leben, ob in Wien, Genf oder Moskau, ist allerdings nicht weniger ereignisreich: Es ist die Geschichte einer Frau von unersättlicher intellektueller und emotionaler Kraft, mit einer nie versiegenden Fähigkeit zu intensiven Beziehungen und der Bereitschaft, das Richtige zur richtigen Zeit zu tun. Sabina Spielrein, diese leidenschaftliche Idealistin, diese ungewöhnlich charakterstarke und hartnäckige Frau, war die erste namhafte Psychoanalytikerin, und dennoch war sie bis vor nicht allzu langer Zeit fast völlig vergessen. Aldo Carotenuto und Mireille Cifali kommt das große Verdienst zu, die verlorenen Dokumente über ihr Leben aufgespürt zu haben; und John Kerrs wertvolle Untersuchung ermöglicht eine detaillierte Chronologie ihrer Jugend und ihres Weges in die Psychoanalyse.

Sabina Spielrein wurde am 7. November 1885 in Rostow am Don geboren; sie stammte aus einer reichen, kosmopolitisch gesinnten jüdisch-russischen Familie. Ihr Vater war Kaufmann. Ihre Mutter hatte ein Universitätsstudium absolviert und verbrachte viel Zeit auf Reisen; sie hatte zahlreiche Affären, und als Sabina heranwuchs, wetteiferte sie mit ihr um die Gunst der Männer. Sabinas Mutter war so sehr darauf bedacht, ihre Tochter von der Sexualität fernzuhalten, daß Sabina erst das Rostower Gymnasium besuchen durfte, nachdem man den Biologieunterricht abgeschafft hatte.[4]

Wie ihre versteckt autobiographischen analytischen Schriften zeigen, war der wichtigste Wunsch ihrer Kindheit, etwas zu erschaffen; so grub sie etwa ein Loch in die Erde, um zu den Amerikanern auf der anderen Seite zu dringen, und machte unzählige chemische Experimente mit geheimnisvollen Flüssigkeiten, die sie in Fläschchen abfüllte, um dann auf die große «Schöpfung» zu warten.

«Einmal fragte ich ein älteres Mütterlein, ob ich nicht auch ein Kind haben könnte, wie die Mutter. ‹Nein›, sagte sie, ‹du bist noch zu klein, *um ein Kind zu haben; jetzt könntest du vielleicht ein Kätzchen gebären.*› Diese scherzhaften Worte hatten ihre Wirkung: ich erwartete das Kätzchen und grübelte viel darüber nach, ob das Kätzchen nicht ein ebenso intelligentes Wesen ergeben könnte, wie der Mensch, wenn ich es mit entsprechender Sorgfalt erziehen würde.»[5]

Bis dahin hatte Sabina keine Angst gekannt, wie Siegfried, der furchtlose arische Held, der später fast zu einer fixen Idee wurde. Doch eines Tages, ihr Vater hatte sie eben erst wieder zu größerer Vorsicht ermahnt, «erschrak ich heftig, als ich im nächsten Zimmer auf der Kommode zwei schwarze Kätzchen sah. Es war wohl eine Illusion, so deutlich, daß ich jetzt noch die Tierchen genau sehen kann, sie saßen ganz ruhig nebeneinander. ‹Das ist der Tod› oder ‹die Pest›, dachte ich. Mit einem Ruck begann die Angstperiode»[6]. Über dieses Erlebnis schrieb sie später:

«Das Kind wurde demnach von mir als gefährliche, selbst tödliche Krankheit aufgefaßt. Ich finde so oft bei Frauen diese Darstellung der Schwangerschaft und Geburt in Form einer gefährlichen Krankheit (Infektionskrankheit, Pest, besonders Bubonenpest), einer bösartigen Geschwulst, eines Gewächses, daß mir dies eine regelmäßige Erscheinung zu sein scheint: bewußt oder unbewußt stellt sich die Frau das neue Wesen als ein auf Kosten des Alten wachsendes vor. Interessant ist es, daß wir auf diese Destruktionsvorstellungen bald mit Lust, bald mit Angst, mindestens mit Unlust reagieren. Die Angst vor Infektionskrankheiten war für mich nach dem oben erwähnten Angst vor dem Kinde, aber nicht nur das: es war auch die Angst vor dem Entführer resp. Verführer.»[7]

Am Beispiel ihres eigenen «Falles» demonstrierte Sabina Spielrein hier, wie sich wissenschaftlicher Forschungsdrang aus dem Streben nach sexueller Aufklärung entwickelt.

Anfang Zwanzig, als sie noch nicht die ernste, ein wenig in sich gekehrte und unsichere junge Frau war, zu der sie sich später entwickelte, entschloß sie sich zu einem Medizinstudium und wurde darin von ihrem Vater bestärkt. Im August 1904 ging sie nach Zürich und immatrikulierte sich an der medizinischen Fakultät. Wahrscheinlich erkannten ihre Eltern damals, daß sie eine Behandlung brauchte. Jedenfalls hatte sie eine Art Nervenzusammenbruch oder psychotische Krise, denn gegen Ende des Sommers wurde sie in die psychiatrische Klinik Burghölzli eingeliefert. Eugen Bleuler hatte diese Klinik zu einer der renommiertesten und fortschrittlichsten in ganz Europa gemacht, zu einem psychiatrischen Asyl für Patienten und Ärzte gleichermaßen, wo sich immer mehr junge Medizinstudenten aus Europa und Amerika um ein Praktikum bemühten. Sabina wurde dem jungen Carl Gustav Jung anvertraut, einem erst kürzlich promovierten, überaus angesehenen Sproß des Baseler Großbürgertums. Wie Jung schreibt, «hatte sich ihr Zustand derart verschlimmert, daß die Patientin eigentlich nur noch zwischen tiefen Depressionen, Lach-, Wein- und Schreikrämpfen abwechselte. Sie konnte niemand mehr ansehen, hielt den Kopf verborgen, streckte bei jeder Berührung unter den Zeichen größten Abscheus die Zunge heraus usw.».[8] Dank der Behandlung konnte sie am 1. Juni 1905 offiziell aus dem Krankenhaus entlassen werden;[9] bereits im April 1905 hatte sie sich an der Universität Zürich im Fach Medizin eingeschrieben und begeisterte sich, ganz im Sinn ihrer kindlichen Vorlieben, für die organische Chemie. Damit war sie die erste an einer psychiatrischen Klinik behandelte Patientin, die von der Krankenstation über die psychotherapeutische Behandlung übergangslos in den Sezierraum und Hörsaal wechselte, um schließlich selbst Psychoanalytikerin zu werden.

Von 1904 bis 1911 lebte sie in Zürich und wurde von Jung zunächst psychiatrisch behandelt; dann probierte er bei ihr mit größter Wahrscheinlichkeit erstmals bewußt eine psychoanalytische Methode aus.

Ein Frauenberuf

Sie war zugleich Versuchsperson und Mitarbeiterin bei seinen Experimenten zur Erforschung der freien Assoziation. Dabei wurden sie Freunde und kamen sich intellektuell und emotional immer näher. Im Mai 1908 absolvierte sie das Physikum. 1911 legte sie ihre Dissertation vor und promovierte zum Doktor der Medizin.

Kurz nach ihrer Aufnahme in die Klinik, also im Herbst 1904, begann Jung die psychoanalytische Behandlung, die somit höchstens drei Monate gedauert haben kann. Er kombinierte sie mit Suggestion und bezog Spielrein in die am Burghölzli durchgeführten Experimente über Assoziationen und Reaktionszeiten ein, die zur Theorie der «Komplexe» führten. 1904 war eine psychoanalytische Behandlung für Jung nicht viel mehr als ein erweitertes Assoziationsexperiment, das darauf ausgerichtet war, die Komplexe der Patientin mit Reizwörtern und Fragen zu durchleuchten. Jung konzentrierte sich in der Analyse wahrscheinlich hauptsächlich auf das masochistische Vergnügen, das Spielrein empfunden hatte, wenn ihr Vater sie auf den Hintern schlug. Zugleich verfolgte er mit der Analyse aber auch didaktische Zwecke. Er lieh ihr Bücher über Psychopathologie, so daß sie ihm bei der wissenschaftlichen Arbeit bald als Kollegin zur Seite stand – ebenso wie seine Frau Emma; 1905 halfen sie ihm gemeinsam bei der Vorbereitung seiner Habilitationsschrift über Reaktionszeiten. In einem Brief an Freud erinnerte sich Spielrein später:

«Da gab es manches Gespräch und er sagte mir: ‹Solche Köpfe bewegen die Wissenschaft vorwärts. Sie müssen Psychiater werden.› Diese Dinge betone ich immer und immer wieder, damit Sie sehen, dass nicht etwa blos das Verhältnis von Pat. und Arzt uns so nahe zusammenführte. Die Arbeit schrieb er, als ich noch in der Anstalt war. [...] Ich sprach von der Gleichheit resp. geistigen Selbständigkeit der Frau, worauf er meinte, ich sei eine Ausnahme, seine Frau hingegen ist eine gewöhnliche Frau und interessiert sich dementsprechend nur für das, was ihren Mann interessiert.»[10]

Trotz der Andeutung, gleichberechtigte Wissenschaftlerinnen seien eine Ausnahme von der allgemein untergeordneten Stellung der Frau, war dies alltäglich geübte Praxis im Labor der Freudschen Lehre, als welches das Burghölzli von 1905 an einige Jahre lang galt. «Niemand konnte auch nur eine Bemerkung fallenlassen, ohne sofort aufgefordert zu werden, sie durch freie Assoziationen zu erklären. Man achtete nicht darauf, ob Frauen anwesend waren – Ehefrauen und weibliches Personal –, deren Gegenwart den freien Fluß der Assoziation vielleicht hätte hemmen können, denn die Frauen waren ebenso erpicht darauf, die verborgenen Mechanismen zu entdecken wie ihre Männer.»[11] Tatsächlich hatten Frauen offenbar eine besondere Eignung für die Analyse, wie Jung in einem Bericht über das Leben an der Klinik erklärte, den er 1907 an Freud schrieb: «Die Frauen verstehen Ihre Sprache entschieden weitaus am besten und in der Regel sofort. Nur ‹psychologisch› Gebildete haben Bretter vor dem Kopf.»[12] Die wilde Analyse hatte sich wie eine Seuche in der Klinik ausgebreitet, und Jung war sich zumindest einiger der Gefahren bewußt, die ein derart lockerer Umgang mit dem Unbewußten mit sich bringen konnte: «Lustig zu sehen ist, wie die Weiber in der Poliklinik sich gegenseitig ihre erotischen Komplexe diagnostizieren, obschon sie selber keine Einsicht dafür haben. Bei Ungebildeten scheint mir das Haupthindernis die furchtbar grobe Übertragung zu sein.»[13] Für die Patienten waren die durch dieses Spiel mit dem Unbewußten erregten Emotionen diffuser und beunruhigender. Wie die Briefe und das Tagebuch Sabina Spielreins aufdecken, hatte Jung eine Gefolgschaft von jungen Patientinnen und Studentinnen, die sich bewundernd um ihn sammelten und um seine Gunst wetteiferten; sie selbst war bereits eine erfahrene und ein wenig desillusionierte Mitbewerberin, als sie diese Zeilen in ihr Tagebuch schrieb: «Beim heimgehen begegnete mir Frl. Aptekmann. Diese war früher Pat. bei meinem Freunde [Jung] und ist nun ‹Eine von den Vielen›. [...] Sie liebt ihn und glaubt, dass er sie liebt. ‹Selig, wer glaubt.›»[14] Es war daher sehr ermutigend für Spielrein, als Jung ihr sagte, «es sei als hätte er einen Halsschmuck, in welchem alle uebrigen Verehrerinnen – Perlen; ich – das Medaillon wäre.»[15]

1910 erinnerte sich Spielrein in ihrem Tagebuch daran, wie sich die Dinge zwischen ihr und Jung entwickelt hatten: «Wir haben uns kennen gelernt, wir haben uns lieb gewonnen, ohne zu merken – wie, die Flucht war zu spät, wir sassen mehrere Male ‹in inniger Umschlingung›. Ja, es war Vieles!»[16] Zweifellos empfanden beide gleich, aber schon sehr früh sah es fast so aus, als sollte Spielrein Jungs Freundschaftsgabe an Freud werden.[17] Jung hatte im September 1905 – also lange vor seinem ersten Brief an Freud im April 1906 – eine Notiz verfaßt, die wahrscheinlich als Empfehlungsschreiben bei ihrem geplanten Besuch bei Freud in Wien dienen sollte.[18] Jung beschrieb sie darin als «eine höchst intelligente und begabte Person von grösster Sensibilität», im weiteren meinte er allerdings: «Ihr Charakter hat entschieden etwas rücksichtsloses und unbilliges, auch fehlt jegliches Gefühl für Opportunität und äusseren Anstand, wovon viel natürlich auf russische Eigentümlichkeit muss geschoben werden!»[19]

Ein Frauenberuf

Spielrein reiste schließlich doch nicht nach Wien, so daß Freud dieses Empfehlungsschreiben, das Jungs Patientin zur lebenden Visitenkarte herabwürdigte, nie zu Gesicht bekam. Schon bald begann Jung in seinen Briefen ein verklärtes Bild von Spielrein zu zeichnen und bat zwischen den Zeilen um Unterstützung in diesem schwierigen Fall. Das erinnert an jenes Szenario, in dem Breuer Freud seine emotionale Verwirrung durch Bertha Pappenheim gestand:

«Ein Erlebnis aus jüngster Zeit muß ich bei Ihnen abreagieren, auf die Gefahr hin, Sie zu langweilen. Ich behandle gegenwärtig eine Hysterie nach Ihrer Methode. Schwerer Fall, 20jährige russische Studentin, krank seit sechs Jahren.

1. Trauma: 3.–4. Lebensjahr. Sieht, wie der Vater ihren älteren Bruder auf den nackten Hintern schlägt. Starker Eindruck. Muß nachher denken, sie hätte dem Vater auf die Hand defäkiert.

Vom 4.–7. Jahr angestrengte Versuche, sich auf die eigenen Füße zu defäkieren, folgendermaßen: Sie setzt sich mit einem untergeschlagenen Fuß auf den Boden, preßt die Ferse gegen den Anus und versucht, zu defäkieren und zugleich die Defäkation zu hindern. Hält so mehrfach den Stuhl bis zwei Wochen lang zurück! Weiß nicht, wieso sie zu dieser sonderbaren Geschichte gekommen ist; es sei völlig triebartig gewesen, dabei ein wonniges Schauergefühl. Später wurde dieses Phänomen durch heftige Onanie abgelöst.

Ich wäre Ihnen äußerst dankbar, wenn Sie mir Ihre Ansicht über diese Geschichte in wenigen Worten mitteilen würden.»[20]

Freuds Antwort war ermutigend, aber er war mehr an der Verbindung zwischen Analerotik und den entsprechenden Charaktertypen interessiert, und da paßte Spielrein mit ihrem wilden und mystischen Wesen nicht hinein. Jung unterließ es daher in der nächsten Zeit, Freud gegenüber seine schwierige Patientin zu erwähnen.[21]

In den publizierten Krankengeschichten dieser Zeit taucht Spielrein jedoch immer wieder auf. Ihre «psychotische Hysterie» ist eine der zentralen Krankengeschichten in Jungs Schrift zur Verteidigung Freuds vom September 1907, «Die Freudsche Hysterietheorie». In seinem Aufsatz *Über die Psychologie der Dementia praecox* (1907) kommt sie erneut vor:

«Eine junge Dame kann es nicht ertragen, daß ihr Mantel ausgeklopft wird. Diese auffallende Reaktion ist darauf zurückzuführen, daß sie masochistische Veranlagung hat, die dadurch entstanden ist, daß ihr Vater sie in der Kindheit häufig a posteriori gezüchtigt hat, wodurch sexuelle Reizzustände ausgelöst wurden. Sie muß darum auf alles, was

Sabina Spielrein und Loe Kann: Zwei analytische Dreiecke

nur ganz entfernt wie Züchtigung aussieht, mit einer förmlichen Wut reagieren, die rasch in sexuelle Erregung und Masturbation übergeht. Als ich ihr einmal bei einem ziemlich indifferenten Anlaß sagte: ‹Sie müssen eben gehorchen›, geriet sie in eine starke sexuelle Erregung.»[22]

Aus dem erregten Brief, den Jung im Juli 1907 an Freud richtete, geht deutlich hervor, daß es zwischen ihm und Spielrein knisterte. Jung deutet Spielreins Wunsch, «einem Wesen durch psychoanalytische Behandlung zur völligen Freiheit zu verhelfen» als ein anderes Begehren: Und zwar, daß der Analytiker – das heißt, sie selbst, die sie sich mit Jung identifiziert – seine/ihre unerfüllbaren phallischen Wünsche erfüllen soll.[23]

Jung fühlte sich sehr stark zu Spielrein hingezogen. Als Jüdin mit hehren Idealen, die einer heiligen Kur bedurfte, gab sie ihm das Gefühl, ihr Heiland zu sein. Diesen «Komplex»[24] gegenüber Juden hatte er schon lange. Er erwähnt ihn erstmals, als er Freud von einer kurzen Ferienverliebtheit im Frühjahr 1907 berichtet, kurz nach ihrer ersten Begegnung: zweifellos ist dies die Fortsetzung eines fast analytischen Gedankenaustausches zwischen den beiden Männern über Jungs Beziehung zu Freud als Juden und zu jüdischen Frauen. Jungs erste «Patientin», seine Cousine Helene Preiswerk, deren Trancezustände als spiritistisches Medium er in seiner Dissertation beschrieben hatte, hatte sich als Jüdin bezeichnet, obwohl sie keine war;[25] die erste detaillierte Studie eines Komplexes bei einer normalen, nicht pathologischen Versuchsperson, von Jung und Franz Riklin in den Jahren 1902 und 1903 durchgeführt, beschreibt die Liebe eines «christlichen Arztes» – wahrscheinlich Jung selbst – zu einem «jüdischen Mädchen».[26]

Jung war Spielreins erste Liebe, und sie kämpfte viele Jahre darum, sich aus seiner Umklammerung zu befreien. Aus Jungs knapper Beschreibung seiner schwierigen russischen Patientin aus dem Jahre 1906 geht hervor, daß ihre anale Fixierung perverse Phantasien hervorrief, die von Ekel und Abscheu geprägt waren und jede Liebesregung schon im Keim erstickten. Als wäre ihr Name («Spiel-rein») die treibende Kraft ihrer Person, war ihre Beziehung zu Jung stets von dem drohenden Ekel bestimmt. Gleichzeitig, oder vielleicht als Folge davon, war sie beherrscht von dem Bedürfnis, Jung zu idealisieren und auf ein Podest zu stellen. Sabina kannte diese Kongruenz von Abscheu und Idealisierung nur zu gut, bei sich ebenso wie bei Jung.[27]

In den ersten Monaten der Zusammenarbeit mit Freud wollte Jung nicht so recht an die sexuelle Grundlage der Neurosen glauben; und seine spätere Ablehnung dieses Aspekts der Freudschen Theorien ist immer wieder auf diese anfänglichen Zweifel zurückgeführt worden. In den Jahren 1907 und 1908 war Jung jedoch ein überzeugter Sexualist und erhob für eine Zeitlang die Theorie von der sexuellen Ätiologie der Neurosen zur Norm, anhand welcher die treuen Freudianer von den schwarzen Schafen der Psychoanalyse zu scheiden seien – zu letzteren zählte sein Vorgesetzter und Förderer Eugen Bleuler.[28] Zweifellos war seine Beziehung zu Sabina Spielrein Ausdruck (oder Anlaß) dieses entscheidenden Meinungsumschwungs. Im Juni 1908 führten Jung und der charismatische, wilde Analytiker Otto Groß – Bohemien, Anarchist und Verfechter der sexuellen Freiheit – eine gegenseitige Blitzanalyse durch, die Jungs Einstellung zur Sexualität und damit auch zu Sabina Spielrein nachhaltig beeinflußte:

«Nun komt der [Jung] ganz freudestrahlend und erzählt in tiefster Rührung von Gross, von der grossen Erkentniss die ihm nun aufgegangen ist (d. h. wegen der Poligamie), er will nun nicht mehr sein Gefühl zu mir unterdrücken; er gestand mir dass ich (seine Frau natürlich ausgenommen) seine erste tiefste Freundin bin etc. er will mir nun alles von sich erzählen.»[29]

Aber nicht nur Jung war nahe daran, ihrer Intimität auch erotischen Ausdruck zu verleihen. Wie Sabinas *Tagebuch* zeigt, spielte sie zunehmend die aktive Rolle.

«Die Verworrenheit der Situation läßt mich die unnatürliche Haltung des Mannes einnehmen und Sie – die weibliche Rolle. Ich bin wenig geneigt, dem Gesagten eine absolute Bedeutung beizumessen. Ich verstehe vollends, daß Sie widerstehen müssen, ich weiß aber auch, daß mich jeglicher Widerstand reizt. Und ich weiß auch, daß ich, hinge alles von mir ab, verzweifelten Widerstand leisten würde. [...] Ach, Sie! Wenn Sie nur wüßten, wie lieb Sie mir sind, ohne den geringsten Gedanken an das Kind.»[30]

Das Kind, das Spielrein hier erwähnt, entwickelte sich zum immer stärkeren Leitmotiv ihrer Leidenschaft und ihrer Konflikte. 1908 erklärte Sabina rundheraus und immer wieder, wie sehr sie der Wunsch verfolge, ein Kind von Jung zu bekommen. Das Kindmotiv nahm immer deutlichere Formen an, und sie gaben ihm den Namen «Siegfried». Für Spielrein repräsentierte Siegfried das mythische Produkt ihrer idealisierten Vertrautheit mit Jung. Sie wehrte sich gegen Jungs Auslegung, Siegfried sei das reale Kind, das sie sich von ihm wünsche;[31] für sie war Siegfried die Verkörperung des heldenhaften Schicksals, das sie erwartete, denn als Mädchen hatten ihr der Vater und der Großvater im Traum Großes vorausgesagt. Jung gelang es schließlich doch, Spielrein zu überzeugen. Sie konnte seine sexuell orientierte Interpretation akzeptieren, weil sie Geschlechtsverkehr und Geburt als ihre «Heldentat» verstand – «warum sollte ich [...] nicht meine Heldentat gerade darin erblicken, dass ich mich für diese heilige Liebe aufopfere und einen Helden schaffe?»[32]. Ihre Tagebucheintragungen aus dem Jahre 1910 zeugen davon, wie sehr sie die Frage quälte, ob sie Jungs Kind haben sollte – «Siegfried, mein Söhnchen!»[33].

Indem Jung Siegfried als reales Kind interpretierte, versetzte er sich und Spielrein in die Rolle von Sieglinde und Siegmund, jenen inzestuösen Geschwistern, die durch ihre Leidenschaft die heilige Ehe verletzen und zu Ausgestoßenen werden. In ihrer Analyse des Siegfried-Motivs in der Abhandlung über «Destruktion» (1911) hob Spielrein die Verbindung zwischen Brunhilde und Sieglinde hervor und setzte damit das Kind mit dem Liebhaber gleich: «[...] sie [Brunhilde] liebt das, was Sieglinde liebt, nämlich den Siegmund. Sie fühlt sich dementsprechend in Sieglindens Rolle hinein, Sieglinde wird auf diese Art zu ihrer ‹Wunschpersönlichkeit› respektive Sexualpersönlichkeit. Indem sie Siegfried rettet, rettet sie ihren eigenen Wunsch, ihr Kind.»[34] Brunhilde ist eine Erlöserin, sie rettet ihre Liebe, indem sie sie opfert, und gewinnt sie zurück, indem sie ihren Körper in dem Feuer aufgehen läßt, das Siegfried verzehrt. «Bei Wagner ist der Tod öfters nichts anderes als die destruierende Komponente des Werdeinstinktes.»[35] Liest man zwischen den Zeilen, so erkennt man, daß Sabina Spielrein sich Jungs Interpretation Siegfrieds als «reales» Kind nicht so sehr deshalb widersetzte, weil sie dadurch mit der Realität ihrer eigenen sexuellen Begierden konfrontiert wurde, sondern vielmehr, weil die «koitale» Interpretation nicht die tragische Ambiguität zu erfassen vermochte, die darin lag, daß die Erfüllung sexueller Begierden zugleich die Destruktion des Subjektes mit sich bringt. In der Destruktion, die der sexuelle Akt in letzter Konsequenz erfordert, will der Mann «die Geliebte zerstören, die Frau, welche sich mehr als Objekt der Liebe vorstellt, will destruiert werden»[36].

Welchen Intimitätsgrad die Beziehung zwischen Jung und Sabina Spielrein erreichte, ist niemals bekanntgeworden; sie verhielten sich jedenfalls mehrere Jahre so, als unterhielten sie eine verbotene Affäre.[37] Nach Sabinas Entlassung aus der Klinik trafen sie sich heimlich – in seinem Büro, in ihrer Wohnung oder auf dem Land. Ihre Vertrautheit beruhte keineswegs nur auf erotischer Anziehung; ihre intellektuelle Bedeutung füreinander war ihnen sehr bewußt – Jung fühlte sich von der wachen Sabina verstanden, oft schien sie sogar seine

Ein Frauenberuf

Gedanken lesen zu können. Jung legte ihr Nachrichten wie «Sie haben mein Unbewusstes mit Ihrem gepfefferten Briefe tüchtig in die Finger genommen»[38] in ihr Brieffach, Zettel, auf denen stand, wo und wann die nächste geheime Verabredung stattfinden würde. In seinen Briefen aus dem Jahr 1908 pries er die Tugenden der «Freiheit und Unabhängigkeit»[39] und lobte sie als einen Menschen, «der sich nicht verdammt dazu, an der Alltäglichkeit der Gewöhnung zu ersticken»[40]. Sie gehöre zu jenen, «die die Kraft ihres Geistes nicht dazu missbrauchen, Fesseln zu ersinnen, sondern vielmehr Freiheiten»[41]. Im Dezember 1908 erreichten seine Gefühle den Höhepunkt: Er hatte sich damit abgefunden, daß die Ehe eine Lüge ist, und hielt es für anständiger, sich dieser Lüge nur einmal schuldig zu machen.[42] Dennoch beschließt er seinen Brief mit einer Bitte und einer Erklärung: «Geben Sie mir in diesem Augenblicke etwas zurück von der Liebe und Geduld und Uneigennützigkeit, die ich Ihnen zur Zeit Ihrer Krankheit geben konnte. Jetzt bin ich krank.»[43] Jung schrieb diesen Brief einige Tage nach der Geburt seines lang ersehnten Sohnes Franz.

Die Ankunft dieses Sohnes – des Siegfried, der nicht Siegfried war – versetzte Jung in einen fast psychotischen Zustand, und das scheint Spielreins wiederholt geäußerter Behauptung recht zu geben, es handle sich um eine gemeinsame Phantasie, obwohl Jung das immer bestritt. Zweifellos bedeutete Franz' Geburt eine Krise für ihre Beziehung. Im Februar 1909[44] versuchte Jung offenbar, Sabina auf ziemlich unverblümte Weise eine Abfuhr zu erteilen:

«Als er mich aber fragte wie ich mir dann das weitere denke (wegen der ‹Consequenzen›) so meinte ich dass die erste Liebe nichts will, dass ich nichts denke [...]. Und nun sollte das heissen dass er zu mir zu gnädig war, dass ich desshalb sexuelle Geschichten von ihm verlange, die er natürlich nie wollte etc. Sie können sich das selbst ausmalen. Meine ideelle Persönlichkeit war vollkommen vernichtet, ich war vollkom̃en verloren; ich dachte, dass ich ihn küssen will und wollte dem garnicht wiederstehen, da ich weder zu mir noch zu ihm Achtung hatte. Ich stand mit einem Messer in der linken Hand und weiss nicht, was ich damit wollte; er hat mich bei der Hand gefasst, ich wehrte mich; weiter weiss ich nichts Er wurde plötzlich ganz blass, hielt sich an der linken Schläfe: ‹Sie haben mich geschlagen›.»[45]

Sabina floh. Jung lebte in der Angst, sie werde ihre Beziehung in einem für seine Karriere heiklen Augenblick publik machen: Er wollte seine Arbeit am Burghölzli schrittweise aufgeben und eine Privatpraxis eröffnen; mittlerweile war er ein anerkannter Freudianer und vertrat als Herausgeber des *Jahrbuchs* die Lehre in der Öffentlichkeit. Gerade zu dieser Zeit sahen sich die Anhänger Freuds einer Reihe von persönlichen Angriffen ausgesetzt.

Aber jemand anders griff in das Geschehen ein – möglicherweise Emma Jung[46] –, schrieb einen anonymen Brief an Sabinas Eltern und warnte sie vor der Gefahr, in der ihre Tochter schwebte. Die Eltern verlangten eine Erklärung von Jung. Daraufhin forderte Jung die Mutter auf, ihm das Honorar für die Behandlung ihrer Tochter zu bezahlen, denn das allein lege dem Arzt «die nötige Beschränkung» auf und gewährleiste die absolute Offenheit in sexuellen Dingen, die die Behandlung erfordere:

«Ich bin ihr also vom Arzte zum Freunde geworden, indem ich aufhörte mein eigenes Gefühl in den Hintergrund zu drängen. Meine Rolle als Arzt konnte ich umso leichter aufgeben, da ich mich ärztlich nicht verpflichtet fühlte, denn ich habe nie ein Honorar verlangt. [...]

Ich schlage Ihnen darum vor, um meine Stellung als Arzt, von der Sie wünschen dass ich Sie beibehalten möge zu umgrenzen, mir ein Honorar auszusetzen als angemessene Entschädigung für meine Bemühung. Damit sind sie *absolut sicher*, dass ich meine Pflicht als Arzt *unter allen Umständen* respektieren werde.

Als Freund Ihrer Tochter, hingegen müsste man es dem unbekannten Schicksal überlassen, was geschehen wird. Denn zwei Freunde hindert Niemand zu tun, was sie wollen.»[47]

Trotz dieses Verrates – denn nichts anderes konnte Spielrein darin schließlich sehen – stellte sie sich jetzt und später schützend vor Jung, um damit sich selbst zu schützen. Wie sie etwa achtzehn Monate später schrieb, mußte sie «notwendig mein Ideal gerettet haben»[48]. Erst als sie ihn bei einer Auseinandersetzung so verletzte, daß er blutete, wußte sie, daß sie sich aus dem gemeinsamen Unglück befreien mußte, zumal die Situation durch Jungs anmaßendes Verhalten ihren Eltern gegenüber nur noch schlimmer geworden war. Mit sicherem Gespür für das, was jetzt angemessen war, suchte sie bei Freud Gerechtigkeit, wandte sich an ihn wie an einen «Rettungsengel»[49] oder ein höheres Tribunal – ein elterliches Tribunal, das Jung zwangsläufig anerkennen müsse.

Aber Jung war ihr zuvorgekommen. Im März 1909 hatte er Freud erneut von dieser – immer noch anonymen – Patientin geschrieben:

«Zu guter Letzt oder vielmehr zu schlimmer Letzt nimmt mich gegenwärtig ein Komplex furchtbar bei den Ohren; nämlich eine Patientin, die ich vor Jahren mit größter Hingabe aus schwerster

Neurose herausgerissen habe, hat mein Vertrauen und meine Freundschaft in denkbarst verletzender Weise enttäuscht. Sie machte mir einen wüsten Skandal ausschließlich deshalb, weil ich auf das Vergnügen verzichtete, ihr ein Kind zu zeugen. [...] Ich habe dabei unsäglich viel gelernt in der Weisheit der Eheführung, denn bislang hatte ich von meinen polygamen Komponenten trotz aller Selbstanalyse eine ganz unzulängliche Vorstellung.»[50]

Freud reagierte beschwichtigend: «Verleumdet und von der Liebe, mit der wir operieren, versengt zu werden, das sind unsere Berufsgefahren, derentwegen wir den Beruf wirklich nicht aufgeben werden.»[51]

Als Sabina Spielrein ihn im Juni 1909 um ein Gespräch in Wien bat, weil sie sich in einer dringenden Sache mit ihm beraten wolle, versuchte er Zeit zu gewinnen, um Jungs Version der Geschichte zu hören. Zugleich tat er, als hätte Jung ihm noch nichts von seiner Beziehung zu ihr erzählt. Jung gegenüber spielte er die Rolle des erfahrenen Fachmannes:

«Solche Erfahrungen, wenngleich schmerzlich, sind notwendig und schwer zu ersparen. Erst dann kennt man das Leben und die Sache, die man in der Hand hat. Ich selbst bin zwar nicht ganz so hereingefallen, aber ich war einige Male sehr nahe daran und hatte a narrow escape. Ich glaube, nur die grimmigen Notwendigkeiten, unter denen mein Arbeiten stand, und das Dezennium Verspätung gegen Sie, mit dem ich zur ΨA kam, haben mich vor den nämlichen Erlebnissen bewahrt. Es schadet aber nichts. Es wächst einem so die nötige harte Haut, man wird der ‹Gegenübertragung› Herr, in die man doch jedesmal versetzt wird, und lernt seine eigenen Affekte verschieben und zweckmäßig plazieren. Es ist ‹a blessing in disguise›.

Das ‹großartigste› Naturschauspiel bietet die Fähigkeit dieser Frauen, alle erdenklichen psychischen Vollkommenheiten als Reize aufzubringen, bis sie ihren Zweck erreicht haben. Wenn das geschehen ist oder das Gegenteil gesichert, dann kann man über die veränderte Konstellation staunen.»[52]

Dieses herablassende Staunen über die weibliche List, so als handle es sich um das achte Weltwunder, endete am nächsten Tag mit einem Brief von Sabina Spielrein, dem sie einige von Jungs Liebesbriefen beigelegt hatte und der ihn über ihr enges Verhältnis zu Jung informierte. Nun schlug Freud einen neuen Kurs ein. Er hörte auf, sich unwissend zu stellen, und antwortete, wie er ohne falsche Bescheidenheit an Jung schrieb, «außerordentlich weise und scharfsinnig», indem er «aus leisen Anzeichen Sherlock-Holmes-artig den Sachverhalt zu erraten schien.»⁵³ Er gab Spielrein zu verstehen, daß er ungern als Richter auftreten würde, da er dann zwangsläufig auch die andere Seite hören müßte. Sie solle sich ohne Hilfe von außen aus ihrer mißlichen Lage befreien: «[...] so möchte ich Sie zur Selbstprüfung auffordern, ob die Gefühle, welche diese Beziehung überdauert haben, nicht etwa verdienen, unterdrückt und erledigt zu werden, in der eigenen Seele meine ich und ohne äußere Aktion und Heranziehung dritter Personen.»⁵⁴

Freud beschäftigte also nur die Problematik einer stürmischen Übertragungsliebe zwischen Arzt und Patientin, denn erst im Postskriptum nahm er auf die «etwas schwärmerische Überschwänglichkeit» des «jungen Mannes» Bezug. Geleitet von diesem Gedanken und zweifellos auch von dem Wunsch, Jung möge in Zukunft als sein auserwählter Sohn die Führung der Psychoanalyse übernehmen, ermunterte er Jung, die Episode als Bestandteil der täglichen Arbeit zu betrachten: «Kleine Laboratoriumsexplosionen werden bei der Natur des Stoffes, mit dem wir arbeiten, nie zu vermeiden sein.»⁵⁵ Jung war ganz reumütiger Sohn, dankbar, daß Vater Freud ihm nicht die befürchtete «im Mantel der Nächstenliebe mehr oder weniger verhüllte Strafpredigt»⁵⁶ erteilt hatte.

Spielrein wußte Freuds Brief zu interpretieren: «[...] wenn ich Ihren letzten Brief kriegte, so unvorteilhaft er auch für mich ist, kamen mir Tränen in die Augen: ‹Der liebt ihn! Wenn er das verstehen könnte!›»⁵⁷ Freuds Rat hatte die gewünschte Wirkung, denn Jung konnte ihm einige Tage später berichten, Sabina habe sich «in bester und schönster Weise von der Übertragung freigemacht»⁵⁸. Ihre Befreiung kam darin zum Ausdruck, daß sie eine Aussprache mit Jung herbeiführte und ihre Bedingungen festlegte: Er müsse sich bei ihren Eltern entschuldigen, Freud alles beichten und ihn darum bitten, sie, Sabina, schriftlich von dieser Beichte zu unterrichten. Jung gab auf allen Fronten nach. Er mußte nun Freud von seinem Brief an Sabinas Mutter berichten, der bis dahin noch nicht zur Sprache gekommen war:

«So schob ich auch alle andern Wünsche und Hoffnungen [hinsichtlich des Kindes, Siegfried] ganz auf Seite meiner Patientin, ohne das gleiche an mir zu sehen. Als sich auf diese Weise die Situation so zugespitzt hatte, daß bei weiterm Perseverieren der Beziehung nur noch sexuelle Akte das Bild richtig abschließen konnten, da wehrte ich mich in einer Weise, die sich moralisch nicht verteidigen läßt. In meinem Wahne befangen, ich sei quasi das Opfer der sexuellen

Nachstellungen meiner Patientin, schrieb ich an deren Mutter, daß ich nicht der Befriediger der Sexualität ihrer Tochter, sondern bloß der Arzt sei, [...] eine durch die Angst eingegebene Schufterei, die ich Ihnen als meinem Vater sehr ungern gestehe.»⁵⁹

Freud hatte nun ein offenes Ohr für Sabina Spielrein, und er entschuldigte sich gebührend bei ihr, weil er sie als Patientin und Jung als ihren Arzt behandelt hatte, während ihre Beziehung vielmehr eine zwischen Mann und Frau war. Und mit der ihm eigenen altmodischen Höflichkeit fügte er schmeichelnd an: «Meinem Bedürfnis nach Achtung vor den Frauen entspricht es aber sehr, daß ich mich geirrt habe, und daß die Verfehlung dem Manne und nicht der Frau zur Last fällt, wie mein junger Freund selbst zugibt.»⁶⁰

In Freuds Reaktion auf Jungs Beichte und auf Spielreins Appell, Jungs ungerechtes Verhalten ihr gegenüber anzuerkennen, kristallisiert sich bereits jenes verführerische Bild der reinen, den Analytiker mit ihrer Liebe lockenden Frau heraus, das Freud 1915 in seinen «Bemerkungen über die Übertragungsliebe» beschrieb: «[...] von einer edlen Frau, die sich zu ihrer Leidenschaft bekennt, geht trotz Neurose und Widerstand ein unvergleichbarer Zauber aus.»⁶¹ Freud gibt eine lebhafte Beschreibung der Frau, die für ihren Analytiker in Leidenschaft entbrannt ist und vor nichts Halt macht, um ihr sexuelles Ziel zu erreichen. Das Bild der Verführerin kündigt sich bereits an, als er am Höhepunkt der Spielrein-Affäre beruhigend zu Jung meint: «Das ‹großartigste› Naturschauspiel bietet die Fähigkeit dieser Frauen, alle erdenklichen psychischen Vollkommenheiten als Reize aufzubringen, bis sie ihren Zweck erreicht haben.»⁶² Damit unterscheidet er sich inhaltlich kaum von Jung, der sein tendenziöses und eigennütziges Urteil über Sabina – sie habe es «natürlich planmäßig auf meine Verführung abgesehen»⁶³ – nur ungeschickter formuliert hatte. Freud mußte nun zugeben, daß Sabina nicht zu jenen «Frauen von elementarer Leidenschaftlichkeit» gehörte, die «das Psychische nicht für das Materielle nehmen wollen» und nur «für Suppenlogik mit Knödelargumenten» zugänglich seien,⁶⁴ obwohl er ursprünglich nur allzu bereit gewesen war, Spielrein zu dieser Kategorie Frau zu zählen, nur damit Jung sein Gesicht wahren konnte. Freuds Meinungswechsel zeigt, welch flexibler Pragmatiker er war. Es spricht zwar für ihn, daß er seine Fehleinschätzung rasch aufgab, aber die Bereitwilligkeit, mit der er auf Jungs Darstellungsweise einging, ist doch ziemlich aufschlußreich.

Sabina Spielrein verfaßte nun einen ausführlichen Brief an Freud, eine Art Chronik ihrer Beziehung zu Jung, die Jungs Handlungsweise in einem ziemlich ungünstigen Licht erscheinen ließ:

«Dr. Jung war vor 4½ Jahren mein Arzt, dann wurde er Freund und zum Schlusse ‹Dichter› d. h. Geliebter. Er kam zuletzt zu mir und so gings wie's gewönlich bei der Poesie zugeht. Er predigte Poligamie, seine Frau sollte einverstanden sein etc etc Nun kriegt meine Mutter einen anonymen Brief, schön deutsch geschrieben, sie solle ihre Tochter retten, da sie sonst durch Dr. Jung zu Grunde gerichtet wird.»[65]

Die Krise war nun allerdings überwunden. Beide Beteiligten hatten erreicht, was sie angestrebt hatten. Spielrein hatte mit Freud Kontakt aufgenommen und ihm das Eingeständnis abgerungen, daß Jung ihr unrecht getan hatte. Jung war dem öffentlichen Skandal entronnen und hatte bei Freud Verständnis und Vergebung gefunden. Ein Jahr darauf nahmen Jung und Spielrein ihre Beziehung als die «beste[n] Freunde»[66] wieder auf. Weitere zehn Jahre später – sie waren in dieser Zeit in ständigem Briefkontakt und breiteten ihr Seelenleben voreinander aus – faßte Jung ihre Beziehung folgendermaßen zusammen:

«Die Liebe von S. zu J. hat in letzterem etwas bewusst gemacht, das er vorher nur undeutlich ahnte, nämlich eine schicksalsbestimmende Macht des Ubw. die ihn später zu den allerwichtigsten Dingen führte. Die Beziehung musste ‹sublimiert› sein, weil sie sonst in die Verblendung und in die Verrücktheit geführt hätte (Concretmachen des Ubw). Bisweilen muss man unwürdig sein, um überhaupt leben zu können.»[67]

Unwürdig war er sicher gewesen. Aber wessen er unwürdig war, das konnte letzten Endes nur Spielrein wissen.

Sabina Spielrein verbrachte den Sommer 1909 in Berlin. Sie bereitete sich auf ihr Abschlußexamen vor, das sie im Dezember 1910 ablegte; im Januar 1911 bestand sie die mündlichen Prüfungen. Im September 1911 legte sie ihre Dissertation «Über den psychologischen Inhalt eines Falles von Schizophrenie (Dementia Praecox)» vor, und Bleuler und Jung sorgten dafür, daß sie zur gleichen Zeit im *Jahrbuch* veröffentlicht wurde. Sabina Spielrein war eine der ersten, die den von Bleuler geprägten Begriff «Schizophrenie» verwendeten; darüber hinaus setzte sie in ihrer Dissertation eine neue Methode zur Überprüfung psychoanalytischer Interpretationen ein. Sie untersuchte die wirren Reden einer paranoiden Patientin und dechiffrierte und interpretierte sie anhand ihrer eigenen Vorstellungen von Spaltung und Dissoziation. Dann erst nahm sie Einsicht in den Krankenbericht. Sie ergänzte

Ein Frauenberuf

die Analyse mit mythologischen Vergleichen, die sehr viel Ähnlichkeit mit Jungs gleichzeitiger Arbeit über mythologische Deutungen hatte – und kam seiner Publikation um mehrere Monate zuvor. In ihrem ersten Arbeitsjahr, vom Frühjahr 1909 bis zum Sommer 1910, wurde sie von Bleuler betreut. Dann übernahm Jung bis Anfang 1911 diese Aufgabe, und sie fanden wieder zu ihrer früheren Vertrautheit zurück; diesmal dennoch wirkten die damaligen turbulenten Ereignisse bei beiden nach:

«Wir konnten garnicht fertig werden. Mein Freund [Jung] hörte mir ganz begeistert zu, dann zeigte er mir seine noch nicht gedruckte Arbeit, einen Brief von Prof Freud und seine Antwort drauf. Er zeigte es mir, weil er vom Parallelismus in unserem Denken und Fühlen ganz ergriffen war. Er sagte mir, dass ihn diese Erkenntnis bange macht, weil das der Weg ist durch welchen ich seine Liebe gewinne. [...] Also nicht unter den vielen Eine, welche die Einzige ist, denn sicher kann ihn kein Mädchen so verstehen wie ich, keines würde ihn auf diese Art durch einen selbständigen ganz analogen Gedankengang ueberraschen. Er hat sich gewährt, er wollte mich nicht lieben. Nun muss er das, weil unsere Seelen so tief verwandt sind, weil wir auch in der Trennung doch durch das gemeinsame Werk vereint sind. [...] Er munterte mich auf meine neue Arbeit ueber den Todesinstinkt zu schreiben [...].»[68]

Wenn sie auch beide der Versuchung, miteinander zu flirten, nicht widerstehen konnten, so setzte Spielrein doch ihre Leidenschaft in ihre gemeinsame Arbeit um.[69] Ihre Beziehung hatte sich in eine intellektuelle Partnerschaft verwandelt, in der jedoch immer ein gewisses Konkurrenzdenken und gegenseitiger Argwohn mitschwang.

«[...] da muss ich gestehen, dass ich grosse Angst habe, dass mein Freund diesen Gedanken, den er in seiner Arbeit in Juli erst andeuten wollte mit Erwähnung dass hier die Priorität mir gehört, dass er mir die Verarbeitung des Gedankens pumpt [...]. Wie könnte ich den Menschen verehren, der lügt, der mir meine Gedanken stiehlt, der mir nicht Freund, sondern kleinlich schlauer Rivale ist? Und lieben? Ich liebe ihn ja!»[70]

Der Gedanke, um den es ging, war wirklich wichtig, und es war ihr ureigenster Gedanke, der sie seit mehreren Jahren beschäftigte – sicherlich seit 1908, wie ihre Tagebuchaufzeichnungen belegen. Sie legte ihn in einem Artikel dar, den sie nach Abschluß des Medizinstudiums und nach der Übersiedlung nach Wien verfaßte und 1912 im *Jahrbuch* veröffentlichte: «Die Destruktion als Ursache des Werdens». Im November 1911 trug sie vor einem kritischen und verständnislosen

Publikum in der Wiener Psychoanalytischen Vereinigung daraus vor, wahrscheinlich, weil das Thema zu Theodor Reiks Vortrag «Über Tod und Sexualität»[71] zwei Wochen zuvor paßte. Spielrein erläuterte ihre Gedanken über den «Todestrieb»; Reik hatte über die Verschmelzung von Eros und Thanatos gesprochen. Sechs Wochen vor Ablieferung ihres Manuskriptes war sie als Mitglied in die Wiener Psychoanalytische Vereinigung gewählt worden, und zwar am 11. Oktober 1911, dem selben Tag, an dem Margarete Hilferding, das erste weibliche Mitglied, im Zuge der Kontroverse mit Adler austrat. Damit war Sabina Spielrein die einzige Frau in der Vereinigung. Sie war auch bei weitem die Jüngste der ersten Analytikerinnengeneration, die Publikationen aufzuweisen hatte – als ihre erste Arbeit erschien, war sie erst sechsundzwanzig, während Margarete Hilferding bei ihrem Austritt bereits vierzig war. Hermine Hug-Hellmuth, deren erste Arbeit 1912 gedruckt wurde, war über vierzig, und Lou Andreas-Salomé, die 1911 fünfzig wurde, stand zu dieser Zeit noch nicht mit Freud in Kontakt.

Sie leitete ihren Vortrag vor der Vereinigung mit der ausdrücklichen Frage nach der Existenz eines «Todesinstinktes» ein, wie ihn der russische Biologe und Begründer der Immunologie Ilja Metschnikow erstmals beschrieben hatte.[72] Ihre Verbindung von metaphysischer Biologie und Mythendeutung stieß auf wenig Widerhall bei ihren Zuhörern, mit Ausnahme von Freud und Victor Tausk.[73] Die einige Monate später veröffentlichte schriftliche Fassung hatte das wohl einzigartige und keineswegs beneidenswerte Schicksal, deutlichen Einfluß sowohl auf Freud als auch auf Jung gehabt zu haben, was aber von beiden geleugnet wurde; erst viel später gestanden sie Sabina Spielrein zu, daß sie die ganze Zeit dieselbe Spur verfolgt hatte. Aber auch als sie Spielrein dann als ihre Vordenkerin anerkannten, entsprach ihr Bild von dieser Frau nie ganz deren Selbstbild.

Spielrein ging in ihrer schriftlichen Arbeit von einer für sie sehr charakteristischen Frage aus: Warum erzeugt der Sexualtrieb sowohl positive und angenehme Gefühle als auch negative wie Angst und Ekel? Diese negativen Gefühle stehen besonders bei Mädchen im Vordergrund, und Spielrein beschreibt mit offenkundig persönlichem Anstrich die quälende weibliche Angst vor der Vergänglichkeit der Lust, die man beim Sexualakt gewinnt:

«[...] man fühlt den Feind in sich selbst, es ist die eigene Liebesglut, die einen mit der eisernen Notwendigkeit zu dem zwingt, was man nicht will; man fühlt das Ende, das Vergängliche, vor dem man vergebens in unbekannte Fernen die Flucht ergreifen möchte. Ist das alles? möchte man fragen. Ist das der Höhepunkt und nichts mehr außerhalb? Was geschieht mit dem Individuum bei der Sexualbetätigung, das solche Stimmung rechtfertigte?»[74]

Spielreins Begriffsbildung war so freudianisch wie bei Freud selbst: die Psyche muß immer im Konflikt zwischen zwei grundlegenden Energien oder Trieben beschrieben werden. Die psychischen Strukturen beruhen auf Zerstörung, Verlust und Opfer, Themen, mit denen sie und Jung sich sowohl in ihrer Beziehung als auch in zahlreichen Diskussionen jahrelang befaßten.

Der Sexualtrieb oder Fortpflanzungstrieb ist gekennzeichnet von Destruktion und Transformation. Wo das Ich, der ausschließliche Kanal der Selbsterhaltungstriebe, einen Stillstand fordert, kann der Arterhaltungstrieb die Forderungen des Ichs ignorieren und umgehen. Das Ich kann aber auch die Forderungen dieser anderen aus der Tiefe quellenden Triebe billigen. Es kann den Schaden, den die Sexualität dem Individuum zufügt, bejahen; es kann Schmerz und Lust gleichermaßen bejahen.[75] Sexuelle Liebe heißt, sich dem anderen, der Antithese des Ichs, hingeben; es ist eine Phase im Fortpflanzungstrieb, eine gefährliche Phase, aber eine, die Lust erzeugt durch die Auflösung des Ichs im anderen Ich, das dem eigenen so ähnlich ist.[76]

Spielrein kombinierte hier den zentralen Stellenwert, den die Sexualität bei Freud hatte, mit den zur Jahrhundertwende üblichen biologischen Spekulationen. Die Ausgewogenheit zwischen Destruktion und Transformation im normalen Leben weise auf den «Kampf zwischen den zwei antagonistischen Strömungen der Art- und der Ichpsyche»[77] hin, die im Fortpflanzungs- und im Selbsterhaltungstrieb ausgeprägt sind. Folglich «entstehen destruktive Bilder als Reaktion des Ichs auf die dem Sexualtrieb innewohnende Gefahr der Auflösung»[78]; sie sind aber auch im Sexualtrieb selbst vorhanden, denn dieser kann nur durch die Zerstörung der reifen Form wirksam werden, durch die Transformation des Alten, die etwas Neues entstehen läßt.

Bereits 1908 hatte Sabina Spielrein das Beharrungsvermögen von Komplexen und den Transformationstrieb, der stets nach neuen Inhalten sucht, als die beiden psychischen Grundprinzipien bezeichnet. Dieses Prinzip der Transformation – in vielem der Sublimierung vergleichbar – schließt den Sexualtrieb, den Arterhaltungstrieb, mit ein. Die Sexualität stellt für den zur Differenzierung neigenden Menschen jedoch einen Antagonismus dar und wird daher als destruktiv erlebt; beim Koitus muß etwas zurückgehalten werden, sonst würde es zur Vergewaltigung und zum Mord kommen. Folglich liegt gerade im

Transformationsprinzip der Keim für die Schöpfung ebenso wie für die Zerstörung:

«Diese dämonische Kraft, die doch ihrem Wesen nach Zerstörung ist (das Böse) und zugleich auch die schöpfende Kraft ist, indem aus der Vernichtung (von 2 Individuen) ein neues entsteht. Das ist eben der Sexualtrieb der seinem Wesen nach ein Zerstörungstrieb, Vernichtungstrieb für das einzelne Individuum ist und daher auch meiner Ansicht nach einen so grossen Widerstand bei jedem Menschen zu ueberwinden hat.»[79]

Neurotiker zeichnen sich dadurch aus, daß sie die destruktive Komponente des Sexualtriebes gegenüber der Liebeserregung überbetonen. In der Flucht der Psychotiker vor dem Liebesobjekt erkannte Spielrein die Ironie ihrer sicheren Selbstzerstörung: «Durch die vollständige Verneinung des außerhalb des Ich stehenden Liebesobjektes erreicht man nur, daß man selbst Objekt der eigenen Libido wird mit der daraus erfolgenden Selbstdestruktion.»[80]

Sabina Spielrein untersuchte die Auswirkungen der beiden Seiten des Sexualtriebes in drei verschiedenen Bereichen: in der Biologie, in der Psyche und in der Mythologie. Den Brückenschlag zwischen Psychologie und Mythologie bildete die Liebe im Wagnerschen Stil – «Der Zeugungsakt selbst besteht in der Selbstvernichtung»[81]. Im Abschnitt über die Mythologie zog sie neben Adam und Eva und den Legenden des Talmud den *Fliegenden Holländer*, *Tristan und Isolde* und vor allem *Siegfried* und *Die Götterdämmerung* zur Illustration heran. Die tragische Grundaussage ihrer Darstellung lautet, daß Liebe zwangsläufig Selbstzerstörung zur Folge hat:

«Bei der Liebe ist die Auflösung des Ich im Geliebten zugleich die stärkste Selbstbejahung, ein neues Ichleben in der Person des Geliebten. Fehlt die Liebe, dann ist die Vorstellung einer Veränderung des psychischen oder körperlichen Individuums unter dem Einflusse fremder Macht wie beim Sexualakte eine Vernichtungs- oder Todesvorstellung. Der Selbsterhaltungstrieb ist ein einfacher Trieb, der nur aus einem Positiv besteht, der Arterhaltungstrieb, welcher das Alte auflösen muß, damit das Neue zustande kommt, besteht aus einer positiven und einer negativen Komponente.»[82]

Sabina Spielreins Argumentation stellt eine großartige metaphysische Erweiterung des Ambivalenzbegriffs ihres Lehrers Bleuler dar, der eine intellektuelle (das umgekehrte oder negative Element, das zwangsläufig ein positives Bild begleitet) und eine affektive Seite (das ständige gemeinsame Auftreten von Liebe und Haß) beschreibt.[83] Es verwundert aber nicht, daß sie damit Freud zu einem spitzen Kommentar herausforderte: «[...] ihr Destruktionstrieb ist mir nicht sehr sympathisch, da ich ihn für persönlich bedingt halte. Sie scheint mehr Ambivalenz, als normal ist, zu führen.»[84] Und genau dieses Konzept vom Dualismus der unbewußten Kräfte, die glücklich machen und zerstören zugleich, schrieb auch Jung seiner «Schülerin Dr. Spielrein» zu, als er 1952 eine Anmerkung zu *Symbole der Wandlung* nachtrug.[85]

Spielrein erforscht in ihrer Arbeit die Verbindung dieses Transformationsprinzips, das Schöpfung und Zerstörung gleichermaßen umfaßt, mit der Dialektik von kollektivem Arterhaltungstrieb und individuellem Selbsterhaltungstrieb. Auch Jung bezeichnet in seinem entsprechenden Paralleltext *Wandlungen und Symbole der Libido* – nicht nur er führte seinen Bruch mit Freud später auf diese Arbeit zurück – das Unbewußte als kollektiv und das bewußte Ich als individuell; phylogenetische Erinnerungen kommen in der Schizophrenie, in Mythen und Träumen zum Vorschein. Während aber Jungs kollektives Unbewußtes dem individuellen Sexualtrieb *entgegengesetzt* war, ist bei Spielrein das Unbewußte kollektiv, *weil* es sexuell ist.[86] Gerade der Sexualtrieb zwingt den einzelnen zur Transzendenz und Transformation und treibt ihn unausweichlich in Kreativität, Zerstörung und Tod.

Viele Mitglieder der Wiener Vereinigung bezogen Spielreins Argumentation auf die sadomasochistischen Komponenten der Sexualität; wenn Helene Deutsch später die mütterliche, masochistische, sich zärtlich hingebende Frau beschreibt, so bezieht sie sich, wenn auch vielleicht unbewußt, ebenfalls auf Spielreins Bestandsaufnahme der Auswirkungen der Sexualität auf das zerbrechliche Ich. Freud selbst zeigte sich ebenso interessiert an ihrer Beziehung zu Jung wie an ihren Argumenten:

«Die Spielrein hat gestern ein Kapitel aus ihrer Arbeit vorgetragen (bald hätte ich das Ihrer groß geschrieben), woran sich eine lehrreiche Diskussion schloß. Mir fielen einige Formulierungen gegen Ihre (jetzt ernsthaft) Arbeitsweise in der Mythologie ein, die ich der Kleinen auch vorbrachte. Sie ist übrigens recht nett, und ich fange an zu begreifen. Am bedenklichsten scheint mir, daß die Spielrein das psychologische Material *biologischen* Gesichtspunkten unterordnen will; diese Abhängigkeit ist ebenso verwerflich wie die philosophische, physiologische oder gehirnanatomische. ΨA farà da se.»[87]

Freud nahm Spielreins Vortrag zum Anlaß für einen massiven Angriff gegen Jungs Methode der Analyse mythologischer Stoffe. Die Geschichte von Adam und Eva könne man leicht umdrehen, schrieb er

Sabina Spielrein und Loe Kann: Zwei analytische Dreiecke

Jung, und dann habe Adam Eva verführt, die in Wahrheit seine Mutter gewesen sein könnte,[88] und nicht umgekehrt. Damit erinnerte er Jung auch daran, daß er in seiner Beziehung zu Spielrein im Unrecht gewesen war. Aber selbst dieser Verweis hinderte ihn nicht daran, das Band der männlichen Solidarität mit einer launigen Beschreibung Spielreins zu erneuern: «Die kleine Spielrein hat wirklich einen recht feinen Kopf, und ich kann bestätigen, daß sie anspruchsvoll ist.»[89]

Es war ungerecht von Freud, Sabina Spielreins theoretische Arbeit mit jener von Jung gleichzusetzen. Er hatte keine Ahnung, wie sehr ihre Ideen Jung beeinflußt hatten. Und auch Jung wollte es nicht wahrhaben. Als er seinen explosiven und fast unlesbaren Essay *Wandlungen und Symbole der Libido* fertigstellte und Spielreins Arbeit für die Veröffentlichung durchzusehen begann, schrieb er wieder einen seiner herablassenden und arroganten Briefe an sie, in dem er eingestand, darin zum erstenmal «unheimliche Parallelen» zu seiner eigenen Arbeit festgestellt zu haben. Sabinas Antwort muß wütend und hart ausgefallen sein, denn Jung antwortete ihr: «Ich meinte damit vielmehr, Ihnen ein Compliment zu machen. Die Arbeit ist ausserordentlich intelligent und enthält vortreffliche Ideen, deren Priorität ich Ihnen gerne zuerkenne. Die Todestendenz resp. der Todeswunsch war Ihnen früher klar wie mir, verständlicherweise! [...] Ich drücke mich in meiner Arbeit so ganz anders aus, als Sie, dass niemand auf die Vermuthung kommen könnte, Sie hätten gewissermassen bei mir gepumpt.»[90] Die telepathische Gedankenübertragung zwischen den beiden, ihre «geheime Durchdringung der Gedanken», das gegenseitige «Aufschlucken ihrer Seelen» sollen geheim bleiben: sie kommen «für das öffentliche Dasein nicht in Betracht».[91]

Falls Jung immer noch hoffte, Sabina würde ihn als heimliche Gesandte auf Freuds Wiener Hof vertreten, so täuschte er sich in ihr. Sie kehrte ihm endgültig den Rücken und wandte sich Freud zu, nachdem sie ihm im Februar 1912 eine weitere Arbeit geschickt hatte, deren Bedeutung er nicht erkannte – «Beiträge zur Kenntnis der kindlichen Seele»: eine verhüllte Siegfried-Geschichte, in der ihre eigenen Kindheitsphantasien das Material für die Analyse lieferten. Unter anderem versuchte sie zu erklären, warum sie erst so spät – in den Zoologievorlesungen, die sie im Oktober 1905 besuchte, also erst nach der Analyse bei Jung – von der Sexualität erfahren hatte.[92] Diese Arbeit war ihr erster Schritt in die Kinderanalyse, und sie tat ihn offenbar mit Freuds Segen, denn wahrscheinlich hatte er ihr einen der drei beschriebenen Fälle überwiesen. Vielleicht wußte sie auch, daß ihr

Ein Frauenberuf

als einzigem weiblichen Mitglied der Wiener Vereinigung dieses Gebiet weit offenstehen würde. Sie widmete sich jedoch nie ausschließlich oder auch nur überwiegend der Kinderanalyse. Als Freuds Argwohn gegenüber der Frau, die für ihn nach wie vor Jungs Schülerin war, nachzulassen begann und er seine geschickten Versuche, sie Jung zu entziehen, verstärkte, faßte Spielrein die Analyse eines ihrer Träume folgendermaßen zusammen: «Prof. Freud ist nun derjenige, der meine Gluth erzeugt; wenn Dr. J. auch Direktor wäre, so lässt seine Liebe einen ganz kalt.»[93]

Anfang 1912 schickte Freud Spielrein zwei Patienten, die sie ohne Bezahlung, aber mit um so größerem Einsatz analysierte. Dennoch war sie in Wien nicht glücklich und bereitete sich darauf vor, in Berlin ihre Zelte aufzuschlagen. Ehe sie Wien Ende April 1912 verließ, verabschiedete sie sich von Freud und besprach dabei «einiges Intime»[94] mit ihm, höchstwahrscheinlich auch ihren Wunsch, sich von Freud analysieren zu lassen; und ziemlich sicher ging es auch darum, welchen Platz Jung in ihrem Seelenleben einnahm. Bei dieser Gelegenheit, wenn nicht bereits im Frühjahr 1911, zeigte sie Freud ihre Analyse eines ihrer Siegfried-Träume, zu der er sich zustimmend äußerte. Sein Nachsatz, der Spielrein erschütterte und ihr noch Jahre später im Ohr war, fiel etwas anders aus als die Antwort, die er Frauen zu geben pflegte, wenn sie von ihm wissen wollten, ob sie ein Kind haben sollten oder nicht: «‹Sie köntén es ja haben, wenn Sie es wollten, aber es wäre viel zu schade um Sie.›»[95] Sie hatte das Siegfried-Thema auf Freud «übertragen», und er hatte das Geschenk angenommen, auf seine Weise eben. Zwischen ihr und Jung sollte es nie wieder wie früher werden. Einige Jahre später schrieb sie an Jung: «Merkwürdigerweise träume ich nie mehr vom ‹Siegfried› und wie ich glaube, seit der Zeit nicht mehr, als ich Prof. Freud die Analyse meines Siegfriedtraumes zeigte.»[96] Möglicherweise war dies der wichtigste Moment in Spielreins Beziehung zu Freud; er ermöglichte es ihr, von Jung loszukommen und sich vielleicht auch von dem Bedürfnis zu befreien, Freud nahe zu sein.

Die nächste überraschende Entwicklung in ihrer Geschichte hält sie in einer lakonischen Tagebucheintragung fest, knapp drei Monate nach ihrem Abschied von Freud: «Den 14. I. [1912] Dr. Paul Scheftel geheiratet. Fortsetzung folgt.»[97] Wir wissen sehr wenig über Scheftel – Spielrein erwähnt in ihren späteren Briefen nur, daß er Jude gewesen und an einer fortschreitenden Krankheit gelitten habe, die ihn in den Wahnsinn trieb und in den dreißiger Jahren schließlich das Leben kostete. Spielrein, die von Natur aus ein treuer Mensch war und Jung ebenso wie Freud die Treue hielt, pflegte ihn bis zum Tod. Doch sosehr ihr Wesen nach Treue verlangte, ihre Lebensumstände brachten ihr Einsamkeit und Unabhängigkeit.

Die «stürmische» Hochzeitsnacht ist ihr, wenn man ihrem Tagebuch glaubt, weniger wichtig als die Analyse: der Eintrag, in dem sie auf die Ereignisse ihrer Hochzeitsnacht und die Beziehungen zu ihrem Gatten und dessen Mutter anspielt, endet mit den Worten: «Nachts – ‹Freud›.....»⁹⁸ Der Plan, sich von Freud analysieren zu lassen, beschäftigte sie den ganzen Sommer über; aber Freud war ganz anderer Ansicht. Wie so oft bei seinen jüngeren Patientinnen hielt er die Ehe für eine Alternative zur Analyse, wahrscheinlich sogar für den besseren Weg, sicherlich aber für mehr als einen schwachen Ersatz, eine Nebensächlichkeit oder einen Fluchtversuch.

«Wir waren verblieben, daß Sie mich bis 1 Okt wissen lassen, ob Sie Ihre Absicht den Tyrannen durch ΨA bei mir zu beseitigen, durchführen wollen. Heute möchte ich auch ein Wort in die Entscheidung dreinreden. Ich meine, der Mann, von dem Sie soviel Sympathisches zu sagen haben, besitzt auch Rechte. Diese würden durch eine Kur sobald nach der Heirat arg zurückgesetzt werden. Er soll es zuerst versuchen, wie weit er Sie an sich fesseln u alte Ideale vergeßen machen kann. Erst der Rest der ihm nicht gelingt, gehört der Analyse. Unterdeß erscheint vielleicht auch noch ein anderer, der mehr Rechte hat als der alte u der neue Mann zusammen. Es ist der Moment für die Analyse, sich im Hintergrund zu halten.»⁹⁹

Freud hatte durch seine Erklärung, sie könne das Kind bekommen, wenn sie es wolle, Siegfrieds Bedeutung verändert. Nun wollte er sich elegant und vorsichtig, wenn nicht sogar ängstlich, zurückziehen, um nicht in eine neue Siegfried-Geschichte verstrickt zu werden. Nachdem Jung abtrünnig geworden war und nun mit allen seinen Werken aus der Schar der Getreuen vertrieben werden mußte, hatte Freud wenig Zeit für Spielreins Phantasien von der Geburt eines Heilands, der den Abgrund zwischen Ariern und Juden zu überbrücken vermochte. Er erklärte ihr: «In seiner antisemitischesten Zeit hat ihn der Herrgott aus bester jüdischer Rasse geboren werden lassen. Aber ich weiß, das sind meine Vorurteile.»¹⁰⁰

Anfang 1913 erwartete Sabina Spielrein ein Kind. Die Schwangerschaft verlief schwierig und ließ ihre Siegfried-Phantasien und ihre Liebe zu Jung wiederaufleben. Sie focht einen Kampf aus, und offenbar auch der Fötus, denn sie erlitt fast eine Fehlgeburt. «Er [Siegfried] kam noch einmal im Traume während der Gravidität, als ich mein Kind fast verloren habe. Deshalb heisst ja mein wiedergeborenes Töchterchen ‹Renata›. Vielleicht sind meine zahlreichen Träume in Sonnensymbolik – Siegfriedträume?»[101] Sie wandte sich an Freud um Hilfe. Doch dieser fand für ihre Beziehung zu Jung nun nicht mehr so versöhnliche Worte wie 1909: «Ich stelle mir vor, Sie lieben Dr. J. noch so stark, weil Sie den ihm gebührenden Haß nicht ans Licht gebracht haben.»[102] Spielrein ganz für seine Sache zu gewinnen hieß nun, sie daran zu erinnern, daß sie Jüdin war: «Selbst bin ich wie Sie wissen, von jedem Rest von Vorliebe fürs Ariertum genesen u will annehmen, wenn es ein Junge wird, daß er sich zum strammen Zionisten entwickeln soll.»[103] Als ihn die Nachricht von der Geburt ihrer Tochter erreichte, gratulierte er ihr, doch schwang immer noch ein strafender, strenger Ton mit: «Es ist besser, daß es eine ‹Sie› ist. Da kann man sich den blonden Siegfried noch überlegen und bis zu seiner Zeit vielleicht ein Götzenbild zerschlagen haben.»[104]

Als der Krieg ausbrach, lebte Spielrein in Berlin, wo sich auch zwei ihrer Brüder niedergelassen hatten. Sie arbeitete als Analytikerin und hatte mit Friedrich Krauss Kontakt aufgenommen, der an der Berliner Universität eine Professur für Medizin hatte. Daher bestand möglicherweise auch eine Verbindung zur Klinik an der Berliner Charité, deren Leitung Krauss übernommen hatte. Sie besuchte die Berliner Vereinigung, ohne jedoch ihrem führenden Kopf, Karl Abraham, näherzukommen, und verfaßte mehrere kurze Beiträge für psychoanalytische Zeitschriften: «Der vergessene Name», «Tiersymbolik und Phobie bei einem Knaben», «Zwei Menseseträume» und «Die Äußerungen des Ödipuskomplexes im Kindesalter». Wie schon an der Thematik erkennbar, hatte sie sich in den Auseinandersetzungen zwischen Freudianern und Jungianern der Jahre 1913 und 1914 entschieden auf die Seite Freuds gestellt. Als russische Staatsbürgerin sah sie sich wahrscheinlich durch den Krieg veranlaßt, Berlin zu verlassen und in die Schweiz zu gehen[105] – zunächst nach Zürich, wo sie mit Bleuler Kontakt hatte, dann nach Lausanne. Sie hatte genug von der Psychoanalyse und erklärte, etwas «wirklich Brauchbares leisten»[106] zu wollen, daher arbeitete sie an einer chirurgischen Klinik. Sie frischte ihre alte Liebe zur Musik wieder auf, komponierte Lieder und nahm Unterricht. 1919 gab sie ihre musikalischen Aktivitäten auf und wandte sich wieder der analytischen Arbeit zu: Brieflich fragte sie bei Freud an, ob man sie wieder in die Wiener Vereinigung aufnehmen würde, und da sie in der Russischen Revolution das Familienvermögen verloren hatte, versuchte sie, mit der Übersetzung von Jungs Werken ins Russische

Geld zu verdienen.[107] Etwa zur gleichen Zeit kamen ihre Siegfried-Träume wieder, und von 1916 bis 1919 nahm sie ihren Briefwechsel und ihre Freundschaft mit Jung wieder auf.

In diesen Briefen versuchte sie, Jung von einer Synthese seiner eigenen Ansichten und jener von Adler und Freud zu überzeugen, und tadelte ihn, weil er sich weigerte, Freud zu verstehen und überdies anzuerkennen, was er Freud zu verdanken hatte:

«Haben Sie den Mut Freud in seinem ganzen Umfange zu anerkennen, selbst wenn Sie nicht mit allem bei ihm einverstanden sein sollten, selbst wenn Sie einen grossen Teil ihrer eigenen Verdienste dabei Freud zuschreiben sollten. Erst dann sind Sie vollkommen frei und erst dann sind Sie der grössere. Sie werden selbst darüber staunen, wie mächtig sich Ihre ganze Persönlichkeit und Ihre neue Lehre dadurch objektivieren und erweitern wird.»[108]

Jungs Antworten waren ebenso unnachgiebig: «*Freuds* Ansicht ist eine sündhaftige Vergewaltigung des Heiligen. Sie verbreitet Finsterniss, nicht Licht; [...] nur aus tiefster Nacht wird das neue Licht geboren. Ein Funke davon ist Siegfried. [...] Ich habe in Ihnen ein neues Licht angezündet, das Sie hüten sollen für die Zeit der Finsterniss. [...] Umgeben Sie dieses innere Licht mit Andacht [...].»[109] Es gab auch intimere Korrespondenzen, in denen sich die Theorie mit detaillierten Traumanalysen und persönlichen Enthüllungen vermischte. Spielrein machte kein Hehl daraus, wie wichtig es für sie war, daß sie nun Jungs Theorien zugunsten von Freuds Lehre verwarf. Ironischerweise war sie es nun, die Siegfried als «reales» Kind bezeichnete:

«*Wo findet sich aber bei der Analyse ein Anhaltspunkt dazu, dass der Siegfried nicht ein reales Kind, sondern ein ideales Kind sein soll? Ich habe jahrelang damit gekämpft, bis ich es zustande gebracht habe die Symbole des Unterbewusstseins nicht mehr vom prospektiven Standpunkte aus zu betrachten und Ihnen nur die Bedeutung der infantilen Wünsche beizumessen. Der Kampf war sehr schwer für mich und das Schuldbewusstsein, infolge der nicht erfolgten Lebensaufgabe so gross, das der Siegfried fast meinem Töchterchen das Leben genommen hat.*»[110]

Die Entschlossenheit, mit der Spielrein in diesen Briefen ihr Seelenleben erforschte, ermöglichte ihr die Rückkehr zur Psychoanalyse – mit Freuds finanzieller Unterstützung. Dennoch verfolgte Jungs Bild sie noch einige Jahre lang. In einem 1922 publizierten, versteckt autobiographischen Traum erkennt sie, wie die Farben seines Bildes langsam verblassen; er tritt als «Don Juan und Luetiker»[111] auf, den sie nun endlich vergessen kann.

Im September 1920 nahm Sabina Spielrein am Internationalen Psychoanalytischen Kongreß in Den Haag teil und hielt einen Vortrag zur «Frage der Entstehung und Entwicklung der Lautsprache», der zeigte, daß sie eine neue und originelle Richtung in ihrer Forschung eingeschlagen hatte. Schon vor dem Krieg hatte sie sich für Kinder zu interessieren begonnen, jetzt aber versuchte sie erstmals, die Analyse mit der Entwicklungspsychologie und Linguistik in Verbindung zu bringen. Den Rahmen ihrer wie immer dualistisch ausgerichteten Arbeit bildete der Kontrast zwischen autistischen und sozialen Sprachen (Gesang, Dichtung). Die Sprache, meinte sie, sei ein Vermittlungsbereich zwischen Lustprinzip und Realitätsprinzip. Sie analysierte die Entstehungstheorien der Lautsprache und legte ihre Hypothesen über die Entstehung der Worte «Mama» und «Papa» dar, die sie vom Saugakt ableitete und denen sie eine magische Bedeutung für die erste Wunscherfüllung zuschrieb.

Diese Fragestellung sollte später schwerwiegende Auswirkungen auf die große Auseinandersetzung zwischen Jean Piaget und Lew Wygotski haben. Mit einem fast telepathischen Sinn für aufkeimende intellektuelle Bewegungen ging Spielrein nun nach Genf, um im Auftrag ihrer Analytikerkollegen eine neue Stadt zu erschließen. Sie trat in das Institut Jean-Jacques Rousseau ein, das 1912 von Édouard Claparède als pädagogisches Laboratorium an der Universität gegründet worden war. Hier wurden regelmäßig Vorlesungen über Psychotherapie angeboten; Théodore Flournoy, der Freud gut kannte und seine Arbeit schätzte, hatte 1913 Vorlesungen über Psychoanalyse[112] gehalten. Dennoch war die Psychoanalyse in Genf noch umstritten, als Spielrein Anfang 1921 eintraf. Claparède gab ihr ein Behandlungszimmer und machte sie offiziell zu seiner Assistentin.[113] Sie hielt Vorlesungen, arbeitete im Psychologielabor mit, machte Beratungen für Kinder, wurde in der Genfer Psychoanalytischen Vereinigung aktiv und brachte vor der Auflösung des Instituts im Jahre 1922 kurzfristig Leben in eine kleinere Gruppe von engagierten, psychoanalytisch orientierten Psychologen. Ihren Kollegen bot sie Lehranalysen an, und einige nahmen sie beim Wort, darunter Pierre Bovet, Claparède, Charles Odier (der später nach Paris geschickt wurde,[114] wie Spielrein im Missionsdienst der Psychoanalyse) und – last but not least – der junge und talentierte Piaget. Spielrein gab ihm das Kompliment zurück, indem sie an Piagets Kursen Anfang der zwanziger Jahre teilnahm.

Sabina Spielrein und Loe Kann: Zwei analytische Dreiecke

Der 1896 geborene Piaget hatte bei Alfred Binet in Paris Psychologie studiert und bei Bleuler und Jung in Zürich eine klinische Ausbildung absolviert. Als er Sabina Spielrein kennenlernte, war er mit Freud mehr oder weniger einer Meinung, daß die kindliche Psyche vom Lustprinzip beherrscht werde, und versuchte, anhand von Fehleruntersuchungen die Struktur der kognitiven Entwicklung aufzudecken. 1921 ließ er sich acht Monate lang von Sabina Spielrein analysieren; später verheimlichte er die Identität seiner Analytikerin lange Zeit und gab eigentlich nie wirklich zu, daß sie es gewesen war. 1978 erklärte Piaget, wie erstaunt er gewesen sei, alle seine Komplexe zu entdecken, obwohl ihn die Theorie seiner Analytikerin nicht überzeugt habe. Es gibt aber auch Gerüchte, er sei, als er gemerkt habe, daß in seiner Übertragung auf die Analytikerin seine exzentrische Mutter zum Vorschein kam, mit den Worten «J'ai compris» davongegangen.[115] Fest steht, daß er damals der Genfer Analytikergruppe angehörte; Freud rechnete damit, beim Internationalen Psychoanalytischen Kongreß 1922 in Berlin von Piaget, der über den symbolischen Gedanken des Kindes referierte, einen Bericht über die Aktivitäten der Gruppe zu bekommen.[116] In den zwanziger Jahren griff Piaget immer wieder auf analytische Fallgeschichten zurück, um seine Theorien zu veranschaulichen. Er zitierte Sabina Spielreins Arbeit über «Renatchens Menschenentstehungstheorie» (die Vorstellung ihrer Tochter, daß, wenn sie hinfiele, zwei Renatchen entstehen würden) in seinem 1926 erstmals veröffentlichten Klassiker *Das Weltbild des Kindes*. Spielrein hingegen hielt mit ihrer Kritik an ihrem Analysanden nicht hinter dem Berg. Sie warf ihm vor, sich bei seiner «Entwicklung der ‹Ebene der Realität›»[117] allzusehr an Adler zu orientieren, während sie selbst Freud und seinem «soziogenen»[118] Ansatz den Vorzug gab – eine unheimlich anmutende Vorwegnahme der berühmten Kritik ihres späteren Kollegen Wygotski an Piaget.[119] Zuweilen kam sie aber zu ähnlichen Forschungsergebnissen wie Piaget, wie ihre Publikation «Einige Analogien zwischen dem Denken des Kindes, des Aphasikers und dem unterbewußten Denken» aus dem Jahre 1923 zeigt; in dieser Arbeit analysierte sie den Monolog eines Kindes quasi als Assoziationsexperiment und verglich ihn mit den Beschreibungen eines Aphasikers, der eine einfache Aufgabe auszuführen hatte.

In dieser Genfer Periode in den frühen zwanziger Jahren, der Zeit ihrer größten intellektuellen Produktivität, arbeitete Sabina Spielrein auch noch mit anderen Geistesgrößen zusammen: unter ihnen Charles Bally, der Leiter der Genfer Schule für Linguistik und Herausgeber der

Schriften ihres namhaftesten Vertreters, Ferdinand de Saussure (dessen Sohn Ferdinand dort ebenfalls als junger Analytiker tätig war). Gemeinsam mit Bally untersuchte sie die grammatikalische Struktur im Zusammenhang mit den Formen des vorbewußten Denkens. Ein Ergebnis dieser Zusammenarbeit war ihr beim Berliner Kongreß gehaltenes Referat «Die Zeit im unterschwelligen Seelenleben», das 1923 in der Zeitschrift *Imago* veröffentlicht wurde. Sie erklärte, daß die Darstellung des Zeitkonzepts im kindlichen Denken ähnlich funktioniere wie im Traumdenken: die Zukunft wird durch wiederholte Tätigkeit ausgedrückt, während die Vergangenheit – das für das Vorbewußte am schwierigsten faßbare Zeitkonzept – nur durch räumliche Metaphern dargestellt wird, die auf eine Entfernung von der Gegenwart hindeuten. Dasselbe gelte auch für die Bildung von zusammengesetzten Verbformen in verschiedenen Sprachen. Damit führte sie den Gedanken, daß das Zeitkonzept dem Unbewußten fremd sei, der sie schon in ihrer Arbeit über die «Destruktion» beschäftigt hatte, nun auf weniger metaphysische Weise weiter aus; Freud hatte sich zu diesem Thema ausführlich und zustimmend geäußert und entwickelte daraus seine eigenen prägnanten Thesen über das außerhalb eines Zeitkonzepts operierende Unbewußte.

Trotz ihrer geistigen Produktivität in Genf und einer einmal vage angedeuteten leidenschaftlichen Affäre mit einem jüngeren Mann[120] wurde Spielrein in dieser Stadt nie wirklich heimisch. Es war wohl nicht ihre Stärke, sich ein Reich aufzubauen, während anderen Abgesandten Freuds in der Schweiz dies sehr wohl gelungen war: Mira und Emil Oberholzer hatten zusammen mit Pfister am 24. März 1919 in Zürich die Société Suisse de Psychanalyse gegründet.[121] Mira Oberholzer, 1887 in Polen als Mira Gineburg geboren, hatte sich, wahrscheinlich 1922, von Freud analysieren lassen[122] und blieb trotz einer Auseinandersetzung zwischen ihrem Mann und Freud über das Thema der Laienanalyse[123] stets Freuds Anhängerin und eine treue Freundin von Helene Deutsch, die ebenfalls Polin und Analytikerin war.

Freud empfahl Spielrein, nach Berlin zu gehen und in der dortigen Poliklinik zu arbeiten. Sie ließ ihn jedoch wissen, daß sie beabsichtige, nach Moskau zu übersiedeln. In der letzten noch erhaltenen Mitteilung begrüßte Freud zwar ausdrücklich ihre Entscheidung, konnte sich aber nicht enthalten, einen Vermerk anzufügen, eine versteckte Mahnung an sie, auf Unabhängigkeit bedacht zu sein und sich nicht zu sehr auf die engen Beziehungen zu ihren Korrespondenten zu verlassen: «Ich hoffe, bald von Ihnen zu hören, bitte Sie aber dringend, Ihre

Adresse im Inneren Ihres Briefes zu schreiben, was so wenig Frauen thun.»[124]

Die Moskauer psychoanalytische Bewegung erwies sich als sehr aktiv. Zwei junge Forscher, A. R. Luria und Wygotski, arbeiteten am dortigen Psychoanalytischen Institut, das regelmäßig Berichte an das *International Journal of Psychoanalysis* schickte. Aus diesen geht hervor, daß sich Sabina sehr bald in verschiedensten Bereichen engagierte: sie unterrichtete, machte Lehranalysen, arbeitete in einem von ihr begründeten psychoanalytischen Kinderheim und hielt Seminare über Kinderpsychoanalyse.[125] In der Kinderanalyse vertrat sie eine eigene, von Melanie Klein und Hermine Hug-Hellmuth insofern abweichende Position, als sie Erklärungen von seiten der Analytiker als suggestive Beeinflussung ablehnte.[126] Es ist nicht leicht nachzuvollziehen, welchen Einfluß sie auf ihre Kollegen ausübte; Kerr ist der Meinung, daß sie – die Freundin und Schülerin von Bleuler und Jung und Kollegin von Freud und Piaget – die russische Psychologie ins zwanzigste Jahrhundert manövrierte.[127] So bediente sich etwa der junge Wygotski, als er Piagets Verwendung des Bleulerschen Konzepts des autistischen Denkens kritisierte, ihrer interpretierenden Analysemethode des kindlichen Monologes, die sie wiederum von Jungs Assoziationsexperimenten abgeleitet hatte. Ende der zwanziger Jahre griff auch Luria diese Experimente in seiner Arbeit über menschliche Konflikte auf.

Wir wissen kaum etwas über Sabina Spielreins Leben nach ihrer Übersiedlung in die Sowjetunion. 1936 wurde die Psychoanalyse verboten, nachdem die Moskauer Psychoanalytische Vereinigung bereits in den zwanziger Jahren aufgelöst worden war; Spielrein praktizierte heimlich weiter – und noch 1937 war ihr Name auf einer Liste russischer Analytiker aufgeführt. 1924 kehrte sie in ihre Geburtsstadt Rostow am Don zurück und unterrichtete an der dortigen Universität. Ihre zweite Tochter, Eva, wurde geboren; Renate hatte musikalisches Talent und studierte in Moskau Cello. Spielreins drei jüngere Brüder kamen in den Säuberungswellen der dreißiger Jahre ums Leben. Als im November 1941 die deutsche Armee Rostow einnahm, wurden alle Juden der Stadt, unter ihnen Sabina Spielrein und ihre beiden Töchter, in die Synagoge getrieben und erschossen.[128]

Ein Frauenberuf

Loe Kann – «ein Schatz von einer Frau»[129]

War Jungs frühe Beziehung zu Freud und der Psychoanalyse sowohl in ihrer Entstehung als auch in ihrer Auflösung unentwirrbar mit Sabina Spielrein verbunden, so spielte Loe Kann eine ähnliche Rolle für die Entwicklung einer engen und später sehr vertraulichen Beziehung zwischen Ernest Jones, dem ersten bedeutenden Verfechter der Psychoanalyse in Großbritannien, und Sigmund Freud, ihrem Analytiker. Jones erlebte diese Art der Dreiecksverbindung, in der eine Frau Anlaß von Spannungen und Mittelpunkt eines heiklen Gedankenaustauschs zwischen den beiden Männern wurde, noch zwei weitere Male: mit Anna Freud und mit Joan Riviere. Auf den ersten Blick schien Jones dabei stets den kürzeren zu ziehen, aber es gelang ihm immer wieder, das Beste aus den Schicksalsschlägen zu machen, bei denen Freud allem Anschein nach eine Hand im Spiel hatte. Er konnte sich seine Freundschaft mit Loe Kann, Anna Freud und Joan Riviere und sogar mit Sigmund Freud, dem angeblichen Zerstörer seiner Söhne, ein Leben lang erhalten.

Sabina Spielrein war für Jung so etwas wie eine Visitenkarte gewesen; Loe Kann hingegen war Jones' Frau, und Freud analysierte sie, weil Jones ihn um diesen Gefallen gebeten hatte, mehr noch: er verstand sie als Jones' Geschenk an ihn. Loe dachte nie daran, selbst Analytikerin zu werden, sie unterstützte jedoch ihren Mann finanziell, als er sich in London, später in Kanada und dann wieder in London als Analytiker zu etablieren versuchte.

Loes Beziehung zu Freud macht einerseits die radikale Unabhängigkeit deutlich, die Freud von seinen Patienten während der Analyse forderte, und läßt andererseits die Abhängigkeit von seiner eigenen Person erkennen, die er seine Patienten aufbauen ließ, und zwar in einem Maße, daß er zur zentralen Achse ihres Lebens wurde, zumindest für die Dauer der Analyse. Sie zeigt auch, wie gut er sich darauf verstand, analytische Dreiecke zu konstruieren – als beschleunigten solche analytischen *ménages à trois* das Erkennen und die Auflösung des theoretischeren und universelleren ödipalen Dreiecks. Und schließlich wird hier offenbar, daß Freud bereit war, seine Beziehung zu Jones zugunsten eines ethisch richtigen Verhaltens aufs Spiel zu setzen – was überraschen mag, wenn man bedenkt, daß Freud wiederholt als jemand dargestellt wurde, der bedacht darauf ist, seine jüngeren Anhänger an die «Sache» zu binden. Rückblickend kann man

Sabina Spielrein und Loe Kann: Zwei analytische Dreiecke

sagen, das Risiko hat sich gelohnt: Freud sicherte sich die lebenslange Loyalität beider Seiten. Der seit kurzem zugängliche Briefwechsel zwischen Freud und Jones, der zum Großteil in englischer Sprache geführt wurde – von Freud in einem ungelenken, manchmal sehr sonderbar klingenden Englisch –, gewährt uns nun einen tieferen Einblick in dieses besondere analytische Dreieck. Die sporadischen, aber äußerst aufschlußreichen Briefe, die Loe vor, während und nach ihrer Analyse an Freud schrieb, runden das Bild weiter ab.[130]

Ernest Jones entdeckte die Psychoanalyse und Loe Kann etwa zur gleichen Zeit, im Jahr 1905. David Eder, ein Arztkollege von Jones, der 1913 die Londoner Psychoanalytische Vereinigung mitbegründete, spielte in beiden Fällen eine wichtige Rolle. Jones war eine an den Londoner Kliniken übliche Laufbahn verwehrt geblieben, und sein Ansehen war von dem Verdacht überschattet, sich bei der Untersuchung eines jungen Mädchens unsittlich verhalten zu haben – ein Verdacht übrigens, der zur Gänze ausgeräumt wurde. In dieser Situation setzte er alles daran, gemeinsam mit seinem engen Freund Wilfred Trotter eine Praxis in der renommierten Harley Street zu etablieren.[131] In einem seiner zahlreichen Briefe an Freud schrieb Jones: «Ich bin mir der sexuellen Anziehungskraft von Patientinnen durchaus bewußt; auch meine Frau war einmal meine Patientin.»[132] Möglicherweise begegnete er Loe Kann, einer holländischen Jüdin, die sich aus Liebe zu London dort niedergelassen hatte, weil Eder sie ihm überwiesen hatte. Ein Jahr später lebten sie als Mann und Frau zusammen: Jones war einfach bei ihr eingezogen.

Loe war reich und großzügig, eine Frau mit Erfahrung, die wußte, was sie wollte, eine ordnungsliebende Frau mit Sinn fürs Detail. Sie war aber auch chronisch krank und hatte bereits mehrere Nierensteinoperationen hinter sich, als Jones sie kennenlernte. Mit Entsetzen stellte er fest, daß sie Morphium nahm, um die Schmerzen ertragen zu können. Und das Morphium sollte auch ein ständiges Thema in ihrer Beziehung, in Loes Analyse und in ihrem gesamten Leben sein.

Anfang 1908 hatte Jones bereits Erfahrungen in der Gruppe um Bleuler und Jung in Zürich gesammelt und widmete sich zunehmend der Psychoanalyse. In der zweiten Krise, die seine Karriere entscheidend beeinflussen sollte, wurde er vom West End Hospital entlassen, weil er zwar strikt nach Freudschen Prinzipien, aber für damalige Begriffe doch ziemlich ungezwungen versucht hatte, die sexuellen Ursachen für die Armlähmung einer jungen Patientin zu erforschen. Jones fürchtete um seine Karriere und übernahm die Leitung einer

Ein Frauenberuf

neuen psychiatrischen Klinik in Toronto, Kanada, obwohl Loe sich nicht mit dem Gedanken anfreunden konnte, in ein Land zu gehen, das sie für puritanisch und langweilig hielt. Vor seiner Abreise verbrachte Jones die ersten Monate des Jahres 1908 auf Reisen in Europa: in München führte er das Leben eines Bohemien, ließ sich von Otto Groß blitzanalysieren und arbeitete an Emil Kraepelins Psychiatrischer Klinik. Er nahm am ersten Internationalen Psychoanalytischen Kongreß in Salzburg teil, wo er Freud zum erstenmal persönlich begegnete, und hielt sich anschließend eine Zeitlang in Budapest und Paris auf.

Im September 1908 reiste er per Schiff – vorerst ohne Loe – nach Kanada und machte sich auf die Suche nach «einem Haus für einen Harem, der aus Frau, zwei Schwestern und zwei Dienstboten besteht, die gegenwärtig in einem gemieteten möblierten Haus untergebracht sind».[133] Der Harem traf bald darauf ein und übernahm die Organisation des Haushalts. Obwohl Jones und Loe sich als verheiratet ausgaben, waren bald Gerüchte über ihre illegitime Verbindung im Umlauf, und Jones mußte sich zum erstenmal für sein moralisches Verhalten rechtfertigen. In den folgenden Jahren hatte er immer wieder Schwierigkeiten mit der «unglaublich ausgeprägten Prüderie»[134] der Kanadier: eine Patientin beschuldigte ihn, mit ihr Geschlechtsverkehr gehabt zu haben, um «ihr gutzutun»,[135] und eine kämpferische Ärztin, Sekretärin der ortsansässigen Liga für Keuschheit, forderte seine Entlassung und Ausweisung. Jones versuchte zunächst, die Patientin mit Geld zum Schweigen zu bringen – eine Tatsache, die er vor Freud verheimlichte –,[136] bekam aber schließlich von der Ärzteschaft und der Verwaltung die nötige Unterstützung in diesem Konflikt mit entrüsteten Moralaposteln. Daraufhin versuchte die Patientin Jones zu erschießen. «Das hat meine Frau in Angst und Schrecken versetzt – möglicherweise bestärkt durch ein unbewußtes Motiv, dessen Natur Sie unschwer erkennen werden –, und sie hat darauf bestanden, daß das Haus und ich selbst bewacht werden.»[137]

Gerüchte, Jones hätte junge Frauen zu Masturbation und sexueller Freizügigkeit ermuntert und ihnen damit eine Schwangerschaft eingebracht, wurden noch verschärft, als die Männer zweier Patientinnen ihn gerichtlich belangten – der eine, weil seine Frau nach der Analyse auf einer Scheidung bestanden hatte, der andere, weil die Analyse seiner Frau seine Ehe ins Wanken gebracht hatte. Loe, die sich in Kanada nie wirklich wohl gefühlt hatte, war durch diese Skandale höchst beunruhigt und drängte Jones, die Privatpraxis aufzugeben; er gestand Freud seine Befürchtung ein, sie könnte ihn verlassen, weil er

Sabina Spielrein und Loe Kann: Zwei analytische Dreiecke

einer «so gefährlichen Arbeit»[138] nachging. Das ganze Jahr über führte Loe einen Kampf gegen Jones' Begeisterung für die Psychoanalyse, an die sie nicht so recht glauben wollte. Im Sommer reiste Jones nach Europa und nahm am Weimarer Psychoanalytischen Kongreß teil, wo er mit Freud über den Gesundheitszustand seiner Frau sprach – ihre Unterleibsschmerzen, ihre Nierensteine, ihre Morphiumsucht – und ihm «ihre Behandlung anbot», wie es Freud einige Jahre später ausdrückte.[139] Loe schätzte die Aussicht einer Analyse bei Freud überraschend optimistisch ein:

«Ihre Meinung, daß eine Besserung für sie möglich sei, hatte großes Gewicht, schließlich war es ihr kaum möglich, mit mir zusammenzuleben und dabei nicht eine hohe Meinung von Ihnen zu haben. Sie erklärte, sie würde alles tun, solange man nicht von ihr verlange, an etwas zu glauben, das sie nicht glauben könne (ihr also gegen ihren Willen Gedanken aufzwänge). Zu meinem nicht geringen Erstaunen war sie entschlossen, lieber von Ihnen als von irgend jemand anderem behandelt zu werden.»[140]

Loes verspäteter Einstieg in die Psychoanalyse wurde für den Herbst 1912 festgesetzt, den sie und Jones in Europa verbringen wollten. Zur Vorbereitung begann sie ihre tägliche Morphiumdosis zu reduzieren. Den Sommer über umwarb Freud sie mit Schmeicheleien, die er ihr durch Jones übermittelte; der Boden für eine positive Übertragung wurde also gut vorbereitet. Zugleich schlug Freud Jones gegenüber einen deutlich schärferen Ton an, als er Wind von einer sexuellen Liaison bekam, in die Jones wieder einmal urplötzlich verstrickt worden war. Freud bedauerte, daß Jones unfähig war, «so gefährliche Sehnsüchte zu bewältigen, wenn ich mir auch des Ursprungs all dieser Übel bewußt bin, der fast alle Schuld, aber keine der Gefahren von Ihnen nimmt».[141] Jones seinerseits erklärte Freud, seine Ängste um seine Tochter Mathilde würden vielleicht verstärkt durch die Ängste um seine andere Tochter, die Psychoanalyse, die durch den immer offener ausgetragenen Konflikt mit Jung in Gefahr war. In diesem Sommer brüteten Jones und Ferenczi folgende Idee aus: «[...] eine kleine Gruppe von Männern könnte gründlich von Ihnen analysiert werden, so daß sie die reine, von persönlichen Komplexen unbeeinflußte Theorie repräsentieren und somit einen inoffiziellen inneren Kreis errichten könnten [...].»[142] Freud nahm die Idee bereitwillig auf und setzte ein geheimes Komitee von sieben zuverlässigen Anhängern ein, das über die getreue Weitergabe der Psychoanalyse wachen sollte.[143]

Loe und Jones trafen im September in Wien ein und nahmen in einer kleinen Wohnung Quartier. Da Freud der Ansicht war, daß Jones während Loes Analyse besser nicht in Wien wäre, verbrachte Jones die nächsten drei Monte auf Reisen in Italien. Freuds erstes Urteil über Loe fiel äußerst günstig aus, und daran sollte sich nichts ändern: «Sie ist eine hochintelligente, tief neurotische Jüdin, deren Krankengeschichte leicht zu lesen ist. Ich werde mich freuen, viel Libido für sie aufwenden zu können.»¹⁴⁴

Die Vorbehandlung dauerte mehrere Wochen. Es war eine Analyse, in der Briefe eine wichtige Rolle spielten. Loe schrieb an Jones, weil sie wissen wollte, was ihm der Professor über ihre Fortschritte berichtete; und Freuds Briefe an Jones über dieses «wertvolle, besonders kostbare Wesen»¹⁴⁵ schlossen den Kreis, denn er betonte, daß Loe so freundlich sei, ihn Jones' Briefe lesen zu lassen.¹⁴⁶ Allmählich begannen Freuds und Loes Berichte über die Analyse jedoch voneinander abzuweichen, und Anfang November 1912 hatte Loe einen schweren Anfall, wahrscheinlich von Unterleibsschmerzen, und ließ bei Jones eine Schimpftirade gegen Freud los, über die Jones dem Professor pflichtbewußt Bericht erstattete:

«Sie beklagt sich bitter über Sie, Sie würden ihr nicht trauen, ihren Aussagen keinen Glauben schenken und alles drehen und wenden, bis sie vollkommen verwirrt ist. Ich nehme an, daß sie den Widerstand bislang mit weiblicher List zu verbergen wußte, indem sie Schlußfolgerungen vorgeblich zustimmte, ohne sie jedoch im Inneren zu akzeptieren. Jedenfalls haben Sie es jetzt wahrscheinlich mit einem Widerstand zu tun, der sein früheres Fehlen mehr als wettmachen wird. Sie empfindet die Behandlung langsam als Angriff auf ihre Persönlichkeit [...].»¹⁴⁷

Genau das brauchte Freud, um die Analyse in Gang zu bringen. Das Körnchen Wahrheit, das Loes Ausbruch gegen Freud zugrunde lag, war sein ihr gegenüber geäußerter Zweifel, ob ihre Schmerzen von der Niere oder von der Seele herrührten.¹⁴⁸ Diese Frage – waren ihre Schmerzen organisch oder psychisch bedingt? – wurde zu einem ständigen, nie wirklich geklärten Thema der Analyse.

Doch dann wurden Freuds Briefe an Jones zunehmend knapper. Und zu Jones' Verdruß kam fast keine Post mehr von Loe, gewissermaßen als Erklärung für Freuds warnenden Hinweis, sie habe gestern eingestanden, als Kind eine große Lügnerin gewesen zu sein.¹⁴⁹ Jones hatte allmählich das Gefühl, im Regen stehengelassen worden zu sein, darauf beschränkt, nur durch Freuds Briefe von seiner Frau zu hören, was ihn zu dem folgenden *cri de cœur* veranlaßte:

Sabina Spielrein und Loe Kann: Zwei analytische Dreiecke

«Bei keinem anderen Patienten habe ich einen lebendigeren Eindruck von den im Unbewußten angestauten gewaltigen Kräften erhalten als bei meiner Frau. Es ist, als gähnte vor einem plötzlich ein schrecklicher Abgrund von unabänderlich düsterer Verzweiflung und Hoffnungslosigkeit und man stünde gelähmt und hilflos davor. Dann schließt er sich wieder, und eine lächelnde Oberfläche erscheint, die hilft zu vergessen, was man nur allzu bereitwillig vergißt. Ich bin sicher, daß Sie einen Einblick in diesen Vulkan der Emotion bekommen und sie lehren werden, seine Flammen besser zu nützen.»[150]

Im Dezember meldete Freud gute Fortschritte: Loes Schmerzen waren verschwunden, die Morphiumdosis wurde konstant reduziert, und er erwog nunmehr, den «Hauptpunkt» in Angriff zu nehmen, ihre Anaesthesia sexualis, ihre sexuelle Empfindungslosigkeit. Jones mochte etwas Unheilvolles herausgehört haben, als er von Freud Ende Dezember hörte, es sei ihm, Jones, wohl nicht ganz bewußt, wie gut es ihr gehe.[151] Freud dagegen ist jetzt voll und ganz im Bilde. Das Band zwischen Freud und Loe wird ohne Zweifel immer enger, was sich auch in der Sorgfalt, mit der Freud seine Informationen formuliert, ausdrückt: Er habe nicht widerstehen können und Loe am Heiligabend kurz zu seiner Familie hinübergebeten,[152] schreibt er Jones.

Jones überlegte nun, welche Strategie er im sexuellen Bereich verfolgen sollte, wenn er für eine Woche zu Loe nach Wien kam. Er bat Freud um Rat: «Ich halte den nächsten Monat für einen ungünstigen Zeitpunkt, um die Anästhesie-Geschichte einer Prüfung zu unterziehen, auch weil es unwahrscheinlich ist, daß sie während eines so kurzen Aufenthalts überwunden werden kann (sind Sie nicht auch der Ansicht, daß dies oft viel Zeit und Übung erfordert?).»[153] Dann, so berichtete Freud Jones am 1. Januar 1913, hatte Loes Dienstmädchen Lina ihren Auftritt auf der psychoanalytischen Bühne: «Lina hatte einen zweiten Schmerzanfall, sie pflegte sie. Die schönste ‹Übertragung› die ich je gesehen habe. Das Mädchen nimmt die Nierensteine auf sich, die die Herrin verlassen haben.»[154]

Freuds Verwendung des Begriffs «Übertragung» läßt den Schluß zu, daß er Linas Verwicklung in der Analyse bereits abzusehen begann, und die sich nun explosionsartig entladende Krise rechtfertigte voll und ganz die Verwendung eines psychoanalytisch so befrachteten Begriffes. Die Korrespondenz zwischen Freud und Jones wird nun für einen Monat unterbrochen. Während dieser Zeit war Jones in Wien, und entsprechend einem Übereinkommen zwischen Freud, Loe und

Jones vermieden Loe und Jones wahrscheinlich jeglichen sexuellen Verkehr, obwohl Jones schon vor seinem Besuch erklärt hatte, was er sich unter Zurückweisung vorstellte: «[...] ich glaube nicht, daß ich selbst irgendwelche Annäherungsversuche unternehmen werde, ich werde mich ausschließlich von ihren Gefühlen leiten lassen; ich ahne, daß sie selbst einen Verkehr anstreben wird.»[155] Wenn also unklar ist, ob er während seines Besuchs in Wien sexuellen Kontakt mit Loe hatte, so steht jedoch fest, daß er mit Lina sexuell verkehrte. Loe war völlig bestürzt. Freud erklärte Jones später:

«Am Anfang war sie sehr schockiert. Sie litt wieder an den alten Schmerzen, wenn auch nicht sehr schlimm, steigerte die Morphiumdosis von 1,2 auf 4 und verweigerte die Behandlung. Wie Sie sich erinnern, identifizierte sie die ΨA mit Ihrer und meiner Person und mußte daher mit allen dreien brechen. Dennoch blieb ein Band zwischen ihr und mir unbeschadet bestehen. Ich nahm es wieder auf und überredete sie, nicht um Ihretwillen, sondern in ihrem eigenen Interesse weiterzumachen. Sie willigte ein, und es war gut so. Wir sind jetzt auf 0,8 heruntergekommen, überhaupt keine Schmerzen mehr, Widerstand deutlich verringert, fast normales Verhalten in der Angelegenheit, die noch viel verworrener war, als Sie es sich denken können, und sie hört aufmerksam auf alles, was die Ψα ihr sagen kann. Wir haben den Vorfall zu unseren Gunsten gewendet, denn da die Analyse nun kein Entgegenkommen Ihnen gegenüber mehr ist, wird ihr viel bereitwilliger begegnet. Am Ende werde ich Ihnen noch für das gefährliche Experiment danken müssen.»[156]

Während der Krise, die auf Jones' Treuebruch folgte, schrieb Loe Freud am 24. Januar einen Brief, in dem sie elegisch Abschied von der Analyse nimmt und Jones keines einzigen Wortes würdigt. Sie gibt auch ihrem Wunsch Ausdruck, Freud als Freund zu behalten – «Wo ich Sie liebe (nur meine Art von Freundschaft-Liebe)» – und in ihm den Vater zu finden, den sie nie wirklich gehabt hatte. Sie erwähnt die bevorstehende Hochzeit von Freuds Tochter Sophie und vergleicht ihre eigene unglückliche Heirat, «die eigentlich kein Heirat war – ist ‹Heirat› mannlich oder weiblich?»,[157] mit der Heirat seiner Tochter, die glücklich sein mußte: glücklich, weil sie Freuds Tochter ist.

«[...] der meine [Vater] hat mir nie bewusst gefehlt (möglich hab ich nichts wünschenswertes begegnet – warscheinlich hab ich mir den Vater nur wie eine Verdoppelung der Mutter vorgestellt!) bis die Möglichkeit von ein Vater wie Sie mir anschaulich vorgeführt war durch Ihr Tochter's Ausruf: ‹Papachen›. Ich will jetzt beten um eine weiche Stelle in Ihr Herz? Nachdem Ihre Tochter verheirathet ist, wollen Sie mir einmal raten wie ein Vater seine Tochter? was würde Sie mir raten? Ich kann Ihnen nicht versprechen, das Sie es nicht bereuen werden – nur dasz ich dankbar sein und mein Bestes thun werde – aber Raten ist immer ein Risico. Bis dann –»[158]

In diesem verfrühten Abschied von der Analyse bittet Loe Freud, die Rolle des Analytikers gegen die des Freundes zu tauschen; ganz nebenbei erwähnt sie «Jones II», einen jungen Mann, der offenbar seit kurzem ihr Liebhaber war. Und allem Anschein nach veranlaßte der Gedanke an ihn sie, das Problem ihrer Anaesthesia sexualis vom Tisch zu wischen, das ihre Beziehung zu Ernest Jones so sehr beherrscht hatte: «Ich kann zum Beispiel nicht glauben dasz der Genusz mir fehlen würde in ein Sexual-Verkehr wobei die Liebe nicht fehlt.»[159]

Hinter Jones II, wie sie ihn scherzhaft nannte, verbarg sich der junge Amerikaner Herbert Jones, der für Loe auch Davy hieß. Ernest wußte zu diesem Zeitpunkt mit größter Wahrscheinlichkeit noch nichts von seiner Existenz. Er war wieder in London, zerknirscht und reumütig wegen seines Verhältnisses mit Lina, das er in einem Brief vom 30. Januar 1913 zu erklären versuchte:

«Die Beziehung zu Lina war eine alte Geschichte (was die Identifizierung erklärt, die hinter ihren hysterischen Attacken steckt), und in Italien war ich fest entschlossen, ihr ein Ende zu setzen. Aber irgendein Teufel der Begierde ließ mich der Versuchung nachgeben. Ich fühle mich nicht sehr schuldig wegen dieser Beziehung, auch ist sie kein Hinweis auf irgendeine Anomalie bei mir, aber ein inneres Gefühl sagt mir, daß ihre Fortsetzung in Wien von einer unterdrückten Feindseligkeit gegenüber meiner lieben Frau (als Strafe für ihre Anaesthesia[160]) geleitet war, und Sie können sich vorstellen, was für Gewissensqualen mir das verursacht.»[161]

Freud, der trotz Beteuerung des Gegenteils Jones' Verhältnis mit Lina durchaus als «gemein und verräterisch»[162] empfunden haben mag, setzte inzwischen Loes Analyse fort und bat Jones, sich um so mehr um sie zu kümmern: «Halten Sie sich an Ihre Arbeit, lassen Sie den Kontakt mit ihr nicht abbrechen und harren Sie standhaft aus, bis ich von der Bühne abtreten kann. Augenblicklich geschieht mehr, als ich Ihnen mitteilen kann, aber es ist unvermeidlich.»[163] Wovon Ernest Jones aller Wahrscheinlichkeit nach nichts wußte, und auch nichts wissen sollte, war Davy Jones. Freud war nun in die Mitte des Spinnennetzes von Loes Beziehungen vorgestoßen, und sie waren durch und mit der Analyse verwoben; der Weg für eine richtige

Ein Frauenberuf

Analyse hatte sich abgezeichnet, und der Weg folgte Loes Regeln, nicht den Regeln Freuds oder Jones':

«Es gibt eine Veränderung in ihrer Haltung Ihnen gegenüber, *aber auch mir gegenüber*. Sie betrachtet sich als frei, solange die Behandlung andauert, und gemäß den Regeln der ΨA hat sie ein Anrecht darauf. *Ich bin froh, daß sie selbst diese Haltung einnimmt, sonst wäre ich gezwungen gewesen, sie ihr aufzuzwingen*. Ich mußte aufhören, als Ihr Freund aufzutreten, solange ich ihr Arzt bin. Alles andere mußte ich vergessen. Nun ist es von selbst so gekommen, und Sie wissen, daß ich nicht für Sie arbeite sondern für ihre Befreiung, und dabei muß jedes andere Ziel zurückstehen.»[164]

So hatte sich also von selbst ergeben, daß Loe nun in einer Lage war, die, wie Freud zu verstehen gab, die einzig akzeptable war für eine richtige Analyse: frei von jeglichen Verpflichtungen. Er hätte sie, so Freud, in diese Freiheit drängen müssen, hätten die äußeren und inneren Vorgänge nicht das Ihre getan, um sie von selbst frei werden zu lassen. Seiner Meinung nach konnte selbst eine so entschlossene, trotzige und oft halsstarrige Frau wie Loe an ihrem «Pflichtgefühl» erkranken, ein Schicksal, das sie mit vielen Frauen teilte, wie Freud bereits 1908 versichert hatte:

«Das Heilmittel gegen die aus der Ehe entspringende Nervosität wäre vielmehr die eheliche Untreue; je strenger eine Frau erzogen ist, je ernsthafter sie sich der Kulturforderung unterworfen hat, desto mehr fürchtet sie aber diesen Ausweg, und im Konflikte zwischen ihren Begierden und ihrem Pflichtgefühl sucht sie ihre Zuflucht wiederum – in der Neurose. Nichts anderes schützt ihre Tugend so sicher wie die Krankheit.»[165]

Die Psychoanalyse wirkte, wie die Ehemänner von Jones' kanadischen Patientinnen festgestellt hatten, eindeutig – zwangsläufig – zerstörerisch auf Ehen, die auf Verpflichtungen aufgebaut waren. Freud selbst notierte 1917, nachdem ihn Ida Bauer und andere Patientinnen zu ein paar unbequemen Einsichten gezwungen hatten:

«Bei den psychoanalytischen Behandlungen ist die Dazwischenkunft der Angehörigen geradezu eine Gefahr […] man kann sie nicht dazu bewegen, sich von der Angelegenheit fernzuhalten […]. Es ist ja nicht zu verwundern, wenn der Ehemann eine Behandlung nicht gerne sieht, in welcher, wie er mit Recht vermuten darf, sein Sündenregister aufgerollt werden wird […]. In den Jahren vor dem Kriege, als der Zulauf aus vieler Herren Länder mich von der Gunst oder Mißgunst der Vaterstadt unabhängig machte, befolgte ich die Regel, keinen

Kranken in Behandlung zu nehmen, der nicht sui juris, in seinen wesentlichen Lebensbeziehungen von anderen unabhängig wäre.»[166]

Loe war als verheiratete Frau nach Wien gekommen, die zumindest nach außen hin an Jones gebunden war und die Analyse nicht zuletzt auch seinetwegen anstrebte; nun war sie unabhängig und niemandem verpflichtet und hatte die Chance, diese Freiheit zu nützen, um das Beste aus der Analyse zu machen.

Obwohl nun einige Briefe aus der Korrespondenz zwischen Freud und Jones fehlen, die möglicherweise absichtlich zum «Verschwinden» gebracht wurden oder auch nur durch Zufall verschollen sind, ist klar, wie es in den nächsten Monaten weiterging. Loe schraubte ihre Morphiumdosis immer weiter hinunter; seit Linas Simulationen war sie ihre alten Schmerzen los, litt aber sporadisch an neuen. Im März verließ sie Wien für kurze Zeit und schrieb Freud, wie glücklich sie mit Davy Jones sei, daß sie sich noch nie einem Menschen so nahe gefühlt habe, daß aber im sexuellen Bereich «mein Glück noch stets seinen alten Umweg [nimmt] – nur via das Seine wäre es zu erreichen – wenn der Weg 'mal derselbe wäre»[167]. Als Freud Jones eingestand, wie schwer es ihm falle, «auf diese Weise zwischen zwei Freunden zu stehen»,[168] begann sich dieser damit abzufinden, daß er Loe verlieren würde, obschon er immer noch nichts von der Existenz seines gleichnamigen Rivalen wußte. Anfang Mai war Freud bereits sicher, wie die Sache weitergehen mußte, denn er schrieb an Ferenczi: «Ich weiß noch nicht, wie Jones es vertragen wird zu finden, daß seine Frau infolge der Analyse nicht mehr seine Frau bleiben will.»[169] Jones selbst reiste nach Budapest, um sich von Ferenczi analysieren zu lassen; und er hatte endlich von Davy Jones erfahren. Loe, die sich immer noch in der Analyse befand und bester Stimmung war, hatte neue Freunde in der analytischen Gemeinde gefunden und lud Freud, Hanns Sachs und Otto Rank zum Essen mit ihr und Davy ein.[170] In der Zwischenzeit versuchte Freud, seinen Ruf bei Jones wiederherzustellen:

«Sie sollten wissen, daß sich meine Gedanken in diesem Jahr sehr viel mit Ihnen beschäftigt haben. Ich bin in der Tat der Meinung, daß Sie Ihre Frau weitgehender verloren haben, als Ihnen bewußt ist. Sie ist ein Schatz von einer Frau, aber von einer tiefgreifenden Abnormität, und ich bin nicht frei von Befürchtungen um ihre physische Gesundheit und ihr Schicksal, sollte diese Sache mit Jones II einen ungünstigen Ausgang haben, was leicht geschehen könnte. [...] Ich mußte meinen eigenen Interessen zuwiderhandeln. Ihr Haus in London wäre, wenn die Behandlung ein anderes Ergebnis gebracht hätte, regelrecht zu

Ein Frauenberuf

einem Absteigquartier für mich geworden, was die Erfüllung einer meiner frühesten Wunschphantasien bedeutet hätte.»[171]

Freud ahnte natürlich, daß Jones ihm grollte, und fragte vorsichtig nach. Jones gestand ein: «Wie Sie zweifellos vermuten, hatte mein Unbewußtes mit der ihm eigenen Logik Ihnen die Schuld am Verlust meines größten Freundes (Trotter) und später meiner Frau gegeben, des Mannes und der Frau, die mir am nächsten standen.»[172] Aber die Analytiker hatten nun alles unter Kontrolle: Freud verbot Loe stillschweigend, Jones in Budapest zu besuchen, und Ferenczi bat Freud dringend, an Loe nichts von ihrer Diskussion über Jones' Analyse weiterzugeben. Die Trennung von Jones und Loe wurde mit großem Geschick inszeniert.

Aber auch Freuds zunehmend zärtliche väterliche Gefühle bedurften des Schutzes, wie er Ferenczi eingestand:

«Ich habe diese Loe außerordentlich lieb gewonnen und bei ihr ein sehr warmes Gefühl mit voller Sexualhemmung wie selten vorher (dank dem Alter wahrscheinlich) zustande gebracht. Leider macht mir auch dieses Kind große Sorgen, an denen Sie ihn (E. J.) noch nicht teilnehmen lassen sollen.»[173]

In einem seiner Berichte an Jones über Loes Fortschritte ging er sogar so weit einzugestehen: «Sie wissen, daß man nicht sehr lange mit Loe verkehren kann, ohne sie liebzugewinnen.»[174]

Inzwischen machten sich aber die organischen Ursachen ihrer Schmerzen bemerkbar. Ihre Analyse war noch nicht abgeschlossen. Und auch ihre Beziehung zu Davy Jones war keineswegs eindeutig geklärt. Davy war Ende Mai nach Amerika zurückgekehrt, was sie zur Verzweiflung trieb und Zweifel an ihrer gemeinsamen Zukunft aufkommen ließ. Loe hatte angeboten, drei Jahre für Ernest Jones' Ausgaben aufzukommen, bis er sich in London etabliert hätte. Und so widersinnig es klingen mag, kehrten sie und Ernest Jones im August nach London zurück und begannen sich dort gemeinsam einzurichten. Davy kam mit seiner Familie viel früher als geplant aus Amerika nach London zurück. Loes Verzweiflung hielt dennoch weiter an, nicht zuletzt wegen ihrer «altruistischen Bedenken, ob sie nicht ‹ein junges Leben verderbe›»[175]. Außerdem war sie wegen ihres Alters und ihrer Gesundheit beunruhigt. Erstaunlicherweise war es gerade Ernest Jones, der Großmut bewies und am stärksten an sie und Davy glaubte: «Ich denke, es wird gutgehen mit den beiden, denn sie ist zu allem imstande, wenn sie liebt.»[176]

Als Ernest Jones sich im September anschickte, zum Münchner

Sabina Spielrein und Loe Kann: Zwei analytische Dreiecke

Psychoanalytischen Kongreß zu reisen, was mit Davys Aufbruch zu einem achtmonatigen Aufenthalt in Amerika zusammenfiel, vertraute ihm Loe ein Päckchen mit Briefen an Freud an, die sie über einen Zeitraum von vier Tagen verfaßt hatte. Die emotionale Bandbreite dieser Briefe veranschaulicht ihre ganze Lebensfreude – die Quintessenz ihres Charmes –, aber auch ihre ganze Verzweiflung. In einem dieser Briefe gesteht sie ihre Ungewißheit ein, ob Davy je wiederkommen würde, um sie zu heiraten: «Wenn er in der richtigen Richtung denkt, wird er im Mai nach Wien kommen, um mich zu holen – wenn nicht [...] kann man eben nichts machen!»[177] Gleichsam als Kontrapunkt kritzelte sie ein Postskriptum an den Rand des Blattes: «Geschrieben auf Davys Knien, bitte daher wackliges Gekrakel zu entschuldigen – er atmet zu oft & zu tief.» Am nächsten Tag aber entwirft sie eine Selbstmordankündigung an Freud als Nachtrag zu ihrer Analyse:

«Ich glaube, ich sollte *eingestehen*, daß mich in diesen Tagen einzig und allein die *Überzeugung* aufrecht erhält, daß ich nach dem Besuch von Ernest und Davy Selbstmord begehen werde. [...] Mein innigster Wunsch [...] war, Klarheit zu erlangen über meine Beziehung zu Ernest, damit ich zumindest fair sein kann. Nun sagen Sie mir, daß ich ihr gar nicht auf den Grund gehen will, aus Angst, das könnte meinen Haß beseitigen & mich wieder in seine Arme treiben. Wenn ich wirklich zu ihm zurückkehren wollte – so kann ich darin nichts Schlimmes sehen. [...] Und selbst wenn ich *nicht* zurückgehen will, wenn alles aufgeklärt ist, selbst wenn ich es auch dann noch leid bin, die Geschichte fortzusetzen, – so möchte ich viel lieber sterben in dem Bewußtsein, daß zwischen uns alles geklärt ist, also so. [...] Ich *würde* sieben Jahre mit Davy gelebt haben und mich dann (im schlimmsten Fall) getötet haben können mit der Genugtuung, diese sieben Jahre gehabt zu haben. Ich brauchte einen solchen Anreiz, jetzt aber habe ich den Geschmack am Leben verloren.»[178]

Nach seiner Rückkehr aus München berichtete Jones Freud, Loe gehe es viel besser, sie habe ein streunendes Kätzchen in ihr Haus aufgenommen und von ihm sämtliche pharmakologischen Mittel erzwungen, um es zu heilen oder bei Bedarf zu töten. Die Möblierung seines – ihres gemeinsamen – Hauses war einer der Gründe, warum sie ihre Rückkehr nach Wien und die Wiederaufnahme der Analyse hinauszögerte. Schließlich schrieb Freud ihr einen tadelnden Brief, sie solle sich schämen, worauf sie ihm temperamentvoll widersprach:

«Was das Sich-Schämen betrifft – ich habe mich noch nie in meinem

Ein Frauenberuf

Leben geschämt, Gott sei Dank, und bin auch jetzt weit davon entfernt. Ich habe Morphium genommen und nie versucht, es vor irgendjemandem zu verheimlichen, am wenigsten vor Ihnen. Ich habe so viel wie möglich getan, ohne es zu nehmen, und so wenig wie möglich genommen. Bedauerlicherweise muß ich sagen, daß die kleinsten Dosen nicht die geringste Wirkung hatten. Es gibt – folglich – nichts, wofür ich mich schämen müßte, wie Sie sehen.»[179]

Trotz dieses Dementis ist augenscheinlich, daß vor allem Loes Morphiumsucht schuld an ihrem Widerstand gegen eine neuerliche Analyse war. Ende November verließ sie London schließlich und nahm zum letztenmal als unverheiratete Frau Abschied von Jones. Beide waren zutiefst erschüttert und bewegt. Am anderen Ende der Gleise war Freud, der seit Ende September ungeduldig auf sie wartete, gewillt, ihr die Geschenke zu geben, die er im September in Rom für sie gekauft hatte, aber nicht sehr zufrieden mit ihr; er war durchaus entschlossen, es ihr schwerzumachen: «Ich weiß, daß die frühere Liebenswürdigkeit aus unserer Beziehung verbannt sein wird [...].»[180] Er erkannte bald, wie erbärmlich es ihr ging, wie unzugänglich sie für die Analyse geworden war. Sie gab dennoch nach, und Anfang 1914 vereinbarten sie tägliche Analysestunden. Jones erhielt von Freud einen leicht ungeduldigen Rat für sein Privatleben: «Wollen Sie mir den persönlichen Gefallen tun, nicht die Heirat zum *nächsten Schritt* in ihrem Leben zu machen, sondern ein gut Teil Wahl und Überlegung in die Sache zu stecken [...].»[181]

Davy Jones kam im Januar nach Wien, und sofort faßte Loe wieder Zutrauen zu Freud und der Analyse. Freud fand zu ihrer beider Zufriedenheit heraus, wieweit ihre Schmerzen organisch bedingt waren, und lobte, wie sehr sie aus sich herausginge: «Sie gibt einen sehr schönen nervösen Fall ab, alles durch die Mutterbeziehung erklärbar.»[182] Ende März hatte er den Fall geklärt und präsentierte ihn Jones: «Ich weiß (sie weiß es nicht), daß sie ihrem Vater ein Kind schenken wollte und zu diesem Zweck den Inhalt des Verdauungskanals zurückhielt; sie wurde toll vor Wut auf ihre Mutter, die sie zu einer ‹Fehlgeburt› zwang, das werdende Kind durch die täglichen Einläufe zerstörte. Der Umschwung trat ein, nachdem sie einen Gatten genommen hatte (Sie kennen ihn), der zwei wichtige väterliche Bedingungen erfüllte (‹dem Vater helfen› ist eine, ‹dem Kind seinen Penis zeigen› die andere); sie wurde zu ihrer Mutter, und seither ringen sie und die Mutter in ihrer Seele.»[183]

Diese kurze Zusammenfassung von Loes analytischer Geschichte ist

Sabina Spielrein und Loe Kann: Zwei analytische Dreiecke

ein gutes Beispiel dafür, wie Freud die rekonstruierte Kindheitsgeschichte einer Patientin in die schon bald als klassisch geltende Form des Ödipuskomplexes goß. Der Wunsch, dem Vater ein Kind zu schenken, kommt bei der erwachsenen Loe dergestalt zum Ausdruck, daß sie nur einen Mann lieben kann, der ihren Wunsch erfüllt, «dem Vater [zu] helfen». «Dem Kind seinen Penis zeigen» ist wahrscheinlich ein Kompromiß zwischen Loes infantiler Vorstellung vom Kind als Kot und der Gleichung zwischen Penis und Kind: der Mann, der «dem Kind» seinen Penis zeigt, stellt also ihren Glauben an den Mann wieder her, der das Kind von ihr bekommen hat. Natürlich kann dies auch ihre Angst besänftigen: Der Mann hat seinen Penis (noch); er ist ihm nicht genommen worden (von der Mutter, vom Kind). Loe wehrte die kindliche Wut auf ihre Mutter ab, die wiederauflebte, als sie selbst in ihrer Beziehung mit «einem Gatten» die Mutter ersetzte, und versuchte, die Verwundbarkeit und Benachteiligung des Kindes aufzuheben, indem sie tatsächlich zur Mutter *wurde*, zur Mutter, die über Klistiere, Kot, Kinder – und zweifellos auch Penisse bestimmt.[184] Mit dem in Klammern gestellten Hinweis – «Sie kennen ihn» – wollte Freud Jones vielleicht zu verstehen geben: Jetzt sehen Sie, daß Sie der Gatte waren, der die Voraussetzungen für ihre Liebe erfüllte, indem Sie ihr erlaubten, Ihnen zu helfen und indem Sie ihr Ihren Penis zeigten; als Folge davon beschworen Sie aber einen chronischen Konflikt herauf zwischen dem kleinen Mädchen in ihr, das das Kind/den Penis dem Vater/Gatten schenkt, und der Mutter in ihr (vielleicht durch jemand anderen dargestellt), die das Geschenk des Kindes zerstört. Die ungelöste Schlüsselfrage dabei ist: In welchem Maße sah Freud Loes Drogenabhängigkeit als Wiederholung der mütterlichen Strafen, der täglichen Klistiere? Und war es Loe möglich, eine Beziehung zu einem Mann aufrechtzuerhalten, der durch seine unweigerliche Verwandlung in die strafende Mutter doch eigentlich einen Umschwung ihrer Gefühle auslösen mußte?

Jones' Antwort bezog sich auf einen Vorfall, über den Loes Analytiker offenbar bestens Bescheid wußte, der Jones' Rolle aber anders und seine Verwicklung größer erscheinen ließ, als Freud angenommen hatte. Jones mutmaßte, daß Loes alter Haß auf ihn aus der Zeit ihrer Fehlgeburt vor ihrer Übersiedlung nach Kanada stammte: «[...] was Sie über die Verbindung der Mutter zum Verdauungstrakt sagen, scheint mit dieser Ansicht übereinzustimmen; nach diesem Tag wurde ich zu ihrer Mutter. Stimmt das?»[185] In ihrem gemeinsamen Bemühen, Loe zu verstehen, setzten Freud und Jones ein Bild zusammen, das

Ein Frauenberuf

Freud in seiner Vorlesung über Weiblichkeit etwa zwanzig Jahre später folgendermaßen zusammenfaßte:

«Ist das Mädchen in der Vaterbindung, also im Ödipuskomplex, verblieben, so wählt es nach dem Vatertypus. Da bei der Wendung von der Mutter zum Vater die Feindseligkeit der ambivalenten Gefühlsbeziehung bei der Mutter verblieben ist, sollte eine solche Wahl eine glückliche Ehe versichern. Aber sehr oft tritt der Ausgang ein, der eine solche Erledigung des Ambivalenzkonflikts im allgemeinen bedroht. Die zurückgelassene Feindseligkeit kommt der positiven Bindung nach und greift auf das neue Objekt über. Der Ehemann, der zunächst vom Vater geerbt hatte, tritt mit der Zeit auch das Muttererbe an. So kann es leicht geschehen, daß die zweite Hälfte des Lebens einer Frau von dem Kampf gegen ihren Mann erfüllt wird wie die kürzere erste von der Auflehnung gegen ihre Mutter. Nachdem die Reaktion ausgelebt worden ist, kann sich eine zweite Ehe leicht sehr viel befriedigender gestalten.»[186]

Als er die beiden letzten Sätze schrieb, könnte Freud unter anderem auch an Loe Kanns Seelenleben gedacht haben; denn wer eignete sich besser als Beispiel für den abgelehnten ersten Mann und den befriedigenden zweiten Mann als Jones I. und Jones II.?

Das Hauptthema der Analyse war allerdings Mitte des Jahres 1914 nach wie vor aktuell: Loes Morphiumsucht war noch immer nicht erfolgreich behandelt worden. Freud war pessimistisch, als er daran arbeitete. Und Jones schloß sich seiner Meinung an, nachdem Lina – deren Übertragung mit Loe so erfolgreich gewesen war, daß sie nun als seine Geliebte und Haushälterin in der Londoner Wohnung lebte – ihm erzählte, Loe habe sie alle hinsichtlich ihrer Morphiumdosen in die Irre geführt; Jones ergänzte: «Bitte sprechen Sie nicht davon, obwohl ich sicher bin, daß es stimmt.»[187] In seinem nächsten Brief setzte ihn Freud vom *fait accompli* in Kenntnis:

«Ich bin gestern abend aus Budapest heimgekehrt, wo wir – Rank und ich und Ferenczi als Dolmetscher – Loe geholfen haben, Mrs. Herbert Jones zu werden. Ich bin sicher, daß es schwer ist für Sie, und das ist es auch für mich, wenn ich an die Ereignisse seit jenem Abend in dem Weimarer Kaffeehaus denke, als Sie sie mir zur Analyse anboten, bis zu den Augenblicken, da ich ihrer Eheschließung mit einem anderen beistand. Es ist eine höchst bemerkenswerte Kette von Veränderungen zwischen Menschen und den Gefühlen von solchen, und am erstaunlichsten scheint mir, daß unsere Beziehung nicht gelitten hat und ich sogar gelernt habe, den anderen Mann zu mögen. Was sie betrifft, so schließe ich mich Ihrer ersten Beschreibung ihrer Person voll und ganz an. Sie ist reizend, ein Juwel, wie Sie sie in Ihrem großmütigen Brief nennen, und sie ist in solch außerordentlichem Maße anormal, daß sie einen einfachen Mann niemals glücklich machen könnte. Sie muß für sich selbst beurteilt, nach Maßstäben gemessen werden, die ihrem eigenen Ich entsprechen.»[188]

Nach der Hochzeit nahm Loe die Analyse sofort wieder auf, die nun vorwiegend dem Kampf gegen ihre Morphiumsucht gewidmet war. Freud wollte nicht glauben, daß seine geliebte Loe ihn in die Irre geführt hatte, und vertraute lieber ihr als Lina. Als sich die Analyse ihrem Ende näherte, setzte Freud alles daran, sie endgültig vom Morphium zu entwöhnen, aber alle seine Bemühungen waren vergeblich. Anfang Juli war die Analyse abgeschlossen, aber Loe steigerte die Morphiumdosis, um die zunehmenden Schmerzen zu ertragen. Freud war sichtlich enttäuscht über seinen mangelnden Erfolg.

Trotz dieses Fehlschlags war seine Freundschaft mit Loe gefestigt, so gefestigt, daß er ihr seine Tochter Anna anvertraute, mit der Loe im Juli 1914 nach England reiste. Er verdächtigte Jones wohl, bei Anna Annäherungsversuche machen zu wollen, denn er warnte seine Tochter auf unmißverständliche Weise und gab ihr den Rat, sich in intimen sexuellen Angelegenheiten mit Loe zu beraten. Die verwickelte Dreierkonstellation existierte immer noch, und Anna träumte nicht von Jones, dem Freud unterstellte, stets dem «Teufel der Begierde» ausgesetzt zu sein, sondern von der schönen, charmanten und kinderlosen Loe. Als Jones Ende Juli 1914 Anna bei sich zu Gast hatte, beschwerte er sich bei ihrem Vater, er habe Loe gegenüber eine Indiskretion begangen: «Sie [Loe] gibt sich alle Mühe, Lina wehzutun, sie haßt sie sehr. Warum haben Sie ihr von meiner Bemerkung über das Morphium erzählt, die doch nur als Hinweis für Sie gedacht war? Sie ist mir deswegen böse.»[189]

Aber aus Wien kamen keine Briefe mehr, die Freuds Indiskretion erklärt hätten. Ende Juli brach der Erste Weltkrieg aus. Die Tatsache, daß Jones wegen des Krieges nie eine Erklärung oder Entschuldigung von Freud erhielt, mag der Grund sein, warum er es für angebracht hielt, seinen Vorwurf etwa vierzig Jahre später in seiner Freud-Biographie zu wiederholen:

«Andererseits war Freud merkwürdigerweise gar nicht jemand, der leicht Geheimnisse anderer Menschen bewahren konnte. [...] Bei einer anderen Gelegenheit gab ich Freud über einen Patienten von mir, den er behandelte, eine private Auskunft, die er nach meinem Dafür-

Ein Frauenberuf

halten haben mußte – es handelte sich um heimliches Einnehmen von Morphium –, und schrieb ihm, es sei wichtig, daß der Patient nichts von meiner Mitteilung erfahre. Er schrieb zurück mit der Versicherung, er werde sie für sich behalten; aber nicht lange danach erhielt ich einen wütenden Brief von dem Patienten, der sich über mein Tun beklagte.»[190]

Jones war aber nicht nur der Meinung, Freud könnte kein Geheimnis für sich behalten, er warf ihm darüber hinaus auch seine Leichtgläubigkeit und seinen gleichzeitigen Starrsinn vor:

«Intuitiv erkannte ich, [...] daß sein Widerstand eine Verteidigung gegen die Gefahr der zu leichten Beeinflussung durch andere darstelle. Bei einem seiner Patienten der Vorkriegszeit, dessen Lebensgeschichte ich sehr genau kannte, mußte ich immer wieder erleben, wie er Behauptungen Glauben schenkte, von denen ich wußte, daß sie bestimmt nicht wahr waren, und daneben auch wiederum Dinge nicht hatte glauben wollen, die gewiß stimmten.»[191]

Die alte Geschichte von Loe Kanns Analyse bei Freud war der beste Beweis, daß Jones mit seiner Einschätzung von Freuds Charakter recht hatte. Allerdings kann man sich nicht des Gefühls erwehren, daß hier in aller Öffentlichkeit eine alte Rechnung beglichen wurde, so wie Freud in «Die endliche und die unendliche Analyse» (1937) eine alte Rechnung mit Ferenczi und Anna von Vest beglich.

Loe reagierte in einer für sie typischen Weise auf den Kriegsausbruch, wie Jones feststellte: «Loe kauft große Mengen von Morphium auf, um sie fremden Armeen zu schicken, denn wenn das Morphium knapp wird, wird es nur jenen verabreicht, die gesund werden können, während die hoffnungslosen Fälle unter Schmerzen sterben müssen. Ist sie nicht wundervoll?»[192] Außerdem kauften sie und Davy einen Krankenwagen; er lenkte ihn, während sie die Männer im Wagen versorgte: «[...] schwer Verwundete, die manchmal aus einem ausgebombten Krankenhaus kamen; wir ließen den Wagen panzern, um ihnen ein Gefühl der Sicherheit zu geben, als London bombardiert wurde.»[193] Gegen Ende 1914 hatte sie wieder Nierensteine und mußte operiert werden. Sie nahm stark zu, und Davy wurde chronisch krank. Irgendwann im Lauf des Krieges kam sie zu dem Schluß, Davys Krankheit müsse vorwiegend mit seiner Eifersucht auf Jones zu tun haben, und faßte den Entschluß, Jones nie wiederzusehen; sie hielt sich letztlich doch nicht daran.

Als der Krieg zu Ende war, schrieb sie einen langen Brief an Freud, in dem sie sich charakteristischerweise im Sinne der ihr nahestehenden

Menschen über den Krieg äußerte. Sie haßte nun alle Deutschen, sogar Freuds Söhne, weil sie Soldaten waren: entweder die oder ihr geliebter Davy. Ihre ambivalenten Gefühle Freud gegenüber kamen in ihrem Widerwillen zum Vorschein, «das Haus eines Deutschen» zu betreten: «Ich werde meinen Haß nicht künstlich nähren: ich bin bereit, so viel ich kann zu vergessen, alles tief in meinem Unbewußten zu begraben (und wagen Sie ja nicht, es mit Ihrer Psychoanalyse auszugraben), und ich bin sicher, daß die Zeit mir dabei zu Hilfe kommen wird. Dennoch käme ich mir gemein vor, jetzt Ihr Haus zu betreten, obwohl ich Sie und Annerl sehr gern wiedersehen würde.»[194]

Es war ein schwieriger Brief, schließlich war Freud der einzige «Deutsche», den sie aus der Kategorie der verhaßten Deutschen auszunehmen versuchte: «Ich hoffe, Sie sind mir nicht böse, daß ich Ihnen diesen gräßlich grausamen Brief schicke – *dagegen* habe ich etwas: *daß man mich soweit gebracht hat, solche Empfindungen zu haben.* Wie dem auch sei – ich habe 3 Versuche zerrissen, und Sie werden schon verstehen! Wie Heines Gott: ‹c'est ton métier›.»[195] Das Heine-Zitat hatte für beide eine Bedeutung. Sie hatte es in ihrem ersten Brief an Freud verwendet, noch vor ihrer ersten Begegnung, als sie sich auf die Reise nach Wien und die Analyse vorbereitete.[196] Für Loe Kann war Freud der Mensch, der mehr als jeder andere in ihrem Leben einem vaterähnlichen Gott glich und dessen Aufgabe es deshalb war, sie vollkommen zu verstehen.

Diesem Gott zuliebe fand Loe eine entschiedene und charmante Lösung für ihre Abneigung, ein «deutsches» Haus zu betreten. Jones berichtete Freud im Dezember 1919 darüber: «Haben Sie schon von ihrem Plan gehört, Ihnen ein möbliertes Haus in Den Haag zu schenken (das von Kobus [ihrem Bruder], der nach Palästina gegangen ist), wenn Sie bereit sind, ständig dort zu wohnen?»[197] Freud antwortete auf ihre Erneuerung der Freundschaft mit der für ihn typischen Höflichkeit, auch wenn ihn dieser Haß bei ihr als Jüdin ziemlich erstaunte. Obwohl er im besiegten Wien fror und hungerte, schenkte er ihr großmütig ein Holzkistchen mit Elfenbeineinlage,[198] während sie in ihrem liebenswürdig koketten Ton seine Sterblichkeit anzweifelte: «Es ist schön und gut, mir mit Ihrem Alter zu drohen, aber wenn Sie es *wagen*, diese verrückte Welt zu verlassen, ehe wir uns noch öfter gesehen haben, werde ich zu Gott beten, daß alle Zigarren des Himmels zerdrückt und feucht werden und zu stinken beginnen! Da haben Sie's! Seit dem Herbst 1914 hebe ich eine große Rolle Zigarrenspitzen (hunderte) für Sie auf, die ich (nach vielen vergeblichen Versuchen) irgendwo in

Oxford aufgetrieben habe. Sie sagten mir, das seien die einzigen guten, und ich lege ein Muster bei, um Ihr Gedächtnis aufzufrischen.»[199]

Weniger liebenswürdig klangen ihre Bemerkungen über Ernest Jones: «Ich frage mich, warum er ein so unverbesserlicher Schwindler ist (um es höflich auszudrücken!)», meinte sie, als sie sich über seine neuesten Mätzchen als wichtigtuerischer Snob ausließ, und nahm seine bevorstehende zweite Heirat zum Anlaß für eine temperamentvolle und vernichtende Charakterstudie ihres früheren «Gatten».

Nach dem fehlgeschlagenen Versuch, Freud nach Den Haag zu locken, zogen Loe und Davy Jones seiner Gesundheit zuliebe aufs Land, und Loe lud Freud ein, sich zu ihren «2 Hunden, 1 Haushahn, Hühnern, 1 Esel, 1 Katze, 2 Kätzchen & einem Haufen Mücken & Hummeln»[200] hinzuzugesellen. Ernest Jones beschrieb Freud ihren Haushalt mit jenem Blick für das Lächerliche, den auch Loe besaß:

«Ich muß Ihnen die neueste Geschichte von Loe erzählen. Sie hat Trottie [ihren Hund] durch ein offensichtlicheres Symbol ersetzt, einen Hahn, der in ihrem Schlafzimmer zu nächtigen pflegte. Als sie einmal für eine Weile verreisen sollte, mußte er zu den Hennen in den Hühnerstall übersiedeln. Damit er sich in der ungewohnten Umgebung nicht ängstigte oder einsam fühlte, ließ sie ihr Bett in den Stall bringen und schlief dort zwei Nächte mit ihm, bis es ihm nicht mehr ungewohnt vorkam. Über ihren Gesundheitszustand weiß ich ihnen nichts Neues zu berichten.»[201]

1923 zogen Loe und Davy wieder nach London, da sich Davys Gesundheitszustand auf dem Land nicht gebessert hatte. Ihren letzten noch erhaltenen Brief an Freud, der wahrscheinlich 1923 oder 1924 geschrieben wurde, begann sie mit den Worten: «Sie sagen, ich müsse zornig sein, wenn ich mich ans Schreiben mache, also, da haben Sie es nun.»[202] Es gab zwei Gründe für ihre Wut: Freuds «schreckliche Krankheit» – daraus läßt sich schließen, daß sie diesen Brief 1923 oder 1924 schrieb; und Annas Bestreben, die Schulden zurückzuzahlen, die die Familie Freud bei Loe hatte. Loe verfällt in einen geradezu lyrischen Ton in ihrem Ärger über diese Beleidigung ihrer Freundschaft: «[...] *wir* würden schamlos von *Ihnen* Geld annehmen, wann immer wir es brauchen, und Sie wären bereit, es uns zu geben.»[203] Sie legt dem Brief einige gepreßte Schneeglöckchen bei und die folgende ironische Rechnung:

«PREIS dieses kleinen Geschenks (zur späteren Verwendung)
1. *Gepflanzt & gepflegt* von Mutter Natur: ein kostenloses Geschenk

Sabina Spielrein und Loe Kann: Zwei analytische Dreiecke

2. *Dünger*, täglich frisch und kostenlos von den Vögeln
3. *Bewässerung*, durch Gott und unseren alten Hund, zum Selbstkostenpreis
4. *Gepflückt von* mir, mitten in der Nacht, in dünnen Pantoffeln im nassen Gras, im Nachthemd & im Nieselregen, auf Kosten meiner (nicht vorhandenen) Gesundheit.
Gesamtpreis: Nix. Gezeichnet L. K. J. Zeuge HJ»[204]

Das ist das letzte schriftliche Zeugnis, das wir von Loe Kann Jones, Freuds «Schatz von einer Frau», besitzen. Anfang 1944, als Ernest Jones sich von einem schweren Herzinfarkt erholte, teilte Anna Freud ihm mit, daß Loe vor kurzem gestorben war.[205]

8. Lou Andreas-Salomé: «Das Glückstier»

Lou Andreas-Salomé kam am 25. Oktober 1912 zum Studium der Psychoanalyse nach Wien. Sie war einundfünfzig Jahre alt und eine auffallend schöne und feminin wirkende Frau mit dichtem, lockigem Haar und klaren blauen Augen. Auf Photos ist sie meist in weite Pelze gehüllt. Sie wirkt unerschrocken und selbstsicher, zugleich aber auch naiv und vertrauensvoll. Ihr Ruf, eine der bekanntesten Femmes fatales Mitteleuropas zu sein, scheint sie wenig zu kümmern; weder wirkt ihre Aufmachung übertrieben elegant, noch hat sie etwas von einem Blaustrumpf an sich. Lou ist auf unnachahmliche Weise einfach Lou. Der Tratsch der damaligen Zeit und die Geschichtsschreibung bezeichneten sie als Frau, die vielen Männern gehörte – Nietzsche, Rilke, Freud und manchmal sogar ihrem eigenen Mann, um nur einige zu nennen –, aber mit Sicherheit kann man nur sagen, daß Lou in erster Linie sich selbst gehörte.

Lous Ruf eilte ihr auch in anderer Hinsicht voraus: Sie war als Schöpferin mehrerer Romanfiguren bekannt, von denen einige als Beispiele der «neuen Frau» gefeiert wurden: Ruth, die den fleischlichen Lüsten und den Banden der Ehe abschwört, um sich der Welt des Geistes zu verpflichten; Fenitschka, die daran glaubt, daß die sexuelle Leidenschaft frei, spontan und natürlich wie das «gute, gesegnete Brot» genossen werden sollte, die Malerin Adine, die jedesmal, wenn sie erkennt, daß ihre Liebe masochistische Züge annimmt, die Männer zurückstößt, und schließlich die verwitwete Mutter, Ma, die lieber einsam ist, als in die Falle der Liebe zu tappen. Die produktive, weit gereiste und sehr belesene Autorin Lou Andreas-Salomé war außerdem wegen ihrer Arbeit über *Ibsens Frauengestalten* und der ersten Monographie über Friedrich Nietzsche bekannt, von dem der junge Freud sagte: «In meiner Jugend bedeutete er mir eine mir unzugängliche Vornehmheit.»[1] Nietzsche kam mit seinen Erkenntnissen übrigens Freud so nahe, daß dieser der Versuchung widerstand, sich zu eingehend mit ihm zu befassen: Er habe «eine tiefere Selbsterkenntnis gehabt als je ein Mensch vor ihm oder nach ihm»,[2] urteilte Freud.

Vor allem aber wurde die außergewöhnliche «Frau Lou» im klatsch- und diskussionsfreudigen Wien der Jahrhundertwende als

Freundin berühmter Persönlichkeiten gehandelt. Tatsächlich lesen sich die Namen ihrer Freunde und Bekannten wie ein Querschnitt durch die europäische Kultur jener Zeit. Neben Friedrich Nietzsche und Rainer Maria Rilke sind da in Berlin der Dramatiker Gerhard Hauptmann und der sozialistische Politiker Georg Ledebour, der Regisseur Max Reinhardt, die Feministin Helene Stöcker, die Forschungsreisende Frieda von Bülow und Wilhelm Bölsche, der Darwin populär machte; in München die Schriftsteller Frank Wedekind (dessen «Erdgeist» Lulu Lou Andreas-Salomé nachempfunden ist), Max Halbe und Jakob Wassermann; und in Wien Breuers enge Freundin Marie von Ebner-Eschenbach, Hugo von Hofmannsthal und schließlich der Mann, den Freud gerne als sein literarisches Gegenstück bezeichnete: Arthur Schnitzler.

Kein Wunder also, daß Freud die Ankunft von «Frau Lou» freudig begrüßte, war er doch angesichts der Spaltungen innerhalb seiner Anhängerschaft und der immer noch ablehnenden Haltung des psychiatrischen Establishments gegenüber der Psychoanalyse froh über jede Unterstützung. Obwohl er ihre Intelligenz anfangs als «gefährlich» empfand, betrachtete er ihr Interesse an der Psychoanalyse als «gutes Omen». Freuds Nachruf auf Lou Andreas-Salomé bestätigt das: «Ich sage nicht zu viel, wenn ich bekenne, daß wir es alle als eine Ehre empfanden, als sie in die Reihen unserer Mitarbeiter und Mitkämpfer eintrat, und gleichzeitig als eine neue Gewähr für den Wahrheitsgehalt der analytischen Lehren.»[3]

Die Freude, mit Andreas-Salomé für die Psychoanalyse eine so prominente Fürsprecherin gewonnen zu haben, war bei Freud von Anfang an begleitet von einem Ton der – höflich formulierten – Skepsis, was ihre Fähigkeiten als Theoretikerin betraf. Im Januar 1912 erhielt er einen Brief von Jung, in dem dieser ihm ankündigte, Frau Lou wolle einen Artikel über «Sublimation» beim *Jahrbuch* unterbringen, einer Zeitschrift, die damals nur in Fachkreisen kursierte. Der korrekte analytische Terminus war nun freilich *Sublimierung* und nicht *Sublimation*, wie es bei Nietzsche hieß. Jung fand, daß die Publikation des Artikels ein Schritt zur «Verweltlichung»[4] des *Jahrbuchs* wäre, ein Schritt, der zwar mit Vorsicht zu tun sei, der aber die Leserschaft vergrößern und die intellektuellen Kräfte in Deutschland mobilisieren könnte, wo sich Frau Lou eines bemerkenswerten literarischen Rufes aufgrund ihrer Beziehung zu Nietzsche erfreue. Freud antwortete: «Wir sollten uns nicht prinzipiell ablehnend verhalten, vorausgesetzt, daß sie sich mit der ‹Sublimierung› begnügt und die ‹Sublimation› der

Chemie überläßt. Wenn es dann ein Idealgeschwätz ist, so sollen wir es ebenso höflich als entschieden abweisen.»[5]

Das Pochen auf die Überlegenheit des männlichen Intellekts schwächte sich im Lauf der Zeit etwas ab; in der Freud-Salomé-Beziehung schwang bald ein dritter Ton mit. Karl Abraham schlägt ihn als erster an, als er im April 1912 in einem Brief an Freud über Andreas-Salomé schreibt, er sei «einem solchen Verständnis der Psychoanalyse bis ins Letzte und Feinste noch nicht begegnet»[6].

Im Verlauf der nächsten fünfundzwanzig Jahre entwickelte sich Lou Andreas-Salomé zu der «Versteherin par excellence»[7] für Freud, seine Metapsychologie und ihre Patienten. Da sie Martha Freuds Alter hatte und Freud bei der Analyse der «Annatochter» half, könnte man sie als Mutter der Psychoanalyse bezeichnen: als die gute Mutter, von deren optimistischer Lebensliebe alle ihre Schriften erfüllt sind. Nicht von ungefähr beschäftigt sie sich vorwiegend mit weiblicher Sexualität, Liebe, Narzißmus und der unterschiedlichen Sexualität von Frau und Mann. Ihre Wurzeln waren wie die C. G. Jungs in der romantischen Lebensphilosophie der Jahrhundertwende zu suchen, in jener typisch deutschen Sehnsucht nach allumfassender Spiritualität und Ganzheit, einer Sehnsucht, die Freud ablehnte, Lou jedoch nie ganz ablegte. So gesehen, wurde Lou für Freud der arische Gegenpart, der eigentlich Jung hätte werden sollen.

Sicher machte Lous «Souveränität» sie in ihrer Epoche zu einer bemerkenswerten Frau, wie Freud in seinem Gedenkwort meinte, eine Frau, der «alle weiblichen, vielleicht die meisten menschlichen Schwächen fremd» waren. Sie pries sich glücklich, eine Frau zu sein, und betrachtete – umgeben von lauter überragenden Männern – Frauen als das höherstehende und glücklichere Geschlecht.[8] Männer und Frauen fühlten sich gleichermaßen zu ihr hingezogen, bewunderten sie, liebten sie und blieben ihr in Freundschaft verbunden. Obwohl Lou sich nie verleugnete, hatte sie die Gabe, sich mit dem, was ihren Geliebten und Freunden teuer war, zu identifizieren. In diesem Sinn war sie eine hervorragende Psychologin. Nietzsche meinte, sie sei «scharfsinnig wie ein Adler und muthig wie ein Löwe und zuletzt doch ein sehr mädchenhaftes Kind»,[9] und Anna Freud vermerkte, das Ungewöhnliche an ihr seien Qualitäten, die eigentlich bei einem Menschen nicht ungewöhnlich sein sollten – Aufrichtigkeit, Direktheit, Selbstsicherheit ohne Selbstsucht.[10] Das vielleicht anschaulichste Porträt stammt von Rilke:

«Was für Herrlichkeiten hat diese Frau einzusehen, wie wendet sie

Lou Andreas-Salomé: «Das Glückstier»

sich alles, was ihr Bücher und Menschen im rechten Moment zutragen, zum seeligsten Verständnis, begreift, liebt, geht furchtlos in den glühendsten Geheimnissen umher, die ihr nichts thun, die sie nur anstrahlen mit reinem Feuerschein. Ich weiß und wußte seit jenen fernen Jahren, da sie mir zuerst zu so unendlicher Bedeutung begegnet ist, niemanden, der so das Leben auf seiner Seite hätte [...].»[11]

Lou Andreas-Salomé wurde am 12. Februar 1861 in Sankt Petersburg, der Hauptstadt des Russischen Reiches, als Tochter des russischen Generals Gustav von Salomé geboren, eines Baltendeutschen hugenottischen Ursprungs, der in den höchsten Adelskreisen Sankt Petersburgs verkehrte und mit seiner Familie eine elegante Wohnung im Generalstabsgebäude gegenüber dem Winterpalais bewohnte. Ihre Mutter Louise hatte zuvor fünf Söhnen das Leben geschenkt; daher wurde die Geburt der kleinen Lyola oder Louise – genau drei Wochen vor Abschaffung der Leibeigenschaft – gebührend gefeiert. Sogar der Zar gratulierte.

In ihrem *Lebensrückblick* beschreibt Andreas-Salomé die Wärme und Herzlichkeit des Familienlebens, die ritterliche, leidenschaftliche Natur ihres Vaters und die Frömmigkeit und Rechtschaffenheit ihrer Mutter «Muschka». Diese von Liebe und Verläßlichkeit geprägte Atmosphäre, schreibt sie, habe sie zu einem vertrauensvollen, dankbaren Menschen gemacht. Um zu zeigen, wie tief diese Dankbarkeit verwurzelt war, erzählt sie folgende Geschichte:

«Eines Morgens wanderte ich im Walde und fand unvermutet blauen Enzian, den ich gern einer erkrankten Bekannten mitgebracht hätte; ich war jedoch gleichzeitig so in bestimmten Gedanken, die ich auf diesem Morgengang hatte verarbeiten wollen, daß ich mir die Unterbrechung durch das mühsame Einsammeln ausredete. Als ich mich um eine Weile später heimwärtsgewandt, erblickte ich mit Verblüffung den Strauß, reichlich und rund, in meiner Hand. [...] Bald hätte das Unerwartete mir wie ein Wunder vorkommen müssen. Das geschah jedoch ebensowenig, wie daß es ein Lachen über meine ‹Zerstreutheit› ausgelöst hätte. Sondern die erste Reaktion bestand darin, daß ich, in heller Freude, mich laut sagen hörte: ‹Danke!›»[12]

Andreas-Salomé sollte nie das Gefühl verlieren, daß das Leben bei allen Schrecken freigebig und wohltätig war und daß eine gütige Macht ihres Kindheitsparadieses sie beschützte. Aus dieser Haltung heraus verstand sie später das Weibliche und den weiblichen Narzißmus als positive Kraft. Für Lou Andreas-Salomé ruhte das Weibliche im All.[13]

Mit dem Vater, der bei ihrer Geburt bereits siebenundfünfzig war, verband die kleine Lou «ein geheimes Liebesband», geheim deshalb, weil die Mutter nichts von zur Schau gestellten Gefühlen hielt. Es war der Vater, mit dem sie eingehakt durch Sankt Petersburg spazierte; und es war der Vater, der ihr beibrachte, das Taschengeld nicht nur einem der vielen Straßenbettler zu geben, sondern es aufzuteilen. Als der Hund der Familie an Tollwut erkrankte, war es Lous größte Angst, daß sie sich anstecken und ihren Vater beißen würde. Ihrer Mutter gegenüber hegte sie ambivalentere Gefühle. Sie erinnert sich, daß sie als kleines Kind der Mutter beim Schwimmen zugesehen und plötzlich gerufen hatte: «Liebe Mutter, bitte ertrinke!»

Die Sankt Petersburger Kindheit war ganz dazu angetan, in ihr das Gefühl der Besonderheit zu stärken. Schon früh unterschied sie sich von anderen durch ihren Reichtum, ihren Rang und ihre Nationalität. In ihrer Familie sprach man eher Deutsch und Französisch als Russisch; man hing nicht dem russisch-orthodoxen Glauben an, den ihre Mutter für unzivilisiert hielt, sondern einem pietistisch gefärbten Protestantismus. Während zum Beispiel ein Autor wie Kafka das Gefühl, anders zu sein, immer als Entfremdung empfunden hatte, faßte Andreas-Salomé ihr Anderssein als Glück auf und hatte vor jedem Menschen, der sich durch seine gesteigerte Intensität des Fühlens und Denkens von den anderen unterschied, eine hohe Achtung. Ihr Zuhause war so fest in ihr verankert, daß sie es mit sich herumtragen und sich überall heimisch fühlen konnte. Und diese Sicherheit erlaubte es ihr, sich über Konventionen hinwegzusetzen und einen für ihre und eigentlich jede Zeit einzigartigen Lebensweg zu wählen.

Schon innerhalb der Familie stellte die kleine Lou als einziges Mädchen in einer Horde von fünf, später drei Brüdern etwas Besonderes dar. Ihre kindliche Vorstellung von den inneren Organen des weiblichen Körpers als «kostbare Steine im Inneren eines Berges» war bezeichnend genug. Und ihr Lieblingsmärchen handelte von einer russischen Prinzessin, «aus deren Mund bei jedem Wort Juwelen sprangen». Die positive Reflexion ihres Bildes im Spiegel der brüderlichen Liebe sollte sie nie mehr verlassen und ihr das Gefühl einer glücklichen Verbundenheit mit dem männlichen Geschlecht vermitteln. «Das brüderliche Zusammengehören unter Männern war mir im Familienkreise als jüngstem Geschwister und einzigem Schwesterchen auf so überzeugende Weise zuteil geworden, daß es von dort aus dauernd auf alle Männer der Welt ausstrahlte [...].»[14] Ihre «Offenheit und ihr Vertrauen», die sie Männern entgegenbrachte, ihr von Freud bespöttelter Glaube, die Welt – und der psychoanalytische Kreis – sei von guten Brüdern bewohnt, gingen ihr nie verloren, auch nicht in Zeiten größter Selbstzweifel.

Inmitten ihrer liebevollen Familie war Lou dennoch ein einsames, nach innen gekehrtes Kind, das seine Phantasien und Träume oft ernster nahm als die Realität. Für viele Menschen, denen sie auf den Petersburger Straßen begegnete, dachte sie sich ausführliche Geschichten aus. Und als mit den Jahren die Bürde dieser Einbildungen für ihr Gedächtnis zu schwer wurde, begann sie die Geschichten aufzuschreiben. Am Anfang war diese Tagtraumsphäre in das warme Licht ihres bedingungslosen Gottesglaubens getaucht. Diesem Gott, der nur für sie existierte, erzählte sie alles, und er hörte so gut zu, daß sie das Gefühl hatte, Zwiesprache mit ihm zu halten, ohne sich über seine Unhörbarkeit und Unsichtbarkeit zu wundern. Eines Tages jedoch hatte sie eine Frage, auf die sie eine Antwort verlangte, und als die nicht kam, schwanden Gott und der Glaube an ihn dahin. Dieses entscheidende Verlusterlebnis stellte sie später in ihren Erinnerungen als Grunderfahrung ihres Lebens dar.

An einem eisigen Wintertag erzählte ihr ein Knecht, der vom Landgut der Familie in die Stadt gekommen war, vor ihrem Spielhäuschen im Garten habe einlaßbegehrend «ein Paar» gestanden, das er abgewiesen habe. Lou war beunruhigt und fürchtete, die beiden würden unter Kälte und Hunger leiden. Als er das nächstemal wiederkam, fragte sie sofort nach dem Paar und wohin es gegangen sei. Er erzählte ihr, sie seien nicht weggegangen, sondern immer dünner und dünner geworden, bis sie nicht mehr vorhanden gewesen seien, und als er eines Morgens vor dem Häuschen gefegt habe, hätten da nur noch die schwarzen Knöpfe von ihrem weißen Mantel und sein Hut dagelegen und ein paar gefrorene Tränen.[15]

Lou war wie vernichtet von dem – wie ein Erwachsener es ausgedrückt hätte – Gefühl der Vergänglichkeit des Lebens und verlangte von Gott eine Erklärung. «Ein Schneemann und seine Frau!» hätte ihr genügt. Aber es kam nichts. Unglaube machte sich in ihr breit. Ihr schützender Gott, der Mutter und Vater zugleich war und die Taschen voller Geschenke hatte, schmolz dahin. Und nachdem er verschwunden war, legte sich ein düsterer Schatten über ihre erfundene Welt, und sie spürte plötzlich die drückende Last der Verantwortung für ihre Phantasiegeschöpfe.

Andreas-Salomé meinte später, daß der Glaubensverlust zu so früher Zeit – noch bevor die zweifelnde Vernunft erwacht war – ihr die Kraft gegeben hätte, sich das kindliche *Gefühl* des Glaubens zu bewahren, ohne das Bedürfnis nach einem Objekt des Glaubens zu empfinden. Sicherlich ist ihre lebenslange Selbstgenügsamkeit, die sie in ihrer Darstellung des Narzißmus näher definieren sollte, als ein Beweis ihrer Interpretation anzuführen.

Auch die Beschreibung ihres ersten Spiegelerlebnisses ist höchst aufschlußreich. Als sie zum erstenmal in den Spiegel schaute, konnte sie nicht glauben, daß sie nur das sein sollte, was sie da vor sich hatte: ein Wesen mit festen Umrissen, das keine Möglichkeit hatte, aus sich herauszutreten und in anderen Gegenständen zu existieren. Sie wandte den Blick ab und weigerte sich, diesen Mangel an Ausdehnung zu akzeptieren. Ihr Leben lang sollte sie sich das Gefühl bewahren, daß die Physis keine unüberwindbare Grenze darstellt, daß die Materie für die Phantasie keine Beschränkung sein darf und daß es keine unüberbrückbare Kluft zwischen ihr und anderen gibt. Immer empfand sie eine Art «Schicksalsgenossenschaft mit allem, was ist». Andreas-Salomé sollte dieses Gefühl als das Feminine in ihr definieren, das weit über den maskulinen Impetus zur Vernunft, eine Kraft, die zergliedert und trennt, hinausging.

Lous Vater starb, als sie siebzehn war. Sein Tod fiel in die Zeit, als sie sich von der Religion ihrer Eltern und folglich auch von der deutschprotestantischen Gemeinde Petersburgs abwandte. Einige Zeit zuvor hatte sie der Hausgeistliche der Familie, Pastor Dalton, auf die Konfirmation vorbereiten sollen, aber seine dogmatische Engstirnigkeit und verschwommene Argumentation machten sie so zornig, daß sie den Unterricht abbrach und das Datum ihrer Konfirmation auf unbestimmte Zeit verschob. Ein bekannter Gegner Daltons war der unorthodoxe Pastor Hendrik Gillot, der es schaffte, zugleich ein kühler Denker und ein mitreißender Prediger zu sein. Als Lou ihn das erstemal hörte, wußte sie, daß sie nur auf ihn gewartet hatte. Dieses Gefühl des Wiedererkennens sollte sich zu Beginn aller ihrer bedeutenden Beziehungen einstellen:

«Auch in meinem Fall ergab sich das, indem die kindliche Phantasterei und Träumerei sich ein Stück weit in die Wirklichkeit aufgenommen sah. Ein leibhafter Mensch trat an ihre Stelle: er trat nicht *neben* sie, sondern mitumgriff sie – selber Inbegriff aller Wirklichkeit. Für die Erschütterung, die er auslöste, gibt es keine kürzere Bezeichnung als die, worin sich mir das Erstaunlichste, nie für möglich Erachtete, mit dem Urvertrautesten, von je und je Erwarteten einte: ‹ein Mensch!›»[16]

Gillot füllte nun den Platz aus, den ehemals Gott bei ihr besetzt

Lou Andreas-Salomé: «Das Glückstier»

hatte. Er war zugleich Verkörperung und Stellvertretung, das Geschenk, auf das sie vertrauensvoll gewartet und das sie sofort erkannt hatte. So wie später Nietzsche und vor allem Freud war er der Lehrer, der sie von ihren Phantomen befreite und ihr den Weg zur Wahrheit wies.

Lou sandte Gillot einen bei aller Höflichkeit leidenschaftlichen Brief, in dem sie sich als ein einsames junges Mädchen beschrieb, das mit seiner Sehnsucht nach mehr Wissen in seiner Familie kein Verständnis fände. Sie begann, sich heimlich mit ihm zu treffen und sich von ihm unterrichten zu lassen. Er lehrte sie Philosophie und vergleichende Religionsgeschichte. Sie las mit ihm Kant und Spinoza – der sie von allen Philosophen am meisten interessierte –, Kierkegaard, Rousseau, Fichte und Schopenhauer. In ihrem großenteils autobiographischen Roman *Ruth* (1895) beschreibt sie diese leidenschaftliche Beziehung, den Schmerz, Gillot ihre Phantasiewelt zu opfern, die Stärke seines Intellekts und das absolute Vertrauen, das sie in ihn setzte. Die Stunden waren geistig und emotional so anstrengend, daß sie einmal auf seinem Schoß, auf dem sie öfters zu sitzen pflegte, ohnmächtig wurde. Die Beziehung sollte jedoch erst später eine erotische Note bekommen. Als Lou eines Tages merkte, daß Gillot, der siebenunddreißig, verheiratet und Vater zweier erwachsener Kinder war, «familiäre Vorbereitungen zur Verbindung zwischen uns» getroffen hatte, war sie entsetzt. «Mit einem Schlage fiel das von mir Angebetete mir aus Herz und Sinnen ins Fremde.» Die plötzliche Offenbarung, daß Gillot, dem sie sich als Führer bei der schwierigen Ersteigung geistiger Höhen anvertraut hatte, auch ein Mann mit männlichen Bedürfnissen war, stellte für sie eine vernichtende Parallele zu ihrem enttäuschenden Gotteserlebnis dar. Bereits geschwächt durch das anstrengende Studium, erlitt sie eine Lungenblutung.

Die Erfahrung mit Gillot sollte entscheidend für ihre weitere Entwicklung sein; sie erkannte, daß nicht nur er, sondern auch sie versagt hatte. Körperlich spät entwickelt, wie sie war, war ihr zunächst nicht bewußt gewesen, worum es ihm ging, und dann konnte sie nicht darauf eingehen. Ihre Wünsche waren auf Höheres gerichtet gewesen als auf den Mann. Außerdem ahnte sie vielleicht schon damals, daß eine permanente Verbindung mit Gillot zwangsläufig ihre Unterwerfung zur Folge hätte. In ihren ersten Erzählungen, in denen allerdings die Heldinnen meistens bereit waren, sich angeblich geistig höherstehenden Männern zu unterwerfen und sie glühend anzubeten, hatte sie die körperliche Hingabe stets als Gefahr der Einengung beschrieben, als eine masochistische Falle, mit der sie zwar spielte, der sie aber immer mißtrauen sollte.

Als ihr Vater im Februar 1879 starb, war Andreas-Salomé noch in Verbindung mit Gillot. Erst jetzt gestand sie ihrer Mutter, daß sie heimlich den gegnerischen Pastor besucht habe. Verzweifelt erzählte diese einer Verwandten, sie habe all ihre Kraft aufbieten müssen, um diesen Schock zu verwinden: Sie beschrieb Lou als ein eigensinniges Mädchen, das immer seinen Willen durchsetzen wollte. Lou setzte ihn auch jetzt durch. Ihre Mutter erlaubte ihr, den Unterricht bei Gillot fortzusetzen, und fuhr erst, nachdem sich Lou von Gillot getrennt hatte, mit der kränkelnden Tochter nach Zürich. Da man nur als Mitglied einer Religionsgemeinschaft einen Reisepaß erhielt, erwirkte Gillot eine Sondererlaubnis für Lou und organisierte eine kirchliche Zeremonie mit dem Text von Jesaja 43.1: «Fürchte dich nicht, denn ich habe dich erlöst; ich habe dich bei deinem Namen gerufen [...].» Weil er fand, daß Lyola ein schwieriger Name war, nannte er sie Lou.

Während ihres einjährigen Aufenthalts in Zürich hörte sie an der Universität Logik, Metaphysik und Geschichte. Daneben schrieb sie Gedichte, die trotz ihres romantischen Überschwangs und der für den damaligen Leser ungewohnten Erotik von vielen Zeitgenossen sehr bewundert wurden. Eines dieser frühen Gedichte, das «Lebensgebet», wurde von Nietzsche vertont und gelangte auch in Freuds Hände. Die Tatsache, daß das Gedicht das Leben in Worten beschwört, mit denen man sich gewöhnlich an einen Mann oder an Gott wendet, ist charakteristisch für Andreas-Salomé – für eine junge Andreas-Salomé, die nach leidenschaftlicher Liebe hungert, und wenn sie die nicht bekommt, nach leidenschaftlichem Schmerz, wie die letzte Strophe des Gedichts klarmacht:

> Jahrtausende zu denken und zu leben
> Wirf deinen Inhalt voll hinein!
> Hast du kein Glück mehr übrig, mir zu geben,
> Wohlan – noch hast du deine Pein.[17]

Die Beschwörung des Lebens in allen seinen Extremen brachte in Nietzsche eine Saite zum Schwingen. Er nannte das Gedicht heroisch. Freud dagegen, der zuerst gedacht hatte, Nietzsche habe das Gedicht geschrieben, meinte zu Lou: «Nein! Wissen Sie, da täte ich nicht mit! Mir würde geradezu schon ein gehöriger irreparabler – Stockschnupfen vollauf genügen, mich von solchen Wünschen zu kurieren!»[18] Die verschiedenen Reaktionen sind charakteristisch für die beiden unterschiedlichen Männer. Sie erklären auch, warum Andreas-Salomé, die ihre jugendliche heroische Leidenschaft niemals verlor und Intensität über alles stellte, beide Männer bewundern konnte.

Andreas-Salomé begegnete Nietzsche im April 1882 in Rom, wohin sie mit ihrer Mutter gereist war. Mit ihren einundzwanzig Jahren war sie eine ungewöhnliche junge Frau, die einen scharfen, analytischen und – wie ihre Zeitgenossen sich ausdrückten – männlichen Verstand besaß, zugleich aber ihre Umgebung mit ihrer Freundlichkeit und offenen Art für sich einnahm. Im Salon der Feministin Malwida von Meysenbug lernte sie den positivistischen Philosophen Paul Rée kennen, einen sanften, melancholischen Mann, der sich sofort in sie verliebte. Andreas-Salomé dagegen hatte auf den gemeinsamen mitternächtlichen Spaziergängen, die ihrem Ruf nicht gerade zuträglich waren, nur die Philosophie im Kopf und wies ihn ab, als er um ihre Hand anhielt. Da er sich selbst für einen unattraktiven Mann hielt, einen, in den sich Frauen eben nicht verliebten, nahm er ihre Absage ruhig hin. Statt dessen ließ er sich für Lous unkonventionellen Plan eines geschwisterlichen Lebens in einer intellektuellen Gemeinschaft gewinnen. Sie hatte wohl so etwas wie ein klösterliches Oxford oder Cambridge im Kopf, wo sie zwar mit der Sexualität flirten konnte, sie jedoch immer unter Kontrolle haben mußte, um bis in die Nacht mit außergewöhnlichen Geistern sokratische Gespräche zu führen. Er war es dann, der vorschlug, seinen bewunderten Freund Nietzsche als dritten in die Gemeinschaft aufzunehmen. Schließlich hieß auch Malwida von Meysenbug den Plan gut, obwohl sie Lous Mißachtung der öffentlichen Meinung ganz und gar nicht billigte. Sie machte sich zur Vermittlerin, indem sie dem Philosophen einen Brief schrieb und ihm ihren jungen Schützling aufs wärmste empfahl. Nietzsche eilte von Messina nach Rom, um Lou kennenzulernen.

Der siebenunddreißigjährige und zu «sieben Achtel blinde» Nietzsche hatte gerade *Die fröhliche Wissenschaft* beendet und beschäftigte sich bereits mit Zarathustra, dem fröhlichen Verkünder neuer Werte und einer Ära höherer Wesen. Persönlich ging es dem Philosophen eher schlecht, er fühlte sich allein und unverstanden, und er war auf der Stelle von der jungen Russin eingenommen, die so gut zuhörte und so leidenschaftlich argumentierte und so mühelos seinem Gedankenfluß folgte. Auf einer Reise mit ihrer Mutter durch Norditalien traf man sich im Mai in Orta, wo Nietzsche ihr einen Heiratsantrag machte, den die immer noch jungfräuliche Lou ablehnte. Danach begab sich die Reisegesellschaft nach Luzern. Hier wurde das Photo gemacht, das Andreas-Salomé kniend mit der Peitsche in der Hand in einem Leiterwagen zeigt, den ihre beiden Gefährten ziehen.

Was auch immer die erotische Bedeutung dieses Bildes sein mochte, fest steht, daß Andreas-Salomé und Nietzsche während ihrer achtmonatigen Beziehung nur «Freunde» waren. Trotzdem gibt es kaum Zweifel darüber, daß Lou Nietzsches einzige wirkliche Leidenschaft war. Andererseits ist es durchaus denkbar, daß ihre sexuelle Verweigerung eine Erleichterung für ihn darstellte. Jedenfalls war von Heirat nicht mehr die Rede, je intensiver sich die Beziehung mit «dieser kühnen und reichen Seele» entwickelte, die er anfangs als seine «Erbin» betrachtete. Sie waren verwandte Seelen, die beide den Drang verspürten, «sich selbst einem großen Ziel hinzugeben», das hieß, um der Wahrheit willen jedes Leiden auf sich zu nehmen. Und auch in ihrer Religiosität ohne Gottheit und ihrem offenen Eintreten für eine Moral jenseits des traditionellen Verständnisses von Gut und Böse waren sie sich einig.

Von Gillot, den Lou in ihre Pläne einer intellektuellen Gemeinschaft eingeweiht hatte, bekam sie allerdings nur tadelnde Worte über ihr «kindisches» Projekt zu hören. Ihre trotzige Antwort ist in jeder Hinsicht aufschlußreich für die treibenden Kräfte ihres Charakters:

«Ich kann weder Vorbildern nachleben, noch werde ich jemals ein Vorbild darstellen können für wen es auch sei, hingegen mein eigenes Leben nach mir selber bilden, das werde ich ganz gewiß, mag es nun damit gehn wie es mag. Damit habe ich ja kein Prinzip zu vertreten, sondern etwas viel Wundervolleres, – etwas, das in Einem selber steckt und ganz heiß von lauter Leben ist und jauchzt und heraus will. – Nun schreiben Sie zwar auch: ein solches volles Sichhingeben an rein geistige Endziele hätten Sie immer nur als ‹Übergang› für mich gemeint. Ja, was nennen Sie ‹Übergang›? Wenn dahinter andere Endziele stehen sollen, solche, für die man das Herrlichste und Schwersterrungene auf Erden aufgeben muß, nämlich die Freiheit, dann will ich immer im Übergang stecken bleiben, denn das geb ich nicht dran.»[19]

Andreas-Salomé verwirklichte ihr alle Konventionen verletzendes Projekt und überzeugte ihre widerstrebende Mutter, daß das Leben mit Rée zu ihrem Studium gehörte. Rées Mutter sollte auf dem in Deutschland gelegenen Familiensitz Stibbe, wo sie und Rée geschwisterlich leben wollten, die Anstandsdame spielen. Rée wollte vor allem, wie er im August 1882 schrieb, ihr «Hüsung» sein: «[...] daß du in mir ein Heim hast, Jemanden, auf den Du in der großen Welt Dich sicher

Lou Andreas-Salomé: «Das Glückstier»

verlassen kannst, der von seinem Buch abgesehen, Dich als einzige Lebensaufgabe betrachtet.»[20] Nietzsche war nach wie vor der große heroische Lehrer. Im August 1882 reiste Andreas-Salomé von Stibbe in das Dorf Tautenburg in Thüringen, wo sie drei Wochen mit Nietzsche verbringen wollte. Sie unterbrach die Reise in Bayreuth, traf Wagner und seinen Kreis sowie Nietzsches äußerst konventionelle Schwester Elisabeth, die für die ungehemmte Lou sofort eine eifersüchtige Abneigung entwickelte. Trotzdem setzten die beiden Frauen die Reise zusammen fort und wohnten auch trotz einer heftigen Auseinandersetzung über Nietzsches heiligen beziehungsweise unheiligen Charakter im selben Haus in Tautenburg. In den Pausen zwischen den langen und friedlichen Gesprächen, die Lou mit Nietzsche führte, zankten sich die beiden Frauen. Elisabeth warf Lou «sexuelle Schamlosigkeit» vor.

Nietzsche dagegen schrieb seinem Freund Paul Overbeck über Lou: «Unsere Intelligenzen und Geschmäcker sind im Tiefsten verwandt [...]. Ich möchte wissen, ob eine solche philosophische Offenheit, wie sie zwischen uns besteht, schon einmal bestanden hat [...]. Ich habe noch Niemanden kennengelernt, der seinen Erfahrungen eine solche Menge *objektiver* Einsichten zu entnehmen wüßte, Niemanden, der aus allem Gelernten so viel zu ziehn verstünde.»[21] Natürlich waren die Vorstellungen der Einundzwanzigjährigen über Religion, Liebe und Frauen von dem größten Philosophen ihrer Zeit beeinflußt. Erstaunlich ist allerdings, in welchem Maße Andreas-Salomé angesichts der dominierenden Intelligenz Nietzsches doch in der Lage war, eigene Ansichten zu entwickeln und sich eine unabhängige kritische Distanz zu bewahren. Auch ließ sie sich keineswegs von Nietzsches überspannter Frauenfeindlichkeit einschüchtern. Aus ihrem Tagebuch jener Zeit geht hervor, daß sie sich nicht mit Nietzsches Nihilismus und seinem ätzenden Spott anzufreunden vermochte. Die Trennung lag daher schon in der Luft. Dieser Nihilismus war übrigens ein wesentlicher Punkt ihrer Kritik an Nietzsche zwölf Jahre später. Zu diesem Zeitpunkt waren bereits seine letzten Werke veröffentlicht, und Andreas-Salomé verurteilte heftig, was in ihren Augen ein Lob des Verbrechens, eine Attacke gegen die Demokratie, ein hartnäckiges Eintreten für Unordnung und Grausamkeit war, notwendige Schritte zu Erschaffung des Übermenschen, ein Ideal, das für sie immer ein ästhetisches Bild bleiben sollte – ein «Supernietzsche».

Andreas-Salomés Haltung dem Leben gegenüber war zutiefst ehrerbietig. Obwohl sie Nietzsches Hang zum Exzeß und auch sein

Ein Frauenberuf

heroisches Leiden um der Wahrheit willen teilte, obwohl sie Gefühle und Gedanken schätzte, die verkrustete Werte aufbrachen, konnte sie ihm nicht in den leeren Raum folgen, in dem selbst die Sprache und ihre Bedeutung neu erfunden werden mußten. Ihr lag jene ironische Maskerade fern, in der Nietzsche sich gefiel. Dabei verkörperte sie jedoch viele der Elemente, die Nietzsche für wichtig hielt, als habe die Natur sie zu dem «Übermenschen» gemacht, der bald aus seiner Feder hervorgehen sollte. Kraftvoll, unkonventionell, frei von aller Schuld und voller Leidenschaft des Fühlens und Denkens, schien Andreas-Salomé *die* Verkörperung seiner Philosophie zu sein. Kein Wunder also, daß er sie «ein Genie» und «einen heroischen Charakter» nannte, der wie kein anderer seiner Philosophie entspräche.

Lag es nun an dieser übertriebenen Idealisierung, daß Nietzsche sich Ende 1882 so scharf gegen sie wandte? Oder hatten auch die Schmähungen seiner eifersüchtig über ihn wachenden Schwester Anteil daran? Rée, Nietzsche und Andreas-Salomé hatten im Herbst 1882 drei Wochen zusammen in Leipzig verbracht, und dann war Lou zu Rée zurückgekehrt, um es sich unter den Fittichen seiner «überirdischen Freundlichkeit» gemütlich zu machen. Es ist bezeichnend, daß sie, obwohl sie Nietzsches größere Tiefe bewunderte, es vorzog, mit Rée auf gleicher Ebene zu leben. Ihr ganzes Leben war von dieser Spannung zwischen zwei Männern geprägt – der eine «sicher» oder sicher gemacht, der andere leidenschaftlich und potentiell gefährlich.

Lous Verbindung mit Rée und die anhaltenden Verleumdungen Elisabeth Nietzsches führten dazu, daß Nietzsche Lou nach den Leipziger Wochen genauso heftig attackierte, wie er sie vorher gepriesen hatte. In seiner Eifersucht wandte er sich auch gegen Rée. Lou war nun für ihn die Karikatur seiner Ideale, ein als Haustier verkleidetes Raubtier, ein Hirn mit einem Anhängsel von Seele, ein treuloses und schamloses Geschöpf, das seine grausame Sinnlichkeit geschickt gegen Männer einsetzt.

Erst im August 1883, nach dem Abschluß von *Also sprach Zarathustra*, hörte Nietzsche auf, Lou zu verfluchen. Jetzt erkannte er, was seine Schwester ihm angetan hatte, als sie seine Beziehung zu Lou und Rée zerstört hatte. Nur durch die Bekanntschaft mit «Fräulein Salomé» sei er in der Lage gewesen, seinen *Zarathustra* zu schreiben. Als 1885 Lous erster Roman *Im Kampf um Gott* erschien, bemühte er sich, die Stärken und Schwächen des Buches fair zu beurteilen, und meinte einem Freund gegenüber, trotz des jungmädchenhaften Tons und einiger Absurditäten sei es ein ernstes und anspruchsvolles Buch.

Lou Andreas-Salomé: «Das Glückstier»

Der Roman, der unter dem Pseudonym Henri Lou erschien, verarbeitete jene beiden Erfahrungen, die Andreas-Salomés Leben bis dahin geprägt hatten: Ein Held à la Nietzsche, der Gott für einen Irrtum hält, verliebt sich à la Gillot in ein junges Mädchen. Als der Wunsch nach Sexualität erwacht, ist das Desaster nicht mehr aufzuhalten. «Und wenn es gewiß nicht das Ewig-Weibliche ist, was dieses Mädchen *hinanzieht*, so vielleicht das Ewig-Männliche.»[22] Dieser Kommentar Nietzsches zu ihrem Buch haftete ihr nun für immer an. Sie, die meistens aus dem männlichen Blickwinkel betrachtet wird, erscheint entweder als Femme fatale, die die Männer jagt, um sie zu zerstören, oder als Blaustrumpf, der unter einem Männlichkeitskomplex leidet. Was diese negativen Charakterisierungen jedoch ignorieren, ist die stärkste Eigenschaft dieser Frau, ist ihr unaufhaltsames Streben nach Unabhängigkeit. Es war, als habe sie nie die gesellschaftlichen Spielregeln gelernt, wonach Frauen nicht dazu bestimmt waren, Beziehungen nach eigenem Gutdünken anzuknüpfen und aufzulösen oder ein intellektuelles Leben zu führen und dennoch attraktiv zu sein.

Auch nach Nietzsches Tod setzte seine Schwester Elisabeth die Verleumdungskampagne fort und verbreitete zotige Geschichten über Andreas-Salomé, obwohl ihr Bruder seine Ansicht inzwischen revidiert hatte. Über Lous Nietzsche-Buch sagte sie, es sei die Rache einer Frau, die sich in ihrer Eitelkeit verletzt fühle und nun einen Wehrlosen angreife. Dabei hatte Lou Andreas-Salomé das Buch geschrieben, um einige Mißverständnisse über Nietzsche auszuräumen. In ihren Attacken erschien Andreas-Salomé als eine skandalumwitterte Frau, die Nietzsche gehaßt habe, weil sie eine liederliche, lüsterne, finnisch-jüdische (Elisabeth war für ihren Antisemitismus bekannt) Abenteuerin sei, die es mit einem Priester in Sankt Petersburg getrieben habe. Lou Andreas-Salomé hat weder auf diese Gehässigkeiten noch auf die Angriffe der Nietzsche-Jünger geantwortet, die sich die Sicht von Nietzsches Schwester zu eigen gemacht hatten. Im Mai 1932, fünfzig Jahre nach dem ersten Treffen zwischen Andreas-Salomé und Nietzsche, schrieb ihr Freud:

«Es ist mir sehr recht zu hören, daß Sie an Ihren Memoiren arbeiten. Oft und oft habe ich mich geärgert, wenn ich Ihre Beziehung zu Nietzsche in einer Art erwähnt fand, die offenbar Ihnen feindselig war und unmöglich mit der Wahrheit zusammenstimmen konnte. Sie haben alles über sich ergehen lassen, waren viel zu vornehm; werden Sie nicht endlich sich auf die würdigste Weise zur Wehr setzen?»[23]

Großzügig, wie sie war, entschloß sie sich jedoch, ihre Memoiren

Ein Frauenberuf

nicht mit häßlichen Gefühlen zu vergiften: Weder Elisabeths Schuld an Nietzsches Feindseligkeiten gegenüber Lou noch ihre ständigen Verleumdungen werden in ihrem *Lebensrückblick* erwähnt. Sie verzichtet darauf, den Gerüchten Einhalt zu gebieten. Interessanterweise wird in dem Kapitel, das sich mit jener Epoche ihres Lebens beschäftigt, Nietzsches Rolle keineswegs überbetont: Unter der Kapitelüberschrift «Freundeserleben» beschwört sie die geschwisterliche Dreieinigkeit: Rée, Nietzsche, Salomé. Was immer in den Salons kolportiert wurde, Andreas-Salomé hat sich sicher nie als Nietzsches Frau betrachtet.

Paul Rée hatte viel größere Bedeutung für sie. Bis in die Mitte der 1880er Jahre trotzten sie der bürgerlichen Moral, reisten zusammen, teilten in Berlin eine Wohnung, wenn nicht ein Bett, und führten das Leben zweier ebenbürtiger Intellektueller, schrieben und studierten und versammelten um sich einen Kreis von Historikern, Kritikern, Naturwissenschaftlern und Philosophen. Ganz allmählich jedoch lebten sie sich auseinander. Möglicherweise war der große Erfolg von Andreas-Salomés Buch daran schuld, aber sicher auch Rées Entschluß, Medizin zu studieren, nachdem seine Bemühungen um einen akademischen Posten gescheitert waren. Er zog nach München, sie sahen sich nur noch an den Wochenenden. Und dann, im November 1886, verlobte sich Lou zur Verblüffung aller ihrer Freunde mit Friedrich Carl Andreas, einem passionierten Orientalisten; sie, die bisher alle Heiratsanträge abgewiesen hatte. Rée war untröstlich, obwohl Lou ihn ihrer unverbrüchlichen Freundschaft versicherte. Er zog sich von ihr zurück, und sie sollte ihn nie wiedersehen, außer in ihren Träumen, in denen er mit unheimlicher Regelmäßigkeit auftauchte. Der Verlust dieser Freundschaft war für sie schmerzlicher als jeder andere Verlust, sie hielt ihn für «irreparabel». In den wenigen Jahren, die ihm noch blieben, arbeitete Rée als Armenarzt. Im Oktober 1901 verunglückte er an einer steilen Felswand im Engadin, wo er mit Lou in glücklicheren Zeiten gewandert war. Lou war tief betroffen und erzählte einem Freund, sie habe alle seine Briefe noch einmal gelesen und verstehe nun vieles besser: «Ich habe zu viel gehabt! Zu viel Gutes für ein einziges Leben. Das macht einen demütig.»

Lous Beziehung zu Friedrich Carl Andreas will, wie vieles andere in ihrem Leben, in kein Schema passen. Vielleicht war es gerade die Seltsamkeit dieser Beziehung, die Lou dazu brachte, sich mit den Fragen über das Wesen der Liebe, der Männer und Frauen und schließlich des Unbewußten zu beschäftigen. Andreas-Salomé «erkannte» Friedrich Carl Andreas augenblicklich «wieder», als er durch die Tür der Pension kam, in der sie damals wohnte. Was sie wiedererkannte, war das zwischen ihnen bereits existierende Band, und eine innere Stimme sagte ihr, daß diese Verbindung notwendig für sie sei. Sie hat dieses Gefühl des Wiedererkennens nie auf die traditionelle Weise als einen chemischen Vorgang oder mit sexueller Anziehung erklärt. Er weist wohl eher auf die Wiederkehr einer Kindheitskonstellation hin: auf die mächtige Figur des Vaters, dem man nicht entkommen kann. Und die Tatsache, daß die vierundzwanzigjährige Lou einem inneren Befehl folgte und die Ehe mit dem vierzigjährigen Andreas nie vollzog, bezieht sich auf ein weiteres, tief vergrabenes Kindheitsverbot: keinen Inzest zu treiben.

Andreas-Salomés anhaltender Widerstand gegen die Sexualität ist jedoch nicht nur mit ihren inzestuösen Ängsten zu erklären. In ihren Romanen ist das sexuelle Verlangen eine so starke Macht, daß sie eine Gefahr für die Individualität der Frauen darstellt. Die Stärke des Verlangens ist nur mit der Stärke des Widerstands dagegen zu vergleichen – der Weigerung, der eigenen Desintegration beziehungsweise der Einschränkung der Freiheit nachzugeben. Immer war in ihr die Furcht, daß die Erfüllung des Verlangens die Macht des Mannes und die Intensität der Empfindungen dahinschmelzen lassen könnten. Der Mann würde dann zu einem Mann wie jeder andere, und ihr positives Weltbild würde durch das Fehlen dieser alles durchdringenden Kraft zusammenbrechen. Versteht man, zwischen den Zeilen ihrer vielen Bücher und Schriften zu lesen, entsteht der Eindruck, daß Andreas-Salomés größte Angst immer die Angst vor dem Verlust, vor der Einbuße der Vollkommenheit, vor der geistigen Dürre war. Als sie die sexuelle Liebe dann kennenlernte, betrachtete sie diese als eine physische und geistige Bereicherung. Nicht einmal in der psychoanalytischen Epoche ihres Lebens sah sie die Sexualität wie Freud als eine Freisetzung von Energien oder als ein bloßes Vergnügen; es war und blieb für sie ein sinnliches Verschmelzen mit der wundervollen Kraft und der Fülle des Lebens.

Ihre lange Jungfräulichkeit hatte wenig mit rationalen Überlegungen zu tun, wie Lou an einer Geschichte aus der ersten Zeit ihrer Ehe mit Andreas zu zeigen versuchte. Eines Tages erwachte sie aus dem Mittagsschlaf durch ein seltsames Geräusch und das Gefühl, daß ihre Arme nicht an ihrem gewohnten Platz waren. Als sie die Augen öffnete, bemerkte sie, daß ihre Hände an Andreas' Kehle lagen und ihn würgten. Das Geräusch, das sie geweckt hatte, war sein Röcheln gewesen. Er hatte versucht, sie im Schlaf zu nehmen.

Ein Frauenberuf

Sie sollten nie miteinander schlafen. Dennoch hielt die Ehe, bis Andreas vierundachtzigjährig starb; es blieb trotz ihrer beruflichen Unabhängigkeit und ihrer später zahlreichen Liebhaber ihre einzige Ehe. Immer wieder kehrte sie zu Andreas zurück, ab 1914 in ihr gemeinsames Haus Loufried in Göttingen, wo Andreas einen Lehrstuhl innehatte.

Eine Ehe, so scheint es, konnte für Lou Andreas-Salomé nur unkonventionell geführt werden. Ihre Tagebuchnotizen der Tautenburger Tage mit Nietzsche, welche allerdings die treffende Kürze ihres Lehrers vermissen lassen, sind Ausdruck ihrer Überzeugung, daß die Ehe in ihrer Trivialität jede Liebe töte und deshalb weniger Bedeutung habe als die Freundschaft. Andreas-Salomé, versessen auf Intensität, ging in die Ehe, ohne die Ehe zu vollziehen. Dazu paßte, daß sie ihren Mentor und früheren Freier Gillot dazu brachte, die religiöse Zeremonie ihrer Hochzeit zu leiten. So blieb sie auf ihre Weise Gillot immer treu; sie besuchte ihn regelmäßig, wenn sie nach Sankt Petersburg kam, so wie sie immer wieder zu Andreas zurückkehrte.

Andreas-Salomé beschrieb ihre Wesensverwandtschaft mit Carl Friedrich Andreas als ein «kreatürliches» Niederknien vor einer Macht, die größer als sie beide war. Seine leidenschaftliche Natur dürfte höchst anziehend auf sie gewirkt haben: Kurz vor ihrer Verlobung beging er vor ihren Augen einen Selbstmordversuch. Dazu kam seine ungewöhnliche Affinität zu Tieren und Pflanzen, die sie durch ihn ebenfalls zu lieben lernte. Es machte sie glücklich, ihn auf seinen Arbeitsreisen zu begleiten. Wahrscheinlich hat sich Lou in den ersten zehn Ehejahren trotz ihres immer unabhängigeren gesellschaftlichen und geistigen Lebens und trotz ihrer vielen Bewunderer ihre magische Jungfräulichkeit bewahrt. Erst viel später erinnerte sie sich an ihre Bewunderung für Jeanne d'Arc und daß man ihr in der Schule beigebracht habe, es gebe auf Erden nichts, was eine reine Jungfrau nicht bewältigen könne. Es sei ein Fehler, meinte sie, die Jungfräulichkeit bei Mädchen nicht mehr so zu schätzen wie früher, denn sie könne die geistige Produktivität fördern und den Heroismus stärken.

Zweifellos waren Andreas-Salomés erste Ehejahre von Produktivität gesegnet. Sie wurde eine bekannte Persönlichkeit der literarischen Salons von München und Berlin. Ihre Essays fanden weite Verbreitung, und bis ins zwanzigste Jahrhundert diskutierte man die von ihr entwickelte Theorie der religiösen «Rückwirkung». Ihre von Nietzsche beeinflußte Grundkonzeption des Gottesbegriffs war folgende: Zuerst erschuf sich der Mensch einen Gott oder Götter und verehrte sie. Dann machte die von den Menschen erfundene Gottheit aus dem Menschen einen von Gott erschaffenen Menschen, einen Menschen, der einen Gott braucht, um sein Streben nach Höherem und die Geheimnisse der Natur zu erklären. Diese Sehnsüchte überleben wie die der kleinen Lou den Tod Gottes, der auch nach seinem Ableben Macht über den Menschen ausübt. Ihr Essay *Jesus der Jude* bezeichnete ihren ersten Kontakt mit Rilke, der seine eigenen Gedanken in den ihren wiedererkannte.

Andreas-Salomés Studie über *Henrik Ibsens Frauengestalten* von 1892 war die erste von einer Frau geschriebene Monographie über Ibsen. Mit Hilfe des zentralen Motivs der Wildente – für sie das Symbol des positiven Strebens nach grenzenloser Freiheit und nach allem, was edler und größer ist als das Gefängnis der bürgerlichen Ehe – interpretierte Andreas-Salomé sechs von Ibsens Frauengestalten. Zweifellos hatte sie sich dabei selbst im Blick, denn die Ehe mit Andreas führte in den ersten Jahren zu unvermeidlichen Konflikten. Wegen der Affäre mit dem sozialistischen Politiker Georg Ledebour wäre es fast zu einem Doppelselbstmord gekommen. Und wenn Andreas-Salomé von Nora sagt, daß sie sich nicht nur aus Freiheitsliebe befreien wolle, sondern um zu entdecken, was in ihr, einem bewußten menschlichen Wesen, steckt, hören wir Andreas-Salomé über sich selbst sprechen.

1894 erschien ihre Studie *Friedrich Nietzsche in seinen Werken*, das sie melancholisch einem «Fremden» widmete, nämlich dem fremdgewordenen Freund Paul Rée. Es ist eines ihrer besten Bücher, von einer unverschnörkelten Klarheit, ohne die in ihren anderen Werken oft vorherrschende Fülle von verschwommenen poetischen Bildern und unklaren psychologischen Deutungen. Vielleicht erinnerte sie sich hier an den präzisen Stil von Paul Rée und an den Schreibunterricht, den Nietzsche ihr in Tautenburg erteilt hatte, an seine Warnungen vor Längen, nicht zu Ende gedachten Gedanken und den Fallen der Poesie. Im Gegensatz zu Elisabeth Nietzsche, die das Buch lautstark attackierte, begrüßte es Nietzsches Freund Peter Gast als «eine erstaunliche Leistung von außerordentlicher Kultur» und pries Andreas-Salomés «Geist und Verstand», sie seien von jener Art, wie sie «im Lauf eines Jahrhunderts unter Weibern nur fünf- sechsmal vorkommt».[24] Andreas-Salomé stellt dem Buch als Motto ein Zitat aus *Menschliches, Allzumenschliches* voraus: «Der Mensch mag sich noch so weit mit seiner Erkenntnis ausrecken, sich selbst noch so objektiv vorkommen: Zuletzt trägt er doch Nichts davon, als seine eigene Biographie!» Sie wollte zeigen, daß sich für Nietzsche «die äußere Arbeit des Intellekts

Ein Frauenberuf

und das innere Bild des Lebens» vollständig deckten. Dies war ein passender Ausgangspunkt für eine Frau, deren eigenes Werk durch ihre Biographie geprägt wurde und die sich später der Psychoanalyse zuwenden sollte. Nachdem Anna Freud 1923 das Buch gelesen hatte, fragte sie Lou Salomé erstaunt: «Ist es nicht lange vor Deiner analytischen Zeit geschrieben? [...] Aber vieles darin klingt so ganz analytisch. Hat man damals überhaupt schon so gedacht oder war das alles nur Deine ganz eigene Anschauung?»[25]

Als Lou Andreas-Salomé Rainer-Maria Rilke begegnete, war sie bereits eine etablierte Schriftstellerin, während er, der dreizehn Jahre jüngere Dichter, nur wenige Bewunderer besaß. Wahrscheinlich ist er Lous erster Liebhaber gewesen; dafür spricht folgende Stelle aus dem *Lebensrückblick*: «War ich jahrelang Deine Frau, so deshalb, weil Du mir das erstmalig Wirkliche gewesen bist, Leib und Mensch ununterscheidbar eins [...].»[26] Für manche Biographen[27] kommen jedoch auch noch andere für diese Rolle in Frage, zum Beispiel der Wiener Arzt Friedrich Pineles, der sogenannte Zemek, den Andreas-Salomé «gutes, gesegnetes Brot» nennt, eine Formulierung, die auch in ihrer Erzählung *Fenitschka* (1896) als Synonym für einfache und gesunde Liebe auftaucht. Sicher ist, daß sie 1902 von Pineles schwanger war und das Kind verlor. Möglicherweise hat sie das Kind abtreiben lassen, weil es ausgeschlossen war, sich von Andreas scheiden zu lassen. Zweifellos bezieht sich Freud darauf, wenn er in seinem Gedenkwort schreibt: «In Wien hatte sich dereinst das ergreifendste Stück ihrer weiblichen Schicksale abgespielt.»[28] Es würde jedoch besser zu Andreas-Salomés Glauben an die magische Jungfräulichkeit und ihre literarisch ausgedrückten Ängste vor der Unterwerfung passen, wenn der junge Rilke, der «verletzlich und männlich» zugleich war, ihr erster Geliebter gewesen wäre.

Ihre enge Beziehung mit Rilke dauerte vier Jahre und wurde nach der Trennung in eine Freundschaft umgewandelt, die bis zu seinem Tod andauerte. Als Rilke 1926 im Sterben lag, bat er die Ärzte, sie holen zu lassen: «Fragen Sie Lou, was mit mir los ist. Sie ist die einzige, die es weiß.» In seinen Briefen an sie – die zu den bedeutendsten dieses Jahrhunderts gehören – kommen immer wieder Sätze wie «Du allein weißt, wer ich bin» oder «Du allein bist wirklich» vor. Auch sein *Stunden-Buch* ist ihr gewidmet: «Gelegt in die Hände von Lou». Er vergöttert sie als eine grenzenlos großzügige, gute Mutter, die ihn vor seinen Ängsten beschützt und ihm hilft, sie zu ertragen, eine Mutter, die ihm das Gefühl von einem «Zuhause», also, im Sinne Lous, von

Glück vermittelt. Ihre Gegenwart ist so direkt und indirekt in sein Werk verwoben, daß hier nicht der Platz ist, alle Hinweise anzuführen. Nur die Verwandtschaft mit dem Engel in den *Duineser Elegien*, einem vollkommenen, auf narzißtische Weise in sich ruhenden Wesen, soll hier erwähnt werden. Als Rilkes erste «Redakteurin» ist Andreas-Salomés Einfluß unübersehbar. So geht seine Liebe zu Rußland sicher auf sie zurück, die mit ihm zweimal – einmal in Begleitung ihres Mannes – nach Rußland reiste. Auch seine Einstellung zur Religion, das Thema ihrer ersten Gespräche, ist von ihr geprägt. Welche Bedeutung Lou Andreas-Salomé wirklich für ihn hatte, formulierte er 1924 in einem Brief an Marie von Thurn und Taxis, als er meinte, ohne den Einfluß dieser außergewöhnlichen Frau wäre seine ganze Entwicklung in eine andere Richtung gegangen. Die außergewöhnliche Frau brachte ihn auch dazu, sich nicht mehr René, sondern Rainer zu nennen und sich überhaupt etwas «männlicher» zu geben.

Für Andreas-Salomé dagegen stellte Rilke so etwas wie einen Freipaß für die Liebe dar, eine Liebe, die keine Unterwerfung erforderlich machte, da es eine Begegnung zwischen zwei «ganzen» Menschen war, die sich beide des Männlichen und Weiblichen in sich bewußt waren. Es war eine Vereinigung, schreibt sie später, wie zwischen Bruder und Schwester zu einer Zeit, bevor der Inzest ein Sakrileg wurde. Durch ihn wurde sie wieder jung: «Denn erst jetzt bin ich jung, erst jetzt darf ich sein, was Andere mit 18 Jahren werden: ganz ich selbst.»[29] Was sonst in der menschlichen und speziell in der weiblichen Entwicklung zuerst kommt, nämlich das Erwachen der Sexualität und die Liebe, holte sie jetzt nach: Als fünfunddreißigjährige Frau gab sie, die bis dahin dem Intellekt gehuldigt hatte, sich der Liebe hin.

Sexuelle Leidenschaft und Liebe stehen im Zentrum ihrer nun in rascher Folge erscheinenden Romane, Erzählungen und Essays, und einige ihrer Themen sind parallel auch bei Rilke zu finden: die ursprüngliche Reinheit der sexuellen Liebe, die erst später unnötigerweise beschmutzt worden ist; die Verschmelzung (oder der schmerzliche Bruch) von Innen und Außen, dem Ich und der Welt, dem Geistigen und dem Körperlichen. Aber die Sprache ist ganz ihre eigene: Andreas-Salomé hat einen Hang zur Schwärmerei, zu einer Überfülle an Bildern, zu einer Rhetorik, die sich wie ein schwerer Vorhang über die Gegenstände der Betrachtung legt, zur Flucht in philosophische Höhen: ein für heutige Leser nicht ganz einfacher Stil. Ihre Themen jedoch haben ihre Resonanz behalten und sind speziell für Feministinnen interessant. In *Fenitschka* erleben wir, wie die intellektuelle Begeisterung einer jungen Frau der sexuellen Leidenschaft weicht. Die Erzählung ist ein Hymnus auf die Spontaneität der Liebe und die von den Zwängen der Ehe befreite Sexualität. In dem Band *Menschenkinder* (1899) untersucht Andreas-Salomé die unterschiedlichen Schicksale von liebenden Frauen: Einige Geschichten zeigen Frauen, die sich keine Fesseln anlegen lassen wollen und ein Leben in Einsamkeit vorziehen. So scheint es, als seien Männer für sie nur ein Schritt auf dem Weg zu einem heroischeren und abstrakteren Ziel gewesen. Ihre auf romantische Art unabhängigen Frauen lassen sich auf keine Bindungen ein, oder sie zerstören sich, wenn sie einem Mann einen zentralen Platz in ihrem Leben einräumen, auf masochistische Weise selbst. Bindung ist für Andreas-Salomé Knechtschaft. Der Novellenband *Im Zwischenland* (1902) arbeitet dieses Thema noch stärker heraus. Die jungen Mädchen müssen erkennen, daß die großen Herren ihre Verehrung gar nicht wert sind. Ihre reifsten Heldinnen, wie Ma (*Ma. Ein Porträt*, 1901) und Anneliese (*Das Haus*, geschrieben 1904), erleben ihre Erfüllung – ob sie nun einen Mann lieben oder nicht – durch ihr offenes, großzügiges, liebendes *Sein*.

Angesichts des betont unabhängigen, wenn auch seltsamen Wesens ihrer Heldinnen ist es erstaunlich, daß Andreas-Salomé nie direkt die «Frauenfrage» anpackte. Trotz ihrer Freundschaften mit der feministischen Schriftstellerin Frieda von Bülow und der radikalen Feministin Helene Stöcker nahm Andreas-Salomé an keinem der zahlreichen feministischen Feldzüge jener Tage teil, bei denen es um die Gleichstellung vor dem Gesetz, die Rechtmäßigkeit der Abtreibung, Empfängnisverhütung und gerechtere Scheidungsgesetze ging. Die sozialen Bedingungen haben die philosophische Lou Andreas-Salomé nie wirklich interessiert. Ihre Aufmerksamkeit richtete sich auf die Unterschiede der Geschlechter und der Sexualität. Obwohl ihre in zahlreichen Artikeln und Zeitschriften dargelegten Ansichten im Laufe der Jahre leichte Schwankungen erfuhren, blieb sie sich in dem Sinn treu, daß für sie das Maß aller Dinge nicht der Mann, sondern die Frau ist – die Frau, die ganz sie selbst ist. Sie geht davon aus, daß alle Wesen bisexuell sind, die Frau jedoch durch ihren Reichtum an Instinkten dem Mann überlegen ist. Die Frau existiert in einer Einheit von Geist, Intellekt, Körper und Gefühlen und erinnert in ihrer Rundheit und Vollständigkeit an die Eizelle. Den wesentlich differenzierteren Mann treibt dagegen seine Unzufriedenheit an, sich ständig neu zu erproben und zu bestätigen. Sein Streben ist also nur ein Zeichen für seine Unzulänglichkeit als Mann, während die Frau es eigentlich nicht nötig hat, ehrgeizig zu sein. Andreas-Salomé nahm sich dabei nicht aus und hat ihrem Schreiben immer weniger Bedeutung zugemessen als dem «Sein».

So erscheint die Frau in ihren Schriften als ein romantischer Lebensgeist, als das von der Natur so geschaffene, in sich ruhende ewig Weibliche, im Einklang mit Instinkt und Trieb, im Kosmos genauso zu Hause wie in sich selbst, gleichgültig, ob es sich um eine berufstätige Frau oder eine Ehefrau handelt. Diese Begriffe, die sich wie eine Mixtur aus den ästhetischen Idealisierungen der Frau des Fin de siècle und dem heutigen amerikanischen Öko-Feminismus ausnehmen, wurden von Andreas-Salomé jedoch mit spezifisch eigenen Erfahrungen unterlegt. Ihre Heldinnen sind nie blutleere Ideale, sondern intelligente, denkende Wesen, die sich die Entscheidung darüber, wo ihr Zentrum ist, nicht leicht machen. Mit ihren Entscheidungsfindungen und ihren unabhängigen, unkonventionellen Leidenschaften sind sie natürlich Abbilder der Lou Andreas-Salomé. In ihren Schriften werden die Begriffe Femme fatale und philosophischer Blaustrumpf mit Leben erfüllt und individualisiert.

Auch die Abhandlungen in *Die Erotik* sind ganz aus dem weiblichen Blickwinkel geschrieben. Die sexuelle Leidenschaft wird mit der Leidenschaft des Künstlers und der Inbrunst des Mystikers gleichgesetzt. Sie ist ein Rausch, eine regenerierende Kraft, die die Grenzen zwischen zwei Wesen aufhebt und die Gegensätze zwischen Egoismus und Altruismus verschwinden läßt. Für eine Frau gibt es keine Trennung zwischen Sexualität und Geist, und daher ist die Erotik für Andreas-Salomé eine Überwindung des Körperlichen und Materiellen. Da die Erotik jedoch auf dem Prinzip der Untreue beruht, kann sie sich in der Ehe unmöglich entfalten. Das eigentliche Glück besteht nicht darin zu lieben, sondern geliebt zu werden. Der Geschlechtsakt mag als ein Akt der Selbstaufgabe gesehen werden, aber andererseits stellt er auch eine Bereicherung dar. Durch den Geliebten gelingt es uns, zum tiefsten Kern unseres Wesens vorzudringen und unsere ursprüngliche Einheit mit dem All wiederzufinden. In unserer Dankbarkeit verklären wir den Geliebten. Diese Gedanken sollte sie in ihrem Essay «Über Narzißmus» weiterentwickeln.

Während der Zeit ihrer Affäre mit Rilke setzte Lou Andreas-Salomé sich intensiv mit dem Wesen des Künstlers und der Kreativität auseinander. Letztlich kam sie zu der Ansicht, daß der Künstler, der wie die Frau für die Verschmelzung von Geistigem und Körperlichem kämpft, eine weniger vollkommene Ausgabe der Frau ist, da sich seine Produktivität auf Objekte beschränkt. Verglichen mit dem normalen Mann ist der Künstler freilich das bewundernswertere Wesen. In alldem machte sich Rilkes Einfluß bemerkbar.

Rilke war auch entscheidend daran beteiligt, daß Andreas-Salomé sich dem Studium der Psychoanalyse zuwandte. Mit seinen depressiven Anfällen, seiner existentiellen Furcht vor der Trennung von Körper und Seele, lockte er sie auf ein Terrain, das sie nur mit Hilfe der Psychoanalyse erforschen konnte. Die ganze Dichtung Rilkes ist von dieser tiefen Angst vor seiner körperlichen Hülle durchdrungen. Wie Angela Livingstone in ihrer einfühlsamen Biographie über Andreas-Salomé herausarbeitet, war Rilke von Kindheit an von der Angst vor «dem Großen» verfolgt, das eine Art «zweiter Kopf» war, «wie ein großes totes Tier, das einmal, als es noch lebte, meine Hand gewesen war oder mein Arm».[30] «Das Große» saugte sein Blut auf und drohte, ihn zu vernichten. Lou brachte später diese Angst mit dem kindlichen Erektionserlebnis in Zusammenhang. Der erigierte Penis mußte ihm wie ein von ihm losgelöstes lebendiges Wesen vorkommen. Das Bild des allzu Großen, Harten, allzu Nahen brachte er zuweilen auch in Beziehung zu Lou, in Augenblicken, wenn er sie haßte: Ihre Größe, ihre Furchtlosigkeit repräsentierten für ihn das furchteinflößende Leibliche. Lou ist jedoch auch die Frau, die ihn liebt, die ihn mitsamt seiner Angst liebt. Er kann über diese Angst mit ihr sprechen, im Wissen, daß sie zuhört, versteht und hilft.

Andreas-Salomé brach die Beziehung zu Rilke 1901 ab, weil seine Depressionen über ihre Kräfte gingen. 1903 begann er ihr wieder zu schreiben. Es sind die Briefe eines Patienten an seine Therapeutin. Und obwohl sie noch gar nicht mit dem systematischen Studium der Psychoanalyse begonnen hatte, breitete Rilke vor ihr sein Leben aus wie vor einer Analytikerin. In seinen Briefen beschreibt er ihr wie niemandem sonst seine innersten Ängste und seine Krankheiten. Und sie nimmt ihn an, nicht nur als Freund, sondern auch als Patienten, als einen Dichter-Patienten. Sie hatte ihm zwar nie zu einer formellen Analyse geraten,[31] sich jedoch während der Arbeit an ihrer *Schule bei Freud* selbst analytisch mit seinen Ängsten beschäftigt.

Wahrscheinlich war Lou Andreas-Salomé schon 1895 mit Freud und seinem Werk in Berührung gekommen; denn sie hielt sich in Wien auf, als gerade die *Studien über Hysterie* erschienen, und ihr Freundeskreis, zu dem auch Arthur Schnitzler und ihr Liebhaber Friedrich Pineles gehörten, überschnitt sich mit dem Kreis um Freud. Auch

Lou Andreas-Salomé: «Das Glückstier»

später kam sie regelmäßig nach Wien, und möglicherweise begegnete sie Freud schon vor dem Kongreß von 1911. Wie Freuds Nachruf zeigt, wußte er, welche Rolle Wien in der bewegendsten Episode ihrer «weiblichen Schicksale» gespielt hatte. Daß er Lous Bemerkung, die Psychoanalyse sei ein wundervolles Geschenk, so hervorhob, ist vielleicht ein Hinweis darauf, daß Freud ihre Hinwendung zur Psychoanalyse und ihre Rückkehr nach Wien als Suche nach dem Kind deutet, das sie hier verloren hat. Die Psychoanalyse wird Andreas-Salomés Kind werden.

Fest steht jedenfalls, daß Lou Andreas-Salomé im September 1911 auf dem Weimarer Psychoanalytischen Kongreß war, in Begleitung von Poul Bjerre, einem schwedischen Psychotherapeuten und ihrem damaligen Liebhaber, und daß Freud über ihren so vehement geäußerten Wunsch, die Psychoanalyse zu studieren, lachen mußte. In ihrem naiven Enthusiasmus muß sie wie ein Kind gewirkt haben, das ein neues Spielzeug ausprobieren will. Ob sie ihn vielleicht für den Nikolaus halte, fragte er sie mit einem spöttischen Zwinkern.

Trotz der Spöttelei des Professors sollte Andreas-Salomé ihr Leben lang ihre Freude an diesem wundervollen Geschenk bewahren – und genauso die Freude an Freud. Die in ihrem Tagebuch *In der Schule bei Freud* abgedruckten Briefe von und an Freud sind voller festtäglicher Bilder. Sie sah immer eine «Sonntagsqualität hinter der ganzen Wochentagsarbeit», und Freud nannte sie sein Sonntagskind, als das er auch seine Lieblingstochter Sophie bezeichnete. Andreas-Salomé zitiert ihn einmal, wie er sich über sie lustig macht: «Ich glaube, Sie betrachten die Analyse als eine Art von Weihnachtsbescherung.»[32]

Das war sie für Andreas-Salomé in der Tat. Sie gab ihr die Möglichkeit, sich an die dunklen Wurzeln des Lebens heranzutasten, diese Wurzeln, «mit denen es der Totalität eingesenkt ist»[33]. Ihre philosophischen Studien hatten ihr nie dabei geholfen, ihr eigenes Leben zu erforschen; und während ihr Tagebuch deutlich von dem Bemühen spricht, die Psychoanalyse an ihre philosophischen Konzepte anzupassen, war ihr zugleich klar, daß sie mit den Instrumenten der Analyse mehr anzufangen wußte. Die Psychoanalyse, schien ihr, brachte den Körper zurück in die Philosophie; den weiblichen Körper, möchte man fast hinzufügen. Die Psychoanalyse erlaubte ihr, sich nun auf rationale und wissenschaftliche Weise mit dem Material auseinanderzusetzen, das sie immer fasziniert hatte – seelische Vorgänge, Phantasie, Sexualität, Kindheitsrückstände. Bestimmte psychoanalytische Begriffe paßten hervorragend zu ihren eigenen Ideen und machten sie transparenter. Schon in *Die Erotik* hatte sie sich mit dem Begriff der Bisexualität und der Vorrangigkeit der Sexualität auseinandergesetzt, und in ihren Erzählungen mit dem weiblichen Masochismus. Freuds Begriff des Unbewußten, der die Nähe von Gut und Böse, Liebe und Haß zum Ausdruck brachte und aufzeigte, daß es sich dabei nur um vermeintliche Gegensätze handelt, entsprach ganz ihrer eigenen intuitiven Erkenntnis.

Die Psychoanalyse erlaubte ihr auch, sich in ihr eigenes Leben zu vergraben und es aufzuarbeiten. Ohne sich direkt schuldig zu fühlen, quälte Andreas-Salomé der Vorwurf, daß sie sich an den Männern in ihrem Leben versündigt habe, an Gillot, Nietzsche, Rée, Rilke, vielleicht auch an Pineles, Bjerre und schließlich an Tausk, indem sie sich – enttäuscht – zu schnell von ihnen abgewandt hatte. Die Psychoanalyse stellte nun insofern einen Wendepunkt in ihrem Leben dar, als jetzt ein Verständnis des anderen möglich wurde, das jenseits aller Gefühle war: Abneigung und Liebe waren nun nur noch Gradunterschiede. Die Analyse gestattete eine Beziehung, die jenseits der eigenen Treue und Untreue war. Sie erlaubte es, die entschwundenen Gestalten der Vergangenheit wiederauferstehen zu lassen, ihnen wieder nahe zu sein und damit sich selbst.

Tatsächlich geht aus Andreas-Salomés *Lebensrückblick* hervor, daß sie überzeugt war, alles in ihrem Leben habe zusammengewirkt, um sie zur Analyse zu führen. Nicht nur besaß sie als Russin die Fähigkeit, «im einzelnen Fall redselig eindringend Kompliziertes aufzuschließen, seelisch Schwierigem Äußerung zu finden»,[34] nicht nur hatte sie Rilkes Leid aus nächster Nähe erfahren, sie hatte auch die gesamte philosophische Literatur des neunzehnten Jahrhunderts in sich aufgenommen, und alle diese Wege führten zu Freud. Der Bedeutungsverlust von Hegels metaphysischen Systemen angesichts des Darwinismus und Positivismus (den Paul Rée, der Rückwärtsgewandte, für sie verkörperte, während Nietzsche immer der Vorwärtsstürmende war) verlangte eine heroische Haltung, die Haltung eines Nietzsche, den neuen gottlosen Wahrheiten gegenüber. Die einzige Möglichkeit, den lebendigen Wahrheiten näherzukommen und sowohl dem evolutionären Vorstoß in das «Übermenschliche» als auch der todgeweihten Systematisierung zu entgehen, war der Weg, den Freud beschritt: nämlich anzuzeigen, «was sich im Unterirdischen des Menschen verdrängt hält, oder was sein Widerstand nur in vieldeutigsten Entstellungen an die Oberfläche kommen läßt»[35]. Nicht von ungefähr war die Deutung der Psychoanalyse als Wiederherstellung dessen, was der

Mensch vergessen hat, für Andreas-Salomé der Anstoß, der Philosophie den Rücken zu kehren. Die Psychoanalyse bildete die Vorhut für den Geist des zwanzigsten Jahrhunderts, der das Antlitz des Menschen im Schlamm seiner eigenen Geschichte sichtbar werden ließ.

Mit Freuds Erlaubnis nahm Andreas-Salomé vom 30. Oktober 1912 bis 2. April 1913 an den Mittwochssitzungen der Wiener Psychoanalytischen Vereinigung teil. Obgleich vier Frauen im Mitgliederverzeichnis angegeben waren, war sie oft die einzige Frau unter fünfzehn bis neunzehn Männern, zu denen Victor Tausk, Otto Rank und gelegentlich Sándor Ferenczi zählten. Mit letzterem entwickelte sich eine Freundschaft, und schon damals erkannte sie die ersten Anzeichen für dessen spätere Divergenzen mit Freud. Manchmal nahm sie ihre Reisebegleiterin Ellen Delp zu den Treffen mit und einmal ihre feministische Freundin Helene Stöcker. Wie wichtig der Vereinigung ihre Teilnahme war, zeigt die Tatsache, daß Hugo Heller eine Woche vor ihrem ersten Auftritt in der Gruppe einen Vortrag über Lou Andreas-Salomé als Schriftstellerin hielt.

Freud arbeitete damals an *Totem und Tabu* und beschäftigte sich mit dem Narzißmus, ein Thema, das auch Andreas-Salomé am Herzen lag. In ihrem Tagebuch *In der Schule bei Freud*, einer Goldgrube für Historiker der Psychoanalyse, dokumentierte sie gewissenhaft die Mittwochssitzungen, notierte auch ihre Ansichten über die Vorträge und die verschiedenen Teilnehmer. Freud begleitete sie nach den Sitzungen oft heim, und schon bald entwickelte sich eine freundschaftliche Beziehung zwischen ihnen. Im Café Ronacher wurden die Diskussionen manchmal bis spät in die Nacht fortgesetzt. Bei mehreren Gelegenheiten war sie Gast im Hause Freud. Obgleich sich die Gespräche auch um ihre Kindheit drehten und zuweilen analytischen Charakter annahmen, unterzog sich Andreas-Salomé nie einer richtigen Analyse. Angesichts des intellektuellen Anspruchs ihres Tagebuchs und ihres *Lebensrückblicks* läßt sich nicht immer leicht nachvollziehen, wie nun Freud dieses und jenes interpretiert hat. Dennoch gewährt die Tagebucheintragung vom 2. Februar 1913 Einblick in eine vielleicht entscheidende Schlüsselszene. An diesem Sonntag hatte Freud ihr nämlich von seinem Leben erzählt. Für sie war das «Persönlichste von allem» die Geschichte über die «narzißtische Katze».

Die Katze war durch ein offenes Fenster in Freuds Arbeitszimmer gekommen und hatte bei Freud gemischte Gefühle hervorgerufen:

«[...] besonders, da sie vom Sofa herabstieg, auf dem sie es sich

Ein Frauenberuf

bequem gemacht, und seine provisorisch auf dem Fußboden aufgestellten Antiquitäten eingehend zu mustern begann, während er Angst haben mußte, sie von dort zu verjagen, d. h. sie zu ungestümen Bewegungen inmitten dieser geliebten Schätze zu veranlassen. Als die Katze aber fortfuhr, schnurrend ihr archäologisches Wohlgefallen kundzutun, ohne in ihrer schmiegsamen Grazie den geringsten Schaden zu verursachen, da schmolz sein Herz und er ließ sogar Milch bringen. Von da an erhob sie täglich Anspruch auf Sofaplatz, Antiquitätenmusterung und Milchnapf. Dabei nahm sie jedoch von ihm selbst – trotz seiner steigenden Liebe und Bewunderung – durchaus keine Notiz, richtete ihre grünen Augen mit den schiefen Pupillen kaltsinnig auf ihn wie auf einen beliebigen Gegenstand, und wenn er auch nur für einen Augenblick mehr von ihr wollte als ihr egoistisch-narzißtisches Schnurren, dann mußte er den Fuß vom bequemen Liegestuhl heruntertun und mit den erfinderisch bezauberndsten Bewegungen der Stiefelspitze um ihre Aufmerksamkeit werben. Endlich, nachdem dies ungleiche Verhältnis lange gedauert und sich nie verändert hatte, fand er die Katze eines Tages fieberheiß und keuchend auf ihrem Sofa; und ob auch sofort die sorgsamste Behandlung [...] einsetzte, erlag sie doch einer Pneumonie, nichts von sich zurücklassend als ein Sinnbild aller friedevoll-spielerischen Anmut des wahren Egoismus.»[36]

Andreas-Salomé gibt keinen Kommentar zu der Geschichte ab und geht zu der zweifellos damit im Zusammenhang stehenden Frage Freuds über, warum sie sich so tief in die Psychoanalyse hineinbegeben habe. Ihre eigentliche Antwort ist nicht sehr relevant. Aber daß sie diese Geschichte an dieser Stelle einfügt, will wohl andeuten, daß Freud von ihr wissen wollte, was sie, die der Katze in ihrer narzißtischen Distanziertheit und Selbstgenügsamkeit so ähnlich ist, eigentlich von ihm wolle. Ist die Psychoanalyse nur die geschenkte Milch und ein schnurrendes Erforschen archäologischer Tiefen? Lous Antwort ist in ihrer späteren und bedeutendsten psychoanalytischen Abhandlung «Narzißmus als Doppelrichtung» (1921) nachzulesen. Inzwischen verfaßte Freud das wahrscheinlich beste psychoanalytische Porträt Andreas-Salomés in seiner Arbeit «Zur Einführung des Narzißmus», in der natürlich die Katze vorkommt:

«Es stellt sich besonders im Falle der Entwicklung zur Schönheit eine Selbstgenügsamkeit des Weibes her, welche das Weib für die ihm sozial verkümmerte Freiheit der Objektwahl entschädigt. Solche Frauen lieben, streng genommen, nur sich selbst mit ähnlicher Intensität, wie der Mann sie liebt. Ihr Bedürfnis geht auch nicht dahin zu lieben,

Lou Andreas-Salomé: «Das Glückstier»

sondern geliebt zu werden, und sie lassen sich den Mann gefallen, welcher diese Bedingung erfüllt. Die Bedeutung dieses Frauentypus für das Liebesleben der Menschen ist sehr hoch einzuschätzen. Solche Frauen üben den größten Reiz auf die Männer aus, nicht nur aus ästhetischen Gründen, weil sie gewöhnlich die schönsten sind, sondern auch infolge interessanter psychologischer Konstellationen. Es scheint nämlich deutlich erkennbar, daß der Narzißmus einer Person eine große Anziehung auf diejenigen anderen entfaltet, welche sich des vollen Ausmaßes ihres eigenen Narzißmus begeben haben und sich in der Werbung um die Objektliebe befinden; der Reiz des Kindes beruht zum guten Teil auf dessen Narzißmus, seiner Selbstgenügsamkeit und Unzugänglichkeit, ebenso der Reiz gewisser Tiere, die sich um uns nicht zu kümmern scheinen, wie der Katzen und großen Raubtiere [...]. Noch andere Frauen brauchen nicht auf das Kind zu warten, um den Schritt in der Entwicklung vom (sekundären) Narzißmus zur Objektliebe zu machen. Sie haben sich selbst vor der Pubertät männlich gefühlt und ein Stück weit männlich entwickelt; nachdem diese Strebung mit dem Auftreten der weiblichen Reife abgebrochen wurde, bleibt ihnen die Fähigkeit, sich nach einem männlichen Ideal zu sehnen, welches eigentlich die Fortsetzung des knabenhaften Wesens ist, das sie selbst einmal waren.»[37]

Sosehr Freuds Ansichten über weiblichen Narzißmus in den letzten Jahren auch angegriffen worden sind, bei dieser Skizze von 1914, der Andreas-Salomé als Modell diente, ist es schwer, etwas anderes als Lob zu entdecken: Die Narzißtin ist für Freud der «reinste und echteste» weibliche Typus. Nichts deutet hier auf Freuds spätere Darstellung der Frau als mißlungener Mann hin, jenes Wesen mit angeborener Mangelhaftigkeit, das nur in der Beziehung mit dem Sohn wahre Befriedigung finden kann und deren sämtliche andere Beziehungen – wie Joan Riviere 1934 kritisch vermerkt – unvermeidlich von Enttäuschung, Verlustgefühlen und Minderwertigkeitskomplexen geprägt sind.[38]

Für Lou Andreas-Salomé und einen Flügel der psychoanalytischen Feministinnen ist die Frau die Narzißtin par excellence, «das Glückstier, eigentlich ähnlich rückläufig zum Narzißtischen hin wie der Neurotiker, nicht wie das Tier undifferenziert geblieben, aber ein Regredienter ohne Neurose. Im Grunde wäre das Weibwerdenwollen des Neurotikers ein Gesundwerdenwollen. Und immer ist es ein Glücklichseinwollen»[39]. Diese neue Sicht der Frau als unabhängiges, selbstzufriedenes und beneidenswertes Wesen ist eine Bestätigung dessen, was Freud über Narzißmus geschrieben hat. Wie Sarah Kofman meint,

Ein Frauenberuf

habe für den Freud jener Zeit die Anziehungskraft der Frau darin bestanden, daß sie sich bewahrt habe, was dem Mann verlorengegangen sei und wonach er sich immer sehnen werde, nämlich den ursprünglichen Narzißmus. «Man kann daher sagen, daß der Mann die narzißtische Frau beneidet und sucht wie das verlorene Kindheitsparadies [...] und zum Unglücklichsein verdammt ist.»[40] Und so drückt die Zeitgenossin Freuds, Lou Andreas-Salomé, es aus: «Denn nur dort ist die Sexualität kein Aufgeben der Ichgrenze, kein Zwiespalt; sondern sie bleibt Heimat der Persönlichkeit, in die sie jedoch alle Sublimationen des Geistes einbeziehen kann, ohne sich selbst zu verlassen.»[41] Unter der Ägide von Andreas-Salomé nahm das Rätsel Frau für Freud «segensreiche» Züge an.

Ihr Charme und ihre anziehende Persönlichkeit räumten ihr schnell einen besonderen Status im Freud-Kreis ein. Freud erlaubte ihr sogar, an Adlers Konkurrenzsitzungen teilzunehmen: «Ich bitte Sie nur, der Situation dadurch Rechnung zu tragen, daß Sie – gleichsam in einer artifiziellen psychischen Spaltung – dort von Ihrer Existenzform hier keine Erwähnung machen und umgekehrt.»[42] Eine Woche später schrieb er ihr:

«Ich vermißte Sie gestern in der Vorlesung und bin froh zu hören, daß Ihr Besuch im Lager des männlichen Protestes an der Verursachung Ihres Ausbleibens unschuldig ist. Ich habe die Unart angenommen, den Vortrag immer an eine bestimmte Person im Hörerkreis zu richten und starrte gestern wie gebannt in die Sitzlücke, die man für Sie gelassen hatte.»[43]

Auch Freud war also, wie so viele vor ihm, nicht immun gegen den Zauber der Lou Andreas-Salomé.

Der erste Teil ihrer *Schule bei Freud* ist überwiegend ihren Differenzen mit Adler und Jung gewidmet, sowie ihrer wachsenden Bewunderung für Freud. So wirft sie Adler und Jung zum Beispiel vor, zu einer verfrühten und daher sterilen Synthese gekommen zu sein, angesichts von Freuds späterer verhohlener Kritik an ihrer Neigung zur Synthese ein interessanter Kommentar. Adlers «männlicher Protest» führte nach Andreas-Salomés Ansicht zu einer negativen Einschätzung der Frau – was sie Freud, das sei vermerkt, nie vorgeworfen hat. Und Jung, der ihr eigentlich sehr nahe hätte stehen müssen, kritisierte sie dafür, andere als nur sexuelle Triebe in das Konzept der Libido aufzunehmen und es dadurch abzuschwächen.

Das heißt jedoch nicht, daß sie mit Freud immer übereinstimmte. Ihr Tagebuch gibt Aufschluß über einige Abweichungen und kritische

Lou Andreas-Salomé: «Das Glückstier»

Stellungnahmen, zum Beispiel über seine Verwendung von «archaisch» an Stelle von «infantil», das kindliche Denken betreffend – «der primitivere Mensch, und ebenso das Tier, unterscheiden ja sehr scharf, wohl aber noch nicht das ganz junge Geschöpf, für das die genitale Sphäre noch nicht in Betracht kommt»[44]. Sie erkannte sehr bald, daß es grundlegende Unterschiede zwischen ihnen gab. Dennoch wurde er für sie der große Lehrer. Immer wieder war sie beeindruckt, wie offen und flexibel er war: Als sie einmal bemerkte, in seinen Büchern stünde etwas anderes als das, was sie eben besprochen hätten, antwortete er, das sei seine «neueste Formulierung». Andreas-Salomé meint dazu:

«Und so blieb auch der Eindruck im ganzen: daß das Theoretische keineswegs festgenagelt ist, sondern sich weiter nach den Erfahrungen regelt, und daß, was diesen Menschen groß macht, einfach der Forschermensch selber ist, der ruhig weiterschreitet, rastlos arbeitend.»[45]

Am meisten bewunderte sie, daß er alle seine Erkenntnisse «gegen den Strich» gewonnen hatte, daß gerade er die Psychoanalyse geschaffen hatte, «dessen persönlicher Wunschrichtung es sozusagen kaum recht war, Funde von so tiefer Tiefe zu heben, und der das so Gefundene sich doppelt dicht und nüchtern vor die Augen hob, um es nur ja nicht zu überschätzen»[46]. Mit anderen Worten: Sie bewunderte Freud gerade für die Eigenschaft, die ihr abging. Für Andreas-Salomé war Freud der ausgemachte Rationalist, der keine Zeit für das Mystische hatte; und gerade dieser Rationalist legte nun das Irrationale frei. Er war der gewissenhafte Forscher, der vor seinen Entdeckungen, auch wenn sie verstörend und abstoßend waren, nicht zurückschreckte. Und in diesem Punkt trafen sie sich, denn auch Andreas-Salomé war durch nichts zu erschüttern. Sie war so wißbegierig, daß sie auch «die furchtbarsten Dinge» wie Weihnachtsgeschenke willkommen hieß.

Die Bewunderung war wechselseitig. Sehr schnell gewann Freud Vertrauen zu der berühmten Außenseiterin und setzte sie als Schiedsrichterin ein in dem Gerangel zwischen den psychoanalytischen Mitstreitern. Im Juni 1914 schrieb er ihr: «Aber ganz versteckt regt sich irgendwo doch ein Bedürfnis zu erfahren, wie das Ganze einem Anderen, einem Richter oder Richterin, erscheinen könnte, und ich gestehe, daß ich Ihnen so ein Amt anvertraut hätte.»[47] Andreas-Salomé, die «Versteherin par excellence», übte ihr Richteramt mit Takt und Geschick aus. Freud kritisierte ihr gegenüber seine Schüler und Kollegen mit ungewohnter Offenheit und wartete begierig darauf, daß sie sich seinem Verdikt anschloß. Seine Korrespondenz mit ihr umfaßt

Ein Frauenberuf

über zweihundert Briefe; sie ist die einzige Frau außerhalb des Familienkreises, mit der er einen so langen und gleichzeitig so regen Briefwechsel geführt hat. Für den, der sich ein Bild über Freuds geistige Entwicklung machen will, stellen diese Briefe eine wahre Fundgrube dar.

Trotz Freuds Behauptung, er fühle sich von ihr sexuell nicht angezogen, spielte es sicher eine Rolle in ihrem Verhältnis, daß sie eine Frau war. Andreas-Salomé war sich dessen zweifellos bewußt. Darauf läßt die letzte – für sie ungewöhnlich ironische – Zeile ihres Artikels zu Freuds siebzigstem Geburtstag schließen: «Denn Männer raufen. Frauen danken.»[48] Freud schrieb ihr, ihm sei «etwas exquisit Frauliches» an ihrer »intellektuellen Arbeit aufgefallen»[49], und obwohl diese galanten Worte auf eine herablassende oder zumindest zwiespältige Haltung gegenüber ihren Werken schließen lassen, besteht wenig Zweifel, daß es gerade ihre *Weiblichkeit* ist, die ihm die Diskussion strittiger Themen erleichtert hat und ihn in ungewohntes Terrain vorstoßen ließ.

Ihre Geschlechtszugehörigkeit spielte sicher auch eine Rolle in einer der eher düsteren Geschichten der Psychoanalyse, in der Andreas-Salomé als Vermittlerin auftrat. Victor Tausk war seit 1908 Freuds Schüler, und Freud hatte ihn zunächst durch seine Freundschaft und durch finanzielle Hilfe unterstützt. Als Andreas-Salomé nach Wien kam, stand Freud ihm jedoch bereits mißtrauisch gegenüber, da er das Gefühl hatte, daß Tausk seine Ideen allzu eifrig übernahm und ausbeutete, bevor er, Freud, sie noch zu Ende gedacht hatte. Andreas-Salomé jedoch hielt Tausk, der achtzehn Jahre jünger war als sie, für Freuds brillantesten Schüler und begann mit ihm eine Affäre, die bis August 1913 dauerte. Sie brauchte nicht lange, um den wahren Kern des Konfliktes zwischen den beiden Männern zu erkennen:

«Freud handelt aus bester Überzeugung, wenn er so scharf gegen Tausk auftritt, daran ist nicht zu zweifeln. Aber neben diesem ‹Psychoanalytischen› (im Hinblick auf Tausks ursprünglich neurotische Einstellung) ist es ja auch klar, daß alle Selbständigkeit neben Freud, besonders eine aggressiv temperamentvolle, ihn in seinem forscherischen, also edelsten Egoismus unwillkürlich hetzt und schädigt, zu verfrühten Auseinandersetzungen zwingt etc.»[50]

Wegen oder trotz ihrer Liebesbeziehung diskutierte Freud mit Andreas-Salomé über Tausk, sie aber verteidigte ihren Geliebten, wie sie sich immer für die gequälten «Genies» in ihrem Leben eingesetzt hatte, und forderte von Freud mehr Geduld. Sie tat das so energisch, daß Freud ihr den Witz über den Heiratsvermittler und den jungen Mann vorlas, den er in *Der Witz und seine Beziehung zum Unbewußten* als Beispiel für Spitzfindigkeit und Trugschlüsse benutzt hatte.[51] Ein junger Mann beklagt sich hier bitter über seine zukünftige Braut, ihre Häßlichkeit, ihr Alter und ihre Armut und die Dummheit und Boshaftigkeit der Mutter. Auf alles hat der Heiratsvermittler eine Antwort parat. «Aber sie hat ja auch einen Buckel!» sagt der Junge endlich. Worauf der Heiratsvermittler erwidert: «Nun, was wollen Sie? *Gar keinen Fehler soll sie haben!*»[52] Auch Andreas-Salomé spielte ja die spitzfindige Vermittlerin zwischen Freud und Tausk, da sie anfangs glaubte, sie könne Tausk helfen. Im August 1913 brach sie allerdings die Affäre mit ihm ab und rettete sich in die vernünftigere Freundschaft mit Freud. Ihre Darstellung des Kampfes zwischen Freud und Tausk zeugt von psychologischem Scharfblick:

«Mir erscheint daher auch jetzt erst Tausks Beziehung zu Freud in ihrer ganzen Tragik: ich begreife nämlich, daß er *stets* in dieselben Probleme und Lösungsversuche geraten wird, die Freud grade bearbeitet – daß dies kein Zufall ist, sondern das ebenso gewaltsame ‹Sich-zum-Sohn-Machen› wie auch ‹Den-Vater-dafür-Hassen›. Wie durch Gedankenübertragung wird ihn stets dasselbe beschäftigen wie Freud, er wird nie den einen Schritt zur Seite gehen, der ihm Raum schaffen würde. Das *schien* so sehr an den Verhältnissen zu liegen, aber es liegt zuletzt an ihm.»[53]

Obwohl Andreas-Salomé hier Freuds Verdikt über Tausk zu akzeptieren scheint, läßt sie keinen Zweifel daran, daß sie ihn immer noch schätzt:

«Und dann bleiben wieder die ungeschlichteten Gegensätze dessen, was Freud an ihm das ‹Raubtier› nennt (und was ihm doch am ehesten hilft, wenigstens im praktischen Dasein durchzufinden) *und* leidender Gefühlshaftigkeit bis zur Selbstauflösung. All das ist so weh anzusehen, daß man den Kopf wendet – hinweg möchte. Denn er täuscht sich über mich, phantasiert. Es gäbe letzten Endes keine *hilfreiche* Beziehung dazu: es gibt keine, wo alle Wirklichkeit gespenstig umwittert ist von allen unabreagierten Urreminiszenzen. Dadurch wird alle Resonanz unrein tönend: gewissermaßen von Innengeräuschen umsummt. Und von allem Anfang an empfand ich doch an Tausk grade all diesen Kampf als das, was mich an ihm tief berührte: den Kampf der menschlichen Kreatur. Brudertier, Du.»[54]

Im Juli 1919 beging Tausk Selbstmord, indem er sich erhängte und zugleich erschoß. Mehrere Ursachen mochten ihn zu dieser Verzweiflungstat getrieben haben; es war ihm nicht gelungen, seine Kriegserlebnisse zu bewältigen, und er hatte mit beträchtlichen finanziellen Problemen zu kämpfen; viermal mußte er sich von Grund auf eine neue Existenz aufbauen. Dazu kam, daß Freud gerade diesem Schüler, der so sehr seine Nähe suchte, mit unveränderlicher Distanz gegenüberstand. Auch Lou konnte sich nicht von aller Schuld freisprechen, hatte sie doch Tausks verzweifelte Feldbriefe und diverse Hilferufe nach Kriegsende unbeantwortet gelassen. Die so leicht Entflammbare konnte wie die narzißtische Katze plötzlich kalt und abweisend sein.

Das «exquisit Frauliche» ihres Intellekts wirkte offenbar entwaffnend auf Freud, der ihr gegenüber eine ganz und gar uncharakteristische Toleranz an den Tag legte: Ihrem Einfluß war es zuzuschreiben, daß Freud das synthetische Denken, das bis dahin für ihn ein rotes Tuch gewesen war, nun weniger heftig ablehnte. Er bewunderte sogar ihren, wie er es nannte, visionären, die Synthese suchenden Geist und ihre philosophisch spekulativen Gedankensprünge – etwas, das er bei seinen männlichen Schülern verabscheute. Ohne ihre Rolle uberzubewerten, fällt doch auf, daß Freud seine spekulativeren philosophischen Schriften während der Jahre ihrer Freundschaft verfaßte. Unter ihrem Einfluß gab er gelegentlich dem Drang nach philosophischer Spekulation nach, den er – als käme er sexueller Promiskuität gleich – seit seiner Jugend immer wieder unterdrückt hatte, um nicht das Ziel zu gefährden, die Psychoanalyse zu einer gesunden, empirischen Wissenschaft zu machen. Vielleicht lernte er durch Andreas-Salomé, das «Weibliche» in sich selbst anzuerkennen, also eine gewisse Fähigkeit, disparate Elemente zu vereinen.

In ihren Briefen treten ihre verschiedenen Ansatzpunkte klar hervor, ebenso wie die delikaten Annäherungsversuche zwischen ihnen. Der «Dichterin der Psychoanalyse» schreibt er: «Ich bewundere jedesmal von Neuem Ihre Kunst der Synthese, welche die durch Analyse gewonnenen disjecta membra zusammenfügt und mit lebendem Gewebe umhüllt.»[55] Im Mai 1916 antwortet er ihr auf einen Brief, in dem sie die Befürchtung äußert, etwas von Freud mißverstanden zu haben:

«Ich kann nicht glauben, daß Sie in Gefahr sind etwas von unseren Aufstellungen mißzuverstehen; es wäre denn unsere, diesmal meine Schuld. Sie sind doch eine Versteherin par excellence, wozu kommt, daß Sie mehr und besser verstehen, als man Ihnen vorgelegt hat. Es macht mir immer einen besonderen Eindruck, wenn ich Ihre Äußerung über eine meiner Arbeiten lese. Ich weiß, daß ich mich bei der

Arbeit künstlich abgeblendet habe, um alles Licht auf die eine dunkle Stelle zu sammeln, auf Zusammenhang, Harmonie, Erhebung und alles, was Sie das Symbolische heißen, verzichtete, geschreckt durch die eine Erfahrung, daß jeder solche Anspruch, jede Erwartung die Gefahr mit sich bringt, das zu Erkennende verzerrt zu sehen, wenn auch verschönert. Dann kommen Sie und fügen das Fehlende hinzu, bauen darüber auf, setzen das Isolierte wieder in seine Beziehungen ein. Nicht immer kann ich Ihnen folgen, denn meine für das Dunkel adaptierten Augen vertragen wahrscheinlich kein starkes Licht und keinen weiten Gesichtskreis. Doch bin ich nicht Maulwurf genug geworden, um mich nicht an der Ahnung des Helleren und Umfassenderen zu erfreuen, oder gar, um dessen Existenz zu verleugnen.»[56]

Besser hat Freud seine eigene Handlungsweise und deren eventuelle Schwächen nie mehr beschrieben.

Andreas-Salomé schlug in ihren Gesprächen oftmals einen weiblichen Ton an und sprach über die Bedeutung der Mutter, die Freud nur zögernd zugeben wollte. Anfang 1919 antwortete sie folgendermaßen auf Freuds Aufsatz «Das Tabu der Virginität»:

«Zum kurzen Aufsatz über das *Tabu der Virginität* dachte ich mir: auch *dies* stärkt es noch, daß irgendwann einmal (Matriarchat) das Weib die Herrschende gewesen sein mag; dadurch mußte sie, gleich den überwundenen Gottheiten, dämonisch werden und als rachebereit gefürchtet. Auch ihre Defloration durch Gottheit, Priester etc. weist ja noch auf Zeiten zurück, wo sie nicht im ‹Privatdienst› des Mannes stand und sich dazu erst loskaufen mußte von ihrer großartigen Vergangenheit, – was als positivster frühester Grund wohl nachwirken mag in den Vorsichtsmaßregeln des Mannes.»[57]

Nachdem sie *Das Unbehagen in der Kultur* gelesen hatte, diskutierte sie mit Freud über seine Verachtung gegenüber religiösen Gefühlen. Das «oceanische Gefühl» – wie Romain Rolland es nannte – stand für sie «neben dem bloß Regressiven (oder überhaupt Zurückgebliebenen) zugleich nahe allen möglichen Phantasiekräften, die sich auch im Schöpferischen regen».[58] Die enge Verbindung zwischen religiösem Gefühl und schöpferischer Phantasie siedelt sie in der prägenitalen Phase an, zeitlich vor der als Folge der geschlechtlichen Differenzierung aufgetretenen Kastrationsangst. In ihrer narzißtischen Weltsicht gibt es keine Gegensätze, vor allem nicht zwischen Phantasie und Realität. Statt dessen spricht sie von der Erinnerung an das «ganz Vage, Undeutliche», in der man sich «irgendwie mütterlich gewiegt» fühlen kann.[59]

Ein Frauenberuf

Die idealistische Philosophin stürzt sich mutig in die Tiefen, denen sich Freud nur mit intellektueller Vorsicht nähert. In diesem Punkt kann er einfach nicht anders, als sie dann und wann freundlich zu rügen: «An einigen Stellen kann ich Ihnen nur mit der Ahnung folgen, wo Sie es unternehmen, Dinge zu beschreiben, die ich als dem Wort noch nicht unterworfen vermieden habe [...].»[60]

Im März 1930 antwortet er ihr auf ihre Gedanken über Religion mit einer seiner raren Analogien aus der Musik:

«Da ich Ihnen aber heute endlich schreibe, stelle ich mit Befriedigung fest, daß sich in unserem Verhältnis zum beliebigen Thema nichts geändert hat. Ich schlage eine – meist recht simple – Melodie an, Sie geben die höheren Oktaven dazu; ich trenne eines vom anderen und Sie vereinigen das Getrennte in einer höheren Einheit; ich setze die Bedingungen unserer subjektiven Beschränkung schweigend voraus und Sie machen ausdrücklich auf sie aufmerksam. Im Ganzen haben wir uns verstanden und sind einer Meinung. Nur, daß ich dazu neige, alle Meinungen bis auf eine auszuschließen und Sie eher, alle Meinungen mit einander einzuschließen.»[61]

In ihrer Freundschaft mit dem Pessimisten Freud übernahm Andreas-Salomé die Rolle der Optimistin. In «Mein Dank an Freud», ihrem Geschenk zu seinem fünfundsiebzigsten Geburtstag, schaffte sie es, selbst Freuds Theorie über den Todestrieb in einem positiven Licht zu zeigen. Er glaube an den Wert des Lebens, meinte sie, auch wenn er sich nicht die geringsten Illusionen diesbezüglich erlaube. Und Freud war ihr wie immer dankbar, obwohl er die idealisierenden Tendenzen seiner das Leben liebenden Modellnarzißtin nicht teilte:

«Es ist gewiß nicht oft vorgekommen, daß ich eine psa. Arbeit bewundert habe, anstatt sie zu kritisieren. Das muß ich diesmal tun. Es ist das Schönste, was ich von Ihnen gelesen habe, ein unfreiwilliger Beweis Ihrer Überlegenheit über uns alle, entsprechend den Höhen, von denen herab Sie zu uns gekommen sind. Es ist eine echte Synthese, nicht die unsinnige, therapeutische unserer Gegner, sondern die echte, wissenschaftliche, der man zutrauen könnte, daß sie die Sammlung von Nerven, Muskeln, Sehnen und Gefäßen, in die das analytische Messer den Leib verwandelt hat, wieder zum lebenden Organismus rückverwandeln kann. Gelänge es, was Sie mit hauchdünnen Pinselstrichen hinmalen, zur Greifbarkeit zu vergröbern, so hätte man vielleicht endgültige Einsichten in Besitz bekommen.»[62]

Das Vertrauen, das Freud in Lou Andreas-Salomé setzte, hätte sich in nichts deutlicher ausdrücken können als in der Bitte, sie möge ihn bei der Analyse der «Annatochter», wie sie beide Anna Freud in ihren Briefen manchmal nannten, unterstützen.

Wie wir aus einer Bemerkung Freuds seinem Kollegen Max Eitingon gegenüber wissen, war der Grund für ihren sechswöchigen Aufenthalt in Freuds Haus 1921 in erster Linie Freuds Wunsch, daß sie sich mit Anna anfreundete. Ob er dabei Andreas-Salomé schon als Analytikerin im Sinn hatte, ist nicht sicher. Auch wenn Anna es später leugnete, steht fest, daß Andreas-Salomé dem Wunsch nachkam und daß Freud sich bei der Analyse seiner Tochter von einer Frau ablösen lassen wollte. Es war ihm klargeworden, daß eine Analytikerin besser in der Lage sein würde, den Widerstand Annas gegen ihren Vater und ihre Flucht vor der femininen und sexuellen Komponente ihres Wesens auszuloten. Als Freud die Analyse seiner Tochter nach einer Unterbrechung von zwei Jahren wiederaufnahm, wurde Andreas-Salomé von beiden über die Fortschritte informiert. Durch ihre analytische Elternschaft kamen sie sich so nah, daß Freud später meinte, Lou käme in der Vertrautheit gleich nach seiner Tochter.

Andreas-Salomés Analyse von Anna war kaum konventionell zu nennen. Sie entwickelte sich in langen Diskussionen (sowohl in Wien als auch in ihrem Göttinger Haus) und in einer umfangreichen Korrespondenz über ihre gemeinsamen Interessen – Schlagephantasien, Analsex und Masochismus –, wobei Anna sich Mühe geben mußte, mit Lous «Gedankentempo» mitzukommen. Sie gab später zu, daß Lou ihr geholfen habe, ihre Angst zu überwinden, wo es darum ging, in der Öffentlichkeit zu sprechen und zu theoretisieren – so sehr, daß sie sogar Lous Antrittsrede vor der Wiener Vereinigung 1922 vortrug. (Die Vorschrift der persönlichen Anwesenheit wurde eigens für Lou Andreas-Salomé aufgehoben.) Ohne Lou hätte sie nie ihre Abhandlung über Schlagephantasien schreiben können, stellte sie fest, Lou habe ihr auf eine «okkulte» Weise geholfen.

Einen Wunsch jedoch mochte Andreas-Salomé Freud nicht erfüllen: seinen ambivalenten Wunsch, man möge ihm seine Tochter wegnehmen. Tatsächlich hatte sie, für die Selbstaufgabe die höchste Form weiblicher Liebe war,[63] volles Verständnis dafür, daß Anna lieber bei ihrem Vater blieb und sich Freud und der Psychoanalyse aufopfern wollte. Wenn es um Anna geht, bekommt der freundschaftliche Ton etwas Verschrobenes. Am 6. Mai 1922 schreibt Andreas-Salomé nach einem Besuch Annas in Göttingen: «Anna hat übrigens überhaupt bedenkliche Raserei der Leidenschaften hier entfesselt, wie sie Ihnen erzählen wird, kommt jedoch gänzlich unangesengt von solchen Flammen heim. Und ich würde mich durchaus nicht wundern, wenn beides stets von neuem geschähe, *so schön* ist ja doch für sie jedes Heimkommen.»[64]

Während Andreas-Salomé für Anna Freud die gute Mutter war, war sie Tochter und Gefährtin in einem für Freud. Zwei Jahre vor ihrem Tod schickte sie als Vierundsiebzigjährige Freud ein Photo von sich – das zweite Photo, seitdem sie korrespondierten – und äußerte den Wunsch: «Wenn ich statt dessen auch nur auf zehn Minuten Ihnen ins Gesicht sehen dürfte – in das Vatergesicht über meinem Leben.»[65] Freud war für Andreas-Salomé nicht nur eine Vater- und Lehrerfigur, er war mit seiner abwesenden Anwesenheit auch ein Symbol für jene Aura von Gottesfurcht, die sie von Kindheit an begleitet hatte.

Es ist schwierig, Lou Andreas-Salomé als Analytikerin zu beurteilen. Erst nachdem sie sich mehrere Jahre mit der Psychoanalyse beschäftigt hatte, nahm sie selbst Patienten an, von denen ihr einige von Freud überwiesen wurden. 1923 behandelte sie bereits zehn Patienten täglich, was ihr einen strengen, wenn auch humorigen Verweis von Freud eintrug:

«Halte es natürlich für einen schlecht verhüllten Selbstmordversuch, der mich sehr überrascht, da Sie meines Wissens doch so wenig neurotisches Schuldgefühl haben, und beschwöre Sie, damit aufzuhören und lieber Ihre Patienten in einer den Kaskaden des Marksturzes halb- oder viertelwegs entsprechenden Weise zu steigern. Die Kunst zu rechnen scheint die Feenschar, die Ihre Wiege umstand, Ihnen doch vorenthalten zu haben. Bitte schlagen Sie meine Mahnung nicht in den Wind!»[66]

Freud bezog sich dabei auf die galoppierende Inflation der Nachkriegszeit und bot Andreas-Salomé an, sie finanziell zu unterstützen, was er dann auch in die Tat umsetzte. Seine Freundlichkeit rührte sie zutiefst, aber sie nahm weiter so viele Patienten an, wie sie konnte. Denn die Analyse, die sowohl der männlichen als auch der weiblichen Seite ihres Wesens, dem Intellekt und der Intuition, entgegenkam, machte sie so glücklich, daß sie sie auch «als Millionärin nicht aufgegeben hätte». In «Mein Dank an Freud» nimmt sie die besondere Beziehung zwischen Analytiker und Analysand zum Ausgangspunkt ihrer Betrachtungen. Sie sieht sie als eine Beziehung, in der die Bedeutung und Würde des einzelnen lebendig werden. Für Andreas-Salomé ist ein psychisch Kranker jemand, der versucht hat, «bis an sein Äußerstes» zu gehen, während der Gesunde sich mit dem begnügt, was er bekommt.⁶⁷ Sie praktizierte nicht nur in ihrem Haus in Göttingen, sondern nach dem Krieg auch in Königsberg, wo sie Otto Bruns half, eine Poliklinik nach psychoanalytischen Richtlinien zu gründen, und an der Berliner Poliklinik arbeitete sie mit Eitington zusammen. In ihren Briefen an Freud nehmen die Probleme ihrer Patienten breiten Raum ein; Freud kommentiert sie und erteilt Ratschläge.

Andreas-Salomé konnte in der Analyse alle ihre außergewöhnlichen Talente verwirklichen. Ihre Fähigkeit, sich mit einem Menschen zu identifizieren, sich alles, auch das Schockierendste, anzuhören, so daß die Person, der sie zuhörte, sich hinterher besser und klüger fühlte, hatte nun einen professionellen Sinn. Anna Freud und Rainer Maria Rilke haben jeweils auf ihre Art in ihren Briefen ab 1912 immer wieder Andreas-Salomés unverkennbare Begabung für die Analyse hervorgehoben. Dies tut auch der Bericht eines Königsberger Arztes – einer der fünf Ärzte, die bei ihr die Analyse lernten:

«Die Art, in der Lou mich analysierte, hat tiefen Eindruck auf mich gemacht und mir mein ganzes Leben lang geholfen. Seit damals habe ich mich viel weniger über die Handlungen anderer Menschen empört. Denn wenn man einmal dem ‹inneren Schurken› den wir alle in uns haben, ins Angesicht gesehen hat, neigt man viel weniger dazu, sich moralisch über das Betragen seiner Mitmenschen zu entrüsten. [...] Sie hat eine sehr ruhige Art zu sprechen und eine große Begabung, Vertrauen einzuflößen. Ich bin heute immer noch ein bißchen überrascht, wieviel ich ihr damals erzählt habe. Aber ich hatte immer das Gefühl, daß sie nicht nur alles verstand, sondern auch alles vergab. Ich habe niemals wieder so ein Gefühl von freundlicher Versöhnlichkeit, von Mitleid erlebt wie bei ihr [...]. Sie war eine großartige Zuhörerin.»⁶⁸

In gewissem Sinn war die formale (und inhaltliche) Struktur der analytischen Sitzung eine Erlösung für Andreas-Salomé. Die erotische Anziehungskraft, die sie oft gegen ihren Willen ausübte – und die in ihrem Privatleben oft Probleme mit sich brachte –, kam hier sinnvoll zur Anwendung. Und auf der anderen Seite setzte sie die von Freud bei ihr beobachtete Distanziertheit gegenüber gewöhnlichen Menschen, eine Kälte, die vielleicht auch eine Abwehrhaltung war, im Behandlungszimmer in Wärme um. In einem Brief an Freud, in dem es um eine schwierige Patientin ging, die er ihr geschickt hatte, schrieb sie: »[...] an mir selbst bin ich ein kaltes, altes Tier, das nur Wenigen anhängt; eben drum so dankbar dafür, innerhalb der Ps. A. so warm abzufließen.«⁶⁹ Sie verspürte nie den geringsten Zweifel am Wert der psychoanalytischen Arbeit. Traurig meinte sie, wenn die Psychoanalyse früher entdeckt worden wäre, hätte vielleicht auch Paul Rée gerettet werden können.

Andreas-Salomé hat verhältnismäßig wenige theoretische Abhandlungen über die Psychoanalyse veröffentlicht. Ihr Aufsatz «Zum Typus Weib», der 1914 in *Imago* abgedruckt wurde, beschäftigt sich mit der weiblichen Natur und den Unterschieden zwischen den Geschlechtern. Er ist als Antwort auf Freuds *Drei Abhandlungen zur Sexualtheorie* zu verstehen; Andreas-Salomé bedient sich der Freudschen Terminologie, betrachtet aber die Entwicklung des Mädchens aus dem Blickwinkel ihrer eigenen Erfahrungen. Zum Beispiel interpretiert sie (anhand der Erkenntnis Freuds, daß das Mädchen in der Pubertät eine neuerliche Welle der Verdrängung, namentlich ihrer Klitorissexualität, erlebt) die Pubertät als die Phase, in der das Mädchen durch den Prozeß seines Erwachsenwerdens auf sich selbst verwiesen wird – und das stellt für Andreas-Salomé die Verschmelzung mit dem All dar. Diese Passivität mag das elementarste Unterscheidungsmerkmal zwischen Mann und Frau sein, aber Lou sieht in dieser Passivität die Grundlage für alle Tugenden. Sie verleiht der Frau die Gabe zum Glücklichsein. In ihrer passiven Wendung zu sich selbst, in ihrer Selbstverleugnung, vereinigt sich der Sexualtrieb mit dem Selbsterhaltungstrieb. So kann sich der passive Sexualtrieb auf ein Ziel richten, das für den Ego-Instinkt extrem wünschenswert ist: auf den Vater, den Mann im Vater, Gott. Die Frau erlebt das Geistige und das Erotische als eine Einheit. Denn die Frau ist ein glückliches ungeteiltes Wesen.

Der Mann ist weniger gut dran. Seine «Aktivität», seine Aggressivität, wendet sich gegen die passive Frau, und selbst wenn er sie in sexueller Hinsicht idealisiert, kann sein Ich-Ideal niemals im Sexualpartner realisiert werden. Das kann er nur im gleichen Geschlecht aufbauen: im Vater. So muß der Mann auf der Suche nach sich selbst den Vater, das männliche Prinzip, anbeten. Sexuelle und geistige Triebe sind für den Mann unmöglich zu vereinen.

Andreas-Salomé greift zu einer biologischen Metapher, um ihre Theorie zu verdeutlichen. «Indem der Mann als Leistender sich nachjagt, verliert er sich als Selbstbesitzender – wie er schon im Dienst der Fortpflanzung verliert, was er besitzt und – um Freuds [...] Wort zu wiederholen – ‹altruistisch› handelt.»[70] Die nach innen gekehrte Frau dagegen besitzt einen «Glücksegoismus», eine souveräne Trägheit wie das in sich ruhende Ei. Ihre passive Innerlichkeit und ihre Ahnung einer ursprünglichen Einheit[71] läßt sie auch den Mann als einen Teil des Ganzen sehen. In dem männlichen Individuum liebt sie eigentlich die metaphysische Ganzheit. Das heißt: Weil die Frau Sexualität und Metaphysik in sich vereint und ihre Kraft immer noch aus der ursprünglichen Einheit bezieht, stellt sie einen unabhängigen kulturellen Wert dar: Sie besitzt jene Einheit, die der Künstler in seinem Werk ausdrücken und einfangen will.

Wie in fast allen ihren Schriften mißt Andreas-Salomé ihre Theorien an ihrem eigenen Bild. Der fröhliche Egoismus, die Begabung zum Glücklichsein, die Ahnung einer anfänglichen Einheit sind an sich selbst beobachtete Eigenschaften, ebenso wie die Vergeistigung des Sexuellen, die Fähigkeit, sich mit dem Mann, dem Repräsentanten Gottes, zu identifizieren und zu verschmelzen und dabei die souveräne Integrität der eigenen Persönlichkeit zu bewahren.

Ihr Essay «‹Anal› und ‹Sexual›» (1916) wurde von Freud mit uneingeschränktem Lob bedacht und zweimal in seinen Werken erwähnt. In den *Drei Abhandlungen* widmet er ihr sogar eine lange Fußnote, die nicht nur wegen Freuds Beurteilung, sondern auch wegen der Verschiedenheit ihrer Ausdrucksweise von Interesse ist.

«In einer Arbeit, welche unser Verständnis für die Bedeutung der Analerotik außerordentlich vertieft [...], hat Lou Andreas-Salomé ausgeführt, daß die Geschichte des ersten Verbotes, welches an das Kind herantritt, des Verbotes aus der Analtätigkeit und ihren Produkten Lust zu gewinnen, für seine ganze Entwicklung maßgebend wird. Das kleine Wesen muß bei diesem Anlasse zuerst die seinen Triebregungen feindliche Umwelt ahnen, sein eigenes Wesen von diesem Fremden sondern lernen, und dann die erste ‹Verdrängung› an seinen Lustmöglichkeiten vollziehen. Das ‹Anale› bleibt von da an das Symbol für alles zu Verwerfende, vom Leben Abzuscheidende. Der später geforderten reinlichen Scheidung von Anal- und Genitalvorgängen widersetzen sich die nahen anatomischen und funktionellen Analogien und Beziehungen zwischen beiden. Der Genitalapparat bleibt der Kloake benachbart, ‹ist ihr beim Weibe sogar nur abgemietet›.»[72]

So exzellent diese Zusammenfassung ist, einige für Andreas-Salomé wichtige Punkte fehlen. Das Kind wird durch das erste entsetzte «Pfui!» der Eltern abrupt aus den Wonnen der uranfänglichen Eltern-Mutter-Einheit gerissen, wie Andreas-Salomé so lebendig schildert,[73] und dieses erste Verbot der Anallust ist eine Lektion in Ekelgefühlen, die es ein Leben lang nicht vergessen wird. Nicht nur, daß die Lust etwas Ekelhaftes wird, der Kot wird etwas Fremdes, Tödliches, etwas,

was nicht es selbst ist. Durch das erste «Pfui» wird das Kind, wenn auch schwach, seines bewußten Selbst gewahr. Das Analerlebnis – zuerst das Verdrängen und dann das Beherrschen der analen Lust – steht in engem Zusammenhang mit der menschlichen Kreativität. Große Kunstwerke und menschliche Höchstleistungen sind häufig an die Erinnerung an jene Einheit und an die erste Unterdrückung des Analvergnügens – das Aschenbrödel unter seinen Stiefschwestern – gebunden.

Für Andreas-Salomé ist die Analerotik eine Probe für ihr Doppel, die Genitalerotik, die den Kampf zwischen Begierde und Verbot wiederholt, allerdings mit einer anderen Person, an die sich das Selbst verliert. Bei beiden Vorgängen kommt es zu materiellen Aussonderungen, aber während der Kot die tote Materie symbolisiert, assoziiert der Samenerguß Leben. Und so sah Andreas-Salomé, die große Metaphorikerin, in der physischen Nähe von Anus und Genitalien die Bedeutung, daß im sexuellen Akt der Tod und sein Reich der toten Exkremente durch die Kräfte des Lebens und der Zeugung überwunden wird.

Sie mißt aber nicht nur der Analerotik Bedeutung bei, für sie sind die frühesten Phasen des Lebens überhaupt von besonderer Bedeutung, und sie schreibt ihnen neben der üblichen psychoanalytischen auch eine metaphysische Komponente zu. Das geht aus ihrem langen Text «Narzißmus als Doppelrichtung» hervor. Für Andreas-Salomé ist der Narzißmus nicht nur die erste Phase des kindlichen Lebens, sondern auch die libidinöse Ergänzung des Egoismus: eine erste Selbstverliebtheit, die sich durchs ganze Leben zieht und wesentlich allgegenwärtiger ist als bei Freud. Mit ihrer Deutung des Narziß-Mythos untermauert sie ihre Theorien und führt sie im Bogen zurück zu ihrer Kindheitserinnerung, in der sie sich so trostlos begrenzt in einem Spiegel gesehen hatte. Der Narziß der Sage, betont Lou, stehe ja nicht vor einem künstlichen Spiegel, sondern vor dem der Natur, «vielleicht nicht nur *sich* im Wasser erblickend, sondern auch sich als *alles*», als Teil des Ganzen.[74]

Die Liebe zu sich selbst ist gut, sie ist ein «Lebensrausch». Sie ist nicht nur eine Selbstbehauptung, sondern auch eine Kraft, die zur Identifikation mit der Welt antreibt, zur Fusion mit dem anderen. Narzißmus ist wie eine Brücke der Liebe, die zu anderen Wesen, Objekten und Wertesystemen führt. Sexuelle Liebe ist die Paarung mit dem anderen Menschen und mit dem «All», das dieser Mensch repräsentiert. Diese Verschmelzung ist das Wiederholungsspiel der ursprünglichen Einheit, der Wonne des Kindes in der Gebärmutter. Das

Bild von uns selbst, das wir auf narzißtische Weise auf ein Ideal projizieren, wirkt wieder auf uns zurück, wie die Rückwirkung Gottes, und macht uns besser. Jede Kulturtat hat ihren Ursprung in diesem Narzißmus: Wie das Kind sein Spielzeug zu Symbolen für das «Einundalles», das es noch vor kurzem besaß, erhebt, so idealisiert der Liebende die Geliebte und bringt der Künstler Kunstwerke hervor. Alles, was wir erschaffen, alle Beziehungen, die wir knüpfen, sind der Versuch, das verlorene Paradies der ursprünglichen Einheit wiederzufinden.

Anders als Freud sieht Andreas-Salomé das Individuum nicht als ein widersprüchliches Wesen. Bei ihr gibt es keine verdrängte Libido im Zwiespalt mit dem Realen und keine kreative Aktivität als vergeblicher Versuch der Selbstbefriedigung. Ihre Welt ist eine Welt der Fülle, in der die ursprüngliche Einheit immer wieder nachgeschaffen werden kann. Häßlichkeit, Fremdheit und grundlegende Antagonismen werden nicht geleugnet, aber sie glaubt optimistisch an die Möglichkeiten der Harmonisierung. In ihrem psychoanalytisch-expressionistischen Drama *Der Teufel und seine Großmutter*, das 1922 erschien, hat Andreas-Salomé eine für sie ungewöhnlich humorvolle Metapher für ihre Weltsicht gefunden. Sie erfand einen boshaften Teufel, der im Hintern seiner Großmutter lebt, in der stinkenden Hölle, die wir im allgemeinen lieber verstecken. Großmutters Kopf schwebt in den Wolken, aus denen die Engel sehnsüchtig auf die dampfende muntere Welt aus Scheiße hinunterschauen. Andreas-Salomés dunkler Teufel, der am Ende doch aus seiner Hölle ausgestoßen wird, begeht Selbstmord und tritt in die helle Sphäre der Liebe ein, in die Welt der Lou Andreas-Salomé.

Ihre letzten Jahrzehnte verbrachte sie weit weg von den geistreichen Salonzirkeln ihrer Vorkriegsjahre. Ausgefüllt durch ihre Arbeit als Analytikerin, unternahm sie nur noch selten Reisen. Statt dessen führte sie ein ruhiges Leben an der Seite ihres Mannes: Das Alter hatte sie einander wieder näher gebracht, näher, als sie es je gewesen waren. Außerdem hatte sie ein Sensorium für Tiere und Pflanzen entwickelt, für die «Gegenwärtigkeit» der Natur. In den letzten zehn Jahren ihres Lebens schrieb sie drei ihrer besten Texte: *Rainer Maria Rilke* (1928), «Mein Dank an Freud» (1931) und den *Lebensrückblick*, der posthum veröffentlicht wurde und eher ein meditatives als ein erzählerisches Buch ist. Auf ihre Lebensbahn zurückblickend, meinte sie, daß sie eigentlich nicht die drei Formen der Liebe erlebt hatte, die ein Frauenleben im allgemeinen prägen. Sie hatte nie das Risiko auf sich genommen, ein Kind zu haben, und daher nie besessen, was ihrer Meinung nach das Wertvollste für eine Frau ist. Ebensowenig hatte sie eine echte Ehe oder eine rein erotische Beziehung erlebt. Sie hatte also nicht all die Höhen und Tiefen ausgekostet, die andere Frauen erfahren. Aber Bedauern war Lous Sache nicht. Dankbarkeit lag ihr mehr als das Nörgeln über Versäumtes. Was sie gelebt hat, hat sie voll ausgelebt. Um bei ihrer eigenen Metapher zu bleiben, sie hat in den Rosenstrauch des Lebens gegriffen und eine Handvoll Blüten gepflückt. Nicht alle natürlich, denn das ist unmöglich; der Strauch ist viel zu üppig. Aber die wenigen Blüten geben ihr das Gefühl, den ganzen Rosenstrauch zu haben.

In der Tat hat sie das Leben mit beiden Händen ergriffen. Trotz der Krankheiten, die sie gegen Ende des Lebens quälten – Diabetes, Brustkrebs, Erblindung –, setzte sie ihre Arbeit in stoischer Ruhe und ohne Klage bis zum letzten Augenblick fort. Die Briefe, die sie in den letzten Jahren an Freud schrieb, strahlen eine große Ruhe aus. Nur manchmal brechen Kummer und Zorn über Freuds Leiden – nie über ihre eigenen – hervor. Ihre letzte Begegnung fand 1928 nach einer seiner zahlreichen Operationen statt. Sie gingen zusammen im Tegeler Park spazieren, wo die Stiefmütterchen blühten. Freud, der kaum sprechen konnte, pflückte ihr einen Strauß, und Lou fragte ihn, ob er sich an das Gedicht «Lebensgebet» erinnern könne, das er für ein Gedicht Nietzsches hielt. Er bejahte es lächelnd. «Und da geschah, was ich selbst nicht begriff, was ich mit keiner Gewalt mehr zurückhalten konnte, – was mir über die zitternden Lippen kam in Auflehnung wider sein Schicksal und Martyrium: ‹Das, was ich einstmals nur begeistert vor mich hin geschwafelt, – Sie haben es getan!› Worauf ich, im ‹Schreck› über die Offenherzigkeit meiner dran rührenden Worte, laut und unaufhaltsam losheulte. Freud hat darauf nicht geantwortet. Ich fühlte nur seinen Arm um mich.»[75]

Andreas-Salomés jugendliche Schwärmerei für Nietzsches Heroismus war der Bewunderung für Freuds erdnahe, stoische Ausdauer gewichen.

Als brave Schülerin war sie beiden Lehrern dankbar und milderte die Exzesse des einen durch den Realismus des anderen. Aber so groß und bedeutsam auch ihre Lehrer waren, Andreas-Salomé war vor allem sie selbst geblieben: eine Frau, die mit dem Sinn für die Überfülle des Lebens radikal ihren eigenen unkonventionellen Kurs steuerte. «Es ist gleichgültig, welches Schicksal man habe, wenn man es nur wirklich lebt»,[76] hat sie einst zu Anna Freud gesagt, die diesen Gedanken immer wieder aufgriff. Andreas-Salomé lebte ihr Schicksal voll aus, bis zum Augenblick ihres Todes am 5. Februar 1937. «Es werden Arme da sein, die sich nach mir ausstrecken, um mich in Empfang zu nehmen», soll sie vor ihrem Tod gesagt haben. Es war charakteristisch für diese dankbarste aller Frauen, daß sie selbst im Angesicht des Todes die Hoffnung nicht aufgab. Darin und in so manchem anderen war Freuds vertrauteste Freundin sicherlich die am wenigsten Freudianische von seinen Frauen.

9. Anna Freud: Die gehorsame Tochter

In ihrer Anfangszeit glich die psychoanalytische Bewegung einer weitverzweigten Familie, deren Mitglieder dem Patriarchen in ihrer Mitte durch Freundschafts- und Blutsbande, aber auch durch die äußerst belasteten Bande der Übertragung verbunden waren. Freud hielt nach Söhnen Ausschau, die er als seine Nachfolger einsetzen konnte. Er fand sie, stellte dann fest, daß sie eigentlich doch nicht geeignet waren, und stellte auch fest, daß er gar nicht darauf erpicht war, der ermordete Vater der «Horde» zu sein. Statt dessen ging die Nachfolge auf seine jüngste Tochter über, die Vestalin Anna, Hüterin des psychoanalytischen Schreins und des väterlichen Wortes.

«Hl. Anna». Anna, die heilige Jungfer, die sich in «altruistischer Hingabe» der Pflege Freuds und seines Vermächtnisses verschreibt. Anna-Cordelia, die jüngste der drei Töchter Freuds, die in ihrer Jugend meint, «dumm» und unbeholfen zu sein, liebt ihren Vater am meisten und hält stets treu zu ihm. «Anna-Antigone», die unbezwingbare Tochter, nicht Augenlicht, sondern Sprachrohr des immer stiller werdenden Erfinders der Redekur. Anna, die, wie Freud sagte, «stärker wie ich» ist und ihren kranken Ödipus aus den Gefahren der Naziherrschaft in Wien in das sichere Großbritannien geleitet.

Sie ist die mythische Tochter in Freuds Mysterium. Im Londoner Freud Museum wird ein Videofilm gezeigt, in dem Anna Freud private Filmaufnahmen der Familie kommentiert; eine schmale alte Frau mit mädchenhafter Bescheidenheit und spontanem Lachen, das nur so heraussprudelt, als ihre Lieblingsaufnahme von Freud kommt, eine, bei der er nicht weiß, daß er gefilmt wird. Wenn sie die Namen der Menschen auf dem Bildschirm nennt, vergißt sie, sich selbst zu erwähnen, und nur einmal erklärt sie wie nebenbei, «und das da im Hintergrund bin ich».

Aber Mythen sind nun einmal Idealisierungen. In den psychoanalytischen Zirkeln, wo sich Gerüchte so ungehemmt und bedrohlich entfalten wie freie Assoziationen auf der Couch oder im Lehnstuhl, tritt uns eine andere Anna Freud entgegen. Hier gelten ihre Jungfernschaft und Loyalität als Fehler und werden dem Vater zur Last gelegt. Wie ist es möglich, daß die Tochter jenes Mannes, der die Sexualität zum Gesprächsthema machte, ihre eigene nie ausgelebt hat! Das ist

Anna Freud in der Rolle der Jungfer, die Angst hat, zur Frau zu werden und, verstümmelt durch die väterliche Macht, im Schatten des Vaters lebt, weil sie nichts Eigenes besitzt. Und da ist Anna Freud in der Rolle des heiligen Ungeheuers, die heimliche Lesbierin, die unerbittliche Zensorin, die die heiligen Portale des Freud-Archivs bewacht, damit nichts an die Öffentlichkeit dringt und den Namen der Familie beschmutzt. Aber schädlicher als alles, was aus der psychoanalytischen Gerüchteküche kommt, ist die Behauptung, Anna Freud sei ungenau analysiert worden: Eine Tochter, die von ihrem eigenen Vater analysiert wird, selbst wenn dieser Vater Freud heißt, wird – nach den Gesetzen der Übertragung – zwangsläufig ungenau oder «unzulänglich» analysiert.

Zwischen diesen Polen von Mythisierung und Verleumdung führte Anna Freud ein reiches, mühevolles und produktives Leben. Und die Anmerkung darf nicht fehlen, daß Freud entgegen der weit verbreiteten Meinung nie behauptete, der wiederholte Sexualakt sei der ideale Weg zur Reife oder Erlösung. Auch legte er nie einen Kodex für das «normale Leben» fest, das der einzelne anstreben und das als Ziel der Analyse gelten sollte. Wenn es in der Familie Freud jemanden gab, der Regeln aufstellte, dann war das ganz bestimmt Anna Freud.

Aber sie war die erste, die sich auch an diese Regeln hielt. Als jüngstes der sechs Kinder Freuds, das mit zwiespältigen Gefühlen aufgenommen wurde, zumal es zu allem Überfluß auch noch ein Mädchen war, mußte sie sich alle Mühe geben, um überhaupt bemerkt zu werden. Dieses unermüdliche und pflichtbewußte Bemühen war einer ihrer markantesten Charakterzüge. Kein Wunder, daß Lou Andreas-Salomé, die ein Leben lang Anna Freuds Freundin und ihre «zweite» Analytikerin war, ihren 1923 erschienenen Roman *Rodinka* Anna Freud widmete, um ihr zu zeigen, welche Eigenschaften sie besonders schätzte. Eine Schlüsselaussage des Romans lautet, daß ruhige Offenheit für alles, was das Leben bringt, den Menschen reicher macht als ungestümer, fordernder Eifer, auch wenn er mit Entschlossenheit gepaart ist.

Anna Freud wurde am 3. Dezember 1895 geboren. Martha Freud, die in acht Jahren fünf Kinder zur Welt gebracht hatte, dürfte bereits genug von Kleinkindern gehabt haben. Es dauerte lange, bis sie nach der Geburt wieder zu Kräften kam. Die kleine Anna, das Annerl, wurde nicht gestillt und bezeichnete ihre frühe Kindheit stets als unglücklich, denn sie hatte die Erfahrung gemacht, «von den Großen ausgeschlossen zu werden, ihnen nur zur Last zu fallen und sich gelangweilt und verlassen vorzukommen»[1]. Ihr späteres Einfühlungsvermögen für Kinder schöpfte gewiß aus der Erinnerung an den bittern Schmerz der Kindheit und die heftige Eifersucht auf Sophie, Martha Freuds Liebling. In einem Vortrag, den sie mit fünfundachtzig hielt, wird ihr Wissen um die eigene Kindheit deutlich: «Wenn anderseits die elterliche Bindung an das Kind zu schwach ist, wenn ihre Aggression die positive Libido überwiegt oder wenn die Mutter mit ihren Gefühlen anderswo beschäftigt ist, dann fühlt das Kind sich nicht nur verlassen und verloren, sondern geht auch wirklich verloren [...].»[2]

Für Freud und die Historiographen der Psychoanalyse verbanden sich mit Anna Freuds Ankunft jedoch andere Assoziationen. Nur fünf Monate vor ihrer Geburt träumte Freud den Gründungstraum der Psychoanalyse, und einige Tage danach schrieb er an Fließ: «Das Kind, glauben wir gerne, hat eine Steigerung der ärztlichen Beschäftigung auf das Doppelte des gewöhnlichen Standes gebracht.»[3] Obwohl die hübsche Schwester Sophie zweifellos der Liebling der Eltern war, gefiel Anna ihrem Vater durch ihre «Unartigkeit», die ihr den zärtlich gemeinten Namen Schwarzer Teufel einbrachte. Daß Freud Gefallen an seiner schelmischen Tochter hatte, wird in der *Traumdeutung* sichtbar, wo er beschreibt, wie die neunzehn Monate alte Anna, die nach einem Brechanfall einen Tag lang nichts zu essen bekommen hatte, im Schlaf aufgeregt ausruft: «*Anna F.eud, Er(d)beer, Hochbeer, Eier(s)peis, Papp.*» Freud kommentiert:

«[...]der Speisezettel umfaßte wohl alles, was ihr als begehrenswerte Mahlzeit erscheinen mußte; daß die Erdbeeren darin in zwei Varietäten vorkamen, war eine Demonstration gegen die häusliche Sanitätspolizei und hatte seinen Grund in dem von ihr wohl bemerkten Nebenumstand, daß die Kinderfrau ihre Indisposition auf allzu reichlichen Erdbeergenuß geschoben hatte; für dies ihr unbequeme Gutachten nahm sie also im Traume ihre Revanche.»[4]

Interessanterweise stellt Freud eine Verbindung zwischen dem Traum Annas und einem analogen Traum seiner Mutter her. Vielleicht ist es zu weit hergeholt, in dieser Verbindung zwischen dem jüngsten und dem ältesten weiblichen Familienmitglied – wie im «Motiv der Kästchenwahl» besteht eine Verbindung zwischen erster und letzter Schicksalsgestalt – eine Art *self-fulfilling prophecy* zu sehen; es ist jedoch eine Tatsache, daß Anna den alternden Freud ebenso umsorgte wie Amalie einst den kleinen Sigi. «Natürlich werde ich immer mehr auf Anna's Pflege angewiesen», schrieb Freud im Mai

1935 an Lou Andreas-Salomé, «ganz wie Mephistopheles einmal bemerkt hat:

›Am Ende hängen wir doch ab
von Kreaturen, die wir machten.‹

Jedenfalls war es sehr weise, sie gemacht zu haben.»[5]

Anna Freud lehnte sich dagegen auf, in der Familie eine so untergeordnete Rolle zu spielen, und suchte einen Ausgleich in Tagträumereien, in Geschichtenerzählen und Lesen – diese boten die Gelegenheit, sich in der Vorstellung (und manchmal durchaus auf masochistische Weise) mit Personen zu identifizieren, die einen Platz näher an der Sonne hatten. Häufig identifizierte sie sich mit tapferen Helden, die unermüdlich und selbstaufopfernd ihrem Herrscher dienten, einem Herrscher, in dem der Vater unschwer zu erkennen ist. Und dieser Vater ist es, um dessen Anerkennung und Liebe Anna eifersüchtig kämpft, gegen ein Heer von Rivalen, dem nicht nur ihre Mutter und ihre Schwestern – die hübsche Sophie, die vernünftige Mathilde – angehören, sondern auch ihre zweite Mutter, Tante Minna, und letztlich auch alle weiblichen Analysanden, die mit Freud befreundet waren und später selbst Analytikerinnen wurden. Ein Brief vom September 1913 fängt ihre ängstliche Sehnsucht ein:

«Lieber Papa!

Heute habe ich Deine schöne Karte bekommen und fürchte sehr, daß Du, wenn Du solche Anblicke jetzt täglich hast, Dich gar nicht mehr an unsere Berggasse gewöhnen wirst; obwohl es auch bei uns sehr schön ist. [...] Ich bin schon sehr neugierig auf alles was Tante Minna erzählen wird. Es fragen schon sehr viel Leute für Dich an [...].»[6]

Ihre Briefe sind erfüllt von dem ungeduldigen Verlangen, mehr von ihrem Vater zu haben, und von vielen Umarmungen und Küssen, die um so begieriger wirken, als die Familie insgesamt eher reserviert war.

Auch wenn er als Psychoanalytiker radikale Ansichten vertrat, kam Freud nicht auf den Gedanken, seine Töchter ins Gymnasium zu schicken, dessen Abschluß ihnen den Zugang zu einem Universitätsstudium ermöglicht hätte. Anna Freud besuchte wie ihre Schwestern das Lyzeum. In die Schule gehen hieß, eifrig danach trachten, so zu sein, wie die Eltern und Lehrer sie haben wollten, ein braves Mädchen also. In der Angst, die die Schule in ihr auslöste, und der daraus resultierenden Flucht in den Tagtraum liegt die Wurzel ihrer späteren pädagogischen Experimente und ihrer Erforschung der Schulängste.

Ein Frauenberuf

Mochte Freud bei der Schulausbildung seiner Töchter noch so konservativ sein, so hatte er offenbar keinerlei Bedenken, Anna bereits mit vierzehn Jahren bei den Mittwochssitzungen der Wiener Psychoanalytischen Vereinigung zuhören zu lassen. Ihr sehnlicher Wunsch, ihn im selben Jahr auf seiner Reise nach Amerika zu begleiten, wurde jedoch nicht erfüllt.

Im Sommer 1912 legte sie die Matura ab, und nun lastete die Notwendigkeit, sich über ihre Zukunft Gedanken zu machen, so schwer auf ihr, daß sie krank wurde. Eine ausgedehnte Reise durch Italien, die sie mit Tante Minna unternehmen sollte, wurde gestrichen: Sophies Hochzeit stand bevor, und Minna wurde zu Hause gebraucht. Statt dessen wurde Anna Freud zur Erholung nach Meran geschickt, wo sie fünf Monate blieb, so daß sie auf Anordnung der Eltern sogar Sophies Hochzeit versäumte. Es war eine schwierige Zeit, wie der Briefwechsel zwischen Sigmund und Anna Freud zeigt. Eine gegen Ende des Jahres verfaßte Antwort Freuds auf Annas tägliche Briefe ist ein Balanceakt zwischen gutgemeinter Zurechtweisung und strenger Ablehnung: es war einfacher, die eifersüchtigen Schwestern voneinander fernzuhalten.

«Meine liebe kleine Anna,
ich höre, Du machst Dir wieder bereits Sorgen um Deine nächste Zukunft. 1 1/2 Kilo Zuwachs haben Dich also noch nicht sehr verändert. Ich will Dich also darüber beruhigen, indem ich Dich erinnere, daß ja der Plan bestand, Dich über acht Monate nach Italien zu schicken, bis Du ganz rund und gleichzeitig gerade ganz materiell und vernünftig zurückkommst. Wir haben eigentlich nicht zu hoffen gewagt, daß einige Wochen in Meran diese Verwandlung zu Stande bringen werden, und sind darum schon bei Deiner Abreise darauf gefaßt gewesen, Dich nicht zur Hochzeit und nicht so bald nachher in Wien zu sehen. Ich meine nun, an diese schreckliche Aussicht wirst Du Dich jetzt langsam gewöhnen. Die Zeremonie kann ganz gut ohne Dich vor sich gehen. Eigentlich auch ohne Gäste, Gesellschaft usw., woran Dir eigentlich nichts liegt. Deine Absichten in der Schule können ganz bequem warten bis Du gelernt hast, sie weniger heiß zu nehmen. Es läuft Dir nichts daran davon. Ein bischen in den Tag hineinleben und Dich freuen, daß Du im Winter so schöne Sonne haben kannst, wird Dir auch wohltun.»[7]

Freud versicherte ihr weiter, wie sehr sie sich alle über ihre Briefe freuten, daß sie es aber auch verstehen würden, wenn sie zu faul wäre, jeden Tag zu schreiben. Sie sei noch zu jung «zum Rackern und Schaffen».

Anna Freud: Die gehorsame Tochter

Anna Freud beugte sich dem väterlichen Diktat, auch wenn es ihr nicht leichtfiel. Das neue Jahr brachte ihr einen ironischen Brief von Freud, der ihr erklärte, wie froh er sei, daß sie wieder zu Kräften kommen und gesund werden wolle, um eifrig ihre Pflichten als «einzige Tochter» wahrzunehmen, während ihre Vorgängerin ihre letzte Vorstellung gab. Einige Tage später erlitt Anna Freud jedoch einen Rückfall. Freud legte ihr eine «Deutung» vor – was er, das muß hervorgehoben werden, bei seinen anderen Kindern nie tat. Annas Zustand, so betonte er, habe keinen physischen Hintergrund:

«Du weißt doch Du bist ein bischen närrisch. Ich verfolge Dich schon lange so und hoffe immer, daß Deine Einsicht es gut überwinden wird. Mir war es nicht zweifelhaft, daß Du die Rückenschmerzen direkt beim Stricken bekommen hast, wie Du das Hochzeitsgeschenk für Sophie mit geteilten Gefühlen fertigmachen wolltest. Jetzt ist Dir plötzlich wieder schlecht geworden und soviel ich ahnen kann hängt es mit Max' [Sophies Verlobter] Anwesenheit in Wien, mit dem versprochenen (oder abgesagten?) Besuch auf der Hochzeitsreise bei Dir zusammen.

Die uralte Eifersucht auf Sophie, an der Du wie ich weiß selbst nicht schuld bist, sie weit mehr, scheint sich auf Max übertragen zu haben und Dich zu quälen. Du verbirgst uns etwas, vielleicht auch etwas vor Dir selbst.»[8]

Anna Freud stellte umgehend jegliche Eifersucht auf Max in Abrede, aber die Art und Weise, wie sie ihre verschmähte Liebe zu Sophie mit dem raschen Erfolg des unbekannten Max verband, spricht wohl für Freuds Deutung. Anderseits gestand sie ein, aus ihren plötzlichen Stimmungsumschwüngen nicht klug zu werden und versicherte leidenschaftlich, sie wolle ja vernünftig werden und mit seiner Hilfe werde es ihr schon gelingen. In dieser Zeit begann sie, die Bücher ihres Vaters zu lesen.

Am ersten Sonntag nach Sophies Hochzeit schrieb ihr Freud wieder einen Brief, in dem er sie seine «liebe einzige Tochter» nannte und klarstellte, was von einer «vernünftigen» jungen Frau erwartet wurde:

«Dann wirst Du aber aus den Büchern, die Du liest, verstanden haben, daß Du darum so übereifrig unruhig und unzufrieden warst, weil Du wie ein Kind vor manchen Dingen davongelaufen bist vor denen sich das erwachsene Mädchen nicht schrecken darf. Wir werden die Änderung daran erkennen, daß Du Dich nicht mehr asketisch von den Zerstreuungen Deines Alters zurückziehst, sondern das gerne thun willst, was anderen Mädchen Vergnügen macht. Es bleibt daneben kaum genug für ernste Interessen, wenn man aber zu ehrgeizig, zu empfindlich ist und einem Stück des Lebens und seiner eigenen Natur fremd bleiben will, findet man sich auch in dem gestört, worauf man sich werfen möchte.»⁹

Der Rat, dem Beispiel anderer Mädchen zu folgen und weniger übereifrig und ehrgeizig zu sein, klingt ein wenig befremdlich, wenn man bedenkt, daß viele der Töchter aus Freuds engerem Freundeskreis an der Universität studierten. Für Freud und ganz bestimmt für Martha Freud erfüllten wohl eher ihre beiden mittlerweile verheirateten älteren Töchter ihre Vorstellung vom Frausein. Wenn es um seine Töchter ging, war Freud stets konservativen Konventionen verhaftet.

Damit erging zwar klipp und klar der Wunsch an Anna Freud, sich von der jungfräulichen Askese zu verabschieden, doch wurde darin schon bald eine gewisse Ambivalenz sichtbar, die – wie er selbst auch eingestand – Freuds Beziehung zu Anna künftig prägte. Einerseits war er nur allzu glücklich, seine einzige Tochter, ja eigentlich das einzige ihm gebliebene Kind zu Hause und an seiner Seite zu haben – kein ungewöhnlicher Wunsch, fiel es doch allzuoft den jüngsten Töchtern zu, sich um die alternden Eltern zu kümmern. Andererseits wünschte ihr Freud, daß sie einen Mann fand, sich ihrem Alter entsprechend amüsierte und ihr eigenes Leben lebte.

Anna Freud war bald «vernünftig» genug, eine Ausbildung zur Grundschullehrerin zu beginnen, und nach ihrer Aufnahmeprüfung reiste sie im Sommer 1914 nach London. Kaum hatte Freud von Loe Kann erfahren, wie herzlich Anna von Ernest Jones empfangen worden war, warnte er sie eindringlich davor, sich in eine Ehe zu stürzen. Diese väterliche Panik mutet beinahe komisch an:

«Ich weiß aus den besten Quellen, daß Dr. Jones ernsthafte Absichten hat, um Dich zu werben. Es ist wohl der erste Fall in Deinem jungen Leben, und ich denke nicht daran, Dir die Freiheit zu rauben, welche Deine beiden älteren Schwestern genossen haben. Aber es hat sich so gefügt, daß Du noch intimer mit uns gelebt hast als sie, und ich wiege mich in der Hoffnung, daß es Dir schwerer werden wird als ihnen, die Entscheidung über Dein Leben zu treffen, ohne unserer (in diesem Falle: meiner) Zustimmung vorher sicher zu sein.»¹⁰

Dann erinnerte er Anna an Jones' Alter – er war ein erfahrener Mann Mitte Dreißig, sie eine achtzehnjährige Unschuld; er gab ihr zu verstehen, daß Jones' Interesse ebensosehr Professor Freud gelten mochte wie Anna Freud selbst, und empfahl ihr, mit Loe Kann zu sprechen, die ihr in diesen intimen und augenscheinlich sexuellen

Angelegenheiten weiterhelfen könnte. Durchweg brauchbare und vernünftige Ratschläge, gewiß, die aber auch Freuds besitzergreifende väterliche Eifersucht deutlich werden lassen und seine eingestandene homosexuelle Neigung, sich in Opposition zu der aggressiven Männlichkeit mit der jungfräulichen und passiven Weiblichkeit zu identifizieren. Eine Woche später riet er Anna, sie möge mit Jones weiterhin freundschaftlich und wie mit ihresgleichen verkehren, aber nie mit ihm allein bleiben und ihm nie die Möglichkeit geben, etwas Entscheidendes zu unternehmen: «Die Kunst wirst Du gewiß treffen, Du bist doch auch ein Frauenzimmer.»[11]

Anna Freuds Antwort auf diese warnenden Briefe war gehorsam und herausfordernd zugleich.[12] Sie war dankbar für die Ratschläge ihres Vaters – und für die Aufmerksamkeit, die er ihr in diesen langen und aufgeregten Briefen schenkte, so möchte man meinen – und war bereit, sie zu befolgen; zugleich neckte sie ihn mit der Schilderung eines herrlich aufregenden Rendezvous mit Jones auf dem Land, von dem sie noch schwärmte, als sie 1979 eine Denkschrift über Jones verfaßte. Aber sie träumte nicht von Jones, sondern, und das ununterbrochen, von Loe Kann – einer der vielen bemerkenswerten Freundinnen ihres Vaters, meist schöne, kinderlose ältere Frauen –, die Anna Freud bewunderte und ins Herz schloß und der sie vielleicht nacheiferte, um auch zum Objekt der väterlichen Hochachtung zu werden.

Vielleicht war Freud bei dem Gedanken, seine jüngste Tochter einem anderen Mann zu geben, auch nicht mehr gespalten als die meisten anderen patriarchalischen Väter. Daß er sich jedoch zu dieser Ambivalenz bekannte, das unterschied ihn. Im März 1922, nachdem er Anna analysiert hatte, schrieb er an Lou Andreas-Salomé:

«Meine Annatochter fehlt mir auch sehr; sie ist am 2. d. M. nach Berlin und Hamburg gegangen. Ich bedaure sie längst, daß sie noch im Hause bei den Alten sitzt [...], aber andererseits, wenn sie wirklich fortginge, würde ich mich so verarmt fühlen wie z. B. jetzt, wie wenn ich das Rauchen aufgeben müßte. Man sagt es sich gar nicht so deutlich, solange man zusammen ist, oder wenigstens wir üben dieses Unrecht. Und darum bei all diesen unlösbaren Konflikten ist es gut, daß das Leben irgendwann ein Ende nimmt.»[13]

Freud hing an seiner jüngsten Tochter wie an seinen Zigarren: seine Selbstanalyse hatte ihn bereits zu der Erkenntnis gebracht, daß eine Verbindung zwischen dem Genuß des Rauchens und dem Genuß von Frauen bestand. Und wenn auch die Sehnsucht eines alten Mannes «nach der Liebe des Weibes, wie er sie zuerst von der Mutter empfangen», vergebens ist – so Freud in der von Tochter Anna inspirierten Abhandlung über König Lear in seiner Arbeit «Das Motiv der Kästchenwahl» –, konnte er Anna-Cordelia doch nicht gehen lassen. Nur der Tod würde ihn von diesem Konflikt befreien. Aber andererseits war Anna Freud auch, wie sein Aufsatz signalisierte, seine Mitstreiterin gegen den Tod. All das machte ihm schwer zu schaffen. Nachdem er 1924 Annas Analyse wiederaufgenommen hatte, schrieb er an Andreas-Salomé: «Das Kind macht mir Sorge genug; wie sie das einsame Leben vertragen wird [nach seinem Tod] und ob ich ihre Libido aus dem Schlupfwinkel, wohin sie sich verkrochen, heraustreiben kann.»[14] Und am 10. Mai 1925: «Ich habe die Furcht, daß ihr die unterdrückte Genitalität einmal einen argen Streich spielen kann. Von mir bringe ich sie nicht los, es hilft mir auch niemand dabei.»[15]

Einige hatten es aber doch versucht, und Freud war nicht sehr erpicht darauf gewesen, ihre Hilfe anzunehmen. Unter jenen, die um Anna Freud warben, war Hans Lampl, ein alter Freund ihres Bruders Martin und der ganzen Familie. Freud hatte für den mittellosen Lampl die Schule und mehrere Skiausflüge bezahlt und hatte ihm Geschenke gemacht, darunter einen Morgenrock, den Lampl lange in Ehren hielt.[16] Hans Lampl hatte seit 1912 Freuds Vorlesungen besucht und der zu dieser Zeit in Meran weilenden Anna Freud darüber berichtet. In einem Brief, den Anna Freud im Juli 1914 aus England nach Hause schrieb, bedauerte sie, daß er sich in Reichenau nicht wohl fühle, und erinnerte Freud daran, ihm die *Wiener Klinische Zeitung* zu schicken. 1920 nahmen alle drei am Kongreß in Den Haag teil. Lampl konnte, aus welchen Gründen auch immer, Freuds Hoffnungen für seine Tochter nicht erfüllen; im Sommer 1921 schrieb Anna Freud an ihren Vater, sie sei Lampl freundschaftlich verbunden, finde aber ihr gemeinsames Urteil vom Vorjahr erfreulicherweise täglich bestätigt.[17] Auch aus Anna Freuds angeblicher Liebe zu dem begabteren Siegfried Bernfeld wurde nichts; Bernfeld war Zionist, sozialistischer Lehrer und Organisator von Jugendprojekten und verfaßte später die ersten gut recherchierten biographischen Studien über Freud. Anna Freuds Zuneigung zu Bernfeld Anfang der zwanziger Jahre mag einen Anteil an der feindlichen Haltung Freuds ihm gegenüber haben, die etwa zehn Jahre später in einem Brief an Hans Lampls Frau Jeanne Lampl de Groot zum Ausdruck kommt.

Verglichen mit Freuds Beunruhigung über Annas Ehelosigkeit und unterdrückte Sexualität und seiner geringen Neigung, seine «kleine einzige Tochter» erwachsen werden zu lassen, waren Anna Freuds

Gefühle bei der Aussicht, seine «liebe einzige Tochter» zu bleiben, weniger ambivalent, vor allem, nachdem sie sich als «Hauptpflegerin» und engste Kollegin des Professors durchgesetzt und Martha und Minna Freud so gut wie verdrängt hatte. Wäre Freud eindeutig für eine Heirat seiner Tochter gewesen, hätte sie es wahrscheinlich getan – wenn auch nur, um ihm seinen Wunsch zu erfüllen. Aber auf sie wartete eine viel eindrucksvollere Rolle als die der Gattin. Abram Kardiner, Anfang der zwanziger Jahre einer von Freuds Analysanden, traf den Nagel auf den Kopf: «Seht euch ihren Vater an» war seine Antwort auf die Frage, warum «ein sehr attraktives Mädchen» wie Anna Freud nicht heiratete. «Das ist ein Ideal, dem nur wenige Männer entsprechen könnten, und es wäre sicherlich ein Abstieg für sie, sich an einen geringeren Mann zu binden.»[18]

Anna Freuds Aufenthalt in England wurde durch den Kriegsausbruch unerwartet beendet. Loe Kann und ihr Mann Davy Jones kümmerten sich darum, daß sie die Rückreise nach Österreich aus dem zum Feindesland gewordenen Großbritannien in Begleitung des österreichischen Botschafters antreten konnte. Zu Hause stürzte sie sich in die Lehrerausbildung. Freuds Briefe an seine Freunde spiegelten seine wachsende Bewunderung für seine Tochter wider: «Sie entwickelt sich übrigens reizend, erfreulicher als irgendein anderes der sechs Kinder», schrieb er Sándor Ferenczi 1915. Bei einer früheren Gelegenheit hatte er bereits festgestellt, Anna sei das begabteste und vollkommenste seiner Kinder, zudem ein wertvoller Charakter und voller Lernbegierde.[19]

Nach dem erfolgreichen Lehrerexamen unterrichtete Anna Freud ab 1915 als Probelehrerin am Cottage Lyceum. Sie wußte ihre Schüler zu fesseln und erwarb sich die Anerkennung ihrer Vorgesetzten, die ihr «Talent zum Unterrichten» lobten und ihr einen mit Herbst 1918 beginnenden Vierjahresvertrag anboten. Die Zeit als Probelehrerin kombinierte sie mit Studien der Psychoanalyse, 1915 übersetzte sie einen Artikel von James Putnam ins Deutsche und Hermine Hug-Hellmuths Arbeit über Spieltherapie ins Englische; die nötigen Fachbegriffe ließ sie sich von Freud erklären. 1916 nahm sie an Freuds einführenden Vorlesungen über Träume an der Wiener Universität teil, und 1917 besuchte sie seine Vorlesungen über Neurosen. Offenbar erschien ihr die Psychoanalyse doch interessanter als das Unterrichten; Freud riet ihr nicht davon ab, Laienanalytikerin zu werden, obwohl er ihr den Wunsch abschlug, Medizin zu studieren wie Helene Deutsch – ihr Anblick im weißen Ärztemantel hatte großen Eindruck

Ein Frauenberuf

auf Anna gemacht. Die Tatsache, daß er sie 1918[20] zu analysieren begann, deutet im Gegenteil darauf hin, daß er ihre beruflichen Bestrebungen unterstützte: Freud war seit langem der Ansicht, daß jeder Psychoanalytiker in seiner Ausbildung selbst eine Analyse durchlaufen sollte.

In dieser Frühzeit der Psychoanalyse war es keineswegs so ungewöhnlich wie heute, Familienmitglieder oder Freunde zu analysieren, und Anna Freuds Analyse durch ihren Vater war damals noch nicht das streng gehütete Geheimnis, zu dem es später wurde. Dennoch waren sich beide der besonderen Probleme der Übertragung – und Gegenübertragung – zwischen Tochter und Vater bewußt. Nach drei Jahren waren die Fortschritte immer noch unbefriedigend, und Freud holte sich Unterstützung von Lou Andreas-Salomé;[21] 1924 analysierte er Anna Freud schließlich ein zweites Mal. Es war eine für die damalige Zeit ungewöhnlich lange Analyse, dennoch wurden Anna Freuds Flucht vor der Sexualität und ihre starke Fixierung auf den Vater nie wirklich zufriedenstellend geklärt.

Anna Freuds Analyse war also mehr als eine Lehranalyse. In ihrer beispielhaften Biographie über Anna Freud gibt Elisabeth Young-Bruehl eine detaillierte Beschreibung der Symptome, die Anna Freud für eine Behandlung qualifizierten. Wegen ihrer geringen Selbstachtung war sie schon lange zuvor in das Reich der Phantasie geflohen. Sie dachte sich «schöne Geschichten» aus, umfangreiche, komplizierte Tagträume, die das Masturbieren begleiteten und später ersetzten. Diese schönen Geschichten, in denen sie oft die Rolle des heldenhaften, opferbereiten Mannes spielte, machten sie kraftlos und gaben ihr das Gefühl, «dumm» zu sein, unfähig, zu arbeiten oder Entscheidungen zu treffen. Ihr sogenanntes «Nachtleben», das sie ab 1915 für ihren Vater aufzeichnete, war hingegen beunruhigend turbulent. Immer wieder träume sie bedrohliche Träume vom Erblinden, von Schießerei, Mord und Sterben, schreibt sie ihm 1919: Sie will den Vater vor den Feinden schützen, aber der Säbel bricht; Tausks Braut will Freud erschießen. Der Versuch, die Vaterfigur zu schützen oder ihr zu Diensten zu sein, und das Scheitern dieses Versuchs sind immer wiederkehrende Themen.[22] In einem solchen Traum aus dem Jahr 1915 wird der Wunsch manifest, der sowohl dem Nachtleben als auch den schönen Geschichten zugrunde liegt: «Neulich habe ich geträumt, daß Du ein König bist und ich eine Prinzessin und daß man uns durch politische Intrigen auseinanderbringen will. Es war nicht schön und sehr aufregend.»[23]

Anna Freuds Analyse befähigte sie nicht nur, 1922 ihren Vortrag

Anna Freud: Die gehorsame Tochter

über «Schlagephantasie und Tagtraum» zu halten, der primär auf ihrer eigenen Erfahrung basiert, sondern gab ihr vor allem auch das Selbstvertrauen, das sie brauchte, um ihn zu schreiben und vor der Wiener Vereinigung vortragen zu können; dies bedeutete zugleich ihre Aufnahme in die Vereinigung.

Mit der systematischen Klarheit, die alle ihre analytischen Schriften auszeichnet, deckt Anna Freud die ödipale Grundlage der onanistischen Schlagephantasien eines Mädchens und ihren Bezug zu sogenannten «schönen Geschichten» auf. Masochistische Lust und Schuld begleiten eine Phantasie, deren Sinn es ist, zu beweisen, daß «der Vater nur mich liebt». Für die Patientin in Anna Freuds Arbeit geht die Geschichte gut aus. Sie wandelt ihre Tagträume in Erzählungen um: «Die Verfasserin verzichtet also, dieser Wirkung zuliebe, auf die persönliche Lust und vollbringt damit eine Wendung vom Autismus zum Sozialen. Wir können sagen: sie bahnt sich so den Rückweg aus dem Phantasieleben in die Realität.»[24]

Freud gibt in seiner 1919 veröffentlichten Arbeit «Ein Kind wird geschlagen», in die unter anderem auch Anna Freuds Patientin eingegangen ist, eine nicht ganz so optimistische Prognose ab. Er sieht in den drei Phasen der Schlagephantasie die Flucht des Mädchens vor dem «Anspruch des Liebeslebens überhaupt, [sie] phantasiert sich zum Manne, ohne selbst männlich aktiv zu werden, und wohnt dem Akt, welcher einen sexuellen ersetzt, nur mehr als Zuschauer bei»[25]. Vater Freud sorgte sich also weiterhin um seine jüngste Tochter. Letztlich hatten sie aber beide recht, und auch er hatte Grund, stolz auf sie zu sein.

Beim Internationalen Psychoanalytischen Kongreß von 1918 in Budapest, dem ersten seit Kriegsausbruch, sagte Freud der Psychoanalyse eine Zukunft voraus, in der sie «die breiten Volksschichten» erfassen und in «Anstalten und Ordinationsinstituten» «größere Menschenmassen» behandeln würde, «um die Männer, die sich sonst dem Trunk ergeben würden, die Frauen die unter der Last der Entsagungen zusammenzubrechen drohen, die Kinder, denen nur die Wahl zwischen Verwilderung und Neurose bevorsteht, durch Analyse widerstands- und leistungsfähig zu erhalten».[26] Anna Freud nahm sich seine Worte zu Herzen und setzte sie um, besonders was die Kinder betraf.

Obwohl sie wie viele andere während des Krieges durch den Mangel an Heizmaterial und Nahrungsmitteln geschwächt war und sogar an Tuberkulose erkrankte, arbeitete Anna Freud während ihrer Zeit als

Probelehrerin in einem Tagesheim für Arbeiterkinder und für Bernfelds American Joint Distribution Committee, das sich um die Unterbringung von Waisenkindern bemühte. Sie arbeitete eng mit Bernfeld zusammen und nach dem Krieg auch mit August Aichhorn, einem anerkannten Fachmann für Jugendkriminalität. Mit beiden teilte sie das Interesse für die Erziehung gestörter und sozial benachteiligter Jugendlicher, für Sozialarbeit und für die Anwendung der psychoanalytischen Erkenntnisse in der Pädagogik – das waren die Anliegen, mit denen sie später Erfolg haben sollte. Anfang der zwanziger Jahre begann sie Kinder zu analysieren: zunächst die Söhne ihrer verstorbenen Schwester Sophie, insbesondere Ernst, bei dem sie mit ihrer kinderlosen älteren Schwester Mathilde Mutterstelle vertrat; 1924 dann zwei Mädchen, die sie bei Eva Rosenfeld und deren Mann untergebracht hatte; und im darauffolgenden Jahr die Burlingham-Kinder und deren Freundin Adelaide Sweetzer.

Nach Freuds erster Krebsoperation im Jahre 1923 wurde seine Beziehung zu Anna immer enger. Sie wurde nicht nur seine «Hauptpflegerin», die ihm bei Bedarf seine Prothese einsetzte, sondern auch seine Sekretärin, Sprecherin und Kollegin. Anna Freud übernahm zwar nicht die Organisation des Alltags in der Berggasse, ersetzte aber ihre Mutter in mancher Hinsicht. Freud, dem diese Entwicklung sehr wohl bewußt war, meinte, als er sich 1926 mit Anna zur Herztherapie in einem Sanatorium befand, zu Max Eitington – mit dem auch sie in einem sehr vertrauten Ton korrespondierte –, daß seine Pflegerin «sich im Laufe des Tages in Frau und Tochter zerlegt, nachtsüber wohl regelmäßig die letztere bleiben wird»[27].

Durch Otto Ranks Rückzug Ende 1924 wurde Anna Freud zum sechsten Mitglied von Freuds innerem Kreis, dem Komitee, das über die Interessen der Psychoanalyse wachte. Sie setzte ihre Energien im Verlag ein, wo sie unter anderem Freuds *Gesammelte Schriften* zusammenstellte und als Beraterin für die englische Ausgabe der *Collected Papers* fungierte. Im neugegründeten Wiener Lehrinstitut, dessen Ausbildungsausschuß Helene Deutsch vorstand, unterrichtete sie Kinderanalyse und arbeitete als Lehranalytikerin. Ende der zwanziger Jahre widmete sie zwei Drittel ihrer Zeit der Arbeit mit Kindern und ein Drittel der Ausbildung von Kinderanalytikern.

Obwohl Anna Freud wußte, daß ihr viele der Ehrungen und Aufgaben als Tochter ihres Vaters zuteil wurden, gewann sie an Selbstsicherheit, und da sie spürte, daß der Vater sie bewunderte und von ihr genauso abhängig war wie sie von ihm, ließ ihre innere Anspannung

Anna Freud: Die gehorsame Tochter

langsam nach. Die in der Phantasie so lange angestrebte Intimität mit ihrem Vater konnte jedoch nur zum Teil realisiert werden, und Eifersucht, wie sie sie bereits in ihrer Kindheit kennengelernt hatte, machte sich nun in den Beziehungen zu Freuds weiblichen Kollegen und Analysanden bemerkbar. Freud zeigte sich Freunden gegenüber darüber besorgt; Anna treibe sich auf masochistische Weise zu sehr an, gebe sich allzuviel Mühe: «Sie arbeitet wirklich gut, aber wie alle Frauen immer fanatisch und macht sich zu sehr müde.»[28] Anna Freud brauchte eine Existenz, die mehr war als die Identifizierung mit dem Vater: Das Ichideal, das er ihr bot, konnte nur ein strafendes sein, da sie es offensichtlich nicht erreichen konnte. Sie brauchte etwas, das nur ihr gehörte. Und das fand sie in Dorothy Burlingham, der Tochter des legendären Schöpfers von Tiffany-Glas, die im Herbst 1925 nach Wien gekommen war, um sich psychoanalytisch behandeln zu lassen.

Aber Freuds Zweifel verstummten nicht. Er schrieb an Lou Andreas-Salomé: «Da das arme Herz durchaus etwas haben muß, hängt es sich an eine der einander ablösenden Freundinnen.»[29] Dorothy Burlingham war an die Stelle von Eva Rosenfeld getreten, die zwei Kinder hatte, Mädi und Victor, vor allem aber hatte sie einen Ehemann an ihrer Seite, wohingegen Burlingham frei war, eindeutig ein Vorteil. Obwohl sich Freud wegen Annas nicht vorhandenen Sexuallebens weiterhin Sorgen machte, besteht kein Zweifel daran, daß ihr Verhältnis zu Dorothy Burlingham dem einer ehelichen Beziehung mit vier Kindern entsprach, die im analytischen und im familiären Sinn bemuttert werden konnten. Als Dorothy Burlingham in ihr Leben trat, wurde Anna Freud immer unabhängiger, und der Vater wich in ihrem Gefühlsleben in den Hintergrund. Die beiden Frauen machten gemeinsam Urlaub, und anstatt langer, detaillierter Briefe an den Vater schickte Anna Freud nur noch knappe Telegramme nach Hause. Schon nach neun Monaten zog Dorothy Burlingham mit ihren Kindern in eine Wohnung in der Berggasse 19. Freud schrieb an Ludwig Binswanger: «Unsere Symbiose mit einer amerikanischen Familie (ohne Mann), deren Kinder meine Tochter mit fester Hand analytisch großzieht, befestigt sich immer mehr, sodaß auch unsere Bedürfnisse für den Sommer gemeinsame sind.»[30]

Ein Frauenberuf

Dorothy Burlingham

Dorothy Tiffany Burlingham, geboren am 11. Oktober 1891, war die jüngste von acht Töchtern des Glasmillionärs Louis Comfort Tiffany und die vierte, die er mit seiner Frau Louise hatte; Dorothys Mutter, eine intellektuelle Feministin, starb, als Dorothy zwölf war. Während Dorothy Burlingham in einer extravaganten Umgebung unter der unberechenbaren Tyrannei eines exzentrischen Vaters aufgewachsen war, hatte Anna Freud eine gemütliche, bürgerliche Kindheit erlebt, aber abgesehen von diesen Unterschieden hatten sie so viel gemeinsam, daß sie sich fast wie Zwillinge fühlten. Wie Anna Freud hatte sich Dorothy als Kind von ihren Geschwistern ausgeschlossen gefühlt, und ihr ständiges «ich auch» wurde ihr sogar zum Spitznamen. Ihre Eltern hatten sich einen Sohn gewünscht, und das Gefühl, das unerwünschte, überzählige und ausgestoßene Kind zu sein, wurde noch verstärkt, als ihre drei Jahre ältere Schwester starb, die hübscher und beliebter als sie gewesen war und um die ihre Mutter und ihre Kinderfrau gleichermaßen trauerten. Die nächsten in der Reihe waren die schönen Zwillinge, die ihr immer die Schau zu stehlen wußten und nur miteinander beschäftigt waren.

In einer Kindheitserinnerung saß Dorothy zu Füßen ihrer Mutter und deren engster Freundin Julia de Forest, während diese der Mutter die *Traumdeutung* vorlas und übersetzte. Louise Tiffany war Kuratoriumsmitglied der New York Infirmary for Women and Children, einer Klinik, die ausschließlich weibliches Personal hatte und bahnbrechende Arbeit in der Ausbildung leistete; Abhandlungen über Geisteskrankheiten gehörten zu ihrer bevorzugten Lektüre. Die brillante Julia de Forest lebte mit einer ehemaligen Ärztin des Frauen- und Kinderkrankenhauses zusammen. Trotz oder vielleicht gerade wegen des frühen Ablebens ihrer Mutter, das Dorothy jeder Chance beraubte, ihr wirklich näherzukommen – offenbar zog Louise Tiffany ältere Kinder vor –, identifizierte sich Dorothy Burlingham immer eher mit der Familie der Mutter als mit ihrem hochbegabten, aber selbstherrlichen und alkoholkranken Vater. Julia de Forest war es zu verdanken, daß Dorothy Burlingham entgegen den Wünschen ihres Vaters ein gutes Internat besuchen konnte. Dorothys Beziehung zu ihrem äußerst temperamentvollen und eigenwilligen Vater war zwar der Beziehung Annas zu Freud diametral entgegengesetzt, bewirkte aber, daß sie ein ebenso problematisches Verhältnis zu Männern hatte.

Im September 1914 heiratete sie Dr. Robert Burlingham, einen Harvard-Absolventen, dessen Stammbaum bis in die Zeit der *Mayflower* zurückreichte. Nur zehn Monate später wurde ihr Sohn Bob geboren. Es ist unklar, ob Robert Burlinghams Nervenzusammenbrüche, die später als manisch-depressiv diagnostiziert wurden, vor oder nach der Geburt begannen; jedenfalls prägten seine heftigen Krankheitsausbrüche fortan das Bild von Dorothy Burlinghams Leben mit ihrem Mann. In rascher Folge kamen drei weitere Kinder, Mabbie, Tinky und Mikey, zur Welt, aber die Ehe war keineswegs stabil, und es kam immer wieder zu Trennungen. 1925 verließ Dorothy Burlingham ohne Roberts Wissen fluchtartig Amerika und reiste mit ihren Kindern über die Schweiz nach Wien. Unter dem Druck von Robert Burlinghams beunruhigender Krankheit, ihrer zerbrechenden Ehe und einer Schwiegermutter, die sich überall einmischte, und angesichts ihrer verstörten Kinder, um die sie sich geradezu krankhaft ängstigte – Bob reagierte besonders empfindlich auf die wechselnde Stimmung in der Familie und war seit seinen ersten Lebensmonaten hyperallergisch und asthmatisch –, suchte Dorothy Burlingham Hilfe bei der Psychoanalyse. Sie hatte von Anna Freuds Arbeit mit Kindern gehört.

Nach einem Vorgespräch mit Dorothy Burlingham willigte Anna Freud im Frühjahr 1925 ein, Bob zu analysieren, und arrangierte für Dorothy eine Analyse bei Theodor Reik. Im September zog Dorothy Burlingham mit ihren Kindern in die Vorstadtvilla eines ungarischen Fürsten, den ersten in einer Reihe von luxuriösen Wohnsitzen. Bob begann seine «Stunden» bei Anna Freud. Kurz darauf folgte auch Mabbie und etwas später Adelaide Sweetzer, die Tochter von Dorothy Burlinghams Schweizer Freunden.

Die Beziehung zwischen Dorothy Burlingham und Anna Freud entwickelte sich zu einer intensiven Freundschaft. Die Frauen trafen sich häufig, um über die Kinder zu sprechen, und im Frühling unternahmen sie in Burlinghams Ford Model T bereits Ausflüge in den Wienerwald, an denen auch Freud – für Burlingham «der Professor» – häufig teilnahm. Freud schrieb an Andreas-Salomé, Anna habe eine neue Freundin, «eine recht sympathische Amerikanerin, unglückliche Jungfrau»[31]. Allem Anschein nach gefielen ihm Dorothy Burlingham, deren distanzierte Kühle viele abschreckte, und die «schlimmen amerikanischen Kinder», die Anna Freud behandelte. Er schenkte der geheimnisvollen Burlingham, in deren leuchtenden Augen soviel Leid lag, eine Opalbrosche, und als sie diese sofort wieder verlor, gab er ihr eine neue. (Die erste fand später Eva Rosenfeld, Annas inzwischen

Ein Frauenberuf

etwas vernachlässigte Freundin, und durfte sie als Geschenk von Freud behalten.) Burlingham wiederum schenkte Freud seinen ersten Hund, einen Chow-Chow – die Rasse des chinesischen Kaisers –, der auf den Namen Lun Yu hörte und mit seinen Nachfolgern Eingang in Freuds Gedankenwelt fand.

Anna Freuds Freundeskreis überschnitt sich nun mit dem ihres Vaters: bei einer so intensiven Vater-Tochter-Beziehung wird es immer schwieriger auseinanderzuhalten, ob die Freunde um Anna Freuds willen kamen oder weil sie die Verbindung zu Freud beziehungsweise seine Vertreterin in der Gesellschaft darstellte. Als Dorothy Burlingham 1927 die ihrer Meinung nach wirkungslose Analyse bei Reik abbrach und sich von Freud analysieren ließ – diese Analyse dauerte mit den unvermeidlichen Unterbrechungen durch Operationen und die Emigration zwölf Jahre bis zu Freuds Tod –, war der Kreis geschlossen. So geschlossen, daß Freud, Dorothy Burlingham, Anna Freud und die Kinder meinten, via Analyse mit fast telepathischer Sicherheit über das Unbewußte der anderen Bescheid zu wissen. Familienleben und Analyse waren eins.

Anna Freud, die in Burlingham auch die liebevolle ältere Schwester fand, die ihre verstorbene Schwester Sophie nie gewesen war, übernahm bei Burlinghams Kindern zunehmend die Rolle des zweiten Elternteils. Robert Burlingham kam zwar mehrmals nach Wien, um Dorothy zur Rückkehr nach Amerika zu bewegen, aber sie fürchtete sich zu sehr vor einem Leben mit ihm und vor seinem Einfluß auf die Kinder. Zwischen seinen Anfällen war Robert Burlingham ein hingebungsvoller Vater, und er litt sehr unter der Trennung von seiner Familie. Die Kinder waren hin- und hergerissen. Aber Anna Freud und Dorothy Burlingham waren beide der Ansicht, daß sie zu ihrer Mutter (ihren Müttern) in Wien gehörten. 1929 wurde Freud zu mehreren Unterredungen mit Robert Burlingham und seinem Vater, einem hervorragenden Juristen, gebeten, die alles daransetzten, die ganze Familie oder wenigstens einen Teil davon nach Amerika mitzunehmen, und falls das nicht gelang, die Vormundschaft über die Kinder zu erhalten. Ohne Erfolg. Aber die Kämpfe setzten Dorothy Burlingham schwer zu und schädigten ihre Gesundheit. Erst nach einiger Zeit – vielleicht dank der Analyse, die offenbar darauf abzielte, ihr zu größerer Unabhängigkeit und Selbstbeherrschung zu verhelfen – war sie bereit, die Kinder während der Ferien zu ihrem Vater zu schicken, wenn auch nie alle zugleich, aus Angst, er könnte sie entführen.

Im Mai 1938 beendete Robert Burlingham das familiäre Tauziehen

Sigmund Freud und Martha Bernays, Hochzeitsbild, 1886.

Sophie und Anna Freud, 1901

Sigmund Freud und Anna Freud in den Dolomiten, 1913

Amalia Freud, Martha Freud, Sigmund Freud und Minna Bernays, Altaussee, 1905

Bertha Pappenheim – «Anna O.»

Aurelia Kronich – «Katharina», um 1893

Emma Eckstein, 1895

Dritter Internationaler Psychoanalytischer Kongreß, Weimar, 1911

1 Sigmund Freud, 2 Otto Rank, 3 Ludwig Binswanger, 4 O. Rothenhäusler,
5 Jan Nelken, 6 R. Forster, 7 Ludwig Jekels, 8 A. A. Brill, 9 Edward Hirtschmann,
10 J. E. G. von Emden, 11 Alphonse Maeder, 12 Paul Federn, 13 Adolf Keller,
14 Alfred von Winterstein, 15 J. Marcinowski, 16 Isidor Sadger, 17 Oskar Pfister,
18 Max Eitingon, 19 Karl Abraham, 20 James J. Putnam, 21 Ernest Jones,
22 Wilhelm Stekel, 23 Paul Bjerre, 24 Eugen Bleuler, 25 Maria Moltzer,
26 Mira Gineburg, 27 Lou Andreas-Salomé, 28 Beatrice Hinkle, 29 Emma Jung,
30 M. von Stack, 31 Antonia Wolff, 32 Martha Böddinghaus, 33 Franz Riklin,
34 Sandor Ferenczi, 35 C. G. Jung, 36 Leonhard Seif, 37 K. Landauer, 38 A. Stegmann,
39 W. Wittenberg, 40 Guido Brecher.

Loe Kann

Lou Andreas-Salomé

Sigmund Freud und Anna Freud beim Kongreß in Den Haag, 1920 (links)

Sigmund Freud und Anna Freud in Maresfield Gardens, Frühling 1939 (rechts)

Dorothy Burlingham (links) und Anna Freud in Maresfield Gardens, 1979

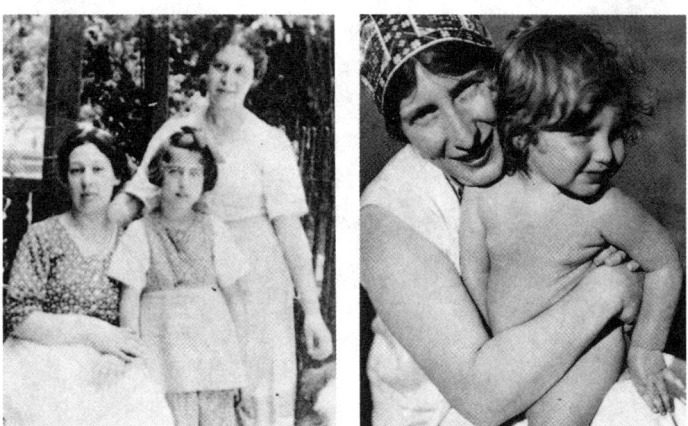

Eva Rosenfeld (sitzend) mit ihrer Tochter Mädi und einer Freundin, um 1922 (links)

Ruth Mack Brunswick mit ihrer Tochter Mathilda, um 1930 (rechts)

Marie Bonaparte mit ihren Kindern, Eugénie und Peter, um 1913

Joan Riviere mit ihrer Tochter Diana, um 1913

Helene Deutsch, 1936

Der Mord an Dr. Hug-Hellmuth in der Darstellung der Illustrierten Kronen Zeitung, *11. September 1924*

Karikaturen vom achten Internationalen Psychoanalytischen Kongreß, 1924 (von links oben im Uhrzeigersinn): Hermine Hug-Hellmuth, Melanie Klein, Karen Horney und Alix Strachey

Hilda Doolittle – H.D. – photographiert von Man Ray

auf radikale Weise: er stürzte sich aus dem vierzehnten Stockwerk seiner New Yorker Wohnung. Freud beeilte sich, Dorothy Burlingham einen Brief zu schreiben, in dem er sie von jeder Schuld freisprach. Er habe die Sorge, schrieb er ihr, sie möge sich ganz ungerechtfertigt einen Schmerz zufügen in dem verständlichen Versuch, ihrer Liebe einen letzten Ausdruck zu verleihen. Daher wolle er, als jemand außerhalb der Familie, sie daran erinnern, wie wenig Schuld im herkömmlichen Sinne es in ihrer Beziehung zu ihrem Mann gegeben habe, wie überwältigend vielmehr der Einfluß seiner Krankheit gewesen sei, die eine befriedigende Beziehung unmöglich machte und die als Schicksalsschlag hingenommen werden müsse.[32] Dorothy Burlingham war jedoch nicht in der Lage, Freuds Worte voll und ganz zu beherzigen. An ihre Freundin Edith Jackson schrieb sie: «Mein einziger Kummer ist und war, daß ich ihm nicht helfen konnte oder etwas tun konnte, um ihn glücklich zu machen. Ich hätte viel darum gegeben, wenn ich es vermocht hätte.»[33]

Die «Tragödie» der Krankheit ihres Mannes war zweifellos einer der Faktoren, die Dorothy Burlingham dazu veranlaßten, sich mit der Psychoanalyse auseinanderzusetzen. 1926 und 1927 war sie Gasthörerin bei Anna Freuds Vorlesungen über Kinderanalyse am Wiener Lehrinstitut und nahm an ihrem Seminar teil. Auf Anna Freuds Drängen setzte sie ihre Studien fort und wurde 1932 außerordentliches Mitglied der Wiener Vereinigung. Ihr Referat, «Die Kinderanalyse aus der Sicht der Mutter», stützte sich auf ihre eigenen Erfahrungen als Mutter und vermittelte ein prägnantes und tief empfundenes Bild von der mütterlichen Reaktion auf die Analyse ihres Kindes. Angesichts der starken Emotionen der Mutter ist es erstaunlich, daß Dorothys Beziehung zu Anna gehalten hat. Hören wir sie selbst:

«Sie fühlt, wie ihre eigene Person mit in die Analyse hineingezogen wird. Was sie für ihr Kind fühlt, wie sie es behandelt, was sie zu ihm sagt, wie sie es sagt, ihre Stimmungen und Launen, all das wird von analytischen Gesichtspunkten aus studiert und untersucht. Schon das ist schwer genug zu ertragen; es wird unerträglich, wenn sie merkt, daß die Analyse auch vor ihrem intimsten Privatleben und ihren eigenen Beziehungen zu den ihr Nahestehenden nicht haltmacht. Sie kann verstehen, daß der Analytiker alles, was das Kind betrifft, als Material für seine Arbeit braucht, aber wenn er an ihr Privatleben rührt, scheint es ihr doch, daß er zu weit geht. Sie sieht nicht ein, warum sie sich solche Eingriffe gefallen lassen muß und beginnt sich zu wehren. Es ist nur natürlich, daß sie sich verletzt, kritisiert und mißverstanden fühlt. Dazu kommt noch ihre Eifersucht auf all das Interesse, das der Analytiker dem Kind zuwendet. Sie war es ja, die am schwersten unter der Abnormität des Kindes zu leiden gehabt hat, jetzt ist es aber das Kind, dem alle Hilfe und alles Mitgefühl zuströmt. Sie wird beiseite geschoben, ihre Lage wird erschwert statt erleichtert. Und außerdem fühlt sie, wie ihr Kind ihr entgleitet, wie es beginnt, einen Fremden mehr zu lieben als sie und sich in allen seinen Schwierigkeiten an ihn zu wenden statt an sie, die bisher seine einzige Zuflucht war. Daß dieser Fremde wirklich mehr von ihrem Kind versteht als sie selbst, kann ihr kaum ein tröstlicher Gedanke sein, verstärkt nur ihr Gefühl der Demütigung. Das Ärgste für sie ist dann, daß das Kind beginnt, sie, seine Mutter, mit ganz neuen Augen anzusehen, ihre Person, ihre Handlungen, ja sogar ihre Gedanken gemeinsam mit seinem neuen Vertrauten, dem Analytiker, zu kritisieren. [...] Es ist vielleicht auch hier bei näherer Betrachtung der Verhältnisse nicht so erstaunlich, daß die Mütter mit den Analytikern ihrer Kinder in Konflikt geraten und daß Kinderanalysen durch ein plötzliches feindseliges Dazwischentreten der Eltern gelegentlich vorzeitig abgebrochen werden.»[34]

Da sie die Analyse so sehr als Eindringen empfand, spricht es wohl für Burlinghams Verbundenheit mit Anna Freud, daß sie die von Anna Freud in ihrer Anfangszeit befürwortete allumfassende Kinderanalyse – mit Sitzungen, pädagogischer Überwachung und einer Betreuung, die einer Ersatzmutterschaft gleichkam – nicht abbrach. Man könnte sich aber auch fragen, ob nicht gerade Dorothy Burlinghams ausgeprägter Muttersinn Anna Freuds Technik der Kinderanalyse insofern beeinflußt hat, als sie im Gegensatz zu Melanie Klein stets den Eltern den Vorzug in der kindlichen Zuneigung zugestand. Melanie Klein trat, möglicherweise weil ihre Erfahrungen auf der Analyse ihrer eigenen Kinder und nicht der ihrer besten Freundin beruhten, dafür ein, daß der Analytiker in der Übertragung *alle* elterlichen Funktionen übernehmen solle. Anna Freud, die Burlinghams mütterliche Ängste spürte, ließ den Eltern einen gewissen Raum, und Burlingham blieb ihre unerschütterliche Verfechterin.

Burlingham konnte sich bis zu ihrem Tod im Jahre 1979 eine «Anna-Freudianerin» nennen. Sie war Anna Freud eine unbeirrbare Stütze und Partnerin bei ihren klinischen Unternehmungen; in Österreich wie in England lebten und arbeiteten sie zusammen. Wenn Burlingham wegen ihrer Reserviertheit und Bescheidenheit manchmal wie ein Schatten neben der bestimmten und energischen Anna Freud wirkte, so entsprach das doch keineswegs ihrem wahren Charakter. Sie war eine sehr begabte Analytikerin, wie ihre Arbeit im Kriegskinderheim und in der Hampstead Clinic sowie ihre Beschäftigung mit blinden Kindern beweist. Gerade letzteres war und blieb ihr ureigenstes Gebiet; sie war die erste, die in diesen Bereich vorstieß. Ihre Arbeit war Vorbild für Oliver Sacks Studie über Taube, *Taube Stimmen* (1990). Sie vermochte Zusammenhänge intuitiv zu verstehen, was sie besonders zur Kinderanalyse befähigte. In ihrem ersten Aufsatz hatte sie sich mit dem beschäftigt, was Freud in seiner *Neuen Folge der Vorlesungen zur Einführung in die Psychoanalyse* – mit Verweis auf sie – die «Gedankenübertragung» zwischen Mutter und Kind nannte: Diese sei eine unbewußte, manchmal an das Übernatürliche grenzende Kraft.[35] In diesem Punkt unterschied sie sich allerdings von der unbeirrbar rationalen Anna Freud.

Die beiden Frauen, die nach Freuds Tod tatsächlich einem Ehepaar ähnlich zusammenlebten, schienen einander gut zu ergänzen. Es ist nicht sicher, ob die asketische Anna Freud und die scheue Dorothy Burlingham jemals auch eine sexuelle Beziehung hatten. Eher war es wohl «die angenehmste und ungetrübteste Kameradschaft», wie Anna Freud 1927 ihrem Vater in einem Brief versicherte, und eine Lebensweise, bei der man sich den umfassenden Herausforderungen der Psychoanalyse stellen konnte. Das alles natürlich, jedenfalls in den ersten, prägenden Jahren, unter Freuds Fittichen.

Während Dorothy Burlingham nach Freuds Tod die Jahre ihrer Bekanntschaft «die wichtigsten meines Lebens» nannte, waren dies für Anna Freud die Jahre, in denen sie sich endlich etwas Eigenes schuf. Was nicht nur Dorothy Burlingham, sondern auch deren Kindern zu verdanken war, die die Grundlage ihrer ersten selbständigen Arbeit bildeten.

Mit der Ankunft der Burlingham in Wien ist Anna Freuds Geschichte mit der ihren untrennbar verwoben.

Ein Frauenberuf

Kinderanalyse

Die Geschichte der Kinderanalyse vor Anna Freuds Einstieg in die Praxis ist rasch erzählt. Freud behandelte die Kindheit als einen Erinnerungsrest, der sich in den schattenhaften Schichten der erwachsenen Erinnerung abgelagert hatte, einen zwar determinierten, aber dennoch nur konstruierten Rest. Eine Ausnahme bildete der Fall des kleinen Hans, die 1909 veröffentlichte «Analyse der Phobie eines fünfjährigen Knaben», dessen Behandlung neben anderem Material bereits in zwei früheren kurzen Arbeiten über die infantilen Sexualtheorien und die sexuelle Aufklärung von Kindern Eingang gefunden hatte. Der kleine Hans wurde jedoch nicht von Freud analysiert; der eigentliche Analytiker war Max Graf, Hans' Vater, ein Musikwissenschaftler, der mehrere Jahre lang an Freuds Mittwochssitzungen teilgenommen hatte. Freud agierte praktisch als Kontrollanalytiker, der vom Vater Berichte erhielt und ihn beriet. Die Mutter des kleinen Hans war bereits bei Freud in Behandlung gewesen. Während der gesamten Analyse sah Freud den kleinen Hans nur ein einziges Mal persönlich, und auch dann nur in Anwesenheit seines Vaters. Das verdient eine Erwähnung, wenn es um die Beurteilung von Anna Freuds anfänglicher Arbeit mit Kindern und ihrer heftigen Meinungsverschiedenheiten mit der in Berlin tätigen Melanie Klein – der seit dem Tod Hermine Hug-Hellmuths einzigen wichtigen Kinderanalytikerin neben Anna Freud – über die Rolle der Eltern im Verlauf der Kinderanalyse geht. Anna Freud hielt den regelmäßigen Kontakt der Analytikerin mit den Eltern, mit dem realen Umfeld des Kindes also, für überaus wichtig und richtete sich damit im Grunde nach ihrem Vater.

Möglicherweise geht ihr Streit mit Melanie Klein, der sie vorwarf, mit ihren Interpretationen zu rasch zu «tief» zu dringen, ebenfalls auf den Fall des kleinen Hans zurück. Freud hatte Hans' Vater vorgeworfen, er übe zu großen Druck auf den kleinen Jungen aus: «Der Vater fragt zu viel und forscht nach eigenen Vorsätzen, anstatt den Kleinen sich äußern zu lassen. Dadurch wird die Analyse undurchsichtig und unsicher.»[36] Anna Freud, die die Arbeit ihres Vaters auswendig kannte und sie so verinnerlicht hatte, daß sie ihr in Fleisch und Blut übergegangen war, könnte ihre Kritik an Kleins übereiligen Interpretationen durchaus aus dieser Quelle bezogen haben. Ihrer Meinung nach sah Melanie Klein in jedem Detail des kindlichen Spiels entweder einen aggressiven Impuls oder eine sexuelle Konnotation.[37] Wenn man das

Kind zu sehr in dieser Richtung bedrängte, führte dies häufig zu einem plötzlichen Abbruch der Analyse. Vielleicht machte sich hier Dorothy Burlinghams Einfluß bemerkbar.

Während Anna Freud zunächst nur in die Fußstapfen ihres Vaters trat und instinktiv vorsichtig war, eroberte sie dann als Pionierin auf ihrem auserwählten Seitenweg der Psychoanalyse unermüdlich neues Gebiet. Vor ihr hatte nur eine einzige Psychoanalytikerin diesen Weg beschritten: Hermine Hug-Hellmuth, deren zahlreiche Beobachtungen an Kindern und deren entscheidende Arbeit von 1920, «Zur Technik der Kinderanalyse», auffallende Parallelen zu Anna Freuds erstem Buch (1927) über dieses Thema aufwiesen.[38] Anna Freud mußte diesen Aufsatz gekannt haben, dessen Verfasserin bereits in der Anfangszeit zum Kreis um Freud gehörte – sie hatte 1920 am Kongreß in Den Haag teilgenommen, wo diese Arbeit vorgetragen worden war –, zeigte sich aber wenig geneigt, sich direkt auf ihre Vorläuferin, die ebenfalls Lehrerin gewesen war, zu beziehen, wahrscheinlich wegen des Skandals, der Hermine Hug-Hellmuths Tod umgab.

Es gab jedoch auch noch andere Einflüsse. Sándor Ferenczi hatte bereits 1908 einen brillanten Vortrag über Psychoanalyse und Erziehung gehalten, und seine Vorstellungen von einer Erziehung, die das Triebleben des Kindes eher förderte als beschnitt, hatten zweifellos ihre Wirkung auf Anna Freud gehabt – ebenso wie auf Melanie Klein, die gegen Ende des Krieges in Ferenczis Klinik in Budapest mit Kindern arbeitete. Auch von der Arbeit ihrer Wiener Kollegen Bernfeld und Aichhorn profitierte sie: Anna Freuds psychoanalytische Ausrichtung wurzelte zum Teil in ihrer Arbeit als Lehrerin und hatte daher immer einen pädagogischen Einschlag. Anfangs hatte sie die utopische Hoffnung, daß eine Verbindung von Erziehung und Psychoanalyse glücklichere Kinder und eine glücklichere Welt schaffen würde. Die erste Generation von Kinderanalytikern wurde unter ihrer Ägide in Wien ausgebildet. Man könnte sagen, daß Anna Freuds Wien in den zwanziger und frühen dreißiger Jahren zur internationalen Hauptstadt der Kinderpsychoanalyse avancierte: das Zentrum der Erwachsenenpsychoanalyse hatte sich nach Berlin verlagert. London, wohin Melanie Klein auf Einladung Ernest Jones' im Herbst 1926 emigrierte, sollte erst ein wenig später seine Hochblüte erleben.

Anna Freud war pragmatisch orientiert. Darin unterschied sie sich von ihrem Vater, dessen Interesse weniger der «Kur» als der wissenschaftlichen Erforschung der Gesetze des Unbewußten galt. 1928 verglich sie sich in einem Brief an Lou Andreas-Salomé ein wenig traurig mit den Kollegen am Institut; bei ihnen sähen die Dinge immer komplexer und schwieriger aus als bei ihr selbst, so als wolle sie Einfachheit sehen, wo es keine gab. Andere gelangten wohl zu Einsichten, indem sie sich von den Menschen distanzierten und alles in kalte theoretische Begriffe faßten, während sie zu keiner vom Menschen losgelösten Erkenntnis gelangen könne.[39] Freud beruhigte sie in dieser Hinsicht: Die Distanz würde sich mit der Erfahrung schon einstellen.

Und er hatte ohne Zweifel Freude an seiner Jüngsten, jedenfalls was ihre Arbeit betraf. Als Anna Freud ihre Vorlesungen für das Lehrinstitut vorbereitete, die später ihr erstes Buch *Einführung in die Technik der Kinderanalyse* ergeben würden, schrieb Freud in einem Brief an Max Eitington: «[...] es ist wirklich das allgemeine Urteil, daß sie klar und geläufig unter voller Beherrschung des Gegenstandes vorträgt und daß sie das Auditorium zu fesseln versteht. [...] Mit denen der Klein verglichen, sind ihre Ansichten konservativ, ja reaktionär zu nennen, aber es steht zu vermuten, daß sie Recht hat.»[40] Und als Annas Buch 1927 erschien, schrieb Freud an Lou Andreas-Salomé: «Sie glauben nicht, wie wenig ich zu ihrem Buch beigetragen habe, nichts als die Einschränkung der Polemik gegen Melanie Klein. Sonst ist es ganz selbständige Arbeit.»[41]

Auch wenn Freud Annas Polemik gegen Melanie Klein Einhalt geboten hatte, so war sie doch noch deutlich vorhanden. Anna Freud hatte Kleins bahnbrechende Vorlesung über den bestechenden Fall Erna gehört; nun faßte sie ihre Einwände gegen Kleins Methode in eine prägnante Sprache, die ein Muster an pädagogischer Klarheit ist. Sie schrieb ein Lehrbuch, in dem sie praktisch die Grundlagen einer eigenen Schule festlegte.

Anna Freuds Auseinandersetzung mit Melanie Klein beruhte auf einem entscheidenden Auffassungsunterschied. Klein glaubte im Gegensatz zu Freud, daß sich das Über-Ich nicht als Folge des Ödipuskomplexes, sondern mit ihm zusammen entwickelt und «daß die durch die Entwöhnung von der Mutterbrust auferlegte Versagung die Ödipusstrebungen auslöst und daß diese Ende des ersten und anfangs des zweiten Lebensjahres einsetzen»,[42] also viel früher, als Freud sie angesetzt hatte. Nach Ansicht Melanie Kleins wird das Über-Ich nicht durch eine Elternidentifizierung gebildet, sondern hat seinen Ursprung in der aus dem Abstillen resultierenden Angst des Kindes und den damit verbundenen aggressiven und sadistischen Triebregungen.

Nach Ansicht der «konservativen» Anna Freud ist das infantile Über-Ich bis zum Untergang des Ödipus im Werden begriffen. Das

Anna Freud: Die gehorsame Tochter

Kind ist daher weiterhin abhängig vom Einfluß der Eltern und seiner Umgebung.

Melanie Klein macht in der Analyse keinen Unterschied zwischen Kind und Erwachsenem. Wenn man sich nicht auf die Sprache als Kommunikationsmittel stützen kann, tritt das Spiel an ihre Stelle und bildet den Ausgangspunkt für Deutungen, die nicht weniger «tief» oder sexuell orientiert sind als bei einem Erwachsenen. Die Übertragung ist ebenso umfassend wie beim Erwachsenen; sie steht von Anfang an für die Interpretation zur Verfügung.

Wie ihre Vorläuferin Hermine Hug-Hellmuth betrachtet auch Anna Freud das Kind nicht als kleinen Erwachsenen. Es wird zur Analyse *geschickt*, kommt nicht aus eigenem Antrieb, und muß daher erst erobert werden. Der Analytiker muß mit den Eltern Kontakt halten und sich vor der Analyse mit der Umgebung des Kindes vertraut machen, um äußere Faktoren richtig deuten zu können. Im Idealfall sollte auch eine Zusammenarbeit mit der Schule entstehen, so daß die Erziehung und «Realitätsfaktoren» den Fortschritt der Analyse nicht zunichte machen. Was die Übertragung betrifft, so schloß Anna Freud aus ihrer Erfahrung: «Das Kind ist nicht wie der Erwachsene bereit, eine Neuauflage seiner Liebesbeziehungen vorzunehmen, weil – so könnte man sagen – die alte Auflage noch nicht vergriffen ist. Seine ursprünglichen Objekte, die Eltern, sind noch in Wirklichkeit, nicht wie beim erwachsenen Neurotiker in der Phantasie, als Liebesobjekte vorhanden [...].»[43]

Anna Freud stellte in ihrem Buch zehn Analysen vor, darunter jene der beiden älteren Burlingham-Kinder und deren Freundin Adelaide Sweetzer, und beschrieb die Fälle anhand der Träume, Tagträume, Zeichnungen und Spiele der Kinder. Der zehnjährige Bob Burlingham ist «der Junge, der nie die Wahrheit sagen konnte und sich das abgewöhnen wollte»; Mabbie, die Achtjährige, die «so viel weinte und schon selber darüber böse war» und als Puppe auf die Welt kommen wollte, und zwar als die Puppe eines kleinen Mädchens, «bei dem meine Kinderfrau früher war, und das besonders nett und brav ist», und Adelaide, das Mädchen, das einen Teufel in sich hatte und wollte, daß er herausgenommen wurde.[44]

Bob Burlingham reagierte zu Beginn der Analyse äußerst feindselig auf Anna Freud: anhand dieses Falles beweist sie, daß ein Kind vom Analytiker erobert – ja geradezu verführt – werden muß, damit die Analyse überhaupt Wirkung zeigen kann. Sie schützte Bob vor Bestrafung, gab Geld zurück, das er gestohlen hatte, erwies ihm immer wieder einen Gefallen und gewann ihn auf diese Weise für «sehr ausgiebige Gegenleistungen». Erst danach, so meinte sie, könne die wirkliche analytische Arbeit beginnen:

«Wir sollen ein Stück seiner männlichen Aggressionen und seiner Objektliebe zur Mutter aus der Verdrängung und von der Überlagerung durch seinen jetzt feminin-masochistischen Charakter und die Mutteridentifizierung befreien. Der Konflikt, um den es sich dabei handelt, ist ein innerer. Hat ihn auch ursprünglich die Angst vor dem wirklichen Vater in der Außenwelt zur Verdrängungsleistung getrieben, so wird der Erfolg dieser Leistung jetzt doch von inneren Kräften aufrecht gehalten. Der Vater ist verinnerlicht und das Über-Ich der Vertreter seiner Macht geworden, die Angst vor ihm wird vom Knaben als Kastrationsangst empfunden. Jedem Schritt, den die Analyse auf dem Wege zur Bewußtmachung der verdrängten Ödipustendenzen machen will, stellen sich Ausbrüche dieser Kastrationsangst als Hindernis entgegen. Nur die langsame historisch-analytische Zersetzung dieses Über-Ichs ermöglicht ein Fortschreiten meiner Befreiungsarbeit.»[45]

Anna Freud klingt belehrend, wenn sie von Bob berichtet: ein normativer Impuls ist deutlich erkennbar. Die Studie zeigt auf, daß an Bobs passivem femininen Charakter, seinem Über-Ich, gearbeitet werden muß, damit er sich von der weiblichen Haltung befreien und eine normale heterosexuelle Entwicklung durchlaufen kann. Anna Freuds Aufgabe als Analytikerin einerseits und Ersatzmutter andererseits ist es, ihn mitzuformen und in gewissem Maße als Ichideal zu fungieren. Wenn diese Methode die Gefahr einer Abhängigkeit in sich birgt, so war dies im Fall der Burlingham-Kinder gewiß etwas, das sie nicht fürchtete, sondern sich eher wünschte.

Sie war sich ihrer normativen Impulse durchaus bewußt. Andreas-Salomé schrieb sie, nachdem diese ihr Buch gelobt hatte, sie sei keineswegs sicher gewesen, von ihr ein Lob zu erhalten, vor allem da sie, Anna, die Kinder immer zu ändern trachte, während Lou es vorziehe, sie so zu lassen, wie sie sind.[46]

Anna Freuds offensichtliche Überzeugung, sie wisse, was für den Patienten richtig und am besten ist, ist in Freuds Fallgeschichten nur selten anzutreffen; sie lesen sich wie kunstvolle Expeditionen ins Labyrinth der menschlichen Psyche, geprägt eher von wissenschaftlicher Neugier als von dem Drang zu verändern. Vielleicht veranlaßte auch das Freud, seine Tochter im Vergleich mit Melanie Klein als «reaktionär» zu bezeichnen. Zweifellos hatte er lange Zeit Vorbehalte gegen eine Kombination von Pädagogik und Analyse gehabt; vor dem Krieg hatte er Maggie Heller, die Tochter des Verlegers und Analytikers Hugo Heller, ermahnt, die Psychoanalyse eindeutig von den unvermeidlich normativen Ansprüchen der Pädagogik zu trennen.[47] Und Melanie Klein ist bei all ihrem Ungestüm und ihren gelegentlich verschwommenen theoretischen Stellungnahmen nie normativ. Um Klein und ihren englischen Anhängern Gelegenheit für eine Reaktion auf Anna Freuds Arbeit zu geben, organisierte Ernest Jones 1927 in London ein Symposium, bei dem auch Joan Riviere auf ihre unnachahmlich klare und entschlossene Art die Sachlage darlegte:

«Die Psychoanalyse ist Freuds Entdeckung dessen, was in der Vorstellung eines Kindes vor sich geht. [...] Aber die Analyse kümmert sich um nichts anderes: sie kümmert sich weder um die reale Welt noch um die Anpassung des Kindes oder des Erwachsenen an die reale Welt, weder um Krankheit oder Gesundheit noch um Tugend oder Laster. Sie kümmert sich einzig und allein um die Vorstellungen des kindlichen Geistes, die phantasierten Freuden und gefürchteten Strafen.»[48]

Interessanterweise hat sich Freud nie öffentlich gegen Melanie Kleins Arbeit ausgesprochen, wie er dies bei so vielen anderen Renegaten tat. Privat stand er aber natürlich eindeutig auf seiten seiner Tochter. Kein Wunder: Ernest Jones hatte im Kinderanalysestreit Melanie Klein verteidigt und sich dabei einen Schlag unter die analytische Gürtellinie erlaubt. «Es schmerzt mich, daß ich *einigen* der Tendenzen in Annas Buch nicht zustimmen kann, und ich kann nicht umhin anzunehmen, daß sie zum Teil auf unvollkommen analysierte Widerstände zurückzuführen sein müssen, ja ich denke sogar, daß sich das im einzelnen nachweisen läßt.»[49]

Freud schlug zurück. Die Unterstellung, der Ödipuskomplex seiner Tochter sei nach wie vor ungelöst, sie sei unvollkommen analysiert worden und daher nicht in der Lage, in die trüben ödipalen Tiefen ihrer Analysanden vorzustoßen, konnte er nicht auf sich beruhen lassen. Seine Kritik an Jones war zunächst noch zurückhaltend:

«Wenn zwei Analytiker über einen Punkt verschiedener Meinung sind, so mag die Vermutung, die irrige Ansicht des einen rühre daher, daß er nicht genügend analysiert sei und sich also durch seine Komplexe zur Trübung der Wissenschaft beeinflussen lasse, in noch so vielen Fällen vollberechtigt sein. Aber in der praktischen Polemik ist ein solches Argument unzulässig. Es steht nämlich jedem Teil in gleicher Weise zu Gebote, und es gibt keinen Aufschluß darüber, auf welcher Seite sich der Irrtum befindet.»[50]

Ein Frauenberuf

Freud ist sogar bereit zuzugestehen, daß Melanie Klein recht hat, wenn sie «die Kinder reifer macht, als wir früher geglaubt haben», hält aber in der Frage der Bildung des Über-Ichs an seiner Meinung fest: «Ich möchte der Frau Klein in dem Punkt widersprechen, daß sie das Überich der Kinder als ähnlich selbständig hinstellt wie das der Erwachsenen, während mir Anna Recht zu haben scheint, wenn sie betont, daß das kindliche Überich noch der direkte Elterneinfluß ist.»[51]

Nach dem Internationalen Kongreß in Innsbruck und der Veröffentlichung der beim Londoner Symposium gehaltenen Referate im *International Journal*, dessen Herausgeber Ernest Jones war, war Freud wirklich verärgert. Neben anderen Angriffen auf Anna war auch der Vorwurf der ungenügenden Analyse wiederholt worden. Ella Freeman Sharpe hatte zum Beispiel festgestellt:

«Das Problem der Kinderanalyse scheint viel stärker mit den tiefsten unergründeten Verdrängungen des Analytikers verwoben als die Erwachsenenanalyse. [...] Rationalisierungen, daß das Kind zu jung sei, daß das schwach ausgeprägte Über-Ich pädagogische Beigaben in der Analyse unabdingbar mache und so weiter, beruhen auf den Ängsten desselben infantilen Über-Ichs des Analytikers selbst, mit dem er es auch bei dem ihm anvertrauten Kind zu tun hat.»[52]

Freud schrieb seinen bisher schärfsten Brief an Jones:

«Sie arrangieren in London einen förmlichen Feldzug gegen Anna's Kinderanalyse, in dem ihr der Vorwurf gemacht wird, sie sei nicht genug tief analysiert, ein Vorwurf, den Sie in einem Brief an mich wiederholen. Ich mußte Sie aufmerksam machen, daß eine solche Kritik ebenso gefährlich als unerlaubt ist. Wer ist denn eigentlich genügend analysiert? Ich kann Ihnen versichern, Anna ist länger und gründlicher analysiert worden als z. B. Sie selbst. Die ganze Kritik ruht auf einer leichtfertigen Voraussetzung, die bei etwas gutem Willen zu vermeiden gewesen wäre. Frau Klein schließt aus einer Bemerkung Anna[s] gegen ein Kind, die das Kind aneifern soll, das Material selbst zu finden, daß Anna in ihren Analysen dem Ödipuskomplex ausweicht, sie schließt das, ohne sonst etwas von dieser Analyse zu wissen. Auf diese Überzeugung ist der ganze Angriff aufgebaut. Auf dem Kongreß macht Frau Klein Anna diesen Vorhalt, und auf ihre Gegenfrage: Was soll ich ich denn beim Kind analysieren als den Ödipuskomplex? gesteht sie ihr Mißverständnis zu. Das ist aber der Angriff, dem Sie die größte Publizität geben wollen, eine vollständige Übersetzung in der Zeitschrift, eine Veröffentlichung als separate Broschüre durch den Verlag. In diesem Symposion läßt sich eine sonst so kluge Person wie die Riviere zu theoretischen Behauptungen hinreißen, die allem, was wir wissen und glauben, widersprechen und einen neuen Weg zur Irrealisierung der Analyse anzeigen. Was bedeutet das alles? Ich glaube, ich darf um Erklärung bitten. Die Meinungsverschiedenheit zwischen zwei Kinderanalytikerinnen über die Entwicklung des kindlichen Überichs und die technischen Wege der Analyse sind doch nicht so einschneidend, daß man sie nicht der historischen Entwicklung überlassen könnte, daß sie eine so voreilige leidenschaftlich ungerechte Reaktion erzeugen müßten. Geht das gegen mich, weil Anna meine Tochter ist? – Eine hübsche Motivierung unter Analytikern, die von anderen Beherrschung ihrer primitiven Regungen verlangen.»[53]

Die Kontroverse zwischen Anna Freud und Melanie Klein ging endlos weiter. Ihren Höhepunkt erreichte sie in den «Controversial Discussions» der Britischen Vereinigung während des Krieges, danach wurde ein sehr englischer Kompromiß erzielt: ein breiter Konsens, durch den unterschiedliche Meinungen nebeneinander bestehen konnten, obwohl es immer wieder zu einem Donnergrollen zwischen widerstreitenden Parteien kam.

In Wahrheit ist es gut denkbar, daß zwischen den beiden Frauen eine instinktive Antipathie bestand, waren sie doch so verschieden in ihrem Stil und Wesen und folglich auch in ihren analytischen Unternehmungen: Anna mit ihrem Arbeitseifer und ihrer Korrektheit, mit ihrem vestalischen Glauben, daß die Menschen gut und die Welt der schöne Schauplatz ihrer schönen Geschichten sei; Melanie mit ihrer lautstarken und burschikosen Art, ihren ungestümen Begierden, ihren leidenschaftlichen Ungenauigkeiten. Alix Strachey, diese unverschämt scharfsinnige, wenn auch leicht antisemitisch gefärbte Beobachterin des psychoanalytischen Gesellschaftslebens, charakterisiert in ihren Briefen an ihren Mann Anna Freud als «diese offen oder insgeheim sentimentale Person» und Klein als vulgäre Kleopatra, «eine Art extrem heterosexueller Semiramis in piekfeinem Kostüm, die darauf wartet, besprungen zu werden». Und sie kommt zu dem Schluß: «Ich glaube jetzt, daß Anna Freud sie einfach aus persönlichen Gründen ablehnt, weil sie sie für eine ‹gewöhnliche Frau› hält. Man sollte sich einmal mit ihr über ihre Hochnäsigkeit unterhalten, meinst Du nicht auch?»[54]

Wenn Anna Freud «hochnäsig» war, so deshalb, weil sie Unordnung nicht mochte. Ebensowenig konnte sie sich mit den kannibalistischen und sadistischen Triebregungen, der zügellosen Aggression anfreunden, mit denen Klein die Vorstellungen des Kindes belegte.

Die beiden Frauen unterschieden sich auch in ihrer Einstellung zur Mutterrolle. Melanie Klein analysierte ihre eigenen Kinder und vermischte dadurch die Funktionen von Analytikerin und Mutter, sprach aber immer nur von der Funktion der Analytikerin. Bei ihr verschwindet die reale Mutter, nur um in der Theorie in ihrer ikonographischen Funktion als Brust verherrlicht zu werden.

Anna Freud, die nie selbst Mutter war, arbeitete als eine Art Familienhelferin neben der realen Mutter und rüttelte nicht an der mütterlichen Funktion. Für sie blieb die Analyse von der Mutterschaft getrennt, verbündete sich aber mit den elterlichen Funktionen (oder geriet manchmal mit ihnen in Konflikt). Diese Funktionen wurden als mächtig und gut idealisiert. Anna war schließlich die gehorsame Tochter mit einem von Sigmund und Martha Freud geprägten Über-Ich. Zwar fiel es ihr selbst nicht leicht, die Verbindung zu ihrer Mutter einzugestehen, aber ihr Bild von der Mutterschaft war dennoch von ihr geprägt, auch wenn sie sich ihm nicht offen angleichen konnte. Auch die Bedeutung des Bandes zwischen Anna Freud und ihrer Schwester Sophie sollte nicht unterschätzt werden. Nach Sophies Tod nahm Anna Freud ihren Neffen Ernst als ersten «Patienten» in Behandlung. Sie versuchte nicht, ihre ehemalige Rivalin Sophie zu ersetzen, hatte wohl eher Angst davor, sondern bemühte sich, ihr von der Familie idealisiertes Bild zu erhalten. Anna Freud zog in ihrem Leben und in ihrem Werk stets einen deutlichen Trennstrich zwischen analytischer und realer Mutterschaft; sie wirkten aufeinander ein, ohne jedoch je in eine theoretische Konstruktion gepreßt zu werden oder in der Person der Analytikerin zu verschmelzen.

Da Anna Freud in der Wandelbarkeit des kindlichen Über-Ichs einen entscheidenden Unterschied zwischen Kindern und Erwachsenen sah, maß sie der Schule und der Umgebung des Kindes eine besondere Bedeutung für seine Entwicklung bei. Hier war sie sich mit den fortschrittsgläubigen Sozialisten einig, ihren therapeutisch orientierten Freunden Bernfeld und Aichhorn. Wie so viele der ersten Feministinnen, darunter Bertha Pappenheim, folgte auch Anna Freud der Tradition der liberalen politischen Reformen. 1927 forderte sie in einer Vorlesung, die Zukunft der Psychoanalyse müsse im Bereich der Pädagogik oder Erziehungswissenschaften liegen.[55] Ihre Interessen galten in erster Linie der normalen Entwicklung und präventiven Therapie, wie in ihrem ersten erzieherischen Experiment zum Ausdruck kommt.

Anna Freud: Die gehorsame Tochter

Die Hietzinger Schule, die sogenannte «Streichholzschachtel», wurde 1927, von Dorothy Burlingham finanziert, im Hof von Eva Rosenfelds Haus errichtet. Es war eine Idee Anna Freuds und Dorothy Burlinghams, die ahnten, daß die Burlingham-Kinder, die «Amerikaner und, schlimmer noch, in Analyse waren»,[56] nicht in eine konventionelle Wiener Schule passen würden. Dazu kam Anna Freuds Überzeugung, daß Kinder, die analysiert wurden, von einer analytisch orientierten Schule profitieren würden.

Die Schule existierte fünf Jahre lang und hatte etwa zwanzig Schüler, von denen rund die Hälfte Analysanden waren. Anna Freuds Neffe Ernst, den sie praktisch adoptiert hatte, gehörte ebenfalls dazu. Er wurde später selbst Analytiker und nahm den Namen Freud an. Die Lehrer waren Peter Blos und Erik Erikson, ein Künstler, der später zu einem der führenden Analytiker Amerikas wurde. Sie unterrichteten nach einem weitgefaßten, projektorientierten Lehrplan, der mit der Phantasie der Kinder arbeitete.

Im Rückblick zehn Jahre später konnte Dorothy Burlingham angesichts der Schwierigkeiten, die ihre Kinder bei der Anpassung an normale Unterrichtsformen gehabt hatten, nicht von einem Erfolg des Hietzinger Experiments sprechen. In ihrer Arbeit «Probleme des psychoanalytischen Erziehers»[57] stellt sie fest, daß «gerade diese Kinder infolge der verständnisvollen Erziehung [...] besonders überempfindlich» und «nicht leicht geneigt sind, sich Einschränkungen zu fügen», «besonders wenig Kritik oder Zurückweisung» vertragen und eine spezielle Hilfe bei der «allmählichen Gewöhnung an die Forderungen einer äußeren Wirklichkeit» brauchen. Hietzing hatte mit denselben Problemen wie viele andere idealistische Schulprojekte zu kämpfen. Da sich nicht sagen läßt, wie das Leben eines Menschen unter anderen Bedingungen ausgesehen hätte, ist es auch schwer zu beurteilen, ob die Burlingham-Kinder durch die Analyse in Kombination mit einer alternativen Schule und durch Anna Freud als ihre analytische Mutter behindert oder gefördert wurden. Zweifellos fühlten sich die Kinder, vor allem die beiden ältesten, auch wenn sie Anna Freud liebten, durch ihre Doppelrolle und den ständig auf ihren Empfindungen und Handlungen ruhenden analytischen Blick beeinträchtigt – ganz wie Anna Freud sich in der Analyse durch ihren Vater auseinandergerissen und schlecht behandelt gefühlt hatte, wie sie Lou Andreas-Salomé gestand. All das, verstärkt noch durch das Hin und Her zwischen den zerstrittenen Eltern, trug nicht gerade dazu bei, ihnen im emotionalen Bereich den Weg durchs Leben zu ebnen. Mabbie beging

Ein Frauenberuf

bei einem Aufenthalt in Maresfield Gardens mit siebenundfünfzig Jahren Selbstmord. Bob erbte die manisch-depressiven Zustände seines Vaters, und obwohl er ständig bei Anna Freud in Analyse war, ging es ihm zunehmend schlechter: er starb im Alter von vierundfünfzig Jahren.

Anna Freud und Dorothy Burlingham kannten die Belastungen und Gefahren der Analyse. Ihr Gegenmittel war die idyllische Einfachheit und Natürlichkeit des Landlebens. Fahrradausflüge und Ferien im Freien gehörten zum Familienleben, ebenso wie Dirndlkleider für die Frauen. 1930 kauften sie gemeinsam etwa eine dreiviertel Stunde von Wien entfernt ein Bauernhaus. Hochrotherd, ausgestattet mit einer Kuh, Hühnern, Gemüse- und Blumengarten und in einer herrlichen Gegend gelegen, wurde zu ihrem Refugium. Wie Anna Freud sagte: «Ich mag am Landleben, daß es alles auf eine einfache Formel bringt, sogar das Psychische»[58].

Mit der Erweiterung ihrer analytischen Praxis in den späten zwanziger Jahren begann Anna sich in ihrer Arbeit zunehmend auf sehr junge Kinder, Kinder vor der Latenzphase, zu konzentrieren – womit sie Melanie Klein einen winzigen Schritt näherrückte – sowie auf Kinder in der Früh- und Hochpubertät, wie die älteren Burlingham-Kinder. Die dabei gewonnenen Erkenntnisse bildeten die Grundlage für ihr zweites und vielleicht wichtigstes Buch, *Das Ich und die Abwehrmechanismen*, das 1936 als Geschenk zu Freuds achtzigstem Geburtstag erschien, obwohl sie Teile davon ab 1929 bereits in Form von Vorträgen präsentiert hatte. Es hatte entscheidenden Einfluß auf die spätere, speziell amerikanische Ausprägung der Psychoanalyse mit ihrer Betonung der Ichentwicklung.

Anna Freud ging es in diesem Buch darum, die These zu widerlegen – vielleicht wieder einmal, um Melanie Klein zu widersprechen –, daß die Psychoanalyse ausschließlich eine Tiefenpsychologie zu sein habe, die sich mit dem unbewußten Seelenleben beschäftigt, mit den verdrängten Triebregungen, Affekten und Phantasien. In der klinischen Praxis, der psychoanalytischen Therapie, erweise sich dies als unsinnig. «Das Objekt der analytischen Therapie waren von Anfang an das Ich und seine Störungen, die Erforschung des Es und seiner Arbeitsweise war immer nur Mittel zum Zweck. Und der Zweck war immer der gleiche: Aufhebung dieser Störungen und die Wiederherstellung der Intaktheit des Ichs.»[59]

Auch wenn diese Äußerung vielfach umstritten war und ist, so ist sie doch ein entscheidender Bestandteil von Anna Freuds Sicht der

Psychoanalyse als Therapie, nicht als Theorie, und als Psychologie des Normalen.

Das Buch gibt Einblick in das Seelenleben von Jugendlichen und zeigt auf, wie in diesem zwischen Askese und Zügellosigkeit pendelnden Lebensabschnitt infantile sexuelle Konfigurationen wiederholt werden. Anna Freud beschreibt anschaulich die zehn Mechanismen, durch die sich das Ich vor dem Eindringen der unbändigen Triebregungen des Es schützt: Verdrängung, reaktive Ichveränderung (Reaktionsbildung), Projektion, Introjektion, Regression, Sublimierung, Isolierung, Ungeschehenmachen, Verkehrung ins Gegenteil und Wendung gegen die eigene Person. Sie zeigt, wie diese Methoden dem Ich helfen können, sich an die Realität anzupassen, aber auch, wie sie bei zu großer Intensität scheitern. Zusätzlich zu diesen zehn führt Anna zwei ursprüngliche Abwehrmechanismen an, die mit ihrer Selbstanalyse zu tun haben und zu Klassikern der Ichpsychologie geworden sind.

Den ersten, die «Identifizierung mit dem Angreifer», bezeichnet Anna Freud als «gar nicht seltene Zwischenstufe in der normalen Über-Ich-Entwicklung des Individuums». Das Kind verinnerlicht die Kritik der Autoritätspersonen und macht ihre Eigenschaften und Ansichten zu den seinen. Wenn das Kind aber Tadel und Strafe introjiziert und dann diese Strafe regelmäßig auf jemanden projiziert, bleibt es «auf dieser Zwischenstufe der Über-Ich-Bildung stehen» und wird «die Verinnerlichung des Vorgangs nie ganz zustande bringen». Diese Aggression kann auch schonungslos gegen das eigene Ich gerichtet werden, so daß das Kind melancholisch oder depressiv wird. Anna Freud selbst neigte zur depressiven Ausprägung der in zahlreichen Formen auftretenden Identifizierung mit dem Angreifer: Sie richtete die vermeintliche Feindseligkeit ihrer Umgebung nach innen gegen sich selbst und maß ihren eigenen Wert nach der Einschätzung der anderen.

Das zweite, von ihr erstmals als Abwehr identifizierte Syndrom ist die «altruistische Abtretung». Anna Freud untersucht den Fall einer Erzieherin, die ihre eigenen instinktiven Regungen zugunsten anderer Menschen aufgegeben hat; sie hat ihre Ehrgeizphantasien auf männliche und ihre libidinösen Wünsche auf weibliche Freunde verlagert. Die Erzieherin «lebt mit anderen Menschen mit, statt selber etwas zu erleben». Anna Freud führt ihre Probleme auf ihr frühes Familienleben zurück und stößt auf eine «narzißtische Kränkung» in der Kindheit, eine Enttäuschung über sich selbst, die sie davon abhält, ihr eigenes Leben zu leben, so daß sie ihre Wünsche auf andere verlagert,

Ein Frauenberuf

die geeigneter sind, sie zu verwirklichen. Wie Anna Freud am Beispiel von Cyrano de Bergerac darstellt, kann die altruistische Abtretung so weit gehen, daß das eigene Leben einem weniger wert erscheint und dem eigenen Tod ohne Angst begegnet wird:

«Eine kleine Beobachtung am Phänomen der Todesangst ermöglicht schließlich noch von anderer Seite her den Zugang zum Begriff der altruistischen Abtretung. Wo immer die Projektion von Triebregungen auf andere in größerem Umfange stattfindet, dort fehlt dem Individuum das Erlebnis von Todesangst. Ein solches Ich spürt auch im Augenblick der Gefahr keine wirkliche Besorgnis für das eigene Leben. Es kennt aber statt dessen eine gesteigerte Besorgnis und Angst um das Leben seiner Liebesobjekte.»[60]

Wie Cyrano de Bergerac und die altruistische Erzieherin könnte auch Anna Freud einige ihrer Triebregungen aufgegeben und zum Teil ein Ersatzleben in der Identifizierung mit ihrem Vater geführt haben. Sie war selbst eine Meisterin in genau den Abwehrmechanismen, die sie sich für ihre Studien wählte. Einige der älteren Mitglieder der Vereinigung waren verstimmt darüber, ihre schmale, ernste Gestalt immer öfter in Freuds Stuhl vorzufinden. Wie Eduard Hitschmann sarkastisch erklärte: «Da saß Freud früher und lehrte uns die *Triebe*, und jetzt sitzt Anna da und lehrt uns die *Abwehrmechanismen*.»[61]

Aber Anna Freuds Selbstabtretung kam der Familie Freud zustatten, als die Nationalsozialisten 1938 in Österreich einmarschierten und mit eiserner Faust regierten. Anders als so viele seiner Kollegen und trotz dringender Empfehlungen von allen Seiten weigerte sich Freud nach wie vor, Wien zu verlassen. Erst nach zwei Besuchen der Gestapo und Annas Verhaftung gab er schließlich nach. Anna Freud war, ausgerüstet mit dem Veronal, das sie in dieser Zeit ständig bei sich hatte, im März zu einem Verhör abgeholt worden. Im Hauptquartier der Gestapo bewahrte sie ihren klaren Kopf und erreichte es, daß man sie aus einer endlosen Warteschlange in einem Korridor herausholte und in einen Verhörraum führte, wo sie die wissenschaftliche Arbeit der Internationalen Vereinigung so unbeteiligt erläuterte, daß man sie freiließ. Als sie, dem Anschein nach gelassen, nach Hause kam, war es Freud, der die Fassung verlor, und man sah ihn zum erstenmal weinen. Jetzt endlich kündigte er an, daß die Familie Wien verlassen würde.

Gemeinsam mit Prinzessin Marie Bonaparte war Anna Freud unermüdlich im Einsatz, um die erforderlichen Pässe zu beschaffen, das

Archiv der Wiener Vereinigung und Freuds Papiere zu sichten und ihre Besitztümer zu verpacken. Am 4. Juni 1938 verließ die Familie Freud den Geburtsort der Psychoanalyse und reiste über Paris nach London.

Ende und Neubeginn

Freud starb am 23. September 1939. Stoisch bis zum Schluß, hatte er seinen Arzt Max Schur schließlich doch gebeten, ihm Morphium zu geben. «Das ist jetzt nur noch Quälerei und hat keinen Sinn mehr.»[62] Er hatte Schur den Auftrag erteilt, es mit Anna zu besprechen, und diese hatte nur nachgegeben, weil Freud darauf bestanden hatte.

Dorothy Burlingham hielt sich zu dieser Zeit in Amerika auf; der Krieg hatte sie gezwungen, ihren beabsichtigten Kurzbesuch auszudehnen. In ihrem ersten Schmerz stürzte sich Anna Freud in der ihr typischen Weise in die Arbeit. Fünf Tage nach der Beerdigung empfing sie schon wieder Patienten. Die Arbeit half ihr zu vergessen, wenn auch oft nur für ein paar Minuten; sie empfahl sie später auch anderen als Mittel gegen die Trauer. Aber Vergessen ist nur eine Hälfte der Trauer; die andere ist das Erinnern. Und in diesem Sinne war Anna Freuds archivarische Arbeit auch Erinnerungsarbeit: Wenn sie die Handschrift ihres Vaters las, fühlte sie sich ihm nahe. Die fast zensorische Strenge, mit der sie später über diese Schriften wachte, entsprach der eifersüchtigen Fürsorge, mit der sie ihren Vater umgeben hatte.

Als Dorothy Burlingham im April 1940 nach England zurückkehrte, schien Anna Freud zumindest nach außen hin ihre Kraft und Energie wiedergewonnen zu haben:

«Ich kann Anna nur bewundern, so wundervoll ist sie. Sie lebt jetzt viel intensiver als je zuvor, hat viele Ideen und Pläne. Sie baut ihr Leben ohne ihren Vater auf, und dennoch spürt man nach wie vor seine Persönlichkeit und sein Leben in all ihrem Tun. Alles, was sie tut, ist einfach, natürlich und echt.»[63]

In gewisser Hinsicht hätte sich Anna Freud keinen schlimmeren Ort aussuchen können als London, die Bastion der Kleinianer. Amerika wäre ihr viel offener begegnet, dort gab es jedoch das Problem, daß die amerikanische Vereinigung keine Laienanalytiker zuließ. Aber Freud und Anna hatten auch sentimentale Gründe für ihre Wahl gehabt.

Ein Frauenberuf

Freud bewunderte England seit seiner Jugend, seit den stürmischen 1870er Jahren des Positivismus und der liberaldemokratischen Ideale, das England Cromwells und Mills; er konnte sich also auf seine Jugendideale berufen, als er bei seiner Ankunft in England 1938 erklärte, jetzt könne er «in Freiheit sterben».[64] Für ihn wäre es undenkbar gewesen, nach Amerika zu emigrieren, das er einmal als «riesigen Fehler» bezeichnet hatte. Für Anna Freud wäre es ebenso undenkbar gewesen, das Land zu verlassen, in dem die sterblichen Überreste ihres Vaters ruhten. Nicht zu unterschätzen war auch die von Anna Freud und Melanie Klein gleichermaßen vertretene Ansicht, daß die Veranlagung der Briten, wie sie in den Werken eines J. M. Barrie oder eines Lewis Carroll zum Ausdruck kommt, einer auf Kinder bezogenen Psychoanalyse sehr entgegenkam. So sollten Anna Freud und Dorothy Burlingham in Großbritannien das Werk ausbauen, für das sie zu Recht berühmt wurden.

Bereits in Wien hatten die beiden Frauen eine experimentelle Kinderkrippe geleitet, ein Projekt von Edith Jackson für Kinder aus finanziell schlechtgestellten Familien. Die Bombardierungen des Krieges verschärften den Bedarf nach solchen Einrichtungen, und so entstand ein Heim für Kleinkinder, die aus den am schwersten beschossenen Gebieten evakuiert werden sollten und deren Unterbringung und Pflege bereits problematisch gewesen war. Im Januar 1941 wurden das Children's Rest Centre in der Wedderburn Road in Hampstead eröffnet und im Sommer zwei weitere Häuser erworben, eines in Netherhall Gardens, Hampstead, und ein Heim für größere Kinder in New Barn, Essex. Die Mitarbeiter – Psychologen wie Ilse Hellman, ebenfalls aus Wien emigriert, ausgebildete Pfleger, Flüchtlinge und gelegentlich die Mutter eines untergebrachten Kindes – kümmerten sich um etwa hundertzwanzig Kinder, zu denen auch eine Gruppe Säuglinge gehörte. Neben ihrer unmittelbaren und lebensnotwendigen Arbeit waren die Hampstead Nurseries auch eine Quelle für Erfahrungen, die nach dem Krieg einen prägenden Einfluß auf die Wohlfahrtspolitik, Sozialarbeit und Kinderheilkunde in Großbritannien und Amerika hatten.

Die Arbeit Anna Freuds und Dorothy Burlinghams in den Kriegskinderheimen ist systematisch dokumentiert, und zwar in *Anstaltskinder* und *Berichte aus den Kriegskinderheimen «Hampstead Nurseries» 1939–1945*, die 1944 in einer Kurzfassung erschienen, sowie in dem 1942 veröffentlichten kürzeren Jahresbericht *Kriegskinder*. Beide Bücher zeigen ihre ständige Beschäftigung mit den Vorteilen und

Gefahren des Heimlebens und manifestieren den psychoanalytischen Hintergrund der Kinderheime: Die Vor- und Nachteile des Heimlebens variieren in den verschiedenen Stadien der psychischen Entwicklung des Kindes.

Was hier deutlich zutage tritt, ist die einzigartige Bedeutung der Mutter für das Gefühlsleben des Kindes. Das erweckt fast den Eindruck, als hätte Anna Freud Melanie Kleins grundlegende Erkenntnisse übernommen, sie von ihrer revolutionären Übersteigerung, ihrer Aura einer nicht wiedergutzumachenden Erbsünde befreit und auf die «normale» Entwicklung übertragen.

Für das Kleinkind sind die Luftangriffe «neue Symbole für alte Ängste». Das schlechte Gewissen des Vierjährigen – das sich normalerweise als Angst vor Gewittern, Teufeln, Löwen und dem Schwarzen Mann äußert – gibt der Angst jetzt den Namen Hitlers oder der deutschen Flieger. Erst wenn wieder Frieden herrscht, lassen die Kinder «die Kriegssymbole für ihre Angst allmählich fallen und fürchten sich wieder – wie in Friedenszeiten – vor Gespenstern und schwarzen Männern, den Ausgeburten ihrer eigenen Einbildungskraft»[65].

Aber die Luftangriffe, die realen Auswirkungen des Luftkriegs gegen London, rufen insofern Angst hervor, als die Mutter Angst hat:

«[...] Kleinkinder sind, je jünger um so gründlicher, den Einflüssen von außen preisgegeben. In den frühen Entwicklungsjahren sind Mutter und Kind gefühlsmäßig noch eine Einheit: wenn die Mutter sich fürchtet, zittert das Kleinkind vor Angst; wenn die Mutter ruhig ist, beruhigt sich das ängstliche Kind automatisch an ihrer Ruhe. Diese in ihren Einzelheiten und Konsequenzen noch nicht genügend studierte Gefühlsverbindung zwischen Mutter und Kind erklärt die verhältnismäßig geringe Angst der Londoner Kriegskinder aus der ruhigen und gefaßten Verhaltensweise ihrer Eltern.»[66]

Prägend für das Kind wirkt sich jedoch die Trennung von der Mutter aus. Die negativen Folgen der kindlichen Trennungsangst sind in jedem einzelnen der in den *Berichten* beschriebenen Fälle evident, ob es sich nun um einen Säugling oder um einen Fünfjährigen handelt. Das trifft auch zu, wenn das Kind im Heim bessere Bedingungen vorfindet als zu Hause. Der Säugling, zusätzlich belastet durch das Abstillen, mag schon nach wenigen Tagen in den Armen der Pflegemutter im Heim wenigstens scheinbaren Trost finden, denn seine «inneren Bedürfnisse, denen er hilflos ausgeliefert ist, sind überwältigend stark, sein Unterscheidungsvermögen zwischen Personen oder Außenwelt noch unvollkommen entwickelt»[67].

Ein Frauenberuf

Für die Drei- bis Fünfjährigen aber wirkt die Trennung wie eine unerträgliche Bestätigung all ihrer negativen Gefühle. Die natürlichen Haßäußerungen und damit verbundenen Schuldgefühle jeder Kind-Eltern-Beziehung werden in einer normalen Familie durch Zuneigung unter Kontrolle gehalten und neutralisiert. «In der Phantasie ausgesponnene Todeswünsche gegen die Eltern scheinen dem Kind weniger gefährlich, wenn es gleichzeitig die wirklichen, lebenden Eltern vor sich hat»; von den Eltern getrennt, ist das Kind hingegen «unsicher, wieviel seine bösen Wünsche dazu beigetragen haben, und fühlt sich durch ihr Wegbleiben bestraft. Unter dem Druck der Schuldgefühle steigert sich seine Liebesbindung an die Eltern ins Ungemessene. Die dadurch erzeugte intensive Sehnsucht ergibt den bei den Kindern so häufigen Zustand von unerträglichem Heimweh» und gegen sich selbst gerichteter Wut.[68] Noch schlimmer ist das alles, wenn es die Mutter ist, die fehlt. Spracherwerb, Sauberwerden, Essen, Spiel – alles wird durch das gerissene Gefühlsband zur Mutter beeinflußt.

Solche Beobachtungen hatten die Einführung neuer Organisationsstrukturen in den Kinderheimen zur Folge: Vier oder fünf Kinder bildeten mit einer «Mutter» ihrer Wahl eine familienähnliche Gruppe. Die richtigen Mütter wurden zu Besuchen ermutigt. Außerdem empfahl man, die Kinder langsam auf die Trennung vorzubereiten, da ihre späteren Schwierigkeiten häufig davon abhingen, wie und wie plötzlich die Trennung von den Eltern vor sich gegangen war. Auch wenn die Kinder vom Heim (oder den Zieheltern) wieder zurück zu ihren Eltern kamen, war eine entsprechende Vorbereitung nötig. Nach dem Krieg setzte sich Anna Freud gemeinsam mit James Robertson, dem Sozialarbeiter der Kinderheime, dafür ein, kranke Kinder in ähnlicher Weise auf das Krankenhaus vorzubereiten und den Müttern die Möglichkeit zu geben, während der Aufenthalte dort in ihrer Nähe zu bleiben. Anna Freud blieb mit «ihren» Kindern über den Krieg hinaus in Kontakt und schickte ihnen bis weit in die fünfziger Jahre Geburtstags- und Weihnachtsgeschenke.

Im November 1941 richteten Anna Freud und Dorothy Burlingham einen informellen Lehrgang für die jüngeren Mitarbeiter der Nurseries ein. Die Verbindung von theoretischen Vorträgen und praktischer Arbeit mit allen Altersgruppen und in allen Bereichen der Kinderheime unter der Oberaufsicht erfahrener Kollegen bildete die Basis für die nach dem Krieg gegründete Hampstead Child Therapy Clinic und die Hampstead Courses.

Während in London die Sirenen heulten und der Weltkrieg tobte, brach in der Britischen Psychoanalytischen Vereinigung ein Krieg der Aggressionen los. Melanie Klein hatte mit Wut und Angst auf die Ankunft einer großen Gruppe von Analytikern aus Wien mit Anna Freud an der Spitze reagiert. Ihr Zorn richtete sich vor allem gegen Jones, ihren treuen Verfechter, weil er Anna Freuds Einwanderung unterstützt hatte, und sie fürchtete, die Britische Vereinigung würde von den antikleinianischen Ansichten der Wiener überschwemmt werden. Gerüchte und Anschuldigungen wechselten zwischen den beiden Lagern, und das Mißtrauen wuchs. Eine Reihe «wissenschaftlicher» Debatten in der Öffentlichkeit, bekannt als «Controversial Discussions», brachte die Sache zur Eskalation. Auf die inzwischen veröffentlichte tausendseitige Dokumentation dieser Diskussionen können wir hier nicht im Detail eingehen. Es waren beeindruckende Gegner: Hinter Melanie Klein scharten sich unter anderem die brillante Susan Isaacs, Joan Riviere und Paula Heimann; Anna Freud hatte Edward Glover, der seit Jones' Rückzug auf das Land Präsident der Vereinigung war, und Melitta Schmideberg (Kleins abtrünnige Tochter) hinter sich – allerdings hielt sie beide für ein wenig unangenehme Gesinnungsgenossen.

Der Krieg wurde um den Leichnam des Vaters geführt: die Töchter und Schwestern kämpften um Freud und um das Recht, ihn auf ihre Weise zu bestatten, wie Antigone es für ihre Brüder getan hatte. Es ging um die Frage, was die Psychoanalyse ist und wer die reine Lehre Freuds vertrete – Anna Freud oder Melanie Klein. Die kämpferische Klein hielt sich sicher für die echtere Freudianerin, und in der Tat glich sie Freud, dem abenteuerlichen Eroberer, mehr als dessen konservative Tochter, obwohl er selbst immer getrachtet hatte, diese Eigenschaft fest im Zaum zu halten. In einem Brief an Ernest Jones behauptete Klein, Freud habe nicht alle Schlußfolgerungen aus seiner Arbeit gezogen und es sei «tragisch, daß seine Tochter, die ihn gegen mich verteidigen zu müssen glaubt, nicht begreift, daß ich ihm besser diene als sie»[69]. Anna Freud erlaubte sich zu widersprechen: wenn es um die geheiligte Asche ihres Vaters ging, war sie unerbittlich. James Strachey charakterisierte das Duell der beiden Frauen auf ironisch kluge Weise:

«Meine Meinung ist, daß Mrs. K. einige äußerst wichtige Beiträge zur Ψa geleistet hat, daß es aber absurd ist zu behaupten, (a) sie deckten das gesamte Gebiet ab oder (b) ihre Gültigkeit sei axiomatisch. Andererseits halte ich es für ebenso absurd, wenn Miss F. behauptet, die Psychoanalyse sei eine Domäne der Familie F. und die Ideen von Mrs. K. seien gefährlich subversiv.

Ein Frauenberuf

Diese Haltungen auf beiden Seiten sind selbstverständlich rein religiös und die genaue Antithese zur Wissenschaft. Außerdem erwachsen sie meines Erachtens (auf beiden Seiten) aus dem Bestreben, die Situation und vor allem die Zukunft zu beherrschen.»[70]

Der Schlagabtausch zwischen Annas Freudianern und den Kleinianern förderte wesentliche Auffassungsunterschiede zutage, die sich vor allem auf das Verständnis der seelischen Vorgänge beim Säugling bezogen. Während Melanie Klein angeborene, unbewußte Phantasien als prägend für die Entwicklung betrachtete, waren für Anna Freud angeborene Faktoren und Umwelteinflüsse gleichermaßen entscheidend. Melanie Klein argumentierte, daß der Säugling in der zweiten Hälfte des ersten Lebensjahres «als Folge seiner unkontrollierbaren besitzergreifenden und destruktiven Phantasien und Triebregungen gegen die Brüste der Mutter» in die «depressive Position» falle, und betonte damit das Primat der Aggressionstriebe, die Freud dem Todestrieb zuordnete. Anna Freud hingegen meinte, der früheste Trieb sei ein nach Selbstbefriedigung strebender; der Säugling durchlaufe zuerst eine narzißtische Phase.

In der Diskussion vom 7. April 1943 legte Anna Freud anläßlich eines Referats von Susan Isaacs ihre Position dar, wie immer klar und prägnant: «Ein augenscheinlicher Unterschied zwischen Mrs. Kleins Theorien und meinem Verständnis der psychoanalytischen Theorie scheint mir im folgenden zu liegen. Nach Mrs. Kleins Ansicht beginnt die Objektbeziehung mit der Geburt oder kurz danach; meines Erachtens geht aber eine mehrere Monate andauernde narzißtische und autoerotische Phase der Objektbeziehung im eigentlichen Sinn voran, obwohl die Anfänge der Objektbeziehung während dieser ersten Phase langsam aufgebaut werden. Gemäß Mrs. Isaacs Ausführungen empfindet das Neugeborene für seine Mutter bereits in den ersten sechs Lebensmonaten Liebe, Haß, Lust, Aggression, Zerstörungswut usw. Es empfindet ihr gegenüber Schuldgefühle, verhält sich aggressiv, dann wieder versöhnlich, handelt gemäß ihren Wünschen oder völlig entgegengesetzt. Demnach ist seine Haltung der Mutter gegenüber eine fertig entwickelte Objektbeziehung.

Nach meiner Auffassung ist der Säugling in dieser Phase ausschließlich mit seinem eigenen Wohlbefinden beschäftigt. Die Mutter ist insofern wichtig, als sie dieses Wohlbefinden fördert oder beeinträchtigt. Sie ist ein Instrument der Befriedigung oder Verweigerung und als solches von äußerster Wichtigkeit für das narzißtische Weltbild des Kindes.»[71]

Anschließend fragte Anna Freud Susan Isaacs, ob sie den folgenden Formulierungen zustimmen würde:
«Einer der deutlichsten Unterschiede zwischen der Freudschen und der Kleinschen Theorie besteht darin, daß Mrs. Klein in den ersten Lebensmonaten deutliche Anzeichen für eine Vielzahl von verschiedensten, teilweise libidinösen und teilweise aggressiven Objektbeziehungen zu erkennen meint. Hingegen sieht die Freudsche Lehre in dieser Periode nur die rudimentärsten Anfänge einer Objektbeziehung gegeben, während das Leben vom Streben nach Triebbefriedigung beherrscht wird und die Wahrnehmung eines Objektes nur langsam auftritt. [...]
Die Annahme früher Objektphantasien in Mrs. Kleins Theorien bedeutet, daß sie die von Freud beschriebene frühe Phase des Narzißmus und Autoerotismus durch eine sehr frühe Phase reicher und vielfältiger Objektbeziehungen ersetzt.»[72]

Überdies herrsche Uneinigkeit, so Anna Freud weiter, hinsichtlich der Datierung der synthetischen Funktion des Ichs, die «in der Wechselbeziehung zwischen einem inneren Drang und einem inneren Verbot besteht». Auch hier stünde sie mit ihren Beobachtungen der Freudschen Lehre näher als Melanie Klein:

«Diese Entwicklung, die in der Kleinschen Theorie dem Lebensanfang zugeschrieben wird, gehört nach Freud zum Ödipuskomplex und seinen Auswirkungen auf die Bildung des Über-Ichs. Der Affekt, der mit dieser Vereinigung Hand in Hand geht, ist das Schuldgefühl. Diese Reaktion ist für mich vor dem dritten Lebensjahr nicht nachzuweisen.»

Der alte Streit um die Frage der frühkindlichen Phantasie hatte Anna Freud von seiten der Kleinianer den Ruf eingebracht, eine Feindin der Tiefenpsychologie zu sein, worauf sie sich nun bezog:

«Mrs. Isaacs meint, unsere Vorbehalte gegen das Konzept der frühkindlichen Phantasie beruhten auf einem Vorurteil gegen die psychische Realität als solche; dies würde uns allerdings als Psychoanalytiker disqualifizieren [...]. [...] der Terminus ‹Phantasie›, wie er in der Kleinschen Theorie Verwendung findet, bezeichnet geistige Funktionsweisen, für die wir andere Bezeichnungen verwenden: Denken, Realitätsdenken, Erinnern, Wünschen, Sehnen, also alle geistigen Aktivitäten des Kleinkindes.»[73]

Und folgendes sei zu bedenken:

«Die in der Kleinschen Theorie am häufigsten beschriebenen frühkindlichen Phantasien sind höchst aggressive Phantasien. Das erscheint durchaus logisch, wenn man als Analytiker von der Vorherr-

Ein Frauenberuf

schaft des Todestriebes am Lebensanfang überzeugt ist. Glaubt man aber an die alles bestimmende Bedeutung der libidinösen Triebregungen in dieser Phase, so muß man die Existenz eben dieser Phantasien sehr in Frage stellen. Auch hier bezieht sich die Meinungsverschiedenheit nicht unmittelbar auf die Phantasietätigkeit, sondern einerseits auf ihre zeitliche Festlegung und andererseits auf unterschiedliche Auffassungen der Triebtheorie.»[74]

Wie sich zeigt, war Anna Freud seit dem Erscheinen ihres ersten Buches durch die Berührung mit der Arbeit ihrer Kontrahentin und durch ihre wachsende klinische Erfahrung der Position Melanie Kleins nähergerückt. Dennoch blieben sehr wesentliche Auffassungsunterschiede bestehen. Anna Freud mochte zwar die Bedeutung der Mutter für die frühkindliche Entwicklung anerkannt haben, aber für sie war die Mutter ein reales Bezugsobjekt, nicht ein Phantasieobjekt, das Brust hieß. Und sie hielt das Kind nicht für ein traumatisiertes Bündel von angeborenen sadistischen Phantasmen, sondern für ein Wesen in Entwicklung, dessen Ich Nahrung brauchte, um Reife und Stärke zu erlangen. Diese Differenzen kulminierten in dem 1945 erschienenen ersten Band von *The Psychoanalytic Study of the Child*. Die erste Nummer dieser von Anna Freud, Heinz Hartmann und Ernst Kris – beide hatten sich in Amerika niedergelassen – herausgegebenen Reihe war der Kritik und historischen Aufarbeitung der Kleinschen Analyse gewidmet und enthielt Ernest Glovers Angriff auf das Kleinsche Projekt als «bio-religiöses System, das auf dem Glauben, und nicht auf der Wissenschaft beruht» und «eine Variante der Doktrin von der Erbsünde ist». Obwohl Anna Freud und Melanie Klein gleichermaßen den sexuellen Aspekt des ödipalen Dreiecks außer acht lassen und es auf eine Mutter-Kind-Dyade reduzieren, baut die Kleinsche Version ein Interesse an den Psychosen auf, während Anna Freud dazu neigt, das normale Ich zu stützen.

Die Kontroverse zwischen den beiden Analytikerinnen blieb nicht ohne Auswirkungen auf die Diskussion über das Ausbildungsprogramm der Britischen Vereinigung. Anna Freud zog sich aus dem zuständigen Ausschuß zurück, als 1944 ein Berichtentwurf ihre Ansichten als «extrem» bezeichnete, und blieb fast zwei Jahre lang den Versammlungen fern. Erst im November 1946 wurde die Angelegenheit in langwierigen Diskussionen zwischen Anna Freud und Sylvia Payne, der damaligen Präsidentin, endlich bereinigt. John Bowlby, der neue Sekretär des Lehrausschusses, realisierte einen Vorschlag von Anna Freud, die eine getrennte, aber gleichberechtigte Ausbildung propagiert hatte. Dieses Prinzip wurde auch in der Struktur der Britischen Vereinigung sichtbar: sie teilte sich in eine Gruppe A der Anhänger Melanie Kleins, eine Gruppe B um Anna Freud und in eine Gruppe unabhängiger Psychoanalytiker. Der Kompromiß sah zwei parallele Lehrgänge vor: Im Kurs A unterrichteten Lehrer aus allen Gruppen; im Kurs B unterrichteten «Miss Freud und ihre Kolleginnen und Kollegen». Beide Kurse unterstanden einem Ausschuß, und mit Ausnahme der Lehrgänge für psychoanalytische Technik wurden gemeinsame Vorlesungen und Seminare für alle Studentinnen und Studenten gehalten.

Die Auseinandersetzung um Freuds Vermächtnis, die Arbeit in den Hampstead Nurseries und der zermürbende Krieg gingen an Anna Freud nicht spurlos vorbei. Als der Krieg zu Ende war und Bilanz gezogen wurde, waren Anna Freuds Tanten unter den Opfern. Eine war in Theresienstadt umgekommen – im August 1945 kamen aus ebendiesem Konzentrationslager sechs «wilde» Kinder, die sie 1951 in ihrer Arbeit «Gemeinschaftsleben im frühen Kindesalter» beschrieb –, die anderen in Auschwitz und Treblinka. Minna Bernays' Tod – sie hatte Freud um weniger als zwei Jahre überlebt – ermöglichte, daß Dorothy Burlingham in Maresfield Gardens einzog, ließ Martha Freud aber noch einsamer zurück. Anfang 1946 starben zwei weitere Freunde aus Wien.

Anna Freud erkrankte an Grippe, die in eine schwere Lungenentzündung ausartete und sie fast das Leben kostete. Elisabeth Young-Bruehl schildert in ihrer Biographie eindringlich, wie sich die kranke Anna Freud mit ihrem Vater identifiziert, ihre Vergangenheit noch einmal durchlebt und sich zum erstenmal seit Freuds Tod dem Schmerz hingibt. Die Hilflosigkeit der Krankheit versetzte sie in die Hilflosigkeit der Kindheit zurück. Auch ihre Träume kreisen in dieser Zeit oft um ihren Vater und das immer wiederkehrende Thema des Verlierens und Verlorengehens:

«Ich träume wie schon oft zuvor, daß er wieder hier ist. All diese Träume der letzten Zeit gleichen einander: nicht meine Sehnsucht nach ihm ist die Hauptsache, sondern seine Sehnsucht nach mir. Die Schlüsselszenen kreisen immer um seine Zärtlichkeit für mich, die sich in Form meiner früheren Zärtlichkeit für ihn äußert. [...] Im ersten Traum dieser Art sagte er offen: Ich habe mich immer so nach dir gesehnt.

Das vorherrschende Gefühl im gestrigen Traum war, daß er wandern geht (auf Bergspitzen, Hügeln), während ich mit anderen Dingen

Ein Frauenberuf

beschäftigt bin. Gleichzeitig empfinde ich eine innere Unruhe, ein Gefühl, daß ich mit dem, was ich gerade tue, aufhören sollte, um mit ihm wandern zu gehen. Schließlich ruft er mich zu sich und fordert mich selbst dazu auf. Ich bin sehr erleichtert und lehne mich an ihn, ich weine auf eine Art, die uns beiden vertraut ist. Zärtlichkeit. Meine Gedanken sind getrübt: Er hätte mich nicht rufen sollen, es ist, als wäre ein Verzicht oder eine Form von Fortschritt rückgängig gemacht worden, weil er mich rief. Ich bin verwirrt. Im Traum ist das Gefühl sehr stark, daß er herumwandert und ‹verloren› ist.»[75]

Anna deutete diesen Traum und andere Träume in einer umfassenden Selbstanalyse und verwendete sie als Grundlage für ihre Arbeit «Über Verlieren und Verlorengehen», die sie 1948 entwarf. Sie zeigt darin auf, wie Menschen, die jemanden verloren haben, in einem Identifikationsprozeß ihre eigenen Gefühle auf das verlorene Objekt projizieren. Dasselbe geschieht in der Trauer. In diesem Traum drückt Freud daher Anna Freuds Sehnsucht aus. Ihr Gefühl, verloren, zurückgewiesen und allein zu sein – eine Konstellation aus der Kindheit –, wird auf das verlorene Objekt verlagert, das eine Person oder ein Gegenstand sein kann. Aber der trauernde «Träumer fühlt sich hin und her gerissen zwischen Freude über die Wiedervereinigung, Erstaunen und Reue, daß er den Toten vernachlässigen konnte, hat Schuldgefühle, erwacht gewöhnlich mit Angst», und doch überwindet er durch solche Träume seine Trauer. Sie machen die «Interferenz zweier Absichten», den Konflikt zwischen «dem Festhalten an der alten Bindung und dem Aufnehmen neuer Beziehungen» sichtbar.[76]

Anna Freud verwirklichte beides. Sie hielt stets zu Freud und verteidigte ihn viel mehr, als er selbst es getan hätte – sie überwachte mit größter Sorgfalt die Herausgabe seiner Briefe und alles über ihn veröffentlichte biographische Material und focht einen Kampf nach dem anderen in seinem Namen aus. Sie wagte sich aber auch furchtlos in Gebiete vor, die er nie betreten hatte; sie organisierte Kliniken und Schulen, engagierte sich in der «realen Welt» der Wohlfahrt und setzte sich für Kinder ein, die nicht die ihren, aber vielleicht ebenso verloren waren wie sie selbst. Zum dreißigsten Todestag Freuds findet Dorothy Burlingham die richtigen Worte:

«Wir haben Glück mit Anna Freud. Es ist erstaunlich, daß eine Familie zwei solche Persönlichkeiten hervorbringt. Es mußte eine Frau sein, nur eine Frau konnte Gefallen an einem solchen Vater finden und an ihm wachsen, aber dennoch in ihren Gedanken unabhängig bleiben und sich weiterentwickeln und so viel geben, wie sie es jetzt tut. Ich habe oft gesehen, daß Menschen, die für einen anderen leben, gewissermaßen zusammenschrumpfen und alles verlieren, wenn sie diesen einen verlieren – aber nichts dergleichen bei Anna Freud. Ihre Seminare sind brillant. [...] Ich sehe mir oft diese jungen Gesichter an und freue mich über ihre Begeisterung, ihre Aufrichtigkeit und ihre Dankbarkeit, sie erleben zu dürfen.«[77]

Um ihre Mutter, die im November 1951 mit neunzig Jahren gestorben war, trauerte sie nicht so sehr wie um ihren Vater. Martha Freud war nie das Objekt ihrer Identifikation oder Sehnsucht gewesen, eher eine Rivalin, die verdrängt werden mußte; bis zum Schluß hatte sie an Anna Freuds Kleidung und Haltung herumgemäkelt und sich immer skeptisch zur Kinderanalyse (und zur Analyse überhaupt) geäußert, vor allem, weil sie soviel Geld für Kekse und Wolle verschlang. Und doch hatte Anna Freud ihr ganzes Leben mit ihr verbracht, und so weinte sie unverhohlen bei ihrem Tod, sie, die sonst so beherrscht war. Offenbar hatte sie durch die Arbeit mit Kindern die Bedeutung der Mutterrolle erkannt und gelernt, Martha Freuds Tugenden zu schätzen: ihre gelassene und unerschrockene Haltung den Nazis gegenüber, die Effizienz, mit der sie ihren großen Haushalt organisierte, und ihre hohen moralischen Ansprüche.

Die Hampstead Clinic

Einige Monate nach Martha Freuds Tod öffnete die mit amerikanischem Geld finanzierte Hampstead Clinic ihre Pforten. Anna Freud war sechsundfünfzig, und bis zu ihrem Tod dreißig Jahre später war die Klinik ihre wichtigste Wirkungsstätte. Hier waren alle Ziele ihrer Jugend auf einmal verwirklicht. Geschädigte Kinder aus den verschiedensten Milieus wurden behandelt und zugleich unterrichtet und eine Verbindung zwischen Kindertherapie und Familienleben geschaffen. Ursprünglich aus den Lehrgängen hervorgegangen, wurde die Klinik nach und nach erweitert: ein Kindergarten kam hinzu, hauptsächlich für Kinder aus armen und eingewanderten Familien; eine Krabbelkinder-Gruppe und eine medizinisch-psychologische Mütterberatungsstelle; Kinderanalyse, gegebenenfalls kombiniert mit einer Analyse der Mutter; eine von Dorothy geleitete Abteilung für blinde Kinder und ihre Mütter und eine Forschungsabteilung, die das «Hampstead Diagnostic Profile» entwickelte, ein einzigartiges Hilfsmittel zur Beurteilung der mannigfaltigen Aspekte der kindlichen Entwicklung. Es beruht auf dem von Dorothy begonnenen «Hampstead-Index», der das in der Analyse gewonnene Material kategorisiert und in einem Register zusammenstellt; damit stellt er eine wahre Fundgrube für Psychoanalytiker dar. Je umfangreicher die Arbeit der Klinik wurde, desto zahlreicher wurden auch ihre Publikationen.

Mit der Klinik hatte Anna Freud nun endlich etwas Eigenes, wie sie es sich immer gewünscht hatte. Manchmal sprach sie davon wie von ihrem Kind, ganz sicher aber wurde das Kind in ihr dadurch befriedigt: «Alles sieht so hell und freundlich aus, daß man bedauert, nicht selbst ein Problemkind zu sein»,[78] schrieb sie 1952 an einen amerikanischen Bekannten.

Freud war einst beunruhigt, weil seine Tochter so hart arbeitete – er wäre es in ihrer zweiten Lebenshälfte nicht minder gewesen. Neben der Klinik und ihrer analytischen Arbeit unterrichtete sie, schrieb, hielt Vorlesungen, gab Bücher heraus und organisierte Symposien. Die Feiern zu Freuds hundertstem Geburtstag 1956 trugen ihren Stempel, gleichzeitig waren die ersten Bände der *Standard Edition* erschienen und der letzte Band von Ernest Jones' Freud-Biographie, Projekte, bei denen sie intensiv zu Rate gezogen worden war. Ihre vielleicht gewichtigste Leistung waren die «psychischen Entwicklungslinien», die sie in den folgenden zehn Jahren entwarf, überprüfte und revidierte. Mit diesen diagnostisch einsetzbaren, wahrheitsgetreuen Abbildern der normalen und abnormalen Entwicklung des Kindes hob sich Anna Freud mehr denn je von ihrem Vater ab. Gewonnen aus zahlreichen Beobachtungen, basieren die Entwicklungslinien auf der Überzeugung, daß der Zustand des Kindes einem ständigen Wandel unterliegt; anders als der Erwachsene kann es nicht aufgrund einer Symptomatologie beurteilt werden, und seine Entwicklung kann nicht einseitig «als aufeinander folgende Phasen der Triebentwicklung (oral, anal, phallisch)» gesehen werden.[79] Es besteht eine libidinöse Basis, aber die Entwicklung zur Reife ist «eine Reihe von Schritten auf einer Anzahl von Entwicklungslinien», die von der Abhängigkeit zu emotionaler Selbständigkeit und der erwachsenen Objektliebe führen. Eine solche Entwicklungslinie könnte zum Beispiel vom primären Narzißmus zur Beziehung mit anderen führen oder vom Spiel des Kindes mit dem eigenen und dem mütterlichen Körper über vorübergehende Objekte zur Arbeit. Die Entwicklungslinien als diagnostische Methode

Anna Freud: Die gehorsame Tochter

und Anna Freuds Konzept einer Entwicklungspsychopathologie haben auch heute noch beträchtliches Gewicht, vor allem in den Vereinigten Staaten.

In den sechziger Jahren verlagerte Anna Freud ihr Interesse in noch stärkerem Maß von der Psychopathologie auf die normale Entwicklung, wobei Erkenntnisse über erstere sich als nützlich erwiesen für letztere. Verschiedene Arbeitsgruppen an der Klinik beschäftigten sich mit Themen wie Lern- und Eßstörungen, Kriminalität und Promiskuität und mit juristischen Problemen des Familien- und Jugendrechts, ein Bereich, der Anna Freud zunehmend zu einem Anliegen wurde. Unter den Studenten machte damals eine Geschichte die Runde, die ihr scharfes Urteilsvermögen kennzeichnet, wenn es auch in diesem Fall sehr an der Oberfläche blieb: Als eine geplagte Mutter an der Klinik Hilfe suchte, soll Anna Freud gesagt haben: «Es ist nicht ganz klar, ob das Kind eine Analyse braucht oder die Mutter eine Haushälterin.» Das ist weit entfernt von dem Freudschen oder Kleinschen Vordringen in die Tiefen des Unbewußten. Aber schließlich soll sich auch Freud über eine Frau, die sich während ihrer Scheidung von ihm analysieren lassen wollte, ähnlich geäußert haben: «Sie braucht keine Analyse, sie braucht Verzicht.»[80] Ihre Ironie war vielleicht dieselbe, aber in ihrer praktischen Arbeit hatte sich Anna Freud ziemlich weit von ihrem Vater entfernt.

Zu Beginn der siebziger Jahre, nachdem sie an der juristischen Fakultät der Yale University Vorträge gehalten und Vorlesungen besucht hatte, führte sie die Psychoanalyse im Familienrecht ein und startete ein Projekt, das weitreichende Konsequenzen hatte. Gemeinsam mit Albert Solnit und Joseph Goldstein und unter Mitarbeit von Dorothy Burlingham verfaßte sie *Beyond the Best Interests of the Child* (1973; *Jenseits des Kindeswohls* – 1974), gefolgt von *Before the Best Interests of the Child* (1979) und *In the Best Interests of the Child*. Diese Bücher prägten das amerikanische Familienrecht und setzten eine Diskussion in Gang, die heute noch Wellen schlägt, zum Beispiel wenn Jon Elster polemisiert, es sei arrogant und irrational anzunehmen, daß man über das Wohl des Kindes entscheiden könne, ohne es dabei in einen noch schlimmeren Konflikt zu stürzen.[81]

Ausgehend von den Erfahrungswerten der Kriegskinderheime, steht in diesen Büchern die Einsicht im Vordergrund, daß das Kind eine andere Welt wahrnimmt als der Erwachsene. Es erlebt die Zeit, die Dauer der Abwesenheit oder Anwesenheit der Mutter oder des Vaters, anders als der Erwachsene. Damit eine «gesunde Entwicklung» stattfinden kann, müssen stabile Bindungen aufgebaut werden; eines der kindlichen Grundbedürfnisse ist das nach «kontinuierlichen liebevollen und anregenden Beziehungen». «Psychologische Eltern», die dem Kind aufrichtig zugetan sind, können dieses Bedürfnis ebenso erfüllen wie biologische Eltern. Langwierige Entscheidungen des Vormundschaftsgerichts, temporäre Unterbringung bei Pflegefamilien und das ewige Hin und Her, wenn beiden Eltern das Sorgerecht zugesprochen wird, sind nicht im Interesse des Kindes. In einem Streit um das Kind müßten die Gerichte und Fürsorgeeinrichtungen abwägen, welche «Alternative dem Wachstum und der Entwicklung des Kindes am wenigsten abträglich» wäre. Der Staat sollte sich nach Ansicht der Verfasser möglichst im Hintergrund halten und nur eingreifen, «wenn und nur wenn er dem gefährdeten Kind eine weniger schädliche Alternative anzubieten hat». Was für Beamte wie zweifelhafte elterliche Fürsorge aussehen mag, ist für das Kind möglicherweise weniger schädlich als eine Trennung von den Eltern. Dies wird im dritten Buch noch einmal hervorgehoben, das die Probleme von beamteten Pflegepersonen, ihre Normalisierungstendenzen und ihre Persönlichkeitsstruktur untersucht. Im sozialen Bereich arbeitende Menschen lassen sich von ihren Erlöserphantasien allzuoft dazu verleiten, gewisse Schranken zu durchbrechen und die Rolle der rettenden Eltern zu übernehmen.

Diese Werke schlagen einen warnenden Ton an, der auch in vielen anderen Schriften des psychoanalytischen Spätwerks Anna Freuds zu spüren ist. Bei aller Verehrung für ihren Vater sah sie in der Psychoanalyse keineswegs ein universelles Allheilmittel. Als der kalifornische Analytiker von Marilyn Monroe deren Selbstmord und seine eigene Unfähigkeit, dem Star zu helfen, beklagte, tröstete Anna Freud ihren alten Freund und erfahrenen Kollegen: «In solchen Fällen müssen wir uns vor etwas viel Stärkerem geschlagen geben, für das die Analyse bei all ihren Fähigkeiten eine zu schwache Waffe ist.»[82] Offenbar schätzte Marilyn Monroe die Effizienz der Psychoanalyse optimistischer ein, denn sie hinterließ ihrer New Yorker Analytikerin Marianne Kris ein beträchtliches Erbe, das diese ihrerseits der Hampstead Clinic vermachte.

Anna Freud war sich über die Grenzen der Analyse im klaren. Auch wenn sie weiter gegangen war als ihr Vater und die Bedeutung der Mutter-Kind-Beziehung und der präödipalen Phase anerkannt hatte, glaubte sie doch nicht daran, daß die Analyse die Mutter ersetzen oder primäre Mängel wiedergutmachen konnte. Nachdem (und vielleicht

Anna Freud: Die gehorsame Tochter

weil) sie ihre «schönen Geschichten» durchgearbeitet hatte, war sie immer fest in der Realität verankert. Im Leben ging es ebensowenig um die Wiederherstellung einer früheren Einheit wie um die mühelose Verwirklichung von Phantasien. Das Leben war immer und zu jeder Zeit, wie Freud betont hatte, ein Schauplatz von Konflikten. Die Psychoanalyse konzentrierte sich auf die Konflikte des Individuums, «in dem die Ziele, Vorstellungen und Ideale mit den Trieben kämpfen, um es Teil einer zivilisierten Gemeinschaft bleiben zu lassen». «Es ist in Mode gekommen», schrieb sie 1974 an einen Freund, «dies auf die Sehnsucht jedes einzelnen nach vollkommener Einheit mit der Mutter abzuschwächen, d. h. auf die Sehnsucht, geliebt zu werden, wie nur ein Kleinkind geliebt werden kann. Auf diese Art und Weise geht sehr viel verloren.»[83]

Für Anna Freud bestand die Aufgabe der Psychoanalyse darin, den Menschen in die Lage zu versetzen, mit den unvermeidlichen Wechselfällen des Lebens produktiv umzugehen. Psychoanalytisches Verstehen, das wußte sie aus ihrer eigenen Analyse, führte nicht zur Auslöschung des Konfliktes, dieses komplexen Existenzschmerzes. Es konnte höchstens einen prekären Waffenstillstand zwischen den Begierden und dem Leben zustande bringen, der immer wieder neu ausgehandelt werden mußte. Das tat auch sie, und zwar mit einer wachsenden Gelassenheit, die der stoischen Ruhe ihres Vaters glich.

Mit zunehmendem Alter wurde der Kreis der Freunde und Verwandten immer kleiner. Dorothy Burlingham war wiederholt krank und starb schließlich am 19. November 1979; Anna Freud trauerte, gehüllt in Burlinghams handgestrickte Jacke, und kämpfte weiter: gegen ihre schwere Anämie und gegen einen neuen Schwarm von Freud-Kritikern, zu dem Jeffrey Masson und Peter Swales gehörten, und sie organisierte das zweite und dritte Hampstead-Symposium. Im März 1982 erlitt sie einen Schlaganfall, der ihre Artikulationsfähigkeit und Motorik, nicht aber ihren Humor beeinträchtigte. Als ihre Hände nicht mehr stricken wollten, lachte sie, sie hätten wohl endgültig genug davon, sich in den Dienst ihrer lebenslangen Sublimierung zu stellen: «Schau, was diese Hand gemacht hat, sie ist böse, weil ich sie so lange beherrscht habe.»[84] Den Körper, den Anna immer zu beherrschen versucht hatte, verließ am 9. Oktober 1982 endgültig die Kraft.

Am Ende ließ sich die schmächtige Anna Freud in den riesigen Lodenmantel ihres Vaters – der jetzt im Freud Museum ausgestellt ist – wickeln und im Rollstuhl zum nahen Hampstead Heath schieben. Freuds Mantel hatte sie immer eingehüllt, und sie hatte ihn – wie die

Ein Frauenberuf

Erinnerung an den Vater – durch alle Wechselfälle des Lebens und der Psychoanalyse hindurch rein und unversehrt erhalten. Aber Anna Freud war mehr als die Hüterin des väterlichen Schreins, davon legen die Annalen der Psychoanalyse und Kinderfürsorge sowie ihre zehnbändigen Schriften Zeugnis ab. Sie lebte und reüssierte im jungfräulichen Zeichen der Tochter, die nie den Boden «seiner Psychoanalyse», wie sie sie konservativ bezeichnete, verließ; dabei war sie aber eine bemerkenswerte Frau, die ihre Neigungen, ihren Appetit auf eine doppelte Portion «Hochbeeren», in großartige Leistungen umsetzte.

10. Helene Deutsch: Die moderne Frau und die Als-ob-Persönlichkeit

Helene Deutsch, die erste der Frauen um Sigmund Freud, die einen substantiellen Beitrag zu der Analyse des Weiblichen geliefert hat, hält im Vorwort ihrer Autobiographie *Selbstkonfrontation* folgendes fest:
«Erst nach Abschluß dieser Autobiographie ist mir klargeworden, daß sie eine Ergänzung jener anderen Autobiographie darstellt, die in meinem allgemeinen Werk *Die Psychologie der Frau* enthalten ist. Deshalb habe ich dieses Buch als einen Epilog bezeichnet. Ich glaube, daß der Satz: ‹Einer für alle und alle für einen› als Motto für meine gesammelten Werke einschließlich dieser Autobiographie dienen könnte – eine Buchreihe, der ich einfach den Titel *Die Frau* geben würde.»

Helene Deutsch hat ihre Erkenntnis über Frauen meist auf Selbstbeobachtungen gestützt. Ihr Leben und ihre analytischen Schriften bilden eine Einheit. Und sie hat nicht unrecht, wenn sie ihre Lebensbedingungen und -erfahrungen als sinnbildlich für *die Frau* ansieht, besonders, wenn sie damit die moderne Frau meint. Die Widersprüche, die Helene Deutsch zu schaffen machten, lassen ihr Leben weit moderner erscheinen, als es bei den anderen ersten Analytikerinnen der Fall ist. Und die ihr Leben dominierenden Probleme ähneln auffallend den Problemen jener Frauen, die sich an der zweiten großen Welle der Frauenbewegung in den siebziger Jahren unseres Jahrhunderts beteiligt haben: Da ist die frühe Auflehnung gegen die Mutter und die Begrenztheit des konventionellen weiblichen Lebens innerhalb und außerhalb der Familie, da ist der Kampf um Unabhängigkeit und eine bessere Ausbildung, die Selbstfindung als sozialistische Feministin, eine gewisse Desillusionierung den Sozialismus betreffend, der Konflikt zwischen Beruf und Familie, das ambivalente Verhältnis zur Mutterschaft und die Spaltung zwischen sexueller und mütterlicher Identität.

Die Themen, mit denen sich die Psychoanalytikerin Helene Deutsch vorwiegend beschäftigt hat, betreffen die entscheidenden Phasen der weiblichen Existenz und Sexualität: es geht um Menstruation, Defloration, Geschlechtsverkehr, Schwangerschaft, Unfruchtbarkeit, Gebä-

Ein Frauenberuf

ren, Stillen, Mutter-Kind-Beziehung, Klimakterium. Ein wenig umformuliert, könnte diese Liste dem Inhaltsverzeichnis einer Frauenzeitschrift zugrunde liegen – die Popularisierung dieser Themen ist ebenfalls ein Verdienst ihrer Schriften.

Um so erstaunlicher, daß von allen Frauen um Sigmund Freud Helene Deutsch in feministischen Kreisen am wenigsten geschätzt und am meisten geschmäht wird. Der «frauenfeindliche» Ruf Freuds, als dessen unterwürfige Dienerin sie gilt, hat sich wie ein Schatten auf ihren Namen gelegt. Sie erscheint als reaktionäre Verteidigerin des weiblichen Masochismus, als Nachbeterin eines Katechismus, der die Frau zu einem verfehlten Mann und zu einer wertlosen und von Penisneid gequälten Dienerin der Menschheit macht.[1] Wenn man jedoch Helene Deutschs Leben und Werk unvoreingenommen betrachtet, gewinnt man einen anderen Eindruck. Es stimmt, daß sie im Windschatten Freuds lebte und wirkte und daß sie, die keine große Theoretikerin war, öfters seine Einsichten verflachte, indem sie, wie Freud kritisch bemerkte, nicht klar und sauber genug zwischen dem Psychischen und dem Biologischen unterschied.[2] Sie betrachtete den Penisneid als Tatsache und nicht als funktionales psychisches Konstrukt, das Geschlechtsunterschiede produzierte. Und sie belegte das Bild des ewig Weiblichen wieder mit der «weiblich erotischen» Mutterschaft und erklärte es zur Norm.

Dennoch ist aus ihren vielfältigen Betrachtungen über Masochismus, Mutterschaft und Mütterlichkeit wohl kaum eine Abwertung der Frau herauszulesen. Auch stehen ihre eigenen außerordentlichen Leistungen als Ärztin und Lehrerin im Widerspruch zu der These, daß die Frau weniger wert sei als der Mann. Das Gegenteil kommt der Wahrheit näher.

Sie wurde am 9. Oktober 1884 als Helena Rosenbach in Przemyśl, Galizien, einer Garnisonsstadt der Österreichisch-Ungarischen Monarchie, geboren. Wie Anna Freud war sie die dritte und jüngste Tochter, sie kam als Spätankömmling in eine Familie, in der es schon die «heilige» und aufopferungsvolle elfjährige Malwina, die gelehrige und künstlerisch veranlagte siebenjährige Gisela und den zehnjährigen Emil gab, dessen schwache schulische Leistungen die Eltern bitter enttäuschten. Helene Deutschs Vater Wilhelm Rosenbach war ein angesehener Rechtsanwalt und Experte des internationalen Rechts. Zu einer Zeit, da Juden als Menschen zweiter Klasse galten, wurde er zum Rechtsvertreter Galiziens am Bundesgerichtshof in Wien ernannt. Helenes Mutter Regina Rosenbach teilte keine der intellektuellen

Interessen ihres Mannes. Sie stammte aus einer Familie von wohlhabenden Geschäftsleuten, und ihre eigenen Interessen waren ganz auf den gesellschaftlichen und materiellen Bereich gerichtet.

In ihrer Autobiographie, die sie als Endachtzigerin verfaßte, beschwörte Helene Deutsch mit so viel Wärme ihre polnische Kindheit, daß man spürt, wie sehr Przemyśl für sie immer der «Mittelpunkt der Welt» geblieben war. Nach so vielen Jahren der praktizierten Analyse war vorauszusehen, daß sie ihre Kindheit als ödipalen Familienroman beschreiben und ihr Leben sozusagen als eine Bestätigung der von ihr geschaffenen Theorien darstellen würde. Ihre Mutter ist als verhaßte, boshafte, engstirnige Despotin dargestellt, die in Anfällen von Wut ihre Kinder schlägt; besonders hart ist sie zu der kleinen Helene, enttäuscht, daß diese kein Junge geworden ist. Ihr mütterlicher Ehrgeiz konzentriert sich «auf das Ansehen ihrer Töchter in den Augen der Welt»[3]. Im Gegensatz dazu ist der Vater Helenes Idol, ihn liebt sie, mit ihm identifiziert sie sich.

Die Kanzlei von Wilhelm Rosenbach befand sich in der Wohnung der Familie. Die kleine Helene durfte – ähnlich wie Anna Freud und die ebenso vaterorientierte Simone de Beauvoir – auf einem Schemel unter seinem Tisch sitzen und den Gesprächen mit seinen Klienten oder Anwaltskollegen zuhören. Er nahm sie auch auf seine Geschäftsreisen mit und manchmal sogar ins Gericht. Sie wollte ursprünglich Rechtsanwältin werden, doch wurde Frauen damals der Zugang zur juristischen Fakultät noch verwehrt. In Przemyśl nannte man sie aus Verehrung für ihren Vater die «alte Rosenbach». Sie galt als die schönste der Rosenbachtöchter – und als so begabt, wie sonst nur ein Sohn ist.

In ihrer *Psychologie der Frau* nannte Helene Deutsch als eine Form des weiblichen Masochismus die aktive Identifikation mit dem Vater. Sie dürfte Anna Freud ebensosehr wie sich selbst im Sinn gehabt haben, als sie den Status der dritten und jüngsten Tochter beschrieb, welcher der Vater seine geistigen Werte vererbt:

«Interessanterweise trifft die Wahl des Vaters oft die dritte Tochter als Objekt der Erfüllung seiner sublimierten Sehnsucht. Die dritte beherbergt sichtlich weniger Inzestgefahr als ihre zwei älteren Schwestern. Cinderella – die jüngste – ist in ihrer Unscheinbarkeit und Hilflosigkeit mehr als die anderen der väterlichen Liebe bedürftig sowie seines Schutzes vor den Aggressionen der Mutter und der älteren Schwestern.»[4]

Der «starke sinnliche Zug», den die Pubertät in das Gefühlsleben des Mädchens bringt, kann dazu führen, daß Mädchen mit einer starken

Ein Frauenberuf

Vateridentifikation das Vaterbild aufspalten und sich eine Vaterfigur erschaffen, die, wie in Helene Deutschs Fall, als Liebhaber auftritt, oder aber die Erotik wird sublimiert – wie bei Anna Freud.

«Ein solcher Verzicht auf erotische Erfüllung darf nicht nach einer Schablone beurteilt werden. Die Beobachtung lehrt uns, daß sich eine sublimierte Bindung des Mädchens an den Vater ohne Neurose und ohne Gefühle der Versagung und Entbehrung entwickeln kann.»[5]

Probleme können allerdings von seiten des Vaters kommen:

«Die Gefahr einer aktiv betonten Beziehung zum Vater liegt manchmal in ihrer jähen Unterbrechung seinerseits. Der Vater besinnt sich plötzlich, oft unter dem Einfluß der Mutter und manchmal erst in der Erkenntnis der nahen sexuellen Reife des Mädchens, daß es sich eigentlich mehr den weiblichen Interessen zuwenden müßte, und verweigert ihm die Fortsetzung der ‹aktiven› Gemeinschaft. Es ist seine eigene Unruhe, die ihn veranlaßt, die Beziehung aufzulockern.»[6]

Daher, schreibt Helene Deutsch später in ihrer Autobiographie, sei ihr Vater nicht bereit gewesen, der Vierzehnjährigen den Wunsch nach einer weiteren Ausbildung zu erfüllen. Was Przemyśl an schulischen Möglichkeiten für Mädchen bot, hatte sie bereits ausgeschöpft. «Ich [...] sollte nun unter den Fittichen meiner Mutter bis zu meiner Verehelichung das müßige Leben einer Debütantin führen»[7]. Sie mußte zweimal von zu Hause weglaufen, bevor ihre Eltern vor ihrem starken Willen kapitulierten und ihren Wunsch nach Unabhängigkeit und einer Ausbildung nachkamen. Von ihrer zweiten Eskapade kehrte sie nur unter der Bedingung zurück, daß ihr Vater sich vertraglich verpflichtete, ihr das Abitur zu ermöglichen. Da Wilhelm Rosenbach in der Frauenfrage genauso konservativ wie andere Väter dachte, willigte er nur zögernd ein. Man schickte sie für ein paar Monate auf eine Privatschule für Mädchen in Lwow und anschließend für ein halbes Jahr nach Zürich, wo sie Unterricht in Soziologie bekam. Nach weiteren «sporadischen Versuchen», sich das nötige Wissen anzueignen, bestand sie endlich nach fünf Jahren ihr Abitur.

Helene Deutschs aktive Rebellion gegen das restriktive Anstandsdenken ihrer Mutter und die Nachgiebigkeit ihres Vaters bekam durch das Schicksal ihrer beiden Schwestern neue Nahrung. Beide waren sehr jung verheiratet worden und hatten gesellschaftskonforme Ehen schließen müssen. Die von ihr besonders geliebte Schwester Malwina – von der Deutsch später sagte, sie habe ihre Weiblichkeit gerettet, da sie das einzige gütige mütterliche Wesen ihrer Erfahrungswelt gewesen sei – mußte auf den Mann ihrer Wahl verzichten, und als sie dann einen anderen heiratete und das Elternhaus verließ, trauerte ihr die zehnjährige Helene wie einer Toten nach. Vier Jahre später folgte die Hochzeit ihrer Schwester Gisela. Helene Deutsch hatte als voyeuristischer Anstandswauwau agiert und dabei ihren erotischen Phantasien freien Lauf gelassen.

Solche Phantasien waren allerdings schon früher stimuliert worden; Jahre zuvor hatte ihr Bruder versucht, sie zu verführen, ein Erlebnis, das erst durch ihre Analyse aufgedeckt wurde. In ihrer Autobiographie und in dem Aufsatz «Über die pathologische Lüge» (1922), wo das Erlebnis als verhüllte Fallgeschichte dargestellt wird, erkennt sie hierin die Wurzel nicht nur für ihre Neigung zum heimlichen Phantasieren, sondern auch für ihre Lust, diese Phantasien ihren Freunden gegenüber als Wahrheit auszugeben. Helene Deutsch ließ die angenehme und masochistische Seite der Kindheitsverführung wiederaufleben, indem sie erfundene Liebesaffären erzählte, die ihr den Ruf eines «gefallenen» Mädchens einbrachten. Später erklärte sie diese Phantasien als den Versuch, die Erinnerung an eine wirkliche Verführung zu verdrängen. Aber interessanterweise spielt bei ihrer Erforschung der verschiedenen Typen des weiblichen Masochismus diese Art von Mißbrauch in der Kindheit keine große Rolle. Den entscheidenden Einfluß auf die Psyche üben hier die Eltern aus, besonders der Vater, sowie die anatomische Entwicklung und kulturelle Faktoren. Aber so wie ihr Haß auf die Mutter und die damit verbundenen, unvermeidlichen ambivalenten Gefühle dazu geführt hatten, daß sie sich mit der Mutterschaft beschäftigte, weckte vermutlich die verheimlichte Verführung und ihre Fixierung auf den Vater ihr Interesse am weiblichen Masochismus. Ihre erste – nach Bruder und Vater dritte – Liebe, die einem verheirateten, vierzehn Jahre älteren Mann galt, mag den letzten Anstoß dazu gegeben haben.

Die Affäre mit Hermann Liebermann begann in der Zeit ihrer politischen Aktivitäten und beeinflußte sie stark in ihrer weiteren politischen Entwicklung. Ihre auf bürgerliche Respektabilität bedachte Mutter empfand sowohl die Affäre als auch den politischen Aktivismus ihrer Tochter als feindselige Herausforderung. Helene Deutsch hatte, anders als sie, immer Polnisch gesprochen – erst später sollte Deutsch die Sprache ihres Berufs werden – und identifizierte sich jetzt aus ganzem Herzen mit der Causa der polnischen Nationalität. Ohne sich um die gesellschaftlichen Ambitionen ihrer Mutter zu kümmern, engagierte sich Helene Deutsch für die Arbeiterbewegung und die soziale Revolution. Sie nahm an Demonstrationen teil, warf sich vor die Pferde der Polizei, ließ sich festnehmen und schrieb Artikel für die Przemyśler Zeitung. Besonders am Herzen lag ihr jedoch die soziale Stellung der Frau. Sie organisierte die erste Gruppe von Arbeiterfrauen in der Stadt und führte einen, wenn auch erfolglosen, Streik von Arbeiterinnen einer Herrenhemdenfabrik an. Alle diese Aktivitäten erfolgten großenteils unter der Ägide von Liebermann, der die Eigenschaften hatte, die «mir eine Ablösung von meiner Vater-Identifizierung ermöglichen würden»[8].

Liebermann war in der Geschichte des polnischen Sozialismus eine signifikante Persönlichkeit. 1870 geboren, engagierte er sich schon als Vierzehnjähriger in der Arbeiterbewegung und machte sich für die nationale Unabhängigkeit und den Sozialismus stark. Er studierte Rechtswissenschaft in Wien, war für die sozialistische Bewegung quer durch Europa tätig, saß eine Haftstrafe in einem französischen Gefängnis ab, trat der polnischen sozialdemokratischen Partei bei und wurde schließlich ein bekannter Strafrechtler. Da er außerdem ein brillanter politischer Redner war, wählte man ihn schließlich als polnischen Abgeordneten in das Wiener Parlament. Er starb 1941 als Justizminister der polnischen Exilregierung in London.

Zu der Zeit, da er die Bekanntschaft der vierzehnjährigen Helene machte, war Liebermann bereits eine prominente Persönlichkeit in Przemyśl. Er war ein Kollege ihres Vaters und häufiger Gast in dem Haus ihrer Schwester Gisela, wo sie sich auch zum erstenmal begegneten. Man kann sich leicht vorstellen, daß sein glühender Idealismus sie genauso faszinierte wie sein Ruf als Frauenheld. Seine eigene Frau schien für seine Interessen wenig übrig zu haben, dennoch hielt er die Beziehung aufrecht, teils wegen des gemeinsamen Kindes, teils, weil selbst radikale Politiker respektabel zu wirken hatten. Helene Deutsch hätte sich keinen geeigneteren Mann aussuchen können, um sich von ihrem Vater zu lösen: nicht nur war er voller Ideale und romantischer Gefühle, er bot auch die Möglichkeit, die ödipale Szene eines schwachen Vaters (in seiner Bindung an eine ignorante konventionelle Mutter) zu wiederholen.

In der *Psychologie der Frau* heißt es:

«Ein anderes Beispiel der ungelösten Vaterbindung liefert die harmonisch-erotische, am meisten ‹weibliche› und ihrem Schöpfer am besten gelungene Frau, die am Abend ihres reichen und glücklichen Liebeslebens erklärt: ‹Ich war nicht immer treu, aber eigentlich habe ich nur einmal geliebt.› Irgendeine verblaßte Photographie in ihrem Album oder ein Bild in der Erinnerung stellt einen Mann dar, in den sie einmal in ihrer ersten Jugend – oft ganz platonisch – verliebt war. Ihre konservative Sehnsucht und Liebe ist der Ausdruck der unbewußten treuen Bindung an ihr noch früheres, erstes Liebesobjekt, den Vater.

Wir kennen zwei sehr häufige und voll bewußte Phantasien ganz junger Mädchen, die für das spätere Schicksal des erwachsenen Weibes ausschlaggebend sein können. In der einen dieser Phantasien ist der Vater – wer immer er auch in der Realität sein mag – ein wunderbarer Mann, der eines besseren Schicksals würdig ist. Als Opfer der trivialen Gattin (Mutter des Mädchens) ist er an den grauen Alltag des Brotverdienens gefesselt. Sie, die kleine Tochter, wäre für ihn ein geeignetes Objekt, sie, die ihn liebt, und auf die er schmerzlich – zugunsten der Mutter – verzichten muß. Die spätere Liebesbeziehung kann sich an das geschilderte Vorbild knüpfen: Das reife Mädchen verliebt sich zwanghaft in einen verheirateten Mann, der wohl ihre Liebe zu erwidern scheint, jedoch die alte eheliche Bindung aus rationellen oder unrationellen Gründen nicht lösen kann. Der schmerzliche Verzicht und das mit dem Geliebten geteilte Leiden bieten hier ein stärkeres Motiv für Treue als eine Erfüllung der Liebe.»[9]

Was als schwärmerische Verliebtheit eines Schulmädchens begann, entwickelte sich allmählich zu einer leidenschaftlichen Liebe. Liebermann unterstützte Helene Deutsch in ihren Bemühungen, das Abitur zu machen, stärkte ihren Ehrgeiz, danach ein Studium zu beginnen, und regte sie zu sozialem Engagement an. Und doch sollten sie sich erst 1904, als Helene Deutsch bereits zwanzig war, gegenseitig ihre Liebe eingestehen. Das geht jedenfalls aus seinen Briefen hervor, die sie bis zu ihrem Tod aufbewahrt hat. Obwohl sie sich ein gemeinsames Leben vorstellen konnten, ein Leben, das dem sozialistischen Kampf und der Frauenemanzipation gewidmet sein würde, drängte sie ihn nie, sich scheiden zu lassen, vielleicht, weil sie spürte, daß er dies nie tun würde oder könnte – besonders nicht nach dem Tod seines Sohnes, der während der Affäre mit Helene geboren wurde und den sie in ihrer Phantasie beide als den ihren zu betrachten schienen.

Helene Deutsch war eine der sieben Frauen, die 1907 die Erlaubnis bekamen, an der Wiener Universität Medizin zu studieren, und eine von den dreien, die den Abschluß schafften. Obwohl er damit gesetzwidrig handelte, verweigerte der zuständige Professor für innere Medizin Frauen die Erlaubnis, auf seine Station und in seine Vorlesungen zu kommen. Daß Helene Deutsch dennoch bei ihm zur Prüfung antrat, konnte er ihr nicht verwehren. Er redete sie jedoch geflissentlich mit «Herr Rosenbach» an, stellte ihr die Fragen, ohne sie dabei

Ein Frauenberuf

anzusehen, und war sehr überrascht, daß sie – schon allein aus Trotz – brillierte. Obwohl sie auch sonst eine «gute Studentin» war, bedeutete ihr das Medizinstudium, wie sie später zugab, eigentlich wenig: «Ich brauchte meinen Status als Medizinstudentin hauptsächlich, weil er mir in dieser im übrigen unsicheren Periode meines Lebens Identität verlieh. Und ich brauchte ihn um meines Vaters willen, um ihm die Gewißheit zu geben, daß ich bald einen geachteten Beruf ergreifen würde.»[10]

Zur selben Zeit, als Helene Deutsch in Wien zu studieren begann, wurde Liebermann ins Parlament gewählt. So war nun Wien der Schauplatz ihrer immer schwierigeren und immer noch illegitimen Liebe. Ihre Heimlichkeit war für Deutsch ebenso beschämend wie erregend. Sie war voller Zorn über ihre Unfähigkeit, die Beziehung zu beenden, und tröstete sich mit heroischen Vorstellungen von Verzicht und Selbstaufopferung, verbrämt mit sozialem Idealismus. Dann geschah allerdings etwas, was die Gefühle veränderte. Im Sommer 1910 reiste sie mit Liebermann zu einem Kongreß der Sozialistischen Internationale nach Stockholm. Neben so legendären Gestalten wie August Bebel, Karl Kautsky und Jean Jaurès traf sie ebenso legendäre Frauen wie Angelica Balabanoff und Rosa Luxemburg, übrigens eine polnische Jüdin wie sie selbst. Die unerschütterliche Gelassenheit dieser Frauen im Umgang mit so bedeutenden Männern, ihre Unabhängigkeit und die Leidenschaft, mit der sie sich für die gemeinsame Sache einsetzten, beeindruckten Deutsch zutiefst. Dagegen kam ihr die eigene Position reichlich unbefriedigend vor:

«Ich wurde mir endlich klar darüber, daß meine Begeisterung für den Sozialismus untrennbar verschmolzen mit meiner Liebe zu dem Sozialistenführer war. Diese Erkenntnis warf einen Schatten sowohl auf meine Liebe als auch auf meinen sozialen Idealismus. In meiner frühen Jugend hatte ich mich nach großen Erlebnissen gesehnt, die es mir ermöglichen würden, die hilflose Abhängigkeit der Liebe zu *einem* Menschen zu überwinden. Später, als ich zur Frau heranreifte, hatten sich Ideologie und leidenschaftliche Liebe eng miteinander verflochten, wobei die Liebe die Oberhand behielt und die meisten meiner schöpferischen Impulse verschlang. Meine Liebe lag somit, wie mir nach dem Kongreß von 1910 klar wurde, in Konflikt mit meinem eigenen Ich-Ideal [...].»[11]

Der letzte Akt des Liebesdramas endete mit Schwangerschaft und Abtreibung: «Ich war reif für die Mutterschaft, aber der Charakter unserer Beziehung schloß eine solche aus.»[12] Helene Deutsch fand wieder zu ihrer alten Willensstärke zurück, sie zog nach München, um ihr Studium zu beenden, und ließ dort auch die Abtreibung vornehmen. Sie brach mit Liebermann und verliebte sich in Felix Deutsch, der bald ihr Ehemann und lebenslanger Gefährte werden sollte.

Während Helene Deutsch in Liebermann dem väterlichen Ichideal begegnet war, mit dem sie ihre Identifizierung mit dem Vater nochmals durchgespielt hatte, fand sie in Felix Deutsch die gütige Mutter, die sie immer vermißt hatte, auch wenn sie ihr ein wenig durch ihre ältere Schwester ersetzt worden war. Felix Deutsch war ein eher kleiner, eleganter, etwas dandyhaft wirkender Mann, der mindestens eine längere homosexuelle Beziehung hinter sich hatte, als er Helene begegnete. Jedenfalls schaffte er es, daß Helene sich endgültig von Liebermanns bedrückend männlicher und fordernder Präsenz befreite. Felix kam aus Wien, war ein begabter Musiker und eher Zionist als Sozialist. Er war ebenso alt wie sie, war aber in seinem Studium wesentlich weiter und studierte in jenem Jahr dank eines Stipendiums innere Medizin an der Münchner Fakultät, wo er und Helene sich begegneten. Helene Deutsch nennt diese erste Begegnung einen «coup de foudre». Felix, schreibt sie in ihren Memoiren, nahm ihr eine Last von den Schultern und gab ihr das «herrliche Gefühl der Befreiung».[13] Was einige Menschen bei ihm für «Naivität» hielten, für einen etwas einfältigen Optimismus, war für sie Unschuld und Güte. Bei ihm hatte sie das Gefühl der psychisch «reinen Luft», in der sie wieder frei atmen konnte. Beide waren von derselben Hingabe an ihre Arbeit erfüllt, wobei Felix Deutsch Helenes Ehrgeiz unterstützte, was für einen Mann seiner Zeit sehr ungewöhnlich war. Im Rückblick fragte sich Helene Deutsch, ob er nicht über ihren Ambitionen seine eigenen vernachlässigt hatte. Tatsächlich ging in Wien das Gerücht um, daß sie, die immer erfolgreicher wurde, die Hosen in dieser Ehe anhabe. Die Kosenamen, die sie sich gegenseitig in ihren Briefen gaben, lassen an Vater und Mutter spielende Kinder denken. Er war das Papuschkerl, sie das Mamuschkerl. Die dramatische Spannung der Liebermann-Beziehung wurde von der gefühlvollen Wiener Gemütlichkeit abgelöst. In dieser Atmosphäre konnten sich Helene Deutschs berufliche Ambitionen bestens entfalten. Die Probleme, die diese Ehe in sexueller Hinsicht mit sich brachte, sollten sie später zu Freud und dann zu Karl Abraham bringen.

Felix Deutsch und Helene heirateten am 14. April 1912, und im März desselben Jahres promovierte Helene Deutsch zum Doktor der Medizin. Sie hatte bereits den Entschluß gefaßt, sich auf die Psychiatrie zu spezialisieren, und begann nach ihrem Examen sogleich mit dem systematischen Studium der Arbeiten von Emil Kraepelin und Pierre Janet. In München schon hatte sie Freuds *Traumdeutung* gelesen und einige Jahre zuvor seine Interpretation von Jensens *Gradiva* – eine, wie wir gesehen haben, gute Einführung in die Psychoanalyse für eine angehende Analytikerin. Felix Deutsch teilte ihr Interesse an der Psychoanalyse. Zu jener Zeit gab es noch keine festen Ausbildungsnormen für die Psychoanalyse, und da sie über keine eigenen finanziellen Mittel verfügte und sich in einer männlich dominierten Berufswelt bewegte, vermißte sie die konventionellen Strukturen, die ihr einen professionellen Status garantiert hätten. Dieser Mangel, der auch von anderen empfunden wurde, veranlaßte sie, in den zwanziger Jahren formale Ausbildungsstrukturen in die Psychoanalyse einzuführen.

Im Zuge ihrer psychiatrischen Ausbildung begann Helene Deutsch 1913 in einer von Erwin Lazar geleiteten Klinik für geistig zurückgebliebene Kinder zu arbeiten; sie dachte daran, sich eventuell auf Kinder zu spezialisieren. Doch waren die Erfahrungen, die sie hier sammeln konnte, zwar nützlich, aber intellektuell unbefriedigend. Sie wurde das Gefühl nicht los, im dunkeln zu tappen, und sehnte sich nach der Kontrolle eines theoretischen Fundaments und nach einer größeren Spannweite des Materials. Der ständige Wunsch, noch mehr Fälle studieren zu können und durch unmittelbare klinische Arbeit die Praxis zu erlernen, ist ein wiederkehrendes Thema dieser ersten Jahre. Deutsch war zuerst und vor allem eine Klinikärztin, und, wie es scheint, eine hervorragende. Davon legen die zahlreichen Krankengeschichten in ihren Schriften Zeugnis ab.

Nach sechs Monaten Lehrzeit bei Lazar ging Deutsch an Wagner-Jaureggs berühmte Wiener Klinik für Psychiatrie und Nervenkrankheiten, damals die größte dieser Art in Österreich. Als Frau hatte sie jedoch nur Zugang zu Frauen- und Kinderstationen, und ihr wurde klar, daß sie nur in München oder in der Schweiz ihr Wissen erweitern konnte. Im Februar 1914 wechselte Deutsch daher für einige Monate an die berühmte Münchner Klinik von Kraepelin – ohne ihren Mann.

In ihren Memoiren charakterisiert sie ihre Rastlosigkeit vor dem Hintergrund einer zufriedenstellenden, wenn auch nicht besonders aufregenden Ehe folgendermaßen:

«Wir waren glücklich – aber mein alter Freund und Feind, das rastlose Verlangen nach Aufregung und vor allem nach Lernen und Leistung, ließ mich das, was wir hatten, nicht vollends genießen. ‹Die

Luft war rein›, aber irgendwie sehnte ich mich nach Stürmen. Diese Sehnsucht war nicht zum Schweigen zu bringen und zwang mich von Zeit zu Zeit, von zu Hause fortzugehen. Es war mein eigener innerer Kampf um Emanzipation, der nun zwar nicht mehr tobte, aber doch noch hie und da herumspukte. Ich wollte immer etwas lernen, das man nur woanders lernen konnte – ich wollte meine adoleszente Flucht von zu Hause wiederholen. Oder noch einfacher ausgedrückt: Ich sehnte mich nach neuen Sehnsüchten.»[14]

Helene Deutschs wiederholte Sehnsucht nach neuen Sehnsüchten, ihre Unfähigkeit, einen ruhigen *modus vivendi* zu akzeptieren, war ein Charakterzug, der ihr später das Verständnis für den weiblichen Masochismus erleichterte. Bis dahin mußte sie ihre Probleme durch eine Umkehrung der Rollen lösen: ihr Mann war die gute Ehefrau und Mutter, die an ihrer Stelle zu Hause blieb.

Kraepelin mag ein großer Theoretiker und brillanter Diagnostiker gewesen sein, aber Deutsch erschien die Arbeit, die sie unter seiner Ägide zu leisten hatte, langweilig und nutzlos. Ihre Forschungsarbeit bestand darin, durch Worttests den Einfluß der Gefühle auf die Erinnerungsfähigkeit zu bestimmen. In einem Brief an ihren Mann schreibt sie: «[...] da soll ich etwas machen was gegen mein gutes Gewissen und schlechtes Wissen ist. Ich soll über Erinnerungen sprechen, Complexe heraussuchen mit vollständiger Vernachlässigung meiner psychoanalytischen Überzeugung – ich soll mich so verhalten als wenn ich gar nicht wüßte, daß es ein Unterbewußtsein gibt und am Ende noch Beweise gegen Freud bringen!!»[15] Sie beneidete Felix, der Freuds Samstagabendvorträge besuchte und Fallgeschichten studierte, während sie in München war. Und träumte davon, in der Nähe Wiens eine Anstalt für neurotische und psychotische Mädchen einzurichten, ein Traum, der sich nicht erfüllen sollte, obwohl sie Felix Deutsch zu bewegen versuchte, eventuelle Sponsoren anzusprechen. Im April kehrte sie nach Wien zurück, um wieder in der Wagner-Jauregg-Klinik zu arbeiten. Darüber hinaus besuchte sie die Seminare von Victor Tausk. Ihr Wunsch, ebenfalls in der Psychoanalyse zu arbeiten, war nach wie vor groß, aber Tausks Schwierigkeiten, Patienten zu finden, wirkten nicht gerade ermutigend auf ein junges Ehepaar, das mit finanziellen Schwierigkeiten zu kämpfen hatte.

Durch den Krieg, der vielen Frauen Arbeitsmöglichkeiten bot, die sie in Friedenszeiten nicht hatten, bekam Deutsch einen Assistentenposten bei Wagner-Jauregg, eine gehobene Stellung, auf die sie offiziell keinen Anspruch hatte. Wagner-Jauregg übertrug ihr die Frauenabteilung. Obwohl er Freud respektierte und zunehmend auch die Freud-Anhängerin Helene Deutsch, hegte Wagner-Jauregg eine tiefe Antipathie für die Psychoanalyse. Die Hauptaufgabe des Psychiaters bestand damals darin, aufgrund einer festgelegten Typologie von Krankheiten und Syndromen möglichst rasch eine Diagnose zu erstellen. Mit ihrer Begeisterung für die Psychoanalyse, ihrem Interesse an den individuellen Patienten und ihrer geduldigen Behandlungsmethode mußte sie sich oft den Spott ihres Vorgesetzten gefallen lassen. «Manchmal ging er so weit, eine Patientin zu fragen: ‹Na, hat Frau Dr. Deutsch Sie überzeugt, daß Sie sich ein Kind von Ihrem Vater wünschen?›»[16]

Die Krankengeschichten der Klinik lieferten Deutsch das Material für ihre ersten psychoanalytischen Aufsätze über induzierte Geisteskrankheiten und über den Mechanismus der Verdrängung bei Schizophrenen, ein Thema, für das sich auch Victor Tausk interessierte. Durch ihre Stellung an der Klinik hatte sie automatisch Zugang zu Freuds Vorlesungen. Und es war hier, daß sie, wie berichtet, in ihrem weißen Arztkittel die junge Anna Freud so beeindruckte, daß diese ebenfalls Ärztin werden wollte.

1916 kam Deutsch der Psychoanalyse und Freud um einen entscheidenden Schritt näher, als sie um Aufnahme zu den Mittwochssitzungen der Wiener Vereinigung ansuchte. Die Aufnahmebedingung war ein Kommentar zu Andreas-Salomés Artikel «‹Anal› und ‹Sexual›», eine Aufgabe, die ihr wegen deren stark theoretisierenden Stils nicht leichtfiel. Vielleicht lag hier die Ursache für ihre spätere Abneigung gegenüber Andreas-Salomé, es mag aber auch ein gewisses Konkurrenzgefühl angesichts dieser in jeder Beziehung attraktiven Frau mitgespielt haben. Deutsch übernahm später Andreas-Salomés Rolle als Vermittlerin zwischen Tausk und Freud, als sie Tausk 1919 drei Monate lang analysierte. Aber zuvor geschah noch etwas, das sowohl ihr privates als auch ihr berufliches Leben grundlegend veränderte. Sie brachte einen Sohn zur Welt.

Bei Ausbruch des Krieges hatte Helene Deutsch eine Fehlgeburt gehabt, und weitere folgten, was für sie eine schwere Belastung darstellte. In der *Psychologie der Frau* räumt sie diesem Thema breiten Raum ein und zeigt auf, wie häufig Fehlgeburten auf psychogenetische Faktoren zurückgehen, so etwa auf die unbewußte Ablehnung der Frau, sich mit ihrer Mutter zu identifizieren. Als Beispiel erzählt sie die Geschichte der Patientin Mrs. Smith, hinter der sich zweifellos ihre eigene verbirgt:

«Die Patientin [...] war das jüngste Kind einer kinderreichen Familie mit einem Jungen und mehreren Mädchen. Da der Sohn nicht den ehrgeizigen Erwartungen der Eltern entsprach, wünschten sie sich einen zweiten Sohn, aber an seiner Statt wurde meine Patientin geboren. Ihre Mutter verhehlte nicht ihre Enttäuschung und nahm der Tochter gegenüber eine unmißverständliche Haltung ein: ‹Es wäre besser, wenn du nicht geboren worden wärst.› Daß die Patientin nicht traumatisch reagierte, lag an einer zweifachen Kompensation – an der zärtlichen Liebe ihres Vaters und an der mütterlichen Zuneigung der zwölf Jahre älteren Schwester. Die Liebe ihres Vaters ließ in ihr den Wunsch entstehen, ihm den Sohn zu ersetzen, und allen Ehrgeiz auf dieses Ziel zu konzentrieren. Vor der Gefahr eines Männlichkeitskomplexes bewahrte sie des Vaters Liebe, der ihre Weiblichkeit aufbaute. Diese beiden Tendenzen lagen zwar häufig in Konflikt, aber führten zu keiner Neurose.

Erst nachdem sie geheiratet hatte und den heißen Wunsch nach einem Kind verspürte, machten sich die problematischen Kindheitserfahrungen bemerkbar. Als kleines Mädchen hatte sie auf die Ablehnung der Mutter mit bewußtem Haß und Abwertung reagiert. Die Vorstellung, sich mit ihrer aggressiven Mutter zu identifizieren, hatte sie mit Abscheu erfüllt. Bis zu ihrer Schwangerschaft schaffte sie es, feminin zu sein, indem sie ihr Mutterproblem nicht beachtete; aber diese Methode funktionierte nicht mehr, als sie selbst Mutter werden sollte. [...] Ihr tragisches Gefühl, daß sie für die Mutterschaft nicht geeignet sei, verstärkte sich, als sie einen Monat vor dem Termin ein totgeborenes Kind zur Welt brachte.»

Das Problem der Mrs. Smith, die glaubt, nicht fähig zu sein, ein Kind auszutragen, kann jedoch positiv gelöst werden. In ihren Memoiren greift Helene Deutsch die Geschichte wieder auf und erzählt, wie ihre nächste Schwangerschaft mit Hilfe einer ebenfalls schwangeren Freundin, die sie die «Göttin der Gelassenheit» nannte, einen normalen Verlauf nahm: «[...] durch meine Identifizierung mit ihr änderte meine Mutterschaft ihren Charakter. Durch die Einwirkung der Psyche auf die biologischen Kräfte ging mein Wunsch nach einem Kind in Erfüllung. Meine Freundin gebar ihren Sohn einen Monat später als sie erwartet hatte – gerade, als auch meine Zeit gekommen war. Mein Sohn kam sechs Stunden nach dem ihren auf die Welt.»[17]

In der *Psychologie der Frau* wird der Fall etwas anders und ausführlicher dargestellt. Hier ist es nicht die Identifizierung mit der gelassenen Freundin, die die Schwangerschaft der Mrs. Smith glücklich enden läßt:

«Erst später, während ihrer Analyse, realisierte sie, daß der Erfolg ihrer Identifikation mit ihrer Freundin nicht deren innerer Harmonie zuzuschreiben war, sondern einem anderen Motiv. Die Freundin hatte eine Mutter, die das Gegenteil der eigenen war. Während ihre eigene Mutter groß, dominierend, kalt und aggressiv war, war die Mutter der Freundin eine sehr kleine, warmherzige Frau, die ihre mütterlichen Schwingen über ihre eigene Tochter und Mrs. Smith breitete. Indem sie an der segensreichen Mutter-Tochter-Harmonie teilhatte, konnte nun auch Mrs. Smith ihrer Mutterrolle gerecht werden.»

Die Identifizierung mit einer gütigen Mutter mag wichtig sein, aber für Deutsch war die Freundin, eine Ersatzschwester, sicher ebenso bedeutend. Und in der Tat erfahren wir vom Fortgang der Geschichte, daß Mrs. Smith und ihre Freundin zur gleichen Zeit erneut schwanger werden, und diesmal leidet Mrs. Smith unter keinen Angstvorstellungen. Als allerdings die Freundin in eine andere Stadt zieht, hat Mrs. Smith schon am nächsten Tag einen Abortus. Die klinische Diagnose lautete auf «Übererregbarkeit des Uterus».

«Die psychoanalytische Behandlung konnte sie nicht von ihren Schwierigkeiten befreien. Sie nannte sich ironisch die ‹Anhängsel-Mutter›, die ihre Schwangerschaft nur zu einem erfolgreichen Abschluß bringen konnte, indem sie sich an eine andere Frau anhängt. Sonst war sie jedoch nicht neurotisch und konnte alle anderen Probleme ihres Lebens alleine lösen. Nur der schweren Aufgabe der Schwangerschaft war sie nicht gewachsen, aus Gründen, deren sie sich nach und nach bewußt wurde. Nachdem ihre Freundin sie im Stich gelassen hatte, konnte sie den Schatten der von ihr verabscheuten Mutter nicht mehr loswerden.»[18]

Nicht nur Mrs. Smith, auch Helene Deutsch, die als eine der wenigen ersten Analytikerinnen neben Freud und Andreas-Salomé die Homosexualität nicht verurteilte, war ohne ihre Freundin hilflos.

Ihr Sohn Martin wurde am 29. Januar 1917 geboren. Gerade die Problematiken, die ihre Mutterrolle für sie barg, lassen uns bei Helene Deutsch sofort an die Frau von heute denken. Die emotionalen und – wie sie es nennt – libidinösen Anforderungen ihrer Mutterschaft gerieten natürlich in Konflikt mit ihrem Berufsleben. Schon bald quälten sie Schuldgefühle, die sich nicht etwa dadurch ausdrückten, daß sie ihren Beruf vernachlässigte, sondern eher durch eine überängstliche Bemutterung ihres kleinen Sohnes. Die Vermutung liegt nahe, daß Helene Deutsch nur deshalb der Mutterschaft in der *Psychologie der Frau* soviel Platz einräumt und sie nur deshalb als höchste

Aufgabe der Frau ansieht, weil sie damit ihre eigene Unvollkommenheit auf diesem Gebiet kompensieren und wiedergutmachen will.

«Während ich das kriegsbedingte große Arbeitspensum zu bewältigen suchte, hatte ich immer das quälende Gefühl, daß ich sowohl meinen Sohn Martin als auch mich selbst einer reichen Glücksquelle beraubte: der engen Mutter-Kind-Beziehung, die für den Säugling in den ersten zwei Lebensjahren am wichtigsten ist. Ich liebte mein Kind sehr, aber wir hatten nur selten Gelegenheit, die Freuden dieser Beziehung in ihrer ganzen Wärme und Zärtlichkeit auszukosten. Meine mütterlichen Gefühle wurden außerdem durch zutiefst neurotische Ängste um meinen kleinen Sohn belastet.»[19]

Das Stillen war für sie eine «qualvolle» Beschäftigung, die sie physisch und psychisch «auslaugte». Felix Deutsch, der sich immer mehr als gute Mutter bewährte, kam schließlich auf eine typische Kriegszeitlösung: Er tauschte sein Klavier gegen zwei Ziegen, die nun die nötige Milch lieferten. Sie durften auf dem Rasen der Klinik in der Nähe des Zimmers grasen, in dem der kleine Martin mit seiner Amme untergebracht war, während Helene Deutsch ihren Dienst versah. Aber schon bald entwickelte sich eine Art Rivalität zwischen den beiden Frauen; die Amme schien die Mutterrolle für sich beanspruchen zu wollen. Sie wurde entlassen und eine neue Amme gesucht – ein Vorgang, der sich mehrmals wiederholen sollte. Felix Deutsch dagegen besaß offenbar die mütterliche Ausgeglichenheit, die Helene Deutsch fehlte. «Sogar in Situationen, in denen ein Kind gewöhnlich nach der Mutter ruft, wandte er sich öfter an Felix als an mich»,[20] schreibt Deutsch und weist damit nicht nur auf das starke Band zwischen Vater und Sohn hin, sondern deutet auch an, daß sie ihren Mann als Rivalen empfand, der sie als Mutter verdrängte.

Die Geschichte kommt uns in ihrem weiteren Verlauf allzu bekannt vor. Natürlich fühlte sich Deutsch in ihren mütterlichen beziehungsweise narzißtischen Gefühlen tief verletzt. Der Schmerz wurde durch die Tatsache verschlimmert, daß ihr Sohn ihr gegenüber eine gewisse Feindseligkeit an den Tag legte. Alle diese von nicht gestillten Sehnsüchten ausgelösten Qualen geistern auch durch die Seiten ihrer *Psychologie der Frau*, die an sich ein Lobgesang auf die Mutterschaft ist. So erwähnt sie unter vielen anderen Problemen, daß eine Frau so viele Gefühle an ein Kind abgeben und sich mit ihm so stark identifizieren kann, daß es undenkbar für sie ist, ein weiteres Kind zu haben, da es dem ersten die mütterliche Liebe streitig machen würde.

Es waren wohl vor allem diese «Qualen» – abgesehen von beruflichen Interessen und den vorher erwähnten Eheproblemen –, die Helene Deutsch im August 1918 dazu bewegten, bei Freud eine, wie sie es nannte, «didaktische» Analyse zu beginnen.

Schon ab Anfang 1918 hatte sie regelmäßig an Freuds Mittwochssitzungen teilgenommen und wurde im Februar offiziell in die Psychoanalytische Vereinigung aufgenommen. Ihr erster Vortrag als Mitglied war ein Bericht über ihre Münchner Experimente mit freier Assoziation. Als sie von Elisabeth Revesz, die ebenfalls Psychiaterin war, erfuhr, daß diese sich von Freud analysieren ließ,[21] wandte auch sie sich an ihn und übernahm im Herbst die Stunde von Elisabeth Revesz, so wie sie ein paar Jahre später in Berlin Revesz' Mann Sándor Radó für eine kurze Liebesaffäre übernahm.

Die Familien Freud und Deutsch unterhielten bald freundschaftliche Beziehungen. Auf Grund seiner Verbindungen konnte Freud Felix Deutsch einen Posten als Arzt bei der englischen Gesandtschaft verschaffen, eine Stellung, die im verarmten Nachkriegs-Wien von unschätzbarem Wert war, weil sie den Zugang zu Nahrungsmitteln eröffnete. Umgekehrt brachte Deutsch immer eine Kanne Ziegenmilch für die kränkelnde Martha Freud mit, wenn sie zu ihren Sitzungen kam, und läutete zunächst an der privaten Wohnungstür, bevor sie in Freuds Behandlungszimmer ging.

Wir wissen nur wenig über den Inhalt der Analyse und noch weniger über Freuds Einschätzung seiner neuen Schülerin und Patientin. Allerdings liegt auf der Hand, daß sie als angesehene Psychiaterin – mit einem geradezu überschwenglichen Empfehlungsschreiben von Freuds Freund und Rivalen Wagner-Jauregg – eine wertvolle Bereicherung für den Freudschen Kreis war. Deutsch wurde jedoch bald klar, daß sie die Arbeit in einer Klinik, in der man der Psychoanalyse feindlich gegenüberstand, nicht mit einer Analyse bei Freud verbinden konnte. Trotz der materiellen Nachteile entschied sie sich für Freud:

«Die Psychoanalyse war meine letzte und mich am tiefsten berührende Revolution; und Freud, der in sozialen und politischen Fragen zu Recht als konservativ galt, wurde in meinen Augen zum größten Revolutionär des Jahrhunderts. Rückblickend erkenne ich drei entscheidende Wendepunkte in meinem Leben: die Befreiung von der Tyrannei meiner Mutter; die Begegnung mit dem Sozialismus; und die Sprengung der Ketten des Unbewußten durch die Psychoanalyse. Bei jeder dieser Revolutionen hatte ich die Inspiration und Hilfe eines Mannes – meines Vaters, Hermann Liebermanns und zuletzt Freuds.»[22]

Deutschs Analyse begann an dem Tag, als ihr Vater Wien verließ, wodurch sich dessen Rolle auf Freud übertrug: Obwohl sie wußte, daß sie Anna niemals verdrängen würde, fühlte sie sich ganz als Freuds Tochter. Sie identifizierte sich mit ihm, wurde von ihm inspiriert und verfaßte alle ihre Schriften zunächst für ihn. Sie hatte das Gefühl, daß Freud ihre Talente freigesetzt hatte, und tatsächlich begann für die fünfunddreißigjährige Helene Deutsch nach der Analyse bei Freud die produktivste Phase ihres Lebens. Unter der Leitung des *Vaters* begann sie eine Analyse der *Mutter*.

Einige Aspekte der Analyse, die sie in ihrer Autobiographie erwähnt, deuten darauf hin, daß bei ihr der Ödipuskomplex und der weibliche Kastrationskomplex eine dominierende Rolle spielten. So beschreibt sie eine «primitive ödipale Phantasie», in der sie vor dem Schaufenster eines Herrenbekleidungsgeschäfts in der Berggasse steht und bitterlich weinen muß bei dem traurigen Gedanken: «Was wird die arme Frau des Professors jetzt tun?»[23] Denn sie war überzeugt, daß Freud sich in sie verliebt hatte und im Begriff war, seine Frau zu verlassen.

Auch ein Traum aus der Zeit der Analyse ist ihr im Gedächtnis geblieben, ein Traum, in dem sie sowohl ein männliches als auch ein weibliches Geschlechtsorgan besaß. «Freud sagte mir nur, der Traum zeuge von dem Wunsch, sowohl ein Junge als auch ein Mädchen zu sein. Erst nach der Analyse wurde mir klar, wie stark meine ganze Persönlichkeit von dem Kindheitswunsch geprägt ist, sowohl die hübscheste Tochter als auch der gescheiteste Sohn meines Vaters zu sein.»[24]

Die Analyse endete abrupt nach etwa einem Jahr, als Freud ihre Stunde für den «Wolfsmann» benötigte. Auch seine Feststellung «Sie brauchen nichts mehr; Sie sind nicht neurotisch» konnte nicht verhindern, daß Helene Deutsch nach dem Abbruch der Analyse in eine Depression verfiel. Dabei ist es verständlich, daß Freud den Wolfsmann für den interessanteren Fall hielt; vielleicht hatte er auch das Gefühl, Helene Deutsch habe nun lange genug in ödipalen Gefühlen geschwelgt. Er teilte ihr mit gewohnter Sachlichkeit mit, daß es ihrer Weiblichkeit nicht abträglich wäre, wenn sie sich weiter ihren beruflichen und wissenschaftlichen Zielen widmete und damit an der alten Identifikation mit ihrem Vater festhielte. Deutschs Fall ist also ein gutes Beispiel dafür, daß Freud kein Problem darin sah, wenn eine Frau sich mit einem Mann identifizierte, sobald diese Identifikation mit der Mutterschaft kombiniert wurde. Ebensowenig schien er Deutschs ungelöste Beziehung zur Mutter für ein Problem zu halten. Da Freud von der psychischen Bisexualität jedes Wesens ausging und er in diesem Fall auch eine Neurose ausschließen konnte, da die Patientin in der Lage war, zu lieben und zu arbeiten, sah er keinen Grund, Deutschs Analyse weiterzuführen. Helene Deutsch litt dennoch unter dem plötzlichen Ende und meinte später, daß Freud ihren «weiblichen Kastrationskomplex» nicht gründlich genug analysiert hätte. Ihre Reaktion auf das Ende entsprach genau der Sprache des Kastrationskomplexes: Sie fühlte sich abgeschnitten, verstoßen zugunsten eines Mannes.

Kann dies nun zu Recht von kritischen Feministinnen als ein Beispiel für Freuds Frauenfeindlichkeit, für seine Gefühllosigkeit gegenüber den wirklichen Problemen seiner Patientinnen angeführt werden? Es stimmt, daß Freud manchmal einschlief, wenn Helene Deutsch allzu ausführlich über ihre Probleme beim Stillen berichtete, und daß er, da er unter Prostatabeschwerden litt, während der Sitzung auf die Toilette ging. Und es stimmt auch, daß sich die sexuellen Schwierigkeiten des Ehepaars Deutsch nicht besserten und daß Mutterschaft und Beruf schwer zu vereinbaren waren. Im Grunde trauerte Helene Deutsch der großen und qualvollen Leidenschaft nach, die sie mit Liebermann erlebt hatte. Aber war dies nun eine Neurose, die behandelt werden mußte, oder ein ganz gewöhnlicher Fall von alltäglicher Unzufriedenheit? Freud war von letzterem überzeugt, ernannte sie als Beweis seines Vertrauens zu seiner inoffiziellen «Assistentin» und schickte ihr immer wieder Patienten. Obwohl er ihre Arbeiten in seinen Schriften nur an fünf Stellen erwähnte – und immer in einem Atemzug mit mehreren anderen –, ist erwiesen, daß er ihre klinischen Fähigkeiten hochschätzte und sie auch weiterhin als «Kontrollanalytikerin» unterstützte, wann immer sie ihn brauchte, mit ihr einige schwierige Fälle erörterte und sie mehrmals ermunterte, auf ihr eigenes Wissen zu vertrauen.

Der äußerst verwickelte Fall von Victor Tausk ist als Ausnahme zu erwähnen. Freud schickte Tausk zu Helene Deutsch, als diese selbst erst drei Monate ihrer Analyse hinter sich hatte. Tausk war nicht nur älter als sie, sondern, wie sie bald feststellte, wesentlich erfahrener in der Analyse. Man kann nur Vermutungen darüber anstellen, warum Freud – der sich nicht in der Lage sah, Tausk selbst zu übernehmen – Helene Deutsch als Analytikerin für Tausk ausgesucht hat. Wollte er, da sich Deutsch ja noch in der Analyse bei ihm befand, auf diese Weise in Verbindung mit Tausk bleiben? Dessen Befinden hatte sich durch seine Kriegserlebnisse verschlimmert, und er war immer noch abhängig von Freud. Oder verbarg sich dahinter die listige Idee, Helene Deutsch mit einem attraktiven Mann zu versorgen, damit sie im Rahmen der Gegenübertragung ihr zwanghaftes ödipales Liebesverhalten noch einmal durchspielen und sich dadurch davon befreien konnte? Wir können darüber nur Vermutungen anstellen. Fest steht nur, daß sich – ähnlich der vorausgegangenen zwischen Tausk, Andreas-Salomé und Freud – eine Dreiecksbeziehung entwickelte, innerhalb deren Tausk mit Deutsch über Freud redete und seine Befürchtungen äußerte, Freud stehle ihm seine Ideen und würde niemals seine Urheberschaft anerkennen, und Helene Deutsch, die Tausks Charme nur mit Mühe widerstand, Freud von Tausk erzählte, so daß ihre Sitzungen eigentlich von Tausk usurpiert wurden. Nach drei Monaten machte Freud der unhaltbaren Situation ein Ende: Deutsch müsse entweder auf Tausk oder auf die Analyse bei ihm verzichten. Sie entschied sich, Tausk zu opfern, und hatte das Gefühl, ihren Patienten verraten zu haben. Als er bald darauf – völlig unerwartet für sie – Selbstmord beging, wies sie jedoch alle Schuld von sich: Sie habe nur eine vermittelnde Funktion gehabt.

Wie unglücklich sie auch zu jener Zeit gewesen sein mag, beruflich war sie außerordentlich produktiv. Auf dem Kongreß in Den Haag im September 1920, auf dem Abraham über Weiblichkeit, Penisneid und Kastrationskomplex sprach, hielt Deutsch ihren ersten Vortrag, «Zur Psychologie des Mißtrauens». Diesem folgte ihre Arbeit «Über die pathologische Lüge», in der sie – teilweise auf Grund ihrer eigenen Kindheitserfahrungen – Lügen als Abwehr gegen die Wirklichkeit und als Akt der Kreativität definierte. Interessant ist Deutschs anhaltendes Interesse an Betrügern, an «Als ob»-Persönlichkeiten beziehungsweise multiplen Persönlichkeiten, deren Fällen immer Identifikationsstörungen zugrunde liegen – solche Störungen hatte sie ja auch bei sich selbst erkannt. Dieser Aspekt ihrer Arbeit ist zugleich ein Versuch, die vorhandenen psychiatrischen Kategorien mit der psychoanalytischen Methode in den Griff zu bekommen.

Erst nach ihrer Analyse bei Karl Abraham begann Deutsch, sich aktiv mit der Frauenfrage auseinanderzusetzen. Tatsächlich war es Abrahams Vortrag in Den Haag gewesen, der sie dazu gebracht hatte, sich bei ihm um eine – ihre zweite – Analyse zu bemühen. Der Vortrag «beeindruckte mich um so mehr, als Freud diesen Komplex bei mir nicht wahrgenommen hatte, trotz des Traumes, in dem ich männliche und weibliche Genitalien besaß».[25] Dazu kam, daß sich ihre Beziehung zu ihrem Mann in einem Tief befand. Einige Monate später erklärte

Helene Deutsch die Spannungen zwischen ihnen als die bei ihnen üblichen libidinösen Mängel. Felix Deutsch war Anfang 1922 in die Wiener Vereinigung aufgenommen worden und fungierte schon im Sommer desselben Jahres als Freuds Hausarzt. Aber Helenes Wunsch, er möge sich analysieren lassen, kam er zunächst nicht nach.

Getrieben von ihrer alten Unrast und ihren anhaltenden Depressionen über den Abbruch ihrer ersten Analyse – wobei sie das Gefühl nicht los wurde, daß Freud das Weibliche in ihr nicht in den Griff bekommen hatte –, wechselte sie Anfang 1923 nach Berlin, um sich von Karl Abraham analysieren zu lassen. Ihren Sohn Martin nahm sie mit, aber die Trennung von seinem Vater war so quälend für den Jungen, daß er nach den Sommerferien bei ihm in Wien bleiben durfte.

Helene Deutsch bewunderte Abraham wegen seines sachlichen analytischen Stils und seiner objektiven Einsichten, zu denen er ohne die Technik der Übertragung kam. Sie hatte das Gefühl, daß er tiefer bei ihr vordrang als Freud, aber auch, daß die Analyse ihre ganze psychische Energie verschlang und es ihr in dieser melancholischen Stimmung unmöglich war, zu arbeiten.[26]

Trotzdem spürte sie, daß auch diese Analyse nicht erfolgreich sein würde. In seiner Biographie berichtet Paul Roazen, daß Karl Abraham ihr im Anfangsstadium der Analyse einen Brief Freuds gezeigt hatte, in dem dieser ihm ziemlich bestimmt mitteilt, Helenes Ehe mit Felix dürfe durch die Analyse nicht gefährdet werden. Bei aller moralischen Fragwürdigkeit und Anmaßung dieses Briefes ist es bemerkenswert und erstaunlich, daß sich Freud, der einen Ausbruch aus der Ehe wohl kaum verurteilte, für das Weiterbestehen gerade dieser Ehe einsetzte. Offensichtlich waren ihm beide wichtig, und vielleicht hatte er auch etwas mit ihnen im Reich der Psychoanalyse vor. Aller Wahrscheinlichkeit nach wußte er, daß Helene Deutsch dabei war, einem Wiederholungszwang zu erliegen, und wollte ihn auf diese Weise unterbinden.

Sie jedoch ärgerte es, daß sich Freud mit seinem Brief in ihre Analyse eingemischt hatte. Es scheint, als wäre sie mit dem vielleicht unbewußten Wunsch nach Berlin gekommen, ihre Ehe zu beenden: Die neue Analyse sollte dafür den Vorwand liefern. Roazen berichtet, daß Deutsch tatsächlich ihren Wunsch insofern auslebte, als sie eine kurze Affäre mit Sándor Radó hatte. Unter ihren Papieren fand Roazen ihre Analyse eines Traumes, den sie zu jener Zeit gehabt hatte. Oben auf dem Blatt steht die Gleichung Felix=Mutter, der eine Reihe weiterer Gleichungen folgen: So wie sie einst das Gefühl, von ihrem

Vater betrogen und «nicht genug geliebt» zu werden, zu Liebermann geführt hatte, führte sie nun der «Verrat» ihres Mannes Radó zu. In der Aufstellung fehlt jedoch, daß Freuds Mangel an Liebe sie in Abrahams Arme getrieben hatte. Denn tatsächlich bekennt Abraham sowohl Freud als auch Felix Deutsch, daß er Helene nicht analysieren könne, weil er zu viele positive Gefühle für sie hege. Freuds abrupter Abbruch der Analyse war wahrscheinlich der Versuch, ihren repetitiven Kreis aufzubrechen und ihrer Neigung entgegenzusteuern, sich selbst immer mit dem Liebesobjekt zu identifizieren, sich dann verraten vorzukommen und sich das nächste Objekt zu suchen. Sie selbst hat diese Tendenz in ihren zahlreichen Arbeiten über die «Als ob»-Persönlichkeit erforscht, und ihre Memoiren erwecken den Eindruck, daß sie auch ihr eigenes Leben als eine «Als ob»-Existenz empfunden hat. Mit Liebermann lebte sie, «als ob» sie eine Sozialistin wäre, mit Felix Deutsch, «als ob» sie eine konventionelle Ehefrau und Mutter wäre, und durch ihre Identifizierung mit Freud, «als ob» sie eine Psychoanalytikerin wäre.

Indem Freud Abraham (und Helene Deutsch) dringend riet, daß sie zu ihrem Mann zurückkehren solle, machte er ihr auch klar, daß sie dem Wiederholungszwang auszuweichen hatte. Deutsch war zu Abraham gekommen, um ihre Weiblichkeit zu erforschen, ihre erste und mißlungene Mutteridentifikation und die düstere präödipale Szene, von der sie direkt in Vaters Arme gelaufen war. Daß sie danach Felix nicht nur als Verrat begehender *Vater*, sondern auch als *Mutter* anerkennen und – was das Wichtigste ist – trotz ihrer unvermeidlichen zornigen Erregung zu ihm zurückkehren konnte, weist auf einen gewissen Erfolg der beiden Analysen hin. Wahrscheinlich war es auch dieser Rückkehr zu verdanken, daß Helene Deutsch durch bewußte Identifizierung nun in der Lage war, besser mit ihrer eigenen, von Zorn und Liebe geprägten Mutterschaft fertig zu werden. Zurückzugehen hieß nicht, zum *Vater*, sondern zu Felix = *Mutter* zurückzukehren und die Mutter in sich selbst zu akzeptieren. Erst jetzt, nach ihrer Rückkehr aus Berlin, beginnt Deutschs intensive Beschäftigung mit der Psychologie der Frau.

In ihrer Beschreibung der weiblichen Frau bezeichnet Deutsch den Hang zur Identifizierung als einen wichtigen und positiven Zug. Nur wenn die Schutzmechanismen des Narzißmus ausfallen, richtet sich dieser Hang masochistisch gegen das Individuum. Im extremen Fall haben wir es dann mit einer «Als ob»-Persönlichkeit zu tun, einer Person mit schnell wechselnden, von anderen angenommenen Identi-

Ein Frauenberuf

täten, einer Person ohne narzißtischen Kern. Dieser Gefahr hatte sich Helene Deutsch ausgesetzt, um eine «weibliche Frau» zu werden, deren Neigung, sich mit anderen zu identifizieren, ein wesentlicher Bestandteil ihrer Intuition ist. In einem Aufsatz von 1926 über «Okkulte Vorgänge während der Psychoanalyse», den Freud übrigens später zitieren sollte, weist sie nachdrücklich auf diese Intuition, die Fähigkeit des Analytikers, sich mit den Übertragungsphantasien des Patienten zu identifizieren, als ein wirksames therapeutisches Werkzeug hin.

Nach ihrer Rückkehr nach Wien scheint Helene Deutsch sowohl ihrem Mann als auch Freud die Treue gehalten zu haben. Felix Deutsch begann in dieser Zeit eine Analyse bei Bernfeld. Obwohl Helene Deutsch manches an ihm auszusetzen hatte – sein nicht sehr «männliches» Auftreten, das Abkühlen seiner Beziehung zu Freud, nachdem ihm Felix Deutsch 1923 die Bösartigkeit seines Krebses verheimlicht hatte, sein Zögern, nach Amerika auszuwandern –, dauerte die Ehe bis zum Tod von Felix Deutsch im Jahr 1963. In ihren Memoiren beschreibt sie Felix als idealen Ehemann und Vater sowie als Pionier der psychosomatischen Medizin. In der Erinnerung wird die Identifikation von keinem Verrat bedroht.

Auch die Beziehung zu Freud war nicht frei von Spannungen. Sie war nach wie vor freundschaftlich, aber ganz auf die Arbeit konzentriert. Freud ließ sie stets merken, daß er sich von Felix Deutsch verraten fühlte, weil dieser ihm die Bösartigkeit seiner Geschwulst verschwiegen hatte. Und Helene Deutsch verdroß es, daß Freud in seinem Aufsatz «Einige psychische Folgen des anatomischen Geschlechtsunterschieds» (1925) ihren damals schon substantiellen Beitrag zur weiblichen Sexualität nur mit einer einzigen Zeile erwähnte. Und sogar diese Zeile mußte sie sich mit Abraham und Karen Horney teilen. Noch weniger gefiel ihr, daß er in seinem Aufsatz «Über die weibliche Sexualität» ihren Beitrag in einem Atemzug mit dem von Jeanne Lampl de Groot und Ruth Mack Brunswick nannte, die beide jünger als sie und im Vergleich mit ihr unbedeutendere Analytikerinnen waren, wenn er auch anerkennend bemerkte, daß sie dem Problem des weiblichen Masochismus gerecht geworden sei. Ihre Empfindlichkeit in diesem Punkt wurde sicher dadurch verschärft, daß auch Tausk geradezu besessen gewesen war von diesem Thema. Es lag wohl auch am kleinlichen Konkurrenzdenken des Wiener Kreises, am Wetteifern um die Anerkennung des Professors, daß ihr die Flucht nach Amerika wie eine Befreiung aus «dieser stickigen Atmosphäre» vorkam.

Aber sie blieb Freud loyal ergeben. Auch nach seinem Tod nahm ihre Identifikation mit ihm nicht ab, und sie bezeichnete sich als sein Schatten. Welch eine Sensation für sie, als sie anläßlich ihrer ersten Amerikareise 1930 von den Zeitungen als «Botschafterin Freuds» und als «des Meisters überragende Schülerin» bezeichnet wurde.[27]

1924 kehrte sie von Berlin nach Wien zurück und stürzte sich mit neuer Energie in die Arbeit, die ihr bis ins hohe Alter gut von der Hand ging. Ihre Monographie *Zur Psychoanalyse der weiblichen Sexualfunktionen* kam 1925 heraus und enthielt im Keim schon viele der Ideen, die sie während des Krieges in der *Psychologie der Frau* ausführlicher ausarbeiten sollte. Es folgten mehrere klinische Berichte, 1928 ein psychoanalytisches Porträt von George Sand und 1930 ein zweites Buch, *Psychoanalyse der Neurosen*, später ein Standardwerk der psychoanalytischen Lehre.

Deutschs Stärke war neben der klinischen Praxis die Lehrtätigkeit. 1924 besaß die Wiener Vereinigung noch immer kein eigenes Ausbildungsinstitut, und es ist auch Deutschs Engagement zu verdanken, daß es 1925 schließlich gegründet wurde. Freud hatte den Vorsitz, Bernfeld war zweiter Vorsitzender, und Deutsch wurde Präsidentin des Ausbildungsausschusses, dem auch Anna Freud angehörte. Bis sie 1935 nach Amerika aufbrach, war Helene Deutsch die erste Anlaufstation für jeden, der eine psychoanalytische Ausbildung in Wien anstrebte. Wie Anna Freud war Helene Deutsch somit Lehrmeisterin für viele Analytiker der nächsten Generation, und sie hatte den Ruf, ihre Aufgabe brillant zu erfüllen. Ihre Seminare – eine Einführung in das Studium anhand von Fallgeschichten – dauerten oft bis in die frühen Morgenstunden. Auch als Lehr- und Kontrollanalytikerin war sie sehr geschätzt. So füllte die Psychoanalyse fast jede Stunde ihres Lebens aus. An Samstagabenden traf sich der «Kartenclub zur schwarzen Katze» in ihrer Wohnung – eine Gruppe von jungen Ehepaaren, die alle Psychoanalytiker waren und beim Kartenspiel informell psychoanalytische Probleme erörterten. Die «Singles» versammelten sich rund um Anna Freud. Die Namen der Ehepaare sollten später in Amerika bekannt werden: Dora und Heinz Hartmann, Willi Hofer und seine Frau, Ernst und Marianne Kris, Robert Wälder und Jenny Wälder-Hall sowie Grete und Edward Bibring.

1925 legte Helene Deutsch auf dem Kongreß von Bad Homburg einen Bericht über die Tätigkeit des Wiener Ausbildungsinstituts vor, dessen Vorbild das Berliner Institut war. Die zweijährige Ausbildung bestand aus einem theoretischen Teil mit Vorlesungen und Seminaren und einem praktischen Teil, in dessen Rahmen Analysen unter der

Supervision des Instituts durchgeführt wurden.[28] Deutsch wachte darüber, daß die Ausbildung nicht zu starr wurde. Sie war der Meinung, daß die Analysetechnik ohne jene Verknöcherung weitergegeben werden konnte, die sie später an den amerikanischen Ausbildungsinstituten kritisieren sollte: Die analytische Methode sei keine «vollständige, lernbare Ganzheit, die durch gründlichen und regelmäßigen Drill gelehrt werden kann»[29]. Abgesehen von der freien Assoziation habe «jeder einzelne seine eigenen Methoden und Varianten [...], die seiner Persönlichkeit entsprechen»[30].

Helene Deutsch versteht die Psychoanalyse als klinische Tätigkeit und kommt damit den Ansichten Freuds am nächsten. Daß sie sich aber keine Illusionen über die Existenz einer Zaubermethode machte, die eine Heilung gewährleistet hätte, macht ein Brief an Felix Deutsch klar, hier schrieb sie 1926:

«Ich will aber meinen Beruf nicht wie bis jetzt mit voller Einsetzung meiner Persönlichkeit ausüben, und vor allen nicht mit diesem starren Festhalten an das Phantom ‹Freudsche Methode› die, wie ich jetzt einsehe, nur als *Forschungsgebiet* und nicht als therapeutische Methode zu bewerten ist. Der ‹Schwindel› beruht darauf, daß die einen (Professor selbst!) voll bewußt zum Zweck des wissenschaftlichen und materiellen (sic!) Exploatierens das Therapeutische nicht offen desavouieren – die Anderen unbewußt aus Identifizierung einerseits, aus dem narzißtischen Bedürfnis, etwas Besonderes zu können, andererseits die alleinselig machende Psychoanalyse zum Schlachtruf erheben. [...] Psychisch behandeln ja – aber mit dem vollen Bewußtsein, daß der Erfolg im geringsten Teile mit der Aufdeckung infantiler Libidofixierungen und mit dem Übertragungsagieren zusammenhängen.»[31]

Da sie die Psychoanalyse sowohl für ein Forschungsfeld als auch für eine Heilmethode hielt, ist ihr Hauptwerk über die Psychologie der Frau als Typologie des «Normalen» geschrieben, die sich auf eine Auswahl von Beispielen, unter anderem auch das eigene, stützt. Der Hang zur Typologie geht natürlich auf ihre psychiatrische Ausbildung zurück; die Typologie war zu jener Zeit eine beherrschende Richtung in der Psychiatrie und Psychologie. Als Beispiele seien nur die Arbeiten von C. G. Jung und Ernst Kretschmer genannt.

1934 entschloß sich Helene Deutsch wie so viele ihrer österreichischen und deutschen Kollegen, einem Land den Rücken zu kehren, in dem das politische Klima zunehmend unerträglich geworden war, und emigrierte nach Amerika. Ihr Mann folgte ihr im darauffolgenden

Jahr. Sie schufen sich in Boston eine neue Existenz, denn hier verfügte Deutsch bereits über wichtige Kontakte, unter anderem zu dem einflußreichen Neurologen Stanley Cobb, der sie sehr schätzte. Zu ihrem großen Kummer hatte Freud sich mißbilligend über ihre Emigration geäußert. Aber es gab zwingende Gründe dafür. Ihr Sohn Martin hatte sich an dem Generalstreik gegen das reaktionäre Dollfuß-Regime beteiligt und konnte daher nicht länger in Wien die Schule besuchen. Er wurde in die Schweiz geschickt, von wo aus er sich jedoch weiterhin aktiv in der jetzt im Untergrund agierenden sozialistischen Bewegung betätigte. Amerika bot in mehrfacher Hinsicht Zuflucht für die ganze Familie.

Helene Deutsch hatte tatsächlich den Eindruck, daß in Boston ein frischerer Wind blies als in Wien. Ihrem Mann, der weniger begierig war, Wien zu verlassen, schrieb sie: «[...] *hier ist Leben*, dort dumpfes, narzißtisches Brüten um den eigenen, intellektuellen Nabel herum. Was für Freuds Genie und Alter und Annas Hingabe an die väterliche Idee gut ist, wird für die übrigen zu einer schweren Massenneurose.»[32]

Wenn Freud auch ihre Auswanderung nicht gutgeheißen hatte, so erteilte er ihr 1938 insofern Absolution, als er ihr auf ihren Brief, in dem sie von Kummer und Schuldgefühlen sprach, antwortete, sie solle das alles abstreifen und er vertraue nur darauf, daß sie der Analyse treu bleibe.[33] Das tat sie, aber auf ihre Weise.

Angesichts der heftigen Angriffe von feministischer Seite, denen sie sich ebenso wie der «patriarchalische» Freud ausgesetzt sah, ist die Frage angebracht, wie sehr Deutsch in ihrem Denken über Frauen Freud verbunden war. Es stimmt, daß sie sich in ihrem einflußreichsten Buch, *Psychologie der Frau* (1944/45), in die Tradition Freuds stellt und sich immer wieder auf ihn bezieht. Ebenso stimmt es, daß sie auf die Freudschen Termini «Passivität» und «Aktivität» zurückgreift, um die weibliche und die männliche Veranlagung zu charakterisieren. Dennoch gibt es grundlegende Unterschiede.

Freud postuliert die Existenz einer einzigen Libido, die sowohl den männlichen als auch den weiblichen Sexualfunktionen dient, und spricht mit besonderem Nachdruck von der psychischen Bisexualität aller Individuen. «Der Eigenart der Psychoanalyse entspricht es dann, daß sie nicht beschreiben will, was das Weib ist, – das wäre für sie eine kaum lösbare Aufgabe, – sondern untersucht, wie es wird, wie sich das Weib aus dem bisexuell veranlagten Kind entwickelt.»[34] Freud geht es also eindeutig darum aufzudecken, warum Kinder psychisch zu Mann oder Frau *werden*, und nicht darum, die wesentlichen Merkmale des Mann- beziehungsweise Frau*seins* aufzuzeigen.

Helene Deutschs Aufsatz *Zur Psychoanalyse der weiblichen Sexualfunktionen* (1925) ist ein theoretischer Versuch, Freuds Gedanken über die Entwicklung des Kindes zur Frau weiterzuführen, der oberflächlich betrachtet nicht über den von Freud vorgegebenen Rahmen hinauszugehen scheint. Auf die orale und anale Phase der Entwicklung folgt die genitale oder phallische Phase. In der Interpretation der letzteren weicht Deutsch jedoch deutlich von Freud ab. In der *Psychologie der Frau* wird sie dann diese Differenz noch ausführlicher herausarbeiten. In der phallischen Phase ist die primäre erogene Zone des kleinen Mädchens die «männliche» Klitoris: ein winziges und unzulängliches Organ, das dem Penis an Kraft und Größe deutlich nachsteht. Wieviel leichter wäre es für das Mädchen, meint Deutsch, wenn die Vagina schon in diesem frühen Stadium mobilisiert werden könnte und nicht erst in einem späteren Reifestadium Empfindungen lieferte und auch dann nur durch die Intervention des männlichen Gliedes. Aber nein, das kleine Mädchen wird sich lediglich der Unzulänglichkeit seiner Klitoris bewußt. Beschämt über deren Winzigkeit, von Neid auf das größere männliche Organ erfüllt, im vollen Bewußtsein seines Mangels und narzißtisch tief gedemütigt, wendet sich das kleine Mädchen von der aktiven Sexualität ab und wird zu einem passiven, nach innen gekehrten Wesen. Hier liegt für Helene Deutsch die Ursache für die Passivität, die Frauen von Männern unterscheidet.[35]

Für Freud war die anatomische Beschaffenheit keineswegs vorrangig. Er maß dem Anatomischen nur in der Transformation durch die Einbildung Bedeutung zu. Für Helene Deutsch jedoch ist der Penis ein *wirklicher* Penis und kein psychischer Faktor. Die Tendenz zum biologischen Determinismus kommt in der *Psychologie der Frau* noch stärker zum Ausdruck; trotz ihres Anspruchs, einen psychischen Kurs zwischen biologischen und soziologischen Faktoren zu steuern, holt sie sich die Bestätigung ihrer Argumente über weibliche Passivität und männliche Aktivität immer wieder aus der «Natur».

Diese primäre und substantielle Differenz zwischen ihr und Freud ist nicht die einzige. Für Deutsch ist die Beziehung des Kindes zur Mutter entscheidend für die spätere Entwicklung:

«Freud hatte die Frage aufgeworfen: Wie vollzieht sich beim Mädchen der Objektwechsel vom Weibe zum Manne, d. h. von der Mutter zum Vater? Die zahlreichen, von Freud und anderen Autoren erstrebten Erklärungsversuche wollten diese Wendung in der Kindheit vollzogen wissen. Unsere Studien scheinen zu erweisen, daß dieser Objektwechsel nie vollkommen erreicht wird. In allen Phasen der Entwicklung und des Erlebens sieht man immer wieder die große Rolle, die die Bindung an die Mutter im weiblichen Seelenleben spielt. Viele psychischen Geschehnisse sind Ausdrucksformen der schubweise erfolgenden Lösungsversuche; von ihrem Gelingen oder Mißlingen hängt oft das seelische Gleichgewicht und das Schicksal des Weibes ab.»[36]

Die Sexualität des kleinen Mädchens führt von der mütterlichen Brust über das durch die Bewegung der Vagina nachvollzogene Saugen zur masochistischen Identifizierung mit der Mutter beim Geschlechtsverkehr, bei Schwangerschaft und Geburt. Indem sie ihrem eigenen Kind die Brust gibt, bewegt sie sich in ihrer Entwicklung zugleich vorwärts und zurück. Der weibliche Kreis ist geschlossen. Viele Schwierigkeiten von Frauen haben ihre Ursache in der unbewußten Nichtbereitschaft (oder Überbereitschaft), sich mit ihren Müttern zu identifizieren, und zwar sowohl im sexuellen Bereich als auch in ihrer Rolle als Gebärende.

Die nach Freuds Tod und unter dem Einfluß der amerikanischen Ichpsychologie verfaßte *Psychologie der Frau* führt Helene Deutsch noch weiter weg von Freud. Mit ihrer Betonung des Normalen handelt es sich bei diesem Buch tatsächlich um eine Enzyklopädie der weiblichen Typen. Indem sie eigene Fallgeschichten mit Klinik- und Sozialfällen, Beispielen aus der Literatur wie *Anna Karenina*, Balzacs *Zwei Frauen* und Szenen aus dem Leben George Sands anreichert, entwirft Deutsch eine Typologie der Frau und schildert ihre Entwicklung und ihr Verhalten während der entscheidenden Phasen eines Frauenlebens, von der Menstruation bis zum Klimakterium. In ihrem von der Psychosomatik geprägten Denken ist übrigens der Einfluß von Felix Deutsch unverkennbar: Sie hatte einen idealen, den weiblich erotischen Frauentyp im Sinn, an dem alle anderen Typen gemessen werden.

Nach der heftigen Kritik von feministischer Seite definierte Deutsch die Passivität als «nach innen gerichtete Aktivität» neu. Sie macht die Frau zur Frau und ist das Ergebnis der Erfahrungen der phallischen Phase. Dieser nach innen gerichteten Aktivität ist aber auch die reiche Phantasie der Frau zu verdanken, ihre intuitive Sensibilität und ihre Fähigkeit, sich mit anderen zu identifizieren. Parallel dazu ist eine Art geschlechtsspezifischer Masochismus zu beobachten: Um sich dem männlichen Geschlecht zuwenden zu können, braucht die Frau ein Objekt, das in erster Linie schädlich für sie ist. Defloration, Menstruation und Gebären sind schmerzhafte Erfahrungen – die Ursachen von Masochismus und Passivität liegen für Deutsch nah beieinander. Beide ergeben sich aus der weiblichen Konstitution und aus einem Reversionsmechanismus, der die nach außen gerichtete Energie nach innen lenkt. Dieser spezifisch weibliche Masochismus wird aber durch den weiblichen Narzißmus in Schach gehalten. Da die Frau ihre sexuellen Neigungen auf Ziele richtet, die gefährlich für ihr Ich sind, verteidigt sich letzteres durch eine verstärkte Liebe zu sich selbst, die sich als «Narzißmus» deklariert. In seiner «harmonischen» Wechselwirkung mit dem Masochismus zeichnet dieser gesunde Narzißmus den weiblich-erotischen Typ aus, der für Helene Deutsch der Idealtyp ist.

Ihre Beschreibung dieses Ideals klingt in der Tat fast wie das Umfrageergebnis einer Illustrierten zum Thema «Was ist die perfekte Ehefrau?».[37] Antwort: Die Frau, die sich selbst in der Identifikation mit dem Mann erfährt, sich anpaßt und sich damit begnügt, seine unaggressive Gefährtin zu sein. Ihre narzißtische Art, den Mann glücklich zu machen, folgt dann dem Klischee «Er ist wunderbar, und ich bin ein Teil von ihm». Alles, was solche Frauen im Gegenzug erwarten, ist Liebe und heißes Begehren. Mit dieser Entschädigung für den Verzicht auf ihre eigenen Bedürfnisse sind sie vollkommen zufrieden.

Im Gegensatz dazu richtet sich die Aktivität der männlichen Frau in Deutschs Theorie nach außen, auf die Welt, womit sie jedoch ihre eigene Weiblichkeit verrät.

Es scheint, als ob diese Beschreibungen alles, was die letzten Jahrzehnte des Feminismus uns gelehrt haben, negierten. Noch konservativer erscheinen auf den ersten Blick die Ansichten, die der zweite Band der *Psychologie der Frau* enthält. Er ist während des Zweiten Weltkriegs geschrieben, in einer Zeit also, da Frauen männliche Arbeiten und Rollen übernahmen. Weil sie beobachtete, wie viele psychische Probleme in dieser Situation auftraten, sah sie das Ideal der Frau in der geschlechtsspezifischen Mutterrolle verwirklicht. Sowohl ihre weiblichen als auch ihre männlichen Frauentypen erreichen ihren Schaffenshöhepunkt im Kinderkriegen und Stillen.

Deutschs Loblied auf die Mutterschaft verhalf ihr zu großer Popularität und Autorität in den fünfziger Jahren, als die Zurück-an-den-Herd-Ideologie dominierte. Um so heftiger war der feministische Gegenschlag in den darauffolgenden Jahrzehnten.

Liest man ihre Texte jedoch genauer, so erscheint ihr Frauenbegriff alles andere als einschränkend. Wenn sie die mütterliche Frau definiert, erscheint diese nicht etwa als asexuelles Wesen, sie ist im

Gegenteil voller Sexualität und geradezu phallischer Kraft. Durch die Mutterschaft findet die verstümmelte Frau wieder zur phallischen Kraft zurück. Sie ist ein vollkommenes weibliches Wesen, das von keinen Neidgefühlen geplagt wird – ähnlich wie das von Lou Andreas-Salomé beschworene Frauenideal. Für eine solche Frau ist der Mann von sekundärer Bedeutung oder sogar entbehrlich. Deutsch und Andreas-Salomé verknüpfen diese phallische Mutterschaft nicht unbedingt mit eigenen, realen Kindern: «Aus den aktiven Strebungen der Mutterschaft und aus der emotionellen Wärme der Mütterlichkeit schöpfend, kann das Weib unendlich viel an Leistungen sozialer, künstlerischer und wissenschaftlicher Natur vollbringen.»[38] Man kann also nicht sagen, daß Helene Deutsch der Frau nur die Rolle der Gehilfin und traditionellen Mutter zubilligen und sie zu einem Anhängsel des Mannes machen will. Es ist hier eher der Mann, der wie ein zufälliges und beinahe irrelevantes Anhängsel an die triumphale Mutter erscheint.

Helene Deutsch hat sich hier die Mutter erschaffen, die sie selbst niemals hatte, und damit ist die *Psychologie der Frau* bei all ihrem normativen Elan auch eine persönliche Wunscherfüllung. Davon abgesehen ist das Buch reich an sensiblen Einsichten in die Problematik eines Frauenlebens. Zahlreiche Fallgeschichten verdeutlichen die Spaltung zwischen Sexualität und Mutterschaft, unter der so viele Frauen leiden, und schildern im Detail die Verzerrungen der entscheidenden Identifizierung mit der Mutter. Hier jedenfalls wirkt Deutsch nicht «konservativ». Auch hat sie sehr wohl die kulturellen Zwänge erkannt, die ein Frauenleben verbilden können. So erkennt sie durchaus an, daß die lesbische Liebe eine positive psychische Lösung sein kann bei einer früh gestörten Mutterbeziehung. Und die Auflehnung gegenüber Autoritäten – wie etwa im feministischen Kampf – mag psychologisch «infantil» wirken, aber es kann gleichzeitig realitätsbezogener und vernünftiger sein als das sogenannte «erwachsene», an die Gesellschaftsnormen angepaßte Verhalten.

Als die *Psychologie der Frau* erschien, war Helene Deutsch Anfang Sechzig, angehende Großmutter, erfolgreiche Analytikerin in Boston und psychiatrische Mitarbeiterin am Massachusetts General Hospital. Amerika war gut zu ihr gewesen: Relativ leicht konnte sie die Hürden der Immigration überspringen und ein anerkanntes Mitglied des amerikanischen psychoanalytischen Establishments werden, auch wenn sie hier manches zu kritisieren hatte. Mehrere Jahre leitete sie das Bostoner Psychoanalytische Institut. Das neue Land brachte ihr außerdem die Erfüllung eines langgehegten Wunsches. Sie und Felix erwarben eine Farm in New Hampshire, die Helene Deutsch nach einer freundlichen polnischen Hexe «Babayaga» nannte. Wenn ihre Enkelkinder zu Besuch kamen, erfüllte sie sich einen weiteren langgehegten Wunsch – eine gute Großmutter zu sein.

1963 zog sie sich von der Lehranalyse zurück. Wegen seines schlechten Gesundheitszustandes und Anzeichen von Gedächtnisschwund hatte man Felix Deutsch zum Austritt aus der Bostoner Psychoanalytischen Gesellschaft gezwungen, worauf Helene Deutsch aus Solidarität ebenfalls austrat. Aber auch nach seinem Tod im Januar 1964 fuhr sie fort, zu arbeiten und zu schreiben – Aufsätze über den Narzißmus, über das Ichideal und die Mutter-Sohn-Identifikation. Ihre Autobiographie erschien 1973, kurz vor ihrem neunzigsten Geburtstag. Am Ende dieses Buches spricht sie ihr Bedauern darüber aus, daß «heute so wenig Frauen eine psychoanalytische Ausbildung anstreben, denn ich halte die Psychoanalyse für einen Beruf, der den Frauen hervorragend liegt»[39].

Intuition und die Fähigkeit, sich mit anderen zu identifizieren – genau die Eigenschaften, die sich Helene Deutsch von einem Analytiker erwartete, schrieb sie auch ihrem weiblichen Ideal zu. Eine gute Frau und eine gute Analytikerin war für Helene Deutsch ein und dasselbe.

Als sie am 29. März 1982, zwei Jahre vor ihrem hundertsten Geburtstag, starb, sprach vieles dafür, daß sie beides gewesen war.

11. Marie Bonaparte
und Freuds französischer Hof

«Facteur de la vérité»

Als Urgroßnichte Kaiser Napoleons I., Gattin des Prinzen Georg von Griechenland, Tante des Herzogs von Edinburgh und Erbin des riesigen, in Monte Carlo investierten und erworbenen Vermögens der Familie Blanc mütterlicherseits hätte Marie Bonaparte wohl nie damit gerechnet, sich im Alter von dreiundvierzig Jahren auf Freuds Couch wiederzufinden. Und mehr noch: Sie leistete einen entscheidenden Beitrag zum Aufbau der französischen Psychoanalyse und spielte eine wichtige Rolle in den ersten Grundsatzdebatten der französischen Psychoanalytiker. Auch der Ausschluß Jacques Lacans, der sich selbst als den wahrhaftigeren Vertreter der Freudschen Ideen verstand, ging auf «Freud-a-dit», wie man sie nannte, zurück. Bonaparte war Freuds französische Briefträgerin, war Freuds «facteur de la vérité», wie Jacques Derrida seine lange Abhandlung über Lacan und das Schicksal des entwendeten Briefes der Psychoanalyse doppelsinnig nannte.

Marie Bonaparte war tatsächlich eine durch und durch loyale, wenn auch nicht immer ganz zuverlässige Briefträgerin. In ihrem großen Postsack verwandelte sich die Freudsche «Wahrheit» in eine biologische Botschaft und die Anatomie in ein Kastriertenschicksal und nicht in eine dynamische symbolische Struktur. Trotzdem kam Freuds Botschaft, zumal ihr die Postbotin mit ihren Millionen den Weg ebnete, am Bestimmungsort an. Die Psychoanalyse breitete sich in Frankreich schnell aus, und wenn auch manche Inhalte nach Bonapartes Ansicht falsch interpretiert wurden, so lag doch eine höhere Ironie in der Tatsache, daß dem Phallus, von dessen Fehlen sie so besessen war, durch ihre angeblichen Feinde wieder ein zentraler Platz eingeräumt wurde.

Nicht nur Briefe – Texte jeglicher Art haben in Marie Bonapartes Leben eine äußerst wichtige Rolle gespielt. Schon als Siebenjährige füllte sie ihre Schreibhefte mit grotesken und grausamen Zaubermärchen und Gedichten in den Geheimsprachen Englisch und Deutsch, Geschichten, die von den immer wiederkehrenden Figuren ihrer Phan-

Ein Frauenberuf

tasie bevölkert waren. Diese Hefte, die sie 1926 Freud zeigte, stellten einen Wendepunkt in ihrer Analyse bei ihm dar und dienten als Basis für ihre Selbstanalyse. Sie waren nur der Beginn einer regen Schreibtätigkeit: Über die Jahre schrieb Marie Bonaparte zahllose Briefe und füllte viele Tagebuchbände – je einen für ihre Liebhaber, ihre Kinder, ihre Enkel, ihre Analyse. An einem kritischen Moment ihrer Analyse meinte Freud, sie sollte aufhören, alles niederzuschreiben. Schreiben war jedoch für sie eine Zuflucht, eine befestigte Grenze, die sie von dem dahinterliegenden Land der Probleme abschirmte. Marie Bonaparte brach ihr analytisches Tagebuch ab, aber sie schrieb weiter Artikel, Bücher, Geschichten und tausendseitige Erinnerungen. Schreiben war nach ihren Worten eine phallische Aktivität für sie, ein Akt der Befreiung von ihrem Vater, ein zugleich intimer und öffentlicher Akt.

Aber publik gemachte Vertraulichkeiten konnten auch zu einer Gefahr werden. Bonapartes Jugend war von der Drohung überschattet, ihre Briefe könnten an die falsche Adresse geraten. Der verheiratete Sekretär ihres Vaters, der Korse Antoine Leandri, hatte nämlich mit der sechzehnjährigen Marie einen Flirt begonnen und benutzte ihre Liebesbriefe, um sie zu erpressen. Für den Fall, daß sie nicht zahlen werde, und zwar auch für seine ungerechtfertigte Entlassung, drohte er, wolle er ihr für eine junge Prinzessin ungehöriges Verhalten aufdecken. Marie Bonaparte zahlte zunächst heimlich und nach ihrem einundzwanzigsten Geburtstag sozusagen «mit ihrer Nase»: Vor der im Juli 1904 anberaumten Gerichtsverhandlung (in der Leandri ihren Vater verklagen wollte) prallte sie unabsichtlich so heftig mit dem Gesicht gegen das Klavier, daß sie sich eine tiefe Schnittwunde an der Nasenwurzel zuzog. Um diese entstellende Narbe, die Erinnerung an ihre Leandri-Affäre, zu beseitigen, ließ sie sich in den Jahren danach mehrmals operieren. Aber die chirurgischen Eingriffe blieben genauso erfolglos wie die Operationen, denen sich Bonaparte wegen ihrer angeblichen Frigidität unterzog und bei denen der Abstand zwischen der Klitoris und der Vagina verringert wurde.

Während sich diese Erpressungsgeschichte wie das Libretto einer romantischen Oper liest – wie im übrigen auch andere Schicksalsschläge ihres Lebens und einige ihrer eigenen literarischen Produkte –, sollte ihr ein anderes Briefbündel zu einer seriöseren Rolle in der Geschichte der Psychoanalyse verhelfen. Im Januar 1937 erwarb Marie Bonaparte die für das Entstehen der Psychoanalyse so wichtigen Briefe Freuds an Fließ bei einem deutschen Buchhändler. Wichtiger noch: Sie dachte nicht daran, Freud die Briefe auszuhändigen und zuzusehen, wie er sie verbrannte. «Sie selbst, lieber Vater, erkennen vielleicht Ihre eigene Größe nicht. Sie sind Teil der Ideengeschichte, wie zum Beispiel Plato oder Goethe», schrieb sie ihm. «Was für ein Verlust wäre es für uns, für die Nachkommen, wenn Goethes Unterhaltungen mit Eckermann zerstört worden wären, oder Platons Dialoge aus Mitleid mit Sokrates, damit die Nachwelt nicht erfährt, daß er homosexuelle Beziehungen zu Phädrus und Alkibiades hatte!» Mit diesen Briefen, so Bonaparte weiter, würde der Geschichte der Psychoanalyse, «dieser einzigartigen und neuen Wissenschaft, Ihre Schöpfung, die sogar wichtiger ist als die Theorie der Ideen Platons», etwas verlorengehen.[1]

Bonaparte trotzte also ihrem verehrten «lieben Vater». Und ohne die gerichtlichen Verfügungen der soviel vorsichtigeren Anna Freud wäre die Freud-Fließ-Korrespondenz wahrscheinlich lange vor der von Jeffrey Masson edierten Ausgabe 1985 (deutsch: 1986) in unzensierter Form erschienen. Immerhin hatte gerade Marie Bonaparte immer dafür plädiert, daß Biographen keine Fehler verschwiegen. Und ganz bestimmt fürchtete sie sich nicht vor unterschwelligen homosexuellen Neigungen. In einem 1939 im *International Journal of Psychoanalysis* publizierten Artikel schrieb sie, daß «eine Biographie, die so lebensecht und menschlich wie möglich ist, den Ruf des Toten nicht schmälert», und fügte hinzu:

«[Es ist] unbedingt notwendig, daß nicht die liebenswertesten Charakterzüge des Subjekts, die manche freilich für die am wenigsten angenehmen halten, aus angeblichem Respekt, der jedoch nichts anderes als ein Sakrileg darstellt, entfernt werden. Sie werden gewöhnlich nur privaten Schriften, Briefen und Tagebüchern, anvertraut und sind, wenn diese in den Besitz der treuen Erben übergehen, oft der Gefahr ausgesetzt, weggelassen zu werden.»[2]

Marie Bonaparte, die passionierte Schreiberin, hatte auch keine Skrupel, im Namen der psychoanalytischen Wahrheitssuche ihre eigenen Geheimnisse preiszugeben. Wenn sie sich auch in ihren letzten Jahren zurückhaltender gab – teils aus Loyalität gegenüber Anna Freud, teils wegen der Kämpfe innerhalb der Pariser Gruppe –, so ist es doch, nicht zuletzt mit Blick auf ihre gesellschaftliche Stellung, beachtlich, daß ihr intellektueller Radikalismus einst überhaupt existierte.

Bonaparte war nicht nur von Wissensdurst und dem Streben nach Wahrheit erfüllt (wie immer man die Ergebnisse dieses Strebens auch beurteilen möchte): diesen «Energieteufel», wie Freud sie nannte, trieb auch ein ungeheurer Erlebnishunger dazu, sich vollkommen unkonventionell zu benehmen. So fand sie zum Beispiel gar nichts dabei, sich von einem Essen im Buckingham Palace direkt zu einer Vorlesung über weibliche Sexualität in der Britischen Psychoanalytischen Vereinigung zu begeben.

Sie sei «überhaupt nicht prüde», merkte Freud einmal an: «Niemand versteht sie besser als ich. Doch in meinem Privatleben bin ich eher kleinbürgerlich. [...] Ich sähe es nicht gerne, wenn einer meiner Söhne sich scheiden ließe oder eine meiner Töchter eine Liaison hätte.»³ Das «doch» spricht Bände über die beiden Persönlichkeiten, die Freud in sich vereinte, den guten viktorianischen Familienvater mit einem angemessenen, konventionellen Frauenbild und den revolutionären Erforscher des gärenden Seelendschungels. Marie Bonaparte aber ließ es nicht bei lockeren Reden bewenden. Sie wurde eine jener «exzessiven Bonapartefrauen», über die in ihrer Kindheit so viele Geschichten im Umlauf waren. Und sie unternahm alles, um sowohl ihre Ideen als auch die «wilde Phantasie» zu verwirklichen, von der Freud sagte, sie sei der Ausgleich für ihren Realismus.⁴ Sie ging sogar so weit, in allem Ernst den Inzest mit ihrem vierundzwanzigjährigen Sohn zu erwägen. Vielleicht hielt sie nur die Bemerkung Freuds davon ab, dem Vergehen könnten Schuldgefühle nachfolgen, gegen die man «ganz hilflos» sei.⁵

Marie Bonaparte wurde am 2. Juli 1882 geboren. Ihr Vater, der Offizier und passionierte Naturforscher Roland Bonaparte, war der verarmte Enkel des Bruders von Napoleon I., Lucien. Ihre Mutter Marie Blanc, die träumerische und verwöhnte Tochter eines wohlhabenden Unternehmers, litt an Tuberkulose und starb wenige Wochen nach Maries Geburt. Sie hinterließ den Bonapartes ein großes Vermögen und der kleinen Marie alle Voraussetzungen, ein unglückliches reiches Mädchen zu werden. Marie oder Mimi, wie man sie nannte, blieb der Obhut einer Reihe von Kinderfrauen und Gouvernanten überlassen, die um so schneller das Haus verließen, je mehr Mimi ihnen zugetan war. Ihr Vater war auch bei Anwesenheit abwesend, und Mimis ganze Energie war darauf gerichtet, die Liebe dieses kalten, gefühllosen Mannes zu erringen. Ihre Großmutter väterlicherseits, Prinzessin Pierre, wachte wie ein Zyklop über den Haushalt in Saint-Cloud. Diese «wahrhaft phallische Frau»⁶, die von dem Ehrgeiz erfüllt war, ihre bäuerliche Abstammung abzustreifen, war eine legendäre Jägerin und Reiterin. Sie konnte «im Stehen pissen wie ein Mann, indem sie mitten unter den Leuten einfach die Beine und Röcke spreizte».⁷ Ihr amazonenhafter Zorn richtete sich nicht selten auch gegen Mimi, die sich ebenso vor ihr fürchtete, wie sie sie wegen ihrer Nähe zum Vater beneidete. Schon als kleines Mädchen spürte Bonaparte jedoch, daß sie eher ihrer Großmutter ähnelte als den anderen Frauen ihrer Umgebung, die nur jammerten und klagten.

Mimi, die sich meistens unten bei den Dienstboten aufhielt, bekam alles zu hören, was man sich voller Neid und Haß von denen «oben» erzählte. So wurde geflüstert, Prinzessin Pierre habe zusammen mit ihrem Sohn Mimis Mutter, die *petite-maman*, ermordet, nachdem diese ein Testament zugunsten Roland Bonapartes unterzeichnet hatte. Diese finsteren Anspielungen, die meist mit Geschichten über frühere Meucheltaten der Bonapartes, nicht zuletzt Napoleons, verbunden waren, machten auf Mimi einen unauslöschlichen Eindruck. Die Vorstellung, daß sie in ein Verbrechen verwickelt und durch ihre Geburt für den Tod der Mutter verantwortlich sei, ließ sie nicht mehr los. Zugleich identifizierte sie sich mit *petite-maman*, die die Musik und Poesie geliebt hatte und wie sie selbst ein Opfer des bösartigen Bonaparte-Paares geworden war, ihres ödipalen Vaters und dessen Mutter. Was die Sache noch komplizierter machte, war, daß Mimi ihren Vater anbetete. Sie war entsetzt über seine angeblichen Untaten und fühlte sich wegen ihrer Liebe schuldig.

Als stände sie unter einem Wiederholungszwang, sollte sie die Faszination für Mörder nie mehr loslassen. So war zum Beispiel der Fall von Madame Lefebvre, die 1925 ihre schwangere Schwiegertochter umbrachte – ein inzestuöser Mord, der an die Gerüchte im Haus Bonaparte denken ließ –, Gegenstand ihrer ersten analytischen Arbeit von 1927. Als erste psychoanalytische Expertin Frankreichs trat Bonaparte im Zeugenstand zugunsten Madame Lefebvres auf, und als Siebenundsiebzigjährige setzte sie sich für Caryl Chessman ein, der ebenfalls die Todesstrafe drohte. Freud betrachtete den Schlußteil ihrer langen Studie über Edgar Allan Poe, in der sie sich mit dem Sexualmord auseinandersetzt, als das Beste, was sie je geschrieben hatte. Poe war für sie ein Spiegelbild ihrer selbst. Auch er war von einer toten Mutter besessen, die ihn verfolgte und von ihm idealisiert wurde, ohne daß sie je zum Leben erweckt werden konnte. Bonapartes Wunsch, ihre Frigidität zu heilen, war sicher in gewisser Hinsicht der Versuch, die tote Frau in ihr wieder lebendig zu machen, ein Versuch, der zum Scheitern verdammt war. Allerdings würde die wiedergeborene, ermordete Mutter vielleicht Vergeltung fordern. Da war es auf der Vaterseite doch sicherer. Die mütterliche Liebe war durch die Annehmlichkeiten des Reichtums und die geheimen Erregungen einer

Ein Frauenberuf

lüsternen Phantasie ersetzt worden. Tatsächlich wurde Bonaparte von dem Gedanken verfolgt, daß ihre größte «weibliche» Anziehungskraft der Reichtum war und die Männer nur deshalb Interesse für sie zeigten.

Bonaparte wuchs ohne Kontakt zu anderen Kindern auf, und ihr abgeschirmtes, karges Leben – das man wohl für eine passende Vorbereitung auf eine Heirat in höchsten Kreisen hielt – wurde zusätzlich durch den (unzutreffenden) Verdacht auf Tuberkulose verdüstert. Sie durfte weder laufen noch mit Freunden spielen, die potentielle Keimträger waren. Die Sorge um ihre Gesundheit hatte aber, wie sie später entdeckte, einen rein finanziellen Hintergrund: Wenn Marie sterben sollte, würde ihr Vermögen an die Blancs zurückfallen. So machte man aus ihr ein einsames, ängstliches Kind, das Trost in seiner überhitzten Phantasie suchte und unter Phobien litt. Marie Bonaparte fürchtete sich vor Knöpfen und Rotwein, sie fürchtete sich davor, zu erkranken und dann mit Medikamenten vergiftet zu werden. Sie hatte Angst vor Ansteckung, Verstopfung und Geistererscheinungen und litt unter grauenerregenden Alpträumen. Eine in ihren Träumen wiederkehrende Figur war ein fauchendes Maschinenungeheuer, das sie *Serquintué* nannte, das in ihr Schlafzimmer einbrach und sie zu töten drohte. Einem anderen Wesen ihrer Träume wuchs aus weißem Hals ein roter Finger, mit dem es in ihr zartes Fleisch einzudringen versuchte.

Marie Bonaparte flüchtete sich in Tagträume über ihre ruhmreichen Vorfahren, deren Taten sie eines Tages eigene entgegensetzen wollte. Sie las und schrieb Geschichten und beherrschte als Siebenjährige bereits drei Sprachen. Mit ihrem Wissensdurst eiferte sie ihrem Vater nach. Sie erlebte ihre glücklichsten Augenblicke, wenn sie mit ihm durch sein Fernrohr die Sterne betrachtete, zeichnen lernte oder mit Magneten und elektrischem Strom experimentierte. Aber Roland Bonaparte tat wenig, um die wissenschaftliche Neugierde seiner Tochter zu ermutigen, und die Gouvernanten waren nicht ihrer intellektuellen Leistungen wegen ins Haus geholt worden. Sie brauchte nicht mehr zu können, als von einer königlichen Erbin erwartet wurde. Dementsprechend kläglich war der ihr gebotene Unterricht, und auch als sie später darauf bestand, einen besseren zu erhalten, wurde ihr verwehrt, Prüfungen abzulegen. Aber während das Defizit an Bildung reparabel war, war es das Defizit an Liebe nicht.

Die erste Liebe der melancholischen Marie Bonaparte galt – wenn man von der Liebe zu ihrem Vater und zu ihrer hingebungsvollen, aber einfachen und abergläubischen Kinderfrau Mimau absieht – dem Theater. Als Vierzehnjährige führte man sie in *König Ödipus* und *Hamlet*, beide von dem großen Tragöden Mounet-Sully dargestellt. Der Schauspieler faszinierte sie ebenso wie die beiden Stücke, die soviel mit ihrem Leben zu tun hatten.

Im Sommer 1898 eroberte der Sekretär ihres Vaters, Leandri, ihr Herz. Auf einer Familienreise in die Schweiz hatte er der leicht zu beeindruckenden Marie Bonaparte heimlich den Hof gemacht. Es brauchte nicht viel. Ein Streicheln hier, ein Kuß da, und immer wieder Schmeicheleien, und schon war sie für ihn entflammt. Durch Leandri wurde sie sich ihrer Weiblichkeit bewußt. Er öffnete ihr die Augen darüber, wie häßlich ihre Großmutter sie anzog, und ermunterte sie, sich zu wehren und ihre Interessen gegenüber der alten Amazone zu verteidigen. Marie begann sich aufzulehnen, Forderungen zu stellen und ihre Willenskraft zu beweisen. In einigen Punkten konnte sie sich auch durchsetzen: Sie bekam modische Kleidung und durfte das Grab ihrer Mutter besuchen, und sie schrieb Leandri jene Briefe, die er sich so glühend von ihr wünschte.

Roland Bonaparte, den eine bei ihm selten enge Freundschaft mit seinem Sekretär verband, begriff nur langsam, was über Marie und Leandri getuschelt wurde und daß sich sein Sekretär nicht nur in das Leben seiner Tochter mischte, sondern auch Verrat an ihm beging. Leandri hatte nämlich Marie dazu gebracht, zur Messe in einer Kirche zu gehen, die von den Radziwills besucht wurde, einer Familie, mit der sie durch ihre Tante mütterlicherseits verwandt war und mit der Roland Bonaparte vor langer Zeit gebrochen hatte. Und er hatte danach ein Treffen zwischen Marie Bonaparte und den Radziwills arrangiert.

Prinz Roland beurlaubte Leandri auf unbestimmte Zeit. Marie Bonaparte tat alles, um ihren Vater zum Umdenken zu bewegen, und schrieb Leandri leidenschaftliche Briefe. Leandri machte sich jedoch eines weiteren Verrats schuldig: Er versprach einem Freier Maries, seine Werbung gegen Geld zu unterstützen, woraufhin er von Roland Bonaparte fristlos entlassen wurde. Und nun begann das Ehepaar Leandri, Marie zu erpressen. Sie drohten ihr mit rechtlichen Schritten gegen ihren Vater für den Fall, daß sie sich weigerte, ihnen ein regelmäßiges Gehalt und später eine größere Summe zu zahlen. Sie würden behaupten, ihr Vater habe Leandri nur entlassen, um Maries erotische Abenteuer zu vertuschen, und Maries Briefe würden als Beweise dienen.

Marie Bonaparte erkannte nun endlich, daß Leandri und seine Frau sie benützt hatten, und verfiel in eine Depression, die zu so heftigen körperlichen Symptomen führte, daß Prinzessin Pierre ihre «hysterische» Enkelin einem Assistenten von Charcot vorführte. Marie Bonaparte war einerseits von der Furcht erfüllt, sie könnte vor ihrem einundzwanzigsten Geburtstag sterben – dem Stichtag für die Auszahlung der Erbschaft und der letzten Zahlung an die Erpresser –, und träumte andererseits davon, Ärztin zu werden, ein Wunsch, den ihr der Vater nie erfüllen würde.

Ähnlich wie Anna von Lieben zeigte Marie Bonaparte in einigen Punkten die klassischen Symptome einer Hysterikerin aus den besten Kreisen. Zu intelligent und willensstark, um sich passiv in die restriktive weibliche Rolle zu fügen, die ihrer Zeit und ihrer sozialen Stellung entsprach, drückte sich ihr Widerspruch in Krankheiten und Ängsten aus. Später fand sie in dem Begriff der Bisexualität – die Vorstellung von dem in einem weiblichen Körper gefangenen männlichen Verstand – die Erklärung für einen Zustand, der vielfach als Ausgangspunkt einer feministischen Denkweise bezeichnet wurde. Und das vom Vater verbotene Medizinstudium wurde für sie zum Sinnbild einer nicht errungenen Freiheit.

Bonapartes Respekt vor der Medizin hielt bis zu ihrem Tod an und bestimmte auch ihr Verhältnis zur Psychoanalyse, die immerhin von einem Arzt erfunden worden war. Tatsächlich schreibt Bonaparte in ihren theoretischen Abhandlungen oftmals den anatomischen Fakten eine größere Bedeutung zu als den psychischen. In ihren letzten Arbeiten ist der Biologismus nicht zu übersehen. Ohne je eine medizinische Ausbildung genossen zu haben, hatte sie sich beachtliche Kenntnisse angeeignet. Obgleich sie sich für die Laienanalyse einsetzte, war sie, wie Heinz Hartmann es ausdrückte, «ein besserer Arzt als die Mehrzahl der Ärzte. [...] Sie war von uns die einzige, die wirklich etwas von Medizin verstand. [...] Sie nahm die Medizin ernster als die meisten Analytiker»[8]. So ernst, könnte man hinzufügen, daß die größte und längste Liebe ihres Lebens einem Arzt galt. So ernst auch, daß sie sich regelmäßig unter das Messer des Chirurgen begab – eine Form der Penetration, die die tote Frau in ihr nicht zu erwecken drohte und die außerdem durch die Narkose schmerzlos vor sich ging.

Als Vierzehnjährige erfuhr Marie Bonaparte von ihrer neuen deutschen Gouvernante, daß der Mann beim Geschlechtsverkehr nicht etwa auf der Frau urinierte, sondern in sie eindrang. Eine Vorstellung, die sie mit Schrecken erfüllte. Kein Wunder, daß *petite-maman* gestorben war. Obgleich sie nach und nach das Gesetz der Natur akzeptierte, «dem ich mich zu beugen haben würde», nahm sie die

Unterwerfung nicht ohne gemischte Gefühle hin. Das Eindringen des Penis sollte ihr nie Befriedigung verschaffen: Die in der Kindheit entstandene sadistische Vorstellung vom Geschlechtsverkehr hatte ihre Spuren hinterlassen. Dazu kam noch das Gefühl, daß man sie ungerecht behandelt hatte und daß sie als Junge ihre Interessen ungehindert hätte verfolgen können. Das Los der Frauen war an allen Fronten erbärmlich. Auch als sie am Ende ihres langen und erfüllten Lebens angekommen war, dachte sie nicht anders: «In einer Zivilisation, die von Männern geschaffen worden ist, haben Frauen nicht den Platz, die Freiheit und das Glück, das ihnen zusteht; ich fühle mich unterdrückt.»[9]

Mit dreiundzwanzig hatte sich Bonaparte so weit von dem Trauma der Erpressung und seinen Folgen erholt, daß sie wieder am gesellschaftlichen Leben teilnehmen konnte. Ihr Vater hatte die Leandris ausbezahlt, kurz bevor der Fall vor den Richter kam, und sich erneut nach einem passenden Ehemann für Marie umgesehen. Nachdem ihr einige tattrige ältere Herren präsentiert worden waren, reiste Prinz Georg von Dänemark an, der Sohn König Georgs von Griechenland. Obwohl er in der Thronfolge nicht an erster Stelle stand, war er doch ein passabler Kandidat, eine sogenannte gute Partie. Und im Gegensatz zu den anderen Bewerbern schien Georg alle Attribute eines Märchenprinzen zu besitzen, ein Wikinger, groß, blond und freundlich. Allerdings interessierte er sich nicht für Literatur, die sie so sehr liebte, und – wie sich bald herausstellte – auch nicht für sie als Frau. Während seiner Besuche in der Verlobungszeit erzählte er ihr weitschweifig von seinem Leben, und sie kämpfte – nicht etwa gegen unziemliche Zärtlichkeiten seinerseits, sondern gegen die Gefahr einzuschlafen. Resignierend stimmte sie der Heirat zu, ohne die Hoffnung auf Liebe aufzugeben. Richtig Spaß aber machten ihr nur die Vorbereitungen auf die Hochzeit, und ihre Extravaganz beim Einkauf ihrer Ausstattung machte in den Pariser Zeitungen Schlagzeilen. Ebenso die zivile Trauung, die der religiösen Zeremonie in Athen vorausging. Auch Proust beschreibt die Hochzeit in seiner *Suche nach der verlorenen Zeit*.

Prinz Georgs Leidenschaft galt seinem Onkel Waldemar. Dieser war zehn Jahre älter als er und sein lebenslanger intimer Freund. In einem ihrer Notizbücher mit dem Titel *Le vieux compagnon* beschreibt Bonaparte ihre Hochzeitsnacht. Georg hatte erst Waldemar besucht, bevor er zu ihr kam: «Du brauchtest die Wärme seiner Stimme und seiner Hand und seine Genehmigung um den Mut aufzubringen, zu der Jungfrau zu gehen. Du nahmst mich an jenem Abend, kurz und brutal, als ob Du Dich selbst dazu zwingen müßtest, und dann hast Du Dich entschuldigt: ‹Ich hasse das so sehr wie Du. Aber es muß eben sein, wenn man Kinder haben will.›»[10]

Diese Einführung in die Liebeskunst war kaum geeignet, Marie Bonaparte mit ihrer Weiblichkeit zu versöhnen, ebensowenig wie eine äußerst geringschätzige Bemerkung ihres Vaters: «Wenn ich Sie in einem Bordell träfe, würde ich Sie sicher nicht wählen»,[11] hatte er einige Jahre vor ihrer Hochzeit bekundet. Die latente – wenn auch nicht nachweislich ausgelebte – Homosexualität dieser beiden Männer war jedenfalls nicht dazu angetan, Bonapartes Angst vor dem Gebären zu mildern. Das Schicksal ihrer Mutter vor Augen, erwartete sie in Todesangst die Geburt ihrer beiden Kinder Peter und Eugénie, die am 3. Dezember 1908 und am 10. Februar 1910 auf die Welt kamen und sie, als sie erst einmal da waren, sehr glücklich machten. Trotzdem fühlte sich Marie Bonaparte unausgefüllt. Von ihrem Mann auf königlichen Anstand verpflichtet, verfügte sie über viel Zeit und ungenutzte Energie. Aber sie dachte nicht daran, die «Unterdrückung durch die Ehe», diese «universelle, so unabwendbare Krankheit», zu akzeptieren.[12] Nachdem sie eine Zeitlang die Pariser Salons besucht hatte, führte sie bald einen eigenen. Durch einen guten Bekannten, den Arzt und Soziologen Gustave Le Bon, der die *Psychologie der Massen* geschrieben hatte, lernte sie *le tout Paris* kennen, Intellektuelle, Schriftsteller und Politiker, und lud sie in ihren Salon ein. Le Bon war es auch, der sie als erster auf Freuds Schriften hinwies.

Athen war bei weitem nicht so anregend wie Paris. Marie Bonaparte flüchtete sich vor der Langeweile in die Arme von Liebhabern und entwickelte sich im Krieg zu einer Art Volksheldin, die Lazarettschiffe organisierte und finanzierte, auf denen sie sogar als Krankenschwester Dienst tat. Ihre sexuellen Abenteuer dienten jedoch nur dazu, ihr das Problem ihres Sexuallebens noch bewußter zu machen. Selbst die beiden großen Lieben ihres Lebens konnten dieses Problem nicht lösen. In ihren *Notes diverses* schreibt sie:

«Nach einigen vergeblichen und unglücklichen Liebesversuchen hatte ich zwei große Leidenschaften. Von meinem dreißigsten bis zu meinem fünfzigsten Lebensjahr haben mich zwei Männer begleitet. Der erste hätte seines Alters und seiner Autorität wegen mein Vater sein können. Niemand hat mich je so geliebt wie er. Der zweite war ein großer Bruder, und er ist es, den ich am meisten und am längsten geliebt habe.»[13]

Aristide Briand, der 1916 ihr Liebhaber wurde, nachdem er sie zwei

Jahre lang heftig umworben hatte, war vor ihrer Zeit viermal Ministerpräsident gewesen, wurde es zum fünftenmal während ihrer Liaison und weitere sechs Male, bevor er 1932 starb. Briand war ein ausgezeichneter Redner, ein ausgesprochen populärer Politiker und ein leidenschaftlicher Sozialist, und er konnte während seiner langen politischen Karriere zahlreiche liberale Maßnahmen durchsetzen. Marie Bonaparte sollte sich seine politischen Ideen zu eigen machen. Das Buch, das sie unmittelbar nach dem Ersten Weltkrieg schrieb, *Guerres militaires et guerres sociales*, macht deutlich, daß sie mit dem französischen Sozialismus ebenso vertraut war wie mit Lenin und Trotzki. Die Liebesaffäre mit Briand beruhte wohl hauptsächlich auf einer gegenseitigen intellektuellen Faszination, die ihren Höhepunkt erreichte, noch ehe es zur körperlichen Vereinigung gekommen war. Sie endete, als Bonaparte im Mai 1919 entdeckte, daß Briand seit einem Jahr eine andere Frau liebte. Dennoch blieben sie Freunde. Durch Briand hatte sie zwar neues Selbstvertrauen gewonnen und wußte, daß sie begehrenswert war, aber das alte Gefühl, sexuell zu versagen, war ihr geblieben. In ihrem während ihrer Analyse geführten Tagebuch notierte sie, Freud über Briand gesagt zu haben: «Für seine Leidenschaft war ich zu frigide, in jeder Hinsicht», worauf Freud offenbar entgegnete: «Und er hatte nicht unrecht.»[14]

Ihre Frigidität machte ihr weiter zu schaffen. Auch die zweite große Liebe ihres Lebens, ein Arzt, der in ihren Tagebüchern nur «der Freund» heißt und dem sie bis zu seinem Tod 1945 verbunden war, konnte sie nicht davon befreien. Daß «der Freund» ihr gleich am Anfang mitteilte, er gedenke weiter mit seiner Frau zu schlafen, da diese ihm die Lust verschaffe, die ihm die frigide Marie nicht geben könne, tat ihrer Liebe keinen Abbruch. Wahrscheinlich stimulierten sie seine kleinen Grausamkeiten. Die turbulente Affäre erreichte Ende 1923 ihren Höhepunkt zu einer Zeit, als Marie Bonapartes Vater im Sterben lag. Nun, da er hilflos war, schenkte ihr Roland Bonaparte endlich die Aufmerksamkeit, nach der sie sich einst so gesehnt hatte. Sie verließ ihn nur, um sich mit ihrem Liebhaber im Garten zu treffen, wo sie sich unter den Sternen liebten. Diese neue Liebe war eine Vergeltung für die Mängel der alten. Und ihre leicht sadistischen Züge besänftigten ein wenig das schlechte Gewissen Bonapartes, wenn sie den Sterbenden verließ.

Hier, am Bett des Vaters, las sie Freuds *Vorlesungen zur Einführung in die Psychoanalyse*. Und hier hörte sie zum erstenmal das, was sie *l'appel du père* nannte, den Ruf ihres zweiten Vaters Freud. Marie

Ein Frauenberuf

Bonapartes Leben mit der Psychoanalyse begann mit Prinz Rolands Tod.

Bonaparte hatte zu diesem Zeitpunkt bereits Dr. René Laforgue kennengelernt, eine der drei Schlüsselfiguren der französischen Psychoanalyse. Er hatte eine Assistentenstelle und eine psychoanalytische Ambulanz an der psychiatrischen Klinik Sainte-Anne. Sie sahen sich regelmäßig, wobei die Treffen weniger den Charakter einer psychoanalytischen Sitzung hatten als einfache Gespräche waren. Bonaparte, die sich unablässig mit ihrer Frigidität beschäftigte, hatte schon 1923, während der Krankheit ihres Vaters, mit Recherchen über die weibliche Sexualität begonnen. Dabei führte sie mit etwa zweihundert Frauen Gespräche über deren Sexualleben und brachte die Ergebnisse mit der (von ihr jeweils ausgemessenen) Entfernung zwischen Klitoris und Vagina in Zusammenhang – eine exzentrische Vorstellung, die für viel Heiterkeit sorgte. Als eine echte Bonaparte ließ sie sich jedoch von der Meinung anderer nicht beirren und führte ihre Untersuchungen mit wissenschaftlicher Präzision durch. Allerdings zeichnete sie den Artikel mit den Resultaten ihrer Recherchen, der als «Considérations sur les causes anatomiques de la frigidité chez la femme» einen Monat nach dem Tod des Vaters im April 1924 in einer medizinischen Fachzeitschrift erschien, nicht mit ihrem Namen, sondern mit A. E. Narjani. Sie hatte den Artikel mit statistischen Tabellen und anatomischen Zeichnungen ergänzt und gab als Quellen nicht nur Freud an, dem sie unter anderem heftig widersprach, sondern auch Alfred Adler, Wilhelm Stekel und Richard Krafft-Ebing. Schon damals war sie eine unersättliche Leserin von psychoanalytischer und sexologischer Literatur.

In den «Considérations» unterscheidet Bonaparte zunächst zwischen zwei Arten von weiblicher Frigidität, zwischen den Frauen, die überhaupt keine oder nur sehr geringe sexuelle Bedürfnisse haben und somit in libidinöser Hinsicht frigide sind, und denen, die «heftig begehren», jedoch keine vaginale Lust verspüren. Bonaparte interessiert sich besonders für diese zweite Kategorie und arbeitet auch hier zwei verschiedene Typen heraus. So gibt es die psychisch begründete Frigidität bei Frauen, die sich vor ihrem Partner ekeln oder, was schlimmer ist, unter einer allgemeinen sexuellen Anästhesie leiden. Sie könnten durch die Psychotherapie vielleicht geheilt werden. Die andere Gruppe sind jene Frauen, deren vaginale Frigidität anatomisch bedingt ist: durch einen zu großen Abstand zwischen Klitoris und Vagina. Ihre Recherchen hatten gezeigt, daß diese Kondition meist auf sehr große Frauen wie sie selbst zutraf, und die einzige Möglichkeit, sie zu heilen, war ein chirurgischer Eingriff noch in der Kindheit. Man spürt, daß sie selbst gemeint ist, wenn sie schreibt:

«Es gibt zahlreiche Frauen, die wir zu unrecht als sexuell unempfindliche Wesen qualifizieren. Diese Frauen bleiben, obwohl sie voller Leidenschaft und Verlangen nach der Liebe des Mannes sind und bei gewissen zärtlichen Berührungen höchste Lust empfinden, während des Koitus vollkommen unempfindlich, wie sehr sie auch ihren Gatten oder Liebhaber lieben. Sie schieben zu Beginn ihres genitalen Lebens die Schuld für diese Schwäche ihren Partnern zu und werfen ihnen vor, zu schnell zu sein und nicht ‹zu wissen, wie man es macht›. Diese Frauen können ihre Geliebten häufig wechseln und sogar solchen begegnen, bei denen der Akt länger als eine Stunde dauert, ohne daß aber ihre Unempfindlichkeit in der Umarmung weicht. Sie begreifen schließlich, daß das Übel in ihnen liegen muß, trösten sich mit der Vorstellung, daß es wahrscheinlich allen Frauen so geht wie ihnen und daß es nur in Romanen vorkommt, daß Geliebte und Geliebter den gleichen Genuß erleben. Weil sie über den Genuß, den sie ihren Männern geben, so glücklich sind, stoßen sie die Männer nicht zurück und begnügen sich mit den Zärtlichkeiten ihres Geliebten vorher oder nachher. Aber wenn sie zufälligerweise einen Egoisten lieben, den es stört, auf sie Rücksicht zu nehmen, wird ihre Situation dramatisch. Sie sind entweder dazu verdammt, in ihrer Sinnlichkeit chronisch enttäuscht zu werden, was viele nervöse Störungen verursacht, oder sie sind gezwungen, sich mit Onanieren zu begnügen, was psychisch immer unbefriedigender ist, oder sie müssen sich einen rücksichtsvolleren Liebhaber suchen.

Selbst wenn dieser gefunden ist und seine Zärtlichkeiten ‹vor, nach oder während› zum Orgasmus führen, werden diese Frauen nie ganz befriedigt sein. Denn die Natur gibt sich bei der Liebe nicht mit diesem Ersatz der *voluptas* zufrieden. Und obgleich diese Frauen sich manchmal einreden, daß sie vollkommen glücklich sind, sind sie es nicht: Bei allen liebevollen Zärtlichkeiten bleiben sie körperlich ewig unbefriedigt.»[15]

Bei der Darlegung ihres Falles versetzt Marie Bonaparte Freud einen Seitenhieb für seine Behauptung, etwas stimme nicht und es sei wahrscheinlich exzessiver infantiler Masturbation zuzuschreiben, wenn die Klitoris ihre Empfindlichkeit über das angemessene Datum hinaus bewahre, das heißt über die Zeit hinaus, in der das kleine Mädchen angeblich zur Frau wird und die klitorale Empfindlichkeit der

Ein Frauenberuf

vaginalen weicht. Man müsse zu jeder Zeit von einer «normalen Empfindlichkeit» sprechen, hielt Bonaparte Freud entgegen:

«Die Klitoris ist für alle Frauen das zentrale Organ der sexuellen Lustgefühle, und das trotz der diffusen Empfindlichkeit der Vagina, der es niemals gelingen wird, die Klitoris zu ersetzen. Weil die Klitoris dem Penis entspricht [...], kann die normale Frau ohne sie ebensowenig lustvolle Kontakte erleben wie der Mann ohne seinen Penis.»[16]

Weder die psychotherapeutischen Interventionen Freuds, den sie trotz ihrer Kritik aufsuchte, noch die chirurgischen Eingriffe des Wiener Arztes Halban, für dessen Klitorisoperationen sie die Werbetrommel rührte, sollten Marie Bonaparte von ihrer Fixierung befreien.

Der Tod ihres Vaters traf sie zutiefst, und ihre Verzweiflung drückte sich auch durch somatische Störungen aus. Sie begab sich mehrmals unters Messer. In dem Jahr, bevor sie sich an Freud wandte, ließ sie sich eine Zyste an einem Eierstock entfernen, ließ zum drittenmal die Narbe auf ihrer Nase behandeln und begab sich wegen ihrer Brüste in die plastische Chirurgie. In der zur selben Zeit verfaßten Kriminalgeschichte *Les glauques aventures de Flyda des mers* ertränkte sich die Heldin – ein unverkennbares Abbild ihrer selbst – aus Verzweiflung über ihr Leben.

So kam es, daß René Laforgue nach einem Abendessen mit Otto Rank in Marie Bonapartes Haus ihretwegen an Freud schrieb:

«Ich weiß nicht, ob Rank Ihnen erzählt hat, daß wir einen Abend im Haus von Prinzessin Georg von Griechenland verbracht haben. Die betreffende Dame leidet unter einer ziemlich ausgeprägten Zwangsneurose, die zwar nicht ihre Intelligenz beeinträchtigt, aber das allgemeine Gleichgewicht ihrer Psyche etwas gestört hat.

Die Dame hat die Absicht, Sie in Wien zu besuchen, und sie bittet mich, Sie zu fragen, ob Sie zu einer psychoanalytischen Behandlung bereit wären.»[17]

Freud antwortete ohne großen Enthusiasmus. Er würde sie auch als Prinzessin nur nehmen, wenn Laforgue ihm den Ernst ihrer Absichten und ihren persönlichen Wert garantieren könne, wenn sie Deutsch oder Englisch spräche und genau dieselben Verpflichtungen akzeptiere wie alle anderen Patienten. Laforgue beteuerte ihre Seriosität, meinte, sie sei so sehr auf eine kurze zweimonatige Analyse bedacht, daß sie zwei Stunden täglich haben wolle und sich sicherlich den allgemeinen Bedingungen fügen und gegebenenfalls zu einer weiteren zweimonatigen Behandlung wiederkommen würde. Die Schwierigkeiten lägen nicht hier, sondern darin, daß die Prinzessin intellektuell äußerst anspruchsvoll sei. Laforgue erklärte auch, daß es der Prinzessin nicht so sehr um eine «Kur» gehe als um eine didaktische Analyse. «Meiner Meinung nach hat sie einen ausgeprägten Männlichkeitskomplex und zugleich zahlreiche Schwierigkeiten mit dem Leben, so daß in jedem Fall eine Analyse angesagt wäre.»[18]

Auch dieser Brief vermochte Freud nicht weiter zu beeindrucken. Am 16. Juni 1925 schrieb er zurück, er könne nichts für die Prinzessin tun. Angesichts seiner wenigen Arbeitsstunden könne er seine Zeit nicht mit einer Analyse ohne ein seriöses Ziel vergeuden. «Da ich nur sehr wenige Fälle behandle, kommt eine Analyse von sechs bis acht Wochen, für die ich eine andere aufgeben müßte und die sich über eine Saison erstreckt, nicht in Frage.» Aus denselben Gründen könne er auch nicht zwei Stunden täglich ein und demselben Fall widmen.[19]

Als sich Marie Bonaparte jedoch direkt an Freud wandte, änderte er unvermutet seine Meinung und schrieb ihr, er erwarte sie am Nachmittag des 30. September. Damit waren alle Voraussetzungen für eine historische Begegnung geschaffen, durch die der Psychoanalyse in Frankreich eine potente Vorkämpferin erwachsen sollte. Bonaparte war nicht nur selber eine starke Persönlichkeit, die durch die Zuwendung dieses neuen liebevollen Vaters eine zusätzliche Stärkung erfuhr, sie besaß auch das sichere Auftreten jener, die einer alteingesessenen aristokratischen und intellektuellen Elite angehören. Mit ihr gewann die «jüdische Wissenschaft» in Frankreich eine Verteidigerin gegen alle jene, die sie wie Edouard Pichon verfälschen und ihr einen chauvinistischen Anstrich geben wollten. Bonaparte sollte von nun an ihr ganzes napoleonisches Talent zur Errichtung eines Reiches der Psychoanalyse einsetzen. Um dieses Ziel zu erreichen, mußte sie anfangs den heftigen Widerstand ihres Mannes, ihres Liebhabers und ihrer Kinder überwinden und hinnehmen, daß die konservativen Kreise, denen auch sie angehörte, sie belächelten.

Bonapartes Engagement war auch finanzieller Natur. Wiederholt rettete sie Freuds psychoanalytischen Verlag vor dem Untergang; sie übernahm viele Übersetzungen, finanzierte die *Revue française de psychanalyse* und schuf die Voraussetzungen für die Gründung der Pariser Vereinigung, der Société Psychanalytique de Paris. Zugleich war sie eine loyale und äußerst großzügige Freundin und überschüttete Freud und seine Familie, die zu der ihren wurde, mit Geschenken: Von ihr stammten einer seiner geliebten Chow-Chows und zahlreiche antike Figürchen, aber auch jene Urne, die einmal seine Asche aufnehmen sollte. Und schließlich war sie es, die den Natio-

Ein Frauenberuf

nalsozialisten das Geld zahlte, das den Freuds die Emigration ermöglichte.

Freud war offensichtlich von ihr genauso bezaubert wie sie von ihm. So nannte er sie gerne seine «Prinzessin» – ein Kosename, der während ihrer Verlobung Martha Freud gehört hatte. Schon nach knapp einem Monat schrieb er Eitington, seine «liebe Prinzessin» sei «ein ganz hervorragendes, mehr als nur zur Hälfte männliches Frauenzimmer»[20]. Laforgue wurde mitgeteilt: «Die Prinzessin macht eine sehr schöne Analyse und ist, denke ich, sehr zufrieden mit ihrem Aufenthalt. Ich freue mich nun, daß ich Ihrem Wunsche und dem Eindruck, den ihr Brief auf mich gemacht hat, nachgegeben habe.»[21] Die auf deutsch oder englisch geführte Analyse dauerte im ersten Jahr mit kurzen Unterbrechungen über sechs Monate und wurde bis zu Freuds Tod alljährlich für ein, zwei Monate wiederaufgenommen. Sehr schnell entwickelte sich zwischen dem Analytiker und seiner Analysandin eine freundschaftliche Beziehung: Marie Bonaparte und ihre Tochter wurden beide von Freud mit einem Ring bedacht. Wie erfolgreich die Analyse war, ist wie immer schwer zu beantworten. Sicher erfüllte die Begegnung mit Freud und der Psychoanalyse Bonapartes Leben mit einem neuen Sinn und setzte in ihr Kräfte frei, die bis dahin ungenützt in ihr geschlummert oder sich gegen sie gewendet hatten. In ihrem unveröffentlichten *Journal d'analyse* trug sie ein, daß sie am 28. Oktober 1925 die Analyse bei Freud begonnen habe, um mit seiner Hilfe «Penis und Orgasmusfähigkeit» zu erhalten.[22] Während sie, wie es scheint, das letztere nicht bekommen sollte, schaffte die Analyse es offensichtlich, die phallische Frau in ihr zu befreien, so daß Marie Bonaparte nun endlich der intellektuellen Bonaparte, die eine so bedeutende Rolle auf der psychoanalytischen Bühne spielen sollte, freien Lauf lassen konnte.

«Der Eindruck, den er auf mich machte», schreibt sie Laforgue über Freud nach ihrer ersten Sitzung, «übertraf alle meine Erwartungen. Vor allem hat mich die warme, liebevolle Stärke seiner Persönlichkeit berührt. Man spürt, wie er mit der ganzen Menschheit mitschwingt, die er zu verstehen weiß und der man selbst als winziges Teilchen angehört.»[23] Einige Wochen später teilt sie Laforgue mit, die Analyse sei für sie das Spannendste, was sie je gemacht habe. Freud analysierte sie, unterhielt sich dabei auch zwanglos mit ihr und beantwortete ihre neugierigen persönlichen Fragen mit ungewohnter Offenheit – die uns vielleicht nur deshalb ungewohnt scheint, weil andere Analysanden nicht wie Bonaparte alles Gehörte aufschrieben. Die Offenheit ging im übrigen nur bis zu einem gewissen Punkt. Bei der alten Frage nach seinem Sexualleben hüllte sich Freud in Schweigen. Auf Bonapartes neckische Bemerkung, er müsse «sexuell überdurchschnittlich sein», antwortete er nur: «Davon werden Sie nichts erfahren.» Und fügte dann mit der Ironie eines alten Mannes hinzu: «Vielleicht nicht so sehr!»[24] Peter Swales zufolge erzählte er Bonaparte, daß er bei seiner Hochzeit nicht mehr unerfahren gewesen sei. Als sie jedoch wissen wollte, ob er seit der Hochzeit andere Beziehungen mit Frauen gehabt habe, verweigerte er jede Antwort. Marie Bonaparte verdanken wir auch die von seiner goldenen Hochzeit stammende Bemerkung, daß zwar die Leidenschaft für Martha nur noch eine schwache Erinnerung sei, seine Ehe jedoch andererseits «keine üble Lösung des Eheproblems» darstelle.[25]

Die Analyse bescherte Marie Bonaparte verblüffende Enthüllungen. Im ersten Monat erzählte sie Freud einen Traum, der die Fixpunkte ihres Kindheitsuniversums erschütterte. Sie saß in einem kleinen Bett im Bois de Boulogne und sah einem Paar in einem großen Bett beim Liebesakt zu. Freud bot augenblicklich die Deutung an, daß sie tatsächlich als kleines Kind einem Paar zugesehen habe, das sich am hellichten Tag in einem großen Bett geliebt habe. Bonaparte widersprach, sie habe ja keine Mutter gehabt. Freud meinte, die Kinderfrau könne in dieser Urszene die Stelle der Mutter eingenommen haben. Während sie auch diese Deutung ablehnte, fiel ihr plötzlich folgende Deckerinnerung ein: Sie sitzt auf einem kleinen Stuhl im Zimmer ihrer Amme. Diese steht vor einem Spiegel über dem Kamin, in dem ein Feuer brennt, und schmiert sich Pomade ins Haar. Ihr Gesicht ist ungewöhnlich gelb und erinnert an ein Pferd, und Bonaparte empfindet bei ihrem Anblick Ekel.[26]

Mit der ihm eigenen klinischen Intuition ordnete Freud wie ein Puzzleleger die Elemente des Traumes: Das ungewöhnliche Pferdegesicht wies auf einen Mann hin, der mit Pferden beschäftigt war, das Feuer stand für sexuelle Beziehungen, der rußige Kamin für das kloakenhafte Innere des weiblichen Körpers und so weiter. Schlußfolgerung: Marie Bonaparte habe den Koitus ihrer Kinderfrau mit dem Stallknecht beobachtet, und diese Szene habe ihr die erste Vorstellung vom Geschlechtsunterschied geliefert. Bonaparte, die sich gegen diese Deutung wehrte, machte sich während ihres Weihnachtsurlaubs in Frankreich auf die Suche nach dem ehemaligen Stallknecht der Familie, einem Korsen, um den Wahrheitsgehalt der Träume, der Erinnerung und des damals Gehörten zu überprüfen. Der zweiundachtzigjährige Pascal wollte zwar nichts von irgendwelchen sexuellen Fehltritten wissen, aber je mehr er redete, desto besser paßten die Einzelheiten seiner Rechtfertigung zu dem, was Freud vermutet hatte. Als Bonaparte nach Wien zurückkehrte, brachte sie Freud ihre Schreibhefte aus der Kindheit mit. Sie hatte die staubigen Hefte kurz nach dem Tod ihres Vaters gefunden. Daß sie sich nicht erinnern konnte, diese seltsamen Geschichten geschrieben zu haben – eine ihr unverständliche Gedächtnislücke –, war einer der Gründe gewesen, warum sie Freud aufgesucht hatte. Freuds Kommentare zu diesen grotesken Geschichten, besonders seine Behauptung, daß sie unter den verschiedenen Positionen des Geschlechtsaktes auch eine Fellatio beobachtet haben mußte, brachten Bonaparte dazu, den betagten Pascal ein zweites Mal zu besuchen. Diesmal gestand er, mit der Kinderfrau geschlafen zu haben, auch im Beisein der kleinen Mimi, als diese im Alter zwischen sechs Monaten und dreieinhalb Jahren war; er bekannte sich auch dazu, ihr etwas verabreicht zu haben, damit sie schlief, während die Kinderfrau sich mit ihm beschäftigte.

Damit hatte Bonaparte ihren Beweis für den wissenschaftlichen Wert der Analyse.

Die Hefte, die als *Cinq cahiers* erst nach Freuds Tod, jedoch mit seiner Billigung veröffentlicht wurden, stellen ein bemerkenswertes Dokument der Entstehungsgeschichte einer Analyse dar. Sie enthalten die Geschichten, in denen Marie Bonaparte in ihrer Kindheit ihre früheren Erinnerungen erzählerisch verarbeitete. Und die für die Veröffentlichung hinzugefügten Kommentare, die auch Freuds Interpretationen einbeziehen, geben ein Bild davon, über welche Umwege verdrängte Erinnerungen ausgegraben und übersetzt werden. Mimis voyeuristische Erfahrungen des Geschlechtsverkehrs in verschiedenen Variationen; ihre doppelte ödipale Last von Stallknecht und Amme, Vater und Großmutter, ihre tote Mutter, ihr lückenhaftes Verständnis von häuslichen Intrigen – all das war von Marie Bonaparte damals in Ängste und Wünsche, Masturbation und Schuldgefühle umgesetzt worden – und in die grotesken Fabeln, die sie in ihren Geheimsprachen Englisch und Deutsch niedergeschrieben hatte. Die Analyse ließ das Entsetzen und die Sehnsüchte des einsamen ängstlichen Kindes, das sie gewesen war, wieder lebendig werden und erklärte, warum ihr Leben später so und nicht anders verlaufen war.

Der Serquintué, das einäugige, fauchende Maschinenungeheuer, das die kleine Mimi so erschreckt hatte, entpuppte sich in der Analyse als der männliche Koitierende, der die kleine «Voyeuse» zur Strafe für die Sünde des Zuschauens töten wollte. Seines Schreckens beraubt, ließ sich auch sein Name zerlegen: in *cercueil* (Sarg) und *tué* (getötet).

«Die Eisenbahn, in deren Gestalt der Serquintué erschien, fauchte und keuchte wie ein Mann beim Geschlechtsverkehr, den ich so oft beobachtet hatte. [...] Auch ein Zug braust heran wie ein wütender Stier; wehe, wenn man unter ihm zu Fall kommt, er fährt über einen hinweg und man wird zerquetscht – wie ein Mann eine Frau in einem normalen Koitus zerquetscht; daher war meine Mutter gestorben – weil sie unter einem Mann gelegen hatte; für mich hatte sich die infantile und sadistische Vorstellung vom Koitus wortwörtlich bewahrheitet.

Deshalb war der Zug – Bulle und Voyeur zugleich – ein Mörder; wenn er zugleich auch ein Leichenwagen war, der Leichenwagen mit der Leiche meiner Mutter, so deshalb, weil das meinem Bild der ‹vereinigten Eltern› entsprach; auf der einen Seite der mordende Mann, der sich in einem sadistischen Geschlechtsakt auf die Frau stürzt, auf der anderen Seite die attackierte und geschlachtete Frau in ihrem Sarg, von wo sie zurückkam, um mich meinerseits umzubringen – mich, das Kind, das dem Mann geholfen hatte, sie zu töten, da sie durch meine Geburt gestorben war. Und der Sarg mit der ermordeten Frau brachte wiederum das kleine lasterhafte Mädchen um, das sich mit dem Gefühl der Befriedigung den fatalen Geschlechtsakt angesehen hatte.»[27]

Mimi, die arme Tintenleiche mit immer schwarzen Fingern, war wie ihre Mutter Blanc im Tode «ganz schwarz» und dazu prädestiniert, ein Opfer der Männer zu werden, aber auch eine Schriftstellerin und intellektuelle Rivalin des Mannes.

Am Schluß der Analyse einer ihrer Geschichten schreibt Bonaparte:

«Die Tatsache, daß meine Mutter starb und mein Vater überlebte, machte einen seltsamen Eindruck auf mich, der in meinem Unbewußten weiterlebt; nämlich, daß alle Frauen mehr oder weniger tot sind oder zumindest darauf zusteuern, während die Männer, die Phallusträger, unsterblich sind. In gewissen halb unbewußten hypnotischen Zuständen staune ich manchmal darüber, daß es doch noch so viele Frauen auf der Erdoberfläche gibt und nicht nur Männer. Zweifellos ist diese sonderbare Vorstellung von der ‹Vernichtung des weiblichen Universums› der letzte Rest einer grandiosen ödipalen Wunschphantasie, in der ich mich allein mit meinem Vater auf der Erde sah, oder mit ‹Männern›, die alle Duplikate von ihm sind.»[28]

Auch als Freud, der Vater, Bonapartes Vateridentifizierung analysiert hatte und ihr erlaubte, Gebrauch von ihren «männlichen» Talenten zu machen, hatte sie immer noch Probleme mit ihrer Weiblichkeit. Produktiv fühlte sie sich nur in ihrer männlichen Rolle. Die gute Fee ihrer *Cahiers* – in ihrer Analyse sowohl Kinderfrau als auch Mutter – hatte ihr den «Mund-Bleistift» vermacht: Pascals Penis sowie das wesentliche Attribut ihres Vaters, zugleich Penis und Schreibwerkzeug. Ihre weibliche Seite machte sich jedoch weiterhin destruktiv bemerkbar, zeigte ständig wiederkehrende Symptome und bestärkte ihre fixe Idee von der anatomischen Ursache der Frigidität. Vielleicht lag es an der Furcht vor der dunklen und wilden weiblichen Natur, die Bonaparte und Freud teilten, daß er hier nicht weiter vordringen wollte: Als sie ihm gegenüber einmal bemerkte: «Der Mann fürchtet sich vor der Frau», rief er aus: «Er hat recht.»[29]

Bonapartes Ängste – die tote Frau, das vernichtete weibliche Universum – geistern auch durch ihre dreibändige psychologische Biographie Edgar Allan Poes. Diese Studie, zwar brillant geschrieben, doch in ihrer allzu mechanischen Anwendung der Psychologie auf die Literatur eine mühsame Lektüre, interpretiert Poes Werk als einen Versuch, mit der toten Mutter, die ihn nicht loslassen wollte und impotent machte, zu Rande zu kommen.

Auch Marie Bonapartes Weiblichkeit widersetzte sich der analytischen Penetration. «Jedes lebende Ding», schreibt sie in ihrem Kommentar zu den *Cahiers*, «fürchtet sich davor, aufgebrochen zu werden, denn das kann seine Zerstörung bedeuten.» Die Furcht vor der Penetration war für sie eine lebensbedrohende biologische Furcht, die nicht durch psychologische Mittel verlagert oder zerstreut werden konnte. Nach wie vor quälte sie der Gedanke, frigid zu sein, und nach wie vor hielt sie die Frigidität für ein anatomisches Problem. Während ihrer Wiener Zeit freundete sie sich eng mit Ruth Mack Brunswick an, die sie zunächst als ihre Rivalin angesehen hatte. Brunswick, die nach ihren eigenen Worten «auf ihre Onanie stolzer war als auf zehn Doktortitel»,[30] unterwies die Freundin in der Technik des Onanierens.

1927 faßte sie den Entschluß, sich von Professor Halban, dessen Technik sie einst empfohlen hatte, operieren zu lassen. Die Distanz zwischen Klitoris und Vagina sollte verringert werden. Freud wies sie mahnend darauf hin, daß vom Analytiker eine bestimmte Haltung erwartet werde und die Analyse zwar die Triebe befreie, aber gleichzeitig ihre Beherrschung ermöglichen solle.[31] Mit ihrer fixen Idee im Kopf wollte Marie Bonaparte nicht auf ihn hören und begab sich unters Messer. Nach vierjähriger Analyse bei Freud und einer Auffrischung bei Rudolf Loewenstein, der übrigens ihr Geliebter wurde, schrieb sie, die bereits eigene Patienten hatte, 1929 in eines ihrer vielen Notizbücher: «Die Analyse hat mir den Frieden, den Geist des Herzens gegeben und die Fähigkeit zu arbeiten, aber nichts in körperlicher Hinsicht. Ich denke an eine zweite Operation. Muß ich auf Sexualität verzichten? Nur arbeiten, schreiben, analysieren? Doch die vollkommene Keuschheit erschreckt mich.»[32] Eine weitere Klitorisoperation war von ebensowenig Erfolg gekrönt wie die erste. Dennoch machte sie weiter Werbung für die Operation, obwohl sie sich zu jener Zeit auch schon für die Psychoanalyse einsetzte.

Ihre Zähigkeit zeigte auch bei Freud Folgen. In seiner Vorlesung «Die Weiblichkeit» meinte er 1932, daß die häufige sexuelle Frigidität der Frauen in einigen Fällen den «Beitrag eines anatomischen Faktors» nahelege[33] – eine allerdings sehr vage Formulierung für die falsche Plazierung der Klitoris, die von Bonaparte-Narjani so eifrig erforscht worden war. Und vielleicht ist es zumindest teilweise den Symptomen Marie Bonapartes zuzuschreiben, daß Freud in seinem Aufsatz «Über die weibliche Sexualität» von 1931 darauf hinwies, «alles auf dem Gebiet dieser ersten Mutterbindung» sei «so altersgrau, schattenhaft, kaum wiederbelebbar», so undurchdringlich, daß er es «nicht dahin gebracht, einen Fall vollkommen zu durchschauen».[34] Bonaparte war es gelungen, daß sie in der Analyse bei Freud an «der nämlichen Vaterbindung festhalten» konnte, «zu der sie sich aus der in Rede stehenden Vorzeit geflüchtet» hatte.[35]

Marie Bonapartes Unfähigkeit, mit ihrer eigenen Weiblichkeit zurechtzukommen – dem Reich der toten Frau, der ermordeten und daher potentiell mörderischen Mutter –, ist von entscheidendem Einfluß auf alle ihre Schriften über weibliche Sexualität, geprägt von der typisch Bonaparteschen Mischung aus «wilder Phantasie» und realistischeren Erkenntnissen. Während Freud sich nur kurz der Biologie zuwendet, um die Sexualität letztlich auf einer psychischen Ebene anzusiedeln, ist für Bonaparte die Anatomie unverrückbar die bestimmende Schicksalsmacht.

Der weibliche Körper faszinierte sie so sehr, daß sie die Geschlechtsteile weiblicher Leichen untersuchte. Aus Interesse an Ritualen wie die Beschneidung von Frauen beschäftigte sie sich mit der Anthropologie. Einmal befragte sie auch Jomo Kenyatta, den späteren Präsidenten von Kenia, der damals in Wien studierte, über weibliche Initiationsriten und die Beschneidung in seinem Land. Sie ging so weit, selbst den Evolutionsthesen von Gregorio Maranon Glauben zu schenken. Dieser behauptete, daß bei der Geburt jedes menschliche Wesen mit den Voraussetzungen für beide Geschlechter ausgestattet sei, für den progressiven Mann ebenso wie für die regressive Frau. Die allgemeine Entwicklung der Frauen kommt in der Pubertät zum Stillstand, wenn die für die mütterliche Funktion bestimmten Organe die Oberhand gewinnen. Für Maranon ist daher die Weiblichkeit «ein zwischen der Jugend und dem erwachsenen Mannesalter stagnierendes Entwicklungsstadium. Der erwachsene Mann ist nach dieser Theorie das Ziel der organischen Evolution».[36]

Besessen von ihrem weiblichen Körper, dessen wichtigster Teil ihr männlich erscheint, überzeugt, daß in ihrer weiblichen Gestalt ein männlicher Verstand und Wille eingesperrt sind, überzeugt auch, daß diese Gestalt verantwortlich war für die ungerechte Behandlung, die sie zu Hause erfahren hatte – eine Behandlung, wie sie ihr Mann in gewisser Hinsicht auch ihrer Tochter Eugénie angedeihen ließ –, übertrug Marie Bonaparte ihre Fixierungen in eine theoretische Konstruktion, deren Basis die Bisexualität ist. Das Charakteristikum ihrer Theorien ist deren organische Ausrichtung. Ihr erster Vortrag auf einem internationalen psychoanalytischen Kongreß, «La fonction érotique chez la femme» (1932), beschäftigt sich mit Frauen, «die nicht auf ihre Männlichkeit verzichtet haben» und sich meist «eine phallische Organisation der erogenen Zonen» bewahrt haben, «das heißt, sie werden Heterosexuelle, bei denen die Klitoris-Zone hartnäckig die dominierende Zone bleibt».[37] Ihr Artikel «Les deux frigidités de la femme» von 1933 nimmt Narjanis altes Thema wieder auf und stellt fest, daß die durch Klitorisfixierung verursachte Frigidität nur durch eine Kombination von chirurgischen und psychoanalytischen Maßnahmen erfolgreich behandelt werden kann – bis eines Tages die hormonale Medizin in der Lage sein wird, «den Mann zu vermännlichen und die Frau zu verweiblichen, wenn sie es wünschen».[38] In *Female Sexuality* (1951) beschäftigt sie sich noch eingehender mit dieser Thematik und beharrt weiterhin auf ihrer ausgeprägt psychobiologischen Sichtweise. Und ihre letzte Sammlung von Aufsätzen trägt schließlich den bezeichnenden Titel *Psychanalyse et biologie*. Am Ende ihres Lebens angekommen, postuliert Bonaparte ein determinatives, organisches Unbewußtes, das tiefer als das Freudsche Unbewußte ist.

In ihrem meistgelesenen Buch *Female Sexuality* benutzt Marie Bonaparte Freuds Abhandlung «Über die weibliche Sexualität» als Rahmen für ihre These von der Bedeutung der Genitalität. Ihre fixe

Idee, die sie einer unerweckten Vagina und einer empfindsamen «männlichen» Klitoris versichert, läßt sie wohlwollend Freuds Erklärung zitieren, bei menschlichen Wesen sei reine Männlichkeit oder Weiblichkeit weder in psychologischem noch in biologischem Sinne anzutreffen, um daraus in einer eher eigenwilligen Interpretation den Schluß zu ziehen, daß im Falle einer hartnäckigen libidinösen Fixierung auf die Klitoris bei Frauen von einem im wesentlichen biologischen männlichen Charakter im weiblichen Organismus gesprochen werden kann.[39] Ähnlich wie Helene Deutsch, deren Masochismusbegriff sie jedoch anzweifelt, legt sie eine vergleichsweise statische Typologie der Frau vor; sie stützt sich dabei auf Freuds Beschreibungen der verschiedenen Haltungen zum Geschlechtsunterschied in der Reaktion auf den Kastrationskomplex. Bonapartes weibliche Trinität umschließt die *revendicatrices* – die Frauen, die den fehlenden Penis reklamieren, indem sie ihre Sexualität in der Klitoris einschließen und männliches Gehaben annehmen; die *acceptatrices* – die ideell und biologisch angepaßten Frauen, die ihren Wunsch nach einem Penis durch den Wunsch nach dem Kind ersetzen; und schließlich die *renonciatrices* – die Verzichtenden, die «biologisch vom Mann bei weitem übertroffen werden», alle sexuelle Rivalität aufgeben und die Ränge der heiligen Jungfern füllen.

Da für sie nach wie vor das Problem der eigenen Frigidität an erster Stelle stand, suchte sie nun zunehmend eine Erklärung in der determinativen Biologie. Daher überrascht es nicht weiter, daß sie gegen Ende ihres Lebens, in einem Anfall von Verzweiflung, nicht zuletzt wegen der Streitereien innerhalb der Pariser Vereinigung, einer Liste von Fehlern in ihrem Tagebuch den «großen Irrtum» Freuds hinzufügte:

«Er hat seine Macht überschätzt, die Macht der Therapie. Die Macht der Ereignisse aus der Kindheit. [...] Es liegt vielmehr in den Tiefen des mütterlichen Leibes, daß die Natur aus mir, wegen meines Geschlechts, eine gescheiterte Frau gemacht hat – doch zum Ausgleich, wegen meines Gehirns, fast einen Mann.»[40]

Psychoanalytische Mißerfolge hin oder her, sie blieb Freud und seiner Tochter Anna bis zum Ende eine gute und großzügige Freundin. Als Anna Freud von der Gestapo festgenommen wurde, wollte sich Bonaparte ebenfalls festnehmen lassen, aber die Nazis waren entweder zu feige oder zu schlau, um sich mit einer königlichen Hoheit Ärger einzuhandeln. So war sie rastlos tätig und setzte ihre vielen diplomatischen Verbindungen und ihren Titel ein, um der Familie die Flucht nach England zu ermöglichen.

Ein Frauenberuf

Auf österreichischer Seite wurde ihr dabei von Margaret Stonborough-Wittgenstein geholfen, einer der wenigen Freundinnen Freuds, die weder Analytikerin noch Analysandin war.⁴¹ Die ältere Schwester des Philosophen Ludwig Wittgenstein war eine hochkultivierte, selbständige Frau und angesehene Kunstmäzenin. Freud lag viel an dieser seit Beginn des Jahrhunderts bestehenden Freundschaft, und Ludwig Wittgensteins Betrachtungen anläßlich einer Bemerkung über Träume, die Freud gegenüber seiner Schwester gemacht hatte, lassen vermuten, daß ihr ebenfalls viel an der Beziehung lag.⁴² Die Familie Wittgenstein war zwar auch jüdischer Abstammung, war jedoch schon vor mehreren Generationen konvertiert. Diese Tatsache, vor allem aber ihr immenser Reichtum und gesellschaftlicher Rang, machten sie in der nationalsozialistischen Kategorisierung zu Nichtjuden. Dennoch hatten auch sie mit Schwierigkeiten zu kämpfen und mußten sich ihre besondere Stellung mit riesigen Geldsummen erkaufen.⁴³ Margaret Stonborough-Wittgenstein bot ihren ganzen Einfluß auf, um Freud und anderen zu helfen, wollte jedoch für sich selbst nie die offizielle Bezeichnung «Ehrenarierin» akzeptieren.

Als die Freuds endlich nach England ausreisen durften, wurden sie bei ihrem Zwischenaufenthalt in Paris von Marie Bonaparte herzlich willkommen geheißen. Einer der ersten Briefe Freuds aus London war daher an sie gerichtet. Mit der Wärme, die immer den Ton ihrer Korrespondenz bestimmt hatte, dankte er ihr für ihre Gastfreundschaft: «Der eine Tag in Ihrem Haus in Paris hat uns Würde und Stimmung wiedergegeben; nachdem wir zwölf Stunden lang in Liebe eingehüllt wurden, sind wir stolz, reich, unter dem Schutz der Athene abgereist.»⁴⁴ (Mit der Athene war die Statuette gemeint, die Marie Bonaparte aus Österreich hinausgeschmuggelt und ihm in Paris zurückgegeben hatte.) In der Folge kämpfte Bonaparte um die Ausreisevisa für Freuds Schwestern – ohne Erfolg, aber ihr gelang es, Oliver Freud sowie Heinz und Dora Hartmann, die Großnichte von Josef Breuer und Schülerin Freuds, nach Frankreich zu bringen. Sie konnte insgesamt etwa zweihundert verfolgte Juden retten.

Marie Bonaparte überlebte den Krieg mit ihrem Mann Georg, ihrer Tochter Eugénie und deren Mann und Tochter in Südafrika. Obwohl die Kriegsereignisse sie bedrückten und sie sich zutiefst entwurzelt fühlte, war sie nach wie vor eine sehr beschäftigte Frau. Sie hatte einige Patienten, hielt Vorlesungen und arbeitete an ihrem Buch *Mythes de guerre*, das 1946 erschien. Diese faszinierende Monographie untersucht die Geschichten, die während des Krieges sowohl auf seiten der

Achsenmächte wie auch bei den Alliierten kursierten, zeigt ihre strukturellen Ähnlichkeiten auf und ihre Wurzeln in alten Mythen und Fabeln. Ende 1944 schifften sich Marie Bonaparte und ihr Mann nach England ein und kehrten Anfang 1945 nach Frankreich zurück. Marie Bonaparte war jetzt dreiundsechzig Jahre alt. Während der ihr verbleibenden Jahre wurde sie in der Pariser Vereinigung wieder zur Vorkämpferin für die Freudsche Sache – oder das, was sie darunter verstand.

Angefangen hatte es damit, daß Bonaparte im März 1926 zu einem Treffen einer kleinen Gruppe von Anhängern Freuds als dessen persönliche Abgesandte eingeladen worden war. Die Internationale Psychoanalytische Vereinigung hatte aus Sorge über den Zustand der Analyse in Frankreich vier in Berlin und Wien ausgebildete Analytiker nach Paris geschickt, die jetzt zusammen mit Bonaparte die Freudsche Analysetechnik etablieren sollten. Als im November 1926 die Pariser Vereinigung gegründet wurde, war es Bonapartes Aufgabe, darüber zu wachen, daß Freuds Regeln eingehalten wurden. Ab 1934 war sie die Vizepräsidentin der Gesellschaft. Im Jahr zuvor hatte sie mitgeholfen, für die Vereinigung und das angeschlossene Lehrinstitut ein Quartier ausfindig zu machen, einzurichten und zu finanzieren, und war Mitglied des Lehrausschusses geworden. Im selben Jahr schlug Freud sie für die Vizepräsidentschaft der Internationalen Psychoanalytischen Vereinigung vor – der Posten war durch den Tod Ferenczis frei geworden.

Sein Brief an Ernest Jones vom 23. August 1933 macht deutlich, daß er Marie Bonaparte nicht nur deshalb für geeignet hielt, «weil man mit ihr nach außen Staat machen» konnte:

«Sie ist eine Person von hoher Intelligenz, von männlicher Arbeitskraft, hat schöne Arbeiten gemacht, ist der Sache voll ergeben, bekanntlich auch in der Lage, materiellen Beistand zu leisten. Sie ist jetzt 50 Jahre alt geworden, wird voraussichtlich sich immer mehr von ihren privaten Interessen abwenden und sich in die analytische Arbeit vertiefen. Ich brauche nicht zu erwähnen, daß sie allein die französische Gruppe zusammenhält und die Revue Française bestreitet. Ihre gute praktische Einsicht und ihre liebenswürdige, verträgliche Art werden sie zu einem erfreulichen Mitarbeiter im Vorstand machen.»[45]

Außerdem, fügt Freud hinzu, sei Marie Bonaparte keine Ärztin, und die Besetzung eines so exponierten Postens mit einer Laienanalytikerin wäre «eine deutliche Demonstration gegen die unerwünschte Überheblichkeit der Ärzte, die gerne daran vergessen, daß die Psychoanalyse doch etwas anderes ist als ein Stück Psychiatrie». So wurde ausgerechnet Bonaparte, die vor der Medizin so großen Respekt empfand und immer wieder Zuflucht zu ihr nahm, zur Vorkämpferin der Laienanalyse. Als im Jahr 1950 die Ärztekammer der nicht ärztlich ausgebildeten amerikanischen Kinderanalytikerin Margaret Williams, die in Paris praktizierte, die Ausübung ihrer Analysetätigkeit untersagen wollte, besorgte Bonaparte ihr einen Anwalt und brachte ihren Fall vor Gericht.

Dennoch war es um die Analyse im Nachkriegsfrankreich schlecht bestellt. Ähnlich wie die Britische litt auch die Pariser Vereinigung unter den Streitereien ihrer Mitglieder: Es waren die psychischen und politischen Folgen des Krieges, aber auch theoretische Differenzen. Bonaparte, die des öfteren nach England reiste, mußte feststellen, daß es dort eigentlich zwei Vereinigungen gab, die nicht «fusionieren» wollten. «Wenn man London besucht, geht man, wie einst in Rom zum Papst und zum König, zu beiden Gruppen.»[46] In Frankreich war es noch schlimmer. Der ihr am nächsten stehende Kollege Loewenstein war 1940 in die Vereinigten Staaten emigriert. Sie konnte ihm nur schriftlich von ihrem Ekel über das ständige Gerangel in der Pariser Gesellschaft berichten und darüber, wie sehr sie Jacques Lacans Verhalten mißbilligte: «Was Lacan anbetrifft, scheint er mir zu paranoisch gefärbt zu sein und aus fragwürdigem Narzißmus heraus zu handeln, indem er sich zu viele persönliche Interventionen erlaubt.»[47] Noch schlimmer war, daß der «Verrückte» sich nicht an die festgelegten Zeitregeln hielt und die zunehmend ritualisierten Aspekte der Technik mißachtete.

Loewenstein hatte Lacan, Bonaparte und ihren Sohn Peter analysiert. Während der heftigen Auseinandersetzungen, die schließlich 1953 zur Spaltung der Pariser Vereinigung führten, beschwerten sich sowohl Lacan als auch Bonaparte über den anderen bei Loewenstein, wohl wissend, daß dieser mit beiden in Verbindung stand. So erklärte Lacan Loewenstein, daß Bonapartes Vorgangsweise immer katastrophale Konsequenzen für ihre Gruppe gehabt habe:

«Ihre gesellschaftliche Stellung kann sich nur verfälschend auf die Verhältnisse auswirken. Und auf Grund ihrer Rolle bei Freud hört ihr jedermann mit einer Geduld zu, die an Zustimmung grenzt. Aus Respekt für eine alte Dame stoßen ihre Ansichten auf eine Toleranz, die wiederum die jungen Leute demoralisiert, in deren Augen wir uns in einem Zustand der Unterwerfung befinden.»[48]

Bei den psychoanalytischen Zankereien ging es nicht gerade zimperlich zu. Kraft ihrer Position im Lehrausschuß lehnte Bonaparte drei Schüler von Lacan ab. Und sie benutzte nicht nur ihre Position als Ehrenpräsidentin des Lehrausschusses und des Verwaltungsrats, sondern setzte auch ihren ganzen Einfluß bei der Internationalen Vereinigung und bei Anna Freud ein, um zu erreichen, daß Lacans und Daniel Lagaches neue Société Française de Psychanalyse nicht von der Internationalen Vereinigung anerkannt wurde. Sie ging sogar so weit, ihnen auf dem Londoner Kongreß von 1953, als es um ihre persönliche Zukunft ging, das Wort verbieten zu lassen – eine Vorgangsweise, die auch Loewenstein für «unnormal und ungerecht» hielt.[49] Bonaparte verstand ihrerseits nun nicht, warum Loewenstein nicht so unerbittlich war wie sie: Bei ihrem Ärger über Loewenstein spielte wohl auch die Enttäuschung über seine mißlungene Analyse ihres Sohnes eine Rolle.

Daß sich Marie Bonaparte und Lacan so heftig bekämpften, hatte auch viel mit wechselseitigen Neidgefühlen zu tun. Für Lacan waren es Bonapartes «gesellschaftliche Stellung», ihr Reichtum, ihr aristokratischer Rang, die ihr erlaubten, sich über gewisse Regeln hinwegzusetzen, etwas, wonach er sich immer gesehnt hatte. Für Bonaparte dagegen besaß Lacan den heiß begehrten medizinischen Doktorgrad. Und außerdem hatte er eine besondere Begabung,[50] die Bonaparte wohl als erste erkannt und in einem Brief an Loewenstein angesprochen hatte: Sie sah den Baumeister der Theorie und Initiator einer neuen Schule in Lacan, dem die Schüler nur so zuströmen würden – etwas, wofür ihr selbst zwar nicht der Ehrgeiz, wohl aber das Talent fehlte. Interessanterweise teilten sie ihr Interesse für außergewöhnliche Verbrechen und für die Anthropologie als Fundgrube für psychoanalytische Erkenntnisse.

Trotz seiner unverhohlenen Verachtung für Marie Bonaparte hatte Lacan offensichtlich ihre Abhandlung über Edgar Allan Poe genau studiert. In seiner brillanten Analyse von Poes Kriminalerzählung *Der entwendete Brief* wertet er ihre Konzentration auf die Frage, ob sich das Versteck des Briefes oberhalb oder unterhalb des Kaminsimses befinde – wollte er damit auf Maries Schwierigkeiten mit der richtigen Plazierung der Klitoris hindeuten? –, als «Schlußfolgerungen der Interpretationsküche»[51]. Jacques Derrida meinte ironisch, Lacan gelange letzten Endes zur selben Erkenntnis wie die exzentrische Bonaparte, indem er den entwendeten Brief als Kastration der Frau deute und die Wahrheit – *la réadéquation* oder die Wiederaneignung/Neuzuteilung – als den Wunsch, das Manko auszugleichen.

Marie Bonaparte hat diese poststrukturalistische Epoche der französischen Psychoanalyse nicht mehr erlebt. Bis zuletzt war sie für die Vereinigung tätig gewesen, allerdings hatte man sie auf Ehrenposten abgeschoben. Wie immer fand sie Trost im Schreiben. Ihre ausführlichen Memoiren und ihr Buch über Justizirrtümer, das anhand des Caryl-Chessman-Falles die Abschaffung der Todesstrafe propagierte, stammen aus der Zeit nach ihrem siebzigsten Geburtstag. Im zweiten Band ihrer *Cahiers* vermerkte sie: «Dieser Reflex, mich ins Schreiben zu flüchten, wann immer ich vom Leben verletzt worden bin, ist mir treu geblieben. Weit davon entfernt, mich vom Arbeiten abzuhalten, haben Enttäuschung und Schmerz mich immer dazu gebracht, Trost in der literarischen und wissenschaftlichen Produktion zu suchen.»[52]

Die medizinische Wissenschaft war und blieb ihre Leidenschaft, und in ihrem Testament hinterließ sie unter anderen dem Institut Pasteur ein großzügiges Erbe. Wieviel sie jedoch auch nach wie vor von der Psychoanalyse hielt, drückte ihre Begrüßungsansprache an das exekutive Zentralkomitee des Zwanzigsten Internationalen Kongresses aus, der in ihrem Haus in Saint-Cloud stattfand. Unter den Leistungen der Psychoanalyse hob sie die Befreiung der unterdrückten sexuellen Instinkte, «eine größere Offenheit gegenüber unseren Kindern, eine größere sexuelle Freiheit für die Frauen» hervor und schloß mit den Worten: «Die Menschheit ist [...] etwas weniger scheinheilig und vielleicht etwas glücklicher.»[53]

Die Frau, die Freud zu seinen engsten Freunden zählte und die sich selbst als die letzte Bonaparte bezeichnete, starb am 21. September 1962.

Eugénie Sokolnicka, 1884–1934

Bevor Freud Marie Bonaparte mit der Organisation der französischen Psychoanalyse betraute, hatte er eine Schülerin nach Frankreich entsandt, die ihm nicht so nahestand wie Marie Bonaparte und sich auch als weniger erfolgreich erwies, obwohl sie den Ruf hatte, eine brillante Klinikerin zu sein.

Eugénie (Kutner) Sokolnicka wurde 1884 als Kind polnisch-jüdischer Intellektueller und Kämpfer für die nationale Befreiung geboren.

Sie studierte Naturwissenschaften und Biologie an der Sorbonne, wo sie Pierre Janets Vorlesungen besuchte, bevor sie nach Polen zurückkehrte, um den Mann zu heiraten, den sie in Frankreich kennengelernt hatte. 1911 wurde sie in Zürich Jungs Schülerin. Als er sich 1913 mit Freud überwarf, wurde sie Freuds Analysandin. 1916 wählte man sie in die Züricher Gesellschaft, und sie eröffnete eine eigene Praxis. Zur gleichen Zeit besuchte sie die Sitzungen der Wiener Vereinigung und wurde hier am 8. November zum Mitglied ernannt.[54] Nach Kriegsende begab sie sich nach Budapest und arbeitete dort mit Ferenczi zusammen, der sie auch analysierte. Ferenczi berichtete Freud detailliert über diese Analyse und verwendete sie als Grundlage für seinen Vortrag auf dem Sechsten Internationalen Kongreß von 1920: «Die Weiterentwicklung einer aktiven psychoanalytischen Therapie».[55] Auch Sokolnicka verarbeitete ihre in Ungarn gesammelten Erfahrungen; sie wurde bekannt für ihre Kurzzeit-Therapien, von denen sie eine als Thema wählte für ihren ersten psychoanalytischen Vortrag 1920: eine beeindruckende Beschreibung ihrer Methode zur Behandlung der Zwangsneurose eines zehnjährigen Jungen, für den die Trennung von seinen Eltern während der bolschewistischen Besetzung von Minsk zu einem traumatischen Erlebnis geworden war. 1929 erklärte Sokolnicka in einem Vortrag anläßlich einer Konferenz der französischen Psychoanalytiker, ihrer Ansicht nach sei das Ziel einer Kur, dem Patienten zu ermöglichen, sein sexuelles Begehren und seine Zärtlichkeit in einem Objekt zu vereinen. Um dies zu erreichen, müßten Masturbation und Arbeitshemmungen analysiert werden. Es gebe zwei Arten der Analyse: die Minimalanalyse, die mit Verschwinden der Symptome beendet sei, und die Maximalanalyse, welche die Freisetzung der Liebesfähigkeit und die Vermeidung der Wiederholung zum Ziel habe. Eine prägnantere Definition der Aufgaben der Analyse wird schwer zu finden sein.

Nachdem es ihr nicht gelang, Eingang in die Warschauer psychiatrischen Kreise zu finden und dort eine psychoanalytische Gesellschaft zu gründen, kehrte sie auf Freuds Rat 1921 nach Paris zurück. Sie begegnete hier jedoch denselben Problemen wie in Polen, sogar in noch größerem Umfang. Das psychiatrische Establishment in Frankreich setzte wenig Vertrauen in die Laienanalyse und noch weniger in Frauen, die hauptsächlich mit Kindern Erfahrungen gesammelt hatten. Kaum hatte Sokolnicka einen Posten an dem berühmten Krankenhaus Sainte-Anne ergattert, wurde sie vom neuen Chef Henri Claude, der zwar Freud sehr schätzte, Laienanalytiker jedoch ablehnte, schon wieder entlassen.

Eugénie Sokolnicka sollte auf andere Weise in die Geschichte eingehen. Durch ihre Verbindungen lernte sie die illustre Gruppe rund um die *Nouvelle Revue Française* kennen, die ein literarisches Interesse an der Psychoanalyse bekundete. Zwischen 1921 und 1922 trafen sich die Schriftsteller André Gide, Jacques Rivière, Roger Martin du Gard, Gaston Gallimard und Jean Schlumberger wöchentlich in Sokolnickas Wohnung, um klinische und theoretische Aspekte der Analyse zu erörtern. Sie nannten sie die «Doctoresse» und ihre Gruppe den Club des Refoulés, den Club der Unterdrückten. Gide versuchte sich sogar selbst an einer Analyse, gab sie aber auf, als es nach sechs Wochen schwierig wurde. Die Erfahrung verarbeitete er in seinem Roman *Die Falschmünzer*. Sokolnicka tritt hier als Doctoresse Sophronicka auf, und ihre berühmte Heilung einer kindlichen Zwangsneurose wird von Gide zu einem schrecklichen Fiasko umgedichtet: Ihr fiktionaler Patient Boris bringt sich beim russischen Roulette um.

Eugénie Sokolnickas literarischer Einfluß ging Hand in Hand mit ihren klinischen Erfolgen. 1923 wurde sie Lehranalytikerin von zwei Schlüsselfiguren der Analyse in Frankreich: René Laforgue und Edouard Pichon. 1926 wurde sie Vizepräsidentin der Pariser Vereinigung und hatte diesen Posten zwei Jahre inne. Aber obwohl ihr Laforgue und Pichon weiter Patienten schickten, schrumpfte Sokolnickas Praxis: Die französische Vorliebe für medizinisch ausgebildete Analytiker arbeitete gegen sie. Ihre Armut, eine immer schwerere Depression, die Machtübernahme der Nationalsozialisten und ihre schmerzlich empfundene Wurzellosigkeit belasteten sie so sehr, daß diese mutige und begabte Frau sich 1934 im Alter von fünfzig Jahren das Leben nahm.

Paradoxerweise wurde der – sehr emphatische – Nachruf auf Eugénie Sokolnicka ausgerechnet von dem Nationalisten und Antisemiten Edouard Pichon verfaßt. Ihr früherer Analysand war bis zu ihrem Tod ihr Freund geblieben und hatte ihr in ihren so schweren letzten Jahren sogar eine Wohnung zur Verfügung gestellt.

Maryse Choisy, 1903–1979

Maryse Choisy, eine abenteuerlustige und ungestüme zweiundzwanzigjährige französische Journalistin, Fliegerin und Löwenbändigerin, hatte 1924 drei analytische Sitzungen bei Freud. Nach der dritten ergriff sie die Flucht und kam nie wieder. Ihre Reaktion auf Freuds Interpretationen erinnert in gewissem Sinn an Dora und an Bonapartes triumphierende Bestätigung der Freudschen Enthüllung ihrer kindlichen Sexualerlebnisse.

Sie hatte ihm einen finsteren Traum erzählt, in dem sie im Schloß ihrer Eltern als Katze figurierte:

«Freud dachte einige Minuten über meinen Traum nach und äußerte dann ohne Vorwarnung: ‹Das und das hat sich in Ihrer Familie ereignet, als Sie noch in der Wiege lagen.›

[...] Ich glaubte Freud nicht. Ich war sogar entrüstet.

‹Was Sie sagen, ist ganz unmöglich. Ich hätte es gewußt. In *meiner* Familie tut man solche Dinge nicht. Das ist gegen ihre Prinzipien.›

Obgleich ich ihn nicht hinter mir sehen konnte, wußte ich, daß er schmunzelte. Er gab mir nur den folgenden Rat: ‹Nun, Sie sollten sie fragen.›

Mit dem ersten Flugzeug flog ich zurück nach Paris. Ich rannte zum Haus meiner Tante. Ich sprach auf der Stelle mit ihr. Ob Sie es glauben oder nicht, Freuds extravagante Geschichte über ein Ereignis, das ich niemals (zumindest nicht bewußt) vermutet hatte, stellte sich als wahr heraus.» Die Wahrheit, die Freud aufgedeckt hatte, war, daß Maryse ein *enfant naturel*, ein illegitimes Kind war.

«Etwas an seiner Trauminterpretation war mir unheimlich. Ich kehrte nicht nach Wien zurück. Freud symbolisierte für mich nun einen Zauberer, einen Medizinmann. Er durchschaute mich. Ich fühlte mich so durchsichtig wie Glas. Ich fürchtete mich. Ich fürchtete mich so, daß ich weit gegangen wäre, um der Analyse zu entkommen. Es dauerte acht Jahre, bis ich meine Panik überwunden hatte. Freud hatte mich überschätzt. Er glaubte, er könne mir alles sagen. Trotz meines selbständigen Auftretens gab es eine Wahrheit, der ich mit zweiundzwanzig nicht ins Gesicht schauen konnte.»[56]

Maryse Choisy, die vor dem Medizinmann die Flucht ergriffen hatte, konvertierte 1936 mit dem Beistand Teilhard de Chardins zum Katholizismus. Sie machte auch zwei Lehranalysen, eine bei René Laforgue, eine bei Charles Odier. Da sie sich als Konkurrentin der legitimen Tochter Prinzessin Marie Bonaparte betrachtete, gründete sie 1946 das Centre d'Étude des Sciences de l'Homme, das einen königlichen Sponsor in Gestalt des Prinzen Louis de Broglie besaß und zahllose Geistesgrößen wie Janet, Laforgue und Chardin zu seinen Mitgliedern zählte. Mit ihrem Organ *Psyche*, einer internationalen Monatsschrift für Psychoanalyse und Humanwissenschaften, wollte sie der etablierten *Revue Française de Psychanalyse* Konkurrenz machen. Sowohl das Centre als auch die Zeitschrift beschäftigten sich mit den großen spirituellen Problemen der Zeit und versuchten für die Psychoanalyse ein größeres Publikum zu finden, das in ihr einen neuen geistigen Weg erkennen würde. Es ging darum, dem Freudschen Atheismus Bonapartescher Prägung eine Synthese Roms – sie hatte den Papst um seinen Segen für die Psychoanalyse gebeten – mit östlichen Religionen entgegenzusetzen. Aber sie war auch die erste, die im Nachkriegsfrankreich die Aufmerksamkeit auf eine größere Öffentlichkeit lenkte, deren sich Jacques Lacans Anhänger einige Jahre später bemächtigen sollten, so wie einige ihrer Schützlinge später Lacans werden sollten. In der Folge arbeitete sie auch mit Pater Leycester King of Oxford zusammen und gründete die International Association of Psychotherapy and Clinical Psychology. Daneben war sie als Autorin tätig und veröffentlichte ein Buch über Freud sowie eines über Frauen in der Prostitution.

Maryse Choisy gehörte der französischen Nachkriegsbewegung an, die eine Art christliche Psychoanalyse etablierte. Aber nicht nur sie bemühte sich um die Anerkennung der Psychoanalyse durch die Kirche, auch Jacques Lacan bat den Papst um seinen Segen für sich und seine neue Schule. Während Lacans Motivation jedoch machtpolitischer Natur war – der Segen des Papstes würde seiner neuen Schule eine führende Position einräumen und einen deutlichen Zuwachs an Priestern bedeuten, die seine logozentrischen Theorien befürworteten –, hatte Choisys Bitte religiöse Gründe. Mit Hilfe gleichgesinnter Kollegen erreichte sie tatsächlich eine päpstliche Stellungnahme zur Psychoanalyse. Es war wohl kaum eine, die Freud gefallen hätte, diesem radikalen Kritiker der illusionären Natur der Religion. Pius XII. äußerte sich in zwei Adressen: eine war an den Internationalen Kongreß über die Histopathologie des Nervensystems gerichtet, die andere 1953 an Maryse Choisys Centre. Er unterschied zwischen Psychotherapie und freudianischer Psychoanalyse und erklärte es als nicht erwiesen, ja sogar unwahr, daß die pansexuelle Methode einer gewissen Schule der Psychoanalyse ein integraler und unverzichtbarer

Teil jeder ernsthaften Psychotherapie sei, die diesen Namen verdiene.[57] Diese «ernsthafte Psychotherapie» könne so lange weiterarbeiten, als sie nicht nach sexuellen Ursachen suche, gegen den Glauben verstoße und die Existenz von Sünde und Versagen ohne Schuld akzeptiere: denn diese sei nur durch Bußfertigkeit und sakramentale Vergebung zu tilgen.[58]

Der atheistische Jude Sigmund Freud, der die Psychoanalyse auf der Erkenntnis aufgebaut hatte, daß die treibende Kraft der Psyche die Sexualität ist und daß der Schuldbegriff ein perverser Angriff auf verdrängte sexuelle Triebe ist, wurde so mit einem einzigen päpstlichen Schlag desavouiert. Maryse Choisys Flucht vor Freud hatte sie weit fort geführt.

12. Joan Riviere und Alix Strachey: Übersetzerinnen der Psychoanalyse

So sicher es ist, daß Freud entscheidend durch das Laboratorium der Moderne, das Wien der Jahrhundertwende, geprägt worden ist, so sicher ist es, daß der «englische» Freud das Produkt eines ganz anderen Laboratoriums der Avantgarde war, nämlich Bloomsburys. Die rasche Ausbreitung und Verarbeitung des Freudianischen Gedankenguts in der englischsprachigen Welt nach dem Ersten Weltkrieg ist zu einem guten Teil dem Charakter der englischen Übertragungen zu danken, die mit ihrer Lebendigkeit, Klarheit und Raffinesse, ihrem hohen Niveau und ihrem Witz den Geist Bloomsburys ebenso verkörpern wie Virginia Woolf selbst, deren Werke auch im selben Verlag erschienen wie die *Collected Papers* – die erste systematische englische Freud-Ausgabe. Zwei Frauen spielten bei dieser großen Aufgabe eine zentrale Rolle.

Auch die praktische Umsetzung der Freudschen Lehre in England ist vor allem Frauen zu verdanken. Im selben Jahr, in dem die «offizielle» Londoner Psychoanalytische Vereinigung gegründet wurde, eröffneten Jessie Margaret Murray und Julia Turner, mit finanzieller Unterstützung von der «psychoanalytischen» Romanautorin May Sinclair, die medizinisch-psychologische Klinik am Brunswick Square.[1] Die beiden Feministinnen stützten sich bei der Behandlung ihrer vorwiegend weiblichen Patienten auf die verschiedensten psychiatrischen, psychotherapeutischen und psychoanalytischen Erkenntnisse. Da während des Krieges ein großer Behandlungsbedarf für unter Kriegsneurosen leidende Soldaten entstand, wurde die Klinik unter dem neuen Partner der beiden Frauen, James Glover, wesentlich erweitert.

1919 starb Margaret Murray. James Glover unterzog sich 1920 einer Analyse bei Karl Abraham in Berlin und ging nach seiner Rückkehr voller Begeisterung an die Umgestaltung der Brunswick-Square-Klinik. Sie sollte die Londoner Ausgabe der psychoanalytischen Polikliniken werden, die er auf dem Kontinent besichtigt hatte. Da Julia Turner jedoch seine Begeisterung für Freud nicht teilte, verließ Glover die Klinik und nahm den größten Teil der weiblichen Belegschaft und der Studentinnen mit, darunter Ella Freeman Sharpe, die als Patientin an die Klinik gekommen war und sich seit 1917 als

Analytikerin ausbilden ließ. 1920 hatte sie sich wie Glover von Abraham in Berlin analysieren lassen.² Julia Turner war gezwungen, die Klinik 1922 zu schließen, und die meisten der – feministisch und sozialistisch eingestellten – Mitarbeiterinnen schlossen sich der 1919 von Ernest Jones gegründeten Britischen Psychoanalytischen Vereinigung an, wo Glovers und Jones' Versionen des orthodoxen Freudianismus unterrichtet und gegen alle Widersacher verteidigt wurden. Die Britische Vereinigung besaß also von Anfang an erstaunlich viele weibliche Laienmitglieder. Die Liste, die Ernest Jones 1927 Freud vorlegte, enthielt unter anderen die Namen «Miss Low, Miss Searl, Miss Chadwick, Miss Sharpe, Mrs. Isaacs, Miss Lewis, Miss Terry».³ Daß die Kinderanalyse zu einem charakteristischen Merkmal der britischen Psychoanalyse werden sollte, mag wohl ebenfalls diesem Umstand zuzuschreiben sein.

Aber das Verdienst, Freud ins Englische zu übersetzen und die orthodoxe Freudsche Lehre mit literarischem Leben zu erfüllen, ist nicht dem Mitarbeiterstab der Brunswick-Square-Klinik zuzuschreiben, sondern der Bloomsbury-Gruppe. Zwei von Freud analysierte Frauen, Joan Riviere und Alix Strachey, haben diese höchst originelle Leistung vollbracht.

Joan Riviere, 1883–1962

Freud konnte sich glücklich schätzen, in Joan Riviere eine seiner ersten Übersetzerinnen zu finden; sie war ihm als Verfasserin von psychoanalytischen Schriften in der sprachlichen Ausdruckskraft durchaus gewachsen. Daß Joan Riviere auch das Werk von Melanie Klein ins Englische übertrug und deren Ideen «mit einer Lebendigkeit verdeutlichte, die man bei Mrs. Klein selbst oder anderen vergeblich suchte»,⁴ entbehrt nicht einer gewissen Ironie, hat aber sicher zum Erfolg des Freudianismus in Großbritannien beigetragen. Die Verbreitung von Freuds Werk und der Arbeiten seiner Schüler auf internationaler Ebene war, zusammen mit dem Aufbau von institutionellen Strukturen, entscheidend für das Ansehen der frühen Psychoanalyse. Joan Riviere hat dabei eine wichtige, bisher viel zuwenig beachtete Rolle gespielt.

Ein Frauenberuf

Sie wurde als Joan Hodgson Verrall am 9. Juli 1882 in Brighton, Sussex, geboren und war das älteste überlebende Kind des sozial gesinnten Anwalts Hugh John Verrall und seiner Frau Anna Hodgson, Tochter eines Pastors aus Devonshire. Die hochgebildete Familie Verrall gehörte dem Landadel an. Rivieres Onkel war der Altphilologe A. W. Verrall, dessen Vorlesungen die einzigen waren, die man in Cambridge nicht versäumen sollte, wie ein anderer Freud-Übersetzer und Verleger von Rang, James Strachey, meinte. Joan Riviere besuchte die Schule in Wycombe Abbey und wurde anschließend nach Deutschland geschickt, um die deutsche Sprache zu erlernen, die später so wertvoll für sie werden sollte. Trotz der akademischen Verbindungen ihrer Familie besuchte sie nicht die Universität, sondern folgte ihrem Talent als Zeichnerin und Designerin – ihr ästhetisches Gespür wurde von Kollegen oft hervorgehoben –[5] und arbeitete eine Zeitlang in der Hofschneiderei Nettleship. Als Tochter aus adligem Hause beteiligte sie sich natürlich am Gesellschaftsleben ihrer Zeit, der goldenen Regierungszeit Edwards VII. «Bei einer Abendeinladung», erinnert sich James Strachey 1962, «sah ich sie am Kamin stehen, hochgewachsen, auffallend hübsch, nobel und eindrucksvoll.»[6] Sie war aber auch bei den Zusammenkünften der Society for Psychical Research zu sehen, in der ihr Vater mit seiner unkonventionellen Denkungsart eine wichtige Rolle spielte.[7] Um die Jahrhundertwende förderte diese Gesellschaft das Ansehen Freuds in den intellektuellen Kreisen Englands, und Freud verfaßte 1912 für die Berichte der Gesellschaft sogar einen Beitrag in englischer Sprache: «A Note on the Unconscious in Psycho-Analysis», der 1913 als «Einige Bemerkungen über den Begriff des Unbewußten in der Psychoanalyse» auf deutsch erschien.

Joan Rivieres Herkunft und ihre Verbindung zur Elite von Cambridge und später Bloomsbury förderten zweifellos eine gewisse Arroganz, die Ernest Jones, der Sohn eines walisischen Bergwerksangestellten, Freud gegenüber als den «stark ausgeprägten Komplex einer hochwohlgeborenen Dame» beschrieb, die «uns alle verachtet, besonders die Frauen»;[8] sie habe diese «verächtliche Art, andere Leute wie Dreck unter ihren Füßen zu behandeln»[9]. Natürlich hatte das berüchtigte englische Klassenbewußtsein nicht vor dem Behandlungszimmer des Analytikers und der analytischen Gesellschaft haltgemacht. Aber Joan Rivieres Arroganz war nicht nur ihrem Stand zuzuschreiben – sie war auch eine Folge ihrer Energie, ihres scharfen Intellekts und bissigen Witzes, Eigenheiten, die Freud sofort an ihr bewunderte.[10] Ebenso schnell, wie sie sich durch ihre hochmütige Art und ihre

Bereitschaft, unpopuläre Meinungen zu vertreten, Feinde schaffte, gewann die gefürchtete Joan Riviere auch Bewunderer.

Mit dreiundzwanzig heiratete sie den Rechtsanwalt Evelyn Riviere, dessen Vater ein angesehenes Mitglied der Royal Academy war. Zwei Jahre später kam ihr einziges Kind Diana auf die Welt. Als 1909 Joan Rivieres Vater starb, der ihr sehr nahegestanden hatte, erlitt sie einen Zusammenbruch und mußte ein Sanatorium aufsuchen. Da weitere «nervöse» und physische Krankheiten folgten, bat sie 1916 Ernest Jones um eine Analyse. Diese Analyse dauerte bis Juni 1921, mußte allerdings für ein Jahr unterbrochen werden, als Riviere an Tuberkulose erkrankte. Jones, der erkannt hatte, wie «ungewöhnlich intelligent»[11] sie war, gewann sie für die Psychoanalyse, und schon zu Kriegsende war sie eine der ersten britischen Laienanalytikerinnen und hatte als praktizierendes Mitglied der neu gegründeten Britischen Vereinigung angefangen, Freud zu übersetzen, unter anderem die Vorlesungen zur *Einführung in die Psychoanalyse*. Mit dieser Übersetzung stellte sie einen «neuen Standard» auf, der Freud dem englischen Leser zum erstenmal nicht nur als Wissenschaftler, sondern als Meister der Prosa vorstellte.[12] Trotz dieser beachtlichen Leistungen war sie für Jones, wie er Freud gegenüber zugab, «der schlimmste Fehlschlag» seines Lebens. Und er empfahl ihr, sich von Freud analysieren zu lassen.[13]

Alles, was wir über Joan Rivieres schwierige Analyse bei Jones wissen, stammt aus ihren an Jones gerichteten Briefen, die sich jetzt im Archiv der Britischen Vereinigung befinden, sowie aus der Korrespondenz von Jones und Freud aus der Zeit vor und während der Analyse bei Freud im Jahr 1922.[14] Wie vorauszusehen war, verliebte sich Joan Riviere in ihren Analytiker, den temperamentvollen und sprunghaften Ernest Jones, erklärte ihm ihre Liebe und litt entsetzlich unter seiner Zurückweisung, die sie in ihrer Verletzlichkeit als brutale Härte empfand.[15] Während er sie analysierte, beendete Jones sein Verhältnis mit Lina, dem Dienstmädchen seiner vorherigen Geliebten Loe Kann, und heiratete überstürzt Morfydd Owen. Diese kam ein Jahr später, im Sommer 1918, auf tragische Weise ums Leben. Jones mochte an Joan Riviere gedacht haben, als er in seinen Memoiren vermerkte, nach dem plötzlichen Tod seiner Frau habe er eine dreiwöchige Unterbrechung seiner Arbeit für notwendig gehalten, diese sei aber von seinen Analysanden übel aufgenommen worden, sie hätten «keine Gelegenheit ausgelassen, um in meiner immer noch schmerzhaften Wunde zu wühlen; die psychoanalytische Behandlung bringt nicht immer die erfreulichen Aspekte der menschlichen Natur an die Oberfläche»[16].

Ein Frauenberuf

Jones heiratete im Oktober 1919 Katherine Jokl, und diese Ehe dauerte bis zu seinem Tod im Jahre 1958. Daß Jones mit seinen vielen Liebesbeziehungen die «Übertragungsliebe» geradezu herausforderte, lag auf der Hand.

Weniger klar – und selbst für Freud zunächst nicht erkennbar – war allerdings, wieweit Jones anfangs Rivieres Liebe ermutigt hatte und welche Realität diese Liebe für ihn außerhalb der Übertragung hatte. Wenn man sich auf die Briefe verläßt, dann trifft Jones hier keine große Schuld – wenn er auch die Analyse schlecht angepackt und unwillentlich in Riviere Gefühle für ihn geweckt hatte, zum Beispiel dadurch, daß er mit ihr außerhalb der Sitzungen freundschaftlich verkehrte. Jedenfalls hatte diese freundschaftliche Beziehung, zusammen mit den unvermeidlichen Komplikationen bei der Übertragung, Rivieres Gefühlsleben so durcheinandergebracht, daß sie in eine schwere Krise geriet und sich im November 1918 sogar mit Selbstmordgedanken trug.

In seinem ersten ausführlichen Brief über Joan Riviere beklagt sich Jones nur ein wenig über ihren «kolossalen Narzißmus» und ihren «Komplex einer hochwohlgeborenen Dame» und gibt dann zu, daß es ein Fehler gewesen sei, sie während der Analyse für die Sache der Psychoanalyse anzuwerben:

«Ich habe die Unkontrollierbarkeit ihrer emotionalen Reaktionen unterschätzt und beging im ersten Jahr den schweren Fehler, ihr während meiner Abwesenheit eine Woche lang mein Landhaus zur Verfügung zu stellen, da sie nicht wußte, wo sie die Ferien verbringen sollte. Dies führte zu einer Liebeserklärung und der verzweifelten Klage, sie sei noch niemals abgewiesen worden (sie ist die Geliebte von mehreren Männern gewesen). Von da an hat sie mich, da sie eine teuflische Sadistin ist, ohne Unterlaß und mit beachtlichem Erfolg und Einfallsreichtum gequält [...]. Die Behandlung scheiterte schließlich an meiner Unfähigkeit, diese negative Übertragung zu beherrschen, obwohl ich mich nach Kräften bemüht habe.»[17]

Freud wies Jones scharf zurecht. Immerhin war das bereits die zweite analytische Dreiecksbeziehung, in die Jones ihn ziehen wollte.

«[...] Sie können sich vorstellen, wie wenig erfreut ich über das war, was Sie mir in Ihrem Brief eröffnet haben. Ich will mir weitere Bemerkungen zu diesem Thema sparen, da mir scheint, Sie haben schon genug gebüßt für Ihren Fehler. Wollen wir hoffen, daß alle diese Abenteuer der Vergangenheit angehören.»[18]

Mrs. Riviere erschien ihm nicht «halb so schwarz, wie Sie sie mir

Joan Riviere und Alix Strachey: Übersetzerinnen der Psychoanalyse

geschildert hatten. [...] Nach meiner Erfahrung muß man bei einer sogenannten maskulinen Frau gar nicht so tief an der Haut kratzen, um ihre Weiblichkeit ans Licht zu bringen. Ich bin sehr froh, daß Sie keine sexuellen Beziehungen zu ihr unterhalten haben [...]. Es war jedoch sicher ein technischer Fehler, ihr freundschaftliche Dienste zu erweisen, bevor ihre Analyse beendet war»[19]. Wie immer stand Freud hinter seinen Patienten.

Seine indirekte und direkte Kritik verstimmte den jüngeren Jones, der es empörend fand, daß Freud ihn verdächtigte, er unterhalte sexuelle Beziehungen mit einer Patientin. Freud habe wohl den Satz über die «Liebeserklärung» mißverstanden, die sei natürlich von seiten Rivieres gekommen:

«Um ihrer Eitelkeit zu schmeicheln, hat sie immer die Theorie vertreten, ich sei ebenfalls in sie verliebt, sei aber nicht ehrlich genug, es zuzugeben [...]. Sie ist nicht der Typ, der mich erotisch anzieht, auch wenn ich ihre Intelligenz ebenso bewundere, wie ich das bei einem Mann täte. Ganz generell brauchen Sie sich in dieser Hinsicht keine Sorgen um mich zu machen. Es ist über zwölf Jahre her, daß ich auf diese Weise in Versuchung geraten bin, und das waren besondere Umstände [...].»[20]

Auch habe Freud, meinte Jones etwas maliziös, noch nicht die ungezügelte Wildheit der zweifellos intelligenten und nützlichen Mrs. Riviere zu spüren bekommen, da er, Freud, noch nicht den kritischen neunten Monat der Analyse erreicht habe, «als das erwartete Kind nicht kam» und «sie sich wieder mit ihrem Vater zu identifizieren begann und mich [...] wie ihren jüngeren Bruder behandelte, der nur eine Funktion im Leben hatte: zuzugeben, daß er neben ihrer Großartigkeit ein Nichts sei».[21]

Aus dem Briefwechsel, der mit all seinen leidenschaftlichen Angriffen, Gegenangriffen und Selbstverteidigungen Freud und Jones auf der Höhe ihres diplomatischen und manipulativen Geschicks zeigt, geht auch hervor, daß Freud, überzeugt von Rivieres intellektuellen und literarischen Fähigkeiten, Jones dazu brachte, sie zur Übersetzerin und Herausgeberin des *International Journal* zu machen. Dies war eine äußerst wichtige Aufgabe, da in jener Frühzeit viele Artikel des *Journal* von Freud stammten oder Übersetzungen aus der *Zeitschrift* und *Imago* waren. Joan Riviere war damit die verantwortliche Person für die englischsprachige Präsentation der Psychoanalyse. Sie erfüllte diese Aufgabe bis 1937. Dann trat sie zurück, um sich der klinischen Arbeit und der Schriftstellerei zu widmen.

Ein Frauenberuf

Jones, der immerhin als erster ihre Begabung erkannt hatte und sie zur Mitwirkung gewinnen wollte, lehnte dennoch Freuds Vorschlag zunächst ab, weil er das Gefühl hatte, daß der vom Charme Joan Rivieres bezauberte Freud diese auch zur Herausgeberin seiner *Collected Papers*, der englischen Vorkriegsausgabe der *Standard Edition*, machen wollte – was sich nicht nur diametral gegen Jones' eigene Ambitionen richtete, sondern ihm auch als unmögliche Zumutung erschien, solange Riviere sich so «unerträglich autoritär» und «tyrannisch» aufführte. Und dann kam die Kampfansage. «Man hält hier ihren Besuch in Wien für die letzte und härteste Probe, die die Psychoanalyse zu bestehen hat, und man ist sehr gespannt, ob sich ihre verächtliche Art, andere Leute wie Dreck unter ihren Füßen zu behandeln, ändern wird.»[22]

Da hier seine Objektivität als Analytiker in Zweifel gezogen wurde, nahm Freud den Fehdehandschuh auf und schrieb den schärfsten aller uns bekannten Briefe an Jones:

«Ich kann mir vorstellen, was Sie über mich in dieser Angelegenheit denken. Daß Mrs. Riviere sich mir gegenüber besonders hübsch und nett gezeigt habe, mich für sie eingenommen und mich dazu verführt habe, sie ritterlich zu verteidigen, so daß ich nur mehr eine Marionette in ihrer Hand bin, ihr die Briefe zeige, die ich von Ihnen erhalte, und Sie verrate. Ich bin mir sicher, daß Sie unrecht haben, und finde es bedauerlich, daß ich das so betonen muß. Aber wenn ich Sie mißverstanden habe, bitte ich Sie um Verzeihung.

Eine zweite Analyse wie diese hier ist keine einfache und angenehme Aufgabe. Mir wurden besondere Pflichten auferlegt, und ich will mich mit dem kleinstmöglichen Schaden für alle Beteiligten ihrer entledigen. Sie waren nicht widerspruchsfrei in der Frage, wie sie zu mir übergewechselt ist, aber schließlich behaupteten Sie, Sie hätten sie zu mir geschickt, um die Analyse, die sie bei Ihnen begonnen hatte, zu beenden und ins Lot zu bringen. Sie bekannten sich dazu, einige technische Fehler bei der Analyse gemacht zu haben, und bedauerten sie in einem so ernsthaften Ton, daß ich zu einer Fehlinterpretation über die Natur dieser Fehler verleitet wurde. Angesichts dieser Situation müssen Sie sich darauf gefaßt machen, daß ich mich auf Mrs. Rivieres Seite stelle, ihre Interessen verteidige und mich sogar zugunsten ihrer Analyse gegen Sie wende. Damit erfülle ich lediglich meine Pflicht als Analytiker. Es hätte nichts genützt, wenn ich gleich zu Beginn verkündet hätte: Ihre Meinungsverschiedenheit mit Dr. J. darf in unserer Analyse nicht erwähnt werden, oder: Seien Sie versichert, wann immer Sie sich mit ihm gestritten haben, müssen Sie unrecht und er recht gehabt haben, denn er ist ein alter Freund von mir, der alle meine Schüler überragt und gegenwärtig die psa. Bewegung anführt. Es wäre besser gewesen, mit ihrer Analyse gar nicht erst zu beginnen! So mußte ich nun durch die Sache durch, mir alle Einzelheiten anhören und Sie erst einmal aufgeben, bevor ich Sie wieder zurückholen konnte. Es war aussichtslos, ihr die Abnormität ihrer Reaktionen begreiflich zu machen, bevor sie nicht eine Bestätigung Ihrer Fehler bekommen hatte.

Und in der Tat kann ich nicht gutheißen, wie Sie sie behandelt haben. Sie scheinen sehr schnell die Überlegenheit des Analytikers verloren zu haben, die in so einem Fall besonders vonnöten ist. Ich werde mich jetzt nicht weiter kritisch über Ihre Behandlungstechnik äußern, wenn es Ihnen recht ist, vielleicht können wir das in einem Gespräch tun, und auf deutsch.»[23]

Sodann gibt Freud in lakonischer Kürze eine Diagnose ab:

«Kehren wir zu Mrs. Riviere zurück. Wenn Sie nichts als eine *intrigante* wäre, hätte sie ihre liebenswürdige Art mir gegenüber nicht abgelegt, bis sie alles, was sie brauchte, aus mir herausgeholt hätte. Nun, das hat sie nicht getan. Sie ging schon bald recht barsch, ja kritisch mit mir um und versuchte mich genauso zu provozieren wie Sie. Ich machte es mir zur Regel, mich nicht über sie zu ärgern. Ich kann Ihnen jetzt nicht das Ergebnis unserer Analyse mitteilen, weil es noch nicht feststeht und nicht vollständig ist. Aber ein wichtiger Punkt war bald zu erkennen. Sie kann weder Lob noch Sieg oder Erfolg ertragen, genausowenig Niederlagen, Tadel und Zurückweisung. In beiden Fällen wird sie unglücklich, im zweiten direkt, im ersten indirekt. Sie hat sich somit selbst eine ‹Zwickmühle› gebaut, fragen Sie Ihre Frau, was das heißt. Wann immer ihr eine Anerkennung, eine Begünstigung oder ein Geschenk zuteil wird, reagiert sie mit Sicherheit aggressiv und verliert jeden Respekt vor dem Analytiker. Sie wissen, was das bedeutet, es ist ein untrügliches Zeichen für ein tiefes Schuldbewußtsein, für einen Konflikt zwischen dem Ich und dem Ideal. So geht es in ihrem Fall auch um das narzißtische Problem, es handelt sich um einen Fall von Charakteranalyse, die zu der Neurose hinzukommt. Sicher ist ihr dieser Konflikt, die Ursache für ihre ständige Unzufriedenheit, nicht bewußt. Wann immer er an die Oberfläche kommt, projiziert sie ihre Selbstkritik auf andere Menschen, verwandelt ihre Gewissensbisse in sadistisches Benehmen und versucht andere Menschen unglücklich zu machen, weil sie es selbst

Ein Frauenberuf

ist. Unsere Theorie beherrscht noch nicht den Mechanismus dieser Fälle. Es scheint, daß sich bei ihr schon in einem sehr frühen Stadium ein hohes und ernstes Ideal gebildet hat, daß aber dieses Ideal beim Einsetzen der sexuellen Reife ‹verdrängt› wurde und seither im Dunkeln wirkt. Ihre sexuelle Freiheit ist vielleicht nur ein äußerer Schein, zu dessen Wahrung sie jene auffallenden Ersatzhaltungen wie Hochmut, majestätisches Benehmen etc. braucht.

Nun, ich weiß nicht, ob ich mit ihr besser zurechtkomme und wie weitreichend der Erfolg sein kann, aber im Moment geht es ganz zufriedenstellend voran, und die Analyse hat viel Interessantes zu bieten. Ich gebe zu, daß ich ihr gegenüber freundliche Gefühle hege, teils wegen ihrer intellektuellen Fähigkeiten und praktischen Tüchtigkeit. Ich würde ihr nicht die geringste Chance geben, wenn sie nicht diese hochzuschätzenden Qualitäten besäße. Aber diese besitzt sie, und ‹aktive Therapeuten› könnten dieses Faktum benutzen, um die Versöhnung ihres Ideals und ihres Ichs herbeizuführen. Während die Behandlung ihre Unfähigkeit, sich über Erfolge zu freuen, besiegt, wäre eine angemessene Anerkennung ihrer Fähigkeiten zu ihrem wie auch zu unserem Vorteile.»[24]

Zu der Zeit, da er diesen Brief verfaßte, entwickelte Freud seine Begriffe vom Über-Ich und dem unbewußten Schuldgefühl. Da seine Riviere-Diagnose und die «klinischen Tatsachen»[25], auf die er seine Theorie der Beziehungen zwischen Ich, Ichideal und Über-Ich stützte, gewisse Ähnlichkeiten aufweisen, kann man annehmen, daß Joan Riviere ihm als wichtigstes Modell für seine zweite Topographie der Seele diente: das Es, das Ich und das Über-Ich.[26]

Joan Riviere war sicher interessant als Anreiz für die Thesen, die Freud entwickelte, aber konnte sie auch als ein gelungener Beweis für die Richtigkeit seiner Psychoanalyse angeführt werden? Hatte Freud trotz seiner Prognose, daß sie «auf unbegrenzte Zeit besonderer Pflege und Zuwendung» bedürfe,[27] dennoch die «Probe» bestanden? Aus der Freud-Jones-Korrespondenz geht hervor, daß sich Rivieres Beziehungen zu Jones und anderen Kollegen nach ihrer Analyse bei Freud verbesserten. Im Dezember 1922 schrieb Jones, Mrs. Riviere mache seit ihrer Rückkehr einen ausgezeichneten Eindruck; «ich denke, wir werden gut zusammenarbeiten».[28] Anfang 1924 betonte er, daß sie sich als «höchst nützliche und loyale Mitarbeiterin» erwiesen habe, mit allen sehr gut auskomme und sich auch mit ihm selbst bestens verstehe.[29] Joan Rivieres Ichideal hatte jedoch nichts von seiner Rigorosität eingebüßt, so daß sich Studenten und Kollegen weiter vor ihrer scharfen Zunge und ihren strengen Urteilen fürchteten.[30] Und es erwies sich, daß sie auch an sich selbst keine geringeren Forderungen stellte.

Während Freud sie noch 1922 vor Jones in Schutz genommen hatte, wendete sich 1927 das Blatt. Nun war es Jones, der sie Freud gegenüber verteidigte. Wieder drohte ihre Freundschaft, die durch Joan Riviere auf eine «harte Probe» gestellt worden war, zu zerbrechen. Diesmal war es Freud, der unter ihrer scharfen Zunge und unnachgiebigen Strenge litt. Aber jetzt ging es nicht nur um eine verpfuschte Analyse, sondern um wesentlich mehr. Es ging um die Führung der Psychoanalyse in England.

Joan Riviere traf Melanie Klein wahrscheinlich zum erstenmal 1920 auf dem Kongreß in Den Haag. Aber erst vier Jahre später auf dem Salzburger Kongreß, wo Melanie Klein ihren umstrittenen Vortrag über Kinderanalyse hielt, schlossen sie die Freundschaft, die für beide so wichtig werden sollte. Die elegante, hochmütige Riviere und die pummelige, ungezwungene Klein mögen ein seltsames Paar gewesen sein, aber sie waren verwandte Seelen. In Joan Riviere fand Melanie Klein eine englische Mitstreiterin, die ihr Werk nicht nur höchst lebendig, sondern auch mit der ihr eigenen, unverwechselbaren Schärfe ins Englische übersetzte. Joan Riviere dagegen entdeckte bei Melanie Klein eine Facette des freudschen Denkens, die sie faszinierte: Melanie Klein beschrieb die kindliche Welt als eine Welt der Gewalt, in der die sadistischen und aggressiven Triebe blühen und gedeihen, wie immer der äußere Rahmen des Familienlebens beschaffen sein mag. Wie Athol Hughes erst kürzlich in seinem exzellenten Buch über Joan Riviere dargestellt hat, arbeitete Riviere, angeregt durch die Kleinschen Visionen, auf eigene Faust in dieser Richtung weiter. Sie war die erste, die die pathologische Eifersucht auf den Neid der Urszene zurückführte – fünfundzwanzig Jahre bevor Melanie Klein zum selben Ergebnis kam. Daß Klein es dann versäumte, auf Rivieres Urheberschaft in diesem Punkt hinzuweisen, war wahrscheinlich ein erstes der Probleme, die zu einer völligen Abkühlung der Beziehung in den fünfziger Jahren führten.

Als jedoch die britischen Psychoanalytiker 1927 zum Gegenangriff auf Anna Freud und ihre Position in der Kinderanalyse bliesen, stand Joan Riviere in der vordersten Linie der britischen Kleinianer. In ihrem Beitrag zum «Symposium on Child Analysis»[31] kritisierte sie Anna Freud aufs schärfste. Sie warf ihr logische Inkonsequenz vor, wenn sie einerseits behaupte, man könne mit Kindern nicht die übliche Analyse durchführen, weil Kinder anders als Erwachsene seien, und anderer-

Ein Frauenberuf

seits die Tatsache, daß sie anders als Erwachsene seien, damit begründe, daß bei ihnen die Analyse nicht auf die übliche Weise durchgeführt werde.[32] Mehr Gewicht hatte ihr Vorwurf, Anna Freud habe die «wahre Natur» des Ödipuskomplexes, nämlich seine Unbewußtheit, ad absurdum geführt:

«Aus der Erwachsenenanalyse geht klar genug hervor, daß sich, unabhängig von seinem Alter, nicht die *realen* Beziehungen des Patienten zu seinen Eltern in seiner Neurose widerspiegeln. Der Ödipuskomplex und die mit ihm verbundenen prägenitalen Phantasien entspringen und existieren im Geist – oder in der ‹Einbildungskraft›, wie es im allgemeinen heißt – und sind ganz unabhängig von der Realität, wie jede Übertragungsneurose zeigt. Diese Phantasien spielen sich im *Unbewußten* ab, und ihr Objekt ist nicht der reale Vater und die reale Mutter, sondern die unbewußte Imago von ihm oder ihr. Die unbewußte Beziehung zu dieser Imago wird dann auf die *realen* Eltern *übertragen* und an ihnen aufgearbeitet (so wie sie in der Übertragungsneurose am Analytiker aufgearbeitet wird), und das verursacht dann das morbide Verhalten, das so oft den größeren Teil der kindlichen Neurose ausmacht.»[33]

Man stelle sich vor: Freuds Tochter wird in Kursivschrift an die Bedeutung des Unbewußten und der Übertragung erinnert! Für Joan Riviere beschäftigt sich die Analyse nicht mit der Erziehung oder der «realen» Welt des Kindes, die so eminent wichtig für Anna Freud ist, sondern mit dem Unbewußten des Kindes, seiner Phantasiewelt. Auch ist das Über-Ich, das sich ihrer Ansicht nach viel früher bildet, als Anna Freud annimmt, nicht das Produkt von «realen» elterlichen Verboten:

«[...] das kindliche Ideal des Guten – seines Über-Ichs – beruht auf einem Frustrationserlebnis und ist nur ein Detail innerhalb seines Phantasielebens. Es ist nicht so sehr das ‹Kinderstubenbewußtsein›, die Lektionen in Sauberkeit etc., das dem Kind ein Gefühl für Sittlichkeit eingibt. Das reiche Phantasieleben, das uns die Analyse enthüllt, enthält Vorstellungen, die für das zivilisierte Bewußtsein undenkbar sind, Vorstellungen, die in *keiner* Umgebung realisiert werden könnten. Selbst bei prägenitalen Ödipusphantasien muß man daher vom Faktor der Frustration ausgehen. So sind es nicht aktuelle Drohungen und Verbote, sittliche oder ethische Befehle, die dem Kind Schuldgefühle einflößen; es ist die Tatsache seiner eigenen Unterlegenheit und die Unerfüllbarkeit seiner sexuellen Wünsche.»[34]

Interessanterweise äußerte sich Freud in der Korrespondenz mit Ernest Jones, als es um die Angriffe der britischen Kleinianer auf Anna

Joan Riviere und Alix Strachey: Übersetzerinnen der Psychoanalyse

Freud ging, relativ freundlich über Melanie Klein. Er gab zwar Jones die Schuld, daß es so weit gekommen war, aber empört war er nur über Joan Riviere, seine frühere Analysandin, die Frau, deren Verstand er so sehr schätzte und deren Neigung, Lob mit Aggression zu beantworten, er – vor fünf Jahren – am eigenen Leib erfahren und wegzuanalysieren versucht hatte.

«Peinlicher als diese Stürme im Wasserglas sind mir die theoretischen Äußerungen von der Riviere, grade darum, weil ich von ihrem Verständnis immer eine so hohe Meinung gehabt habe. Hier muß ich Ihnen den Vorwurf machen, daß Sie die Toleranz zu weit getrieben haben. Wenn ein Mitglied unserer Gruppen so irrige und irreführende Grundansichten äußert, ist es für den Führer der Gruppe ein guter Anlaß zu einer privaten Lektion, aber nicht ein Vorfall, dem man ohne kritische Bemerkung die weitgehendste Publizität zu sichern sucht.»[35]

Nun war es an Jones, Joan Riviere zu verteidigen, und er tat dies in der für ihn typischen diplomatischen Weise, indem er versuchte, sich in Freuds Augen reinzuwaschen und zugleich Rivieres Standpunkt zu verteidigen:

«Ich fand ihre Anschauungen in sich nicht unrichtig, obwohl sie in einer einseitigen und daher mißverständlichen Weise dargestellt werden. Ich habe sicher mein Möglichstes getan, um ihr das klarzumachen, aber Sie wissen ja, daß sie ein sehr entschlossener Mensch ist, und ihre Thesen nicht zu veröffentlichen kam nicht in Frage. [...] Sie besteht darauf, daß das unbewußte Bild, das sich das Kind von den Eltern macht und auf das es auf so verschiedene Arten reagiert, weit davon entfernt ist, eine Photographie von ihnen zu sein, es wird vielmehr ganz individuell von dem geprägt, was die kindlichen Partialtriebe beisteuern. So kann ein Elternteil in der Vorstellung des Kindes wesentlich sadistischer sein als in der Realität etc. etc. Ich dachte, dies sei eine allgemein anerkannte Tatsache in der Psychoanalyse; wenn nicht, ist der Beweis meiner Meinung nach leicht zu erbringen. Auf diesem Punkt zu bestehen erscheint mir auch deshalb wichtig, weil manchmal die Tendenz besteht, das wachsende Über-Ich mit den *tatsächlichen* Eltern zu identifizieren anstatt mit dem jeweiligen Bild des Kindes von ihnen. Natürlich würde Mrs. Riviere nicht den Einfluß realer Zuschreibungen an die Eltern bei dieser Mischung verleugnen, und ich habe ihr zu verstehen gegeben, daß es ein Fehler war, nur auf das einzugehen, was man die phantastische Hälfte des Bildes nennen könnte.»[36]

Freud stellt in seinem Antwortbrief, der übrigens frei von Entrüstung ist, Joan Riviere mit ihrem Rückgriff auf eine «phylogenetische Imago»

Ein Frauenberuf

in eine Reihe mit dem Erzverräter C.G. Jung, hebt aber dennoch ihren Scharfsinn anerkennend hervor. Seine Bewunderung ist sogar stärker als das Bedürfnis, seine Tochter zu verteidigen:

«Ich erfahre, daß Sie Mrs. R. genau so beurteilen wie ich. Natürlich werfe ich ihr vor, daß sie die eine Hälfte des Sachverhalts verleugnet, während sie [die] andere – was Sie the phantastic half heißen – allein proklamiert, übrigens in ausgezeichneter Weise: Dadurch wird ihre Anschauung ‹ketzerisch›, erhält eine fatale Ähnlichkeit mit der Jungschen und ist wie diese ein wichtiger Schritt, die Analyse unreal und unpersönlich zu machen. Ein Mißverständnis ihrer Worte ist durch die Klarheit ihres Stils ausgeschlossen. Lesen Sie doch nur den letzten Absatz ihres Artikels nochmals.[37] Wenn sie einen Fall erlebt hat, der ihr die Bedeutung der phylogenetischen Imago bewies, so kann mir [ich] mit einer größeren Anzahl von Fällen dienen, die den Einfluß der realen persönlichen Momente über jeden Zweifel heben. Merkwürdig, daß es den Menschen am schwersten wird, die Überdeterminierung, die Mehrzahl ätiologischer Momente anzuerkennen. Alle unsere Abtrünnigen haben immer ein Stück der Wahrheit aufgegriffen und es für die ganze setzen wollen.

Mrs. R.s Logik und Scharfblick verleugnen sich übrigens auch in ihrem Irrtum nicht; sie hat ganz richtig die Theorie herausgefunden, die allein zur Technik von Frau Klein paßt. [...]

Wäre es nicht an der Zeit, diese nicht durchaus erfreuliche Episode abzuschließen? Es täte mir leid, wenn Mrs. R. dauernd entmutigt oder entfremdet bliebe.»[38]

Kein Wunder, daß Anna Freud sehr eifersüchtig auf Joan Riviere war, wie sie Jones gegenüber später eingestand.[39]

Diese aber setzte sich weiterhin für Melanie Klein ein. In einer der Austauschvorlesungen, die in den dreißiger Jahren von der Wiener und der Britischen Vereinigung organisiert wurden, sprach sie am 5. Mai 1936, am Tag vor Freuds achtzigstem Geburtstag, in Wien über «die Genesis des psychischen Konflikts in der frühesten Kindheit». Man kann sich keine bessere Einführung in das Kleinsche Denken vorstellen als diesen brillanten Vortrag. Mit gewohnter Treffsicherheit, die sie vor sechs Jahren bei der Übersetzung von Freuds *Das Unbehagen in der Kultur* unter Beweis gestellt hatte, verdeutlichte sie hier die düstere Weltsicht Melanie Kleins. Und ebenso souverän, wie sie komplizierte theoretische Erkenntnisse darzustellen vermag, schildert sie anschaulich, wie sich die sadistischen Phantasien des Kindes durch sein aggressives Verhalten ausdrücken:

«Glieder trampeln, treten, schlagen; Lippen, Finger und Hände saugen, kneifen, quetschen; Zähne beißen, nagen, zerfetzen und durchtrennen; der Mund verschlingt, schluckt und ‹tötet› (vernichtet); die Augen töten mit einem stechenden Blick; Atem und Mund schmerzen in dem Lärm, den die empfindlichen Ohren des Kindes selbst vernommen haben. Vermutlich *fühlt* ein Kind bereits in den ersten Monaten nicht nur sich selbst handeln, sondern verbindet damit auch bestimmte *Vorstellungen*. Es spürt diesen sadistischen Handlungen in seiner Phantasie nach, und das nicht nur, um Gefahr von sich abzuwenden, sondern um sie auf das Objekt zu übertragen (Projektion).»[40]

Als während des Krieges die Kontroverse in vollem Gange war, brauchte Riviere ihre Position gar nicht mehr selbst zu verteidigen; es gab genügend andere, die ihre Argumente vorbrachten. Sie kümmerte sich um organisatorische Dinge und griff nur dann und wann ein, wenn sich die Auseinandersetzung nicht mehr auf «wissenschaftliche» Differenzen beschränkte, sondern in unwürdige persönliche Feindseligkeiten ausuferte.[41]

Trotz ihres Eintretens für Melanie Klein wandte sich Joan Riviere niemals gegen Freud. Sie hörte nie auf, den Professor zu bewundern, und machte daraus auch in der Öffentlichkeit keinen Hehl. Ihr scharfes Urteilsvermögen bewahrte sie davor, ihn zu idealisieren oder zu verteufeln. Und da ihre kritische Einstellung zu allem und jedem – auch wenn es sich um den Gründer der Psychoanalyse handelte – bekannt war, ist man geneigt, ihr zu glauben, wenn sie sich einmal ein Lob abrang. Im selben Jahr, in dem sie an ihrer vom Kleinschen Geist durchdrungenen Vorlesung für Freuds achtzigsten Geburtstag arbeitete, rezensierte sie seine «Autobiographische Notiz». Ihr abschließender Kommentar vermittelt uns nicht nur wertvolle Einsichten in das Wesen Freuds, sondern erklärt auch, warum Freud ihr immer wieder Bewunderung abnötigte:

«Zwischen den Zeilen dieser Lebensgeschichte werden die Wesenszüge des Erzählers deutlich: einerseits seine angeborenen Begabungen – Phantasie, Weitblick und Erkenntnisvermögen; auf der anderen Seite Charakterzüge, die durch ihre Strenge diese Gaben ergänzen und ausgleichen – Furchtlosigkeit, Geduld, Widerstandskraft, Aufrichtigkeit und Redlichkeit. Diese beiden Seiten seiner Natur sind zu einem Ganzen verschmolzen und dienten der Wahrheitsfindung bei dem alles beherrschenden Ziel seines Lebens: eine Möglichkeit zu finden, die subjektiven menschlichen Erfahrungen mit der greifbaren, beweisbaren Realität des Lebens zu einer Einheit zu verbinden und sie damit zum erstenmal zu versöhnen.»⁴²

Einige Jahre später, am 23. September 1939, eine Woche nach Freuds Tod, verfaßte Joan Riviere eine noch persönlichere Huldigung an Freud, die zugleich ergreifend und präzise, wenn auch wie gewohnt nicht unproblematisch war. Für die Freudianer von Bloomsbury war es nicht leicht zu verkraften, daß Freud Jude war, und Rivieres Antisemitismus stand dem der Gruppe in nichts nach. So bemüht sie sich, den Schandfleck etwas zu verkleinern: «Sein Äußeres war nicht [...] ausgesprochen jüdisch», schreibt sie und fügt eine anschauliche Beschreibung seiner Physis hinzu, die mit der Bemerkung endet: «Seine ehrfurchtgebietende Erscheinung bekam durch seinen bezaubernden Humor eine menschliche Wärme, die in allem, was er sagte, zu spüren war und einem die Gewißheit gab, daß der erhabene Olympier ebenso sterblich war wie wir.»⁴³

Ebenfalls mit Humor beschreibt sie sodann Freuds Ungeduld mit «Präambeln und höflichen Floskeln». Entgegen der von ihm selbst festgelegten Regel hatte Freud nämlich ihre Analyse mit den Worten begonnen: «Gut, ich weiß schon allerhand über Sie: Sie hatten einen Vater und eine Mutter!» Sie schildert Freuds seltsam unpersönliche Art, diese «Zurückhaltung hinter seinem Eifer, als ob er nicht für sich, sondern für einen außerhalb seiner selbst liegenden Zweck so herrische Fragen stellte»⁴⁴. Seine Schriften seien von einem «unnachahmlich trockenen Humor» bestimmt, «der sich im Alltag durch einen bezaubernden Witz und die Fähigkeit ausdrückte, fast in allen Situationen die gute Laune zu bewahren». Aber so «tolerant und philosophisch» er war, man konnte ihn auch ungeduldig und intolerant erleben. Dummköpfe ertrug er nur mit Mühe. Am meisten bewunderte sie an ihm, daß er die Eigenschaften eines rastlosen Jägers und eines unbeweglich registrierenden Beobachters vereinte: Mut und Zähigkeit, verbunden mit unerschütterlicher Aufrichtigkeit, unterstützten seine Beobachtungsgabe und seine «kühne Imagination». Dann folgte das unausweichliche Riviresche «allerdings»: Allerdings habe Freuds «Fähigkeit, neue Erkenntnisse zu gewinnen und alte immer wieder zu überprüfen, nach seiner Operation von 1924 beträchtlich nachgelassen», verkündete Riviere⁴⁵ – womit sich uns sein Unvermögen erklärt, die Bedeutung der Kleinianischen Erkenntnisse zu erfassen.

Ihre Fähigkeit, ohne vorgegebene Schemata die Probleme ihrer Patienten zu erfassen, kam in mehreren bedeutenden Abhandlungen zum Ausdruck. In «Jealousy as a Mechanism of Defence» (1932) wies sie auf das unter der Eifersucht verborgene Neidgefühl des Kindes und den davon abzuleitenden Wunsch hin, die Mutter – im Besitz von Milch, Brust, Penis und Kindern – zu berauben und zu vernichten. Dieser Wunsch verursacht ein tiefes Schuldgefühl, aus dem heraus der aggressive Wunsch dann auf das «geliebte» andere, auf die Mutter, projiziert wird, die damit zum Subjekt vermeintlicher Treuebrüche wird und zur eigentlichen Urheberin der krankhaften Eifersucht der Patientin. In «Weiblichkeit als Maske» (1929) greift Riviere Ernest Jones' Aufsatz «Die erste Entwicklung der weiblichen Sexualität» (1928) auf und bereichert die klinische Typologie der Psychoanalyse um einen weiblichen Typus, der der heutigen Erfahrung weit mehr entspricht als die entsprechenden Darstellungen Freuds oder Helene Deutschs. Die intellektuelle Frau war ein Thema, über das sie einiges zu sagen hatte. Sie brauchte nur sich selbst und die in der Britischen Vereinigung so stark vertretenen Frauen als Studienobjekte zu nehmen. Für Riviere, die bereits der Generation nach Freud angehört, sind durch den Wegfall des viktorianischen Moralkodexes ganz andere Voraussetzungen für diesen neuen Typus geschaffen:

«Vor nicht allzu langer Zeit verbanden sich intellektuelle Zielsetzungen der Frau fast ausschließlich mit einem manifest maskulinen Frauentyp, der in ausgesprochenen Fällen aus seinem Wunsche, ein Mann zu sein, kein Geheimnis machte. Dies hat sich heute geändert. Es wäre schwer zu sagen, ob die Mehrheit der heute in Berufsarbeit stehenden Frauen in der Art ihrer Lebensführung und ihres Charakters weiblich oder männlich ist. Man trifft im Universitätsleben, im ärztlichen Berufe und im Geschäftsleben beständig Frauen, die jede Erwartung vollkommener weiblicher Entwicklung zu erfüllen scheinen. Sie sind vorzügliche Gattinnen und Mütter, tüchtige Hausfrauen; sie führen ein geselliges Leben und fördern die Kultur, sie ermangeln nicht weiblicher Interessen, z. B. in ihrer persönlichen Erscheinung. Wenn es darauf ankommt, können sie auch die Zeit finden, um in einem weiten Kreise von Verwandten und Freunden die Rolle eines hingebungsvollen, selbstlosen Mutterersatzes zu spielen. Zugleich erfüllen sie die Pflichten ihrer Berufe nicht schlechter als der Durchschnittsmann. Es stellt wirklich ein Problem dar, wie man diesen Typ psychologisch klassifizieren soll.»[46]

Riviere versucht sich nun an dieser Aufgabe und analysiert eine Frau dieser Art, die trotz ihrer Fähigkeiten und Erfolge als Schriftstellerin und Rednerin stets das Bedürfnis nach Bestätigung von männlicher Seite verspürte. Nach jeder Publikation beziehungsweise jedem

Ein Frauenberuf

Auftritt in der Öffentlichkeit war sie daher darauf aus, von Männern sexuell und beruflich hofiert zu werden. Es zeigte sich, daß dieses Bedürfnis seinen Ursprung in der Identifikation und späteren Rivalität mit ihrem Vater hatte: Indem sie sich von Männern, die bei ihrem Auftritt zugegen gewesen waren, Anerkennung holte, wehrte sie die Vergeltung ab, die ihr möglicherweise für den Besitz des väterlichen Penis drohte. Aber Riviere ging noch weiter. Das zwanghafte Bedürfnis der Patientin, mit Männern zu flirten und ihnen zu gefallen, diente nicht dem Ziel, «sich einfach Beruhigung durch Erweckung freundlicher Gefühle bei einem Manne zu sichern»:

«Es war hauptsächlich eine Verstärkung der Sicherheit durch Vorspiegelung der Unschuld. Es war eine zwangsmäßige Umkehrung ihrer intellektuellen Leistung. Beide zusammen bildeten die zweiseitige Handlung der Zwangsneurose, wie ja auch ihr Leben als Ganzes aus alternativen maskulinen und femininen Betätigungen bestand.»[47]

Für diese Patientin, stellt sie abschließend fest, konnte die Weiblichkeit «vorgeschützt und als eine Maske getragen werden – sowohl um den Besitz der Männlichkeit zu verbergen wie auch um die Bestrafung zu vermeiden, wenn der Besitz dieser Männlichkeit bei ihr entdeckt» werden sollte.

Diesen Überlegungen liegt eine radikale Position zugrunde: Für Joan Riviere ist Maske und Substanz ein und dasselbe, wenn es die Weiblichkeit betrifft. «Der Leser mag nun fragen, wie ich denn Weiblichkeit definiere oder wo ich eine Grenze zwischen echter Weiblichkeit und solcher Maskerade ziehe. Ich behaupte jedoch keineswegs, daß es einen solchen Unterschied gäbe; ob fundamental oder oberflächlich – es handelt sich um dieselbe Sache.»[48]

Interessanterweise beschreibt Riviere diese Frau als «homosexuell», da sie ihre heterosexuelle Weiblichkeit nicht völlig realisiert habe – allerdings wird nicht ganz klar, was mit völliger Realisierung gemeint ist, wenn man die Maskerade als eine Konstante postuliert. Das klinische Bild, das sie entwirft, ist folgendes: Als Folge der unvermeidlichen Enttäuschung oder Frustration beim Saugen und Entwöhnen entsteht im Kind der Wunsch, die Brustwarze der Mutter abzubeißen, oder, wenn die oralsadistischen Wünsche sehr stark sind, «die Mutter zu zerstören, in sie einzudringen und sie und den Inhalt ihres Leibes» – zu dem der väterliche Penis gehört – «aufzufressen». Der Oralsadismus erstreckt sich auch auf den Vater in Gestalt des Wunsches, ihn durch Abbeißen des Penis zu kastrieren. So sind beide Eltern gefürchtete Rivalen, aber am meisten wird die Mutter gehaßt und gefürchtet:

Sie könnte ja als Vergeltungsmaßnahme für den sadistischen Akt des Kindes den Körper des Mädchens zerstören, ihre Schönheit, ihre Fähigkeit, Kinder zu bekommen. Der einzige Ausweg des Mädchens ist daher, sich mit dem Vater zu identifizieren, sich so seine Männlichkeit anzueignen und diese in den Dienst der Mutter zu stellen: «Sie wird der Vater und nimmt seinen Platz ein; so kann sie ihn der Mutter ‹wiedergeben›.» Aber diese Wiedergutmachung kann das Mädchen nur dann erfolgreich leisten, wenn die Mutter «ihre Überlegenheit als Mann, der den Penis besaß und ihn zurückgeben konnte», anerkennt. Wenn es keine mütterliche Dankbarkeit spürt, wird das Mädchen zum Opfer von oralsadistischen Anfällen. Später wird das Mädchen seine Angst, die Mutter beraubt zu haben, dadurch zu verdrängen suchen, daß es die Existenz seiner Mutter verleugnet. Das Schuldgefühl, über sie triumphiert zu haben, kann ihr nur der Vater abnehmen. Indem er sie anerkennt, gibt er ihr und nicht der Mutter den Penis. Allerdings bedeutet diese Überlegenheit den Verzicht auf vieles, was die Mutter besaß. Eine ganz und gar heterosexuelle Weiblichkeit gibt es nicht.

Was ist nun «das eigentliche Wesen einer vollentwickelten Weiblichkeit», was ist «das *ewig Weibliche*»? Riviere beantwortet diese Frage, indem sie auf den Begriff von Weiblichkeit als Maske hinweist, eine Maske, hinter der der Mann eine verborgene Gefahr wittert. Die Voraussetzung für eine voll entwickelte heterosexuelle Weiblichkeit kann in der «oral-saugenden Stufe» liegen – wenn «(Brustwarze, Milch) Penis, Samen, Kind vom Vater» empfangen wird. Daß die «Kastration» – die Unterwürfigkeit, die Bewunderung des Mannes – akzeptiert wird, kann an der «Überschätzung des Objekts auf der oral-saugenden Stufe» liegen. Aber vordringlich beruht sie auf dem Verzicht auf sadistische Kastrationswünsche innerhalb der späteren «oral-beißenden Stufe»: «Ich darf nicht nehmen, ich darf nicht einmal bitten; es muß mir *geschenkt* werden.»

«Sowohl die normale wie die homosexuelle Frau begehren den Penis des Vaters und lehnen sich gegen die Versagung (oder Kastration) auf; sie unterscheiden sich aber durch den Grad des Sadismus und die Fähigkeit, sowohl mit diesem wie mit der aus dem Sadismus resultierenden Angst fertig zu werden.»[49]

In dieser Analyse, in der die Maske die weibliche Konstellation beherrscht, besteht zwischen Homosexualität und Heterosexualität nur ein minimaler Gradunterschied.

Joan Riviere, die viele Jahre als Psychoanalytikerin tätig war, hat einige der bekanntesten britischen Analytiker analysiert und ausgebildet: D.W. Winnicott, Susan Isaacs, Hanna Segal und Herbert Rosenfeld. Sie muß eine großartige Rednerin und inspirierte Lehrerin gewesen sein. In der Britischen Vereinigung, in der Frauen generell großen Einfluß hatten, war der ihre besonders groß. Aber abgesehen von ihrer Tätigkeit als Psychoanalytikerin sind wir versucht, Riviere ein Attribut zuzuerkennen, das sie ihrerseits – Projektion mag dabei eine Rolle gespielt haben – Freud zuerkannte. In ihrem letzten publizierten Aufsatz, einem Beitrag zu Freuds Hundertjahrfeier, den sie nach ihren Studien über die «Innenwelt» in der Literatur und Ibsens *Baumeister Solness* verfaßt hatte, stellt sie Freud als Schriftsteller vor: als einen Denker, der es verstanden hatte, abstrakte Begriffe lebendig darzustellen. Es war der Schriftsteller Freud, der sie zu einer Analyse angeregt und sie zu seiner Übersetzerin gemacht hatte. Und es ist die Schriftstellerin Joan Riviere, die uns am direktesten anspricht; ihre Sprache erfüllt theoretische Konstrukte mit Leben. Ihre Beschreibung der depressiven Position ist eine so intensive Situationsschilderung, daß sie es mit jedem Schriftsteller ihrer Zeit aufnehmen könnte:

«Das Wesen einer depressiven Position [...] entspricht der Situation, in der alle, die man geliebt hat, *im Inneren* tot und vernichtet sind, wenn alles, was gut war, verstreut ist, verloren, zerfallen, zerstört und vom Wind davongetragen, wenn *im Inneren* nichts geblieben ist als Trostlosigkeit. Liebe bringt Leid, und Leid bringt Schuld; die unerträgliche Anspannung nimmt zu, es gibt kein Entrinnen, man ist vollkommen allein, es ist niemand da, der einem helfen könnte. Die Liebe muß sterben, weil sie gestorben ist. Außerdem gäbe es niemanden, der einem zu essen geben, niemanden, dem man zu essen geben könnte, und es gäbe auch kein Essen auf der Erde. Nur die unsterblichen Verfolger, die niemals ausgelöscht werden können, belebte noch eine magische Kraft: die Geister. Was folgte, wäre der Tod – aber man würde seinem Leben selbst ein Ende setzen, bevor sich eine solche Position verwirklichte.»[50]

Die britische Psychoanalyse konnte sich glücklich schätzen, sie zu den Ihren zu zählen.

Joan Riviere und Alix Strachey: Übersetzerinnen der Psychoanalyse

Alix Strachey, 1892–1973

Der von imperialistischem Ehrgeiz beseelte, tatkräftige Ernest Jones hatte schon 1913 eine komplette und standardisierte englische Ausgabe der Freudschen Werke ins Auge gefaßt[51] und war dann auch die treibende Kraft bei dem Projekt, das zunächst von Joan Riviere und dann von James Strachey und seiner Frau Alix betreut wurde. Letzteren beiden fiel schließlich die Aufgabe zu, Freud in einen «englischen, in der Mitte des neunzehnten Jahrhunderts geborenen Gelehrten von umfassender Bildung» zu verwandeln, als die *Collected Papers* nach dem Zweiten Weltkrieg der vierundzwanzig Bände zählenden *Standard Edition* wichen.[52] Der Name von Alix Strachey wird auf der Titelseite unter «Mitarbeit» erwähnt – tatsächlich hat sie jedoch den Großteil der Übersetzungsarbeit geleistet und ist fast fünfzig Jahre James Stracheys kritische Mitarbeiterin gewesen – seit dem Zeitpunkt, da Freud sie nur wenige Wochen nach Beginn der Analyse plötzlich gebeten hatte, seinen kurz zuvor geschriebenen Aufsatz «Ein Kind wird geschlagen» zu übersetzen.

Alix Sargant-Florence wurde wie ihr älterer Bruder Philipp in New Jersey geboren, wo sich ihr amerikanischer Vater und ihre britische Mutter in der Künstlerkolonie Nutley niedergelassen hatten.[53] Doch schon sechs Wochen nach der Geburt der kleinen Alix ertrank ihr Vater, und Mary Sargant kehrte mit ihren Kindern nach England zurück. Die engagierte Feministin und Malerin führte ein unkonventionelles Leben und unternahm mit ihren Kindern häufige Reisen auf den Kontinent. 1900 zogen sie von Chelsea in ein neugebautes Haus in Buckinghamshire, Lord's Wood: Ihre Bemühungen, es in Lady's Wood umzubenennen, blieben erfolglos. Der Schulbesuch der Kinder war höchst unregelmäßig. Alix kam erst mit zehn Jahren in die Volksschule und dann nach Bedales. Mary Sargant lag die künstlerische Ausbildung ihrer Kinder entschieden mehr am Herzen: Der informelle Unterricht enthielt immer Musik- und Zeichenstunden. Alix, die wenig Talent für die Musik zeigte, aber um so begabter für die bildende Kunst war, trat auf Geheiß der Mutter 1910 in die Slade School of Art ein. Schon nach einem Jahr jedoch wehrte sie sich und verkündete, sie interessiere sich mehr für Philosophie und Anthropologie als für Malerei. 1911 wurde sie im Newnham College in Cambridge aufgenommen, wo sie moderne Sprachen belegte, jedoch anderen Interessen nachging. Angeblich gehörten die Schriften Freuds dazu. Hier kam sie auch ihrem Bruder Philipp, damals Stipendiat des Caius College, wieder näher. Er holte sie in die Redaktion des *Cambridge Magazine* und nahm sie zu den nächtlichen und nächtelangen philosophischen Diskussionsrunden der rationalistischen Heretics Society mit. Sie behauptete sich in dieser vorwiegend männlichen Runde durch ihren scharfen Verstand und ihre ironische Betrachtungsweise, die wir aus ihren späteren Briefen kennen.

Zu Beginn ihrer Cambridger Jahre litt Alix Strachey unter Herzbeschwerden. Was als «Herzdegeneration» diagnostiziert wurde, war wahrscheinlich eine Nervenkrise, verbunden mit einer Art Anorexie.[54] Aus dem kräftigen jungen Mädchen war eine große, hagere, männlich wirkende Person geworden, die sich mit dem Leben nicht leichttat. So jedenfalls erscheint sie auf den Photos und in den Beschreibungen Virginia Woolfs. Dieser Zustand, über den wir wenig Genaueres wissen, hielt auch noch nach der Cambridger Zeit an und verschlimmerte sich durch ihre Angst vor dem Krieg: Eines der beiden Bücher, die sie – allerdings erst 1957 – unter ihrem eigenen Namen veröffentlichte, trägt den Titel *The Unconscious Motives of War*. Es steht jedoch außer Zweifel, daß sie eine Disposition zur Melancholie besaß und unter einer gewissen Orientierungslosigkeit im Geistigen und im Sexuellen litt. Virginia Woolf meinte auf ihre unnachahmlich boshafte Weise, Alix Strachey besitze «einen guten Verstand, aber nicht genug Vitalität, um ihn bei der Stange zu halten», und sie hinterlasse den «Eindruck von kontrollierter Verzweiflung, verläßlich, aufnahmefähig, aber in einer Tonart so tief wie ein Kohlenkeller». Ihr Problem sei ihr ständiges «morbides Prüfen von Werten und Motivationen», und ihr Zynismus töte jeden Wunsch ab. Virginia Woolf hatte Alix Strachey nicht nur bei gesellschaftlichen Anlässen erlebt, sondern auch bei einem Auftritt in der Hogarth Press: Nachdem sie sich zwei Stunden das Druckerhandwerk hatte erklären lassen, «erklärte Alix feierlich & bedächtig, daß es sie langweilte».[55] Dennoch arbeitete sie eine Zeitlang für Leonard Woolf als Sekretärin und half ihm bei den Recherchen zu einem Bericht, aus dem sein Buch *Empire and Commerce in Africa* entstehen sollte. Hören wir, wie Virginia Woolf eine zufällige Begegnung im West End schildert:

«Doch als wir die Dover Street auf und ab spazierten, schien sie kurz davor zu sein, ihren üblichen Schleier von Gelächter & Klatsch hochzuziehen & ihre Grabesverzweiflung zu enthüllen – arme Frau.

Wohin gehst du jetzt, Alix?

Ich weiß wirklich nicht.

Joan Riviere und Alix Strachey: Übersetzerinnen der Psychoanalyse

Das klingt aber trist! Freust du dich nicht auf, sagen wir mal, elf Uhr morgen früh?
Ich wünschte, das gäbe es alles gar nicht, das ist alles!
So verließ ich sie, ohne Hut, ohne Ziel, ungebunden, in Piccadilly herumwandernd.»[56]

Alix Strachey, die durch den Ausbruch des Krieges in Sankt Petersburg überrascht worden war, kehrte im Januar 1915 nach London zurück und zog in die Wohnung ihres Bruders in Bloomsbury. Hier wurde sie regelmäßiger Gast der wöchentlichen Salons, in denen auch James Strachey verkehrte. Sie trat der pazifistischen Bewegung bei und nahm an den Sitzungen des sozialistischen Club 1917 teil – Virginia Woolf stellte sich vor, wie sie dort saß, bewegungslos, «eine Art Norne, die das Vorbeiziehen moralischer Generationen überwacht»[57]. Obwohl Alix Strachey einen Bubikopf hatte und die sexuelle Ambivalenz vieler in der Gruppe teilte – als James Strachey sie das erste Mal in einem Brief von 1910 an seinen Bruder Lytton erwähnte, beschrieb er sie als einen «entzückenden Bedales-Schüler, einen richtigen Jungen»[58] –, schien sie zu jener Zeit im Gegensatz zu später nur Liebesaffären mit Männern gehabt zu haben. Unter diesen befand sich auch der Schriftsteller David Garnett. In seinen 1955 erschienenen Memoiren beschreibt er eine Alix Strachey, die «durch ihre Intelligenz, ihre Kälte und offensichtliche Ungebundenheit» ausgesprochen erregend auf ihn wirkte und in ihm den Wunsch zum «Morden und Vergewaltigen» entstehen ließ.[59] Zu welchen Exzessen Alix Strachey auch die Männer angestiftet haben mochte, sie verstand es, mit ihren Liebhabern lebenslange Freundschaften zu unterhalten – wie es im übrigen der Bloomsbury-Norm entsprach.

Bei allen ihren zahlreichen Liebesaffären war es Alix Strachey eigentlich nur um einen zu tun: um James Strachey, ein Mitglied der halbgeheimen elitären Cambridger Gesellschaft der Apostel, dessen modernistische Kunstauffassung, Intelligenz, Ironie und Distanziertheit so gut zu ihr paßten. Aber James Stracheys Interessen waren damals noch anders gelagert: Er hatte zunächst ein Verhältnis mit dem Dichter Rupert Brooke und dann eine dauerhafte Beziehung zu dem rubensschen Noel Olivier gehabt. Und so begann Alix Strachey, wie es Virginia Woolf ausdrückte, um einen Mann zu werben, der in bezug auf seine Lebensziele genauso unentschieden war wie sie selbst. Sie versuchte ihn intellektuell zu verführen, indem sie mit ihrem Wissen über Freud prunkte, und praktisch, indem sie ihm das Angebot machte, zu ihr in die neue Wohnung am Gordon Square zu ziehen, ohne dafür

Miete zahlen zu müssen. Und sie schaffte es. Ganz überraschend und zum Erstaunen vieler ihrer Freunde heirateten James und Alix am 4. Juni 1920. An diesem Tag erhielt James Strachey einen Brief von Freud, den er fünf Tage vorher um eine Analyse gebeten hatte. Freud erklärte sich bereit, Strachey im Herbst zu analysieren, übrigens für ein niedrigeres Honorar als gewöhnlich, da es sich bei ihm um einen Menschen handele, der sein Schüler und Analytiker werden wolle.[60]

In der letzten Septemberwoche trafen James und Alix Strachey in Wien ein. Ursprünglich sollte nur James analysiert werden, aber nach einem Anfall von Platzangst während einer Vorstellung der *Götterdämmerung* in der Staatsoper bat Alix Strachey ihren Mann, ihretwegen mit Freud zu sprechen. Obwohl Freud zunächst gedacht hatte, eine parallele Analyse von Ehemann und Ehefrau sei eine «technische Unmöglichkeit», zeigte er sich bald von ihrem Fall und den Wirkungen dieser Parallelaktion fasziniert.[61]

Wir wissen wenig über diese Doppelanalyse, außer daß James Strachey sie als eine «tiefe Strömung» für sein Leben empfand,[62] während es für Alix Strachey eine unbefriedigende Sache war. Sie verglich Freud später zu seinen Ungunsten mit Karl Abraham – bei dem sie auf Freuds Empfehlung hin ihre Analyse fortsetzte – und nannte Abraham den «bei weitem besten Analytiker».[63] Ihre Analyse bei Freud war vielleicht auch deshalb so unbefriedigend, weil sie nie zum Abschluß kam. Im Februar 1922 erkrankte Alix Strachey an einer Grippe, aus der sich eine Lungenentzündung entwickelte. Sie kam ins Sanatorium Loew, wo sie bis zum Juni von Felix Deutsch behandelt wurde. Und Freud erklärte, er halte die beiden nun für so weit, daß sie selbst praktizieren könnten.[64] An Jones schrieb er über sie:

«Was [John] Rickmann und die Stracheys angeht, so schicke ich sie Ihnen spätestens in einer Woche zurück. Beide werden Ihnen eine große Hilfe sein, wenn Sie sie großzügig behandeln. Ich schlage vor, daß die Stracheys (Voll)mitglieder der Gesellschaft werden, da sie anderthalb Jahre ernsthafter Analyse hinter sich haben, theoretisch gut informiert sind und aus einer höheren Gesellschaftsschicht stammen. Ihre Konflikte sind zwar sicher nicht gelöst worden, aber wir müssen nicht darauf warten, wir können nur einen Prozeß in Gang setzen, der von den Faktoren des Lebens weitergetrieben werden muß. Sie zu Vollmitgliedern zu machen [...] würde sie an die Interessen der Gesellschaft binden. [...] Setzen Sie sie nicht um seinetwegen zurück, sie ist sehr wertvoll.»[65]

Auch wenn die Analyse bei Freud die Konflikte der Stracheys nicht

Joan Riviere und Alix Strachey: Übersetzerinnen der Psychoanalyse

«gelöst» hatte, so brachte sie sowohl Alix als auch James Strachey dazu, von nun an ihr Leben der Psychoanalyse zu widmen. Die psychoanalytische Kultur und die Übersetzungsarbeit füllten sie gänzlich aus. Selbst die skeptische Virginia Woolf meinte: «Freud hat sicherlich die Konturen in Alix herausgearbeitet. Auch physisch, ihre Knochen treten mehr hervor. Nur ihre Augen sind seltsam verschwommen. Sie hat nun einen Zweck und eine Sicherheit.» «Aber», fügt sie hinzu, «das kann auch an der Ehe liegen.»[66] Ähnlich zweifelte auch Freud zuweilen am Nutzen der Analyse, wenn er ihn mit dem der Ehe verglich.

Noch vor dem Ende ihrer Doppelanalyse begannen Alix und James Strachey 1921 mit der Übersetzung dessen, was als *Case Histories* den mehr als sechshundert Seiten umfassenden dritten Band der *Collected Papers* bilden sollte. Er erschien 1925. Die beiden Übersetzer wandten sich mehrmals an Freud, um «fragliche Punkte» zu klären, und er korrigierte, wie er in dem «Zusatz 1923» zum Fall Dora anmerkte, «nur Flüchtigkeiten und Ungenauigkeiten [...], auf die meine ausgezeichneten englischen Übersetzer, Mr. und Mrs. James Strachey, meine Aufmerksamkeit gelenkt hatten»[67]. An der Sorgfalt der beiden Stracheys, die sich in unzähligen Überarbeitungen niederschlug, läßt sich ablesen, für wie wichtig die Britische Vereinigung die Übersetzung und Herausgabe der gesammelten Werke Freuds hielt. Es gab sogar ein Glossarkomitee, bestehend aus Ernest Jones, Anna Freud, Joan Riviere, deren Übersetzung der *Vorlesungen zur Einführung in die Psychoanalyse* 1922 erschienen war, und den Stracheys, das regelmäßig zusammenkam, um die technischen Termini festzulegen.

Im September 1924, als die Arbeit an den *Case Histories* im wesentlichen abgeschlossen war, reiste Alix Strachey nach Berlin, um sich, wie Freud ihr empfohlen hatte, von Karl Abraham analysieren zu lassen. Vielleicht lockte sie auch die Tatsache, daß Abraham sich mit dem Phänomen der Melancholie auseinandergesetzt hatte. Ihre zweite Analyse dauerte ein Jahr, bis ihr Abrahams unerwartete, unheilbare Krankheit ein plötzliches Ende setzte. Während dieses Jahres lernte Alix Strachey die hektische Welt der deutschen Psychoanalyse kennen. Sie besuchte Vorlesungen und Seminare von Otto Fenichl, Franz Alexander, Siegfried Bernfeld, Sándor Radó und anderen an der Poliklinik, aß regelmäßig bei den Abrahams und machte die Bekanntschaft von Lou Andreas-Salomé, Helene Deutsch und Hanns Sachs. Außerdem traf sie Melanie Klein, die sich ebenfalls von Abraham analysieren ließ, und wurde zu ihrer Fürsprecherin, zunächst innerhalb der Berliner Gruppe, in der Melanie Klein regelmäßig von den

Ein Frauenberuf

Männern angegriffen wurde: «Ich kann nicht herausfinden, ob sie sie hassen, weil sie die Frühanalyse gefühlsmäßig ablehnen, oder ob sie diese ablehnen, weil sie sie hassen.»[68] Auch später in London setzte sie sich für Melanie Klein ein. Das frenetische Berliner Treiben wird von Alix Strachey in den Briefen an ihren Mann aufs lebendigste dargestellt. Sie enthalten nicht nur Berichte über die psychoanalytischen Zusammenkünfte und die Streifzüge mit «der Klein» durch die Berliner Tanzsäle, sondern auch treffsichere Porträts des psychoanalytischen Clans. Obwohl sie trotz ihres Engagements für die Sache nie ganz Teil dieses Clans war, scheute sie sich nicht, sich und die anderen weidlich zu verspotten, ohne ihre Begeisterung über die neuen Ideen zu verhehlen.

Im Verlauf des Jahres rückten Melanie Klein und ihr Werk immer mehr in den Mittelpunkt dieser Begeisterung. Zwischen den beiden so verschiedenen Frauen entwickelte sich eine Freundschaft. Und die Herzlichkeit, mit der Melanie Klein in England aufgenommen wurde, war sicherlich den Bemühungen ihrer Freundin zu verdanken: Sie arbeitete mit Klein an deren Englisch, ging mit ihr die englischen psychoanalytischen Termini durch und organisierte den Londoner Aufenthalt von Melanie Klein im Sommer 1925. Für diesen Anlaß übersetzte sie auch die sechs Vorlesungen, die Melanie Klein hier hielt. James Stracheys Vermutung, sie werde Kleins Vorlesungen nicht nur *übersetzen*, sondern auch *schreiben* müssen, war insofern berechtigt, als Kleins spätere, englisch geschriebene Aufsätze dem Vergleich mit ihren Abhandlungen in Alix Stracheys Übersetzung nicht standhalten. Alix Strachey konnte ihr eigenes Verdienst gut einschätzen: «Melanie kam hereingeschwebt & war *voller* Wohlwollen & war überall zugleich – *wie* ich nur wieder solche Klarheit hineingebracht hätte etc. etc; und dann schoß sie mit der Übersetzung davon.»[69] Und: «Ich wünschte bei Gott, sie hätte die Gabe, ihre Gedanken mit mehr Kohärenz zum Ausdruck zu bringen.»[70] Im Mai, wenige Monate vor Melanie Kleins englischem Auftritt, schreibt Alix Strachey ihrem Mann: «Was ich versuchen kann & und will [...] ist, Dir schriftlich zu erklären, was jede Vorlesung eigentlich sagen will – denn im Gespräch kann sie vollkommen klar sein, wenn man sie dazu zwingt –, so daß du hinterher intelligente Fragen stellen & die Diskussion so ‹präzise› machen kannst, wie es der Vortrag selbst wohl nicht sein wird.»[71] Wie immer die Arbeit zwischen Übersetzerin und Autorin aufgeteilt wurde, Alix Stracheys Bewunderung für Melanie Klein hielt auch weiterhin an. Einige Jahre lang übersetzte sie Freud und Klein parallel. Dazu gehörte auch *Die Psychoanalyse des Kindes* (1934), ein Buch, das aus den sechs Vorlesungen hervorgegangen war, die Alix Strachey für Kleins ersten Aufenthalt in England übersetzt hatte.

Von Berlin nach London zurückgekehrt, arbeitete Alix Strachey wieder an der Seite ihres Mannes im Recherchenkomitee und in der Organisation. Während sie ihre Analyse zunächst bei Edward Glover und dann bei Sylvia Payne fortsetzte, übernahm sie bereits eigene Patienten. Darüber hinaus widmete sie sich hingebungsvoll der Übersetzung und Herausgabe des immer größer werdenden psychoanalytischen Kanons. Unter anderem übersetzte sie in Zusammenarbeit mit Douglas Bryan eine Auswahl aus Karl Abrahams *Schriften* und bereitete ein komplettes Verzeichnis psychoanalytischer Termini vor – ein Mammutunternehmen, das erst 1943 zum Abschluß kam. Aber bei aller Hingabe für die psychoanalytische Sache bewahrte sie sich immer etwas von ihrer alten Bloomsbury-Skepsis. So respektierte sie Virginia Woolfs Abneigung, sich auf eine Analyse einzulassen, weil sie – wie Lou Andreas-Salomé bei Rilke – bemerkt hatte, in welch engem Zusammenhang Woolfs künstlerische Kreativität mit ihrer Überspanntheit stand. Eine Heilung der letzteren hätte eine Gefahr für die erstere dargestellt. Interessant ist auch, daß Alix Strachey trotz ihres Einsatzes und ihrer freundschaftlichen Gefühle für Melanie Klein nie eine «Kleinianerin» wurde. In diesem Punkt ähnelt sie einer anderen literarischen Analytikerin, die ihren eigenen Weg zwischen Freud und Klein ging – Ella Freeman Sharpe. Diese war in der Zwischenkriegszeit eine angesehene Lehranalytikerin, die sogar mit ihrer Schülerzahl – nämlich zwölf – Melanie Kleins vier Schüler überrundete.[72]

Nach Ausbruch des Zweiten Weltkriegs zogen sich Alix und James Strachey von Bloomsbury in das relativ sichere Haus ihrer Mutter in Lord's Wood zurück, in dem sie auch nach dem Krieg wohnen blieben. Hier fanden sie die nötige Ruhe, um sich weiter ihrem Übersetzungswerk und der Herausgabe der *Standard Edition* zu widmen.

Aber die Phänomene des Nationalsozialismus, des Krieges und der damit verbundenen atomaren Bedrohung beschäftigten Alix Strachey so sehr, daß sie ihr erstes eigenes Buch schrieb und ihr psychoanalytisches Wissen in den Dienst dieser Themen stellte. *The Unconscious Motives of War* verbindet konsequentes politisches Denken – das sie sich in den Zeiten des Club 1917 angeeignet hatte – mit dem durchdringenden Blick der Psychoanalytikerin. Während der erste Teil des Buches die wichtigsten Grundsätze der psychoanalytischen Lehre erläutert, benutzt der zweite Teil die Psychoanalyse, um das Gruppenverhalten von Menschen zu erforschen. In der handelnden Menge sieht Alix Strachey eine regressive Kraft: Nicht nur verliert die Persönlichkeit in der Gruppe ihr «Über-Ich», sie verspürt auch das Bedürfnis nach «einer Autorität von außen, die den Platz [des Über-Ichs] einnimmt [...], die dominiert und führt»[73]. Die Gruppe, die durch libidinöse (und oftmals homosexuelle) Bande, durch das Bedürfnis, sich zu identifizieren, und die geistige Unselbständigkeit der Mitglieder zusammengehalten wird, fördert eine unrealistische Denkweise und Gleichgültigkeit beziehungsweise Feindseligkeit gegenüber allen außerhalb der Gruppe Stehenden. Darin liegt ihr destruktives Potential.

Unter den von ihr angeführten Beispielen von regressiver Gruppenmentalität finden wir nicht nur die klassischen Freudschen Instanzen Schule, Kirche und Armee, sondern – und das ist der radikale Kern ihrer Untersuchung – den souveränen Nationalstaat. Stellt den souveränen Staaten Massenvertilgungsmittel zur Verfügung, und die Welt ist in akuter Gefahr. «Die Gefahren des pro-staatlichen Denkens sind in diesen Jahren so gewachsen, daß man fast geneigt ist, für die Abschaffung sämtlicher Staaten einzutreten und statt dessen die freie Zusammenarbeit der Individuen in allen Angelegenheiten, die für ihr Überleben und Wohl notwendig sind, zu propagieren.»[74] Da sie jedoch nie eine Utopistin gewesen war, mußte sie zugeben, daß dies unmöglich ist, da die Menschen die Gruppenbildung brauchen. Man könnte lediglich versuchen, meint sie, die geistige Haltung des Individuums so zu beeinflussen, daß die regressive Wirkung der Gruppe gemildert wird. Dafür gebe es zwei Wege: den Feminismus und die Psychoanalyse. Im fröhlichen Bewußtsein, eine Phantastin zu sein, postuliert sie, «daß die wachsende Unabhängigkeit des weiblichen Geschlechts und seine zunehmende Beteiligung an öffentlichen Angelegenheiten» möglicherweise jene destruktiven Tendenzen mildern werden, da Frauen, «abgesehen von ihrer relativen Immunität gegen den Staatsgeist im allgemeinen, weniger destruktive Energien besitzen».[75] Aber der wohltuende Einfluß der Frauen stellt nur eine Antwort dar; die andere, und das ist der praktikablere Vorschlag, ist die Einbindung der Psychoanalyse.

Unconscious Motives of War sowie ihr zweites Buch, *The Psychology of Nationhood* (1960), lassen auch eines der Motive für ihre lebenslange aufopferungsvolle Beschäftigung mit der Psychoanalyse deutlich werden: den Glauben an deren prophylaktische Wirkung. Denn selbst wenn sich nicht jeder Mensch einer Therapie unterziehen kann, so kann doch die Kenntnis der psychoanalytischen Theorie uns helfen, so zu leben und unsere Kinder so zu erziehen, daß das destruktive Potential in uns gezähmt wird. Diesem Ziel war Alix Stracheys lebenslange Arbeit als Übersetzerin, Herausgeberin und Lehrmeisterin der Psychoanalyse gewidmet.

Von den vierundzwanzig Bänden der *Standard Edition* erschienen die ersten Bände 1953, die letzten 1974. 1966 wurde James Strachey für seine Übersetzung der Schlegel-Tieck-Preis zuerkannt. Zur Feier dieses Ereignisses unternahm er mit seiner «Assistentin» eine Winterkreuzfahrt in der Karibik. Im April 1967 starb James Strachey, einen Monat vor der offiziellen Zeremonie. Alix Strachey lebte nun allein in Lord's Wood bis zu ihrem eigenen Tod, der fast auf den Tag genau sechs Jahre später am 28. April 1973 eintrat. Der letzte Band der *Standard Edition*, der von Angela Richards fertiggestellt wurde, ist zu Recht dem Andenken der beiden Stracheys gewidmet.

13. Frauenfreundschaften

In den letzten Jahrzehnten seines Lebens hatte Freud vorwiegend Frauenfreundschaften. Lou Andreas-Salomé, die die erste in einer langen Reihe war, hatte er seine Enttäuschung über seine männlichen Kollegen, von Jung bis Adler und Rank, anvertraut. Er hatte immer Frauen um sich gehabt, auf der Couch und in seiner unmittelbaren Umgebung. Nach dem Krieg und dem Tod seiner Lieblingstochter Sophie und ihres ungeborenen Kindes vervielfachte sich die Zahl seiner Töchter, fast als hätte der älter und kränker werdende Freud Sophies Seele in diesen jüngeren Frauen wiederzufinden versucht. Diese Töchter – die legitime und eifersüchtige Tochter Anna Freud in vorderster Front – umgaben ihn wie einst die guten Schwestern seiner Kindheit mit Bewunderung und Liebe, beschenkten ihn und machten sich als seine Gesandten nützlich. Sie waren zwar untereinander befreundet, aber wenn es um seine Aufmerksamkeit ging, wurden sie zu Rivalinnen. Freud war zugleich Analytiker, Lehrer und Vater für sie; er war höflich und galant und umwarb sie mit der charmanten Verführungskunst einer vergangenen Zeit, die tadelte, schmeichelte und Ratschläge erteilte und die Grenzen zwischen Analyse und Alltag verwischte.

Aus dem Kreis jener, die Freud verteufeln – sie sind heute ebenso zahlreich wie jene, die ihn idealisieren –, wurde der Vorwurf laut, Freud habe selbst einiges dazu beigetragen, diese Töchter von sich abhängig zu machen; er habe ihre Vaterübertragung nie ausreichend analysiert und sie in die Falle der Anhängerschaft gelockt. Damit stellt man ihn aber als eitlen, närrischen, alternden Lear dar, dessen Leben so traurig und reizlos geworden ist, daß er einzig und allein in den Schmeicheleien eines weiblichen Hofstaats seine *raison d'être* finden kann – eine Behauptung, die von der Produktivität seiner letzten beiden Lebensjahrzehnte Lügen gestraft wird. Freud wird außerdem vorgeworfen, er habe sich vorzugsweise vermögende Frauen ausgesucht und sich ihren Reichtum zunutze gemacht. Zwar nahm Freud von Marie Bonaparte ein hohes Honorar an, auf dem sie bestanden hatte, und erlaubte ihr und anderen, Geld in den Psychoanalytischen Verlag und andere Projekte zu stecken, andererseits war auch er nicht kleinlich: Er schickte Geld an Lou Andreas-Salomé und andere Freunde, an bedürftige Kollegen und Patienten, und so manchen behandelte er, ohne je etwas dafür zu verlangen.

Wer solche Anschuldigungen gegen Freud erhebt und seine Frauenfreundschaften auf diese Weise zu erklären versucht, setzt auch die Frauen herab, die – aus unterschiedlichen Gründen – zu seinen «Töchtern» wurden. Jede von ihnen lernte von Freud und liebte ihn auf ihre Weise, was für sie wohl eher eine Bereicherung als einen Verzicht bedeutete. Und nach ihren Leistungen zu urteilen, waren sie keineswegs bloß farblose Gestalten, die im Schatten des großen Mannes standen, oder etwa passive Opfer einer überwältigend magischen und charismatischen Autorität.

Vielleicht hatten nicht alle diese Frauen das Format einer Marie Bonaparte oder die klinische und schriftstellerische Erfahrung einer Helene Deutsch. Aber sowohl die Analytikerinnen Ruth Mack Brunswick, Jeanne Lampl de Groot und Kata Levy als auch Annas Freundinnen Eva Rosenfeld, Marianne Kris, Anny Rosenberg Katan, Dorothy Burlingham, Edith Jackson und Muriel Gardiner, die ebenfalls mehr oder weniger zu Freuds engerem Kreis gehörten, und auch die amerikanische Schriftstellerin Hilda Doolittle zeichneten sich durch eine geistige Unabhängigkeit und ein berufliches Engagement aus, wie es damals nur selten anzutreffen war. Trotz seiner konventionellen Äußerungen über die Weiblichkeit bevorzugte Freud in seinen Freundschaften immer Frauen, die dem Frauenbild seiner Zeit kaum entsprachen. Daher vermag es auch kaum zu verwundern, daß sich Freud im Alter zunehmend in ein Terrain vorwagte, das ursprünglich nur von peripherem Interesse für ihn gewesen war: die Besonderheiten der weiblichen Sexualität.

Die Verbindung nach Amerika: Ruth Mack Brunswick, 1897–1946;
Muriel Gardiner, 1901–1985

Ruth Mack Brunswick, zwei Jahre jünger als Anna Freud, kam 1922 fünfundzwanzigjährig nach Wien. Sie hatte das Radcliffe College absolviert und an der Tufts Medical School studiert und wollte nun nach einem psychiatrischen Klinikpraktikum bei Freud eine Lehranalyse machen. Ihr Vater, Richter Julian Mack, war ein angesehener

Ein Frauenberuf

Jurist und jüdischer Philanthrop; ihr Mann war Herzspezialist, und die Reise nach Wien war auch ein Versuch, ihm zu entfliehen. Ruth war eine starke, unabhängige und mutige Frau, klug, gebildet, lebhaft und elegant; bei ihr legte Freud all seine Vorbehalte gegen die Amerikaner ab. Sie wurde ihm bald zu einer Freundin, der er einen seiner Ringe schenkte, aber auch zu einer Freundin der Familie, und gehörte jenem engen Kreis an, der gemeinsam mit den Freuds Sommerurlaub machte. Für die amerikanischen Patienten, um die sie sich während ihrer Wien-Aufenthalte oft kümmerte, fungierte sie als Vermittlerin. Allmählich wuchs ihr auch die Rolle der Gesandten zu, die Freud über die Aktivitäten der amerikanischen Psychoanalyse auf dem laufenden hielt. Sie standen einander so nahe, daß Ruth Mack Brunswick an der Seite von Max Schur bei Freuds Operation im April 1931 anwesend war.

Wir wissen kaum etwas über ihre Analyse bei Freud, eigentlich nur, daß sie, wie viele andere Lehranalysanden auch, mehrmals eine bestimmte Stundenzahl absolvierte. «Jeder Analytiker sollte periodisch, etwa nach Verlauf von fünf Jahren, sich wieder zum Objekt der Analyse machen, ohne sich dieses Schrittes zu schämen»,[1] schrieb Freud 1937. Zu diesem Zeitpunkt hatte Ruth Mack Brunswick bereits mehrere Analyseblöcke hinter sich. In einem Brief vom 22. August 1928 berichtet Freud Jeanne Lampl de Groot, Mack Brunswick mache jetzt wieder eine Folgeanalyse, die ihr gewiß sehr guttun würde. Man hört fast seinen Stoßseufzer, wenn er sich anschließend beklagt, wie unvollständig seine ersten Analysen gewesen seien.

Paul Roazen meint, Ruth Mack Brunswick sei suchtgefährdet gewesen und habe nicht nur zu Drogen, sondern auch zu Freud ein Abhängigkeitsverhältnis entwickelt.[2] Mack Brunswick hatte erwiesenermaßen Probleme mit dem Magen und der Gallenblase und konnte sich als Ärztin selbst Medikamente verschreiben – Morphium, schmerzstillende Mittel, Schlaftabletten –, und sie ging dabei so weit, daß sie süchtig wurde. 1932 schrieb Freud an Jeanne Lampl de Groot, Ruth Mack Brunswick sei eine höchst unberechenbare Patientin und durch organische Komplikationen sehr schwer faßbar.[3] So schwer faßbar, daß ihre nicht enden wollende Analyse in eine deutliche Abhängigkeit von Freud mündete. Sie richtete es so ein, daß ihr zukünftiger Mann, Mark Brunswick, der ihr nach Wien gefolgt war, von Freud analysiert wurde. Freud seinerseits verwischte auf die uns bereits vertraute, heute so scharf kritisierte Weise die Grenzen zwischen Analyse und Alltagsleben und erteilte ihrer Ehe seinen Segen. Er war sogar Trauzeuge bei ihrer Hochzeit im Jahre 1928; sein Sohn Martin Freud, ein Anwalt, hatte den Ehevertrag aufgesetzt.

Abgesehen von zwölf Monaten, die sie zwischen 1928 und 1929 wegen der Geburt ihrer Tochter in den Vereinigten Staaten verbrachte, und sommerlichen Besuchen bei ihrer Familie, blieb Ruth Mack Brunswick bis 1938 in Wien. Freuds Ratschläge, analytische wie nichtanalytische, prägten bald das Leben von Ruth und Mark Brunswick. Freud hatte offenbar nichts gegen Mark Brunswicks Verhältnis mit einem jungen Mädchen, seiner späteren Liebe, einzuwenden, und auch nicht gegen die Scheidung der beiden im Jahre 1937; die Erneuerung des Ehebündnisses etwa ein halbes Jahr später fand jedoch nicht seine Zustimmung. Bei dieser Vermischung zwischen analytischen und fast familiären Beziehungen kann man sicher von einer gewissen Abhängigkeit auf beiden Seiten sprechen. Läßt man den analytischen Aspekt beiseite, kann man sagen, daß Freud und die jüngere, aber den Beschreibungen ihrer Person zufolge keineswegs passive Mack Brunswick sehr enge Freunde waren. Es entbehrt jedoch jeder Logik, wenn man behauptet, Freud habe fast magische Macht über Ruth und Mark Brunswick gehabt, weil er die beiden mehrmals analysiert hatte, und habe mehr Einfluß auf sie ausüben können, als es ein anderer enger, vertrauenswürdiger und respektierter Freund vermocht hätte.

Jedenfalls steht fest, daß Freud Mack Brunswicks analytische Fähigkeiten sehr hoch einschätzte, aber enttäuscht war über ihre anhaltende Sucht und seine Unfähigkeit, sie davon zu befreien. Er ermunterte sie zum Schreiben. 1928 leitete er persönlich ihre Arbeit «Eine Beobachtung über die kindliche Theorie des Koitus a tergo» an Ernest Jones zur Veröffentlichung im *Journal* weiter. Laut Anna Freud wies Jones den Aufsatz zurück, weil Ruth die Arbeit von Melanie Klein nicht ausreichend zu kennen schien,[4] er wurde aber 1929 trotzdem publiziert. Freud ermutigte sie offenbar immer wieder zum Schreiben und gab ihr thematische Anregungen; zum Beispiel sollte sie sich – so schreibt Roazen – mit der Einsicht auseinandersetzen, daß die Beziehung des Säuglings zur Mutterbrust außerordentlich wichtig für die Entwicklung des Schönheitssinns sei. Aber Ruth Mack Brunswick ließ sich Zeit mit dem Schreiben; im übrigen ist unklar, ob Freud sie eher ermutigte, weil er meinte, eine Veröffentlichung würde ihr aus ihrer Unsicherheit helfen, oder weil er ihre Fähigkeit erkannt hatte, Argumente überzeugend und prägnant zu formulieren. Ihre Publikationen sind jedenfalls ein Beweis dafür, daß sie über beträchtliches Talent verfügte, das mehr oder weniger ungenützt blieb.

Ein Frauenberuf

Freud hatte auch Respekt vor Mack Brunswicks klinischen Fähigkeiten: Er meinte, sie habe die Gabe, das Unbewußte zu «riechen». Schon bald nach dem Beginn ihrer Ausbildung bei ihm schickte er ihr Patienten, und die Liste ihrer Analysanden wurde immer länger. Unter anderem überwies er ihr den Wolfsmann, den vielleicht berühmtesten Fall des Jahrhunderts – für Helene Deutsch übrigens ein Anlaß zu extremer Eifersucht auf Mack Brunswick.[5]

Der Mann, dessen Fall Freuds Arbeit «Aus der Geschichte einer infantilen Neurose» zugrunde liegt, war von Oktober 1926 bis Februar 1927 bei Ruth Mack Brunswick in Behandlung. In ihrer 1928 veröffentlichten Arbeit, die sie bescheiden als «Nachtrag» zu Freud bezeichnete, beschrieb sie diese neue Phase seiner Analyse bis ins kleinste Detail. Hier wurde auch sichtbar, mit welcher Präzision und Intelligenz sie klinische Konzepte zu handhaben wußte und mit welchem Scharfsinn sie die Entwicklung eines Falles zusammenfassen konnte. In ihrer Zurückhaltung bezeichnete sie ihren Anteil an der Behandlung des Wolfsmanns später als geringfügig; «ich hatte ja bloß zwischen Freud und dem Patienten zu vermitteln»[6]. So geringfügig kann ihr Anteil jedoch nicht gewesen sein, denn sie betont, die Tatsache, daß sie eine Frau sei, habe die Entwicklung entscheidend beeinflußt:

«Dennoch erscheint es mir unwahrscheinlich, daß eine Analyse bei einem männlichen Analytiker möglich gewesen wäre. Es ist etwas ganz anderes, ob man die Rolle des Verfolgers gegenüber einer weiblichen – also schon kastrierten – paranoischen Patientin einnimmt oder einem Mann gegenüber, für den die Möglichkeit der Kastration noch besteht. Man muß sich vergegenwärtigen, daß in der Psychose der Inhalt der Angst als real angenommen wird; der psychotische Patient fürchtet sich wirklich davor, daß man ihm seinen Penis abschneidet, und nicht vor einer symbolischen Handlung von seiten des Analytikers. Die Phantasie erhält bei der Psychose Realitätswert. Die Situation der Analyse bedeutet damit für den Patienten eine zu große Gefahr. In diesem Fall mag das Geschlecht des Analytikers tatsächlich eine Rolle spielen.»[7]

Abgesehen von Ruth Mack Brunswicks Arbeit über den Wolfsmann hinterläßt vor allem ihr Artikel «The Pre-Oedipal Phase of the Libido Development» einen bleibenden Eindruck; er erschien 1940 zu Freuds Todestag in einer Gedenknummer des *Psychoanalytic Quarterly*. Laut eigenen Angaben basierten die darin enthaltenen Ideen auf einem intensiven Gedankenaustausch mit Freud, der 1930 begonnen hatte, also ein Jahr vor dem Erscheinen seines Aufsatzes «Über die weibliche Sexualität». Ruth Mack Brunswick legt besonderen Wert darauf zu

Frauenfreundschaften

betonen, daß sie hier als Freuds Sprachrohr fungiert, und nimmt uns damit praktisch die Möglichkeit, ihre eigenen unabhängigen und originellen Gedanken, soweit sie Eingang in diese Arbeit fanden, zu identifizieren.

Bereits 1929 hatte Mack Brunswick auf die Bedeutung der präödipalen Phase hingewiesen,[8] und Freud erklärte, sie habe als «die erste einen Fall von Neurose beschrieben, der auf eine Fixierung im präödipalen Stadium zurückging und die Ödipussituation überhaupt nicht erreicht hatte»[9]. Die Theorie der präödipalen Phase geht also auch auf Ruth Mack Brunswick zurück, obwohl sie immer nur mit Freud in Verbindung gebracht wird. Als reproduzierte sie diese Theorie auf ironische Weise, scheinen ihre Arbeiten einen Gedanken immer nur einzuleiten oder zum Abschluß zu bringen. Wie bei der präödipalen Mutter selbst ist es fast unmöglich, ihren Anteil aus dem ungeheuren Material rund um den Vater auszugraben.

Ihr wichtigster Beitrag zur psychoanalytischen Theorie in ihrem 1940 erschienenen Artikel ist die Differenzierung zwischen aktiven und passiven Ödipuskomplexen in der frühen Entwicklung von Mädchen und Jungen – Termini, die sie mit Freuds Zustimmung als Ersatz für den «positiven und negativen Ödipuskomplex» einführte. Die präödipale Phase ist gekennzeichnet durch einen nahtlosen Übergang von der ausschließlichen Anhänglichkeit beider Geschlechter an die Mutter in den aktiven Ödipuskomplex, in dem der Junge oder das Mädchen die Mutter aktiv als Objekt erwählt und der Vater nur als Rivale auftritt: «[...] die präödipale Sexualität des Mädchens wird zum aktiven Ödipuskomplex mit der Mutter als Objekt.»[10] Beim Mädchen findet der Übergang in den passiven Ödipuskomplex mit dem Vater als bevorzugtem Objekt spät statt und wird widerstrebend und unter Schwierigkeiten vollzogen; er ist aber bereits im früheren System der auf die Mutter zentrierten «ödipalen» Beziehungen verankert. Der scheinbar krasse Gegensatz zwischen ödipalen Beziehungen zum Vater und präödipalen Beziehungen zur Mutter tritt bei ihr vollkommen zurück. Mack Brunswicks Theorie kann so interpretiert werden, daß sie die präödipale Mutter zwar anerkennt, sie aber sofort dem (passiven) Ödipuskomplex zuschreibt, der besonders bei Frauen ausgeprägt ist, die sich nicht von der bewunderten Vaterfigur lösen können; andererseits kann man darin eine behutsame Neuerung sehen, die die Mutter ins Rampenlicht rückt, während der Vater nur im Epilog vorkommt, als Versuch, die zentrale Tragödie zu einem glücklichen Abschluß zu bringen.

Ein Frauenberuf

In einigen Fragen ging Ruth Mack Brunswick mit besonderem Eifer daran, Freud zu korrigieren; so erklärte sie dezidiert, die frühe Beziehung zur präödipalen Mutter erfordere eine Neuinterpretation des Penisneids:

«Der Kindeswunsch des kleinen Mädchens geht dem Penisneid voraus und hängt mit dem Wunsch zusammen, die Attribute der omnipotenten Mutter zu besitzen. Daher ist der Penisneid nicht allein durch den narzißtischen Drang motiviert, zu haben, was man nicht hat, sondern auch durch den objektorientierten Wunsch, die Mutter zu besitzen.»[11]

Aber für den Fall, daß dieses Argument nicht zu überzeugen vermöge, stellt Mack Brunswick das kleine Mädchen in ihrem Bericht als realistisch genug dar, den unerfüllbaren Wunsch nach einem Penis zugunsten des im Bereich des Möglichen liegenden Wunsches nach einem Kind aufzugeben.[12] Nicht alle Kinder seien ein Penisersatz, erklärt sie damit.

In ihrem letzten Jahr in Wien gab Ruth Mack Brunswick wie so viele andere Amerikaner in Österreich zahllose Garantieerklärungen ab, um ihren Freunden die Emigration in die Vereinigten Staaten zu ermöglichen. Sie selbst kehrte knapp vor Kriegsausbruch nach Amerika zurück und ließ sich in New York nieder. Während des Krieges arbeitete sie zwar weiter, aber ihre Gesundheit wurde zunehmend in Mitleidenschaft gezogen. Immer öfter griff sie zu Morphium und anderen Opiaten, um die körperlichen Leiden und Sorgen, die ihr der Tod ihrer Eltern und der von Mark Brunswick angestrengte zweite Scheidungsprozeß brachten, besser ertragen zu können. Als Marie Bonaparte sie im Winter 1945/46 in New York besuchte, war sie entsetzt darüber, was Morphiumsucht, Krankheit und Depressionen aus ihrer Freundin gemacht hatten. Am 23. Januar 1946 gab Ruth Mack Brunswick, obwohl sie das Bett hüten mußte, eine Party für Marie Bonaparte. Am nächsten Morgen rutschte sie, wahrscheinlich vollgepumpt mit Drogen, im Badezimmer aus und stürzte so unglücklich, daß sie eine Schädelfraktur erlitt. Ihr plötzlicher tragischer Tod – sie war gerade erst fünfzig Jahre alt geworden – wurde nur privat betrauert, in der Öffentlichkeit wurde er praktisch verschwiegen. Das *International Journal of Psychoanalysis* brachte keinen Nachruf auf Ruth Mack Brunswick. Ihre zahlreichen Patienten und Schüler gedachten ihrer jedoch mit Respekt.

Frauenfreundschaften

Zu letzteren gehörte die radikale junge Amerikanerin Muriel Gardiner, reiche Erbin, geschieden und Mutter einer kleinen Tochter. Sie hatte das Wellesley College besucht, in Oxford Literatur studiert und kam 1926 nach Wien in der Hoffnung, von Freud analysiert zu werden; dieser schickte sie aber sofort zu Ruth Mack Brunswick. Ihre eigene Analyse und die Beschäftigung mit der Psychoanalyse waren als Vorbereitung für eine Lehrposition gedacht, aber sie promovierte schließlich an der medizinischen Fakultät der Universität Wien, als die Nationalsozialisten bereits an der Macht waren.

Die psychoanalytischen Studien dienten Muriel Gardiner auch als Deckmantel für ihre «eigentliche» Arbeit – ihren geheimen und heroischen Einsatz für die sozialistische Untergrundbewegung, für politische Flüchtlinge und Juden. 1934 hatte sie aus Empörung über die gnadenlose Unterdrückung der sozialistischen Opposition ihren Plan aufgegeben, in den USA Medizin zu studieren, und war in Wien geblieben. Ihre Wohnung wurde zu einem Zufluchtsort für die Widerstandskämpfer; sie versteckte den Leiter des Zentralausschusses der «Revolutionären Sozialisten», Joseph Buttinger, der später ihr Mann wurde.

Bei ihrer Arbeit in der Widerstandsbewegung half ihr eine junge amerikanische Freundin, Dr. Edith Jackson; sie war kurz bei Freud in Analyse und machte eine von Anna Freud überwachte kinderanalytische Ausbildung. Als Tochter aus reichem Hause brachte sie Geldmittel auf für Anna Freuds erstes Gruppenprojekt, die Jackson-Kinderkrippe, und führte die Verhandlungen mit den zuständigen Wiener Behörden.

Ohne es zu wissen, diente Muriel Gardiner als Vorbild für Lilian Hellmans Roman *Pentimento*, der später unter dem Titel *Julia* verfilmt wurde. Der Trubel um dieses fälschlich als Autobiographie angekündigte Buch veranlaßte die bescheidene Muriel Gardiner, ihr Schweigen zu brechen: Mit *Deckname «Mary»* wollte sie die schwierigen und gefährlichen Jahre des Widerstands in Österreich aus ihrer Sicht darstellen. In ihren äußerst zurückhaltenden und diskreten Erinnerungen erzählt sie auch von ihrer Analyse und ihrer Beziehung zu Dr. Mack. Als Freud sie an Ruth Mack Brunswick verwies, ging sie zögernd zu ihrem ersten Treffen, aber alles, was Mack Brunswick sagte, war «so vernünftig und erschien so sinnvoll, daß ich mich zu einer Analyse entschloß».[13] Die Analyse schuf ein enges Band zwischen den beiden Frauen – um eine Unterbrechung während des Sommers zu vermeiden, folgte Gardiner ihrer Analytikerin 1926 und 1927 sogar in die Vereinigten Staaten; sie dauerte mehrere Jahre und wurde später als

Lehranalyse fortgesetzt. Ihre Beziehung ging aber darüber hinaus, und als Muriel Gardiner Russischstunden nehmen wollte, schickte Ruth Mack Brunswick sie zum Wolfsmann, der das Geld dringend benötigte. Kurz nach dem Anschluß Österreichs an Deutschland stieß Gardiner auf der Straße mit dem Wolfsmann zusammen, der einen völlig verlorenen Eindruck machte. Er war verzweifelt, weil seine Frau Selbstmord begangen hatte. Gardiner ließ ihre Beziehungen spielen und besorgte ihm Papiere, so daß er im August 1938 zu Ruth Mack Brunswick nach London ausreisen konnte. Ihr Respekt für ihre Analytikerin fand auch in dem Buch *Der Wolfsmann vom Wolfsmann* Niederschlag: Sie stellte Freuds und Ruth Mack Brunswicks Falldarstellungen den Erinnerungen des Wolfsmanns und ihrer Schilderung seines späteren Lebens gegenüber. Mit ihrer typischen Großzügigkeit überließ sie die Tantiemeneinkünfte dem Wolfsmann und versorgte ihn dadurch mit dem so dringend benötigten Einkommen.

Obwohl Ruth Mack Brunswick sie bei Freud einführte, entwickelte sich vor allem mit Anna Freud eine Freundschaft, die nach dem Krieg, als sie wieder in den USA war, noch intensiver wurde. In *Deckname «Mary»* kommt Anna Freud auch zu Wort, auf eine ergreifend bezeichnende und anerkennende Weise: «Mein eigenes Leben sagt mir sicher zu, doch wäre es mir nicht zuteil geworden und hätte ich ein anderes zu wählen gehabt, so wäre es sicher das ihre gewesen.»[14]

Gardiners Engagement in der sozialistischen Widerstandsbewegung entsprach den politischen Sympathien Mack Brunswicks und ihres Mannes – und vieler der jüngeren Psychoanalytiker, unter ihnen auch Anny Rosenberg Katan, die wie Gardiner als Kurier eingesetzt wurde. Freud war jedoch ganz anderer Ansicht. Als die faschistische Regierung unter Dollfuß 1934 den Generalstreik brutal niederschlug, schrieb er an Hilda Doolittle:

«Wir durchlebten eine Woche des Bürgerkriegs. Nicht viel persönliche Unannehmlichkeiten, nur ein Tag ohne elektrisches Licht, aber die Stimmung war scheußlich und ein Gefühl wie bei einem Erdbeben. Zweifellos gehörten die Rebellen zum besten Teil der Bevölkerung, doch ihr Erfolg wäre sehr kurzlebig gewesen und hätte eine militärische Invasion des Landes mit sich gebracht. Außerdem waren es Bolschewisten, und ich erwarte kein Heil vom Kommunismus. So konnten wir in diesem Kampf unsere Sympathie keiner der beiden Seiten zuwenden.»[15]

Dieser Pessimismus eines alten Mannes, diese mangelnde Zustimmung für die Sozialisten stießen so manchen seiner jungen Analysanden und Freunde vor den Kopf, und einige erklärten sogar, die Übertragung sei dadurch behindert worden. Trotz der politischen Meinungsverschiedenheit blieben sie dem Professor und der Sache der Psychoanalyse jedoch treu ergeben. Das gilt ganz besonders für Muriel Gardiner; sie hat ihren Platz in dieser Geschichte der Frauen um Sigmund Freud nicht so sehr wegen ihrer Verbindung zum lebenden Freud, sondern weil sie gemeinsam mit Anna Freud die Bewachung seines Schreins übernahm.

Zu Kriegsbeginn kehrte Gardiner in die Vereinigten Staaten zurück; sie praktizierte als Psychiaterin und Analytikerin und arbeitete mit inhaftierten Kindern, die sie als «Mörder ohne Schuld» bezeichnete und im gleichnamigen Buch mit dem Untertitel *Wenn Kinder töten – Gründe und Hintergründe* verewigte, zu dem ihr langjähriger Freund, der Dichter Stephen Spender, ein Vorwort verfaßte. Unter ihrer Schirmherrschaft und mit dem Vermögen ihrer Familie wurde die New-Land Foundation gegründet, die Anna Freuds Hampstead Nurseries mitfinanzierte und das Londoner Freud Museum einrichtete. Muriel Gardiner starb am 6. Februar 1985, knapp ein Jahr bevor ihr und Anna Freuds Traum Realität wurde und das Freud Museum seine Pforten öffnete.

Der Kreis um Anna Freud

Anna Freud mag zwar eine gewisse Rivalität gegenüber Freuds weiblichen Adepten verspürt haben, andererseits verstand sie es aber auch, sein Interesse auf sie zu lenken und sich die im Familienkreis entstehenden Freundschaften ihr ganzes Leben lang zu erhalten.

Zwei Freundinnen aus ihrer Kindheit, Töchter aus dem Kreis um Freuds Familie, wurden wie sie selbst Analytikerinnen und waren ebenfalls bei Freud in Analyse.[16] Auch während ihrer späteren Ausbildung bei anderen Analytikern blieben sie der Familie Freud eng verbunden. Marianne Kris war die Tochter von Freuds Freund, Hausarzt und Tarockpartner Oscar Rie. Im Gegensatz zu Anna Freud wurde sie von ihrer Familie ermutigt, Medizin zu studieren. Knapp nach dem Krieg war sie bei Freud in Analyse, der sie Franz Alexander in Berlin zur psychoanalytischen Ausbildung empfahl. 1927 heiratete sie den

Ein Frauenberuf

Kunsthistoriker und Psychoanalytiker Ernst Kris, der bei Anna Freud eine Lehranalyse machte; gemeinsam nahm das Paar an den wöchentlichen Zusammenkünften von Helene Deutschs «Kartenclub zur schwarzen Katze» teil. Eines ihrer Kinder wurde nach Anna Freud benannt, eines nach Kata Levys Bruder Anton von Freund; beide kamen von der Psychiatrie zur Psychoanalyse. Es zeigte sich, daß die Familie Rie sogar noch mehr Psychoanalytiker hervorbrachte als die Familie Freud: Marianne Kris' von Anna Freud sehr bewunderte Schwester Margarete ließ sich von Freud analysieren, wurde Schauspielerin[17] und heiratete Herman Nunberg, einen der ersten Anhänger Freuds, der aus Krakau stammte und über das Burghölzli von Jung und Bleuler[18] zum Wiener psychoanalytischen Kreis gestoßen war. Später half Margarete Kris ihrem Mann bei der Herausgabe und Übersetzung der *Protokolle* der Wiener Vereinigung.

Während des Krieges unterstützte Dorothy Burlingham die Familie Kris bei ihrer Emigration in die Vereinigten Staaten, wo sie unter anderem an Projekten für das Yale Child Center arbeiteten. Nach dem Tod ihres Mannes im Jahre 1957 wurde Marianne Kris' Beziehung zu Anna Freud noch enger; sie war oft in Maresfield Gardens, ihrem «zweiten Heim», zu Gast und stiftete der Hampstead Clinic, was ihr Marilyn Monroe vermacht hatte. 1980 starb sie knapp nach Abschluß des zweiten Hampstead Symposiums in Anna Freuds Haus.

Anny Rosenberg Katan war die Tochter des Kinderarztes Ludwig Rosenberg, der ebenfalls zu Freuds Tarockfreunden zählte. Für die ausgelassene Anny hatte die drei Jahre ältere, adrette Anna Freud eine besondere Bedeutung. Eines Tages spielten die beiden Kinder an einem Bach. Als Anny einen großen Stein ins Wasser warf und Anna dabei vollspritzte, wollte Anna gleich heimlaufen, worauf Anny ihr zurief: «Laß es doch einfach trocknen.» Anny Rosenberg Katan wurde wie Marianne Kris Ärztin und wandte sich nach Jahren wieder an Anna Freud, weil sie sich von ihr psychoanalytisch ausbilden lassen wollte. Als diese zögerte, meinte die Jüngere provokant: «Du wirst dich doch nicht von einem Spritzer Wasser abhalten lassen!»[19]

Anna Freud analysierte sie gratis und empfahl sie Theodor Reik für eine Lehranalyse. Anny Rosenberg Katan verband ihre Arbeit als Analytikerin mit dem Einsatz für den sozialistischen Widerstand. Sie emigrierte mit ihrem zehnjährigen Sohn nach Holland und engagierte sich auch dort gemeinsam mit ihrem zweiten Mann Morits Katan im Widerstand. Nach dem Krieg ging das Paar nach Cleveland, Ohio, kam aber häufig nach Europa, um Anna Freud in London und Walberswick

Frauenfreundschaften

zu besuchen, wo sie ein eigenes Haus erwarben. Die Jugendfreundschaft hielt, auch in der Analyse: 1962 bildeten Anny Rosenberg Katan und Marianne Kris mit mehreren anderen Psychoanalytikern eine eigene Interessengruppe für Kinderanalytiker innerhalb der Amerikanischen Vereinigung. Gemeinsam mit Jeanne Lampl de Groot und Muriel Gardiner, den Freundinnen aus den Wiener Tagen, nahmen sie 1979 und 1980 an Anna Freuds Hampstead Symposium teil.

Auch Kata Levy, eine von Freuds – ebenfalls gratis behandelten – Analysandinnen in den ersten Nachkriegsjahren, war eine Freundin von Anna Freud, gehörte aber, wie auch Loe Kann, in die Kategorie der bewunderten älteren Ersatzschwestern. Die aus Ungarn stammende, bildhübsche Kata Levy, ehemalige Sozialarbeiterin, später Malerin und Analytikerin, war mit Ferenczis Analysanden Lajos Levy verheiratet, der das angesehene Jüdische Krankenhaus in Budapest leitete und zu den Begründern der Ungarischen Psychoanalytischen Vereinigung gehörte. Ihr Bruder, Anton von Freund, war jener reiche Geschäftsmann, dessen Frau von Ferenczi analysiert wurde, während er selbst sich um eine Analyse bei Freud bemühte.

Kata Levy stand Freud bald sehr nahe. Nach dem Abschluß ihrer Analyse drückte er seine Befriedigung darüber aus, daß er ihr nun einfach und herzlich schreiben könne, ohne die didaktische Strenge der Analyse und ohne seine Freundschaft für sie verbergen zu müssen.[20] In den folgenden Jahren korrespondierten sie in einem sehr herzlichen und vertrauten Ton, und Freud gestand ihr sogar seine finanziellen Sorgen ein. Mit Wienern, Ungarn und Deutschen könne man nicht mehr seinen Lebensunterhalt verdienen. Er würde nun Engländer und Amerikaner behandeln müssen, die in harten Währungen bezahlten. Es sei wirklich keine Handlungsweise für einen «würdigen alten Mann», meinte er, aber «*c'est la guerre*».[21] Freud überredete eine seiner Schwiegertöchter, ihren Sohn nach Kata Levys Bruder Anton zu benennen.

Anna Freud wurde 1917 Kata Levys Freundin, als sie sich in Budapest aufhielt, um die Tochter Anton von Freunds zu unterrichten. In einem Brief aus dem Jahre 1952, der die Entwicklung dieser Lebensfreundschaft nachzeichnet, schrieb Levy, sie habe als «Liebe alte Kata» begonnen, sei aber bald zu der Eifersucht weckenden Schwester geworden. Anna Freud habe sich damals offenbar als das reiche Mädchen gefühlt, das wegen ihres Geldes davor Angst hat, geliebt zu werden oder zu heiraten. Sie habe wohl gedacht, Levys Interesse gelte eigentlich ihrem Vater. Dann aber sei sie in Siebenmeilenstiefeln davongezogen und zur *älteren* Schwester geworden.[22]

Ein Frauenberuf

Kata Levy und ihrem Mann gelang es, die Kriegsjahre in Budapest zu überleben, der Stalinismus stellte aber eine neue Bedrohung für die kleine analytische Gemeinde dar. 1956 schlossen sich Anna Freud und Eva Rosenfeld mit einer Gruppe ungarischer Emigranten in London zusammen und sammelten Geld, um den ungarischen Psychoanalytikern die Ausreise zu ermöglichen. Kata und Lajos Levy kamen nach London und wohnten in einem an Anna Freuds Garten angrenzenden kleinen Haus. Kata Levy arbeitete in der Hampstead Clinic und beschäftigte sich vor allem mit der gleichzeitigen Analyse von Mutter und Kind. 1971 starb sie in London.

Eva Rosenfeld, 1892–1977

Im Wiener Freundeskreis, der sich um Sigmund und Anna Freud gebildet hatte, war Eva Rosenfeld nach Ruth Mack Brunswick Freuds eindeutige Favoritin. Das ist gar nicht so verwunderlich, wenn man bedenkt, daß sie nicht nur eine lebhafte und gebildete Frau mit einem natürlichen Talent zur Freundschaft war, sondern auch die Nichte der berühmten französischen Sängerin Yvette Guilbert, die Freud seit seinen Pariser Tagen verehrte. Eva Rosenfeld brachte ihm eine Photographie ihrer hochgeschätzten Tante mit der Widmung «A un grand savant, d'une artiste». Von ihr stammt auch der Bericht über eines der regelmäßigen Treffen im Hotel Bristol, bei dem Freud entschuldigend zu Yvette Guilbert und ihrem Mann gesagt haben soll: «Meine Prothese spricht nicht französisch.»[23]

Eva Rosenfelds Vater war Theaterimpresario in Berlin. Er hatte im Konzertsaal ein Vermögen verdient und verwendete es nun, um Gerhart Hauptmann und gleichzeitig auch seine neue Schwägerin Yvette Guilbert in Amerika bekannt zu machen. Sein Hauptmann erwies sich zwar als bombastischer Mißerfolg, allerdings kam Eva Rosenfeld dank dieses Abenteuers in der Fifth Avenue im Herzen Manhattans zur Welt.[24] Im Lauf der Jahre schlossen alle Frauen ihrer Familie Freud ins Herz, nicht nur ihre Tante Yvette, sondern auch ihre von aller Welt Omi genannte Mutter, der Freud 1937 schrieb, er würde Marie Bonaparte bitten, sich bei der königlichen Familie für Yvette Guilbert zu verwenden, falls sich diese zur Emigration nach Großbritannien entschließen sollte.[25]

Frauenfreundschaften

Freuds Verbindung zur Familie Rosenfeld reichte in die Zeit vor Eva Rosenfelds Freundschaft mit Anna Freud zurück. Ihr Mann Valentin (Valti) Rosenfeld hatte im Winter 1905/1906 Freuds Vorlesungen besucht, wahrscheinlich als dieser sein Konzept des Familienromans formulierte. 1910 bat Valti Rosenfeld, der sich mit dem Gedanken trug zu heiraten, Freud in einem Brief um Rat. Wäre es ratsam, seine Cousine ersten Grades zu heiraten? Freud soll ihm geantwortet haben, daß solche Ehen immer die gemeinsamen Eigenschaften hervortreten ließen, aber wenn sich das junge Paar nichts daraus mache, solle es ruhig weiter seine Freude miteinander haben.[26] Und so heiratete Valti Rosenfeld seine Cousine Eva.

Eva Rosenfeld kam durch Anna Freud, die sie 1924 kennengelernt hatte, zu Freud. Sie wurde bald zu einer Freundin der Familie, half Martha Freud bei den Vorbereitungen für die Sommerfrische und machte sich mit ihrem ausgeprägten Organisationstalent da und dort nützlich. Eva Rosenfelds jugendliche Tochter Mädi wurde von Anna Freud analysiert, und Anna Freud brachte ihrerseits einige ihrer jungen Patienten, darunter ihren Neffen Ernst Halberstadt, im Haus der Rosenfelds unter, bei denen immer reges Treiben und eine herzliche Atmosphäre, aber keineswegs großer Wohlstand herrschte. Valti Rosenfeld war Anwalt und verteidigte 1927 eine Gruppe radikaler Sozialisten, die aus Protest gegen den Freispruch mehrerer des politischen Mordes angeklagter Austrofaschisten im Juli den Justizpalast in Brand gesteckt hatte. Im bürgerlichen Wien konnte dies natürlich nicht ohne Konsequenzen für den Geschäftsgang seiner Kanzlei bleiben, und seine Familie schlitterte in eine finanzielle Krise – die aber nicht so schlimm gewesen sein kann, da er weiterhin leidenschaftlich Material von und über Goethe zusammentrug und eine beachtliche Sammlung von Erstausgaben besaß. Als Eva Rosenfeld und Anna Freud einander kennenlernten, hatte das Ehepaar Rosenfeld zwei Kinder – zwei weitere hatten sie bei einer Diphtherieepidemie verloren. Ihr Heim, in dem die gebildete und energische Eva Rosenfeld regierte, war immer von lebhaften Gesprächen, geschäftigem Treiben und der von allen geliebten Musik erfüllt.

Bevor Dorothy Burlingham mit ihren Kindern nach Wien kam, war die Freundschaft mit der Familie Rosenfeld etwas, das nur Anna Freud gehörte. Eva Rosenfeld schenkte Anna Freud zu ihrem dreißigsten Geburtstag eine lange Kordel, an der sie dreißig Geschenke befestigt hatte. Und deren Briefe an sie aus den zwanziger Jahren klingen wie Liebesbriefe, in denen ein Kuß für alles noch Unausgesprochene steht.

Ein Frauenberuf

Die beiden Frauen waren einander besonders tief und innig verbunden.[27] Das änderte sich, als Dorothy Burlingham kam. Eva Rosenfeld hatte das Gefühl, aus Anna Freuds Herz verdrängt zu werden; aber Burlinghams Kinder begeisterten sich für die Gemütlichkeit im Hause Rosenfeld, und bald waren die drei Familien unzertrennlich, obwohl Eva Rosenfeld sich immer noch verletzt fühlte. Der Tod ihrer fünfzehnjährigen Tochter Mädi bei einem Bergunfall im Sommer 1927 traf sie wie ein Schlag, und Anna Freud versuchte verzweifelt, ihr darüber hinwegzuhelfen: «Ich möchte so gerne ein Stückchen Mädi für Dich sein. Ich wollte ich hätte eine kleine Tochter, die würde ich mit Dir teilen.»[28] Offenbar auf eine vorangegangene Anfrage Eva Rosenfelds hin, welche Werke Freuds sie lesen solle, empfahl ihr Anna Freud im selben Brief die Lektüre von «Trauer und Melancholie» und *Totem und Tabu*. Rosenfeld empfand diese Tragödie zweifellos noch viel schmerzlicher, da sich für sie das Schicksal ihrer Mutter wiederholte, die wie sie drei von vier Kindern verloren hatte und der auch nur das jüngste, Eva selbst, geblieben war. Eva Rosenfeld hatte jetzt nur noch ihren Sohn Viktor. Sie versuchte ihren Schmerz durch die Arbeit in der Schule zu überwinden, die sie im Herbst desselben Jahres im Hof ihres Hauses eingerichtet hatte. In ihren unveröffentlichten Memoiren bezeichnet sie Mädi als eigentliche geistige Gründerin der Schule, deren führende Kräfte sie, Anna Freud und Dorothy Burlingham waren.[29] Peter Blos, der erste Lehrer der Schule, beschreibt Rosenfeld als «einfallsreiche, intelligente und begabte Frau, die in ihrer Umgebung eine Atmosphäre der Humanität, Bildung und Musik schuf»[30].

Eva Rosenfeld war indirekt schuld am Tod von Freuds erstem Chow-Chow Lun im Sommer 1929. Sie hatte Lun von der Sommerfrische mit nach Wien genommen, aber im Bahnhof von Salzburg riß er aus und wurde von einem Zug überfahren. Freud schrieb ihr, sie solle sich keine Vorwürfe machen oder sich für den Vorfall verantwortlich fühlen, wenn er selbst auch ziemlich betrübt sei und nicht geneigt, einem Tier wieder soviel Zuneigung zu schenken.[31]

Der Vorfall trug wohl kaum zur Verbesserung ihrer bereits ambivalenten Beziehung zu Dorothy Burlingham bei, die Freud den Hund geschenkt hatte. Dennoch versicherte Anna Freud in ihren Briefen aus dieser Zeit Eva Rosenfeld immer wieder ihre Freundschaft: Seien sie beide nicht so eng miteinander verbunden, daß es nichts von Anna gäbe, was ihr, Eva, nicht zur Verfügung stünde?[32] Im September desselben Jahres ist Anna Freuds Ton etwas gereizter; sie könne ihre anhaltende Eifersucht nicht verstehen, schreibt sie und schlägt Eva

Rosenfeld im selben Brief eine Gratisanalyse bei Freud vor.[33] Zwei Monate lang kam Rosenfeld sechsmal in der Woche zu Freud, später dann nur noch an den Sonntagnachmittagen und während der Sommerferien täglich. Die Analyse gab ihr die Möglichkeit, sich mit ihrer Trauer auseinanderzusetzen. Und sie schuf ihr ein «viable universe», wie sie in ihren Memoiren schreibt.[34] Das war Rosenfelds erster Schritt, die Psychoanalyse zu ihrem Beruf zu machen. Erst viel später, als sie bereits Psychoanalytikerin war, verstand sie die Richtigkeit einer Behauptung Freuds, gegen die sie sich damals gewehrt hatte. Freud hatte ihr erklärt, wenn ihr idealisierter Vater nach ihrem fünfzehnten Lebensjahr noch am Leben gewesen wäre, hätte sie ihn gehaßt. Rückblickend erkannte Rosenfeld, daß er ihr hatte sagen wollen, sie verdränge ihren Haß auf Vater Freud: «Während meiner ganzen Analyse muß ich den Wunsch, von Anna, meiner lieben Freundin, die ich so liebte, analysiert zu werden, verdrängt haben.»[35] Angesichts dieses so tief vergrabenen Hasses – und des Gefühls, aus Anna Freuds Herzen verdrängt worden zu sein – ist es vielleicht nicht verwunderlich, daß Rosenfeld sich zumindest zeitweilig Melanie Klein zuwandte.

1931 übersiedelte Eva Rosenfeld mit ihrem Sohn nach Berlin, wo sie als leitende Hilfskraft für Ernst Simmels psychoanalytisches Sanatorium arbeitete, das allerdings schon im Juli desselben Jahres geschlossen wurde. Berlin war angesichts der zunehmenden Bedrohung durch die Nationalsozialisten kein Ort zum Bleiben, und so entschloß sie sich 1932, nach Moskau zu gehen, in der idealistischen Hoffnung, bessere Zukunftsaussichten vorzufinden. Sie kam «mit eingezogenem Schwanz» zurück, wie ihr Sohn Victor Ross sehr anschaulich beschreibt. Rosenfeld begann als Psychoanalytikerin zu praktizieren und bildete sich in Kursen am Berliner Institut für Psychoanalyse weiter: dieses wurde damals von Felix Boehm und Carl Müller-Braunschweig geleitet, die als Nichtjuden den Nationalsozialisten genehm waren. 1936 emigrierte ihre Familie nach London, und Ernest Jones, der offenbar Rosenfelds Organisationstalent erkannt hatte, ernannte sie zur Sekretärin des Rehabilitation Fund.

Die politische Situation und das durch die Entwurzelung verursachte Gefühl der Unsicherheit machten Eva Rosenfeld zu schaffen. Melanie Kleins Arbeit über Depression, die sie während ihrer ersten Monate in Großbritannien las, beeindruckte und berührte sie sehr. Sie erwog eine neuerliche Analyse, und zwar entweder eine bei Melanie Klein oder eine vierwöchige Kurzanalyse bei Freud. Zwar wurde gelegentlich behauptet, Freud habe sich empört von ihr abgewandt, als sie sich für Melanie Klein entschied, sein Brief an Rosenfeld klingt aber eher wie eine Bitte, es sich noch einmal gründlich zu überlegen; zugleich rät er ihr gewissermaßen zu Melanie Klein, für die sie sich seiner Meinung nach ohnehin bereits entschieden habe. Wieder einmal wird hier Freuds Unparteilichkeit offenbar, zumindest bei einigen seiner Freunde und früheren Patienten:

«Die Sache hat aber auch andere Seiten, eine die für Sie, und eine die für mich unangenehm werden kann. Sie wissen, welches meine Einstellung zu den Lehren von Mel. Klein ist. Ich glaube auch, daß sie etwas Neues gefunden hat, aber ich weiß nicht, ob es soviel bedeutet, wie sie meint, und ich bin sicher, daß sich daraus kein Recht ableiten läßt, Theorie und Technik auf eine neue Basis zu stellen. Unsere 4 Wochen würden natürlich darauf aufgehen kritisch zu untersuchen, was Sie bei sich selbst als Bestätigung für die Klein'schen Theorien gefunden haben. Es ist möglich, daß ich Sie zu einem anderen Urteil über diese Dinge bringen kann. Dann gehen Sie nach London zurück u finden sich im Widerspruch zu einem Kreis und zu einer Richtung, wo Sie offenbar lieber im Einklang mit beiden bleiben möchten. Anderseits würde es Ihnen nicht möglich sein, vor der englischen Gruppe die Beeinflussung zu verbergen, die Sie durch mich erfahren haben, und das würde einen Antagonismus anfachen, dem ich bisher aus dem Weg gegangen bin.

Den anderen Fall, daß Sie mich in 4 Wochen von der fundamentalen Bedeutung und Richtigkeit der Klein'schen Funde überzeugen, ziehe ich als unwahrscheinlich nicht in Betracht. Ich meine also, das Stück innerer Arbeit, das Ihnen jetzt auferlegt ist, die Ablösung Ihrer intellektuellen Parteinahme, sowohl von Vater- als von Muttereinfluß, müssen Sie ohne Hilfe, wenigstens ohne meine Hilfe, zu Stande bringen. Da ich an Ihrem Schicksal wie früher immer lebhaften Anteil nehme, bin ich natürlich mißvergnügt, daß sich eine solche Aufgabe überhaupt für Sie ergeben hat.»[36]

Während Freud hier völlig heiter und mehr um Eva Rosenfeld als um psychoanalytische Interessen besorgt wirkt, ist es sehr gut möglich, daß Anna Freud Rosenfelds Entscheidung als Verrat wertete. Fest steht, daß sich Rosenfeld nach Anna und Sigmund Freuds Ankunft in London zwischen den beiden Lagern hin- und hergerissen fühlte. Sie war es daher, die die Bildung einer kleinen Gruppe von Klein-Anhängern vorschlug. Diese sollte ein Konzept ausarbeiten, wie man die eigenen Vorstellungen den Wienern am besten präsentieren könne.

Susan Isaacs schrieb in diesem Zusammenhang an Clifford Scott: «Sie meint, wir machen es den Wienern nicht leicht, unsere Standpunkte zu verstehen, und man sollte der erzieherischen Seite unserer Arbeit viel mehr Aufmerksamkeit schenken – und die Dinge so darstellen können, daß wenigstens die *intellektuellen* Hindernisse ausgeräumt werden.»[37] Diese sogenannte I.O.-Gruppe (Internal Object Group) wurde ordnungsgemäß eingesetzt und damit beauftragt, eine verständliche theoretische Struktur zu formulieren. Eva Rosenfeld versuchte sich unverdrossen als Friedensstifterin. Bei den Streitgesprächen, die während des Krieges in der Britischen Vereinigung stattfanden, den «Controversial Discussions», hielt sie sich vollkommen im Hintergrund, und auf Anna Freuds Einladung nahm sie an einigen der wöchentlichen Seminare in Maresfield Gardens teil, um Anna Freuds Gruppe die Theorien Melanie Kleins zu erklären.

«Willi Hoffer explodierte vor Wut über meine Erklärungen, daher sagte ich zu ihm: ‹Willi, nächstes Mal müssen wir Arm in Arm hereinkommen, sonst denken die Leute, wir seien wirklich böse aufeinander, und das dürfen sie nicht denken, das ist nicht unsere Art, befreundet zu sein. Du warst böse auf mich, aber das macht nichts›, und wir kamen Arm in Arm herein. Ja, das war unsere Wiener Tradition; nichts konnte eine persönliche Freundschaft trüben.»[38]

Alte Freundschaften sind nicht leicht zu erschüttern, das galt jedenfalls für Eva Rosenfeld. 1955/56 engagierten sie und Anna Freud sich gemeinsam dafür, Geld für die gefährdete ungarische analytische Gemeinde aufzutreiben. 1967 hatte die Beziehung der beiden Frauen zwar die Innigkeit der Wiener Tage eingebüßt, aber Anna Freud fragte dennoch ihre Freundin in einem immer noch auf deutsch geschriebenen Brief, warum sie denn nicht nach Walberswick komme. Die Freundschaft war mehr und mehr zu einer familiären Beziehung geworden. In den siebziger Jahren pflegten sie gemeinsam Mathilde Freud zu besuchen, und als Anna Freud in ihrem letzten Lebensjahr aus dem Krankenhaus entlassen wurde, war es Rosenfelds Schwiegertochter, die sie nach Hause brachte.

Es überrascht nicht, daß Melanie Klein der Ansicht war, Rosenfeld habe ihre Analyse Anna Freud geopfert.[39] Kurz nach Kriegsende, als die Ausbildungskontroverse bereits beigelegt war, trafen die beiden Frauen einmal im Bus aufeinander, und Klein erklärte ihr mit Nachdruck, sie müsse sich nun der Mittelgruppe zurechnen. Rosenfeld dürfte erleichtert gewesen sein, «weil», wie sie sagte, «ich dachte, ich könnte keine Kleinianerin werden, ich wollte eine sein; wie konnte sie glauben?«[40]. Melanie Klein habe keine Freunde, nur Anhänger und Gegner, soll Rosenfeld einmal vermerkt haben.[41] Auch damit steht sie wohl in Gegensatz zu Freud. Eva Rosenfeld selbst war bemüht, das jeweils Beste aus den verschiedenen psychoanalytischen Standpunkten herauszufiltern und in der Praxis umzusetzen. Als allseits beliebte und sehr menschliche Klinikerin lebt sie viel mehr in den Erinnerungen von Patienten und Freunden weiter[42] als in publizierten Werken – sie scheiterte immer wieder bei dem Versuch, ihre Gedanken zu Papier zu bringen[43]. Bis zu ihrem Tod im Jahre 1977 arbeitete Eva Rosenfeld als Psychoanalytikerin der Mittelgruppe.

Jeanne Lampl de Groot, 1895–1987

Im Sommer 1921 wandte sich die aus einer wohlhabenden und gebildeten holländischen Familie stammende Jeanne de Groot, die kurz zuvor mit sechsundzwanzig Jahren in Medizin promoviert hatte, mit der Bitte an Freud, bei ihm eine Lehranalyse absolvieren zu dürfen. In seinem Antwortschreiben legte Freud erstmals in schriftlicher Form fest, was er von seinen Studenten verlangte. Neben der vorbereitenden Selbstanalyse mußten Bücher studiert und Vorlesungen und Besprechungen besucht werden. Nach der «Autoanalyse» sollte sie in der Berliner Poliklinik arbeiten, um den Umgang mit Patienten zu erlernen.[44] Damit begann eine von Freuds umfangreichsten und herzlichsten Korrespondenzen in den zwanziger und dreißiger Jahren, die nach Jeanne Lampl de Groots Rückkehr in die Niederlande auch voll von Berichten über Familienereignisse und dem neuesten Klatsch war.

Lampl de Groot kam im April 1922 zur Analyse nach Wien. Ihr lebhaftes Gesicht und ihre zierliche Gestalt müssen Freud ebenso bezaubert haben wie er sie, denn aus der Lehranalysandin wurde bald eine Freundin der ganzen Familie, was sie auch lange Zeit bleiben sollte. Sie lernte Freud als «charmanten und aufmerksamen altmodischen» Herrn kennen.[45] Er fragte sie, ob er oder seine Töchter ihr helfen könnten, sich einzurichten. Jeanne Lampl de Groot erwähnte, daß sie auf der Suche nach einem Piano sei, worauf Freud ihr gestand, völlig unmusikalisch zu sein, vielleicht aus der Befürchtung, eine spätere Entdeckung dieses Mangels könnte ihre Analyse beeinträchtigen. Er erzählte ihr auch von seiner Tochter, die wie Lampl de Groots Schwester während ihrer Schwangerschaft an der spanischen Grippe gestorben war. Auf diese Weise stellte Freud gleich am Anfang ihrer Analyse sicher, daß eine positive Übertragung zustande kam.

Freuds freundschaftliches Verhältnis zu Jeanne Lampl de Groot erregte ebenso Anna Freuds Eifersucht wie die im selben Jahr entstandenen Freundschaften mit Ruth Mack Brunswick und Joan Riviere. Und Lampl de Groots Entscheidung, ihre Verlobung mit einem Arzt am Wagner-Jauregg-Krankenhaus zu lösen, um 1925 Anna Freuds ehemaligen Verehrer Hans Lampl zu heiraten, war erst recht nicht dazu angetan, die Eifersucht zu mildern. In der Klatschspalte einer Wiener Zeitung stand zu lesen, Lampl habe seine Jeanne bekommen und Anna ihren Wolf – einen großen Schäferrüden, den Freud ihr zu dieser Zeit geschenkt hatte.[46] Aber Anna Freud bewahrte sich ihren Humor und schloß mit Jeanne Lampl de Groot Freundschaft, wenn auch keine allzu enge. Später besuchte Lampl de Groot Anna Freuds Seminar über Kinderanalyse. Nach dem Krieg zogen sie gemeinsam ins Feld, um die Internationale Vereinigung zur Aufnahme von Kinderanalytikern zu bewegen. Als Hans Lampl 1957 bei einem Autounfall ums Leben kam, zog es Jeanne Lampl de Groot noch mehr zu Anna Freud, und sie kam immer wieder von Holland, wo sie sich kurz vor dem Krieg mit ihrem Mann niedergelassen hatte, nach London.

Freud schlägt in seinen Briefen an Lampl de Groot einen onkelhaften, geradezu schwatzhaften Ton an. Er berät sie in Familienangelegenheiten und Ehefragen und empfiehlt ihr, sich keine Gedanken über eine Nachanalyse zu machen. Er geht detailliert auf seinen körperlichen Zustand ein, zeigt sich besorgt um Annas Gesundheit und bittet sie einmal sogar, Hans fernzuhalten, solange Anna so erschöpft sei. Lampl de Groot, die inzwischen in Berlin arbeitet, ist auch die Hüterin seiner Zigarrenration, für die er sich überschwenglich bedankt und über deren Bezahlung er mit ihr verhandelt. 1933 unterzeichnet er mit «der alte Taube».

Jeanne Lampl de Groot setzte sich in ihren ersten Werken vorwiegend mit der weiblichen Sexualität auseinander. In seiner Arbeit «Über die weibliche Sexualität» (1931) verwies Freud anerkennend auf ihren Artikel «Zur Entwicklungsgeschichte des Ödipuskomplexes der Frau» (1927) und kritisierte nur ihre mangelnde Hervorhebung der Feindseligkeit, wenn sich das Mädchen beim Übergang vom negativen in den positiven Ödipuskomplex von der Mutter abwendet.

Obwohl sie als loyale Anhängerin Freuds galt, wußte Jeanne Lampl de Groot durchaus ihre eigenen Standpunkte deutlich darzulegen. So erklärt sie in der genannten Arbeit, wenn auch mit der gebotenen Zurückhaltung, sie könne Freud nicht ganz zustimmen, wenn er die schwere Zugänglichkeit von Material aus der frühinfantilen ödipalen oder präödipalen Phase bei Frauen auf die intensive Verdrängung zurückführt, der diese Regungen unterliegen: «Das geringere Verständnis für die Vorgänge beim kleinen Mädchen mag einerseits daran liegen, daß dieselben an und für sich komplizierter sind als die analogen beim Knaben, andererseits daran, daß die Verdrängung der libidinösen Wünsche sich bei der Frau als eine intensivere manifestiert.» In der Folge führt sie einen Gedanken weiter aus, den sie Karen Horney zuschreibt und dem sie offensichtlich zustimmt: «Horney ist der Meinung, es spiele dabei auch die Tatsache eine Rolle, daß die analytischen Beobachtungen bisher hauptsächlich von Männern gemacht worden sind.»[47] In ihrer Schlußfolgerung weist sie ohne Nachdruck, aber unmißverständlich noch einmal auf die Bedeutung weiblicher Analytiker hin: «Bei einem männlichen Analytiker mag sich vielleicht diese Periode sehr schwer aufdecken lassen. Die weibliche Patientin kann doch die Konkurrenz mit dem Vater-Analytiker sehr schwer aufnehmen, so daß möglicherweise eine Behandlung unter diesen Bedingungen nicht über die Analyse der positiven Ödipuseinstellung hinausgehen kann.»[48] Zweifellos auch unter dem Druck seiner jungen Schülerinnen äußerte sich Freud 1931 in derselben Richtung.[49]

1933 publizierte Jeanne Lampl de Groot ihre 1932 verfaßte zweite Arbeit über die Probleme der Weiblichkeit («Problems of Femininity»), und Freud äußerte sich in seinen Briefen an sie zunächst überaus kritisch darüber.[50] Sie nahm sich die Kritik so zu Herzen, daß er das Bedürfnis hatte, sich in einem der nächsten Briefe zu entschuldigen. Mit bescheidenen Worten gestand er ein, zu subjektiv geurteilt zu haben, was Lampl de Groot nicht hatte wissen können:

«Mir schwebt nämlich – ganz wörtlich genommen – etwas über die passiven Triebziele vor, eine Problemstellung, die ich manchmal fast erhasche und die sich dann wieder verhüllt. Als ich Ihre Arbeit las, [...] wurde ich von deren Würdigung abgelenkt u schrieb das nieder, was ich jetzt als ungerecht erkenne. Nun tappe ich wieder ganz im dunkeln.»[51]

Dann lobt er noch einmal ihre substantielle Arbeit. An diesem Beispiel wird sehr gut deutlich, wie Freud sich in den Diskussionen mit seinen Schülerinnen verhielt.

Als Jeanne Lampl de Groot ihren Aufsatz über Probleme der Weiblichkeit 1985 neu herausbrachte, war nicht zu übersehen, daß sie

Freuds Kritik immer noch schmerzte, mochte er sich vor einem halben Jahrhundert auch noch so sehr dafür entschuldigt haben. In ihrer Einleitung schreibt sie, diese Arbeit sei «zum Teil eine Jugendsünde: vielleicht hätte ich mehr als nur ein paar Formulierungen ändern sollen»[52]. Und dem Professor zum Trotz erklärt sie weiter: «Wie dem auch sei, ich habe beschlossen, sie nur mit geringfügigen stilistischen Änderungen zu veröffentlichen, weil ich sie nicht vollkommen verwerfen kann, obwohl ich mir ihres spekulativen Aspektes wohl bewußt bin.»

Während ihres langen Lebens wurde Jeanne Lampl de Groot zu einer wichtigen Gestalt in der niederländischen Psychoanalyse. Sie war Mitbegründerin der psychoanalytischen Ausbildung in den Niederlanden und des damit verbundenen Psychoanalytischen Instituts. Für sie war es immer ein Privileg, Freud so nahegestanden zu haben und an der Hochblüte der Wiener Vereinigung teilgehabt zu haben.

H.D. – Hilda Doolittle, 1886–1961

Unter den Frauen, die Freud in seinen späteren Jahren umgaben, war auch die amerikanische Dichterin Hilda Doolittle; ihr war Freud mit ganz besonderer, fast verliebter Zärtlichkeit zugetan. Ähnlich liebevoll besorgt und mit der gleichen Achtung und einfühlsamen Anteilnahme behandelte er nur noch Lou Andreas-Salomé, seine andere literarisch tätige Patientin und Schülerin.

Hilda Doolittle gab Freud ein Vielfaches seiner Zärtlichkeit zurück. Einmal hatte er mitten in einer Sitzung unvermittelt zu ihr gesagt: «Das Schlimme ist – ich bin ein alter Mann –, *Sie halten es nicht für der Mühe wert, mich zu lieben.*»[53] Ihre 1944 verfaßte *Huldigung an Freud* war der Beweis der Liebe, die ihren Part in dieser «besonders erlesenen *vers libre*-Beziehung»[54] prägte. H.D. läßt in der Erinnerung Freud als «Arzt ohne Fehl und Tadel» erstehen, als Asklepios der Griechen, halb Mensch, halb Gott. Mit ihren glänzenden literarischen Anspielungen und ihrer feinfühligen Direktheit fangen diese kurzen Erinnerungen – zusammen mit *Advent*, dem Tagebuch, das H.D. während ihrer ersten Monate in Wien führte – auf eine kaum je so gelungene Weise Ton und Tempo einer Analyse ein, jenes freie und unkonventionelle Spiel der

Assoziationen und Erinnerungen, das viel von einem *vers libre* hat. Freud hätte Grund gehabt, H.D. für ihre Dankbarkeit dankbar zu sein.

Hilda Doolittle, gemeinsam mit Ezra Pound und ihrem damaligen Mann Richard Aldington Mitbegründerin der Imagismus-Bewegung, war als Lyrikerin, Herausgeberin und klassizistische und experimentelle Romanschriftstellerin eine bekannte literarische Gestalt. Die scheue, introvertierte Hilda Doolittle hatte mehrere Nervenzusammenbrüche und Halluzinationen hinter sich, und als sie 1933 zu Freud kam, hatte sie ihre künstlerische Zielrichtung verloren und fürchtete sich vor einem neuerlichen Zusammenbruch und einem neuen Krieg, der sie bereits einmal aus der Bahn geworfen hatte. Sie wollte sich «wappnen und ausrüsten», damit sie einem zweiten Krieg gegenübertreten und, «falls sich meine Ausbildung als zureichend und meine Begabung als geeignet erwies, Menschen etwas Unterstützung bieten konnte, die der Krieg erschüttert und niedergeschmettert hatte»[55]. «Irgend etwas klopfte beständig in meinem Herzen – in meinem Hirn. Ich wollte es herauskommen lassen. Ich wollte mich von wiederkehrenden Gedanken und Erlebnissen befreien – meinen eigenen und denen vieler meiner Zeitgenossen.»[56] 1933 kam sie etwa vier Monate lang viermal pro Woche zu Freud, und im Oktober 1934 noch einmal etwa sechs Wochen lang. Die Analyse wurde in englischer Sprache durchgeführt. Die beiden schrieben sich Briefe und begegneten einander später in London kurz wieder.

H.D. stand mit der Psychoanalyse bereits auf vertrautem Fuß. Als avantgardistische Schriftstellerin im Europa der zwanziger Jahre gestand man der Psychoanalyse fast zwangsläufig zu, in gewisser Weise dasselbe Terrain wie der Modernismus zu erschließen. Außerdem war ihre lebenslange Freundin und zeitweilige Lebensgefährtin, die Schriftstellerin Bryher (Winifred Ellerman), seit 1927 mit Freud und seiner Familie befreundet und hatte sich von Hanns Sachs analysieren lassen. Als wortgewaltige Verfechterin der Psychoanalyse beteiligte sich Bryher auch mit beträchtlichen Geldspenden an einer Reihe von psychoanalytischen Projekten, wie zum Beispiel der Ausbildung von Laienanalytikern. Von 1933 an half sie mit, deutschen Psychoanalytikern die Flucht aus ihrer Heimat in sichere Länder zu ermöglichen. Sie war es auch, die H.D. überredete, sich analysieren zu lassen, zunächst 1931 erfolglos von Mary Chadwick in London und später kurz von Hanns Sachs in Berlin. Sachs empfahl ihr, zu Freud zu gehen, und führte sie brieflich bei diesem ein. Bryher traf die endgültige Vereinbarung mit Freud.

Frauenfreundschaften

Wahrscheinlich las Freud einige der Werke von H.D., bevor sie zu ihm kam. Ein amerikanischer Freund hatte ihm *Palimpsest* gegeben, drei einander überlagernde Geschichten über die künstlerische Entwicklung der Frau, in der die Antike als psychologische Trope eingesetzt wird. Das Wühlen in der Vergangenheit, das Überschreiben der eigenen Persönlichkeit durch neue, die dennoch von der alten bestimmt sind, signalisierte Interessen, die jenen von Freud gar nicht so unähnlich waren – wenn auch in einer modernistischen Ausdrucksweise, die seinem Geschmack sehr fern war. H.D. bereitete sich ihrerseits durch die Lektüre von Freuds Werken auf die Analyse vor.

Kaum hatte die Analyse begonnen, schrieb Freud ihr, laut Bryher, er habe «keine aufregenden Patienten» mit Ausnahme von H.D. und dem «Fliegenden Holländer», der die Stunde vor ihr hatte und in ihrer *Huldigung* ausführlich vorkommt; «er sei selten, wenn überhaupt, mit einem so klaren Verstand und einer so reinen Seele wie der unserer geschätzten Kat [H.D.] in Berührung gekommen und hoffe, sie werde sich ihren Wunsch erfüllen und zurückkommen, um die Analyse für Wochen oder Monate oder sogar Jahre wiederaufzunehmen, er würde ihr Vorzug vor allen anderen einräumen»[57].

Bereits im Mai 1933 zeigte sich H.D. ebenso begeistert:

«Ich wünschte, er hätte tausend Leben und Arme und Köpfe [...] die Welt ist buchstäblich sein ‹Kind›. Er ist so unpersönlich und weich [...] Freud ist ganz einfach Jesus Christus nach der Auferstehung, er hat jenen ernsten Geisterblick eines, der hinter der Grabstür war, und soviel Zärtlichkeit mit soviel Humor, er IST das alles einfach. Ich bin sicher, er IST der unumschränkte Erbe dieser ganzen östlichen Mysterien und Magien, IST es einfach, trotz seiner ganzen monumentalen Arbeit und alldem, er ist der wirkliche, der letzte Heiler. [...] Er ist giftig wie eine Viper, wenn er will, aber bei mir war er es nicht, außer um mir zu zeigen, daß er es sein KANN.»[58]

Die analytische Liebesgeschichte zwischen Freud und H.D. – in die auch ihre Tochter Perdita und ihre Freundin Bryher mit einbezogen waren – dauerte bis zu Freuds Tod und darüber hinaus. Sie war trotz ihrer Differenzen von Bestand. Während H.D. auf die Realität ihrer halluzinatorischen Erlebnisse als poetische und prophetische Visionen pochte, sah Freud sie als gefährliche Symptome. Was für sie Äußerungen des Okkulten waren, bezeichnete er als Signale für das Wiederauftauchen des Verdrängten. Wo H.D. an eine transzendente Welt glaubte, bestand Freud auf einem stofflichen, vom Tode begrenzten Universum. Gerade diese Unterschiede scheinen jedoch die Spannung ihres analyti-

Ein Frauenberuf

schen Abenteuers noch verstärkt zu haben: Es war eine archäologische Expedition in die tiefen Schichten der Psyche, bei der die «Götter», die antiken Sendboten aus Freuds Sammlung, in ihrer furchterregenden Herrlichkeit ausgegraben oder im Licht der analytischen Untersuchung als alte Bekannte entlarvt wurden, «goods», Güter, eher als «gods», Götter, um eines ihrer Wortspiele zu zitieren.

H.D. war Studentin und Patientin gleichermaßen, eine jener bemerkenswerten und «maskulinen» Frauen, die Freud trotz seiner konventionellen Äußerungen über die Weiblichkeit offenbar schätzte. Sie wurde in Bethlehem in Pennsylvania geboren. Ihr vergötterter Vater war ein bekannter Astronomieprofessor, ein kalter, abweisender Mann, dessen einzige Leidenschaft die Wissenschaft war, ein Bereich, so wußte H.D., in dem sie ihm nie würde folgen können. Ihre Mutter Helen, Doolittles zweite Frau, gehörte den sittenstrengen Mährischen Brüdern an, einer Herrnhuter-Gemeine, und H.D. entdeckte später darin eine versteckte mystische Tradition, die sie als ihr mütterliches Erbe bezeichnete. Die künstlerisch begabte Frau vernachlässigte ihre Talente, um sich ganz ihrem Mann und ihren fünf Söhnen widmen zu können, vor allem aber ihrem Liebling Gilbert, wie es der kleinen Hilda schien. «Schmächtig und mausgrau» im Gegensatz zu den Jungen, die «ganz Glanz und Gold waren», fühlte sich H.D. ungeliebt und in der Pubertät zwischen mütterlichem und väterlichem Vorbild hin- und hergezogen. Schon früh lehnte sie sich gegen die Erwartungen der Familie auf und verließ das College ohne Abschluß. Eine lange Freundschaft mit Ezra Pound endete mit der Auflösung ihrer Verlobung, teils weil sie sich von der musenhaften Perfektion, die Pound ihr abverlangte, erdrückt fühlte, teils vielleicht auch aus Angst vor der Sexualität. Statt zu heiraten, verließ H.D. als Fünfundzwanzigjährige Amerika und ging zusammen mit ihrer frühen homosexuellen Liebe Frances Gregg nach England. 1913 wurden ihre ersten Gedichte unter dem Namen H.D. veröffentlicht: Ezra Pound, der immer noch ihr Freund war, nannte sie «H.D. – Imagiste» und gab damit einer modernistischen Bewegung den Namen, der H.D. immer mehr zur Belastung wurde, als sie sich mit neuen Ausdrucksformen auseinandersetzte.

Das Jahr 1913 brachte auch die Heirat mit dem Schriftsteller Richard Aldington. Zwei Jahre später hatte H.D. eine Totgeburt: Sie führte die verfrühten Wehen auf den Schock zurück, den die Nachricht von der Versenkung der *Lusitania* ihr zugefügt hatte, und auf die zunehmend abweisende Haltung ihres mittlerweile zum Kriegsdienst einberufenen Mannes. 1919 erwartete sie wieder ein Kind, diesmal von dem Kritiker und Komponisten Cecil Gray. Gegen Ende der Schwangerschaft erkrankte sie an Grippe und beidseitiger Lungenentzündung und schwebte mit ihrem ungeborenen Kind in großer Gefahr. Hinzu kamen weitere Schicksalsschläge: ihr Bruder Gilbert war in Frankreich gefallen, ihr Vater kurz darauf einem Schock erlegen; Aldington reichte die Scheidung ein, und ihre enge Freundschaft mit D.H. Lawrence zerbrach (Lawrence ist dennoch weiterhin als ihr abwesender, verräterischer Zwilling in *Advent* präsent). Ihre Tochter Perdita blieb am Leben, sie selbst erlitt einen Zusammenbruch. Ihre neue Freundin Bryher half ihr durch die Krise: gemeinsam reisten sie nach Griechenland, wo H.D. die visionären Halluzinationen erlebte, die sie als «Symptome» zu Freud brachte.

H.D.s Weg als Schriftstellerin ist gewissermaßen exemplarisch in der feministischen Literaturgeschichte.[59] An ihrem persönlichen Schicksal und ihrer Arbeit läßt sich ablesen, daß sie an mehreren Fronten gleichzeitig kämpfen mußte, um eine für sie als Frau und als Schriftstellerin akzeptable Identität zu finden. Sie mußte sich gegen die Einengungen einer männlichen literarischen Tradition wehren, um zu ihrer eigenen poetischen Stimme zu finden, einer außergewöhnlichen und tonangebenden Stimme, die ihre sexuelle Ambivalenz, ihre Weiblichkeit und ihre visionären Vorahnungen gleichermaßen auszudrücken vermochte. Und sie mußte sich gegen gesellschaftliche Erwartungen auflehnen, gegen das konventionelle Frauenbild, das ihr nicht gestatten wollte, Dichterin zu sein, ohne zugleich Muse zu sein, und Liebhaberin, ohne Ehefrau zu sein. Und schließlich mußte sie sich auch der Auseinandersetzung mit der eigenen Weiblichkeit stellen und versuchen, mit der Frau, die sie war, zu Rande zu kommen. Was diesen letzten Punkt betrifft, ist die Analyse bei Freud von besonderem Interesse, nicht nur weil sie soviel von H.D.s Persönlichkeit aufdeckt, sondern weil sie uns Einsicht gewährt in Freuds Wesen und seinen Begriff der Weiblichkeit.

Aus den glänzend formulierten Hinweisen in H.D.s *Huldigung* lassen sich einige Marksteine ihrer Analyse rekonstruieren. Freud verstand ihr Kommen als unbewußten Versuch, ihre Mutter zu finden, deren Platz sie ihm übertrug: Wien war die Stadt, in der ihre Mutter Helen Doolittle die Flitterwochen verbracht hatte. Er erklärte H.D.s Schwierigkeiten mit ihrem Streben nach Wiedervereinigung mit der verlorenen präödipalen und phallischen Mutter, der Mutter, die über jene ersten Jahre gewacht hatte, in denen der Geschlechtsunterschied Hilda noch nicht ein für allemal zum Mädchen bestimmt hatte. Für diese Mutter konnte sie in der Phantasie der männliche Kindgott ihres entscheidenden analytischen Traumes von «Mose im Schilf» sein und nicht das kleine Mädchen Miriam, das nachdenklich beobachtet, wie die Prinzessin/Mutter sich dem Knaben im Binsenkorb nähert, dem «Begründer einer neuen Religion», in dem H.D. den Professor zu erkennen meint, ehe Freud eingreift. Für Freud, der in der Analyse zur Mutter geworden ist, kann H.D. die Rolle des Mose annehmen und der männliche Schüler sein, an dem ihm ihres Erachtens soviel liegt: sie kann zu dem favorisierten Bruder werden, als der ihr der Fliegende Holländer erschienen war, der die Stunde vor ihr bei Freud hatte. (Bei dem Fliegenden Holländer handelte es sich übrigens um den bedeutenden Gelehrten und Okkultisten J.J. van der Leeuw, der nach H.D.s erstem Analysezyklus ermordet wurde, was mit ein Grund für ihre neuerliche Analyse bei Freud war.)

Diese Suche nach Einheit mit der Mutter, deutet Freud an, sei auch die Wurzel von H.D.s homosexueller Liebe; und die Motivation für ihre halluzinierte «Schrift an der Wand» sei in Wirklichkeit «eine Art Vorführung oder Unterhaltung für meine Mutter gewesen».[60] Wenn ihre «gefährlichen Symptome», die auf das tägliche Leben übergreifenden unbewußten Vorstellungen, zum Stillstand gebracht werden sollten, mußte ihre Mutterfixierung analytisch zutage gefördert werden. Wie es H.D. in einem Brief an Bryher salopp ausdrückte, steckte sie in einer wahren «Mutterklemme», und zwar in einer ganz besonderen; «F. meint, meine sei absolute ERSTE Schicht, ich bin in der frühesten präö-Phase steckengeblieben, und ‹zurück in den Mutterleib› scheint für mich die einzige Lösung zu sein. Deshalb die Inseln, das Meer, griechische Einfachheit und so weiter. Das alles wirkt doch wie ein Wunder.»[61]

Wie Susan Stanford Friedman so überzeugend darzulegen wußte, interpretierte Freud H.D.s Mutterdilemma im Sinne seiner in «Über die Psychogenese eines Falles von weiblicher Homosexualität» dargelegten Ideen. Sie hatte beim Durchlaufen des Ödipuskomplexes und seiner teilweisen Wiederholung in der Pubertät ihre Gefühle nie völlig von der Mutter auf den Vater verlagert; für sie war die geliebte Frau nach wie vor die in der Kindheit phantasierte ganze Frau, die phallische, unkastrierte oder maskuline Frau, die ideale Frau, mit der sie in ihren homosexuellen Liebesbeziehungen die Mutter-Kind-Beziehung wiederauferstehen ließ.

Wie H.D. in ihrer *Huldigung* anklingen läßt, bezweckte Freud mit seinen Interpretationen in erster Linie, ihr ihre Mutterfixierung

Frauenfreundschaften

bewußtzumachen und auf diese Weise die daraus gespeisten Halluzinationen zu vertreiben. Der logische nächste Schritt für Freud war, H.D. dazu zu bewegen, sich von der Mutter zu lösen und den Vater zu akzeptieren. Trotz H.D.s Einwänden ist Freud davon überzeugt, daß sich ihre Übertragung auf ihn als Mutter richtet. Seit dem Fall Dora waren viele Jahre vergangen, und Freud war inzwischen in der Lage, bewußt zu erkennen und zuzugeben – aus ehrlicher Überzeugung ebenso wie vermutlich aus therapeutischen Gründen –, daß er sich in dieser Rolle nicht gefiel: «Ich bin *nicht* gern die Mutter in der Übertragung – es überrascht und schockiert mich immer ein wenig. Ich fühle mich so sehr als Mann.»[62] Interessanterweise ist dies einer der wenigen festgehaltenen Fälle, wo Freud die Mutterübertragung analysiert und sich in präödipales Material vertieft. Man sollte vielleicht nicht außer acht lassen, daß es sich hier um den späten Freud handelt, einen durch den Tod seiner Mutter vermutlich befreiten Freud, einen Freud, der unter dem Einfluß seiner analytischen Erfahrung und dem Druck seiner Kolleginnen und Analysandinnen zu einer modifizierten und differenzierten Sicht der Entwicklung der Weiblichkeit gelangt ist.

Die Anerkennung der «Mutterfixierung» war unmittelbar verbunden mit der Anerkennung der potentiell wohlwollenden Rolle des Vaters. In diesem Licht ist wohl auch Freuds emphatischer Ausbruch – «ich bin ein alter Mann –, *Sie halten es nicht für der Mühe wert, mich zu lieben*» – zu lesen. Die Emphase selbst weist natürlich auf Freuds Alter zurück und auf seinen nahenden Tod, dem H.D. mit Furcht entgegenblickte. Wenn sich ihre Angst vor dem Sterben auch auf alle in ihrer Umgebung bezog: der Tod ihres Kindes, ihres Bruders, von Vater, Mutter und Freunden hatte jene lähmende Kriegsangst in ihr geweckt, die einer der ausschlaggebenden Gründe für ihren Entschluß gewesen war, zu Freud zu kommen. Aber Freuds plötzlicher Ausbruch hat noch weitere Aspekte. Dies war nicht nur eine abrupte analytische Intervention mit dem Ziel, H.D.s Gedanken umzulenken – sie zu zwingen, *ihn selbst* zu sehen anstatt ihn durch die Gegenstände seiner Sammlung hindurch, wie sie es offenbar vorzog –, nicht nur der unverblümt lockende Ruf zu den Waffen der Übertragung, sondern auch die nachdrückliche Erklärung, daß Freud wert wäre, in seiner Männlichkeit geliebt zu werden. H.D. mußte ihn als Mann anerkennen und lieben, um den Schritt von der Mutter zum Vater neu durchspielen zu können. Man könnte sogar so weit gehen zu behaupten, daß die verführerische Note ihrer Beziehung, wie sie H.D. in der Erinnerung wiedererstehen läßt, zu Freuds analytischem Plan gehörte, den «kalten Mann», den abweisenden Mann, der H.D.s Vater gewesen war, in einen liebenden Mann zu verwandeln, einen fehlbaren Mann, fähig zu mütterlicher Zärtlichkeit und für Zuneigung empfänglich. Freud schreibt ihr am 24. Mai 1936: «Ich hatte mir eingebildet, ich sei unempfindlich geworden für Lob und Kritik. Als ich Ihre freundlichen Zeilen las und merkte, wie sehr ich mich über sie freute, dachte ich zunächst, ich hätte mich über meine Standhaftigkeit getäuscht. Doch bei nochmaligem Überlegen kam ich zu dem Schluß, daß es nicht so war. Was Sie mir gaben, war nicht Lob, sondern Zuneigung, und ich brauche mich meiner Genugtuung nicht zu schämen. Das Leben in meinem Alter ist nicht leicht, aber der Frühling ist schön und ebenso die Liebe.»[63]

Es gibt keinen klaren Hinweis darauf, daß Freud auch bestrebt war, H.D. von der Homosexualität abzubringen. In ihrer *Huldigung* bringt Freud dieses Thema nur einmal zur Sprache. Freud erklärt ihr, sie hätte mit Gregg, ihrer ersten homosexuellen Liebe, «aus biologischen Gründen»[64] nicht glücklich werden können – Worte, die sie schmerzten. Andererseits war Freud Bryher immer zugetan und akzeptierte die Beziehung zwischen den beiden Frauen, ohne sich je ein Urteil darüber zu gestatten: seine Freundschaft und sein Respekt für beide waren aufrichtig.

Auch wenn er sie zu beeinflussen versucht hätte – H.D., der Unabhängigkeit wichtiger war als alles andere und die sich ihr freies Denken sogar im Bannkreis von so bedeutenden Männern wie Ezra Pound, Richard Aldington und D.H. Lawrence zu bewahren wußte, war durchaus fähig zu urteilen: «Der Professor hatte nicht immer recht.»[65] Entgegen Freuds Anweisungen – seiner Meinung nach war Schreiben während der Analyse eine Form des Widerstandes – machte sie sich in den Sitzungen Notizen, und als er sie aufforderte, damit aufzuhören, setzte sie sich in fast täglichen Briefen an Bryher mit der Analyse auseinander. H.D. war auch keineswegs gewillt, Freuds materialistische Weltsicht zu akzeptieren, die «Götter» mit «Gütern» gleichstellte, oder das Reich der Mutter völlig aufzugeben. Sie sah ihre «gefährlichen Symptome» als mystische Vision, als okkulte Nachricht. Trotz Freuds Mißbilligung hielt sie an ihren Überzeugungen fest und beschäftigte sich weiterhin mit okkulten Lehren. Während ihrer Analyse bei Freud konnte sie zum Beispiel ihren Glauben an die Astrologie als ihren Ausdruck der Liebe zu ihrem Astronomen-Vater und dennoch die Astrologie als das magische Gegenstück zur Astronomie sehen. In einem an Bryher gerichteten Brief vom 28. Mai 1933 schrieb sie über Freud, er müsse sich «an seine wissenschaftlichen Waffen halten, aber ich muß mich auch an die meinen halten. Diese Juden behaupten, glaube ich, daß alles, was mit ‹Lehre› und dieser Art Kunst zu tun hat, falsch ist. Das glaube ich auch, wenn sie FALSCH ist!!!!! Aber das ist sie nicht immer»[66]. Der Spiritualismus – Mysterien, die neben der Psychoanalyse bestehen, und Übereinstimmungen, denen man einen Sinn abringen konnte – war stets eine Quelle für H.D.s poetisches Schaffen ebenso wie für ihr Leben. Sie war fähig zu sokratischen Diskussionen mit dem rationalistischen Freud und ließ sich in der Analyse nicht davon abbringen, der Intuition mehr zu vertrauen als der Vernunft. «Der Meister» brachte sie durch seine Gewißheit manchmal in Rage, wie ihr Gedicht mit demselben Titel zeigt:

> «Ich war wütend auf den alten Mann
> auf sein Geschwätz von der Männer-Kraft,
> Ich war wütend auf sein Geheimnis, seine Geheimnisse,
> Ich redete bis zum Tagesanbruch.»[67]

Ihrem Brief zu Freuds letztem Geburtstag am 6. Mai 1939 ist zu entnehmen, daß sie sich, mit gegenseitigem Respekt und nicht ohne Koketterie, darauf einigten, uneins zu sein. Das Gespenst des Krieges rückte immer näher, als H.D. schreibt: «Ich kann nur hoffen, daß Sie sich sicher und beschützt fühlen von den ewigen Wahrheiten und ihrer symbolischen, unveränderlichen Gegenwart. Ihre Ägypter und Griechen (die Götter oder ‹Güter›) wachen über Sie.»[68]

Es bleibt die Frage nach dem Erfolg von H.D.s Analyse. Ihre *Huldigung an Freud* läßt kaum einen Zweifel offen an der Bedeutung, die diese Erfahrung für sie hatte. Die Ausdruckskraft und Eigenart ihrer Werke aus der Zeit nach der Analyse sind ein weiterer Beweis dafür, daß sie davon profitiert hatte: Offenbar kann sie nun die Visionen kontrollieren, die eine Inspiration für ihre schöpferische Arbeit sind. Interessant ist auch, daß sie in ihrer Erinnerung an Freud diesen als guten Vater darstellt; er gehört zu den wenigen patriarchalischen Gestalten in ihrem späteren Werk, die nicht als Betrüger oder Verräter auftreten. Freud, der einfühlsame Wissenschaftler, der intuitive Rationalist, konnte beide Geschlechterpole vereinen und war damit als «Arzt ohne Fehl und Tadel», als väterlicher und mütterlicher Freund fähig zu heilen.

Vielleicht überrascht es nicht, daß Bryher in dieser Hinsicht mit H.D. einer Meinung war:

Ein Frauenberuf

«Freud war nicht der, den seine Bewunderer in ihm sehen wollten, er war kein schweigsamer Weiser oder Eremit, der auf einem Felsen sitzt und auf den Horizont starrt. Er erinnerte mich eher an einen Arzt der neunziger Jahre, an einen, der immer freundlich war und einen guten Rat parat hatte, der bei jedem Wetter zu seinen Patienten ging und niemanden von seiner Tür wies. Sein Wunsch wurde erfüllt; in diesem vergangenen Jahrhundert hat niemand der Menschheit so sehr geholfen wie er.»[69]

Mochte H.D.s Arzt auch ohne Fehl und Tadel gewesen sein, so konnte sie nach dem Abschluß der Analyse bei Freud und selbst nach der Analyse bei Walter Schmideberg in den Jahren 1936/37 nicht einfach als «geheilt» bezeichnet werden. Während des langen Krieges, den sie so sehr gefürchtet hatte, bewältigte sie das Leben in London mit Hilfe des Schreibens – 1944 begann sie ihre *Huldigung an Freud* – und des Studiums okkulter Lehren: Darin gab es einen Sinn zu finden, eine wenigstens scheinbare Ordnung, die dem Alptraum des täglichen Lebens entgegengehalten werden konnte. Aber 1946 kam es wieder zu jener Verkettung von Umständen, die sie als Auslöser ihrer wiederholten Zusammenbrüche erkannt hatte. Zu den Bombardierungen und dem Trauma durch die zahllosen Toten kam der Verrat durch ihren Freund Lord Dowding; der pensionierte General der Royal Air Force war ein Anhänger des Spiritualismus und hielt Vorträge über seine Kontakte mit seinen verstorbenen Piloten. H.D. hatte seine Vorträge gehört, las sein Werk und schloß mit ihm eine Freundschaft, die ihr sehr wichtig war. Als sie selbst plötzlich Nachrichten von den toten Piloten bekam, die vor dem Alptraum des Atomkrieges warnten, erkannte er das nicht an und riet ihr, die Beschäftigung mit dem Spiritualismus aufzugeben.[70] Diese Zurückweisung, die sie als schwerwiegenden Verrat empfand, war der Katalysator für das Wiederaufleben ihrer Kriegsangst: H.D. geriet in einen Zustand, in dem sie nicht mehr zwischen äußerer Realität und der halluzinierten Vision eines neuen Krieges, in dem eine Atombombe auf St. Paul's niederging, unterscheiden konnte. Sie flüchtete sich für sechs Monate in ein Sanatorium in Küsnacht. Wie sie selbst berichtet, erholte sie sich dort mit Hilfe dessen, was sie von ihrem Arzt gelernt hatte.

1953 war H.D., mittlerweile siebenundsechzig Jahre alt, wieder in Küsnacht, um sich operieren zu lassen. Während dieses Aufenthaltes lernte sie Erich Heydt kennen, einen Arzt und Existenzanalytiker, der ihr bald ein enger Freund und Kollege war und in ihrem Spätwerk immer wieder als mitfühlende und erotische Gestalt im Vordergrund steht. Gemeinsam mit ihm betrieb sie analytische Selbsterforschung in ihren «Teesitzungen», die zweifellos fortgesetzt wurden, als sie nach körperlichen Erkrankungen mehrmals für längere Perioden nach Küsnacht zurückkam, um sich zu erholen. Die Selbstanalyse prägte von da an nicht nur ihr Leben, sondern auch die Lyrik und Prosa ihrer letzten Lebensjahre. Dieses bedeutende Nachkriegsœuvre, der Erforschung der Sexualität und des Frauseins gewidmet, ist ein Beweis für H.D.s ungeheure poetische und regenerierende Kraft und in gewisser Weise auch für den Wert, den die Psychoanalyse und Dr. Freud für diese Frau hatten.

VIERTER TEIL
Das Problem der Weiblichkeit

14. Freud und die Weiblichkeit: Theoretische Untersuchungen

«Wenn Sie diesen Einfall als phantastisch zurückweisen und mir den Einfluß des Penismangels auf die Gestaltung der Weiblichkeit als eine fixe Idee anrechnen, bin ich natürlich wehrlos.»[1]

Trotz dieser Absicherung ist Freuds Theorie vom Einfluß des Penismangels auf die Gestaltung der Weiblichkeit tatsächlich als fixe Idee interpretiert worden. Sie wurde heftig kritisiert, während sich die Unterstützung in Grenzen hielt. Und dennoch behauptete sich diese Idee als bekannteste und populärste Kurzversion von Freuds Ansichten über Männer, Frauen und Sexualität bis in unsere Tage. Wie konnte eine so kleine Idee, diese fixe Idee, daß die Entwicklung eines Mädchens zur Frau unter dem Druck eines leidenschaftlichen Neidgefühls für den Penis vor sich geht, einen so umstrittenen Bekanntheitsgrad erlangen? Schließlich war doch die Penistheorie offensichtlich nur ein Nebengedanke, so etwas wie ein Anhängsel an eine Sexualitätstheorie, in der Unterschieden zwischen den Geschlechtern nur wenig Raum und ebenso wenig Bedeutung zugestanden wurde.

Mit bewundernswertem Scharfsinn und Geschick war es Freud in dreißigjähriger Arbeit gelungen, die Unterschiede zwischen Männern und Frauen für die psychoanalytische Sexualtheorie irrelevant werden zu lassen. Dennoch hatten sich im Laufe einer langen Entwicklung, die von den Erkenntnissen über Hysterie in den 1890er Jahren zu der gewagten Theorie von der kindlichen Sexualität von 1905 führte und zu den Revisionen von 1914 und 1915, die mit der Narzißmus- und Libidotheorie kamen, eine Reihe von Hypothesen, Einsichten, Feststellungen und Vorurteile angesammelt, die ihn dazu zwangen, sich mit dem Problem des Geschlechtsunterschiedes doch auseinanderzusetzen.

Es lag jedoch nicht nur an der inneren Logik von Freuds theoretischer Entwicklung, daß die Beschäftigung mit dieser Frage nicht mehr zu umgehen war. Auch seine Schüler, allen voran die jüngeren Analytikerinnen, hatten um 1920 auf das Problem der Geschlechtsdifferenz hingewiesen. Als Freud zwischen 1922 und 1925 seine drei grundlegenderen Abhandlungen veröffentlichte, brachten auch die

Jüngeren Aufsätze zu diesem Thema heraus, zuweilen im Widerspruch zu seinen. Die psychoanalytische Debatte über weibliche Sexualität hatte bereits begonnen; es sollte die erste Auseinandersetzung sein, in der Freuds eigene Theorien nur als eine Ansicht – eine zudem extreme – unter anderen vertretbaren psychoanalytischen Ansichten gewertet wurden. Die Debatte verlief zum Teil im Sand, zum Teil wurde sie angesichts der dringenderen Probleme von Emigration und Krieg fürs erste zurückgestellt. In den späten 1960er und frühen 1970er Jahren ging sie nach der vernichtenden Kritik der neuen Feministinnen an Freud und der Psychoanalyse in die zweite Runde, an der sich nun auch die mehr oder weniger orthodoxen Verteidiger Freuds beteiligten, die verantwortlich zeichnen sollten für einen psychoanalytischen Feminismus. Im Verlauf von zwanzig Jahren – von Ende der sechziger bis Ende der achtziger Jahre – wandelte sich Freud von einem ideologischen Gegner des Feminismus zu dessen Schutzpatron.

Wie eine Theorie entsteht

Als Freud 1886 von Paris nach Wien zurückkehrte, vertrat er zunächst rückhaltlos die aufgeklärten und fortschrittlichen medizinischen Ansichten Charcots – «ich war frisch aus der Schule Charcots gekommen und betrachtete die Verknüpfung einer Hysterie mit dem Thema der Sexualität als eine Art von Schimpf – ähnlich wie die Patientinnen selbst es pflegen»[2]. Zwei Jahre lang bekämpfte Freud die Ansicht, daß Hysterie kausal mit anatomischen Veränderungen der weiblichen Genitalien verknüpft sei. Aber dann mußte er zugeben, «daß *funktionelle*, auf das Geschlechtsleben bezügliche Verhältnisse in der Ätiologie der H. (wie aller anderer Neurosen) eine große Rolle spielen, und dies wegen der hohen psychologischen Bedeutung dieser Funktion, insbesondere beim weiblichen Geschlecht»[3]. Nach weiteren Recherchen in den Jahren nach 1890 entdeckte Freud die pathogene Bedeutung von Faktoren des Sexuallebens sowohl in akuten Neurosen (Neurasthenie und Angstneurose) als auch in den Psychoneurosen (Zwangsneurose und Hysterie). Zur Erklärung der Angstneurose zeichnete er das Porträt der ahnungslosen jungfräulichen Braut, deren Sexualität brutal von ihrem Ehemann geweckt wird, welcher sie dann entweder aus Impotenz oder aus Gründen der Empfängnisverhütung nicht befriedigen kann und statt dessen die Voraussetzung für ihre Angstneurose und permanente Frigidität schafft. Die Neurosen, mit denen diese Frauen zu Freud kamen, entsprachen zu einem hohen Grad Breuers Diktum, «die große Mehrzahl der schweren Neurosen bei Frauen entstammen dem Ehebett»[4].

Diese Frauen waren nur die Symptome der Neurosen ihrer Ehemänner,[5] sie waren die sichtbaren, aber totgeschwiegenen Opfer der damals üblichen Sexualpraktiken; des Coitus interruptus, der als Schatten über jeder Ehe lag; der Masturbation, welche die Potenz herabsetzte und zu Nervenschwäche führte; der unfreiwilligen Enthaltsamkeit der Frau, während Ehemänner, Väter und Brüder unbekümmert die Dienstmädchen und die alleinstehenden Arbeiterinnen verführten,[6] sowie der grassierenden Geschlechtskrankheiten, welche die gleichen Symptome wie die Hysterie verursachten: Freuds Falldarstellungen sind ein *tableau vivant* der sexuellen Nöte der damaligen Zeit. Für diese Frauen war die Ehe das Zentrum aller ökonomischen und geistigen Sehnsüchte, für Freud war sie ein Prisma, das die Sehnsüchte bricht und als Illusionen erscheinen läßt.

In den Psychoneurosen bilden Verführungsszenen den sexuellen Kern im geheimen Leben der Patientinnen. Die neurotische Frau ist nun die Hauptzeugin für jene gesellschaftlichen Konventionen wie Heuchelei und all jene Vertuschungs- und Unterdrückungspraktiken, aus denen sich die Verführungsszenen nähren.[7] Sie ist auch exemplarisch für das Versagen aller: «Gegenwärtig sind wir in Sachen der Sexualität samt und sonders Heuchler, Kranke wie Gesunde.»[8] Zwei Typen der Hysterikerinnen werden deutlich: die zum Opfer gebrachte junge Frau, die sich der Pflege anderer widmet, wie Bertha Pappenheim und Fräulein Elisabeth von R.; und die rebellische junge Frau, die der moralischen Korruptheit zugleich als Sündenbock und Herausforderung dient, wie Fanny Moser, Fräulein Elisabeth von R. und Ida Bauer.[9] Freuds Theorie, daß die Neurose auf einem psychischen Konflikt basiert, läßt diese zwei Frauentypen als die beiden Seiten derselben Medaille erscheinen. Die Hysterikerin leidet unter den rebellischen, sexuellen Wünschen, die sie zurückweist, da sie mit ihren moralischen Ideen unvereinbar sind.

In den *Studien über Hysterie* wird folgendes Porträt einer Hysterikerin gezeichnet: die begabte, ehrgeizige, durch und durch moralische, wahrheitsliebende, mildtätige und demütige, dabei hochgebildete und geistig unabhängige, eigensinnige, kampflustige Frau mit uneingestandenen sexuellen Wünschen. Hinsichtlich der zwei häufigsten Psychoneurosen, die beide als Ursache die sexuelle Verführung in der Kindheit aufweisen, unterschied Freud zwischen unangenehmen präpubertären sexuellen Erfahrungen, die als «passiver Natur»[10] einzustufen sind und Hysterie hervorrufen, und den lustvollen Erfahrungen (aktiven bei Jungen, passiven bei Mädchen),[11] deren Folge Zwangsneurosen sind. «Die natürliche sexuelle Passivität des Weibes erklärt die Bevorzugung desselben für die Hysterie.»[12] Auch bei Neurosen ist die geschlechtliche Arbeitsteilung vorgegeben: Männer sind anfälliger für Symptome wie Schuldgefühle, Selbstvorwürfe, Gewissensbisse und Befürchtungen; Frauen neigen eher zur Flucht in wunschbesetzte Erinnerungen und zu Scham- und Abscheureaktionen bezüglich ihrer eigenen geistigen Produkte. Abgesehen von diesen frühen Versuchen verfolgte Freud jedoch nicht sehr energisch die Verbindung zwischen der «natürlichen sexuellen Passivität» der Frau und der sogenannten «Aktivität» des Mannes und den ursächlichen Vorgängen der prähistorischen Vergangenheit, auf die verschiedene neurotische Symptome zurückzuverfolgen sind. Seine Aufmerksamkeit richtete sich mehr – wie wir im 3. Kapitel gesehen haben – auf Einzelheiten innerhalb der perversen Szenen, an die sich seine Patientinnen für ihn erinnerten. Bei der Ausarbeitung des Materials dieser Szenen kam er zu der Folgerung, daß «die Hysterie eigentlich also nicht abgelehnte Sexualität, sondern besser *abgelehnte Perversion*» sei.[13] Perversion, so seine Definition, ist der Gebrauch der seit der Kindheit aufgegebenen Sexualzonen – Anus, Mund, Rachen –, der Erinnerungen an die frühere Erregung freisetzt und dadurch ein Unlustgefühl produziert, von dem sich das Bewußtsein mit Ekel abwendet.[14] Auf diesen «aufgelassenen» *nichtgenitalen* sexuellen Zonen sollte sich Freuds Sexualitätstheorie aufbauen; diese Zonen stellten ja die Quellen der kindlichen Partialtriebe dar. Indem er darauf hinwies, daß das, was einst in der Kindheit Lust bereitete, später Ursache von Ekel und Verdrängung sein kann, entschied sich Freud, nicht mehr «die Libido für den männlichen, die Verdrängung für den weiblichen Faktor zu erklären»[15] – eine Definition, die ihn dennoch nicht losließ, so daß er immer wieder Argumente aufzählte, um sie zu entkräften[16].

Freud hatte seine Ansicht schrittweise modifiziert. Zuerst hatte er geglaubt, daß ein präpubertäres sexuelles Erlebnis genüge, um eine Neurose hervorzubringen. Dann war er zu der Ansicht gekommen, daß nur perverse Sexualität schädlich sei. Jetzt definierte er die Perversität als Sexualität, die an in der Kindheit aktive, später aufgelassene

Zonen gebunden war. Diese Darstellung ermöglichte kaum eine Differenzierung der Geschlechter, und Freud erkannte das, ohne sich daran zu stören. Im November 1897 stellte er in einem Brief an Fließ zum erstenmal eine These auf, die kanonisch werden sollte für alle seine späteren psychoanalytischen Theorien:

«Der Hauptunterschied zwischen beiden Geschlechtern stellt sich aber um die Zeit der Pubertät her, wo eine *nicht* neurotische *Sexual*abneigung das Mädchen, Libido den Mann erfaßt. Um diese Zeit geht nämlich beim Weib eine weitere Sexualzone (ganz oder teilweise) unter, die beim Mann bestehen bleibt. Ich meine die männliche Genitalzone, die Region der Klitoris, in der sich während der Kindheit die sexuelle Empfindlichkeit auch des Weibes konzentriert zeigt. Daher der Überguß von Scham, den das Weib um diese Zeit zeigt, bis spontan oder reflektorisch die neue Vaginalzone geweckt wird.»[17]

Damit war das Modell für zukünftige psychoanalytische Erklärungen aufgestellt. Neurosen entstanden durch die Verdrängung von Fixierungen an die aufgelassenen erogenen Zonen, deren Hauptmerkmal war, daß sie nichtgenital waren: Anus und Mund waren nicht geschlechtsspezifisch und dennoch die Hauptquelle für abstoßende sexuelle Vorstellungen, die gegen spätere verteidigt wurden. Wenn das, was für die spätere Entwicklung zählte, in der Kindheit vor der Pubertät passierte, dann konnte man nicht erwarten, daß sich das Sexualleben erwachsener Männer und Frauen auf signifikante Weise unterscheide. Allerdings gibt es hier ein «aber»: Mädchen weisen eine weitere Zone auf, deren Erregbarkeit wie die des Afters und des Mundes später aufgehoben wird (die männliche Klitoris); und es kommt bei ihnen eine weitere Zone hinzu, die es weder in ihrer noch in der Kindheit des Mannes – der auf den genitalen Aktivitäten seiner Kindheit beharrt – gab: die Vagina. Aber da Freud von einer infantilen Determination der Neurose ausging, ist die Verlagerung von der traditionellen Klitoris zur neuen Vagina in der Pubertät für das zukünftige sexuelle Leben und die Pathologie des Mädchens von zweitrangiger Bedeutung; die Verlagerung findet in der Pubertät oder danach statt, lange nachdem die Würfel gefallen sind: sie sind in der Kindheit gefallen, inmitten der aufgelassenen prähistorischen Erotika der nichtgenitalen sexuellen Spiele.

Mit der Sexualtheorie, die Freud in den so produktiven Jahren nach 1890 entwickelte, wandte er sich vor allem an seinen Freund Wilhelm Fließ; ein wesentliches Element stammte sogar von ihm – der Begriff der Bisexualität. Ursprünglich war Freud Fließ dahingehend gefolgt, daß er die Bisexualität zwei verschiedenen hormonähnlichen, chemischen Substanzen zuschrieb, vielleicht auch der Wirkung der beiden grundlegenden biologischen Rhythmen, die Fließ entdeckt hatte: dem männlichen Dreiundzwanzig-Tage-Zyklus und dem weiblichen Achtundzwanzig-Tage-Zyklus.[18] Freud faszinierte die damit verbundene Vorstellung, daß der in jedem Wesen vorhandene Konflikt zwischen männlichen und weiblichen Prinzipien die Hauptursache für Verdrängung sei, eine These, mit der sich auch Fließ beschäftigte und die Alfred Adler später in sein Konzept des männlichen Protestes übernahm (Neurose ist der Protest des weiblichen gegen das männliche Prinzip, es ist das Bestreben des weiblichen, männlich zu werden). Aber Freuds Theorie der infantilen Sexualität war teilweise eine *Alternative* zu dieser Sicht, die den ewigen Kampf zwischen männlichen und weiblichen Prinzipien in jedem Wesen als Hauptursache der Verdrängung ansetzte. Die Theorie von der infantilen Sexualität stützte sich auf die *Poli-* oder *Plurisexualität* menschlicher Wesen. Der Konflikt, den Freud Verdrängung nannte, folgte nicht notwendigerweise den Linien, die eine biochemische oder mathematisch-biologische Konzeption der Bisexualität vorgaben; er konnte auch zwischen den verschiedenen Komponenten der Plurisexualität stattfinden.

Bisexualität gehörte ab 1896 zu Freuds grundlegenden Konzepten, führte aber viele Jahre lang ein Schattendasein und wurde zum Beispiel in den *Drei Abhandlungen zur Sexualtheorie* auf Grund ihrer biologischen Konnotation als untaugliches Hilfsmittel zum Verständnis der gleichgeschlechtlichen Liebe hingestellt. Zu dieser Zeit erschienen ihm die Konzepte vom Sexualobjekt und vom Sexualziel und seine These, daß man sich die Verknüpfung dieser beiden als «eine zu innige» vorstelle und daher «in unseren Gedanken zu lockern» habe, wesentlich besser für das Verständnis der Sexualität geeignet.[19] Der interessanteste Langzeiteffekt von Freuds Eintreten für die Bisexualität war, daß er auf diese Weise die Beantwortung der Frage, was die Termini männlich und weiblich wirklich bedeuten, immer wieder hinauszuschieben vermochte.[20] Das Bisexualitätskonzept hatte in diesem Sinne dieselbe Funktion wie die Vorstellung vom Dualismus von Wellen und Teilchen der Materie, die dem Theoretiker erlaubt, guten Gewissens zwischen einer Vielfalt von analytischen Methoden hin und her zu lavieren und dabei Entweder-oder-Fragen zu umgehen. Das Bekenntnis, daß er sich daran gewöhnt habe, «jeden sexuellen Akt als einen Vorgang zwischen vier Individuen aufzufassen»,[21] und die Erkenntnis, daß Männer und Frauen Mischtypen aus männlichen und weiblichen

Prinzipien seien, befreite ihn von der Notwendigkeit, zwischen Mann und Frau entscheiden zu müssen. Womit sich auch erklärt, warum Freud sich so lange nicht wirklich für die Frage interessierte, was Weiblichkeit eigentlich ist. Freuds Theorie wurde zu einer getreuen Nachbildung der bisexuellen Phantasien und Gebärden seiner 1908 beschriebenen hysterischen Patientin, die «gleichzeitig beide Rollen der zugrunde liegenden sexuellen Phantasie spielt» und mit ihren Einfällen «fortwährend in das Gebiet der konträren Bedeutung, wie auf ein benachbartes Geleise», ausweicht.[22]

In den *Drei Abhandlungen* von 1905 ist das Kind der Hauptdarsteller. Die erste Abhandlung erörtert die sexuellen Abirrungen, einschließlich der Abweichungen entweder in bezug auf das Sexualobjekt («die Person, von welcher die geschlechtliche Anziehung ausgeht»)[23] oder das Sexualziel («die Handlung, nach welcher der Trieb drängt»)[24]. Indem Freud die von der Norm abweichenden Sexualobjekte auflistet, entsteht eine Topographie des Sexualverhaltens, die auf die nur lose Verknüpfung von Sexualtrieb und seinem Objekt hinweist und zeigt, daß zwischen Sexualtrieb und Sexualobjekt nicht mehr als «eine Verlötung vorliegt»: «Der Geschlechtstrieb ist wahrscheinlich zunächst unabhängig von seinem Objekt und verdankt wohl auch nicht den Reizen desselben seine Entstehung.»[25] Freuds Aufstellung der Abweichungen bezüglich des Sexualziels macht deutlich, daß die sexuelle Befriedigung nie mit Sicherheit zu erreichen ist und daß der Sexualtrieb «gegen gewisse seelische Mächte als Widerstände anzukämpfen hat, unter denen Scham und Ekel am deutlichsten hervorgetreten sind»[26]. Allein durch die Begriffe, deren sich Freud bei der Analyse sexueller Perversionen bedient, wird der Leser auf die Nähe der ihm vertrauten sexuellen Handlungen zu jenen hingewiesen, die Ekel und Abscheu hervorrufen:

«Eine bestimmte dieser Berührungen, die der beiderseitigen Lippenschleimhaut, hat ferner als Kuß bei vielen Völkern (die höchstzivilisierten darunter) einen hohen sexuellen Wert erhalten, obwohl die dabei in Betracht kommenden Körperteile nicht dem Geschlechtsapparat angehören, sondern den Eingang zum Verdauungskanal bilden.»[27]

In seiner Beschreibung des als zivilisiert geltenden Kusses evoziert Freud Empfindungen, die gewöhnlich mit dem Erbrechen in Zusammenhang gebracht werden, allein zu dem Zweck, den Leser zu zwingen, sich der Ungeheuerlichkeit, der äußersten Perversität dieses Aktes bewußt zu werden und (vielleicht) den Ekel zu überwinden. «Die Stärke des Sexualtriebes liebt es, sich in der Überwindung dieses Ekels zu betätigen»,[28] schreibt Freud, der zuweilen selbst mit dem Sexualtrieb identifiziert wird. Die Abweichungen in bezug auf das Sexualziel – die sexuelle Verwendung der Lippen-Mund-Schleimhaut und der Afteröffnung, das Betasten und Beschauen der Genitalien, die Fetischisierung von Haar, Haut und Kleidung sowie die Überwältigung durch aggressive und passive Triebe – zeigen die Allgegenwart und Vielfältigkeit der Perversion auf: Möglicherweise ist der Sexualtrieb «selbst nichts Einfaches, sondern aus Komponenten zusammengesetzt [...], die sich in den Perversionen wieder von ihm ablösen»[29]. Obwohl er sich der Begriffe Normalität und Perversion bedient, unterminiert Freud hier das Konzept, der Sexualtrieb und seine Betätigung bildeten eine Einheit,[30] sowie die Vorstellung, es gäbe eine «natürliche» beziehungsweise autorisierte Version der Sexualität, eine Norm, an der alle anderen gemessen werden können: «Im Sinne der Psychoanalyse ist also auch das ausschließliche sexuelle Interesse des Mannes für das Weib ein der Aufklärung bedürftiges Problem und keine Selbstverständlichkeit, der eine im Grunde chemische Anziehung zu unterlegen ist.»[31]

Die erste Abhandlung schließt mit dem Verweis darauf, wie ähnlich sich perverse Sexualität und jene Formen von Sexualität sind, die bei Verdrängung in neurotischen Symptomen hervortreten. Freud argumentiert, daß die Neurose aus der Verdrängung der perversen Sexualität entsteht: «Die Symptome bilden sich also zum Teil auf Kosten abnormer Sexualität; *die Neurose ist sozusagen das Negativ der Perversion.*»[32] Der Sitz dieser abnormen Sexualität ist die Ansammlung von Partialtrieben, von denen jeder an eine erogene Zone, also an ein erregbares Organ gebunden ist. Musterbeispiele für diese Zonen und Triebe sind die oralen und analen Körperöffnungen und die Haut.

Die zweite Abhandlung trägt den Titel «Die infantile Sexualität», und Freud hat ihr mit seiner Aufstellung der sexuellen Abweichungen gut zugearbeitet: denn er wird hier darlegen, daß die Neurosen und Perversionen des Sexuallebens des Erwachsenen sich genau mit den infantilen sexuellen Aktivitäten der Kindheit decken. Daumenlutschen, autoerotische Aktivität, mit verschiedenen erogenen Zonen verbundene Aktivitäten: alle diese polymorphen perversen Aktivitäten sind in der Kindheit anzutreffen; ihren Höhepunkt erreichen sie, wenn das Kind vier ist. Während der folgenden Jahre fallen die Aktivitäten dann dem Toilettentraining, den Reinlichkeits- und Benimmregeln zum Opfer; es folgt eine Latenzperiode, die erst in der Pubertät von einer zweiten Welle sexueller Aktivität unterbrochen wird.

Die dritte Abhandlung, «Die Umgestaltungen der Pubertät», beschreibt, wie jene Sexualität entsteht, auf die sich das Leben vieler Erwachsener beschränkt: die Dominanz der gerade erweiterten genitalen Zone. Und jetzt, tatsächlich zum erstenmal in den *Drei Abhandlungen*, kommt Freud auf die «Differenzierung von Mann und Weib» zu sprechen: «Es ist bekannt, daß erst mit der Pubertät sich die scharfe Sonderung des männlichen und weiblichen Charakters herstellt, ein Gegensatz, der dann wie kein anderer die Lebensgestaltung der Menschen entscheidend beeinflußt.»[33] Freud bestätigt in der Folge eine Reihe von Unterschieden: bei Mädchen könne man eine frühzeitigere Entwicklung von Sexualitätshemmungen (Scham, Ekel, Mitleid) beobachten, eine größere Neigung zur Sexualverdrängung und das Überwiegen von passiven im Gegensatz zu aktiven Sexualzielen. Aber er beeilt sich, die Bedeutung dieser Unterschiede herunterzuspielen, sowohl 1933 in seinem Schlußwort zu diesem Thema[34] wie auch schon 1905:

«Die autoerotische Betätigung der erogenen Zonen ist aber bei beiden Geschlechtern die nämliche [...]. Mit Rücksicht auf die autoerotischen und masturbatorischen Sexualäußerungen könnte man den Satz aufstellen, die Sexualität der kleinen Mädchen habe durchaus männlichen Charakter. Ja, wüßte man den Begriffen ‹männlich und weiblich› einen bestimmteren Inhalt zu geben, so ließe sich auch die Behauptung vertreten, die Libido sei regelmäßig und gesetzmäßig männlicher Natur, ob sie nun beim Manne oder beim Weibe vorkomme und abgesehen von ihrem Objekt, mag dies der Mann oder das Weib sein.»[35]

Die maskuline Libido manifestiert sich bei Mädchen hauptsächlich durch die Bedeutung, die die Klitoris für sie hat:

«Die leitende erogene Zone ist auch beim weiblichen Kinde an der Klitoris gelegen, der männlichen Genitalzone an der Eichel also homolog. Alles, was ich über Masturbation bei kleinen Mädchen in Erfahrung bringen konnte, betraf die Klitoris und nicht die für die späteren Geschlechtsfunktionen bedeutsamen Partien des äußeren Genitales. Ich zweifle selbst daran, daß das weibliche Kind unter dem Einflusse der Verführung zu etwas anderem als zur Klitorismasturbation gelangen kann, es sei denn ganz ausnahmsweise. Die gerade bei kleinen Mädchen so häufigen Spontanentladungen der sexuellen Erregtheit äußern sich in Zuckungen der Klitoris, und die häufigen Erektionen derselben ermöglichen es den Mädchen, die Sexualäußerungen des anderen Geschlechts auch ohne Unterweisung richtig zu beurteilen, indem sie einfach die Empfindungen der eigenen Sexualvorgänge auf die Knaben übertragen.»[36]

Wie schon 1897 zweifelt Freud nicht daran, daß die Klitoris für Mädchen ebenso wie der Penis für Jungen bereits sehr früh das Zentrum des Sexuallebens wird. Dennoch gibt er zu, daß die Klitoris in der Sexualität erwachsener Frauen und Männer keine dominierende Rolle spielt; es kommt zu einer Veränderung. Der Scheideneingang wird zur neuen leitenden Zone.[37] «In diesem Wechsel der leitenden erogenen Zone sowie in dem Verdrängungsschub der Pubertät, der gleichsam die infantile Männlichkeit beiseite schafft, liegen die Hauptbedingungen für die Bevorzugung des Weibes zur Neurose, insbesondere zur Hysterie. Diese Bedingungen hängen also mit dem Wesen der Weiblichkeit innigst zusammen.»[38]

Diese erste öffentliche Darstellung Freuds über den Unterschied zwischen den Geschlechtern geht also von der Auffassung aus, daß Jungen und Mädchen hinsichtlich ihrer erogenen Zonen dieselbe Entwicklung durchmachen. Erst sehr spät, nämlich während der Pubertät, bildet sich ein grundsätzlicher Unterschied heraus. Und auch dann, so Freud, muß eine Frau, die durch ihre Ehe oder die Medizin dazu verdammt zu sein scheint, sexuell empfindungslos zu sein, es keineswegs sein: Frauen seien «anästhetisch am Scheideneingang, aber keineswegs unerregbar von der Klitoris oder selbst von anderen Zonen aus»[39]. Aber ein Rest von Unbehagen bleibt bestehen: Ist die Vagina eine legitime, geschweige denn funktionierende Quelle für die sexuelle Lust der erwachsenen Frau? Wie kann die psychoanalytische Theorie die zweifellos weit verbreitete Neigung erwachsener Frauen erklären, sich auf den vaginalen Geschlechtsverkehr einzulassen?

Die *Drei Abhandlungen* beschränkten sich nicht darauf darzustellen, wie sehr die genitale Sexualität das Erwachsenenleben beherrscht und wie das mannigfache Scheitern der genitalen Sexualität bei so vielen Männern und Frauen, Perversen und Neurotikern, auf die Substruktur einer reicheren und variierteren infantilen Sexualität zurückweist. In der Pubertät muß ein Objekt für den neuen Sexualtrieb gefunden werden; und es stellt sich heraus, daß dieses Finden immer ein Wiederfinden ist, eine Wiederentdeckung der Objekte, die in der Säuglingszeit und Kindheit Befriedigung gespendet haben. «Nicht ohne guten Grund ist das Saugen des Kindes an der Brust der Mutter vorbildlich für jede Liebesbeziehung geworden.»[40] Aber Freud, der atheistische Bürger eines katholischen Landes, wußte sehr genau, daß das Bild des sich selbstbefriedigenden Kindes an der Mutterbrust nicht immer «für den Ausdruck der sexuellen Befriedigung im späteren Leben»[41] gehalten wurde. Daher beeilte er sich, darauf hinzuweisen, daß die Zärtlichkeit des Kindes für seine Pflegeperson identisch mit seiner späteren sexuellen Liebe sei, und verknüpfte das Argument mit der «frevelhaften» Auffassung, daß die Mutter «das Kind selbst mit Gefühlen bedenkt, die aus ihrem Sexualleben stammen, es streichelt, küßt und wiegt und ganz deutlich zum Ersatz für ein vollgültiges Sexualobjekt nimmt».[42]

Um zu beweisen, daß zärtliche Beziehungen in der Kindheit sexueller Natur sind und daß sie denselben Charakter aufweisen wie die späteren sexuellen Beziehungen des Erwachsenen, stellt Freud die mütterliche Liebe als eine sexuelle Perversion dar – die primäre sexuelle Perversion der Frauen, hätte er hinzufügen können. Das Bild gewinnt an Realität, wenn er beobachtet, daß die Kinder selbst sich von frühen Jahren an benehmen, «als sei ihre Anhänglichkeit an ihre Pflegepersonen von der Natur der sexuellen Liebe»,[43] da sich ihre Libido häufig in Angst verwandelt, geradeso wie Freud sie bei sexuell unbefriedigten Frauen zu beobachten glaubte. Die Sexualität fließt also in beide Richtungen, vom Vater oder der Mutter zum Kind und vom Kind zu den Eltern. Wenn das Bedürfnis der Objektfindung in der Pubertät wiedererwacht, findet die Wahl zunächst in der Vorstellung, der Phantasie statt, wobei als Modell die nun erinnerten infantilen Neigungen dienen, insbesondere das Verlangen des Kindes nach seinen Eltern, «des Sohnes für die Mutter und der Tochter für den Vater».[44] Die Pubertät verlangt die Überwindung dieser eindeutig inzestuösen Phantasien, und die Psychoanalyse zeigt auf, daß sich daraufhin vor allem die Mädchen in eine infantile, asexuelle Version dieser inzestuösen Liebesbeziehungen flüchten können. So lautet 1905 Freuds Version des Ödipuskomplexes.

In der Hauptsache geht es bei dieser Argumentation darum, auf die Kontinuität zwischen sexueller und nichtsexueller Liebe hinzuweisen: zwischen mütterlicher Fürsorge und den perversen sexuellen Beziehungen zwischen Mutter und Kind, zwischen der Angst vor unerfüllten sexuellen Wünschen und der Furcht des Kindes vor der Dunkelheit, zwischen den zärtlichen Gefühlen, die Mädchen für ihre betagten Eltern empfinden, und dem leidenschaftlichen sexuellen Verlangen von Töchtern für ihre Väter und Mütter. In der Version des Ödipuskomplexes von 1905 begleitet und beschränkt keine Feindseligkeit die inzestuösen Gefühle von Kindern und Jugendlichen, aber Freud macht für uns deutlich, daß der Prozeß der Entsexualisierung sowohl der inzestuösen Wahl als auch der erogenen Zonen der Kindheit ein vielschichtiger, hochdiffiziler und keinesfalls natürlicher Vorgang ist. Wenn es Freud hier so wichtig ist, auf die *Kontinuität* zwischen der Sexualität des Erwachsenen und des Kindes hinzuweisen, so auch deshalb, weil die Sexualität des Erwachsenen in ihrer ganzen Vielfalt nur verstanden werden kann, wenn anscheinend nichtsexuellen oder perversen Aktivitäten ihr rechtmäßiger Platz in der Entwicklungsgeschichte der Sexualität zurückgegeben wird. So wie auch die infantile Sexualität nur dann richtig verstanden werden kann, wenn man ihre Leidenschaften und Neidgefühle genauso körperlich versteht wie die des Erwachsenen.

Kein Zweifel, die Gestalt der Mutter als sexuelles Wesen ist hier von entscheidender Bedeutung. Dem sexuellen Verlangen des Kindes nach ihr entspricht das mindestens ebenso intensive Verlangen der Mutter nach dem Kind. Die klarste Beschreibung liefert Freuds 1910 entstandener Beitrag über Leonardo da Vinci:

«Die Liebe der Mutter zum Säugling, den sie nährt und pflegt, ist etwas weit tiefgreifenderes als ihre spätere Affektion für das heranwachsende Kind. Sie ist von der Natur eines vollbefriedigenden Liebesverhältnisses, das nicht nur alle seelischen Wünsche, sondern auch alle körperlichen Bedürfnisse erfüllt, und wenn sie eine der Formen des dem Menschen erreichbaren Glückes darstellt, so rührt dies nicht zum mindesten von der Möglichkeit her, auch längst verdrängte und pervers zu nennende Wunschregungen ohne Vorwurf zu befriedigen. In der glücklichsten jungen Ehe verspürt es der Vater, daß das Kind, besonders der kleine Sohn, sein Nebenbuhler geworden ist, und eine tief im Unbewußten wurzelnde Gegnerschaft gegen den Bevorzugten nimmt von daher ihren Ausgang.»[45]

Das Porträt der Mutter ist in den Schriften jener Zeit nicht grundsätzlich anders, wenn es sich um die Beziehung des Mädchens zu seiner Mutter handelt. Während das männliche Kind die ihm von der Mutter dargebrachte Zärtlichkeit voll genießen kann, muß das Mädchen sich jedoch auch mit der sexuell aktiven Mutter auseinandersetzen – aber jetzt in der negativen Form, als Rivalin:

«Die Anlässe zu Konflikten zwischen Tochter und Mutter ergeben sich, wenn die Tochter heranwächst und in der Mutter die Wächterin findet, während sie nach sexueller Freiheit begehrt, die Mutter aber durch das Aufblühen der Tochter gemahnt wird, daß für sie die Zeit gekommen ist, sexuellen Ansprüchen zu entsagen.»[46]

Die Gestalt der sexuell aktiven Mutter – als Subjekt, Objekt oder

Rivalin – ist die beherrschende Vorstellung des Freudschen Denkens. Er hält es nicht einmal für notwendig, sie durch das Bild des sexuell aktiven Vaters zu vervollständigen, das ihm wohl als selbstverständlich erscheint; die räuberische sexuelle Tyrannei des Vaters sollte die tragende Säule seines anthropologischen Essays *Totem und Tabu* werden – ein «gewalttätiger, eifersüchtiger Vater, der alle Weibchen für sich behält und die heranwachsenden Söhne vertreibt»,[47] nicht unähnlich dem von sexuellem Größenwahn besessenen Freud, der 1895 davon träumte, alle Frauen, Töchter und Patientinnen zu besitzen.

Die Theorie der Sexualität, die Freud im ersten Jahrzehnt des zwanzigsten Jahrhunderts vorlegte, sah also keine Unterschiede in der Entwicklung von Jungen und Mädchen. Bei beiden waren die sexuellen Empfindungen genauso tief und stark wie die der Erwachsenen, bei beiden war das nichtgenitale Sexualleben reicher und vielfältiger als das der Erwachsenen, beide waren tief geprägt von den sexuellen Müttern und Vätern der frühen Kindheit, die in den Phantasien der Pubertät wiederauflebten. Selbst während der in der Pubertät auftretenden Differenz zeichnete ihre inzestuösen Phantasien eine anscheinend natürliche Symmetrie aus: der Junge betrachtet die Mutter, das Mädchen den Vater als Sexualobjekt.

Aber Freud hatte schon vorher angemerkt, daß die Tatsache der heterosexuellen Anziehung ein Problem sei, das der Erklärung bedürfe, genauso ein Problem wie jede andere Fixierung im erotischen Bereich, wie etwa die Homosexualität. Die *Drei Abhandlungen* untergraben damit die Vorstellung einer modellhaften menschlichen Sexualität und lösen die Sexualität von der Fortpflanzung. Freud zeigt auf, daß das Geheimnis der Fortpflanzung das erste Geheimnis des Menschenlebens ist, das erste Problem, mit dem Kinder konfrontiert werden: das Rätsel der Sphinx. Es gibt nämlich kein instinktives Wissen von dem Geheimnis der geschlechtlichen Fortpflanzung – und das sollte sich als ständiger Stolperstein in den späteren psychoanalytischen Auseinandersetzungen erweisen, da ein Theoretiker nach dem anderen diesen fundamentalen Lehrsatz der Psychoanalyse zu vergessen schien und nicht glauben konnte, daß Kinder gar keine Kenntnis von der Grundvoraussetzung des Lebens haben sollten.[48] Von den Antworten, die sie in der Kindheit bekommen, und den eigenen sexuellen Erfahrungen hängt die Gestalt ihrer späteren Sexualität ab. Kinder sind nicht vorbestimmt, die biologische menschliche Fortpflanzung als Norm zu entdecken, der sich schließlich auch ihre eigene

Sexualität unterordnen wird. Für sie teilt sich die Welt nicht in zwei Geschlechter auf; und Freuds Abhandlung sollte uns lehren, in unserem Verständnis der Sexualität den Kindern zu folgen: Wir sollten unseren angeblich freigewählten Glauben an die Bedeutung der Geschlechteraufteilung als ein Vorurteil erkennen, das eine gewisse Ähnlichkeit zu den infantilen Sexualtheorien aufweist, vielleicht nur die erwachsene Auslegung einer jener Theorien ist:

«Wenn wir unter Verzicht auf unsere Leiblichkeit als bloß denkende Wesen, etwa von einem anderen Planeten her, die Dinge dieser Erde frisch ins Auge fassen könnten, so würde vielleicht nichts anderes unserer Aufmerksamkeit mehr auffallen als die Existenz zweier Geschlechter unter den Menschen, die, einander sonst so *ähnlich*, doch durch die äußerlichsten Anzeichen ihre Verschiedenheit betonen. Es scheint nun nicht, daß auch die Kinder diese Grundtatsache zum Ausgange ihrer Forschungen über sexuelle Probleme wählen.»[49]

Kinder – und damit auch das Unbewußte – messen dem Geschlechtsunterschied keine Bedeutung bei; ihre erste sexuelle Theorie besteht darin, «*allen Menschen, auch den weiblichen Personen, einen Penis zuzusprechen*»[50]. Namentlich der kleine Junge kann sich so jemanden wie sich selbst nicht ohne diesen wesentlichen Bestandteil vorstellen, und das kleine Mädchen teilt diese Einschätzung des Bruders, es «entwickelt ein großes Interesse für diesen Körperteil beim Knaben, das aber alsbald vom Neide kommandiert wird. Es fühlt sich benachteiligt»[51]. Das, was Freud bei der Erforschung der kindlichen Vorstellungen entdeckte, sollte sich zu Schlüsselbegriffen seiner späteren Darstellungen entwickeln: beim Jungen die Angst vor dem Verlust und beim Mädchen das Neidgefühl.[52] Sie treten beide in der frühkindlichen Phase auf, solange sich das Kind nur ein einziges Geschlechtsteil vorstellen kann, also vor der Entdeckung der Vagina, und Freud faßt sie zu einem Begriff zusammen: Kastrationskomplex.

Auf Grund der Unkenntnis der Vagina entstehen weitere infantile Theorien: Kinder werden durch den After geboren, sie werden wie die Exkremente entleert. Daher lassen Kinder auch «das schmerzliche Vorrecht des Weibes, Kinder zu gebären, nicht gelten.»[53] Und wenn Kinder den Geschlechtsverkehr der Eltern entdecken, interpretieren sie ihn in der Regel als sadistischen Akt und können ihn aus genau diesem Grund nicht mit der Entstehung der Kinder in Zusammenhang bringen. Häufig wird das, was Eltern miteinander treiben, anders benannt: Sie urinieren voreinander, zeigen sich den Popo, stecken sich etwas in den Nabel.

Freud und die Weiblichkeit: Theoretische Untersuchungen

Im Unbewußten wird niemand das Geheimnis des Ursprungs der Kinder lösen – es bleibt das Rätsel der Sphinx. Die Vielfältigkeit der kindlichen Partialtriebe, Sexualziele und -objekte findet ihre Entsprechung in der reichen Vorstellungskraft, aus der Kinder ihre unterschiedlichen Sexualtheorien schöpfen. Wenn die Kinder größer werden, beschränken sie ihre sexuellen Aktivitäten und konzentrieren sie auf die Genitalien; dann geben sie ihre Sexualtheorien auf und erfinden sich eine neue, rein dualistische Sexualtheorie, die die Wesenhaftigkeit von Mann und Frau in den Mittelpunkt stellt. Sie malen sich eine eindeutig privilegierte Version des Geschlechtsverkehrs aus und wählen als deren Modell die sogenannte «Urszene» – die Szene des elterlichen Geschlechtsverkehrs –, in der sie selbst eine der beiden Rollen übernehmen.[54] Indem sie sich für die sexuelle Arbeitsteilung entschließen, erschaffen sie sich eine neue, eine erwachsene Version der infantilen Sexualtheorie – die, in all ihrer phantasiearmen Einfachheit, die einzige ist, die ihnen bleibt.

Aus der Arbeit über die infantilen Sexualtheorien entstand in direkter Folge der Begriff Ödipuskomplex. Die frühkindlichen Sexualtheorien drücken die Mannigfaltigkeit des erotischen Lebens aus; etwas später, wenn das Kind um seine Unabhängigkeit von den Eltern kämpft, konstruiert es Familienromane, Geschichten von Ersatzeltern, von geheimen Liebesabenteuern der Mutter, von vornehmen Verwandten, die den erotischen Wünschen des Kindes mehr entsprechen und zugleich eine Abrechnung mit der Mutter, die den Sohn mit dem Vater betrügt, darstellen;[55] im Erwachsenenalter dienen diese Theorien und Romane als Vorlagen für die Dramen des wirklichen Lebens oder jenen Teil des Lebens, den Freud in der Psychologie des Liebeslebens untersucht. In drei Beiträgen, die sich nacheinander mit der Frau und deren Rettung aus ihrer Dirnenhaftigkeit, mit dem Konflikt zwischen der Idealisierung des Liebesobjektes und seiner Erniedrigung sowie mit der kulturellen Bedeutung der Virginität beschäftigen, setzte Freud die Erforschung der Phantasien, die um die sexuelle Mutter kreisen, fort. Das instabile und rätselhafte Regelwerk, dem Erwachsene ihr Sexualleben unterwerfen, ist als Folgeerscheinung der Versäumnisse und Enttäuschungen ihres infantilen Sexuallebens zu verstehen, insbesondere der «infantilen Fixierung der Zärtlichkeit an die Mutter»[56]. Der Einfluß der Mutter auf das Seelenleben von Jungen und Männern führt zum Beispiel zu jener Überschätzung des Liebesobjekts, zu der die männliche Liebe neigt, oder auch zu dem Umstand, daß eine Frau erniedrigt oder bereits vergeben sein und Opferqualitäten haben muß, um Begehren zu wecken. Indem er sie einem anderen Mann entreißt – oder indem er aus der erniedrigten, faszinierenden Hure wiederum die idealisierte, unantastbare Mutter macht –, überwindet der männliche Liebende die schlimme Niederlage, die er einst erleiden mußte, als seine Mutter ihn wiederholt mit seinem Vater betrog. Zugleich beweist er sich, daß er seinen Eltern nicht ewig für sein Leben zu danken hat, sondern daß er selbst der allmächtige Lebensspender ist. Die beiden Frauen in dieser Geschichte – die Mutter und die Hure, die idealisierte und die erniedrigte Frau – veranschaulichen, wie gefährdet die Stärke des Mannes ist, der es nicht versteht, im späteren Leben die sinnlichen und zärtlichen Komponenten zu vereinigen, die einst, in der Zeit vor ihrem Verrat und der bitteren Enttäuschung des Jungen, der Liebe zur Mutter angehörten. Im zweiten Beitrag schreibt Freud:

«Es klingt wenig anmutend und überdies paradox, aber es muß doch gesagt werden, daß, wer im Liebesleben wirklich frei und damit auch glücklich werden soll, den Respekt vor dem Weibe überwunden, sich mit der Vorstellung des Inzests mit Mutter oder Schwester befreundet haben muß. Wer sich dieser Anforderung gegenüber einer ernsthaften Selbstprüfung unterwirft, wird ohne Zweifel in sich finden, daß er den Sexualakt im Grunde doch als etwas Erniedrigendes beurteilt, was nicht nur leiblich befleckt und verunreinigt. Die Entstehung dieser Wertung, die er sich gewiß nicht gerne bekennt, wird er nur in jener Zeit seiner Jugend suchen können, in welcher seine sinnliche Strömung bereits stark entwickelt, ihre Befriedigung aber am fremden Objekt fast ebenso verboten war wie die am inzestuösen.»[57]

Die Erniedrigung des Objekts ist insofern notwendig, als man im Geiste Inzest begehen muß, wenn man der freien Liebe zu einer anderen Frau fähig sein will. Die Restriktionen, unter denen Frauen in «unserer zivilisierten Welt» leiden, haben nicht weniger gravierende Folgen: «Von einem Bedürfnis nach Erniedrigung des Sexualobjekts ist bei der Frau wenig zu bemerken; im Zusammenhange damit steht es gewiß, wenn sie auch etwas der Sexualüberschätzung beim Manne Ähnliches in der Regel nicht zustande bringt. Die lange Abhaltung von der Sexualität und das Verweilen der Sinnlichkeit in der Phantasie hat für sie aber eine andere bedeutsame Folge. Sie kann dann oft die Verknüpfung der sinnlichen Betätigung mit dem Verbot nicht mehr auflösen und erweist sich als psychisch impotent, d. h. frigid, wenn ihr solche Betätigung endlich gestattet wird. Daher rührt bei vielen Frauen das Bestreben, das Geheimnis noch bei erlaubten Beziehungen eine Weile festzuhalten, bei anderen die Fähigkeit normal zu empfinden,

sobald die Bedingung des Verbots in einem geheimen Liebesverhältnis wiederhergestellt ist; dem Manne untreu, sind sie imstande, dem Liebhaber eine Treue zweiter Ordnung zu bewahren.
Ich meine, die Bedingung des Verbotenen im weiblichen Liebesleben ist dem Bedürfnis nach Erniedrigung des Sexualobjekts beim Manne gleichzustellen.»[58]

Freud entwirft hier das Porträt des Mannes, der nur mit einer erniedrigten Frau potent sein kann, und der Frau, die sich von ihrer Frigidität nur innerhalb des Verbotenen und Heimlichen befreien kann – einen Zwang, den er mit der «uralten Neigung der Frau, den Orgasmus vorzutäuschen»,[59] verknüpfte; denn wo war das Verheimlichen größer als dort, wo der eigene Sexualpartner hintergangen wurde? Eine derartig verarmte und eingeschränkte Sexualität ist die Folge von ungelösten Bestandteilen des Ödipuskomplexes. Genau in dieser Zeit nämlich, in der Zeit zwischen 1909 und 1912, kam Freud zu der Überzeugung, daß der Ödipuskomplex der Kernkomplex der Neurosen sei, auf den alle anderen pathologischen Strukturen zurückzuverfolgen waren.[60] Die verschiedenen Gestalten und Situationen, die Freud geschildert hatte – die sexuelle und die phallische Mutter, die Kastrationsangst, die Theorie von der Analgeburt und der Familienroman –, sollten sich alle auf ein und dasselbe Drama zurückverfolgen lassen: die leidenschaftliche Liebe des Kindes für den Elternteil des entgegengesetzten Geschlechts, eine Liebe, die aufgrund der feindseligen Rivalität mit dem Elternteil gleichen Geschlechts dazu verdammt ist, enttäuscht zu werden. Die zunehmend wichtigere Rolle des Ödipuskomplexes entsprach der wachsenden Bedeutung, die in Freuds Denken den Sexualobjekten und weniger den Sexualzielen des Kindes zukam. Während Freud vorher die Beliebigkeit der Beziehungen betont hatte, die das Subjekt zu seinen Objekten unterhält, stellte der Ödipuskomplex eine Norm für die Reihenfolge der Liebesobjekte des Kindes auf, wenn es relativ frei von pathologischen Resten aus seiner polymorphen Vorgeschichte in das Erwachsenenalter eintreten will. Wie Juliet Mitchell anmerkt, wirkte sich das ursprüngliche Konzept des Ödipuskomplexes, das allein vom Begehren des andersgeschlechtlichen Elternteils sprach, als «Hemmnis» bei der Definition von Geschlechtsunterschieden aus;[61] das Konzept vermittelte die Vorstellung von einer «natürlichen und normativen heterosexuellen Anziehung»,[62] während sonst alles in der Theorie der infantilen Sexualität der normativen sexuellen Symmetrie und Komplementarität der ersten Ödipuskomplextheorie widersprach. Doch während Freud im Begriff war, mit dem Ödipuskomplex eine beschränkte Reihe von Liebesobjekten in der Kindheit vorzuschreiben, leitete er mit seinen Überlegungen zum Liebesobjekt eine Revolution ein.

Die Revolution ereignete sich unter dem Stichwort Narzißmus. Der Anstoß dazu kam um 1910 aus zwei Richtungen. Erstens aus der Beschäftigung mit Homosexuellen, die «sich selbst zum Sexualobjekt nehmen, das heißt vom Narzißmus ausgehend jugendliche und der eigenen Person ähnliche Männer aufsuchen, die sie so lieben wollen, wie die Mutter sie geliebt hat»[63]. Zweitens postulierte Freud, angeregt auch durch Jungs Arbeit über die Psychosen und Schrebers *Memoiren*, eine an Objektliebe arme Entwicklungsstufe, in der das Subjekt sich selbst als Liebesobjekt entdeckt: Die grellen Symptome einer Psychose sind oft die katastrophalen Folgen eines Rückfalls in dieses Stadium, denn indem er sich in die Sicherheit der Eigenliebe flüchtet, gibt der Psychotiker die Welt auf, meistens ohne jede Hoffnung, sie wiederzugewinnen.

1914 schrieb Freud seine Abhandlung über den Narzißmus. Er unterschied hier zwei Typen; den «Anlehnungstypus», der die Person liebt, die ihn liebt oder ihn beschützt, und den narzißtischen Typus, der sein Liebesobjekt nach dem Vorbild der eigenen Person sucht: der narzißtisch liebt, was er selbst ist, was er selbst war, was er selbst sein möchte, oder die Person, die ein Teil des eigenen Selbst war. Dieses neue Liebesmodell einer Liebe vor allem anderen zu sich selbst öffnet den Blick auf ganz neue Gestalten von Liebenden. Da ist nicht nur der Homosexuelle, der versucht, die perfekte Liebe der sexuell überwältigenden Mutter zu retten, indem er junge Männer auf dieselbe Weise liebt, wie ihn einst die Mutter geliebt hat. Neben dem romantischen Modell der sich selbst opfernden, idealisierenden Liebe, die im allgemeinen charakteristisch für den Mann ist und meistens dazu führt, daß er letztlich die idealisierte Frau heiratet, auch wenn sie nur einen schwachen Abglanz der Mutter darstellt, entwarf Freud ein neues, weiblicheres Liebesmuster. Er war der Inkarnation der narzißtischen Liebe in Gestalt der Lou Andreas-Salomé begegnet:

«Es stellt sich besonders im Falle der Entwicklung zur Schönheit eine Selbstgenügsamkeit des Weibes her, welche das Weib für die ihm sozial verkümmerte Freiheit der Objektwahl entschädigt. Solche Frauen lieben, streng genommen, nur sich selbst mit ähnlicher Intensität, wie der Mann sie liebt. Ihr Bedürfnis geht auch nicht dahin zu lieben, sondern geliebt zu werden, und sie lassen sich den Mann gefallen, welcher diese Bedingung erfüllt. Die Bedeutung dieses Frauentyps für das Liebesleben der Menschen ist sehr hoch einzuschätzen. Solche Frauen üben den größten Reiz auf die Männer aus, nicht nur aus ästhetischen Gründen, weil sie gewöhnlich die schönsten sind, sondern auch infolge interessanter psychologischer Konstellationen. Es erscheint nämlich deutlich erkennbar, daß der Narzißmus einer Person eine große Anziehung auf diejenigen anderen entfaltet, welche sich des vollen Ausmaßes ihres eigenen Narzißmus begeben haben und sich in der Werbung um die Objektliebe befinden; der Reiz des Kindes beruht zum guten Teil auf dessen Narzißmus, seiner Selbstgenügsamkeit und Unzugänglichkeit, ebenso der Reiz gewisser Tiere, die sich um uns nicht zu kümmern scheinen, wie der Katzen und großer Raubtiere [...]. Es ist so, als beneideten wir sie um die Erhaltung eines seligen psychischen Zustandes, einer unangreifbaren Libidoposition, die wir selbst seither aufgegeben haben. Dem großen Reiz des narzißtischen Weibes fehlt aber die Kehrseite nicht; ein guter Teil der Unbefriedigung des verliebten Mannes, der Zweifel an der Liebe des Weibes, der Klagen über die Rätsel im Wesen desselben hat in dieser Inkongruenz der Objektwahltypen seine Wurzel.»[64]

Freud sieht den Gegensatz zwischen Männern und Frauen nicht mehr nur zwischen dem idealisierenden – und daher erniedrigenden – Mann und der sich über Verbote hinwegsetzenden und heimlich liebenden Frau. Nun geht es um die Frau, die kein Geheimnis aus ihrer Liebe – der Liebe zu sich selbst – macht, und um den Mann, dessen Liebe sich zur Sehnsucht nach einem früheren Stadium steigert. Der Mann liebt diesen Frauentypus auf dieselbe Weise, wie Eltern ihr Kind lieben: «Die rührende, im Grunde so kindliche Elternliebe ist nichts anderes als der wiedergeborene Narzißmus der Eltern, der in seiner Umwandlung zur Objektliebe sein einstiges Wesen unverkennbar offenbart.»[65] Das Bild der menschlichen Liebe wandelt sich. Jeder scheint nun (im anderen) das ideale und vollkommene Wesen zu suchen, das er war oder sein wollte; jeder sucht wieder Zuflucht im sicheren Hafen des Narzißmus, dem Paradies, aus dem er vertrieben wurde. Die sexuelle Mutter als Modell aller späterer Objektbeziehungen wird von der Selbstliebe abgelöst; die Selbstliebe stillt nun an deren Stelle die Sehnsucht nach Vollkommenheit. Die narzißtische Frau wird in Freuds Schriften die Erbin der sexuellen Mutter in ihrer ganzen Lebensfülle.

Aber mit dem Konzept des Narzißmus als eine neue Erklärung für Liebesbeziehungen – ein Konzept, das in Freuds Abhandlung über den Narzißmus das Konzept von der anlehnenden Liebe zu verdrängen droht – stellt sich das Problem der Objektwahl in neuer und dringlicher Form. Warum sollte das menschliche Subjekt jemals den segensreichen Zustand der narzißtischen Liebe verlassen? Warum wird er oder sie aus dem Garten Eden verstoßen? Wie kommt jemand dazu, ein Objekt außerhalb seiner selbst zu lieben? Das maskuline Modell, dessen Freud sich vorher bedient hat, kann hier nützlich sein. Der Mann liebt nicht nur sich selbst, sondern auch «das pflegende Weib»[66] und überträgt lediglich seinen Narzißmus auf dieses Objekt; daher die «auffällige Sexualüberschätzung» bezüglich des Liebesobjekts durch das jetzt verarmte Ich. Hier allerdings erscheint die Begründung nicht sehr stichhaltig. Warum sollte der Mann seinen Narzißmus zugunsten des Objekts aufgeben, insbesondere da Freud mit Recht bei diesem männlichen Liebesmuster die Ähnlichkeit mit einer Zwangsneurose aufzeigt und für deren Entstehung die fehlende Auflösung des Ödipuskomplexes verantwortlich macht, was plausibler scheint als eine unbegründete Abtretung der narzißtischen Vollkommenheit an das Objekt? Überzeugender ist da im großen und ganzen der Gedanke, daß auch die narzißtische Frau zur Objektliebe gelangt:

«Auch für die narzißtisch und gegen den Mann kühl gebliebenen Frauen gibt es einen Weg, der sie zur vollen Objektliebe führt. In dem Kinde, das sie gebären, tritt ihnen ein Teil des eigenen Körpers wie ein fremdes Objekt gegenüber, dem sie nun vom Narzißmus aus die volle Objektliebe schenken können. Noch andere Frauen brauchen nicht auf das Kind zu warten, um den Schritt in der Entwicklung vom (sekundären) Narzißmus zur Objektliebe zu machen. Sie haben sich selbst vor der Pubertät männlich gefühlt und ein Stück weit männlich entwickelt; nachdem diese Strebung mit dem Auftreten der weiblichen Reife abgebrochen wurde, bleibt ihnen die Fähigkeit, sich nach einem männlichen Ideal zu sehnen, welches eigentlich die Fortsetzung des knabenhaften Wesens ist, das sie selbst einmal waren.»[67]

Diese autarke Frau befindet sich in einem Schwebezustand, wie ihn nur der Narzißmus ermöglicht, zwischen passivem Geliebtwerden und aktivem Lieben (ihrer selbst und ihres Körpers).[68] Aber durch eine List der Natur wird sie aus diesem Zustand des Gleichgewichts geworfen, indem diese sie «zur Objektliebe führt, und das trotz ihres Narzißmus und sogar mit Hilfe ebendieses Narzißmus»[69]: Es endet damit, daß sie ihr Kind ebenso liebt, wie sie einst sich selbst geliebt hat, so wie der Mann die Frau so liebt wie einst sich selbst.[70] Allerdings trifft diese Erklärung mehr auf die Frau als auf den Mann zu, eben weil der für sie so kostbare «Teil des eigenen Körpers», das Kind, die Aufgabe der narzißtischen Selbstliebe zugunsten der Objektliebe plausibel erscheinen läßt. Die Liebe eines Mannes zu einer Frau läßt sich eher nach dem Muster der narzißtischen Liebe einer Frau für ihr Kind oder für das, was sie einst sein wollte, erklären.

Es ist in der Tat das Modell, das Freud in seinen späteren Arbeiten für beide Geschlechter aufstellt. Die Brücke vom Narzißmus zum Objekt bildet bei Jungen und Mädchen jener «Teil des eigenen Körpers», der als ein äußeres Objekt empfunden wird. Für den Jungen ist dies der Penis. Für das Mädchen ist dieses Objekt der Penis, der ihm, wie es bemerken wird, fehlt. Als Kompensation dient ihm eine Reihe von symbolischen Äquivalenzen, die Freud in den auf den «Narzißmus» folgenden Abhandlungen ausarbeitet: Penis = Kot = Geschenk = Kind.[71] Der Weg, der beide Geschlechter aus der narzißtischen Welt führt, erhält von Freud einen Namen, den er schon vorher benutzt hatte: Kastrationskomplex. Mit Kastrationskomplex ist nun das Phänomen beschrieben, daß das Subjekt aus der narzißtischen Welt verstoßen wird, und zwar um das, was ein Symbol für den Narzißmus werden sollte, zu schützen oder zu erlangen: den Penis.

Aber da gab es ja noch den Ödipuskomplex, mit dem sich Freud neben seinen Narzißmustheorien beschäftigte: Immer mehr war er davon überzeugt, daß dieser Komplex im Zentrum aller Theorie stand. Seine Untersuchungen führten ihn zu einem Bereich infantiler Sexualphantasien, der seine Theorien über die Weiblichkeit entscheidend beeinflußte: In «Ein Kind wird geschlagen» (1919) zeigte er auf, daß sogar sexuelle Abirrungen, die früher mit autonomen Partialtrieben assoziiert wurden, ebenfalls Abkömmlinge des Ödipuskomplexes sind. Patienten mit derartigen Schlagephantasien arbeiteten regressiv die lustvolle, aber Schuldgefühle erzeugende inzestuöse Liebe zum Vater in einer masochistischen, aber schuldfreien Form auf. Die Erforschung des Masochismus wurde in der Abhandlung «Das ökonomische Problem des Masochismus» (1924) fortgesetzt, in der Freud zum erstenmal einen Primärmasochismus postulierte: ein Teil dieses Destruktionstriebes oder Bemächtigungstriebes wird nicht als Objektlibido nach außen verlegt, sondern «verbleibt im Organismus und wird dort [...] libidinös gebunden»[72]. Auf diesem Primärmasochismus ruht der feminine Masochismus, dessen Phantasien «die Person in eine für die Weiblichkeit charakteristische Situation versetzen, also Kastriertwerden, Koitiertwerden oder Gebären bedeuten»[73].

Dieser Satz ist ein Beispiel dafür, wie sich Freud bei der Ausarbeitung seiner Theorien mehr und mehr dem Konzept von Weiblichkeit nähert, das er schließlich zwischen 1923 und 1925 in drei Abhandlungen vorlegt: «Die infantile Genitalorganisation», «Der Untergang des Ödipuskomplexes» und «Einige psychische Folgen des anatomischen Geschlechtsunterschieds». Die hier dargelegten Ansichten sind – mit einer grundsätzlichen Veränderung – in die Aufsätze «Über die Weibliche Sexualität» (1931) und «Die Weiblichkeit» (1932) übernommen worden. Tatsächlich war sein Ausgangspunkt seit 1897 fast unverändert geblieben: die These, daß die weibliche genitale Aktivität in der Kindheit auf die Klitoris beschränkt ist und sich nicht grundsätzlich von der Penismasturbation des Jungen unterscheidet. Die weiblichen Besonderheiten machen sich erst in der Pubertät bemerkbar, im Zuge einer geschlechtsspezifischen Welle der Verdrängung, für die Freud einerseits die Gesellschaftsmoral und die restriktive Erziehung junger Frauen verantwortlich macht, andererseits auf seine frühere, von Fließ übernommene Ansicht zurückgreift, daß die Verdrängung mehr «weibliche» als männliche Wünsche betrifft. Freud verlegte nun diese spezifische Welle der Verdrängung von der Pubertät in die Kindheit. Diese Vorverlegung sollte bedeutsame Folgen für seine Theorie der Weiblichkeit haben. Sie war durch eine andere Auffassung von der Sexualität des Jungen herbeigeführt worden. Er betrachtete jetzt den Ödipuskomplex bei Jungen nicht nur als ein Modell für die gesamte spätere Objektliebe, sondern auch als eine Krise des Narzißmus. Die Zerstörung der phallischen Genitalorganisation, in die der Ödipuskomplex jetzt eingebettet ist, geht auf die Kastrationsdrohung zurück: Der Junge verzichtet auf seine libidinösen Wünsche, um seinen Narzißmus – seinen Penis – zu retten. Freud wandte nun die Theorie von der Opferung der Libido zur Rettung des Narzißmus auch auf das Mädchen an: Sie gibt ihren maskulinen Sexualtrieb auf und zieht sich, wenn möglich, in den sicheren Hafen des passiven Narzißmus zurück.[74] Der Ödipuskomplex wird zertrümmert, aufgelöst, indem er in die elterliche Instanz innerhalb der Psyche umgewandelt wird, welche die sexuellen und aggressiven Wünsche des Subjekts lenkt: das Über-Ich. Dieser Vorgang findet zu jener Zeit statt, wenn die prägenitalen sexuellen Triebe unter das Primat der Genitalien gestellt werden: in der phallischen Phase also. Die aktive phallische Masturbationssexualität, die sich auf die Mutter richtete, wird zerstört und in das Über-Ich umgewandelt; die Erkenntnis des Jungen, daß die mögliche Alternative – passive libidinöse Wünsche, die sich auf den Vater richten – den Verlust des Penis nach sich ziehen würde, bestärkt ihn in dem Entschluß, sich vom Ödipuskomplex abzuwenden.

1923 postulierte Freud, daß diese weitere Phase von prägenitaler Sexualität, die phallische Phase, sowohl bei Jungen als auch bei Mädchen anzutreffen ist und daß sie in jeder Hinsicht eine vollständige Version der Erwachsenensexualität darstellt.[75] Schon lange, mindestens seit 1908, hatte Freud angenommen, daß weder Jungen noch Mädchen etwas von der Existenz der Vagina wissen; daß demnach für beide Geschlechter genitale Masturbation aktive phallische (klitorale) Sexualität heißt und keines von beiden Kenntnis von der Existenz von Frauen hat. Die Mutter ist ein phallisches Wesen, und der Gegensatz, der dem männlich-weiblichen entspricht, ist der Gegensatz zwischen phallisch und kastriert, genauso wie auch die vorhergegangene analsadistische Phase mit ihrem charakteristischen Objekt, dem Kot, nur den Gegensatz aktiv-passiv anerkennt.[76]

Aber die Entwicklung des kleinen Mädchens machte Freud zunehmend zu schaffen. Da die Angst vor der Kastration nicht das Motiv für die Zerstörung der weiblichen Aktivität innerhalb der phallischen Phase sein konnte – das Mädchen akzeptiert die Kastration als vollzogene Tatsache, während der kleine Junge sich vor der Möglichkeit der Vollziehung fürchtet –, griff Freud auf äußere Faktoren der Unterdrückung zurück: «Diese Veränderungen scheinen weit eher als beim Knaben Erfolg der Erziehung, der äußeren Einschüchterung zu sein, die mit dem Verlust des Geliebtwerdens droht.»[77] Die Verwundbarkeit des kleinen Mädchens durch die Angst vor dem Liebesverlust ist, wie wir gesehen haben, die weibliche Version des Narzißmus, der Kontrapunkt zu der männlichen Angst vor dem Penisverlust. Freud folgerte: «Der Ödipuskomplex des Mädchens ist weit eindeutiger als der des kleinen Penisträgers, er geht nach meiner Erfahrung nur selten über die Substituierung der Mutter und die feminine Einstellung zum Vater hinaus. [...] sein Ödipuskomplex gipfelt in dem lange festgehaltenen Wunsch, vom Vater ein Kind als Geschenk zu erhalten, ihm ein Kind zu gebären. Man hat den Eindruck, daß der Ödipuskomplex dann langsam verlassen wird, weil dieser Wunsch sich nie erfüllt.»[78]

In diesen Abhandlungen, die sich mit der phallischen Phase und dem Untergang des Ödipuskomplexes[79] beschäftigen, siedelte Freud das Drama der kindlichen Entwicklung in der Endphase der kindlichen Sexualität an, bevor die Latenzzeit als Folge des katastrophalen Zusammenbruchs des Ödipuskomplexes einsetzt. Er wußte ganz genau, daß andere Analytiker andere Erklärungen des Kastrationskomplexes anboten, und fügte eigens Fußnoten an, um sie zu widerlegen. Lou Andreas-Salomé hatte den Kotverlust als Modell für den Verlust des

Das Problem der Weiblichkeit

Penis vorgeschlagen; vor ihr hatte August Stärcke 1910 gemeint, das erste Beispiel von Kastration sei die Entwöhnung, der Verlust der mütterlichen Brustwarze; 1924 schrieb Otto Rank, daß die ursprüngliche Kastration, die ursprüngliche Vertreibung aus dem Paradies, der Geburtsakt sei. So war Freuds Hervorhebung der zentralen Bedeutung der phallischen Phase, des Ödipuskomplexes und des Kastrationskomplexes, für die Organisation der späteren kindlichen psychischen Ökonomie ein Versuch zu beweisen, daß trotz der dominierenden Rolle der kindlichen Sexualität die beinahe ausschließlich genitale Sexualität, die die verarmte Phantasie der Erwachsenen dominiert, immer noch das Schlachtfeld für männliche und weibliche Neurosen darstellt.

Daß Freud damit beträchtliche Schwierigkeiten hatte, zeigt seine Erörterung der Kastrationsangst in *Hemmung, Symptom und Angst* von 1926:

«Wir sehen jetzt, daß wir nicht in Gefahr sind, die Kastrationsangst für den einzigen Motor der zur Neurose führenden Abwehrvorgänge zu erklären. Ich habe an anderer Stelle auseinandergesetzt, wie die Entwicklung des kleinen Mädchens durch den Kastrationskomplex zur zärtlichen Objektbesetzung gelenkt wird. Gerade beim Weibe scheint die Gefahrsituation des Objektverlustes die wirksamste geblieben zu sein. Wir dürfen an ihrer Angstbedingung die kleine Modifikation anbringen, daß *es sich nicht mehr um das Vermessen oder den realen Verlust des Objekts handelt, sondern um den Liebesverlust von seiten des Objekts.*»[80]

Geht es hier nun um die Angst vor dem Verlust des Objekts selbst – des Penis oder der Brustwarze – oder um die Angst vor dem Verlust dessen, was das Objekt symbolisiert? Daß Freud dem Kastrationskomplex eine so zentrale Bedeutung beimaß, ist wohl ein Hinweis darauf, daß der Penis mehr als nur eines der ablösbaren Objekte ist: bei der Geburt wird der Säugling von der Mutter getrennt, später die Brustwarze vom Mund des Säuglings und der Stuhl vom Anus. Karl Abraham hatte ihnen daher den Namen Partialobjekte gegeben. Was machte jedoch den besonderen Charakter des Penis aus, wenn es eigentlich um die Angst vor dem Liebesverlust von seiten des Objekts ging? Freuds Theorie fehlte ein entscheidendes Argument, um diese Frage zu beantworten. Ihm war jedoch bewußt, daß die Kastration, zum Konzept erweitert und nicht nur auf den Penisverlust beschränkt, vielleicht etwas anderes erklären würde, aber sicher nicht mehr die Geschlechterdifferenz.[81]

Damit brachte Freud eine völlig neue Facette in die Erörterung der weiblichen Psychologie ein, und nun wurde ihm auch klar, wie ausweichend er diese Frage stets beantwortet hatte: «Wenn wir die ersten psychischen Gestaltungen des Sexuallebens beim Kinde untersuchten, nahmen wir regelmäßig das männliche Kind, den kleinen Knaben, zum Objekt. Beim kleinen Mädchen, meinten wir, müsse es ähnlich zugehen, aber doch in irgendeiner Weise anders.»[82] Ähnlich, aber anders: Endlich bekannte sich Freud zu seinem alten Problem. Er glaubte, nun einen neuen Zugang gefunden zu haben:

«Der Ödipus-Komplex des kleinen Mädchens birgt ein Problem mehr als der des Knaben. Die Mutter war anfänglich beiden das erste Objekt, wir haben uns nicht zu verwundern, wenn der Knabe es für den Ödipus-Komplex beibehält. Aber wie kommt das Mädchen dazu, es aufzugeben und dafür den Vater zum Objekt zu nehmen?»[83]

Dies ist in der Tat ein neuer Ansatzpunkt, aber die weiteren Ausführungen Freuds in dieser Abhandlung von 1925 brachten nichts wesentlich Neues. Gleich darauf schilderte er die Frauen, «die mit besonderer Intensität und Zähigkeit an ihrer Vaterbindung festhalten und an dem Wunsch, vom Vater ein Kind zu bekommen»[84]. Aber diese allem Anschein nach gemütliche und konventionelle Version des normalen Ödipuskomplexes hat hier eine lange Vorgeschichte: die folgenschwere Entdeckung des größeren Organs des kleinen Jungen sowie der eigenen Kastration, die den Penisneid nach sich zieht – sie «hat es gesehen, weiß, daß sie es nicht hat, und will es haben»[85]. Freud zählt nun auf, welche verschiedenen Konsequenzen dieser Wunsch haben kann. Der Wunsch, ein Mann zu werden, kann ihr ganzes späteres Leben beherrschen; sie kann sogar die Tatsache leugnen, daß ihr der Penis fehlt, «und ist gezwungen, sich in der Folge so zu benehmen, als ob sie ein Mann wäre»[86]. Wenn sie realisiert, daß sie nicht die einzige ist, der ein Penis fehlt, entscheidet sie sich vielleicht, mit dem auf die penislosen Kreaturen herabblickenden Geschlecht gemeinsame Sache zu machen. Oder aber der Penisneid wird in Eifersucht umgesetzt, welche in Freuds Augen «im Seelenleben des Weibes eine weitaus größere Rolle spielt»[87]. Schließlich kann der Penisneid auch zu einer feindseligen Einstellung gegenüber der Mutter führen, die «fast immer [...] für den Penismangel verantwortlich gemacht wird»[88]. Freud war zu diesem Zeitpunkt noch immer mit der Auswertung der masochistischen Schlagephantasien beschäftigt, die er einige Jahre vorher beschrieben hatte, besonders wohl mit dem überraschenden Ergebnis der Analyse seiner eigenen Tochter: Die in einer Schlagephantasie sich äußernde Eifersucht ist sowohl eine Form von

Masturbation – eine Klitoris wird geschlagen – als auch ein Ausdruck von Eifersucht auf das von der Mutter bevorzugte Geschwisterchen von seiten des Subjekts, das von der Mutter um den Penis gebracht wurde.[89]

Die Abwendung von der Mutter wird erwähnt, aber schnell übergangen. Wichtiger ist Freud, nun möglicherweise eine Erklärung gefunden zu haben für seine Überzeugung, daß «der Natur des Weibes die Masturbation ferner liege»[90] als den Männern. Und wenn man davon ausgeht, daß «die Masturbation an der Klitoris» – und Freud erörtert niemals eine andere Methode des Masturbierens – «eine männliche Betätigung sei und daß die Entfaltung der Weiblichkeit die Wegschaffung der Klitorissexualität zur Bedingung habe»[91], ist es durchaus möglich, daß der Grund für die heftige Ablehnung dieser lustbringenden Tätigkeit von seiten des Mädchens «die mit dem Penisneid verknüpfte narzißtische Kränkung»[92] ist. In der Erkenntnis, hier nicht konkurrieren zu können, zieht sich das Mädchen von der Männlichkeit zurück.

Für einige Mädchen ist nun der Weg zu einer ganz klar weiblichen Position frei: Anstatt eines Penis wünscht es sich jetzt ein Kind «und nimmt *in dieser Absicht* den Vater zum Liebesobjekt. Die Mutter wird zum Objekt der Eifersucht, aus dem Mädchen ist ein kleines Weib geworden»[93]. Das heißt, es ist in den Hafen des Ödipuskomplexes eingefahren, aus dem es – wie so viele Analysen zeigen – schwer herauszuholen ist.

Neu an dieser altbekannten Geschichte ist die Beobachtung, daß sich das Mädchen *zögernd* in den Ödipuskomplex begibt und sich dem Vater nur wegen seines Penisneides, wegen seiner narzißtischen Verletzung zuwendet. Es wendet sich ihm wie einem neuen Objekt zu, auf das es seine Hoffnung, vielleicht die Hoffnung auf Rache setzt.[94] Aber noch etwas Neues fällt auf, auch wenn es nur implizit vorhanden ist: Der Vater tritt erst im Epilog auf, er ist nicht der Protagonist in diesem Stück. Wer aber spielt dann die Hauptrolle in all jenen Jahren, bevor das kleine Mädchen sich resignierend ihm zuwendet? Die Mutter.

Als Freud 1925 die Frage aufwarf, warum kleine Mädchen ihre Beziehung zur Mutter aufgeben und sich dem Vater zuwenden, hatte er die Antwort weniger in den Details der Mutterbeziehung gesucht als in der Krise des Kastrationskomplexes. Der Penisneid dominierte noch immer sein Denken. Erst 1931 war Freud – vielleicht unter dem Eindruck der psychoanalytischen Debatte, die Mitte der zwanziger Jahre über seine Arbeiten geführt wurde – bereit, die Rolle der präödipalen Mutter zu erforschen, in seiner Darstellung finden sich sogar ein paar ungewöhnlich poetische Worte:

«Die Einsicht in die präödipale Vorzeit des Mädchens wirkt als Überraschung, ähnlich wie auf anderem Gebiet die Aufdeckung der minoisch-mykenischen Kultur hinter der griechischen.

Alles auf dem Gebiet dieser ersten Mutterbindung erschien mir so schwer analytisch zu erfassen, so altersgrau, schattenhaft, kaum wiederbelebbar, als ob es einer besonders unerbittlichen Verdrängung erlegen wäre. Vielleicht kam dieser Eindruck aber davon, daß die Frauen in der Analyse bei mir an der nämlichen Vaterbindung festhalten konnten, zu der sie sich aus der in Rede stehenden Vorzeit geflüchtet hatten. Es scheint wirklich, daß weibliche Analytiker, wie Jeanne *Lampl-de Groot* und Helene *Deutsch*, diese Tatbestände leichter und deutlicher wahrnehmen konnten, weil ihnen bei ihren Gewährspersonen die Übertragung auf einen geeigneten Mutterersatz zu Hilfe kam.»[95]

Der Aufsatz von 1925 hatte mit der Beobachtung begonnen, daß manche Frauen «mit besonderer Intensität und Zähigkeit an ihrer Vaterbindung festhalten»,[96] und Freud erklärte diese intensive Beziehung als eine Art Trost nach der bitteren Enttäuschung über den fehlenden Penis. Sechs Jahre später, als «Über die weibliche Sexualität» entstand, erschien nun diese Beziehung eine frühere Beziehung mit der Mutter von gleicher, wenn nicht noch stärkerer Intensität zu beweisen. Die Vaterbeziehung ist nicht als Reaktionsbildung, sondern als weniger unheilvolle Wiederholung zu sehen, und so stellt sich die Liebe zum Vater nicht als Höhepunkt der weiblichen Entwicklung dar, sondern als schwacher Abglanz der wesentlich mächtigeren Beziehung zur Mutter.

Freud untersucht nun die Beziehungen zu Männern nicht um ihrer eigenen Dynamik willen, sondern um durch sie – und zuweilen nur durch sie – Erkenntnisse über die früheren Beziehungen zu der Mutter zu gewinnen. Denn in den Männerbeziehungen wiederholen sich die verhängnisvollen Verzerrungen und Kehrtwendungen der langwierigen ersten Mutterbeziehung. Bei vielen Frauen lasse sich beobachten, «daß ihre Reifezeit vom Kampf mit dem Ehemann ausgefüllt wird, wie ihre Jugend im Kampf mit der Mutter verbracht wurde»[97]. Aber auch wenn das Leben vieler Frauen nur aus ständigen Wiederholungen der schicksalhaften präödipalen Mutterbeziehung besteht, geht es eigentlich dabei nur um ebenso viele Arten, den *Verlust* wieder zu durchleben, der die Ursache von allem ist.

Das Problem der Weiblichkeit

Das Modell von der Vorbestimmtheit aller späteren Beziehungen – vorbestimmt deshalb, weil sie nur Wiederholungen früherer, inzwischen versteckter Beziehungen sind – wendet Freud nun ohne Abstriche auf die Entwicklung von Frauen an. Mit größerer Eindringlichkeit als bei den Jungen wird das Schicksal von Mädchen als Geschichte eines Urverlustes dargestellt, eines doppelten Verlustes wohlgemerkt, nämlich des Penis und der Mutter. Während Freud schon in den *Drei Abhandlungen* die These aufgestellt hatte, daß das Finden eines Objektes immer ein Wiederfinden ist, und daran anschloß, daß alle späteren sexuellen Eroberungen implizit immer den Verlust in sich tragen, verlegte er erst mit «Trauer und Melancholie» (1917) und *Das Ich und das Es* (1923) den Hauptakzent vom Finden auf das Verlieren: Der Prozeß des Verlierens und Aufgebens des Objekts wurde für Freud die Voraussetzung für den Aufbau des Ichs und Über-Ichs.[98] Das Ich und sein Narzißmus werden auf Kosten des Objekts aufgebaut, und zwar, indem das Objekt verinnerlicht oder gespiegelt wird. Das kleine Mädchen wird sein Leben lang seinem Es gegenüber die nachahmende Pose des Ichs einnehmen, die Freud folgendermaßen beschreibt: «‹Sieh›, du kannst auch mich lieben, ich bin dem Objekt so ähnlich.›»[99] Die Frau ist also eindeutig das Produkt ihrer Trauer.[100]

So wie die Frauen in Freuds Narzißmustheorie eine neue Fragestellung einbrachten – welcher Unglücksfall war nötig, damit ein narzißtisches Wesen sich Objekten außerhalb seiner selbst zuwendete? –, brachte die Entdeckung der präödipalen Mutter Freud dazu, sich zu fragen, warum das kleine Mädchen sich von der Mutter abwendet. Daß es sich dann dem Vater zuwendet, ist dabei weniger interessant als die Tatsache, daß es sich abwendet. Hinter jeder signifikanten Beziehung – zu Männern, zu seinen eigenen Kindern – kann Freud nun die Trauer über die verlorene Mutter wahrnehmen. Warum die Mutter jedoch überhaupt aufgegeben wird, beantwortet Freud um so unbefriedigender, je komplexer seine Erklärungen werden. Sowohl in seinem Aufsatz «Über die weibliche Sexualität» als auch in der Vorlesung «Die Weiblichkeit» listet Freud eine Reihe von Gründen für die Abwendung von der Mutter auf, die sich teils widersprechen, teils nicht unbedingt spezifisch für Mädchen sind, so zum Beispiel, «daß sie es unterlassen hat, das Mädchen mit dem einzig richtigen Genitale auszustatten, daß sie es ungenügend ernährt hat, es gezwungen hat, die Mutterliebe mit anderen zu teilen, daß sie nie alle Liebeserwartungen erfüllt und endlich, daß sie die eigene Sexualbetätigung zuerst angeregt und dann verboten hat»[101]. Die Liste befriedigt auch Freud nicht: «Vielleicht geht es eher so zu, daß die Mutterbindung zugrunde gehen muß, gerade darum, weil sie die erste und so intensiv ist [...].»[102] Das kleine Mädchen ist zu dieser Verlusterfahrung verdammt, die alle seine späteren Liebesbeziehungen beeinflussen wird. Die Analogie, mit der Freud den oben zitierten Satz fortführt, bekommt für uns eine besondere Bedeutung, wenn wir uns an die Worte des vierzig Jahre jüngeren Freud erinnern. Er, der gerade seine Praxis eröffnet und geheiratet hatte, schilderte die Ehe als Brutstätte für frigide und frustrierte junge Frauen, deren Sexualleben und Nervensystem dazu bestimmt waren, auf dem Kreuz der Impotenz des Gatten, ihrer repressiven Erziehung und der gesellschaftlichen Verlogenheit geopfert zu werden, und nun muß «die Mutterbindung zugrunde gehen [...], weil sie die erste und so intensiv ist, ähnlich wie man es so oft an den ersten, in stärkster Verliebtheit geschlossenen Ehen der jungen Frauen beobachten kann. Hier wie dort würde die Liebeseinstellung an den unausweichlichen Enttäuschungen und an der Anhäufung der Anlässe zur Aggression scheitern»[103].

Diese Begründung könnte jedoch auch auf den kleinen Jungen zutreffen. «Wenn wir nicht etwas finden», so weiß auch Freud, «was für das Mädchen spezifisch ist, beim Knaben nicht oder nicht so vorkommt, haben wir den Ausgang der Mutterbindung beim Mädchen nicht erklärt.»[104] Aber wenn er erkannte, daß es sich um ein größeres Problem handelte – bei dem es mehr um die unterschiedliche Entwicklung von Mädchen und Jungen als um generelle Unterschiede ging –, so packte er es doch nicht an, schien es im Gegenteil zu vergessen und sich nur daran zu erinnern, um es erneut zu vergessen.[105] Vielleicht wollte er vermeiden, einer negativen Bilanz so vieler Jahre Arbeit Vorschub zu leisten – daß da möglicherweise keine fundamentalen Unterschiede in der Entwicklung von Jungen und Mädchen waren. So kehrte Freud ein Jahr später, als er «Die Weiblichkeit» verfaßte, auf das alte und sichere Geleise zurück, zeigte sich jetzt nicht mehr so beeindruckt von dem Verhängnis, das über jeder großen Liebe schwebt, und stand der eigenen Überfülle von Gründen für die Abwendung des kleinen Mädchens von der Mutter weniger skeptisch gegenüber: «Eine Überraschung war es aber, aus den Analysen zu erfahren, daß das Mädchen die Mutter für seinen Penismangel verantwortlich macht und ihr diese Benachteiligung nicht verzeiht.»[106] Daher die Flucht zum Vater, von dem sich einige Mädchen einen Penis in Form eines Kindes erhoffen. «Die Abwendung von der Mutter geschieht im Zeichen der Feindseligkeit», die Mutterbindung verkehrt sich in Haß, der «sehr auffällig werden und durchs ganze Leben anhalten» kann.[107] Es rächt sich an der Mutter, indem es sich an den phallischen Vater verpfändet.[108]

«Die Mutteridentifizierung kann nun die Mutterbindung ablösen. Das Töchterchen setzt sich an die Stelle der Mutter, wie sie in ihren Spielen immer getan hat, will sie beim Vater ersetzen und hasst nun die vorher geliebte Mutter mit zweifacher Motivierung, aus Eifersucht wie aus Kränkung über den versagten Penis.»[109]

Nachdem Freud festgestellt hat, daß der Kastrationskomplex nicht nur die Frage abdeckt, warum das Mädchen sich dem Vater *zu*wendet, sondern auch, warum es sich von der Mutter *ab*wendet, ist er nun geneigt, die früheren Beziehungen des Mädchens zur Mutter als genauso vielfältig anzusehen wie jede andere kindliche Beziehung; in der Tat läßt sich das, was in Freuds Beschreibung zwischen Mutter und Tochter stattfindet, ganz unproblematisch auch auf Mutter und Sohn übertragen.[110] *Der Beziehung des Mädchens zu ihrer Mutter fehlt es an nichts.* Die Sexualziele des Mädchens sind sowohl aktiv als auch passiv; sie treten in allen libidinösen Phasen auf und schließen sowohl passive als auch aktive klitorale Sexualbetätigungen ein – durch passive Verführung und, bei Geburt eines Geschwisterchens, durch die Rolle des aktiven Erzeugers des neuen Kindes.[111]

Wenn es sich jedoch von der Mutter abwendet, lebt es noch in der phallischen Welt der kastrierten und phallischen Wesen; das Mädchen ist noch immer «ein kleiner Mann».[112] Die Frage stellt sich nun, ob es jemals diese Welt verläßt? Beim Jungen ist die Antwort leichter: Er zerstört den Ödipuskomplex, um nicht die vollen Konsequenzen seiner Kastrationswahrnehmung tragen zu müssen. Und Freuds spätere Arbeiten über männliche Sexualität drehen sich darum, daß es dem Jungen scheinbar nicht möglich ist, über die phallische Phase hinauszukommen. Der Mechanismus der Verleugnung kann dazu führen, daß der Junge eine permanent psychotische Beziehung zu dem Faktum der Kastration aufbaut: Indem er sich einen Fetisch sucht als Ersatz für den Penis der Mutter, spaltet er sein Ich auf. Der Fetisch bestätigt und verleugnet zugleich das Nichtvorhandensein des Penis.[113] Die beiden Möglichkeiten, die Freud für die Reaktion des kleinen Jungen beim Anblick des mütterlichen Genitales ins Auge faßte – Schrecken vor der drohenden Kastration und Geringschätzung des kastrierten Geschlechts –, werden das männliche Wesen auch später quälen und die Zyklen von Idealisierung und Erniedrigung der Frau bestimmen, durch die er sich Zugang zu ihr zu verschaffen sucht, während er gleichzeitig

ihre Kastration leugnet. Allein die Verleugnung ermöglicht dem Mann, zu einer Frau zu gelangen.»[114]
Und das Mädchen?
Während des Ersten Weltkrieges hatte Freud die Verbindungen zwischen Analerotik und Kastrationskomplex untersucht:
«Wir können angeben, welches Schicksal der infantile Wunsch nach dem Penis erfährt, wenn die Bedingungen der Neurose im späteren Leben ausbleiben. Er verwandelt sich dann in den Wunsch nach dem *Mann*, er läßt sich also den Mann als Anhängsel an den Penis gefallen. Durch diese Wandlung wird eine gegen die weibliche Sexualfunktion gerichtete Regung zu einer ihr günstigen. Diesen Frauen wird hiermit ein Liebesleben nach dem männlichen Typus der Objektliebe ermöglicht, welches sich neben dem eigentlich weiblichen, vom Narzißmus abgeleiteten, behaupten kann. Wir haben schon gehört, daß es in anderen Fällen erst das Kind ist, welches den Übergang von der narzißtischen Selbstliebe zur Objektliebe herbeiführt. Es kann also auch in diesem Punkte das Kind durch den Penis vertreten werden [...].
Die Bedeutung des beschriebenen Vorgangs liegt darin, daß er ein Stück der narzißtischen Männlichkeit des jungen Weibes in Weiblichkeit überführt und somit für die weibliche Sexualfunktion unschädlich macht.»[115]
Hier wird deutlich gemacht, wie Narzißmus in «Weiblichkeit» umgesetzt werden kann: indem der Mann zugelassen, gar begehrt wird, allerdings nur als Anhängsel an den Penis. Aber dadurch, daß man dieses Resultat «Weiblichkeit» nennt, nur weil sich die betreffende Frau inzwischen einen Mann wünscht und nicht mehr einen Penis oder, wie uranfänglich, Kot, ändert sich nichts an der Struktur der Dinge. Diese Frau wünscht sich nicht den Mann als Mann; sie wünscht sich noch etwas anderes. Ihr Sexualziel ist nicht deshalb männlich, weil sie sich zufällig einen Mann wünscht, sondern weil es sich dabei um ein aktives Ziel handelt und nicht mehr um die passiveren, ausbalancierteren Ziele des Narzißmus.
In ähnlicher Weise demonstriert Freud 1932, daß die Frau möglicherweise einen Mann liebt, weil sie hofft, von ihm ein Penis-Kind zu bekommen, dann aber ihre ganze Liebe auf das Kind konzentriert. «Selbst die Ehe ist nicht eher versichert, als bis es der Frau gelungen ist, ihren Mann auch zu ihrem Kind zu machen [...].»[116] Dennoch bleibt bestehen, daß die erste Liebe der Frau ihrer Mutter gilt, und nur die dünne und zerbrechliche Brücke des Penisneides verbindet sie mit dem

männlichen Geschlecht. Das männliche Geschlecht hat der Frau nur sehr wenig zu bieten. In der phallischen Welt, in der Männer und Frauen leben,[117] sind Frauen weder das erste noch das zweite Geschlecht; sie sind nicht einmal ein eigenes Geschlecht.

Von der phallischen Phase ausgehend, gibt es nur ein einziges Geschlecht. Aber gibt es wirklich nur diesen Ausgangspunkt, gibt es keine andere Phase als die phallische? Hier beginnen die Schwierigkeiten der späteren, mit dem Problem maskulin und feminin konfrontierten psychoanalytischen Theorie; denn auch die Erforschung der frühen oralen und analen Phasen oder etwa der komplexen Beziehung zu der präödipalen Mutter bringt keine Antwort. Wenn wir wissen wollen, warum Freud zu dieser Darstellung des Geschlechtsunterschiedes gekommen ist, müssen wir uns einen anderen Ansatzpunkt suchen und die Bedeutung der Termini Männlichkeit und Weiblichkeit klären.

Die Frage, ob es etwas jenseits der phallischen Phase gibt, könnte zum einen mit dem Hinweis auf jene Wissensformen beantwortet werden, die von der Wissenschaft bereitgestellt werden. So wie Kinder aufgeklärt werden können und dann die analen, fäkalen und sadistischen Sexualtheorien ihrer früheren Jahre verwerfen, so können Frauen und Männer in der Biologie das Wesen des Geschlechtsunterschiedes erkennen. Gerade diese Anwort läßt aber Freud nicht gelten. So, wie seine Abhandlung über die infantilen Sexualtheorien die Wirksamkeit der sexuellen Aufklärung von Kindern bezweifelt – schließlich bleibt das Unbewußte von normalen und neurotischen Personen gleichermaßen unberührt von einer solchen Aufklärung –, so wenig erhellend sind die Wahrheiten der Biologie, die Geschichten über Spermium und Ovum, Penis und Vagina. Sie erweisen sich ganz im Gegenteil als höchst doppeldeutig. In diesem Punkt kommt der gesunde Menschenverstand nicht nur zu verläßlicheren und konsequenteren, sondern auch zu relevanteren Einsichten über die Geschlechtsunterschiede.

«Männlich oder weiblich ist die erste Unterscheidung, die Sie machen, wenn Sie mit einem anderen menschlichen Wesen zusammentreffen, und Sie sind gewöhnt, diese Unterscheidung mit unbedenklicher Sicherheit zu machen.»[118] Der Anklang an die oben auf Seite 560 zitierte Passage aus Freuds Aufsatz «Über infantile Sexualtheorien» ist unüberhörbar; überraschend ist der Hinweis, wir zeigten uns wenig selbstkritisch mit unseren Erwartungen gegenüber unserer sozialen Welt. Ohne zu zögern, erwarteten wir, daß sich die menschliche Gesellschaft in klar umrissene Typen gliedert, in Männer und

Frauen, so als ob wir überzeugt wären, daß die öffentlichen Bedürfnisanstalten mit den Aufschriften «Damen» und «Herren» – Worte, die der höfliche Freud stets schnell bei der Hand hatte – das exakte Spiegelbild einer zweigeteilten menschlichen Gesellschaft seien. Die wissenschaftliche Psychoanalyse bereitet unserer Sicherheit jedoch ein abruptes Ende, weil sie aufzeigt, daß jedes Individuum weder zur Gänze ein Mann noch zur Gänze eine Frau ist, sondern beides auf einmal. Und nicht nur das: Auch die Anatomie und die Embryologie haben sich zusammengetan, um unseren Glauben an die klaren Unterschiede zu erschüttern, indem sie uns die Vielfalt der sekundären Geschlechtsmerkmale enthüllen; ihre Beobachtungen ergeben, «daß weder im psychologischen noch im biologischen Sinne eine reine Männlichkeit oder Weiblichkeit gefunden wird»[119]. Wenn man auf die soziologische Bedeutung von männlich und weiblich zurückgehen will, muß man sich mit der Beobachtung des tatsächlich vorhandenen Verhaltens begnügen, wie etwa mit der Beobachtung, daß jene menschlichen Wesen, die hinter der Tür mit der Aufschrift «Herren» verschwinden, Männer sein müssen.

Freud zeigte wenig Interesse an diesen «konventionellen» und «soziologischen» Unterscheidungen. Noch allgemeiner ausgedrückt, hielt er Forschungen über die Geschlechtsunterschiede für unglaubwürdig und nicht schlüssig. Schon 1905 hatte er die Unterschiede im Sexualleben der beiden Geschlechter bagatellisiert. In seiner Vorlesung über «Die Weiblichkeit» von 1932 stellte Freud eine Liste von Unterschieden zwischen kleinen Mädchen und Jungen auf – Mädchen sind weniger aggressiv, trotzig und selbstgenügsam, sie haben ein größeres Bedürfnis nach Zärtlichkeit, sie sind abhängiger und gefügiger und daher leichter an den Topf zu gewöhnen; Mädchen sind intelligenter und lebhafter, sie kommen «der Außenwelt mehr entgegen», machen «zur gleichen Zeit stärkere Objektbesetzungen».[120] Aber für Freud haben diese Unterschiede keine große Bedeutung; «sie können durch individuelle Variationen aufgewogen werden. Für die Absichten, die wir zunächst verfolgen, können wir sie vernachlässigen»[121]. Das heißt, diese Unterschiede sind in keiner Weise so folgenreich für die Sexualgeschichte von Mädchen und Jungen wie der Kastrationskomplex; nur etwas, das das Kind im innersten Kern trifft, in seinem Sexualleben, in seinem Narzißmus, kann ernsthafte Folgen haben.

Angesichts dieser anhaltenden Geringschätzung für eine Psychologie der Geschlechtsunterschiede ist Freuds Bemerkung über die Schwäche des Über-Ichs bei Frauen um so überraschender:

«Man zögert es auszusprechen, kann sich aber doch der Idee nicht erwehren, daß das Niveau des sittlich Normalen für das Weib ein anderes wird. Das Über-Ich wird niemals so unerbittlich, so unpersönlich, so unabhängig von seinen affektiven Ursprüngen, wie wir es vom Manne fordern.»[122]

Freud war sich bewußt, daß diese Ansicht einen Sturm des Protestes auslösen würde. In seiner Vorlesung «Die Weiblichkeit» erläuterte er, daß dem kleinen Mädchen das Hauptmotiv des Knaben, die Kastrationsangst, fehle, um den Ödipuskomplex zu bewältigen; die «Bildung des Über-Ichs muß unter diesen Verhältnissen leiden, es kann nicht die Stärke und die Unabhängigkeit erreichen, die ihm seine kulturelle Bedeutung verleihen und – Feministen hören es nicht gerne, wenn man auf die Auswirkungen dieses Moments für den durchschnittlichen weiblichen Charakter hinweist»[123].

Freud hatte nie gezögert, den Feministinnen zu widersprechen. Schon im November 1883 hatte er in einem berühmt gewordenen Brief an Martha Bernays J.S. Mills Schrift «Über Frauenemanzipation», die Freud selbst einige Jahre zuvor ins Deutsche übersetzt hatte, heftig kritisiert. In diesem Brief fügte er jedem seiner generellen, gegen Mills politische Argumente gerichteten Kritikpunkte eine persönliche Schlußfolgerung an, die er an Martha richtete, die er also an die Frau richtete, die er liebte und die für ihn die Verkörperung all jener weiblichen Tugenden darstellte, von denen Mill seiner Ansicht nach keine Ahnung hatte:

«[...] ein Hauptargument in der von mir übersetzten Schrift war, daß die Frau in der Ehe so viel erwerben könne wie der Mann. Wir dürften ziemlich einig darin sein, daß das Zusammenhalten des Hauses und die Pflege und Erziehung der Kinder einen ganzen Menschen erfordert und fast jeden Erwerb ausschließt, auch dann, wenn vereinfachte Bedingungen des Haushaltes das Abstauben, Zusammenräumen, Kochen und so weiter der Frau abnehmen. Daran hatte er einfach vergessen, wie überhaupt an alle mit dem Geschlechtlichen in Zusammenhang stehenden Beziehungen. Das ist im Ganzen ein Punkt bei Mill, in dem man ihn einfach nicht menschlich finden kann. Seine Selbstbiographie ist so prüde oder so unirdisch, daß man aus ihr nie erfahren könnte, daß die Menschen in Männer und Weiber geteilt sind, und daß dieser Unterschied der bedeutsamste ist, der unter ihnen besteht. [...] In seiner ganzen Darstellung tritt auch gar nicht hervor, daß die Frau etwas anderes – wir wollen uns hüten zu sagen etwas Geringeres, eher das Gegenteil – ist als der Mann. Er findet zum Beispiel eine Analogie für die Unterdrückung der Frauen in der der

Neger. Jedes Mädchen, wenn auch ohne Stimmrecht und richterliche Befähigung, dem ein Mann die Hand küßt, um deren Liebe er alles wagt, hätte ihn zurechtweisen können.

Es ist auch ein gar zu lebensunfähiger Gedanke, die Frauen genauso in den Kampf ums Dasein zu schicken wie die Männer. Soll ich mir mein zartes, liebes Mädchen zum Beispiel als Konkurrenten denken; das Zusammentreffen würde doch nur damit enden, daß ich ihr, wie vor siebzehn Monaten, sage, daß ich sie lieb habe und daß ich alles aufbiete, sie aus der Konkurrenz in die unbeeinträchtigte stille Tätigkeit meines Hauses zu ziehen. Möglich, daß eine veränderte Erziehung all die zarten, des Schutzes bedürftigen und so siegreichen Eigenschaften der Frauen unterdrücken kann, so daß sie wie die Männer ums Brot werben können. Möglich auch, daß es nicht berechtigt ist, in diesem Fall den Untergang des Reizendsten, was die Welt uns bietet, unseres Ideals vom Weibe zu betrauern; ich glaube, alle reformatorische Tätigkeit der Gesetzgebung und Erziehung wird an der Tatsache scheitern, daß die Natur lange vor dem Alter, in dem man in unserer Gesellschaft Stellung erworben haben kann, [die Frau] durch Schönheit, Liebreiz und Güte zu etwas [anderem] bestimmt.

Nein, ich bleibe hier bei dem Alten, bei der Sehnsucht nach meiner Martha, wie sie ist, und sie wird's selbst nicht anders wollen; Gesetzgebung und Brauch haben den Frauen viel vorenthaltene Rechte zu geben, aber die Stellung der Frau wird keine andere sein können, als sie ist, in jungen Jahren ein angebetetes Liebchen, und in reiferen ein geliebtes Weib.»[124]

Dem jungen Freud war viel daran gelegen, seine zukünftige Frau von den Vorzügen der geteilten Wirkungsbereiche in ökonomischer und moralischer Hinsicht zu überzeugen. Die Argumentation ist jedoch nicht gerade zwingend: Die für die Arbeitsteilung herangezogenen ökonomischen Argumente werden von der Hymne auf die höheren moralischen und ästhetischen Tugenden der geliebten Frau übertönt; die Moral der Familie soll sich radikal von den Gesetzen des Marktes unterscheiden.[125] Mehr noch: Die Natur wird sich der sozialen Reform widersetzen, denn die Bestimmung der Frau ist eine so hohe, daß sie im Wirrsal des öffentlichen Lebens nicht zu verwirklichen ist. Über ein Jahrhundert später, jetzt, da viele von Mills Forderungen längst Gesetz geworden sind, klingen bei Freuds Argumenten die Alarmglocken. Er bringt es sogar fertig, gegen Mills Verwendung des Wortes «Emanzipation» zu polemisieren. Allzusehr erinnere doch dieses Wort an die politischen Kämpfe des europäischen neunzehnten

Das Problem der Weiblichkeit

Jahrhunderts und an den Bürgerkrieg in den USA, wo es um die Emanzipation der Sklaven gegangen sei. Kann man wirklich die Situation der Neger mit der der Frauen vergleichen, fragt Freud, wo doch der Neger verachtet und gefürchtet wird, die Frau dagegen bewundert und verehrt?

Seine eigenen späteren Schriften über die Psychologie der Liebe sollten zeigen, daß Verachtung und Furcht leichter mit Idealisierung und Ehrerbietung kombiniert werden können, als es die oberflächliche Psychologie des Bewußtseins für möglich hält. Aber gewisse Themen in dieser Predigt über die Notwendigkeit der getrennten Wirkungsbereiche tauchen später in der psychoanalytischen Theorie wieder auf, allerdings weniger dominierend und wesentlich flexibler. Der Schlüssel zu Freuds ablehnender Haltung Mill gegenüber ist seine Beobachtung, daß Mill die Notwendigkeit sowohl von sexueller Lust als auch von Geschlechtsdifferenzen übersieht. Freud geht zwar in seinem Brief an Martha nicht weiter auf die Bedeutung der Sexualität ein, es sei denn indirekt, wenn er Mills unmenschliche Prüderie kritisiert. Was ist, wenn die Lust das höchste Gut im Leben ist und die Menschen sich dementsprechend verhalten? Welche Konsequenzen hätte das für ihr Zusammenleben? Mill sei dieser Frage ausgewichen, wirft Freud ihm vor. Aber die Menschen sähen nun einmal den Unterschied zwischen den Geschlechtern als den elementarsten an, auch wenn dieser Unterschied (vom psychologischen Standpunkt aus) erst nach der Pubertät, die die Sexualität auf die beiden sozial akzeptablen Formen von Männlichkeit und Weiblichkeit einschränkt, Gültigkeit bekommt. Freuds Werk kennzeichnet die Spannung, daß sich hier die gängige Differenzierung zwischen einer männlichen und einer weiblichen Sexualität einerseits und die Realität der infantilen Sexualität nebst deren Folgen in den Neurosen und Perversionen der Erwachsenen andererseits gegenüberstehen. In seinem späteren Werk sollte er selbst seinen Glauben an einen grundlegenden Unterschied zwischen Männern und Frauen in Frage stellen, aber nur, um zu betonen, daß dieser Unterschied im normalen menschlichen Zusammenleben immer noch von grundlegender Bedeutung ist.

Am nächsten kam Freud der Millschen liberal-reformistischen Position, wenn es um die schädlichen Wirkungen der gültigen Sexualmoral auf das Sexualleben ging. In den heftigen Diskussionen seiner Zeit um die Reform des Scheidungsgesetzes, der Legalisierung der Homosexualität und des Schwangerschaftsabbruchs bezog Freud eine eindeutig liberale Position. Schon 1907 lud er Fritz Wittels in die Wiener

Psychoanalytische Vereinigung ein, weil er dessen Pamphlet für das Recht der Frauen auf Abtreibung sehr begrüßte.[126] Er konnte sich sogar in dieser seiner liberalsten Zeit -- wenn auch in herablassendem Ton – für eine Politik der (positiven) unterschiedlichen Behandlung einsetzen und für «das Weib, dem die Kultur die schwerere Last (besonders die der Fortpflanzung) auferlegt habe», einklagen, es müsse «milde und tolerant beurteilt werden in den Punkten, wo es gegen den Mann zurückgeblieben sei».[127] Allerdings gründete Freuds Liberalismus auf anderen Voraussetzungen als Mills Egalitarismus. Freud war zutiefst von der Unvereinbarkeit von Sexualität und Moralität, von Sexualität und Zivilisation überzeugt. Kein Gesetz konnte seiner Ansicht nach die Frustrationen des Sexuallebens beseitigen, da das Gesetz immer im Kampf mit seinem Feind, dem Bedürfnis nach sexueller Befriedigung, liegen würde. So attackierte Freud zwar die doppelte Moral, unter der Frauen viel mehr zu leiden hätten als Männer, aber gerade dadurch identifizierte er die Frau mit der (von ihm gutgeheißenen) Forderung nach sexueller Befriedigung – auch in seinem späteren Werk hielt er an dieser Identifizierung fest.

In seiner spekulativen Rekonstruktion der Menschheitsgeschichte in *Das Unbehagen in der Kultur* erläutert er, daß die Frauen «anfangs durch die Forderungen ihrer Liebe das Fundament der Kultur gelegt hatten», daß sie allerdings bald «in einen Gegensatz zur Kulturströmung» gerieten und einen «verzögernden und zurückhaltenden Einfluß» ausübten, indem sie die Interessen der Familie und des Sexuallebens vertraten, wohingegen die Kulturarbeit die Männer von der Familie entfernte und in die Öffentlichkeit zog.[128] In den verschiedenen, von Männern organisierten sozialen Gruppierungen sind libidinöse Beziehungen nicht vorgesehen: «In den großen, künstlichen Massen, Kirche und Heer, ist für das Weib als Sexualobjekt kein Platz. Die Liebesbeziehung zwischen Mann und Weib bleibt außerhalb dieser Organisationen.»[129] Diese um einen Führer organisierten Gruppen – von dem später das Bollwerk der höheren Zivilisation, das Über-Ich, abgeleitet wird – stehen und fallen mit der Fähigkeit zur Sublimierung, namentlich der Homosexualität: «Es gehört aber in den gleichen Zusammenhang, daß gerade manifest Homosexuelle und unter ihnen wieder solche, die der sinnlichen Betätigung widerstreben, sich durch besonders intensive Beteiligung an den allgemeinen, an den durch Sublimierung der Erotik hervorgegangenen Interessen der Menschheit auszeichnen.»[130]

Das erklärt etwas von Freuds ambivalenter Haltung gegenüber der

Frage, inwieweit das Privatleben Vorrang gegenüber den Forderungen der Zivilisation habe, die auch in seiner Kritik an Mill zutage getreten ist. Für ihn sind die zwei wichtigsten sozialen, miteinander in einem Spannungsverhältnis stehenden Institutionen erstens die um einen Führer gebildete Gruppe, die Männer um einen Mann vereint, also ein Männerbund, in dem die libidinösen Beziehungen zielgehemmt und entsexualisiert werden, und zweitens die Familie, die sich auf der Liebe des Mannes zur Frau aufbaut. Je mächtiger und komplexer die Gruppe wird, desto mehr «sieht sich die Frau durch die Ansprüche der Kultur in den Hintergrund gedrängt und tritt zu ihr in ein feindliches Verhältnis»[131]. Das sexuelle Leben der Familie und das öffentliche Leben der zivilisierten Gesellschaft sind also zwei verschiedene Sphären, und Frauen sind immer für das Sexuelle und die Familie zuständig; sie sind, wie er es 1908 formulierte, «die eigentlichen Trägerinnen der Sexualinteressen des Menschen»[132].

Mit seinem ausgeprägten Mißtrauen gegenüber der Religion und allen ihren Institutionen und den Faschismus und dessen sehr reale Massenbewegungen vor Augen, war Freud jedoch weit davon entfernt, diese asketischen Männergruppierungen innerhalb des öffentlichen Lebens in irgendeiner Weise gutzuheißen. Am Ende tendieren alle diese Gruppen dazu, auf ihr ursprüngliches Modell, die mörderische Bruderhorde, zurückzufallen, die jederzeit bereit ist, den Führer zu ermorden, um den sie sich eben noch bewundernd geschart hat. So scheint sich die andere große Institution unserer Zivilisation, die Familie, besser zur Verteidigung des Eros gegen Thanatos zu eignen.[133] In *Das Ich und das Es* wies Freud darauf hin, daß «das Über-Ich zu einer Art Sammelstätte der Todestriebe werden kann»[134]. Das schwächere Über-Ich der Frauen und ihre geringere Fähigkeit zur Sublimierung beruhen nicht so sehr auf ihrer Feindseligkeit gegenüber der Kultur als auf ihrer Treue zum Eros. Der pessimistische Kulturkritiker Freud brach hier also keine Lanze für die Härte des männlichen Über-Ichs. Sosehr er von der Überlegenheit der patriarchalischen Grundsätze, der Kraft des Geistes und der Gerechtigkeit ohne Ansehen der Person überzeugt war, so sehr plagte ihn der Zweifel, ob es nicht doch die Frauen waren, die auf Grund ihrer Erosbindung dem Druck der Zivilisation mehr entgegenzusetzen hatten.

Freud ging niemals so weit, Eros mit Weiblichkeit und Thanatos mit Männlichkeit gleichzusetzen. Eine derartige Dehnung seiner Kategorien hätte offenbart, wie brüchig sie waren. Selbst in seinen realistischeren Ausführungen über die Entwicklung von Jungen und Mäd-

Freud und die Weiblichkeit: Theoretische Untersuchungen

chen war ihm bewußt, wie unbefriedigend die Unterscheidung zwischen Männlichkeit und Weiblichkeit war, die in seinen späten Theorien über weibliche Sexualität doch eine so große Rolle spielte. Wie charakterisierte er dann die psychoanalytische Differenzierung zwischen männlich und weiblich? In seinem ganzen Werk reagierte er auf dieses Thema mit einem Doppelgestus: Zunächst pflegt er das Begriffspaar männlich-weiblich mit einem anderen Begriffspaar, nämlich aktiv-passiv, zu identifizieren. Danach warnt er genau vor diesem Tun: «Für sie [die Psychologie] verblaßt der geschlechtliche Gegensatz zu dem von Aktivität und Passivität, wobei wir allzu unbedenklich die Aktivität mit der Männlichkeit, die Passivität mit der Weiblichkeit zusammenfallen lassen, was sich in der Tierreihe keineswegs ausnahmslos bestätigt.»[135]

Freud kam über diese Unentschiedenheit nie hinweg. Sowenig ihn die Gleichung Männlichkeit–Weiblichkeit = Aktivität–Passivität befriedigte, sowenig fand er eine überzeugendere Gleichung, und so griff er immer wieder auf diese zurück, oft, indem er sie in Vorbehalte und Selbstkritik einkleidete. Bevor wir nun näher auf die Unterscheidung zwischen Männlichkeit und Weiblichkeit eingehen, wollen wir als Einleitung vorausschicken, daß Freud in seinen Erläuterungen über diesen Gegensatz nie die äußeren Genitalien, sondern immer nur die inneren – Spermien und Eizellen – als entscheidende biologische Kriterien heranzieht, Kriterien, die eigentlich nur dem Wissenschaftler als Beweis dienen können. Aber der Besitz des Penis beziehungsweise der Vagina käme hier als Unterscheidungsmerkmal auch nicht in Frage. Die Begründung liegt auf der Hand: «Einen Penis besitzen» ist exakt das Unterscheidungskriterium, dessen sich das Kind bei der phallischen Theorie bedient, und muß daher von der anderen, der nicht phantasierten Art der Unterscheidung, die Freud soviel Mühe bereitet, differenziert werden. Der Penis- beziehungsweise Vaginabesitz ist eher ein anatomisches als ein biologisches Kriterium, das von der Phantasie gefärbt wird und eingebildeten, ja hysterischen Vorstellungen des Körpers unterliegt. Der Gedanke von «dem anatomischen Geschlechterunterschied» und der berühmte Satz «Anatomie ist Schicksal», mit dem Freuds Theorie der kastrierten Frau gewöhnlich assoziiert wird, konnten für ihn unmöglich als *wissenschaftliche* Mittel der Unterscheidung zählen, eben weil diese die impulsiven Theorien des phallischen Knaben und seines Gegenstücks, des von Penisneid erfüllten Mädchens, waren.[136]

Zweifellos zieht Freud aus diesem Grund die «grammatikalischen» den «anatomischen» Definitionen von männlich und weiblich vor; das heißt, er zieht es vor, die aktiven Sexualziele «männlich» und die passiven «weiblich» zu nennen. Freuds grammatikalisches Verständnis der Passivität wird deutlicher, wenn wir sein Konzept mit dem Helene Deutschs vergleichen. Während für Deutsch Passivität nach innen gerichtete Aktivität und Aktivität die Wirksamkeit nach außen ist,[137] legt Freud den Schwerpunkt auf das Verb und nicht auf die Stellung des Subjekts: Für ihn heißt das Gegensatzpaar «handeln/behandelt werden» und nicht «nach innen/außen», was die *Richtung* des Handelns beträfe.

Daher beschäftigt sich Freud mit dem Masochisten, der sich, wie wir gesehen haben, in folgende charakteristisch weibliche Situationen versetzt, die alle grammatikalisch passive sind: «Kastriertwerden, Koitiertwerden oder Gebären».[138] Und im Anschluß an seine Gleichstellung von Aktivität und Männlichkeit versicherte er 1905, «die Sexualität der kleinen Mädchen habe durchaus männlichen Charakter»[139]. Er, der immer hervorgehoben hatte, daß die Sexualität der erwachsenen Frau passiver sei als die des Mannes, versuchte nun, die alte Gleichung auf das Begriffspaar Weiblichkeit und Männlichkeit anzuwenden. Daß Freud weiterhin Weiblichkeit mit Passivität gleichsetzte, hatte hauptsächlich mit dem Vaginaproblem zu tun.

Es ist fast undenkbar, daß Freud nicht die orthodoxen Ansichten der zeitgenössischen Anatomen und Physiologen kannte, die schon lang vor dem Beginn des neunzehnten Jahrhunderts die Klitoris zur wichtigsten erogenen Zone erklärt hatten, während sie der Vagina jede erotische Funktion absprachen.[140] Die medizinischen Lehrbücher des neunzehnten Jahrhunderts beendeten den Absatz über die Vagina mit dem kaltschnäuzigen medizinischen Hinweis, Operationen an der Vagina könnten ohne Narkose durchgeführt werden, eine Ansicht, die sich Mitte des zwanzigsten Jahrhunderts ähnlich bei Alfred Kinsey findet.[141] Freud dagegen beschäftigt die Vagina nur hinsichtlich ihrer Rolle im Sexualleben der Frau. Nur selten äußert er sich in diesem Zusammenhang explizit zu dem biologischen Endziel der Fortpflanzung. Es war jedoch notwendig, eine Theorie des Gebärens, des passiven Sexualverkehrs und ähnlicher Probleme zu entwickeln, und Freud, der damit seine Schwierigkeiten hatte, ermunterte zuweilen seine weniger von Skrupeln erfüllten Schüler und Anhänger wie Sándor Ferenczi und Helene Deutsch, sich damit zu beschäftigen. Dezidiert stellte Helene Deutsch daraufhin die Sexualität der Frau voll und ganz in den Dienst der Fortpflanzung und der Mutterschaft. Daß Freud die klitorale Sexualität nicht anerkennen wollte, hatte neben der biologischen Funktionalisierung der Vagina einen weiteren Grund: Er hätte sonst seine Geschichte von dem Entschluß des kleinen Mädchens, nicht länger ein kleiner Mann zu sein, umschreiben müssen.

Eine der paradigmatischsten Formen der Sexualität von erwachsenen Frauen muß zugunsten des Sexualverkehrs unterdrückt werden. Die zusätzliche erogene Zone, die das kleine Mädchen in der Pubertät erlangt, die «eigentlich weibliche Vagina»,[142] hat, wie es Freud schien, ein passives Sexualziel, egal wie aktiv die Frau dieses Ziel verfolgt. Aber die Vagina spielt im Unbewußten keine Rolle, daher müssen die tieferen Motive für das vagina-orientierte Sexualverhalten woanders herkommen: entweder wird es den passiven Sexualzielen der Analerotik gleichsam «abgemietet», wie Lou Andreas-Salomé es so treffend ausgedrückt hat,[143] oder es resultiert aus der Erinnerung an das rhythmische Saugen an der Brust, beziehungsweise der Ablöse der oralen von der genitalen Libido, was durch die Identifizierung mit dem Penis ergänzt wird, wie Helene Deutsch 1924, Ernest Jones 1927 und Melanie Klein 1928 betonen.[144] Die Vagina kann als Sexualorgan nur in der Einbildung funktionieren: «Der Wechsel von der Klitoris zur Vagina [...] ist hysterisch, eine Wiederbesetzung, die gegen die organischen Strukturen des Körpers arbeitet. Wie bei dem Phänomen des fehlenden Gliedes fühlt man etwas, das gar nicht da ist. Eine sexuell reife Frau werden heißt also ein Oxymoron leben, nämlich als eine lebenslange ‹normale Hysterische›».[145]

Es erheben sich hier zwei vollkommen verschiedene Fragen, die oft miteinander verwechselt worden sind. Freud mußte zu erklären versuchen, auf welche Weise die neue erogene Zone der Vagina ihren Anschluß an die infantilen sexuellen Betätigungen findet und damit für die erwachsene Frau sexuell interessant wird. Aber er hielt auch an der Ansicht fest, daß die klitorale Sexualität *verschwindet*; «mit der Wendung zur Weiblichkeit soll die Klitoris ihre Empfindlichkeit und damit ihre Bedeutung ganz oder teilweise an die Vagina abtreten»[146].

Freud hielt daran fest, in der Vagina ein bevorzugtes Organ im Sexualleben der Frau zu sehen, etwas, das mehr als nur ein biologisch nützliches Anhängsel an die Klitoris war. So als ob dieses Organ, das einzige nichtinfantile sexuelle Organ beider Geschlechter, der einzige und letzte Fixpunkt für die so schwer faßbare Weiblichkeit sei, die in Freuds monistischer, phallischer Theorie wieder und wieder auf den Penisneid und den Männlichkeitskomplex zurückgeführt wurde. In den zwanziger Jahren verband Freud die Abkehr von der Mutter, die so entscheidend für die Entwicklung des Mädchens war, mit der Aufgabe der klitoralen Sexualität. Das Aufgeben der Klitoris war für seine Theorie entscheidend, nicht die darauffolgende Übergabe ihrer Rechte an die Vagina. Freud benutzte niemals den Begriff «Vaginalorgasmus», sondern zog den weniger physiologischen Begriff «sexuelle Befriedigung» vor. Der Mythos vom vaginalen Orgasmus kann also nicht Freud zugeschrieben werden. Auch wenn er immer wieder darauf besteht, daß die weibliche Sexualität eine Bestimmung habe: die normale Weiblichkeit, mit der Vagina als leitender erogener Zone.

Wenn die Vagina ursprünglich keine erotische Funktion besitzt, dann muß diese Funktion erworben werden. Und diese neuerworbene Funktion steht im Zusammenhang mit einer allgemeinen Beziehung zum Objekt. Die passiven Ziele des vaginalen Geschlechtsverkehrs entsprechen Freud zufolge der passiven Beziehung zum Objekt, ja sind möglicherweise eine Folge dieser passiven Beziehung. Daher ist die Abkehr von der aktiven Beziehung zur Mutter zu einer passiven Vaterbeziehung doppelt bedeutsam. Nicht nur, daß das Mädchen sein Objekt von der Mutter auf den Vater verlagert und damit seinen Zugang zum Ödipuskomplex in seiner normalen Konstellation vorbereitet, die passive Beziehung zum Vater bereitet auch den Weg für die spätere passive Funktion der Vagina. Die Wendung zum Vater wird «vorwiegend mit Hilfe passiver Triebregungen vollzogen», ein «Entwicklungsschub, der die phallische Aktivität aus dem Weg räumt, der Weiblichkeit den Boden ebnet».[147]

Freud erkennt die Gefahren, die dem ungestörten Aufbau der «Weiblichkeit» drohen, und beschreibt drei verschiedene Wege, die das Mädchen einschlagen könnte, nachdem es seiner Kastration gewahr wurde. Erstens kann es sich durch den Einfluß des Penisneides ganz von der Sexualität und erst recht von seiner phallischen Mutter abwenden; die Passivität gewinnt in diesem Fall die Oberhand, durch eine Reihe von symbolischen Äquivalenzen verwandelt sich sein Wunsch nach einem Penis in einen Wunsch nach einer Babypuppe und schließlich in den Wunsch nach einem Baby: Daß der männliche Wunsch nach einem Penis der direkte Vorgänger des weiblichsten aller Wünsche ist, des Wunsches nach einem Kind, gehört sicherlich zu den erstaunlichsten Erkenntnissen Freuds. «[...] vielleicht sollten wir diesen Peniswunsch eher als einen exquisit weiblichen anerkennen.»[148] Die reine Männlichkeit wird, ihrer eigenen inneren Logik folgend, in reine Weiblichkeit umgesetzt.

Die zweite Möglichkeit ist die trotzige und eigensinnige Weigerung,

den Penismangel zu akzeptieren. Dieser «Männlichkeitskomplex» kann sich später zu einer aktiven homosexuellen Objektbeziehung entwickeln. Freuds Fallgeschichte einer weiblichen Homosexuellen gibt das klarste Beispiel für diese Haltung. Er beschreibt hier eine junge Frau, deren Mutter gerade zu dem Zeitpunkt ein Kind gebar, als das junge Mädchen selbst die sexuelle Reife erreichte. «Empört und verbittert wendete sie sich vom Vater, ja vom Manne überhaupt ab. Nach diesem ersten großen Mißerfolg verwarf sie ihre Weiblichkeit und strebte nach einer anderen Unterbringung ihrer Libido. [...] Sie wandelte sich zum Manne um und nahm die Mutter an Stelle des Vaters zum Liebesobjekt.»[149] Signifikanterweise war für Freud die interessanteste Determinante ihrer Homosexualität nicht das Objekt an sich, sondern die Beziehung, die sie zu ihm hatte:
«Bedeutsamer ist gewiß, daß sie in ihrem Verhalten zu ihrem Liebesobjekt durchaus den männlichen Typus angenommen hatte, also die Demut und großartige Sexualüberschätzung des liebenden Mannes zeigte, den Verzicht auf jede narzißtische Befriedigung, die Bevorzugung des Liebens vor dem Geliebtwerden. Sie hatte also nicht nur ein weibliches Objekt gewählt, sondern auch eine männliche Einstellung zu ihm gewonnen.»[150]

Und die dritte Möglichkeit, die «normale Weiblichkeit»? Dazu hatte Freud nichts zu sagen! Denn die normale Weiblichkeit wird eigentlich von der ersten Wahlmöglichkeit abgedeckt: Der männlichste aller Wünsche des kleinen Mädchens, der Wunsch nach einem Penis, damit es seiner phallischen Lust weiter nachgehen kann, ist zugleich der weiblichste aller seiner Wünsche, da er am Ende zum Kind, zur Mutterschaft führt. «[...] große Anteile des Komplexes werden normaler Weise umgewandelt, um zum Aufbau der Weiblichkeit beizutragen; aus dem ungestillten Wunsch nach dem Penis soll der Wunsch nach dem Kind und nach dem Manne werden, der den Penis trägt.»[151] Wie Sarah Kofman es ausdrückt: «Das besonders Weibliche an einer Frau ist eigentlich ihr männlicher Wunsch, einen Penis zu besitzen, ihr Penisneid also. Dieser Wunsch ist das Überbleibsel der ‹männlichen› Sexualität der Frau, die zugunsten der Weiblichkeit verschwinden *muß*, und auch das, was der Frau erlaubt, ihre Weiblichkeit am besten zu verwirklichen.»[152]

Argumentationen wie diese legen den Gedanken nahe, daß es in Freuds Werk keine Theorie der Weiblichkeit *an sich* gibt. Es gibt höchstens Erklärungen dafür, wie so ausgesprochen «weibliche» Wünsche wie der Wunsch nach einem Kind oder eine so ausgesprochen «weibliche» Haltung wie die passive Einstellung Männern, besonders dem Vater gegenüber, entstehen. Selbst diese Erklärungen sind stets von Vorbehalten begleitet. Seine letzte ausführliche Darstellung der weiblichen Bestimmung, «Die endliche und die unendliche Analyse», beschloß Freud mit folgenden Worten:

«Man hat oft den Eindruck, mit dem Peniswunsch und dem männlichen Protest sei man durch alle psychologische Schichtung hindurch zum ‹gewachsenen Fels› durchgedrungen und so am Ende seiner Tätigkeit. Das muß wohl so sein, denn für das Psychische spielt das Biologische wirklich die Rolle des unterliegenden gewachsenen Felsens. Die Ablehnung der Weiblichkeit kann ja nichts anderes sein als eine biologische Tatsache, ein Stück jenes großen Rätsels der Geschlechtlichkeit.»[153]

Wir müssen also die Ablehnung der Weiblichkeit sowohl bei Männern als auch bei Frauen als eine biologische Tatsache akzeptieren. Tatsächlich scheint die Ablehnung manchmal sogar das Wesen der Weiblichkeit auszumachen;[154] über mehr als dreißig Jahre hält Freud an der Überzeugung fest, daß es erstens in der Pubertät zu einer Welle der Unterdrückung kommt, die ihrerseits die Voraussetzung für den Durchbruch der Weiblichkeit schafft, und daß zweitens durch die Masturbation ein Kampf mit dem Ich ausgelöst wird, der bei Mädchen und Frauen größer ist als bei Jungen und Männern. Aber die Frage, was nun genau die abgelehnte Weiblichkeit ist, quälte Freud bis zu seinem Lebensende. Seinem Schwanengesang auf sein Lebenswerk fügte er eine Fußnote an:

«Man darf sich durch die Bezeichnung ‹männlicher Protest› nicht zur Annahme verleiten lassen, die Ablehnung des Mannes gelte der passiven Einstellung, dem sozusagen sozialen Aspekt der Feminität. [...] Der Mann wehrt sich nur gegen die Passivität im Verhältnis zum Mann, nicht gegen die Passivität überhaupt. Mit anderen Worten, der ‹männliche Protest› ist in der Tat nichts anderes als Kastrationsangst.»[155]

Ist mit jener Passivität, die die Gesellschaft von der konventionellen Frau erwartet, die Weiblichkeit erschöpfend charakterisiert? Nein, meint Freud, zur Weiblichkeit gehört mehr als nur das, was die Gesellschaft von der Frau fordert. In einem tieferen als dem sozialen Sinn beinhaltet der Begriff Weiblichkeit immer auch den Bezug zum Phallus. Doch was das für das eigentliche Wesen der Weiblichkeit heißt, für das Wesen dessen, was von jedem menschlichen Wesen abgelehnt wird, bleibt auch für ihn ungeklärt.

Freud und die Weiblichkeit: Theoretische Untersuchungen

Vielleicht dachte Freud später anders über seine Erbitterung, mit der er 1914 Adlers Theorie über den männlichen Protest abgelehnt hatte. Damals hatte er die Diskussion mit folgendem Argument beendet:
«Es ist unmöglich und durch die Beobachtung zurückzuweisen, daß das – männliche oder weibliche – Kind seinen Lebensplan auf eine ursprüngliche Geringschätzung des weiblichen Geschlechts begründen und sich zur Leitlinie den Wunsch machen könne: ich will ein rechter Mann werden. Das Kind ahnt die Bedeutung des Geschlechtsunterschiedes anfänglich nicht, geht vielmehr von der Voraussetzung aus, daß beiden Geschlechtern das nämliche (männliche) Genitale zukomme, beginnt seine Sexualforschung nicht mit dem Problem der Geschlechtsdifferenz und steht der sozialen Minderschätzung des Weibes völlig ferne. Es gibt Frauen, in deren Neurose der Wunsch, ein Mann zu sein, keine Rolle gespielt hat. Was vom männlichen Protest zu konstatieren ist, führt sich leicht auf die Störung des uranfänglichen Narzißmus durch die Kastrationsdrohung, respektive auf die ersten Behinderungen der Sexualbetätigung zurück.»[156]

Gegen Ende seines Lebens bekannte sich Freud jedoch sowohl weiter zu den Ansichten, mit denen er einst Adlers These kritisiert hatte, als auch zu der von ihm bekämpften These. Um es mit seinen Worten von 1914 zu sagen: Für beide Geschlechter stellt das Leben eine «Störung des uranfänglichen Narzißmus» dar. Knaben werden erst Männer und Mädchen erst Frauen, wenn sie der Kastrationskomplex aus dem uranfänglichen Narzißmus in die Männlichkeit und Weiblichkeit getrieben hat.

15. Die Kontroverse zum Thema Frau

Freud verstand es meisterhaft, psychoanalytische Debatten zu entfachen. Er ließ in seinen Werken imaginäre Widersacher auftreten, stellte provokante Fragen und polemisierte gegen abtrünnige Schüler. Dieser kampflustige und dialektische Zug ist auch in seinen Schriften zum Thema Weiblichkeit zu erkennen. Alfred Adler, einer der Abtrünnigen der ersten Generation, hatte ja mit seinem Konzept des männlichen Protests das Thema Verdrängung und Weiblichkeit aufgeworfen, zu dem Freud von 1911 bis 1937 immer wieder zurückkehrte. In seiner Erörterung der Beziehung zwischen Verdrängung, Weiblichkeit und Bisexualität erwähnte Freud den Namen Adler bei zwei Gelegenheiten zusammen mit Fließ, dessen Einfluß auf Freud sich schon früher bemerkbar gemacht hatte.

Die Anfechtung der Freudschen Theorien, auslösendes Moment der ersten psychoanalytischen Debatte über die Weiblichkeit, kam allerdings aus einem anderen Lager – von seiten der Abraham-Schülerinnen Karen Horney und Melanie Klein. In Ernest Jones fanden die beiden Psychoanalytikerinnen einen etwas unerwarteten, aber um so gewandteren Sprecher, der in seinen 1927, 1932 und 1935 publizierten Arbeiten über die weibliche Sexualität zu einer Meinung kam, die der von Freud vertretenen grundlegend widersprach. Freud wurde von seinen (mehr oder weniger) treuen Wiener Anhängerinnen Helene Deutsch, Jeanne Lampl de Groot und Ruth Mack Brunswick unterstützt, die später von Marie Bonaparte Schützenhilfe bekamen. Die Debatte wurde intensiv, aber keineswegs erbittert geführt,[1] ohne jedoch je zu einer endgültigen Entscheidung zu gelangen; alle Beteiligten gaben sich den Anschein, daß es ihnen um eine weitere Differenzierung der Freudschen Theorie der Sexualität ging. Und das war wohl auch der Fall. Allerdings diskutierte man über Fragen, die später in einigen der größeren Abspaltungsbewegungen (Kleinianer gegen Freudianer in London; Lacanianer gegen Bonapartisten in Paris) wiederauftauchen sollten. Und es stellte sich heraus, daß das Thema Weiblichkeit keineswegs auf die psychoanalytischen Fachzeitschriften beschränkt blieb. Die Hauptpunkte der Debatte waren zugleich auch die Angelpunkte der feministischen Kritik an der Psychoanalyse; und es ging um eine Abgrenzung der Psychoanalyse von einer allgemeinen

Sexualwissenschaft. Dieser Debatte mangelte es auch nicht an historischer Ironie und paradoxen Vorfällen. Wenn jemand enthusiastisch für die Bedeutung der Klitoris eintrat, so war dies ganz gewiß Freud. Dreißig Jahre später wurde er aber als wichtigster theoretischer Verfechter des «tyrannischen» Mythos des vaginalen Orgasmus betrachtet: Er geriet in den Ruf, die Vagina in den Mittelpunkt zu stellen, obwohl er ihre Bedeutung in der Kindheit wiederholt in Abrede gestellt hatte.

«Die letzte Frage ist also, ob man zur Frau geboren oder gemacht wird»,[2] erklärte Jones. Freud war nicht gewillt, eine angeborene Weiblichkeit oder Männlichkeit anzunehmen, obwohl er eine angeborene, praktisch inhaltlose Bisexualität postulierte. Bis der gegenteilige Nachweis erbracht wäre, wollte er bei seinen Forschungen weiterhin davon ausgehen, daß bis zur Vorherrschaft des Ödipuskomplexes kein grundlegender Geschlechtsunterschied besteht: Junge wie Mädchen konstituieren ihre erste Genitalorganisation um das phallische Organ – den Penis oder die Klitoris. Freud hatte gewichtige Gründe, weshalb er bestimmte Argumente und Beweise ignorierte; seine Anhänger aber griffen diese begierig auf und brachten ihn dadurch nicht selten in Schwierigkeiten. Seine Weigerung, gewisse offenkundige Wahrheiten zu akzeptieren, machte aus der Debatte eine Art Schattenspiel. Zum einen war Freud an einer Psychologie der Geschlechtsunterschiede nicht interessiert. Wenn er sich mit diesen Unterschieden auseinandersetzte, so nur, um sie als irrelevant für die Psychoanalyse zu verwerfen. Daß er die Aktivitäten kleiner Mädchen als durchaus jenen des männlichen Kindes entsprechend beschrieb, ohne irgendwelche Schlußfolgerungen für die Frage der Weiblichkeit zu ziehen, ist wohl hinlänglich bekannt.[3] Zum anderen scheute Freud auch vor einem Konzept zurück, das vor allem in *Das Ich und das Es* bereits zum Greifen nahe schien und spätere psychoanalytische Theorien der Geschlechterdifferenz prägte: die Identifizierung. Seiner Ansicht nach ist die primäre «Geschlechtsidentität» – ein in den siebziger Jahren geprägter Begriff – nicht Ergebnis der Identifizierung mit dem Elternteil desselben Geschlechts; wie so viele andere Theorien, die den Ursprung des Geschlechtsunterschiedes in intersubjektiven oder sozialen Beziehungen suchen, ist auch das Konzept der Identifizierung rückwärtsgerichtet; die Männlichkeit des Vaters steht ebenso zur Debatte wie die des Sohnes.

Am folgenschwersten für die Debatte der zwanziger und dreißiger Jahre war jedoch, daß Freud sich weigerte, biologische Dispositionen

Das Problem der Weiblichkeit

und Neigungen in Betracht zu ziehen. Ein Brief, auf dessen Bedeutung Juliet Mitchell hingewiesen hat, spiegelt Freuds Position deutlich wider.[4] 1935 schickte der Berliner Analytiker Carl Müller-Braunschweig einen Aufsatz an Freud mit der Bitte, ihm zu sagen, was er davon halte. Freud antwortete schroff und ungehalten:

«Gegen Sie alle (Horney, Jones, Rado usw.) muß ich mich insoweit verwahren, als Sie nicht klarer und reinlicher zwischen dem Seelischen und dem Biologischen unterscheiden, einen glatten Parallelismus zwischen beidem zu etablieren suchen und in dieser Absicht unbedacht psychische Tatsachen konstruieren, die unbeweisbar sind; so sind Sie im Zuge dieses Vorgehens genötigt, Dinge als reaktiv oder regressiv hinzustellen, die zweifellos primär sind. Natürlich müssen diese Vorwürfe unklar bleiben. Ergänzend möchte ich nur betonen, daß wir die Psychoanalyse von der Biologie ebenso getrennt halten sollten, wie wir sie von der Anatomie und Physiologie getrennt hielten.»[5]

Freud hielt eine Trennung von Psychoanalyse und Biologie für unumgänglich, obwohl er eingestand, daß die Fließsche Biologie für seine Arbeit durchaus etwas leisten konnte. Ausgehend vom Triebbegriff, fand Freud seine Meinung immer wieder bestätigt, denn «Trieb ist so einer der Begriffe der Abgrenzung des Seelischen vom Körperlichen»[6]. Er zog eine klare Trennlinie zwischen Psychoanalyse und Biologie und ging später sogar so weit zu behaupten, die Biologie könne beim Aufbau der Psychoanalyse völlig außer acht gelassen werden – eine Orientierung an der Biologie könne die psychoanalytische Theorie vielmehr in die Irre führen. War sein geistiger und kultureller Lamarckismus, dem er unvermindert anhing, als dieser bei den Biologen zunehmend unpopulär wurde, nicht Zeichen einer oberflächlichen Betrachtung der Biologie? In dem Brief an Müller-Braunschweig äußerte er sich eindeutig: «Die Sexualbiologie scheint zum gegenwärtigen Zeitpunkt zu zwei Substanzen hinzuführen, die einander anziehen. Es gibt nur eine Libido, und sie ist männlich.»[7] In anderen Worten, was immer die Biologie über die Biochemie der Sexualität aussagen mag, die Psychoanalyse bleibt bei ihrer Beschäftigung mit einer einzigen, der männlichen Libido. *Ergo* ist die Libido kein biologisches Konzept.

Damit war verbunden die spezifischere Frage nach der Bedeutung der traumatischen Faktoren («Umweltfaktoren») einerseits und der konstitutionellen und dispositionellen Faktoren («Erbfaktoren») andererseits. Freuds Kritiker hielten es für *biologisch* unwahrscheinlich, daß etwas so Wichtiges und Universelles wie die Weiblichkeit dem

Die Kontroverse zum Thema Frau

Einfluß eines äußeren Traumas, etwa durch die Wahrnehmung des anatomischen Geschlechtsunterschieds, unterliegen sollte. Wie Helene Deutsch erklärte, «schon a priori ist es unwahrscheinlich, dass ein Trauma äusseren und zufälligen Ursprungs eine grundlegende Rolle bei der Bildung der weiblichen Persönlichkeit spielen soll»[8]. Allein wegen ihres wissenschaftlichen Temperaments neigten Freuds Kritiker eher dazu, prädeterminierende biologische Dispositionen, also eine konstitutionelle Weiblichkeit, anzunehmen, und an die Psychoanalytiker stellten sie die Forderung, in der Analyse den Beweis zu erbringen, daß es sich dabei tatsächlich um die Grundelemente der Psyche handelte.

Freud war gegenteiliger Meinung. Für ihn war die Psychoanalyse auf den Bereich des Zufälligen, Traumatischen *beschränkt*. 1911 legte er seine Ansicht in seiner Antwort auf einen Brief der Philosophin Else Voigtländer dar:

«Sie meinen, daß ich die Bedeutung akzidenteller Einflüsse auf die Charakterbildung überschätze, und heben dagegen die Bedeutung des konstitutionellen Faktors hervor, der Anlage, welche sich die Erlebnisse auswählt und sie zur Geltung kommen läßt. [...]

Die Frage, was bedeutsamer ist: Konstitution oder Erleben, welches der beiden Momente den Charakter bestimmt, läßt sich, meine ich, nur dahin beantworten, daß δαίμων καὶ τύχη[9] und nicht eines oder das andere maßgebend sind. [...]

Wenn wir in unseren psychoanalytischen Arbeiten mehr von den akzidentellen Einflüssen als von den konstitutionellen Bedingungen handeln, so [...] weil wir von den ersteren auf Grund unserer Erfahrungen etwas zu sagen wissen, von den anderen aber noch so wenig wissen wie die – Nichtanalytiker. [...]

Wir sind auch der Meinung, daß wir mit der Würdigung der Schicksalsmomente den richtigen Weg zur Erkenntnis der Konstitution genommen haben. [...] Was nach Durchforschung der Akzidentien als unerklärlich erübrigt, das darf der Konstitution zugeschoben werden.»[10]

Das Arbeitsgebiet der Psychoanalyse ist somit nach Freud das Zufällige und Traumatische. Nicht nur Traumen aus der Erwachsenenzeit, wie in Charcots Sinn, sondern infantile Traumen wie der Ödipuskomplex und die diversen Fixierungspunkte (die Nachwirkungen des Traumas), die im Verlauf der Analyse aufgedeckt werden. Was übrigbleibt, was nach wie vor unerklärbar ist, was zunächst einmal der Konstitution zugeschrieben wird, ist nicht folgerichtig das Wichtigste

Das Problem der Weiblichkeit

und Grundlegendste, sondern vielmehr der Punkt, an dem alle Erklärungen scheitern und die Wissenschaft verstummt. Wollte man mit Hilfe der Biologie die notwendigerweise fragmentarischen Erklärungen der Psychoanalyse auffüllen – schließlich ist sie keine Religion, die automatisch perfekte Erklärungen für das Unbekannte liefert, und auch kein paranoides System, das für alles eine Erklärung fordert –, so käme dies einem mangelnden Vertrauen in die Arbeit des Analytikers gleich. In dieser Hinsicht ließen Freuds biologisch orientierte Anhänger ein Streben nach der letzten und vollständigen Erklärung erkennen, die ihnen durch die Postulierung einer grundlegenden biologischen Disposition, eines angeborenen «biologischen Prinzips der gegengeschlechtlichen Anziehung» etwa oder einer «wahren Weiblichkeit», gegeben schien.

Tatsächlich werden solche Erklärungen diesem Anspruch keineswegs gerecht, es sei denn, sie werden mit substantiellen biologischen Theorien (etwa der Biochemie der Hormone) unterlegt: Sie leisten nur eines, nämlich ein Problem beim Namen zu nennen. Niemand aus der psychoanalytischen Gemeinde, der Freuds Ansicht in Frage stellte, hatte etwas Derartiges anzubieten; die Verweise auf die Biologie waren also reine Lippenbekenntnisse aus Respekt vor der Autorität einer anderen Wissenschaft als der Psychoanalyse. Freuds Bescheid an Müller-Braunschweig stellte klar, daß er der Biologie keinerlei Relevanz für die Psychoanalyse zubilligte, gleichgültig, ob sie psychoanalytische Erkenntnisse bestätigte oder widerlegte (wie in dem von ihm angeführten Fall). Implizit hieß das aber auch, daß eine Hinzuziehung der Biologie eine gewisse Basis erfordere, da sonst allzu transparent würde, daß es sich um einen Kniefall vor der Autorität handelte. Und solche Respektbezeigungen versperren doch eher den Weg für Nachforschungen – zugunsten von konventionell akzeptablen Erklärungen –, als ihn zu öffnen. Freuds Anhänger ließen daher hypothetische biologische Konstrukte einfließen, wo sie Lücken in seinen Theorien wahrgenommen hatten. Während Freud die biologischen Theorien verwarf, weil er auf wissenschaftliche Unbeeinflußbarkeit bedacht war, bezichtigten ihn viele seiner Anhänger der Halsstarrigkeit und fast skandalösen Kurzsichtigkeit, weil er sich weigerte, die grundlegende Realität eines von Anfang an bestehenden Geschlechtsunterschieds zu akzeptieren.

Alle Beteiligten waren sich einig, daß der Kernpunkt der Debatte Freuds Interpretation der Weiblichkeit war, wie sie sich für ihn aus der Enttäuschung des kleinen Mädchens darüber, daß es keinen Penis besitzt, ergab; dieser Hinweis auf die frühere phallische Aktivität des kleinen Mädchens lieferte das Beweismaterial für den Supremat des Phallus in allen Phasen der frühkindlichen Entwicklung. Man würde meinen, daß bereits die Enttäuschung des Mädchens Anlaß zu Zweifeln geben mußte. Aber keineswegs – niemand stellte Freuds Darstellung in Frage, niemand erhob Einwände gegen die klinische Realität des Penisneids. 1926 stellte Karen Horney, die unverblümteste der Freud-Kritiker, dies mit allergrößtem Nachdruck klar:

«Jedes nicht eingeschüchterte Mädchen zeigt ihren Penisneid offen und unbefangen. Wir sehen, daß sein Vorkommen typisch ist, und verstehen gut, warum er das ist; verstehen, wie zu der narzißtischen Kränkung des scheinbar Wenigerhabens sich für das kleine Mädchen eine Reihe von Benachteiligungen aus den verschiedenen prägenitalen Besetzungen ergeben: die augenscheinliche Bevorzugung des Knaben hinsichtlich der Harnerotik, des Schautriebes, der Onanie.»[11]

Jones schloß sich Horneys Meinung an und erklärte, «daß keine Frau dem Frühstadium des Penisneids entgeht»[12]. Die Existenz und Allgemeingültigkeit des Penisneids stand also nie zur Debatte, es ging vielmehr um seine Interpretation. Horney äußerte sich sehr direkt zu dieser Frage. Freuds und Abrahams Theorie des Kastrationskomplexes lief auf die Behauptung hinaus, daß «die eine Hälfte des Menschengeschlechts unzufrieden sei mit ihrer Geschlechtsrolle und diese Unzufriedenheit nur unter günstigen Umständen überwinden könne». Dies sei, so gab sie zu, «nicht nur für den weiblichen Narzißmus, sondern auch für das biologische Denken recht unbefriedigend»[13]. Der Hinweis auf das «biologische Denken» sticht sofort ins Auge; sie interpretierte Freuds Konzeption des Kastrationskomplexes als eine Theorie über die grundlegend biologische Natur der Frauen: sie sind biologisch kastrierte Männer. In allen ihren Arbeiten über die Weiblichkeit wird ihr Beharren auf der biologischen Realität dieser Fragen sichtbar – ein Beharren, das Freud als vollkommen fehl am Platz in der Psychoanalyse betrachtete.

Karen Horney brachte ihre Kritik an Freud in einer Reihe von Aufsätzen zum Ausdruck, die sie zwischen 1922 (1924 veröffentlicht) und den frühen dreißiger Jahren, kurz vor ihrer Emigration in die Vereinigten Staaten, verfaßte. In ihrer ersten Arbeit legte sie die drei Gründe für die Allgemeingültigkeit des Penisneids bei kleinen Mädchen dar: das aus dem mangelnden Lustgewinn beim Urinieren erwachsende Benachteiligungsgefühl, eine Folge der narzißtischen Überbewertung der Exkretionsvorgänge bei Kindern;[14] die bessere Befriedigungsmöglichkeit für den Schautrieb beim Jungen, der dank seines sichtbaren Genitales visuellen Lustgewinn erfährt – was unmittelbar dazu führe, daß die Frau anstatt des sichtbaren Penis ihren ganzen Körper, zumindest aber das Dekolleté zur Schau stellt; und der Vorteil des Jungen beim Onanieren, den das Mädchen als eine den Männern zuerkannte Onanieerlaubnis auffaßt. Daraus zieht Karen Horney folgenden Schluß:

«[...] das kleine Mädchen ist – mit den Augen eines Kindes aus dieser Entwicklungsperiode gesehen – *tatsächlich* in gewissen Befriedigungsmöglichkeiten gegenüber dem Knaben benachteiligt. Denn nur wenn man sich die *Realität* dieser Benachteiligung wirklich klar macht, wird man begreifen, daß der Penisneid eine nahezu notwendige Erscheinung im Leben des weiblichen Kindes und damit eine notwendige Erschwerung des weiblichen Entwicklungsganges bildet.»[15]

Dennoch sieht Horney diesen realistischen Neid auf den Penis nicht als das Hauptproblem der Entwicklung des Mädchens. Er hat vielmehr langfristige Bedeutung, weil die eigentliche Weiblichkeit des Mädchens verletzt wird. Ihr tiefster weiblicher Wunsch ist es, vom Vater ein Kind zu bekommen. Die «weibliche Urphantasie» hat die Vergewaltigung durch den Vater zum Inhalt; der «Penisneid [geht] zurück auf einen Neid auf das Kind».[16] Die Phantasie kann nicht verwirklicht werden und weckt daher Enttäuschung und Schuldgefühle, die der Weiblichkeit eine erste Verletzung zufügen, und «die verletzte Weiblichkeit ist [es], die den Kastrationskomplex schafft»[17]. Horney postuliert eine «ganz weibliche Liebeseinstellung auf den Vater»[18], die enttäuscht aufgegeben wird; aus der Objektbeziehung zum Vater wird nun eine Identifizierung: das Mädchen identifiziert sich mit der männlichen Position und regrediert in den urethralen, skoptophilen und onanistischen Penisneid. Aber die viel tiefer liegende weibliche Phantasie, deren Verdrängung diese Ereigniskette auslöst, hat die einstige Vergewaltigung und damit Kastration durch den riesigen Penis des Vaters zum Inhalt.

Auf Grund der regressiven Identifizierung mit dem Vater mißt Horney dem Penisneid eine entscheidende Bedeutung für die Entwicklung der Frau bei. Sie ist also offenbar der Meinung, daß die normale Geschlechtsidentität durch eine natürliche Identifizierung mit dem Elternteil desselben Geschlechts zustande kommt. Dieser neue Ansatz zum Problem des Geschlechtsunterschiedes hatte später großen Einfluß auf die Entwicklung der Objektbeziehungstheorie.[19] Die Identifizierung mit dem Elternteil gleichen Geschlechts tritt nicht als Folge der

Katastrophe des Kastrationskomplexes ein, sondern geht ihr voraus, ist in gewisser Hinsicht (üblicherweise biologisch) festgelegt und zweifellos normativ in soziologischem Sinn. In ihrer 1924 veröffentlichten Arbeit widerspricht Karen Horney implizit Freuds Konzeption des Mädchens als kleinem Mann, indem sie auf eine bereits beim kleinen Mädchen vorhandene heterosexuelle Anziehung durch den Vater hinweist; bei normalen Frauen werde diese heterosexuelle Anziehung durch eine normative Identifizierung mit dem Elternteil gleichen Geschlechts ständig unterstützt und gewährleistet. In «Flucht aus der Weiblichkeit» (1926) legte sie ihre Vorbehalte klar und deutlich dar. Das «biologische Prinzip der gegengeschlechtlichen Anziehung»[20] löst beim Mädchen die Urphantasie von der Vergewaltigung durch den Vater aus; die männliche Phase, die das Mädchen durchläuft, ist eine Abwehr ihrer primären Angst vor der Vergewaltigung durch den Vater. Wenn in den Urphantasien aber der riesengroße väterliche Penis vorgestellt wird, läßt sich daraus ein instinktives Wissen um die Existenz der Vagina ableiten. Darauf baut Horney die Grundthese ihres Anfang der dreißiger Jahre verfaßten Aufsatzes «Die Verleugnung der Vagina» auf: dem «Unentdecktsein» der Vagina liege «eine Verleugnung der Vagina zugrunde»;[21] die (Freudsche) Feststellung, das Mädchen habe kein Wissen von ihrer Vagina – der Theoretiker wiederhole hier die heftige Abwehr kleiner Jungen und Mädchen –, basiere auf einer sekundären Verdrängung des ursprünglichen Wissens um ihre biologische Ausstattung und Bestimmung.

Karen Horney stellt fest, daß gerade die Universalität des von fast allen weiblichen Analysanden eingestandenen Wunsches, ein Mann zu sein, ihn als defensiv ausweist. Dieser Wunsch ist unveränderlich, das Mädchen hält daran fest, um ihre tiefer liegende Beziehung zum vergewaltigenden Vater, ihre tieferen «weiblichen Wünsche»[22] zu verschleiern. Ihre Abwehr löst ein Minderwertigkeitsgefühl aus, das jedoch leichter zu ertragen ist als das Schuldgefühl, dem sich das Mädchen sonst stellen müßte:

«Durch die Fiktion der Männlichkeit würde also die jetzt schuld- und angstbeladene weibliche Rolle vermieden. Zwar hat ein solches Ausweichen auf die männliche Linie notwendig Minderwertigkeitsgefühle im Gefolge, denn das Mädchen fängt jetzt an, sich an Ansprüchen und Werten zu messen, die ihrem eigenen biologischen Wesen fremd sind, und denen gegenüber sie sich also unzulänglich fühlen muß.»[23]

Da wir dieses «eigene biologische Wesen» als von vornherein vorhanden empfinden und erkennen, ist es ratsam, «der Verlockung

[zu] entsagen, die Äußerungen eines so elementaren Naturprinzips, wie es die gegengeschlechtliche Anziehung ist, von diesem Gesichtspunkt [des Penisneids] zu erfassen»[24]. Diese gegenseitige Anziehung der Geschlechter ist etwas so Grundlegendes, daß der Penisneid einer Neuinterpretation bedürfte, selbst wenn wir auf dieser Stufe darauf stießen. Horney ist allerdings immer noch daran gelegen, sich abzusichern. Was, wenn der Penisneid dennoch in dieser tiefen Schicht der weiblichen Urwünsche nach dem potenten Urvater entdeckt würde? Horney meint, in diesem Fall sollte man ihn als den Urwunsch der Frau nach dem anderen Geschlecht betrachten: Man müsse davon ausgehen, «daß es gerade die schon von früh an wirksame gegengeschlechtliche Anziehung ist, die das libidinöse Interesse des kleinen Mädchens auf den Penis hinzieht. [...] Wäre aber der Penisneid schon der erste Ausdruck jener rätselhaften Anziehung, so dürften wir uns auch von hier aus gesehen nicht wundern, ihn in Analysen in einer tieferen Schicht als den Kindwunsch und die zärtliche Vaterbindung anzutreffen»[25].

Somit hat Karen Horney in jedem Fall recht. Der Penisneid entstammt entweder den urethralen, skoptophilen oder onanistischen Triebregungen der infantilen Sexualität. Oder der Abwehr gegen die weibliche Urphantasie der Vergewaltigung durch den väterlichen Penis. Oder er ist selbst Ausdruck der Weiblichkeit des Mädchens, der zärtlichen Urliebe zum Vater. Eines ist der Penisneid aber sicher nicht: die letzte und deutlichste Äußerung der Männlichkeit des kleinen Mädchens, aus der sich ihre spätere Weiblichkeit entwickelt.

Man hat den Eindruck, daß Karen Horneys wichtige Rolle in der Debatte nicht in erster Linie auf diesen interessanten, aber keineswegs unanfechtbaren Argumenten beruht. Dies mag zum Teil von der erstaunlichen Tatsache herrühren, daß sie in manchen Punkten strenger an Freuds früheren Ansichten festhielt als Freud selbst. Die zentrale Urphantasie der frühen Weiblichkeit ist für Horney die Urphantasie der Vergewaltigung durch den Vater; die Abwehr dieser weiblichen Regungen führt zu einer neurotischen Identifizierung mit dem Vater. Wir kennen diese Urszene bereits aus den Anfängen der Psychoanalyse: die Vergewaltigungs-/Verführungsszene zwischen Vater und Tochter; der Urvater, der alle Frauen besitzt. 1925 begann sich Freud von dieser Urszene abzuwenden und widmete seine Aufmerksamkeit den undurchdringlicheren und älteren Beziehungen des kleinen Mädchens zur Mutter. Er schloß die Verführungstheorie mit der Bemerkung ab, daß die Mutter ihre Tochter bei der Reinigung zwangsläufig genital erregt und daher der Vater in späteren Phantasien als der sexuelle Verführer erscheint: «Mit der Abwendung von der Mutter ist auch die Einführung ins Geschlechtsleben auf den Vater überschrieben worden.»[26] Im Gegensatz zu Freud, der den Vater zunehmend als Deckfigur der Mutter darstellt, ist in Horneys Arbeiten aus den zwanziger Jahren kaum ein Hinweis auf die große Bedeutung der Mutterbeziehung zu finden. Für sie beweist sich die Unabhängigkeit der weiblichen Entwicklung durch die Urbeziehung zum Vater und die angeborene Weiblichkeit des Mädchens.

Noch etwas anderes läßt uns vermuten, daß die Bedeutung von Karen Horneys Diskussionsbeitrag nicht in ihren detaillierten Theorien bestand. Ausschlaggebend dafür war nicht so sehr ihre Erklärung, die Kastrationstheorie bedinge eine «biologische» Beeinträchtigung der Frau, die übrigens ihrem biologischen Denken völlig unwahrscheinlich erscheinen mußte – man hört sie förmlich die Frage stellen, welchen biologischen Wert denn eine solche Adaptation haben könne; auch nicht ihre Erklärung, der weibliche Narzißmus werde durch diese Theorie verletzt, ein an sich nicht sehr schlagkräftiges Argument, ungeachtet seines Wahrheitsgehalts; und nicht einmal ihre Feststellung, der Mann empfinde intensiven Neid auf die Fähigkeit der Frau zu Schwangerschaft, Gebären und Mutterschaft sowie auf die Brüste und das Stillen,[27] die erst von Erikson in seiner Uterusneidtheorie aufgegriffen wurde. Karen Horneys Bedeutung ergibt sich vielmehr aus der Tatsache, daß sie die spätere feministische Kritik an Freud vorwegnahm, indem sie erklärte, Freuds Theorie der Weiblichkeit «gleicht auf alle Fälle auf ein Haar den Vorstellungen, die sich der Knabe aus seiner typischen Situation heraus vom Mädchen macht»[28]. Sie regte an, Freuds Einsicht, daß «die Sexualtheorien des Kindes ein Spiegel seiner besonderen sexuellen Konstitution sind»,[29] solle endlich auch auf die Theorien der Analytiker über Männlichkeit und Weiblichkeit Anwendung finden: Freud und andere männliche Analytiker seien nicht in der Lage, die charakteristischen Eigenheiten der Entwicklung des Mädchens zu erkennen, da sie selbst in der phallischen Phase des kleinen Jungen «steckten» und von der Teilung der Welt in Wesen mit Penis und kastrierte Wesen besessen seien. An genau diesen Punkt knüpfte eine Generation von Feministinnen und Feministen an, die das Persönliche dem Politischen gleichsetzte und glaubte, das Material für die besten und schlagkräftigsten politischen Argumente verberge sich immer im persönlichen Kern einer politischen Einstellung oder im politischen Kern von persönlichen Wünschen und Vorurteilen. Eine

Das Problem der Weiblichkeit

Frage der Berechenbarkeit, ganz im Sinne von Mandy Rice-Davies' berühmtem Prinzip «Well he would, wouldn't he?». Karen Horney meinte, die Verwandtschaft zwischen dem von Entsetzen geprägten Mädchenbild des Jungen und der Weiblichkeitstheorie des Analytikers sollte uns zumindest zu denken geben.[30]

1931 reagierte Freud auf diese Erklärung und die von Horney 1926 aufgestellte Liste auffallender Übereinstimmungen zwischen den Vorstellungen, die sich der Junge vom Mädchen macht, und denen der Psychoanalyse von der weiblichen Entwicklung:

«Man kann vorhersehen, daß die Feministen unter den Männern, aber auch unsere weiblichen Analytiker mit diesen Ausführungen nicht einverstanden sein werden. Sie dürften kaum die Einwendung zurückhalten, solche Lehren stammen aus dem ‹Männlichkeitskomplex› des Mannes und sollen dazu dienen, seiner angeborenen Neigung zur Herabsetzung und Unterdrückung des Weibes eine theoretische Rechtfertigung zu schaffen. Allein eine solche psychoanalytische Argumentation mahnt in diesem Falle, wie so häufig, an den berühmten ‹Stock mit zwei Enden› *Dostojewskis*. Die Gegner werden es ihrerseits begreiflich finden, daß das Geschlecht der Frauen nicht annehmen will, was der heiß begehrten Gleichstellung mit dem Manne zu widersprechen scheint. Die agonale Verwendung der Analyse führt offenbar nicht zur Entscheidung.»[31]

Freud versuchte Karen Horneys neues Manöver abzufangen, ehe es zu einer sexualpolitischen Polarisierung der Meinungen kam. Was ihm zweifellos nicht gelang.

Horney hatte bereits einen Namen in der Psychoanalyse, als sie die Debatte über die Weiblichkeit mit ihrer offenen Anfechtung der Freud-Abrahamschen Position eröffnete. Sie war bei Abraham in Analyse gewesen und arbeitete in Berlin als Psychoanalytikerin; nach dem Krieg war sie eine wichtige Stütze der Berliner Vereinigung, ganz wie Helene Deutsch in Wien.[32] Unter Abrahams Einfluß griff auch Helene Deutsch das Thema der weiblichen Sexualität auf. Abrahams 1920 gehaltenes Referat über den Kastrationskomplex bei Frauen – auf das Karen Horney 1922 mit einer eigenen Arbeit antwortete – war für Helene Deutsch der Anlaß gewesen, bei ihm eine zweite Analyse zu machen. Obwohl die beiden Frauen die Bedeutung des Penisneids und des Kastrationskomplexes völlig unterschiedlich einschätzen, stimmen sie doch in einem Punkt überein, der den Ansichten Freuds und Abrahams vollkommen widerspricht:

«Zunächst fällt auf, daß immer nur oder doch vorwiegend der

Die Kontroverse zum Thema Frau

genitale Unterschied zwischen den Geschlechtern zum Angelpunkt der Betrachtungen gemacht wird und nicht auch der andere große biologische Unterschied, der in dem verschiedenen Anteil an der Fortpflanzung liegt.»[33]

Während Karen Horney sich unmittelbar nach dieser konzeptuellen Absichtserklärung einer anderen Frage zuwendete, setzte sich Helene Deutsch in ihrer ersten Arbeit mit genau dieser Problematik sehr ausführlich auseinander und widmete ihr auch in ihrer zwanzig Jahre später veröffentlichten Darstellung der weiblichen Psychologie breiten Raum. In ihrem nach der Analyse bei Abraham 1924 verfaßten Aufsatz «Psychologie des Weibes in den Funktionen der Fortpflanzung» beschreibt sie zunächst die Entdeckung der Vagina, die den Eintritt der Frau in das wahre Frausein und den Eintritt des Jungen in das Mannsein kennzeichnet:

«Der Mann erreicht die endgültige Stufe, indem er die Vagina in der Außenwelt entdeckt und sadistisch erobert. [...] Das weibliche Individuum muß dieses neue Sexualorgan am *eigenen* Körper entdecken, und zwar vollzieht sich diese Entdeckung im Akte des masochistischen Bewältigtseins durch den Penis, der zum Wegweiser zu dieser neuen Lustquelle wird.»[34]

Der Hinweis auf eine notwendige und normative Symmetrie zwischen den Geschlechtern – der sadistische Mann triumphiert, die masochistische Frau unterwirft sich – ist typisch für den in Helene Deutschs Werken allgegenwärtigen teleologischen Druck auf die Frau. In anderen Punkten orientiert sie sich jedoch viel mehr an Freud: wenn sie die tieferliegenden Wurzeln dieser endgültigen Libidopositionen ausgräbt, die oralen Vorläufer freilegt, die Gleichung von Brust und Penis, die Urphantasie der Fellatio und Befruchtung durch den Mund, und wenn sie den Anus als den natürlichen Vorläufer der Vagina aufgrund ihrer Passivität und ihrer räumlichen Nähe darstellt. Da sie an Freud festhält, ist sie gezwungen, auf die Beharrlichkeit der klitoralen Sexualität hinzuweisen, und stellt fast mit Bedauern fest: «Es müßte für die weitere Entwicklung der weiblichen Libido eine leichte Aufgabe sein, sich nun der dritten Öffnung des weiblichen Körpers – der Vagina – zu bemächtigen»,[35] wenn die Klitoris in dieser Entwicklungsphase nicht so präsent wäre.[36] Aber erst wenn der Penis durch seine Aktivität die Vagina dazu stimuliert, die passive Rolle des saugenden Mundes zu übernehmen,[37] und die Vagina mit dem eindringenden Penis identifiziert wird, gelangt sie zur vollen Entfaltung. Was nun folgt, ist wieder typisch für Helene Deutsch und verhängnisvoll

Das Problem der Weiblichkeit

für die Zukunft: «Ein Teil der orgastischen Tätigkeit der Vagina steht in voller Analogie zur Tätigkeit des Penis, u. zw. die sekretorische und die kontraktorische.»[38] Sie führt Freuds Anmerkungen über den Wechsel der Leitzone in der Pubertät weiter aus und sieht die Klitoris und Vagina in einem dramatischen Kampf um die Vorherrschaft: Welches Organ ist als rechtmäßiger Nachfolger des Phallus zu betrachten? Dieser Kampf sei ein biologisch vorherbestimmter, den die Klitoris verlieren müsse, da sie eine unzulängliche Version des Penis sei. Implizit heißt das, der Phallus sei das geeignete Lustorgan für beide Geschlechter, auch nach dem Abschluß der phallischen Phase und ungeachtet dessen, ob die Klitoris oder die Vagina die phallische Funktion beim Mädchen übernimmt.[39]

Helene Deutsch begnügt sich nicht damit, den Weg der Vagina zum Äquivalent des Phallus darzustellen; sie ist bestrebt zu zeigen, daß die Vagina letztlich den Schritt zur wahrhaft mütterlichen Herberge des früheren phallischen Narzißmus meistert:

«In ihrer Rolle als Saug- und Einverleibungsorgan wird die Vagina nicht zum Behälter des Penis, sondern zum Behälter des Kindes. [...] Sie wird selbst zum Kinde und wird dadurch mit jenem Betrag narzißtischer Libido besetzt, der in der Fortsetzung des Aktes dem Kinde gilt. Sie wird zum ‹zweiten Ich›, zur Miniatur des Ichs, wie der Penis für den Mann. Gelingt es dem Weibe, diese mütterliche Funktion der Vagina herzustellen, indem sie auf den Penis-Anspruch der Klitoris verzichtet, dann hat sich die Entwicklung zum *Weibsein* vollzogen.»[40]

Sobald die Vagina aber ihr weibliches Supremat erlangt hat, zeigt sich eine neue, später mit dem Masochismus in Verbindung gebrachte Funktion, die die Frau noch enger an ihre Fortpflanzungsfunktion bindet:

«Der Orgasmus der Frau scheint neben der Identifizierung mit dem Manne noch ein anderes Motiv zu enthalten: er ist der Ausdruck des Versuches, den Koitus bereits zum Gebärakte zu gestalten – eine, sagen wir, ‹missed labour› (verlorene Mühe) – im Interesse der Art. [...] Der Geburtsakt [enthält] die Akme (den Gipfelpunkt) der sexuellen Lust. [...] Der Koitus erwirbt den Charakter eines lustvollen Aktes hauptsächlich durch die Tatsache, daß er den Versuch und den Beginn des Gebäraktes darstellt.»[41]

Der Geburtsvorgang sei, so Helene Deutsch weiter, eine «Orgie der masochistischen Lust». Diese Behauptung zielt aber weniger auf die Vergleichbarkeit der Empfindungen beim Gebären und beim Orgasmus ab, wie sie Masters und Johnson später postulierten, sondern darauf, die Rolle von Mann und Frau bei der Fortpflanzung auf eine Ebene zu stellen. Der Mann ejakuliert beim Orgasmus Samen, und die Frau ein Kind:

«In diesen Tatsachen finde ich eine Bestätigung meiner Annahme, daß der Gebärakt für das Weib die Beendigung des im Koitus erst inaugurierten Sexualaktes darstellt und daß die endgültige Befriedigung des Eros analog wie beim Manne, mit der gleichzeitigen Trennung von Soma und Keimplasma einhergeht.»[42]

Freud hatte behauptet, daß kleine Jungen und Mädchen ähnliche Lustgefühle empfinden, die um das aktive phallische Organ Penis-Klitoris zentriert sind; Helene Deutsch versuchte nun nachzuweisen, daß die Sexualität von Männern und Frauen von ein und demselben sexuellen Rhythmus bestimmt wird. Während Freud seine Argumentation aber auf das Lustprinzip gestützt hatte, das die phallischen Aktivitäten und ihr Erlöschen bestimmt, erklärte Deutsch die Trennung von alter und neuer Generation in der Fortpflanzung für teleologisch bestimmt.

Sie postulierte weitreichende Analogien zwischen Mutter und Kind, Analogien, die in der Wiederholung der oralen Einverleibung im Saugakt ihren Höhepunkt erreichen: Der Uterus krampft sich zusammen, wenn das Kind an die Brust gelegt wird, und überläßt dem Penis wieder seine dominierende Sexualorganisation. «Die in der kindlichen Phantasie hergestellte Identifizierung zwischen der mütterlichen Brust und dem väterlichen Penis findet zum zweitenmal ihre Realisierung: im Koitus, in dem der Penis die Rolle der Mamma übernimmt – im Laktationsakt, in dem die Mamma zum Penis wird.»[43]

«So schließt sich der in der oralen Einverleibung begonnene Fortpflanzungsakt im Kreise ab, indem er am Ende dieselbe Situation darstellt wie zu Beginn.»[44] Der Kreis wird jedoch durch zwei Faktoren unterbrochen, und allein die Tatsache, daß Helene Deutsch sie zur Sprache bringt, zeigt, wie weit sie sich von Freuds Konzeption der ursprünglichen Bisexualität des Menschen entfernt hat, die nur sehr schwer in die gesellschaftlich akzeptablen Formen von Männlichkeit und Weiblichkeit gezwängt werden kann. Die Faktoren, von denen sie spricht, sind die inhärente Bisexualität der Frau und die männlichen Tendenzen der Klitoris, in denen diese Bisexualität vor allem zum Ausdruck kommt.

Mit diesem geschlossenen Kreislauf, dieser perfekten Wiederholung und Vollendung, die die Mutter-Kind-Beziehung – eigentlich die Mutter-Tochter-Beziehung – verkörpert, hat Helene Deutsch einen völlig neuen Aspekt in die Freudsche Theorie eingebracht, was Karen Horney selbst mit ihrer Vision der Urvergewaltigung als zentralem Faktor der Weiblichkeit nie gelungen ist. In Helene Deutschs Theorie kommt der Vater überhaupt nicht vor, es sei denn in der Repräsentation durch die Klitoris, dieses Hindernis auf dem Weg zur wahren Weiblichkeit. Bei genauerem Hinsehen entpuppt sich die Mutter in diesem Kreis aber als phallische Mutter – die Gleichung von Brust und Penis beweist es.[45] Diese Zuschreibung taucht auch in ihren späteren Arbeiten immer wieder auf, in denen sie die weibliche Homosexualität als – durch den Penisneid, die Angst vor den mit der masochistischen Weiblichkeit verbundenen Schmerzen und die Enttäuschung, kein Kind vom Vater zu bekommen, verursachte – regressive Wendung zu einer intensiven Mutter-Tochter-Beziehung bezeichnete.[46] Der zweite Band der *Psychologie der Frau* ist ein einziger langer Lobgesang auf die Mutter als privilegiertes erstes Objekt und als Erfüllung des weiblichen Schicksals. In dieser Hinsicht stimmen Melanie Klein und Helene Deutsch überein, jedoch sind Klein und Jones darauf bedacht, in ihre Konzeption der phallischen Mutter den Vater einzubinden.

In ihrem Aufsatz «Der feminine Masochismus und seine Beziehung zur Frigidität» (1930) führte Helene Deutsch einen entscheidenden neuen Aspekt in die Diskussion ein: die essentiell weiblichen Eigenschaften Passivität und Masochismus. Sie stellt die Frage, was aus den aktiven klitoralen Zielen wird, wenn sich das Mädchen enttäuscht davon abwendet, und erklärt, sie würden nach innen gewendet und zu passiven Zielen verwandelt, die der dem Mädchen vom Schicksal vorherbestimmten weiblichen Passivität dienlich sind. Das Aufbegehren gegen die Kastration, Ausdruck des männlich-narzißtischen Wunsches nach einem Penis und verbunden mit den aktiven libidinösen Neigungen, wird nun in den Wunsch verwandelt, vom Vater kastriert zu werden (ein Echo auf die Urvergewaltigungsszene von Karen Horney). Das sind die Schlüsselelemente der Neuinterpretation Freuds durch Helene Deutsch, die nach dem Zweiten Weltkrieg weithin als streng freudianisch galten: Weiblichkeit ist nun ein Synonym für Passivität und Masochismus. Das Sexualleben der Frau wird von der masochistischen Triade Kastration, Vergewaltigung (Koitus) und Gebären bestimmt, miteinander verbunden in dem Mutter-Tochter-Kreislauf, auf den Helene Deutsch bereits in ihrer Arbeit über Weiblichkeit und Fortpflanzung hingewiesen hatte. Diese Betonung der Unterordnung der Weiblichkeit unter die Unbilden der Fortpflanzung – untrennbar verknüpft mit der essentiell weiblichen Passivität und dem essentiell weiblichen Masochismus – ist das eigentliche Charakteristikum von Helene Deutschs Schriften.[47]

In ihren späteren Arbeiten geht sie zwar von ihrer, wie sie meinte, hartnäckigen Verteidigung und Weiterentwicklung der Freudschen Theorien ab; dennoch machte ihre orthodoxe Interpretation Freuds Schule: ihre biologistische Deutung des Penisneids als Ausdruck eines körperlichen Mangels, der einer Ausprägung oder Entwicklung echter Weiblichkeit mit ihren «drei wesentlichen Zügen» Narzißmus, Passivität und Masochismus[48] im Wege steht. Obwohl Marie Bonaparte die Bedeutung des Masochismus für die Orgasmusfähigkeit der Frau anders einschätzte als Helene Deutsch, folgte sie in allen ihren Aufsätzen von den zwanziger Jahren an bis zu ihrer 1949 veröffentlichten Arbeit «De la sexualité de la femme» der von Helene Deutsch eingeleiteten biologistischen Lesart Freuds. Da die Frau ihr Leben mit einem biologisch unzulänglichen Organ beginnt, der Klitoris, die ihre Funktion einbüßt, wird sie immer Schwierigkeiten haben, sich an die Passivität anzupassen, die ihr die Vagina auferlegt. Angesichts dieser biologischen Tatsachen sollte sie sich besser in ihre Sexualität ergeben.

Die Antwort auf Freud konnte natürlich auch anders ausfallen. Während Helene Deutsch und Marie Bonaparte sich in der Debatte hinter Freud stellten, obwohl sie bei der Interpretation von Freuds Schriften durchaus nicht jene von ihm selbst angestrebte skeptische Distanz zur Biologie wahrten, versuchte Ernest Jones, der mit seiner Kritik an Freud am wenigsten hinter dem Berg hielt, Freuds Theorie der Weiblichkeit von einer völlig anderen, weit mehr biologisch orientierten Seite her zu widerlegen.

Jones' Doktrin vom unbewußten kindlichen Wissen über den Geschlechtsverkehr war eine von mehreren, die er Freuds Theorie der Weiblichkeit entgegenhielt. Von 1925 an stand nicht nur der bis dahin vollkommen orthodoxe Freudianer Jones, sondern ein Großteil der englischen Analytiker deutlich unter dem Einfluß von Melanie Klein, die sich 1926 in England niederließ. 1927 brach zwischen Anna Freud und Melanie Klein und deren begeisterten Anhängern ein heftiger Streit über die Theorie und Praxis der Kinderanalyse aus. Nicht zum erstenmal wurde Freuds Beziehung zu Jones durch politische, berufliche und persönliche Spannungen belastet; und nicht zum letztenmal blieb sie dennoch intakt. Jones erwies sich letzten Endes doch immer wieder als unermüdlicher Organisator, der zum Beispiel 1938 eilends nach Wien flog, um Freud und seine Familie vor den Nazis zu retten, und der nach Freuds Tod sein Lebenswerk mit einer maßgebenden Biographie seines Lehrmeisters vollendete. 1926, als sich Melanie Kleins Einfluß bemerkbar machte, war er allerdings auch der einzige von Freuds ersten Schülern, der nicht bereits eine öffentliche Auseinandersetzung mit dem Meister hinter sich hatte.

1927 waren Jones und Freud in drei wichtigen Punkten unterschiedlicher Meinung, die vor allem institutionell von Belang waren: in der Frage der Laienanalyse, in der Kinderanalyse-Debatte zwischen Melanie Klein und Anna Freud und in der Frage der weiblichen Sexualität. Jones wirkt fast wie ein militärischer Stratege, wenn er in der Diskussion über Laienanalyse Plan A gegen Plan B in die Schlacht wirft,[49] eine drastische Beschreibung der beiden entgegengesetzten Über-Ich-Konzepte in der Kinderanalyse-Debatte gibt[50] und zum Vorteil von Strategie B die Ansichten A und B zur weiblichen Sexualität einander gegenüberstellt (das heißt die Freudsche Ansicht, die weibliche Sexualität sei ihrem Wesen nach männlich, versus die Ansicht von Jones, Horney und Klein, wonach sie von allem Anfang an weiblich sei).[51] Als Folge dieser Auffassungsunterschiede und vor allem der divergierenden Beurteilung von Kleins Theorie und der damit verbundenen Frage der weiblichen Sexualität geriet der theoretische Diskurs zwischen Freud und Jones langsam ins Stocken. Und erstaunlicherweise versiegte auch Jones' bis dahin unerschöpflich scheinender Schreibfluß; seine letzte große psychoanalytische Publikation war sein Referat «Über die Frühstadien der weiblichen Sexualentwicklung», das er 1935 im Rahmen der zur Annäherung der Positionen zwischen Wien und London initiierten Austauschvorträge vor der Wiener Psychoanalytischen Vereinigung hielt.

Freud ließ sich in seinen Äußerungen von den Grundpfeilern seiner Theorie leiten: von der Tatsache, daß die Erwachsenensexualität ein zerbrechliches Gefüge ist, dessen Bestandteile nicht von vornherein gut aufeinander eingespielt sind, und daß ihre betont zweigeschlechtliche Ausrichtung – die Annahme von höchstens zwei und keineswegs nur einem Geschlecht – weder der einzige noch der «natürliche» Ausgangspunkt zur Betrachtung der menschlichen Sexualität ist. Der Mensch hätte sich, so gibt uns Freud in den *Drei Abhandlungen zur Sexualtheorie* zu verstehen, ebensogut in orale, anale, urethrale und voyeuristische Typen anstatt «nur» in Mann und Frau teilen können: «Es scheint nun nicht, daß auch die Kinder diese Grundtatsache [die Existenz zweier Geschlechter] zum Ausgange ihrer Forschungen über sexuelle Probleme wählen.»[52] Dieser Freudschen Prämisse wollte Ernest Jones mit allen Mitteln die Grundlage entziehen. Er sieht die

Existenz der beiden Geschlechter und ihr Wissen um ihre Genital- und Fortpflanzungsorgane als unleugbare Tatsache, die man akzeptieren müsse, wenn man die phallische Phase diskutieren wolle: «Auf der anderen Seite kann man annehmen, der Knabe habe aus sehr frühen Zeiten eine unbewußte Kenntnis davon, daß die Mutter noch außer dem Mund und dem Anus eine Öffnung habe, in die er eindringen könnte.»[53]

Die Beschreibung des frühinfantilen unbewußten Wissens des Jungen ist Melanie Klein zu verdanken. Jones stützte sich bei seiner Widerlegung von Freuds Modell der «ihrem Wesen nach männlichen» Sexualität des kleinen Mädchens auf ihre Theorien, wußte sie jedoch geschickter gegen Freud zu verwenden. Er greift einen Schwachpunkt heraus, der bereits in Freuds komplizierter und zwiespältiger Widerlegung von Otto Ranks Theorie des Geburtstraumas 1926 zu erkennen war. «Wenn das Mädchen bereits die Kastration erlitten zu haben glaubt, welches vorgestellte künftige Ereignis vermag dann bei ihm eine Angst zu erzeugen, die an Intensität der Kastrationsangst gleichkommt?»[54] Freud hatte eine Verlegenheitslösung angeboten: den «Liebesverlust von seiten des Objektes»[55]. Jones schlug eine radikalere Antwort vor, eine, die für beide Geschlechter gilt: Die Kastration bedeute «bei beiden Geschlechtern nur eine – wenn auch noch so wichtige – partielle Bedrohung der sexuellen Potenz und der sexuellen Freuden im ganzen». Für die «völlige Vernichtung der Sexualität» sollte deshalb ein anderer Terminus eingeführt werden, «Aphanisis»; «beide Geschlechter [fürchten] letzten Endes das gleiche, nämlich die Aphanisis».[56] Was Freud als phallische Phase beim Mädchen bezeichnet hatte, sei keine normale Entwicklungsstufe, sondern eine Regression in die Neurose aus Angst vor der Aphanisis. Durch diese Verteidigungsidentifizierung mit dem Vater schützt das Mädchen ihre Weiblichkeit. Während Freud ein (phallisches) Urgeschlecht postuliert hatte, das sich durch die unterschiedliche Reaktion auf den Kastrationskomplex in ein männliches und ein weibliches aufspaltet, spricht Jones von zwei ursprünglichen Geschlechtern – sein Aufsatz über die phallische Phase schließt mit den Worten: «Im Anfang [...] männlich und weiblich schuf er sie»[57] –, die auf ihre unterschiedliche Vorstellung der Aphanisis in jeweils spezifischer Weise reagieren. Um ihre Weiblichkeit zu schützen, maskiert sich das Mädchen als Junge.

Was meint Jones mit dieser Urweiblichkeit, die jedes weibliche Wesen von Geburt an besitzt? Er stellt die Bedeutung der von Freud postulierten Schwierigkeiten der weiblichen Entwicklung in Abrede:

den späten, aber um so entscheidenderen Wechsel von der Klitoris zur bis dahin unentdeckten Vagina und den Objektwechsel von der Mutter zum Vater. Jones selbst weist darauf hin, daß seine Argumentationsstruktur der Karen Horneys ähnelt, in den Einzelheiten aber schöpft er aus Melanie Kleins Arbeit, der er auch die Durchschlagskraft seiner Argumente verdankt. Wenden wir uns zunächst der Vagina zu. Jones untersucht die frühkindlichen Partialobjekte des Mädchens und beschreibt die komplizierten Verbindungen zwischen oralen, analen und vaginalen Neigungen; durch das späte Einsetzen der sadistischen Phase werde die Vagina zu einem passiven, rezeptiven Organ. «Die beiden Ernährungsöffnungen bilden auf diese Weise das rezeptive weibliche Organ.»[58] Der «normale» Penisneid entsprang, wie Karen Horney dargelegt hatte, autoerotischen – urethralen und exhibitionistischen – Quellen; die zweite Form des Penisneids ist eine erotische, ödipale, und Jones zieht es vor, hier von einem Peniswunsch zu sprechen. Dieser resultiert aus der enttäuschenden Beziehung zum Vater: «Die Entbehrung, die dem Mädchen aus der fortgesetzten Enttäuschung erwächst, daß ihr nie erlaubt wird, an dem Penis ihres Vaters durch einen Koitus teilzuhaben oder von ihm ein Kind zu bekommen, reaktiviert ihre früheren Wünsche nach dem Besitz eines eigenen Penis.»[59] Die Grundmotivation dieser Abwehr ist jedoch in einem autonomen Angriff des Über-Ichs, seinerseits aus der unerträglichen Enttäuschung der ödipalen Wünsche entstanden, auf die sexuellen Wünsche des Mädchens zu suchen.

Hier zeigt sich die Bedeutung von Melanie Kleins Behauptung, die ödipale Krise werde äußerst früh überwunden. Während Freud die Anhänglichkeit an die Mutter als präödipal bezeichnet, sind die Kleinianer, skeptisch ob einer solchen Abweichung von seinen eigenen Lehren, «*plus royaliste que le roi*»,[60] wie Jones es ausdrückt. Für sie existiert keine präödipale Phase. Jones konnte daher Freud darin beipflichten, daß die Abwendung von der Mutter, die für Freud mit dem Penisneid verbunden ist, der entscheidende Moment in der Entwicklung des Mädchens ist. Für Jones hat «der Haß im wesentlichen die Rivalität um den Penis des Vaters zum Inhalt»: das Mädchen entwickelt «in sehr frühem Alter heteroerotische Inzestwünsche mit ödipalem Haß auf die Mutter».[61] Wie Karen Horney vertritt Jones die Ansicht, daß Junge und Mädchen gleichermaßen bereits sehr früh eine Beziehung zum Vater herstellen und um die Existenz der Vagina wissen. Die Urszene ist die Vorstellung der «vereinigten Eltern» im Körper der Mutter. Jones versucht, Freud in dieser Hinsicht zu belehren:

Die Kontroverse zum Thema Frau

«Das Genitale der Mutter ist für die Phantasie des Knaben für eine so lange Zeit untrennbar mit der Vorstellung von dem darin hausenden Penis des Vaters verbunden, daß man ein sehr falsches Bild bekäme, wollte man ausschließlich die Beziehung zum wirklichen ‹äußeren› Vater ins Auge fassen; dies ist vielleicht der wahre Unterschied zwischen der präödipalen Phase Freuds und dem eigentlichen Ödipuskomplex.»[62]

Jones, hier tatsächlich *plus royaliste*, stellt den Ödipuskomplex als Beziehungsmodell schlechthin dar; die frühkindlichen Beziehungen zur Mutter schließen seiner Ansicht nach diesen inneren Vater mit ein: der ständig koitierende väterliche Penis, die vereinigten Eltern, in der Vagina der Mutter. Die phallische Mutter gibt es nicht; die Frau mit dem Penis ist immer die Mutter mit dem Penis des Vaters. Die Kinder *wissen schon sehr früh*, daß der Penis das Attribut des Vaters ist; sie wissen, daß Frauen keinen Penis haben, und sie wissen, daß sie nicht kastriert sind.

In seinem Vortrag von 1927 stellte Jones die Imago der vereinigten Eltern und die Einheit des Penis und der Vagina als Grundziel früher Sexualphantasien in den Vordergrund: Als Abwehr gegen die Gefahren, die mit dem Streben nach dieser Einheit verbunden sind, kann das Mädchen entweder sein Objekt, den Vater, oder ihr Sexualorgan, die Vagina, aufgeben. Ungeachtet des Weges, den es einschlägt, wird dies die Identifizierung mit dem Vater, den Freudschen Männlichkeitskomplex, oder die Verleugnung der Vagina und den Penisneid zur Folge haben; beide Lösungen führen zu einer Aufgabe der Weiblichkeit. «Freuds ‹phallisches Stadium› bei Mädchen ist wahrscheinlich mehr eine sekundäre Schutzkonstruktion als ein wirkliches Entwicklungsstadium.»[63] Bei Jones hat das Subjekt bereits eine geschlechtliche Identität: das Mädchen gibt diese auf, wenn es in den Penisneid eintritt; bei Freud hingegen erhält das Mädchen sein Geschlecht erst, wenn der Penisneid überwunden ist.

Jones war gekränkt, denn Freud behandelte ihn, als hätte er seine Argumente von Karen Horney geborgt, die den Penisneid als defensiv und sekundär bezeichnete. In einem Brief an Freud legte er aber auch eine gewisse Überheblichkeit an den Tag und erteilte Freud eine gute Note für Entdeckungen, die «wir in London» – ab Mitte der zwanziger Jahre meinte Jones' majestätisches «wir» immer das «wir» der Kleinianer – längst vollbracht hätten:

«Es war jedoch erfreulich zu sehen, daß Sie der hinausgezogenen frühen Mutterbindung in Frauen mit einer starken Vaterfixierung

Bedeutung beimessen (meiner Erfahrung nach gilt das gleiche für Fälle, denen Sie vielleicht nicht so oft begegnen, solche mit starker Vaterabneigung) und ebenfalls der frühen Aggressivität gegenüber der Mutter, zwei Aspekte, die wir hier in London bereits seit einiger Zeit herausstellen. Allerdings sind wir nicht der Ansicht, diese Phase würde *allein* das Mädchen und die Mutter betreffen; die Vaterphantasien (besonders die des Penis in ihrem Inneren) spielen auch eine nicht ganz kleine Rolle.»[64]

Nach dieser etwas herablassenden Einleitung schlug er einen warnenden Ton an; Freud sei drauf und dran, denselben Fehler zu begehen wie Jung – «Vorher hat er die Mutter vergessen, nun vergißt er den Vater» –,[65] und er forderte ihn nachdrücklich auf, sich der Ansicht der Kleinianer anzuschließen, wonach der Ödipuskonflikt praktisch von Anfang an in der Psyche vorhanden sei:

«Bisher haben Sie dem Vater und der männlichen Seite immer viel Platz eingeräumt (da die weibliche Seite so unklar war), und so habe ich Hoffnung, daß die dem Vater und der dreifach ödipalen Lage des Mädchens nicht gerecht werdenden Passagen in Ihrem Aufsatz keinen unter den Psychoanalytikern dazu bringen werden, einen ähnlich einseitigen Standpunkt einzunehmen wie den dort dargelegten.»[66]

Freuds Antwort war würdevoll und ungerührt:

«Daß ich auf den Vater vergessen haben sollte, sieht mir im allgemeinen nicht ähnlich. Ich sage von einer gewissen Entwicklungsperiode aus, daß in ihr der Vater noch keine oder eine geringe Rolle spielt. Mir scheint, daß in Ihren Kreisen diese Zeitfolge vernachlässigt und allzuviel, was auseinanderfällt, in dieselbe Ebene geworfen wird, wahrscheinlich unter dem Einfluß der Klein'schen Deutungen, denen ich nach meinen letzten Erfahrungen die Berechtigung bestreite.»[67]

Während Freud an seiner Kritik an Melanie Klein unverrückbar festhielt, handelte es sich bei anderen Diskussionspunkten wohl eher um Mißverständnisse als um echte Auffassungsunterschiede:

«Ein Mißverständnis zwischen uns wittere ich allerdings auch. Kann es sein, daß Sie als phallische Phase des Mädchens etwas anderes bezeichnen als wir, daß Sie einen Unterschied zwischen phallisch und klitoridisch machen, was uns dasselbe bedeutet? Es scheint mir so zu sein.»[68]

In seiner zweiten Arbeit über die weibliche Sexualität, «Die phallische Phase» (1932), erklärte Jones zunächst demonstrativ Freuds Standpunkt und setzte dann zu einer noch gründlicheren Demontage von Freuds 1923 eingeführtem Konzept der phallischen Phase an, auf dem seine gesamte Theorie der weiblichen Sexualentwicklung beruhte. Nicht nur sei die phallische Phase keine wirkliche Entwicklungsphase des Mädchens – darin zeigt sich bereits Jones' unzweideutig biologistische Lesart des Konzeptes der Entwicklungsstufen, die er im Gegensatz zu Freud streng von den «sekundären und komplexbedingten» neurotischen Abweichungen unterscheidet –,[69] sie ist auch kein wirkliches Entwicklungsstadium des Jungen. Bei keinem der beiden Geschlechter besteht eine Unkenntnis der Vagina; folgerichtig kann es auch nicht nur eine einzige sexuelle Existenz geben, die phallische, es sei denn durch neurotische Verleugnung.

Junge und Mädchen sind sich des Geschlechtsunterschiedes in jeder Entwicklungsphase intuitiv bewußt; «die Vorstellung, der Knabe habe keine Ahnung vom Geschlechtsunterschied, [ist] schon aus logischen Gründen schwer haltbar»: Man könne davon ausgehen, «daß eine Höhlung, in die man eindringen kann, geahnt wird und daß diese Annahme der ganzen komplizierten Reaktion zugrunde liegt».[70] Und für den Fall, daß logische Argumente nicht überzeugen, weist Jones auf die «libidinösen Sensationen am eigenen Penis des Knaben und die unvermeidlich dabei entstehenden Durchdringungsimpulse»[71] hin. Der Junge verspürt also bereits sehr früh einen libidinösen Drang zur Penetration und schließt daraus auf eine Höhle bei der Mutter, die ihn aufnehmen wird. Die Furcht vor der Vagina beruht nicht – wie Karen Horney behauptet – auf der Angst vor der Lächerlichkeit, wenn der Junge sein kleines Organ mit der großen Höhlung vergleicht, die es füllen soll; vielmehr weiß der Junge, daß er darin den feindlichen und rivalisierenden Penis des Vaters finden wird. Angesichts dieser Gefahr tritt der Junge in seine phallische Phase ein mit ihrer Verleugnung der Vagina und dem Aufgeben der Durchdringungswünsche: «Die typische phallische Phase beim Knaben [ist] eher ein neurotischer Kompromiß als ein natürliches Stück der Sexualentwicklung.»[72] Sie stellt eine Abweichung von seiner natürlichen sadistischen Neigung zum Eindringen in die Vagina dar; «der Knabe [muß] später den Weg zurückgehen, um in seiner Entwicklung vorwärts zu kommen, muß wieder erlangen wollen, auf was er schon verzichtet hatte – nämlich seine maskulinen Impulse zur Erreichung der Vagina»[73].

Auch wenn Jones eine Urweiblichkeit postuliert, hält er sich an Melanie Klein: Die Arbeit der englischen Kinderanalytikerin zeige, «daß das Mädchen schon sehr früh bestimmte Impulse gegenüber einem imaginären Penis hat, der der Mutter zwar einverleibt ist, aber vom Vater stammt, sowie daß es ausgeprägte Phantasien über den elterlichen Koitus entwickelt»⁷⁴. Die Feindseligkeit der Mutter gegenüber kann sich auf einer Ebene der analytischen Interpretation als Penisneid manifestieren und als Vorwurf, daß die Mutter sie enttäuscht hat, weil sie ihr keinen Penis gegeben hat. Bei einer tiefer dringenden (das heißt kleinianischen) Analyse wird der gegen die Mutter erhobene Vorwurf als ein zutiefst weiblicher erkennbar, der nichts mit dem fehlenden Penis zu tun hat: «Hinter dem Vorwurf aber, von der Mutter für die Erfüllung autoerotischer Wünsche nur schlecht ausgestattet worden zu sein, liegt der tiefere und stärkere, daß jene die wahren weiblichen Bedürfnisse seiner begierigen und empfänglichen Natur durchkreuzt, ja gedroht hat, ihren Körper zu vernichten, wenn sie auf ihnen besteht.»⁷⁵ Die Mutter stellt eine Gefahr dar, weil sie droht, «die wirklichen femininen Organe zur Aufnahme des Penis und zum Austragen des Kindes zu zerstören»⁷⁶. Jones hatte sich weit entfernt von Freuds Überzeugung, das Kind wisse nichts von der Vagina: «Die Vagina ist der Sitz der tiefsten Ängste, deshalb findet eine extensive Verschiebung nach außen statt.»⁷⁷ Daher reagieren beide Geschlechter mit Schuldgefühlen auf Inzestwünsche; das Über-Ich weckt in beiden die Angst vor der Verstümmelung der eigenen Genitalorgane:⁷⁸ «Schließlich ist die zentrale Befürchtung des schuldbewußten Mädchens – sogar im Bewußtsein – die, sie werde nie Kinder bekommen können, d. h. ihre inneren Organe seien beschädigt.»⁷⁹ Wie es sich für das kleine Mädchen mit ihrem Wissen um die Vagina und ihrer vorwiegenden Beschäftigung mit den inneren Organen gehört, kann sie die Angst im destruktiven Penis des Vaters lokalisieren; dieser destruktive Penis ist aber, worauf Melanie Klein hingewiesen hat, immer bereits der Penis aus der Urphantasie: der «der Mutter einverleibte väterliche Penis»⁸⁰.

1935 startete Jones mit einem weiteren Vortrag zum Thema Weiblichkeit zu einem neuen Einsatz in dem langwierigen Kampf um die theoretische Vorherrschaft zwischen Wien und London, der während des Krieges in den «Controversial Discussions»⁸¹ seine Fortsetzung fand; seinen beiden früheren Arbeiten vermochte er jedoch kaum mehr etwas hinzuzufügen. Allerdings wurde dadurch der Abstand zwischen Freud und Melanie Klein nur noch größer:

«Es gibt, unserer Meinung nach, so etwas wie einen primären, natürlichen Peniswunsch beim Mädchen, aber wir finden ihn nicht als ein maskulines Streben in Form von Klitoristendenzen, sondern als einen normalen femininen Wunsch, den Penis eines Mannes sich einzuverleiben – zuerst auf oralem, später auf vaginalem Wege. Dieser

Wunsch scheint uns direkt zu dem Wunsch nach einem Kind zu führen, dem normalen Wunsch, einen Penis zu empfangen und ihn in ein Kind zu verwandeln.»[82]

Diese Beschreibung der Weiblichkeit unterscheidet sich von dem uralten, präanalytischen Wissen, daß die Frau den Mann und der Mann die Frau begehrt, einzig und allein dadurch, daß die Urform des weiblichen Begehrens als oral bezeichnet wird. Interessanterweise war dies eine der Grundaussagen von Melanie Kleins Beschreibung der frühen Phantasien, denen Freud uneingeschränkt zustimmte. In einem Brief an Jones äußert Freud seine Zweifel an Melanie Kleins Anschauungen über die frühkindliche Entwicklung des Über-Ichs und der Weiblichkeit:

«Alles was wir von der weiblichen Frühentwicklung wissen, kommt mir unbefriedigend und unsicher vor. Ich sehe nur zwei Punkte klar, daß die erste Vorstellung des sexuellen Verkehrs eine orale ist, Saugen am Penis wie früher an der Mutterbrust, und Aufgeben der Klitorisonanie wegen der schmerzlich erkannten Minderwertigkeit dieses Organs. Über alles andere muß ich mein Urteil zurückhalten.»[83]

Freud führte diese Äußerungen nie näher aus, und es ist auch nicht klar, woher er diesen Gedanken bezogen hatte. Melanie Klein hatte ihn als ihren eigenen beansprucht, als sie in einem 1926 veröffentlichten Aufsatz erklärte, sie habe 1924 in einem Referat anhand von Beispielen gezeigt, «daß der Koitus vom Kinde zunächst als oraler Akt aufgefaßt und ersehnt wird»[84]. Und zweifellos trägt dieser Gedanke ihren Stempel, versuchte sie doch gerade zu dieser Zeit nachzuweisen, daß der Ödipuskomplex bereits viel früher als von Freud behauptet am Werk ist; in gewisser Weise ergab er sich für sie notwendig aus ihrer Lesart der Grundprinzipien der Freudschen psychoanalytischen Methode, vor allem aus der von Freud erhobenen «Forderung des Aufdeckens der Urszene».[85] Jones nahm Freuds Eingeständnis zum Anlaß, ihn auf die darin enthaltenen Hinweise auf Kleinsches Gedankengut aufmerksam zu machen, und fügte zum Ausgleich noch einige Anmerkungen hinzu. Zunächst deutet er Freuds Erklärung als Behauptung, «daß das Mädchen nach einem Penis in der Mutter sucht»;[86] dieser Ansicht hätte Freud vermutlich zugestimmt. Dann behauptet er aber, das Mädchen verbinde diese Vorstellung mit der Vermutung, die Mutter habe den Penis in einem Akt der Fellatio vom Vater bekommen. Das ist die Imago der vereinigten Eltern, die von Melanie Klein geforderte Urszene. In einem inneren Vorgang wird der Penis mit Exkrement gleichgesetzt und wird schließlich zum Kot-Kind. Der Vorgang gehöre, so

Das Problem der Weiblichkeit

versichert Jones, «noch der alimentären Stufe» an, sei jedoch «mit der alloerotischen Einstellung des erwachsenen Weibes verwandt».[87] Jones baute seine Argumentation sehr geschickt auf. Er kombinierte Freuds knappes Eingeständnis der oralen Konzeption des Koitus mit dem von Melanie Klein angenommenen angeborenen, unbewußten Wissen um den Koitus der Eltern (angeblich Freuds Urszene), um zu einem Schluß zu gelangen, der Freud diametral entgegengesetzt war: er formuliert als Urwunsch der Frau ihre Sehnsucht, den Penis in ihrem Körper aufzunehmen und in ein Kind zu verwandeln:

«Freud behauptet, daß der unerfüllte Wunsch des Mädchens, einen Penis zu besitzen, durch den nach einem Kinde ersetzt wird. Ich würde mich jedoch mehr der Ansicht Melanie Kleins anschließen, daß die Gleichung Penis–Kind eher eine angeborene ist und daß der Kindeswunsch des kleinen Mädchens – wie der normale des Weibes – eine direkte Fortsetzung seines alloerotischen Wunsches nach dem Penis ist: es ist eher so, daß es eine lustbetonte Vorstellung hat, den Penis in sich aufzunehmen und ein Kind daraus zu machen, als daß es nur deshalb ein Kind wünscht, weil es nun einmal keinen Penis sein eigen nennen kann.»[88]

In seinem Bestreben, Freud zu kritisieren, postulierte Jones nun auf der Basis von Horneys und Kleins Arbeiten eine angeborene Weiblichkeit; diese drückt sich in dem angeborenen Kinderwunsch aus, der eng mit dem Wunsch zusammenhängt, den Penis der leitenden erogenen Zone einzuverleiben. Im Gegensatz zu Freud und Klein, die den Mund als leitende erogene Zone bezeichnen, und teilweise in Anlehnung an Karen Horney, hatte Jones – mit Blick auf das unterschiedliche Wissen des Kindes über das äußere männliche und das innere weibliche Genitale – argumentiert, daß die Vagina angeboren und von Anfang an dem Kind bewußt sei, daß sie der angeborene Sitz der weiblichen Lust sei und daher auch der angeborene Sitz der tiefsten weiblichen Angst.

Wie ist diese Theorie nun zu beurteilen, mit der Jones Freuds übertriebenen «phallozentrische»[89] Ausrichtung – um den von Jones eingeführten und im Feminismus so wichtigen Begriff zu verwenden – auszuräumen versuchte? Man könnte sie durchaus als vaginozentrische Theorie bezeichnen, obwohl es genauer wäre, sie koitozentrisch zu nennen. Genau darin liegt aber eine historische Ironie. Freuds phallozentrische Theorie der Weiblichkeit stellte die Neigung der Frau zum Mann und ihr Interesse am Koitus als sehr zerbrechliches und zufälliges Produkt einer Reihe von schwierigen Übergängen dar. Jones hatte den Koitus zur höchsten und unabänderlichen Bestimmung der

Die Kontroverse zum Thema Frau

Frau erklärt, zum Triebziel, das ihr Lebenszweck ist. Das weist den antiphallozentrischen Jones keineswegs als Feministen aus, ebensowenig wie Karen Horney auf Grund ihrer Theorien der Vergewaltigung durch den Vater und der vaginalen Vorherbestimmung als Feministin zu bezeichnen ist. Das wird auch deutlich, wenn Jones seinen dritten und letzten Aufsatz über die weibliche Sexualität mit einem (ganz eindeutig Freudschen) «Versprecher» abschließt:
«Meiner Ansicht nach entwickelt sich die Weiblichkeit fortschreitend aus dem Antrieb einer triebhaften Konstitution. Kurz gesagt, ich sehe die Frau als ein geborenes Weibchen und nicht – wie die Feministen es tun – als *un homme manqué*, als ein ewig enttäuschtes Geschöpf, das sich mit sekundären Surrogaten zu trösten sucht, die ihrer wahren Natur fremd sind. Die letzte Frage ist also, ob man zur Frau geboren oder gemacht wird.»[90]

Man möchte meinen, daß es sinnvoller gewesen wäre, wenn Jones anstatt von Feministen von «Freudianern»[91] gesprochen hätte. Er selbst hätte dies sicher bestätigt. Denn die freudianische Sicht der Frau als (von der Natur?) kastriertem Mann und die feministische Sicht der Frau als (von der Kultur?) benachteiligtem und enttäuschtem Menschen leugnen die tiefere Wahrheit: daß nämlich die Frau zur Frau wird, indem sie ihre angeborene weibliche Bestimmung erfüllt.

Waren Jones' Aufsätze die deutlichste Kampfansage an Freud und seine Theorie, so zeigten sich Jeanne Lampl de Groot und Ruth Mack Brunswick zurückhaltender und entwickelten Freuds Theorie von der unterschiedlichen frühkindlichen Entwicklung der beiden Geschlechter zu einem weniger kontroversen Modell weiter. Sie revidierten Freuds Gedanken über den durch die Bisexualität des Kindes bedingten, vollständigen Ödipuskomplex, wie er ihn im dritten Kapitel von *Das Ich und das Es* dargelegt hatte.[92] In seinem Aufsatz über «Einige psychische Folgen des anatomischen Geschlechtsunterschieds» (1925) hatte Freud zu ergründen versucht, wie es dazu kommt, daß das Mädchen ihr erstes Objekt, die Mutter, fallenläßt und sich dem Vater zuwendet. Er hatte die Antwort vor allem im Kastrationskomplex und dem anschließenden Penisneid gesucht. Für Jeanne Lampl de Groot ist jedoch die Beziehung zum ersten Objekt sowohl beim Jungen als auch beim Mädchen bereits eine ödipale. Anstatt wie Freud eine Trennlinie zwischen der frühkindlichen Anhänglichkeit an die Mutter, der «Phase von ausschließlicher Mutterbindung»,[93] wie er 1931 sagte, und dem späteren Ödipuskomplex zu ziehen, befinden sich bei Lampl de Groot Junge wie Mädchen von Anfang an in einer ödipalen Situation.

Allerdings stellt diese frühe Phase beim Mädchen seine «negative Ödipuseinstellung»[94] dar. Jeanne Lampl de Groot weist jedoch darauf hin, daß der Anblick des Penis das Mädchen nur deshalb so überwältigt, weil er sich, gewissermaßen als Konkurrenz, bedrohlich in die Beziehung zur Mutter mengt: «Nach Entdeckung und völliger Akzeptierung der vollzogenen Kastration muß das Mädchen notgedrungen ein für allemal auf die Mutter als Liebesobjekt verzichten und somit die aktive erobernde Tendenz des Liebesstrebens sowie die Onanie an der Klitoris aufgeben.»[95] Freud hatte die Tatsache, daß das Mädchen eine komplizierte Entwicklung durchläuft, ehe es in den Ödipuskomplex eintritt, als Entdeckung von großer Tragweite bezeichnet: «Vom Ödipus-Komplex war bisher nicht die Rede [...]. Beim Mädchen ist der Ödipus-Komplex eine sekundäre Bildung.»[96] Jeanne Lampl-de Groot verlagert in ihrer Darstellung den Schwerpunkt, auch um die Bedeutung des Kastrationskomplexes in den Hintergrund zu stellen:

«[Diese Auffassung] nimmt aber im Gegensatz zu Freud an, daß der Kastrationskomplex des weiblichen Kindes schon eine sekundäre Bildung sei und einen Vorläufer finde in der negativen Ödipuseinstellung. Diese letztere verleihe dem Kastrationskomplex erst die große seelische Bedeutung und sei vielleicht imstande, manche späteren Eigentümlichkeiten im Seelenleben des weiblichen Individuums näher zu erklären.»[97]

In ihrer zweiten, 1933 publizierten Arbeit über Fragen der Weiblichkeit folgte Jeanne Lampl-de Groot Helene Deutsch in der Betonung der für die Entwicklung der Weiblichkeit ausschlaggebenden passiven und masochistischen Neigungen: die beherrschenden sexuellen Ereignisse im Leben einer Frau sind schmerzhaft. In ihrem ersten Aufsatz hatte sie behauptet, die Tatsache, daß Mädchen ihr erstes Liebesobjekt ein für allemal aufgeben müssen, sei der Grund für die mangelnde Fähigkeit der Frau zur wahren Objektliebe, und hatte dies in kaum merklicher Abwandlung der Freudschen Erklärungen zur Norm für die Erlangung der erwachsenen Reife erklärt: die Frau könne «sich nur ‹lieben lassen›»[98]. Die Passivität dieser Position – die Lampl de Groot mit dem Narzißmus in Verbindung bringt – ist das typische Merkmal der Weiblichkeit. Im weiteren setzt sie die Entwicklung der Weiblichkeit mit der Passivität gleich: Frauen, die Männer lieben, anstatt sich selbst lieben zu lassen, sind männlich; mütterliche Liebe ist ebenfalls männlich, denn sie ist aktiv; die passive und echt weibliche Frau hat kein Über-Ich, da die Entwicklung des

Über-Ichs aktive und aggressive Triebkomponenten erfordert. Die volle Tragweite von Lampl de Groots erstem Aufsatz wurde aber erst durch die letzte «freudianische» Stellungnahme in dieser Debatte deutlich, die Ruth Mack Brunswicks Arbeit aus dem Jahr 1940 darstellte.

Ruth Mack Brunswicks Aufsatz war das Ergebnis ihrer über zehn Jahre geführten Gespräche mit Freud, was ihm eine unbestimmte, aber nicht unbeträchtliche Autorität verlieh. Sie legte darin die äußerst detaillierte Beschreibung der präödipalen Phase und ihres Einflusses auf die Entwicklung von Mädchen und Jungen vor, arbeitete aber zwei Thesen heraus, eine davon ausdrücklich auf Freuds Anregung hin, die in einem beträchtlichen Spannungsverhältnis zueinander standen. Sie eröffnete ihren Aufsatz mit der Erklärung, daß «eine ausschließliche Beziehung zwischen Mutter und Kind»[99] bestehe, ehe der Vater ins Spiel kommt. Diese Beziehung ist als dyadisch zu bezeichnen, wie es spätere Theoretiker ausdrückten, ganz im Gegensatz zum Ödipuskomplex, der auf einem Dreieck basiert. «Am Beginn ihres Lebens ist das kleine Mädchen in jeder Hinsicht ein kleiner Junge.»[100] Bei Jungen ist die präödipale Mutterbindung jedoch kurz und geht sehr bald in den Ödipuskomplex über; bei Mädchen entwickelt sich hingegen etwas, was «dem Ödipuskomplex des Knaben überraschend ähnlich ist»[101]. Wie der Junge hängt auch das Mädchen an der Mutter, und der Vater betritt als Rivale die Szene.

Ruth Mack Brunswick unternimmt den Versuch, die drei Gegensatzpaare zu ergründen, die für das Verstehen des frühkindlichen Lebens unerläßlich sind: aktiv–passiv; phallisch–kastriert; männlich-–weiblich. Für das erste führt sie eine neue Konzeption ein, die zweite ihrer neuen Thesen:

«Ich möchte eine Anregung aufgreifen, die Freud in unseren ersten Diskussionen über diese Fragen geäußert hat. Die Begriffe ‹aktiver› und ‹passiver› Ödipuskomplex sind in ihrer Anwendung auf beide Geschlechter umfassender und genauer als die gebräuchlichen Bezeichnungen positiver und negativer Ödipuskomplex. In dieser neuen Terminologie wird die präödipale Sexualität des Mädchens zum aktiven Ödipuskomplex mit der Mutter als Objekt.»[102]

Mit diesem Vorschlag wird Lampl de Groots Fokus, der negative Ödipuskomplex als Charakteristikum des kleinen Mädchens, in eine neue symmetrische Darstellung von Jungen und Mädchen eingepaßt: im Anschluß an die Phase der ausschließlichen Mutterbindung treten beide in den aktiven Ödipuskomplex ein. Dann folgt der Untergang des

Ödipuskomplexes beim Jungen, während das Mädchen nach der Entdeckung der Kastration in den passiven Ödipuskomplex übertritt, in dem sie sich den Vater (passiv) zum Objekt erwählt. Freuds Anregung erlaubt es also, den Ödipuskomplex wieder als zentrales Ereignis für die Organisation der frühkindlichen Sexualität einzusetzen. Während Freud 1925 Ungleichheiten in der kindlichen Entwicklung der beiden Geschlechter erkannt hatte, konnten seine Schülerinnen Jeanne Lampl de Groot und Ruth Mack Brunswick durch eine Neudefinition des Ödipuskomplexes nun wieder von Veränderungen sprechen, die beiden gemeinsam sind.

Aber nicht nur das: bei ihnen durchlaufen Junge und Mädchen gleichermaßen eine Phase der ausschließlichen Mutterbindung, die dem aktiven Ödipuskomplex vorausgeht. In der frühesten Kindheit besteht eine ausschließlich passive, aus der «Kernpassivität»[103] des Säuglings hergeleitete Beziehung zur aktiven Mutter: sie ist «nicht nur aktiv, phallisch, sondern *omnipotent*»[104]. Jegliche spätere Aktivität hängt bei beiden Geschlechtern von der Identifizierung mit der von Anfang an aktiven Mutter ab. Der einzige Unterschied zwischen Jungen und Mädchen besteht nun darin, daß das Mädchen eine zusätzliche Periode der Ablehnung des aktiven Ödipuskomplexes aufweist, in der es den Vater passiv liebt und – etwas verspätet – den Wunsch nach seinem Kind entwickelt. Diese zusätzliche Periode, früher als ödipale Beziehung des Mädchens zum Vater betrachtet, verliert bei Brunswick zunehmend an Bedeutung. Ein nur «partieller Erfolg [bei der Übertragung der Libido auf den Vater] ist eher die Regel als die Ausnahme, so groß ist das Verhältnis der Frauen, deren Libido auf die Mutter fixiert bleibt»[105].

In der Frage nach dem Ursprung des Kinderwunsches bricht Ruth Mack Brunswick mit einem der ältesten Freudschen Konzepte, wonach der Kinderwunsch sich aus einer komplizierten Gleichung von Kot, Penis und Kind ergibt. Der Kinderwunsch ist viel älter als der Penisneid; er ist in erster Linie ein asexueller Wunsch, der «gänzlich auf der primitiven Identifizierung des Kindes jeden Geschlechts mit der aktiven Mutter beruht»[106]. Der Penisneid wird nicht mehr nur als narzißtische Verletzung betrachtet: er wird zum Verführungsfaktor im aktiven Ödipuskomplex, in der Liebesbeziehung des Mädchens zur Mutter. «Eine Objektwurzel [des aktiven Peniswunsches] wird gebildet, wenn das kleine Mädchen feststellt, daß sie die Mutter ohne den Penis nicht erobern kann»[107] – ein Argument, das Jacques Lacan aufgriff und beträchtlich erweiterte.[108] Der Penisneid wandelt sich auch nicht mehr

– wie bei Freud – zum Kinderwunsch; Ruth Mack Brunswick gibt zu verstehen, daß er eher einen langsamen Tod stirbt, wenn das Kind die Unerfüllbarkeit des Peniswunsches erkennt und ihn aufgibt:

«Im Gegensatz zu unseren früheren Vorstellungen wird der Peniswunsch nicht gegen den Kinderwunsch eingetauscht, denn wie wir gesehen haben, ist er ihm längst vorausgegangen. Im Verlauf der normalen Entwicklung wird das Unmögliche aufgegeben und am Möglichen festgehalten. Das kleine Mädchen konzentriert seine Energie auf den erlaubten und legitimen Wunsch nach einem Kind. Der aktive Peniswunsch, der Wunsch nach dem vollkommenen und ständigen Besitz eines Penis, macht dem passiven Peniswunsch Platz, dem Wunsch, den Penis im Koitus vom Manne zu empfangen.»[109]

Als Ergebnis ihrer Zusammenarbeit mit Freud hatte Ruth Mack Brunswick zahlreiche Freudsche Thesen der zwanziger und frühen dreißiger Jahre abgewandelt. Vor dem Auftreten des Kastrationskomplexes wird die frühkindliche Genitalorganisation vom aktiven Ödipuskomplex beherrscht. Zwangsläufig verlagert sich der Schwerpunkt jetzt auf die primäre Passivität beider Geschlechter in ihrer anfänglichen dyadischen Beziehung zur aktiven Mutter und auf die damit verbundene Aktivität dieses aktiven Ödipuskomplexes. Mit dieser Argumentation greift Ruth Mack Brunswick eine in Freuds Überlegungen über die Weiblichkeit seit langem vorhandene Tendenz wieder auf: die Ähnlichkeit der Entwicklung von Jungen und Mädchen. Während aber Freud das plötzliche Auseinanderlaufen der Entwicklung betont, läßt sie dies fast vollkommen außer acht; für sie findet der Einfluß der präödipalen Phase – des aktiven Ödipuskomplexes – auf die spätere Weiblichkeit seinen deutlichsten Ausdruck darin, daß bei so vielen Frauen der normale (passive) Ödipuskomplex vollkommen fehlt. Freud habe jedoch eine solche Frau nie zu Gesicht bekommen:

«Die unentwickelte, primitive Frau, mit wenig ausgeprägter Heterosexualität und einer kindlichen, blinden Anhänglichkeit an die Mutter wird sich in der Regel bei einem weiblichen Analytiker einfinden. Solche Menschen gehen nicht zum männlichen Analytiker, da ihnen der Kontakt zum Mann gänzlich fehlt.»[110]

Ohne eine absolute Weiblichkeit zu postulieren, ohne die Urphantasie einer Vergewaltigung zu beschwören und ohne das Primat der Vagina oder der vereinigten Eltern in der frühen Kindheit anzunehmen, hatte Ruth Mack Brunswick Freuds Weiblichkeitstheorien ausschließlich auf die Beziehung zur Mutter ausgerichtet. Und sie hatte noch einmal klargestellt, daß die Analytikerin hier einen besseren Zugang hat.

Als Ruth Mack Brunswick ihren Aufsatz 1940 veröffentlichte, lebte sie bereits wieder in Amerika. Die meisten europäischen Psychoanalytiker waren in die USA oder nach Großbritannien emigriert und waren – mit mehr oder weniger Erfolg – vorwiegend damit beschäftigt, sich ein neues Leben aufzubauen. In der Folge entwickelten sie eine neue, nichteuropäische Version der Psychoanalyse. Die zwischen den Zentren der Psychoanalyse – Wien, Berlin und London – ausgetragene Debatte über die weibliche Sexualität war zum Stillstand gekommen, als zunächst die Berliner und später auch die Wiener Analytiker in die Emigration gehen mußten. Während des Krieges wuchsen sich die theoretischen Debatten auf der Achse Wien–Berlin zu einer akuten institutionellen Krise innerhalb der Britischen Vereinigung aus; die Wiener waren empört über die radikale Interpretation der Freudschen Lehre durch Melanie Klein und ihre Anhänger. Das Thema der weiblichen Sexualität spielte in diesen scharfen Auseinandersetzungen jedoch eine untergeordnete Rolle; die Auffassungsunterschiede betrafen in erster Linie Themen wie die Phantasie, das frühkindliche Leben, die Überlegenheit der Libido gegenüber den Destruktionstrieben, den Zusammenhang zwischen Psychoanalyse und Biologie und Melanie Kleins Treue gegenüber Freud.[111] Obwohl die fundierteste Kritik an Freuds Ansichten über die weibliche Sexualität von Jones gekommen war, der in seiner ersten Begeisterung für Melanie Klein aus ihren Theorien geschöpft hatte, bestand kaum ein direkter Bezug zwischen Melanie Kleins Arbeit und den von Freud behandelten Themen. Wie sich aus Jones' Diskussionsbeiträgen schließen läßt, hat sie die Theorie der Weiblichkeit jedoch nachhaltig beeinflußt.

Sie selbst wurde sich dieser Tatsache gegen Ende der zwanziger Jahre bewußt, als die Debatte über die weibliche Sexualität auf dem Höhepunkt war. In einer Arbeit aus dieser Zeit, und nur in dieser einen Arbeit, stellte sie Freuds Ansichten über die weibliche Sexualität offen in Frage und postulierte eine primäre Weiblichkeitsphase für *beide* Geschlechter, die durch die einverleibenden, rezeptiven und passiven Ziele der oralen und analen Phase gekennzeichnet ist. Was sie mit dieser Arbeit bezweckte, ging jedoch viel weiter: Sie wollte nachweisen, daß der Ödipuskomplex tatsächlich sehr früh aktiv wird, viel früher als von Freud behauptet, und auch das Über-Ich am Werk ist, lange bevor sich das Kind von der Kastration bedroht sieht. Ihre

Argumentation ist zweifellos ein wenig verworren, gewiß nicht zuletzt wegen der sehr komplexen Faktoren, die sie hier verknüpft; vermutlich war das auch der Grund, warum sie davor zurückschreckte, das Konzept der Weiblichkeitsphase noch einmal zu verwenden, obwohl es sich zweifellos natürlich aus ihren Ideen ergab.[112]

Melanie Klein behauptete, die aus der Entwöhnung von der Mutterbrust und der Störung der analen Lustbefriedigung resultierende Enttäuschung verstärke den Sadismus, der auf die Inbesitznahme des Mutterleibes und seines Inhalts konzentriert ist. Die entscheidende Wende tritt ein, wenn der Inhalt mit dem Kind im Mutterleib gleichgesetzt wird; wenn das Über-Ich die sadistischen Angriffe auf den Körper der Mutter verbietet, kommt es zu einer Identifizierung mit der Mutter. Und diese «ganz frühe Identifizierung mit der Mutter»[113] begründet die Weiblichkeitsphase. Weiblich ist sie deshalb, weil der Mutterleib in der Phantasie jetzt Kinder enthält und daher angegriffen und begehrt wird.

«Analog dem Kastrationskomplex des Mädchens liegt auch dem Weiblichkeitskomplex des Mannes der versagte Wunsch nach einem speziellen Organ zugrunde: Tendenzen des Raubens und Zerstörens gelten den vom Knaben im Mutterleib vorausgesetzten, der Empfängnis, Schwangerschaft und Geburt dienenden Organen.»[114]

Der weibliche Grundzug der Weiblichkeitsphase ergibt sich aus dem Kinderwunsch. Würde das Kind in den Mutterleib eindringen, um die Kinder zu entfernen, würde es allerdings auf den feindlichen Penis des Vaters treffen. «Die Weiblichkeitsphase ist also charakterisiert durch eine dem Mutterleib und dem Vaterpenis geltende Angst, die den Knaben unter den Druck eines fressenden, zerstückelnden, kastrierenden mütterlichen und väterlichen Über-Ichs setzt.»[115]

Die frühe Mutteridentifizierung des Mädchens wird ebenfalls von dem sadistischen Drang bestimmt, die Mutter zu berauben und zu zerstören. Damit weist Klein nach, daß bei beiden Geschlechtern eine weibliche Identifizierung vor der phallischen Phase, vor dem Auftreten des Kastrationskomplexes und des Penisneids, stattfindet. Diese Identifizierung ist in ihrer Entstehung und ihren Folgen vollkommen ödipal. Freud greift diesen Gedankengang Melanie Kleins in «Über die weibliche Sexualität» heraus und versucht ihn zu widerlegen: Ihre «Vorverlegung» des Ödipuskomplexes sei «besonders unvereinbar mit meinen Befunden von der langen Andauer der präödipalen Mutterbindung der Mädchen».[116] Freud unterschied deutlich zwischen präödipaler Mutterbindung und ödipaler Liebe oder Rivalität der Mutter gegenüber und erklärte mit Nachdruck, daß ödipale Konflikte die ausgedehnte Periode der zärtlichen Mutterbindung des Mädchens nicht beeinträchtigen. Ruth Mack Brunswick brachte etwa zwölf Jahre später durch ihr dem frühen Ödipuskomplex Melanie Kleins so ähnliches Konzept des aktiven Ödipuskomplexes eine Annäherung zwischen dem Freudschen und dem Kleinschen Standpunkt zuwege. Bei beiden Konzepten sind die späteren genitalen Triebregungen des Kindes um die Mutter als primäres Objekt organisiert, und die Identifizierung mit diesem Objekt wird als entscheidend für die spätere Entwicklung angesehen. Beide stellen den Vater als Verkörperung eines feindseligen Elementes dar – bei Melanie Klein ist es der feindselige Penis, bei Ruth Mack Brunswick der ödipale Rivale. Beide sehen den Kinderwunsch von Anfang an und noch vor der Umwandlung des Penisneids in den Wunsch nach dem Kind des Vaters gegeben. Sie unterscheiden sich nur dadurch, daß Ruth Mack Brunswick eine sehr frühe, fast prä-präödipale Phase mit betonter «Anhänglichkeit an die Mutter» postulierte, in der der Vater überhaupt keine Rolle spielt.[117] Melanie Klein hingegen hatte schon viel früher festgestellt, daß der Vater – in der Gestalt des Phallus der vereinigten Eltern – von den ersten Lebensmonaten an in den kindlichen Phantasien vorkommt.

Melanie Klein verfolgte mit ihrem Aufsatz von 1928 insgesamt das Ziel, Freuds Opponenten eine Handhabe in der Debatte zu liefern. Sie unterstützte Karen Horney in ihrer Behauptung, der Penisneid sei eine sekundäre und an der Oberfläche bleibende Erscheinung; er verdecke die massivere Angst vor der «Beschädigung ihrer Weiblichkeit»[118], vor der «Zerstörung der eigenen Fähigkeit zur Mutterschaft und der dieser dienenden Organe»[119]. Bei Melanie Klein ist das kleine Mädchen bereits sehr früh mit ihren Fortpflanzungsorganen und ihrer tiefen Angst im Zusammenhang mit Kindern beschäftigt. Sie pflichtete Helene Deutschs «kleinianischer» – oder sollte man sagen abrahamianischer – Argumentation bei, «die in der vollzogenen Verschiebung der oralen Libido auf das Genitale die Vollendung der weiblichen Genitalentwicklung sieht»;[120] und sie war der Meinung, daß Vaginalgefühle schon mit den Ödipusregungen auftreten. Klein bestätigte somit jedes einzelne Argument, das in der psychoanalytischen Debatte über die weibliche Sexualität gegen Freud vorgebracht wurde. Sie vertrat in ihren Theorien ausdrücklich und dogmatisch gerade jenes Postulat einer angeborenen Weiblichkeit und Männlichkeit, dem Freud in seinen Theorien auszuweichen versucht hatte.

Melanie Kleins Bedeutung beruht allerdings nicht so sehr auf ihrer höflichen, aber vollkommen unerbittlichen Kritik an Freud, sondern vielmehr auf dem nachhaltigen Einfluß ihrer Theorien. Mit den britischen Theoretikern Marjorie Brierley, W. R. D. Fairbairn, D. W. Winnicott und anderen, die zwar stark von ihr beeinflußt wurden, aber nicht unbedingt als ihre Anhänger zu bezeichnen sind, begründete sie eine neue psychoanalytische Schule, deren Hauptbezugspunkt die Objektbeziehungen waren. In den siebziger und achtziger Jahren lieferte diese Schule die konzeptuellen Mittel zur Anfechtung der Freudschen Theorien; sie waren sowohl direkt auf Freuds Werke als auch auf die revidierte Ichpsychologie seiner Tochter und ihrer amerikanischen Anhänger anwendbar, die vom Zweiten Weltkrieg bis zu den siebziger Jahren die amerikanische Psychoanalyse beherrschte.[121] Die wichtigste Leistung Melanie Kleins besteht aber vor allem darin, daß sie ihre Arbeit in eine neue Richtung lenkte, die die Psychoanalyse vermutlich mehr als alles andere verändert hat: sie interpretierte das Seelenleben des Kindes im Lichte seiner Beziehung zur Mutter.[122] Die Mutter wurde zum Modell für den psychoanalytischen Beruf, und aus der Mutterrolle wurden Verhaltensregeln für die Psychoanalytiker abgeleitet; über die Mutter wurde die normative Lebensgeschichte eingeführt.[123] «In der Arbeit der britischen Schule wurde die Psychoanalyse nicht als neuer Weg zum Verständnis der Mutterrolle eingesetzt, sondern die Mutterrolle wurde zum Verständnis der Psychoanalyse verwendet.»[124] Die Kleinianer verfochten die Ansicht, daß die deutlichste und wichtigste Übertragung jene auf den Analytiker *qua* die Mutter ist, und stellten – diesmal im Einklang mit ihren erbitterten Gegnern, den Anhängern Anna Freuds sowie D. W. Winnicott und Wilfred Bion – sogar Normen für die psychoanalytische Behandlung (und Theorie) auf, die gänzlich auf die Mutter ausgerichtet waren: die Verinnerlichung der guten Brust, die Erlangung der depressiven Position. Freuds sexuelle Mutter war errötend von der psychoanalytischen Bühne abgetreten. Und nun sollte auch das psychoanalytische Kind der britischen Schule desexualisiert werden, gemäß jener typisch britischen Tradition, die auch *Alice im Wunderland* und *Peter Pan* hervorgebracht hatte.

Während die ersten Debatten über die Weiblichkeit und die Geschlechterdifferenz in den zwanziger und dreißiger Jahren offenbar nur innerhalb der psychoanalytischen Kreise geführt worden waren, standen die in den siebziger und achtziger Jahren wiederaufgeflammten Diskussionen über die weibliche Sexualität deutlich im Zeichen des Feminismus. Auslösendes Moment der zweiten Debatte war ein Pauschalangriff der neuen Feministen der sechziger und siebziger Jahre auf Freuds Theorien. Die heftigste Kritik kam ursprünglich aus einem Kreis, der der etablierten Psychoanalyse ziemlich fernstand. Wir sollten daher der Frage nachgehen, ob der Feminismus nicht auch schon bei der ersten Debatte die Initialzündung ausgelöst hatte. Karen Horney brachte als einzige Psychoanalytikerin (jedenfalls soweit sich dies anhand der Beiträge in den Zeitschriften sagen läßt) den antifeministischen Tenor von Freuds ursprünglicher Argumentation zur Sprache. Aber der immer wieder – von Jones, von Freud selbst und auch von anderen – geäußerte Hinweis, hier ginge es um weitreichendere Interessen, erinnert uns daran, daß auch die erste Debatte nicht in einem Vakuum geführt wurde. Keineswegs, denn in den Hörsälen, Seminarräumen und Sprechzimmern machten sich aus der Verdrängung aufgetauchte Eindringlinge bereits lautstark bemerkbar. Und es kann auch kein Zufall sein, daß die Debatte gerade in der Zwischenkriegszeit am intensivsten war und gegen Ende der dreißiger Jahre wieder abflaute, während fast simultan auch die politisch und sozial orientierten Feminismusbewegungen in Europa und Amerika ihren Auf- und Abstieg erlebten. Im Lauf dieses Jahrhunderts waren die Geschicke der Psychoanalyse und des Feminismus eben fast immer miteinander verwoben.

16. Feminismus und Psychoanalyse

«Ein neuer Prophet betrat die Bühne, um die alte Doktrin von den getrennten Sphären in die modische Sprache der Wissenschaft zu kleiden. [...] Sigmund Freud war ohne Frage die stärkste konterrevolutionäre Kraft in der Bewegung der Sexualpolitik»,[1] schrieb die Feministin Kate Millett, für die ebenso wie für ihre Nachfolgerinnen Freud der Teufel schlechthin war, nämlich der Chefideologe der Unterdrükkung der Frauen, der patriarchalische Apologet des männlichen Chauvinismus. Der neue Feminismus stand der Freudschen Psychoanalyse mit einer tiefen, buchstäblich aus dem Bauch kommenden Feindseligkeit gegenüber.

Aber die Beziehung des neuen Feminismus zu Freud und der Psychoanalyse sollte bald komplexere Züge annehmen. Soweit der Feminismus die «Sexualrevolution» des zwanzigsten Jahrhunderts als positive und befreiende Kraft ansah, zollte man Freud den gebührenden Respekt als Wegbereiter der modernen fortschrittlichen Frauenbewegung. Einerseits schätzten also die Feministinnen seine Kritik an der sozialen und sexuellen Unterdrückung der Frau, andererseits hielten sie jedoch seine Ansichten für abscheuliche Beispiele der tradierten patriarchalischen Frauenverachtung. Diese Haltung gegenüber Freud wies auch auf eine noch tiefer sitzende Spannung zurück. Die Frauenrechtsbewegung war aus der sexuellen Revolution der 1960er Jahre hervorgegangen, die für freie Liebe und freie Sexualität eingetreten war. So konnte sie die Metaphysik des Eros, die einige radikalere Interpreten der Psychoanalyse (wie Wilhelm Reich und Herbert Marcuse) anboten, als Etikett für die neue, von den Achtundsechzigern propagierte Lebensform benutzen. Als man aber bemerkte, daß der tyrannische Charakter der Beziehungen zwischen Frauen und Männern in der sexuellen Revolution zwar aufgedeckt, aber nicht überwunden worden war, machte sich Mißtrauen gegenüber den Propheten der sexuellen Befreiung und ihrem väterlichen Wegbereiter breit. Die freie Liebe war, wie sich herausstellte, nur für Männer frei; die Frauen mußten wie eh und je auf mannigfache, schwer definierbare Weise dafür bezahlen. Es galt, das Leben selbst in die Hand zu nehmen, das war eines der wichtigsten Merkmale der wachsenden Bewegung, und man konnte damit beginnen, indem man all jene erlittenen Verlustgeschäfte auf einer Rechnung zusammentrug. Es galt, ein Bewußtsein dafür zu schaffen, daß die Geschichte der Frauen eine Geschichte der sexuellen und sozialen Unterdrückung war.

Daß das Ideal der weiblichen Selbstbestimmung überhaupt realisierbar war, war auch eine Folge des medizinischen und rechtlichen Fortschritts in den sechziger Jahren. Die Pille ermöglichte der Frau nicht nur Sexualverkehr ohne schmerzhafte Folgen, sondern auch eine individuelle Planung der Sexualität und Fortpflanzung; sie war ein Symbol für Freiheit und Kontrolle. Auch der Kampf um die Reform des Abtreibungsgesetzes stellte ein wichtiges Element der Frauenbewegung dar; oberflächlich gesehen, spielte hier das Ideal der Erlösung durch sexuelle Lust eine geringere Rolle. Insofern sich diese Bewegungen gegen soziale Strukturen wandten, die sich als restriktiv für die Sexualität im allgemeinen und insbesondere der weiblichen erwiesen hatten, setzten sie den Kampf fort, an dem auch Freud mit seiner Kritik der modernen Sexualmoral teilgenommen hatte. Dort allerdings, wo man gegen die Begrenzung der weiblichen Sphäre auf eine eindeutig definierte soziale und biologische Rolle kämpfte, sah man in Freud den Feind: die Psychoanalyse legitimiere die Doktrin, wonach die Frau ins Haus gehöre, wo sie sich der Pflege ihrer Penissubstitute und der Erfüllung durch die Ehe hingeben könne und sich den sexuellen und sozialen Vorstellungen des Mannes zu unterwerfen habe.

Zwischen den dreißiger und den sechziger Jahren hatte sich jedoch vieles verändert. Davon zeugen die feministischen Texte: Sie sprechen von jener Epoche, als handele es sich um eine prähistorische Zeit. Für Kate Millett waren die Jahre zwischen 1930 und 1960 die Zeit der Gegenrevolution, deren politischer Arm das nationalsozialistische Deutschland und die Sowjetunion und deren ideologischer Arm Sigmund Freud und der soziologische Funktionalismus waren. Das Selbstbewußtsein der sechziger Jahre, die als eine neue Ära der Weltgeschichte gefeiert wurden, war von einer erstaunlichen Distanz zu der gerade vergangenen Geschichte begleitet, was auch Betty Friedans 1963 erschienene Darstellung *The Feminine Mystique* sehr schön zeigt:

«Ende der vierziger Jahre hatte man Freud so schnell und so vollständig akzeptiert, daß über ein Jahrzehnt niemand den rapiden Rückzug der gebildeten amerikanischen Frauen an den Herd auch nur in Frage stellte. [...] Nach der Nachkriegsdepression entwickelte sich die Freudianische Psychologie zu einer Wissenschaft, die weit mehr als nur eine Wissenschaft des menschlichen Verhaltens oder eine Therapie des Leidens war. Sie wurde eine allumfassende amerikanische Ideologie, eine neue Religion. [...] Freudianische und pseudo-freudianische Theorien lagerten sich überall ab, wie feine vulkanische Asche.»[2]

Die Ingredienzen des aggressiven freudianischen Zeitgeistes waren verschiedene. Vor allem war es die Schilderung des Mädchens als kastrierter, verhinderter Mann. Aber auch der Viktorianismus, der sich in Freuds eigener Beziehung zu seinem angebeteten Liebchen, der späteren Herrin von Herd und Haus, ausdrückte. Des weiteren wurden Freuds Überzeugung, daß das Über-Ich der Frauen schwächer und weniger «unerbittlich» als das männliche sei, so daß «das Niveau des sittlich Normalen für das Weib ein anderes wird»,[3] und die Bedeutung, die er der Eifersucht und dem Neid im Leben der Frauen beimaß, immer wieder als Beweise für seine persönliche Geringschätzung der Frau und für den Konservatismus der psychoanalytischen Theorien angeführt. Einigen Feministinnen genügte die Phalluszentriertheit seiner Theorie, um die ganze Lehre zu verdammen, oder auch das «Freudsche» Diktum – das man aus der außergewöhnlich einflußreichen und immer wieder neuaufgelegten *Psychologie der Frau* von Helene Deutsch herauszulesen meinte –, die Sexualität der Frau sei von Natur aus passiv und masochistisch. Weil die Sexualität in Freuds Psychoanalyse eine so zentrale Rolle spielte, war es naheliegend, ihn für gewisse Frauenbilder verantwortlich zu machen, etwa für das des naturnahen, von biologischen und animalischen Bedürfnissen getriebenen Wesens, das dazu verdammt ist, seinem kulturell überlegenen Herrn zu dienen. Immer wieder wurde der Psychoanalyse auch von jenen, die sie nicht grundsätzlich ablehnten, vorgeworfen, daß sie keine Theorie der sexuellen Differenzierung, sondern die Legitimation von bereits existierenden sozialen Rollen sei. Vor allem zwei Thesen brachten die Feministinnen gegen Freud auf: die These vom «Penisneid» und die These vom «vaginalen Orgasmus». Die Angriffe auf Freud bezüglich des zweiten Punktes geben die neue Stimmungslage der Feministinnen der sechziger Jahre am besten wieder. Freuds Konzept, daß Frauen in der Pubertät ihre erste leitende erogene Zone zugunsten der Vagina aufgeben, wurde verantwortlich gemacht für die weit verbreitete Ansicht, eine sexuell normale Frau dürfe nur vaginale Orgasmen haben: «Klitorale Frauen galten als unreif, neurotisch, bösartig und maskulin; Frauen, die vaginale Orgasmen hatten, waren mütterlich, feminin, reif und normal.»[4] Die physiologischen Erkenntnisse von Masters und Johnson in *Human Sexual Response* (1966) wurden als endgültige Widerlegung der Freudschen These vom vaginalen Orgasmus verstanden: denn danach gab es nur einen einzigen weiblichen Orgasmus. Die Klitoris ist, um mit Masters und Johnson zu reden, «der zentrale Punkt für die sensorische Reaktion im menschlichen weiblichen Becken»[5]. Die Symbolkraft dieses Buches war zum Teil auf das vorwiegend physiologische Vokabular zurückzuführen, das an die Stelle der so verdächtig subjektiven und an die Vorstellung appellierenden Sprache Freuds getreten war, vor allem aber darauf, daß hier die Masturbation im Zentrum der weiblichen und männlichen Sexualität stand. Das Engagement der beiden Autoren für die Rechte der Klitoris ging Hand in Hand mit dem Kampf der Frauen um ihre Unabhängigkeit von der männlichen Sexualität, das heißt dem Penis, und um das Recht, über ihren Körper und dessen Bedürfnisse selbst bestimmen zu können. Daß Masters und Johnson hervorhoben, Frauen könnten unendlich viele Orgasmen erleben, ermutigte jene, die sagten, die weibliche Lust könne sich nur dann richtig entfalten, wenn sie nicht mehr vom Mann abhängig sei. «Eine Frau ohne Mann ist wie ein Fisch ohne Fahrrad», lautete ein berühmter feministischer Slogan; die Botschaft war, daß eine Frau genausowenig einen Mann braucht wie ihre üppige klitorale Sexualität den Penis.

Der Penisneid war also für die Feministinnen von Beginn an das Losungswort. Ihre Kritik äußerte sich auf zweifache Weise. Erstens im Unglauben, daß ein solches Phänomen überhaupt existierte: es wurde als Erfindung eines kranken Mannes abgetan, der das Anderssein der Frau nicht akzeptieren wollte, eine Erfindung, die traditionelle frauenfeindliche Vorurteile bezüglich ihres Neides und ihrer Eifersucht schürte und ihnen eine pseudowissenschaftliche Grundlage gab. In diesem Sinne konnte die Theorie des Penisneides als wissenschaftlicher Mythos analysiert und interpretiert werden, gar als eine Projektion des viel größeren Neides des Mannes auf die Gebärfähigkeit der Frau. Ebenso häufig wie diese Auslegung war ihr beinahe genaues Gegenteil: die Ansicht, daß Freuds Beobachtungen über den Penisneid korrekt seien, man sie aber vollkommen falsch interpretiert habe. Anstatt des Neides auf die sexuellen «Privilegien» des Mannes sei der Penisneid ein indirekter Ausdruck für den Neid auf die sozialen Privilegien des Mannes: seine Macht, seinen Status, seine Fähigkeit, andere zu beherrschen. Der Penis des Penisneides ist nicht der physische Penis, er ist lediglich ein phallisches Symbol, aber kein Freudsches phallisches Symbol. Das junge Mädchen erkennt den Penis sofort als ein Symbol für Macht und Prestige.[6] In dieser Interpretation ist der Penisneid ein Hinweis auf die Unterdrückung der Frau in einer patriarchalischen

Gesellschaft. Die Argumentation erinnert an die feministische Darstellung der Hysterie, die wir im 3. Kapitel erörtert haben, wo auch vom «männlichen Unterdrückungsmodell» die Rede war.[7] Die kranke oder neurotische Frau des neunzehnten Jahrhunderts ist in Wirklichkeit ein Opfer der sozialen Ordnung; die Freudschen Theorien über die Hysterie und später den Penisneid waren nur ein Versuch von vielen, den Status quo zu erhalten, das heißt die bestehende Hierarchie von Geschlechterrollen. Indem man sich wieder die Geschichte zu eigen machte und den unterdrückten Stimmen der Frauen Gehör verschaffte, würde sich eine ganz andere Ordnung des weiblichen Begehrens offenbaren als das kalte, steinerne Patriarchat, die männlichen Totems von Freud und D. H. Lawrence. Wenn man verfolgte, wie das Patriarchat die Stimme des weiblichen Begehrens erstickt hatte, wurde klar, wie Freuds Theorien direkt in jene psychoanalytischen Therapien und Ehehandbücher der fünfziger Jahre Eingang gefunden hatten, die unglückliche Frauen an ihre angestammten Plätze als Mütter, Gefährtinnen und Hausfrauen zurückbefördern sollten. In diesen populärwissenschaftlichen Schriften wird jeder Versuch, mit Männern zu konkurrieren und die Hierarchie zu sprengen, dem Penisneid zugeordnet. Zur Behandlung dieser Krankheit wird empfohlen, den Penisneid in die zugelassenen passiven weiblichen Tugenden umzuwandeln; der Erfolg wird sich in der Fähigkeit zum vaginalen Orgasmus manifestieren.

Ein beliebtes Schlagwort der frühen siebziger Jahre hieß «Bewußtseinsentwicklung». Dieser Begriff, der stark an die Grundsätze der psychoanalytischen Theorie vom Unbewußten und an die psychoanalytische Technik, das Verdrängte ins Bewußtsein zu heben, erinnert, wies auf eines der wichtigsten politischen Ziele in den ersten Jahren der modernen Frauenbewegung hin. Zum Zwecke der Bewußtseinsentwicklung wurden Gruppen gebildet. Indem man mit anderen Frauen persönliche Erfahrungen austauschte, wurde erst die ganze Tragweite der patriarchalischen Unterdrückung offenbar. Frauen, die vorher ihr Leben als einsam und leer empfunden hatten, konnten sich jetzt der Anerkennung der anderen, ihrer Schwestern, erfreuen, wenn sie nur öffentlich über die demütigenden Erfahrungen sprachen, die allen gemeinsam waren: über die politische Ökonomie des sexuellen Tausches, die heimlichen Freuden der kindlichen Onanie, die Scham, in einer Männerwelt einen Frauenkörper zu besitzen. Zugleich bildetete sich ein neues weibliches Wir-Gefühl, ein Gefühl der Zugehörigkeit zur universalen Kategorie, zur «Klasse» der Frau-

Das Problem der Weiblichkeit

en, wie es in marxistischer Terminologie oft hieß; das Klassenbewußtsein war notwendige Voraussetzung jeder politischen Aktion.[8]

Aus der Praxis der Bewußtseinsentwicklung wurde ein neues politisches Axiom abgeleitet: «Das Private ist politisch». Auf die Dauer genügte es jedoch nicht, die Politik zur Privatsache und das Private zur politischen Angelegenheit zu erklären. Ungeachtet ihrer Originalität und politischen Neuartigkeit gab es bei der Frauenbewegung feste, historisch gewachsene Beziehungen zu schon existierenden politischen Bewegungen und Theorien, ob sie nun marxistisch, sozialistisch oder liberal waren. Die Bedeutung der neuen Bewegung lag auch darin, daß sie manche Kategorien ebenjener politischen Theorien in Frage stellte – zum Beispiel die ökonomische Klassendefinition und die männliche, besitzorientierte Rechtsnorm. Aber in der politischen Praxis und Theorie konnte sich die neue Bewegung nur entwickeln, wenn auch das Persönliche zum Gegenstand theoretischer Reflexion wurde. So wie das politische Novum der Bewußtseinsentwicklung an die Redekuren erinnerte, die Ende des neunzehnten Jahrhunderts unter dem Druck des therapeutischen Imperativs erfunden wurden, so wurde es bei vielen Mitgliedern der Frauenbewegung Anfang bis Mitte der siebziger Jahre Mode, eine schon bestehende Theorie des Persönlichen und die Redekur für ihre eigenen Zwecke zu modifizieren.

Es gab aber auch andere, vielleicht dringendere Gründe für diese Kehrtwendung von der Bewußtseinsentwicklung zu einer persönlicheren, reflektierteren Art der Analyse. Soziale Verletzungen und Ungerechtigkeiten zur Sprache bringen zu können – zum Beispiel die erniedrigenden sexuellen Strategien, die nötig waren, um sich einen Job, eine Ehe oder ökonomische Unabhängigkeit zu sichern – brachte zwar kathartische Erleichterung, beantwortete aber nicht die Frage nach der richtigen oder fortschrittlichen Handlungsweise und dem individuellen und gemeinschaftlichen Lebensstil. Die Bewußtseinsentwicklung geriet oftmals in bedenkliche Nähe zur organisierten Selbstkritik, deren moralischer Anspruch durch die Mao-Verehrung jener Tage geadelt wurde. Aus dem Slogan «Das Private ist politisch» entwickelte sich ein neuer Moralismus, der vielleicht nicht ohne Beziehung zu jener höheren Ethik stand, die von einigen Feministinnen des frühen zwanzigsten Jahrhunderts für einen besonderen Charakterzug der Frau gehalten worden war. Vom privaten Sexualleben wurde zuweilen verlangt, daß es einer sexuell befreiten Gesellschaft vorauslebte. «Heterosexistische Anmaßungen» sollten gnadenlos bekämpft werden.[9] So kam es zum Beispiel in den frühen achtziger Jahren zu einer heftigen Kontroverse zwischen feministischen Gruppen, die sich dagegen aussprachen, die Frage nach Macht und Dominanz in lesbischen Beziehungen zu diskutieren: man wollte vermeiden, die Möglichkeit eines ungleichen Kräfteverhältnisses in einer Beziehung auch nur anzudeuten, um sich nicht auf die Ebene der männlichen heterosexuellen Unterdrückungspraktiken zu begeben.[10] Was als Befreiungsbewegung begonnen hatte, schien sich zu einem neuen und zutiefst präskriptiven Moralismus entwickelt zu haben. Der Feminismus warf jetzt dieselbe Frage auf, mit der die Psychoanalyse in ihren Anfängen so provozierend gewirkt hatte: Muß man, wenn man die menschliche Sexualität verstehen will, die ethischen Normen, seien sie nun konventionell oder radikal, über Bord werfen?

Es gab noch weitere Gründe für die erneute Annäherung an die Psychoanalyse. Nicht nur die sexuell liberalen Aspekte von Freuds Theorien weckten das positive Interesse der Feministinnen. Die Institution Familie zu verstehen – eine Institution, mit der die Frauenschicksale der neueren Geschichte so eng verknüpft waren – war wichtig, um so mehr, als die Jugend- und die Antipsychiatriebewegung, die dem modernen Feminismus vorausgegangen waren, sich aber auch parallel zu ihm entwickelt hatten, die Familie zum reaktionären Kern der modernen Gesellschaft erklärt hatten.[11] Wenn der Penisneid eine genaue klinische Beobachtung war, wenn die Psychoanalyse ein zuverlässiges Mittel war, versteckte Strukturen des Alltagslebens aufzudecken, dann mochte sie auch etwas über die sexuelle Situation der Frau sowohl in der Vergangenheit als auch in der Gegenwart zu sagen haben. Shulamith Firestone formulierte diesen Standpunkt als Teil ihrer Kritik an der Psychoanalyse:

«Sowohl der Freudianismus als auch der Feminismus sind als Reaktionen auf eine der scheinheiligsten Epochen der westlichen Zivilisation zu verstehen, nämlich der Viktorianischen Ära, die sich durch ihre Familienzentriertheit und ihre übertriebene Unterdrückung der Sexualität auszeichnete. Beide Bewegungen standen für ein Erwachen: Aber Freud war lediglich der Diagnostiker dessen, was der Feminismus heilen will.»[12]

Freud denkt, der Feminismus lenkt. Wir haben in diesem Buch wiederholt auf die Verbindung zwischen der Psychoanalyse und dem Feminismus hingewiesen. Daß es eine enge, vielleicht schicksalhafte Verbindung zwischen den beiden Bewegungen gibt, hat auch der Feminismus der letzten zwanzig Jahre erkannt, obwohl Freuds Theorie der Weiblichkeit und andere Aspekte der Psychoanalyse nach wie vor abgelehnt werden. «‹Wir sind füreinander geschaffen›, sagt ein Partner im ersten Rausch der Verliebtheit, um später erbittert festzustellen, daß ‹die Beziehung von Anfang an verhängnisvoll war› [...] keine Seite läßt locker [...] Psychoanalyse und Feminismus sind auf Biegen und Brechen aneinander gekettet.»[13]

Die Verbindung bot sich in den frühen siebziger Jahren an, als sich der Feminismus in einer stärker reflektiven, an Theorien interessierten Phase befand und in der Freudschen Psychoanalyse die notwendigen Bausteine für eine Theorie der Geschlechtsdifferenz – in anthropologischer, soziologischer und psychischer Hinsicht – entdeckte. «Die Psychoanalyse ist eine verhinderte feministische Theorie»,[14] meinte Gayle Rubin. Rubins «The Traffic in Women» und Juliet Mitchells *Psychoanalysis and Feminism* vertraten die Ansicht, der Feminismus solle die Psychoanalyse für seine Zwecke benutzen, um mittels einer Theorie der Geschlechtsdifferenz in der patriarchalischen Gesellschaft «die Frage nach der Natur und Entstehung der Unterdrückung und gesellschaftlichen Unterordnung der Frau»[15] zu stellen und zu untersuchen, «wie die Gesellschaft die biologische Geschlechtlichkeit in Produkte menschlicher Aktivität umwandelt»[16].

Mitchells bahnbrechendes Werk machte deutlich, worum es den psychoanalytischen Feministinnen ging: «Die Ablehnung der Psychoanalyse und des Freudschen Werkes [wäre] für den Feminismus verhängnisvoll. [...] Wer die Unterdrückung der Frau begreifen und wirksam bekämpfen will, kommt an der Psychoanalyse nicht vorbei.»[17] Ihre fortgesetzten Attacken gegen die feministische und nichtfeministische Kritik ihrer Zeit an Freud – gegen die Reichianer, gegen die mit R. D. Laing verbundene antipsychiatrische Bewegung, gegen die Feministinnen Simone de Beauvoir, Eva Figes, Betty Friedan, Shulamith Firestone, Germaine Greer und Kate Millett – lassen erkennen, wie feindselig die revolutionären Bewegungen der sechziger Jahre den Kerngedanken der Freudschen Psychoanalyse gegenüberstanden, sowohl seiner Lehre vom Unbewußten und von der Sexualität als auch seiner Vorstellung von einer autonomen psychischen Realität. Allzu häufig übertrugen die radikalen Feministinnen in ihren beißenden Anklagen und provokanten Folgerungen die soziale Realität, sei es nun als Unterdrückung oder Befreiung, direkt auf die Bedingungen des individuellen Subjekts. Die Psychoanalyse setzt als Theorie die psychische Realität zwischen Subjekt und Gesellschaftsordnung; damit ermöglichte sie dem Feminismus, die Konstruktion des Subjekts zu enthüllen, ohne eine spiegelbildliche Beziehung bemühen zu müssen, in der sich das konstruierte Subjekt vollkommen mit den Rollen und Kategorien der sozialen Welt deckt.

Mitchell hielt nicht nur fest, wo Freud mißverstanden worden war, sie führte auch aus, wie eine adäquate feministische Theorie der Familie, der Sexualität und der weiblichen Identität aussehen könnte. Das Maßgebliche daran war die Unterscheidung zwischen Natur und Kultur und die Bedingung, Frauen und Männer müßten, in ihren unterschiedlichen subjektiven Positionen, beide der Seite der Kultur zugeordnet werden. Für eine Theorie, in der die Frau die Natur und der Mann die Kultur verkörperte, war kein Bedarf mehr. In ihrem Buch *Das andere Geschlecht* – dem bedeutendsten Werk dieses Jahrhunderts über die Frau – betont Simone de Beauvoir zu Beginn ihres Kapitels über die Psychoanalyse die Bedeutung der Lehre Freuds für die Frauenforschung:

«Daß die Psychoanalyse einen so großen Vorsprung vor der Psycho-Physiologie gewonnen hat, ist auf ihre Grundüberzeugung zurückzuführen, daß im psychischen Dasein nichts geschieht, was für den Menschen nicht sinnvoll wäre; für sie existiert in Wirklichkeit nicht der von den Gelehrten beschriebene Körper als Objekt, sondern der vom Subjekt erlebte Körper. Die Frau ist Weib in dem Maße, wie sie sich als solches fühlt. Es gibt wesentliche biologische Gegebenheiten, die nicht zu ihrer gelebten Situation gehören. [...] Nicht die Natur bestimmt die Frau: sie bestimmt sich selbst, indem sie die Natur in ihre Bezüglichkeit einbezieht. Aus diesem Blickpunkt ist ein ganzes System entstanden: die Psychoanalyse.»[18]

Der Vorteil der Psychoanalyse liegt darin, daß ihr Operationsfeld ein rein menschliches, ein kulturelles ist. Mitchell schloß sich in diesem Punkt Beauvoir an, obwohl sie der existentiell-phänomenologischen Kritik der Psychoanalyse nicht zustimmte, die Beauvoir ihrer Würdigung Freuds folgen ließ. Und diese Definition der Psychoanalyse als die Darstellung der kulturell bedingten Verschiedenheit der Geschlechter verband sich mit einer anderen axiomatischen Position, zu der Juliet Mitchell und andere psychoanalytische Feministinnen in ihrer Nachfolge vorgedrungen waren: Die Psychoanalyse ist die beste Garantie gegen den Rückfall in die Doktrin vom Wesen des Weiblichen.[19] Solange die Psychoanalyse eine Darstellung des Werdens der Frau, nicht aber ihres Seins und Wesens ist, bietet sie dem Feminismus alles, was er braucht. Ihre Theorien vom Unbewußten und der infantilen Sexualität bewahren ihn zudem davor, in die Fallen zu tappen, die ihm von anderen Theorien gestellt worden sind. So stempeln die amerikanischen Feministinnen mit ihrer These, daß nicht der Penisneid, sondern die sozialen Bedingungen der patriarchalischen Gesellschaft am Minderwertigkeitskomplex der Frauen schuld seien, das kleine Mädchen als passive Übermittlerin von sozialen und kulturellen Werten ab. Damit nehmen sie ihm die Subjektivität und machen sie viel passiver – aber jetzt in der Beziehung zu sozialen Werten und Kräften –, als es selbst der verhinderte Knabe Freuds gewesen war. Diese Theorie macht aus dem kleinen Mädchen ein Opfer,[20] so wie auch die ersten feministischen Darstellungen der Hysterie in den siebziger Jahren die Hysterikerin als Opfer dargestellt hatten. Durch eine derartige deterministische Argumentation wird es nur noch schwieriger (und noch notwendiger), ein von den Regeln der patriarchalischen Gesellschaft unberührt gebliebenes weibliches Subjekt zu finden. Der soziale Determinismus der feministischen Freud-Kritik – deterministisch deshalb, weil sie die direkte, unmittelbare und unbestreitbare Übertragung von patriarchalischen Wertvorstellungen und Rollen auf potentielle weibliche Subjekte postuliert – fordert in der zweiten Phase der Analyse den Rekurs zu einer weiblichen Subjektivität, die unberührt und regenerierbar jenseits des Sozialen anzutreffen ist. Und hier bricht wieder der Essentialismus durch: Die wiedergewonnene Weiblichkeit wird für diese Theoretiker zur «Essenz» der Weiblichkeit. Die mit früheren Versionen des Freudianismus in Zusammenhang stehenden Wesensbegriffe – die primordiale Vergewaltigung, angeborene heterosexuelle Prinzipien, die biologische Untermauerung von Weiblichkeit durch die Gebärfähigkeit – machten es schwierig, die Frage zu beantworten, wo die Psychoanalyse in bezug auf Freuds ursprünglichem Konzept stand, das sowohl biologische als auch soziale Variationen des Essentialismus abgelehnt hatte.

Der Versuch, die Beziehung zwischen Psychoanalyse und Feminismus darzustellen, wird allerdings durch ein drittes Element noch komplizierter: durch Jacques Lacans psychoanalytische Theorien im Kontext von strukturalistischer Linguistik und Anthropologie. Mitchells Werk zeigt sich beeinflußt von Lacans «Rückkehr» zu Freud, bei der Lacan den symbolischen (im Gegensatz zum naturalistischen) Freud herausarbeitete, der so entscheidend für die zukünftige Beziehung des Feminismus zur Psychoanalyse wurde.[21] Doch die Psychoanalyse Lacans als Bindeglied zwischen Psychoanalyse und Feminismus einzusetzen entbehrt deshalb nicht einer gewissen Ironie, weil gerade er die wesentliche Funktion des *Vaters* in der Konstituierung des Subjekts unterstrich. Lacan stellte systematisch jene Tendenzen der Psychoanalyse der dreißiger bis in die siebziger Jahre in Frage, die sich zunehmend fast ausschließlich auf die frühkindlichen Beziehungen zu der Mutter konzentriert hatten, und wurde nicht müde, auf die zentrale Bedeutung des Ödipuskomplexes für jede psychoanalytische Theorie oder klinische Diagnose hinzuweisen. Damit befand er sich im Einklang mit der Skepsis der Kleinianer gegenüber dem Präödipalen. Es ist der Vater, der den Ödipuskomplex verursacht. Der Lacansche Vater repräsentiert das Gesetz, die Existenz einer Kultur (im Gegensatz zur Natur); er stellt die dritte Kategorie, die vermittelnde Funktion dar, die dem Kind ermöglicht, einen Platz in der symbolischen Ordnung (Sprache) zu finden und aus der Sackgasse der Faszination des Bildes (das andere), also dem Spiegelstadium zu entkommen, das in der Phantasie als Faszination der Mutter erlebt wird. Die Funktion des Vaters ist jedoch eine streng metaphorische – er fungiert weder als realer Vater (in Fleisch und Blut) noch als imaginärer Vater (obwohl letzterer in der Phantasie als Ideal und strafende Instanz figuriert), sondern als der Name-des-Vaters, da sein Familienname dem Kind einen Platz in der Gesellschaft zuweist. Diese Metapher erlaubt dem Kind durch die phallische Funktion, auf die der Name-des-Vaters sich bezieht, ein geschlechtliches Wesen zu werden.

Lacans Mißtrauen gegenüber der präödipalen oder Kleinschen Mutter wurde – wenn auch aus anderen Gründen – von Juliet Mitchell und anderen Feministinnen geteilt. Sie erinnerten sich noch allzugut an die Folgen der Popularisierung von so konservativen Begriffen wie «The Nursing Couple» innerhalb der Nachkriegsbemühungen um die Rehabilitierung der Familie.[22] Die Bedeutung des Vaters und des Phallus im Lacanschen System löste die Psychoanalyse von gewissen Tendenzen, die sich an den verschwommenen Begriff des *ewig Mütterlichen* hielten, Tendenzen, die in England durch die Kleinsche Lehre und die Objektbeziehungstheorien bestärkt wurden. Der Vater ist immer symbolisch zu verstehen, selbst in dem elementar empirischen Sinn, auf den Freud oft verwies: «Aber diese Wendung von der Mutter zum Vater bezeichnet überdies einen Sieg der Geistigkeit über die Sinnlichkeit, also einen Kulturfortschritt; denn die Mutterschaft ist durch das Zeugnis der Sinne erwiesen, während die Vaterschaft eine Annahme ist, auf einen Schluß und auf eine Voraussetzung aufgebaut.»[23] Von noch größerer Bedeutung war, daß sich um eine auf den Vater konzentrierte Psychoanalyse eine Anthropologie konstruieren ließ; die von Lacan begeistert übernommenen Analysen Claude Lévi-Strauss' über Verwandtschaftsbeziehungen primitiver Gesellschaften und über den

«Frauentausch» wurden zum Modell für die feministisch-psychoanalytische Anthropologie von Mitchell und Rubin, die als Antwort auf eine der grundlegenden Fragen des Feminismus zu verstehen ist: Warum ist das Patriarchat ein universales Gesellschaftsmodell?

Lacan räumte den ständigen Stolperstein des Feminismus, den Penisneid, durch seine Definition des Phallus aus dem Weg. Während der Penis auf den anatomischen Teil verweist, auch auf das nur imaginierte Organ der Phantasie, bezeichnet Phallus eine Funktion, und zwar eine signifizierende Funktion. Niemand *hat* den Phallus, auch wenn die unterschiedlichen sexuellen Positionen durch den Wunsch markiert sind, den Phallus zu haben beziehungsweise Phallus zu sein. In Lacans Geschlechtsdifferenzierung ist die Mutter die Begehrende; das Erkennen ihres Begehrens, das Begehren eines anderen also, ist die Triebfeder für das Begehren des Kindes. Das Subjekt begehrt, was die Mutter begehrt: Das Objekt, der Signifikant dieses Begehrens, ist die phallische Funktion des Vaters. In dieser Definition entsteht das Begehren im Kind durch die zweifache Erkenntnis des Mangels: die Mutter begehrt, ihr mangelt an etwas, und zugleich realisiert das Kind, daß auch es selbst nicht das hat, was die Mutter begehrt. Die dritte Komponente dieses Dreiecks ist der Vater; er tritt notwendigerweise als Rivale auf, da das Kind, nachdem es erkannt hat, daß es das, was die Mutter begehrt, nicht besitzt, die Existenz des Vaters dem Objekt des mütterlichen Begehrens gleichsetzt.

Der Phallus ist somit ein auf Abwesenheit beruhendes Symbol, ein Symbol für den Mangel. Er wird nicht in seiner unbeweglichen Präsenz, sondern im Austausch zwischen Vater und Mutter erfahren. In diesem Punkt knüpft Lacan an eine der Kleinschen Abweichungen Jones' von der Freudschen Lehre an: Die Tatsache des Geschlechtsverkehrs ist der primäre Faktor für die Organisation der Geschlechtsdifferenz. Aber Lacans Version ist strukturalistisch: Der Geschlechtsverkehr wird durch einen Tausch, eine Transaktion von Symbolen (oder Signifikanten) definiert. Niemand hat den Phallus; er manifestiert sich lediglich im Akt des Tausches; er ist der Kreditbrief in der privaten Sexualökonomie. Diese «Sozialisierung» des Penis in Form einer Phallusökonomie kam dem Projekt einer feministischen psychoanalytischen Anthropologie sehr entgegen. Dennoch war damit in keiner Weise das Problem von Macht und Patriarchat gelöst. Selbst Lacan blieb in diesem Punkt zweideutig. Offensichtlich schrieb er das Privileg, das der Phallus besitzt, seiner Aufwertung als Symbol der politischen Macht zu:

«Das Gesetz würde genauso gelten, wenn Frauen in das Zentrum des Systems gerückt würden und den Phallus im Tausch dafür erhielten, daß sie ein Kind hervorbringen. Dieser Tausch muß jedoch als androzentrisch beschrieben werden, weil – wie Lévi-Strauss darlegt – auf Grund der auftretenden Wirkungen der politischen Machtausübung diese den Männern zukommt. Der Phallus behauptet sich, weil er auch das Zepter ist, in anderen Worten, weil er zur Ordnung der Symbole gehört.»[24]

Aber die symbolische Logik des Phallus bietet, neben seinem Potential zur Errichtung einer politischen Ökonomie der Sexualität, noch andere kreative Implikationen. Wenn das Subjekt gibt, was es nicht hat, dann liebt es Lacan zufolge. Liebe ist demnach immer ödipal, einen phantasierten Rivalen postulierend, der das hat, was das geliebte Wesen begehrt. Julia Kristeva hat kürzlich die Lacansche These in einer Theorie weiterentwickelt, in der der prähistorische Vater sehr früh in die präödipale Beziehung zur Mutter eingreift und eine Spaltung des primären Narzißmus verursacht.[25]

In Lacans Einführung des Freudschen Signifikanten der Geschlechtsdifferenz, des Phallus, in die Ökonomie der infantilen Beziehung zur Mutter wird das Geschlecht des Kindes nicht festgelegt. Der Unterschied zwischen Jungen und Mädchen macht sich erst durch die unterschiedlichen Positionen bemerkbar, die sie einnehmen, wenn sich das Schema entfaltet. Für einen Feminismus, der die Entstehung der Geschlechtsdifferenz in den phantasierten und symbolischen Beziehungen zwischen dem Kind und seiner Umgebung ansiedelt, ist dies ein attraktiver Aspekt. Durch ihn erscheint Freuds Erklärung für die Entstehung der phallischen Phase weniger streng an die Klitoris-Penis-Gleichung gebunden. Und er nimmt dem entscheidenden Augenblick, in dem das kleine Mädchen seinen anatomischen Mangel erkennt, die geschlechtsbestimmende Funktion. Das Moment «Sie hat es gesehen, weiß, daß sie es nicht hat, und will es haben»[26] wird durch die Erkenntnis ersetzt, daß die Mutter etwas begehrt, das jenseits des Kindes ist – der Name dieses Jenseits ist der Phallus. So ist in dem Lacanschen Modell die Mutter eine kastrierte Person – jedes Wesen, das begehrt, ist kastriert –, dann auch das Kind. Beide, Junge wie Mädchen, sind kastriert. In dieser Darstellung ist implizit enthalten, daß Junge und Mädchen den Mangel als ein Zeichen des Verbots auffassen: ein Wesen, dem etwas fehlt (das etwas begehrt), war einst ein Wesen, das nichts begehrt hat und sich selbst genügte. Etwas hat sich ereignet, das es aus seinem ursprünglichen Zustand der nicht begehrenden Vollkommenheit gerissen hat. Die Kastration hat sich immer schon ereignet. Jetzt ist es der Vater, der in die psychische Ökonomie des Mangels eingeführt und als Ursache dieses Mangels angesehen wird, nämlich als verantwortlich für die Kastration. Er ist der, der kastriert. Mitchell glaubt diese Interpretation zu Freud zurückverfolgen zu können: «Für Freud hat der mangelnde Penis bei Frauen nur im Zusammenhang mit dem väterlichen Verbot inzestuöser Wünsche Signifikanz.»[27]

So stellt sich für Lacan das Problem, erklären zu müssen, wie es Jungen schaffen, ihren kleinen Penis in Einklang mit der phallischen Funktion zu bringen, die sich in dem Geheimnis der Beziehung des Vaters zur Mutter verbirgt. «Was der Junge als Zubehör hat, muß er als etwas betrachten, das er von einem anderen hat; das haben wir die *symbolische Schuld* genannt.»[28]

In diesem Punkt ergibt sich eine weitere Annäherung zwischen Psychoanalyse und Feminismus, und zwar durch Lacans Erkenntnis der Instabilität der Geschlechterrollen: Der kastrierte kleine Junge wird zum Beispiel später der phantasierte Mann mit dem Penis, und das kleine Mädchen, das immer auf das einmalige Geschenk wartet, muß sich mit gefälschten Substituten abfinden. Auch unter den besten Umständen ist es auf diese Weise äußerst schwierig, sexualisiert zu werden; das Subjekt steht ständig in der Schuld eines anderen, und die Schuld muß unaufhörlich abgedient werden. Das Kind sträubt sich weiter gegen die Kastrierung, sträubt sich, ein Mensch zu werden. «Die Nähe des Feminismus zur Psychoanalyse drückt sich vor allem in der Erkenntnis aus, daß es in der Tiefe der Seele einen Widerstand gegen die Identitätsbildung gibt.»[29]

Dennoch ist die Lacansche Lesart des Freudschen Weiblichkeitskonzepts, die den Phallus nicht als anatomisches Organ, sondern als Funktion, als Signifikant, betrachtet, nicht für alle befriedigend. Darüber sind in den letzten fünfzehn Jahren wütende Debatten geführt worden, die oft unangenehm an die Debatten der zwanziger und dreißiger Jahre erinnern. Kritikerinnen des phallozentrischen Systems von Lacan vergleichen es häufig mit dem Freudschen Phallozentrismus und postulieren in gleicher Weise wie Ernest Jones, auf den das Wort phallozentrisch zurückgeht, eine autonome weibliche Sexualität. So nimmt Luce Irigaray Karen Horneys Vision der Urszene der Vergewaltigung auf und spricht von einer Störung der Autoerotik der Frau (die sie braucht, um sexuelle Lust zu empfinden) in Form des brutalen Spreizens der beiden Schamlippen durch einen gewaltsam eindringen-

Feminismus und Psychoanalyse

den Penis,[30] eine Störung, die die Vielfältigkeit weiblicher Lust und die Eigenart des Weiblichen (in sprachlicher Hinsicht) schlechthin leugnet.[31] Für Irigaray stellt der Freud-Lacansche Phallus lediglich die «moderne Figuration eines um seine Privilegien fürchtenden Gottes»[32] dar. Und die Gestalt des kleinen Jungen, der bemerkt, daß die Frau keinen Penis hat, betritt die Bühne nun als der kleine Junge, der sieht, daß der Kaiser keine Kleider anhat. Mit diesem Märchen, das er als Allegorie der psychoanalytischen Interpretation versteht, beginnt Jacques Derrida seine Kritik des transzendentalen, phallozentrischen Systems von Lacan.[33] Auch Stephen Heath und David Macey haben die phallische Orthodoxie des Freud-Lacanschen Systems angegriffen, wobei sie die eher überflüssige Frage erheben: «Wie konnte jemals ein Leser nicht erkennen, daß diese Texte sexistisch sind und die Frauen trivialisieren?»[34]

Die psychoanalytischen Feministinnen in der Nachfolge Lacans betrachteten wie er seine Neuformulierung der Freudschen Theorie unter dem Gesichtspunkt, daß sie Freuds Ambiguitäten auflöste, indem sie die vielschichtigen Spannungen in der von Freud über vierzig Jahre lang entwickelten Theorie konsistenter und anwendbarer machte. Das Ergebnis ist, daß die Lacansche Theorie manchmal *plus royaliste que le roi* wirkt, sozusagen *plus phallique que le phallus*, vergleichbar der Pose von Ernest Jones, wenn er die Kleinsche Theorie des frühen Ödipuskomplexes verteidigt. Aber die unendlichen Ambiguitäten der Beziehung zwischen Penis und Phallus machen die korrekte Auslegung der Lacanschen Theorie zur hermeneutischen Schwerarbeit, bei der das Ergebnis nie sicher ist.[35] «Wenn sich der Phallus vom Penis unterscheidet, dann ist der Kampf des Feminismus gegen die Phallozentrik nicht ein Kampf gegen Männer. Aber wenn es fast unmöglich ist, die Unterscheidung Phallus/Penis klar zu definieren, dann ist es verständlich, daß die Behauptung stets wiederkehrt, daß Männer die Feinde des Feminismus sind.»[36]

Trotz der radikalen Lacanschen Neuinterpretationen, die Freuds Theorien ab Mitte der siebziger Jahre erfuhren, bestand bei vielen weiter der Argwohn, daß die Psychoanalyse nicht ganz die Hoffnungen erfüllte, die der Feminismus auf sie gesetzt hatte. War die Beziehung zwischen Feminismus und Psychoanalyse nur eine zufällige? Gab es vielleicht eine andere Theorie über die sexuelle Identität, die den Vorstellungen des Feminismus mehr entgegengekommen wäre? Hatten die psychoanalytischen Feministinnen die psychoanalytische Theorie des sexuellen Unterschieds *faute de mieux* gutgeheißen? Diese

Fragen sind geblieben, auch bei denen, die sich der psychoanalytischen Theorie und Praxis verschrieben haben. So schreibt Nancy Chodorow: «Bis wir nicht eine andere Theorie haben, die uns etwas über unbewußte geistige Prozesse, Konflikte und die Beziehungen zwischen Geschlecht, Sexualität und Selbst etwas zu sagen hat, sollten wir die Psychoanalyse lieber nach dem beurteilen, was sie hat und uns erzählen kann, statt sie generell abzuqualifizieren.»[37] Aber die Diskussionen pro und kontra haben jene Strömungen innerhalb der Frauenbewegung gestärkt, die der Psychoanalyse immer noch ebenso feindselig wie in der Anfangszeit des Feminismus gegenüberstehen.[38]

Diese Strömungen dominierten im amerikanischen psychoanalytischen Feminismus der siebziger Jahre, der sich der Kritik an Freuds Phallozentrismus anschloß und Freuds Theorien der weiblichen Sexualität ablehnte. Die psychoanalytischen Feministinnen in den Vereinigten Staaten – Dorothy Dinnerstein, Nancy Chodorow, Carol Gilligan und Jessica Benjamin – haben verschiedene Wege des Postfreudianismus eingeschlagen. Sie geben sich nicht ultraorthodox, sind jedoch überzeugt, Entdeckungen gemacht zu haben, die Freuds Theorien widerlegen. Dorothy Dinnerstein weist darauf mit der ihr eigenen Offenheit zu Beginn ihres bemerkenswerten Buches hin: «Ich bin nicht geneigt, mich durch [Freuds sexuelle] Bigotterie davon abbringen zu lassen, nach dem Schlüssel zu suchen, der uns aus der geschlechtsbedingten mißlichen Lage befreien kann, in die uns Freud, in gewissem Sinn unabsichtlich, geführt hat.»[39]

Auch Nancy Chodorow läßt keine Zweifel darüber aufkommen, mit wem sie sich geistig verbunden fühlt. Sie sympathisiert mit Horney und anderen Kritikerinnen Freuds, die seine Behauptung, der Vagina komme in den ersten Jahren keine Bedeutung zu, ebenso unbegründet finden wie seinen Phallozentrismus und seine Bigotterie: «Horney entwirft im Gegensatz zu Freuds Modell der defekten Frau ein Frauenbild mit positiven, primär femininen Qualitäten und Selbstwertgefühlen.»[40] Freuds Konzept ist ihrer Meinung nach das Ergebnis von «patriarchalischen Definitionen von Passivität und Aktivität»[41] und eines biologischen Determinismus bezüglich der Funktionen der genitalen Organe. In ihren Augen haben Freuds Kritikerinnen erfolgreich seine These widerlegt, daß der sexuelle Unterschied für beide Geschlechter vielmehr auf der An- oder Abwesenheit des männlichen Geschlechtsteils beruhe als auf zwei verschiedenen Anwesenheiten.[42] Allerdings will sie sich auch nicht auf den biologischen Essentialismus der Herausforderinnen festlegen lassen. Chodorow geht es nicht unbedingt darum, Freuds Theorie der sexuellen Differenz zu revidieren, erstens, weil ihr diese Theorie unwiederbringlich verzerrt erscheint, und zweitens, weil sie das psychoanalytische Projekt Freuds ganz allgemein für entstellt und irregeleitet hält. In *Das Erbe der Mütter* geht Chodorow von der Erkenntnis aus, daß «die Mütterlichkeit der Frauen eines der wenigen universellen und beständigen Elemente der geschlechtsspezifischen Arbeitsteilung» ist,[43] und stellt die Frage: «Wie entsteht die Mütterlichkeit bei den heutigen modernen Frauen?»[44] Es fehlt ihr nicht an Antworten auf diese und auf andere Fragen:

«Das Muttern der Frauen [...] verursacht heterosexuelle Asymmetrien, die die Familie und die Ehe reproduzieren, aber löst bei Frauen Bedürfnisse aus, die sie zur Kinderpflege motivieren, und stattet Männer mit Fähigkeiten aus, sich an der entfremdeten Arbeitswelt zu beteiligen. Es ist die Grundlage der Aufspaltung der sozialen Welt in ungleich bewertete häusliche und öffentliche Sphären, die jeweils zur Heimat von Menschen eines Geschlechts werden.»[45]

Wenn man zu dieser Schlußfolgerung kommen will, muß man sich zunächst von der Triebtheorie verabschieden, der sowohl Freud als auch seine Gegner in der psychoanalytischen Debatte über Weiblichkeit anhingen: In dieser Theorie werden die Menschen (in diesem Fall Frauen) zu Anhängseln ihrer Triebe und Geschlechtsteile.[46] Hier ging Chodorow mit jenen Feministinnen konform, die das psychoanalytische «Objekt»-Vokabular ebenso ablehnten wie die Vorstellung, das «Selbst», die Person, als eine Ansammlung von autonomen Subsystemen oder Prozessen zu beschreiben. Die feministische Forderung, Frauen nicht als (Sexual-)«Objekte» zu behandeln, verband sich mit der «humanistischen» Forderung, daß Personen nicht als (psychoanalytische) Objekte zu behandeln seien, sondern als Subjekte. Mit dieser Kritik brach Chodorow mit der klassischen Analyse, vor allem aber mit der französischen Version Lacans. Die Freud-Lacansche Lehre wiederum hielt diese Konzeption eines Selbst, das ontologisch seinen körperlichen Begierden und Aktivitäten vorangestellt wurde und mehr Bedeutung als diese zugemessen bekam, für eine Wiederbelebung des vorfreudschen allmächtigen Ich, das jedoch durch Freuds Entdeckung des Unbewußten ein für allemal entmachtet worden war.

Jenseits der Triebtheorie vertritt Chodorow eine Theorie der Objektbeziehungen und Margaret Mahlers Auffassung, daß die infantile Entwicklung als ein kontinuierlicher Prozeß von Trennung und Individuation zu sehen sei. Mit ihrer Auslegung der Objektbeziehungstheorie kann sie der Kritik an Freuds Ödipuskomplex mehr Substanz verleihen. Dieser zeige nur die Wünsche und Ängste des Kindes im Verhältnis zu seinen Eltern, nicht aber das Verhalten der Eltern gegenüber ihrem Kind. Für Chodorow sind Objektbeziehungen interfamiliäre Beziehungsmuster, eine für den Feminismus sehr wichtige These. Die geschlechtsspezifischen Unterschiede in der Mutter-Kind-Beziehung können nun folgendermaßen beschrieben werden: Mädchen fällt es schwer, sich von ihren Müttern zu lösen, weil *ihre Mütter* sie als sich selbst «ähnlich» betrachten; kleinen Jungen fällt die Ablösung leichter, weil sie von ihren Müttern schon sehr früh als «verschieden», dem anderen Geschlecht zugehörig erlebt werden.

Chodorow bekam in diesem Punkt Schützenhilfe von Robert Stoller, der in den sechziger Jahren mit seiner Kritik an Freuds Konzept von Männlichkeit und Weiblichkeit ein entscheidendes Argument beisteuerte. So wie die aus den sechziger Jahren stammenden Arbeiten von Masters und Johnson von den Feministinnen als eine endgültige Widerlegung der Freudschen These vom Wechsel der leitenden erogenen Zone beim Mädchen (von der Klitoris zur Vagina) gelesen wurden, so diente Stollers Arbeit vielen Widerlegungen der Freudschen These von dem schwierigen Entstehungsprozeß der Männlichkeit und Weiblichkeit als Grundlage. Stoller konnte nämlich belegen, daß sich Kinder von früh an, vielleicht schon ab dem zwölften Monat, ihres Geschlechts sicher sind.[47] Er schrieb diese Akzeptanz bei Mädchen nicht dem Wissen von der Vagina oder anderen Geschlechtsmerkmalen zu, sondern allein der Tatsache, daß «ihre Eltern nicht daran gezweifelt haben, daß sie Mädchen sind».[48] Freuds Annahme, daß die Vorstellung des Kindes von seiner sexuellen Identität mehr von seinen Wünschen als von seinen Eltern oder seiner Umgebung geprägt ist, wurde damit verworfen. So gewinnt die soziologische Sicht mit der ihr eigenen rhetorischen Stärke der sechziger und siebziger Jahre die Auseinandersetzung über den komplizierten Entstehungsprozeß von Männlichkeit und Weiblichkeit.

Chodorow führt Stollers Grundthese noch einen Schritt weiter. Die soziale Geschlechtsidentität, «das Grundgefühl, weiblich zu sein», wird sehr früh erworben. Aber die Entwicklung des Mädchens und des Jungen zu ihrer *sexuellen* – im Gegensatz zur sozialen – Geschlechtsidentität ist ein komplizierterer Vorgang, bei dem die Prozesse von Individuation und Separation entscheidende Bedeutung haben. Das Modell des Kindes als Empfänger direkter elterlicher Botschaften, zu denen auch deren Wünsche und psychische Verfassungen gehören, wird beibehalten, aber es wird weiter ausgeführt. Für Chodorow ist «die Errichtung einer eindeutigen und unangezweifelten sozialen Geschlechts-Identität und eines realistischen, biologisch-geschlechtlichen Körper-Ichs ein präödipales Phänomen»⁴⁹. Es ist an die Botschaften gebunden, die von der ersten Pflegeperson empfangen werden. Und diese ist auf Grund der nahezu weltweit üblichen Arbeitsteilung immer die Mutter. Hier beginnt für die Feministinnen der tragische Teil der Geschichte. Tatsächlich haben Mädchen Schwierigkeiten, ihre separaten Identitäten aufzubauen; eine Folge davon ist, daß sie sich mehr als Jungen über ihre Beziehungen zu anderen definieren. Das wiederum ist die Ursache für gewisse ausgeprägte Eigenschaften erwachsener Frauen, vor allem für ihren Wunsch, Mutter zu werden und zu «muttern». Bei Jungen wird die soziale Geschlechtsidentität in der Negation errichtet, durch das Nicht-Muttersein; eines der ausgeprägtesten männlichen Merkmale ist die Ablehnung der Verwandtschaft. So «wird die Identifikation mit der Mutter für Kinder beider Geschlechter als wesenhaft menschlich empfunden»⁵⁰. Erst in der ödipalen Phase wird die frühere, auf die Mutter konzentrierte Definition des Menschlichen umgestoßen und die Männlichkeit zum neuen Standard des Menschlichen erhoben.

Chodorow kam zu der Schlußfolgerung, daß die in der westlichen Kultur verbreiteten Angst- und Haßgefühle gegenüber der Mutter und die unseligen Folgen der Doktrin von den getrennten Sphären erst beseitigt werden könnten, wenn Männer zu Müttern würden. Nichtgeschlechtsspezifische Elternschaft stand auf der politischen Tagesordnung an erster Stelle: «Das Muttern der Frauen ist *die* Ursache der männlichen Dominanz.»⁵¹

Der Einfluß Chodorows war nicht zuletzt deshalb so ungeheuer groß, weil er vielen Feministinnen die Möglichkeit eröffnete, die Kritik an Freuds phallozentrischen Theorien aufrechtzuerhalten, ohne deshalb die Psychoanalyse als solche verwerfen zu müssen. Carol Gilligan und andere konnten also, ausgestattet mit akademisch fundierten Argumenten und Beweisen verschiedener Disziplinen, den Weg weiterverfolgen, den Chodorow vor ihnen beschritten hatte und der von der Soziologie und Psychologie zur Psychoanalyse führte. Dabei wichen sie jedoch der fatal entstellten These Freuds vom Geschlechtsunterschied eher aus, als sich mit ihr erneut auseinanderzusetzen. Gilligan hob die Unterschiede im sozialen Verhalten von Mädchen und Jungen hervor, die sie auf die verschiedenen Erfahrungen des Mutterns zurückführte. Ihre These stützte sich dabei kurioserweise auf eine der am meisten kritisierten Thesen Freuds, «daß das

Das Problem der Weiblichkeit

Niveau des sittlich Normalen für das Weib ein anderes wird. Das Über-Ich wird niemals so unerbittlich, so unpersönlich, so unabhängig von seinen affektiven Ursprüngen, wie wir es vom Manne fordern»[52].

Gilligans Untersuchungen des moralischen Empfindens von Kindern und Jugendlichen zeigen, daß sich die moralische Haltung des Mädchens tatsächlich deutlich, wenn auch natürlich nicht universell, von der des Jungens unterscheidet: die weibliche Moral ist mehr eine der Verantwortung (für andere), die männliche hingegen eine zuweilen mechanische Moral des Gesetzes und der abstrakten Justiz.[53] In ihrer Schwerpunktsetzung (Beziehung, Verbundenheit, Erfahrungen des Mädchens mit ihrer präödipalen Mutter) befindet sie sich im Einklang mit Chodorow.[54] Beide konnten sich auf das empirische und analytische Werk Margaret Mahlers stützen, die die uranfänglichen Rhythmen von Zuneigung und Loslösung bei Mutter und Kind untersucht hatte.

Der psychoanalytische Feminismus Chodorows und anderer amerikanischer Feministinnen und Analytikerinnen unterscheidet sich erheblich von dem europäischen. Nicht nur die psychoanalytischen Traditionen, auch die persönlichen, politischen und metaphysischen Erwartungen sind andere. Die amerikanischen Analytiker standen schon in den dreißiger Jahren Freuds «Biologismus» mit Mißtrauen gegenüber und haben statt dessen die direkten Einflüsse des sozialen Umfelds und die Autonomie des Selbst betont, auch wenn diese Autonomie ein nie zu realisierendes persönliches und theoretisches Ideal war. Eine in Amerika stark ausgeprägte Tradition des Individualismus und der Selbsthilfe, des therapeutischen Optimismus und der Selbstachtung ist zum integralen Bestandteil der Psychoanalyse in den Vereinigten Staaten geworden und findet ihren Ausdruck in der Liturgie des Selbst, der auch psychoanalytische Feministinnen bereitwillig zugetragen haben. Kurioserweise wird der Optimismus der Individualitätsrhetorik immer von einer Opferrhetorik begleitet.

Dazu kommt, daß die amerikanischen psychoanalytischen Feministinnen ihre Theorie auf die Mutter, vor allem auf die präödipale Mutter konzentrieren, während viele europäische psychoanalytische Feministinnen, die sich auf Lacan und Klein berufen, nicht an die Möglichkeit glauben, glaubwürdig über eine Mutter reden zu können – gleichgültig, wie früh und wie mächtig sie ist –, ohne die Beziehung zu einem Vater in Betracht zu ziehen, als ob eine Theorie über die präödipale Mutter nur eine theoretische Version der kindlichen Sexualtheorie der mütterlichen und sozialen Parthenogenese wäre. Wir

Feminismus und Psychoanalyse

zitieren hier den berühmten und oft interpretierten Satz von Winnicott «So etwas wie ein Kind gibt es nicht» – «was natürlich heißt, daß, wo immer ein Kind ist, auch mütterliche Pflege ist»[55]. Im Unbewußten gibt es so etwas wie eine Zweipersonenbeziehung nicht – was natürlich heißt, daß immer, wenn man auf eine Mutter stößt, man das (symbolische oder imaginierte) väterliche Prinzip vor sich hat, das eine Frau in eine Mutter verwandelt. Jessica Benjamin hat in einem Interview die Position der psychoanalytischen Feministinnen in Europa präzise beschrieben: «Alle diese Leute [...] behaupten, daß der Vater das Kind aus der dyadischen Falle befreit.»[56]

Benjamin führte neue Problemstellungen in die Analyse der weiblichen Subjektivität ein, indem sie sich auf die Frage von Macht und Dominanz in sexuellen Beziehungen konzentrierte und im Sinne Hegels vorschlug, daß der Wunsch nach Anerkennung das Prinzip ist, welches aus der dyadischen Beziehung hinausführt, aber auch, durch Angst und Abwehr, zur Abblockung führen kann, was wiederum die Ursache für den weit verbreiteten, wenn nicht universalen Masochismus in den sexuellen Beziehungen der Frauen ist. Aber viel von dem Material, mit dem sie ihre Theorie ausstaffiert, ist uns schon von Nancy Chodorow bekannt: Die Differenzierung zwischen dem Selbst und dem anderen, Verlust und Loslösung, die Bedeutung der präödipalen Mutterbeziehung, der die erste Mutteridentifikation folgt, und schließlich das Postulat einer sozialen Geschlechtsidentität. Alle diese Argumente kreisen zwar um Freudsche und feministische Probleme, ignorieren jedoch Freuds ursprüngliche Überlegungen bezüglich einer frühkindlichen Konstruktion der sexuellen Persönlichkeit, die aus den Kämpfen zwischen Wunsch und Angst, Libido und Abwehr hervorgeht.

Keineswegs alle europäischen feministischen Autorinnen nahmen das Supremat des ödipalen Schemas als gegeben an. Ebenso wie sich amerikanische Feministinnen oftmals postfreudianischen Theorien der präödipalen Mutter zuwandten und auf das Primat der Mutter in der Konstruktion der weiblichen Identität pochten, suchten europäische Feministinnen jenseits der ödipalen, patriarchalen Ordnung nach einer anderen, weiblichen Ordnung des Unbewußten. Auch wenn die von Gilles Deleuze und Félix Guattari in ihrem Buch *Anti-Ödipus* dargestellte Idee eines nomadischen, schizophrenen, begehrenden Körpers (ohne Organe) von den Feministinnen nicht sehr oft zitiert wurde, verband sich doch damit eine sehr verbreitete Stimmung. «Unter dem Pflasterstein, da liegt der Strand», lautete einer der Slogans vom Mai

Das Problem der Weiblichkeit

1968. «Unter dem ödipalen Gesetz, da liegt die weibliche Lust» war ein Satz, der von radikalen Feministinnen aufgenommen wurde, nachdem ihn Lacan in seinem von Ironie sprühenden, provokativen und orakelhaften Seminar über weibliche Sexualität von 1973 als Antwort auf die Frauenbewegung formuliert hatte. Auch Hélène Cixous beteiligt sich an der Suche nach einer radikalen Alternative für die patriarchalische und ödipale Ordnung, indem sie sich mit dem alternativen Raum des weiblichen Schreibens, der mütterlichen Präsenz außerhalb der männlichen Ordnung und dem «universalen Schlachtfeld»[57] binärer Oppositionen beschäftigt. Julia Kristeva, die zunächst über die Semiotik als Ort eines spezifisch weiblichen Gegenparts zu der männlichen Welt der Signifikanten und Symbole gearbeitet hat (und dann die nicht ganz zwingende, aber interessante Verbindung zu der Bedeutung des lautlichen im Chinesischen und dessen Unterdrückung in vielen westlichen Sprachsystemen herstellte), ist, ausgehend von dem Winnicottschen Begriff des Übergangsraumes und der Kleinschen Erforschung der frühkindlichen Phantasien, inzwischen zu einem stärker psychoanalytischen Ansatzpunkt für das präödipale Problem gekommen. Bei französischen Autoren stoßen wir auf die Tendenz, die zentrale Stellung der Mutter anzuerkennen, nicht nur in der Psychoanalyse, sondern auch in radikalen Theorien der Weiblichkeit.

Die Entwicklung des psychoanalytischen Feminismus und seiner Kritik wurde in den siebziger und achtziger Jahren mit der textuellen Psychoanalyse noch vielschichtiger. Mitchells Verteidigung von Freud sollte dazu dienen, den Feministinnen klarzumachen, daß die Psychoanalyse für den Feminismus nicht nur ein brauchbares, sondern sogar ein notwendiges Instrument darstellte. Ihre positiven Theorien gingen sowohl auf Lacan als auch auf Lévi-Strauss und das konzeptuelle Gerüst zurück, das der französische Strukturalismus beigesteuert hatte. Es waren jedoch nicht nur Feministinnen wie Mitchell und Rubin, die sich der «französischen Theorie» bedienten. Strukturelle Anthropologie, der Marxismus Althussers, Foucaultsche Geschichtswissenschaft, Derridas Dekonstruktion, strukturalistische Poesie, Narratologie, Poststrukturalismus: alle diese intellektuellen Projekte entstanden in der angelsächsischen akademischen Welt der siebziger und achtziger Jahre, alle gingen auf die Vielfalt der französischen Theorie zurück und schufen neue, mehr oder weniger ephemerische akademische Kulte. Wenn es etwas gab, was Lévi-Strauss und Lacan, Foucault und Derrida, Barthes und Althusser, Kofman und Kristeva, Irigaray und Deleuze, Ricœur und Todorov verband, so war es der Einfluß

Freuds, der beinahe von allen anerkannt wurde, unabhängig davon, wie kritisch sie im einzelnen zu ihm standen. Die nach England, Amerika und vielen anderen Ländern exportierte französische Theorie verschaffte den Schriften Freuds ein neues, unangefochtenes Prestige. Das wiederum war eine unerläßliche Voraussetzung für das Selbstverständnis der Literaturkritik, der Soziologie und Philosophie. Es war nun nicht mehr notwendig, Kliniker oder akkreditierter psychoanalytischer Theoretiker zu sein. «Freud studies» wurde eine selbständige Disziplin, die weltweit praktiziert wurde.

Daß Lacan in seinem «Seminar über E. A. Poes ‹Der entwendete Brief›» 1954 vorführte, wie ein literarischer Text gewisse psychoanalytische Begriffe, zum Beispiel die Wiederholung, die Theorie des Objektverlustes und der Übertragung exemplifiziert, war sehr wichtig für die textuelle Psychoanalyse. Dasselbe gilt für Derrida, der virtuos demonstrierte, in welchem Maße Texte ihre eigene Selbstanalyse liefern. Daß ihn gerade der komplexe Charakter von Freuds Texten so faszinierte, war kein Zufall. Hier gab es eine lange Tradition; als erste hatte sich Karen Horney kritisch mit Freud auseinandergesetzt: Sie hatte zwei Spalten angelegt und dann links die psychoanalytische Theorie und rechts die Theorien des kleinen Jungen, die das Objekt der psychoanalytischen Theorie sind, eingetragen, womit sie ohne weitere Erläuterungen enthüllte, wie nah sich Theorie und Objekt sind. In diesem Punkt trat sie in Freuds Fußstapfen, und viele Theoretiker und Kritiker haben seitdem Freuds Texte als wahre Fundgruben von Leerstellen entdeckt, die sich erst in der Interpretation offenbaren, oder von Gegenübertragungen, die in der theoretischen Analyse aufgedeckt werden. Die Aufsatzsammlung *In Dora's Case* ist das beste Beispiel für diese Annäherung an Freuds Schriften; sie macht das mit Freud, was Freud mit Dora machte, indem sie seinen Text auf die Couch legt, ihn seinen freien Assoziationen überläßt und Freud mit der ihm eigenen Technik der dekonstruktivistischen Analyse des Patienten zerlegt.[58] So sind die Techniken der Analyse zu unentbehrlichen Instrumenten der philosophischen, literarischen und kulturphilosophischen Textkritik geworden; das *tu quoque*, dieser so wichtige Bestandteil von Freuds Analysen seiner eigenen Träume, beginnend mit dem Traum von Irmas Injektion, wird zu einem Kennzeichen der Textkritik, besonders der feministischen Literaturkritik.

Shoshana Felman schnitt in ihrer Einführung zu *Literature and Psychoanalysis* ein grundsätzliches methodologisches Problem dieser Art der interdisziplinären, intertextuellen Untersuchungen an, indem sie die Bedeutung des harmlosen Wortes «und» im Titel dieser Sammlung in Frage stellte. Darf in einer Arbeit über Psychoanalyse und Literatur die Psychoanalyse eine Position der Überlegenheit gegenüber dem literarischen Text einnehmen, nach dem Muster des allwissenden Analytikers, der die Krankheit, die Hysterie seiner Patientin, ihren Zugang zur Weiblichkeit beherrscht und überwacht? Oder ist es eine Untersuchung, in der auch die Psychoanalyse den Gesetzen der Textanalyse und der Dechiffrierung unterstellt wird? Diese Ambiguität, die sich schon bei Freuds Analyse des fiktionalen Schreibens und in Lacans und Derridas Auslegungen von philosophischen und literarischen Texten findet, haftet allen Projekten an, die die Psychoanalyse *und* – ein anderes theoretisches Projekt verbinden wollen.[59] Ist die Psychoanalyse der dominante Diskurs oder nur eine der vielen intellektuellen und literarischen Traditionen des Westens? Mit dieser Frage müssen sich jetzt die Mußehen und -scheidungen von Psychoanalyse und Feminismus herumschlagen. Ob sie je beantwortet werden kann, ist noch unklar.

Natürlich könnte man die jüngste Freud-Welle so erklären, daß jede Generation das Werk dieses einflußreichsten Autors unseres Jahrhunderts neu für sich entdeckt. Das Verwirrende daran ist, daß Freud meist dann den größten Einfluß ausübt, wenn er am heftigsten geschmäht und seine Theorien erbittert bekämpft werden. Dieses Kapitel begann mit dem nahezu weltweiten Protestgeschrei der Feministinnen gegen den Hauptideologen der männlichen Überlegenheit und den von ihm angerichteten Schaden. Auch diese Feministinnen waren, wie wir jetzt erkennen, «Freuds Frauen». Die anhaltende Dialektik innerhalb des Feminismus, die Dialektik von Feindseligkeit gegen und Bewunderung für Freud, hat seit dem Ende der sechziger Jahre neue Formen angenommen. Innerhalb der sozialen Debatte Ende der siebziger und Anfang der achtziger Jahre diente Freud aufs neue zwei anscheinend voneinander unabhängigen, in Wirklichkeit aber in engem Zusammenhang stehenden feministischen Attacken als Zielscheibe. In ihrem Buch über Vergewaltigung attackierte Susan Brownmiller die Freudianer wegen ihrer bösartigen männlichen Ideologie und ihrer Behauptung, daß «alle Frauen vergewaltigt werden wollen»[60]. Hauptzeugin der Anklage war natürlich Helene Deutsch. Das Verdienst von Brownmillers Buch war, die Öffentlichkeit auf die Gewalt von Männern gegen Frauen aufmerksam zu machen. Sie stellte aber auch die Frage – und richtete sich damit sowohl an Feministinnen als auch an Nichtfeministinnen –, wie ein Bericht über die menschliche Sexualität aussehen müßte, ein Bericht, der männliche *und* weibliche Sexualität oder Sexualitäten untersucht und auch die Vergewaltigung mit der Ernsthaftigkeit behandelt, die das Thema verdient. Und wieder stand Freud auf der Tagesordnung der Feministinnen, fast immer als Buhmann, selten auch als potentieller Mentor.

Anfang der achtziger Jahre wurde Freud wieder in eine sexualpolitische Debatte gezogen, als es um das Ausmaß des sexuellen Mißbrauchs von Kindern ging. 1977 hatte Florence Rush die These aufgestellt, daß Freud das Ausmaß dieses Mißbrauchs sowohl aufgedeckt als auch vertuscht habe.[61] Der Historiker und praktizierende Psychoanalytiker J. M. Masson erhob 1984 denselben Vorwurf gegen Freud. Er behauptete, Schlüsselbegriffe der Psychoanalyse wie infantile Sexualität und der Ödipuskomplex gingen auf Freuds moralische und intellektuelle Feigheit zurück: auf seine Weigerung, den Geschichten seiner Patienten über sexuelle Verführung in der Kindheit Glauben zu schenken.[62] Zur selben Zeit attackierte auch Alice Miller mit ihrer Arbeit über den Langzeiteffekt des «realen» infantilen Traumas die orthodoxe Freudsche Lehre von der ödipalen Phantasie sowie das moralische und pädagogische Rüstzeug der Therapieindustrie.[63] Massons und Millers Angriffe verbanden sich mit der feministischen Therapie, die, als Teil des therapeutischen Prozesses, immer auch auf die realen Bedingungen der Unterdrückung der Frauen verwiesen hatte.

Die lang schwelende feministische Feindseligkeit gegen Freud artikulierte sich jetzt mit neuer Stimmgewalt. Viele empörten sich, daß sich Freud und die psychoanalytische Profession in selbstgefälliger Mittäterschaft geweigert hatten, an die Wahrhaftigkeit des sexuellen Mißbrauchs in der Kindheit zu glauben, und statt dessen versucht hatten, ihre Patienten davon zu überzeugen, ihre Erinnerungen seien nichts als Phantasien, die sich als reale Ereignisse verkleidet hatten. Wieder einmal verteidigten die Anhänger Freuds die psychische Realität gegen die überwältigend direkte rhetorische Kraft eines Rufes nach sozialer Realität. Sie kamen jedoch an dem Punkt nicht weiter, als sie erkennen mußten, daß die an die Psychoanalyse herangetragenen politischen Forderungen von dieser eine Schuldigsprechung erwarteten, während das Ethos der klinischen Berufsausübung die moralische Verurteilung, ja Parteinahme in jeder Form verbietet. Wie unterschiedlich diese beiden Standpunkte sind, macht die Semantik von Beschreibungen deutlich: Während Freud immer von «Verführung» sprach, wenn er die sexuellen Beziehungen von Kindern zu

Das Problem der Weiblichkeit

Erwachsenen beschrieb, ist das Schlüsselwort der achtziger Jahre durchgehend «Mißbrauch».
Freud vertrat in der sexuellen Ethik einen toleranten Standpunkt. Als Marie Bonaparte ihn nach seiner Meinung über den Mutter-Sohn-Inzest fragte, weil sie erwog, mit ihrem ältesten Sohn zu schlafen, meinte er, mit dem Inzest sei es so ähnlich wie mit der Menschenfresserei:
«Es gibt natürlich renzente reale, vernünftige Abhaltungen, einen Menschen zu erschlagen, *um* ihn aufzufressen, aber keinen einzigen solchen Grund gegen das Verzehren eines menschlichen Leichenteils anstatt eines tierischen. Doch dürfte es den meisten von uns ganz unmöglich sein.
Der Inzest liegt uns nicht so fern, kommt auch häufig genug vor. [...] In vereinzelten Ausnahmefällen wäre der Inzest heute aber unschädlich, freilich bliebe er unkulturell als Aufhebung einer jener sexuellen Einschränkungen, die zum Aufbau der Kultur notwendig waren.»[64]
Bei anderen Gelegenheiten gab er sich weniger erhaben, zumindest wenn wir Joseph Wortis' Bericht über seine Analyse bei Freud Glauben schenken wollen:
«Beziehungen mit Kindern sollten nicht gefördert oder toleriert werden, sagte Freud; eigentlich sollten sie mit den schärfsten Maßnahmen verhindert werden. Es sollte niemandem gestattet sein, sexuelle Beziehungen mit Menschen zu haben, die nicht die Möglichkeit der freien Wahl haben: ein Unternehmer habe zum Beispiel nicht das Recht, sich einer Angestellten zu nähern, weil diese nicht frei entscheiden könne.»[65]
Der moderne Ton dieses ethischen Imperativs läßt uns fast an der Korrektheit von Wortis' Bericht zweifeln. Die folgende Geschichte macht vielleicht deutlich, für wie marginal der klassische Analytiker Fragen der sexuellen Ethik innerhalb der analytischen Praxis hält. In den frühen achtziger Jahren, als Millers und Massons Freud-Kritik heftige Diskussionen auslöste, fragte man eine klassisch ausgebildete Analytikerin, eine Freudianerin, wie sie über die Realität der sexuellen Traumata, oder, populärer ausgedrückt, wie sie über die in der Analyse zutage geförderten Szenen sexuellen Kindesmißbrauchs denke. «Das ist eine wichtige Frage», meinte sie nachdenklich, «und eine, die mich beruflich sehr beschäftigt hat. Meiner Ansicht nach kann man davon ausgehen, daß das infantile Trauma real war, wenn ein Patient dann selbst sexuelle Beziehungen mit Kindern unterhält.» Für die Analyti-

kerin hat die ethische Seite des Sexuallebens keine solche Dringlichkeit wie für jene, die sich beruflich mit dem sexuellen Mißbrauch von Kindern beschäftigen. Sie unterbricht deshalb nicht die Analyse oder ruft die Polizei. Sie integriert lediglich das neue Material in die therapeutische Arbeit. Schließlich sind es die gegenwärtigen Probleme ihres erwachsenen Patienten, die es zu lösen gilt; es ist nicht die Aufgabe der Analytikerin, alte Rechnungen zu begleichen. Noch ist es ihre Aufgabe, sich im Namen eines höheren Guten in Vergangenheit oder Gegenwart des Patienten einzumischen.

Aus dem ganzen Hin und Her von Attacken und Verteidigungen geht Freud als eine Figur hervor, der in den sexualpolitischen Auseinandersetzungen des ausgehenden zwanzigsten Jahrhunderts eine aktive Rolle zugeordnet wird und die in den Antworten der Moderne auf die verborgensten Phantasien von Männern und Frauen immer – wenn auch nicht immer positiv – mitbedacht ist. Das Ansehen dieses Freud wird aber zur Zeit häufig durch die Beobachtung untergraben, daß die Erben seines Berufes weiter dem patriarchalischen Vater dienen. Der Mann, der in seiner Jugend seiner Verlobten schrieb, «die Stellung der Frau wird keine andere sein können, als sie ist, in jungen Jahren ein angebetetes Liebchen, und in reiferen ein geliebtes Weib»[66], erfand einen Beruf, in dem Frauen weder als Liebchen noch als geliebtes Weib auftreten und in dessen Ikonographie der Vater eher in Pension geschickt als ermordet wird, und das zugunsten einer Mutter, die auf ihr Recht pocht, als die Schöpferin aller Dinge angesehen zu werden.

Hanna Segal, eine britische, kleinianische Analytikerin, hat Freuds Beziehungen zu Frauen treffend beschrieben:

«Ich halte Freuds Theorie von den kleinen Mädchen, die annehmen, daß sie einen Penis haben, und dann entdecken, daß sie keinen haben, für reinen Schwindel. Andererseits war Freud der erste, der Frauen als Menschen behandelt hat, in dem Sinne, daß er der weiblichen Sexualität einen eigenen Stellenwert gab. Er betrachtete Frauen nicht als asexuelle Wesen. Noch wichtiger, glaube ich, ist, daß die Psychoanalyse der erste Berufsverband war, in dem Frauen von Anfang an genauso behandelt wurden wie Männer. [...] Manchmal wird man gefragt, ob Frauen die begabteren Psychoanalytikerinnen seien als Männer, weil sie mehr nach innen gekehrt seien. Ich glaube nicht.»[67]

Es wäre wohl doch zu ausgefallen, Freuds Bedeutung für die Geschichte der Frauen in diesem Jahrhundert in seiner Funktion als Arbeitgeber zu sehen, als der er als erster die Chancengleichheit verwirklichte. Wie das Buch aufgezeigt hat, stand bei der auffallenden Überzahl und Berühmtheit von Analytikerinnen – und Patientinnen – mehr auf dem Spiel als ein gerechter Liberalismus, der den Zugang zu dem neuen Beruf sicherstellt. Die Entwicklung der psychoanalytischen Theorie ist untrennbar mit dem bedeutenden Beitrag von Freuds Patientinnen und späteren Analytikerinnen verbunden. Auch das jetzige Nachdenken über das, was Frausein heißt, ist so durchdrungen von den Gedanken Freuds und seiner Frauen, daß es unmöglich sein wird, von der Sexualität zu sprechen, ohne sich auf Freud zu berufen. Und auch wenn die Auseinandersetzung des Feminismus mit Freud einer Liebesaffäre gleicht, die ganz nach dem Freudschen Muster von Idealisierung und Erniedrigung abläuft: es ist und bleibt eine Liebesbeziehung.

Bildnachweis

1, 2, 3, 4, 5, 7, 8, 10, 11, 15, 16: von A. W. Freud et al. zur Verfügung gestellt.
6: von Peter J. Swales zur Verfügung gestellt.
9: von Vincent Brome zur Verfügung gestellt.
12: von Marcel Sternberger aufgenommen und zur Verfügung gestellt.
13: von Michael John Burlingham aufgenommen und zur Verfügung gestellt.
14: von Victor Ross zur Verfügung gestellt.
17: aus dem Archiv der British Psycho-Analytical Society.
18: von Paul Roazen zur Verfügung gestellt.
19: aus dem Wiener Stadt- und Landesarchiv.
20: aus *Karikaturen vom achten Internationalen Psychoanalytischen Kongreß*. Leipzig/Wien/Zürich: IPV, 1924.
21: aufgenommen von Man Ray, zur Verfügung gestellt von der Yale University, Collection of American Literature, Beinecke Rare Book and Manuscript Library.

Textnachweis

Die Autoren danken A. W. Freud et al. und The Estate of Anna Freud (sowie Mark Paterson & Associates) für die Genehmigung, aus unveröffentlichten Texten zu zitieren, die sich im Besitz des Freud Archive in der Library of Congress, Washington D.C., des Anna Freud Bequest, Library of Congress, Washington D.C., des Freud Museum in London sowie Sigmund-Freud-Copyrights, Wivenhoe, Essex, befinden.

Den Rechteinhabern an in der deutschen Ausgabe zitierten Übersetzungen beziehungsweise deutschsprachigen Originaltexten, insbesondere dem S. Fischer Verlag, dankt der Verlag für die freundliche Genehmigung zum Abdruck.

Abkürzungen

Bertin	Célia Bertin: *Die letzte Bonaparte*. Freiburg i. Br., 1989.
Bloomsbury/ Freud	Perry Meisel und Walter Kendrick (Hg.): *Bloomsbury/Freud: The Letters of James and Alix Strachey 1924–1925*. London, 1986.
Briefe	Ernst und Lucie Freud (Hg.): *Sigmund Freud. Briefe 1873–1939*. Frankfurt a. M., 1980.
Briefwechsel	Eva Brabant u. a. (Hg.): *Sigmund Freud–Sándor Ferenczi: Briefwechsel*, I.1 und I.2. Wien, 1993, 1994.
FA	Hilda C. Abraham und Ernst Freud (Hg.): *Sigmund Freud/Karl Abraham. Briefe 1907–1926*. Frankfurt a. M., 1965.
FF	J. M. Masson und Michael Schröter (Hg.): *Sigmund Freud: Briefe an Wilhelm Fließ, 1887–1904*. Frankfurt a. M., 1986.
FJ Briefwechsel	Ingeborg Meyer-Palmedo (Hg.): *Briefwechsel Sigmund Freud Ernest Jones, 1908–1939*. Frankfurt a. M., 1993.
FJ Correspondence	R. Andrew Paskauskas (Hg.): *The Complete Correspondence of Sigmund Freud and Ernest Jones, 1908–1939*. Cambridge, Mass., 1993.
FJung	William MacGuire und Wolfgang Sauerländer (Hg.): *Sigmund Freud/C. G. Jung. Briefwechsel*. Frankfurt a. M., 1974.
FLou	Ernst Pfeiffer (Hg.): *Sigmund Freud/Lou Andreas-Salomé. Briefwechsel*. Frankfurt a. M., 1966.
FM	Sammlung des Freud Museum, London.
FPf	Ernst Freud und Heinrich Meng (Hg.): *Sigmund Freud/Oskar Pfister. Briefe 1907–1939*. Frankfurt a. M., 1963.
Freud-Klein Controversies	Pearl King und Riccardo Steiner (Hg.): *The Freud-Klein Controversies 1941–1945*. London und New York, 1990.

Abkürzungen

FS	Walter Boehlich (Hg.): *Sigmund Freud. Jugendbriefe an Eduard Silberstein, 1871–1881*. Frankfurt a. M., 1989.
G. W.	Sigmund Freud: *Gesammelte Werke*, I–XVIII. Ab 1960: Frankfurt a. M.
Int. J. Psa.	*International Journal of Psychoanalysis.*
Int. Ztschr. f. Psa.	*Internationale Zeitschrift für Psychoanalyse.*
Jones	Ernest Jones: *Das Leben und Werk von Sigmund Freud*, I–III. Bern, 1960.
LC	Sigmund Freud Archive, Library of Congress, Washington D.C.
Protokolle	*Protokolle der Wiener Psychoanalytischen Vereinigung*, I–IV. Frankfurt a. M., 1976–1981.
Reader	Robert Fliess (Hg.): *The Psycho-Analytic Reader*. London, 1950.
SE	James Strachey und Alan Tyson (Hg.): *The Standard Edition of the Complete Psychological Works of Sigmund Freud*, I–XXIV. London, 1953–1974.
SFC	Sigmund Freud Copyrights, Wivenhoe, Essex.
Studien	Josef Breuer und Sigmund Freud: *Studien über Hysterie*. Frankfurt a. M., 1991.
Symmetrie	Aldo Carotenuto (Hg.): *Tagebuch einer heimlichen Symmetrie. Sabina Spielrein zwischen Jung und Freud*. Freiburg i. Br., 1986.

Anmerkungen

Vorwort

1) *Die Traumdeutung:* G. W., II/III, S. 456 f.
2) Ebd., S. 456.

Freud vor Gericht

1) Freud an Martha Bernays, 15. November 1883: *Briefe,* S. 83.
2) «Über die weibliche Sexualität»: G. W., XIV, S. 523.
3) *Jones,* II, S. 492 f.
4) Freud an Martha Bernays, 6. Oktober 1883: *Briefe,* S. 73.
5) Reik: «Freud in conversation». Kopie in der *LC,* Box B 46, S. 6.
6) Freud an Jones, 28. April 1938: *FJ Briefwechsel,* S. 105.
7) Freud an Ernst Freud, 9. Mai 1938, zit. nach Gay: *Freud,* S. 705.
8) *Protokolle,* I, 11. März 1908, S. 331.
9) Boyer: «Freud, Marriage and Late Viennese Liberalism», S. 92.
10) Ebd., S. 100.
11) *Protokolle,* II, 13. April 1910, S. 440.
12) Freud an Jeanne und Hans Lampl de Groot, 11. Februar 1926: *Briefe,* S. 379.
13) «Die ‹kulturelle› Sexualmoral und die moderne Nervosität»: G. W., VII, S. 158. Eine frühe und positive feministische Antwort auf Freuds Thesen über Sexualität und Moral stammt von Meisel-Hess: *Die sexuelle Krise* (1909), auszugsweise in Brinker-Gabler: *Zur Psychologie der Frau,* S. 229–235.
14) «Die ‹kulturelle› Sexualmoral und die moderne Nervosität»: G. W., VII, S. 158.
15) *Die Traumdeutung:* G. W., II/III, S. 160.
16) *Drei Abhandlungen zur Sexualtheorie:* G. W., V, S. 124.
17) Ebd., S. 124.
18) Ebd.
19) «Über die allgemeinste Erniedrigung des Liebeslebens»: G. W., VIII, S. 86.

Anmerkungen

20) Glover: «Psychoanalysis in England», S. 543 f.
21) Chodorow: «Psychoanalyse und Psychoanalytikerinnen» und «Seventies Questions for Thirties Women».
22) Siehe Coleman: «From ‹Dear Lou› to ‹Code Name Mary›».

1. Kapitel

1) Freud an Ferenczi, 9. Juli 1913: *Briefwechsel*, I/2, S. 235. Siehe auch Assoun: *Freud et la femme*, S. 39.
2) «Das Motiv der Kästchenwahl»: *G. W.*, X, S. 32.
3) Ebd., S. 37.
4) Freud an James S. H. Bransom, 25. März 1934: *Jones*, III, S. 527 f.
5) «Über die weibliche Sexualität»: *G. W.*, XIV, S. 519.
6) Freud an James S. H. Bransom, 25. März 1934: *Jones*, III, S. 528.
7) Freud an Ferenczi, 16. September 1930: *Briefe*, S. 418.
8) Siehe Anzieu: *Freud's Self-Analysis*, S. 297, und Assoun: *Freud et la femme*, S. 26 ff.
9) *Die Traumdeutung*: *G. W.*, II/III, S. 589.
10) Ebd., S. 221.
11) Siehe Anzieu: *Freud's Self-Analysis*, S. 294 ff.; Rosenfeld: «Dream and Vision»; Assoun: *Freud et la femme*, S. 28 f.
12) «Über Deckerinnerungen»: *G. W.*, I, S. 553.
13) Ebd., S. 541.
14) «Brief an den Bürgermeister der Stadt Příbor»: *G. W.*, XIV, S. 561.
15) Martin Freud: «Who Was Freud?», S. 202, zit. nach Gay: *Freud*, S. 566.
16) Gay: *Freud*, S. 566.
17) Balmary: *Psychoanalysing Psychoanalysis*, S. 73.
18) «Bemerkungen über einen Fall von Zwangsneurose» –: *G. W.*, VII, S. 450 Anm.
19) Max Schur: *Sigmund Freud: Leben und Sterben*, S. 33 f.
20) «Eine Kindheitserinnerung aus *Dichtung und Wahrheit*»: *G. W.*, XII, S. 26.
21) «Die Weiblichkeit» in: *Neue Folge der Vorlesungen zur Einführung in die Psychoanalyse*: *G. W.*, XV, S. 143.
22) Ebd., S. 143. Siehe auch Abraham: «Freud's Mother Conflict».
23) Freud an Sam Freud, Manchester, 21. August 1925: *SFC*. Näheres zu Amalies Traum von Freuds Begräbnis bei Whyte: *Focus and Diversions*, S. 110 ff.
24) Freud an Jones, 15. September 1930: *FJ Briefwechsel*, S. 76.

1. Kapitel

25) Gay: *Freud*, S. 732. Eine andere Version findet sich bei *Jones*, III, S. 290.
26) Sprengnether: *The Spectral Mother*, S. 178.
27) Sajner: «Sigmund Freuds Beziehungen», S. 172.
28) Krüll: *Freud und sein Vater*, S. 111.
29) Freud an Fließ, 3. Oktober 1897: *FF*, S. 288.
30) Freud an Fließ, 4. Oktober 1897: *FF*, S. 290.
31) Assoun: *Freud et la femme*, S. 41. Siehe auch Grigg: «‹All Roads Lead to Rome›», und Hardin: «On the Vicissitudes of Freud's Early Mothering».
32) Freud an Fließ, 4. Oktober 1897: *FF*, S. 290.
33) Assoun: *Freud et la femme*, S. 43.
34) Freud an Fließ, 15. Oktober 1897: *FF*, S. 291. Siehe auch *Die Traumdeutung*: *G. W.*, II/III, S. 252f.: «[...] sie [hat] mir nicht immer die liebevollste Behandlung angedeihen und mich harte Worte hören lassen, wenn ich der Erziehung zur Reinlichkeit kein genügendes Verständnis entgegenbrachte. [...] Es ist wohl anzunehmen, daß das Kind dieser Erzieherin, trotz ihrer schlechten Behandlung, seine Liebe geschenkt hat.»
35) Freud an Fließ, 15. Oktober 1897: *FF*, S. 292.
36) Gay: *Freud*, S. 15.
37) «Eine Kindheitserinnerung des Leonardo da Vinci»: *G. W.*, VIII, S. 185f.
38) *Massenpsychologie und Ich-Analyse*: *G. W.*, XIII, S. 134.
39) Freud an Fließ, 3. Oktober 1897: *FF*, S. 289.
40) Gallop: «In Dora's Case» in: *Feminism and Psychoanalysis*, S. 213. Swan: «Mater and Nannie», *passim*.
41) *Zur Psychopathologie des Alltagslebens*: *G. W.*, IV, S. 60 Anm.
42) «Die Weiblichkeit»: *G. W.*, XV, S. 131.
43) *Jones*, I, S. 25.
44) Freud an Fließ, 3. Oktober 1897: *FF*, S. 288.
45) «Über Deckerinnerungen»: *G. W.*, I, S. 540.
46) Freud an Fließ, 15. Oktober 1897: *FF*, S. 292.
47) «Über Deckerinnerungen»: *G. W.*, I, S. 545.
48) Gay: *Freud*, S. 23.
49) Buch mit Widmung befindet sich in der Privatsammlung von Victor Ross.
50) Freud an Martha, 19. Juni 1884: *Briefe*, S. 120.
51) *Jones*, II, S. 451.
52) *Jones*, III, S. 273. Nach dem Krieg machte sich Anna Freud schwere Vorwürfe, daß sie die alten Damen in Wien zurückgelassen hatten: «Es ist unsere Schuld, daß sie umgebracht worden sind.» (Young-Bruehl: *Anna Freud*, S. 288.)
53) Freud an Martha, 23. Juli 1885: *Briefe*, S. 166.
54) Ebd.
55) Young-Bruehl: *Anna Freud*, S. 31.

Anmerkungen

56) *Jones*, I, S. 148.
57) Freud an Pfister, 9. Mai 1920: *FPf*, S. 79.
58) Freud an Fließ, 23. März 1900: *FF*, S. 445.
59) Freeman und Strean: *Freud and Women*, S. 77 f.
60) Freud an Fließ, 23. März 1900: *FF*, S. 445.
61) Freud an Silberstein, 22./23. Oktober 1874: *FS*, S. 78.
62) Freud an Martha, 10. Februar 1886: *Briefe*, S. 216.
63) Martin Freud: *Glory Reflected*, S. 15
64) Freud an Martha, 12. Dezember 1885: *Briefe*, S. 194.
65) *Jones*, I, S. 199.
66) Freud an Fließ, 17. Mai 1896: *FF*, S. 196.
67) Freud an Jones, 22. August 1992: «I am not feeling very strong and am deeply shaken by the death of my best niece, a dear girl of 23, who took Veronal last week while alone at Vienna.» *FJ Correspondence*, S. 499.
68) Siehe *Jones*, III, S. 109, und Young-Bruehl: *Anna Freud*, S. 96 ff.
69) Freud an Martha, 29. April 1908: *Briefe*, S. 289.
70) Young-Bruehl: *Anna Freud*, S. 96 f.
71) Freud an Fließ, 26. November 1899: *FF*, S. 427.
72) Freud an Fließ, 12. Juni 1900: *FF*, S. 457.
73) Freud an Fließ, 14. September 1900: *FF*, S. 465.
74) Freud an Martha, 9. September 1883: *Briefe*, S. 64.
75) «Das Motiv der Kästchenwahl»: *G. W.*, X, S. 37.
76) «Über Deckerinnerungen»: *G. W.*, I, S. 543.
77) Swales gibt in *Freud, Martha Bernays and the Language of Flowers* (S. 8. Fußn.) ihr Alter mit dreizehn an; Boehlich (*FS*, S. 233) meint, sie sei fast zwölf gewesen, als Freud sie im Sommer 1871 zum erstenmal traf, also ein Jahr bevor er sich in sie verliebte.
78) Freud an Silberstein, 4. September 1872: *FS*, S. 22.
79) «Über Deckerinnerungen»: *G. W.*, I, S. 543.
80) Ebd., S. 542 f.
81) Freud an Silberstein, 1./2. Oktober 1875: *FS*, S. 153 f. Siehe auch Eissler: «Creativity and Adolescence», S. 475.
82) Freud an Silberstein, 23. April 1876: *FS*, S. 177. Siehe auch McGrath: *Freud's Discovery of Psychoanalysis*, S. 134.
83) Freud an Silberstein, 5. April 1876: *FS*, S. 160.
84) Ebd., S. 164 f.
85) Freud an Silberstein, 4. September 1872: *FS*, S. 24.
86) Ebd., S. 22. Siehe auch Gedo und Wolf: «The ‹Ich› Letters».
87) «Über einen besonderen Typus der Objektwahl beim Manne»: *G. W.*, VIII, S. 75.
88) Freud an Silberstein, 4. September 1872: *FS*, S. 24.
89) «Die Weiblichkeit»: *G. W.*, XV, S. 144.

1. Kapitel

90) Jones, II, S. 495 ff.
91) McGrath: *Freud's Discovery of Psychoanalysis*, S. 131.
92) Jones, I, S. 46.
93) *Die Traumdeutung*: G. W., II/III, S. 524.
94) Freud an Emil Fluß, 17. März 1873, siehe McGrath: *Freud's Discovery of Psychoanalysis*, S. 89.
95) «Über Deckerinnerungen»: G. W., I, S. 547.
96) In diesem Punkt stimmen wir im großen und ganzen mit Swales (*Freud, Martha Bernays and the Language of Flowers*) überein, obwohl vieles in Swales' Werk nicht bewiesen ist.
97) «Über Deckerinnerungen»: G. W., I, S. 547.
98) *Die Traumdeutung*: G. W., II/III, S. 178.
99) Swales: *Freud, Martha Bernays and the Language of Flowers*, S. 24.
100) *Die Traumdeutung*: G. W., Bd. II/III, S. 179.
101) Zur Verbindung zwischen der Deckerinnerung und dem Traum über die botanische Monographie siehe auch Grinstein: *Dreams*, S. 57.
102) Anna Bernays: «Mein Bruder Sigmund Freud» in Luzifer-Amor: *Zeitschrift zur Geschichte der Psychoanalyse*, S. 140.
103) *Die Traumdeutung*: G. W., II/III, S. 530.
104) Ebd.
105) Zu Blumensymbolik siehe auch ebd., S. 378–382.
106) *Studien*, S. 88 f. Anm.
107) Freud an Pfister, 6. November 1910, zit. nach: Jones, II, S. 525.
108) Siehe Swales: *Freud, Martha Bernays and the Language of Flowers*, S. 37.
109) Freud an Silberstein, 5. April 1876: *FS*, S. 160.
110) Freud an Martha, 26. November 1885: *Briefe*, S. 191.
111) Ein Kollege und Freund von Breuer und Freud, der mit letzterem an einer Studie über Elektrizität arbeitete.
112) Gedo: «On the Origins of the Theban Plague», S. 252.
113) Persönliche Mitteilung von Peter Swales, 1990.
114) Jones, I, S. 125.
115) Freud an Martha, 7. Februar 1884: *Briefe*, S. 104.
116) Freud an Martha, 28. April 1885: *Briefe*, S. 145.
117) Hirschmüller: *Breuer*, S. 207.
118) Swales: *Freud, Martha Bernays and the Language of Flowers*, S. 12 Anm.
119) Freud an Mathilde Freud, 19. März 1908: *Briefe*, S. 287.
120) Martin Freud: «Who Was Freud?», S. 203.
121) Swales: «Freud, Breuer and the Blessed Virgin», S. 26.
122) *Die Traumdeutung*: G. W., II/III, S. 480.
123) Freud an Martha: 26. Juni 1885: *Briefe*, S. 162.
124) Freud an Martha: 2. August 1882, zit. nach: Jones, I, S. 129.

Anmerkungen

125) Martin Freud: «Who Was Freud?», S. 211. Siehe auch Gay: «Six Names in Search of an Interpretation».
126) Martin Freud: *Glory Reflected*, S. 212.
127) Pfister an Martha, 12. Dezember 1939: *FPf*, S. 159.
128) Freud an Martha, 17. August 1884: *Briefe*, S. 130.
129) Freud an Martha, 29. August 1883: *Briefe*, S. 58.
130) Freud an Martha, 23. Juli 1882: *Briefe*, S. 28.
131) Ebd.
132) Freud an Martha, 14. Juli 1882: *Briefe*, S. 25.
133) Freud an Martha, 23. Juli 1882: *Briefe*, S. 28.
134) Freud an Martha, 14. August 1882: *Briefe*, S. 33.
135) Freud an Martha, 26. Mai 1885: *Briefe*, S. 151.
136) Freud an Martha, 1. April 1884, zit. nach: *Jones*, I, S. 172.
137) Freud an Martha, 8. Juli 1882, zit. nach: *Jones*, I, S. 140.
138) *Jones*, I, S. 142.
139) Ebd., S. 148.
140) Freud an Martha, 27. Juli 1884, zit. nach: *Jones*, I, S. 161.
141) Freud an Martha, 17. August 1884: *Briefe*, S. 130.
142) Freud an Minna, 21. Februar 1883: *Briefe*, S. 45.
143) Freud an Martha, 17. August 1882: *Briefe*, S. 33.
144) Freud an Martha, 17. Mai 1885: *Briefe*, S. 148.
145) Freud an Martha, 5. Dezember 1885, zit. nach Gay: *Freud*, S. 63.
146) Freud an Martha, 29. März 1884: *Briefe*, S. 108f.
147) Freud an Fließ, 1. Februar 1990: *FF*, S. 437.
148) Freud an Martha, 20. Januar 1886: *Briefe*, S. 202f.
149) Freud an Martha, 4. September 1883: *Briefe*, S. 60.
150) Freud an Martha, 24. November 1885: *Briefe*, S. 189.
151) Freud an Martha, 14. August 1883, zit. nach: *Jones*, I, S. 211.
152) Freud an Martha, 18. August 1882: *Briefe*, S. 37. Siehe auch Gay: *Freud*, S. 53.
153) Freud an Martha, 23. Oktober 1883: *Briefe*, S. 77.
154) Stolorow und Atwood: «A Defensive-Restitutive Function», S. 226.
155) Freud an Martha, 2. Februar 1886: *Briefe*, S. 207.
156) Freud an Martha, 2. August 1882, zit. nach: *Jones*, I, S. 128.
157) Freud an Martha, 25. September 1882: *Briefe*, S. 40.
158) Freud an Martha, 24. Juni 1882, zit. nach: *Jones*, I, S. 138f.
159) Freud an Martha, 6. Oktober 1883: *Briefe*, S. 73.
160) Freud an Martha, 16. Januar 1884: *Briefe*, S. 96.
161) Freud an Martha, 30. Juni 1884: *Briefe*, S. 124.
162) *Jones*, I, S. 169.
163) Freud an Martha, 2. Februar 1886: *Briefe*, S. 208.
164) Von Freud zitiert in der «Ansprache an die Mitglieder der B'nai B'rith»: *G. W.*, XVII, S. 52.

1. Kapitel

165) Jones, I, S. 175.
166) Freud an Fließ, 19. September 1901: *FF*, S. 494.
167) Freud an Ferenczi, 10. Januar 1910: *Briefwechsel*, I/1, S. 195.
168) Hirschmüller: *Freuds Begegnung*. Siehe auch Stone: *The Passions of the Mind*, S. 116ff.; Vranich: «Sigmund Freud and the ‹Case History of Berganza›».
169) Freud an Martha, 7. Januar 1884: *Briefe*, S. 91.
170) Freud an Martha, 29. Mai 1884: *Briefe*, S. 118.
171) Freud an Martha, 10. März 1886: *Briefe*, S. 219.
172) Siehe Gicklhorn: Das Kinder-Kranken-Institut. Kopie in der LC, B 39.
173) «Zur Kenntnis der cerebralen Diplegien des Kindesalters (im Anschluß an die Little'sche Krankheit)» (1893); «Die infantile Cerebrallähmung» (1897). Siehe dazu Jones, I, S. 258ff.
174) Freud an Martha, 18. August 1882: *Briefe*, S. 37.
175) Freud an Martha, 30. März 1886: *Briefe*, S. 222.
176) Freud an Martha, 10. März 1885: *Briefe*, S. 141f.
177) Freud an Martha, 7. Februar 1884: *Briefe*, S. 103f. «Das reiche dumme Mädel», auf das sich Freud in diesem Brief bezieht, war wahrscheinlich Pauline Theiler, die Silberstein 1881 heiratete und die Freud wegen ihrer Depression 1891 behandelte. Sie beging im Mai 1891 Selbstmord, indem sie sich vor einem Behandlungstermin vom dritten oder vierten Stock des Freudschen Hauses stürzte. (Siehe *FS*, Einführung und Anhang.)
178) Freud an Martha, 14. August 1882: *Briefe*, S. 33.
179) Emmeline Bernays an Freud, 27. August 1886, in: Jones, I, S. 180f.
180) Freud an Martha, 6. Januar 1886, zit. nach: Jones, I, S. 166.
181) Freud an Martha, 19. Juni 1884: *Briefe*, S. 120.
182) Freud an Martha, 10. März 1885: *Briefe*, S. 141.
183) Freud an Martha, 15. März 1884, zit. nach: Jones, I, S. 160.
184) Siehe Jones, I, S. 156.
185) Siehe Anzieu: *Freud's Self-Analysis*, S. 546. Siehe auch Freuds interessante Kommentare zu der Rolle, die die Mitgift von Nathan Weiß' Frau bei dessen Selbstmord kurz nach seiner Hochzeit gespielt hatte; Freud an Martha, 16. September 1883: *Briefe*, S. 65–72.
186) Wahrscheinlich war es gut, daß er verschwunden war; als Marie Bonaparte Freud erlaubte, die Fließ-Briefe durchzusehen, stellte er fest, daß dieser einer der wenigen war, die fehlten. Die Tatsache, daß Fließ eine reiche Frau heiratete, kann ebenfalls zu der Zensur dieses Traumes geführt haben, besonders, wenn sich Vergleiche zwischen den beiden Männern in Freuds *Assoziationen* geschlichen haben. Siehe Freud an Fließ, 9. Juni 1898: *FF*, S. 345.
187) Freud an Martha, 18. August 1882: *Briefe*, S. 37.
188) Zum Problem der Mitgift siehe Anzieu: *Freud's Self-Analysis*, S. 546.
189) Freud an Fließ, 4. Oktober 1897: *FF*, S. 290.

Anmerkungen

190) Freud an Fließ, 15. Oktober 1897: *FF*, S. 291 f.
191) Freud an Fließ, 3. Oktober 1897: *FF*, S. 289.
192) Freud an Fließ, 4. Oktober 1897: *FF*, S. 290.
193) *Zur Psychopathologie des Alltagslebens*: *G. W.*, IV, S. 59.
194) «Selbstdarstellung»: *G. W.*, XIV, S. 38 f.
195) *Jones*, I, S. 175.
196) *Über den Traum*: *G. W.*, II/III, S. 651 und S. 668. Siehe auch Anzieu: *Freud's Self-Analysis*, S. 531 ff.
197) Freuds «Nachwort» zu: *Die Frage der Laienanalyse*: *G. W.*, XIV, S. 290.
198) Reik: *Freud in conversation*. Kopie in der *LC*, B 46, S. 6.
199) Esti D. Freud: «Mrs. Sigmund Freud», S. 29.
200) Freud an Martha, 19. März 1886: *Briefe*, S. 221.
201) *Jones*, I, S. 169.

2. Kapitel

1) Freud an Max Halberstadt, 27. Juli 1912: *Briefe*, S. 306.
2) Freud an Marie Bonaparte, 27. September 1936, zit. nach: *Jones*, III, S. 250.
3) *Die Traumdeutung*: *G. W.*, II/III, S. 115 und S. 115 Anm.
4) Freud an Martha, 15. November 1883: *Briefe*, S. 83.
5) Gay: «Sigmund and Minna? The Biographer as Voyeur», S. 44.
6) Gay: *Freud*, S. 74.
7) Freud an Anna, 12. Oktober 1920: *LC*, zit. nach Gay: *Freud*, S. 481 Anm.
8) Persönliche Mitteilung von Victor Ross, 13. Oktober 1991.
9) Esti D. Freud: «Mrs. Sigmund Freud», S. 31.
10) Martha Freud an August Aichborn, 27. Juli 1948, in Young-Bruehl: *Anna Freud*, S. 308.
11) Esti D. Freud: «Mrs. Sigmund Freud», S. 31.
12) Martha Freud an Ludwig Binswanger, 7. November 1939, in Grotjahn: «Sigmund Freud and the Art of Letter Writing», S. 446.
13) Rosenfeld: «Dream and Vision», S. 97. Siehe auch *Jones*, III, S. 408.
14) Freud an Martha, 23. Juli 1882: *Briefe*, S. 32.
15) Zit. nach Clark: *Sigmund Freud*, S. 108 f.
16) Martin Freud: «Who Was Freud?», S. 203, zit. nach Gay: *Freud*, S. 675.
17) Freud an Martha, 21. September 1907: *Briefe*, S. 278.
18) Roazen: *Freud and his Followers*, S. 71, gibt Isaiah Berlin als Quelle an.
19) *Jones*, I, S. 172.

20) Siehe FF, S. 47.
21) Freud an Fließ, 4. Juli 1901: FF, S. 488.
22) Freud an Marie Bonaparte, 10. Mai 1926: *Briefe*, S. 383 f.
23) Freud an Fließ, 23. März 1900: FF, S. 446.
24) Buch mit Widmung befindet sich in der Privatsammlung von Victor Ross.
25) Laforgue: «Personal Memories of Freud», S. 342.
26) «Eine Erinnerungsstörung auf der Akropolis»: *G. W.*, XIV, S. 250 f.
27) Siehe Freeman und Strean: *Freud and Women*, S. 47.
28) Stekel: *Autobiography*, S. 122.
29) Wittels: «Wrestling with the Man: The Story of a Freudian», unveröffentlichte Memoiren, zit. in Timms: «The ‹Child-Woman›», S. 99.
30) Freud an Wittels, 8. Januar 1929, zit. in Timms: «The ‹Child-Woman›», S. 104.
31) Freud an Pfister, 24. Februar 1928: FPf, S. 132.
32) Gay: *Freud*, S. 74 Anm.
33) *Jones*, I, S. 159.
34) Freud an Martha, 5. Juli 1885: *Briefe*, S. 163.
35) Mathilde Breuer schickte Martha Babykleidung, siehe Brief vom 19. Juni 1887, ebenso Brief zirka Februar 1887: LC, Anna Freud Bequest E 3.
36) Freud an Emmeline und Minna Bernays, 16./17. Oktober 1887: *Briefe*, S. 232.
37) Freud an Emmeline und Minna Bernays, 21. Oktober 1887: *Briefe*, S. 232 f.
38) Bruno Bettelheim: «Freud's Wien» in: *Themen meines Lebens*, S. 30 f.
39) Unveröffentlichter Brief an Minna Bernays, 15. April 1893, zit. in Ernst Freud u. a.: *Sigmund Freud. Sein Leben*, S. 148.
40) Freud an Fließ, 20. August 1893: FF, S. 47.
41) Young-Bruehl: *Anna Freud*, S. 30.
42) *Jones*, I, S. 131.
43) Freud an Minna, 28. August 1884: *Briefe*, S. 131.
44) Young-Bruehl: *Anna Freud*, S. 33 f.; bezieht sich auf Jones' Briefe an Anna Freud vom 23. April, 18. und 26. November 1952.
45) Freud an Martha, 27. Dezember 1883, zit. nach: *Jones*, I, S. 146.
46) Freud an Martha, 27. Dezember 1883, zit. nach: *Jones*, I, S. 200.
47) Freud an Martha, 23. Juni 1885: *Briefe*, S. 159.
48) Ebd.
49) Freud an Martha, 14. August 1885: *Briefe*, S. 174.
50) Freud an Martha, 18. Dezember 1885: *Briefe*, S. 195.
51) Freud an Martha, 7. Februar 1886: *Briefe*, S. 211 f.
52) Freud an Fließ, 7. März 1896: FF, S. 187.
53) Freud an Fließ, 18. August 1897: FF, S. 281 f.

Anmerkungen

54) Pfister an Freud, 30. Dezember 1923: *FPf*, S. 94.
55) Freud an Fließ, 21. Mai 1894: *FF*, S. 66.
56) Gay (*Freud*, S. 70 ff.) zitiert einen Brief von Marie Bonaparte an Jones vom 16. Dezember 1953: Jones (*Jones*, II, S. 454) gibt Lucie Freuds persönliche Mitteilung als Quelle an.
57) Freud an Fließ, 7. November 1899: *FF*, S. 421.
58) Freud an Jung, 24. September 1910: *FJung*, S. 390.
59) Paula Fichtl: Interviews: *FM*; siehe auch Berthelsen: *Alltag bei Familie Freud*.
60) Freud an Fließ, 14. September 1900: *FF*, S. 665.
61) Gay: *Freud*, S. 232; siehe auch Gay: «Sigmund and Minna? The Biographer as Voyeur» und Gay: «The Dog that Did not Bark in the Night».
62) Spielrein an Freud, 20. Juni 1909: *Symmetrie*, S. 103.
63) Swales' «Freud, Minna Bernays and the Conquest of Rome» ist zugleich in irritierendem Maße überzeugend und dürftig in der Beweisführung.
64) Gay: *Freud*, S. 188.
65) Freud an Fließ, 11. März 1900: *FF*, S. 443.
66) Freud an Jung, 2. Februar 1910: *FJung*, S. 322.
67) Emma Jung an Freud, 6. November 1911: *FJung*, S. 504.
68) Freud an Jung, 19. September 1907: *FJung*, S. 98.
69) Freud an J. J. Putnam, 8. Juli 1915: *Briefe*, S. 321.
70) Gay: *Freud*, S. 187 f.
71) Jones an Freud, 22. August 1913: *FJ Correspondence*, S. 223. Der Aufsatz von Putnam hieß «Bemerkungen über einen Krankheitsfall mit Griselda-Phantasien».
72) Young-Bruehl: *Anna Freud*, S. 73.
73) Choisy: *Sigmund Freud*, S. 47: «Freud ne trompe pas sa femme. C'est scandaleux! C'est anormal!»
74) Freud an Martha, 2. März 1885, zit. nach: *Jones*, I, S. 207.
75) Freud an Martha, 12. Mai 1886: *Briefe*, S. 224.
76) Freud an Martha, 15. November 1883: *Briefe*, S. 83.
77) Freud an Martha, 2. April 1884, zit. nach: *Jones*, I, S. 200.
78) Freud an Abraham, 18. Dezember 1916: *FA*, S. 232.
79) Freud an Martha, 18. August 1882: *Briefe*, S. 38.
80) *Jones*, I, S. 186.
81) Freud an Fließ, 17. März 1897: *FF*, S. 246.
82) Freud an Fließ, 15. November 1897: *FF*, S. 307.
83) Young-Bruehl: *Anna Freud*, S. 42.
84) *Zur Psychopathologie des Alltagslebens*: G. W., IV, S. 200.
85) Ebd., S. 187.
86) Freud an Abraham, 19. Januar 1908: *LC*.
87) Freud an Mathilde Freud, 26. März 1908: *Briefe*, S. 287 f.
88) Freud an Martha, 20. Januar 1886: *Briefe*, S. 200 f.

89) Binswanger: *Erinnerungen an Sigmund Freud*, S. 10f.
90) Jung an Freud, 4. Juni 1909: *FJung*, S. 253.
91) *Jones*, II, S. 71.
92) Freud an Pfister, 17. März 1910: *LC*.
93) Freud an Jones, 3. und 7. September 1912: *FJ Correspondence*, S. 153f. und S. 156f.
94) Freud an Martha, 20. September 1912: *Briefe*, S. 307.
95) Freud an Anna von Vest, 14. November 1922, in Goldmann: «Eine Kur aus der Frühzeit der Psychoanalyse», S. 290.
96) Freud an Kata und Lajos Levy, 11. Juni 1923: *Briefe*, S. 362.
97) Persönliche Mitteilung von Paul Roazen, 7. Oktober 1991.
98) Freud an Samuel Freud, Manchester, 1. Dezember 1931: «Robert [Hollitscher] does not make a penny in his business and Max [Halberstadt] is struggling wearily against the collapse of Hamburg life. They live by the allowance I can give them.» SFC. Deutsche Übersetzung zit. nach Gay: *Freud*, S. 663.
99) Freud an Samuel Freud, 6. Dezember 1929: «a chronic invalid [who] behaves in a marvellous normal way». SFC.
100) Young-Bruehl: *Anna Freud*, S. 42.
101) Freud sagte einmal über Robert, daß eine Welt, in der Roberts Grundsätze herrschen, nicht wert sei, daß man in ihr lebe. (Persönliche Mitteilung von Victor Ross, 13. Oktober 1991).
102) Persönliche Mitteilung von Victor Ross, 13. Oktober 1991.
103) Freud an Fließ, 17. Mai 1896: *FF*, S. 196.
104) Freud an Halberstadt, 7. Juli 1912: *Briefe*, S. 303.
105) Freud an Halberstadt, 24. Juli 1912: *Briefe*, S. 306.
106) Freud an Halberstadt, 7. Juli 1912: *Briefe*, S. 303.
107) Ebd., S. 304.
108) Ebd., S. 303.
109) Freud an Mathilde, 24. Juli 1912: *LC*, zit. nach Gay: *Freud*, S. 350.
110) Freud an Sophie, 20. Juli 1912: *Briefe*, S. 304.
111) Ebd., S. 305.
112) Freud an Lou Andreas-Salomé, 30. Juli 1915: *FLou*, S. 35.
113) Young-Bruehl: *Anna Freud*, S. 63.
114) Young-Bruehl: *Anna Freud*, S. 467 Anm. 93.
115) Freud an Ferenczi, 11. März 1914: *Briefwechsel*, I/2, S. 291.
116) Freud an Abraham, 22. September 1914: *FA*, S. 191.
117) Gay: *Freud*, S. 441.
118) Freud an Amalie Freud, 26. Januar 1920: *Briefe*, S. 344.
119) Freud an Ferenczi, 4. Februar 1920: *LC*, zit. nach Gay: *Freud*, S. 442.
120) Freud an Pfister, 27. Januar 1920: *Briefe*, S. 345.
121) Freud an Binswanger, 15. Oktober 1926, in Binswanger: *Erinnerungen*, S. 94f., und Gay: *Freud*, S. 475.

Anmerkungen

122) *Jenseits des Lustprinzips*: G. W., XIII, S. 11. Siehe auch Derrida: «Spéculer – sur Freud».
123) Doolittle: *Tribute to Freud*, S. 128, Zit. nach Gay: *Freud*, S. 441.
124) Derrida: «Spéculer – sur Freud», S. 322f.

3. Kapitel

1) Micale: «Hysteria and its Historiography: A Review of Past and Present Writings», S. 332.
2) Foucault: *Wahnsinn und Gesellschaft*; Guillain: *J.-M. Charcot*, S. 41.
3) Harris: «Introduction» zu Charcot: *Clinical Lectures*, S. xvi.
4) Marie: «Discours», zit. in Trillat: *Histoire de l'hystérie*, S. 130f.
5) Mai und Merskey: «Briquet's *Treatise on Hysteria*»; Mai und Merskey: «Briquet's Concept of Hysteria»; Merskey: *The Analysis of Hysteria*.
6) Zur allgemeinen Geschichte der Hysterie siehe Veith: *Hysteria*; Ellenberger: *Die Entdeckung des Unbewußten*; Krohn: *Hysteria*; Trillat: *Histoire de l'hystérie*.
7) Goldstein: «The Hysteria Diagnosis».
8) Foucault: Collège de France, 6. Februar 1974, zit. in Lagrange: «Versions de la psychanalyse dans le texte de Foucault», S. 262f.
9) Trillat: *Histoire de l'hystérie*, S. 135.
10) Micale: «Hysteria and its Historiography: The Future Perspective», S. 80–84.
11) Goldstein: «The Hysteria Diagnosis».
12) Micale: «Hysteria and its Historiography: The Future Perspective», S. 84.
13) Goldstein: *Console and Classify*, S. 322.
14) Micale: «Hysteria and its Historiography: The Future Perspective», S. 41.
15) Trillat: *Histoire de l'hystérie*, S. 121–125.
16) Ellenberger: *Die Entdeckung des Unbewußten*; Gauld: *A History of Hypnosis*; Winter: «Ethereal Epidemics».
17) Trillat: *Histoire de l'hystérie*, S. 138–142; Micale: «Hysteria and its Historiography: A Review of Past and Present Writings», S. 335.
18) Didi-Huberman: *Invention de l'hystérie*.
19) Trillat: *Histoire de l'hystérie*, S. 141.
20) Menzaghi, Millot und Pillot: *Evolution de la conception de l'hystérie de 1870 à 1930*, erörtert in Micale: «Hysteria and its Historiography: The Future Perspective», S. 57ff.; siehe auch Salow: «Where Has all the Hysteria Gone?» und Shorter: *From Paralysis to Fatigue*, S. 186ff. und 267ff.

21) Jones: *Free Associations*, S. 114f.
22) Smith-Rosenberg: «The Hysterical Woman», S. 208–212.
23) Carters *On the Pathology and Treatment of Hysteria* ist das klassische Beispiel und überdies faszinierend zwiespältig; vgl. Kommentare von Micale: «Hysteria and its Historiography: A Review of Past and Present Writings», S. 238–242, und Showalter: *The Female Malady*, S. 132, 154.
24) Siehe Showalter: *The Female Malady*, S. 121–144.
25) Smith-Rosenberg: «The Hysterical Woman», S. 208.
26) Ebd., S. 211.
27) «Dora»; G. W., V, S. 204.
28) Vgl. Channing: *Bed Case*, S. 22, zit. in Smith-Rosenberg: «The Hysterical Woman», S. 210f.
29) Showalter: *The Female Malady*, S. 173.
30) Ebd., S. 161.
31) Hunter: «Hysteria, Psychoanalysis and Feminism: The Case of Anna O.», S. 485.
32) Gallop: «Nurse Freud», zit. in Showalter: *The Female Malady*, S. 160.
33) Mort: *Dangerous Sexualities*, S. 117ff.
34) Goldstein: *Console and Classify*, S. 325.
35) Ebd., S. 325f.
36) Vgl. den berühmten Vergleich zwischen der Entwicklung der Hausherrntochter und jener ihrer proletarischen Spielgefährtin in den *Vorlesungen zur Einführung in die Psychoanalyse*: G. W., XI, S. 365.
37) Micale: «Hysteria and its Historiography: The Future Perspective», S. 91.
38) Forrester: *Language and the Origins of Psychoanalysis*, Kap. 1.
39) Ellenberger: «La psychiatrie et son histoire inconnue»; Showalter: *The Female Malady*, S. 143.
40) Channing: *Bed Case*, S. 22.
41) *Studien*, S. 275.
42) *Studien*, S. 118.
43) Forrester: «Contracting the Disease of Love»; siehe auch Swaan: «On the Sociogenesis of the Psychoanalytic Situation».
44) «Editor's Introduction» in der engl. Ausgabe der *Studien*: SE, II, S. xvi.
45) Freud an Fließ, 4. Februar 1888: FF, S. 7.
46) Gedo u. a.: «Studies on Hysteria», S. 185f.; siehe auch Hölzer und Kächele: «Die Entwicklung der freien Assoziation durch Sigmund Freud» und Zilboorg: «Some Sidelights on Free Association».
47) Breuer: «Fräulein Anna O.» in: *Studien*, S. 42.
48) Freud an J. J. Putnam, 8. Juli 1915: *Briefe*, S. 322: «Ich war nämlich niemals Breuers Assistent, habe seinen berühmten ersten Fall nie gesehen, kenne ihn nur aus Breuers Mitteilungen Jahre nachher.»

Anmerkungen

49) Forrester: «The True Story of Anna O.», S. 28f.
50) Hirschmüller: *Breuer*, S. 135f.
51) Stewart: «Analytic Biography of Anna O.» in Rosenbaum und Muroff (Hg.): *Anna O.*, S. 47–51; siehe auch Freeman: *Die Geschichte der Anna O.*, S. 74.
52) *Studien*, S. 44.
53) Zu diagnostischen Neubewertungen von Berthas seltsamen Symptomen siehe Hollender: «The Case of Anna O.: A Reformulation»; Hurst: «What Was Wrong with Anna O.?»; Orr-Andrawes: «The Case of Anna O.: A Neuropsychiatric Perspective»; Rosenbaum und Muroff: *Anna O.*
54) *Studien*, S. 46.
55) Ausgehend von der Tatsache, daß Bertha kurzfristig in keiner Sprache Sätze bilden konnte, argumentiert Dianne Hunter gewissermaßen im Sinne Lacans, sie sei in einen sprachlosen Protest gegen ihr erdrückendes und monotones Leben regrediert. (Hunter: «Hysteria, Psychoanalysis and Feminism: The Case of Anna O.»)
56) *Studien*, S. 48.
57) *Studien*, S. 50.
58) *Studien*, S. 50f.
59) *Studien*, S. 51.
60) *Studien*, S. 52.
61) *Studien*, S. 53.
62) *Studien*, S. 55.
63) *Studien*, S. 57.
64) Zit. in Ellenberger: «The Story of ‹Anna O.›», S. 276, und Hirschmüller: *Breuer*, S. 358. Wie diese wichtige Anmerkung zeigt, war Breuer sich dessen bewußt, daß jede Täuschung Berthas nur einer Wiederholung der Täuschung durch ihre Familie gleichkäme, die ihr den Tod des Vaters verschwiegen hatte: Diese Täuschung hatte eine plötzliche Verschlechterung ihres Zustands heraufbeschworen, nachdem es ihr bedeutend bessergegangen war, solange sie glaubte, der kranke Vater liege im nächsten Zimmer. Aus Ellenbergers Artikel geht auch deutlicher als aus Breuers veröffentlichter Krankengeschichte hervor, daß Breuer gekonnt die Position des Vaters in Berthas Gefühlswelt erobert hatte und sich diese eher durch Autorität denn durch eine Täuschung bewahren konnte.
65) Hirschmüller: *Breuer*, S. 366.
66) Brief vom 27. August 1882 in Hirschmüller: *Breuer*, S. 374f. Vgl. dazu auch Hirschmüller: «Eine bisher unbekannte Krankengeschichte Sigmund Freuds und Josef Breuers».
67) Hirschmüller: *Breuer*, S. 155.
68) Robert Binswanger an Breuer, 13. Januar 1884, zit. in Hirschmüller: *Breuer*, S. 384.
69) Freud an Martha, 19. April 1884: *Briefe*, S. 112.

70) Hirschmüller: *Breuer*, S. 384.
71) Zit. in Jensen: *Streifzüge durch das Leben von Anna O./Bertha Pappenheim*, S. 19.
72) Jacobus: «Taking Liberties with Words», S. 209f.
73) Kaplan *(Die jüdische Frauenbewegung in Deutschland)* zitiert die *Blätter des Jüdischen Frauenbundes*, Juli 1936, S. 25, 90; siehe auch das informative Vorwort von Yolande Tisseron in Pappenheim: *Le travail de Sisyphe*.
74) Cora Berliner, eine der Vizepräsidentinnen des JFB, über Bertha, zit. in Kaplan: *Die jüdische Frauenbewegung in Deutschland*, S. 91. Siehe auch Jensen: *Streifzüge durch das Leben von Anna O./Bertha Pappenheim*.
75) Bertha Pappenheim, Gedicht von circa 1911, abgedruckt in Hirschmüller: *Breuer*, S. 382.
76) Edinger: *Bertha Pappenheim – Freud's Anna O.*, S. 87. Siehe auch Hirschmüller: *Breuer*, S. 168.
77) Jacobus: «Taking Liberties with Words», S. 208.
78) Israël: *L'hystérique, le sexe et le médecin*, S. 197ff.
79) Hirschmüller, zit. in Reeves: «Breuer, Freud and the Case of Anna O.», S. 206.
80) Edinger: *Bertha Pappenheim: Leben und Schriften*, S. 7.
81) Freud an Martha, 13. Juli 1883: *Briefe*, S. 47f.
82) Swales: «Freud, Breuer and the Blessed Virgin», S. 26.
83) Hirschmüller: *Breuer*; Swales: «Freud, his Teacher and the Birth of Psychoanalysis», S. 42. Zu weiteren Einflüssen auf Freuds Begriff der Katharsis siehe Macmillan: «Delbœuf and Janet».
84) Swales: «Freud, Breuer and the Blessed Virgin», S. 25f. Freud berichtete Martha, im September 1883 Emma Pappenheim in Wien auf der Straße getroffen zu haben. Freud an Martha, 4. September 1883: *Briefe*, S. 61.
85) Private Mitteilung von Paul Homburger, zit. in Karpe: «The Rescue Complex», S. 10.
86) Freud an Stefan Zweig, 2. Juni 1932: *Briefe*, S. 428.
87) Freud an Martha, 31. Oktober 1883: LC.
88) Martha an Freud, 2. November 1883: LC.
89) Freud an Martha, 4. November 1883: LC.
90) Freud an Stefan Zweig, 2. Juni 1932: *Briefe*, S. 428.
91) *Studien*, S. 42.
92) Breuers Aufzeichnungen aus dem Jahre 1882, in Hirschmüller: *Breuer*, S. 349.
93) *Studien*, S. 265.
94) *Studien*, S. 265 Anm. 1. In dem Gespräch, das Freud in seinem Brief an Martha wiedergab, bat Breuer ihn, Martha gewisse Dinge erst nach ihrer Eheschließung mitzuteilen. Mit dieser Aufforderung nimmt er seine spätere Kritik, daß die älteren Ärzte gerne einen Schleier über Fragen der Sexualität breiten, bereits vorweg. Freuds Reaktion darauf ist ebenfalls

Anmerkungen

eine Vorwegnahme: Indem er darauf besteht, mit Martha alles besprechen zu können, weigert er sich implizit, diese Tradition fortzusetzen. Diese Einstellung verficht er auch in der Beschreibung des Falles Dora als unerläßlich für jede wissenschaftliche Untersuchung (siehe G. W., V, S. 165). Wie Freud später berichtete («Zur Geschichte der psychoanalytischen Bewegung»: G. W., X, S. 51), habe sich Breuer folgendermaßen ausgedrückt: «Das sind immer *Geheimnisse des Alkovens.*» Und als der junge Freud fragte, was er damit meine, erklärte er ihm das Wort Alkoven («Ehebett»); wieder einmal schrieb Breuer der Dialektik von Wissen durch Erfahrung und Nichtwissen der Unschuld primäre Bedeutung zu. Freuds Denken war hingegen völlig anders orientiert.
95) Freud an Stefan Zweig, 2. Juni 1932: *Briefe*, S. 428.
96) *Studien*, S. 53.
97) Reeves: «Breuer, Freud and the Case of Anna O.», S. 209. Spekulationen darüber, welche Bedeutung es für Breuer hatte, daß er mit drei Jahren seine Mutter Bertha verloren hatte, und wie dies den dramatischen Abbruch der Behandlung beeinflußte, finden sich auch in Pollock: «The Possible Significance of Childhood Object Loss».
98) Ellenberger: «The Story of ‹Anna O.›», S. 273: «Der ungefähre Zeitpunkt der Zeugung Doras (Juni 1881) fällt eher mit dem Datum von Berthas Transferierung aufs Land [7. Juni 1881] zusammen, es gibt aber keinen Hinweis darauf, daß Breuer die Behandlung damals unterbrach.»
99) Wir dürfen jedoch nicht vergessen, daß auch andere Ärzte mit einem B als Initiale in Frage kamen, vor allem Dr. Breslauer vom Inzersdorfer Sanatorium, der Bertha in den nächsten vier Jahren behandelte.
100) Freud an Martha, 13. Juli 1883: *Briefe*, S. 48.
101) *Studien*: G. W., Nachtrag, S. 238f. Anm. 1, in der auf Freuds Beschreibung eines «untoward event» (G. W., X, S. 49) Bezug genommen wird.
102) «Selbstdarstellung»: G. W., XIV, S. 51.
103) «Zur Geschichte der psychoanalytischen Bewegung»: G. W., X, S. 49.
104) «Selbstdarstellung»: G. W., XIV, S. 52.
105) Siehe dazu *Jones*, I, S. 296f.
106) Freud an Martha, 27. Januar 1886: *Briefe*, S. 205.
107) Freud an Fließ, 14. Oktober 1900: *FF*, S. 469.
108) Hirschmüller: *Breuer*, S. 52.
109) Ebd., S. 32.
110) Freud an Fließ, 16. Januar 1898: *FF*, S. 321.
111) Freud an Martha, 6. Juni 1885, zit. nach: *Jones*, I, S. 202.
112) Freud an Zweig, 2. Juni 1932: *Briefe*, S. 428.
113) Freud an Fließ, 3. Dezember 1895: *FF*, S. 159.
114) Jacobus: «Taking Liberties with Words», S. 223f.
115) Ferenczi: «Relaxationsprinzip und Neokatharsis» in: *Bausteine zur Psychoanalyse*.

3. Kapitel

116) Siehe Israël: *L'hystérique, le sexe et le médecin*, S. 205.
117) Freud an Fließ, 8. Februar 1897: *FF*, S. 243.
118) Freud an Fließ, 12. Juli 1892: *FF*, S. 18.
119) Nach Swales: «Freud, his Teacher and the Birth of Psychoanalysis», wo das umfangreichste Material über Anna von Lieben enthalten ist.
120) Kupper und Rollman-Branch: «Freud and Schnitzler – Doppelgänger», S. 416.
121) Freud an Silberstein, 7. März 1875: *FS*, S. 109.
122) Siehe McGrath: *Freud's Discovery of Psychoanalysis*, S. 111 ff.; Eissler: «Creativity and Adolescence», S. 479.
123) Bernfeld: «Freud's Scientific Beginnings», S. 245.
124) Hirschmüller: *Breuer*, S. 129 f.
125) Ebd., S. 127.
126) «Selbstdarstellung»: *G. W.*, XIV, S. 40. Daraus läßt sich schließen, daß Brentano Freud von Heidenhains Arbeit erzählt hat.
127) Möglicherweise hat Rudolf Chrobak, ein weiterer von Freuds unerläßlichen Förderern, ihn in der Familie von Lieben eingeführt.
128) *Studien*, S. 198.
129) Es bestehen gewisse Zweifel daran, daß Freud 1888 in Paris war; auch ist ungewiß, ob er Anna begleitet hat.
130) Es ist eigenartig, daß Freud sich am 19. Juli 1889 in Fanny Mosers Schloß aufhielt: nahm er nun Fanny oder Anna nach Nancy mit? Wahrscheinlich nahm er Anna mit, stattete aber Fanny unterwegs einen Besuch ab.
131) «Selbstdarstellung»: *G. W.*, XIV, S. 41.
132) Ebd.
133) *Studien*, S. 89 Anm.
134) Ebd.
135) *Studien*, S. 95 Anm.
136) *Studien*, S. 198.
137) *Studien*, S. 199.
138) *Studien*, S. 201. Swales konnte ihre Identität aufdecken, weil er in Freuds Bibliothek ein Exemplar ihres posthum veröffentlichten Gedichtbandes gefunden hatte.
139) von Lieben, Anna: *Gedichte*, 1901; abgedruckt in Swales: «Freud, his Teacher and the Birth of Psychoanalysis», S. 42. Es ist unbekannt, wann dieses Gedicht entstanden ist, doch kann man (angesichts des Titels) annehmen, daß sie es während oder nach ihrer Behandlung oder vielleicht sogar nach der Lektüre ihrer Krankengeschichte in den *Studien über Hysterie* verfaßt hat.
140) *Studien*, S. 201 und 202.
141) «Selbstdarstellung»: *G. W.*, XIV, S. 52.
142) Ellenberger: «L'histoire d' ‹Emmy von N.›», S. 528; siehe auch de Boor

und Moersch: «Emmy von N. – eine Hysterie?» und Meissner: «Studien über Hysterie – Frau Emmy von N.».
143) Andersson: «A Supplement to Freud's Case History of ‹Frau Emmy von N.›», S. 10.
144) *Studien*, S. 73.
145) Man beachte den geheimnisvollen Brief (Freud an Breuer, 3. Mai 1889: *Briefe*, S. 235), in dem Freud auf nicht näher ausgeführte kritische Äußerungen reagierte, die in einem mit größter Wahrscheinlichkeit am 1. Mai – einen Tag vor Beginn der Behandlung Fannys bei Freud – eingetroffenen Brief Breuers enthalten waren. Könnte die Tatsache, daß Fanny von Breuer zu Freud wechselte, etwas damit zu tun haben?
146) *Studien*, S. 66.
147) *Studien*, S. 67.
148) *Studien*, S. 118.
149) In der Krankengeschichte änderte Freud das Alter der Mädchen um jeweils ein Jahr, wahrscheinlich um zu vermeiden, daß Fanny Moser in Frau Emmy von N. wiedererkannt wurde.
150) *Studien*, S. 69.
151) *Studien*, S. 70.
152) Siehe Forrester: *Language and the Origins of Psychoanalysis*, S. 10f., und Smith-Rosenberg: «The Hysterical Woman», S. 211.
153) *Studien*, S. 74.
154) *Studien*, S. 80.
155) *Studien*, S. 81.
156) *Studien*, S. 95.
157) *Studien*, S. 96.
158) *Studien*, S. 100f.
159) Assoun: *Freud et la femme*, S. 51.
160) *Studien*, S. 101.
161) *Studien*, S. 118.
162) *Studien*, S. 102.
163) *Studien*, S. 71ff.
164) *Studien*, S. 84.
165) *Studien*, S. 91.
166) Vgl. *Der Witz und seine Beziehung zum Unbewußten*: G. W., VI, S. 107ff.
167) *Studien*, S. 99.
168) *Studien*, S. 103f.
169) Andersson: «A Supplement to Freud's Case History of ‹Frau Emmy von N.›», S. 5.
170) *Studien*, S. 104.
171) «Psychische Behandlung (Seelenbehandlung)»; G. W., V, S. 307.
172) *Studien*, S. 124.

173) Ebd. Hervorhebung von den Autoren.
174) Ebd.
175) Andersson: «A Supplement to Freud's Case History of ‹Frau Emmy von N.›», S. 11, auch in Else Pappenheim: «Freud and Gilles de la Tourette», S. 267, sowie in Ellenberger: «L'histoire d' ‹Emmy von N.›», S. 530.
176) *Studien*, S. 85.
177) *Studien*, S. 121.
178) *Studien*, S. 103.
179) *Studien*, S. 122 f.
180) *Studien*, S. 121.
181) *Studien*, S. 275.
182) *Studien*, S. 122.
183) Ebd.
184) *Studien*, S. 107.
185) *Studien*, S. 124.
186) *Studien*, S. 96.
187) *Studien*, S. 102.
188) *Studien*, S. 104.
189) Andersson: «A Supplement to Freud's Case History of ‹Frau Emmy von N.›», S. 12.
190) Ellenberger: «L'histoire d' ‹Emmy von N.›», S. 531.
191) Ebd., S. 538.
192) *Studien*, S. 124.
193) Andersson: «A Supplement to Freud's Case History of ‹Frau Emmy von N.›», S. 14 f. (mit deutschem Original).
194) *Studien*, S. 124; Freud merkt an, diese Einsicht habe er erst Jahre später gewonnen.
195) Freud an Fließ, 24. Januar 1895: *FF*, S. 109.
196) *Studien*, S. 79.
197) *Studien*, S. 80.
198) Andersson: «A Supplement to Freud's Case History of ‹Frau Emmy von N.›», S. 14 f.
199) Die Identifizierung Katharinas als Aurelia verdanken wir Peter Swales. Näheres über ihr Leben und ihre Familie findet sich bei Swales: «Freud, Katharina and the First ‹Wild Analysis›» sowie Gerhard Fichtner und Albrecht Hirschmüller: «Freuds ‹Katharina›».
200) Freud an Fließ, 20. August 1893: *FF*, S. 48.
201) *Studien*, S. 153.
202) *Studien*, S. 145.
203) Ebd.
204) *Studien*, S. 146.
205) *Studien*, S. 148.
206) Ebd.

Anmerkungen

207) Ebd.
208) *Studien*, S. 149.
209) *Studien*, S. 150.
210) Ebd.
211) *Studien*, S. 146.
212) *Studien*, S. 151.
213) *Studien*, S. 153.
214) *Studien*, S. 152.
215) Siehe Swales: «Katharina».
216) Diese Geschichte wird noch unwahrscheinlicher, wenn man bedenkt, daß Freud 1903 den Sommer mit seiner Familie in Königssee unweit von Salzburg verbrachte; von dort schrieb er am 20. Juli und am 28. August einen Brief an Anna von Vest, und am 20. September schrieb er ihr wieder aus Wien.
217) *Studien*, S. 162.
218) *Studien*, S. 156.
219) *Studien*, S. 155.
220) *Studien*, S. 154.
221) *Studien*, S. 157.
222) *Studien*, S. 158.
223) Ebd.
224) *Studien*, S. 161.
225) *Studien*, S. 162.
226) *Studien*, S. 162 f.
227) Lacan: «Intervention sur le transfert».
228) *Studien*, S. 164.
229) *Studien*, S. 165.
230) Ebd.
231) *Studien*, S. 174.
232) Ebd.
233) *Studien*, S. 175.
234) *Studien*, S. 176.
235) Ebd.
236) Ebd.
237) *Studien*, S. 177.
238) Ebd.
239) *Studien*, S. 177 f.
240) *Studien*, S. 178.
241) Ebd.
242) *Studien*, S. 179.
243) *Studien*, S. 180. Mit diesem Absatz schließt diese so literarische Krankengeschichte: ein Happy-End nach einer spannenden Lösung des Falls.
244) *Studien*, S. 181.

245) Gay: *Freud*, S. 88.
246) Freud behandelte Ilona in der zweiten Jahreshälfte 1892 (siehe Gay: *Freud*, S. 88) und verfaßte die Krankengeschichte wahrscheinlich im Mai 1894 (siehe Schur: *Freud*, S. 67–70, der Freuds Hinweis, die Krankengeschichte, die er jetzt schreibe, gehöre zu seinen schwierigsten Arbeiten [*FF*, 21. Mai 1894, S. 67], auf die Behandlung von Ilona Weiss bezieht).
247) «Bemerkungen über einen Fall von Zwangsneurose»: *G. W.*, VII, S. 407.
248) Ebd., S. 406.
249) *Studien*, S. 157.
250) *Studien*, S. 135.
251) Gay (*Freud*, S. 88) deutet an, Lucy R. sei nach Elisabeth von R. behandelt worden, und datiert die Behandlung der letzteren auf Herbst 1892; somit wäre Lucy R. zu Jahresende 1892 behandelt worden.
252) *Studien*, S. 134.
253) *Studien*, S. 135f.
254) *Studien*, S. 139.
255) *Studien*, S. 140.
256) «Einige Charaktertypen aus der psychoanalytischen Arbeit»: *G. W.*, X, S. 388f.
257) *Studien*, S. 276.

4. Kapitel

1) *Die Traumdeutung*: *G. W.*, II/III, S. 113.
2) Ebd., S. 123.
3) Siehe auch, wie sich Freud dieser Strategie – bei der die Selbstverteidigung wie ein Mantel mit Futter von innen nach außen gekehrt wird – auch in der um «Dora» geführten Diskussion bedient. Vgl. auch Lacans Erörterung dieses Punktes. Man könnte sagen, daß dieser Spiegel der Selbstrechtfertigung ein wichtiges Identifikationsthema ist.
4) *Die Traumdeutung*: *G. W.*, II/III S. 117.
5) Assoun: *Freud et la femme*, S. 56.
6) Schur: «Some Additional ‹Day-Residues›»; Masson: *Was hat man dir, du armes Kind, getan?*
7) Siehe Hartman: «A Reappraisal of the Emma Episode and the Specimen Dream».
8) Es ist bezeichnend für die enge Verflechtung von Freuds Freundes- und Patientenkreis, daß Freud einige Jahre später Rosanes' Frau behandelte.
9) Freud an Fließ, 8. März 1895: *FF*, S. 117.

Anmerkungen

10) Ebd.
11) Freud an Fließ, 11. April 1895: *FF*, S. 125.
12) Freud an Fließ, 13. März 1895: *FF*, S. 119.
13) Siehe Castoriadis: *Crossroads in the Labyrinth*, S. 67 ff.
14) *Die Traumdeutung*: G. W., II/III, S. 115.
15) Ebd.
16) Ebd.
17) *Studien*, S. 312.
18) *Die Traumdeutung*: G. W., II/III, S. 115.
19) Ebd.
20) Ebd.
21) Ebd., S. 114.
22) Freud an Martha, 20. Januar 1886 (der entsprechende Absatz fehlt in der deutschen Ausgabe der *Briefe*).
23) Ebd.
24) *Studien*, S. 157. Diese Textstelle ist Teil einer Diskussion über den Unterschied zwischen jenen Patienten, die sich der Ursache und des akuten Anlasses ihrer Krankheit bewußt sind, und jenen, die es nicht sind: jenen Fällen, in denen die Ursache ein Geheimnis ist, und jenen, in denen sie ein Fremdkörper ist. Freud unterlegte diese Unterscheidung – die er in einer Anmerkung auf der folgenden Seite als möglicherweise falsch bezeichnet – mit einem adaptierten Zitat von Goethe: «Das Mäskchen das weissagt verborgenen Sinn.» Das Wortspiel Mäskchen – Mädchen drückt wohl seine Überzeugung aus, daß er hierbei ein weibliches Geheimnis demaskiert, das Geheimnis Frau.
25) *Die Traumdeutung*: G. W., II/III, S. 121.
26) Ebd.
27) «Die Abwehr-Neuropsychosen»: G. W., I, S. 325 f.
28) Ebd., S. 326.
29) Ebd.
30) Ebd., S. 337.
31) «Zur Geschichte der psychoanalytischen Bewegung»: G. W., X, S. 52.
32) Ebd. Über die Probleme der Gegenübertragung, beziehungsweise des sexuellen Verlangens des Analytikers innerhalb der Analyse, vgl. die exzellenten Ausführungen von Cottet: *Freud et le désir du psychanalyste*.
33) *Die Traumdeutung*: G. W., II/III, S. 110. Von Beginn an hat Freud Patienten behandelt, die er gut, manchmal sehr gut kannte; seine erfolgreiche hypnotische Behandlung von 1893 betraf eine Frau, die er seit Kindertagen kannte.
34) Abraham an Freud, 8. Januar 1908: *FA*, S. 32.
35) Freud an Abraham, 9. Januar 1908: *FA*, S. 34.
36) *Die Traumdeutung*: G. W., II/III, S. 118.
37) Die Identität von Irma hat Anlaß zu einiger Verwirrung und falschen

4. Kapitel

Mutmaßungen gegeben, besonders bei jenen, die den Irma-Traum in die Realität der Emma-Episode einordnen wollten (Clark, Schur, Masson, Krüll). Dabei bestand niemals ein berechtigter Zweifel an ihrer Identität. 1959 vermutete Anzieu richtig, daß Irma Anna war, was durch eine von James Strachey publizierte Notiz (in *Project*: *SE*, I, S. 341 Anm.) und später durch die auszugsweise Veröffentlichung der Freud-Abraham-Korrespondenz 1965 bestätigt wurde. Strachey berichtet, daß in Freuds Manuskript die Patientin A. genannt wird und der Arzt R.: A. ist Anna, R. ist Rie.

38) Freud an Martha, 10. Januar 1884: *Briefe*, S. 94.
39) Nachruf auf Professor S. Hammerschlag: *G. W.*, Nachtragsband, S. 733.
40) Freud an Martha, 13. Dezember 1883, zit. nach: *Jones*, I, S. 198.
41) Freud an Martha, 10. Januar 1884: *Briefe*, S. 94.
42) Freud an Martha, 23. Juni 1885: *Briefe*, S. 159.
43) *Jones*, I, S. 198.
44) Young-Bruehl: *Anna Freud*, S. 46.
45) Hirschmüller: *Breuer*, S. 48 Anm. 191.
46) *Die Traumdeutung*: *G. W.*, II/III, S. 110.
47) Anzieu: *Freud's Self-Analysis*, S. 29.
48) Freud an Martha, 15. April 1884: *Briefe*, S. 110.
49) *Jones*, I, S. 172.
50) Freud an Emmeline und Minna Bernays, 21. Oktober 1887: *Briefe*, S. 232.
51) *Studien*, S. 182.
52) Ebd.
53) *Die Traumdeutung*: *G. W.*, II/III, S. 424–428.
54) Ebd., S. 425.
55) Ebd., S. 486.
56) Ebd., S. 488.
57) Ebd., S. 490.
58) Ebd., S. 491.
59) Freud an Fließ, 7. November 1899: *FF*, S. 421.
60) *Die Traumdeutung*: *G. W.*, II/III, S. 116. Siehe auch Voswinckel: «Der Fall Mathilde S.» und Hirschmüller: «Freuds ‹Mathilde›».
61) *Die Traumdeutung*: *G. W.*, II/III, S. 116.
62) *Jones*, I, S. 186.
63) Hirschmüller: *Breuer*, S. 37.
64) Ebd., S. 47.
65) Freud an Martha, 13. Juli 1883: *Briefe*, S. 48.
66) Freud an Martha, 29. Mai 1884: *Briefe*, S. 119.
67) *Jones*, I, S. 175.
68) Freud an Fließ, 11. März 1900: *FF*, S. 441.
69) Freud an Mathilde Breuer, 13. März 1926, zit. nach: *Jones*, III, S. 150f. Siehe auch Hirschmüller: «‹Balsam auf eine schmerzende Wunde›».

Anmerkungen

70) «Weitere Bemerkungen über die Abwehr-Neuropsychosen»: *G. W.*, I, S. 384. Auf das Ende dieser Passage folgt eine Anmerkung mit der Frage, «warum nur Vorstellungen sexuellen Inhalts verdrängt werden können?» In seiner ausführlichen Antwort weist er auf die Bedeutung der «Verspätung der Pubertätsreife gegen die psychischen Funktionen» hin, durch die eine «Umkehrung der relativen Wirksamkeit» eines – notwendigerweise verdrängten – Ereignisses erst ermöglicht werde.
71) Freud an Fließ, 8. Oktober 1895: *FF*, S. 146.
72) Freud an Fließ, 15. Oktober 1895: *FF*, S. 147. Die Tatsache, daß Freud Fließ gegenüber dies jetzt darlegt, besagt, daß er das nicht bereits bei ihrem Treffen im September getan hat und daß er nicht der Ansicht war, es sei in der Krankengeschichte (der Fall Emma) enthalten, die Teil des «Entwurfs einer Psychologie» war, den Freud kürzlich an Fließ gesandt hatte.
73) Freud an Fließ, 8. Dezember 1895: *FF*, S. 160.
74) Freud an Fließ, 3. Januar 1897: *FF*, S. 231.
75) Freud an Fließ, 6. Dezember 1896: *FF*, S. 223.
76) Ebd., S. 224.
77) Freud an Fließ, 11. Januar 1897: *FF*, S. 234.
78) Ebd., S. 236.
79) Freud an Fließ, 24. Januar 1897: *FF*, S. 239.
80) Freud an Fließ, 6. April 1897: *FF*, S. 248.
81) Freud an Fließ, 2. Mai 1897: *FF*, S. 253. Freud sollte dieses Argument in einem seiner «reifen» Werke benutzen, in der Krankengeschichte des Rattenmannes, und zwar im Zusammenhang mit der zu treffenden Entscheidung, ob seine «Erinnerungen» an die Kindheit sich auf reale Ereignisse beziehen oder nicht. Es wurde somit zur kanonischen Regel für die Interpretation gewisser Phantasien: «Es läßt sich deutlich erkennen, daß der heranwachsende Mensch in diesen Phantasiebildungen über seine erste Kindheit das Andenken an seine autoerotische Betätigung zu verwischen sucht, indem er seine Erinnerungsspuren auf die Stufe der Objektliebe hebt, also wie ein richtiger Geschichtsschreiber die Vergangenheit im Lichte der Gegenwart erblicken will. Daher die Überfülle von Verführungen und Attentaten in diesen Phantasien, wo die Wirklichkeit sich auf autoerotische Betätigung und auf Anregung dazu durch Zärtlichkeiten und Strafen beschränkt.» *G. W.*, VII, S. 427 Anm. 1.
82) Manuskript N, 31. Mai 1897: *FF*, S. 267.
83) Ebd., S. 269. Siehe auch Levin: *Freud's Early Theories*, S. 226.
84) Freud an Fließ, 2. Mai 1897: *FF*, S. 253.
85) Freud an Fließ, 7. Juli 1897: *FF*, S. 273.
86) Manuskript N, 31. Mai 1897: *FF*, S. 268.
87) Freud an Fließ, 20. Juni 1898: *FF*, S. 347.
88) Freud an Fließ, 21. September 1897: *FF*, S. 284.
89) Freud an Fließ, 15. Oktober 1897: *FF*, S. 291.

4. Kapitel

90) Freud an Fließ, 3. Oktober 1897: *FF*, S. 288, 289.
91) Ebd., S. 288.
92) Freud an Fließ, 4. Oktober 1897: *FF*, S. 290.
93) *Die Traumdeutung: G. W.*, II/III, S. 245 f.
94) *Zur Psychopathologie des Alltagslebens: G. W.*, IV, S. 197.
95) Ebd.
96) Freud an Fließ, 9. Juni 1901: *FF*, S. 485 f.
97) Freud an Fließ, 15. Oktober 1897: *FF*, S. 293.
98) Freud an Fließ, 19. Februar 1899: *FF*, S. 377.
99) Freud an Fließ, 4. März 1895: *FF*, S. 114 f. Dieses Beispiel wurde in die Traumdeutung aufgenommen. Kaufmann wurde ein führender Wiener Kardiologe, dem Freud Patienten überwies, unter anderen Loe Kann (siehe *FJ Correspondence*, S. 210 f.) und seine Tochter Sophie.
100) «Die Abwehr-Neuropsychosen»: *G. W.*, I, S. 62.
101) Manuskript H, 24. Januar 1895: *FF*, S. 110.
102) «Die Abwehr-Neuropsychosen»: *G. W.*, I, S. 73 f.
103) *Die Traumdeutung: G. W.*, II/III, S. 572.
104) Siehe Anzieu: *Freud's Self-Analysis*, S. 221–229 und Stracheys Anmerkungen zu den Exzerpten aus der Fließ-Korrespondenz in: *SE*, I, S. 256 Anm. 3, S. 278 Anm. 3. Siehe auch Levin: *Freud's Early Theories of the Neurosis*, S. 220 ff.
105) Manuskript N, 31. Mai 1897: *FF*, S. 268. Siehe auch Levin: *Freud's Early Theories*, S. 226.
106) Freud an Fließ, 19. Februar 1899: *FF*, S. 377.
107) *Studien*, S. 319 f.
108) Siehe Holt: *Freud Reappraised*, bes. Kap. 7, S. 171–196; und Ricœur: *Freud and Philosophy*, S. 88–114.
109) «Entwurf einer Psychologie» in Freud: *Aus den Anfängen der Psychoanalyse. FF*, S. 356.
110) Freud an Fließ, 4. Mai 1896: *FF*, S. 195 f.
111) Es muß betont werden, daß er sich noch nicht auf den Terminus «Wunsch» festgelegt hatte; er benutzte die seltsame Zusammensetzung «Sehnsuchtsabsicht». Aber in einem Brief vom 4. Juni 1896 legt er sich auf die «Wunsch»-Terminologie fest und versichert, daß Wünsche die Schlüssel zu ihren Symptomen seien: «Ihre Geschichte klärt sich weiter auf; daß es Wunschblutungen waren, ist unzweifelhaft; sie hat mehrere ähnliche Vorfälle, darunter direkte Simulation, in ihrer Kinderzeit.» (*FF*, S. 202).
112) Freud an Fließ, 17. Januar 1897: *FF*, S. 237 f.
113) Freud an Fließ, 24. Januar 1897: *FF*, S. 240.
114) Freud an Fließ, 12. Dezember 1897: *FF*, S. 312.
115) Masson: *Was hat man dir, du armes Kind, getan?*, Anhang A, S. 263 f.
116) Freud an Emma Eckstein, 17. April 1904: *LC*.

Anmerkungen

117) Swales: «Freud, Minna Bernays and the Conquest of Rome», S. 15; siehe Freud an Emma Eckstein, 16. Januar 1902: LC.
118) Freud an Emma Eckstein, 30. November 1905, zit. nach Masson: *Was hat man dir, du armes Kind, getan?*, Anhang A, S. 281.
119) Ebd., S. 281f.
120) «Bemerkungen über die Übertragungsliebe»: G. W., X, S. 315.
121) FF, 16. Mai 1900, S. 454; siehe auch *Jones*, I, S. 412.
122) Liste der Teilnehmer an Freuds Kursen 1886–1919: LC, B 21.
123) Masson: *Was hat man dir, du armes Kind, getan?*, Anhang A, S. 282.
124) *Das Unbehagen in der Kultur*: G. W., XIV, S. 430f.
125) Freud an Emma Eckstein, 4. August 1906: LC.
126) Freud gibt in einer Fußnote an, daß der Nabel des Traumes, die Stelle, die er gar nicht weiter zu erforschen *wünscht*, das Element ist, das sich auf den Zustand seiner Frau bezieht. Siehe Elms: «Freud, Irma, Martha».
127) Freud an Fließ, 12. Juni 1900: FF, S. 458. Dem Herausgeber zufolge wurde in der Tat am 6. Mai 1977 an das Bellevue eine Tafel mit einer solchen Inschrift angebracht.
128) Young-Bruehl: *Anna Freud*, S. 452f.
129) Freud an Fließ, 31. Mai 1897: FF, S. 266. Siehe auch Langs: «Freud's Irma Dream», S. 611: «Es gibt einen Zusammenhang zwischen Freuds Abkehr von der Verführungstheorie und seiner Entdeckung oder Erfindung der Übertragung. In beiden Fällen leugnete Freud die Realität der Verführung, sowohl der Eltern als auch des Analytikers.»
130) Anzieu: *Freud's Self-Analysis*, S. 224.
131) Irigaray: *Speculum*, zit. in Gallop: *Feminism and Psychoanalysis*, S. 38.
132) Assoun: *Freud et la femme*, S. 55.
133) *Die Traumdeutung*: G. W., II/III, S. 211.
134) Ebd.
135) Ebd.
136) Ebd., S. 213f.
137) *Über den Traum*: G. W., II, S. 649. Freuds Auslassungspunkte.
138) Ebd., S. 649f.
139) Ebd., S. 651.
140) Freud an Fließ, 16. Oktober 1895: FF, S. 148.
141) *Die Traumdeutung*: G. W., II/III, S. 491.

5. Kapitel

1) «Dora» (= «Bruchstück einer Hysterie-Analyse»): *G. W.*, V, S. 185.
2) Cixous und Clément: *La jeune née*, S. 283.
3) Kahane: «Introduction: Part Two» in Bernheimer und Kahane: *In Dora's Case*, S. 25.
4) Ebd., S. 31.
5) Moi (nach Cixous und Clément): «Representation of Patriarchy», S. 192.
6) Ramas: «Freud's Dora, Dora's Hysteria» in: Bernheimer und Kahane: *In Dora's Case*, S. 151.
7) Cixous in Cixous und Clément: *La jeune née*, S. 153 f.
8) Ebd.
9) Foucault: «Introduction», S. 77.
10) Rose: «Psychopolitics II», S. 24.
11) Moi (nach Cixous und Clément): «Representation of Patriarchy», S. 192.
12) «Dora»: *G. W.*, V, S. 222.
13) Rose in Bernheimer und Kahane: *In Dora's Case*, S. 129.
14) Jacobus: «Dora and the Pregnant Madonna», S. 141 f.
15) Decker: *Freud, Dora, and Vienna 1900*, S. 42 ff.
16) Ebd., S. 44.
17) Ebd., S. 43 und Ramas: «Freud's Dora, Dora's Hysteria», S. 160.
18) Otto Bauer an Karl Kautsky, 20. Juni 1922: Brief 521, Kautsky-Archiv, Internationales Institut für Sozialgeschichte, Amsterdam, zit. in Rogow: *Dora's Brother*, S. 245.
19) «Dora»: *G. W.*, V, S. 237.
20) Ebd., S. 178.
21) Leichter: *Otto Bauer*, S. 23.
22) Decker: *Freud, Dora, and Vienna 1900*, S. 65.
23) «Dora»: *G. W.*, V, S. 190.
24) Ebd., S. 183.
25) Ebd., S. 184.
26) Ebd., S. 278.
27) Ebd., S. 167.
28) Ebd., S. 184.
29) Ebd., S. 186.
30) Ebd.
31) Ebd., S. 187.
32) Marcus: «Freud und Dora: Roman, Geschichte, Krankengeschichte», S. 62.
33) Ebd., S. 67.
34) Ebd., S. 62. In Glenn: «Freud's Adolescent Patients» wird eine andere Ansicht hierzu vertreten.

35) «Dora»: *G. W.*, V, S. 190f.
36) Ebd., S. 191.
37) Cixous in Cixous und Clément: *La jeune née*, S. 149f. Siehe auch Marcus in Bernheimer und Kahane: *In Dora's Case*, S. 59.
38) «Dora»: *G. W.*, V, S. 193.
39) Ebd., S. 196.
40) Ebd., S. 196 und S. 205 ff.
41) Ebd., S. 218.
42) Ebd., S. 216.
43) Ebd.
44) Lacan: «Intervention sur le transfert», S. 67.
45) Jacobus: «*Dora* and the Pregnant Madonna», S. 181; Moi: «Representation of Patriarchy», S. 190ff.; Sprengnether in Bernheimer und Kahane: *In Dora's Case*, S. 258.
46) «Dora»: *G. W.*, V, S. 165.
47) Ebd., S. 222.
48) Ebd., S. 184.
49) Ebd., S. 223.
50) Ebd.
51) Ebd., S. 236.
52) Ebd., S. 249.
53) Ebd., S. 247.
54) Ebd., S. 260.
55) Decker: *Freud, Dora, and Vienna 1900*, S. 116.
56) «Dora»: *G. W.*, V, S. 262f.
57) Ebd., S. 265.
58) Ebd., S. 268.
59) Ebd.
60) Ebd., S. 269.
61) Ebd.
62) Ebd., S. 270.
63) Ebd., S. 271.
64) Ebd., S. 274 Anm.
65) Ebd., S. 272.
66) Ebd., S. 284.
67) Ebd., S. 273.
68) Ebd., S. 170.
69) Ebd., S. 282.
70) Ebd., S. 283.
71) Ebd.
72) Kahane: «Introduction: Part Two» in Bernheimer und Kahane: *In Dora's Case*, S. 27; Sprengnether: ebd., S. 258.
73) «Dora»: *G. W.*, V, S. 284 Anm.

74) Ebd.
75) Ebd., S. 220.
76) Ebd., S. 284 Anm.
77) Ebd.
78) Ebd., S. 236.
79) Freud an Fließ, 7. Mai 1900: *FF*, S. 452.
80) Swales: «Freud, Fliess and Fratricide».
81) Hertz in Bernheimer und Kahane: *In Dora's Case*, S. 234; Bernheimer: «Introduction» in Bernheimer und Kahane: *In Dora's Case*, S. 17 f.; Swales: «Are We Getting the Freud We Deserve?».
82) «Dora»: *G. W.*, V, S. 187 Anm. 2.
83) Siehe Muslin und Merton: «Transference in the Dora Case», S. 322.
84) Glenn: «Freud's Adolescent Patients», «Freud, Dora and the Maid».
85) «Dora»: *G. W.*, V, S. 163 f.
86) Ebd., S. 165.
87) Ebd., S. 208.
88) Ebd.
89) Ebd.
90) Ebd., S. 209.
91) Hertz in Bernheimer und Kahane: *In Dora's Case*, S. 229.
92) Forrester: «The Untold Pleasures of Psychoanalysis», S. 57.
93) Hertz in Bernheimer und Kahane: *In Dora's Case*, S. 234.
94) «Dora»: *G. W.*, V, S. 189.
95) Ebd., S. 209.
96) Hertz in Bernheimer und Kahane: *In Dora's Case*, S. 234.
97) «Dora»: *G. W.*, V, S. 195 Anm.
98) Ebd., S. 265.
99) Ebd., S. 208.
100) Forrester: «The Untold Pleasures of Psychoanalysis», S. 59.
101) Vgl. den in Kapitel 6, S. 250–258 beschriebenen Fall von Homosexualität sowie Freuds Bemerkungen zu H. D. in Kapitel 13, S. 533–593.
102) Marcus: «Freud und Dora», S. 70; Gay: *Freud*, S. 284.
103) Marcus: «Freud und Dora», S. 78.
104) Siehe Cixous und Clément: *La jeune née*, S. 276.
105) «Dora»: *G. W.*, V, S. 195.
106) Ebd., S. 221.
107) Ebd., S. 195 Anm.
108) Ebd., S. 193.
109) Cixous in Cixous und Clément: *La jeune née*, S. 149 f.
110) «Dora»: *G. W.*, V, S. 257.
111) Gallop: «Keys to Dora» in Bernheimer und Kahane: *In Dora's Case*, S. 210.
112) «Psychopathologie des Alltagslebens»: *G. W.*, IV, S. 269.

Anmerkungen

113) Ebd.
114) Manuskript L, 2. Mai 1897: *FF*, S. 255f.
115) Freud an Fließ, 4. Oktober 1897: *FF*, S. 290.
116) *Studien*, S. 190.
117) Gallop: «Keys to Dora» in Bernheimer und Kahane: *In Dora's Case*, S. 213.
118) Assoun: *Freud et la femme*, S. 183.
119) Freud an Jones, 1. Januar 1913: «The nicest case of ‹Übertragung› I ever saw.» *FJ Correspondence*, S. 189.
120) «Über die weibliche Sexualität»: *G. W.*, XIV, S. 525.
121) Jacobus: «*Dora and the Pregnant Madonna*», S. 189.
122) Ebd., S. 190ff.
123) «Dora»: *G. W.*, V, S. 285.
124) Ebd.
125) Ebd., S. 286.
126) Freud an Fließ, 14. Oktober 1900: *FF*, S. 469.
127) Freud an Fließ, 25. Januar 1901: *FF*, S. 476.
128) Jones (*Jones*, II, S. 304f.) konstruiert eine – nach wie vor hypothetische – Geschichte, wonach der Fallbericht von einem Verleger abgelehnt worden sein soll und ein anderer Zweifel an der Sittlichkeit der Geschichte angemeldet habe. Uns liegt daran aufzuzeigen, daß ungeachtet der Gründe, die Freud zum Zurückziehen des Manuskriptes im Jahre 1901 veranlaßten (wahrscheinlich, aber nicht erwiesenermaßen die Wahrung der ärztlichen Schweigepflicht und des Anstands), Anfang 1905 etwas geschehen sein muß, das ihn zu einer anderen Einschätzung der Unsittlichkeit der Krankengeschichte kommen ließ.
129) «Dora»: *G. W.*, V, S. 165.
130) Ebd., S. 286.
131) Ebd., S. 180.
132) Freud an Sabina Spielrein, 20. August 1912: *Symmetrie*, S. 120.
133) Bernheimer und Kahane, *In Dora's Case*, S. 33.
134) Ebd., S. 34.
135) Deutsch in Bernheimer und Kahane: *In Dora's Case*, S. 37f.
136) «Dora»: *G. W.*, V, S. 214.
137) Ebd., S. 244 Anm. 1.
138) Decker: *Freud, Dora, and Vienna 1900*, S. 59.
139) Ebd.
140) Leichter: *Otto Bauer*, S. 371 Anm. 13. Siehe auch Loewenberg: «Otto Bauer», S. 196.
141) Bottomore und Goode: *Austro-Marxism*, S. 288.
142) Rogow: «Dora's Brother», S. 239.
143) Decker: *Freud, Dora, and Vienna 1900*, S. 55 und S. 177.
144) Loewenberg: «Otto Bauer», S. 192.

6. Kapitel

145) Deutsch in Bernheimer und Kahane: *In Dora's Case*, S. 37f.
146) Siehe Gallup: *A History of the Salzburg Festival* und Kaut: *Die Salzburger Festspiele 1920–1981*.
147) Persönliche Mitteilung Anthony Stadlens basierend auf seinem Interview mit Deutschs Gewährsmann; vgl. auch Marcus: «Freud und Dora», S. 78.
148) Decker: *Freud, Dora, and Vienna 1900*, S. 175, nach Leichter, S. 23. Eine erfreuliche und intelligente literarische Version von «Doras» späterer Reaktion auf Freud findet sich in Mannoni: «Fiction I. Viennoise» in: *Fictions freudiennes*, S. 11–22.

6. Kapitel

1) «Yes, indeed, psychotherapy is as old as illness, and we doctors could not give it up if we wanted to, because the other party to our methods of healing – namely the patient – has not the slightest intention of doing without it.» Freud in einem auf englisch geführten Interview: «Interview with Adelbert Albrecht», 11. September 1909.
2) Siehe Gay (*Freud*, S. 122 Anm.), der sich auf Marie Bonapartes Notizen für ihre nicht vollendete Freud-Biographie beruft.
3) Hartman: «A Reappraisal of the Emma Episode», S. 567.
4) Wagner-Jauregg: *Lebenserinnerungen*, S. 72.
5) Hirschmüller: *Breuer*, S. 50.
6) Bertin: *La Femme à Vienne*, S. 54.
7) Unveröffentlichter Brief vom 14. April 1888. Siehe Swales: «Freud, his Teacher and the Birth of Psychoanalysis», S. 27 und Anm. 24.
8) Ebd., S. 27 und Anm. 25.
9) Fichtner: *Freuds Patienten*, S. 232.
10) Kann: *Theodor Gomperz*, S. 169f.
11) Ebd., S. 170.
12) Theodor an Heinrich Gomperz, 23. Oktober 1892: Ebd., S. 234.
13) Theodor an Heinrich Gomperz, 13. November 1892: Ebd.
14) Theodor an Elise Gomperz, 8. Januar 1893: Ebd., S. 235.
15) Theodor an Elise Gomperz, 7. April 1893: Ebd., S. 236.
16) Theodor an Heinrich Gomperz, 13. Februar 1894: Ebd., S. 251.
17) Siehe Freud an Fließ, 16. Mai 1897: *FF*, S. 259: Die Patientin «Cousine Elise von G.», von der hier erwähnt wird, daß sie ihre Behandlung beendet hat, könnte gut Elise Gomperz sein. Demnach hätte ihre Behandlung elf Jahre gedauert.
18) Freud an Heinrich Gomperz, 15. November 1899: *Briefe*, S. 252.
19) Freud an Fließ, 26. November 1899: *FF*, S. 427.

Anmerkungen

20) Siehe Anm. 2 in *FF*, S. 425.
21) Siehe dazu Gay, *Freud*, S. 158f.
22) Freud an Fließ, 11. März 1902: *FF*, S. 502.
23) Theodor an Elise Gomperz, 28. September 1898, in Kann: *Theodor Gomperz*, S. 301.
24) Freud an Fließ, 11. März 1902: *FF*, S. 502.
25) *Jones*, I, S. 396.
26) Swales: «Freud, Katharina and the First ‹Wild Analysis›», S. 148 Anm. 23.
27) *FF*, 7. August 1901, S. 490. Siehe auch Goldmann: «Eine Kur aus der Frühzeit der Psychoanalyse», S. 307.
28) *Jones*, II, S. 455.
29) Swales: «Freud, Katharina and the First ‹Wild Analysis›», S. 148 Anm. 23.
30) Eissler: «A Possible Endangerment of Psychoanalysis», S. 19.
31) Koestler: *Pfeil ins Blaue*, S. 32f. Für einen Überblick siehe Kubes: «‹Moderne Nervositäten› und die Anfänge der Psychoanalyse».
32) *LC*, SF Archive B 16. Siehe auch Goldmann: «Eine Kur aus der Frühzeit der Psychoanalyse».
33) Um einen Eindruck von einer solchen Freundschaft zu gewinnen, ist Freuds Briefwechsel mit Frau A. Götzel von 1918–37 (*LC*, B 8) ein gutes Beispiel – eine Korrespondenz, in der cirka ein Brief im Jahr geschrieben wurde. Die Briefe beschäftigen sich hauptsächlich mit Frau Götzels Wunsch, die Analyse fortzusetzen, die sich nach klassischem Muster um den Wunsch nach einem Baby gedreht hatte.
34) Freud an Anna von Vest, 26. März 1925, zit. in Molnar: *Diary*, S. 180.
35) «Die endliche und die unendliche Analyse»: *G. W.*, XVI, S. 66.
36) *Vorlesungen zur Einführung in die Psychoanalyse*: *G. W.*, XI, S. 480.
37) Anna Freud an Freud, 20. Juli 1922, zit. nach Gay: *Freud*, S. 492.
38) Manuskript H, 24. Januar 1895: *FF*, S. 110.
39) Ebd.
40) Ebd.
41) «Weitere Bemerkungen über die Abwehr-Neuropsychosen»: *G. W.*, I, S. 401.
42) «Der Realitätsverlust bei Neurose und Psychose»: *G. W.*, XIII, S. 363f.
43) Freuds Formulierung in einem Brief an Fließ, 19. September 1901: *FF*, S. 495.
44) «Über einige neurotische Mechanismen bei Eifersucht, Paranoia und Homosexualität»: *G. W.*, XIII, S. 199.
45) Ebd., S. 200. Siehe auch: *Die Psychopathologie des Alltagslebens*: *G. W.*, IV, S. 284.
46) Freud an Jung, zwischen dem 14. und 20. April 1907: *FJung*, S. 41.
47) Freud an Jung, 17. Februar 1908: *FJung*, S. 134.
48) Freud an Ferenczi, 6. Oktober 1910: *Briefwechsel*, I/1, S. 313.

6. Kapitel

49) Freud an Jung, 17. Februar 1908: *FJung*, S. 134. Siehe auch Freuds Brief an Ferenczi vom 11. Februar 1908. (*Briefwechsel*, I/1, S. 53 f.)
50) «Weitere Bemerkungen über die Abwehr-Neuropsychosen»: *G. W.*, I, S. 393.
51) «Mitteilung eines der psychoanalytischen Theorie widersprechenden Falles von Paranoia»: *G. W.*, X, S. 237.
52) Siehe Rosolato: «Paranoïa et scène primitive».
53) «Mitteilung eines der psychoanalytischen Theorie widersprechenden Falles von Paranoia»: *G. W.*, X, S. 239 f.
54) Ebd., S. 240.
55) Ebd., S. 241.
56) Ebd., S. 244.
57) Assoun: *Freud et la femme*, S. 144 Anm. 5.
58) *Jones*, II, S. 502.
59) Riviere: «An Intimate Impression», S. 210.
60) «Über die Psychogenese eines Falles von weiblicher Homosexualität»: *G. W.*, XII, S. 291.
61) Ebd., S. 277.
62) Ebd., S. 271.
63) Ebd., S. 278.
64) Ebd., S. 276.
65) Ebd., S. 282.
66) Ebd., S. 284.
67) Ebd., S. 284 f.
68) «Die Weiblichkeit»: *G. W.*, XV, S. 139.
69) «Über die Psychogenese eines Falles von weiblicher Homosexualität»: *G. W.*, XII, S. 298.
70) Ebd., S. 298.
71) Ebd., S. 292.
72) Ebd.
73) Ebd., S. 292 f.
74) Jacobus: «Russian Tactics», S. 2; Merck: «The Train of Thought», S. 35–46.
75) *Drei Abhandlungen zur Sexualtheorie*: *G. W.*, V, S. 117.
76) «Über die Psychogenese eines Falles von weiblicher Homosexualität»: *G. W.*, XII, S. 302.
77) *Jones*, III, S. 123.
78) *Jones*, II, S. 402.
79) *FJung*: Freud an Jung, 23. Mai 1907, S. 46; Jung an Freud, 24. Mai 1907, S. 49; Freud an Jung, 26. Mai 1907, S. 51.
80) «Der Wahn und die Träume in W. Jensens ‹Gradiva›»: *G. W.*, *VII, S. 45 f.*
81) *Ebd., S. 46 f.*
82) *Ebd., S. 97.*

Anmerkungen

83) Ebd., S. 54.
84) Ebd., S. 52.
85) Ebd., S. 65.
86) Siehe dazu den «Rattenmann»: *G. W.*, VII, S. 400; *Das Unbehagen in der Kultur*: *G. W.*, XIV, S. 428; sowie Gamwell: «Freud's Antiquities Collection»; Donald Kuspit: «A Mighty Metaphor»; Schmidt-Dengler: «Decadence and Antiquity»; Suzanne Bernfeld: «Freud and Archaeology».
87) «Der Wahn und die Träume in W. Jensens ‹Gradiva›»: *G. W.*, VII, S. 115.
88) Ebd.
89) Ebd., S. 118f.
90) Ebd., S. 117.
91) Ebd., S. 119.
92) Ebd.
93) Assoun: *Freud et la femme*, S. 87.
94) Freud an Ferenczi, 23. Juni 1912: *Briefwechsel*, I/2, S. 102.
95) «Der Wahn und die Träume in W. Jensens ‹Gradiva›: *G. W.*, VII, S. 31.
96) *Vorlesungen zur Einführung in die Psychoanalyse*: *G. W.*, XI, S. 412.
97) Siehe Kofman: *The Enigma of Woman*, S. 76, und Jacobus: «*Dora* and the Pregnant Madonna», S. 192f.
98) Freud an Fließ, 14. Oktober 1900: *FF*, S. 469.
99) Wexler: *Emma Goldmann*, S. 85 Anm. 3. Das Zitat von Goldmann über Freuds Vorlesungen stammt aus einem Brief an Berkmann, 20. Februar 1929, zit. in Drinnon: *Nowhere at Home*, S. 146.
100) Kerr: *A Most Dangerous Method*, S. 268.
101) *Über Psychoanalyse*: *G. W.*, VIII, S. 22.
102) *Anwesenheitsliste bei Freuds Vorlesungen 1886–1919*: LC, B 21.
103) *Protokolle*, II, 13. April 1910: Siehe Gay, *Freud*, S. 565.
104) Hilferding: *Das Finanzkapital*, S. 3.
105) *Protokolle*, III, 2. November 1910. S. 52.
106) Ebd., 11. Januar 1911, S. 113.
107) Ebd., S. 114.
108) Ebd., S. 115.
109) Ebd., S. 117.
110) Ebd., S. 118.
111) Ebd., S. 118.
112) Ebd., 8. November 1910, S. 59.
113) Ebd., 22. März 1911, S. 195.
114) Ebd., 11. Oktober 1911, S. 273.
115) Deutsch: *Selbstkonfrontation*, S. 122.
116) Freud an Jung, 28. Dezember 1914: *FJung*, S. 525.
117) Freud an Abraham, 22. September 1914: *FA*, S. 191.
118) *Vorlesungen zur Einführung in die Psychoanalyse*: *G. W.*, XI, S. 143. «Eine Kindheitserinnerung aus *Dichtung und Wahrheit*»: *G. W.*, XII,

7. Kapitel

S. 24. «Zur Geschichte der psychoanalytischen Bewegung»; *G. W.*, X, S. 89.
119) «Autobiographische Notiz»: *G. W.*, XIV, S. 95.
120) Siehe Hug-Hellmuth: «Zur Technik der Kinderanalyse» (1920), ein auf dem 6. Internationalen Psychoanalytischen Kongreß in Den Haag gehaltener Vortrag.
121) Anna Freud: «Vier Vorträge über Kinderanalyse»: *Schriften*, I, S. 42.
122) MacLean und Rappen: *Hermine Hug-Hellmuth*, S. 5. Zitat aus dem Kriegsarchiv Wien – Quall. K 1174.
123) Vgl. FJung, 5. März 1908: «Sagder, der Fanatiker, ein hereditär mit Orthodoxie Belasteter, der zufällig an die Ps. glaubt, anstatt an das von Gott auf dem Sinai-Horeb gegebene Gesetz.»
124) MacLean und Rappen: *Hermine Hug-Hellmuth*, S. 7.
125) Bertin: *La Femme à Vienne*, S. 274.
126) MacLean und Rappen: *Hermine Hug-Hellmuth*, S. 270f.
127) *Protokolle*, IV, 8. November 1916. S. 341.
128) MacLean und Rappen: *Hermine Hug-Hellmuth*, S. 120.
129) Ebd., S. 138.
130) «Brief an Hermine von Hug-Hellmuth» (27. April 1915). *G. W.*, X, S. 456.
131) Hearnshaw: *Cyril Burt*, S. 242–47.
132) Deutsch: *Selbstkonfrontation*, S. 122.
133) Klein: unveröffentlichte Autobiographie, zit. in Grosskurth: *Melanie Klein*, S. 115.
134) MacLean und Rappen: *Hermine Hug-Hellmuth*, S. 40f.
135) Gunn und Guyomard: *A Young Girl's Diary*, Einleitung der Herausgeber.
136) Deutsch: *Selbstkonfrontation*, S. 122.
137) Zit. in MacLean und Rappen: *Hermine Hug-Hellmuth*, S. 42f. Siehe auch Huber: «Die erste Kinderanalytikerin».

7. Kapitel

1) Jung: *Erinnerungen, Träume, Gedanken*, S. 150.
2) Siehe Jung an Spielrein, 1. September 1919: *Symmetrie*, S. 223. Spekulationen über die Bedeutung Sabina Spielreins für Jungs Entwicklung finden sich in Bouttes: *Jung. La puissance d'une illusion*; Holl: *Der Fisch aus der Tiefe*, S. 71–81.
3) Bettelheim: «Commentary» in Carotenuto: *Secret Symmetry*, S. xxxviii.

Anmerkungen

4) Spielrein: «Beiträge zur Kenntnis der kindlichen Seele» in: *Sämtliche Schriften*, S. 144.
5) Ebd., S. 148.
6) Ebd., S. 146.
7) Ebd., S. 148 f.
8) Jung: «Die Freudsche Hysterietheorie» in: *Zur Psychoanalyse, Frühe Schriften III, Ges. W.*, IV, S. 27.
9) *Symmetrie*, S. 266.
10) Spielrein an Freud, 13. Juni 1909: *Symmetrie*, S. 100 f.
11) Brill: *Lectures on Psychoanalytic Psychiatry*, S. 27, zit. in Kerr: *A Most Dangerous Method*, S. 187. Die Seitenangaben zu Kerr beziehen sich auf seine unveröffentlichte Dissertation mit demselben Titel, New York University, 1989.
12) Jung an Freud, 30. Mai 1907: *FJung*, S. 61.
13) Jung an Freud, 12. Juni 1907: *FJung*, S. 70.
14) Tagebucheintrag September 1910: *Symmetrie*, S. 55.
15) Tagebucheintrag vom 23. September 1909: *Symmetrie*, S. 45.
16) Tagebucheintrag vom 11. September 1910: *Symmetrie*, S. 48.
17) Bettelheim: «Commentary» in Carotenuto: *Secret Symmetry*, S. xxiii; Swales: «What Jung *Didn't* Say», S. 3.
18) Kerr: *A Most Dangerous Method*, S. 61 f.; Swales: «What Jung *Didn't* Say», S. 6.
19) Spielrein an Freud, 10. Juni 1909: *Symmetrie*, S. 100.
20) Jung an Freud, 23. Oktober 1906: *FJung*, S. 7.
21) Kerr: *A Most Dangerous Method*, S. 119.
22) Kerr: *A Most Dangerous Method*, S. 105 f., nach Jung: «Die Psychologie der Dementia praecox» in: *Ges. W.*, III, S. 52 f.
23) Jung an Freud, 6. Juli 1907: *Symmetrie*, S. 231. Siehe auch Kerr, *A Most Dangerous Method*, S. 156.
24) Jung an Freud, 4. Juni 1909: *Symmetrie*, S. 236.
25) Siehe Ellenberger: «The Story of Helene Preiswerk»; Kerr: *A Most Dangerous Method*, S. 42; Spielrein an Freud, 20. Juni 1909: *Symmetrie*, S. 104.
26) Kerr: *A Most Dangerous Method*, S. 42; Jung und Riklin: *Experimentelle Untersuchungen über Assoziationen Gesunder* in: *Ges. W.*, II, S. 13–213.
27) Spielrein an Freud, 20. Juni 1909: *Symmetrie*, S. 104; siehe auch Tagebucheintragung vom 19. Oktober 1910, S. 63 f. und Spielreins Brief an Freud, um 1909, S. 107 f.
28) Siehe Jung, Seminar 1925: persönliche Mitteilung von John Kerr, am 6. November 1991.
29) Spielrein an Freud: *Symmetrie*, S. 107. Carotenuto datiert diesen Brief auf «um 1909», während Kerr (*A Most Dangerous Method*, S. 209) ihn der Zeit seiner Verbindung mit Groß im Mai 1908 zuschreibt.

7. Kapitel

30) Spielrein: «Extraits inédits d'un journal», S. 166 f.
31) Spielrein an Jung, 19. Januar 1918 Symmetrie: S. 174.
32) Ebd., S. 174 f.
33) Tagebucheintrag vom 9. Oktober 1910: Symmetrie, S. 59.
34) Spielrein: «Die Destruktion als Ursache des Werdens» in: Sämtliche Schriften, S. 131.
35) Ebd., S. 132.
36) Ebd., S. 120.
37) Die Meinungen darüber, ob auch eine sexuelle Beziehung bestand, gehen auseinander. Carotenuto läßt die Frage offen; Bettelheim kommt zu dem Schluß, daß dies der Fall war; Kerr hält es für plausibel, daß sie vor dem tatsächlichen Akt zurückscheuten, und bringt die Problematik der Interpretation von Spielreins Textzeugnissen auf den Punkt: Eine gewisse jungfräuliche Sittsamkeit greife in ihrem Bericht ein wie eine strenge literarische Anstandsdame, die das Schlimmste zu vermeiden suche. (*A Most Dangerous Method*, S. 250); Swales (persönliche Mitteilung, 7. August 1991) war «praktisch überzeugt, wenn auch eigentlich wenig geneigt zu glauben, daß die Beziehung zwischen Jung und Sabina Spielrein niemals eine sexuelle war (zumindest nie über ein paar Küsse hinausging)».
38) Jung an Spielrein, 20. Juni 1908: Symmetrie, S. 189.
39) Jung an Spielrein, 30. Juni 1908: Symmetrie, S. 190.
40) Ebd.
41) Ebd.
42) Jung an Spielrein, 4. Dezember 1908: Symmetrie, S. 196.
43) Ebd.
44) Kerr: «The Devil's Elixirs», S. 4.
45) Spielrein an Freud, 10. Juni 1909 (nicht vor Ende des Monats abgeschickt): Symmetrie, S. 95.
46) In einem niedergeschlagenen Hilferuf an Freud am 24. November 1911 (F/Jung, S. 515) schrieb Emma Jung, ihr «Hauptkomplex» sei, daß sie sich «neben Carl» nicht «zur Geltung bringen könnte», und fügte an: «Die Frauen sind natürlich alle verliebt in ihn [...].»
47) Jung an Spielreins Mutter, von Spielrein zitiert in ihrem Brief an Freud, 11. Juni 1909: Symmetrie, S. 92.
48) Tagebucheintrag vom 19. Oktober 1910: Symmetrie, S. 67.
49) Spielrein an Freud, 10. Juni 1909: Symmetrie, S. 96.
50) Jung an Freud, 7. März 1909: Symmetrie, S. 232.
51) Freud an Jung, 9. März 1909: Symmetrie, S. 233 f.
52) Freud an Jung, 7. Juni 1909: Symmetrie, S. 237 f.
53) Freud an Jung, 18. Juni 1909: Symmetrie, S. 239.
54) Freud an Spielrein, 8. Juni 1909: Symmetrie, S. 116.
55) Freud an Jung, 18. Juni 1909: Symmetrie, S. 239.

Anmerkungen

56) Jung an Freud, 12. Juni 1909: *Symmetrie*, S. 239.
57) Spielrein an Freud, 10. Juni 1909: *Symmetrie*, S. 91.
58) Jung an Freud, 21. Juni 1909: *Symmetrie*, S. 240.
59) Ebd., S. 240f.
60) Freud an Spielrein, 24. Juni 1909: *Symmetrie*, S. 117.
61) «Bemerkungen über die Übertragungsliebe»: *G. W.*, X, S. 319. Siehe Stein: «Nouvelles observations sur l'amour de transfert 1», S. 17.
62) Freud an Jung, 7. Juni 1909: *Symmetrie*, S. 238.
63) Jung an Freud, 4. Juni 1909: *Symmetrie*, S. 236.
64) «Bemerkungen über die Übertragungsliebe»: *G. W.*, X, S. 315.
65) Spielrein an Freud, 11. Juni 1909: *Symmetrie*, S. 91f.
66) Tagebucheintrag vom 11. September 1910: *Symmetrie*, S. 49.
67) Jung an Spielrein, 1. September 1919: *Symmetrie*, S. 223.
68) Tagebucheintrag, September 1910: *Symmetrie*, S. 58f. Siehe auch den Eintrag vom 9. November 1910, S. 74f. Interessanterweise nahm Jung noch vor der Veröffentlichung ihrer Arbeit auf ihre Hypothese über den «Todesinstinkt» Bezug; sie selbst verwendet diesen Begriff nicht, obwohl sie im mündlichen Vortrag vor der Wiener Psychoanalytischen Vereinigung sehr wohl davon sprach.
69) Cifali: «Une femme dans la psychanalyse», S. 255.
70) Tagebucheintrag vom 26. November 1910: *Symmetrie*, S. 75f.
71) *Protokolle*, III, 15. November 1911.
72) *Protokolle*, III, 29. November 1911.
73) Cifali: «Une femme dans la psychanalyse», S. 258.
74) Spielrein: «Die Destruktion als Ursache des Werdens» in: *Sämtliche Schriften*, S. 99f.
75) Ebd., S. 105.
76) Ebd., S. 110.
77) Ebd., S. 108.
78) Kerr: «Freud, Jung and Sabina Spielrein», S. 26.
79) Spielrein in Carotenuto: *Secret Symmetry*, S. 107f.; Carotenuto datiert diesen Gedanken auf circa 1909, zweifellos hat aber Kerr (*A Most Dangerous Method*, S. 209) recht, wenn er ihn mit der «Groß-Zeit» im Mai 1908 in Verbindung bringt – was auch implizit aus dem *Tagebuch* hervorgeht – und meint, diese Textstelle sei im Juni 1909 verfaßt worden. Siehe auch Anm. 29 in diesem Kapitel.
80) Spielrein: «Die Destruktion als Ursache des Werdens» in: *Sämtliche Schriften*, S. 113.
81) Ebd., S. 121.
82) Ebd., S. 127.
83) Bleuler: «Vortrag über Ambivalenz». Siehe dazu Laplanche und Pontalis, *Das Vokabular der Psychoanalyse*, S. 55f.
84) Freud an Jung, 21. März 1912: *Symmetrie*, S. 248.

7. Kapitel

85) Jung, *Symbole der Wandlung* in: *Ges. W.*, V, S. 419 Anm. 38.
86) Kerr: «Freud, Jung and Sabina Spielrein», S. 29.
87) Freud an Jung, 30. November 1911: *Symmetrie*, S. 245.
88) Freud an Jung, 17. Dezember 1911: *Symmetrie*, S. 247.
89) Ebd.
90) Jung an Spielrein, 25. März 1912: *Symmetrie*, S. 208.
91) Ebd.
92) Spielrein: «Beiträge zur Kenntnis der kindlichen Seele» in: *Sämtliche Schriften*, S. 144.
93) Tagebucheintrag vom 22. Februar 1912: *Symmetrie*, S. 85.
94) Freud an Jung, 21. April 1912: *Symmetrie*, S. 249.
95) Spielrein an Jung, 6. Januar 1918: *Symmetrie*, S. 164.
96) Ebd., S. 171.
97) Tagebucheintrag vom 11. Juli 1912: *Symmetrie*, S. 85.
98) Ebd., S. 86.
99) Freud an Spielrein, 20. August 1912: *Symmetrie*, S. 120.
100) Ebα.
101) Spielrein an Jung, 6. Januar 1918: *Symmetrie*, S. 171f.
102) Freud an Spielrein, 8. Mai 1913: *Symmetrie*, S. 123f.
103) Freud an Spielrein, 28. August 1913: *Symmetrie*, S. 124.
104) Freud an Spielrein, 29. Dezember 1913: *Symmetrie*, S. 125.
105) Persönliche Mitteilung von John Kerr, November 1991.
106) Spielrein an Jung, wahrscheinlich 27./28. Januar 1918: *Symmetrie*, S. 183.
107) Kerr: «Spielrein's Later Career», S. 34.
108) Spielrein an Jung, wahrscheinlich 27./28. Januar 1918: *Symmetrie*, S. 181.
109) Jung an Spielrein, 3. April 1919: *Symmetrie*, S. 222.
110) Spielrein an Jung, wahrscheinlich 27./28. Januar 1918: *Symmetrie*, S. 182.
111) Spielrein: «Briefmarkentraum» in: *Sämtliche Schriften*, S. 237.
112) Cifali: «Le fameux couteau de Lichtenberg»; Cifali: «Théodore Flournoy, la découverte de l'inconscient»; Flournoy: *Théodore et Léopold*.
113) Cifali: «Entre Genève et Paris: Vienne», S. 125.
114) Roudinesco: *La Bataille de cent ans*, I, S. 332.
115) Persönliche Mitteilung von John Kerr, November 1991.
116) Freud an Raymond de Saussure, 3. Juli 1922, in Freud: «Lettres à Raymond de Saussure», S. 192.
117) Spielrein: «Zum Vortrag von Dr. Skal'kovskij» in: *Sämtliche Schriften*, S. 340.
118) Ebd., S. 337.
119) Wygotski: *Denken und Sprechen*.
120) Spielrein: «Rêve et vision des étoiles filantes».

Anmerkungen

121) Jones an Freud, 25. März 1919: *FJ Correspondence*, S. 338.
122) Freud an Jones, 9. Dezember 1921: Ebd., S. 446. Siehe auch Roazen: *Freud and his Followers*, S. 408, 415.
123) Freud an Raymond de Saussure, 21. Februar 1928, in Freud: «Lettres à Raymond de Saussure», S. 197.
124) Freud an Spielrein, 9. Februar 1923: *Symmetrie*, S. 132.
125) Mitteilung von Jeanne Lampl de Groot in: *Symmetrie*, S. 335.
126) Spielrein: «Zum Vortrag von Dr. Skal'kovskij» in: *Sämtliche Schriften*, S. 335–344.
127) Kerr: «Spielrein's Later Career», S. 55. Siehe auch Palmier: «La psychanalyse en Union Soviétique», S. 220–226.
128) McGuire: «Postscript» in: Carotenuto, *Secret Symmetry*, S. xi.
129) Freud an Jones, 8. Juni 1913: «a treasure of a woman». *FJ Correspondence*, S. 201.
130) Wir bedanken uns bei der Harvard University Press dafür, daß sie uns den Briefwechsel Freud–Jones vor der Veröffentlichung zur Verfügung stellte, und beim Freud Museum in London für die Briefe Loe Kanns an Freud. (Der Briefwechsel Freud–Jones ist inzwischen erschienen, daher konnten die Seitenangaben hier nachgetragen werden. *Anm. d. Übs.*).
131) Brome: *Ernest Jones*, S. 37.
132) Jones an Freud, 28. Juni 1910: *FJ Correspondence*, S. 63.
133) Jones an Freud, 10. Dezember 1908: ebd., S. 12.
134) Jones an Freud, 8. Februar 1911: *FJ Correspondence*, S. 87.
135) Ebd., S. 88.
136) Man vergleiche Jones' Briefe an Putnam, in welchen er erwähnt, der Patientin fünfhundert Dollar gezahlt zu haben, mit seinem Brief vom 8. Februar 1911 an Freud (*FJ Correspondence*, S. 87f.).
137) Jones an Freud, 8. Februar 1911: ebd., S. 88.
138) Jones an Freud, 8. März 1911: ebd., S. 95.
139) Freud an Jones, 2. Juni 1914: «when you offered me her treatment». Ebd., S. 285.
140) Jones an Freud, 17. Oktober 1911: ebd., S. 117.
141) Freud an Jones, 14. Januar 1912: «[...] I pity it very much that you should not master such dangerous cravings, well aware at the same time of the source from which all these evils spring, taking away from you nearly all the blame but nothing of the dangers.» Ebd., S. 124.
142) Jones an Freud, 30. Juli 1912: ebd., S. 146.
143) Siehe *Jones*, II, S. 186f. Die Konstituierung des geheimen Komitees wird in Grosskurth: *The Secret Ring*, dargestellt.
144) Freud an Ferenczi, 23. Juni 1912: *Briefwechsel*, I/2, S. 102.
145) Freud an Jones, 28. Oktober 1912: «a precious creature of the highest value». *FJ Correspondence*, S. 164.
146) Ebd.

7. Kapitel

147) Jones an Freud, 13. November 1912: ebd., S. 173.
148) Freud an Jones, 15. November 1912: ebd., S. 176.
149) Freud an Jones, 15. November 1912: «[...] she confessed yesterday that she was a big liar when a child.» Ebd.
150) Jones an Freud, 17. November 1912: Ebd., S. 178.
151) Freud an Jones, 26. Dezember 1912: «I am under the impression that you do not realise completely how well she is.» Ebd., S. 185.
152) Freud an Jones, 26. Dezember 1912: «I could not help leading her over to my family for some moments Tuesday evening.» Ebd., S. 186.
153) Jones an Freud, 29. Dezember 1912: ebd., S. 188.
154) Freud an Jones, 1. Januar 1913: «Lina had a second attack of pains, she nursing her. The nicest case of ‹Übertragung› I ever saw. The girl takes upon her the kidney stones, which have left the mistress.» Ebd., S. 189. «She nursing her» bedeutet wohl, daß Loe ihre Pflegerin Lina pflegte.
155) Jones an Freud, 29. Dezember 1912: ebd., S. 188.
156) Freud an Jones, 10. Februar 1913: «It was a tremendous shock at first. She got the old pains, not very strong though, raised the morphia at once to 4 from 1.2 and renounced treatment. You remember, she identified ΨA, your and my own person and so she had to break off with all three of them. Yet there was a thread left undamaged between her and myself. I got hold of it and persuaded her to go on not for your sake but in her own interest. She agreed and it came to be right. We are down to 0.8 at this time, no pains at all, resistance much diminished, her behaviour almost normal in the affair which was even more intricate than you can surmise, and she lends an attentive ear to everything ΨA can tell her. We did turn the accident to the side of profit, now analysis being no more an act of complaisance for you, it is meeting with a much better reception. At the end I will have to thank you for the dangerous experiment.» Ebd., S. 191f.
157) Loe Kann an Freud, 24. Januar 1913: *FM*.
158) Ebd.
159) Ebd.
160) Der Satz in Klammern steht am linken Rand des Blattes.
161) Jones an Freud, 30. Januar 1913: *FJ Correspondence*, S. 190f.
162) Freud an Jones, 10. Februar 1913: «[...] I was sure you could not have done something simply mean and treacherous.» Ebd., S. 191.
163) Freud an Jones, 10. Februar 1913: «So you stick to your work, do not break communicaton with her and hold on firmly, till I can step of the scene. There is more going on now than I can make you know, but it is unavoidable.» Ebd., S. 192.
164) Freud an Jones, 10. Februar 1913: «There is a change in her position against you *as well as against me*. She considers herself free as long as treatment lasts, and according to the rules of ΨA she has the right to do

Anmerkungen

so. *I am glad she took up this position herself or I would have been obliged to force her into it. I could not go on in the role of your friend as long as I am to act as her physician. I had to forget everything except this last. Now it has come natural to me, you know I am not working for you but for her delivery to the exclusion of every other aim.*» Ebd., S. 192. (Hervorhebungen durch die Autoren.)

165) «Die ‹kulturelle› Sexualmoral und die moderne Nervosität»: *G. W.*, VII, S. 158.
166) *Vorlesungen zur Einführung in die Psychoanalyse*: *G. W.*, XI, S. 478 ff.
167) Loe Kann an Freud, 2. März 1913: *FM*.
168) Freud an Jones, 9. April 1913: «Standing in this way between two of my friends». *FJ Correspondence*, S. 198.
169) Freud an Ferenczi, 4. Mai 1913: *Briefwechsel*, I/2, S. 214.
170) Loe Kann an Freud, 14. Mai 1913: *FM*.
171) Freud an Jones, 8. Juni 1913: «You had a big share in my private thoughts this year over, you know. I am indeed of opinion you have lost your wife more completely than you realise. She is a treasure of a woman, but of deep-going abnormality and I am not without misgivings about her physical health and her fate, when this business with Jones II comes to an unfavourable end, as might easily be. […] I had to work against my own interest. Your house in London, had the treatment come to another result, would have become a regular *Absteigquartier* for me and so have fulfilled one of my earliest wish-fancies.» *FJ Correspondence*, S. 201.
172) Jones an Freud, 11. Juni 1913: ebd., S. 203.
173) Freud an Ferenczi, 9. Juli 1913: *Briefwechsel*, I/2, S. 235.
174) Freud an Jones, 10. Juli 1913: *FJ Briefwechsel*, S. 15.
175) Jones an Freud, 18. August 1913: *FJ Correspondence*, S. 220.
176) Ebd.
177) Loe Kann an Freud, 1. September 1913: *FM*.
178) Loe Kann an Freud, wahrscheinlich 2. September 1913: *FM*.
179) Loe Kann an Freud, 8. Oktober 1913: *FM*.
180) Freud an Jones, 4. Dezember 1913: «I know the former sweetness will be banished from our relations […].» *FJ Correspondence*, S. 247.
181) Freud an Jones, 16. Januar 1914: «But will you do me the personal favour of not making marriage the *next step* in your life, but to put a good deal of choosing and reflections into the matter […].» Ebd., S. 256. Siehe auch Gay: *Freud*, S. 214.
182) Freud an Jones, 8. Februar 1914: «As a nervous case she is very nice, all to be explained by her mother relation.» *FJ Correspondence*, S. 26.
183) Freud an Jones, 25. März 1914: «I know (not she) that she intended to give her father a child, accumulating the contents of the alimentary channel to that purpose and grew wild raging at the mother, who made her ‹miscarry›, destroyed that child in formation by the daily enemas.

7. Kapitel

The revulsion came after she had taken a husband (you know him) who fulfilled two important fatherly conditions (‹helping the father› is one, ‹showing his penis to the child› the other); she changed into her mother and ever since she and the mother are struggling within her soul.» Ebd., S. 272.
184) Zu Freuds späterer Ansicht über die Wut kleiner Mädchen auf die Klistiere verabreichende Mutter siehe «Über die weibliche Sexualität» (G. W., XIV, S. 532), wo Freud Ruth Mack Brunswick folgt, die «den Wutausbruch nach dem Klysma [mit] dem Orgasmus nach genitaler Reizung» vergleicht.
185) Jones an Freud, 8. April 1914: FJ Correspondence, S. 273.
186) «Die Weiblichkeit»: G. W., XV, S. 142f.
187) Jones an Freud, 25. Mai 1914: FJ Correspondence, S. 284.
188) Freud an Jones, 2. Juni 1914: «I have come back yesterday at night from Budapest, where we – Rank and I and Ferenczi as an interpreter – have helped Loe to become Mrs. Herbert Jones. I am sure it must be hard for you and so it is for me when I remember the series of events from the evening in the Weimar coffeehouse when you offered me her treatment to the moments when I assisted to her wedding with another. It is a most remarkable chain of changes between persons and feelings of such [...] and the most striking points seem to me, that our relations have not been spoiled and that I have learned even to like the other man. As for her, I fully appreciate what I have heard from you as a first description of her person. She is charming, is a jewel as you call her in your noble-minded letter and she is too extraordinarily abnormal to make a worker's happiness. She must be judged for herself, measured by a standard fitted to her only self.» Ebd., S. 285.
189) Jones an Freud, 27. Juli 1914: Ebd., S. 296.
190) *Jones*, II, S. 479 und S. 480.
191) Ebd., S. 502.
192) Jones an Freud, 3. August 1914: FJ Correspondence, S. 298.
193) Loe Kann an Freud, 20. August 1919: FM.
194) Ebd.
195) Ebd.
196) Loe Kann an Freud, 13. Juli 1912: FM.
197) Jones an Freud, 8. Dezember 1919: FJ Correspondence, S. 359.
198) Loe Kann an Freud, undatiert, wahrscheinlich August/September 1919: FM.
199) Ebd.
200) Loe Kann an Freud und Anna Freud, 10. September 1920: FM.
201) Jones an Freud, 30. November 1921: FJ Correspondence, S. 444f.
202) Loe Kann an Freud, wahrscheinlich 1923: FM. Datiert durch beigelegte Schneeglöckchen mit Februar oder März; Ende April, da Loe frühestens von Freuds Krankheit erfahren haben könnte, sind allerdings in England

Anmerkungen

kaum mehr Schneeglöckchen zu finden; andererseits ist es unwahrscheinlich, daß sie 1924 noch überrascht sein kann über die Nachricht von Freuds Erkrankung.
203) Ebd.
204) Ebd.
205) Brome: *Ernest Jones*, S. 211.

8. Kapitel

1) Freud an Arnold Zweig, 11. Mai 1934, zit. nach: *Jones*, III, S. 531. Über die geistige Beziehung zwischen Freud und Nietzsche siehe Assoun: *Freud et Nietzsche*.
2) *Jones*, II, S. 405 f.
3) «Lou Andreas-Salomé», Nachruf: *G. W.*, XVI, S. 270.
4) Jung an Freud, 2. Januar 1912: *FJung*, S. 529.
5) Freud an Jung, 10. Januar 1912: *FJung*, S. 532.
6) Abraham an Freud, 28. April 1912: *FA*, S. 118.
7) Freud an Andreas-Salomé, 25. Mai 1916: *FLou*, S. 50.
8) Siehe zum Beispiel «Der Mensch als Weib» (1899) und *Die Erotik* (1910).
9) Nietzsche an Peter Gast, 13. Juli 1882, in Pfeiffer: *Friedrich Nietzsche, Paul Rée, Lou Andreas-Salomé*, S. 159.
10) Zit. in Livingstone: *Lou Andreas-Salomé*, S. 11. Livingstones Biographie ist in vielerlei Hinsicht die beste und sicherlich die literarischste Arbeit über Andreas-Salomé. Empfehlenswert ist auch Moscovicis «Vorwort» zu *L'amour du narcissisme* sowie Binion: *Frau Lou* und Koepcke: *Lou Andreas-Salomé*.
11) Brief vom 29. Juli 1913 in Pfeiffer: *Rainer Maria Rilke – Lou Andreas-Salomé. Briefwechsel*, S. 568.
12) Andreas-Salomé: *Lebensrückblick*, S. 68 f.
13) Andreas-Salomé: «Zum Typus Weib» in: *Imago*, III, S. 11.
14) Andreas-Salomé: *Lebensrückblick*, S. 51.
15) Ebd., S. 16.
16) Ebd., S. 32.
17) *Lebensgebet* in: ebd., S. 213.
18) Ebd.
19) Andreas-Salomé an Gillot, 13. März 1882: ebd., S. 97.
20) Pfeiffer: *Friedrich Nietzsche, Paul Rée, Lou Andreas-Salomé*, S. 219.
21) Ebd., S. 229.
22) Ebd., S. 362.

23) Freud an Andreas-Salomé, 8. Mai 1932: *FLou*, S. 216.
24) Welsch und Wiesner: *Lou Andreas-Salomé*, S. 74.
25) Ebd., S. 73.
26) Andreas-Salomé: *Lebensrückblick*, S. 173.
27) Siehe zum Beispiel Peters: *My Sister, My Spouse*.
28) «Lou Andreas-Salomé»: *G. W.*, XVI, S. 270.
29) Brief vom 26. Februar 1901, bekannt als «Letzter Zuruf», in Pfeiffer: *Rainer Maria Rilke – Lou Andreas-Salomé*, S. 54.
30) Rilke: *Die Aufzeichnungen des Malte Laurids Brigge* in: *Ges. W.*, V, S. 76 f.
31) Ihre Gründe für diese Haltung werden in ihren Überlegungen zum Künstler deutlich; siehe Abschnitt IV von «Narzißmus als Doppelrichtung».
32) Andreas-Salomé: *In der Schule bei Freud*, S. 90.
33) Ebd., S. 90.
34) Andreas-Salomé: *Lebensrückblick*, S. 191.
35) «Zum 6. Mai 1926» in: *Almanach für das Jahr 1927*, S. 11.
36) Andreas-Salomé: *In der Schule bei Freud*, S. 89.
37) «Zur Einführung des Narzißmus»: *G. W.*, X, S. 155 f.
38) Riviere: «Review of Sigmund Freud», *New Introductory Lectures on Psycho-Analysis* in: *Collected Papers*.
39) Andreas-Salomé: *In der Schule bei Freud*, S. 125.
40) Kofman: *The Enigma of Woman*, S. 52.
41) Andreas-Salomé: *In der Schule bei Freud*, S. 125.
42) Ebd., S. 23.
43) Ebd., S. 27 f.
44) Ebd., S. 33.
45) Ebd., S. 19.
46) Andreas-Salomé an Freud, 14. Juli 1929: *FLou*, S. 197.
47) Freud an Andreas-Salomé, 29. Juni 1914: *FLou*, S. 19.
48) Andreas-Salomé: «Zum 6. Mai 1926» in: *Almanach für das Jahr 1927*, S. 14.
49) Freud an Andreas-Salomé, 9. Mai 1931: *FLou*, S. 211.
50) Andreas-Salomé: *In der Schule bei Freud*, S. 98.
51) Eintragung aus dem unveröffentlichten Tagebuch von Lou Andreas-Salomé vom 24. März 1913, zit. in Welsch und Wiesner: *Lou Andreas-Salomé*, S. 249.
52) *Der Witz*: *G. W.*, VI, S. 64.
53) Andreas-Salomé: *In der Schule bei Freud*, S. 188.
54) Ebd., S. 189.
55) Freud an Andreas-Salomé, 22. November 1917: *FLou*, S. 75.
56) Freud an Andreas-Salomé, 25. Mai 1916: *FLou*, S. 50.
57) Andreas-Salomé an Freud, 30. Januar 1919: *FLou*, S. 99.

Anmerkungen

58) Andreas-Salomé an Freud, 4. Januar 1930: *FLou*, S. 200. Zum «oceanischen Gefühl» siehe die Anm. zu S. 200 auf S. 285.
59) Andreas-Salomé an Freud, 4. Januar 1930: *FLou*, S. 200.
60) Freud an Andreas-Salomé, 22. November 1917: *FLou*, S. 75.
61) Freud an Andreas-Salomé, 23. März 1930: *FLou*, S. 202.
62) Freud an Andreas-Salomé, circa 10. Juli 1931: *FLou*, S. 213.
63) Vgl. Andreas-Salomé: «Zum Typus Weib» in: *Imago*, III.
64) Andreas-Salomé an Freud, 6. Mai 1922: *FLou*, S. 126.
65) Andreas-Salomé an Freud, 4. Mai 1935: *FLou*, S. 225.
66) Freud an Andreas-Salomé, 5. August 1923: *FLou*, S. 137.
67) Andreas-Salomé an Rilke, 16. März 1924, in Pfeiffer: *Rainer Maria Rilke – Lou Andreas-Salomé*, S. 464.
68) Zit. in Peters: *My Sister, My Spouse*, S. 283. (Keine Quellenangabe dort.)
69) Andreas-Salomé an Freud, bald nach dem 15. Februar 1925: *FLou*, S. 166.
70) Andreas-Salomé: «Zum Typus Weib» in: *Imago*, III, S. 8.
71) Ebd.
72) *Drei Abhandlungen zur Sexualtheorie*: G. W., V, S. 88. (Fußnote von 1920.)
73) Andreas-Salomé: «‹Anal› und ‹sexual›», in: *Imago*, IV, S. 249.
74) Andreas-Salomé: «Narzißmus als Doppelrichtung» in: *Imago*, VII, S. 366.
75) Andreas-Salomé: *Lebensrückblick*, S. 213.
76) Anna Freud an Lou Andreas-Salomé, 11. Dezember 1932, zit. in Young-Bruehl: *Anna Freud*, S. 230.

9. Kapitel

1) Aus einem Brief an Muriel Gardiner im *Hampstead Bulletin*, 6. Januar 1983, in Young-Bruehl: *Anna Freud*, S. 37.
2) «Das Kind als verlorenes Objekt und als Verlierer»: *Schriften*, IV, S. 1303.
3) Freud an Fließ, 8. Dezember 1895: *FF*, S. 160.
4) *Traumdeutung*: G. W., II/III, S. 135.
5) Freud an Andreas-Salomé, 16. Mai 1935: *FLou*, S. 226.
6) Anna an Sigmund Freud, 24. September 1913: *FM*.
7) Sigmund an Anna Freud, 13. Dezember 1912: *FM*.
8) Sigmund an Anna Freud, 5. Januar 1913: *FM*.
9) Sigmund an Anna Freud, 2. Februar 1913: *FM*.
10) Sigmund an Anna Freud, 16. Juli 1914: *FM*.
11) Sigmund an Anna Freud, 22. Juli 1914: *FM*.

9. Kapitel

12) Anna an Sigmund Freud, 26. Juli 1914: *FM*.
13) Freud an Andreas-Salomé, 13. März 1922: *FLou*, S. 124.
14) Freud an Andreas-Salomé, 13. Mai 1924, zit. nach Gay: *Freud*, S. 495, da die Passage im entsprechenden Brief in *FLou* fehlt.
15) Freud an Andreas-Salomé, 10. Mai 1925, zit. nach Gay: *Freud*, S. 495; Passage fehlt in *FLou*.
16) Young-Bruehl: *Anna Freud*, S. 96.
17) Anna an Sigmund Freud, 7. Juli 1921: *FM*.
18) Kardiner: *My Analysis with Freud*, S. 77, zit. nach Gay: *Freud*, S. 493.
19) Freud an Jones, 22. Juli 1914: «She is the most gifted and accomplished of my children and a valuable character besides. Full of interest for learning, se[e]ing sights and getting to understand the world.» *FJ Correspondence*, S. 294.
20) Gay: *Freud*, S. 489.
21) Young-Bruehl: *Anna Freud*, S. 111, und Gay (der die Analyse durch Andreas-Salomé als «quasi analytische Gespräche» bezeichnet): *Freud*, S. 491.
22) Anna an Sigmund Freud, 24. Juli 1919: *FM*.
23) Anna an Sigmund Freud, 6. August 1915: *FM*.
24) «Schlagephantasie und Tagtraum»: *Schriften*, I, S. 159.
25) «Ein Kind wird geschlagen»: *G. W.*, XII, S. 220f.
26) «Wege der psychoanalytischen Therapie»: *G. W.*, XII, S. 192f.
27) Freud an Eitington, 6. März 1926, in Gay: *Freud*, S. 497 Fußn.
28) Freud an Ferenczi, 25. März 1927: *LC*.
29) Freud an Andreas-Salomé, 11. Mai 1927, zit. nach Gay: *Freud*, S. 608; Passage fehlt in *FLou*.
30) Binswanger: *Erinnerungen an Sigmund Freud*, S. 103f.
31) Freud an Andreas-Salomé, 11. Mai 1927, zit. nach Gay: *Freud*, S. 608; Passage fehlt in *FLou*.
32) Freud an Burlingham, 29. Mai 1938, in Young-Bruehl: *Anna Freud*, S. 238.
33) Burlingham an Edith Jackson, 20. Juni 1938, in M. J. Burlingham: *The Last Tiffany*, S. 266.
34) Burlingham: «Die Kinderanalyse aus der Sicht der Mutter» in: *Labyrinth Kindheit*, S. 39f.
35) Ebd., S. 40f. Vgl. auch Freud: «Traum und Okkultismus», *G. W.*, XV, S. 60.
36) «Analyse der Phobie eines fünfjährigen Knaben»: *G. W.*, VII, S. 299.
37) «Die Rolle der Übertragung in der Kinderanalyse»: *Schriften*, I, S. 44ff.
38) Siehe Hug-Hellmuth: «Zur Technik der Kinderanalyse», S. 179ff., und MacLean und Rappen: *Hermine Hug-Hellmuth*, S. 138–153.
39) Anna Freud an Andreas-Salomé, 16. Februar 1928, in Young-Bruehl: *Anna Freud*, S. 163f.

Anmerkungen

40) Freud an Eitington, 21. November 1926: *FM*.
41) Freud an Andreas-Salomé, 11. Mai 1927, zit. nach Gay: *Freud*, S. 608; Passage fehlt in *FLou*.
42) Klein: «Frühstadien des Ödipuskonfliktes», S. 7. Eine interessante Diskussion über die Auffassungsunterschiede zwischen Anna Freud und Melanie Klein findet sich in Rose: «Psychopolitics II».
43) «Die Rolle der Übertragung in der Kinderanalyse»: *Schriften*, I, S. 51.
44) «Die Einleitung der Kinderanalyse», S. 15, und «Die Mittel der Kinderanalyse», S. 35, beides in: *Schriften*, I.
45) «Zur Theorie der Kinderanalyse»: *Schriften*, I, S. 169.
46) Peters: *Anna Freud: Ein Leben für das Kind*, S. 85.
47) Freud an Maggie Heller, Korrespondenz 1910–1914: *LC*.
48) Riviere: «Symposium on Child Analysis», S. 376f.; auch in: *Collected Papers*, S. 87.
49) Jones an Freud, 16. Mai 1927: *FJ Correspondence*, S. 617.
50) Freud an Jones, 31. Mai 1927: *FJ Briefwechsel*, S. 52.
51) Freud an Jones, 6. Juli 1927: *FJ Briefwechsel*, S. 53.
52) Sharpe: «Contribution», S. 384.
53) Freud an Jones, 23. September 1927: *FJ Briefwechsel*, S. 55.
54) 14. Dezember 1924: *Bloomsbury/Freud*, S. 146.
55) Anna Freud: *The Psychoanalytic Treatment of Children*, S. 55.
56) Anna Freud: «Tribute to Dorothy Burlingham», S. 76.
57) Burlingham: «Probleme des psychoanalytischen Erziehers», in: *Labyrinth Kindheit*, S. 113.
58) Dorothy Burlingham: «Memorabilia», zit. in M. J. Burlingham: *The Last Tiffany*, S. 217.
59) *Das Ich und die Abwehrmechanismen*: *Schriften*, I, S. 198.
60) Ebd., S. 314.
61) Sterba: *Erinnerungen eines Wiener Psychoanalytikers*, S. 130.
62) Gay: *Freud*, S. 732.
63) Dorothy an Bob Burlingham, 19. April 1940, in M. J. Burlingham: *The Last Tiffany*, S. 273.
64) Gay: *Freud*, S. 708.
65) *Kriegskinder*: *Schriften*, II, S. 518.
66) Ebd., S. 519.
67) Ebd., S. 530.
68) Ebd., S. 538.
69) Klein an Jones, zit. in Young-Bruehl: *Anna Freud*, S. 265.
70) James Strachey an Glover, 23. April 1940, in: *Freud-Klein Controversies*, S. 32f.
71) *Freud-Klein Controversies*, S. 418.
72) Ebd., S. 420f.
73) Ebd., S. 422f.

9. Kapitel

74) Ebd., S. 424.
75) Young-Bruehl: *Anna Freud*. S. 286, aus einer Materialsammlung Anna Freuds zum Thema «losing and being lost».
76) «Über Verlieren und Verlorengehen»: *Schriften*, IV, S. 1305.
77) Brief von Dorothy an Bob und Rigmor Burlingham, 20. September 1942, in M. J. Burlingham: *The Last Tiffany*, S. 283 f.
78) Brief von Anna Freud an Milton Senn, 16. Februar 1952, in Young-Bruehl: *Anna Freud*, S. 340.
79) «Dynamische Psychologie und Erziehung»: *Schriften*, S. 2873.
80) T. Reik: «Freud in Conversation», S. 6; *LC*, B 46.
81) Elster: *Solomonic Judgements*, Kap. III: «Solomonic Judgements: against the best interests of the child», S. 123–174, bes. S. 126 ff.
82) Anna Freud an Ralph Greenson, 20. Januar 1963, in Young-Bruehl: *Anna Freud*, S. 413.
83) Young-Bruehl: *Anna Freud*, S. 457; siehe auch Sophie Freud: *Meine drei Mütter und andere Leidenschaften*.
84) Young-Bruehl: *Anna Freud*, S. 450. Ausgehend von der Metapher des Strickens, einer von Martha und allen Freud-Töchtern gepflegten Beschäftigung, ließe sich eine komplette Alternativbiographie über Anna schreiben. Anna begann diese höchst weibliche Tätigkeit mit ihrem autoerotischen Anstrich, um es Sophie gleichzutun, möglicherweise aus dem Bestreben, die Liebe ihrer Mutter zu erobern; später suchte sie darin eine Art meditative Entspannung und brachte es zu großer Kunstfertigkeit; das Stricken spielte eine idealisierte Rolle in dem Traum vom «natürlichen Leben», das sie und Dorothy in ihrem Haus auf dem Land führten. Darüber hinaus stellt das Stricken die einzige sichtbare Identifizierung mit ihrer Mutter und der weiblichen Domäne dar. Anna strickte häufig in analytischen Sitzungen; sie und Dorothy strickten gemeinsam, und nach Dorothys Tod trug Anna eine von ihr gestrickte Jacke. Ihre Strickjacken wurden zugunsten der Hampstead Clinic versteigert. Freud scherzte einmal, wenn alles andere mißlinge, könne sie vom Stricken leben. Dementsprechend erinnern Freuds Schreibtisch, seine Couch und seine Antikensammlung im nunmehrigen Freud Museum daran, daß er einmal hier gelebt hat. Annas Bereich im oberen Stockwerk wird von Dorothy Burlinghams Webstuhl beherrscht.

Anmerkungen

10. Kapitel

1) Vgl. Beauvoir, Greer, Millett, Caplan u. a.
2) *LC*, B 15, Brief Freud an Carl Müller-Braunschweig, 21. Juli 1935: *LC*, B 15.
3) Deutsch: *Selbstkonfrontation*, S. 56.
4) Deutsch: *Psychologie der Frau*, I, S. 226 f.
5) Ebd., S. 227.
6) Ebd., S. 228.
7) Deutsch: *Selbstkonfrontation*, S. 71.
8) Ebd., S. 76.
9) Deutsch: *Psychologie der Frau*, I, S. 182.
10) Deutsch: *Selbstkonfrontation*, S. 85 f.
11) Ebd., S. 92.
12) Ebd., S. 93 f.
13) Ebd., S. 95.
14) Ebd., S. 108.
15) Helene an Felix Deutsch, 1914, zit. nach Roazen: *Helene Deutsch*, S. 111. Dieser Biographie verdanken wir viele Details.
16) Deutsch: *Selbstkonfrontation*, S. 99.
17) Ebd., S. 108 f.
18) Deutsch: *The Psychology of Women*, II, S. 146–149. (Diese Seiten sind nicht in der deutschen Ausgabe enthalten. *Anm. d. Übers.*)
19) Deutsch: *Selbstkonfrontation*, S. 110.
20) Roazen: *Helene Deutsch*, S. 157.
21) Ebd., S. 146.
22) Deutsch: *Selbstkonfrontation*, S. 117 f.
23) Ebd., S. 118.
24) Ebd.
25) Ebd., S. 120.
26) Roazen: *Helene Deutsch*, S. 194.
27) J. Simpson, *New York Herald Tribune* vom 3. August 1930.
28) Siehe *Int. J. Psa.*, 6, 1925, S. 528.
29) Zit. in Roazen: *Helene Deutsch*, S. 260.
30) Ebd., S. 258.
31) Helene an Felix Deutsch, 5. April 1926: ebd., S. 275.
32) Helene an Felix Deutsch, 18. Oktober 1935: ebd., S. 305.
33) Deutsch: *Selbstkonfrontation*, S. 161.
34) «Die Weiblichkeit» in: *Neue Folge der Vorlesungen zur Einführung in die Psychoanalyse*: *G. W.*, XV, S. 124.
35) Widerspricht allerdings Deutschs eigener Analyse in: *Psychologie der Frau*, I, S. 210 f.
36) Ebd., S. 24.

11. Kapitel

37) Siehe Rosen: «Hélène Deutsch», S. 55.
38) Deutsch: *Psychologie der Frau*, II, S. 338.
39) Deutsch: *Selbstkonfrontation*, S. 189.

11. Kapitel

1) Bonaparte an Freud, 7. Januar 1937: *Bertin*, S. 341.
2) Bonaparte: «A Defence of Biography», S. 239.
3) *Journal d'analyse*, 16. November 1927, zit. nach: *Bertin*, S. 287.
4) *Journal d'analyse*, 15. Februar 1927, zit. nach: *Bertin*, S. 307.
5) *Journal d'analyse*, 30. April 1932, zit. nach: *Bertin*, S. 326.
6) Bonaparte, *Five Copy-Books*, I, S. 39.
7) Ebd.
8) *The Psychoanalytic Movement Project*, S. 84: The Oral History Archive, Columbia University, zit. nach: *Bertin*, S. 411.
9) *Bertin*, S. 105.
10) Ebd., S. 179.
11) Ebd., S. 146.
12) Siehe «Tristesse féminine», unveröffentlichtes Manuskript, 1913, zit. nach: *Bertin*, S. 211.
13) Ebd.
14) *Journal d'analyse*, nicht datiert, zit. nach: *Bertin*, S. 251.
15) Bonaparte: «Considérations», S. 770. Auszüge des Zitats in *Bertin*, S. 265f.
16) «Considérations», S. 776.
17) Laforgue an Freud, 9. April 1925, in Bourguignon: «Correspondance Sigmund Freud – René Laforgue», S. 260.
18) Ebd., S. 267.
19) Ebd., S. 268.
20) Freud an Eitington, 30. Oktober 1925, zit. nach Gay: *Freud*, S. 610.
21) Freud an Laforgue, 15. November 1925, in Bourguignon: «Correspondance Sigmund Freud – René Laforgue», S. 273.
22) *Bertin*, S. 289.
23) Bonaparte an Laforgue, 30. September 1925, zit. nach: *Bertin*, S. 284.
24) *Journal d'analyse*, 24. Februar 1926, zit. nach: *Bertin*, S. 287.
25) Freud zu Maria Bonaparte, 27. September 1936, zit. in: *Jones*, III, S. 209.
26) Bonaparte: *Cinq cahiers*, I, zit. in: *Bertin*, S. 57f.
27) Bonaparte: *Five Copy-Books*, I, S. 63.
28) Ebd., S. 213.

Anmerkungen

29) *Journal d'analyse*, zit. in der *New York Times* vom 12. November 1985.
30) Bertin, S. 294.
31) Ebd., S. 208.
32) Ebd., S. 313 f.
33) «Die Weiblichkeit»: *G. W.*, XV, S. 141.
34) «Über die weibliche Sexualität»: *G. W.*, XIV, S. 519.
35) Ebd.
36) Bonaparte: *Female Sexuality*, S. 8.
37) Bonaparte: «La fonction érotique chez la femme», zit. nach: Bertin, S. 328.
38) Bonaparte: *Psychanalyse et biologie*, S. 119; siehe auch ihre frühere Schrift «Passivität, Masochismus und Weiblichkeit».
39) Bonaparte: *Female Sexuality*, S. 7.
40) Bertin, S. 413.
41) Obgleich Monk (*Ludwig Wittgenstein*, S. 16) meint, daß sie doch von Freud analysiert worden ist.
42) Wittgenstein: *Vorlesungen und Gespräche über Ästhetik, Psychologie und Religion*.
43) Monk: *Ludwig Wittgenstein*, S. 16.
44) Freud an Bonaparte, 8. Juni 1938: *Jones*, III, S. 269.
45) Freud an Jones, 23. August 1933: *FJ Briefwechsel*, S. 91.
46) Brief an Loewenstein, 2. Juli 1945, zit. nach: Bertin, S. 378.
47) Ebd., S. 377.
48) Lacan an Loewenstein, 14. Juli 1953, in Miller: *La scission*, S. 123.
49) Bertin, S. 412.
50) Roudinesco: *Jacques Lacan & Co*, S. 251.
51) Lacan: «Das Seminar über E. A. Poes ‹Der entwendete Brief›» in: *Schriften*, I, S. 36.
52) Bonaparte: *Five Copy-Books*, II, S. 46.
53) Bertin, S. 421.
54) Siehe *Protokolle: Die ersten Psychoanalytiker*.
55) Siehe Grosskurth: *The Secret Ring*, S. 96. Grosskurth merkt an, daß Freud Ferenczi in seinem Brief vom 6. Juni 1920 Sokolnicka als «eine intelligente, aber ‹widerspenstige› Person» beschrieben hatte, «die nicht akzeptieren wollte, daß sie alt wird». Dieses Problem mag das entscheidende Motiv für ihren Selbstmord im Alter von fünfzig Jahren gewesen sein.
56) Choisy: *Sigmund Freud*, S. 7.
57) Roudinesco: *Jacques Lacan & Co.*, S. 197, und Mijolla: «La psychanalyse en France», S. 42 ff.: Mijolla, persönliche Mitteilung vom 5. Juli 1992.
58) Roudinesco: *Jacques Lacan & Co.*, S. 197.

12. Kapitel

1) Über Sinclair s. Beauman: *A Very Great Profession*, 6. Kap.: «Psychoanalysis», S. 147ff.; sowie Showalter: *The Female Malady*, S. 195–201.
2) Wahl: «Ella Freeman Sharpe», S. 265–271.
3) Jones an Freud, 30. September 1927: *FJ Correspondence*, S. 627f.
4) Segal: «Vorwort» zu Riviere: *Collected Papers*, S. xiii. Siehe auch Athol Hughes' treffendes Porträt von Riviere in ihrer «Einführung», ebd.
5) Siehe Monro: «Contribution» und Segal: «Vorwort», beide in Riviere: *Collected Papers*.
6) Strachey: «Contribution», S. 238.
7) Ebd.
8) Jones an Freud, 22. Januar 1922: *FJ Correspondence*, S. 454.
9) Jones an Freud, 22. Mai 1922: ebd., S. 479.
10) Freud nannte sie (ebd.) «clever and clear-headed» (23. März 1922, S. 464); «a powerful helpmate» (6. April, S. 468); «a real power and [...] a concentrated acid» (11./12. Mai, S. 475).
11) Jones an Freud, 22. Januar 1922: ebd., S. 453.
12) Strachey: «Contribution», S. 229.
13) Jones an Freud, 22. Januar 1922: *FJ Correspondence*, S. 453.
14) Rivieres Analyse bei Freud dauerte von Januar bis Dezember 1922, mit einer Unterbrechung von Juli bis September. 1924 kehrte sie für sechs Wochen zur Fortsetzung der Analyse nach Wien zurück (Brief von Athol Hughes an die Autoren, 27. Januar 1992).
15) Siehe Riviere an Jones, 30. Oktober 1918, in Brome: *Ernest Jones*, S. 116.
16) Jones: *Free Associations*, S. 247.
17) Jones an Freud, 22. Januar 1922: *FJ Correspondence*, S. 453f.
18) Freud an Jones, 5. Februar 1922: «[...] you may imagine how little charmed I was by the prospects opened in your letter. I will spare myself any further remarks on the subject as you seem to have suffered sufficiently for your mistake. But let us hope that all these adventures belong to the past.» Ebd., S. 457f.
19) Freud an Jones, 23. März 1922: «Mrs. Riviere does not appear to me half as black as you have painted her. [...] In my experience you have not to scratch too deeply the skin of a so called masculine woman to bring her femininity to the light. I am very glad you had no sexual relations with her [...]. To be sure it was a technical error to befriend her before her analysis was brought to a close.» Ebd., S. 464.
20) Jones an Freud, 1. April 1922: ebd., S. 466.
21) Jones an Freud, 22. Mai 1922: ebd., S. 478.
22) Ebd., S. 479.
23) Freud an Jones, 4. Juni 1922: «Somehow I imagine I guess your opinion of

me in this matter. You think Mrs. R. has put on her sweetest face and moods, has taken me in completely and seduced me to defend her against you in a chivalrous manner, so that now I am a puppet in her hands, show her the letters I get from you and give you away to her. I am sure you are wrong and I feel rather sorry there should be a need to point it out to you. But if I have misconstrued your opinion I beg you will pardon me.

A secondary analysis like this is no easy or pleasant task. Special duties were imposed on me which I am to discharge with the least possible damage to the parties concerned. You were not consistent on the matter of her coming over to me, but finally you took the stand that you had sent her for finishing and correcting the analysis she had with you. You confessed to some technical errors in analysis which you regretted in so serious a tone that I was led into a misconception about the nature of your wrong. Now this situation given you must be prepared to my taking her side, defending her interest and even turning against you in favour of her analysis. It means simply doing my duty as an analyst. It would not have worked, had I announced from the very beginning your dissension with Dr. J. must not be mentioned in our analysis or: Be sure, whenever you were at variance with him you must have been wrong and he right, for he is an old friend of mine, foremost among my pupils and the actual leader of the psa. movement. Better not to have started her analysis at all! So I had to go through the matter, to listen to the details and to give you away, before I could get you back. There was no chance of making her see the abnormality of her reactions unless she had got the acknowledgment of your errors where you had committed them.

And in fact I cannot praise the way you handled her. You seem to have soon lost the analytic superiority especially required in such a case. I may not dwell on criticizing your ways, if you will not miss it, it may be the subject of oral conversation between us and in German.» *FJ Correspondence*, S. 483 f.

24) Freud an Jones, 4. Juni 1922: «Let us turn to Mrs. Riviere. If she were a sheer *intriguante* she would have insisted on her sweetness with me until she had got out of me all she needed. Now she did not. She soon became harsh, unpleasant, critical even with me, tried to provoke me as she had done with you. I made it a rule never to get angry at her. Now I cannot give you the result of our analysis, it is not yet definite nor complete. But one important point soon emerged. She cannot tolerate praise, triumph or success, not any better than failure, blame and repudiation. She gets unhappy in both cases, in the second directly, in the first by reaction. So she has arranged for herself what we call ‹eine Zwickmühle›, ask your wife for the explanation of them. Whenever she has got a recognition, a favour or a present, she is sure to become unpleasant and aggressive and to lose respect for the analyst. You know what that means, it is an infallible sign of

a deep sense of guilt, of a conflict between Ego and Ideal. So the interest in her case is turned to the narcisstic problem, it is a case of a characteranalysis superadded to that of the neurosis. To be sure this conflict, which is the cause of her continuous dissatisfaction, is not known to her consciousness; whenever it is revived she projects her selfcriticism to other people, turns her pangs of conscience into sadistic behaviour, tries to render other people unhappy because she feels so herself. Our theory has not yet mastered the mechanism of these cases. It seems likely that the formation of a high and severe ideal took place with her at a very early age, but this ideal became superseded, ‹repressed› with the onset of sexual maturity and ever since worked in the dark. Her sexual freedom may be an appearance, the keeping up of which required those conspicuous compensatory attitudes as haughtiness, majestic behaviour etc.

Now I don't know if I will succeed with her better or how far success may go, but for the time being we are getting on quite satisfactorily and analysis is full of interest. I confess to a kind feeling towards her, partly based on her intellectual capacity and practical efficiency. I would not give her a bit of chance if she was not possessed of these highly valuable qualities. But so she is and ‹active therapeutics› could make use of this fact to initiate the reconciliation of her Ideal to her Ego. A due recognition of her ability, while the treatment conquers her incapacity for her enjoying success, is to her advantage as well as to ours.» *FJ Correspondence*, S. 484f.

25) *Das Ich und das Es*: G. W., XIII, S. 278.
26) Siehe ebd., S. 278 und S. 281. Letztere Passage bezieht sich auf die Art und Weise, in der das hysterische Ich «sich derselben Waffe gegen seinen gestrengen Herrn bedient» und das Über-Ich unterdrückt, um der «peinlichen Wahrnehmung» zu entgehen. Interessanterweise unterscheidet sich Jones' erste Diagnose von Riviere nicht fundamental von Freuds späterer: «Es handelt sich hier um einen Fall von typischer Hysterie, die nahezu einzigen Symptome sind sexuelle Anästhesie und unbeherrschte Angst, mit ein paar Hemmungen allgemeinerer Natur. Ihre Neurose macht sich großenteils durch auffällige Reaktionen bemerkbar, was einer der Gründe ist, warum ich sie nicht zu heilen vermochte.» (Jones an Freud, 22. Januar 1922: *FJ Correspondence*, S. 453.)
27) Freud an Jones, 25. Juni 1922: «I fear she will require special care and regards indefinitely.» *FJ Correspondence*, S. 491.
28) Jones an Freud, 22. Dezember 1922: ebd., S. 506.
29) Jones an Freud, 9. Februar 1924: ebd., S. 538.
30) Segal in seinem «Vorwort» zu Riviere: *Collected Papers*, S. xii.
31) «Symposium on Child Analysis»: *Int. J. Psa.* 8, 1927, S. 370–377.
32) Riviere: *Collected Papers*, S. 83.
33) Ebd., S. 83f.
34) Ebd., S. 85.

Anmerkungen

35) Freud an Jones, 9. Oktober 1927: *FJ Briefwechsel*, S. 57.
36) Jones an Freud, 18. Oktober 1927: *FJ Correspondence*, S. 634.
37) Riviere: *Collected Papers*, S. 87.
38) Freud an Jones, 22. Oktober 1927: *FJ Briefwechsel*, S. 57f.
39) Anna Freud an Jones, 14. Februar 1954, in Grosskurth: *Melanie Klein*, S. 260f.
40) Riviere: *Collected Papers*, S. 286.
41) *Freud-Klein Controversies*, S. 112–119.
42) Riviere: *Collected Papers*, S. 165f.
43) Ebd., S. 209
44) Ebd., S. 211.
45) Ebd., S. 210f.
46) Riviere: «Weiblichkeit als Maske», S. 286.
47) Ebd., S. 288.
48) Ebd., S. 289.
49) Ebd., S. 296.
50) Riviere: *Collected Papers*, S. 144.
51) Steiner: «To Explain our Point of View».
52) «General Preface»: *SE*, I, S. xix.
53) *Bloomsbury/Freud*: S. 8ff. Einführung und Nachwort dieses Bandes enthalten viel biographisches Material über Alix Strachey.
54) *Blcomsbury/Freud*, S. 12.
55) Woolf: *Tagebücher*, Bd. I: 15. und 16. Oktober 1917, S. 117f.
56) 19. Oktober 1917: ebd., S. 121f.
57) 31. Juli 1918: ebd., S. 284.
58) James an Lytton Strachey, 12. September 1910: *Bloomsbury/Freud*, S. 23.
59) Garnett: *The Flowers of the Forest*, zit. in: ebd., S. 25.
60) Freud an James Strachey, 4. Juni 1920: ebd., S. 29.
61) James an Lytton Strachey, 6. November 1920: ebd., S. 6.
62) James an Lytton Strachey, 6. November 1920: ebd., S. 29.
63) Alix an James Strachey, 29. April 1925: ebd., S. 252.
64) James an Lytton Strachey, 22. Juni 1922: ebd., S. 30.
65) Freud an Jones, 25. Juni 1922: «As regards [John] Rickman and the Stracheys I send them back to you within a week. Both will prove of great help to you if you treat them generously. I propose the Stracheys should become members (full) of the Society as they have gone through 1½ years of serious analysis, are theoretically well informed and people of a high order. To be sure their conflicts have not been decided, but we need not wait so long, we can only instigate the processus which has to be fed by the factors of life. Becoming full members [...] would bind them to the interests of the Society. [...] Do not put back her for him, she is very valuable.» *FJ Correspondence*, S. 491f.

13. Kapitel

66) *The Diaries of Virginia Woolf*, II, S. 135.
67) «Dora»: *G. W.*, V, S. 171.
68) Alix an James Strachey, 25. Januar 1925: *Bloomsbury/Freud*, S. 188.
69) Alix an James Strachey, 11. Januar 1925: ebd., S. 179.
70) Alix an James Strachey, 4. März 1925: ebd., S. 226.
71) Alix an James Strachey, 9. Mai 1925: ebd., S. 260.
72) *Freud-Klein Controversies*, S. 193 ff.
73) Strachey: *The Unconscious Motives of War*, S. 183.
74) Ebd., S. 222.
75) Ebd., S. 266.

13. Kapitel

1) «Die endliche und die unendliche Analyse»: *G. W.*, XVI, S. 96.
2) Roazen: *Freud und sein Kreis*, S. 412–430 passim.
3) Freud an Lampl de Groot, 23. Oktober 1932: *FM*.
4) Anna Freud an Eitington, 7. November 1928, zit. in Young-Bruehl: *Anna Freud*, S. 482.
5) Roazen: *Helene Deutsch*, S. 262.
6) Brunswick: «Ein Nachtrag zu Freuds ‹Geschichte einer infantilen Neurose›», S. 345.
7) Ebd., S. 344 f.
8) Siehe Brunswick: «Die Analyse eines Eifersuchtswahnes».
9) «Die Weiblichkeit»: *G. W.*, XV, S. 140.
10) Brunswick: «Pre-Oedipal Phase» in: *Reader*, S. 235 f.
11) Ebd., S. 244. Siehe auch Zanardi: *Essential Papers*, S. 19.
12) Brunswick: «Pre-Oedipal Phase» in: *Reader*, S. 245. Siehe dazu Laplanche und Pontalis: *Das Vokabular der Psychoanalyse*, S. 396.
13) Gardiner: *Deckname «Mary»*, S. 36.
14) Ebd., Umschlagtext.
15) Freud an H. D., 5. März 1934, in H. D.: *Huldigung*, S. 212.
16) Roazen: *Freud und sein Kreis*, S. 406.
17) Young-Bruehl: *Anna Freud*, S. 52.
18) *Protokolle*, IV, S. xxii.
19) Young-Bruehl: *Anna Freud*, S. 40 f.
20) Freud an Kata Levy, 16. August 1920, *LC*, zit. nach Gay: *Freud*, S. 494.
21) Freud an Kata Levy, 28. November 1920, *LC*, zit. nach Gay: *Freud*, S. 437.
22) Young-Bruehl: *Anna Freud*, S. 195.
23) *Jones*, III, S. 128.

Anmerkungen

24) Interview mit Victor Ross, 13. September 1991.
25) Brief in der Sammlung von Victor Ross, datiert mit 19. Dezember 1937.
26) Interview mit Victor Ross, 13. Oktober 1991.
27) Heller: «Briefe Anna Freuds an Eva Rosenfeld».
28) Brief vermutlich vom September 1927: ebd.
29) M. J. Burlingham: *The Last Tiffany*, S. 185.
30) Ebd., S. 183.
31) Freud an Rosenfeld, 1. September 1929: *LC*.
32) Anna Freud an Rosenfeld, Juni 1929, in Young-Bruehl: *Anna Freud*, S. 136.
33) Anna Freud an Rosenfeld, 30. September 1929, Ross Collection, zit. in M. J. Burlingham: *The Last Tiffany*, S. 194.
34) Ein «lebens- und entwicklungsfähiges Universum». Heller: «Briefe Anna Freuds an Eva Rosenfeld», S. 442.
35) Ebd.
36) Freud an Rosenfeld, 15. August 1937: *LC*.
37) Susan Isaacs und Clifford Scott, 13. Januar 1939, in Grosskurth: *Melanie Klein*, S. 454.
38) Interview mit Pearl King, ebd.
39) Ebd.
40) Ebd., S. 454f.
41) Interview mit Victor Ross, 13. Oktober 1991.
42) Siehe Dr. Paula Heimann und Dr. M. B. Conran in den Protokollen der wissenschaftlichen Gespräche der Britischen Vereinigung, 5. Oktober 1977, im Institute of Psycho-Analysis, London.
43) Interview mit Victor Ross, 13. September 1991.
44) Freud an Lampl de Groot, 11. September 1921: *FM*.
45) Aus einem Interview mit Lampl de Groot, zit. nach Gay: *Freud*, S. 521.
46) Young-Bruehl: *Anna Freud*, S. 99.
47) Lampl de Groot: «Zur Entwicklungsgeschichte des Ödipuskomplexes der Frau», S. 270.
48) Ebd., S. 282.
49) «Über die weibliche Sexualität»: *G. W.*, XIV, S. 519.
50) Freud an Lampl de Groot, 17. April 1932: *FM*.
51) Freud an Lampl de Groot, 24. April 1932: *FM*.
52) Lampl de Groot: *Man and Mind*, S. 12.
53) H. D.: *Huldigung an Freud*, S. 47.
54) H. D. an Macpherson, 1. April 1933: zit. in Friedman: «A Most Luscious Vers Libre Relationship», S. 319.
55) H. D.: *Huldigung*, S. 116.
56) Ebd., S. 44.
57) H. D. an Macpherson, 1. April 1933, zit. in Friedman: «A Most Luscious Vers Libre Relationship», S. 319.

58) H. D. an Macpherson, 14. und 15. März 1933, zit. in Friedman: *Psyche Reborn*, S. 19 f.
59) Friedman: *Psyche Reborn*; Duplessis: *H. D.*; Buck: «Freud and H. D.»; Gubar: «The Echoing Spell of H. D.'s Trilogy».
60) H. D.: *Huldigung*, S. 190.
61) H. D. an Bryher, 23. März 1933, zit. in Friedman: *Psyche Reborn*, S. 132.
62) H. D.: *Huldigung*, S. 163.
63) Ebd., S. 220 f.
64) Ebd., S. 168.
65) Ebd., S. 123.
66) Zit. in Friedman: *Psyche Reborn*, S. 167.
67) Zit. in Friedman: *Psyche Reborn*, S. 121. In einem Brief (H. D. an Bryher, 1. November 1935) erklärt H. D. auch, sie wolle nicht, daß ihre Analyse bekannt und dadurch verdorben würde, daher hatte sie Robert Herring die Veröffentlichung dieses Gedichtes in *Life and Letters Today* untersagt (Friedman: *Psyche Reborn*, S. 303 Anm. 45).
68) H. D. an Freud, 6. Mai 1939: *FM*.
69) Bryher: *The Heart to Artemis*, S. 246.
70) Friedman: *Psyche Reborn*, S. 175.

14. Kapitel

1) «Die Weiblichkeit»: *G. W.*, XV, S. 142.
2) Freud: *Studien*, S. 275.
3) «Über Hysterie»: *Klin. Rundschau*, 9, S. 42 ff.
4) Breuer: *Studien*, S. 265.
5) Assoun: *Freud et la femme*, S. 101 ff.
6) Bernheimer: «Introduction: Part One» in: Bernheimer und Kahane: *In Dora's Case*, S. 13.
7) Assoun: *Freud et la femme*, S. 182.
8) «Die Sexualität in der Ätiologie der Neurosen», *G. W.*, I, S. 495.
9) Assoun: *Freud et la femme*, S. 182.
10) «Manuskript K», 1. Januar 1896: *FF*, S. 176.
11) Ebd., S. 172.
12) Ebd., S. 176 f.
13) Freud an Fließ, 6. Dezember 1896: *FF*, S. 223.
14) Freud an Fließ, 14. November 1897: *FF*, S. 303 f.
15) Ebd., S. 304 f.
16) «Ein Kind wird geschlagen»: *G. W.*, XII, S. 222 ff.

Anmerkungen

17) Freud an Fließ, 14. November 1897: *FF*, S. 303 f.
18) Freud an Fließ, 6. Dezember 1896: *FF*, S. 221. Über die Entwicklung der Fließschen Theorien und ihren Einfluß auf Freud siehe auch Sulloway: *Freud*.
19) *Drei Abhandlungen zur Sexualtheorie*: G. W., V, S. 46 f.
20) Siehe Kofman: *The Enigma of Woman*, S. 123.
21) Freud an Fließ, 1. August 1899: *FF*, S. 400.
22) «Hysterische Phantasien und ihre Beziehung zur Bisexualität»: G. W., VII, S. 198 f.
23) *Drei Abhandlungen zur Sexualtheorie*: G. W., V, S. 34.
24) Ebd., S. 34.
25) Ebd., S. 46 f.
26) Ebd., S. 61.
27) Ebd., S. 49.
28) Ebd., S. 51.
29) Ebd., S. 62.
30) Mitchell: *Psychoanalyse und Feminismus*; Davidson: «How To Do the History of Psychoanalysis».
31) *Drei Abhandlungen zur Sexualtheorie*: G. W., V, S. 44 Fußn. 1.
32) Ebd., S. 65.
33) Ebd., S. 120.
34) «Die Weiblichkeit»: G. W., XV, S. 123.
35) *Drei Abhandlungen zur Sexualtheorie*: G. W., V, S. 120.
36) Ebd., S. 121 f.
37) Ebd., S. 123.
38) Ebd.
39) Ebd., S. 122.
40) Ebd., S. 123.
41) Ebd., S. 82.
42) Ebd., S. 124.
43) Ebd., S. 125.
44) Ebd., S. 128.
45) «Eine Kindheitserinnerung des Leonardo da Vinci»: G. W., VIII, S. 187 ff.
46) *Die Traumdeutung*: G. W., II/III, S. 263.
47) *Totem und Tabu*: G. W., IX, S. 171.
48) So schrieb zum Beispiel Karen Horney 1933: «[Vergewaltigungs]phantasien, Träume und Ängste dieses Typs verraten ganz unmißverständlich ein instinktives Wissen von den sexuellen Vorgängen.» («Die Verleugnung der Vagina»)
49) «Über infantile Sexualtheorien»: G. W., VII, S. 174.
50) Ebd., S. 177.
51) Ebd., S. 180.
52) Laplanche: *Problématiques II*, S. 82.

53) «Über infantile Sexualtheorien»: G. W., VII, S. 181.
54) Siehe «Der Wolfsmann»: G. W., XII, S. 63–71 und «Einige psychische Folgen des anatomischen Geschlechtsunterschieds»: G. W., XIV, S. 22.
55) Assoun: *Freud et la femme*, S. 155.
56) «Über einen besonderen Typus der Objektwahl beim Manne»: G. W., VIII, S. 70.
57) «Über die allgemeinste Erniedrigung des Liebeslebens»: G. W., VIII, S. 86.
58) Ebd., S. 86 f.
59) Masters und Johnson: *Human Sexual Response*, S. 137.
60) Forrester: *Language and the Origins of Psychoanalysis*, S. 84–95.
61) Mitchell: *Frauen – die längste Revolution*.
62) Ebd.
63) *Drei Abhandlungen zur Sexualtheorie*: G. W., V, S. 44 Fußn.
64) «Zur Einführung des Narzißmus»: G. W., X, S. 155 f.
65) Ebd., S. 158.
66) Ebd., S. 154.
67) Ebd., S. 156.
68) «Triebe und Triebschicksale»: G. W., X, S. 221 ff.
69) Kofman: *The Enigma of Woman*, S. 57.
70) Ebd., S. 58.
71) «Über Triebumsetzungen, insbesondere der Analerotik»: G. W., X, S. 404 ff.
72) «Das ökonomische Problem des Masochismus»: G. W., XIII, S. 376.
73) Ebd., S. 374.
74) «Der Untergang des Ödipuskomplexes»: G. W., XIII, S. 398.
75) «Die infantile Genitalorganisation»: G. W., XIII, S. 294.
76) Ebd., S. 297.
77) «Der Untergang des Ödipuskomplexes»: G. W., XIII, S. 401.
78) Ebd.
79) Der Begriff «Untergang» fand sich auch in dem Titel eines der einflußreichsten Werke jener Zeit, in Spenglers *Der Untergang des Abendlandes*.
80) *Hemmung, Symptom und Angst*: G. W., XIV, S. 173 f. (Hervorhebung durch die Autoren.)
81) Mitchell: *Frauen – die längste Revolution*.
82) «Einige psychische Folgen des anatomischen Geschlechtsunterschiedes»: G. W., XIV, S. 21.
83) Ebd., S. 22.
84) Ebd.
85) Ebd., S. 24.
86) Ebd.
87) Ebd., S. 25.

88) Ebd., S. 26.
89) Siehe Young-Bruehl: *Freud on Women*, «Introduction», S. 31 ff. Hier wird die Bedeutung von «Ein Kind wird geschlagen» für die Entwicklung des Freudschen Denkens hervorgehoben.
90) «Einige psychische Folgen des anatomischen Geschlechtsunterschiedes»: G. W., XIV, S. 26.
91) Ebd., S. 27.
92) Ebd.
93) Ebd., S. 28.
94) Wie wir gesehen haben, beinhaltete Freuds Abhandlung «Über die Psychogenese eines Falles von weiblicher Homosexualität» bereits viele Elemente dieses neuen Bildes der Weiblichkeit, die allerdings in der Folge neu gemischt wurden. Die weibliche Homosexuelle gab zugunsten ihrer *Mutter* auf, und sie hoffte, sich an ihrem *Vater*, nicht an der Mutter, für die Wegnahme des Partialobjekts rächen zu können.
95) «Über die weibliche Sexualität»: G. W., XIV, S. 519.
96) «Einige psychische Folgen des anatomischen Geschlechtsunterschiedes»: G. W., XIV, S. 22.
97) «Über weibliche Sexualität»: G. W., XIV, S. 523 f.
98) «Trauer und Melancholie»: G. W., X, S. 435, und *Das Ich und das Es*: G. W., XIII, S. 256.
99) *Das Ich und das Es*: G. W., XIII, S. 258.
100) Assoun: *Freud et la femme*, S. 147.
101) «Über die weibliche Sexualität»: G. W., XIV, S. 527.
102) Ebd., S. 528.
103) Ebd.
104) «Die Weiblichkeit»: G. W., XV, S. 133.
105) Kofman: *The Enigma of Woman*, S. 167 ff.
106) «Die Weiblichkeit»: G. W., XV, S. 133.
107) Ebd., S. 129 f.
108) Assoun: *Freud et la femme*, S. 120.
109) «Entwurf einer Psychologie»: G. W., XVII, S. 120 f.
110) Rosen: «Hélène Deutsch», S. 45.
111) «Über die weibliche Sexualität»: G. W., XIV, S. 532 f.
112) «Die Weiblichkeit»: G. W., XV, S. 126; siehe Chasseguet-Smirgel, «Introduction», in ihrer Sammlung *Female Sexuality*, S. 4 f.
113) «Fetischismus»: G. W., XIV, S. 312–315.
114) Assoun: *Freud et la femme*, S. 156 f.
115) «Über Triebumsetzungen, insbesondere der Analerotik»: G. W., X, S. 405 f.
116) «Die Weiblichkeit»: G. W., XV, S. 143.
117) Kofman: *The Enigma of Woman*, S. 134.
118) «Die Weiblichkeit»: G. W., XV, S. 120 f.

14. Kapitel

119) *Drei Abhandlungen zur Sexualtheorie*: G. W., V, S. 121 Fußn.
120) «Die Weiblichkeit»: G. W., XV, S. 125.
121) Ebd.
122) «Einige psychische Folgen des anatomischen Geschlechtsunterschiedes»: G. W., XIV, S. 29.
123) «Die Weiblichkeit»: G. W., XV, S. 138f.
124) Freud an Martha, 15. November 1883: *Briefe*, S. 81f.
125) Assoun: *Freud et la femme*, S. 174.
126) Timms: «The ‹Child-Woman›», S. 88.
127) *Protokolle*, I, 15. Mai 1907, S. 186.
128) *Das Unbehagen in der Kultur*: G. W., XIV, S. 463.
129) *Massenpsychologie und Ich-Analyse*: G. W., XIII, S. 158.
130) «Über einen autobiographisch beschriebenen Fall von Paranoia»: G. W., VIII, S. 298.
131) *Das Unbehagen in der Kultur*: G. W., XIV, S. 463.
132) «Die ‹kulturelle› Sexualmoral und die moderne Nervosität»: G. W., VII, S. 158.
133) Assoun: *Freud et la femme*, S. 193.
134) *Das Ich und das Es*: G. W., XIII, S. 284.
135) *Das Unbehagen in der Kultur*: G. W., XIV, S. 465f. Fußn. 2.
136) Kofman: *The Enigma of Woman*, S. 185 und S. 209; «Die Weiblichkeit»: G. W., XV, S. 136.
137) Helene Deutsch: *Psychologie der Frau*, I, S. 175.
138) «Das ökonomische Problem des Masochismus»: G. W., XIII, S. 374. Man sollte aber die Bedeutung dieses auf typisch weiblichen Situationen beruhenden Konzepts von Passivität für das Werk der Helene Deutsch nicht unterschätzen (siehe ihren Aufsatz «Der feminine Masochismus und seine Beziehung zur Frigidität», 1930).
139) *Drei Abhandlungen zur Sexualtheorie*: G. W., V, S. 120.
140) Laqueur: *Making Sex*, S. 240.
141) Ebd., S. 237; und Kinsey: *Female*, S. 580; Beauvoir: *Das andere Geschlecht*.
142) «Die Weiblichkeit»: G. W., XV, S. 126.
143) *Drei Abhandlungen zur Sexualtheorie*: G. W., V, S. 88 Fußn. 1 (Zusatz 1920); siehe auch «Die Disposition zur Zwangsneurose»: G. W., VIII, S. 448, und *Drei Abhandlungen zur Sexualtheorie*: G. W., V, S. 98.
144) Deutsch: «Psychologie des Weibes in den Funktionen der Fortpflanzung»; Jones: «Die erste Entwicklung der weiblichen Sexualität»; Klein: «Frühstadien des Ödipuskonfliktes».
145) Laqueur: *Making Sex*, S. 242f.
146) «Die Weiblichkeit»: G. W., XV, S. 126.
147) Ebd., S. 137.
148) Ebd., S. 138.

Anmerkungen

149) «Über die Psychogenese eines Falles von weiblicher Homosexualität»: *G. W.*, XII, S. 284 und S. 285.
150) Ebd., S. 280 f.
151) «Die endliche und die unendliche Analyse»: *G. W.*, XVI, S. 97.
152) Kofman: *The Enigma of Woman*, S. 193 f.; siehe auch Bowlby: «Still Crazy After All These Years», S. 49.
153) «Die endliche und die unendliche Analyse»: *G. W.*, XVI, S. 99.
154) Bowlby: «Still Crazy After All These Years», S. 49; siehe auch Granoff: *La pensée et le féminin*.
155) «Die endliche und die unendliche Analyse»: *G. W.*, XVI, S. 99 Fußn. Daß Freud die Bedeutung von Adlers Konzept des «männlichen Protests» anerkannte, obwohl er die Nützlichkeit des Terminus bezweifelte, war vielleicht ein Versuch, seine Abrechnung mit seinem Exschüler zu beenden, der einige Monate zuvor gestorben war.
156) «Zur Geschichte der psychoanalytischen Bewegung»: *G. W.*, X, S. 99 f.

15. Kapitel

1) Vgl. Gay: *Freud*, S. 562 ff.
2) Jones: «Über die Frühstadien der weiblichen Sexualentwicklung», S. 341; siehe auch Gay: *Freud*, S. 586.
3) «Die Weiblichkeit»: *G. W.*, XV, S. 125 f.
4) Mitchell: *Psychoanalyse und Feminismus*, S. 161; Mitchell: *Frauen – die längste Revolution*, S. 185; siehe auch Gallop: «Moving Backwards or Forwards», S. 35.
5) LC, B 15, datiert mit 21. Juli 1935, Wien XIX, Strassergasse 47; kein deutschsprachiges Original, nur maschinengeschriebene Übersetzung vorhanden. Rückübersetzung in Mitchell: *Psychoanalyse und Feminismus*, S. 161.
6) *Drei Abhandlungen zur Sexualtheorie*: *G. W.*, V, S. 67.
7) LC, B 15, datiert mit 21. Juli 1935, Wien XIX, Strassergasse 47; kein deutsches Original, nur maschinengeschriebene Übersetzung ins Englische vorhanden; eine andere Übersetzung findet sich in *Psychiatry*, 34, 1971, S. 329, abgedruckt in Young-Bruehl, *Freud on Women*, S. 340 f.
8) Deutsch: *Psychologie der Frau*, I, S. 205; siehe auch Webster: «Helene Deutsch», S. 558.
9) Dämon und das Zufällige: Überschriften der ersten beiden Strophen von Goethes Gedicht «Urworte. Orphisch».

15. Kapitel

10) Freud an Else Voigtländer, 1. Oktober 1911: *Briefe*, S. 299 f. Siehe auch Forrester: *The Seductions of Psychoanalysis*, S. 205 ff. und Anmerkungen.
11) Horney: «Flucht aus der Weiblichkeit», S. 367 f.
12) Jones: «Die erste Entwicklung der weiblichen Sexualität», S. 17.
13) Horney: «Zur Genese des weiblichen Kastrationskomplexes», S. 13.
14) Ebd., S. 14.
15) Ebd., S. 16.
16) Ebd., S. 21.
17) Ebd., S. 25.
18) Ebd., S. 23.
19) Mitchell: *Frauen – die längste Revolution*, S. 186.
20) Horney: «Flucht aus der Weiblichkeit», S. 367.
21) Horney: «Die Verleugnung der Vagina», S. 384.
22) Horney: «Flucht aus der Weiblichkeit», S. 371.
23) Ebd.
24) Ebd., S. 372.
25) Ebd.
26) «Über die weibliche Sexualität»: G. W., XIV, S. 532.
27) Horney: «Flucht aus der Weiblichkeit», S. 365 f.
28) Ebd., S. 363; siehe auch Gay: *Freud*, S. 585; eine ausführliche Diskussion, ausgehend von Horneys Einstellung, ist zu finden in Heath: «Difference».
29) Jones: «Die phallische Phase», S. 344. Horney und Jones bedienen sich gleichermaßen dieser Lesart von Freuds Theorie über die kindlichen Sexualtheorien, um anzudeuten, daß in der Diskussion über die Weiblichkeit möglicherweise die sexuellen Interessen der Analytiker auf dem Spiel stehen.
30) Sie meinte allerdings nicht immer: Ihre Argumentation zu diesem Punkt ist sehr unstet.
31) «Über die weibliche Sexualität»: G. W., XIV, S. 523 Fußn. 1.
32) Quinn: *A Mind of her Own*, S. 196 ff.; Sayers: *Mothering Psychoanalysis*, S. 88 ff.
33) Horney: «Flucht aus der Weiblichkeit», S. 364.
34) Deutsch: «Psychologie des Weibes in den Funktionen der Fortpflanzung», S. 40.
35) Ebd., S. 42.
36) Rosen: «Hélène Deutsch», S. 48.
37) Deutsch: «Psychologie des Weibes in den Funktionen der Fortpflanzung», S. 44.
38) Ebd.
39) Rosen: «Hélène Deutsch», S. 50.
40) Deutsch: «Psychologie des Weibes in den Funktionen der Fortpflanzung», S. 46.
41) Ebd.

Anmerkungen

42) Ebd., S. 47. Obwohl Horney in ihrer Rezension von Deutschs *Zur Psychoanalyse der weiblichen Sexualfunktionen* (*Int. Ztschr. f. Psa.*, 11, 1925, S. 388–394) deren Erklärung, der Geburtsakt enthalte die Akme der sexuellen Lust, ursprünglich ein wenig ins Lächerliche gezogen hatte, ließ sie Deutschs Vorstellung von der Geburt als Teil des sexuellen Aktes in ihren Bericht über die von Schuldgefühlen geprägten Urphantasien des Mädchens einfließen: «Auch auf die von verschiedenen Autoren behaupteten unbewußten Lustgefühle bei der Entbindung, resp. die Angst vor ihr, würde von hier aus ein neues Licht fallen. Die Entbindung wäre nämlich in weit höherem Maße als der spätere Geschlechtsverkehr geeignet, gerade durch das Mißverständnis zwischen Vagina und Kind und die dadurch entstehenden Schmerzen, für das Unbewußte eine – und zwar schuldfreie – Realisierung jener frühen Inzestphantasien darzustellen.» (Horney: «Flucht aus der Weiblichkeit», S. 370.)
43) Deutsch: «Psychologie des Weibes in den Funktionen der Fortpflanzung», S. 52.
44) Ebd., S. 53.
45) Rosen: «Hélène Deutsch», S. 55 f.
46) Deutsch: «Über weibliche Homosexualität», S. 234 f.; Rosen: «Hélène Deutsch», S. 51 f.; Sayers: *Mothering Psychoanalysis*, S. 52 f.; siehe auch Thompson und Webster.
47) Siehe Zanardi: *Essential Papers*, S. 15 f.
48) Deutsch: *Psychologie der Frau*, I, S. 5.
49) Jones: «Die Frage der Laienanalyse», S. 171–192.
50) Jones: «Symposium on Child-Analysis», S. 389 f.
51) Jones: «Die phallische Phase», S. 340.
52) «Über infantile Sexualtheorien»: G. W., VII, S. 174.
53) Jones: «Die phallische Phase», S. 328.
54) Jones: «Die erste Entwicklung der weiblichen Sexualität», S. 12.
55) *Hemmung, Symptom und Angst*: G. W., XIV, S. 173 f.
56) Jones: «Die erste Entwicklung der weiblichen Sexualität», S. 13 f.
57) Jones: «Die phallische Phase», S. 357.
58) Jones: «Die erste Entwicklung der weiblichen Sexualität», S. 16.
59) Ebd., S. 17 f.
60) Jones: «Die phallische Phase», S. 347.
61) Ebd., S. 353.
62) Ebd., S. 335.
63) Jones: «Die erste Entwicklung der weiblichen Sexualität», S. 24.
64) Jones an Freud, 10. Januar 1932: *FJ Correspondence*, S. 689.
65) Ebd.
66) Ebd.
67) Freud an Jones, 23. Januar 1932: *FJ Briefwechsel*, S. 79.
68) Ebd., S. 79 f.

69) Jones an Freud, 12. Februar 1932: *FJ Correspondence*, S. 691.
70) Jones: «Die phallische Phase», S. 337.
71) Ebd., S. 333.
72) Ebd., S. 337.
73) Ebd., S. 338.
74) Ebd., S. 344.
75) Ebd., S. 352.
76) Ebd.
77) Jones: «Über die Frühstadien der weiblichen Sexualentwicklung», S. 335.
78) Jones: «Die phallische Phase», S. 354f.
79) Ebd., S. 348.
80) Ebd., S. 354.
81) Steiner: «Some Thoughts about Tradition and Change».
82) Jones: «Über die Frühstadien der weiblichen Sexualentwicklung», S. 338.
83) Freud an Jones, 22. Februar 1928: *FJ Briefwechsel*, S. 59. Siehe auch Steiner: «Some Thoughts about Tradition and Change», S. 36, und Gay: *Freud*, S. 562f.
84) Klein: «Die psychologischen Grundlagen der Frühanalyse», S. 336 Anm. 1.
85) Ebd., S. 376.
86) Jones: «Die phallische Phase», S. 345.
87) Ebd., S. 346.
88) Ebd.
89) Jones: «Die erste Entwicklung der weiblichen Sexualität», S. 11.
90) Jones: «Über die Frühstadien der weiblichen Sexualentwicklung», S. 341.
91) In ihrer Arbeit «Zur Entwicklungsgeschichte des Ödipuskomplexes der Frau», S. 275, definiert Lampl de Groot die Feministin sehr im Sinne Freuds: «Sie ist dabei ausgesprochene Frauenrechtlerin, verleugnet den Unterschied zwischen Mann und Frau, ist also vollkommen zur ersten negativen Phase des Ödipuskomplexes zurückgekehrt.»
92) *Das Ich und das Es*: G. W., XIII, S. 261f.
93) «Über die weibliche Sexualität», G. W., XIV, S. 518.
94) Lampl de Groot: «Zur Entwicklung des Ödipuskomplexes der Frau», S. 274.
95) Ebd., S. 275.
96) «Einige psychische Folgen des anatomischen Geschlechtsunterschieds», G. W., XIV, S. 27 und S. 28.
97) Lampl de Groot: «Zur Entwicklungsgeschichte des Ödipuskomplexes der Frau», S. 278; siehe auch Mitchell: *Psychoanalyse und Feminismus*, S. 158.
98) Lampl de Groot: «Zur Entwicklungsgeschichte des Ödipuskomplexes der Frau», S. 275.
99) Brunswick: «Pre-Oedipal Phase» in: *Reader*, S. 232.

Anmerkungen

100) Ebd., S. 233. Siehe auch «Introduction» in Chasseguet-Smirgel: *Female Sexuality*, S. 24.
101) Brunswick: «Pre-Oedipal Phase», *Reader*, S. 232.
102) Ebd., S. 235 f.
103) Ebd., S. 251.
104) «Introduction», in Chasseguet-Smirgel: *Female Sexuality*, S. 25.
105) Brunswick: «Pre-Oedipal Phase» in: *Reader*, S. 251.
106) Ebd., S. 244.
107) Ebd., S. 245.
108) Lacan: «Die Bedeutung des Phallus», S. 119–132.
109) Brunswick: «Pre-Oedipal Phase» in: *Reader*, S. 245.
110) Ebd., S. 250.
111) *Freud-Klein Controversies*.
112) Siehe «Explanatory Notes» in Klein: *Writings*, I, S. 426.
113) Klein: «Frühstadien des Ödipuskonfliktes», S. 10.
114) Ebd., S. 11.
115) Ebd., S. 12.
116) «Über die weibliche Sexualität»: *G. W.*, XIV, S. 536.
117) Siehe Laplanche und Pontalis: *Das Vokabular der Psychoanalyse*, S. 395.
118) Klein: «Frühstadien des Ödipuskonfliktes», S. 19.
119) Ebd., S. 17.
120) Ebd., S. 14.
121) Eine Art Lehrbuch über die Theorie der Objektbeziehung, wie sie in den USA Verbreitung fand, ist Greenberg und Mitchell: *Object Relations in Psychoanalytic Theory*; siehe auch Hughes: *Reshaping the Psychoanalytic Domain*.
122) Eine sehr kluge Untersuchung über den Wandel des Bildes von Mutter und Kind und ihre Stellung in der Gesellschaft sowie die Rolle, die der Psychoanalyse dabei zukommt, findet sich in Riley: *War in the Nursery*, bes. S. 80–108.
123) Phillips: «Playing Mothers», S. 3.
124) Ebd., S. 5.

16. Kapitel

1) Millett: *Sexual Politics*, S. 178.
2) Friedan: *The Feminine Mystique*, S. 114 f.
3) «Einige psychologische Folgen des anatomischen Geschlechtsunterschiedes»: *G. W.*, XIV, S. 29.

16. Kapitel

4) Lydon: «The Politics of Orgasm», S. 199.
5) Masters und Johnson: *Human Sexual Response*, S. 60.
6) Millett: *Sexual Politics*, S. 180–183.
7) Hartman und Banner: *Clio's Consciousness Raised*, S. vii.
8) Riley: «*Am I that Name?*»
9) Rosalind Coward: «Preface to the British Edition», in Snitow, Stansell und Thompson: *Desire*, S. xiii f.
10) Siehe Vance: «Epilogue» in: *Pleasure and Danger*, S. 431–439.
11) Mitchell: *Women's Estate*, S. 162 ff.
12) Firestone: *The Dialectic of Sex*, bes. S. 43 f.
13) Bowlby: «Still Crazy After All These Years», S. 42 f.
14) Rubin: «The Traffic in Women», S. 185.
15) Ebd., S. 157.
16) Ebd., S. 159; ein weiterer bedeutender Beitrag war Mulvey: «Visual Pleasure and Narrative Cinema».
17) Mitchell: *Psychoanalyse und Feminismus*, S. 11.
18) Simone de Beauvoir: *Das andere Geschlecht*, S. 16.
19) Über die ausdauernde Beziehung zwischen Psychoanalyse und Feminismus gibt die Zeitschrift *m/f* Aufschluß, deren Artikel teilweise in Adams und Cowie: *The Woman in Question* abgedruckt sind.
20) Wood: «The Fashionable Diseases».
21) Roudinesco: *Jacques Lacan & Co*; Turkle: *Psychoanalytic Politics*; Wilden: *The Language of the Self*.
22) Mitchell: *Psychoanalyse und Feminismus*, S. 263.
23) *Der Mann Moses und die monotheistische Religion*: G. W., XVI, S. 221.
24) Lacan: *Séminaire IV*, S. 742; die systematische Darstellung von Lacans Revision der Freudschen Theorie findet man bei Safouan: *La sexualité féminine*.
25) Kristeva: *Geschichten von der Liebe*; siehe auch Kristeva: «Freud and Love».
26) «Einige psychische Folgen des anatomischen Geschlechtsunterschiedes»: G. W., XIV, S. 24.
27) Mitchell: «Introduction – I», S. 17.
28) Lacan: *Séminaire IV*, S. 851.
29) Rose: «Femininity and its Discontents», S. 91.
30) Irigaray: *Das Geschlecht, das nicht eins ist*, S. 24.
31) Siehe Irigaray: *Speculum* und *Das Geschlecht, das nicht eins ist*.
32) Irigaray: «Psychoanalytic Theory: Another Look» (1973) in: *Das Geschlecht, das nicht eins ist*, S. 67.
33) Derrida: «Le facteur de la vérité».
34) Heath: «Difference»; Macey: *Lacan in Contexts*, Kap. 6: «The Dark Continent», S. 177–209.
35) Gallop: «Writing Erratic Desire» in *Feminism and Psychoanalysis*,

Anmerkungen

S. 96f.; Gallop: «Phallus/Penis: Same Difference» in: *Thinking Through the Body*, S. 125.
36) Gallop: «Phallus/Penis: Same Difference» in: *Thinking Through the Body*, S. 125.
37) Chodorow: *Feminism and Psychoanalytic Theory*, S. 4. Die Schriftenfülle über die Beziehungen zwischen der Psychoanalyse und den Frauen bestätigt sie; siehe Alpert: *Psychoanalysis and Women*; Anzieu: *La femme sans qualité*; Brun: *La maternité et le féminin*; Feldstein und Roof: *Feminism and Psychoanalysis*; Stimpson und Person: *Women: Sex and Sexuality*; Walsh: *The Psychology of Women*; Zanardi: *Essential Papers*.
38) Vgl. Wilson: «Psychoanalysis: Psychic Law and Order»; Sayers: «Psychoanalysis and Personal Politics»; Rose: «Femininity and its Discontents».
39) Dinnerstein: *The Mermaid and the Minotaur*, S. xi.
40) Chodorow: *Feminism and Psychoanalytic Theory*, S. 3.
41) Chodorow: *Das Erbe der Mütter*, S. 206.
42) Ebd., S. 206.
43) Ebd., S. 10.
44) Ebd., S. 11.
45) Ebd., S. 281.
46) Ebd., S. 205.
47) Stoller: «The Sense of Femaleness», S. 54.
48) Ebd., S. 48.
49) Chodorow: *Das Erbe der Mütter*, S. 206.
50) Chodorow: «Gender, Relation and Difference», S. 111.
51) Chodorow: *Feminism and Psychoanalytic Theory*, S. 6.
52) «Einige psychische Folgen des anatomischen Geschlechtsunterschiedes»: G. W., XIV, S. 29.
53) Gilligan: *In a Different Voice*.
54) Gilligan: «Remapping the Moral Domain», S. 483.
55) Winnicott: «The Theory of the Parent-Infant Relationship».
56) Jessica Benjamin: «Interview» in Baruch und Serrano: *Women Analyze Women*, S. 322; siehe auch Benjamin: *Die Fesseln der Liebe*.
57) Cixous: «Sorties» in: *La jeune née*, S. 63f.
58) Micale: «Hysteria and its Historiography», S. 331.
59) Felman: «To Open the Question», S. 3–7; vgl. Feldstein und Sussman: *Psychoanalysis and…*
60) Brownmiller: *Against Our Will*, S. 346. Siehe Forrester: «Rape, Seduction and Psychoanalysis», S. 62–89.
61) Rush: «Freud and the Sexual Abuse of Children»; *The Best Kept Secret*.
62) Masson: *Was hat man dir, du armes Kind, getan?*
63) Miller: *Das Drama des begabten Kindes*; *Am Anfang war Erziehung*; *Du sollst nicht merken*.

64) Freud an Marie Bonaparte, 30. April 1932, zit. nach: *Jones*, III, S. 525.
65) Wortis: *Fragments of an Analysis*, S. 150.
66) Freud an Martha, 15. November 1883: *Briefe*, S. 83.
67) Segal: «Interview» in: Baruch und Serrano: *Women Analyze Women*, S. 249.

Bibliographie

Neben der Primärliteratur haben wir uns auf die großen Freud-Biographien von Jones, Schur, Clark und Gay sowie auf die hervorragende historische Arbeit von Ellenberger, Fichtner, Hirschmüller und Swales gestützt. Aus der Vielzahl der eingehenderen biographischen Studien erwiesen sich als besonders wertvoll: Anzieu (Freuds Selbstanalyse), Bertin (Bonaparte), Grosskurth (Klein), Livingstone und Pfeiffer (Andreas-Salomé), Roazen (Deutsch), Roudinesco (Bonaparte) und Young-Bruehl (Anna Freud). Die Arbeiten von Mitchell, Kofman und Assoun schienen uns die psychoanalytische Debatte über die Weiblichkeit besonders gut abzudecken.

Werden mehrere Werke eines Autors oder einer Autorin zitiert, so sind diese alphabetisch geordnet, und zwar ohne Berücksichtigung von Artikeln und Präpositionen.

Abraham, Karl: «Äußerungsformen des weiblichen Kastrationskomplexes» in: *Int. Ztschr. f. Psa.*, 7, 1920, S. 422–452.
Abraham, R.: «Freud's Mother Conflict and the Formulation of the Oedipal Father» in: *Psychoanalytic Review*, 69, 1982, S. 441–453.
Adams, Parveen und Elisabeth Cowie: *The Woman in Question*. London, New York, 1990.
Alpert, Judith (Hg.): *Psychoanalysis and Women: Contemporary Reappraisals*. New York, 1986.
Andersson, Ola: «A Supplement to Freud's Case History of ‹Frau Emmy von N.›» in: *Studies on Hysteria*, 1895, *Scandinavian Psychoanalytic Review*, 2, 1979, S. 5–15.
Andreas-Salomé, Lou: *L'Amour du narcissisme*. Paris, 1980.
«‹Anal› und ‹sexual›» in: *Imago*, Bd. IV, Nr. 5, 1916, S. 249–273.
Die Erotik: Vier Aufsätze (1910). Neuausgabe mit einem Anhang von Ernst Pfeiffer. München, 1979.
Fenitschka. Eine Ausschweifung. Stuttgart, 1898.
Henrik Ibsens Frauen-Gestalten nach seinen sechs Familiendramen. Jena, 1892.
Lebensrückblick. Grundriß einiger Lebenserinnerungen. Zürich, 1951
Ma. Ein Porträt. Stuttgart, Berlin, 1901.

Mein Dank an Freud: Offener Brief an Professor Sigmund Freud zu seinem 75. Geburtstag. Wien, 1931.
«Narzißmus als Doppelrichtung» in: *Imago*, Bd. VII, Nr. 4, 1921, S. 361–386.
Ruth. Stuttgart, 1895.
In der Schule bei Freud. Zürich, 1958.
«Zum 6. Mai 1926» in: *Almanach für das Jahr 1927.* Wien, 1927.
«Zum Typus Weib» in: *Imago,* Bd. III, Nr. 1, 1914, S. 1–14.
Anzieu, Annie: *La femme sans qualité. Esquisse psychanalytique de la féminité.* Paris, 1989.
Anzieu, Didier: *L'Auto-analyse de Freud.* Paris, 1975.
Freud's Self-Analysis. London, 1986.
Assoun, Paul-Laurent: *Freud et la femme.* Paris, 1983.
Freud et Nietzsche. Paris, 1980.
Le pervers et la femme. Paris, 1990.
Balmary, Marie: *Psychoanalyzing Psychoanalysis: Freud and the Hidden Fault of the Father.* Baltimore, 1982.
Baruch, E. H. und L. J. Serrano: *Women Analyze Women, in France, England and the United States.* New York, London, 1988.
Beauman, Nicola: *A Very Great Profession: The Woman's Novel, 1914–1939.* London, 1983.
Beauvoir, Simone de: *Das andere Geschlecht. Sitte und Sexus der Frau.* Hamburg, 1952.
Benjamin, Jessica: *Die Fesseln der Liebe: Psychoanalyse, Feminismus und das Problem der Macht.* Frankfurt a. M., 1991.
Bernays, Anna Freud: «My brother, Sigmund Freud» in Hendrik M. Ruitenbeek: *Freud As We Knew Him,* S. 140–147.
Bernfeld, Siegfried: «Freud's Scientific Beginnings» in: *American Imago,* 6, 1949, S. 163–196; auch in Hendrik M. Ruitenbeek: *Freud As We Knew Him,* S. 222–248.
Bernfeld, Suzanne Cassirer: «Freud and Archaeology» in: *American Imago,* 8, 1951, S. 107–128.
Bernheimer, C. und C. Kahane (Hg.): *In Dora's Case.* New York, London, 1985.
Berthelsen, Detlef: *Alltag bei Familie Freud. Die Erinnerungen der Paula Fichtl.* Hamburg, 1987; überarbeitete Ausgabe München, 1989.
Bertin, Célia: *La Femme à Vienne au temps de Freud.* Paris, 1989.
Die letzte Bonaparte. Freiburg i. Br., 1989.
Bettelheim, Bruno: «Commentary» in Carotenuto: *Secret Symmetry,* S. xv–xxxix.
Themen meines Lebens. Stuttgart, 1990.
Binion, Ralph: *Frau Lou: Nietzsche's Wayward Disciple.* Princeton, 1968.
Binswanger, Ludwig: *Erinnerungen an Sigmund Freud.* Bern, 1956.

Bibliographie

«My First Three Visits with Freud in Vienna» in Hendrik M. Ruitenbeek: *Freud As We Knew Him*, S. 360–368.

Bleuler, Eugen: «Die Ambivalenz» in: *Festgabe der med. Fakultät Zürich*, 3, 1914, S. 93–106.

«Vortrag über Ambivalenz» in: *Zentralblatt für Psychoanalyse*, 1, 1910, S. 266.

Bonaparte, Marie: *Cinq cahiers écrits par une petite fille entre sept ans et demi et dix ans et leur commentaire*. I, Paris, 1939; II, London, 1948; III & IV, London, 1951; ins Englische übersetzt von Nancy Procter-Gregg unter dem Titel *Five Copy-Books*. London, 1950–1953.

«Considérations sur les causes anatomiques de la frigidité chez la femme» in: *Journal Médicale de Bruxelles*, 27. April 1924, S. 768–778 (unter dem Pseudonym A. E. Narjani).

«A Defence of Biography» in: *Int. J. Psa.*, 20, 1939, S. 231–240.

«Les deux frigidités de la femme» in: *Bulletin de la Société de Sexologie*, 15. Mai 1933, S. 8.

Edgar Poe. Eine psychoanalytische Studie. Wien, 1934; Neuauflage Frankfurt a. M., 1981.

Female Sexuality. New York, 1953.

«Die Identifizierung einer Tochter mit ihrer verstorbenen Mutter» in: *Int. Ztschr. f. Psa.*, 15, 1929, S. 481–500.

Mythes de guerre, Presses Universitaires de France.

«Notes on the Analytical Discovery of a Primal Scene» in: *Psychoanalytic Study of the Child*, 1, 1946, S. 119–125.

«Notes sur l'excision» in: *Revue Française de Psychanalyse*, 12, 1948, S. 213–231.

«Passivität, Masochismus und Weiblichkeit» in: *Int. Ztschr. f. Psa.*, 21, 1935, S. 23–29.

Psychanalyse et biologie. Paris, 1952.

«De la sexualité de la femme» in: *Revue Française de Psychanalyse*, 13, 1949, S. 1–52, 161–227, 321–341.

Boor, Clemens de und Emma Moersch: «Emmy von N. – eine Hysterie?» in: *Psyche*, 34, 1980, S. 265–279.

Bottomore, Tom und Patrick Goode (Hg.): *Austro-Marxism*. Oxford, 1978.

Bourguignon, André (Hg.): «Correspondance Sigmund Freud – René Laforgue, Memorial d'une rencontre» in: *Nouvelle Revue de Psychanalyse*, 15: *Mémoires*, Frühjahr 1977, S. 235–314.

Bouttes, Jean-Louis: *Jung. La puissance d'une illusion*. Paris, 1990.

Bowlby, Rachel: «Still Crazy After All These Years» in: Teresa Brennan (Hg.): *Between Feminism and Psychoanalysis*, S. 40–59.

Boyer, John W.: «Freud, Marriage and Late Viennese Liberalism: A Commentary from 1905» in: *Journal of Modern History*, 50, 1978, S. 72–102.

Brennan, Teresa (Hg.): *Between Feminism and Psychoanalysis*. London, 1989.

Bibliographie

Breuer, Josef, und Sigmund Freud: *Studien über Hysterie*. Frankfurt a. M., 1991.
Briehl, Marie H.: «Helene Deutsch» in Franz Alexander, Samuel Eisenstein und Martin Grotjahn (Hg.): *Psychoanalytic Pioneers*. New York, 1966, S. 282–298.
Brill, A. A.: *Lectures on Psychoanalytic Psychiatry*. New York, 1938.
Brinker-Gabler, Gisela: *Zur Psychologie der Frau. Die Frau in der Gesellschaft: Frühe Texte*. Frankfurt a. M., 1978.
Brome, Vincent: *Ernest Jones: Freud's Alter Ego*. London, 1982.
Brownmiller, Susan: *Against Our Will: Men, Women and Rape*. New York, 1975.
Brun, Danièle: *La maternité et le féminin*. Paris, 1990.
Brunswick, Ruth Mack: «Die Analyse eines Eifersuchtswahnes» in: *Int. Ztschr. f. Psa.*, 14, 1928, S. 458–507.
«Ein Nachtrag zu Freuds ‹Geschichte einer infantilen Neurose›» in Muriel Gardiner (Hg.): *Der Wolfsmann vom Wolfsmann*, S. 297–346.
«The Pre-Oedipal Phase of the Libido Development» (1940) auch in: *Reader*, S. 231–252.
Bryher, Winifred: *The Heart to Artemis: A Writer's Memoirs*. New York, 1962; London, 1963.
Buck, C.: «Freud and H. D. – Bisexuality and Feminine Discourse» in: *m/f*, 8, 1983, S. 52–65.
Buckley, N.: *Women Psychoanalysts and the Theory of Feminine Development: A Study of Helene Deutsch, Karen Horney and Marie Bonaparte*. Dissertation. Ann Arbor, 1982.
Burlingham, Dorothy: *Labyrinth Kindheit. Beiträge zur Psychoanalyse des Kindes*. München, 1980.
Psychoanalytic Studies of the Sighted and the Blind. New York, 1972.
Burlingham, Michael John: *The Last Tiffany*. New York, 1989.
Caplan, Paula J.: «The Myth of Woman's Masochism» in: *The American Psychologist*, 39, 1984, S. 130–139.
Carotenuto, Aldo (Hg.): *A Secret Symmetry: Sabina Spielrein between Jung and Freud*. 1980; 2. Ausgabe mit zusätzlichem Material London, 1984.
Tagebuch einer heimlichen Symmetrie. Sabina Spielrein zwischen Jung und Freud. Freiburg i. Br., 1986.
Carter, Robert Brudenell: *On the Pathology and Treatment of Hysteria*. London, 1853. Neudruck W. F. Bynum (Hg.), London, erscheint demnächst.
Castoriadis, Cornelius: *Crossroads in the Labyrinth*. Hassocks, Sussex, 1984.
Channing, Walter: *Bed Case: Its History and Treatment*. Boston, 1860.
Chasseguet-Smirgel, J. (Hg.): *Psychoanalyse der weiblichen Sexualität*. Frankfurt a. M., 1974.
Chodorow, Nancy: *Das Erbe der Mütter. Psychoanalyse und Soziologie der Geschlechter*. München, 1985.

Feminism and Psychoanalytic Theory. Cambridge, 1989.
«Gender, Relation and Difference in Psychoanalytic Perspective» in: Chodorow: *Feminism and Psychoanalytic Theory*, S. 99–113.
«Psychoanalyse und Psychoanalytikerinnen. Der Beitrag der Frauen zur psychoanalytischen Bewegung und Theorie» in: *Psyche*, 41, 1987, S. 800–831.
«Seventies Questions for Thirties Women: Gender and Generation in a Study of Early Women Psychoanalysts» in: Chodorow: *Feminism and Psychoanalytic Theory*, S. 199–218.
«Varieties of Leadership among Early Women Psychoanalysts» in: Leah Dickstein und Carol Nadelson (Hg.): *Women Physicians in Leadership Roles*. New York, 1986, S. 47–54.
Choisy, Maryse: *Sigmund Freud: A New Appraisal*. London, 1963.
Cifali, Mireille: «Charles Bally et les psychanalystes» in: *Le Bloc-Notes de la Psychanalyse*, 6, 1986, S. 131–153.
«Entre Genève et Paris: Vienne» in: *Le Bloc-Notes de la Psychanalyse*, 2, 1982, S. 91–130.
«Le fameux couteau de Lichtenberg» in: *Le Bloc-Notes de la Psychanalyse*, 4, 1984, S. 171–190.
«Une femme dans la psychanalyse. Sabina Spielrein, un autre portrait» in: *Le Bloc-Notes de la Psychanalyse*, 8, 1988, S. 253–265.
«Théodore Flournoy, la découverte de l'inconscient» in: *Le Bloc-Notes de la Psychanalyse*, 3, 1983, S. 111–131.
Cixous, Hélène und Cathérine Clément: *La jeune née*. Paris, 1975.
Clark, Ronald W.: *Sigmund Freud*. Frankfurt a. M., 1981.
Coleman, Elizabeth: «From ‹Dear Lou› to ‹Code Name Mary›: A Glorious Tradition». Vortrag, Oktober 1985, Freud Museum, London.
Cottet, Serge: *Freud et le désir du psychanalyste*. Paris, 1982.
Davidson, Arnold I.: «How To Do the History of Psychoanalysis: A Reading of Freud's Three Essays on the Theory of Sexuality» in Françoise Meltzer (Hg.): *The Trial(s) of Psychoanalysis*. Chicago, London, 1988, S. 39–64.
Davis, F. B.: «Three letters from Sigmund Freud to André Breton» in: *Journal of the American Psychoanalytical Association*, 21, 1973, S. 127–134.
Decker, Hannah S.: «Freud and Dora: Constraints on Medical Progress» in: *Journal of Social History*, 14, 1981, S. 445–464.
Freud, Dora, and Vienna 1900. London, 1991.
Derrida, Jacques: «Le facteur de la vérité» in Derrida: *La Carte Postale*. Paris, 1980, S. 441–524.
«Spéculer – sur Freud» in Derrida: *La Carte Postale*. Paris, 1980, S. 277–437.
Deutsch, Felix: «A Footnote to Freud's ‹Fragment of an Analysis of a Case of Hysteria›» in: *Psychoanalytic Quarterly*, 26, 1957, S. 159–167; auch in C. Bernheimer und C. Kahane (Hg.): *In Dora's Case*, S. 353.

Bibliographie

Deutsch, Helene: «Der feminine Masochismus und seine Beziehung zur Frigidität» in: *Int. Ztschr. f. Psa.*, 16, 1930, S. 172–184.
Neuroses and Character Types. New York, 1965.
«Über die pathologische Lüge» in: *Int. Ztschr. f. Psa.*, 8, 1922, S. 153–167.
Zur Psychoanalyse der weiblichen Sexualfunktionen. Wien, 1925.
Psychologie der Frau, I/II. Bern, 1948, 1954.
«Psychologie des Weibes in den Funktionen der Fortpflanzung» in: *Int. Ztschr. f. Psa.*, 11, 1925, S. 40–53.
Selbstkonfrontation. München, 1975.
The Therapeutic Process, the Self, and Female Psychology. Collected Psychoanalytic Papers. New Brunswick, London, 1992.
«Über weibliche Homosexualität» in: *Int. Ztschr. f. Psa.*, 18, 1932, S. 219–241.

Didi-Huberman, Georges: *Invention de l'hystérie. Charcot et l'iconographie photographique de la Salpêtrière.* Paris, 1982.

Dinnerstein, Dorothy: *The Mermaid and the Minotaur: Sexual Arrangements and Human Malaise.* New York, 1976.

Drinnon, Richard und Anna Maria (Hg.): *Nowhere at Home: Letters from Exile of Emma Goldman and Alexander Berkman.* New York, 1975.

Duplessis, Rachel Blau: *H.D.: The Career of that Struggle.* Bloomington, 1986.

Edinger, Dora (Hg.): *Bertha Pappenheim – Freud's Anna O.* Highland Park, 1968.
Bertha Pappenheim: Leben und Schriften. Frankfurt a. M., 1963.

Eissler, K. R.: «Creativity and Adolescence: The Effect of Trauma on Freud's Adolescence» in: *The Psychoanalytic Study of the Child*, 33, 1978, S. 461–517.
«A Possible Endangerment of Psychoanalysis in the United States» in: *International Review of Psycho-analysis*, 6, 1979, S. 15–21.

Ellenberger, Henri F.: *Die Entdeckung des Unbewußten*, I/II. Bern, Stuttgart, Wien, 1973.
«L'histoire d'‹Emmy von N.›» in: *L'Evolution psychiatrique*, 42, 1977, S. 519–540.
«La psychiatrie et son histoire inconnue» in: *L'Union Médicale du Canada*, 90, 1961, S. 281–289.
«The Story of ‹Anna O.›: A Critical Review with New Data» in: *Journal of the History of the Behavioral Sciences*, 8, 1972, S. 267–279.
«The Story of Helene Preiswerk: A Critical Study with New Documents» in: *History of Psychiatry*, 2, 1991, S. 41–52.

Elms, Alan C.: «Freud, Irma, Martha: Sex and Marriage in the ‹Dream of Irma's Injection›» in: *Psychoanalytic Review*, 67, 1980, S. 83–109.

Elster, Jon: *Solomonic Judgements: Studies in the Limitations of Rationality.* Cambridge, 1989.

Bibliographie

Feldstein, R. und J. Roof (Hg.): *Feminism and Psychoanalysis.* Ithaca, 1989.
und H. Sussman (Hg.): *Psychoanalysis and...* New York, London, 1990.
Felman, Shoshana: «To Open the Question» in Felman (Hg.): *Yale French Studies,* 55/56; *Literature and Psychoanalysis. The Question of Reading: Otherwise.* New Haven, London, 1977, S. 3–7.
Ferenczi, Sándor: «Relaxationsprinzip und Neokatharsis» in: *Bausteine zur Psychoanalyse,* III. Arbeiten aus den Jahren 1908–1933. Bern, Stuttgart, Wien, 1984.
Fichtner, Gerhard: *Freuds Patienten.* Tübingen, 1979; mimeographisch vervielfältigt. *LC,* B 33.
und A. Hirschmüller: «Freuds ‹Katharina› – Hintergrund, Entstehungsgeschichte und Bedeutung einer frühen psychoanalytischen Krankengeschichte» in: *Psyche,* 39, 1985, S. 220–240.
Firestone, Shulamith: *The Dialectic of Sex: The Case for Feminist Revolution.* New York, 1970.
Fliess, Robert (Hg.): *The Psycho-Analytic Reader.* London, 1950.
Flournoy, Olivier: *Théodore et Léopold. De Théodore Flournoy à la psychanalyse. Suivi d'une correspondance entre Théodore Flournoy et Hélène Smith.* Neuchâtel, 1986.
Forrester, John: «Contracting the Disease of Love: Authority and Freedom in the Origins of Psychoanalysis» in Forrester: *The Seductions of Psychoanalysis,* S. 30–47.
Language and the Origins of Psychoanalysis. London, New York, 1980.
«Rape, Seduction and Psychoanalysis» in Forrester: *The Seductions of Psychoanalysis,* S. 62–89.
The Seductions of Psychoanalysis: Freud, Lacan and Derrida. Cambridge, 1990.
«The True Story of Anna O.» in Forrester: *The Seductions of Psychoanalysis,* S. 17–29.
«The Untold Pleasures of Psychoanalysis» in Forrester: *The Seductions of Psychoanalysis,* S. 48–61.
Foucault, Michel: «Introduction» in Ludwig Binswanger: *Le Rêve et l'Existence.* Paris, 1954.
Wahnsinn und Gesellschaft. Frankfurt a. M., 1969.
Freeman, Lucy: *Die Geschichte der Anna O. Der Fall, der Sigmund Freud zur Psychoanalyse führte.* München, 1973.
und Strean, Herbert S.: *Freud and Women.* New York, 1981.
Freud, Anna: *Die Schriften der Anna Freud,* I–X. München, 1980.
Anstaltskinder. Berichte aus den Kriegskinderheimen «Hampstead Nurseries», 1943–1945 in: *Schriften,* III.
Das Ich und die Abwehrmechanismen in: *Schriften,* I.
Kriegskinder. Berichte aus den Kriegskinderheimen «Hampstead Nurseries», 1941–1942 in: *Schriften,* II.

The Psychoanalytic Treatment of Children. London, 1946.
«Schlagephantasie und Tagtraum» (1922) in: *Einführung in die Psychoanalyse, Vorträge für Kinderanalytiker und Lehrer, Das Ich und die Abwehrmechanismen, Schriften,* I.
«Tribute to Dorothy Burlingham» in: *Bulletin of the Hampstead Clinic,* 3, 1980, S. 76.
«Über Verlieren und Verlorengehen» in: *Indikationsstellung in der Kinderanalyse und andere Schriften, Schriften,* IV.
Freud, Ernst, Lucie Freud und Ilse Grubrich-Simitis (Hg.): *Sigmund Freud. Sein Leben in Bildern und Texten, mit einer biographischen Skizze von K. R. Eissler.* Frankfurt a. M., 1985.
Freud, Esti D.: «Mrs. Sigmund Freud» in: *Jewish Spectator,* 45, 1980, S. 29–31.
Freud, Martin: *Glory Reflected.* London, 1957.
«Who Was Freud?» in Josef Fraenkel (Hg.): *The Jews of Austria: Essays on their Life, History and Destruction.* London, 1967, S. 197–211.
Freud, Sigmund: *Gesammelte Werke,* I–XVIII. Frankfurt a. M.
The Standard Edition of the Complete Psychological Works of Sigmund Freud, I–XXIV. London, 1953–1974.
Abriß der Psychoanalyse. 1940 [1938], G. W., XVII.
«Die Abwehr-Neuropsychosen». 1894, G. W., I.
«Über die allgemeinste Erniedrigung des Liebeslebens». 1912, G. W., VIII.
Aus den Anfängen der Psychoanalyse. Frankfurt a. M., 1975.
«Ansprache an die Mitglieder der B'nai B'rith». (Brief an Salomon Ehrmann.) 1926, G. W., XVII.
«Ansprache im Frankfurter Goethe-Haus». 1930, G. W., XIV.
«Bemerkungen über die Übertragungsliebe». 1915, G. W., X.
«Bemerkungen über einen Fall von Zwangsneurose». (Der Rattenmann.) 1909, G. W., VII.
«Über die Berechtigung, von der Neurasthenie einen bestimmten Symptomenkomplex als ‹Angstneurose› abzutrennen». 1895, G. W., I.
«Über einen besonderen Typus der Objektwahl beim Manne». 1910, G. W., VIII.
«Brief an den Bürgermeister der Stadt Příbor». 1931, G. W., XIV.
«Brief an Dr. Hermine von Hug-Hellmuth». 1919 [1915], G. W., X.
Sigmund Freud: Briefe 1873–1939. Ausgewählt und herausgegeben von Ernst und Lucie Freud. Frankfurt a. M., 1980.
Briefe an Wilhelm Fließ, 1887–1904. Frankfurt a. M., 1986.
«Bruchstück einer Hysterie-Analyse». 1905, G. W., V.
«Einige Charaktertypen aus der psychoanalytischen Arbeit». 1916, G. W., X.
«Über Deckerinnerungen». 1899, G. W., I.
«Die Disposition zur Zwangsneurose». 1913, G. W., VIII.

Bibliographie

Drei Abhandlungen zur Sexualtheorie. 1905, G. W., V.
«Zur Einführung des Narzißmus». 1914, G. W., X.
«Die endliche und die unendliche Analyse». 1937, G. W., XVI.
«Ein Fall von hypnotischer Heilung nebst Bemerkungen über die Entstehung hysterischer Symptome durch den ‹Gegenwillen›». 1892–93, G. W., I.
«Fetischismus». 1927, G. W., XIV.
Die Frage der Laienanalyse. 1926, G. W., XIV.
«Zur Geschichte der psychoanalytischen Bewegung». 1914, G. W., X.
«Aus der Geschichte einer infantilen Neurose». (Der Wolfsmann.) 1918, G. W., XII.
Hemmung, Symptom und Angst. 1926, G. W., XIV.
«Hysterie». 1888, in Villaret: *Handwörterbuch der gesamten Medizin*, 1, Stuttgart und *SE*, I.
«Hysterische Phantasien und ihre Beziehung zur Bisexualität». 1908, G. W., VII.
Das Ich und das Es. 1923, G. W., XIII.
Die infantile Cerebrallähmung. II. Theil, II. Abt. von Nothnagels «Die infantile Genitalorganisation». 1923, G. W., XIII.
«Über infantile Sexualtheorien». 1908, G. W., VII.
«Interview mit Adelbert Albrecht» in: *Boston Transcript*, 11, September 1909; auch in Hendrik M. Ruitenbeek: *Freud As We Knew Him*, S. 22–27.
Jenseits des Lustprinzips. 1920, G. W., XIII.
Jugendbriefe an Eduard Silberstein, 1871–1881. Frankfurt a. M., 1989.
«Zur Kenntniss der cerebralen Diplegien des Kindesalters (im Anschluß an die Little'sche Krankheit)» in: *Beiträge zur Kinderheilkunde*, Heft III, Neue Folge. Wien, 1893.
«Eine Kindheitserinnerung aus *Dichtung und Wahrheit*». 1917, G. W., XII.
«Eine Kindheitserinnerung des Leonardo da Vinci». 1910, G. W., VIII.
«Ein Kind wird geschlagen». 1919, G. W., XII.
«Die ‹kulturelle› Sexualmoral und die moderne Nervosität». 1908, G. W., VII.
«Lettres à Raymond de Saussure» in: *Le Bloc-Notes de la Psychanalyse*, 6, 1986, S. 191–198.
Der Mann Moses und die monotheistische Religion. 1939, G. W., XVI.
Massenpsychologie und Ich-Analyse. 1921, G. W., XIII.
«Mitteilung eines der psychoanalytischen Theorie widersprechenden Falles von Paranoia». 1915, G. W., X.
«Das Motiv der Kästchenwahl». 1913, G. W., X.
«Nachruf auf Professor S. Hammerschlag». 1904, in: *Neue Freie Presse*, 11. Nov., Morgenblatt, und in: *SE*, IX.
«Nachruf: Lou Andreas-Salomé». 1937, G. W., XVI.
«Über einige neurotische Mechanismen bei Eifersucht, Paranoia und Homosexualität». 1922, G. W., XIII.

Bibliographie

«Das ökonomische Problem des Masochismus». 1924, G. W., XIII.
«Psychische Behandlung. (Seelenbehandlung)». 1890, G. W., V.
«Einige psychische Folgen des anatomischen Geschlechtsunterschiedes». 1925, G. W., XIV.
Über Psychoanalyse. 1910, G. W., VIII.
«Psychoanalytische Bemerkungen über einen autobiographisch beschriebenen Fall von Paranoia. (Dementia Paranoides)». (Der Fall Schreber.) 1911, G. W., VIII.
«Über die Psychogenese eines Falles von weiblicher Homosexualität». 1920, G. W., XII.
Zur Psychopathologie des Alltagslebens. 1901, G. W., IV.
«Die Realitätsverluste bei Neurose und Psychose». 1924, G. W., XIII.
«Selbstdarstellung». 1925, G. W., XIV.
«Die Sexualität in der Ätiologie der Neurosen». 1898, G. W., I.
Specielle Pathologie und Therapie, 9. Wien, 1897.
Totem und Tabu. 1912–1913, G. W., IX.
«Trauer und Melancholie». 1917, G. W., X.
Über den Traum. 1901, G. W., II/III.
Die Traumdeutung. 1900, G. W., II/III.
«Triebe und Triebschicksale». 1915, G. W., X.
«Über Triebumsetzungen insbesondere der Analerotik». 1917, G. W., X.
Das Unbehagen in der Kultur. 1930, G. W., XIV.
«Der Untergang des Ödipus-Komplexes». 1924, G. W., XIII.
Vorlesungen zur Einführung in die Psychoanalyse. 1916–17, G. W., XI.
«Der Wahn und die Träume in W. Jensens ‹Gradiva›». 1907, G. W., VII.
«Über die weibliche Sexualität». 1931, G. W., XIV.
«Die Weiblichkeit». 1932, G. W., XV.
«Weitere Bemerkungen über die Abwehr-Neuropsychosen». 1896, G. W., I.
Der Witz und seine Beziehung zum Unbewußten. 1905, G. W., VI.
und Karl Abraham: *Briefe 1907–1926.* Hrsg. v. Hilda C. Abraham und Ernst L. Freud. Frankfurt a. M., 1965.
und Josef Breuer: *Studien über Hysterie.* Frankfurt a. M., 1991.
und Sándor Ferenczi: *Briefwechsel 1908–1914.* Hrsg. v. Eva Brabant, Ernst Falzeder und Patrizia Giampieri-Deutsch. Wien, 1993.
und Ernest Jones: *The Complete Correspondence of Sigmund Freud and Ernest Jones, 1908–1939.* Hrsg. v. R. Andrew Paskauskas. Cambridge, Mass., London, 1993.
und ders.: *Briefwechsel.* Hrsg. v. Ingeborg Meyer-Palnedo. Frankfurt a. M., 1993.
und C. G. Jung: *Briefwechsel.* Hrsg. v. William MacGuire und Wolfgang Sauerländer. Frankfurt a. M., 1974.
und Oskar Pfister: *Briefe 1909–1939.* Hrsg. v. Ernst L. Freud und Heinrich Meng. Frankfurt a. M., 1963.

Bibliographie

Freud, Sophie: *Meine drei Mütter und andere Leidenschaften.* Düsseldorf, 1988.
Friedan, Betty: *The Feminine Mystique.* New York, 1963, 1964.
Friedman, Susan Stanford: «A Most Luscious Vers Libre Relationship: H. D. and Freud» in: *Annual of Psychoanalysis,* 14, 1986, S. 319–343.
Psyche Reborn: The Emergence of H. D. Bloomington, 1981.
Gallop, Jane: *Feminism and Psychoanalysis: The Daughter's Seduction.* London, 1982.
«Moving Backwards or Forwards» in Teresa Brennan (Hg.): *Between Feminism and Psychoanalysis,* S. 27–39.
«Nurse Freud: Class Struggle in the Family». Unveröffentlichter Vortrag, Miami University, 1983.
Thinking Through the Body. New York, 1988, S. 124–133.
Gallup, Stephen: *A History of the Salzburg Festival.* London, 1987.
Gamwell, Lynn: «Freud's Antiquities Collection» in Lynn Gamwell und Richard Wells (Hg.): *Sigmund Freud and Art,* S. 21–32.
und Richard Wells (Hg.): *Sigmund Freud and Art: His Personal Collection of Antiquities.* Mit einer Einleitung von Peter Gay. London, 1989.
Gardiner, Muriel: *Deckname «Mary». Erinnerungen einer Amerikanerin im österreichischen Untergrund.* Mit einem Vorwort von Anna Freud. Wien, 1989.
Mörder ohne Schuld. Wenn Kinder töten – Gründe und Hintergründe. Frankfurt a. M., 1979.
Der Wolfsmann vom Wolfsmann. Frankfurt a. M., 1972.
Gauld, Alan: *A History of Hypnosis.* Cambridge, erscheint demnächst.
Gay, Peter: «The Dog that Did not Bark in the Night» in Gay: *Reading Freud: Explorations and Entertainments,* S. 164–179.
Freud: Eine Biographie für unsere Zeit. Frankfurt a. M., 1989.
Reading Freud: Explorations and Entertainments. New York, London, 1990.
«Sigmund and Minna? The Biographer as Voyeur» in: *New York Times Book Review,* 29. Januar 1989, S. 44.
«Six Names in Search of an Interpretation: A Contribution to the Debate over Freud's Jewishness» in Gay: *Reading Freud: Explorations and Entertainments,* S. 54–73.
Gedo, John E.: «On the Origins of the Theban Plague: Assessments of Freud's Character» in Paul E. Stepansky: *Freud. Appraisals and Reappraisals. Contributions to Freud Studies.* Bd. 1. New Jersey, 1986, S. 241–259.
und Melvin Shabshin, Leo Sadow, Nathan Schlessinger: «Studies on Hysteria: A Methodological Evaluation». 1964, in J. E. Gedo und G. H. Pollock (Hg.): *Freud: The Fusion of Science and Humanism: The Intellectual History of Psychoanalysis.* New York, 1976, S. 167–186.

Bibliographie

und E. S. Wolf: «The ‹Ich› Letters» in J. E. Gedo und G. H. Pollock (Hg.): *Freud: The Fusion of Science and Humanism: The Intellectual History of Psychoanalysis*. New York, 1976, S. 71–86.

Gelfand, Toby: «Charcot's Response to Freud's Rebellion» in: *Journal of the History of Ideas*, 50, 1989, S. 293–307.

«‹Mon cher docteur Freud›: Charcot's Unpublished Correspondence to Freud, 1888–1893. Annotation, Translation and Commentary» in: *Bulletin of the History of Medicine*, 62, 1988, S. 563–588.

Gilligan, Carol: *In a Different Voice: Psychological Theory and Women's Development*. Cambridge, Mass., London, 1982.

«Remapping the Moral Domain: New Images of the Self in Relationship» in Claudia Zanardi (Hg.): *Essential Papers on the Psychology of Women*, S. 480–495.

Glenn, Jules: «Freud's Adolescent Patients: Katharina, Dora and the ‹Homosexual Woman›» in Mark Kanzer und Jules Glenn (Hg.): *Freud and his Patients*. New York, London, 1980, S. 23–47.

«Freud, Dora and the Maid: A Study of Countertransference» in: *Journal of the American Psychoanalytic Association*, 34, 1986, S. 591–606.

Glover, Edward: «Psychoanalysis in England» in Franz Alexander, Samuel Eisenstein und Martin Grotjahn (Hg.): *Psychoanalytic Pioneers*. New York, 1966.

Goldmann, S.: «Eine Kur aus der Frühzeit der Psychoanalyse: Kommentar zu Freuds Briefen an Anna v. Vest» in: *Jahrbuch der Psychoanalyse*, 17, 1985, S. 296–337.

Goldstein, Jan: *Console and Classify: The French Psychiatric Profession in the Nineteenth Century*. Cambridge, 1987.

«The Hysteria Diagnosis and the Politics of Anticlericalism in Late Nineteenth-Century France» in: *Journal of Modern History*, 104, 1982, S. 209–239.

Granoff, Wladimir: *La pensée et le féminin*. Paris, 1976.

Greenberg, Jay R. und Stephen A. Mitchell: *Object Relations in Psychoanalytic Theory*. Cambridge, Mass., 1983.

Greer, Germaine: *Der weibliche Eunuch. Aufruf zur Befreiung der Frauen*. Frankfurt a. M., 1971.

Grigg, Kenneth A.: «‹All Roads Lead to Rome›: The Role of the Nursemaid in Freud's Dreams» in: *Journal of the American Psychoanalytic Association*, 21, 1973, S. 108–126.

Grinstein, A.: *Sigmund Freud's Dreams*. 2. Ausgabe, New York, 1980.

Grosskurth, Phyllis: *Melanie Klein*. Stuttgart, 1993.

The Secret Ring: Freud's Inner Circle and the Politics of Psychoanalysis. New York, London, 1991.

Grotjahn, Martin: «Sigmund Freud and the Art of Letter Writing» in Hendrik M. Ruitenbeek: *Freud As We Knew Him*, S. 433–446.

Bibliographie

Gubar, Susan: «The Echoing Spell of H. D.'s Trilogy» in Sandra Gilbert und Susan Gubar: *Shakespeare's Sisters: Feminist Essays on Women Poets.* Bloomington, IN., 1979, S. 200–218.

Guillain, Georges: *J.-M. Charcot 1825–1893: His Life – His Work.* London, 1959.

Gunn, D. und S. Guyomard (Hg.): *A Young Girl's Diary.* Mit einem Vorwort von Sigmund Freud. London, 1990.

Hardin, Harry T.: «On the Vicissitudes of Freud's Early Mothering. I: Early Environment and Loss; II: Alienation from his Biological Mother; III: Freiberg, Screen Memories, and Loss» in: *Psychoanalytic Quarterly,* 56, 1987, S. 628–644; 57, 1988, S. 72–86 und S. 209–223.

Harris, Ruth: «Introduction» in J.-M. Charcot: *Clinical Lectures on Diseases of the Nervous System* (1989). London, New York, 1991, S. ix–lxviii.

Hartman, Frank R.: «A Reappraisal of the Emma Episode and the Specimen Dream» in: *Journal of the American Psychoanalytic Association,* 31, 1983, S. 555–585.

Hartman, Mary S. und Lois Banner (Hg.): *Clio's Consciousness Raised: New Perspectives on the History of Women.* New York, 1974.

H. D. [Hilde Doolittle]: *Her* (1927). New York, 1981.
Huldigung an Freud. Rückblick auf eine Analyse. Mit einer Einleitung von Michael Schröter. Frankfurt a. M., Berlin, Wien, 1975.
Palimpsest (1925–26). Carbondale, Ill., 1968.

Hearnshaw, L. S.: *Cyril Burt Psychologist.* London, 1979.

Heath, Stephen: «Difference» in: *Screen,* 19, 1978, S. 51–112.

Heller, Judith Bernays: «Freud's Mother and Father» in Hendrik M. Ruitenbeek: *Freud As We Knew Him,* S. 334–340.

Heller, Peter: «Briefe Anna Freuds an Eva Rosenfeld», in: *Psyche,* 5, 1991, S. 434–447.
und Günter Bittner (Hg.): *Eine Kinderanalyse bei Anna Freud.* Würzburg, 1993.

Hertz, Neil: «Dora's Secrets, Freud's Techniques» in: *Diacritics,* 13, Frühling 1983, S. 65–76; auch in C. Bernheimer und C. Kahane (Hg.): *In Dora's Case,* S. 221–242.

Hilferding, Rudolf: *Das Finanzkapital. Eine Studie über die jüngste Entwicklung des Kapitalismus.* Wien, 1968.

Hirsch, M.: *The Mother/Daughter Plot: Narrative, Psychoanalysis, Feminism.* Bloomington, IN., 1989.

Hirschmüller, Albrecht: «‹Balsam auf eine schmerzende Wunde› – Zwei bisher unbekannte Briefe Sigmund Freuds über sein Verhältnis zu Josef Breuer» in: *Psyche,* 41, 1987, S. 58.
«Eine bisher unbekannte Krankengeschichte Sigmund Freuds und Josef Breuers aus der Entstehungszeit der ‹Studien über Hysterie›» in: *Jahrbuch der Psychoanalyse,* 10, 1978, S. 136–168.

Freuds Begegnung mit der Psychiatrie. Von der Hirnmythologie zur Neurosenlehre. Tübingen, 1991.
«Freuds ‹Mathilde›: Ein weiterer Tagesrest zum Irma-Traum» in: *Jahrbuch der Psychoanalyse*, 24, 1989, S. 128–159.
Physiologie und Psychoanalyse in Leben und Werk Josef Breuers. Jahrbuch der Psychoanalyse, Beiheft 4, Bern, 1978.

Holl, Adolf: *Der Fisch aus der Tiefe, oder Die Freuden der Keuschheit.* Reinbek bei Hamburg, 1990.

Hollender, M. H.: «The Case of Anna O: A Reformulation» in: *American Journal of Psychiatry*, 137, 1980, S. 797–800.

Holt, R. B.: *Freud Reappraised: A Fresh Look at Psychoanalytic Theory.* New York, London, 1989.

Hölzer, Michael und Horst Kächele: «Die Entwicklung der freien Assoziation durch Sigmund Freud» in: *Jahrbuch der Psychoanalyse*, 22, 1987, S. 184–217.

Horney, Karen: «Die Angst vor der Frau» in: *Int. Ztschr. f. Psa.*, 18, 1932, S. 5–18; auch in Horney: *Die Psychologie der Frau.*
«Flucht aus der Weiblichkeit» in: *Int. Ztschr. f. Psa.*, 12, 1926, S. 360–374.
«Zur Genese des weiblichen Kastrationskomplexes» in: *Int. Ztschr. f. Psa.*, 9, 1923, S. 12–26.
Die Psychologie der Frau. München, 1967.
«Die Verleugnung der Vagina» in: *Int. Ztschr. f. Psa.*, 19, 1993, S. 372–384.

Huber, Wolfgang: «Die erste Kinderanalytikerin» in: *Psychoanalyse als Herausforderung, Festschrift Caruso.* Wien, 1980, S. 125–133.

Hug-Hellmuth, Hermine: *Aus dem Seelenleben des Kindes. Eine psychoanalytische Studie.* Leipzig, Wien, 1913.
«Zur Technik der Kinderanalyse» in: *Int. Ztschr. f. Psa.*, 7, 1920, S. 179–197.

Hughes, Judith M.: *Reshaping the Psychoanalytic Domain: The Work of Melanie Klein, W. R. D. Fairbairn, and D. W. Winnicott.* Berkeley, Los Angeles, London, 1989.

Hunter, Dianne: «Hysteria, Psychoanalysis and Feminism: The Case of Anna O.» in: *Feminist Studies*, 9, 1983, S. 465–488.

Hurst, Lindsay C.: «What Was Wrong with Anna O.?» in: *Journal of the Royal Society of Medicine*, 75, 1982, S. 129–131.

Irigaray, Luce: *Das Geschlecht, das nicht eins ist.* Berlin, 1979.
Speculum. Frankfurt a. M., 1980.

Israël, Lucien: *L'hystérique, le sexe et le médecin.* Paris, 1985.

Jacobus, Mary: «*Dora* and the Pregnant Madonna» in Jacobus: *Reading Woman.* London, 1986, S. 137–193.
«Russian Tactics: Freud's ‹Case of Homosexuality in a Woman›», Vortrag vor dem Arbeitskreis über «Psychoanalyse und Leidenschaften» im Rah-

Bibliographie

men einer Konferenz zum Thema «Passions, Persons, Powers», University of California at Berkeley, 30. April–3. Mai 1992.
«Taking Liberties with Words» in Jacobus: *Reading Woman*. London, 1986, S. 205–228.
Jensen, Ellen: *Streifzüge durch das Leben von Anna O./Bertha Pappenheim: Ein Fall für die Psychiatrie – Ein Leben für die Philanthropie*. Frankfurt a. M., 1984.
Jones, Ernest: «Die erste Entwicklung der weiblichen Sexualität» in: *Int. Ztschr. f. Psa.*, 14, 1928, S. 11–25.
«Die Frage der Laienanalyse» in: *Int. Ztschr. f. Psa.*, 13, 1927, S. 171–192.
Free Associations: Memories of a Psycho-Analyst. 1959. Mit einer neuen Einleitung von Mervyn Jones, New Brunswick, London, 1990.
«Über die Frühstadien der weiblichen Sexualentwicklung» in: *Int. Ztschr. f. Psa.*, 21, 1935, S. 331–341.
Das Leben und Werk von Sigmund Freud, I–III. Bern, 1960.
Papers on Psycho-analysis. 5. Auflage, London, 1950.
«Die phallische Phase» in: *Int. Ztschr. f. Psa.*, 19, 1933, S. 322–357.
«Symposium on Child-Analysis» in: *Int. J. Psa.*, 8, 1927, S. 389–390.
Jung, C. G.: *Gesammelte Werke*, I–XVI. Zürich, 1958.
Erinnerungen, Träume, Gedanken von C. G. Jung. Hrsg. v. Amiela Jaffé. Zürich, Stuttgart, 1962.
«Die Psychologie der Dementia praecox» (1907) in: *Ges. Werke*, III.
und F. Riklin: *Experimentelle Untersuchungen über Assoziationen Gesunder* in: *Diagnostische Assoziationsstudien, Ges. Werke* I, S. 7–145.
Kann, R. A.: *Theodor Gomperz: Ein Gelehrtenleben im Bürgertum der Franz-Josefs-Zeit*. Wien, 1974.
Kaplan, Marion: *Die jüdische Frauenbewegung in Deutschland. Organisation und Ziele des Jüdischen Frauenbundes 1904–1938*. Hamburg, 1981.
Kardiner, Abram: *My Analysis with Freud: Reminiscences*. New York, 1977.
Karpe, Richard: «The Rescue Complex in Anna O.'s Final Identity» in: *Psychoanalytic Quarterly*, 30, 1961, S. 1–24.
Kaut, Josef: *Die Salzburger Festspiele 1920–1981*. Salzburg, Wien, 1982.
Kerr, John: «The Devil's Elixirs: Jung's ‹Theology› and the Dissolution of ‹Freud's Poisoning Complex›» in: *Psychoanalytic Review*, 75, 1988, S. 1–33.
«Freud, Jung and Sabina Spielrein». Unveröffentlichtes Manuskript.
A Most Dangerous Method: The Story of Jung, Freud and Sabina Spielrein. New York, 1993.
«Spielrein's Later Career». Unveröffentlichtes Manuskript.
King, Pearl und Riccardo Steiner (Hg.): *The Freud-Klein Controversies 1941–1945*. London, New York, 1990.
Kinsey, Alfred C. und Wardell B. Pomeroy, Clyde E. Martin, Paul H. Gebhard: *Das sexuelle Verhalten der Frau*. Berlin, Frankfurt a. M., 1954.

Klein, Melanie: *The Writings of Melanie Klein*, I–IV. London, 1975.
«Frühstadien des Ödipuskonfliktes» in: *Frühe Schriften, 1928–1945, Geist und Psyche*. Frankfurt a. M., 1985.
«Die psychologischen Grundlagen der Frühanalyse» in: *Imago*, 12, 1926, S. 365–376.
«Symposium on Child Analysis» in: *Int. J. Psa.*, 8, 1927, S. 357; auch in: *Writings*, I, S. 139–169.
Koepcke, Cordula: *Lou Andreas-Salomé: Leben, Persönlichkeit, Werk: Eine Biographie*. Frankfurt a. M., 1986.
Koestler, Arthur: *Pfeil ins Blaue*. 1953.
Kofman, Sarah: *The Enigma of Woman. Woman in Freud's Writings*. Ithaca, NY, 1985.
Kris, Ernst: «Einleitung» in: *Aus den Anfängen der Psychoanalyse. Briefe an Wilhelm Fließ, Abhandlung und Notizen aus den Jahren 1887–1902*. Frankfurt a. M., 1962, S. 9–48.
Kristeva, Julia: «Freud and Love: Treatment and its Discontents» in Toril Moi (Hg.): *The Kristeva Reader*. Oxford, 1986, S. 238–271.
Geschichten von der Liebe. Frankfurt a. M., 1989.
Krohn, Alan: *Hysteria: The Elusive Neurosis, Psychological Issues Monograph 45/46*. New York, 1978.
Krüll, Marianne: *Freud und sein Vater*. München, 1979.
Kubes, Ursula: «‹Moderne Nervositäten› und die Anfänge der Psychoanalyse» in Franz Kadrnoska (Hg.): *Aufbruch und Untergang. Österreichische Kultur zwischen 1918 und 1938*. Wien, 1981, S. 267–280.
Kupper, Herbert I. und Hilda S. Rollman-Branch: «Freud and Schnitzler – Doppelgänger» in: *Journal of the American Psychoanalytic Association*, 7, 1959, S. 109; auch in Hendrik M. Ruitenbeek: *Freud As We Knew Him*, S. 412–427.
Kuspit, Donald: «A Mighty Metaphor: The Analogy of Archaeology and Psychoanalysis» in Lynn Gamwell und Richard Wells (Hg.): *Sigmund Freud and Art*, S. 133–152.
Lacan, Jacques: «Die Bedeutung des Phallus» in: *Schriften*, Buch II, Olten, 1975, S. 119–132.
«Intervention sur le transfert». Beitrag zum 14. Kongreß der französischsprachigen Psychoanalytiker 1951, in: *Revue Française de Psychanalyse*, XVI, S. 154–163.
Le Séminaire. Livre IV. La relation d'objet et les structures freudiennes. 1956–1957. Bericht von J.-B. Pontalis in: *Bulletin de Psychologie*, 10, 1956–1957, S. 426–430, 602–605, 742–743, 851–854; 11, 1957–1958, S. 31–34.
«Das Seminar über E. A. Poes ‹Der entwendete Brief›» in: *Schriften*, Buch I, S. 7–60.
Laforgue, René: «Personal Memories of Freud» in Hendrik M. Ruitenbeek: *Freud As We Knew Him*, S. 341–349.

Bibliographie

Lagrange, Jacques: «Versions de la psychanalyse dans le texte de Foucault» in: *Psychanalyse à l'Université* 12, 45, Januar 1987, S. 99–120, und 46, April 1987, S. 259–280.

Lampl de Groot, Jeanne: «Zur Entwicklungsgeschichte des Ödipuskomplexes der Frau» in: *Int. Ztschr. f. Psa.*, 13, 1927, S. 269–282.
Man and Mind: Collected Papers. New York, 1985.
«Masochismus und Narzißmus» in: *Int. Ztschr. f. Psa.*, 23, 1937, S. 479–489.
«Zu den Problemen der Weiblichkeit» in: *Int. Ztschr. f. Psa.*, 19, 1933, S. 385–415.

Langs, Robert: «Freud's Irma Dream and the Origins of Psychoanalysis» in: *Psychoanalytic Review*, 71, 1984, S. 591–617.

Laplanche, Jean: *Problématiques II. Castrations Symbolisations*. Paris, 1980.
und J.-B. Pontalis: *Das Vokabular der Psychoanalyse*. Frankfurt a. M., 1972.

Laqueur, Thomas: *Making Sex: Body and Gender from the Greeks to Freud*. Cambridge, Mass., und London, 1990.

Leichter, Otto: *Otto Bauer: Tragödie oder Triumph*. Wien, 1970.

Le Rider, Jacques: *Das Ende der Illusion. Die Wiener Moderne und die Krise der Identität*. Wien, 1990.

Lerman, H.: *A Mote in Freud's Eye: From Psychoanalysis to the Psychology of Women*. New York, 1986.

Levin, Kenneth: *Freud's Early Theories of the Neuroses*. Hassocks, Sussex, 1978.

Livingstone, Angela: *Lou Andreas-Salomé: Her Life and Writings*. London, 1984.

Loewenberg, S.: «Otto Bauer, Freud's ‹Dora› Case, and the Crisis of the First Austrian Republic» in Loewenberg: *Decoding the Past: The Psychohistorical Approach*. New York, 1983, S. 161–204.

Lydon, Susan: «The Politics of Orgasm» in Robin Morgan (Hg.): *Sisterhood Is Powerful*, S. 197–205.

McCaffrey, S.: *Freud and Dora: The Artful Dream*. New Brunswick, NJ, 1984.

Macey, David: *Lacan in Contexts*. London, 1988.

McGovern, C.: «Psychiatry, Psychoanalysis and Women in America: A Historical Note» in: *Psychoanalytic Review*, 71, 1984, S. 541–552.

McGrath, William J.: *Freud's Discovery of Psychoanalysis: The Politics of Hysteria*. Ithaca, NY, und London, 1986.

MacLean, George und Ulrich Rappen: *Hermine Hug-Hellmuth: Her Life and Work*. London und New York, 1991.

Macmillan, M. B.: «Delbœuf and Janet as Influences in Freud's Treatment of Emmy von N.» in: *Journal of the History of the Behavioral Sciences*, 20, 1984, S. 340–358.

Mai, François und Harold Merskey: «Briquet's Concept of Hysteria: An

Historical Perspective» in: *Canadian Journal of Psychiatry*, 26, 1981, S. 57–63.
«Briquet's *Treatise on Hysteria*: A Synopsis and Commentary» in: *General Archives of Psychiatry*, 37, 1980, S. 1401–1405.
Malcolm, Janet: *Vater, lieber Vater... Aus dem Sigmund-Freud-Archiv.* Berlin, 1986.
Man, Paul de: «Excuses (Confessions)» in: *Allegories of Reading: Figural Language in Rousseau, Nietzsche, Rilke, and Proust.* New Haven und London, 1979, S. 278–301.
Mannoni, Octave: *Fictions freudiennes.* Paris, 1978.
Marcus, Steven: «Freud und Dora: Roman, Geschichte, Krankengeschichte» in: *Psyche*, 28, 1974, S. 32–79.
Marie, Pierre: «Discours à l'occasion du centenaire de Charcot» in: *Revue neurologique*, 1, 1925, S. 731–745.
Masson, J. M.: *Was hat man dir, du armes Kind, getan? Sigmund Freuds Unterdrückung der Verführungstheorie.* Reinbek, 1984.
Masters, William H. und Virginia E. Johnson: *Human Sexual Response.* Boston, 1966; New York, 1980.
Meisel, Perry und Walter Kendrick (Hg.): *Bloomsbury/Freud: The Letters of James and Alix Strachey 1924–1925.* London, 1986.
Meisel-Hess, Grete: *Die sexuelle Krise. Eine socialpsychologische Untersuchung.* Jena, 1909.
Meissner, W. W.: «*Studien über Hysterie* – Frau Emmy von N.» in: *Bulletin Menninger Clinic*, 45, 1981, S. 1–19.
Menzaghi, Frédérique, Annie Millot und Michèle Pillot: *Evolution de la conception de l'hystérie de 1870 à 1930.* 2 Bände. Nancy, 1987
Merck, Mandy: «The Train of Thought in Freud's ‹Case of Homosexuality in a Woman›» in: *m/f*, 11/12, 1986, S. 35–46.
Merskey, Harold: *The Analysis of Hysteria.* London, 1979.
Micale, Mark: «Hysteria and its Historiography: A Review of Past and Present Writings I & II» in: *History of Science*, 27, 1989, S. 223–261, 319–351.
«Hysteria and its Historiography: The Future Perspective» in: *History of Psychiatry*, 1, 1990, S. 33–124.
Mijolla, Alain de: «La psychanalyse en France (1893–1965)» in Roland Jaccard (Hg.): *Histoire de la Psychanalyse*, II. Paris, 1982, S. 5–118.
Miller, Alice: *Das Drama des begabten Kindes und die Suche nach dem wahren Selbst.* Frankfurt a. M., 1979.
Four Your Own Good: Hidden Cruelty in Child-Rearing and the Roots of Violence. London, 1983.
Du sollst nicht merken. Variationen über das Paradies-Thema. Frankfurt a. M., 1981.
Miller, J.-A. (Hg.): *La scission.* Paris, 1976.

Miller, Jean Baker (Hg.): *Psychoanalysis and Women*. Harmondsworth, 1973.
Millet, Kate: *Sexus und Herrschaft. Die Tyrannei des Mannes in unserer Gesellschaft*. Desch, 1971.
Mitchell, Juliet: *Frauen – die längste Revolution. Feminismus, Literatur, Psychoanalyse* (Auswahl der Aufsätze in *Women: The Longest Revolution*). Frankfurt a. M., 1987.
  «Introduction – I» in Mitchell und Rose (Hg.): *Feminine Sexuality: Jacques Lacan and the Ecole Freudienne*. London, 1982. Auch in Mitchell: *Women: The Longest Revolution*, S. 249–277.
  Psychoanalyse und Feminismus. Freud, Reich, Laing und die Frauenbewegung. Frankfurt a. M., 1985.
  Women: The Longest Revolution. Essays on Feminism, Literature and Psychoanalysis. London, 1984.
  Women's Estate. Harmondsworth, 1971.
Moi, Toril: «Representation of Patriarchy: Sexuality and Epistemology in Freud's Dora» in: *Feminist Review*, 9, Herbst 1981, S. 60–74; auch in Bernheimer und Kahane (Hg.): *In Dora's Case*, S. 181–199.
Molnar, Michael (Hg.): *The Diary of Sigmund Freud, 1929–39*. London, 1992.
Monk, Ray: *Ludwig Wittgenstein: The Duty of Genius*. London, 1990.
Monro, Lois: «Contribution to the Memorial Meeting of the British Psycho-Analytical Society, London, 3. Oktober 1962» in: *Int. J. Psa.*, 44, 1963, S. 228–235.
Morgan, Robin (Hg.): *Sisterhood Is Powerful: An Anthology of Writings from the Women's Liberation Movement*. New York, 1970.
Mort, Frank: *Dangerous Sexualities: Medico-Moral Politics in England since 1830*. London, 1987.
Mulvey, Laura: «Visual Pleasure and Narrative Cinema» in: *Screen 16*, 3, 1975, S. 6–18.
Muslin, Hyman und Gill Merton: «Transference in the Dora Case» in: *Journal of the American Psychoanalytic Association*, 26, 1978, S. 311–328.
Olivier, Christiane: *Jokastes Kinder. Die Psyche der Frau im Schatten der Mutter*. München, 1989.
Orr-Andrawes, Alison: «The Case of Anna O.: A Neuropsychiatric Perspective», in: *Journal of the American Psychoanalytic Association*, 35, 1987, S. 387–419.
Palmier, Jean-Michel: «La psychanalyse en Union Soviétique» in Roland Jaccard (Hg.): *Histoire de la Psychanalyse*, II. Paris, 1982, S. 213–269.
Pappenheim, Bertha: *Sisyphus-Arbeit*. Leipzig, 1924 und Berlin, 1929.
Pappenheim, Else: «Freud and Gilles de la Tourette: Diagnostic Speculations on ‹Frau Emmy von N.›» in: *International Review of Psycho-analysis*, 7, 1980, S. 265–277.

Bibliographie

Peters, H. F.: *Das Leben der Lou Andreas-Salomé*. München, 1964.
Peters, Uwe Henrik: *Anna Freud: Ein Leben für das Kind*. Frankfurt a. M., 1984.
Pfeiffer, Ernst (Hg.): *Friedrich Nietzsche, Paul Rée, Lou Andreas-Salomé: Die Dokumente ihrer Begegnung*. Frankfurt a. M., 1970.
Rainer Maria Rilke – Lou Andreas-Salomé. Briefwechsel 1897–1926. Frankfurt a. M., 1975.
Phillips, Adam: «Playing Mothers: Between Pedagogy and Transference» in: *Nouvelle Revue de Psychanalyse*, Frühjahr 1991, Abschrift in englischer Sprache.
Piaget, Jean: *Das Weltbild des Kindes*. München, 1988.
Pollock, George H.: «The Possible Significance of Childhood Object Loss in the Josef Breuer – Bertha Pappenheim (Anna O.) – Sigmund Freud Relationship» in: *Journal of the American Psychoanalytic Association*, 16, 1968, S. 711–739.
Pontalis, J.-B.: *Les premiers psychanalystes. Minutes de la Société psychanalytique de Vienne*, IV, 1912–1918. Paris, 1984.
Protokolle der Wiener Psychoanalytischen Vereinigung, I–IV. Hrsg. v. Herman Nunberg und Ernst Federn. Frankfurt a. M., 1976–1981.
«Les vases communicants (Freud et Breton)» in: *Nouvelle Revue de Psychanalyse*, 8, 1973, S. 12–26.
Putnam, J. J.: «Bemerkungen über einen Krankheitsfall mit Griselda-Phantasien» in: *Internationale Zeitschrift für ärztliche Psychoanalyse*, 1, 1913, S. 205–218.
Quinn, Susan: *A Mind of her Own: The Life of Karen Horney*. New York, 1987; London, 1988.
Ramas, Maria: «Freud's Dora, Dora's Hysteria», in Judith Newton u. a. (Hg.): *Sex and Class in Women's History*. London, 1983, S. 72–113; auch in Bernheimer und Kahane (Hg.): *In Dora's Case*, S. 149–180.
Reeves, Christopher: «Breuer, Freud and the Case of Anna O.: A Reexamination», in: *Journal of Child Psychotherapy*, 81, 1982, S. 203–214.
Ricœur, Paul: *Die Interpretation: Ein Versuch über Freud*. Frankfurt a. M., 1974.
Riley, Denise: *«Am I that Name?»: Feminism and the Category of «Women» in History*. Minneapolis, 1988.
War in the Nursery: Theories of the Child and Mother. London, 1988.
Riviere, Joan: *The Inner World and Joan Riviere. Collected Papers: 1920–1958*. Hrsg. v. Athol Hughes. London und New York, 1991.
«An Intimate Impression» (1939) in: *Collected Papers*, S. 208–212.
«Symposium on Child Analysis» in: *Int. J. Psa.*, 8, 1927, S. 370–377.
«Weiblichkeit als Maske» in: *Int. Ztschr. f. Psa.*, 15, 1929, S. 285–296.
Roazen, Paul: *Brudertier. Sigmund Freud und Viktor Tausk: die Geschichte eines tragischen Konflikts*. Hamburg, 1973.

Bibliographie

Freuds Liebling: Helene Deutsch. München, 1989.
Sigmund Freud und sein Kreis. Eine biographische Geschichte der Psychoanalyse. Bergisch Gladbach, 1976.
Rogow, Arnold A: «Dora's Brother» in: *International Review of Psychoanalysis,* 6, 1979, S. 239–259.
«A Further Footnote to Freud's ‹Fragment of an Analysis of a Case of Hysteria›» in: *Journal of the American Psychoanalytic Association,* 26, 1978, S. 331–356.
Rose, Jacqueline: «Dora – A Fragment of an Analysis» in: *m/f,* 2, 1978, S. 5–21; auch in Rose: *Sexuality in the Field of Vision,* S. 278, und Bernheimer und Kahane (Hg.): *In Dora's Case,* S. 128–148.
«Femininity and its Discontents» in Rose: *Sexuality in the Field of Vision,* S. 83–103.
«Psychopolitics II: Controversial Discussions: Anna Freud and Melanie Klein». Unveröffentlichtes Referat.
Sexuality in the Field of Vision. London, 1986.
Rosen, Nicole Kress: «Hélène Deutsch, une théorie de la femme»: *Ornicar?,* 15, 1978, S. 41–57.
Rosenbaum, Max und Melvin Muroff (Hg.): *Anna O: Fourteen Contemporary Reinterpretations.* New York und London, 1984.
Rosenfeld, Eva M: «Dream and Vision: Some Remarks on Freud's Egyptian Bird Dream» in: *Int. J. Psa.,* 37, 1956, S. 97–105.
Rosolato, Guy: «Paranoïa et scène primitive» in Rosolato: *Essais sur le Symbolique.* Paris, 1969, S. 199–241.
Roudinesco, Elisabeth: *La Bataille de cent ans. L'Histoire de la psychanalyse en France,* I, 1886–1925. Paris, 1983; neu aufgelegt 1986.
La Bataille de Cent Ans. L'Histoire de la psychanalyse en France, II, 1925–1985 (Paris, 1986); englisch unter dem Titel *Jacques Lacan & Co.* London, 1990.
Rousseau, J.-J.: *Schriften,* I, II. München, Wien, 1978.
Rubin, Gayle: «The Traffic in Women: Notes on the ‹Political Economy› of Sex» in Rayna R. Reiter (Hg.): *Toward an Anthropology of Women.* New York und London, 1975, S. 157–210.
Rubins, Jack L.: *Karen Horney: Gentle Rebel of Psychoanalysis.* London, 1979.
Ruitenbeek, Hendrik M. (Hg.): *Freud As We Knew Him.* Detroit, Mich., 1973.
Rush, Florence: *The Best Kept Secret: Sexual Abuse of Children.* Englewood Cliffs, 1980.
«Freud and the Sexual Abuse of Children» in: *Chrysalis,* 1, 1977, S. 31–45.
Safouan, Moustapha: *La sexualité féminine dans la doctrine freudienne.* Paris, 1976.
Sajner, Josef: «Sigmund Freuds Beziehungen zu seinem Geburtsort Freiberg (Příbor) und zu Mähren» in: *Clio Medica,* 3, 1968, S. 167–180.

Bibliographie

Salow, Roberta: «Where Has all the Hysteria Gone?» in: *Psychoanalytic Review*, 66, 1979–80, S. 463–478.
Sayers, Janet: *Mothering Psychoanalysis: Helene Deutsch, Karen Horney, Anna Freud and Melanie Klein*. London, 1991.
«Psychoanalysis and Personal Politics: A Response to Elizabeth Wilson» in: *Feminist Review*, 10, 1982, S. 91–95.
Schlesier, Renate: *Konstruktionen der Weiblichkeit bei Sigmund Freud. Zum Problem von Entmythologisierung und Remythologisierung in der psychoanalytischen Theorie*. Frankfurt a. M., 1981.
Schmidt-Dengler, W.: «Decadence and Antiquity: The Educational Preconditions of Jung Wien» in Nielsen (Hg.): *Focus on Vienna 1900: Change and Continuity in Literature, Music, Art, and Intellectual History*. München, 1982. (Deutsche Fassung in Neues Helikon, Budapest, 1882.)
Schor, Naomi: «Female Paranoia: The Case for Psychoanalytic Feminist Criticism» in: *Yale French Studies*, 62, 1981, S. 204–219.
Schuker, E.: «Creative Productivity in Women Analysts» in: *Journal of the American Academy of Psychoanalysis*, 13, 1985, S. 51–75.
Schur, Max: *Sigmund Freud: Leben und Sterben*. Frankfurt a. M., 1973.
«Some Additional ‹Day Residues› of the Specimen Dream of Psychoanalysis» in Rudolph M. Loewenstein u. a. (Hg.): *Psychoanalysis. A General Psychology: Essays in Honor of Heinz Hartmann*. New York, 1966, S. 45–85.
Seifert, Edith: *«Was will das Weib?» Zu Begehren und Lust bei Freud und Lacan*. Weinheim und Berlin, 1987.
Sharpe, Ella Freeman: «Contribution to a Symposium on Child-Analysis» in: *Int. J. Psa.*, 8, 1927, S. 380–384.
Shorter, Edward: *From Paralysis to Fatigue. A History of Psychosomatic Illness in the Modern Era*. New York, 1992.
Showalter, Elaine: *The Female Malady: Women, Madness and English Culture, 1830–1980*. New York, 1985; London, 1987.
Smith-Rosenberg, Carroll: «The Hysterical Woman: Sex Roles and Role Conflict in Nineteenth-Century America» in Smith-Rosenberg: *Disorderly Conduct: Visions of Gender in Victorian America*. New York, 1985; Oxford, 1985, S. 197–216.
Snitow, Ann, Christine Stansell und Sharon Thompson (Hg.): *Desire: The Politics of Sexuality*. London, 1983.
Spiegel, R: «Freud and the Women in his World» in: *Journal of the American Academy of Psychoanalysis*, 5, 1977, S. 377–402.
Spielrein, Sabina: *Ausgewählte Schriften*. Berlin, 1986.
Sämtliche Schriften, Freiburg i. Br., 1987.
«Beiträge zur Kenntnis der kindlichen Seele» in: *Sämtliche Schriften*.
«Briefmarkentraum» in: *Internationale Zeitschrift für ärztliche Psychoanalyse*, 8, 1922, S. 243.

«Die Destruktion als Ursache des Werdens» in: *Sämtliche Schriften*.
«Extraits inédits d'un journal» in: *Le Bloc-Notes de la Psychanalyse*, 3, 1983, S. 147–170.
«Qui est l'auteur du crime?» in: *Journal de Genève*, 15. Januar 1922; auch in: *Le Bloc-Notes de la Psychanalyse*, 2, 1982, S. 141–146.
«Rêve et vision des étoiles filantes» in: *Int. J. Psa.*, 4, 1923, S. 129–132.
Tagebuch einer heimlichen Symmetrie. Sabina Spielrein zwischen Jung und Freud. Hrsg. v. Aldo Carotenuto. Freiburg i. Br., 1986.
«Über den psychologischen Inhalt eines Falles von Schizophrenie (Dementia praecox)» in: *Jahrbuch für psychoanalytische und psychopathologische Forschungen*, 3, 1911, S. 329–400.

Spivak, G. C.: «Displacement and the Discourse of Women» in Krupnick (Hg.): *Displacement, Derrida and After*. Bloomington, Ind., 1983.

Sprengnether, Madelon: «Enforcing Oedipus: Freud and Dora» in Bernheimer und Kahane (Hg.): *In Dora's Case*, S. 254–275.
The Spectral Mother: Freud, Feminism and Psychoanalysis. Ithaca, NY, und London, 1990.

Spurling, Laurence (Hg.): *Sigmund Freud. Critical Assessments*, 4 Bände, London und New York, 1989.

Stein, Conrad: «Nouvelles observations sur l'amour de transfert 1». Unveröffentlichtes Referat, 1989.

Steiner, Riccardo: «Some Thoughts about Tradition and Change Arising from an Examination of the British Psychoanalytical Society's Controversial Discussions» in: *International Review of Psycho-analysis*, 12, 1985, S. 27–71.
«‹To Explain our Point of View to English Readers in English Words›» in: *International Review of Psycho-analysis*, 18, 1991, S. 351–392.

Stekel, Wilhelm: *The Autobiography of Wilhelm Stekel: The Life Story of a Pioneer Psychoanalyst*. Hrsg. v. E. Gutheil. New York, 1950.

Sterba, Richard: *Erinnerungen eines Wiener Psychoanalytikers*. Frankfurt a. M., 1985.

Stimpson, C. und E. Person (Hg.): *Women: Sex and Sexuality*. Chicago und London, 1980.

Stoller, R. J.: «The Sense of Femaleness» in: *Psychoanalytic Quarterly*, 37, 1968, S. 42–55.

Stolorow, R. D. und G. E. Atwood: «A Defensive-Restitutive Function of Freud's Theory of Psychosexual Development» in: *Psychoanalytic Review*, 65, 1978, S. 361–378.

Stone, Irving: *The Passions of the Mind*. London, 1971.

Strachey, Alix: *The Unconscious Motives of War*. London, 1957.

Strachey, James: «Contribution to the Memorial Meeting of the British Psycho-Analytical Society, London, 3. October 1962» in: *Int. J. Psa.*, 44, 1963, S. 228–235.

Sulloway, Frank: *Freud: Biologie der Seele. Jenseits der psychoanalytischen Legende.* Köln, 1982.

Swaan, A. de: «On the Sociogenesis of the Psychoanalytic Situation» in: *Psychoanalysis & Contemporary Thought,* 3, 1980, S. 381–413.

Swales, Peter: «Are We Getting the Freud We Deserve?»: Vortrag. University of Cambridge, 7. Februar 1990.

«A Fascination with Witches» in: *The Sciences,* 22, No. 8, November 1982, S. 21–25.

«Freud, Breuer and the Blessed Virgin»: Privatdruck, 1986.

«Freud, Cocaine, and Sexual Chemistry: The Role of Cocaine in Freud's Conception of the Libido» in Spurling (Hg.): *Sigmund Freud. Critical Assessments,* I, S. 273–301.

«Freud, Fliess and Fratricide; the Role of Fliess in Freud's Conception of Paranoia» in Spurling (Hg.): *Sigmund Freud. Critical Assessments,* I, S. 330–356.

«Freud, his Teacher and the Birth of Psychoanalysis» in Stepansky (Hg.): *Freud. Appraisals and Reappraisals. Contributions to Freud Studies,* I. New Jersey, 1986, S. 3–82.

«Freud, Johann Weier, and the Status of Seduction; the Role of the Witch in the Conception of Fantasy» in Spurling (Hg.): *Sigmund Freud. Critical Assessments,* I, S. 530–556.

«Freud, Katharina and the First ‹Wild Analysis›» in Stepansky (Hg.): *Freud. Appraisals and Reappraisals. Contributions to Freud Studies,* Bd. 3. New Jersey, 1988, S. 79–164.

«Freud, Krafft-Ebing and the Witches: The Role of Krafft-Ebing in Freud's Flight into Fantasy» in Spurling (Hg.): *Sigmund Freud. Critical Assessments,* I, S. 357–363.

Freud, Martha Bernays and the Language of Flowers, Masturbation, Cocaine, and the Inflation of Fantasy: Privatdruck, 1983.

«Freud, Minna Bernays and the Conquest of Rome: New Light on the Origins of Psychoanalysis» in: *The New American Review,* 1, 1982, S. 1–23.

«What Jung *Didn't* Say» in Renos Papadopoulos (Hg.): *Jung.* London, erscheint demnächst.

Swan, J.: «Mater and Nannie: Freud's Two Mothers and the Discovery of the Oedipus Complex» in: *American Imago,* 31, 1974, S. 1–64.

Székely-Kovács, Olga und Robert Berény: *Karikaturen vom achten Internationalen Psychoanalytischen Kongreß, Salzburg, Ostern 1924.* Privatdruck, Leipzig, Wien, Zürich, 1924.

Thompson, N. L.: «Helene Deutsch – A Life in Theory» in: *Psychoanalytic Quarterly,* 56, 1987, S. 317–353.

Timms, Edward: «The ‹Child-Woman›: Kraus, Freud, Wittels, and Irma Karcewska» in: *Austrian Studies,* 1, 1990, S. 87–107.

Bibliographie

Trillat, Etienne: *Histoire de l'hystérie*. Paris, 1986.
Turkle, Sherry: *Psychoanalytic Politics: Jacques Lacan and Freud's French Revolution*. London, 1979.
Vance, Carole S. (Hg.): *Pleasure and Danger: Exploring Female Sexuality*. London, 1984
Veith, Ilsa: *Hysteria: The History of a Disease*. Chicago, 1965.
Vogel, L. Z.: «The Case of Elise Gomperz» in: *American Journal of Psychoanalysis*, 46, 1986, S. 230–238.
Voswinckel, Peter: «Der Fall Mathilde S.: eine akute Porphyrie: bisher unbekannter klinischer Bericht von Sigmund Freud. Zum 100. Jahrestag des Sulfonal-Bayer» in: *Arzt und Krankenhaus*, 41, 1988, S. 177–185.
Vranich, S. B.: «Sigmund Freud and the ‹Case History of Berganza›: Freud's Psychoanalytical Beginnings» in: *Psychoanalytic Review*, 63, 1976, S. 73–82.
Wagner-Jauregg, J.: *Lebenserinnerungen*. Wien, 1950.
Wahl, Charles William: «Ella Freeman Sharpe, 1875–1947» in Franz Alexander, Samuel Eisenstein und Martin Grotjahn (Hg.): *Psychoanalytic Pioneers*. New York und London, 1966, S. 265–271.
Walsh, Mary Roth (Hg.): *The Psychology of Women: Ongoing Debates*. New Haven und London, 1987.
Wanner, Oskar: «Der Moser vom ‹Charlottenfels›» in: *Schweizer Archiv für Neurologie, Neurochirurgie und Psychiatrie* 131, 1, 1982, S. 55–68.
Webster, Brenda: «Helene Deutsch: A New Look» in: *Signs*, 10, 1985, S. 553–571.
Welsch, Ursula und Michaela Wiesner: *Lou Andreas-Salomé: Vom «Lebensurgrund» zur Psychoanalyse*. München, 1988.
Weskott, Marcia: *The Feminist Legacy of Karen Horney*. New Haven und London, 1986.
Wexler, Alice: *Emma Goldman. An Intimate Life*. London, 1984.
Whyte, Lancelot: *Focus and Diversions*. New York, 1963.
Wilden, Anthony: *The Language of the Self*. Baltimore, 1968; neu herausgegeben als *Speech and Language in Psychoanalysis*. Baltimore, 1975.
Wilson, Elizabeth: «Psychoanalysis: Psychic Law and Order» in: *Feminist Review*, 8, 1981, S. 63–78.
Winnicott, D. W.: «Die Theorien der Beziehung zwischen Mutter und Kind» in: *Reifungsprozesse und fördernde Umwelt: Studien zur Theorie der emotionalen Entwicklung*. Frankfurt a. M., 1984, S. 47–71.
Winter, Alison: «Ethereal Epidemics: Mesmerism and the Introduction of Inhalation Anaesthesia to Early Victorian London» in: *Social History of Medicine*, 4, 1991, S. 1–33.
Wittgenstein, Ludwig: *Vorlesungen und Gespräche über Ästhetik, Psychologie und Religion*. Göttingen, 1971.
Wood, Ann Douglas: «The Fashionable Diseases: Women's Complaints and

their Treatment in Nineteenth-Century America» in Hartman und Banner (Hg.): *Clio's Consciousness Raised*, S. 25–52.

Woolf, Virginia: *The Diary of Virginia Woolf*, 5 Bände. Harmondsworth, 1979–1985.

Tagebücher, Bd. 1. Frankfurt a. M., 1990.

Wortis, Joseph: *Fragments of an Analysis with Freud*. New York, 1954.

Wygotski, Lew Semjonowitsch: *Denken und Sprechen*. Frankfurt a. M., 1969.

Young-Bruehl, Elisabeth: *Anna Freud*. London, 1988.

(Hg.): *Freud on Women*. London, 1990.

Zanardi, Claudia: *Essential Papers on the Psychology of Women*. New York und London, 1990.

Zilboorg, Gregory: «Some Sidelights on Free Association» in: *Int. J. Psa.*, 33, 1952, S. 489–495.

Register

Abraham, Karl   173, 177, 179, 195, 249, 268, 302, 330, 429, 439–442, 484f., 506f., 509, 570, 592, 597, 602f.
Schriften   509
Abstinenz und sexuelle Verdrängung   171
Abwehrmechanismus   102, 249, 403f.
  paranoider   248
Abwehr und Neurose   244
Adler, Alfred   265, 267, 295, 303, 305   356, 462, 512, 552, 591f.
Adler, Viktor   228f.
Aggressionstrieb   410
Aichhorn, August   384, 393, 400
Aldington, Richard   534, 536f., 540
Alexander, Franz   507, 521
Alkibiades   453
Althusser, Louis   648
Altmann, Salomon   177
Altschule, Familie   175
Ambivalenz   143, 297f.
Analerotik   368
Andersson, Ola   138
Andreas, Friedrich Carl   342–346
Andreas-Salomé, Lou   13, 17f., 257, 295, 328–371, 373, 375, 379f. 382, 385, 387, 393f., 396, 401, 432, 434, 439, 449, 507, 509, 512, 533, 564, 569, 587
  «‹Anal› und ‹Sexual›»   367, 432
  Die Erotik   349, 352
  Fenitschka (Erzählung)   346f.
  Friedrich Nietzsche in seinen Werken   345
  Das Haus   348
  Henrik Ibsens Frauengestalten (Monographie)   328, 345
  Im Kampf um Gott   340
  Im Zwischenland (Novellen)   348
  In der Schule bei Freud   350f., 353, 356
  Jesus der Jude (Essay)   345
  Lebensgebet (Gedicht)   336, 370
  Lebensrückblick   331, 342, 346, 352f., 369
  Ma. Ein Porträt   348
  «Mein Dank an Freud»   364, 369
  Menschenkinder   348
  «Narzißmus als Doppelrichtung» (Abhandlung)   354, 368
  Rainer Maria Rilke   369
  Rodinka   373
  Ruth   335
  Der Teufel und seine Großmutter   369
  «Über Narzißmus» (Essay)   349
  «Zum Typus Weib» (Aufsatz)   366
Angstaffekt   263
Angstneurose   171f., 548f.
Aptekmann, Frl., Patientin Jungs   283
Aristoteles   115
Assonn   223
Auspitz, Familie   126
Axter, Aurelia   264

Balabanoff, Angelica   428
Bally, Charles   305f.
Balzac, Honoré de   33, 447
  Zwei Frauen   447
Barrie, J.M.   406

Register

Barthes, Roland 648
Bauer, Ida («Dora») 16, 32, 154, 160, 181, 202–231, 254, 258, 316, 481, 539, 549, 649
Bauer, Katharina (geb. Gerber) 203 f., 206, 224, 228
Bauer, Kurt (Sohn Idas) 230
Bauer, Otto 204, 228 f.
  Napoleon (Theaterstück) 228
  Die Nationalitätenfrage und die Sozialdemokratie 228
Bauer, Philipp 203–206, 208 f., 215, 221, 224, 227 f.
Beauvoir, Simone de 423, 634 f.
  Das andere Geschlecht 635
Bebel, August 428
Benedikt, Moritz 101
Benjamin, Jessica 642, 647
Benvenisti, Madame 235
Berlin, Isaiah 65
Berliner Institut für Psychoanalyse 443, 507 f., 527, 602
Berliner Kongreß 306
Berliner Vereinigung 302
Bernays, Anna (geb. Freud, Schwester) 30, 33–35, 37, 45, 50, 197
Bernays, Berman (Vater Martha Freuds) 45, 115
Bernays, Edward (Neffe) 35
Bernays, Eli (Bruder Martha Freuds) 34 f., 38, 46, 49 f., 55, 62, 67
Bernays, Emmeline (Mutter Martha Freuds) 46, 50, 58, 62, 70, 79, 115
Bernays, Hella (Nichte von S. Freud) 197
Bernays, Isaac 45
Bernays, Jakob (Onkel Martha Freuds) 45, 115
Bernays, Judith (Nichte) 34 f.
Bernays, Lucy (Nichte) 35
Bernays, Michael 45

Bernays, Minna 13, 46, 62 f., 69–77, 83, 85, 192, 199, 204, 375 f., 381, 413
Bernfeld, Siegfried 276, 380, 384, 393, 400, 442 f., 507
Bernheim, Hippolyte 101 f., 126, 135
Berthold, P. (Pseudonym Berta Pappenheims) 111
Bettelheim, Bruno 44
Bettelheim, Karl 44, 110, 279
Bibring, Edward 443
Bibring, Grete 443
Binet, Alfred 305
Binswanger, Ludwig 64, 80, 85, 385
Binswanger, Robert 109 f.
Bion, Wilfred 625
Bisexualität 551 f., 592 f., 617
Bjerre, Poul 351 f.
Bleuler, Eugen 49, 131, 281, 286, 293 f., 297, 302, 305, 307, 309, 522
Bloomsbury-Gruppe 484–486, 498, 505, 509
Blos, Peter 401, 526
Böcklin, Arnold 238
Boehm, Felix 527
Bölsche, Wilhelm 329
Bonaparte, Eugénie (Tochter Maries) 460, 466, 472, 474
Bonaparte, Lucien 454
Bonaparte, Marie 13, 17 f., 44, 63, 235, 404, 451–478, 481 f., 512 f., 518, 524, 592, 607, 652
  Selbstanalyse 452
  Cahiers 468–470, 478
  «Considérations sur les causes anatomiques de la frigidité chez la femme» 462
  «De la sexualité de la femme» 607
  «Les deux frigidités de la femme» (Artikel) 472
  Female Sexuality 472

«La fonction érotique chez la femme» (Vortrag)   472
Les glauques aventures de Flyda des mers   464
Guerres militaires et guerres sociales   461
Journal d'analyse   466
Mythes de guerre   474
Notes diverses   460
Psychanalyse et Biologie   472
Le vieux compagnon   459
Bonaparte, Marie (geb. Blanc, Marie Bonapartes Mutter)   451, 454–456, 469
Bonaparte, Peter (Sohn Maries)   460, 476 f.
Bonaparte, Prinz Roland (Vater Maries)   454–457, 461 f.
Bonaparte, Prinzessin Pierre (Maries Großmutter)   454 f., 458
Bostoner Psychoanalytische Gesellschaft   449 f.
Bovet, Pierre   304
Bowlby, John   412
Brandes, Georg   66
  Moderne Geister   66
Braun, Heinrich   228
Brentano, Franz   124–126, 236
Brentano, Ida (geb. von Lieben)   126
Breslauer, Hermann   107
Breuer, Bertha, s. Bertha Hammerschlag
Breuer, Dora   118 f., 178
Breuer, Johannes   178
Breuer, Josef   43, 45, 56, 66, 75 f., 103–111, 114–122, 126, 129, 131 f., 136, 139, 146, 152, 163, 165, 170, 174, 177, 185, 188, 199 f., 207, 235–237, 242, 284, 329, 474, 549
  Studien über Hysterie (mit S. Freud)   43, 97, 99–104, 117, 129, 131 f., 146, 151, 168, 175, 223, 350, 549
Breuer, Margarethe, «Gretl»   178
Breuer, Mathilde (geb. Altmann)   67, 116 f., 119, 173–178, 199, 329
Breuer, Robert   174, 178, 200
Briand, Aristide   460 f.
Brierley, Marjorie   17, 625
Briquet, Paul   91 f.
Britische Psychoanalytische Vereinigung   18, 309, 399, 409, 412 f., 454, 484 f., 487, 496, 499, 502, 507, 529, 622
  «Controversial Discussions»   399, 409, 529, 614
Broglie, Fürst Louis de   482
Brontë, Charlotte   270
Brooke, Rupert   505
Brownmiller, Susan   650
Brücke, Ernst   46, 55, 68, 176, 194
Bruns, Otto   365
Brunswick, Mark   514 f., 518
Brunswick, Ruth Mack   17, 81, 442, 470, 513–520, 524, 531, 592, 617, 619–622, 624
  «Eine Beobachtung über die kindliche Theorie des Koitus a tergo»   515
  «The Pre-Oedipal Phase of the Libido Development» (Artikel)   516
Brust (Verlobter Rosa Freuds)   35
Bryan, Douglas   509
Bryher (Winifred Ellerman)   534 f., 537 f., 540 f.
Bülow, Frieda von   329, 348
Bum, Caroline   264
Burlingham, Bob (Sohn)   384, 387, 395 f., 402
Burlingham, Dorothy (geb. Tiffany)   81, 385–391, 393, 401 f., 404, 406, 408, 413–417, 419, 513, 522, 525 f.

Register

«Die Kinderanalyse aus der Sicht der Mutter» (Referat) 389 f.
«Probleme des psychoanalytischen Erziehers» 401
Burlingham, Mabbie (Tochter) 384, 387, 395, 401
Burlingham, Mikey (Sohn) 384, 387
Burlingham, Robert 387 f.
Burt, Cyril 274
Buttinger, Joseph 519

Carotenuto, Aldo 279
Carpenter, Edward 264
Carroll, Lewis (d. i. Charles Lutwidge Dodgson) 406, 625
Castoriadis, Cornelius 168
Centre d'Etude des Sciences de l'Homme 482
Chadwick, Mary 534, 485
Charcot, Jean-Martin 51, 68, 80, 91–95, 99–102, 126, 133, 140, 163, 190, 236, 458, 548, 595
Chardin, Teilhard de 481 f.
Chessman, Caryl 455, 478
Children's Rest Centre, Hampstead 406
Chodorow, Nancy 642–647
Das Erbe der Mütter 643
Choisy, Maryse 481–483
Chrobak, Helene 236
Chrobak, Rudolf 134, 172
Cifali, Mireille 279
Cixous, Hélène 202, 216, 648
Claparède, Edouard 304
Claude, Henri 479
Club des Refoulés 480
Cobb, Stanley 445
Cromwell, Oliver 68, 406
Cullen, William 92
Cyrano de Bergerac 404

Dalton (Pastor) 334

Darwin, Charles 329
Decker (Arzt) 229
Defloration 167
Deflorationsphantasie 212
Deleuze, Gilles 647 f.
Anti-Ödipus 647
Delp, Ellen 353
Depressive Position (Definition nach Joan Riviere) 502
Derrida, Jacques 451, 477, 641, 648–650
Descartes, René 244
Deutsch, Felix 227 f., 230, 429, 431, 435 f., 440–442, 444, 447, 450, 506
Deutsch, Helene (geb. Rosenbach) 17, 145 f., 274, 276, 298, 306, 381, 384, 421–450, 473, 499, 507, 513, 516, 522, 573, 586 f., 592, 595, 602–607, 618, 624, 650
«Der feminine Masochismus und seine Beziehung zur Frigidität» (Aufsatz) 606
«Okkulte Vorgänge während der Psychoanalyse» (Aufsatz) 442
Psychoanalyse der Neurosen 443
Die Psychologie der Frau 421, 423, 426, 432–435, 443–449, 606, 629
«Psychologie des Weibes in der Funktion der Fortpflanzung» 603
Selbstkonfrontation 421, 437, 450
«Über die pathologische Lüge» 425
«Zur Psychoanalyse der weiblichen Sexualfunktionen» (Aufsatz) 443, 446
«Zur Psychologie des Mißtrauens» 439
Deutsch, Martin (Sohn) 434 f., 440, 445
Dickens, Charles 175

Dinnerstein, Dorothy 642
Dollfuß, Engelbert 445, 520
Doolittle, Gilbert (Bruder) 536f.
Doolittle, Helen (Mutter) 536f.
Doolittle, Hilda 85, 513, 520, 533–543
 Advent (Tagebuch) 533, 537
 Huldigung an Freud 533, 535, 537f., 540–542
 Palimpsest 535
Doolittle, Perdita (Tochter) 535, 537
Doppelanalyse 506f.
Dora s. Ida Bauer
Dostojewski, Fjodor Michailowitsch 12, 602
Dowding, Lord Hugh 542
Drucktechnik 103, 154f.
Dumas, Alexandre 33

Ebner-Eschenbach, Marie von 329
Eckermann, Johann Peter 453
Eckstein, Albert 191
Eckstein, Amalia (geb. Wehle) 191
Eckstein, Emma 13, 17, 165–167, 191, 199, 207, 278
 Die Sexualität bei der Kindererziehung 192
Eckstein, Friedrich 195
Eckstein, Gustav 191
Eder, David 309
Edinburgh, Herzog von 451
Edward VII. 486
Eitington, Max 74, 363, 365, 384, 394, 466
Elisabeth von R. 103, 549
Ellenberger, Henri 118
Ellis, Henry Havelock 264
Elster, Jon 417
Erikson, Erik 207, 401, 601
Exner, Sigmund 238

Fairbairn, W.R.D. 625

Federn, Paul 276
Felman, Shoshana 649
 Literature and Psychoanalysis 649
Feminismus und Psychoanalyse 627–654
Fenichl, Otto 507
Ferenczi, Sándor 24, 55, 72, 76, 80, 84f., 122, 240, 245, 259, 311, 317f., 322, 324, 353, 381, 393, 475, 479, 523, 586
 «Die Weiterentwicklung einer aktiven psychoanalytischen Therapie» (Vortrag) 479
Ferstel, Heinrich von 239
Ferstel, Baroneß Marie von (geb. Thorsch) 238f.
Fichte, Johann Gottlieb 335
Fichtl, Paula (Hausangestellte der Freuds) 72
Fichtner, Gerhard 150
Figes, Eva 634
Firestone, Shulamith 633f.
Fleischl, Ernst von 235
Fleischmann Bernays, Doris 35
Fließ, Robert 200
 Das Psychoanalytische Lesebuch 200
Fließ, Wilhelm 7, 59, 63, 68, 71, 73f., 76, 78, 81, 103, 143, 146, 159f., 165–167, 171, 180, 186, 188–190, 194, 199, 217, 237, 244f., 257–259, 374, 452f., 551f., 568, 592, 594
Flournoy, Théodore 304
Fluß, Gisela 38–41
Fluß, Frau (Giselas Mutter) 40
Forel, Auguste 131
Forest, Julia de 386
Foucault, Michel 92, 202, 648
Franckel, Therese 183
Freud, Adolfine, «Dolfi» (Schwester von S. Freud) 33f., 37

Freud, Alexander (Bruder von S. Freud) 33, 37, 46, 49
Freud, Amalie (geb. Nathanson, Mutter) 23, 27, 29, 32, 37, 59f., 77, 85, 374
Freud, Anna (Schwester), s. Bernays, Anna, geb. Freud
Freud, Anna (Tochter) 17f., 23, 29, 35, 63f., 66, 68f., 71, 75, 81, 84f., 87, 122, 183, 192, 196, 200, 204, 241, 257, 268f., 272f., 275, 308, 323, 325–327, 330, 346, 363–365, 370, 372–385, 386–404, 406–420, 422–424, 432, 437, 443, 445, 453, 473, 477, 493–496, 507, 512f., 515, 519–529, 531, 607f., 625
  Selbstanalyse 414
  und der Tod des Vaters 404
  Anstaltskinder 406
  Before the Best Interest of the Child (mit Albert Solnit, Joseph Goldstein und Dorothy Burlingham) 417
  Berichte aus den Kriegskinderheimen «Hampstead Nurseries» 406f.
  Beyond the Best Interest of the Child (mit Albert Solnit, Joseph Goldstein und Dorothy Burlingham) 417
  Einführung in die Technik der Kinderanalyse 394
  «Gemeinschaftsleben im frühen Kindesalter» 413
  Das Ich und die Abwehrmechanismen 402
  In the Best Interests of the Child (mit Albert Solnit, Joseph Goldstein und Dorothy Burlingham) 417
  Kriegskinder 406
  The Psychoanalytic Study of the Child (Hrs: Anna Freud, Heinz Hartmann, Ernst Kris) 412
  «Schlagephantasie und Tagtraum» 383
  «Über Verlieren und Verlorengehen» 414
Freud, Emanuel (Halbbruder) 28f.
Freud, Ernst (Enkel) 268
Freud, Ernst (Sohn) 68, 85, 240
Freud, Jakob (Vater) 27–29, 32f., 37, 40, 42
Freud, Johann (Emanuels Sohn) 29, 38, 43
Freud, Julius (Bruder) 32
Freud, Maria (Frau Emanuel Freuds) 29
Freud, Marie, «Mitzi» (Schwester) 33, 38
Freud, Martha (geb. Bernays) 13, 34f., 37, 44–54, 56–72, 74–78, 80, 85, 104, 110, 115–118, 120, 169, 174f., 178, 330, 373f., 378, 381, 400, 413, 436, 466f., 525, 580–582, 415
Freud, Martha (Nichte) 38
Freud, Martin (Sohn) 46f., 65, 68, 380, 515
Freud, Mathilde (Tochter) 68, 72, 78–82, 84f., 175, 177, 196, 311, 375, 384, 529
Freud, Moritz (Cousin) 38
Freud, Oliver (Sohn) 68, 85, 474
Freud, Pauline, «Pauli», s. Winternitz
Freud, Pauline (Emanuels Tochter) 29, 38f., 41–43, 197
Freud, Philipp (Halbbruder) 28, 30, 40, 59, 183
Freud, Rebekka (zweite Frau Jakob Freuds) 28
Freud, Rosa (Schwester) 33–35, 37f., 81, 222

Freud, Sigmund *passim*
  Selbstanalyse 183–185, 191, 200, 379
  Träume:
  – «Botanikbuch» 42f
  – «Gesellschaft bei Tisch oder Table d'hôte» 198f.
  – «Hella»-Traum 196f.
  – «Irmas Injektion» 163–165, 169, 172f., 175f., 178f., 182, 187, 194–196, 198–200, 649
  – «Kinderfrau und Gelddiebstahl» 59f.
  – «Tod der Mutter» 25
  – «Traum der drei Parzen» 198
  «Analyse der Phobie eines fünfjährigen Knaben» 392
  «Aus der Geschichte einer infantilen Neurose» 516
  «Autobiographische Notiz» 497
  «Bemerkungen über die Übertragungsliebe» 292
  Drei Abhandlungen zur Sexualtheorie 245, 250, 366f., 552–556, 559f., 568, 574, 578, 608
  – *Die infantile Genitalorganisation* 568, 578
  – *Einige psychische Folgen des anatomischen Geschlechtsunterschieds* 442, 568, 617
  – *Der Untergang des Ödipuskomplexes* 568
  «Ein Kind wird geschlagen» (Aufsatz) 383, 503, 567
  Einführung in die Psychoanalyse (Übersetzt von J. Riviere) 487
  «Einige Bemerkungen über den Begriff des Unbewußten in der Psychoanalyse» 486
  «Die endliche und die unendliche Analyse» 324, 590
  Gesammelte Schriften; Collected Papers 138, 146, 384, 484, 490, 503; (Übersetzt von A. Strachey) 507
  Hemmung, Symptom und Angst 570
  «Hysterie bei Männern» (Vortrag) 101
  Das Ich und das Es 574, 584, 593, 617
  Jenseits des Lustprinzips 85, 238
  Der Mann Moses und die monotheistische Religion 55
  Massenpsychologie und Ich-Analyse 31
  Neue Folge der Vorlesungen zur Einführung in die Psychoanalyse 391
  «Das ökonomische Problem des Masochismus» 567
  «Die Psychogenese eines Falles von weiblicher Homosexualität» 257, 538
  Psychopathologie des Alltagslebens 73
  Standard Edition 416, 490, 503, 509, 511
  Studien über Hysterie (mit J. Breuer) 43, 97, 99–104, 117, 129, 131f., 146, 151, 168, 175, 223, 350, 549
  «Das Tabu der Virginität» (Aufsatz) 361
  Totem und Tabu 353, 526, 559
  «Trauer und Melancholie» 526, 574
  Traumdeutung 7, 25, 28, 41, 43, 46, 63, 71, 164, 175f., 182, 185f., 198f., 237, 374, 386, 430
  Über den Traum (Aufsatz) 198
  «Über die weibliche Sexualität» (Aufsatz) 442, 471f., 516, 531, 568, 573f., 623
  «Über die Weiblichkeit» (Vorle-

sung) 40f., 471, 568, 574f., 579f.
«Das Unbehagen in der Kultur» 361, 496; (Übersetzung von J. Riviere) 583
«Vorläufige Mitteilung» 149
Vorlesungen zur Einführung in die Psychoanalyse 461, 507
Der Wahn und die Träume in W. Jensens «Gradiva» 259, 263, 430
Der Witz und seine Beziehung zum Unbewußten 359
«Zur Einführung des Narzißmus» 354
«Zur Psychotherapie der Hysterie» (Abhandlung) 188
Freud Museum 521
Freud, Sophie (Tochter) 23, 68, 72, 81–85, 314, 351, 374–377, 384, 388, 400, 512
Freud, Theodor, «Teddy» (Neffe) 38
Freund, Anton von 522f.
Friedan, Betty 628, 634
The Feminine Mystique 628
Friedland, Else 264
Fries, Emil 107
Frigidität 455, 458, 462, 470–473, 549, 563
vaginale 462f.

Gallimard, Gaston 480
Gallop, Jane 98
Gardiner, Muriel 513, 519–521, 523
Deckname «Mary» 519f.
Mörder ohne Schuld. Wenn Kinder töten – Gründe und Hintergründe 521
Der Wolfsmann vom Wolfsmann 520
Garnett, David 505
Gast, Peter 345
Gay, Peter 31, 72, 207

Gegenübertragung 217, 259, 290, 382, 649
Genfer Psychoanalytische Vereinigung 304f.
Genitalerotik 368
Georg, König von Griechenland 451, 459
Georg, Prinz von Dänemark (Ehemann Marie Bonapartes) 459, 474f.
Gide, André 480
Die Falschmünzer 480
Gilligan, Carol 642, 645f.
Gillot, Hendrik 334–336, 338, 344, 352
Gilman, Charlotte Perkins 100
Glover, Edward 409, 412, 509
Glover, James 484f.
Glück, Elisabeth (d.i. Betty Paoli) 235
Goethe, Johann Wolfgang von 453, 525
Goldman, Emma 264
Goldstein, Jan 99
Goldstein, Joseph 417
Gomperz, Elise 236–238
Gomperz, Heinrich 236–238
Gomperz, Theodor 124f., 236f.
Göschl, Barbara 147, 150
Graf, Cäcilie 38
Graf, Heinrich 37f.
Graf, Herbert 230
Graf, Hermann 38
Graf, Max 392
Gray, Cecil 537
Gregg, Frances 536, 540
Groß, Otto 286, 310
Guattari, Félix 647
Anti-Ödipus 647
Guilbert, Yvette 524

Haggard, Henry Rider 7f.
Sie 7f.

Halban, (Wiener Arzt) 464, 470
Halbe, Max 329
Halberstadt, Ernst (Enkel S. Freuds) 84, 384, 400 f., 525
Halberstadt, Heinz, «Heinerle» (Sophies Sohn) 81, 84 f., 474
Halberstadt, Max 63, 81–85, 377
Hall, G. Stanley 272
Hammerschlag, Bertha 174, 178, 199
Hammerschlag, Paul 174, 199
Hammerschlag, Samuel 174
Hammerschlag-Lichtheim, Anna («Irma») 173–177, 195, 199
Hampstead Child Therapy Clinic 408, 415–420
«Hampstead Diagnostic Profile» 416
Hampstead Nurseries 406, 408, 413, 521
Hampstead Symposium [1980] 419, 523
«Hampstead-Index» 416
Hansen, Carl 125 f.
Hartmann, Dora 443, 474
Hartmann, Heinz 412, 443, 458
Hauptmann, Gerhard 329, 524
Heath, Stephen 641
Hegel, Georg Wilhelm Friedrich 352, 647
Heidenhain, R. P. 125
Heim, Albert 131
Heimann, Paula 17, 409
Heine, Heinrich 105, 325
Heller, Hugo 353, 397
Heller, Maggie 397
Hellman, Ilse 406
Hellman, Lilian 519
Pentimento 519
Helmholtz, Hermann Ludwig Ferdinand von 125
Hertz, Neil 218
Heydt, Erich 542

Hietzinger «Streichholzschachtel»-Schule 401
Hilferding, Karl Emil 265
Hilferding, Margarete (geb. Hönigsberg) 265, 267 f., 295
«Zur Grundlage der Mutterliebe» 265
Hilferding, Peter (später Milford) 265
Hilferding, Rudolph 265
Finanzkapital 265
Marx-Studien 265
Hirsch, Ada 264
Hirschmüller, Albrecht 150
Hitchcock, Alfred 17
Ich kämpfe um dich 17
Hitler, Adolf 407
Hitschmann, Eduard 276
Hodgson, Anna 486
Hoffer, Willie 443, 529
Hofmannsthal, Hugo von 329
ɔllitscher, Mathilde, s. Mathilde Freud
Hollitscher, Robert 80 f., 85
Homosexualität, weibliche 250–258
Honigsberg, Clara 264
Horney, Karen 8, 12, 275, 442, 532, 592, 594, 597–603, 606, 608, 610 f., 613, 616 f., 624, 626, 640, 642, 649
«Flucht aus der Weiblichkeit» 599
«Die Verleugnung der Vagina» 599
Hug von Hugenstein, Antoine 269–271
Hug von Hugenstein, Ludovika (geb. Achelpohl) 269
Hug von Hugenstein, Ritter Hugo 269
Hug, Rolf (Rudolf) 270–272, 275 f.
Hug-Hellmuth, Hermine 84, 268–277, 295, 307, 381, 392 f., 395

Aus dem Seelenleben des Kindes 272
«Kindliche Psychologie und Pädagogik» (Abhandlung) 272
«Die libidinöse Struktur des Familienlebens» 271
Neue Wege zum Verständnis der Jugend 275
Das Tagebuch eines halbwüchsigen Mädchens 192, 273 f.
«Zur Technik der Kinderanalyse» 272, 393
Hughes, Athol 493
Hunter, Dianne 98
Huxley, Andrew Fielding 41
Hypnose 93, 101 f., 106–109, 120, 125–129, 132–134, 136 f., 144, 237
 suggestive 135
Hypnose-Debatte 101
Hysterie 91–103, 105, 122 f., 139, 149 f., 163, 170, 180, 207, 219, 258, 458, 547 f., 550, 556, 631, 636
 bei Kindern 100
 Konversionshysterie 94
 und Sexualität 95, 99 f., 140 f.
 Theorie der 146, 179
Hysterischer Schmerz 152 f.

Ibsen, Henrik 345
 Baumeister Solneß 502
 Rosmersholm 162
 Ein Volksfeind 55
Iconographie photographique de la Salpêtrière 93, 95
Imago (Zeitschrift) 306, 366, 489
In Dora's Case (Aufsatzsammlung) 649
Initiationsriten, weibliche 471
Internal Object Group 529
International Association of Psychotherapy and Clinical Psychology 482
International Journal of Psychoanalysis 276, 307; (J. Riviere als Herausgeberin und Übersetzerin) 398, 453, 489, 515, 518
Internationale Psychoanalytische Vereinigung 404, 475, 477, 531
Internationaler Psychoanalytischer Kongreß
 Bad Homburg [1925] 443
 Berlin [1922] 305
 Budapest [1918] 383
 Den Haag [1920] 272, 274, 304, 393, 439, 479, 493
 Innsbruck [1927] 398
 London [1953] 477
 München 318 f.
 Saint-Cloud 478
 Salzburg [1924] 310, 493
Inzest 454
Irigaray, Luce 640 f., 648
Isaacs, Susan 17, 409–411, 485, 502, 529

Jackson, Edith 389, 406, 513, 519
Jackson-Kinderkrippe 519
Jacobus, Mary 122
Jahrbuch (psychoanalytische Zeitschrift) 268, 289, 293 f., 329
James, Alice 100
Janet, Pierre 430, 479, 482
Jaurès, Jean 428
Jeanne d'Arc 344
Jensen, Wilhelm 430
 Gradiva 259–263
Jokl, Katherine 488
Jones, Ernest 12–14, 28, 38, 41, 44, 50, 65, 70, 75 f., 78, 80, 94, 118, 223, 249, 259, 308–327, 378 f., 393, 397 f., 409, 416, 475, 485–490, 492–495, 503, 506 f., 527, 587, 592–594, 597, 606–617, 622, 626, 638, 640 f.
 «Die erste Entwicklung der weiblichen Sexualität» (Aufsatz) 499

«Über die Frühstadien der weiblichen Sexualentwicklung» (Vortrag) 608
«Die phallische Phase» 612
Jones, Herbert («Davy») 315, 317–320, 322–326, 381
Josefine (Kinderfrau der Familie S. Freud) 69
Jüdischer Frauenbund (JFB) 112f.
Jung, Carl Gustav 7, 72, 74, 76, 80, 245f., 259, 268, 278f., 281–296, 298–303, 305, 307–309, 311, 329f., 356, 444, 479, 496, 512, 522, 564, 612
Die Freudsche Hysterietheorie 284
Symbole der Wandlung 298
Über die Psychologie der Dementia praecox 284
Wandlungen und Symbole der Libido 298f.
Jung, Emma 74, 282, 289
Jung, Franz (Sohn C.G. Jungs) 288

Kafka, Franz 332
Kaminer, Gisela 264
Kann, Kobus 325
Kann, Loe 13, 80, 223, 262, 308–327, 378f., 381, 523
Kanner, Sally (erste Frau Jakob Freuds) 28
Kant, Immanuel 335
Kardiner, Abram 381
Karplus, Paul 129
Kassowitz, Familie 174
Kassowitz, Max 56, 66
Kastrationskomplex 396, 473, 501, 560, 563, 567–570, 572, 576f., 579f., 590f. 597–599, 601f., 609, 617f., 620, 622f.
Katan, Moritz 522
Kaufmann, Rudi 84, 185
Kautsky, Karl 191, 428

Kenyatta, Jomo 471
Kerr, John 280, 307
Kierkegaard, Søren 335
Kinderanalyse 268–270, 272–275, 299f., 307, 384, 387, 389–407, 415, 485, 493, 519, 523, 531, 607f.
King, Pater Leycester 482
Kinsey, Alfred 586
Kittner, Magdalena 275
Klages, Ludwig 131
Klein, Melanie 268f., 272f., 275, 307, 390, 392–400, 402, 406f., 409–413, 417, 485, 493–498, 507–509, 515, 527–530, 587, 592 606–616, 622–625, 637, 641, 646, 648, 8, 17f.
Die Psychoanalyse des Kindes 509
Klitorisfixierung, s.a. Sexualität, klitorale 472f.
Koch, Robert 41
Kofman, Sarah 355, 589, 648
Konflikt
 erotischer 154–157
 und Abwehr 128
König Lear, s. Shakespeare
Köstler, Arthur 239
Kraepelin, Emil 310, 430f.
Krafft-Ebing, Richard Freiherr von 106f., 238, 462
Kraus, Karl 67
Krauss, Friedrich 302
Kretschmer, Ernst 444
Kris, Ernst 200, 412, 443, 522
Kris, Marianne 418, 443, 513, 521–523
Kristeva, Julia 639, 648
Kronich, Aurelia («Katharina/Alpenkind») 43, 146–151
Kronich, Gertrude (geb. Göschl) 150f.
Kronich, Julius 150

Lacan, Jacques 154, 210, 451, 476 f., 482, 592, 620, 636–641, 643, 646, 648, 650
«Seminar über E. A. Poes ‹Der entwendete Brief›» 649
Laforgue, René 66, 462, 464–466, 480–482
Lagache, Daniel 477
Laing, Ronald D. 634
Lampl de Groot, Hans 14, 84, 380, 531
Lampl de Groot, Jeanne 14, 17, 380, 442, 513 f., 523, 530–533 573, 592, 617–620
«Zur Entwicklungsgeschichte des Ödipuskomplexes der Frauen» 531
«Problems of Femininity» 532 f.
Landau, Helene 229
Lawrence, David Herbert 537, 540, 631
Lazar, Erwin 430
Le Bon, Gustave 460
Psychologie der Massen 460
Leandri, Antoine 452, 457, 459
Ledebour, Georg 329, 345
Leeuw, J. J. van der 538
Lefebvre, Madame (Mörderin) 455
Leinsdorf, Erich 230
Lenin, Wladimir Iljitsch 229, 461
Leonardo da Vinci 31, 246, 558
Lévi-Strauss, Claude 637, 639, 648
Levy, Kata 513, 522–524
Levy, Lajos 523 f.
Lewis, Miss 485
Lichtenberg, Georg Christoph 28
Lichtheim, Ludwig 174
Liébeault, Ambroise 101
Lieben, Anna von (geb. Baroness von Todesco; «Cäcilie M.») 103, 123–129, 131, 146, 236, 458
Lieben, Ida von (später Brentano) 125

Lieben, Leopold von 124 f.
Lieben, Robert von 124
Lieben, Valerie von 129
Liebermann, Hermann 425–429, 436, 438, 441
Lina (Dienstmädchen bei Loe Kann) 313–315, 317, 322 f., 487
Livingstone, Angela 350
Loewenstein, Rudolf 471, 476 f.
Londoner Psychoanalytische Vereinigung, s. Britische Psychoanalytische Vereinigung
Low, Barbara 485
Lucy R. 32, 103, 159–162
Luria, A. R. 307
Luxemburg, Rosa 428

Macey, David 641
Mack, Julian 513
MacLean, George 269
Magazin des Adolescents 33
Mahler, Margaret 643, 646
Malcolm, Janet 73
Männlichkeitskomplex 253
Maranon, Gregorio 471 f.
Marcus, Steven 207
Marcuse, Herbert 627
Martin du Gard, Roger 480
Marx, Eleanor 100
Masochismus, weiblicher 422, 425, 431, 442 447 f., 473, 567, 603 f., 606 f., 647
Masson, Jeffrey 419, 453, 651 f.
Masters, William H., und Johnson, Virginia E. 604, 629 f., 644
Human Sexual Response 629
Maximalanalyse 479
Metschnikow, Ilja 295
Meynert, Theodor 124
Meysenburg, Malwida von 337
Mill, John Stuart 406, 580–584
Essays 236
Gesammelte Werke 125

Über Frauenemanzipation 111, 580
Utilitarismus 125
Miller, Alice 651 f.
Millett, Kate 627 f., 634
Milner, Marian 17
Mimau (Kinderfrau Marie Bonapartes) 456
Minimalanalyse 479
Mitchell, Juliet 563, 594, 634–638, 640, 648
Psychoanalysis and Feminism 634
Mittwochssitzung 267 f., 353, 376, 392, 432, 436
Monroe, Marilyn 418, 522
Moser, Fanny (geb. Sulzer-Wart, «Emmy von N.») 103, 129–146, 549
Moser, Fanny (Tochter) 130, 145
Moser, Heinrich 130
Moser, Mentona (Tochter) 130, 142, 145
Moses 31
Moskauer Psychoanalytische Vereinigung 307
Mounet-Sully (Jean-Sully Mounet) 457
Müller-Braunschweig, Carl 527, 594, 596
Murray, Jessie Margaret 484
Mutter
 -bindung 249, 447, 449, 538, 572 f., 575 f., 611, 617, 619 f., 623 f.
 Kind-Beziehung 417 f., 422, 435, 601, 605, 647
 -komplex 248
 präödipale 249
 -übertragung 258

Napoleon I. 451, 455
Narzißmus 246, 330 f., 334, 353–356, 368, 411, 416 441 448, 564–568, 574, 577, 579, 591, 597, 618
 Theorie 245
Neurose 92, 554, 563
 sexuelle Grundlagen 285
 und Traum 182
 Zwangsneurose 180
Nietzsche-Förster, Elisabeth 339–342, 345
Nietzsche, Friedrich 158, 328–330, 335–342, 344, 352, 370
 Also sprach Zarathustra 340
 Die fröhliche Wissenschaft 337
 Menschliches, Allzumenschliches 345
Nightingale, Florence 145
Noailles, Gräfin Anna de 75
Nothnagel, Hermann 56, 238
Nouvelle Revue Française 480, 512
Novalis (d.i. Georg Philipp Friedrich von Hardenberg) 270
 Fragmente 270
Nunberg, Herman 200, 522

Oberholzer, Emil 306
Oberholzer, Mira 306
Objektbeziehungs-Theorie 410 f., 416, 598, 625, 637, 643 f.
Odier, Charles 304, 481
Ödipale Rivalität 225
Ödipus 11, 16, 28, 31, 184 f.
Ödipuskomplex 40, 162, 185, 253, 257, 267, 271, 321 f., 394, 397, 411, 437, 494, 517, 531, 538, 557, 561, 563 f., 566–572, 576, 580, 588, 593, 595, 611 f., 615, 617–621, 623 f., 637, 641, 643, 651
Öhm, Gisela 151
Öhm, Julius 150
Olivier, Noel 505
Oppolzer, Johann 177
Orgasmus

klitoraler 629 f.
vaginaler 631
Orlik, Emil 239
Overbeck, Paul 339
Owden, Morfydd 487

Paneth, Josef, s. a. Schwab-Paneth, Sophie 62, 175 f.
Paneth, Ludwig 175
Pappenheim, Bertha («Anna O.») 45, 98, 102, 104–123, 129, 132, 163, 178, 192, 223, 284, 400, 549
Frauenrecht 112
Die Judenfrage in Galizien 112
In der Trödelbude 111
Pappenheim, Recha (geb. Goldschmidt) 105
Pappenheim, Siegmund 46, 105 f., 115
Pappenheim, Wilhelm 115
Paranoia 242–250, 258 f.
Pascal (Stallknecht der Familie Bonaparte) 467, 470
Pasternak, Boris 225
Pasteur, Louis 41
Payne, Sylvia 18, 412, 509
Penisneid 11, 253, 275, 422, 547, 560, 571 f., 577, 587–589, 597 f., 600, 602, 606 f., 610, 614, 617, 620, 623 f., 629–631, 633, 636, 638
Pfister, Oskar 47, 67, 85, 306
Phädrus 453
Phallische Phase 612 f.
Piaget, Jean 304 f., 307
Das Weltbild des Kindes 305
Pichon, Edouard 465, 580
Pineles, Friedrich 346, 350, 352
Pisko, Emilie 264
Pius XII., Papst 482
Platon 238, 453
Poe, Edgar Allan 455, 470, 477
Der entwendete Brief 477
Pound, Ezra 534, 536, 540

Präödipale Phase 517, 532, 621, 623 f., 637, 648
Preiswerk, Helene 285
Projektion 242 f.
Proust, Marcel 459
Auf der Suche nach der verlorenen Zeit 459
Psychoanalytic Quarterly 516
Psyche 482
Psychoanalyse und Hysterie 100
Psychoanalytisches Institut in den Niederlanden 533
Putnam, James J. 74 f., 381

Radó, Sándor 436, 440 f., 507, 594
Rank, Otto 7, 317, 322, 353, 384, 464, 512, 570
Rappen, Ulrich 269
Rattenmann 132, 158
Redekur (talking cure) 103 f., 107, 111, 114, 123, 127, 132, 372, 632
Rée, Paul 337 f., 340, 342, 345, 352, 366
Reich, Wilhelm 627, 634
Reik, Theodor 66, 387 f., 522
«Über Tod und Sexualität» (Vortrag) 295
Reinhardt, Max 230, 329
Revesz, Elisabeth 436
Revue Française de Psychanalyse 465, 475, 482
Rice-Davies, Mandy 602
Richards, Angela 511
Rickmann, John 506
Ricoeur, Paul 648
Rie, Margarethe (später Nunberg) 200, 522
Rie, Oscar 78, 147, 165, 200, 521 f.
Ries, Marianne (später Kris) 200
Riklin, Franz 285
Rilke, Rainer Maria 328–330, 345–347, 349 f., 352, 365, 509
Duineser Elegien 347

Stundenbuch 346
Riviere, Diana (Joans Tochter) 487
Riviere, Evelyn (Joans Ehemann) 487
Rivière, Jacques 480
Riviere, Joan (geb. Hodgson Verral) 13, 17, 249, 308, 355, 397, 399, 409, 485–503, 507, 531
«Jealousy as a Mechanism of Defence» 498
«Weiblichkeit als Maske» 499
Roazen, Paul 440, 514f.
Robertson, James 408
Rolland, Romain 361
«Rosalia» 223
Rosanes, Flora (Patientin) 42, 60
Rosanes, Ignaz 60, 78, 166, 189
Rosenbach, Emil 422
Rosenbach, Gisela 422, 426
Rosenbach, Malwina 422, 424
Rosenbach, Regina (Mutter von Helene Deutsch) 422
Rosenbach, Wilhelm (Vater von Helene Deutsch) 422–424
Rosenberg Katan, Anny 200, 513, 520, 522f.
Rosenberg, Leopold 200
Rosenberg, Ludwig 522
Rosenfeld, Eva 8, 17, 384f., 387, 401, 513, 524–530
Rosenfeld, Herbert 502
Rosenfeld, Mädi (Tochter) 385, 525f.
Rosenfeld, Valentin, «Valti» 525
Rosenfeld, Viktor (Viktor Ross) 385, 526f.
Rosenstein, Ludwig 165
Rosenthal, Moritz 101
Rossi von Lichtenfels, Rudolf 270
Rousseau, Jean-Jacques 335
Bekenntnisse 60
Ruben, Emma 115
Rubin, Gayle 634, 638, 648
«The Traffic in Women» 634
Rush, Florence 651

S., Mathilde 177
Sachs, Hanns 317, 507, 534
Sacks, Oliver 391
Taube Stimmen 391
Sadger, Isidor 14, 270f., 276
Salomé, Gustav von 331
Salomé, Louise 331
Sand, George (d. i. Amandine-Lucie-Aurore Dupin) 443, 447
Sargant, Mary 503
Sargant-Florence, Philipp 503f.
Saussure, Ferdinand de 306
Scheftel, Eva (Tochter Sabina Spielreins) 307
Scheftel, Paul 300
Scheftel, Renate (Tochter Sabina Spielreins) 307
Schiff, Familie 66, 174
Schiller-Marmorket, Hilda 229
Schleicher, Cölestin 236
Schleicher, Mathilde 235
Schlesinger, Therese 191
Schlumberger, Jean 480
Schmideberg, Melitta (Tochter Melanie Kleins) 409
Schmideberg, Walter 542
Schnitzler, Arthur 44, 124, 214, 225, 329, 350
Schönberg, Ignaz 69–71
Schopenhauer, Arthur 335
Schreber, Daniel Paul 246, 249, 564
Memoiren 246, 564
Schulz, Johannes 101
Schur, Max 29, 404, 514
Schwab, Familie 66
Schwab-Paneth, Sophie 173–177
Scott, Clifford 529
Searl, Miss 485
Segal, Hanna 17, 502, 653
Seidmann, Jakob 38

Selbsterhaltungstrieb 297
Sexualität 104
  infantile 219
  klitorale 555 f., 572, 586–588, 593, 603 f., 615
  präödipale 619
  Rolle der Dienstmädchen 213, 222–224
  und Trauma 149
  vaginale 551, 586 f., 593, 604
  weibliche 513, 592–626
Sexualmord 455
Sexualtheorie 547–591
Sexueller Mißbrauch von Kindern 651–653
Shakespeare, William 23 f., 78, 82, 119, 380, 457
  Hamlet 457
  König Lear 23 f., 78, 82, 119, 380
Sharpe, Ella Freeman 17, 398, 484, 509, 485
Showalter, Elaine 98
Sichrovsky, Elise von 124
Sichrovsky, Heinrich 236
Siegfried 280, 287 f., 299 f., 303
Silberstein, Eduard 34, 44, 57
Simmel, Ernst 527
Sinclair, May 484
Smith-Rosenberg, Carroll 96 f.
Sociéte Française de Psychanalyse 465, 473, 475 f., 477, 480
Société Suisse de Psychanalyse, Zürich 306
Society for Psychical Research 486
Sokolnicka, Eugénie 478–480
Sokrates 453
Solnit, Albert 417
Solti, Georg 230
Sophokles 457
  König Ödipus 457
Spender, Sir Stephen 521
Spielrein, Sabina 8, 17, 227, 259, 268, 278–308
  «Die Äußerungen des Ödipuskomplexes im Kindesalter» 302
  «Beiträge zur Kenntnis der kindlichen Seele» 299
  «Die Destruktion als Ursache des Werdens» (Artikel) 294
  Destruktion 287
  «Einige Analogien zwischen dem Denken des Kindes, des Aphasikers und dem unterbewußten Denken» 305
  «Frage der Entstehung und Entwicklung der Lautsprache» (Vortrag) 304
  Tagebuch 286 f., 294, 300 f.
  «Tiersymbolik und Phobie bei einem Knaben» 302
  «Über den psychologischen Inhalt eines Falles von Schizophrenie (Dementia Praecox)» 293
  «Der vergessene Name» 302
  «Die Zeit im unterschwelligen Seelenleben» (Referat) 306
  «Zwei Mensesträume» 302
Spieltherapie 381, 395
Spinoza, Baruch 335
Stanford Friedman, Susan 538
Stärcke, August 570
Stein, Lorenz von 46
Steinach, Wilhelm 256 f.
Stekel, Wilhelm 67, 267, 462
  «Berufswahl und Neurose» (Vortrag) 267
Stöcker, Helene 329, 348, 353
Stoller, Robert 644
Stonborough-Wittgenstein, Margaret 474
Strachey, Alix (geb. Sargant-Florence) 399, 485, 503–511
  The Psychology of Nationhood 510
  The Unconscious Motives of War 504, 409 f.

Strachey, James 103, 409, 486, 503, 505–509, 511
Strachey, Lytton 505
Sublimierung 296, 329
Sudermann, Hermann 158
  Geschwister 158
Swales, Peter 45, 72 f., 150, 419, 467
Sweetzer, Adelaide 384, 387, 395
«Symposium on Child Analysis» 493

Talking cure s. Redekur
Tausk, Victor 267, 295, 352 f., 358–360, 382, 431 f., 438 f., 442
Teleky, Dora 194, 264
Terry, Miss 485
Terzky, Gräfin 72
Thurn und Taxis, Marie von 347
Tiffany, Louis Comfort 385 f.
Tiffany, Louise 386
Todesangst 404, 410, 412
Todesco, Baron von 123
Todesco, Sophie Baronin von (geb. Gomperz) 123
Todestrieb 295, 299, 362
Todorov, Tzvetan 648
Tolstoj, Aleksej 447
  Anna Karenina 447
Topographie der Seele 492
  Über-Ich 394, 396, 398, 400, 492, 568, 584, 608, 614 f., 622 f., 629
Topographie des Sexualverhaltens 553
Toscanini, Arturo 230
Trennungsangst, kindliche 407
Triebentwicklung 416
Triebtheorie 412, 643
Trotter, Wilfred 309, 318
Trotzki, Leo 461
Turner, Julia 484 f.
Tyndall, John 41

Typologie der Frau 444, 447, 473, 499

Über-Ich s. a. Topographie der Seele 394, 396, 398, 492, 568, 584, 608, 614 f., 622 f., 629
  kindliches 400
Übertragung 120–122, 129, 136, 187 f., 191, 197, 215, 217, 220 f., 255, 259, 291, 313, 382, 395, 488, 539, 625
Übertragungsinterpretation 190
Übertragungsneurose 494
Ungarische Psychoanalytische Vereinigung 523
Uterusneid-Theorie 601

Vater
  -bindung 426 f., 573, 600
  -identifikation 423 f., 469, 501, 611
  -übertragung 258
Vater-Tochter-Beziehung 388
Verdrängung 122, 179, 181, 186, 189, 245, 552, 554–556, 568, 592
Verdrängungsmechanismen 102
Verfolgungswahn 247
Verführungstheorie 102, 166, 179–185, 187, 189, 196–198, 549, 600, 651
Vergil 73
Verrall, A. W. 486
Verrall, Hugh John 486
Vest, Anna von 239–241, 324
Voigtländer, Else 595

Wagner, Richard 287, 297, 339
  Der Fliegende Holländer 297
  Götterdämmerung 297, 506
  Siegfried 297
  Tristan und Isolde 297
Wagner-Jauregg, Julius 235, 430–432, 436

Register

Wahle, Fritz 49
Waldemar, Prinz 459
Wälder, Robert 443
Wälder-Hall, Jenny 443
Wallenstein, Gräfin 72
Wassermann, Jakob 329
Wedekind, Frank 329
Weiss, Ilona («Elisabeth von R.») 151–159, 224
Wertheimer, Josephine 236
Wertheimstein, Josephine von 123 f.
Wiener Psychoanalytische Vereinigung 264 f., 267 f., 271 f., 274–276, 295, 298, 300, 302, 353, 363, 376, 383, 389, 432, 436, 440, 443, 479, 496, 533, 582 f., 608
  Archiv 405
  Protokolle 522
Williams, Margaret 476
Winnicott, D. W. 502, 625, 647 f.
Winter, Josef 129
Winternitz, Pauline (geb. Freud; Schwester) 33, 38
Winternitz, Rosi (Paulines Tochter) 37
Winternitz, Valentin (Pauline Freuds Ehemann) 38
Winternitz, Wilhelm 101
Wittek, Resi (wahrscheinlich S. Freuds Kinderfrau) 29, 32
Wittels, Fritz 67, 582
Wittgenstein, Ludwig 474

Wolfsmann 437, 516, 520
Wollstonecraft, Mary 111
  Verteidigung der Rechte der Frau 111
Woolf, Leonard 504
  Empire and Commerce in Africa 504
Woolf, Virginia 100, 484, 504 f., 507, 509
Wortis, Joseph 652
Wunscherfüllung 182, 186, 187–189, 304
  Theorie 185–195
Wygotski, Lew S. 304 f., 307

Young-Bruehl, Elisabeth 196, 382, 413

Zajc, Monika (wahrscheinlich S. Freuds Kinderfrau) 29, 32
Zeitkonzept 306
Zeitschrift 489
Zellenka, Frau (Geliebte Philipp Bauers) 205, 208–211, 213, 216 f., 220–222, 224, 228, 231
Zellenka, Hans 205–210, 212, 214–216, 219, 221, 224–226
Zellenka, Karla (Tochter) 205, 225
Züricher Gesellschaft 479
Zwangsneurose 258, 479, 500, 548, 550, 566
Zweig, Stefan 67, 115, 118, 121

PSYCHOLOGIE UND MYTHOS

William Betcher
und William Pollack

Die Ferse des Achilles

Vom antiken Heldenmythos
zum neuen Männerbild

1995. 336 Seiten, gebunden.

»Ein fundierter und intelligenter Beitrag
zum Thema Männlichkeit, der eine kluge Analyse
antiker Mythen und psychologischer Theorien
leistet.«

Kirkus Review

LIST